DIE GRUNDFRAGEN DES LEBENS

Die Grundfragen des Lebens

in der Schau des Offenbarungswerkes
Jakob Lorbers

von

WALTER LUTZ

LORBER VERLAG BIETIGHEIM/WÜRTT.

3. Auflage

ISBN 387 495 113 6

 Herstellung Lorber Verlag

Vorwort zur ersten Auflage

Die Botschaft Jakob Lorbers

Der nachdenkliche Mensch, wäre er noch so ins Weltgetriebe verstrickt, hat immer eine Sehnsucht nach Klarheit über jene letzten Dinge, die wir mit Recht als die eigentliche Dauergrundlage unseres Daseins empfinden. *Gott, Schöpfung, Mensch, Lebenssinn, Jenseits* — heißen diese Fragengebiete, auf denen wir auch heute uns mühen und so hart wie je an eherne Mauern stoßen.

Auf den Erkenntniswegen des Verstandes hat das vergangene Jahrhundert hinsichtlich der Beschaffenheit der Naturwelt manches Neue entdeckt. Eine bis dahin unerhörte technische Nutzung und eine machtvolle Wirtschaftsblüte erwuchs auf diesem Boden.

Aber ist der Mensch dadurch auch weiser, besser und glücklicher geworden? Nein! Die verstandlichen Erkenntnisse der Natur blieben äußerliche. In den Vorstellungen der Wissenschaftler erstarrte die Schöpfung zum sinn- und seelenlosen Mechanismus. Die ganze entgeistete und entgottete Welt brach durch die hemmungslos entfesselte Selbstherrlichkeit und Selbstsucht der Menschheit in der Katastrophe zweier Weltkriege zusammen. Der Kopfverstand, dieses stückhafte, am Äußeren klebende Erkenntnisvermögen hat die Kulturwelt völlig in die Brüche geführt. Wenn aber eine Entwicklung im offenkundigen Wahnsinn, in Raub- und Vernichtungskriegen aller gegen alle endet, muß unbedingt irgendwo ein Grundfehler vorliegen.

Zum Heil aller Menschen hat jedoch jedes Lebewesen in seiner Seele außer dem Verstandeslicht noch ein zweites, *inneres* Licht, ein geistiges Erkenntnisvermögen, durch das ein höherer Impuls zu ihm spricht. Dichter, Künstler, Erfinder, geniale Denker nennen es ihre Inspiration, ihren Genius. Seher und Propheten vernehmen es als innere Gottesstimme. Und selbst im Tier wirkt es als Instinkt Wunder.

Diese heimliche, unaufdringlich strahlende innere Erkenntnis hat in neuester Zeit manch feinfühligen, sich nach innen kehrenden Denker und Forscher tief erleuchtet. Dadurch ergab sich in der wissenschaftlichen Welt eine Art Dämmerung. Die Fortgeschritteneren erkannten, daß es mit der *mechanischen* Welterklärung nichts ist, daß in allem *geistige* Grundkräfte leben und walten. Man ahnt nun bereits mehr oder minder klar, daß im Grunde wohl alles Geist ist.

Durch diese neuen Anschauungen wurde die ganze Wissenschaft der Vorkriegszeit in Frage gestellt. Eine geistige Weltwende vollzieht sich gegenwärtig, wie solche in der Menschheitsgeschichte seit Kopernikus, ja wohl überhaupt noch nie dagewesen ist! Wie ein Posaunenton klingt es über die zerhaderte und zertrümmerte Welt: „Höre Menschheit! Es ist ein tieferer Sinn im Leben, als der Alltag wahrhaben will! Es ist ein Gott — ein Gott der Liebe, der euer ewiges Sein zu seliger Vollendung in seine erhabenen Lichtsphären führen will! Erkennet und liebet ihn über alles, und liebet um seinetwillen auch alle eure Mitgeschöpfe!“

Der Menschheit wurde diese Offenbarung der alten, ewigen Urreligion aufs neue kundgemacht. *Jakob Lorber*, der Mittler und Verkünder dieser Botschaft, lebte unbekannt 1800—1864 in Graz (österr. Steiermark) als ein verborgener Mensch des Herzens mit sanftem, aber unverrückbarem Geist. Als Sohn eines deutschen Weinbauern zeigte er seit früher Kindheit gute Geistesgaben verschiedener Art. Er sollte Pfarrer werden, studierte das Lehrfach, wandte sich aber nach voller Ausbildung schließlich seiner Lieblingsbeschäftigung, der Musik, zu. In seinem vierzigsten Lebensjahr wurde ihm eine Lebensstellung als Musikmeister in Triest angeboten.

Am Morgen der Abreise zu diesem ersehnten Ziel (am 15. März 1840) jedoch erwachte in dem frommen, nach innen gekehrten Mann unerwartet plötzlich der *prophetische* Geist, der ihm zurief: „Nimm deinen Griffel und schreibe!"

Und so lauteten die ersten Worte der wundersamen Stimme: „So spricht der Herr für jedermann, und das ist wahr und getreu und gewiß: Wer mit Mir reden will, der komme zu Mir, und Ich werde ihm die Antwort in sein Herz legen. Jedoch die Reinen nur, deren Herz voll Demut ist, sollen den Ton Meiner Stimme vernehmen.

Und wer Mich aller Welt vorzieht, Mich liebt wie eine zarte Braut ihren Bräutigam, mit dem will Ich Arm in Arm wandeln. Er wird Mich allezeit schauen wie ein Bruder den anderen Bruder und wie Ich ihn schaute schon von Ewigkeit her, ehe er noch war."

Satz um Satz, Kapitel um Kapitel ging es in dieser Weise fort — eine innere Botschaft voll der tiefsten liebe- und weisheitsvollen Gedanken.

Dem so unerwartet Berufenen liefen die Tränen über die Wangen, je länger er in sich lauschte. Tief erschüttert, ließ er Lebensstellung, Weltehre, Einkommen und Kunstliebhaberei schwinden und stellte sich ganz in den Dienst dieser geheimnisvollen Stimme, die sich ihm als die Stimme *Jesu*, des ewig lebendigen *Gotteswortes* kundtat. Unverehelicht, sein Leben durch Musikstunden fristend, arm und anspruchlos, seine Habe allezeit mit noch Unbemittelteren teilend, widmete er sein ferneres Leben diesem für ihn heiligen Amt, der Niederschrift des von ihm innerlich Vernommenen.

Sein Biograph Karl Gottfried Ritter von Leitner berichtet: „Lorber begann dieses Schreibgeschäft fast täglich schon morgens vor dem Frühstück. Dabei führte er ganz in sich gekehrt, mäßig schnell, aber ohne je eine Pause des Nachdenkens zu machen oder eine Stelle des Geschriebenen zu verbessern, ununterbrochen die Feder wie jemand, dem von einem anderen etwas diktiert wird. Zu wiederholten Malen tat er die Äußerung, er habe während des Vernehmens der ihm einsagenden Stimme auch die bildliche Anschauung des Gehörten. Noch leichter teilte er das innerlich Vernommene mit, wenn er es einem andern mündlich diktieren konnte. Und in der Tat sagte er einigen seiner Freunde ganze Werke in die Feder. Dabei saß er neben dem Schreibenden, ruhig vor sich hinschauend und nie in seinem Redefluß stockend oder irgendeine Satzfügung oder auch nur einen einzelnen Ausdruck abändernd."—

Einem Freunde schrieb Lorber über seine innere Stimme: „Innig geliebter Freund und Bruder! Bezüglich des inneren Wortes, wie man dasselbe vernimmt, kann ich von mir selbst nicht viel mehr sagen, als daß ich des Herrn heiligstes Wort stets in der Gegend des *Herzens* wie einen höchst klaren Gedanken licht und rein, *wie* ausgesprochene Worte vernehme. Niemand, mir noch so nahe stehend, kann jedoch etwas von irgendeiner Stimme vernehmen. Für mich klingt diese Gnadenstimme aber dennoch heller als jeder noch so laute materielle Ton."

Lorber hat so bis an sein Lebensende (1864) etwa 25 umfangreiche Bände niedergeschrieben.

Die wichtigsten dieser herrlichen Bücher und Schriften sind: „Die Haushaltung Gottes", „Die Jugend Jesu", „Die geistige Sonne", „Bischof Martin", „Robert Blum", „Erde und Mond", „Die natürliche Sonne", „Schrifttexterklärungen", „Die drei Tage im Tempel", „Briefwechsel Jesu mit Abgarus", „Brief des Apostels Paulus an die Gemeinde zu Laodizea".

Das *Hauptwerk* Jakob Lorbers, die Krönung der ganzen Botschaft aber bildet das zehnbändige „Große Evangelium Johannes" — („Johanneswerk" genannt, weil es im hohen Liebesgeiste des Jüngers Johannes und seines biblischen Evangeliums zu uns redet). In diesem Evangelium von einzigartiger Bedeutung besitzen wir (nach der Verheißung im biblischen Evangelium Johannis, Kap. 14, 26) eine eingehende und tiefgründige Schilderung alles dessen, was Jesus in den drei Jahren seines irdischen Lehramtes gelehrt und getan hat.

In diesem denkwürdigen Schriftwerk Lorbers — die „Neuoffenbarungsschriften" genannt — wurde die vor zwei Jahrtausenden durch *Jesus* verkündete ewige Religion der Gottes- und Bruderliebe aufs neue rein geoffenbart, durch eine der heutigen Wissenschaft weit voraneilende geistige Schöpfungsentwicklungslehre begründet und erläutert, und gekrönt durch eine in sich höchst folgerichtige Lebens- und Jenseitslehre.

Ein geistiges Weltbild von unerhörter Größe, Weite, Klarheit und beglückender Lebenswärme entrollt sich vor uns — nicht in gelehrtenhaften Darlegungen, sondern in fesselnden Schilderungen des Lebens, der Welt und der Menschheitsgeschichte.

In der nachstehenden Schrift „Grundfragen" wurde zur Beleuchtung der wichtigsten Fragen des Lebens aus der Fülle der Lorberschen Botschaft ein Gedankengut zusammengestellt, das dem suchenden Menschen eine Vorstellung geben mag von dem hier gebotenen Lichtschatz. Wenn auch die Stoffauswahl mit Sorgfalt getroffen wurde, so ist der Verfasser sich dennoch der Unvollkommenheit seiner Arbeit bewußt. Seine Schrift soll und kann nicht das Studium der Lorberwerke ersetzen. Sie will nur einen Begriff geben von der hier vorliegenden gewaltigen Geistesquelle und geistig suchende Menschen heranführen zu dieser unermeßlichen Gabe der göttlichen Liebe, Weisheit und Lebensfülle.

Bad Teinach/Schwarzwald | Dr. Walter Lutz

ERSTER TEIL

Gott und Schöpfung

I

Gibt es einen Gott?

1

Vom Gottsuchen

Die Frage nach Gott hat von jeher das Menschenherz bewegt, und es sind schon viele Wege versucht worden, um einen klaren, unbestreitbaren Beweis vom Dasein Gottes zu finden.

Besonders im Mittelalter wurde von Theologen und Philosophen vielfach der Versuch unternommen, das Dasein und Wesen Gottes durch logische Vernunftschlüsse zu beweisen. Aber alle Versuche haben trotz Bergen von Büchern zu nichts Gewissem geführt. Gegen Ende des 18. Jahrhunderts machte der große deutsche Denker *Immanuel Kant* all diesen Spekulationen ein Ende, indem er mit logischer Klarheit darlegte, das Dasein Gottes könne mit dem bloßen Verstand niemals mit zwingender Sicherheit bewiesen werden. (Siehe, Im. Kant, Kritik der reinen Vernunft, Elementarlehre, II. Teil.) Nur ein gewisser *Wahrscheinlichkeitsbeweis* lasse sich aus dem Buche der Natur, d. h. aus der Ordnung und Zweckmäßigkeit der ganzen Schöpfung, mit einer starken Überzeugungskraft ableiten.

Die Ansicht des Denkers

„Die Welt", sagt Kant, „eröffnet uns einen so unermeßlichen Schauplatz von Mannigfaltigkeit, Ordnung, Zweckmäßigkeit und Schönheit, daß selbst nach den Kenntnissen, die unser schwacher Verstand davon erwerben könnte, alle Worte ihren Nachdruck, alle Zahlen ihre Kraft und selbst unsere Gedanken alle Begrenzung vermissen lassen. Allerwärts sehen wir eine Kette von Wirkungen und Ursachen, von Zwecken und Mitteln, Regelmäßigkeit im Entstehen und Vergehen. Und indem nichts von selbst in den Zustand getreten ist, darin es sich befindet, so weist jeder Zustand immer weiter nach einem andern Ding als seine *Ursache* zurück, welche dieselbe weitere Rückfrage notwendig macht. Auf solche Weise müßte das All im Abgrund des Nichts versinken, nähme man nicht *Etwas* an, das außerhalb dieses unendlichen Zufälligen für sich selbst ursprünglich und unabhängig besteht und als allgemeine Ursache allem seine Fortdauer sichert. Diese *höchste Ursache* — wie groß soll man sie sich denken? Nichts hindert uns, das oberste Wesen, dem Grade der Vollkommenheit nach, über alles andere irgend Mögliche zu setzen!"

„Dieser Gottesbeweis (aus der Ordnung und Zweckmäßigkeit der Natur)", so fährt Kant fort, „verdient jederzeit mit Achtung genannt zu werden. Er ist der älteste, klarste und der Menschenvernunft am meisten angemessene. Und es würde nicht allein trostlos, sondern auch ganz umsonst sein, dem Ansehen dieses Beweises etwas entziehen zu wollen."

So lautet die bestimmte und klare Ansicht Kants! Immerhin betont aber auch dieser große Denker, daß jener Gottesbeweis aus dem Buche der Natur nicht ein mathematisch zwingender, sondern eben nur ein Wahrscheinlichkeitsbeweis ist. Einen sichereren Schluß will der große Philosoph aus dem sogenannten *Sittengesetz* ableiten, indem er sagt, der Mensch habe in sich ein ihm angeborenes Sittengebot, das ihm mit unwiderstehlicher Macht sage, was gut und böse sei. Ein solches allgemeines Gesetz (›Kategorischer Imperativ‹: Handle wie du vernünftigerweise wünschen mußt, daß allgemein gehandelt werde) könnte nicht bestehen und sein Ziel (Tugend und Glückseligkeit) vom Menschen nicht gefordert werden ohne einen höheren, sittlich gerichteten Gesetzgeber und Regenten. Auch dieser Gedankengang führe mit einer praktisch unausweichlichen Notwendigkeit zur Annahme eines höchsten, allwaltenden Gottwesens als *geistigen Urquell* sittlicher Ordnung.

„Wir können nach der Beschaffenheit unseres Vernunftvermögens uns die Beschaffenheit der Welt als eine auf die Verwirklichung des moralischen Gesetzes und der höchsten Güter (Tugend und Glückseligkeit) zweckvoll angelegte nicht begreiflich machen ohne einen *Welturheber* und Regierer, der zugleich moralischer *Gesetzgeber ist*" (Kant, Kritik d. Urteilskraft; Kritik d. prak. Vernunft). Auch durch diesen Schluß wird, so betont Kant freilich, das Sein und Walten Gottes mehr *gefühlsmäßig* als rein verstandlich dargetan. Und wir können uns dessen Eigenschaften und sein Verhältnis zur Welt auch nur nach Maßgabe unserer eigenen Eigenschaften, also nicht ohne Vermenschlichung denken. — Immerhin hat Kant auf diese Gedanken als Grundsäule seine ganze religiöse Überzeugung und Lehre klar und entschieden aufgebaut und bis an sein Lebensende unerschütterlich gewahrt.

Das Erkenntnislicht des Herzens

Mit diesen Anschauungen des erleuchteten Denkers ganz übereinstimmend sind die Lehren, welche dem Gottsucher in den Neuoffenbarungs-Werken *Jakob Lorbers* entgegentreten.

„Mit dem kalten *Kopfverstand* läßt sich das göttliche Wesen nie erfassen und ergreifen", heißt es auch hier[1]. „Was sollte denn die Seele im Gehirn finden? Nichts als innehaftende Bilder dieser Welt, die dem, was des Geistes und des wahren Lebens ist, alle um vieles ferner stehen als die Seele selbst." (Gr. Ev., Bd. IX, Kap. 84, 3) — Dennoch soll der Mensch „seinen Gehirnverstand recht wohl ausbilden und vernünftig denken lernen, freilich nicht nach der Weise der Welt, sondern nach der Weise der wahren Kinder Gottes!" (Gr. Ev. IX, Kap. 100, 14)

[1] Robert Blum, Bd. 1, Kap. 35, 2; vergl. auch Johannes, das große Evangelium (Abkürzung = Gr. Ev.), Bd. 9, Kap. 83, 3 ff.; Kap. 100, 11; Kap. 108, 10.
(Ein Verzeichnis der in dieser Schrift angeführten Lorberwerke findet der Leser am Schluß dieses Buches. — Die Wiedergabe der Textstellen ist durchweg eine möglichst wortgetreue, soweit dies der einheitliche Fluß der Darstellung zuließ. Des besseren Verständnisses und der Kürze halber wurde an manchen Stellen die Darstellung Lorbers in eine gedrängtere Form gefaßt.)

Das heißt: der Verstand soll sich demütig und liebevoll von dem sich offenbarenden *göttlichen Geiste* erleuchten, belehren und beleben lassen!

Im großen, durch Jakob Lorber empfangenen Evangelium (Gr. Ev. V/61 - 62), gibt der *Herr* einem Führer des Essäerordens, der bisher vergeblich Gott und dessen Geheimnisse mit dem Verstand zu ergründen gesucht hatte, folgende Erklärung:

„Das *innere* Leben ist Liebe, also ein Feuer voll Wärme . . . Du wirst daraus wohl entnehmen können, daß der Mensch mit seiner bloßen, kalten *Vernunft* und seinem noch so klaren und scharfen *Verstand* von all dem, was geistig ist, nichts fassen kann. Er kann das Leben und dessen Grund-Endzweck nicht begreifen. Denn die Vernunft und der Verstand haben ihren Sitz im Gehirn und im Blute und besitzen dadurch wohl die Fähigkeit, die Eindrücke und Bilder der *materiellen* Außenwelt aufzunehmen, sie in ihren Formen und Wirkungen zu vergleichen und sich endlich daraus einen Kreis von allerlei Schlüssen zu bilden. Aber alles das sind Dinge und *Abbilder* der Materie, in der des Kopfes Sinne nimmer etwas Geistiges zu entdecken imstande sind.

Weil aber das Leben in seinem innersten Wesen nur etwas Geistiges sein kann, so kann es auch nur in und durch sich selbst begriffen werden. Es müssen im Menschen sonach noch *andere* Sinne vorhanden sein, durch die er auch das geistige Lebenselement in sich erfühlen, erschauen und nach und nach begreifen kann in allen seinen Tiefen und Beziehungen.

Welches sind aber solche inneren Sinne? Siehe, da gibt es eigentlich nur einen einzigen Sinn, und der heißt *Liebe,* die da wohnt im Herzen. Dieser Sinn muß vor allem gestärkt, gebildet und geläutert werden. Und alles, was der Mensch denkt, will und tut, muß von der lebensheißen Lichtflamme aus dem Feuer der reinen Liebe erleuchtet und durchleuchtet sein, damit alle Geister erwachen am Morgen des werdenden Lebenstages.

Darum kannst du als eine feste Norm annehmen und sagen: Kein äußerer Weltverstand kann je ergründen und erschauen, was im Menschen ist — das kann allein nur der *Geist* im Menschen. Und so kann auch niemand Gott erkennen als nur der erweckte und vollauf tätig gewordene *Geist Gottes* im Menschenherzen, der gleich wie Gott selbst die reinste Liebe ist.

Siehe, diesen alleredelsten Teil in deinem Herzen hast du noch nie gepflegt und hattest auch keine Ahnung von seinem Wert! Es ist darum begreiflich, daß du ein fester Gottesleugner geworden bist und, all deines Suchens ungeachtet, der ewigen, alles erschaffenden, durchdringenden und erhaltenden Gottheit nimmer auf die Spur kommen konntest!" —

Gott im Buche der Natur

Für eine vom Geist der Liebe erleuchtete Seele wird auch in den Lorberschriften die rechte Erkenntnis der Natur als ein guter Weg zu Gott bezeichnet.

„Alles in der Naturwelt, was sich nur immer in ihren drei Reichen befindet, ist Schrift und Sprache für die erleuchtete Seele des Menschen!" (Gr. Ev. VIII/102) Ein jeder Mensch hat Augen zum Sehen, Ohren zum Hören, den Geruchsinn, den Geschmack, das Gefühl und zu alledem Verstand und Vernunft. So ausgerüstet sieht er die Sonne und den Mond auf- und niedergehen; er sieht die Sterne und auf der Erde zahllos viele Arten und Gattungen der Geschöpfe, aus denen er Gott den

Herrn stets mehr und mehr erkennen kann. Ein jeder Berg, jede Ebene, jeder Strom, alle die verschiedenen und mit aller Schönheit geschmückten Pflanzen und die gesamte Tierwelt geben ihm Stoff zur Genüge, der ihn über ihr Entstehen und Bestehen zu denken nötigt. Denkt aber ein Mensch darüber nach, so wird ihm eine *innere Stimme* sagen, daß alles das nicht aus sich selbst hat entstehen können, sondern daß da ein höchst weiser, liebevoller und allmächtiger *Schöpfer* sein muß, der all dieses geschaffen und geordnet hat, es jetzt noch forterhält und in einer stets vervollkommneteren Art ewig erhalten wird, weil Er es schon seit undenklichen Zeiten bis jetzt so getan hat.

Wer sich einen Gott und Schöpfer so vorstellt, muß dann auch eine große Achtung vor Ihm und Liebe zu Ihm stets mehr in sich wachrufen. Ist aber diese einmal erwacht, so ist auch der Anfang zum inneren *Lebendigwerden* der Seele da und wächst dann fort mit der Zunahme der Liebe zu Gott — weil der *Liebegeist* die Seele mehr und mehr erleuchtet und sie über das Wesen Gottes in stets größere Klarheit versetzt. Hat ein Mensch auf diese Weise den Weg zu Gott und somit zum wahren, ewigen Leben gefunden, so kann er dann aus Nächstenliebe auch seinen Nebenmenschen einen rechten Führer abgeben; und er wird dafür von Gott aus mit noch mehr Licht und Weisheit begabt werden.“ [1]

Das Evangelium des Samenkorns

Über Gott im All u n d im Samenkorn lesen wir die Worte: „Sage mir, Bruder, hast du schon einmal erlebt, daß irgendwo aus bloßem Zufall ein Haus mit all seinen Einrichtungen entstanden ist? — Du sprichst: ‚Nein, so etwas ist noch nie geschehen!‘ — Gut! Wenn der Zufall nicht einmal ein simples Haus zuwege bringen kann, wie soll er dann eine ganze Erde erschaffen können, auf der wir doch wohlberechnetste Wunderdinge in Unzahl antreffen, von denen das einfachste schon eine viel zu tief durchdachte Einrichtung und Gestaltung aufweist, als daß man mutmaßen könnte, das sei ein Werk des stummen und blinden Zufalls! —

Betrachte beispielsweise die wunderbaren Einrichtungen der Pflanzen. Wie genau sie in ihrer einmal gestellten Form durch Jahrtausende ihre Art-Beschaffenheit und Tauglichkeit auch nicht um ein Atom ändern! Wie unberechenbar kunstvoll muß schon die *mechanische* Gestaltung eines Samenkorns sein, derzufolge es aus der Erde nur die ihm zusagenden Teile an sich zieht, durch die es sich dann wieder vervielfältigt und fortpflanzt! Von dem *übersinnlichen* Wesen eines Samenkornes will ich gar nicht reden. Denn wer begreift jene göttliche Berechnung, nach der ein einziges Samenkorn zahllose Myriaden seinesgleichen in sich faßt, und das nicht nur in Form des Samenkorns, sondern auch in der Form der Pflanze, auf der das Samenkorn reift. Nur eine Eichelnuß: Setze sie ins Erdreich, so wird in Kürze ein ganzer Eichbaum zum Vorschein kommen, und dieser wird dir dann viele Jahre hindurch eine unzählbare Menge Eichelnüsse abgeben. Wenn du alle diese Nüsse wieder in die Erde legst, wirst du schon einen Wald von Millionen Eichbäumen haben, die wieder alle die gleichen Früchte erzeugen in einer nimmer berechenbaren Vielheit. Und siehe, das alles liegt wunderbar in einer jeden Eichelnuß unseren Blicken verborgen und ist doch unleugbar da!

[1] Gr. Ev., VI/111, 9 - 13; vergl. auch Kap. 87.

Wenn aber also, dann sage mir, ob ein blinder Zufall eine Eichelnuß wohl so wunderbar einzurichten vermag? ‚Nein, wahrlich — einen Gott voll der höchsten Urmacht und Weisheit muß es sonach geben! Das kann mein Gemüt *und* mein Verstand ewig nimmer in Abrede stellen!" (Robert Blum, Bd. 1, Kap. 54, 5—9.)

Okkultismus und Spiritismus als Erfahrungsquellen

Wichtige Erfahrungswege bieten auch der *Okkultismus*, d. h.. die Wissenschaft von den geheimen Seelenkräften, und der *Spiritismus*, d. h. die Lehre vom Sein und Wirken unkörperlicher Geistwesen und der praktisch-geistige Verkehr mit solchen. Diese Wege der Erkenntnis haben gerade in unserer Zeit eine besonders große Bedeutung gewonnen. Bei der großen geistigen Weltwende unserer Tage, der Rückführung der Menschheit aus der Geistesnacht des Materialismus und Unglaubens, spielen sie durch die Zulassung unseres himmlischen Vaters eine wichtige Hauptrolle. Man darf wohl ohne Übertreibung sagen, daß Okkultismus und Spiritismus in den letzten Jahrzehnten mit ihren Ergebnissen Millionen von Menschen unter allen Zonen einem neuen Glauben an eine geistige Welt, an ein Fortleben und einen allwaltenden Gott entgegengeführt haben. Denn vielleicht mehr als manche christliche Kirche haben diese Forschungen Ungläubige zum Nachdenken und zur kritischen Prüfung ihrer alten, blinden Anschauungen gebracht.

Der Spiritismus hat freilich auch seine Gefahren, wie jeder Kundige weiß. Wir sollen daher nicht dabei stehen bleiben, sondern vom Spiritismus fortschreiten zur Theosophie. In diesem Punkte faßt eine lichtvolle Kundgabe durch Jakob Lorber folgendes kurz zusammen: „Wie aber nur der unterrichtete Apotheker versteht, was nach dem vorliegenden Rezept dem Kranken für eine Arznei zu bereiten ist, so soll auch in dieser wichtigen Sache, durch die eine Brücke zwischen der Sinnen- und Geisterwelt bewerkstelligt werden soll, sich kein Laie lediglich aus wundersüchtiger Neugierde beifallen lassen, Experimente zu bewerkstelligen, wozu ihm die Grundelemente fremd sind. Aber *Sachkundige* und ernstlich vom *besten Willen* Belebte können die Experimente mit allem Fleiß durchführen und sollen nicht ruhen, bis sich ihnen nicht nur der Vorhof, sondern auch der ganze *Tempel des Lichtes* aufgetan hat."

Freilich, so wenig wie die Naturerforschung sind auch Okkultismus und Spiritismus berufen, den Schleier vom Geheimnis Gottes völlig zu lüften.

In Übereinstimmung mit Kant heißt es bezüglich der *Naturkunde* auch in den Lorberschriften: „Ihr werdet damit die Menschen nur zu einem Ahnen vom Dasein eines Gottes, aber nie zu seiner vollen Erkenntnis bringen." [1] Und ähnlich wird die Wirkung von Erscheinungen der Geisterwelt beurteilt.[2]

Das inwendige Erkenntnisvermögen

Auch die Lorberschriften weisen deshalb den Menschen vom Suchen im Äußeren und dem immerhin nützlichen Forschen der Wissenschaften ins eigene Innere, um

[1] Gr. Ev., Bd. 8, Kap. 108, 10; Bd. 7, Kap. 183, 9—14.
[2] Gr. Ev., Bd. 9, Kap. 138, 4 ff.; Kap. 168, 7; Bd. 6, Kap. 125, 11.

dort — mit weit größerer Sicherheit und schließlich mit voller Überzeugung — durch ein ehrfurchtsvolles Glauben und liebetätiges Leben das *inwendige Reich Gottes,* den göttlichen Geistfunken, und durch ihn den Gott, Schöpfer und Vater selbst zu finden.

„So ihr Meine Lehre", spricht der *Herr* im Großen Evangelium [1], „klar und rein, wie ihr sie von Mir überkommen habt, euren Brüdern gebet, und sie euch hören und die Lehre annehmen, werden Meine Worte, da sie Kraft, Macht und Leben in sich bergen, eine ganz *andere* Wirkung in den Herzen und Gemütern hervorbringen als alle erdenklichen Beweise aus dem Bereiche der materiellen Welt und ihrer Ordnung!

Wenn dann die Menschen an Mich glauben und auch nach Meiner Lehre und Meinem Willen *leben* und *handeln,* so werden sie den wahren Lehrer (den göttlichen Geistfunken) in sich selbst finden, der sie in alle anderen Wahrheiten führen wird.

Wer Gott und sein ewiges Lebensreich finden will, muß also in seines *Herzens* stillem Kämmerlein in der *Liebe* zu Gott und zum Nächsten zu suchen anfangen. Wer da ernstlich sucht und nicht nachläßt, wird auch finden, was er ersehnt. Wer aber im Suchen lau wird, der wird das, was er mit geringer Mühe wohl haben möchte, auf dieser Welt und auch jenseits schwerlich oder gar nicht finden.

Schicket daher nur *Mein lebendiges Wort* voraus und machet erst hinterher die, welche Mein Evangelium angenommen haben, auf den Grund und die Erscheinungen der Naturdinge und ihre Ordnung in dieser Welt aufmerksam, so werdet ihr die besten Erfolge ernten!"

Der geistige Weg

Näheres über den einzig sicheren, *geistigen* Weg des Gottfindens lehren die Lorberschriften an zahlreichen Stellen. Ja man kann sagen, die überzeugende Verkündung dieses Gotteswegs ist ein Hauptzweck und der tiefste, eigentliche Sinn dieser ganzen Neuoffenbarung. Auf diesen innerlichen, geistigen Weg, der schmal und steil empor und anfangs oft durch Dornen und Leiden führt, soll die auf allerlei Irrwege geratene Menschheit wieder mit aller Klarheit gestellt werden. Jeder Leser wird es dankbar empfinden, daß diese erlösende und beseligende Grundwahrheit in den Werken Jakob Lorbers unzweideutig und nachdrücklich fast in jedem Kapitel erläutert und betont wird.

„Wenn dein *Glaube durch Werke lebendig* wird, so wirst du durch diesen lebendigen Glauben nach und nach ins Schauen, Selbstfühlen und tiefst dich überzeugendes Erkennen übergehen. Und das ist für die Seele des Menschen um vieles besser, als so sie erst das als überzeugend wahr annimmt, was sie durch ihr eigenes Suchen und Forschen mühevoll auf dem *Erfahrungswege* sich als eine Wahrheit zu eigen gemacht hat. Es ist wohl solch eine emsig forschende Seele auch ihres Lohnes wert; aber besser ist es, wenn eine Seele — so sie die Wahrheit aus dem Munde Gottes vernimmt — *glaubt* und danach *tätig* ist. Denn dadurch eint sie durch die *Liebe* Meinen *Geist* mit sich, der ihr in einer Stunde mehr der lichtvollsten Weisheit geben

[1] Gr. Ev., Bd. 8, Kap. 108, 11 - 14; vergl. auch Bd. 9, Kap. 184, 7 ff.; Bd. 10, Kap. 65, 3; Bd. 10, Kap. 131, 6 ff. und viele andere Stellen.

wird, als sie sich auf dem Wege des eigenen Forschens in hundert Jahren erwerben kann. —

Aber darum soll dennoch eine frommgläubige Seele das gerechte Suchen und Forschen nicht auf die Seite setzen! Denn es soll ein jeder Mensch alles *prüfen*, was er von Menschen vernimmt, und das *Gute*, das auch allzeit wahr ist, behalten. Doch was leicht erkennbar *von Mir selbst* den Menschen geoffenbart wird, braucht der Mensch nicht viel zu prüfen, sondern nur zu glauben und danach zu handeln, und die lebendige Wirkung wird sich ihm bald sehr bemerkbar machen. Wer an Mich glaubt, Meinen Willen tut und Mich über alles und seinen Nächsten wie sich selbst liebt, zu dem werde Ich selbst kommen und Mich ihm treulich offenbaren!" —

Auch der Philosoph und Denker *Kant* hat in der Hauptsache auf diesem inneren Wege Gott gefunden und daran mit Überzeugung sein ganzes Leben hindurch festgehalten. Denn das von ihm im Menschen entdeckte ewige Sittengesetz, der Geist der Gottes- und Bruderliebe, erwies ihm mit unwiderstehlicher Gefühlsgewalt („praktischer Vernunft") den göttlichen Gesetzgeber und gütig-weisen Gesetzesvollstrecker.

Diese Übereinstimmung mit einem der klarsten Vernunftkritiker aller Völker und Zeiten wird uns im Glauben an die große Neuoffenbarung durch *Jakob Lorber*, den deutschen Mystiker, Seher und Gottesboten weiter bestärken.

2

Das Offenbarungswort Gottes

In einem Lorber-Werk[1] sagt der *Herr*, daß sein Wesen und Wille den Menschen allezeit *dreifach* geoffenbart werde: in der Ordnung der *Natur*, durch des Menschen eigenes geistiges *Herz* und endlich durch Gottes Botschaften, das göttliche *Wort*. — Und bezüglich des letzteren hören wir: „Vom ersten Menschen dieser Erde bis zu dieser Stunde sind die Menschen nie auch nur ein Jahr lang gänzlich ohne Offenbarung von Gott aus geblieben." (Gr. Ev., Bd. 9, Kap. 19, 6) — „Und Ich sage euch weiter: Es wird *allezeit* Propheten geben bis ans Ende der Welt, bei *allen* Völkern der Erde, welches Glaubens sie auch sein mögen! Denn durch die Propheten allein wird, wenn sonst schon alle Stricke zwischen Himmel und Erde zerrissen sind, noch ein geheimes Band festgehalten, das keine finstere Macht zu zerstören vermag."

Dieses wird auch durch die Welt- und Religionsgeschichte aller Zeiten und Völker bestätigt. Nicht nur das Volk Israel, auch die alten Chinesen, Inder, Perser, Ägypter und die sonstigen Völker des Altertums durften große Offenbarungen empfangen, wie wir aus ihren heiligen Büchern noch heute erkennen. Und bis in die neueste Zeit sind immer wieder große Lichtgaben in bedeutenden Zeitabschnitten durch *große* Propheten und in den Zwischenzeiten durch *kleinere* Propheten erfolgt, welch letzteren jeweils die Aufrechterhaltung der durch die großen Propheten gegebenen

[1] Die Haushaltung Gottes, Bd. 2, Kap. 228 (alte Aufl. Kap. 414, 17).

Ordnung oblag. (Gr. Ev., Bd. 6, Kap. 176) — Zu den ganz großen Gottesboten müssen wir auch Jakob Lorber zählen, im Hinblick auf die Weite und Tiefe des durch ihn verkündeten Gottesworts.

In den Wolken des Himmels

Aber wie die Gottheit im Buche der Natur sich nicht mathematisch beweisen läßt, und wie sie auch als inneres Wort des Herzens sich nicht gleich einem Sturme, sondern nur als ein leises Säuseln kundtut — so redet Gott auch im Prophetenwort zu uns nur in *verhüllter* Weise. „Solches wisset", sagt der Herr im Lorberwerk ‚Die geistige Sonne' (Bd. 2, Kap. 15), „daß aus den Himmeln keine Kunde von Gott völlig enthüllt zu den Menschen der Erde gelangen kann, sondern eine jede solche Kunde ist stets mit einer Hülse umschlossen. Denn ohne eine solche Umschließung könnte keine Kunde aus den Himmeln, die an sich rein geistig ist, von den Menschen aufgenommen werden — so wenig als da jemand von euch imstande wäre, aus dem Brot den für den Leib allein tauglichen ätherischen Nährstoff ohne Beigabe gröberer Materie in sich aufzunehmen. Das Brot nämlich, das ihr esset, besteht aus lauter kleinen *Hülschen,* welche die *Träger* des eigentlichen Nährstoffes sind." — So wie mit dem Brot für den Leib, verhält es sich auch mit der Spiese für den Geist: Wir können auch diesen „Nahrungsstoff" nur unter Beigabe „gröberer Materie" in „Hüllen" zu uns nehmen.

Warum in Hüllen?

Warum aber diese Umständlichkeit, diese Verhüllung der reinen Gotteswahrheit mit einer groben, irdischen Schale? Wäre es nicht besser, Gott offenbarte uns sein Wesen und seinen Willen klar und unzweideutig mit solchem Nachdruck, daß kein Mensch dem himmlischen Geisteslicht zu widerstehen vermöchte?

Der Philosoph *Immanuel Kant,* der auch über diese Frage offenbar viel nachgedacht hat, kam zu dem Schluß: Nehmen wir an, wir könnten die Wirklichkeit Gottes und unseres Fortlebens nach dem Tode, sowie die sonstigen Geheimnisse der Gottheit theoretisch vollkommen aus den Offenbarungen Gottes beweisen, was wäre die Folge? „Es würden dann Gott und Ewigkeit mit ihrer furchtbaren Majestät uns unablässig vor Augen liegen. Bei der Stärke der selbstischen Neigung im Menschen würde das zur Folge haben, daß zwar die Übertretung des Sittengesetzes vermieden, aber die meisten gesetzmäßigen Handlungen aus *Furcht* und wenige nur aus Hoffnung und gar keine aus (Liebes-)Pflicht geschehen würden. Ein moralischer Wert der Handlung aber, worauf doch in den Augen der höchsten göttlichen Weisheit allein alles ankommt, würde infolgedessen gar nicht bestehen."

Diese Ansicht des deutschen Denkers bestätigend, sagt der Herr im „Großen Evangelium[1]: „Ich sage es euch als eine lichteste Wahrheit: Ebenso leicht hätte Ich in Menschengestalt von riesenhaftester Größe, begleitet von zahllosen Engelscharen und unter Feuer, Blitz, Donner und Sturm, Mich zur Erde herablassen und mit bergezertrümmernder Donnerstimme euch das Wort der Gnade verkünden können. Da wäre sicher keiner unter euch gewesen, der in sich nur den geringsten Zweifel

[1] Gr. Ev., Bd. 6, Kap. 7; vergl. auch Bischof Martin, Kap. 175.

hätte aufkommen lassen können. Denn Schreck und Angst hätten ihn augenblicklich derart geknebelt, daß er nicht einmal eines beschränkten Gedankens fähig gewesen wäre. Würde aber jemand das zu seiner innern, wahren *Freiwerdung* etwas genützt haben? Oh, mitnichten! Das wäre ein Gericht für jedes Menschen Seele gewesen und eine Gefangennehmung aller Gemüter.

Seht, *darum* bin Ich in der Niedrigkeit ganz unerkannt in diese Welt gekommen — auf daß keines Menschen Herz gefangen werde und sie allein durch die segensreiche Macht der Wahrheit Meiner Worte und Lehren Mich liebend erkennen und dann ganz frei ihren Lebenswandel einrichten!"

Aber auch noch ein anderer Grund der Verhüllung Gottes und seines Wortes wird uns hier klargemacht. Wir Menschen sollen nicht nur im selbständigen Denken und Urteilen, sondern auch in der emsigsten Tätigkeit, im unermüdlichen *Wollen und Handeln,* Gott ebenbildlich werden. Und so ist alles, was die göttliche Liebe und Weisheit uns darbietet, auch ihr geoffenbartes Wort, letzten Endes darauf angelegt, uns in dieser Hinsicht zu fördern. —

„Daß sich Gott nicht so bald und leicht finden läßt, wie es manche Menschen gerne hätten, hat seinen weisen Grund darin: Würden die Menschen mit leichter Mühe finden, was sie suchen, so hätte das Gefundene bald keinen Wert mehr für sie und sie gäben sich wenig Mühe mehr, noch weiter zu forschen. Sie begäben sich in die *Trägheit,* und der von ihnen leicht und bald gefundene geistige Schatz würde ihnen weit weniger nützen, als so sie ihn gleichfort suchen müssen. Darum geschehen große Offenbarungen selten, damit die Menschen, in ihrer Seelennacht geängstigt, selbst Hand ans Werk legen müssen, um mit allem *Eifer* die ewige Wahrheit und Mich zu finden!" (Gr. Ev., Bd. 9, Kap. 19)

„Also möchte es auch hier", sagt der Denker *Kant,* „im Hinblick auf diese Dinge wohl seine Richtigkeit mit dem haben, was auch das Studium der Natur und des Menschen uns hinreichend lehrt: daß die unerforschliche Weisheit, durch die wir bestehen, nicht minder verehrungswürdig ist in dem, was sie uns zuteil werden läßt, als in dem, was sie uns versagt." (Religion innerhalb der Grenzen der bloßen Vernunft, Seite 176, ff.)

Warum durch Menschen, nicht durch Engelsmund?

Aus diesen weisen Gründen redet Gott zu uns Menschen auch nicht durch reingeistige Engelsboten, sondern durch Propheten, d. h. *Menschen* dieser Erde — eben weil dieser Mittelsweg die Möglichkeit bietet, daß der aus Gott strömenden reinen Wahrheit sich „gröbere Materie", d. h. Irdisch-Menschliches, als „Hülle und Hülse" des reingeistigen Feingehalts beimischt.

Wie geschieht denn nach *Lorber* diese Botschaft zwischen Himmel und Erde? Dadurch, daß Gott durch den reinen Geistfunken im Menschenherzen (der unmittelbar aus Gott stammt) ganz zart und leise in das Sensorium der Prophetenseele Gedanken, Bilder und Gefühle mehr oder weniger klar und deutlich einhaucht. Diese steigen aus der göttlichen Geistesquelle, unserem Tiefbewußtsein, durch das Unterbewußtsein des Gemüts mit all seinem geheimen Vorrat von Erinnerungen und Vorstellungen zum klaren Tagesbewußtsein des Gehirns hinauf. Daß auf diesem Wege Bestandteile des Unterbewußtseins wie auch andere geistige Einflüsse von dritter Seite her sich leicht einmischen können, ohne daß es dem Propheten selbst zum Bewußtsein kommt, kann jeder verstehen, der sich dessen erinnert, wie eine jede

Quelle im Durchgang durch ein lockeres, sandiges Erdreich Bestandteile dieser Materie mit sich emporträgt.

Der gewiß hocherleuchtete Jünger *Johannes* sagt daher im Großen Evangelium über den Vorgang der Inspiration: „Ich werde mitunter beklommen, als möchte mein Herz möglicherweise etwas aus Dir, o Herr, Kommendes nicht richtig und schnell genug erfassen und dann leicht Eigenes fürs Deine hingeben."

Die Weisheit der göttlichen Formenfülle

Auf diese Weise geschieht es auch, daß das Offenbarungswort Gottes, um den verschiedenen Bedürfnissen und Auffassungskräften der Menschen zu entsprechen, die größte *Mannigfaltigkeit* nach Form und Inhalt aufweist. In dem Lorberwerk ‚Robert Blum' (Bd. 1, Kap. 114, 10) finden wir über diese wunderbare Beschaffenheit die treffende Bemerkung:

„Mit der Lehre Gottes (in den echten Offenbarungsschriften; d. Verf.) verhält es sich geradeso wie mit der anderen Schöpfung: Sie ist vor den Augen des eigentlichen Weltverstandes eine höchst unordentlich aussehende Torheit. Der Weltverstand sucht da vergeblich irgendeine feste Ordnung, die er natürliche Logik nennt. Wunderliche Taten und moralische Lehren in zumeist mystischen Bildern sind untereinander gemengt. Hier liest man ein Wundermärchen, dort einen Verweis; auf einer anderen Seite eine an und für sich zwar auserlesene Moral; aber sie hängt mit den anderen Erzählungen, Gleichnissen und Begebnissen für den Weltverstand oft noch weniger zusammen als die ordnungslose Flora einer gut gedüngten Bauernwiese, auf der ein Botaniker die heterogensten Muster für sein Herbarium beisammen findet. Das aber widerspricht der göttlichen Ordnung in der Gotteslehre an die Menschen dennoch nicht im geringsten, sondern bestätigt diese vielmehr. Denn eben dadurch zwingt die Gottheit die träge Natur der Menschen zum fortwährenden Denken und verschiedenartigen Suchen, sich ordentlich in dem zurechtzufinden, was ihr im Anfang und in der Äußerlichkeit unordentlich, wie zufällig und ohne alle Logik hingeworfen vorkommt ... Auch ist die Gotteslehre damit so gestellt, daß aus ihr, wie aus dem Erdboden, jeder Geist seine *ihm* zusagende Nahrung gleich einer Pflanze saugen, sich ernähren und wachsen und zur Vollendung gelangen kann."

Der heilige, reine Wahrheitskern

Bei ihren Kundgebungen weiß die göttliche Vorsehung es freilich immer so zu richten, daß in der den Bedürfnissen und dem Reifegrad der Menschen entsprechenden Wort-Hülse der göttliche Wahrheitskern stets unversehrt zur Geltung gelangt. — In dem Lorberwerk ‚Die natürliche Sonne' (Kap. 68—70) sagt darüber der *Herr:*

„Das Geistige ist eine in sich selbst bestimmte Kraft und ist mit sich selbst in der größten Ordnung. Es wird euch daher klar sein, daß, wenn Ich, als die Urkraft selbst aus der reingeistigsten, ewigen Ordnung, Mich für die Außenwelt äußere, Ich auch stets genau beachte, daß dabei von dem eigentlichen Göttlich-Heiligen in seiner Fülle *nichts vergeben* wird, sondern allenthalben höchst vollkommen der Offenbarung innewohnen muß. Was aber dann die äußere *Form* der Offenbarung betrifft, so muß sich diese den Gegebenheiten fügen. Sie muß daher notwendig in der *Äußerlichkeit* in allerlei sich widersprechend erscheinen, während sie doch in sich selbst in höchst ordnungsmäßigem Einklang steht ...

Betrachtet z. B. das geschriebene Wort sowohl des Alten als des Neuen Testaments. Wie viele tausend Äste, Zweige und Wurzeln möget ihr wohl daran erkennen? Dem Äußeren nach scheint sich alles zu widersprechen. Lehrsätze über ein und dasselbe lauten verschieden. Prophetische Voraussagen über ein und dasselbe Ereignis sind von den verschiedenen Propheten auch verschieden verkündet. Sogar die vier *Evangelisten* erzählen ein und dieselbe Sache mit anderen Worten, ja sogar manche Orte geschehener Tatsachen werden häufig nicht völlig übereinstimmend bezeichnet und nicht selten variieren auch die Angaben der Zeit. — Wer da nun von der äußerlichen Anschauung auf den *inneren* Zusammenhang kommen will, der wird den Weg sicher verfehlen und wird das Zentrum nur schwer treffen."

Mit anderen Worten, das Unstimmige, sich widersprechende Irdisch-Menschliche und somit Vergängliche liegt bei den echten Gottesbotschaften nur im Äußerlich-Nebensächlichen, sozusagen in der *Schale* oder *Rinde* — wie denn auch bei jedem Baum die Rinde tot, zerrissen und zerklüftet erscheint und sich nur als eine grobe Decke des im Bast und im Mark wohnenden wahren Lebens darstellt. Wer aber im Äußeren nicht hängen bleibt, sondern in der richtigen Weise die Schale aufbricht, der wird leicht den unversehrten Markkern finden und von diesem aus dann auch den Zweck und das Wesen der äußeren Rinde richtig verstehen.

Der Schlüssel der Liebe

Den sicheren Weg zum Verständnis der Kernwahrheit jeglicher Offenbarung zeigt uns der Vater des Lichts klar genug in seinen Botschaften.

Wir wissen, das Wesen Gottes ist *Liebe*, und somit ist Liebe auch das Wesen seiner Worte und Schriften! Zum Pharisäer sprach *Jesus:* „Im Doppelgebot ‚Liebe Gott über alles und deinen Nächsten wie dich selbst' hanget das Gesetz und die Propheten!" Mit anderen Worten: Alle Offenbarung zielt hin auf dieses Gebot. Wie denn auch gesagt ist: ‚Des Gesetzes Erfüllung ist die Liebe'. Und wiederum hat Jesus gesprochen: „Wer Meine Gebote der Liebe hat und hält, der ist es, der Mich liebt, und ihm werde Ich Mich offenbaren."

So ist denn der *Schlüssel* in das Paradies der Offenbarungen: die in Jesus verkörperte und uns gebotene uneigennützige Liebe! Daher kann nur ein reines Herz, das demütig abläßt von allem eingebildeten Wissen und aller verhärtenden Eigenliebe, in das Reich des reinsten Lichts eindringen. Unter den zahlreichen Anschauungen, Lehren und Geboten können nur diejenigen wahr und göttlich sein, die jenem Grundwesen Gottes und Seinen Geboten entsprechen. Was mit der reinen Liebe übereinstimmt, ist echt und gut, das andere ist falsch und unnütz. — So ruft in der ‚Haushaltung Gottes' Henoch, ein wahrhaft gottdurchglühter Prophet: „Liebet Gott, unsern liebevollsten, heiligen Vater, aus allen euren Kräften über alles, so werdet ihr in einem Augenblick mehr empfangen, als euer Verstand in seiner größten Schärfe höchst unvollkommen in Jahrtausenden enträtseln möchte! Liebe ist die Wurzel aller Weisheit! Daher *liebet, wollt ihr wahrhaft weise werden!* (Haushaltung Gottes, Bd. 1, Kap. 90)

Ein Mensch, der auf diesen Grund sich stellt, wird auch im unendlichen Formenreichtum, in der berückenden Vielheit der Offenbarungsworte nicht irregehen. Und in diesem Geiste muß man auch an das in der äußeren Schale bisweilen sonderbar anmutende Wort der *Lorberschriften* herantreten. Dann wird der Gottesfreund hier mit seligem Staunen ein *Meer* göttlichen Weisheits- und Liebelichts finden, das die Geschlechter der Erde in Zeiten der Zeiten nicht ausschöpfen werden.

3

Spricht Gott auch heute noch?

Die Frage, ob Gott sich auch noch heute und immerfort durch sein Wort offenbare, dürfte von vielen Gläubigen in der ganzen Welt mit Überzeugung bejaht werden. Verspürt doch ein jeder wahre Gottesfreund, wenn er mit dem Geiste des himmlischen Vaters richtig verbunden ist, den lebendigen, göttlichen Anhauch in seinem Herzen. Einige auf die Offenbarungsschriften der Bibel sich gründende christliche Kirchen verneinen freilich in mehr oder weniger entschiedener Weise eine fortdauernde Gottesoffenbarung durch das Wort.

Die kirchliche Stellung

Von *evangelischer* Seite wird gesagt: „Wir haben in der Bibel die einzig wahre, allgemeine Offenbarungsquelle, welche die Selbsterschließung Gottes in wachsender Fülle bis zur völligen Klarheit in Jesus Christus uns bietet. Darüber hinaus kann es Höheres und Vollkommeneres nicht geben; alles Weitere, was sich als Gotteswort ausgibt, ist trügerisch und vom Satan."

Weniger schroff und einseitig ist der Standpunkt der *katholischen* Kirche. Von dieser Seite wird ausgeführt: Es sei falsch zu sagen, daß es außer der Bibel überhaupt keine Offenbarung gebe, und daß deshalb *alle* sonstige angebliche Offenbarung Täuschung und Trug sei. Vielmehr spreche die Heilige Schrift selbst aus, daß es auch gewisse göttliche Offenbarungen gebe, die nicht in der Bibel verzeichnet sind (Joh. 20, 30; 21, 25; 1. Kor. 11, 23, 34; 2. Thess. 2, 15; 2. Tim. 2, 2; 2. Joh. 12; 3. Joh. 14), und daß solche Offenbarungen auch in der Zeit nach Christus noch stattfanden und immerzu stattfinden werden (Joel 2, 28 ff., Luk 17, 21, Joh. 6, 45; 14, 15—21; 16, 12—15; 1. Kor. 14; 1, 5, 19 ff.). Man könne für den Empfang nachchristlicher Offenbarungen außer auf Paulus und seine Gemeinden auf Männer wie Thomas a Kempis, den heiligen Bernhard, Franz von Assisi, die großen Mystiker Eckhart, Tauler, Seuse und andere hinweisen und aus der Kirchen- und Heiligengeschichte noch viele andere berühmte Namen beifügen. Viele solche Offenbarungen seien mit kirchlicher Druckgenehmigung in vielen Ausgaben verbreitet. Und so sei es tatsächlich über allen Zweifel erhaben, daß auch in nachchristlicher Zeit noch wirkliche Offenbarungen erfolgt sind und noch erfolgen können; Offenbarungen, die im Unterschiede von der für die ganze Menschheit bestimmten und zum Heile notwendigen biblischen Offenbarung ‚Privatoffenbarung' heißen.

Aber es wird von katholischer Seite weiter gesagt, diese inneren Offenbarungen des Heilands müssen keine *neuen* Offenbarungen sein. Sie sind dies nur in seltenen Fällen und sind für gewöhnlich auch nicht für andere oder gar für die Allgemeinheit bestimmt. Diese Offenbarungen bestehen vielmehr in der Regel in Tröstungen und Erleuchtungen, wie sie uns im mystischen Gnadenleben, in der mystischen Liebesvereinigung begegnen: im Innewerden der gnadenreichen Gegenwart des Heilands und der Wahrheit des heiligen Glaubens, im besseren Verstehen einzelner Glaubenswahrheiten sowie der Führungen und Schickungen Gottes, in Bildern und Gesichten — und sind daher auch mehr Sache der einzelnen damit begnadeten Seelen.

Die für die *ganze Menschheit* bestimmte, heilsnotwendige *christliche* Offenbarung oder das ganze *Evangelium Jesu Christi aber sei*, so sagt die katholische Kirche, in der schon zur Zeit der Apostel abgeschlossenen Bibel restlos geoffenbart und werde von den rechtmäßigen Nachfolgern der Apostel, denen Christus den Beistand des Heiligen Geistes bis zum Ende der Welt verheißen habe (vergl. Matth. 28, 20; Joh. 14, 16 ff.; 16, 13), noch heute irrtumslos gepredigt.

Wohl sei im Alten Bunde eine neue, höhere Offenbarung vorausverkündet. Aber im Neuen Testament sei *keine* Andeutung vorhanden, daß noch einmal oder sogar fort und fort noch neue, für die ganze Menschheit bestimmte und heilsnotwendige Offenbarungen zu erwarten seien. Vielmehr sei gesagt, daß Gott seinen Sohn sandte, als die ‚Fülle der Zeit' gekommen war (Gal. 4, 4; vergl. Eph. 1, 10), daß Gott durch seinen Sohn ‚am letzten der Tage' zu uns gesprochen habe (Hebr. 1, 2) daß wir ‚in den letzten Zeiten' (1. Kor. 10, 11), am ‚Ende der Tage' (2. Petr. 3, 3; vergl. 1. Petr. 4, 7), ja, in der ‚letzten Stunde' (1. Joh. 2, 18) leben. Somit gelte dem Neuen Testament die messianische oder christliche Zeit zugleich als ‚Endzeit', als letztes Weltzeitalter, in dem nichts anderes mehr zu erwarten sei als das Weltende und das Weltgericht! —

Das Wort des ewig Lebendigen

Was sagt nun Jesus, das lebendige Wort, durch *Jakob Lorber* zu diesen kirchlichen Ansichten?

Auch im Lorberwerk wird gelehrt, daß in *Jesus Christus* nicht nur die Fülle der Zeit, sondern auch die Fülle der Gottheit gekommen ist und durch Ihn die *vollkommenste* Offenbarung an alle Wesen der Unendlichkeit stattgefunden hat. Auch wird gesagt mit Paulus (Röm. 8, 32), daß mit Christus uns Gott *alles* geschenkt hat; und mit Petrus (Apg. 4, 11 ff.): „Dieser Jesus ist der Stein, den ihr Bauleute verworfen habt, und der nun zum Eckstein geworden ist. In keinem anderen ist das Heil zu finden."

Aber nun ist wohl zu bedenken, daß in den Schriften des Alten und Neuen Testaments lange *nicht alles* der Nachwelt überliefert wurde, was Jesus gesagt und getan hat. Im Evangelium Johannes 20, 30 steht ausdrücklich: „Auch viele *andere* Zeichen tat Jesus vor seinen Jüngern, die nicht geschrieben sind in diesem Buche." Und dieses Evangelium schließt mit den bekannten Worten: „Es gibt noch vieles andere, was Jesus getan hat; wollte man das alles im einzelnen niederschreiben, so würde nach meiner Überzeugung die Welt die Bücher nicht fassen, die dann zu schreiben wären."

Weisheiten von unendlicher Tiefe hat also Jesus weiterhin durch Wort und Tat in seinen dreiunddreißig Erdenjahren und besonders in den drei Lehrjahren geoffenbart. Aber von all diesem endlos großen Lichtschatz ist der Nachwelt in den Schriften des Neuen Testaments nur ein gewisser, das Allerwesentlichste der Gottes- und Heilslehre umfassender *Bruchteil* überliefert worden — zweifellos aus guten Gründen der göttlichen Erzieherweisheit! In dem auf Jesus folgenden Entwicklungsabschnitt war offenbar die Erdenmenschheit zur Aufnahme des ganzen, unverhüllten und unbegrenzten Lichtes aus Jesus im allgemeinen noch gar nicht fähig und reif. Wie dem Kinde in den ersten Monaten und Jahren nur eine einfache Speise bekömmlich ist und erst nach und nach in späteren Jahren eine Jünglings- und sodann eine Manneskost gereicht werden kann, genau so geht es auch mit der geistigen Ernährung jedes Menschen, jedes Volkes und der gesamten Menschheit. Zu dieser Überzeugung wird die Beobachtung des Lebens jeden hellerdenkenden Menschenkenner führen. Auch die *Bibel* selbst zeigt uns in Reihenfolge und Inhalt ihrer Schriften deutlich die von Stufe zu Stufe fortschreitende geistige Entfaltung eines erhabenen, ewigen und unendlichen Wahrheitslichtes.

Somit dürfen wir mit Gewißheit annehmen, daß der himmlische Vater auch das, was Er zur Zeit seiner Menschwerdung als Jesus den gereiftesten Jüngern in Wort und Tat enthüllen konnte, nachher absichtlich durch die natürlichen Mängel menschlich-irdischer Überlieferung dämpfen und verhüllen ließ und es zunächst nur in einem aufs Wesentlichste beschränkten Umfang den nächstfolgenden Geschlechtern übermittelt hat — eben um jenen Zeiten das ihrem Bedürfnis Entsprechende zu geben.

Nachdem sich nun in den zwei Jahrtausenden seit Christus die Menschheit durch zahllose Erfahrungen, besonders auch durch die Erkenntnisse der Wissenschaften weiterentwickelt hat, sind damit tiefere Bedürfnisse und stärkere geistige Aufnahmefähigkeiten erwachsen. Und nun ist es natürlich, daß diesen gereifteren Menschen und Völkern von heute auch ein entsprechend breiterer Strahl des Geisteslichtes aus Jesus zugehen kann, ja *muß!* Denn weitere geistige Fortschritte können nur gemacht werden durch neue, kräftigere Nahrung von oben. Darum hat auch der *Herr* schon bei seinem irdischen Scheiden den Jüngern verheißen: „Der Heilige Geist, welchen Mein Vater senden wird, wird euch *alles* lehren und euch alles dessen *erinnern,* was Ich euch gesagt habe!" Daß *Er* mit dieser Verheißung nicht nur die damaligen Apostel, sondern auch alle künftigen, auf den Pfaden der Liebe dem Herrn nachfolgenden Gotteskinder meinte, ergibt sich unzweideutig aus dem weiteren Worte: „Wer Meine Gebote hat und hält, der ist's, der Mich liebt. Wer Mich aber so liebt, wird von Meinem Vater geliebt werden, und Ich werde ihn lieben und Mich ihm *offenbaren!*"

Die alten Berichte der Evangelien wurden daher nunmehr in unserem Zeitalter vom Vater *in* Jesus, d. i. vom ewig lebendigen Wort Gottes selbst, durch geeignete prophetische Werkzeuge (insbesondere *Jakob Lorber!)* vervollständigt, ergänzt und im Geiste der ewigen göttlichen Liebe *richtig ausgelegt.* Lag doch gerade die Auslegung der Evangelien in der gesamten Christenwelt besonders im argen. Jede Kirche, jede Sekte und Gemeinschaft hatte sich im Laufe der Zeiten von den Worten und Lehren in fast allen wesentlichen Punkten — auf Grund menschlicher Erwägungen — die verschiedenartigsten Anschauungen gebildet, in denen sie sich heftig bekämpften und jeder Teil allein recht zu haben wähnte, während doch die verschiedenen Dogmen und Lehrmeinungen zumeist nur Abwege von der einzig wahren *Liebeslehre* Jesu Christi waren. Da mußte nun der Heilige Geist selbst eingreifen und der Verheißung gemäß die Menschheit wieder alles dessen erinnern, was Jesus in *Wahrheit* gesagt und gelehrt hatte. Und so wird es heute und in Ewigkeit sein, daß *Jesus*, das lebendige *Wort Gottes*, sich immer wieder offenbaren muß, um den Menschen der Erde und aller anderen Gestirne immer wieder diejenigen Erkenntnisse zu bieten, deren sie auf ihrer jeweiligen Reifestufe bedürfen.

Der Standpunkt der Bibel, der Vernunft und der Erfahrung

Diese Auffassung ist eine den Entwicklungsgesetzen des geistigen Lebens und dem weisen Erziehungsplan Gottes entsprechende Lehre der *fortschreitenden* göttlichen Offenbarung. Gegen die fast selbstverständliche Überzeugungskraft dieser Anschauung können aus dem Zusammenhang gerissene Schriftstellen bezüglich der Endzeit und ihrer abschließenden Bedeutung (z. B.: Hebr. 1, 2; 1. Kor. 10, 11; 1. Petr. 4, 7; 2. Petr. 3, 3; 1. Joh. 2, 18) keinen *triftigen* Einwand bieten. Bezeichnenderweise ist ja auch kein einziges Wort des Herrn selbst unter jenen oben erwähnten Endzeitstellen.

Es ist bekannt, daß die Apostel, deren Briefen die Stellen entnommen sind, das ‚Ende der Zeit' irrtümlich in viel unmittelbarerer Nähe wähnten. Auch ist nicht gesagt, daß in dem ganzen, jetzt 2000-jährigen christlichen Weltzeitalter nichts anderes mehr zu erwarten war und ist als das Weltende und das Weltgericht. Bedurfte doch in dieser Zeit die mehrmals in äußerste Nacht versunkene Christenheit wiederholt der Aufrichtung durch neue Enthüllungen und tiefere Erkenntnisse der christlichen Wahrheiten. Wenn der Bibel zufolge unter den Menschen das Tausendjährige Friedensreich anbrechen soll, wie könnte es anders geschehen als durch neue Gnaden- und Lichtgaben aus den Himmeln? Es wäre wahrlich eine trostlose Aussicht, wenn die Gottheit nicht immer wieder durch große, neue und allgemeine Enthüllungen der ewigen, göttlichen Wahrheit dem unselig irrenden Menschengeschlecht liebevoll zu Hilfe käme! Mußten wir doch erleben, daß trotz der gegenwärtig so umfassenden Ausbreitung der Bibel *Unglaube* und *Abfall* vom Christentum niemals schlimmer war als in den letztvergangenen Jahrzehnten.

Allgemeine und Privatoffenbarungen

Nun leugnet ja die katholische Kirche eine gewisse Art der fortdauernden Offenbarung grundsätzlich nicht. Sie macht — offensichtlich im Interesse der Autorität und Einheitlichkeit der Kirche — eine durchaus *unhaltbare* Unterscheidung zwischen heilsnotwendigen Allgemeinoffenbarungen und mehr seelsorgerischen (von ihr anerkannten) Privatoffenbarungen.

Wo steht in der ganzen Bibel irgend etwas von solch einer Unterscheidung? Sagte nicht Jesus vielmehr ausdrücklich, daß der kommende Heilige Geist die Jünger über *alles* belehren und sie alles dessen erinnern werde, was Er, Jesus, gelehrt und getan hat? Ist da irgendein Unterschied gemacht zwischen allgemeinen „für die ganze Menschheit bestimmten und zum Heile notwendigen Offenbarungen und bloßen Tröstungen und Erleuchtungen, wie sie uns im mystischen Gnadenleben, in der mystischen Liebesvereinigung, begegnen"? — Wir finden in der großen Geistesverheißung des Herrn von einer solchen künstlichen Unterscheidung so wenig wie in der anderen Zusage in Johannes 14, 21. — Einen bibel-schriftlichen Unterschied hier zu konstruieren ist willkürlich. — Es ist dieses aber auch der Sache nach *unmöglich*. Denn wie sollten seelsorgerische Tröstungen und Erleuchtungen des mystischen Gnadenlebens andere als die für *alle* Menschen bestimmten, heilsnotwendigen Glaubenswahrheiten zum Gegenstand haben? Im wahren mystischen Erleben spielen gerade die höchsten und tiefsten christlichen Glaubenserkenntnisse und -tatsachen die größte Rolle. Man kann sagen, daß nur sie bei diesen einzigartigen Erlebnissen lebendig und machtvoll zum Ausdruck kommen.

Also mit dieser Unterscheidung zwischen „amtlichen" Allgemeinoffenbarungen und bloß „erbaulichen" Privatoffenbarungen ist es nichts! Ist doch die katholische Kirche selbst zugunsten der inneren Kirchenentwicklung und der Unfehlbarkeit des Papstes genötigt, in den päpstlichen Erlassen eine *nachchristliche* Allgemeinoffenbarung zu verkünden. Auch verbreitet sie die angeblichen Privatoffenbarungen vieler katholischer Heiligen und frommer Katholiken in der *ganzen* Menschheit, während sie die große Allgemeinoffenbarung der Bibel in weitgehendem Maße der Menschheit bisher entzog, und erst ein Luther diese Hauptquelle den Christen zurückgeben mußte.

Unterschiede und Unterscheidungsmerkmale

Unter den Offenbarungen Gottes an die Menschen können Unterscheidungen nur nach dem *Grade der Reinheit* gemacht werden. Und in dieser Beziehung bietet uns gerade das Neuoffenbarungswerk Lorbers eine klare Grundlage der Beurteilung, indem es uns vollen Aufschluß gibt über das Wesen der *Inspiration* und über den wahren, einzig segensvollen *Geist* der Auslegung (vergl. oben Kap. 2, S. 7 ff.).

Was aus der reinen Gottes- und Nächstenliebe kommt und die *Liebe* lehrt und verwirklicht, ist von oben, ist wahr, gut und göttlich. *Alle* solche Schrift, von Gott eingegeben, ist nützlich zur Lehre und Besserung. (2. Thim. 3, 16) Was dagegen aus unreiner Liebe kommt und eine unreine Liebe verkündigt oder auswirkt, ist unwahr, schädlich und ungöttlich. Dies hat kein Geringerer als Jesus selbst (Joh. 7, 18) klar ausgesprochen in den Worten: „Wer aus sich selbst (d. h. aus seinem irdisch Menschlichen) redet, sucht seine *eigene* Ehre. Aber wer die Ehre dessen sucht, der ihn gesandt hat, der ist wahrhaftig und bei dem findet sich keine verwerfliche Selbstsucht." Insoweit also in der Person oder der Kundgabe eines Propheten sich verwerfliche Ehr- oder Selbstsucht verrät, ist die Prophetie nach dem klaren Urteil des göttlichen Meisters unrein und falsch; insoweit sie nur die Ehre Gottes sucht und darstellt, ist sie rein und wahr.

Nach diesem durch den Heiligen Geist des Vaters in Jesus in der Bibel aufgestellten *Maßstab* der Wahrheitsprüfung können und dürfen wir getrost sagen: *Jakob Lorber* war ein ungewöhnlich demutsvoller, selbst- und anspruchsloser Gottesmensch mit einem reinen Herzen voll opferbereiter Liebe. Und die durch seine demütige und ausdauernde Hingabe uns übermittelten *Werke* verkünden nichts als die lauterste Gottes- und Bruderliebe in machtvoll hinreißender Form. Reine Demut und Liebe ist nirgends und niemals gewaltiger, umfassender und tiefgründiger verkündigt worden als in diesem neuen Offenbarungswort. Wo solche Luft weht, ist Himmel, ist Wahrheit, ist Gott!

II

Was ist über Gott geoffenbart?

4

Vom Wesen Gottes

Über das Wesen jener höchsten Lebensmacht, die sich uns durch die Natur, durch unser Herz und durch die Schriften der Offenbarung als Grundursache alles Seins zu erkennen gibt, lehrt die Bibel in Übereinstimmung mit vielen anderen heiligen Schriften: Gott ist ein *Geist;* Er ist ewig und unendlich und besitzt die Fülle der Vollkommenheit. — Zugleich erfahren wir durch die Bibel aber auch, daß Gott ein *Mensch* ist, denn durch Moses ist gesagt: „Gott schuf den Menschen sich zum Bilde, zum Bilde Gottes schuf Er ihn."

Zwischen diesen beiden Bekundungen — daß Gott ein ewiger, unendlicher Geist, zugleich aber auch ein Mensch ist — scheint ein Widerspruch obzuwalten, da im Begriff des unendlichen Geistes eine den ganzen Raum erfüllende Unbegrenztheit, im Begriff Mensch dagegen eine räumliche Begrenzung gegeben erscheint. Über diesen Gegensatz haben schon viele Christen nachgedacht, ohne zu einem Ergebnis zu gelangen. Man darf es daher als große Wohltat bezeichnen, daß die Lorberschriften uns in dieser Hinsicht hochbedeutende Aufschlüsse geben.

Allgeist und Ur-Gottmensch

In der ‚Haushaltung Gottes' [1] belehrt der *Herr* in der Gestalt des Wanderers *Abedam* die Urväter, indem Er an den grüblerischen *Jared* folgende Worte richtet: „Mein geliebter Jared, Ich kenne deine Lehre von Gott. Du sagst:, Gott ist durchaus unendlich in seinem Wesen.' Nun möchte Ich aber doch erfahren aus deinem Herzen, wie du dir Meine dir ähnliche, wesenhafte Sichtbarkeit mit deinem Begriff von Meiner unendlichen Wesenheit zusammenreimst? Denn Ich bin der Meinung: Wie das Endliche, räumlich Begrenzte nie die unendliche Räumlichkeit erfüllen wird, wenn es sich auch ewigfort nach allen Seiten hinaus ausbreiten möchte — so ist es wohl auch umgekehrt der Fall. Wo und wie sollte sich das endlos Räumliche zusammenziehen zu einem endlichen Wesen? Wo und wie sollte es anfangen, wenn es keine Grenzen hat? Da es aber also ist nach deiner Lehre, so sage Mir: Wie bin Ich, der unendliche Gott, denn jetzt dir wie auch allen anderen ein sichtbarer, leiblich-räumlich abgegrenzter Gott geworden? Nach deiner Lehre kann Ich es unmöglich sein; nach deiner *Liebe* und deinem *Glauben* aber bin Ich es dennoch. So tue uns allen solches kund! Denn Klarheit in diesem Punkte ist von

[1] H. G., Bd. 2, Kap. 138 und 139.

größter Wichtigkeit, da ein unendliches Wesen Gottes für alle endlichen Wesen so gut wie völlig *undenkbar* und sonach auch so gut wie kein Gott ist. Ein endlicher Gott aber schließt ja schon mit dem Begriff ‚endlich' alle Göttlichkeit aus. Also tue dein Herz auf und erläutere uns diesen Widerspruch!"

Als *Jared* und die anderen solche Frage vernommen hatten, schlugen sie sich alle an die Brust, und ein Zweifel um den andern fing an, ihr Herz gefangenzunehmen. — Und Jared sagte nach einigem Nachdenken: „Herr und Vater in aller Deiner Liebe und Heiligkeit! Diese Frage wird zwar der größte und tiefsinnigste Cherub so wenig zu beantworten imstande sein wie ich. Doch mein Maßstab für Deine Gottheit ist mein eigenes *Herz,* da es niemanden so sehr wie Dich zu lieben vermag! Alles andere ist für mich von keinem Belang. Wie Du Dich als ein *unendlicher* Gott auch uns endlichen Würmern vor Dir als ein endlicher Gott in Gestalt eines *Menschen* zeigen kannst, mag begreifen, wer es kann. Doch gestehe ich hier ganz offen, daß ich Dich *nur* unter dieser Gestalt wahrhaft zu *lieben* imstande bin. Denn wo sollte ein begrenztes Herz die Liebe hernehmen, um Gott in seiner Unbegrenztheit zu lieben? Daher bist Du mir auch so ums unendliche lieber als in Deiner für mich undenkbaren göttlichen Unendlichkeit. Wenn ich Gott fürchte und liebe, so nur unter dieser Deiner Form; denn für einen unendlichen Gott dem Wesen nach bin ich ja so gut wie gar nicht da, und Er ist dann auch für das, was gegen Ihn völlig nichtig ist, unmöglich ein Gott. Siehe, das ist alles, was ich darüber zu sagen vermag; möge es Dir wohlgefällig sein!"

„Und *Abedam*", heißt es in der ‚Haushaltung Gottes' weiter, „drückte darauf Jared an seine Brust und sagte: ‚Jared, du hast Mir eine vollkommene Antwort gegeben; es ist genau so, wie du es ausgesprochen hast. Die Liebe allein ist der Maßstab für Meine Göttlichkeit, und mit keinem anderen Maß bin Ich ermeßlich. Ich bin wahrhaft ein unendlicher Gott! Was jedoch Meine räumliche Unendlichkeit betrifft, ist diese nur eine zeitbedingte Erscheinlichkeit — im Geiste aber ist das die Machtvollkommenheit Meines Willens, Meiner Liebe und Weisheit. Die gestaltliche Wesenheit Meines Ich aber ist dieselbe, nach der ihr alle seid gemacht worden zu Meinen wesenhaften *Ebenbildern!* Also bleibe du, Mein lieber Jared, wie du warst, und glaube es Mir: Niemand wird Mich je in einer anderen Form sehen, als in welcher ihr Mich jetzt alle sehet im Geiste! Amen."

Nach solcher Erklärung waren viele samt Jared sehr froh. Einige aber wußten sich doch nicht so recht zu helfen und grübelten angestrengt über die zwei Wesenheiten Gottes, nämlich über die unendliche und über die gestaltlich vor ihnen stehende.

Da erhob sich *Abedam* wieder, berief die Grübler zu sich und sagte: ‚O ihr großen Narren, was habt ihr für Unsinn ausgedacht? Damit ihr aus euren Träumereien kommt, will Ich euch ein wahres Licht geben. Und so hört:

Was ihr des Raumes Unendlichkeit nennt, ist der *Geist Meines Willens,* der von Ewigkeiten her die endlose Räumlichkeit gestellt und allenthalben erfüllt hat mit Wesen aller Art. Dieser Geist aber hat einen *Mittelpunkt* wesenhaft gestaltlich, in dem alle Macht dieses unendlichen Geistes vereinigt ist zu *einem* Wirken. Und dieses *Machtzentrum* des unendlichen Gottgeistwesens ist die *Liebe* als das Leben dieses Geistes; und diese Liebe bin *Ich* von Ewigkeit! Obschon Gottes Geist überall wirken kann, so kann Er sich dennoch nicht *wesenhaft gestaltlich* äußern ohne die Liebe. Wo Gott sich für endliche Wesen gestaltlich zeigt, da äußert Er sich durch seine *Liebe,* die da ist das eigentliche *Grundwesen* Gottes und der *Sammel-*

punkt aller Macht, Kraft und Heiligkeit seines unendlichen Geistes. Seht, das ist das *Wesen Gottes* in aller Wahrheit und kann nur mit dem Herzen, nie aber mit dem Verstand begriffen werden!' " —

Somit ist nach diesen erhabenen Worten Gott vollkommen nicht nur in der endlosen *Ausdehnung* seiner Kräftewirkung, sondern ebenso auch in der Konzentration, der Sammlung seiner Kräfte und seines Wesens in einem Mittelpunkt — unermeßlich gewaltig im endlos Größten wie im endlos Kleinsten!

Das Machtzentrum der Gottheit

Über die wesenhafte Gestaltung des wunderbaren Machtzentrums der Gottheit lesen wir im „Großen Evangelium"[1] weiter: „In sich und für sich (d. h. in seinem Machtzentrum) ist Gott ein *Mensch* wie du und wohnt in einem unzugänglichen Lichte, das in der Welt der Geister die *Gnadensonne* genannt wird."

Über die entsprechende Örtlichkeit dieser göttlichen Gnadensonne heißt es in ‚Rob. Blum' (Bd. 1, Kap. 140) vom irdisch-naturmäßigen Standpunkt aus betrachtet, wohne Gott in der Gegend des großen Sternbilds *Löwe*, und zwar „in der *geistigen* Zentralsonne, die da umfaßt die naturmäßige Sonne mit Namen *Regulus,* und über diese hinaus in der ganzen *Unendlichkeit.*"

Das menschliche Urbild im Machtzentrum der Gottheit dürfen wir uns natürlich aber *nicht* als einen grobstofflichen, *materiellen* Menschen nach Art des irdisch-leiblichen Menschen vorstellen. Wie unser wahrer, innerster Mensch *reingeistiger* (für unser Leibesauge unsichtbarer) Natur ist, so ist dies selbstverständlich auch der göttliche Urmensch, nach dessen *Urbild,* wie die Bibel sagt, Gott den irdischen Menschen gestaltet hat.

Daß dieser göttliche Ur-Geistmensch vor nahe zwei Jahrtausenden zur Materie herniederstieg und sich in *Jesus* mit einer irdischen Seele und einem fleischlichen Leibe umhüllte, um sich den Menschen und allen Geistern und Engeln als Gott *schau- und nahbar* zu machen und sie durch Lehre und Vorbild auf den Heilsweg zu führen — dieses erhabene Geschehen wird uns in seiner unermeßlichen Bedeutung in den Lorberschriften in bisher nie vernommener Weise dargetan, doch wollen wir hierauf erst später näher eingehen.

Weltseele oder Person?

Durch die in den Lorberwerken so klar und überzeugend gebotenen Bekundungen über das Machtzentrum Gottes wird auch die alte Frage beantwortet, ob die Gottheit eine *Person* oder — wie die Brahmanen und sonstigen Pantheisten lehren — eine nebelhaft durch die Unendlichkeit gebreitete *Weltseele* ist.

Wodurch ist denn der *Mensch* eine Person? Dadurch, daß seine gesamte Intelligenz und Wesenskraft in einem bestimmten Mittelpunkt, nämlich dem in unserem Leibe sichtbar verkörperten *Ich* zu einheitlichem Empfinden, Denken, Wollen und Handeln *gesammelt* ist. Durch dieselbe Sammlung aller geistigen Lebenskräfte in

[1] Gr. Ev., Bd. 6, Kap. 88, 3; vergl. auch Geistige Sonne, Bd. 2, Kap. 13; Gr. Ev., Bd. 1, Kap. 155, 5; Bd. 2, Kap. 39, 3; Bd. 6, Kap. 135, 1 und 123, 17; Suppl. S. 45.

einem Lebens- und Machtzentrum bekundet sich auch die Gottheit als eine unserem Ich wesensähnliche *Geist-Person.* Wir haben also durch diese Gestaltung in Wahrheit, wie die Bibel lehrt, einen *persönlichen* Gott, an den wir uns in Gedanken wie an unseresgleichen wenden können. — In dem Lorberwerk ‚Bischof Martin' sagt der Jünger Johannes: „Seinem Gottwesen und Willen nach ist Gott unendlich und somit auch allgegenwärtig, aber als wesenhafter *Gottmensch* und wahrer Vater seiner Kinder wohnt Er *persönlich* unter seinen Kindern im Himmel der Himmel." [1]

Daß uns auch dieser überaus wichtige Punkt der Gotteslehre hier so klar und deutlich enthüllt ist, muß uns mit besonderem Dank erfüllen. Kann uns doch die unendliche Gottheit (wie schon oben durch den Urvater Jared ausgesprochen) nur dadurch in beseligender Weise nähertreten, daß sie sich uns nicht als unpersönliche nebelhafte Allmacht, sondern als eine unserem Geistes-Ich entsprechende persönliche Lebensmacht darstellt, die unsere Leiden und Freuden mit uns empfindet und teilt, und an die wir uns in persönlicher Weise liebend und vertrauend wenden können.

Der ausstrahlende Gottesgeist

Über die vom gewaltigen Machtzentrum ins Endlose hinausstrahlenden Geistkräfte, den sogenannten Außen-Lebensäther oder *Heiligen Geist* der Gottheit bekundet der Herr im Großen Evangelium: „Der ewige und unendliche Schöpfungsraum ist nach allen Seiten ewigfort mit nichts anderem erfüllt als mit Meinem *Geiste,* welcher da ist pur Liebe, Leben, Licht, Weisheit, klarstes Selbstbewußtsein, bestimmtes Fühlen, Schauen, Hören, Denken, Wollen und Wirken. In Mir (Jesus) ist zwar dieses ganzen, einen und ewigen Geistes *Brennpunkt,* aber Mein *Außenlebensäther,* der mit Mir, dem Hauptlebensbrennpunkt stets in innigster Verbindung steht, durchdringt und umfaßt alles in der ewigen Unendlichkeit und sieht, hört, fühlt, denkt und wirkt überall auf dieselbe Weise. Hierauf beruht ganz klar und faßlich die *Allgegenwart* und *Allwissenheit* Gottes!" (Gr. Ev., Bd. 4, Kap. 257)

Ähnlich heißt es an einer anderen Stelle des Evangeliums: „Der reine *Geist Gottes* in sich als Stoff oder Element ist ein *Feuer* und ein *Licht* oder (anders ausgedrückt) die Liebe und Weisheit selbst. Doch müßt ihr euch darunter kein Materiefeuer und keine sinnliche Liebe vorstellen und auch kein Licht wie das der irdischen Sonne, obschon zwischen beiden eine Entsprechung besteht. Denn das Feuer des Geistes ist pur *Leben* und dessen Licht reine *Weisheit* ... Hinter der den unendlichen Raum erfüllenden Substanz des Äthers (d. h. durch sie strömend) ist das den menschlichen Sinnen nicht sichtbare *Geistfeuer:* eine waltende Kraft, die, von Gott ausgehend, den unendlichen Raum erfüllt und in einem fort wirkt und schafft. Gott selbst aber ist in seinem Zentrum der ewige *Urgeist* und *Urmensch.* Dieser erfüllt die aus Ihm hervorgehende Unendlichkeit mit seinen großen Gedanken und Ideen, die, von seiner Liebe erfüllt, zu einem Ihm gleichen Lebensfeuer, durch seine Weisheit zu geordneten Formen und durch seinen Willen zu gesonderten und wie für sich bestehenden *Wesen* werden. Und in diese ist die Fähigkeit gelegt, sich selbst als solche ewig fortzupflanzen, fortzubilden und auf der Stufenleiter der Ordnung

[1] Bischof Martin, Kap. 198.

Gottes sich mit der Zeit gegenseitig zu vereinen und (in den höchsten, reichhaltigsten Lebensformen) zur Gottähnlichkeit emporzusteigen." (Gr. Ev., Bd. 7, Kap. 71, 11 und 72, 9)

Gottes Grundeigenschaft — Liebe

Die erste Haupt- und Grundeigenschaft des ewigen, allgestaltenden und allwaltenden Gottwesens ist die Liebe. In ihr liegt der Grundwille zu beseligender Betätigung. In herrlichen Worten und Bildern wird in den Lorberschriften diese *Urmacht alles Lebens* auf die mannigfaltigste und ergreifendste Weise immer wieder geschildert und gepriesen. So heißt es in der ‚Haushaltung Gottes': „In der Mitte der unendlichen Kraft war Ich von Ewigkeit her die Liebe und das Leben selbst."[1] Und in ‚Johannes, das Große Evangelium'[2] sagt der Herr:

„Gott, der ewig wahre, ist pur Liebe und also auch die höchste Weisheit, als welcher Er alle Welten und Menschen aus sich heraus erschaffen hat. Da Er selbst pur Liebe ist, so will Er auch, daß alle Menschen Ihn vor allem und über alles lieben, und dann auch — weil alle Menschen sein Werk sind — sich untereinander lieben wie jeder sich selbst liebt. Denn wenn Gott alle Menschen mehr als ein bester Vater seine Kinder liebt, warum sollten dann auch die Menschen Ihn nicht wieder über alles lieben, so sie Ihn einmal recht erkannt haben? Wahrlich, Ich sage euch: Ohne die rechte *Liebe* werdet ihr Gott nicht finden, Ihn nie recht erkennen und werdet euch sonach Ihm auch nie nahen können. Nur die Liebe zeigt euch den sicheren Weg zu Ihm."

Diese göttliche Liebe macht im „Großen Evangelium"[3] ein *Weiser* sich mit folgenden Betrachtungen begreiflich: „Für Gott als den Schöpfer und Vater aller Welten, Engel und Menschen muß allein das die größte Wonne sein — alle jene, die Ihn und seine Werke mehr und mehr erkennen und lieben, auch stets *seliger* zu machen! Aus *diesem* Grunde erfüllte Er den unendlichen Raum mit zahllosen Werken seiner endlosen Weisheit und Macht und erschuf denkende, mit Weisheit begabte Wesen. Diese, im höchsten Grade ergriffen, bewundern die göttliche Weisheitstiefe und Macht des Schöpfers und werden bei jeder Enthüllung zu neuer Anbetung und stärkerer *Liebe* hingerissen. Dieses allein schon muß für Gott die höchste Seligkeit sein! Um für uns Menschen dieser Erde, für die Engel aller Himmel und für alle Geschöpfe der ganzen Unendlichkeit eine größere Seligkeit zu bereiten, kam Er selbst als ein *Mensch* zu uns auf diese Erde, um sich uns wie ein Mensch dem anderen zu offenbaren."

Die sieben „Geister Gottes" und ihr Werk

Wir erfahren durch Lorber, wie sich aus dem göttlichen Beseligungsdrang der Liebe alle anderen *Wesensseiten* der Gottheit folgerichtig ergeben. Die nach Beseligung drängende *Liebe* Gottes zeugt, um ihr Willensziel zu erreichen, in sich schöpferische Gedanken und Ideen ohne Zahl. Es wird sozusagen in ihr „Licht", und so

[1] Haushaltung Gottes, Bd. 1, Kap. 5, 2; vergl. auch Bd. 2, Kap. 94.
[2] Gr. Ev., Bd. 6, Kap. 138, 15 ff.
[3] Gr. Ev., Bd. 3, Kap. 238, 4 ff.; vergl. auch Gr. Ev., Bd. 5, Kap. 157, 8 ff., ferner Bd. 8, Kap. 129, 13.

entspringt aus ihr die göttliche *Weisheit.* — Beide, Liebe und Weisheit, wollen ihre Schöpfungsgedanken verwirklichen, und so erwecken sie die ausführende Kraft und Macht, den sogenannten *Heiligen Geist.* Durch ihn bekommen die gedachten Wesenheiten Wirklichkeit und Leben. — Liebe, Weisheit und Macht nennt man daher auch die *drei Haupt- oder Grundgeister Gottes.* —

Es kommen aber, aus ihnen entspringend, noch vier weitere „Geister Gottes" hinzu: die *Ordnung,* die den Wesen Zweck und Form gibt; der *Ernst,* der ihnen Bestand, Gedeihen und Fortpflanzung verleiht; die *Geduld,* welche die ruhige Reifung selbst in ausgedehntesten Zeiträumen gewährleistet; und als höchste Eigenschaft die *Barmherzigkeit,* die selbst der gottfeindlichen und tiefst gefallenen Wesen sich annimmt und schließlich alles zur Vollendung bringt.

Das Endergebnis des *Zusammenwirkens* all dieser Gotteskräfte im erhabenen Werke der Schöpfung schildert im Großen Evangelium (Bd. 3, Kap. 239) ein Erleuchteter mit den Worten: „Das große *Doppelziel* unseres Gottes und Schöpfers wird so erreicht: Das in der Schöpfungskrone Mensch gereifte Gottes-*Kind* erkennt seinen ewigen Vater, schaut Ihn mit liebetrunkenen Augen und freut sich über alle Maßen. Aber auch der *Vater* freut sich unendlich, daß Er nun nicht mehr allein ist, sondern in der lichtvollsten Mitte seiner Kinder, die Ihn über alles lieben, stets von neuem seine Wunderwerke genießen und seine unendliche Macht und Weisheit dankbar preisen."

Wie groß, wie gut, wie liebevoll, wie voll der höchsten Weisheit, Erbarmung, Kraft und Macht ist unser Gott! Lasset Ihn uns mit allen Kräften unseres Lebens suchen, erkennen und über alles lieben, indem wir den Geboten seiner heiligen Ordnung freudig gehorchen!

5

Er heißt — Ewig-Vater!

Bald wird zum zweitausendsten Male die Gedenkstunde jener heiligen Nacht nahen, in der das Licht des Heils, das Licht der höchsten göttlichen Liebe aus den Himmeln sich auf diese Erde herniedergesenkt hat in Gestalt eines hilflosen Kindleins. Immer wieder singen Millionen Stimmen in allen Landen:

„Christ ist geboren! Christ ist erschienen!
Freue dich, freue dich, o Christenheit!"

Und dennoch ist es bis heute den meisten Menschen immer noch ein Rätsel der Rätsel — *wer* es denn eigentlich war und ist, der dort im Stalle zu Bethlehem als Kindlein, als der heilige Christ sich den Menschen zum Pfande ewiger Liebe hingegeben hat. Wir sagen: es ist *Jesus Christus,* der Sohn und Gesandte Gottes, der Maria vom Engel verkündet wurde, und bei dessen Taufe die Stimme aus den Himmeln sprach: „Siehe, das ist Mein lieber Sohn, an dem Ich Wohlgefallen habe!"

Aber ist dieser Gesandte und Gesalbte Gottes, der sich später zuweilen Gottessohn, zuweilen Menschensohn genannt hat, *selbst Gott?* Ist doch von Ihm gesagt, daß in Ihm die Fülle der Gottheit wohne! Wie aber ist dann sein Verhältnis zu dem urewigen Schöpfer und *Vater,* den uns die Heilige Schrift des Alten und Neuen Testaments ernstlich als den *alleinigen* Gott lehrt? Und was bedeutet daneben als dritter der *Heilige Geist?*

Einheit oder Dreifaltigkeit?

Diese gewichtigen Fragen über das Wesen und das Verhältnis von *Vater, Sohn* und *Heiligem Geist* — die sogenannte *Trinität* — haben die Christenheit der ganzen Welt zu allen Zeiten mächtig bewegt. Es hat darüber bald nach der Auffahrt des Herrn die erbittertsten Kämpfe gegeben, die im 4. und 5. Jahrhundert n. Chr. durch wildbewegte Glaubensversammlungen nur gewaltsam und äußerlich geschlichtet werden konnten. Vom Konzil zu *Nizäa* (325) wurde unter Bannfluch als bindendes Glaubensbekenntnis festgesetzt: „Wir glauben an einen *Gott,* den allmächtigen Schöpfer alles Sichtbaren und Unsichtbaren, und an einen *Herrn Jesus Christus,* den *Sohn* Gottes, vom Vater (nicht geschaffen sondern) gezeugt aus dem Wesen des Vaters, Gott aus Gott und mit dem Vater eines Wesens . . . und glauben an den *Heiligen Geist.*" Vater, Sohn und Heiliger Geist wurden als *drei verschiedene Gottpersonen* von gleicher göttlicher Wesenheit erklärt, die *zusammen* den alleinigen, ewigen und unendlichen Gott bilden! — In diesen und anderen feierlichen Konzilbeschlüssen über die Person Jesu hoffte man, eine allgemeine Glaubensgrundlage gefunden zu haben, die nach dem Verlust des früher lichtvoll belebenden Liebegeistes die zerrissene Christenheit zu einen und die sichtbare Kirche des Morgen- und Abendlandes zu tragen vermöchte. Diese Lehrsätze sind auch wirklich in der römisch-katholischen wie in der protestantischen Kirche bis zum heutigen Tage in Geltung geblieben. Und in dumpfer Erinnerung der einstigen Glaubenskämpfe werden sie noch in unserer Zeit von den Kirchlichgesinnten mit einer Art ängstlicher Scheu stillschweigend auf sich beruhen gelassen und für unantastbar erklärt.

Dennoch empfindet jeder hellere Mensch die unentwirrbaren Schwierigkeiten dieser Lehre vom dreipersönlichen Gott. Ein hervorragender Gelehrter der katholischen Kirche selbst schrieb über dieses sogenannte *Trinitäts-* oder *Dreifaltigkeitsdogma:* „Nun ist dies tatsächlich eine geheimnisvolle Lehre. Der menschliche Verstand allein kann ohne übernatürliche Offenbarung nicht zu ihr vordringen und sie auch nach erfolgter Offenbarung nicht beweisen noch vollends verstehen." — Freilich setzt der glaubensgehorsame Katholik hinzu: „Aber sie ist, wenn auch eine übervernünftige, über die menschliche Vernunft, über unseren Verstand hinausliegende, übernatürlich geoffenbarte Wahrheit, so doch keine unvernünftige Lehre."

Diese verwickelten Dogmen über die Dreifaltigkeit Gottes und die Person Jesu haben in der Welt keinen großen Segen gestiftet. Sie verwirrten den einheitlichen Gottesbegriff des Alten und Neuen Testaments in solchem Grade, daß Millionen Menschen am Christentum irre wurden und im 8. Jahrhundert die Völker des Morgenlandes mit fliegenden Fahnen zur strengen *Eingottreligion* des neuerweckten Propheten Mohammed übergingen. Wie von einem Feuersturm wurden die alten, von Paulus begründeten Christengemeinden Kleinasiens, Palästinas und Ägyptens hinweggefegt. Und was im Abendlande in der römischen Kirche bestehen blieb, konnte zu Christus schwer oder gar nicht mehr das rechte ausschließliche Gotteskind-Verhältnis finden.

Gott mußte sich deshalb den durch menschliche Schriftauslegung und kaltverstandliche Konzilienbeschlüsse verwirrten Erdenmenschen neu enthüllen, wollte Er sie doch noch aus schmerzlicher Verirrung zum Licht und zum Ziele der Vollendung führen. Und so kamen in unserer Zeit, nachdem die Menschheit durch fast zweitausendjähriges Suchen und Ringen reif geworden war, durch Jakob Lorber *Neuoffenbarungen* über das Wesen Gottes, die auch über die Dreifaltigkeitsfrage und die Person Jesu durch den Heiligen Geist selbst eine wahre, Vernunft *und* Herz gleich befriedigende *Schriftauslegung* gaben.

Das unteilbare Einreich Gottes

In diesen Neuoffenbarungsschriften ist an vielen hochbedeutsamen Stellen klar und deutlich ausgesprochen: In *Jesus* ist verkörpert und Mensch geworden der *alleinige Gott* und Schöpfer Jehova Zebaoth. In Ihm ist *vereinigt* Vater, Sohn und Heiliger Geist! — Es kann *keinen* dreipersönlichen Gott geben![1] — Die Gründe sind am eingehendsten erörtert vom Herrn selbst im Großen Evangelium (Bd. 8, Kap. 26 und 27). Hier heißt es:

„Die göttliche Urkraft hat die Macht, sich endlos frei zu bewegen. Ihr steht demnach sicher auch das Recht zu, ihre Herrlichkeit ins Fleisch zu wandeln, um gegenüber den von ihr geschaffenen Menschen auch als ein ewig vollkommenster *Mensch* schau- und begreifbar dazustehen. Aber die Macht hat die Herrlichkeit Gottes nicht und kann sie unmöglich haben, andere ihr völlig gleiche Gottheiten außer sich zu erschaffen. Denn könnte sie das, so müßte sie außerhalb des einen unendlichen Raumes auch noch mehrere ebenso unendliche Räume erschaffen können — was wohl jeder nur ein wenig hell denkende Mensch als Unsinn erkennen muß! Denn wenn der *eine* Raum nach allen Richtungen hin unendlich ist, wo sollte dann ein zweiter ebenso unendlicher Raum seinen Anfang nehmen?

Ein zweiter vollkommener Gott mit der vollen unendlichen Herrlichkeit ist demnach ebensowenig denkbar wie ein zweiter unendlicher Raum. Ihr könnt daraus klar ersehen, daß Ich, nun als ein Menschensohn im Fleische wandelnd, kein zweiter, sondern nur ein und derselbe Gott bin, der Ich von Ewigkeit war und bleiben werde in alle Ewigkeit.

Würde Ich außer Mir noch zwei Götter erschaffen, wie etwa den ‚Sohn' und den ‚Heiligen Geist', so daß dann beide von Mir persönlich unterschieden wären, so müßten sie ja notwendig auf alle Machtvollkommenheit Anspruch machen, da ohne diese ein Gott ebensowenig denkbar ist wie der Begriff eines zweiten oder gar dritten unendlichen Raumes unter einer gewissen Teilung und gegenseitigen Beschränkung. Es kann aber nur *ein* solches göttliches Hoheitsrecht geben. Denn gäbe es deren drei, so wäre das endlose Einreich Gottes zersplittert, und sein Bestand wäre ebenso undenkbar und unmöglich wie der Bestand von drei unendlichen Räumen nebeneinander. Das *Einreich* des einen Gottes kann ewig nur darum bestehen, weil Gott allein sein einziger König und Herr ist, wie geschrieben steht in der Schrift der Propheten, die aus Gott geweissagt haben: „Gott wird seine Herrlichkeit keinem andern geben."

[1] Siehe Geistige Sonne, Bd. 2, Kap. 13.

Vater, Sohn und Heiliger Geist

„Ich, Christus, allein bin der einzige Gott! Menschen, Engel, Herrschaften und Gewalten und alle Dinge im Himmel und auf Erden haben sich allzeit vor Mir gebeugt und werden sich auch in Ewigkeit nur vor Mir beugen, gleichwie auch alle für euch noch so großen Weltschöpfungsräume von dem einen unendlichen Schöpfungsraum umfangen werden und ihm gegenüber wie völlige Nichtigkeiten erscheinen.

Wenn unter dem Namen Vater, Sohn und Heiliger Geist nicht ein *alleiniger, einwesiger* Gott zu verstehen wäre und man statt dessen einen vom Vater zu unterscheidenden Sohn, und ebenso einen vom Vater zu unterscheidenden Heiligen Geist annehmen müßte, was für ein Gott müßte wohl dann der Vater sein? Wenn nach der Schrift der Propheten, die der selbstverschuldete Unverstand der Menschen nicht faßt, der Vater den Sohn mit aller Macht und Gewalt im Himmel und auf Erden bekleidet und Ihm den Heiligen Geist als Mitwirker beigesellt hat, was für einen Gott machet ihr dann aus dem Vater? Könnet ihr da überhaupt noch einen Gott aus Ihm machen? Ihr müßtet euch da nach finsterster menschlicher Art vorstellen, daß Gott-Vater etwa wegen seines hohen Alters gleich dem alten Pharao in Ägypten (der die Regierung dem Joseph übergab) seiner Schwäche wegen dem Sohne die Herrschaft für ewig übergeben habe, damit Er selbst sich in Ruhe indessen ganz müßig wohl geschehen lassen könne! O wie heidnisch dumm und blind müßte der Menschenverstand sein, solch einen Unsinn zu glauben!

Bestände ein ‚Sohn' und ein ‚Heiliger Geist' persönlich unterschieden vom ‚Vater', wie da bestehen Engel und Menschen, so könnten sie weiter nichts als nur seine *Geschöpfe* sein, weil sie ihr etwa noch so vollkommenes Wesen doch nur von dem einen Schöpfer und nicht aus höchsteigener ewiger Machtvollkommenheit erhalten haben. Wie kann aber das, was sein Sein von einem andern erhält, gleich sein dem, das sein Sein ewig *aus sich selbst* hat? Kann je die flüchtige Zeit gleich sein der Ewigkeit oder ein beschränkter Raum gleich der Unendlichkeit? . . . Und wenn ferner der ‚Sohn' von Ewigkeit her war, wie konnte er *gezeugt* werden! Und wenn der ‚Heilige Geist' ebenso von Ewigkeit her war, wie konnte er von ‚Vater' und vom ‚Sohn' ausgehen? Kurz, wenn die drei göttlichen Personen ewig, d. h., ohne Anfang sind, wie könnte dann einer dem andern den Anfang seines Daseins geben?

Nein! Höret und glaubet: Ich bin als nunmehr ein Mensch im Fleische vor euch der *Sohn* und bin niemals von einem andern als nur von Mir selbst (in dieses Fleisch) gezeugt worden und bin also Mein höchsteigener Vater von Ewigkeit. Wo anders könnte da der Vater sein als nur im Sohne und wo anders der Sohn als nur im Vater?" (Gr. Ev., Bd. 8, Kap. 26 und 27)

Es ist e i n Gott

„So ist also immer und ewig nur ein Gott in *einer* Person! Dieser Mein Leib ist die verherrlichte Gestalt des Vaters, der Menschen und Engel wegen ins Dasein gestellt, damit Ich ihnen ein begreiflicher und schaubarer Gott sei und sie Mich schauen, hören und sprechen können und doch dabei leben! Ich, *Jesus*, bin somit durchaus Gott! In Mir ist der ‚Vater', und die von Mir gemäß Meiner Liebe,

Weisheit und meinem allmächtigen Willen ausgehende *Kraft*, die den ewig endlosen Raum erfüllt und allenthalben darin wirkt, ist der ‚Heilige Geist'!

Ich, wie ihr Mich nun als Gottmensch unter euch seht, bin demnach mit Meiner ganzen *Urzentralwesenheit* vollkommen und ungeteilt hier unter euch in diesem Saal auf dem Ölberg und befinde Mich darum als wahrer Gott und Mensch zugleich (persönlich) nirgends anderswo, weder auf dieser Erde und noch weniger auf einer andern. — Aber durch die von Mir ausgehende Kraft, die da ist der *‚Heilige Geist'*, erfülle Ich wirkend dennoch alle Himmel und den ganzen endlosen Raum. Ich sehe da alles vom Größten bis zum Kleinsten, kenne alles, weiß um alles, ordne alles und schaffe, leite und regiere alles.

Wenn ihr nun solches wisset aus Meinem Munde, so werdet ihr auch verstehen, aus welchem Grunde ihr die Menschen, die an Mich glauben, im Namen des Vaters, des Sohnes und des Heiligen Geistes durch die Auflegung der Hände stärken sollet. Wenn die Menschen von euch dabei wahr und richtig belehrt werden, können sie nicht leicht durch die Nennung der drei göttlichen *Eigenschaftsnamen* in die falsche Vorstellung von drei persönlich wesenhaften Göttern verfallen. Aber Ich lege es euch auch teuerst ans Herz, daß ihr den Menschen allenthalben ein rechtes und wahrheitsvolles Licht über diese Sache gebet. Wo es an dem gebrechen wird, da werden die Menschen leicht und bald verkümmern und in allerlei Irrlehren übergehen, und es wird dann schwerhalten, sie auf den Weg der vollen Wahrheit wieder zurückzubringen!" (Gr. Ev., Bd. 8, Kap. 27)

Gott, unser Vater in Jesus

Besonders innig findet das heilige Geheimnis der Krippe zu Bethlehem seinen Ausdruck in dem Lorberwerk ‚Robert Blum' (Bd. 1, Kap. 126, 1 ff.). Einem katholischen Mönch, der im Jenseits von seinen alten kirchlichen Vorstellungen erwacht, flüstern hier himmlische Stimmen wie Weihnachts-Sphärengesang aus dem Unsichtbaren zu:

„*Jesus* der Gekreuzigte ist *allein* Gott über alle Himmel und über alles, was den unendlichen Raum erfüllt. Er allein ist der *Urschöpfer* aller Dinge, aller Engel, Menschen, Tiere, Pflanzen und aller Materie. Er ist der *Vater* seinem urewigen Liebewesen nach, der ewige *Sohn* seiner Weisheit und der *Heilige Geist* seiner unendlichen Macht, Kraft und Wirkung nach.

An diesen Jesus wende dich im *Herzen* wahrhaftig und getreu und *liebe* Ihn, der dich so sehr liebt und liebte, daß Er aus Liebe zu allen Menschen die Menschennatur annahm und des Leibes bittersten Tod über sich kommen ließ, auf daß dir und allen Menschen ein ewiges Leben ermöglicht werde.

Das ewige, Gott völlig gleiche, seligste *Leben* ist durch Ihn allein gegeben als ein unendlicher Schatz aller Kreatur. Und es bedarf nun nichts mehr, als diese große Gabe des heiligen Vaters liebewillig zu verlangen und dankbar anzunehmen — und der Mensch ist selig lebend in Ewigkeit in der Gesellschaft Gottes wie ein zweiter Gott.

Gott, der da ist unser aller Vater Jesus, ist die *reinste* Liebe, die niemanden richtet und jeden selig machen will. Aber der Mensch muß auch das *wollen*, was Gottes reinste Liebe will, sonst kann er nicht selig werden. Denn Gott tut niemand einen Zwang an, am wenigsten in der Welt der Geister. Daher wird jedem nur das zuteil, was er selbst will. Was du demnach willst, das wirst du auch empfangen! — Es gibt kein Leben und keine Seligkeit außer in der reinen Gottesliebe. Wer diese in sich aufgenommen hat und selbst will, was diese heilige Liebe will, der lebt und ist selig für ewig."

Dreieinheit — das Geheimnis der Person Jesu

Nach den Enthüllungen der Neuoffenbarung gibt es also nur *einen* alleinigen, ewigen und unendlichen Gott, in dem vereinigt ist die ganze Fülle der göttlichen Liebe, Weisheit und Macht. Vater, Sohn und Heiliger Geist sind nur *Wesensseiten* dieses alleinigen Gottes. Der *Vater* ist das göttliche Machtzentrum der Liebe, der *Sohn* ist die gleichsam ausstrahlende Weisheit, der *Heilige Geist* ist die ausstrahlende Kraft. In *Jesus* waren Vater, Sohn und Heiliger Geist, oder Liebe, Weisheit und Kraft in einer schaubaren, menschlichen *Offenbarungsform* vereinigt.

Nun fragt es sich, wie ist solches möglich, wie können wir uns solches denken? Wie kann in einer sichtbaren, begrenzten Menschenform die *Fülle* der unendlichen Gottheit vereinigt sein?

Auch über dieses Rätsel geben die Neuoffenbarungsschriften denkbar klar Aufschluß. Die hohe, einzigartige Bedeutung der durch Lorber gegebenen Lehren liegt gerade darin, daß ebendieses große Geheimnis vor allem gelichtet wird; daß wir erfahren dürfen, wieso in der Menschengestalt Jesu uns der Vater, die unendliche Gottheit in ganzer Licht- und Kraftfülle entgegentritt.

Um dieses Rätsel zu begreifen, müssen wir uns daran erinnern, was uns in den Lorberschriften bezüglich des *Machtzentrums* der Gottheit gesagt ist[1]. Wir hören dort, daß die Gottheit nicht eine gleichmäßig durch die Unendlichkeit gebreitete Weltseele ist, sondern daß sie eine sozusagen *zentral* gestaltete Lebensmacht ist; daß sie einen *Mittelpunkt* hat, in dem alle ihre Kräfte zu einheitlichem Wirken in höchster Vollkommenheit vereinigt sind und von wo sie in die ganze Unendlichkeit sonnenartig ausstrahlen.

Einen solchen gottähnlichen, reingeistigen Kraft- und Lebensmittelpunkt besitzt aber nach der Lehre der Neuoffenbarung nicht nur die Gottheit, sondern nach ihrem Ebenbild jede von Gott geschaffene lebende Wesenheit, insbesondere auch der *Mensch*. So heißt es in der ‚Erde' (Kap. 38): „Überall, wo eine lebendige Wesenheit sich gestalten soll, ist für die vollkommene Vereinigung aller geistigen Spezifika ein gewisses *Zentrum* gegeben. Dieses Zentrum ist der eigentliche Urgeist oder der *Liebesfunke* aus Gott. Dieser zieht mächtig alles das an sich, was seines Wesens ist und eigenschaftet es nach seinem Grundwesen". — Noch umfassender wird dieser Grundgedanke im Großen Evangelium (Bd. 7, Kap. 74) ausgesprochen, wo ein Engel die Jünger über den reingeistigen Funken im Samenkorn belehrt und ihnen dartut, daß — so wie im Samenkorn — in jedem Schöpfungsgebilde vom Atom bis zum Weltkörper und Sonnensystem, und von der winzigsten Blattmilbe bis zum Menschen überall ein reiner Geistfunke als *zentrale* Lebensmacht herrscht und wirkt.

Wir erfahren ferner, daß der unmittelbar aus Gott stammende reine *Geistfunke* des Menschen aus der Materie dieser Welt ungeläuterte Lebensfunken an sich zieht, aus den willensfügigeren unsere *Seele* gestaltet und aus den hartnäckigen grobstofflichen Elementen unsern *Leib* erbaut als Schulhaus und Werkzeug der Seele. Ein

[1] Vergl. oben Kap. 4,

jeder Mensch ist danach eine *Dreieinheit*, bestehend aus einem reinen göttlichen Geist, einer aus der Materie aufgestiegenen, in der Läuterung begriffenen Seele und einem noch mehr oder weniger grobmateriellen Leib.

Ganz so, nach dieser allgemeinen Norm der Dreigliederung oder Dreieinheit war auch der *Mensch Jesus* gestaltet.

Wahrer Mensch und wahrer Gott

Seele und *Leib* Jesu waren wie bei jedem anderen Menschen aus der mit *Satan* gefallenen Materie aufgestiegen und bildeten den naturmäßigen Menschen oder „*Menschensohn*". In dieser Hinsicht war zwischen Jesus und uns kein Unterschied. Wir lesen in den Schriften auch (besonders klar in den Schlußkapiteln der ‚Jugend Jesu'), wie menschlich die Seele Jesu von Hause aus gestaltet und wie auch sie um ihre geistige Läuterung gegen ihre veranlagungsmäßigen Schwächen und gegen die Versuchungen der Materie gewaltig zu kämpfen hatte! Auch die Bibel berichtet uns ja von den Versuchungen der Finsternismacht und von den Kämpfen der Seele Jesu im Garten Gethsemane. Nur darum, weil Jesus dem Leib und der Seele nach ein Mensch und Kämpfer war wie wir, kann Er uns auch in Hinsicht der seelischen Entwicklung und sittlichen Bemühung in allem ein wahres Vorbild sein.

Ein endlos großer *Unterschied* zwischen Jesus und uns bestand jedoch hinsichtlich des *Geistes*. Während in uns nur ein von Gott ausgegangener, gleichsam abgesplitterter reiner Geist — bildlich gesprochen ein Geistfunke — als inneres Lebenszentrum eingepflanzt ist, hatte sich bei Jesus eben jenes gewaltige, von Ewigkeit als vollkommenster Geistmensch gestaltete[1] *Ur-Machtzentrum* der Gottheit (der alliebende, allwissende und allschöpferische ‚Vater') aus seiner unnahbaren Unendlichkeit in die Materie herniedergesenkt und in der Seele und dem Leibe des Menschensohns aus Nazareth Wohnung genommen, — samt dem von Ihm ausströmenden Weisheitslicht und heiligen Willensgeist.

Im Großen Evangelium[2] spricht der Herr über diese im Gleichnis vom verlorenen Sohn angedeutete gewaltige Tatsache zu dem schwer begreifenden Judas: „Von Ewigkeit wohnte Ich in Meiner unzugänglichen Mitte und in Meinem unzugänglichen Lichte aus Mir selbst. Aber es hat Mir der Menschen wegen wohlgefallen, aus Meiner Mitte und Meinem Lichte derart herauszutreten, daß Ich nun in *ebenderselben* Mitte und demselben Lichte, das auch den höchsten Engeln von Ewigkeit völlig unzugänglich war, Mich auf diese Erde begab, wo Ich nun sogar euch Menschen wohl zugänglich bin und ihr Mein Licht wohl ertragen könnt."

Unermeßlich tief sind die in den Lorberschriften geoffenbarten Gründe dieser irdischen Verkörperung oder Menschwerdung Gottes. Wir werden später darauf näher einzugehen haben. Vorerst genügt es zu wissen, *wer* es ist, der vor nahezu 2000 Jahren in seiner endlosen Liebe, Weisheit und Erbarmung zu Bethlehem sich als liebespendendes und liebeheischendes Kindlein für uns in die Futterkrippe gelegt hat.

Ehre sei Gott in der Höhe!
Und Friede den Menschen auf Erden,
die eines guten Willens sind!

[1] Gr. Ev., Bd. 6, Kap. 88, 3; Bd. 1, Kap. 155, 5; Bd. 2, Kap. 39, 3; Bd. 6, Kap. 135, 1 und Kap. 123, 17; Geist. Sonne, Bd. 2, Kap. 13.

[2] Gr. Ev., Bd. 4, Kap. 122, 6 ff.; vergl. auch Bd. 4, Kap. 255, 4; Bd. 8, Kap. 57, 13 ff.

III

Wie erklärt sich das Wunderwerk der Schöpfung?

6

Die Schöpfung, ein ewiger Entwicklungsvorgang

Nachdem wir uns aus den Neuoffenbarungs-Schriften vom Sein und Wesen Gottes als dem Urgrund alles Bestehenden eine einheitlich klare Anschauung verschaffen durften, erhebt sich die Frage: Wie ist nun die vor unsern Sinnen ausgebreitete und sich fortentwickelnde *Schöpfung* als ein Werk dieses Ur- und Allgeistes zu erklären und zu verstehen?

„Im Anfang schuf Gott Himmel und Erde", sagt die Bibel. An diesen Worten, mit welchen die Heilige Schrift beginnt, ist schon mancher Wahrheitssucher hängengeblieben und mit seiner Weisheit zerschellt. Wie, so fragten sich schon viele, kann der ewige Gott oder sein Schaffen irgendwann einmal einen *Anfang* genommen haben? Im Begriff der Ewigkeit liegt doch die vollkommene zeitliche *Unbegrenztheit!* Eine Erklärung dieser dunklen Bibelstelle wurde von manchen darin gesucht, die Gottheit sei eben unendliche Zeiten lang untätig gewesen und erst von einem bestimmten Zeitpunkte an schöpferisch geworden. Aber wie sollen wir uns eine unendliche Zeiten hindurch untätige Gottheit vorstellen? Auch diese Erklärung führt den denkenden Menschen zu keinem befriedigenden Licht. Und so blieb also hier am Eingang der Heiligen Schrift bis in unsere Zeit ein befremdendes Rätsel.

Im Großen Evangelium wird durch Jakob Lorber nun auch dieses Geheimnis den gereifteren Menschen unserer Zeit vom Heiligen Geiste entschleiert. Es findet eine gerade für die geistig durchgeschulte neuzeitliche Menschheit hochbefriedigende Lösung, die der Vernunft und dem Herzen einleuchten muß.

Entwicklungs- und Schöpfungsabschnitte

Wenn wir auf die Vorgänge in der uns sichtbaren Schöpfungswelt schauen, so wissen wir aus vielfältiger Erfahrung, daß alle diese Entwicklungsvorgänge der Natur sich nicht in ununterbrochener, einförmiger Gleichmäßigkeit, sondern in regelmäßigen *Wechselzuständen,* oder wissenschaftlich gesagt: in Entwicklungsperioden abspielen. Und zwar beobachten wir, gleichsam ineinandergeschachtelt, kleine, große und ganz große Entwicklungsabschnitte, bei denen jeweils das Ergebnis der vorangehenden Abschnitte in den nachfolgenden verwertet, weitergereift und der Vollendung zugeführt wird. So ist z. B. in der Natur ein jeder *Tag* von Sonnenaufgang bis Sonnenuntergang ein kleiner Entwicklungsabschnitt, der an der uns umgebenden Welt, an Pflanzen, Tieren und Menschen, ein gewisses Maß ihrer Beschaffenheit verändert und weiterreift. Dann folgt in der Nacht eine Art Ruhepause, in der sich das Gewonnene sammelt und zu neuer Entwicklung vorbereitet. — Dreißig Tage bilden dann den nächsthöheren Abschnitt eines *Mondumlaufs*, in dem wiederum manches Umfangreichere gereift, abgeschlossen und neu vorbereitet wird. — Zwölf Mondumlaufsperioden geben den großen *Jahresabschnitt* mit dem für alles irdische Leben so machtvoll fühlbaren Frühlingsbeginn und der Ruhe- und Sammlungspause des Winters.

Während dieser große Abschnitt des Naturlebens durch den Umlauf der Erde um die *Sonne* bedingt ist, werden noch *größere* Entwicklungsperioden des irdischen Lebens, z. B. die Eiszeitperiode, bedingt durch die regelmäßigen Umläufe unserer Sonne samt ihren Planeten um die nächst höhere *Zentralsonne* (Sirius), sowie durch die Umläufe des Sirius und der weiteren Zentralsonnen um noch höhere Mittel- und Urmittelsonnen. Durch alle diese Bewegungen und Vorgänge vollzieht sich also das ganze Leben der sichtbaren Schöpfungswelt in regelmäßigen Perioden oder Abschnitten.

Und nun vernehmen wir im Großen Evangelium aus dem Munde des *Herrn* selbst, daß in dieser Weise die *ganze* Schöpfertätigkeit, das ganze Leben und Weben der Gottheit sich in solchen großen und größten *Schöpfungsperioden* abspielt, die durch Abschnitte der Ruhe und Sammlung voneinander in der Weise getrennt sind, wie die Tage durch die Nächte, die Wochentage durch den Sonntag und im naturmäßigen Jahr die lebenerzeugenden wärmeren Jahreszeiten durch den Winter.

Wie überaus einleuchtend muß diese Enthüllung jedem erscheinen, der mit offenen Augen den Naturablauf beobachtet! Und mit welch freudiger Genugtuung dürfen wir Lorberfreunde unsere christlichen Brüder darauf hinweisen, daß jene gefährliche Zweifelsfrage an der Schwelle der Heiligen Schrift durch ebendiese Lehre von der periodischen, abschnittsweisen Schöpfertätigkeit Gottes so einfach und klar gelöst ist. Denn nun wissen wir, wie die fragwürdigen Worte „Im *Anfang* schuf Gott" zu verstehen sind. Moses, vom Geiste Gottes tiefst erleuchtet, wollte damit eben jene *periodische* Schöpfertätigkeit andeuten und sagen: Im Anfang unserer *gegenwärtigen*, uns allein faßbaren Schöpfungsperiode schuf Gott in der geschilderten Weise Himmel und Erde — wobei freilich die uns überlieferten Worte des Moses über die Schöpfungsgeschichte ebenfalls noch verständnisvoller Auslegung bedürfen.

Schöpfungsperioden ohne Zahl in ewiger Folge

Die bedeutsamen Ausführungen, in welchen der *Herr* uns dieses große Schöpfungsgeheimnis enthüllt, finden sich im Großen Evangelium (Bd. 4, Kap. 254 ff.), woselbst Er Mathael, einem durch hohe geistige Fassungskraft hervorragenden Jünger, erklärt:

„Mein lieber Freund, zwischen Gott und dem geschaffenen endlichen Menschen, selbst der vollkommensten Art, besteht der unübersteigbare Unterschied, daß Gott in seinem Urwesen ewig und unendlich ist in allem, während der Mensch wohl ewig stets vollkommener in seinem Geistwesen bestehen wird, aber Gott dem unendlichen Urwesenmaße nach doch nimmer erreichen kann. Und so können die langen Ewigkeiten in ihren zahllosen *Ewigkeitsperioden* wohl so manches fassen, das im endlosen Raume sicher Platz findet, wovon aber sogar einem Urerzengel noch nie etwas geträumt hat, denn auch ein solcher hat dafür noch eine zu beschränkte Fassungskraft. Erst wenn ein Urerzengel gleich Mir wird den Weg des Fleisches durchgemacht haben, dann wird er auch mehr zu fassen imstande sein — aber alles in der ganzen Unendlichkeit unmöglich je! Ja, ihr werdet fort und fort neue Wunder kennenlernen und in ihnen euch zu finden anfangen. Aber das Ende derselben werdet ihr dennoch nie und nimmer erreichen, wofür ihr euch den Grund leicht einleuchtend machen könnt, so ihr euch denkt, ob es wohl möglich wäre so lange zu zählen, bis man das Ende der Zahlen erreicht!

So Ich aber dem Geiste nach von aller Ewigkeit her immerwährend als derselbe Gott bestehe, denke, will und wirke aus der stets gleichen Liebe und Weisheit — die sich nach jeder Schöpfungsperiode freilich durch das gelungene Werk auch seliger fühlen muß — so könnt ihr Weiseren es wohl denken, daß Ich bis zu dieser gegenwärtigen Schöpfungsperiode sicher nicht in irgendeinem Unendlichkeitspunkte eine Art Winterschlaf gehalten habe! Möge eine Schöpfungsperiode von ihrem Urbeginn an bis zur gesamten geistigen Vollendung auch tausendmal Tausende Aeonen von Tausendjahres-Zyklen dauern, so ist eine solche dennoch nichts gegen Mein ewiges Sein, und ihre für euch unmeßbare Ausdehnungsgröße ist dem Raume nach ein Nichts im unendlichen Raume!"

Herr, Deine Größe überwältigt mich!

Mathael, von der Größe dieser Eröffnung ganz überwältigt, erwidert: „O Herr! Deine ewige Macht und Größe, der unendliche Raum und die ewige Zeitdauer machen mich schwindeln! So kann ich mir kaum vorstellen, daß Du solcher Schöpfungsperioden nicht etwa nur Dezillionen oder Aeonen hinter Dir hast, sondern unzählige. Wenn ich demnach, nach rückwärts zählend, bei dieser gegenwärtigen anfange, würde ich niemals zu *der* Schöpfungsperiode kommen, von der man sagen könnte, sie wäre Deine erste. Kurz, Dein Anfang ist keiner! Und so haben auch Deine Schöpfungen unmöglich je einen Anfang gehabt. Platz haben im unendlichen Raum ja endlos viele, wenn ihre Entfernungen auch noch so groß sind. Und die künftigen werden die schon von Ewigkeit her vorhandenen auch um nichts vermehren; denn ein zahllos Vieles kann nie ein Mehr werden, weil es ohnehin endlos ist. Wohl zählen die neuen Schöpfungen für sich noch etwas, aber zur Anzahl der Vorschöpfungen gar nichts!

Aber hinweg mit solchen Gedanken, die wegen ihrer Größe die zu kleine Seele gänzlich erdrücken können! Wenn ich nur ein ewiges Leben habe, Deine Liebe und Gnade dazu, so werde ich es mir fürder nimmer wünschen, auch nur den Mond oder gar unsere Sonne näher kennenzulernen. Ich sehe nun ein, wie dumm es von mir war, Dich um etwas zu fragen, was sich für einen beschränkten Menschen zu wissen gar nicht ziemt!"

Sagt der *Herr:* „Nein, mein Freund, Dummheit ist das eben keine, nur ein für dieses Erdenleben etwas weit gehender Vorwitz. Denn solange die Seele nicht völlig eins mit Meinem Geist in ihr geworden ist, kannst du derlei Dinge unmöglich in der rechten Tiefe fassen. Wirst du jüngst aber zur geistigen Wiedergeburt gelangen und drüben im Reiche Gottes dich als eine vollendete Wesenheit befinden, so wirst du vieles bis auf den tiefsten Grund einsehen. Aber freilich nur insoweit, als es diese *gegenwärtige* Schöpfungsperiode betrifft, in deren Ordnung jede vorhergegangene ihren Bestand hatte und als vollendet bestehend, jetzt und immerfort geistig noch hat." —

Aus diesen Schlußworten des Herrn ersehen wir, daß von den zahllosen unserem Menschengeiste unfaßbaren Schöpfungsperioden keine ins Dasein gerufen wurde, um sie nachher willkürlich wieder vergehen zu lassen. Vielmehr war — wie wir dies in den täglichen Schöpfungsabschnitten der Natur im Kleinen beobachten — eine jede Schöpfung stets die *Unterlage* der nächstfolgenden, und dabei war die letzte immer gleichsam die *Ernte* oder das geordnete Fruchtergebnis aller vorhergehenden.

Das Werk unseres himmlischen Vaters

Das gewaltige Schöpfungswerk Gottes ist also bis auf den heutigen Tag, wenn auch in zahllosen Schöpfungsperioden abrollend, nicht ein willkürliches Stückwerk, sondern ein erhabenes, höchst sinnvolles *Ganzes:* ein einheitlicher, unermeßlich gewaltiger Entfaltungs- und Entwicklungsvorgang, in dem die Liebe, Weisheit und Macht der Gottheit sich fort und fort in immer höheren, heiligeren Lebensordnungen auswirkt.

Diese der erhabenen Majestät Gottes gerecht werdende Enthüllung vermittelt uns zugleich eine weitere tiefgründige Anschauung vom Wesen der Gottheit selbst. Denn durch diese Schöpfungslehre lernen, begreifen wir, was in dem Lorberwerk ‚Die geistige Sonne' (Bd. 2, Kap. 68, S. 303) ausgesprochen ist, daß selbst Gott in der Entwicklung seiner unendlichen Kraft ewig fortschreitet.

Erkenntnisse der Demut und Liebe

Wohl meint der Jünger Mathael an einer anderen Stelle des Evangeliums (Bd. 5, Kap. 117) angesichts ähnlicher Enthüllungen: „O Herr! Ich bleibe lieber bei Deiner Liebe als bei Deiner Macht- und Weisheitsgröße. Denn in Deiner Größe bist Du ein erschreckendes Feuermeer; aber in Deiner Liebe bist Du wie Honigseim! Wohl begreife ich nun freilich viele und große Dinge, aber wer wird sie nach mir wieder fassen? So habe ich nicht einmal rechte Freude daran, daß ich nun so manches Übergroße wohl einsehe, es aber niemand wieder verständlich machen kann, weil die Menschheit im allgemeinen auf einer zu niederen Stufe der geistigen Entwicklung steht. Daher will ich in der Folge allein bei der *Liebe* verbleiben. Nur was diese mir geben und enthüllen wird, soll in den Bereich meiner Weisheit aufgenommen werden. Habe ich da nicht recht?"

Auf diesen Einwurf erteilt der *Herr* dem Jünger Mathael jedoch eine Antwort, aus der wir ersehen, daß die fortgeschritteneren Menschen in unserer *gereifteren* Zeit dennoch guten Grund haben, sich auch in *tieferen* Fragen von oben erleuchten zu lassen:

Der Herr: „Allerdings hast du recht, bei der Liebe zu verbleiben, denn wer in Meiner Liebe ist, der ist in allem, was aus Mir ausgeht. Aber aus Meiner Liebe ganz *allein* wirst du Mich wohl schwer als das erkennen, was Ich bin.

Hättest du Mich je als *Gott* erkennen können, so du an Mir nur rein menschliche Taten und Reden beobachtet hättest? Sicher nicht! Und wäre deine Liebe zu Mir so mächtig geworden, so du nicht *Göttliches* an Mir entdeckt hättest? Dadurch nur, daß Ich dich mit aller Liebe und Neigung erfaßt habe, wie gleichsam ein Bräutigam seine Braut, hättest du nicht erfahren können, daß der Geist des allerhöchsten

Gottes in Rat, Wort und Tat in Mir wohne und wirke. Erst Meine *Weisheit* und Meine *Macht* haben dir das verkündet. Es ist somit nicht ganz recht, so du Meine Weisheits- und Machtgröße ein erschreckendes Feuermeer nennst und der Meinung bist, daß damit die Menschen nie etwas zu tun haben sollten. Gerade das Gegenteil!

Die Menschen sollen mit aller Begier Mein Reich *in allem* suchen und sollen sich als Meine werdenden Kinder stets mehr in ihres Vaters großem Hause in jeder Sphäre und Beziehung auszukennen anfangen. Dadurch werden sie dann auch in der wahren Liebe voll *Demut* wachsen. Wenn die Menschen so tun und leben durch Meine Liebe, Weisheit und Macht, dann werden sie erst dadurch auch als Meine wahren Kinder ebenso vollkommen werden, wie Ich selbst bin.

Doch aber sage Ich euch allen, daß ihr *vorderhand* die Völker nicht alles das lehren sollt, was Ich euch nun erklärt habe. Lehret sie vor allem Gott erkennen und lebendig an Ihn glauben und Ihn *lieben* über alles! Alles andere wird ihnen nach Bedarf der Geist selbst enthüllen."

7

Die Urelemente der Schöpfung

Wir haben vernommen, daß unser Gott und Vater von Ewigkeit her sein endloses Schöpfungswerk in großen Abschnitten oder Schöpfungsperioden vollführt und zu immer höheren Ergebnissen entwickelt. Wie und woraus hat Gott nun die *gegenwärtige,* unseren Sinnen wahrnehmbare Welt gemacht und aufgebaut?

Die alte Atomlehre

Über dieses durch die Beobachtung der Natur sich uns aufdrängende Geheimnis haben schon viele Menschen zu allen Zeiten nachgedacht. Einige Jahrhunderte vor Christus stellte der Grieche *Demokrit* die Lehre auf, daß alle sicht- und greifbaren Gebilde der Natur letzten Endes aus unzähligen, winzigen Stoffteilchen aufgebaut seien. Demokrit nannte diese Ur-Grundteilchen *Atome,* d. h. „Unteilbare", weil er der Ansicht war, daß diese kleinen Bestandteile nicht weiter geteilt werden können. Er stellte sich dieselben als winzige Kügelchen vor und glaubte, daß zufolge ihrer verschiedenartigen Form und Größe und durch entsprechende mechanisch-gesetzmäßige Lagerungen und Zusammenstellungen nach und nach alle Gebilde der Natur entstanden seien.

Diese Atomlehre des Demokrit wurde im 18. Jahrhundert auch von den französischen, englischen und deutschen Naturforschern übernommen und bildete die Grundlage der sogenannten *materialistischen* Welterklärung. Die Vertreter dieser Wissenschaft bauten auf Grund mühevoller Beobachtungen und Berechnungen die Atomlehre Demokrits höchst vielseitig aus. Sie lehrten, daß es viele Arten von Atomen geben müsse, die man *Elemente* nannte, und daß diese Elementaratome

(z. B. Sauerstoff, Wasserstoff, Stickstoff, Kohlenstoff, Gold, Eisen u.a.m.) sich nach gewissen „*Naturgesetzen*" untereinander verbinden, und daß durch solche naturgesetzliche Verbindungen ganz von selbst, d. h. *ohne* daß es eines Schöpfergottes bedürfe, die sichtbare Welt entstanden sei und sich fort und fort, ohne einen göttlichen Plan und ohne eigentliches Vernunftziel weiterentwickle. Der Jenaer Gelehrte Ernst *Häckel*, der diese Naturlehre am lautesten vertrat und gegen Ende des vorigen Jahrhunderts mit seinen Schriften in der ganzen Welt verbreitete, erklärte geradezu, eine göttlich-geistige Grundkraft gebe es nicht und ein der menschlichen Vernunft entsprechendes planmäßiges Ziel könne in der ganzen Schöpfung nicht erkannt werden. Diese trostlose Anschauung griff noch zu Anfang unseres Jahrhunderts unter allen Kulturvölkern der Welt wie eine Geistesseuche um sich.

Die neuere wissenschaftliche Erkenntnis

In den letzten Jahrzehnten aber führten tiefere Untersuchungen die Wissenschaft zu ganz *anderen* Erkenntnissen über Bau und Wesen der sichtbaren Welt. Geistig hocherleuchtete Forscher entdeckten nämlich, daß die von dem Griechen Demokrit und von der modernen Chemie festgestellten Atome nicht eine gleichförmige, mit „Masse" erfüllte Kugelgestalt haben, sondern daß diese Schöpfungselemente aus noch viel winzigeren Urbestandteilen wie ein kleines Sonnen- und Planetensystem zusammengesetzt sind. Diese neuentdeckten allerkleinsten Urbestandteile nannte man *Elektronen* oder Kraftfunken und fand, daß in der Mitte eines jeden Atoms mehrere *positive* Kraftfunken vereinigt sind, die mit wunderbarer Ordnungsgewalt eine Anzahl um sie kreisender negativer Kraftfunken in planmäßigen Bahnen halten. Alles, was sich unseren Sinnen darbietet, selbst der härteste Stein und das scheinbar tote Metall löste sich durch die großen Entdeckungen der neueren Wissenschaften auf in ein unendlich vielfältiges, wunderbar geregeltes *Durcheinanderweben* zahllos vieler Kraft- oder Lebensfunken, die sich in bestimmten Ordnungen, einem höheren Willen gehorchend, zu jenen unseren Geist bezaubernden Wundergebilden der Schöpfung gestalten.

Besonders fortgeschrittene Gelehrte, welche noch tiefer der Natur dieser Elektronen oder Kraftfunken nachgingen, fanden, daß diese kleinsten Lebenskräfte mit einer gewissen *Intelligenz* oder Erkenntniskraft sowie mit einem mehr oder weniger mächtigen *Willen* ausgestattet sein müssen. Sonst sei nicht zu verstehen, daß sie sich gegenseitig suchen und fliehen, beherrschen und Gehorsam leisten und alle miteinander sich einem höheren, vernunftvollen Ordnungswillen mehr oder weniger willig fügen.[1] Hervorragende Gelehrte wie z. B. der Leipziger Biologe Hans *Driesch* oder der Botaniker *Francé* vertraten mit Nachdruck die Ansicht, daß in allen Schöpfungsgebilden, vom Atom bis zum Menschen, eine *geistige* Grundkraft als Gestalter und Erhalter obwalte, daß die ganze Natur als ein Werk *geistiger* Kräfte zu betrachten sei, und wohl überhaupt nur aus geistigen Kräften bestehe. Die alte, mit toten Stoffen und blinden Kräften rechnende materialistische Welterklärung

[1] Vergleiche die Ansichten des Züricher Mathematikers und Physikers Hermann Weyl, der das Elektron für ein lebendiges „Agens", ein lebendiges Etwas erklärt, das dem „Ich" des Menschen entspreche.

ist also heute durch eine höhere Erkenntnis der Gelehrtenwelt überwunden und macht unverkennbar auf allen Gebieten einer geistigen Auffassung Platz.

Was bekundet Lorber über die Urstoffe?

Was sagen nun die Lorberschriften zu allen diesen Dingen und zu jener gewiß hocherfreulichen Entwicklung der neuzeitlichen Wissenschaft? Der Leser wird finden, daß der Vater des Lichts alle jene Wahrheiten, die der Gelehrtenfleiß nach langem verderblichem Irren nun endlich finden durfte, schon lange Zeit vorher seinen gläubigen Kindern in schlichtester und doch zugleich umfassendster Weise durch seinen Boten *Jakob Lorber* prophetisch enthüllt hat.

Die Teilbarkeit der Materie

So lesen wir in dem für diese Schöpfungsfragen besonders aufschlußreichen Lorberwerk ‚Erde und Mond' (Kap. 27):

„Ihr könnt was immer für eine Materie betrachten, so werdet ihr dennoch nicht finden, daß sie irgend vollkommen fest und unteilbar in die Erscheinlichkeit tritt, sondern jede Materie ist teilbar, und noch kein Gelehrter ist bis jetzt darüber im reinen, in welch kleinste Teile sie letztlich zerfällt. Man nehme z. B. ein Gran Moschus und lege es in einem großen Gemach auf irgendeinen Platz: in kurzer Zeit wird der ganze Raum mit Moschusduft erfüllt sein. Und man darf ein solches Stückchen viele Jahre liegen lassen, so wird es weder an Umfang noch Gewicht merklich verlieren. Und doch mußten sich in jeder Sekunde Millionen Teilchen von diesem Stückchen abgelöst haben, um fortwährend den großen Raum des Gemachs mit seinem Duft zu erfüllen. — Dergleichen Beispiele könnten noch in Menge angeführt werden. Allein für unsere Sache genügt dieses eine, um einzusehen, daß alle Materie wirklich bis in ein für menschliche Begriffe nahezu unendliches *Minimum* teilbar ist und somit notwendig aus entsprechend kleinsten Teilen zusammengesetzt sein muß."

Das Wesen der Urfunken

„Diese winzig kleinen Teile", sagt der Herr in ‚Erde und Mond' (Kap. 27) über die Natur dieser ersten Urelemente der Schöpfung weiter, „sind ursprünglich nichts als eine *Gedankenkraft* aus Mir, dem Schöpfer aller Dinge. Diese Gedankenkraft bekommt *Form,* und die Form bekommt *Leben* aus dem Leben des Schöpfers. Er gibt die neubelebte Form frei von sich und gibt ihr aus seinem Urlicht ein Eigenlicht, d. h. eine eigene *Intelligenz,* durch welche die neubelebte Form sich erkennt und ihrer selbst wie ein selbständiges Wesen bewußt wird. Hat die Form sich also erkannt, da wird ihr die *Ordnung* als ein Gesetz alles Seins gegeben; mit dieser Ordnung das innerste Feuer der Gottheit, ein Funke der ewigen *Liebe;* aus diesem geht hervor der *Wille.* Nun hat die neue Lebensform also Licht (d. h. Erkenntnisfähigkeit), Selbstbewußtsein, die Ordnung und den Willen und kann ihren Willen der Ordnung gemäß einrichten oder dieser Ordnung auch zuwiderhandeln.“

Wie das innerste Grundwesen der Gottheit, so ist nach diesen Worten des Herrn auch ein jeder dieser zahllosen Urfunken ein *geistiges* Etwas, das fähig ist zu erkennen, zu wollen und zu wirken, und dessen gesamte Kräfte — in einer „Form“ vereinigt — von da nach allen Seiten hin gleich dem menschlichen Ich sich auswirken. Dies aber ist genau das, was auf Grund wissenschaftlicher Beobachtungen und Erwägungen die fortgeschrittensten Forscher der Neuzeit erkennen und feststellen durften.

Die Urfunken — Gottes Gedanken

Durch Jakob Lorber erfahren wir weiter über diese Urfunken und ihre Entstehung: „Siehe, Gottes *Gedanken* in der nie versiegbaren Fülle von einer Ewigkeit zur anderen sind die eigentlichen *Ursubstanzen* und Urstoffe, aus denen alles, was da auf Erden und in den Himmeln gemacht ist, durch die ewige Macht des göttlichen Willens besteht.“ (Gr. Ev., Bd. 7, Kap. 17)

„Gott ist dem Geiste nach ewig und unendlich. Alles, was da entsteht vom Kleinsten bis zum Größten, ist die endlose Fülle der Gedanken und *Ideen Gottes.* Er denkt sie im klarsten Lichte seines Selbstbewußtseins und will, daß sie zur Wirklichkeit werden, und dann sind sie schon das, was sie uranfänglich sein müssen.“ (Gr. Ev. Bd. 6, Kap. 226)

An anderer Stelle sagt der Herr: „Mein freiester Wille ist das Gesetz über Meine Gedanken und Ideen, die zwar von Ewigkeit *in* Mir ihr nur für Mich beschaubares Dasein haben. Wenn es Mir aber nach Meiner Liebe wohlgefällt, sie in ein festes und selbständiges Dasein treten zu lassen, so bestimmt Meine Weisheit Meinen Willen zum Gesetz über Meine Gedanken und Ideen. Sie werden dadurch zu Wirklichkeiten, gleichsam wie außerhalb Meines Seins, und müssen so fortbestehen als äußere selbständige Wirklichkeiten, solange Meine Liebe und Weisheit Meinen Willen als das Gesetz aller Gesetze über sie zweckdienlich waltend erhält.“ (Gr. Ev., Bd. 8, Kap. 37)

Aus diesen hochbedeutsamen Eröffnungen ersehen wir, wie die Urfunken oder Urelemente der Schöpfung als Gedanken in Gott entstehen und durch seinen weisheitsvollen, festen Schöpferwillen gleichsam *ausgesondert* werden zu einem selbständigen geschöpflichen *Dasein,* in dem sie als Bausteine der Schöpfung dem Herrn und Meister für seine erhabenen Zwecke dienen.

Das göttliche Ziel alles Lebens

Diese Urfunken der Schöpfung sind aber nicht tote, nur mechanisch bewegte Bausteine, sondern als *wesenhafte* Gottesgedanken sind sie lebendige Intelligenzen oder *Ur-Kleingeister,* die berufen sind, durch willigen Dienst in der Ordnung Gottes und durch weise Verbindung mit anderen Urlebensfunken immer edler und vollkommener und schließlich dem göttlichen Ur- und Allgeiste an Liebe, Weisheit und Macht möglichst ähnlich zu werden. Diese große Bestimmung der Urfunken alles Lebens zusammenfassend, wird im Großen Evangelium (Bd. 7, Kap. 72) gesagt:

„Gott selbst ist in seinem Zentrum der ewige Urgeist und Urmensch. Er erfüllt die aus Ihm hervorgehende Unendlichkeit mit seinen großen Gedanken und Ideen, die, von seiner *Liebe* erfüllt, zu einem Ihm gleichen Lebensfeuer, durch seine *Weisheit* zu geordneten Formen und durch seinen *Willen* zu voneinander abgesonderten und für sich bestehenden *Wesen* werden. In diese ist die Fähigkeit gelegt, sich selbst als solche ewig fortzubilden und fortzupflanzen und auf der Stufenleiter der ewigen Ordnung Gottes sich mit der Zeit gegenseitig zu vereinen und (in den höchsten, reichhaltigsten Lebensformen) zur *Gottähnlichkeit* emporzusteigen."

Die geistige Natur der Schöpfung

Was die heutige Wissenschaft nach langer Irrfahrt endlich dämmernd ahnt — die *geistige* Natur der ganzen Schöpfung — wurde demnach schon im Jahre 1847 in ‚Erde und Mond' (Kap. 41) vom *Herrn* der Schöpfung selbst verkündet mit den Worten:

„Die Naturforscher haben wohl in aller Materie gewisse Grundkräfte entdeckt, als da sind die anziehende und die abstoßende Kraft. Daneben sind noch die Dehnkraft, die Teilbarkeit und die Durchdringbarkeit der Materie gelehrt abgehandelt und unter die Grundeigenschaften der Materie eingeteilt worden. Allein, hätten diese Gelehrten, als selbst lebende Wesen, nur einen einzigen Schritt weiter getan und hätten der alleserfüllenden und allesbeherrschenden *Lebenskraft* einen Platz eingeräumt, so wären sie schon lange in ihrem Wissen eine gewaltige Stufe vorwärtsgekommen und hätten nicht notwendig, ‚tote' Kräfte — was ein allergrößter Unsinn ist — abzuwägen und zu zergliedern. Sie hätten sogleich mit jener Grundbedingung alles Seins zu tun bekommen, in der sie sich selbst und alle harte Materie vom allein wahren Standpunkt aus schon lange erkannt hätten. Aber so tappen die Lebendigen in lauter toten Kräften herum und wollen am Ende noch beweisen, daß die lebendige Kraft ein Zusammengesetztes solcher toten Kräfte sei.

O welche Verblendung! In welcher Logik kann denn eine *wirkende* Kraft als tot angesehen werden? Kann es etwas Unsinnigeres geben, als bestimmten, ersichtlichen Wirkungen eine tote Ursache zu unterbreiten — was ebensogut wäre, wie wenn man von einer Wirkung gar keinen Grund annähme! Wenn in und an der Materie wirkende Kräfte entdeckt werden, so sind sie nicht tot, sondern *lebendig* und *intelligent*. Denn ohne *Intelligenz* in einer oder der anderen Art läßt sich ebensowenig eine Wirkung denken wie ohne Kraft.

Wie sich nämlich die Kraft aus der Wirkung erkennen läßt, so läßt sich auch die Intelligenz der Kraft aus der stets gleichmäßig geordneten *Planmäßigkeit* der Wirkung erkennen. Geht nicht der Wuchs jeder Pflanze nach einem inneren Plan vor sich, der sich leicht erkennen läßt? Ebenso ist es mit der Verwesung der Fall und mit allen Erscheinungen, denen Kräfte zugrundeliegen müssen. Woraus jeder leicht den Schluß ziehen kann: Wo bestimmte *Wirkungen* in Erscheinung treten, da muß es auch ebenso viele *Kräfte* wie Wirkungen geben, und weil alle diese Wirkungen geordnet und planmäßig sind, so müssen auch ebensoviele *Intelligenzen* wie Kräfte vorhanden sein. — Und aus diesem Schlusse wird denn auch begreiflich, daß die *ganze* Materie in Wahrheit aus lauter Intelligenzen besteht, die von höheren Intelligenzen nach Ordnung und Notwendigkeit zeitweilig festgehalten werden."

Ströme des Lichts

Wenn wir diese tiefgründigen Eröffnungen über die wichtigsten Geheimnisse der Natur in den Schriften der Neuoffenbarung überblicken, so möchte uns ein seltsames Hochgefühl fast überwältigen in dem Gedanken, daß einem einfachen, anspruchslosen Gottesmann durch die innere Stimme des Geistes so viel *Licht* gegeben wurde in einer Zeit, als noch die ganze verstandesstolze Gelehrtenwelt in Finsternis verweilte. Wir erinnern uns des schlichten Bildes, welches der Biograph Karl Gottfried von *Leitner* von dem „Schreibknecht Gottes", *Jakob Lorber,* entwirft, über den sich solche Ströme göttlicher Gnade ergossen. — „Er begann", so berichtet Leitner, „sein Schreibgeschäft, das von dem denkwürdigen 15. März 1840 an die Hauptaufgabe seines Daseins blieb, fast täglich schon morgens vor dem Frühstück, das er in seinem Eifer nicht selten ganz unberührt stehen ließ. Dabei saß er meistens an einem kleinen Tischchen, im Winter knapp neben dem Ofen, und führte ganz in sich gekehrt, mäßig schnell, aber ohne je eine Pause des Nachdenkens zu machen oder eine Stelle des Geschriebenen zu verbessern, ununterbrochen die Feder wie jemand, dem von einem anderen etwas diktiert wird."

So also ergingen über diesen Mann der Demut jene Offenbarungen, deren himmlische Wahrheitsschätze heute auch von der Gelehrtenwelt in kleinen Gaben nach und nach empfangen und aufgenommen und der ganzen Welt als große, umwälzende Entdeckungen verkündet werden.

8

Vom Geist zur Materie

Wenn manche Forscher heute auch das Geistige in der Natur besser erkennen und gelten lassen als vor Jahren, so fehlt ihnen doch noch vollkommen eine klare Vorstellung vom Zusammenhang des Geistigen mit dem Naturmäßig-Stofflichen. Sie wissen sich nicht zu erklären, wie durch eine geistige Schöpfungsurmacht (Gott) aus geistigen Urelementen (Lebensfunken) die sicht- und greifbare *stoffliche Welt* entstehen konnte — jenes ganze, festgefügte Weltkörpersystem mit seinen unzähligen Sonnen, Kometen, Planeten und Monden. In dieses Schöpfungsgeheimnis ist bis heute das Licht der Wissenschaft noch nicht gedrungen. Ja, jeder Eingeweihte muß bekennen, daß hier der menschliche Verstand nach wie vor an einem bodenlosen Abgrund steht.

Die Lehren, die uns in diesen Dingen durch den Geist eines erleuchteten Propheten in den *Lorberwerken* geboten werden, knüpfen an altes Offenbarungswissen an, das allen Völkern in ihrer Kindheit gegeben war und noch heute den Naturvölkern der ganzen Erde zu eigen ist.

Die Weisheit der Urvölker und der Bibel

Die Eskimos der nördlichen Polarländer, die Feuerländer auf der Südspitze Amerikas, die Indianer in den Urwäldern Brasiliens, die Negerstämme Afrikas — sie alle bekunden, wenn die christlichen Missionare zu ihnen kommen und diesen Heiden den Gott der Bibel bringen wollen, merkwürdigerweise einen übereinstimmenden, überzeugten Glauben an einen ewigen, unsichtbaren, allwaltenden „*Großen Geist*" oder „*Himmelsvater*". Sie sagen, dieser große Gottgeist und Allvater habe in alten Urzeiten vor allem andern eine Anzahl unsichtbarer, großer und gewaltiger Geistwesen geschaffen, „Segenspender" oder „*Großväter*" genannt. Diese hätten nach dem Beispiel des Allvaters ihrerseits wiederum zahlreiche kleinere Geistwesen geschaffen — „Kinder der Großgeister" oder „*Väter*" genannt. Die Großgeister seien als Kinder Gottes ersten Ranges dem Allvater in allem am ähnlichsten. Sie seien unsichtbar, wohnen in der Luft, seien nicht gebunden an Raum und Zeit und seien fast allwissend, allgegenwärtig und unsterblich. Ohne den Willen Gottes tun sie den Menschen weder Gutes noch Böses, sondern harren allzeit seiner Befehle. — Die zweite, *niedere* Art der Geister dagegen wohne in Steinen, Pflanzen und Tieren. Groß sei ihre Macht nicht nur im Guten, sondern auch im Bösen. — Auch des *Menschen Seele* sei solch ein Geist, der nur zu einem Probesein in der sichtbaren Leibeshülle lebe und nach dem leiblichen Tode wieder ins Geisterreich des höchsten Himmelsgottes zurückkehre.[1]

Ähnliche Lehren und Anschauungen hatten nach den Feststellungen der Religionsgeschichte auch alle alten Kulturvölker in ihren Urzeiten — die Chinesen, die Inder und ganz besonders rein und klar die Perser in der Religion des sagenhaften Prophetendichters Zoroaster. Auch die ältesten Inschriften der Ägypter bezeugen: „Gott ist einzig und allein. Er ist ein Geist, unsichtbar und ewig. Er ist der Vater aller Großgeister und der Urvater aller Kleingeister."[2]

Und so redet auch die Bibel von Erzengeln, Engeln und Geistern und nennt die beiden ersteren die „Diener Gottes", durch welche der Herr und Meister die sichtbare Schöpfung verwaltet. (Vergl. 1. Mose 19, 1 ff. und 28, 12.) Das ums Jahr 300 v. Chr. entstandene *Buch Hiob* läßt als Gegenstück zu den guten Geistern Gottes auch den argen Engel *Satan* auftreten. Weiter enthüllt wurde die Engellehre von dem Verfasser des ums Jahr 120 v. Chr. erschienenen Buches Daniel. Von da an vertrat den volkstümlichen Glauben an ein Engelreich die Partei der Pharisäer mit Entschiedenheit gegenüber der ungläubigen Adels- und Priesterpartei der Saduzäer. Auch im Neuen Testament zeugen bekanntlich verschiedene Stellen deutlich vom geheimen Sein und Walten der Erzengel und Engel Gottes, wie auch Satans und seiner Gehilfen.

Eine tiefere Kenntnis von der unermeßlichen Bedeutung dieser urgeschaffenen Wesen gab der himmlische Vater nach seinem göttlichen Erziehungs- und Heilsplan den Menschen aber erst in der großen Offenbarung seiner Schöpfungsgeheimnisse durch *Jakob Lorber.*

[1] Vergl. Wurm, Religionsgeschichte, S. 44, 46.
[2] Brugsch, „Religion und Mythologie der alten Ägypter". — Vergl. auch die noch heute in tiefer Erkenntnis unübertroffene „Allgemeine Religionsgeschichte" von Orelli.

Die Urgeister und ihr Seinszweck

In den Lorberschriften vernehmen wir: Aus dem Bedürfnis nach liebender, mitfühlender und mittätiger Lebens-Gesellschaft schuf Gott im Anfang unserer Schöpfungsperiode aus seinen zahllosen wesenhaften Gedankenkräften, den „Urelementen“ oder „Urlebensfunken“, eine Anzahl großer *Geistwesen* nach seiner eigenen, göttlichen Urform. Gewisse besonders reich und stark veranlagte Lebensfunken wurden von Ihm mit der Kraft ausgestattet, als gewaltige „Machtzentren“ zahlreiche andere Lebensfunken aus der unermeßlichen Fülle des Schöpfers an sich zu ziehen und sich mit ihnen zu einer *Gesamtintelligenz,* einem *lebenden Geistwesen* zu vereinen. Diese großen „Urgeister“ riefen sodann ihrerseits, nach dem Willen Gottes, in ihren Lebenskreisen zahllose „Untergeister“ ins Dasein. Und so belebte sich nach und nach der unendliche Raum.

Im Großen Evangelium[1] sagt der Vater des Lichts: „Meinst du, daß ohne ebenbildliche, Mich erkennende und liebende Wesen Mir Meine unendliche, ewige Lebensvollendung zu etwas frommte und Mir Seligkeit gäbe? Wahrlich nicht! — Im Mitwachsen Meiner zahllos vielen unvollendeten Kindlein, in ihrem zunehmenden Erkennen und Vollkommenerwerden und in ihrer daraus erwachsenden Tätigkeit liegt auch *Meine* eigene höchste Seligkeit. Ihre Freude über eine mühsam errungene, vollendetere Fähigkeit ist auch *Meine* stets erneute Freude. Und Meine unendliche Vollkommenheit bekommt erst dadurch den unschätzbarsten Wert, so sie von den noch unmündigen Kindlein stets mehr und mehr angestrebt wird und sich auch in ihnen unverkennbar wachsend zu erkennen gibt. Wäre es nicht so, meinst du, daß Ich je eine Welt und irgendein lebendes Wesen auf ihr gestaltet hätte? Alles das ist Mir schon von Ewigkeit her ein unerläßliches *Bedürfnis* gewesen, ohne das nie eine Erde erschaffen und mit allerlei Wesen belebt worden wäre.“

Die Erziehung der Urgeister zur Selbständigkeit und Gottähnlichkeit

Das Bedürfnis der Gottheit nach liebender und mittätiger Wesenheit konnte jedoch nur durch vollkommen freie und *selbständige,* Gott möglichst *ebenbürtige* Wesen befriedigt werden — nicht durch scheinfreie, in jedem Augenblick ihres Daseins von Gott abhängige Maschinen-Geschöpfe. Denn im unfreien Geschöpf denkt, fühlt, will und handelt ja unmittelbar der Urgeist selbst. Und so wenig unsere Arme und Beine uns Gesellschafter sein können, so wenig vermögen dies in beseligender Weise bloße „Puppen“ für die Gottheit. *Ebenbilder* seiner eigenen, vollkommen freien und selbständigen Geistperson mußte also der Herr des Lebens sich heranbilden, wenn Er wahres, Ihn liebendes und beseligendes Leben um sich scharen und sein klarst bewußtes Dasein dadurch verunendlichfältigen wollte.

Dieser hohe Sinn und Zweck der Geisterschöpfung erforderte es aber, daß diese Kinder Gottes nicht auf ein *einziges* Schöpferwort mit einem Schlage vollendet, d. h. im Stande voller, gottähnlicher Selbständigkeit und Vollkommenheit der Gotteshand entsprangen. Nur ein allmähliches Werden, ein Entstehen aus Geringem, Unselbständigem und Unvollkommenem — ein stufenweises, durch Mühe und Anstrengung zu erreichendes Reifen der Wesen zu gottähnlicher Vollkommenheit

[1] Gr. Ev., Bd. 5, Kap. 157, 7—9; vergl. auch Bd. 3, Kap. 238, 4—11; Kap. 239 und 240, 1; ferner Bd. 8, Kap. 129, 13.

— konnte dem Schöpfer sowohl wie den Geschöpfen jene andauernde Seligkeit des Gebens und Nehmens und jene Spannungen und Auslösungen der Lebenstätigkeit verschaffen, die Grundvoraussetzungen der wahren Lebenswonne sind.

So sagt der Herr im Großen Evangelium: „Wenn Ich jedes Geistes Natur so gestellt hätte, daß er schon von seiner Entstehung an in höchster Vollendung ohne sein Zutun dastände, welche Übung des Lebens und Selbstfortschreitens wäre für ihn da noch denkbar? Zu welcher Tätigkeit könnten dann schließlich solche Geister verwendet werden? Ich sage euch: Da wären die Bäume des Waldes in der zum freien Leben unentbehrlichen Selbsttätigkeit ums Vielfache bevorzugter als etwa ein schon von der Geburt an in jeder Beziehung vollendeter Mensch!"

Die Urgeister wurden daher von Gott so geschaffen, daß sie ihre wahre, volle Selbständigkeit und Gottähnlichkeit erst nach und nach durch liebevolle, weise, machtvoll-ernste Erziehung unter eigener Bemühung und Anstrengung *erringen* konnten — und zwar durch *freie* Annahme des Grundgesetzes des göttlichen Lebensreiches: *„Liebe Gott über alles und deinen Mitbruder wie dich selbst!"* — Nur in dieser heiligen Gottesordnung war und ist in alle Ewigkeit ein friedlicher Bestand eines einheitlichen Lebensreiches denkbar.

Luzifers Fall und die Entstehung der Materie

„Fast unermeßliche Zeiten", so lesen wir im Großen Evangelium (Bd. 2, Kap. 231), währte jene Urperiode, in der Gott aus seinen Gedanken und Ideen die ersten Geister zu bilden und selbständig zu machen begann. Was geschah in solch endlos langer Zeit alles zur Vollbildung des freien Willens der Urgeister! Und doch gab es am Ende jener unnennbar langen Bildungsperiode noch eine Menge solcher, die — obschon sie die rechten Bildungswege Gottes wohl begriffen — am Ende dennoch von einem freien Verhalten auf diesen Wegen nichts wissen wollten. Des schneller folgenden, wennschon nur kurz dauernden Vorteils wegen wichen sie von dem gebotenen Ordnungsweg Gottes ab und betraten den Weg ihres Verderbens."

Der erste, der diesen verhängnisvollen Abweg einschlug, war der größte der urgeschaffenen Geister — „Lichtträger", in der lateinischen Mönchssprache *„Luzifer"* genannt. In diesem obersten Urgeiste, diesem „großen Sammelplatz", sagt der *Herr* (Haushaltung Gottes, Bd. 3, Kap. 27), war alles bis dahin von Gott entströmte wesenhafte Licht (Leben) vereint, „damit in ihm die ausgegangene Wesenfülle sich ausreife unter Meinen steten Gnadenstrahlen, frank und frei, Mir beschaulich und angenehm durch freies Leben und so auch Mich beschauend aus dem ihm von Mir gereichten Liebelicht".

Noch nicht einmal zur Viertelsreife gediehen (Haushaltung Gottes, Bd. 3, Kap. 22, 20) — also sozusagen in den Brausejahren seines großen Lebens, der wichtigsten und heikelsten Ausbildungszeit — begann dieser Hauptgeist, sich der alles leitenden Ordnung Gottes zu widersetzen. Und statt demütig seinen Schöpfer und Erhalter über alles zu lieben und aus solcher Gesinnung heraus auch alle seine Mitbrüder zu achten, verfiel er und mit ihm das ihm hörige Gefolge seiner Untergeister dem innewohnenden Triebe der *Eigenliebe* folgend, in die äußerste Selbstherrlichkeit und Selbstsucht.

Da aber auf der Grundlage der erbarmungslosen Eigenliebe kein Leben bestehen kann, hatte diese Wendung für den großen Lichtgeist und seinen Anhang die verhängnisvollsten Folgen. Indem sie sich von Gott abkehrten, beraubten sie sich *selbst* der für alle Wesen sonnengleich von Gott ausgehenden nährenden Lebensströme. Ihre Kräfte schwanden, ihre Wesenheit schrumpfte sozusagen ein, verdichtete sich, und ihr ganzes Lebensreich verfiel in eine todesartige *Erstarrung* und Verwesung. So entstand aus lichten, weitausgebreiteten Ätherwesen der scheinbar leblose „Weltstoff", der *Urnebel der Materie* (wie aus unsichtbarem Wasserdampf durch Wärmeverlust sichtbares Nebelgewölk entsteht). Es war dies für die betroffenen Urgeister eine furchtbare Wandlung, ein schauerliches *Gericht*. — Aber der göttliche Schöpfer und Wesenbildner verstieß und verließ seine irrenden Geschöpfe nicht. Seine väterliche Liebe erbarmte sich der Gefallenen. Und aus den zahllosen sich weiter verdichtenden Urnebelwolken der Materie gestaltete seine Weisheit und Macht mit Hilfe der zahlreichen rein und treu gebliebenen Urgeister die ganze *materielle* Weltenschöpfung als eine wunderbare *Neuordnung* zu weiteren großen, wahrhaft göttlichen Entwicklungs- und Heilszwecken.

Die sichtbare Weltenschöpfung — eine Materialisation

Im Großen Evangelium (Bd. 4, Kap. 105) sagt der Herr: „Sehet, so wie nun die Menschen durch die Eigenliebe, die Selbstsucht, den Hochmut und die daraus hervorgehende Herrschsucht derartig aller Materie voll werden, daß sie viele Tausende von Jahren hindurch sich nicht völlig davon zu befreien imstande sein werden — ebenso gab es dereinst auch urgeschaffene Geister, die durch den ihnen verliehenen Reiz zu eigenliebig, selbstsüchtig, hochmütig und am Ende herrschsüchtig wurden. Die Folge davon war, daß sie sich in *Materie* verwandelten.

Sie haben sich abgesondert in große *Vereine* und stellten sich in für euch undenkbar großen Entfernungen auf. Ein jeder Verein wollte von einem zweiten nichts mehr hören, sehen und erfahren, um nur der Eigenliebe so recht frönen zu können. Durch dieses stets wachsende Eingehen in die Eigenliebe und Selbstsucht, in den dadurch mehr und mehr erwachten Hochmut und in eine absolute Herrschsucht schrumpften die zahllos vielen Lebensformen endlich nach dem Gesetze der *Schwere*[1],

[1] d. h. der gegenseitigen lebensgierigen *Massenanziehung*. Wenn auch die luziferischen Geister zufolge ihrer grenzenlosen Selbstherrlichkeit zunächst voreinander flohen, so braucht doch jeder Geist zu seinem Bestande die in andern Geistern angesammelten Lebenskräfte aus Gott — gleichsam als seine Nahrung. „Wisset", heißt es in ‚Die natürliche Sonne' (Kap. 73), „daß ein jeder Geist welcher Art immer für seine kräftige Fortdauer Nahrung haben muß, ohne welche er stets schwächer und in eine Art bewußtlosen schlafähnlichen Zustand geraten würde." Und um diese Nährkräfte voneinander zu erlangen, drängte daher die Eigenliebe und Selbstsucht die Geister auch wieder herdenartig zusammen. — Diese Erscheinungen der durch Selbstherrlichkeit bewirkten *Abstoßung* und der durch Lebenshunger und Habsucht bewirkten *Anziehung* beobachten wir ja als seelisch-geistige Grundeigenschaften auch bei der irdischen Menschheit. Es sind geistige Grundeigenschaften aller Lebewesen, besonders der aus Luzifer stammenden. In der Naturkunde nennt man sie Zentrifugal (Flieh)-Kraft bzw. Gravitations(Schwer)-Kraft. Vom Standpunkt der geistigen Welterklärung aus verstehen sich also diese den materialistischen Denkern so völlig rätselhaften Naturgesetze aufs einfachste. Es liegt sonach in diesem Punkte der Naturkunde eine höchst bemerkenswerte Offenbarung und Klärung durch die prophetische Leuchte Jakob Lorbers vor.

das sich aus der Eigenliebe und Selbstsucht entwickelte, zu einem übergroßen Klumpen zusammen: die materielle *Urzentralsonne* einer *Hülsenglobe*[1] war fertig.

Nun aber gibt es im unendlichen Raum eine Unzahl solcher Systeme oder Hülsengloben, wo überall eine Urzentralsonne zahllosen Weltengebieten zum gemeinsamen Mittelpunkt dient.[2] Diese Urzentralsonnen sind eben jene zusammengeschrumpften Urgeistervereine, und aus ihnen sind mit den Zeiten der Zeiten alle anderen Sonnenalle, Sonnengebiete, Nebenzentralsonnen, Planetarsonnen, Planeten, Monde und Kometen hervorgegangen. Wie ging das aber zu?

Seht, in der *Urzentralsonne* (in sämtlichen Hülsengloben) ward vielen großen Geistern der Druck zu mächtig. Sie entzündeten sich zornglühend, machten sich vom Urdruck los und flohen endlos weit von ihrer ersten Zusammenballung hinweg. Eine Zeitlang schwärmten sie frei und harmlos für sich in aller Ungebundenheit im Raume umher und zeigten gute Miene, von selbst in die reingeistige Ordnung überzugehen. Aber weil sie des Elements der *Eigenliebe* nicht ledig werden konnten, fingen sie endlich wieder an, zu einem festen Körper zusammenzuschrumpfen, und daraus entstanden Zentralsonnen *zweiten Ranges* in einer wie in der andern der zahllos vielen Hülsengloben.

Auch in diesen Zentralsonnen zweiten Ranges ergrimmten mit der Zeit der Zeiten die Hauptgeister ob des stets zunehmenden Druckes, entzündeten sich und machten sich in zahllosen Massen von der zweiten Zusammenballung los. Sie zeigten nun wieder die besten Mienen zu einem geistigen Übergang. Da sie aber mit der Weile dennoch wieder ein großes Wohlgefallen an *sich* fanden, so wuchsen auch sie abermals im materiellen Gewicht und schrumpften ebenfalls wieder in große Körper zusammen. Und es wurden daraus Zentralsonnen *dritten* Ranges.

Bald aber kam es zu demselben Vorgang wie bei den früheren Zentralsonnen. Die höheren Geister, als die wenigeren an der Zahl, wurden nach und nach von den noch immer zahllos vielen untergeordneten Geistern zu mächtig gedrückt, ergrimmten bald wieder und rissen sich zu vielen tausendmal Tausenden mit großer Gewalt vom gemeinsamen Klumpen los mit dem festen Vorsatz, nun endlich ins völlig Reingeistige überzugehen. Undenkbar lange Zeiten schwebten sie als voneinander weit getrennte Ätherdunstmassen im weiten Schöpfungsraum. Diese Freiheit gefiel ihnen in der Rückerinnerung an den mächtigen Druck, den sie ausgestanden hatten. Aber in dieser *untätigen* Freiheit fing es sie mit der Zeit zu hungern an, und sie begannen im Raume Nahrung zu suchen, also Sättigung irgendwoher von außen. Diese mußten sie finden und sie fanden sie [3]. Denn die Begierde ist gleich dem Magnetstein, der alles Eisen wie auch alle eisenhaltigen Minerale mit unwiderstehlicher Gewalt an sich zieht. Was aber war davon die Folge? Auch ihre Wesenheit fing dadurch sich nach und nach zu *verdichten* an. Damit erwachte auch bald wieder die Eigenliebe und die unausweichbare Folge war die Zusammenschrumpfung zu einem gemeinsamen Klumpen, wozu freilich wohl stets eine Unzahl von Erdjahren vonnöten waren.

[1] Hülsengloben heißen nach Lorber jene unermeßlich großen *Schöpfungseinheiten* (mit einer Urzentralsonne als Mittelpunkt und zahllos vielen Unter-Gestirnen) aus welchen die gesamte Schöpfung gleichsam zellenartig aufgebaut ist. Auch die Wissenschaft hat in unserem „Milchstraßensystem" eine solche unermeßliche Schöpfungseinheit erkannt.

[2] Durch die Entdeckungen der neueren Wissenschaft voll bestätigt!

[3] in anderen zerstreuten Materiendunstmassen.

Allein, was ist eine noch so lange Zeitendauer vor dem ewigen Gott? Ein Seher der Vorzeit sagte: ‚Tausend Jahre sind vor Gott wie ein Tag!' Ich sage euch: Tausendmal tausend Jahre sind vor Gott kaum ein Augenblick! Wer ein Müßiggänger ist, dem werden aus lauter Langeweile die Stunden zu Tagen und die Tage zu Jahren. Dem Fleißigen und vielfach Tätigen werden die Stunden zu Augenblikken und Wochen zu Tagen. Gott aber ist mit einem unendlichen Tätigkeitseifer von Ewigkeit her unablässig tätig. Die beseligende Folge ist, daß für euch undenkbar lange Zeiten Ihm wie einzelne Augenblicke vorkommen müssen.

Aus der zuletzt bezeichneten Einschrumpfung entstanden und entstehen noch heute die *Planetarsonnen,* wie da eine ist, welche eurer Erde leuchtet. Diese Art Sonnen sind zwar in ihrer Wesenheit viel zarter und sanfter als die Zentralsonnen, haben aber dennoch eine ungeheure Masse schwerer Materie als Folge der Eigenliebe ihrer äonenmal Äonen Geister. Den edleren und besseren Geistern in diesem Leuchtball wird jedoch mit der Zeit der Druck von seiten der gemeinen Geister, die ganz Materie geworden sind, dennoch wieder zu schwer und unerträglich. Die Folge davon ist wie bei den früheren Sonnen: Gewalttätigkeit, Eruptionen über Eruptionen, und die edleren Geister machen sich frei. Hier erwacht dann in ihnen der schon ganz ernstliche Wille, durch die Befolgung der wahren Ordnung Gottes ins Urreingeistige überzugehen. Viele bekämpfen den in sie gelegten Reiz zur Widerordnung und werden zu urgeschaffenen Engeln, ohne vorerst einen Fleischesweg durchzumachen.

Aber einige Geistervereine, die sich aus den Planetarsonnen auch mit den besten Vorsätzen trennen, können sich von der Eigenliebe doch wieder nicht ganz losmachen und fangen nach und nach wieder an, dem in sie gelegten Urreize zu frönen. Bald werden sie als dunstige *Kometen* mit einem langen Schweif materiell ersichtlich. Was besagt dieser Schweif? Er zeigt den Hunger der schon materiell werdenden Geister und die große Gier nach materieller Sättigung. Diese Gier zieht aus dem Äther ihr zusagendes Materielles an. Und solch ein Komet, als eine Zusammenballung sehr materiell gewordener Geister, irrt dann viele Jahrtausende im großen Ätherraum umher und sucht Nahrung wie ein reißender Wolf. Durch dieses Einsaugen und Fressen aber wird der Komet ebenfalls dichter und schwerer. Mit der Zeit wird er von der Sonne, der er durchgegangen ist, wieder insoweit angezogen, daß er ordnungsmäßig um sie zu kreisen beginnen muß. Muß er sich einmal eine solche Ordnung gefallen lassen, so wird er ein *Planet* wie diese Erde, die Venus oder der Mars, der Jupiter, Saturn und etliche weitere dieser Art."

Erde und Mond

„Mit der *Erde* hat es freilich eine höchst eigentümliche Bewandtnis[1]. Die Erde gehört zwar als *Planet* zu dieser ihrer Planetarsonne. Aber streng genommen ist sie nicht wie alle anderen Planeten aus dieser Sonne, sondern hat ihre ursprüngliche Entstehung schon aus der Urzentralsonne (der uns umschließenden Hülsenglobe) und ist der Zeit nach ums Undenkliche älter als die Planetarsonne. Doch hat sie körperlich zu werden (d. h. materiell sich zu verdichten) erst angefangen, nachdem

[1] entsprechend der besonderen geistigen Bedeutung dieser Haupt-Pflanzschule der Gotteskinder; vergl. die späteren Darstellungen.

diese Planetarsonne schon lange als ausgebildeter Weltenkörper den erstmaligen Umlauf um ihre Zentralsonne begonnen hatte; dann aber hat sie ihr eigentlich Materiell-Körperliches dennoch hauptsächlich aus dieser Planetarsonne an sich gezogen." (Gr. Ev., Bd. 4, Kap. 106)

Entsprechend wie die anderen Weltkörper ihren Mutterwelten entsprangen, entstanden dann schließlich — als letzte Ausgeburt — aus den Planeten die *Monde.* So vernehmen wir über das Werden unseres Nachtgestirns: „Vor vielen tausendmal Tausenden von Erdjahren war die Erde körperlich noch bedeutend schwerer, und ihre Geister wurden sehr gedrückt. Da ergrimmten die ärgeren Geister, trennten sich mit viel gröbstmaterieller Masse von der Erde und schwärmten viele Jahrtausende hindurch in einer sehr ungeordneten Bahn um diese Erde. Da aber alle Teile des Mondes bis auf wenige Klumpen noch weich und zur Hälfte (feuer)flüssig waren und die ganze Masse sich in beständiger Umdrehung befand, gestaltete sich endlich das Ganze zu einer großen Kugel.

So habt ihr denn nun gesehen, wie die ganze *materielle Weltenschöpfung* entstanden ist — bis zu den Planeten und Monden, die fast überall dieselbe Natur haben und demselben Zweck dienen." (Gr. Ev., Bd. 4, Kap. 107)

9

Der materielle Schöpfungsbau

Im großen, durch Jakob Lorber gegebenen Evangelium (Bd. 6, Kap. 245) gibt der Herr einigen gelehrten Juden und Römern folgendes gewaltige Bild vom Wunderbau der Schöpfung:

Gottes Sternenheere

„Die *Erde* ist gewiß kein kleiner Weltkörper, und die *Sonne* ist noch etwa um tausendmal tausend Male größer als die Erde. Aber schon die nächste *Zentralsonne* ist mehr als tausendmal tausend Male größer als die Sonne, welche dieser Erde leuchtet, und hat mehr Körperinhalt als alle die tausendmaltausendmal tausend Planetarsonnen samt allen ihren Erden, Monden und Kometen, die sich in für euch undenkbar weit gedehnten Kreisen mit ihrem Angehör um eben solch eine Zentralsonne in großer Schnelle bewegen. Und dennoch benötigen besonders die entferntesten oft tausendmal tausend Jahre dieser Erde, um nur *einmal* ihre weite Bahn durchzumachen und wieder am alten Fleck anzugelangen. — Eine solche Großgruppe von Weltkörpern wird ein *Sonnengebiet* genannt.

Nun gibt es aber auch eine *zweite Gattung* von Zentralsonnen, um die sich in noch endlos größeren Bahnen solche ganze Sonnengebiete mit ihren Zentralsonnen bewegen, von denen die entferntesten Gebiete schon ein Äon von Erdenjahren benötigen, um diese nur einmal zu umkreisen. Eine solche zweite Zentralsonne, um die nun ganze Sonnengebiete mit ihren Sonnen kreisen, wollen wir samt ihren tausendmal tausend Sonnengebieten ein *Sonnenweltall* nennen.

Nun denket euch aber wieder eine ebenso große Anzahl solcher Sonnenweltalle. Diese haben wieder in einer für keinen Menschenverstand mehr meßbaren Tiefe und Ferne eine gemeinsame Zentralsonne *dritter Gattung*, die sicher als Weltkörper noch um zehntausendmal tausend Male größer ist als die Sonnenweltalle, die um sie in unermeßlich weiten Kreisen bahnen. Diese Sonnenweltall-Gesellschaft mit einer Zentralsonne wollen wir ein *Sonnen-Allall* nennen.

Solche gibt es wieder eine für euch nicht zählbare Menge, und alle haben in einer endlosen Tiefe wieder eine allerungeheuerst große *Urzentralsonne*, um die sie, ohne Störung ihrer vielen Sonderbewegungen, wie ein Körper in einer nur für Engel meßbaren weiten Bahn kreisen. Und ein solches Sonnen- und Weltensystem um eine Urzentralsonne wollen wir darum, um es faßbar zu bezeichnen, eine Sonnen- und Welten-*Hülsenglobe* nennen. Denn alle diese vorbezeichneten Allalle, nach allen Richtungen um die Urzentralsonne kreisend, stellen eine unermeßlich große *Kugel* dar und bilden infolge ihrer nahezu gedankenschnellen Bewegung und der dadurch bewirkten starken Wurfkraft nach außen hin eine Art *Hülse*, deren Dichtigkeit der atmosphärischen Luft dieser Erde gleichkommt, und die von innen bis außen einen (Wandungs-)Durchmesser hat, der nach den Weiten dieser Erde zu messen, mit tausendmal tausend Äonen noch viel zu gering angenommen wäre."

Hülsengloben als Schöpfungszellen

„Sagen die gelehrten Juden und Römer: ‚Herr, uns ergreift ein Schwindel vor dieser erschrecklichen Größe Deiner Schöpfung! Kann die ewig je ein Engel übersehen und begreifen?'

Sagt der *Herr:* ‚Ganz sicher, denn sonst wäre er kein Engel. Aber es wird noch stärker kommen, denn jetzt habe Ich euch erst kaum einen *Punkt* von der Größe Meiner Schöpfung gezeigt! — Wir sind bei der großen *Hülse* als der gemeinsamen Umfassung all der zahllos vielen Allalle stehengeblieben. Wie sich diese Umhülsung — (durch die Wurfkraft) — bildet, habe Ich bereits erwähnt. Aber warum wird sie gebildet?

Seht, jedes in sich Ganze vom Größten bis zum Kleinsten hat zur Bedeckung und zum Schutz seines kunstvollen Inneren eine Umhäutung. Diese aber hat auch noch den wichtigen Zweck, daß sie vom inneren Mechanismus eines belebten Körpers das Unreine, als ein zum organischen Leben Untaugliches, nach außen hinausleitet, dafür aber von außen her geläuterten Lebensnährstoff aufsaugt und zur Lebensstärkung dem inneren, organischen Lebensmechanismus zuführt. Daraus könnt ihr euch nun wenigstens einen Begriff machen, warum Ich die ganze Sonnen- und Welten-Allall-Zusammenfassung eine *Hülsenglobe* nenne.

Fraget aber ja nicht nach der *Größe und Länge* des Durchmessers einer solchen Hülsenglobe! Denn für den Menschen dürfte schwerlich je auf dieser Erde eine Zahl ausgedacht werden, durch die man diesen Durchmesser — die Entfernung von dieser Erde bis zur Sonne als Einheitsmaß genommen — hinreichend bestimmen könnte. Denn äonenmal Äonen solcher Entfernungen reichten kaum auf ein Sonnenweltenallgebiet aus, deren es in einer Hülsenglobe, wie schon gezeigt, eine beinahe zahllose Menge gibt.

Auf diesem Grundstein wollen wir nun weiterbauen. Seht, solch eine Hülsenglobe ist eigentlich nur ein *einziger Punkt* in Meinem großen Schöpfungsraum. Wie aber solches zu begreifen ist, werde Ich euch sogleich zeigen. Denkt euch ganz außerhalb der äußersten Haut einer vorbeschriebenen Globe den ungeheuer weiten Raum nach allen Seiten hin ganz leer, und das so weithin, daß jemand selbst mit dem schärfsten Auge von der ganzen, nahezu endlos großen Hülsenglobe nichts mehr als nur ein matt schimmerndes, allerkleinstes Pünktchen entdecken würde — und in der entgegengesetzten Richtung wieder ein solches, das auch wieder eine Hülsenglobe ist! Das gäbe dann so ungefähr ein Maß der *Raumweite* zwischen zwei Hülsengloben: eine so groß wie die andere, und doch schrumpften sie durch die ungeheuere Entfernung schon auf dem halben Weg zu einem kaum bemerkbaren Schimmerpunkt zusammen. Und so hätten wir nun die Entfernung zweier nachbarlicher Hülsengloben kennengelernt.' "

Der große Schöpfungsmensch

„Was werdet ihr aber sagen, so Ich euch nun anzeige, daß es solcher Hülsengloben im endlos großen Schöpfungsraum für euren noch so hellen Menschenverstand wahrhaft *zahllos viele* gibt, die aber alle nach Meiner Ordnung in der Gesamtumfassung genau einen *Menschen* darstellen?

Wie groß muß dieser Mensch sein, wenn schon eine Hülsenglobe so endlos groß ist und noch äonenmal äonen Male größer die Entfernung von einer Hülsenglobe zur andern! Aber auch dieser Mensch ist in seiner äußersten Umfassung ebenso wie jede einzelne Hülsenglobe mit einer Art Haut umgeben. Freilich ist solch eine Haut noch ums unaussprechliche dicker — um für euch verständlich zu reden — als die einer Hülsenglobe und hat doch im allgemeinen denselben Zweck wie die Haut einer einzelnen Hülsenglobe.

Ihr werdet nun wohl fragen, was es dann außerhalb dieses Menschen gibt, und worauf dieser beinahe endlos große Mensch steht, und was er als Mensch für sich tut. — Außerhalb dieses Weltenmenschen geht nach allen Richtungen der *freie Ätherraum* ewig fort, den dieser Mensch in einem für eure Begriffe wahrhaft endlos großen Kreise, durch Meinen Willen getrieben, mit für euch unbegreiflicher Schnelle durchfliegt — und das wegen des *Nährstoffes* aus dem endlosen Äthermeere, das er gleichsam wie ein Fisch durchschwimmt. Da es im freien Ätherraum aber nirgends ein Oben oder Unten gibt und kein Wesen irgendwohin fallen kann, steht dieser Mensch so gut und fest im Ätherraume, wie diese Erde, ihre Sonne und alle äonenmal äonen Sonnen in einer Hülsenglobe."

Der verlorene Sohn

In dem bedeutsamen Werke Lorbers, das die jenseitigen Geistesentwicklungen des bekannten Freiheitsmannes *Robert Blum* schildert, ist es diesem Geiste in der jenseitigen Welt beschieden, zu seiner Erleuchtung und Beseligung jenen „*Großen Schöpfungsmenschen*" aus weiter Ferne zu schauen (‚Robert Blum', Bd. 2, Kap. 301). — „Merkwürdig! Merkwürdig!" ruft er aus, „das ist ja eine vollkommene Menschengestalt — die Knie etwas vorgebogen, die Hände hängen ganz kraftlos herab, und das Haupt, mit langen Absalomshaaren versehen, ist wie das eines Trauernden nach vorwärts geneigt und in die bodenlose Tiefe hinabsehend. Die Lenden sind mit einer sehr zerrissen aussehenden Schürze zur Not bedeckt; kurz, die ganze Gestalt macht auf mich einen wehmütigen Eindruck! Die ungeheuerliche Größe könnte einen auf die Idee bringen, als sei dies die Außengestalt des allwirkenden Geistes aus Dir, o Herr! Aber die *Trauergestalt* sagt mir, daß dies unmöglich der Fall sein dürfte. Ferner müßte in Deinem Geiste auch ein *Leben* spürbar sein; von so etwas aber ist bei dieser Großgestalt keine Spur zu entdecken. Es ist wahrscheinlich nur ein Phosphorbild, durch Deine Allmacht ans unermeßliche Firmament hingehaucht. Und dies alles wird seinen wichtigen Grund haben, den aber freilich außer Dir wohl niemand kennen wird."

Näher geführt, bekundet der Schauende seine Eindrücke mit den Worten: „Ich ersehe jetzt durch die ganze ungeheure Gestalt, die nun beinahe alle Tiefen des endlosen Raumes auszufüllen scheint, wie sie aus lauter kleinsten, glitzernden Sandkörnchen, dichtest aufeinander gestreut, besteht. Die Zahl dieser Glitzerpunkte ist offenbar eine nahezu unendliche, oder sicher eine solche, die kein geschaffener Geist sich mehr vorstellen kann. Die ganze Gestalt aber nimmt sich nun auch um vieles besser aus, denn dies Glitzern verleiht ihr einen ganz eigentümlichen Majestätsnimbus!"

Und nun belehrt den Wißbegierigen der *Herr:* „Dieser Mensch in seinem ganzen Gehalt ist der urgeschaffene Geist, den die Schrift *Luzifer* (Lichtträger) nennt, der noch immer im Vollbesitz seines großen *Selbstbewußtseins,* aber nicht mehr im Besitz seiner *Urkraft* ist. Er ist gefangen und gerichtet in allen seinen Teilen. Nur *ein* Weg steht ihm stets frei, und das ist der zu Meinem *Vaterherzen.* Für jeden andern aber ist er gerichtet und so gut wie tot und vermag keinen Fuß und keine Hand auch nur um ein Haarbreit weiter zu bewegen.

Das aber, was dir wie glitzernde Sandkörnchen vorkommt, sind lauter *Hülsengloben,* in deren jeder Dezillionen mal Dezillionen Sonnen und dazu noch ums millionenfache mehr Planeten, Monde und Kometen enthalten sind."

Gericht und Umkehr des gefallenen Lichtgeistes

„Daß aber dieser Geist nun in sich in lauter solche feste Globen gesondert ist, das ist sein *Gericht.* Und sein Leben, das dadurch in beinahe endlos viele abgeschlossene Teile getrennt ist, ist also kein Ganzes mehr, sondern nur als ein höchst *geteiltes* anzusehen. Denn nur *in* jeder Globe ist Leben, *außer* ihr aber kein anderes als das Meines ewig unwandelbar festen Gotteswillens. Jede Globe steht fest und kann ihr Standverhältnis gegen ihre nächsten Nachbarglobe auch nicht um ein Haarbreit ändern.

Zu allerunterst in der kleinen *linken Zehe* aber ersiehst du einen etwas rötlich glitzernden Punkt. Das ist eben jene Hülsenglobe, in der sich naturmäßig unsere *Erde* befindet. Und gerade in diese Globe, und darin nur auf den Punkt Erde ist das *gesamte* Leben dieses größten urgeschaffenen Geistes nun gebannt![1]

[1] Unsere Erde ist also der Kerker des eigentlichen Ur-Ichs (des Ur-Lebenszentrums) des gefallenen großen Lichtgeistes, dem seit seinem Fall statt des ursprünglich weiblichen Namens Satana der männliche Name Satan gegeben ward. „Der Sitz dieses bösen Geistes ist der eigentliche, festeste Mittelpunkt der Erde, auf den alles drückt, auf daß der arge ‚Fürst der Welt' sich nicht allzu gewaltig bewege und das Wesen der Erde zerstöre. Wenn er aber auch noch so gebunden ist, verabsäumt er es dennoch nie, sein Erzböses in die aus der Erde aufsteigenden Lebenssonderkräfte zu hauchen, welcher Willenshauch noch mächtig genug ist, den Tod in alle Seelenfunken zu pflanzen!" (‚Erde', Kap. 55)

Will er sich dort demütigen und zu Mir *wiederkehren,* so soll sein Urleben wieder freigegeben werden, und dieser große Mensch wird dann wie von einem ganz freiesten Leben durchweht sein. Will aber dieser Urgeist Meiner Schöpfung in seinem hochmütigsten *Starrsinn* verharren, so mag diese Ordnung, wie sie nun bestellt ist, so lange verbleiben, bis die ganze *Materie* in ein neues, endlos vervielfachtes Seelen- und Geisterleben sich wird *aufgelöst* haben. Diese letztere Ordnung wird auch dann fortbestehen, so der urgeschaffene große Geist eine rechte Umkehr machen würde. Denn er kann nunmehr nur als ein ganz *einfacher Geist* gedemütigt umkehren und muß frei aus sich seine Urtotalität für ewig fahren lassen — wofür ihm freilich eine unermeßlich größere, aber wie jedem anderen Menschengeist äußerlich nur ganz einfache Stellung als Gotteskind zuteil würde.

Das *Hülsen- und Schotenwerk* aber, das ohnehin nur durch Meinen ewig unwandelbaren Willen besteht, wird dann bleiben, entledigt alles nun in ihm enthaltenen Seelen- und Geisterlebens — als feste *Unterlage* und als ein ewiges *Denkmal unseres* großen Wirkens, an das sich dann neue und reingeistige Schöpfungen reihen sollen!“

10

Geheimnisse der Sternenwelt

Die Kenntnis vom Sein und Wesen der Gestirne, die als gewaltige Zeugen der Größe Gottes vom nächtlichen Himmel flammen, hat in der letzten Zeit bemerkenswerte Fortschritte gemacht. Durch neue Beobachtungen und Berechnungsarten hat sich die Vorstellung der Gelehrten vom Schöpfungsganzen bedeutend erweitert. Man hat in unermeßlichen Fernen und Himmelstiefen neue, gewaltig große „Sternenhaufen“ entdeckt, ähnlich unserem gesamten Milchstraßensystem. Vermutlich um ungeheure Mittelsonnen kreisend erwecken diese ein Riesenbild des Schöpfungsbaues, wie solches uns durch Jakob Lorber schon vor einem Jahrhundert prophetisch enthüllt wurde. Hätten die heutigen Gelehrten genügend Gottesglauben und Demut, dann würden die Astronomen mit Freuden erkennen, daß auch auf diesem Gebiet die große Neubotschaft unseres himmlischen Vaters glänzend bestätigt wird besonders durch die Wissenschaft der jüngsten Zeit — ihr aber auch noch so weit voraus ist, daß mancher Gelehrte aus den Lorberschriften unendlich viel gewinnen könnte.

Der rätselhafte Neptun

Als ein handgreifliches Beispiel möge hier die Geschichte des Neptun, des neunten Planeten unseres Sonnensystems berichtet werden:

Jahrhundertelang hatte man den *Saturn* für den äußersten Planeten des Sonnenbereichs gehalten. Im Jahre 1781 wurde jedoch von Wilhelm Herschel ein weiterer Planet, *Uranus,* entdeckt. Dieser Wandelstern ist von der Sonne schon so weit entfernt, daß er zu seinem Umlauf 84 Erdenjahre braucht. Und obwohl sein

Durchmesser auf das vierfache der Erde berechnet wurde, so ist er für uns doch nur als ein winziges Sternchen sechster Größe wahrnehmbar. Damit glaubte man, nun an der äußersten Grenze unseres Sonnensystems angelangt zu sein.

Im Oktober 1842 gab jedoch der Schöpfer und Herr der Sternenwelt durch seinen Knecht Jakob *Lorber* in dem Buch ‚Die natürliche Sonne' (Kap. 53) den Menschen Kunde von einem weiteren, noch entfernteren Planeten mit Namen *Miron, d. h. „Welt der Wunder"*.

In dem genannten Lorberwerk wird gesagt: „Es dürften zwar hier einige Sternkundige einwenden: Wenn es je noch irgendeinen Planeten gäbe in unserem Sonnengebiet, hätten wir ihn schon längst gefunden, da wir sogar die viel kleineren Kometen entdecken, wenn sie auch dem freien Auge unsichtbar bleiben. — Ich aber sage hier: Solches Unentdecktbleiben hat darin den Grund, weil dieser Planet eine so langsame Bewegung hat, daß sie von all den astronomischen Instrumenten zufolge der großen Entfernung und dann mehr noch zufolge des zu kurzen Zeitraumes der Beobachtung bisher nicht wahrgenommen wurde. So geschieht es noch immer, daß dieser Stern als ein Fixstern von einer ganz unbedeutenden Größe betrachtet wird und nicht als Planet erkannt werden kann."

Drei Jahre nach dieser Bekundung durch Jakob Lorber berechnete der junge französische Mathematiker *Leverrier* aus gewissen Abweichungen in der Bewegung des Uranus, daß noch ein weiterer, unbekannter Planet von bestimmter Größe, Schwere und Sonnenferne dasein müsse. Er teilte sein Ergebnis dem Astronomen *Galle* in Berlin mit, der in der Tat mit einem besonders starken Sehrohr im Jahre 1846 den bisher für einen Fixstern gehaltenen, jetzt Neptun benannten Planeten entdeckte. — Kann es wohl für eine göttliche Offenbarung einen größeren Wahrheitsbeweis geben?

Ein geborstener Planet

Die Abstände der Planetenbahnen von der Sonne befinden sich in einem gesetzmäßigen, mathematisch berechneten Verhältnis, die Titius-Bode-Reihe genannt. In dieser Reihenfolge zeigte sich zwischen Mars- und Jupiterbahn eine auffallende Lücke, sodaß schon nach der Berechnung Keplers hier unbedingt noch ein weiterer Planet hätte stehen müssen. Statt dessen fanden im 19. Jahrhundert die Astronomen mit ihren geschärfteren Sehwerkzeugen in der Bahn dieses fraglichen Planeten einen ganzen Schwarm von Kleinsternen und Sterntrümmern, *Asteroiden* genannt, die hier um die Sonne bahnen wie traurige Zeugen und Überreste einer furchtbaren Sternkatastrophe. Viele Sternkundige vermuteten eine gewaltsame Ursache dieser Erscheinung. Im großen *Lorberevangelium* gibt uns der Herr über die Geschichte der Asteroiden eine Aufklärung, die in der Tat der Vermutung der Astronomen durchaus entspricht.

Zu Anfang der sechsten Erdentwicklungsperiode, sagt der Herr, sei ein großer, an Stelle der Asteroiden kreisender Planet durch Zerberstung von innen aus in viele Stücke zerrissen worden. „Daß eine solche Katastrophe für jene Menschen etwas Entsetzliches war, ist sicher. Aber sie waren selbst schuld daran, denn sie wurden zuvor schon viele und lange Zeitläufe hindurch belehrt, ermahnt und gewarnt. Es ward ihnen gezeigt, was sie zu erwarten haben. Sie hielten aber alles in ihrer großen Weltklugheit für Hirngespinste und eitle Phantasien von seiten jener

Seher, die angeblich darum solche Dinge einem leichtgläubigen Volk vorhersagten, damit sie selber zu Ansehen und leiblicher Versorgung kämen. Die Großen und Vornehmen verfolgten sie sogar nach allen Richtungen mit Feuer und Schwert.

Jene Menschen waren in irdischen Dingen sehr erfinderisch und erfanden schon vor vielen Tausenden von Jahren dieser Erde eine Art Sprengkörner. Wenn davon etwa zehntausend Pfund tausend Mannslängen tief unter dem Berg Libanon aufgeschichtet und dann angezündet würden, so würden sie den ganzen großen Berg in viele Stücke zerreißen — wie solches auch die *Hanochiten vor Noah* mit manchem Berg taten, wodurch sie die inneren Wasserschleusen der Erde öffneten und dann in den hochgestiegenen Fluten alle umkamen.

Seht, mit solchen bösen, ihnen von Teufeln eingegebenen Erfindungen trieben auch die Menschen jenes zerstörten Planeten ihr stets größeres Unwesen, am Ende schon in ungeheurem Maße. Sie führten Kriege, und einer unterminierte des andern Land tief nach allen Richtungen hin und füllte die Minen mit großen Mengen solcher teuflicher Sprengkörper. Diese wurden dann auf eine besondere Art entzündet und zerstörten das ganze große Land. Auch glaubten diese in vollste Gottlosigkeit übergegangenen Menschen, Gott selbst Trotz bieten zu können. Sie suchten Ihn in ihrer Blindheit gewaltsam vom Throne seiner ewigen Macht zu stürzen, da arge Weltweise sagten, daß Gott im Zentrum ihrer Erde Wohnung habe; man müsse dahin Minen machen und Ihn dort gefangennehmen. So gruben sie denn auch abgrundtiefe Löcher in jene Erde, wobei viele Menschen zugrunde gingen.

Mit solch argen Zerstörungsversuchen trieben sie es stets weiter und kamen endlich einmal zu tief, wodurch des Planeten innere Kammern, die mit dem *Urfeuerstoff* weit und tief nach zahllos vielen Richtungen hin angefüllt sind, in den heftigsten Schnellbrand gerieten. Solche innere Feuergewalt trieb dann den ganzen großen Planeten aus seinen Fugen und machte ihn nach allen Richtungen hin zerplatzen, womit die argen Menschen samt ihrer Erde ihr Ende erreicht hatten.

Nur die *vier Monde* blieben ganz.[1] Da sie aber ihren Zentralkörper verloren hatten, so gerieten sie in Unordnung und entfernten sich voneinander mehr und mehr, weil sie durch die Berstung des Hauptplaneten einen sehr merklichen Stoß erhalten hatten. Die *Stücke* des Planeten aber zerteilten sich in dem sehr breiten Raume zwischen der Mars- und Jupiterbahn. Eine große Menge kleinerer Trümmer entfernte sich auch über die beiden angezeigten Bahnen, und es fielen etliche in den Jupiter, etliche in den Mars, etliche sogar auf diese Erde, in die Venus, in den Merkur und auch in die Sonne.

Dieses Planeten große *Meere* verteilten sich bei der Berstung samt ihren Einwohnern in größere und kleinere Tropfengebilde, von denen einige viele Stunden Durchmesser haben, auch festeres Erdreich in sich bergen und auch von manchen Tieren noch bewohnt werden. Auf den vier Monden aber leben noch die früheren Geschöpfe in einem verkümmerten Zustand — ebenso auch auf etlichen größeren Stücken des Planeten, aber in einem noch mehr verkümmerten Zustand. Auf den kleineren Trümmern aber waltet kein organisches Leben außer dem der Verwitterung und langsamen Auflösung.“ (Gr. Ev., Bd. 8, Kap. 76; 74; 75)

[1] Hinweis: 4 Asteroiden größeren Umfangs.

Von den großen Haupt-Mittelsonnen

Nichts ist auch noch für die heutige Wissenschaft dunkler als das *wahre* Wesen der Sonnengestirne. Man betrachtet bisher allgemein die Sonnen als feurigglühende Bälle, die daher völlig unbewohnbar und alles organischen Lebens bar seien. Daß man mit dieser Anschauung die Hauptweltkörper der Schöpfung gleichsam verödete und ihrer Würde als Lebensträger entkleidete, bedachte man dabei nicht.

Durch *Lorber* ist uns nun ein klares und überzeugendes Bild von der naturmäßigen und geistigen Beschaffenheit der Sonnen gegeben. Die Anschauung von feurigglühenden Bällen einer gasigen „Lichtmaterie" trifft danach nur bezüglich der zwei allergrößten Arten von Mittelsonnen: den *Allall-Sonnen* und den noch gewaltigeren *Urmittelsonnen* der Hülsengloben zu.

In ‚Robert Blum' (Bd. 2, Kap. 299 ff.) ist es einem seligen Geist (Blum), nachdem er den ganzen Großen Schöpfungsmenschen geschaut (s. Kap. 9 „Der materielle Schöpfungsbau") durch die Gnade des Herrn gegeben, einen Blick auch in solch eine „allerungeheuerste" Haupt- und Urmittelsonne zu tun, deren Durchmesser sich nach *Oktillionen* deutscher Meilen (also nach Zahlen mit 48 Nullen!) bemißt. Feste, materielle Formen sind hier nicht zu entdecken. Von dem ihm entgegen wallenden, nur in Gegenwart des Herrn ertragbaren Feuerlichte ganz benommen, ruft der Schauende aus: „Ich kann schauen, wie immer ich nur will, so komme ich dennoch auf keinen Grund. Eine Lichtwoge drängt die andere! — Nun endlich, o Herr und Vater, fange ich an, in dieser Sonne auch eine Menge großer *Menschwesen* zu entdecken. Sie müssen durch und durch überglühend sein. Aber von irgendeiner Art von Gebäuden entdecke ich nirgends etwas. Mit großer Hast wallen diese entsetzlich großen Wesen in den allermächtigsten Flammen umher und scheinen bei solch einer sicher sehr heißen Tätigkeit überaus guten Mutes zu sein. Einige erheben sich von Weile zu Weile ziemlich hoch über das Lichtmeer und schleudern sehr stark glühende Bälle in die Unendlichkeit hinaus . . . Andere dieser Feuerriesen richten im Inneren der Sonne eine Art ungeheuer großes und weites Rohr in die Höhe. Was wird da nun geschehen? Mehrere Hunderte umstehen in ziemlich weiten Zwischenräumen das Rohr. Und nun sehe ich, daß die Riesen ihren Mund öffnen, und dem Munde entströmen verschiedenartige Lichtformen! Was bedeutet das wohl?"

Sagt der *Herr:* „Das ist die Sprache dieser Wesen. Sie geben einander zu verstehen, daß nun bald eine große Sonne, d. h. eine Zentralsonne, die ganze Sonnenalle in sich trägt, ausgeboren wird. Gib nur acht!"

Der Schauende blickt hin und sieht auch bald einen mächtigen Lichtball aus dem großen Rohr emporsteigen und mit großer Schnelligkeit von dieser Sonne sich hinwegbegeben.

Etwas deutlichere und festere Lebensformen erkennt der Schauende sodann in der nächsten Unterart dieser Feuersonnen, in einer *Allall-Mittelsonne,* deren Durchmesser Quadrillionen oder manchmal auch Quintillionen von Meilen mißt. „Auch diese Art Sonnen", belehrt ihn der Herr, „haben noch ein vollkommen eigenes Feuerlicht und sind auf ihrer für euch unmeßbar weiten Oberfläche für materielle Wesen zur Bewohnung nicht geeignet. Dafür wohnen desto mehr Feuergeister ganz glücklich und behaglich in solch einem unermeßlich ausgedehnten Feuermeer und haben da ihre Wohnungen und Herrschgebiete. Körpermenschen (d. h. Menschen mit materiellen Leibern) bewohnen wohl auch solch eine Sonne, aber nicht die äußere Oberfläche, sondern eine mehr innere Sphäre. Denn diese, wie überhaupt alle Sonnen, besteht aus *mehreren* Sonnen, die sich inwendig in der äußeren Sonne ungefähr so befinden wie der Planet Saturn innerhalb seiner Ringe." (Rob. Blum, Bd. 2, Kap. 298)

In dieser Weise fortschreitend werden auf den Untersonnen dritten, vierten und fünften Ranges (den Allsonnen, Gebietsonnen und Planetarsonnen) die Lebensformen immer fester und materieller. — Eine eingehende Beschreibung haben wir durch Jakob Lorber in dem Buch ‚Die natürliche Sonne' über die unserer Erde leuchtende *Planetarsonne,* die im Grunde schon mehr eine feste Erde als eine Feuerlichtsonne ist.

Von unserer Mutter Sonne

Die Planetarsonne eurer Erde, heißt es in dem genannten Lorberwerk, ist in Wahrheit „ein vollkommener Planet" und als „Muttergestirn naturmäßig und geistig der vollkommene Inbegriff aller ihrer um sie bahnenden „Weltenkinder" — oder mit anderen Worten: Auf diesem Gestirn finden sich naturmäßig und geistig in vollkommener, vorbildlicher Gestaltung und Beschaffenheit alle Lebensformen, die auf den zu ihm gehörigen Erden, Monden und Kometen vorkommen. (‚Die natürliche Sonne', Kap. 1, 2, 5) — „Als planetarischer Körper", so lesen wir weiter, „ist diese Sonne so gebaut, daß sie in sich aus sieben Sonnen besteht, von denen immer eine kleinere in der größeren steckt, wie eine hohle Kugel in der anderen. Nur die inwendigste, gleichsam das Herz des Sonnenplaneten ist von ihrer Oberfläche bis zum Mittelpunkt körperhaft voll."

Alle diese sieben mit atmosphärischen Zwischenräumen ineinander steckenden *Sphären* unserer Sonne sind bewohnt. Von körperlichen, zartmateriellen Menschen aber nur die Oberfläche der äußersten Sphäre oder Hohlkugel, die, wie wir hören, in sieben, durch Gebirge und Meere getrennte Gürtelpaare eingeteilt ist. Von diesen Gürteln zeigt der breite Mittelgürtel die eigentliche Sonnenwelt mit den vollkommensten solaren Lebensformen. Von den Nebengürteln entspricht je einer (oder ein gleichgeordnet liegendes Paar) einem der zur Sonne gehörigen Planeten und zeigt in vollkommener Art dessen Lebensformen.[1]

Die sechs Innensonnen dagegen sind nicht von materiellen Körpermenschen, sondern von „Sonnen-Grundlichtgeistern" bewohnt. Diese sind dazu berufen, in geordneter geistiger Entwicklung von der innersten Sonne stufenweise bis zur äußersten Sonnensphäre emporzusteigen und dort schließlich materielle Leiblichkeit anzunehmen, unternehmen aber häufig ordnungswidrige, gewaltsame Aufstiege und Massenausbrüche. In den „Sonnenflecken" sehen wir die naturmäßigen Erscheinungen und Folgen solcher gewaltsamer Ausbrüche eigenwilliger Grundlichtgeister,[2] von denen wenigstens ein Teil nach kurzer Freiheit meist bald von den Anziehungskräften der Sonne eingesaugt und wieder in die innerste Sphäre, das Sonnenherz zurückbefördert wird.

[1] Eingehende Schilderung dieser Verhältnisse s. ‚Die natürliche Sonne', Kap. 1—71.

[2] ‚Die natürliche Sonne', Kap. 72, 73; über Sonnenausbrüche und Sonnenflecken ausführlich Kap. 8.

Von den Kometen, Erden und Monden

Nachdem wir das Wesen und die Beschaffenheit der Sonnen kennengelernt und dabei gesehen haben, wie von der Haupt- und Urmittelsonne an bis hinaus zu den Planetarsonnen die Lebensformen immer bestimmter, fester und materieller werden — so ist nun auch das Wesen und die Beschaffenheit der von den Planetarsonnen ausgeborenen Kometen, Erden und Monden leicht zu verstehen.

Die *Kometen* sind, wie wir bereits sahen, werdende, sich verdichtende und materialisierende *Erden,* die zuerst ungeregelte, dann immer geregeltere und engere Bahnen um die Sonnen beschreiben. In ihnen und den Erden sind besonders hartnäckige, aus den Haupt- und Untersonnen immer weiter hinaus entronnene Geister angesammelt. Und so sind denn auch sinngemäß in den Kometen und Erden alle Lebenskräfte in einem noch festeren, materielleren Formengericht gebunden bis zum härtesten Metall und Stein. Aber noch viel härter ist naturgemäß die Materie auf den *Monden* für deren aus den Erden ausgebrochene allerhartnäckigste Geister.

Die ganze Weltkörperstufung von den Haupt- und Urmittelsonnen bis zu den Monden — erweist sich demnach als eine wahrhaft göttlich weise, durch die Geisterflucht von Gestirn zu Gestirn nach dem Grade der Hartnäckigkeit dieser Wesen gebildete geistige Stufung, Ordnung und Bindung der im Gericht dieser Weltkörper festgehaltenen Geister.

Entstehung und Wesen des Sonnenlichts

Wenn aber nach Lorber nur die beiden allergrößten Arten von Mittelsonnen, die Allallsonnen und die Hauptzentralsonnen ein eigentliches Feuerlicht haben — woher kommt dann die mächtige Licht- und Wärmeausstrahlung der anderen Sonnen — im besonderen auch unserer *Planetarsonne?*

Das Sonnenlicht wie überhaupt die Erscheinung des Lichts und des Leuchtens ist auch für die heutige Wissenschaft noch immer ein Rätsel. — Das materialistische Zeitalter des 19. Jahrhunderts erklärte bekanntlich das Licht nur für eine Wellenbewegung im *Äther* (Maxwellsche Theorie), ohne jedoch sagen zu können, was eigentlich der Äther ist und ob überhaupt ein solcher bestehe. Ein späterer Forscher, Max *Planck* (geb. 1858) fand jedoch durch unabweisbare Beobachtungen und Berechnungen, daß diese materialistische Lehre zur Erklärung der Naturtatsachen auf diesem Gebiet nicht ausreicht. Er stellte fest, daß das Licht in „Quanten“, d. h. in kleinen Kraftmengen oder *Kraftfunken* von den Sonnen und anderen Lichtquellen ausgeht und sich fortpflanzt. Diese sogenannte Planck'sche „*Quantentheorie*“ wurde durch den Begründer der Relativitätslehre Albert Einstein bestätigt und ergänzt.— Bemerkenswert ist nun, daß auch nach *Lorber* das Licht in Quanten, (Lorber sagt „Lichtatomen“,) von den Sonnen ausgeht. Wie erklärt sich das?

Wir hörten oben, daß die Grundlichtgeister der inneren Sonnensphären oft und vielfach in ordnungswidriger Weise zur äußersten Sonnenoberfläche emporsteigen und nicht selten in ungeheuren Massen Ausbrüche unternehmen. Ein Teil, offenbar der willensschwächste, wird, wie bereits erwähnt, von den starken Anziehungskräften der Sonne nach kurzem ergriffen und — abgekühlt und gedemütigt — wieder in das innerste Sonnenherz zurückgeführt.

Was aber geschieht mit den übrigen, offenbar willenskräftigeren Sonnenausbrechern? Von diesen stürmt der eigenmächtigste, zügelloseste Teil, in ungeheueren Massen zusammengeknäult, von der Sonne hinaus in möglichst weite Fernen. Es werden aus diesen „Sonnenausgeburten“ (vgl. Kap. 8, S. 41 ff.), falls sie nicht ins Reingeistige übergehen, neue *Kometen* und aus diesen mit der Zeit neue Weltkörper.

Die etwas zarteren und fügsameren unter den ausgebrochenen Grundlichtgeistern dagegen werden an der Sonnenoberfläche infolge der sehr schnellen Achsendrehung der Sonnenkörper durch Berührung und Reibung mit den reinen, von Gotteskraft erfüllten, die Sonne allseits umgebenden Geistern des freien Äthers (dem die Unendlichkeit erfüllenden Gottesgeist oder „Außenlebensäther Gottes“) in ihre Urbestandteile aufgelöst. Diese Lebensfunken (aus der Satansseele stammende lebenshungrige Elemente) verbinden sich darauf in jäher Eile mit den unmittelbar aus Gott stammenden, lebenskrafterfüllten Urfunken des reinen Äthers. Und so entstehen aus diesen beiden Arten von Lebensfunken, den hungrigen der Sonnenmaterie und den kraftgeladenen des freien Gottesäthers, die ersten, allerwinzigsten Kleinwesen der Lichtmaterie — Lichtatome genannt — wobei die kraftgeladenen Ätherfunken den positiven, kleinsonnenartigen *Kern,* etliche lebensdurstige Funken der Sonnenmaterie hingegen die negative, planetenartige *Außenhülle* bilden.

Und nun, da die Lichtatome in der übervollen Sonnenaußensphäre sich in dieser Weise mit Gottes Liebes- und Lebenskraft geladen haben, geht es nach dem bekannten geistigen und naturmäßigen Abstoßungsgesetz mit wahrhaft „geisterhafter“ Blitzesschnelle hinaus auf die Reise in den unendlichen Raum. Und so entsteht die *Licht-, Wärme- und Lebensstrahlung* der Sonne! Zu bemerken ist, daß diese Ausströmung von den oben beschriebenen Hauptmittelsonnen weitaus am stärksten ist. Sie findet aber in geringerem Maße auch von den anderen Sonnen aus statt und verstärkt sich hier durch *Widerspiegelung* der von den Haupt- und Nachbarsonnen auf die atmosphärische Oberfläche einfallenden Lichtstrahlen. [1]

Die Sonne — ein Dynamo!

Im großen Lorberevangelium wird den Jüngern über diese Geheimnisse folgender Aufschluß gegeben:

„Seht, die Sonne ist ebenfalls, dieser unserer Erde ähnlich, eine bewohnbare und auch vollauf bewohnte Welt. Nur ist sie um tausendmal tausend Male größer

[1] Vergl. hierüber besonders ‚Die natürliche Sonne‘, Kap. 4—7, Kap. 72, 73 und ‚Fliege‘, Kap. 8 ff. — Die Achsendrehung der Weltkörper hat nach Lorber durch die stattfindende Reibung auch eine unmittelbare, erregende Wirkung auf die den Weltkörper umgebenden reinen *Äther-Geister.* Dies bewirkt, durch die blitzartige Fortpflanzung dieser Äthererregung, ebenfalls eine Art Auswirkung oder Ausstrahlung der Sonnen (Gr. Ev., Bd. 2, Kap. 219). Wir ersehen also im ganzen *dreierlei* Emanationen der Sonnen: *Erstens* die gewaltsame Ausgeburt neuer Weltenstoffmassen (Kometen); *zweitens* die Ausströmung und Wiederspiegelung der zarteren Lichtmaterie (Lichtatome); *drittens* die reine Äthererregung. Diese drei Auswirkungen der großen Weltkörper erinnern an die dreifache Emanation der Atome *radioaktiver* Elemente (Alpha-, Beta- und Gammastrahlen), wovon ebenfalls zwei als stofflich, eine als bloße Äthererregung angesehen wird. Im größten und im kleinsten Maßstabe (Weltkörper und Atom) zeigt mithin auch hier die Natur eine merkwürdige Übereinstimmung.

als unsere Erde. Aber die Ursache des *Lichtes,* das von jener großen Welt ausgeht, ist nicht die bewohnte Sonnenerde, sondern die sie allenthalben umgebende *Luft,* die mit ihrer äußerst glatten Oberfläche, durch stete *Reibung* mit dem sie nach allen Richtungen umgebenden Äther, in einem fort eine unberechenbare Menge des stärksten *Blitzlichtes* (dynamische Reibungselektrizität) erzeugt — und zweitens auf ihrem ungeheuren *Rundspiegel* das Licht von Äonen anderen Sonnen aufnimmt und wieder nach allen Richtungen zurücksendet. Durch solches Leuchten unserer Sonne wird auch diese Erde wie noch viele andere Planeten erleuchtet und erwärmt.

Die *Wärme* kommt jedoch nicht mit dem Licht aus der Sonne auf dieser Erde an, sondern wird erst an Ort und Stelle durch das Licht erzeugt, und zwar dadurch, daß durch das Licht die *Naturgeister* in der Luft, im Wasser und in der Erde in große Tätigkeit versetzt werden. Und eben diese Tätigkeit bringt erst das hervor, was wir als Wärme, und bei noch erhöhterer Tätigkeit der bezeichneten Geister, als Hitze fühlen. Wie aber Licht stets mehr und mehr ins Unendliche erhöht werden kann, so kann durch das Licht auch die Wärme erhöht werden.

Aber, wirst du fragen, wer kann dann in der Sonne selbst bestehen? Denn weil dort das Licht am stärksten sein muß, so wird auch die Hitze nicht zurückbleiben! Allein, dem ist nicht so. Nach dem *Inneren* des eigentlichen Sonnenweltkörpers dringt kaum der tausendmal tausendste Teil der ganzen Lichtkraft der Sonne. Darum ist es auf der Feste der Sonne nicht viel heller und wärmer als hier auf unserer Erde, und die Geschöpfe Gottes können sonach ebensogut dort bestehen wie auf unserer Erde. Nur kann es dort keine Nacht geben, weil sich auf der Sonne alles im eigenen, unvertilgbaren Lichte befindet.[1]"

Die Lebensfeuerströme im All

Durch ihre Achsendrehung hat nicht nur unsere, sondern auch jede andere Sonne und in sehr erhöhtem Maße jede Zentral- und Urzentralsonne ihr elektrisches, durch Spiegelung verstärktes Feuerlicht. Und so hat zum selben Zweck schließlich auch jede *Hülsenglobe* als Umfassung zahlloser Sternengruppen eine Achsenbewegung — „damit ihre Haut sich fortwährend an dem sie allenthalben umlagernden Äther reibt und dadurch eine rechte Menge elektrischen Feuers gleich dem der Blitze erzeugt, das dann als Hauptnährstoff für alle in einer solchen Globe befindlichen Weltkörper dient. Denn die ungeheuere Menge dieses Stoffes, die bei solch einer Globenreibung mit dem Außenäther erzeugt wird, erfüllt den ganzen Ätherraum in der Globe. Durch die Bewegung der zahllos vielen Weltkörper innerhalb einer Globe wird dieser Stoff mittels der die Weltkörper umgebenden Atmosphären wieder erregt, teilt sich zuerst den Atmosphären in reichlichem Maße mit und durch diese den Weltkörpern selbst. Je größer ein Weltkörper — wie etwa eine Sonne oder gar eine Zentralsonne — und je schneller seine Bewegung, desto mehr dieses Licht- und Nährstoffes wird auf ihm erzeugt. Von den Sonnen aus wird das Überflüssige an die Planeten gespendet.

Noch ausgiebiger ist die Bewegung des großen *Schöpfungsmenschen* im endlosen, ganz freien Ätherraum. Die Schnelligkeit seiner Bewegung in unendlich großem

[1] Gr. Ev., Bd. 3, Kap. 174; vergl. auch Gr. Ev., Bd. 4, Kap. 219; Bd. 6, Kap. 248; Bd. 10, Kap. 159; Fliege, Kap. 9—11

Kreise ist so außerordentlich, daß er in einem Augenblick tausend Hülsengloben-weiten vorwärts kommt, aber doch hundertmal tausendmal tausend Sonnenjahre vonnöten hat, um wieder am alten Ort anzulangen. Aus dem könnt ihr euch einen Begriff machen, wie groß der Kreis ist, den er stets von neuem durchmißt, und daß dadurch für die Ernährung all seiner Nerven und Fibern bestens gesorgt ist. Und weiter könnet ihr euch nun gewiß auch von der Macht, Weisheit und Ordnung in Gott einen helleren Begriff machen, als das bis jetzt der Fall war." (Gr. Ev., Bd. 6, Kap. 248)

Das Phänomen des Leuchtens — geistig erklärt

Als Welten-Nährstoff werden also die auf der Oberfläche der Sonnen und Sonnensysteme aus Sonnenmaterie und Äther sich bildenden *Lichtatome*, vollgeladen mit Gottes-Lebenskraft (Geistfeuer), durch ihren eigenen, gewaltig belebten Willensdrang hinausgetrieben in den endlosen Raum der Sonnengebiete. Draußen in den Planetensphären vereinigen sich nach Lorber viele von ihnen zu etwas größeren Ur-Lichtwesen, sogenannten *„Lichtmonaden"* [2]. Und diese von Gottes Lebenskraft übervollen Wesen sind nun die richtige Licht- und Lebensspeise für alles, was auf den Planeten, Kometen und Monden leibt und lebt.

Bei ihrem Zusammentreffen mit den Lebensformen auf diesen Weltkörpern geben sie ihnen ihre Lebensfracht, d. h. ihre Ladung an positiven reinen „Gottesgeistkräften" je nach Bedürfnis nach und nach ab, fördern und reifen so das geschöpfliche Wachstum und Gedeihen und kehren dann schließlich ihrem negativen Teile nach, d. h. als entleerte Hüllen nach erledigter Aufgabe wieder zu ihren Sonnen zurück. (Siehe ‚Fliege', Kap. 11)

Wie aber entsteht nun bei diesem göttlichen „Botengang" der Lichtatome für unser Auge die Erscheinung des *Leuchtens* und der *Farben?* Auch dieses Wunder der Natur erklärt sich nach Lorber vom Standpunkt der *geistigen* Weltanschauung im Anschluß an uns bekannte geistige Vorgänge einfach:

In der kleinen Schrift ‚Die Fliege' (Kap. 9) wird gesagt: „Was bemerkt ihr an einem Menschen, dessen Herz noch voll Hochmut ist, wenn er von irgendwoher einen derben, demütigenden Stoß erhält? Wird er nicht alsbald über die Maßen in *Zorn* geraten? Und zwar so, daß er darob vor Grimm am ganzen Leibe bebt, seine Augen glühend werden und seine Haare sich nach allen Seiten sträuben. Und so er sich in gleichgesinnter Umgebung befindet, wird nicht auch diese nach dem Grade ihrer Befreundung bald mehr oder minder mitzornig werden?" Entsprechend wie Hochmut und Zorn versetzen aber auch reine *Liebe* und *Freude* den Menschen, und sich fortpflanzend, dessen Umgebung in oft stark sinnfällige Erregung. „Und nun, so ihr dieses nur einigermaßen innerlich betrachtet", heißt es in der ‚Fliege' weiter, „dann hätten wir schon unser ‚Leuchten' an und für sich völlig erläutert."

Die Erscheinung des *Leuchtens* ist nichts anderes als der unserem Auge sichtbar werdende Ausdruck starker Erregungen der in der Materie der Sonnen und Erden eingeschlossenen Geister. „Durch solche Erregung gerät der in seiner Hülle (negative Polarität) eingeschlossene positiv-polarische Geist in eine große Begierde, sich

[2] Siehe ‚Naturgeheimnisse', Die Perlenmuschel.

auszudehnen und seine Hülle zu sprengen. Da aber seine negative, ihn umgebende Polarität so beschaffen ist, daß sie zwar bis zu einem gewissen Grade wohl ausdehnbar, sonst aber unzerreißbar und unzerstörbar ist, dehnt sich der freiwerdenwollende Geist in ihr zwar so weit als möglich aus. Da er jedoch nicht durchbrechen kann, zieht er sich schnell wieder zurück, versucht aber wieder und wieder mit irrig vermeinter erneuter Kraft seine Hülle zu zerreißen — welchen Akt mancher Geist in einer Sekunde viele tausend (ja millionen) Male zu wiederholen imstande ist."

Dieses *Fiebern* (Vibrieren) eines Geistes, das sich in räumlich und geistig nahestehenden andern Geistern leicht und schnell als ein Mitfiebern fortpflanzt, „wird vom Auge des Tieres, wie auch vorzugsweise des Menschen wahrgenommen. Und diese Wahrnehmung ist eigentlich das, was man ‚Leuchten' nennt. Denn das Auge hat mit dem, was da ‚Licht' genannt wird, eine ganz gleiche Polarität, wodurch es alles ihm Verwandte zu empfinden und selbst allerleiseste Schwebungen wahrzunehmen vermag." (Fliege, Kap. 9)

Da es bei allen Geistern eine Erregung des Zorns sowohl wie eine Erregung der Liebefreude gibt, so gibt es in der Lichtwelt auch ein *„Grimmleuchten"* und ein *„Liebeleuchten"*. Die von den Sonnen ausgehenden Lichtatome aber nehmen aus der die Sonnen umhüllenden Sphäre liebevollster, selig-eifrigster Gottesäthergeister natürlich nicht ein Grimmleuchten, sondern nur das höchste Liebfreudeleuchten mit auf ihren Weg.

Das Farbenwunder

Woher aber kommt es, daß das einfache *weiße* Sonnenlicht an den Formen der Natur sich in einer wahrhaft vielfältigen *Farbenpracht* widerspiegelt? Auch dieses Rätsel läßt sich nach den durch *Lorber* gegebenen Eröffnungen über das Wesen des Lichts aus weiteren Mitteilungen in der ‚Fliege' unschwer begreifen. Wir hörten, daß die winzigen ‚Lichtatome' in den Planetarsphären sich in großer Zahl zu Lichtwesen höherer Art, sogenannten *Lichtmonaden,* vereinen, die zwar nur um weniges größer sind, aber ein bedeutend konzentrierteres Leben besitzen. Die höchstentwickelten Arten dieser Lichtmonaden sind sonach für die Lebensgebilde auf den Planeten gleichsam ein überreicher Futterkorb voll Himmelsspeise.

In der ‚Fliege' wird gesagt: „Wenn diese schnellen Lichtträger aus der Sonne auf einem Planeten an eine Form stoßen, so nimmt die Form je nach ihrem inneren Gehalt bald die ihr zusagenden Teile an sich und läßt das für sie Unbrauchbare wieder in Schnelligkeit nach beliebigen Richtungen hin von sich weggehen."

Dadurch verändert sich also von Lebensform zu Lebensform der Wesens- und Kräfteinhalt der Lichtmonaden und dadurch auch der Grad ihrer inneren „Schwingungen". Und diese verschiedenen Grade der inneren Lebenskräfte und Schwingungen empfindet unser Auge als *Farben.*

Die Lebensbewegung der Voll-Monade, das *Vollicht,* erscheint uns als *weiß,* eine geringere Lebensbewegung als blau, grün, gelb, rot usw.

„Sonach ist das Auge ein Aufnahmeorgan für die mannigfachen Unterschiede des Haupt- und des zurückgeworfenen Lichtes. Diese Unterschiede sind im lichtempfindlichen Auge natürlicherweise die Ursache der Bildgestaltung all der verschiedenen Dinge nach Form, Farbe und Schattierung." (‚Fliege', Kap. 11)

Das Beispiel vom Spiegelzimmer

Der große Weltenball einer Hülsenglobe, ja der ganze, aus zahllosen Hülsengloben aufgebaute materielle *Schöpfungsmensch* ist sonach also ein von unermeßlichen Lebens- und Lichtströmen durchwogter, ernährter und zusammengehaltener *Organismus.* Von dem Strahlen und Widerstrahlen der Kräfte in der gigantischen Hülle einer Hülsenglobe entwirft uns der Herr und Schöpfer in ‚Die natürliche Sonne' (Kap. 5) folgendes höchst anschauliche und lehrreiche Beispielbild:

„Auf welche Art alle die Sonnen zusammen und jede einzeln für sich dadurch leuchtend werden, daß das Licht einer Sonne sich auf der Luftoberfläche einer anderen Sonne abspiegelt, soll euch durch ein leicht faßliches Beispiel verständlich werden: Nehmt an ein Zimmer, dessen Wände wären aus lauter hellpoliertem Spiegelglas. Denket euch dazu den Raum dieses Zimmers inwendig vollkommen rund, als wäre das Zimmer eine große Hohlkugel. Nun behängt dieses Zimmer oder vielmehr die hohle Spiegelkugel mit allerlei großen und kleinen, spiegelblank polierten Glas- oder Metallkugeln. In der Mitte dieses Hohlraums aber bringt einen Lüster an, der ein starkes Licht hat. Ist alles eingerichtet, dann seht alle die kleinen polierten Kugeln an, welche in diesem hohlen Raume hängen, wie sie sämtlich von allen Seiten beleuchtet sind, als wären sie *selbstleuchtende* Körper.

Woher kommt denn das? Die Wände, welche spiegelblank sind, werfen von allen Seiten das vom Lüster ausgehende Licht, nicht etwa geschwächt, sondern gesammelt gegen den Lüster zurück. Auf diese Weise sind alle in dem Raume aufgehängten Kugeln von allen Seiten vielfach beleuchtet: erstens vom selbständigen Licht des Lüsters; sodann vom zurückgeworfenen Lichte der Spiegelwände, die zusammengenommen einen kontinuierlichen Hohlspiegel bilden, der seine Brennweite genau im Zentrum seines eigenen Raumes hat. Und drittens werden diese freihängenden Kugeln durch ihr gegenseitiges Widerstrahlen und durch das Widerstrahlen ihres aufgenommenen Lichtes (welches ebenfalls von den Spiegelwänden zurückgeworfen wird) — und endlich noch durch das allgemeine Gegenstrahlen des Lichtes von den Wänden des Spiegels zu den entgegengesetzten Spiegelwänden beleuchtet.

Seht, wie sich die Sache des Leuchtens in unserer hohlen Kugel verhält, so auch in der großen Wirklichkeit. Denket euch statt der großen Spiegelkugel die euch bekannte *Hülsenglobe* mit ihrer für eure Begriffe unendlichen ätherischen Umfassung. Und denket euch dann in der Mitte der Hülsenglobe die für eure Begriffe wirklich endlos große *Zentralsonne,* welche immerwährend von intensivst leuchtenden Feuerflammen umgeben ist (welche da herrühren von den Geistern, die entweder hier ihre Reinigung ausgehend beginnen oder welche sie rückkehrend vollenden) — so habt ihr dann auch schon alles, was zum vollkommenen Verständnis der Sache nötig ist."

11

Die Sterne und wir

Kein Wunder, daß die mit Blitzeskraft von Stern zu Stern strahlenden, das Weltall durchwogenden Lebensströme das ahnende Gemüt der Menschen von jeher zu Forschungen über die *Einflüsse* der Gestirne auf Wesen und Geschick der Menschen angeregt haben! Schon in den ältesten Zeiten spielte daher die ‚königliche Kunst' der Sterndeutung oder *Astrologie* bei allen Völkern eine Rolle. Auch heute hat sie wieder in allen Volksschichten an Boden gewonnen. Gebildete und Ungebildete beschäftigen sich damit, und es erhebt sich die Frage: Was ist an dieser Wissenschaft Wahres? Was sagen die Lorberschriften dazu?

Astrologie in alter und neuer Zeit

In ‚Die geistige Sonne' (Bd. 2, Kap. 15) lesen wir: „Habt ihr nie etwas gehört von der alten Astrologie? Ihr sagt: ‚Sicher, aber auf diese wird man doch nicht zuviel halten dürfen?' — Ich sage euch: Auf die Art, wie *ihr* darauf zu halten pflegt, freilich nicht, denn das wäre Aberglaube. Aber jede Sache hat zwei Seiten, eine Licht- und Schattenseite! Wir wollen uns hier nur die Lichtseite dieses altertümlichen Mysteriums anschauen. Ihr Name heißt: Kunde der *Entsprechungen!* Auf dem Wege der Entsprechung hat ein jedes Ding, eine jede Form und ein jedes gegenseitige Verhältnis der Formen wie der Dinge einen entsprechend *geistigen* Sinn. Und so haben einen solchen Sinn auch alle Sterne und ihre Bilder. Wer demnach diese Dinge von dieser Lichtseite lesen und verstehen kann, der ist ein *rechter* Astrologe aus dem Reiche des Geistes. Er ist ein wahrhaft Weiser, wie auch die drei Astrologen aus dem Morgenlande Weise waren, da sie den Stern des Herrn erkannt haben und, geführt von ihm, den Herrn der Herrlichkeiten fanden.

Die in früheren Zeiten besonders bei den babylonischen Priestern in betrügerischer, gewinnsüchtiger Weise und mit ungenügender Naturkenntnis betriebene Sterndeuterei wird im ‚Großen Evangelium' vom Herrn freilich mehrfach verworfen und zum Schutze gegen solchen Betrug den Jüngern eine wahre Kenntnis der natürlichen Beschaffenheit und Bedeutung der Gestirne vermittelt. So heißt es im 10. Bande (Kap. 129/130):

„Wollt ihr selbst nicht wieder in den finsteren Aberglauben jener Falschseher verfallen, müßt ihr der vollen Wahrheit nach wissen, wie die Erde, der Mond, die Sonne und die zahllos vielen anderen Sterne gestaltlich beschaffen sind! ... Die alten Ägypter wußten um das alles zum größten Teil. Und so wußte es auch Moses und hat darüber ein großes Buch geschrieben[1], das sich bis in die Zeiten der Könige erhielt.

Aber dem Priestertum, das nach irdischen Gütern jagte, trug solche Kenntnis zu wenig ein. Daher betrieb es (in betrügerischer Weise) eine *Schein-Astrologie*, prophezeite den blinden Menschen aus den Sternen allerlei Gutes und Schlechtes und ließ sich das hoch bezahlen. Wem sie etwas Gutes prophezeiten, der zahlte ohnehin

[1] das 6. und 7. Buch Mosis.

gerne mehr, als was sie von ihm verlangten. Und wem sie etwas Schlechtes prophezeiten, der mußte sich dann an die Priester wenden, daß sie für ihn bei Gott etwas Besseres erbäten. Dafür mußte er dann die verlangten Opfer bringen, und so waren die Priester nie im Nachteil.

Solche betrügerische Schein-Astrologie wird leider auch heute wieder nicht selten von manchen geschäftsgewandten Laien betrieben. Durch dieses Gehaben wird viel Schaden angerichtet und die in der *echten* Sterndeutung liegende Wahrheit in Verruf gebracht.

Die wahre Lebensauswirkung der Weltkörper

Eingehendere Ausführungen über die *wahre* (natürliche und geistige) Auswirkung der Gestirne finden wir in ‚Erde und Mond' (Kap. 21—23).

Die dortigen Belehrungen werden wir besser verstehen, wenn wir uns zunächst erinnern, daß alle Materie, auch die der Sonnen-Weltkörper im Grunde *geistig-lebendiger* Natur ist und daß alle Gestirne, Sonnen, Kometen, Planeten und Monde lebendige Organismen oder, wie es einmal heißt, „stufenweise geordnete Geisteransammlungen und -schulungen" darstellen, in welchen die mit dem großen Urgeiste Luzifer abgefallenen Wesen zu Gott und zur Gottesordnung zurückgeführt werden. — Wie wir im ‚Großen Evangelium' (Bd. 8, Kap. 102) vernehmen, hat jedes Schöpfungsgebilde vom Stein bis zum Menschen und Engel infolge dieser geistlebendigen Natur eine Lebensausstrahlung oder *Außenlebenssphäre* („Aura"). An genannter Stelle sagt der Herr darüber:

„Sehet, ein jeder Mensch hat als ein geistig, seelisch und naturkörperlich lebendes Wesen ebenso eine eigene Außenlebenssphäre um sich, wie solche ein jeder *Weltkörper*, jeder einzelne Stein, jeder Baum und jedes Gewächs, und so auch ein jedes Tier nach seiner Art eigens für sich hat. Ohne solch eine Außenlebenssphäre könnte weder eine Erde, noch ein Mineral, Gewächs oder ein tierisches Lebewesen bestehen.

Daß sich die Sache so verhält, könnt ihr der von euch sicher schon gemachten Erfahrung entnehmen, daß ihr z. B. in einem Eichenwald von einer ganz anderen Empfindung erfaßt werdet als in einem Zedernwald. Ein ganz verschiedenes Gefühl bemächtigt sich des Menschen, wenn er sich auf einem Kalkfelsen befindet oder auf einem Granitfelsen. Ein anderes Empfinden hat der aufmerksame Mensch in einem Weinberg als in einem Garten mit Feigenbäumen. Und dasselbe wandelbare Gefühl hat der Mensch bei der Annäherung verschiedener Tiere und noch mehr bei Annäherung verschiedener Menschen. Ein sehr feinfühliger Mensch empfindet oft auf beträchtliche Ferne, ob ihm ein guter oder ein böser Mensch begegnen wird."

Wenn demnach schon die kleineren Lebensorganismen unserer irdischen Umwelt eine solche wirkungsmächtige Lebensausstrahlung besitzen, wie muß dann diese Eigenschaft in bedeutend erhöhtem Maße den gewaltigen Lebensorganismen der Sonnen, Planeten und sonstigen *Gestirne* zukommen! Fühlen wir diese doch alle in unverkennbarer Weise z. B. an der allesbelebenden Ausstrahlung unserer Mutter Sonne wie auch an der zarteren, aber besonders für Sensitive dennoch fühlbaren Ausstrahlung des Mondes. Wenn wir nun bedenken, daß die Myriaden von Fixsternen am nächtlichen Himmel im Grunde allergewaltigste, unser Tagesgestirn an Größe und Macht weit übertreffende Sonnengestirne sind, so ist begreiflich, daß der Strahl dieser mächtigen Weltkörper, wenn auch aus weitester Ferne, dennoch auf unserer Erde in aller Stille ebenso große Wunder wirkt wie die Strahlen unseres Tages- und Nachtgestirns.[1]

Das Riesenorchester der Himmelskräfte

In ‚Erde und Mond' (Kap. 21 ff.) vernehmen wir darüber:

„Sehet hinauf, wie zahllos prangen die Sterne in den fernen Räumen des unendlichen Äthers, der nirgends einen Anfang und ein Ende hat! — Der Mensch wird ganz entzückt, wenn das Schimmerlicht von all den Millionen Gestirnen in sein Auge fällt. Ist das keine Wirkung, die so wohltätig begeisternd das menschliche Gemüt ergreift? Ja, das ist alles Wirkung des *Lichtes* aus jenen fernen Gebieten. Und das Licht ist es auch, das die atmosphärische Luft als großes Weltauge rings um die Weltkörper bildet, wie es das Licht nur ist, welches das leibliche Auge bildet im Menschen und sich verwandt macht; denn wäre das Auge nicht Licht, nimmer könnte es das Licht erschauen.

Wenn aber das Licht der Sterne durch das Auge des Menschen im höchst verjüngten Maßstabe schon eine so entschiedene Wirkung hervorbringt, wieviel stärker wird die Wirkung des Sternenlichtes durch das große Erdauge (d. h. die irdische Luftatmosphäre) auf die Erde selbst sein! Denn die Luftatmosphäre ist auf ihrer Oberfläche, wo der Äther auf ihr ruht, ein glänzender *Spiegel,* in dem sich ein jedes Gestirn in bedeutender Größe abbildet. Dieses Bild wird nun ganz bis zur festen Erdoberfläche hinuntergeleitet, und zwar in stets mehr konzentrierter Lichtkraft nach den bekannten optischen Grundsätzen. Dieses konzentrierte Licht selbst ist an sich schon ein ganz eigenes ‚Spezifikum'[2] in der atmosphärischen Luft, weil es auf die ihm zusagenden Teile in der Erde und auf ihrer Oberfläche einwirkt. Nun dürft ihr nur die zahllosen Sterne zählen (wenn ihr es könnt), so werdet ihr auch die Unzahl der einfachen ‚Spezifika' in eurer atmosphärischen Luft ahnen. Alles, was körperlich auf und in der Erde vorhanden ist, ist durch *gegenseitige Wirkung der Sterne* hervorgerufen, weil Ich, der Schöpfer, den großen Weltenmechanismus so eingerichtet habe!

Manchmal kommt es vor, daß *neue* Sterne aufleuchten. Dieser Erscheinung zufolge müssen dann auch *neue* Spezifika auf der Erde zum Vorschein kommen. Ihnen zufolge kommen auch neue Gebilde, die auf die früher schon vorhandenen Wesen günstig oder nachteilig wirken, je nachdem der Stern, von dem das Spezifikum ausgeht, ein guter oder ein böser ist. Denn es gibt gute und böse Sterne, so wie es ihnen zufolge gute und böse Pflanzen und gute und böse Tiere gibt.

So gibt es auch *Doppelsterne,* die sich in gewissen Zeiträumen gegenseitig bedecken; von denen ist gewöhnlich der eine guter und der andere schlechter Natur. Steht der gute *vor* dem schlechten, hebt er die Wirkung des schlechten auf; scheinen beide *zugleich* nebeneinander, so wird der schlechte Einfluß des schlechten Sternes durch den guten gemildert. Tritt der schlechte *vor* den guten, hebt er die Wirkung des guten ganz auf. Dann wird sich auf jenem Teil der Erde, über dem ein solches

[1] Näheres über Entstehung und Wesen der Licht- und Lebensausstrahlung der Sonne siehe Kap. 10.

[2] zu deutsch: Sonderkraft.

Gestirn im Zenit steht, bald eine schlechte Wirkung verspüren lassen, die sich entweder durch übles Wetter, durch Mißwachs mancher Pflanzengattungen oder durch Krankheiten der Tiere und Menschen zu erkennen gibt.

So üben auch die Sternbedeckungen durch *Planeten* teils einen üblen Einfluß, teils aber auch einen guten auf die Erde aus. Und von diesem Standpunkt aus bestimmten die alten Weisen auch das jetzt nunmehr fabelhaft klingende ‚Regiment der Planeten', welches nicht so sinnlos ist, wie es sich die neuen, bloß mit Ziffern rechnenden Gelehrten einbilden.

Auch alle Voraussagungen in der Wetterkunde hatten in dieser Erkenntnis ihren Grund, worüber jetzt ebenfalls gelacht wird; dessenungeachtet aber bleibt die alte Weisheit dennoch stets war. Auf eine gleiche Weise üben auch die *Kometen* und Lichtmeteore, auch wenn sie noch so kurze Zeit erscheinen, einen merklichen Einfluß auf die Erde, sowie nicht minder der Lichtwechsel des *Mondes* und besonders fühlbar die Lichtdauerveränderung der *Sonne*."

Die zwölf Himmelszeichen

„In alten Kalendern werdet ihr gewiß schon gelesen haben, daß auch die sogenannten *zwölf Himmelszeichen*[1] einen Einfluß auf die vegetative Kraft der Erde nehmen, und daß diese Zeichen und mit ihnen die Planeten auf die Geburt der Tiere und Menschen Einfluß haben, und daß bei Menschen sogar ihre Zukunft sich darin abspiegle. — Die Landleute halten bisweilen noch heute große Stücke darauf. Besonders nehmen sie darauf Rücksicht, wenn sie ihre Früchte aussäen und einernten. Bauernkalender sind in dieser Weise noch heute Witterungspropheten und zeigen für jeden Tag an, welches Himmelszeichen auf ihn Einfluß nimmt, wie der Mond die Zeichen durchläuft und unter welchem Zeichen sich die Sonne befindet.

Sehet, an dieser Sache ist wirklich etwas! Aber freilich nicht in der euch bekannten, sehr mißverstandenen Art, sondern in einer solchen, wie sie euch in der vorigen Mitteilung anschaulich bekanntgegeben wurde.

Der *Mond* durchläuft ungefähr binnen 29 Tagen seine Bahn, die sich in sehr engem Kreise unter den zwölf Himmelszeichen hinzieht. Dadurch muß es sich ereignen, daß der Mond während seiner Umlaufzeit nach und nach unter jedes der zwölf Himmelszeichen zu stehen kommt. — Dasselbe ist mit der *Sonne* der Fall, obschon da eigentlich nur die Erde der bewegte Körper ist. Dessenungeachtet aber *scheint* es doch, daß die Sonne jeden Monat ungefähr um ein Himmelszeichen vorrückt. — Durch dieses Vorrücken (von Mond und Sonne) unter jenen Hauptsternbildern geschieht es, daß sowohl durch den Mond als durch die Sonne fortwährend einige Sterne dieser Sternbilder *bedeckt* werden. Durch diese Bedeckung wird natürlich auf kurze Zeit der Einfluß unterbrochen, die Gestirne der betreffenden Sternbilder auf den Erdkörper ausüben. Demzufolge muß dann auf dem Erdkörper irgendeine Veränderung verspürt werden. Besonders bei jenen Gegenständen, die aus dem Einfluß dieser Sterne eben mit diesen eine ähnliche Beschaffenheit haben, weil ihr Bestehen ein Spezifikum vonnöten hat, das dem Lichte dieser Sterne entstammt.

[1] Die bekannten zwölf Sternbilder des Tierkreises, durch welche die Planeten ihre scheinbare Umlaufsbahn am Himmelszelt nehmen.

Diese Wirkung kann jedoch von keiner Dauer sein, weil diese Sterne von Sonne und Mond nie auf lange Zeit bedeckt werden. —

Aber ein anderer Umstand kommt vor, aus dem allerdings ein sehr fühlbarer Einfluß auf die Erde herrührt — nämlich jenes weniger bekannte *Schwanken* der *Erde* in ihrer Bahn um die Sonne und besonders das Schwanken des *Mondes,* der in vielen hundert Jahren kaum einmal vollkommen wieder die alte Bahn einschlägt. Durch diese Schwankungen wird natürlich der *Zenitstand* der zwölf Himmelszeichen verändert, und diese Veränderung läßt sehr fühlbare und empfindliche Veränderungen auf der Erde ins Dasein treten. — Zu diesen Situationsveränderungen gesellen sich sodann die steten Standpunktveränderungen der *Planeten,* die nur in vielen tausend Jahren wieder genau in jene Stellung kommen, in der sie schon einmal ihren Einfluß auf die Erde ausgeübt haben."

Wirkung unserer Sonne auf die Erde

„Neben diesen zu beachtenden Verhältnissen sind endlich noch die *Eruptionen*[1] des Sonnenkörpers in besondere Betrachtung zu ziehen. Durch sie wird das Licht der Sonne geschwächt und kann nicht mit jener Kraft auf die Erde einwirken, als wenn die ‚Tagesmutter' ganz ohne jeden eruptiven Makel ihr Vollicht spendet. Diese Wirkungen werden jedoch nicht so sehr in der untersten Luftregion wahrgenommen als vielmehr in der zweiten, die erst bei einer Höhe von fünf- bis siebentausend Fuß über dem Meeresspiegel ihren Anfang nimmt.

Die *Sonne* wirkt übrigens in alledem nur mittelbar. Sie unterstützt das aus den Sternen einfallende Licht, und zwar (in der Hauptsache) mit demselben Lichte, das sie aus den Sternen genommen hat. Sie ist also nur Unterstützerin, nicht aber Alleinspenderin. Dies erhellt leicht aus dem, daß die Sonne zuvor das Licht aus den zahllosen Sonnen auf ihrer Glanzoberfläche aufnimmt und es dann wie ein vereintes Licht in die weiten Ätherräume hinauswirft. Dieses vereinte *Vielsternenlicht* begegnet allenthalben auch denjenigen Lichtstrahlen, die unmittelbar von den Sternen auf die Erde einfallen, vereinigt sich mit diesen und fällt dann gemeinschaftlich mit ihnen auf die Erde."

Das kosmische Strahlenmeer und der Mensch

So ist also der auf alle Wesen unseres Erdkörpers durch die Strahlungen des Weltraums eindringende Lebensstrom ein wahrhaft millionenfältiger! Ohne Erleuchtung von Gott, ohne wahres, geistiges Hellgefühl wird da wohl kein Astrologe mit dem bloßen Kopfverstand etwas Wahres errechnen und kundgeben können. So viel ist aber aus dem Gesagten klar, daß den Gestirnen als großen Lebenssammelpunkten und Strahlungsquellen in Wahrheit ein *hochbedeutender* Einfluß auf alles Leben unserer Erde und mithin auch auf Leib, Seele und Geschick des Menschen zukommt (‚Robert Blum', Bd. 2, Kap. 265). Ganz besonders in der Stunde der *Geburt,* wenn der Mensch mit einem Lebenshunger aus dem Mutterschoße ans Licht der Welt

[1] vulkanartige Massenausbrüche von Sonnengrundlichtgeistern, Sonnenflecken bewirkend. (Siehe Kap. 10).

tritt, dürfte seine Seele aus den in diesem Augenblick besonders wirkungskräftigen Sternenausflüssen (d. h. von denjenigen Sternen und Sterngruppen, die zu dieser Stunde im Zenit stehen) zahlreiche und bedeutsame Lebenselemente in sich aufnehmen. So kann es uns nicht wundern, daß tatsächlich, wie die Astrologie behauptet und durch vielfältige Erfahrungen festgestellt hat, dem Stand der Sterne in der Geburtsstunde vielfach ein starker Einfluß auf Veranlagung und Wesen des Menschen zukommt.

Freilich wissen wir ebenfalls aus Erfahrung, daß die aus Myriaden von Lebensfunken zusammengesetzte menschliche Seele viele bestimmende Bestandteile auch aus der Seele der leiblichen *Eltern* besitzt (‚Erde und Mond', Kap. 53). Durch Lorber vernehmen wir ferner, daß in jeder Menschenseele auch mehrfache, aus den *Naturreichen* aufgestiegene tierische Seelenelemente enthalten sind (‚Großes Evangelium', Bd. 10, Kap. 185). Aus einem *dreifachen* Zusammenstrom (aus den Naturreichen, den leiblichen Eltern und den Sternen) entsteht also im allgemeinen die menschliche Seele. Und die Astrologie, die meist die ganze Veranlagung des Menschen *nur* von den Sternen herleiten will, hat mithin nur einen *Bruchteil* der Wahrheit.

Vom Horoskop und seiner Bedeutung

Die Kunst der sogenannten Horoskopstellung kann aber doch nicht ohne weiteres von der Hand gewiesen werden. Wahrhaft *seherisch* veranlagte und von oben *erleuchtete* Menschen dürften auf Grund alter Erfahrungsregeln und inneren Erfühlens hier manches Wahre über die Charakter- und Schicksalsanlagen ihrer Mitmenschen zutage fördern, das diesen segensvoll werden kann, wenn sie daraus die Schwächen ihrer Veranlagung erkennen und den festen *Willen* fassen, in der schwierigen irdischen Lebensschule mit *Gottes Hilfe* derselben Herr zu werden, das Böse und Unvollkommene in sich zu überwinden und ihr Schicksal zu ebnen. Freilich ist angesichts der vielen leichtfertigen Horoskopstellungen größte Vorsicht in der Bewertung der Deutungen geboten. Auf diesem Gebiet wird viel schädigender Schwindel getrieben, und manche arglose Seele kommt durch das Horoskopwesen in falsche Bahnen und unterwirft sich eingebildeten oder falsch bewerteten Lebensfaktoren.

Einseitig beschränkt sich die heutige Astrologie vielfach auch darin, daß sie das ganze menschliche Geschick, den gesamten Lebensablauf völlig oder doch wenigstens in erster Linie mit dem Stand der Gestirne in Beziehung bringt. Mächtige Einwirkungen auf Entwicklung und Schicksal des Menschen übt jedoch auch die äußere, irdische *Umwelt* (von Natur und Menschen) auf uns aus. Und noch bedeutender, wenn auch viel geheimer, sind die ständigen Einwirkungen der *geistigen* Welt auf unser Herz und Gemüt, und zwar die der versuchenden und verführenden *Dämonenwelt,* wie zu unserm Heil auch die Einflüsse der uns insgeheim belehrenden und führenden *Lichtwelt* (Schutzgeister), über der als höchste Instanz das Auge und der Arm des Allmächtigen waltet. Wir wissen ferner, daß inmitten aller dieser zahlreichen, miteinander kämpfenden und ringenden Einflüsse der Mensch einen *freien Willen* hat, mit dem er nach freier Entschließung sich dem einen oder anderen Einfluß bevorzugt *hingeben* kann. Nach der Willensordnung Gottes wird der Mensch auch dem von ihm *gewollten* Einfluß verfallen und darin entweder glücklich oder unglücklich sein. Ein einseitig eingestellter Astrologe, der nur an die Sterne als alleinige Schicksalsbringer glaubt, wird den Sternen verfallen, ein Materialist der Materie und das Gotteskind dem segensvollen Licht- und Lebensstrom der himmlischen Liebesmächte. So wird jeder das Seine finden, bis auch der Astrologe und der Materialist durch *Erfahrung*, sei es in diesem oder im anderen Leben erkennen, daß das wahre, ewige und höchste *Heil* nur in dem einen aus den *Himmeln* kommenden, reinen, liebevollen Lebensstrome unseres himmlischen *Vaters* zu finden ist.

IV

Ist Ziel und Zweck in der Natur - oder walten blinde Kräfte?

12

Das Naturleben der Schöpfung als Auferstehung der Materiegeister

Schon in den früheren Kapiteln „Geist und Materie“ und „Der Schöpfungsbau“ wurde der *geistige* Sinn und Zweck des ganzen Schöpfungsvorgangs deutlich dargetan. Wir erfuhren aus den Lorberschriften, daß und warum die aus der Gottesordnung getretenen Urgeister in den starren, gleichsam leblosen Gerichtszustand der Materie gerieten und weshalb das ganze materielle Universum in der Urform eines Menschen, und zwar des „verlorenen Sohnes“ Luzifer aufgebaut wurde.

Aus den Gründen dieses großen Schöpfungsgeschehens ergibt sich nun ohne weiteres, daß die Materialisierung Luzifers im großen Schöpfungsmenschen nicht ein Ruhe- und Endziel im Schöpfungsplane Gottes sein kann.So wunderbar der unermeßliche Weltenbau des Kosmos ohne Zweifel ist, so ist doch das Leben des einst so herrlichen Urgeistes und seiner zahllosen Untergeister und Kleinintelligenzen in diesem gigantischen, starren Bau gebunden und gebannt, ja man muß sagen, es ist *gleichsam tot* in die Grabkammer des tiefsten Gerichts gelegt. Aber unsere Begriffe von der Liebe, Weisheit, Allmacht und Erbarmung Gottes lassen es als gewiß erscheinen, daß Gott, der Herr und Schöpfer des Lebens, die von Ihm geschaffenen Urwesenheiten sicher nicht in diesem Zustand belassen, sondern sein Werk an ihnen zur heilvollsten Vollendung führen will.

Der Grundgedanke der Lorberschen Schöpfungslehre

Einer der lichtvollsten Grundgedanken der Neuoffenbarung liegt in der Lehre, daß in der ganzen sichtbaren Schöpfung eine wunderbare *Auferstehung* der gesamten Materie zu erblicken ist. Die starre, wie ein Phosphorbild leuchtende Gestalt des großen Schöpfungsmenschen soll nicht als Leichnam im Todesschlaf des Gerichts verbleiben. Der Gefallene soll auferstehen aus der Finsternis der Widerordnung und, aus dem Grab der Materie steigend, als reuiger Sohn zurückkehren zum Vater des Lichts!

So sagt der Herr im großen Lorberevangelium: „Jener euch dargestellte große Weltenmensch ist in der allgemeinsten Bedeutung der ‚verlorene Sohn‘, nun auf der Umkehr begriffen. Und der Vater, der ihm entgegenkommt, bin Ich (Jesus) nun als Mensch unter euch. Ich nehme ihn, den großen Urgeist, in einem jeden Menschen, der nach Meiner Lehre lebt, wieder in Mein Vaterhaus auf. — Wohl dem Sünder, der Buße tut und reuig zu Mir zurückkehrt!" (Gr. Ev., Bd. 6, Kap. 246)

Die Materialisierung, die Bannung in den starr materiellen Zustand wurde von der Liebe und Weisheit Gottes als ein *Gericht* an den luziferischen Urgeistern nur zugelassen, um die aus der Ordnung getretenen Geistwesenheiten durch dieses Zuchtmittel in einer weisen und liebevollen Lebensschule sicher zur freien Annahme der göttlichen Ordnung zurückzuführen; um auf diesem Erfahrungsweg aus den unselbständigen und unvollkommenen Geschöpfen wahrhaft freie, vollkommene Kinder Gottes, Ebenbilder seines eigenen göttlichen Ichs heranzubilden.

Das Harren und Seufzen der Kreatur

Diese Lehre von der *Rückerlösung* der Materie erklärt in wunderbarer Weise das ganze, vom Mineral bis zum Menschen aufsteigende Naturleben auf unserer Erde und allen anderen Gestirnen und gibt den Schlüssel zu seinen tiefsten Geheimnissen.

Sie wurde von dem erleuchteten Gottesboten Paulus im Brief an die Römer (Kap. 8, 19—23)seherisch angedeutet mit den Worten: „Das sehnsüchtige Verlangen der ganzen Schöpfung wartet ja auf die Offenbarung der Herrlichkeit der Kinder Gottes. Denn der Vergänglichkeit ist die Schöpfung unterworfen worden — nicht mit eigenem Willen, sondern durch dessen Willen, der sie unterworfen hat, und zwar auf Hoffnung hin. Denn auch die Schöpfung wird von der Knechtschaft der Vergänglichkeit befreit werden zur Teilnahme an der Freiheit, welche die Kinder Gottes im Stande der Verherrlichung besitzen werden. Wir wissen ja, daß bis zu dieser Stunde die ganze Schöpfung allüberall seufzt und mit Schmerzen einer *Neugeburt* harrt."

Auf diese Erlösung der Materiegeister und ihre Reifung zu freien, seligen Kindern Gottes durch eine göttlich-geistige Lebensschule weisen auch die für viele Christen völlig dunklen Worte der Schrift vom „Evangelium", das gepredigt werde „aller Kreatur, die unter dem Himmel ist" (Kol. 1, 23; Mark. 16, 15). — Aller Kreatur — nicht nur dem Menschen — auch dem Geistigen in den Tieren, Pflanzen, ja selbst in den Steinen wird diesen Worten zufolge die Botschaft von der heiligen Liebes- und Lebensordnung Gottes verkündigt. Das Ergebnis wird sein, was in der Offenbarung Johannis (Kap. 5, 13) mit den Seherworten ausgesprochen ist: „Und alle Kreatur, die im Himmel ist und auf Erden und unter der Erde und im Meer und alles, was darinnen ist, hörte ich sagen: ‚Dem, der auf dem Stuhle sitzt, und dem Lamm sei Lob und Ehre und Preis und Gewalt von Ewigkeit zu Ewigkeit!'"

Durch die in den Lorberschriften so wunderbar enthüllte Lehre werden wir auch verstehen, daß es nicht bloß eine bildliche Redensart war, wenn der Täufer Johannes den geistes- und stammesstolzen Pharisäern und Saduzäern Israels entgegenhielt: „Ich sage euch, Gott kann dem Abraham aus *Steinen* Kinder erwecken!" (Matth. 3, 9; Luk. 3, 8). Durch Jakob Lorber hat der Herr der Schöpfung selbst es uns in aller Klarheit dargetan, daß, warum und wie solches geschah und geschieht — daß aus scheinbar toter Materie sich der Herr Himmels und der Erde durch eine wunderbare Schule wahrhaftige Kinder und Ebenbilder seines allerhöchsten, geistlebendigen Wesens zeitigt!

Die Rückführung Luzifers in Atomen

Da die Ursachen der Erstarrung und Materialisierung Luzifers geistige waren — nämlich das Verlassen der göttlichen Liebesordnung und das Verirren in die äußerste Selbstherrlichkeit und Selbstsucht — so kann folgerichtig auch die Neubelebung und Auferstehung aus dem Gericht der Materie nur auf geistigem Wege sich ergeben: nämlich durch die *freiwillige* geistige Umkehr von der höllischen Widerordnung der Eigenliebe zur himmlischen Ordnung der reinen Gottes- und Bruderliebe. Und zwar kann diese Umkehr Luzifers entweder wirkungsvollst in seinem zentralen Ich, seiner Urpersönlichkeit erfolgen — oder aber nach und nach in seinen geistigen Teilen, seinen Untergeistern, Kleinintelligenzen und Urlebensfunken.

Durch Lorber ist uns gesagt: Da die Urpersönlichkeit Luzifers, d. h. das Ur-Ich oder Urzentrum des Grundbösen bis jetzt trotz aller göttlichen Liebesmühe hartnäckig blieb, mußte der Herr und Vater in der sichtbaren Schöpfung die langwierige Erlösung und Rückführung in kleinsten Teilchen ins Werk setzen. Währt so die Auferstehung und Umkehr auch fast unermeßliche Zeiträume, so können die Wesen Gottes doch nur allein auf diesem Wege einer harten Lebens-Erfahrungsschule die wahre, gottähnliche *Selbständigkeit* und Vollkommenheit erlangen.[1]

Wie das Wärmelicht der Sonne im Frühjahr Atom um Atom von den Eisbergen der Polarmeere löst und sie in freien Wasserdampf verwandelt, so löst das belebende Liebelicht Gottes Lebensfunken um Lebensfunken aus der starren Materie der Weltkörper los, um sie in den reingeistigen Zustand, zur „Freiheit und Herrlichkeit der Kinder Gottes" zurückzuführen (Paulus-Brief an die Römer, Kap. 8, 19—23). In allerlei zuerst einfachsten, dann immer reicheren *Lebensformen* unterwirft Gott durch seine treuen, reingeistigen Diener die neuerweckten luziferischen Urfunken einer wunderbaren Schulung. Durch Erfahrung und Übung im plan- und kunstvollen Bau und Gebrauch ihrer materiellen Lebenshüllen führt Er sie zu freiwilliger Annahme neuer, höherer Erkenntnisse und dadurch aus der alten satanischen Widerordnung in die ewige, göttliche Lebensordnung der Demut und tätigen Liebe. Am *Ziel* der großen mühsal- und kämpfereichen Lebensschulung winkt den „Überwindern" die Krone des ewigen Lebens, die darin besteht, daß den gereiften Wesen nun volle Freiheit, Selbständigkeit und alle Macht und Kraft wahrer Kinder Gottes gegeben werden kann.

Durch zahllose Lebensformen zur Gottähnlichkeit

„Siehe, alle Materie vom härtesten Stein bis zum Äther hoch über den Wolken ist *Seelensubstanz* in einem notwendig gerichteten und gefesteten Zustand. Ihre Bestimmung ist, wieder ins ungebundene, reingeistige Sein zurückzukehren, so sie — eben durch diese Isolierung — die Lebensselbständigkeit erreicht hat. Um aber diese durch eine stets erhöhte Selbsttätigkeit zu erlangen, muß die aus der gebundenen Materie freigemachte Seele alle möglichen *Lebensstufen* durchmachen und muß sich

[1] Vergl. über diese urgeistigen Entwicklungen Haushaltung Gottes, Bd. 3, Kap. 22, 18 ff.; Erde, Kap. 33 und 56; Robert Blum, Bd. 2, Kap. 2, Kap. 301; Gr. Ev., Bd. 2, Kap. 227, 12.

in jeder neuen Stufe auch wieder von neuem in einen materiellen Leib einpuppen, in dem sie dann wieder neue Lebens- und Tätigkeitssubstanzen an sich zieht und sich solche zu eigen macht.

Ist eine Seele — was ihr jenseitiger Geist aus Gott gar hell sieht — einmal in einem Leibe, sei es dem einer Pflanze oder dem eines Tieres, durch die rechte Ausreifung fähig, in eine *höhere* Lebensstufe aufzusteigen, so veranlaßt ihr sie stets fortbildender jenseitiger *Geist,* daß ihr der für fernerhin unbrauchbare Leib abgenommen wird. Damit kann sie dann, als schon mit höheren Intelligenzen begabt, sich einen anderen Leib bilden, in dem sie eine kürzere oder längere Zeit hindurch sich wieder zu einer größeren Lebens- und Tätigkeitsintelligenz emporarbeiten kann. Und das so fort bis zum *Menschen* hinauf, wo sie dann, als schon völlig frei, im letzten (materiellen) Leibe zum vollen Selbstbewußtsein, zur Erkenntnis Gottes, zur Liebe zu Ihm und dadurch zur vollen Vereinigung mit ihrem jenseitigen Geist gelangen kann, welche Vereinigung wir die *Neu- oder Wiedergeburt im Geiste* nennen. Hat eine Menschenseele diesen Lebensgrad erreicht, so ist sie vollendet und kann dann als ein vollkommen selbständiges Sein und Leben nicht mehr von dem allgemein göttlichen All-Sein und All-Leben zerstört und verschlungen werden", (Gr. Ev., Bd. 6, Kap. 133, 3—5)

Stirb und werde!

„Wenn dem aber so, verliert ein Wesen beim irdischen Tode ja eigentlich gar nichts, so ihm dabei der weiterhin unbrauchbare *Leib* abgenommen wird, damit es dann schneller seine endliche Bestimmung erreichen kann. Was liegt denn am Leibe eines Kaninchens, mit dem sich der Aar seinen Hunger stillt, wenn dieser dabei des Tierchens Seele frei macht, so daß diese nun schon in der vollen Fähigkeit steht, in eine höhere Lebensstufe aufzusteigen? Der Aar aber hat ebenfalls eine Seele, die derselben Bestimmung entgegengeht. Im Fleisch und Blut des Kaninchens jedoch befinden sich auch noch gröbere Seelensubstanzen. Diese werden mit den Seelensubstanzen des Aars darum vereinigt, damit dessen Seele dadurch etwas sanfter und intelligenter wird und nach dem Verluste ihres Leibes schon etwa zu einer ganz ansehnlichen Menschenseele werden kann, mit viel Licht, Mut und Kraft begabt.

Auf dieser Erde ist nun einmal die Einrichtung so für die auf ihr zu erziehenden *Kinder Gottes.* Das Leben ist und bleibt so lange ein Kampf mit allerlei Feinden, bis es sich über alle Materie als ein Sieger aus eigener Kraft emporgerungen hat. Gott könnte infolge seiner Allmacht freilich auch einen Geist mit vollendeter Weisheit und Macht aus sich hinausstellen, und in einem Augenblick gleich zahllos viele. Aber alle solche Geister hätten dann keine Selbständigkeit; denn ihr Wollen und Handeln wäre kein anderes als das göttliche selbst, das unaufhörlich in sie einfließen müßte, auf daß sie sich nach dem Zuge des göttlichen Willens bewegen und handeln.

Sollen sie aber mit der Zeit selbständig werden, so müssen sie den Weg der Materie oder des gerichteten und gefesteten Willens Gottes durchmachen auf die Art, wie ihr es auf dieser Erde (in den Naturreichen) vor euren Augen habt. Haben sie das, dann sind sie erst aus sich selbständige, selbstdenkende und freiwillig handelnde Kinder Gottes, die allzeit den Willen Gottes tun; nicht, weil er ihnen durch die Allmacht Gottes aufgedrungen ist, sondern weil sie diesen als höchst weise *erkennen* und danach handeln, was ihnen dann erst des Lebens höchste Seligkeit gibt.“ [1]

Die Stufen der Naturreiche

Der fortschreitenden Lösung, Befreiung und Verselbständigung entsprechend befindet sich also der ganze Inhalt unserer Erde wie auch aller anderen Weltkörper von ihrem Mittelpunkt an bis weit in die höchste atmosphärische Region hinauf in einem mannigfaltig abgestuften härteren oder milderen Gericht.

Die unterste Stufe oder Seinsform der gerichteten Lebenssubstanz nennt man das (scheinbar tote) *Mineralreich*, da sie dem Auge oder Gefühl des Menschen auf dieser Welt als tote (scheinbar leblose) Materie ersichtlich und fühlbar wird.

Der Herr: „Dahin gehören alle Steinarten, Mineralien, Erdarten, Wasser, Luft und alle noch ungebundenen Stoffe in ihr. — Dann kommt als zweite Stufe das *Pflanzenreich* im Wasser und auf der Erde samt seinem Übergang ins Tierreich. In diesem Reich erscheint das Gericht schon milder. Die Seelensubstanz befindet sich schon im Zustande der vollkommenen Löse, und die Sonderung und Einzelbildung der Intelligenzen in der früher wie chaotisch gemengten Seelensubstanz zeigt in diesem zweiten Reiche darum auch eine große Mannigfaltigkeit.

Aber die Seelensubstanz, die wegen der besonderen Intelligenzbildung im zweiten Reiche einer großen Sonderung unterworfen sein mußte, muß im dritten Reiche der *Tiere*, das noch um sehr vieles mannigfaltiger ist, wegen der noch vollendeteren Gewinnung hellerer und freierer Einzelintelligenzen zu einer stets größeren Einigung gebracht werden. Und darum vereinen sich da zahllose Kleintierseelenteile verschiedener Art und Gattung zu einer größeren Tierseele, wie z. B. zu der eines größeren Wurmes und eines Insekts. Zahllos viele solche Insektenseelen von verschiedener Art und Gattung, wenn sie ihrer sie bindenden materiellen Hüllen ledig geworden sind, vereinen sich dann wieder zu einer Tierseele noch größerer und vollkommenerer Art; und das so fort bis zu den großen und vollkommenen Tieren teils noch wilder und teils schon sanfter Art.

Aus der letzten Einung dieser Tierseelen gehen dann erst die mit allen möglichen Intelligenzbefähigungen wohlversehenen *Menschenseelen* hervor. Wird ein Mensch in diese Welt geboren, so ist es von Gott höchst weise so eingerichtet, daß er als eine vollständige Seele sich all der notwendigen Vorzustände ebensowenig erinnern kann, wie das Auge die kleinen Einzeltropfen des Meeres sehen und unterscheiden kann. Denn wäre einer Menschenseele das gegeben, so würde sie diese Einung aus so endlos verschiedenen Seelen und Intelligenzen nicht ertragen, sondern sich selbst hastig aufzulösen trachten, gleichwie sich da auflöst ein Wassertropfen auf glühendem Eisen. Um die Seele des Menschen zu erhalten, muß ihr daher jede *Rückerinnerung* völlig genommen werden bis zur Zeit der vollen inneren Einigung mit ihrem (reinen) Geiste der Liebe aus Gott. Denn dieser Geist ist das Verbindende, durch das alle die endlos verschiedenen Seelenintelligenzteile zu einem ewig unzerstörbaren Ganzwesen gefestet werden, sich in aller Klarheit durchleuchten, erkennen, begreifen und als ein vollendetes, gottähnliches Wesen Gottes Liebe, Weisheit und Macht loben und preisen.“ (Gr. Ev., Bd. 10, Kap. 21)

[1] Gr. Ev., Bd. 6, Kap. 133, 7—11.

Der Stufengang der Wesen durch die Naturreiche dient also nicht nur zur quantitativen Ansammlung von Intelligenzfunken, sondern hauptsächlich auch zur geistigen Schulung, Läuterung und Veredlung dieser Urelemente des Lebens. Den aus Satan sich lösenden Urfunken, die aus sich selbst durch eigene Kraft ja nicht reiner und besser werden können, ist daher überall schon im kleinsten Atom „von oben her" ein *reingeistiger Funke* als Lebenssammelpunkt beigegeben.

„Siehe", sagt im großen Evangelium ein Engel, diese Wunder der Schöpfung einem Jünger erklärend, „da taucht Reingeistiges auch in der organischen Materie auf. Es zeigt dem Beobachter, daß das Äußerliche, was des Menschen Sinne als wesentlich ansehen, eigentlich nichts, sondern nur das Reingeistige, das im Samenkorn verborgen ruht, das wirklich Wesentliche ist. Dieses im Keimhülschen eingeschlossene Reingeistige ist ein mit Liebe, Erkenntnislicht und Willenskraft erfüllter Gedanke (Gottes) in seiner vollen Abtrennung von den zahllos vielen anderen in sich ebenso abgesonderten Gedanken und Ideen. Dieser Geist im Keimhülschen[1], im Besitz seiner klaren Intelligenz und im Bewußtsein seiner Kraft, wird leicht inne, wenn der Same — als sein von ihm erbautes materielles Wohnhaus — sich in einer Lage befindet, in welcher er, der reine Geist, seine Tätigkeit beginnen kann. Wenn der Same in die feuchte Erde gelegt wird und die äußere, materielle Umkleidung sich erweicht, fängt der reine Geist sofort an, von seiner Intelligenz und Willensmacht den rechten Gebrauch zu machen. Er erkennt genau die ihm entsprechenden Teilchen in der Erde, im Wasser, in der Luft, im Licht und in der Wärme der Sonne, zieht sie an sich und schafft aus ihnen in seiner Ordnung das, was seinem Wesen entspricht. Und so siehst du dann eine Pflanze aus dem Boden der Erde emporwachsen mit der ihr stets gleichen Eigentümlichkeit. Das Kleid oder die äußerlich sichtbaren Teile *der Pflanze,* von der Wurzel bis zur höchsten Stammspitze, werden dabei vom Geist nur darum erzeugt, daß der reine Geist im neuen Samenkorn sich schöpferisch vervielfachen und so sein Ich verunendlichfältigen kann. Nach vollbrachtem Werk löst sich der Geist und geht im Verband mit den an sich gezogenen Seelenteilen zur Bildung höherer und vollkommenerer Formen und Wesen über."

„Was ich dir", fährt der Engel fort, „jetzt von den Pflanzen gesagt habe, das gilt (in geringerem Maße) auch von allen Mineralien und (in höherem Maße) von allen Tieren und vorzüglich vom *Menschen.* Uranfänglich aber gilt dasselbe von der Bildung aller Weltkörper, aller Hülsengloben und des gesamten ‚*Großen Weltenmenschen*' ... Überall arbeitet (als Lebensmittelpunkt) ein reiner Geist nach seiner ihm innewohnenden Intelligenz mit der Kraft seines Willens, und es wird daraus eine Pflanze, ein Tier, cin Mensch, ja eine ganze Welt!"[2]

[1] Von dem Biologen Hans Driesch, Leipzig, „Entelechie", zu deutsch „Innenlicht" genannt.
[2] Gr. Ev., Bd. 7, Kap. 73, 9; 74; 75, 7.

Die Lebensschule Gottes: Geist, Seele und Leib

Allenthalben — im Atom, im Pflanzen-, Tier- und Menschenleib wie auch im Weltenkörper — besteht die Arbeit dieses reinen Geistfunkens darin, die von ihm aus Satan gelösten Urlebensfunken je nach ihrer Belehrbarkeit und Willensfügigkeit zu ordnen und gleichsam in Schulklassen einzuteilen. Die belehrbaren, willensfügigen schließt er als *„Seele“* gleichsam zu einer Schüler- und Gehilfenklasse zusammen und lehrt und leitet sie, nach dem Plane Gottes ein geeignetes Wohn- und Schulhaus — „Körper“ oder „Leib“ genannt — für ihr gemeinsames Leben zu bauen und in der Lebens- und Liebeordnung Gottes weise und heilvoll zu gebrauchen. — Die hartnäckig *satanischen* Urfunken dagegen, die in ihrer alten Selbstherrlichkeit und Selbstsucht verbleiben wollen und mithin aus dem harten Materiegericht noch nicht gelöst werden können, macht der leitende reine Geist zu den Bausteinen dieses *leiblichen* Wohn- und Schulhauses. Auf diese Weise wird in Wahrheit, wie die Schrift sagt (Mark. 16, 15; Kol. 1, 23), *aller* Kreatur das Evangelium gepredigt und in der ganzen naturmäßigen Schöpfung die plan- und heilvolle Ordnung Gottes verwirklicht. Und so entsteht, je nach der Entwicklungsstufe des betreffenden Lebens-Gemeinwesens: ein Atom, eine Pflanze, ein Tier, ein Mensch oder ein Weltkörper. Allenthalben nach der allgemeinen Grundregel der Dreigliederung eine *Dreieinheit* von Geist, Seele und Leib!

„Betrachte von nun an“, so schließt der Engel im Großen Evangelium seine Belehrung, „nur aufmerksam die gesamte Natur, und du wirst mit Sicherheit das in ihr finden, was ich dir nun erklärt habe. Du kannst von mir nicht verlangen, daß ich dir alle Mineralien, alle Pflanzen und alle Tiere sonderheitlich erörtere, inwieweit sie Reingeistiges, Substantiell-Seelisches und Grob-Materielles in sich enthalten. Es ist genug, daß ich dir hier am Beispiel des Samenkorns ganz klar dargetan habe, wie sich alles gegenseitig verhält. Diese dir gegebene Regel gilt für die ganze Ewigkeit und Unendlichkeit! Verstehst du das Alpha, so verstehst du auch das Omega!“ (Gr. Ev., Bd. 7, Kap. 74, 5)

Darwin und Lorber

Die höchste Stufe der materiell-geistigen Entwicklung, die Krone der sichtbaren Schöpfung nach der Lehre der Neuoffenbarung wie auch der Bibel ist der als Dreieinheit von Leib, Seele und Geist gestaltete Mensch. — Diese wunderbaren Entwicklungsgrundsätze gelten nach Lorber nicht nur auf unserer Erde, sondern auf allen Gestirnen, den Planeten, Monden, sowie auch auf allen Planetar-, Zentral- und Urzentralsonnen, auf welchen demgemäß auch ganz andere Lebensverhältnisse anzutreffen sind, als unsere Gelehrtenwelt sich heute noch träumen läßt.

Wenn man diese allumfassende *Lorbersche* Entwicklungslehre mit den Gedanken vergleicht, welche Charles *Darwin* über die Entstehung der Pflanzen- und Tierwelt unserer Erde aufgestellt hat, so wird man einerseits gerne anerkennen, daß diesem Forscher von der göttlichen Wahrheit des *entwicklungsmäßigen* Schöpfungsvorganges immerhin ein Strahl bekannt war. Aber wie gering sind die von der Wissenschaft einst so hochgerühmten Erkenntnisse Darwins gegenüber der wahrhaft göttlichen Lichtfülle bei Lorber!

Darwin hat nur die Pflanzen und Tiere und zuletzt auch — fast widerstrebend — den Menschen unserer Erde in den Kreis seiner Betrachtungen gezogen. Lorbers Lehre dagegen sendet ihr Licht über die *ganze* Schöpfung, das ganze Weltgeschehen. Sie läßt uns alles das, wovon der englische Gelehrte nur ein winziges Bruchstück ersah, in einem wunderbaren, in sich durch und durch folgerichtigen Zusammenhang erschauen. Von der Schöpfung der Ur-Lebensfunken, ja vom liebeglühenden Grundwesen Gottes an bis zum materiellen Schöpfungsmenschen und von da bis zum wiedergeborenen, zur vollen Selbständigkeit und Gottähnlichkeit gereiften Gotteskind ist alles eine vollkommen *einheitliche,* überzeugende Welterklärung! — Der bewährte Besitz der erleuchteteren *Wissenschaft* wird bestätigt, aber auch weit überflügelt.

Was aber das Wichtigste ist: diese göttliche Schöpfungs-Entwicklungslehre hat vor der Darwinschen zugleich den himmelhohen *sittlichen* Vorzug, daß sie aus der Schöpfung nicht einen zweck- und vernunftlosen Mechanismus macht. Sie läßt diese als das liebevoll-weise Entwicklungswerk einer sittlichen Ur-Macht, eines mächtigsten, zugleich aber auch väterlichen *Gottgeistes* erkennen und verleiht damit dem Leben des einfachsten Moospflänzchens, des winzigen Insekts und erst recht dem des Gott ebenbildlichen Menschen einen trostvoll erhabenen Sinn und Zweck!

Wachet auf, ihr Herzen! Erkennet diese Botschaft, welche die Wissenschaft mit dem biblischen Gott und die Bibel wieder mit der Wissenschaft in Einklang setzt! Ersehet im Stein, im Baum, im Tier und in allem, was Menschen- und Engelsantlitz trägt, eure Brüder im großen Lebensreiche des Höchsten! Alles Leid und alle Not der Erde weicht, wenn ihr, erfüllt von diesem Licht, vom Tod des Unglaubens und der Materie aufersteht!

13

Gottes Wunder im Atom

Als ein gewaltiges Zeugnis für die Wahrheit der Lorberschen Eröffnungen auf dem Gebiet der Schöpfungslehre treten vor unser geistiges Auge die Entdeckungen, welche von der wissenschaftlichen Forschung über den Bau und das Wesen des Atoms gemacht worden sind.

Die Atomlehre der neueren Wissenschaft

Für die Atomlehre der Neuzeit hatten eine geradezu umwälzende Bedeutung die Untersuchungs- und Denkergebnisse zweier Forscher: des Engländers Ernest Rutherford (geb. 1871) und des Dänen Niels Bohr (geb. 1885). Diesen beiden erleuchteten Männern der Wissenschaft gelang durch Beobachtungen, Schlußfolgerungen und Berechnungen der Nachweis, daß das Atom *nicht* der (unteilbare) Urbaustein des Weltstoffes (Materie) ist, sondern daß dieses geschöpfliche Kleingebilde aus noch viel kleineren Einheiten, und zwar Elektronen oder *Kraftfunken* besteht, die sich im Atom in einem ähnlichen gegenseitigen Ordnungsverhältnis befinden, wie die Sonnen und Planeten in den großen Weltkörpersystemen der Sternenwelt. Um ein innerstes, mit Lebenskraft geladenes *Ordnungszentrum* (Atomkern genannt) kreist in Bahnen von verschiedenem Durchmesser mit bestimmten, großen Geschwindigkeiten eine mehr oder minder zahlreiche *Kraftfunken-Schar* und bildet mit ihrem Mittel- oder Lebenssammelpunkt eine nach göttlichem Plan geordnete Gemeinschaft.

Der (nach Lorber aus Gott stammende, reingeistige) Zentralfunke ist offensichtlich (wie in den großen Sonnensystemen) die beherrschende Macht, welche die (nach Lorber aus Luzifer stammenden, meist noch wenig willensfügigen) Planetarfunken mit geistiger Kraft in ihren gottgewollten Bahnen und Geschwindigkeiten erhält. Die einfache, ordnungsmäßige *Kreisbewegung* um den reingeistigen Mittelpunkt ist das erste, was hier im Kleingebilde des Atoms die (mit Luzifer in die äußerste Widerordnung verfallenen) Ur-Lebensfunken auf dem geistigen Schulwege der Rückkehr zu Gott lernen sollen. Wissenschaftliche Beobachter haben tatsächlich auch ein eigenartiges Überspringen und Vorrücken der „negativen" Planetarfunken von den äußersten Kreisen nach dem Inneren bis zur schließlichen Vereinigung mit dem positiven Kern festgestellt.

Lorber über die atomischen Urbestandteile des Sandkörnchens

Was werden die heutigen Gelehrten aber sagen, wenn sie hören, daß der einfache Knecht Gottes, *Jakob Lorber,* im Jahre 1847 — zu einer Zeit, als noch kein Wissenschaftler etwas derartiges zu denken wagte — durch göttliche Erleuchtung diese Dinge alle enthüllte und über den Bau eines Sandkörnchens und das Wesen und die Gestalt eines Atoms prophetisch folgendes kundgab:

„Ein *Sandkörnchen,* sicher das einfachste Mineral, ist so kunstvoll zusammengefügt, daß auch ihr vor lauter Verwunderung ganz betroffen wäret, so ihr erblicken könntet, wie wunderbar es in sich selbst gestaltet ist. Da würdet ihr eine Menge der verschiedenartigsten *Kristalle* entdecken, so geregelt aneinandergefügt, daß sie der geschickteste Mathematiker nie so genau berechnen könnte. Das ist aber noch das wenigste. Wenn ihr dann diese einzelnen Kristalle erst genauer untersuchen könntet, so würdet ihr finden, daß sie nichts als Ansammlungen von lauter tierischen *Kadavern* sind, und das von einer Art Infusorien (wissenschaftlich: Moleküle, kleinste chem. Verb.), die aber viel kleiner sind als jene schon weiter vorgerücktere Art, die im gärenden Wassertropfen zum Vorschein kommt. Würdet ihr dann selbst wieder diese Infusionstierkadaver näher untersuchen, so würdet ihr in einem jeden eine zahllose Menge *atomistischer Tierchen* entdecken, die zur Lebenszeit dieser nun in Kristallformen aneinandergeklebten Infusorien ebendiesen als Nahrung gedient haben. Und wäre es euch möglich, ein solches atomistisches Tierchen untersuchend zu betrachten — freilich mehr mit geistigen als mit den schärfst bewaffneten Leibesaugen — da würdet ihr in einem jeden solchen atomistischen Tierchen eine *Kleinst-Hülsenglobe* (Miniatur-Weltengemeinschaft[1]) entdecken, in der im kleinsten Maßstab das ganze *Universum* wie abgebildet zum Vorschein kommt! — Fasset da Millionen (solcher Atome) in ein solches Kristallchen zusammen, das aus tausend Infusorien (Molekülen) gefügt ist,

[1] Siehe Kap. 9, Der materielle Schöpfungsbau, Seite 45.

und das Sandkörnchen aus hundert solchen Kristallen, so werdet ihr euch wenigstens einen kleinen Begriff von dem höchst kunstvollen Bau dieses einfachsten Mineralstücks machen können." [1]

Hier in dieser durch *Lorber* 1847 gemachten Enthüllung ist also die große, welterschütternde Entdeckung Rutherfords und Bohrs vorweggenommen und dargetan, daß das Atom — als geistig-lebendige Wesenheit („Tierchen") — ein Abbild des Universums im kleinsten Maßstabe ist!

Das Atom ein lebendiger Zeuge des lebendigen Gottes

Durch die großen Entdeckungen über Bau und Wesen des Atoms wurden auch über das Wesen der *Materie,* des sogenannten Weltstoffs ganz andere wissenschaftliche Anschauungen gewonnen. Man erkannte, daß es gar keinen „Stoff" im alten materialistischen Sinne gibt. Denn eben das scheinbare Stoffatom hatte sich entpuppt als ein reines *Kraftfunkensystem,* an dem nirgends irgend etwas „Stoffliches" mehr zu ersehen war. So stürzten durch die Entdeckungen Rutherfords und Bohrs mit einem Mal die für so sicher gehaltenen Grundlagen der materialistisch-mechanischen Welterklärung zusammen. Jählings mußten die Vertreter dieser finsteren, die Welt entgottenden Lehre das Feld räumen. Es ist erfreulich zu sehen, daß in der Gelehrtenwelt auf Grund scharfsinniger Beobachtungen und Folgerungen heute mehr und mehr die Anschauung Boden gewinnt, daß jene sonderbare atomistische Kraftfunken-Gemeinschaft des Atoms kein „totes", gewissen Naturgesetzen „blind" gehorchendes mechanisches System ist, sondern, wie Lorber bekundet, ein geistig-lebendiges Etwas, ein *Lebewesen,* eine allereinfachste Art „Tierchen" mit einer gewissen Intelligenz und Willenskraft.

So darf man wohl hoffen, daß die stolze Wissenschaft durch das enge Demutspförtlein der Atomlehre nun doch allmählich in das Reich der *geistigen* Welterklärung vordringen wird. Mögen die Gelehrten der Zukunft dann endlich wieder — wie ihre großen Berufsgenossen Kepler, Newton, Faraday, Robert Mayer und viele andere — von Herzen begreifen, was Jakob Lorber in einem schlichten Verslein ausspricht:

„Muß man stets auf hohe Berge gehen,
um der Gottheit Allmachtszüge zu erspähen?
Auch in einer Milbe magst du solche finden,
und Atome müssen dir den Gott verkünden!"

[1] Erde, Kap. 18. Vergl. über den Bau des Atoms auch Haushaltung Gottes, Bd. 2, Kap. 78.

14

Ur- und Fortzeugung

Der wesentliche Unterschied zwischen der Darwin-Häckelschen Lehre von der Artenentstehung und der umfassenden Lorberschen Lehre der Schöpfungsentwicklung besteht darin, daß *Darwin* und *Häckel* zu beweisen versuchten, daß aus einer ursprünglich ganz einfachen Lebensform durch *blind* wirkende Naturgesetze ganz *mechanisch* und ohne fortwährendes göttliches Eingreifen sich die späteren reichen Lebensformen der Pflanzen- und Tierwelt entwickelt haben — hingegen bei *Lorber* der ganze Schöpfungs-Entwicklungsprozeß ersonnen, ins Werk gesetzt und fortdauernd vervollkommnet wird durch die Liebe, Weisheit und Allmacht eines göttlichen *Ur- und Allgeistes.* Während nach Darwin und Häckel die neuen Lebensformen hauptsächlich durch den „Kampf ums Dasein" und durch das angeblich naturnotwendige Überleben der lebenstüchtigeren Spielarten im Laufe der Jahrmillionen ganz „von selbst" entstehen, greift nach Lorber jedesmal, wenn auf irgendeinem Punkte der Schöpfungs-Entwicklung die Lebenselemente zu einem geistig höheren Sein gereift sind, der allwaltende *Gottgeist* durch seine himmlischen Schöpfungsdiener ein. Er *schafft* eine neue, zweckvolle Lebensform, in der die aus Luzifers großer Seele gelösten Teile durch ihren reingeistigen Leiter (Gottesgeistfunken) weiter der Vollendung in Gottes Liebeordnung entgegengereift werden. Jede Klasse, Gattung, Art und Spielart des gesamten Naturreichs entsteht also nach der Lehre der Neuoffenbarung nicht blindlings, durch zufälliges Zusammenströmen der Atome, sondern durch geistige *Neuschöpfung* oder Urzeugung seitens berufener Diener und Werkzeuge der Gottheit.

Ur-Erschaffung

Wie eine solche Ur-Erschaffung aus den in bisherigen Lebensformen herangereiften geistig-seelischen Elementen vor sich geht, veranschaulicht im Großen Evangelium (Bd. 4, Kap. 119 u. 120) ein *Engel* des Herrn den Jüngern durch ein lebendiges Beispiel, wobei er folgendes ausführt:

„*Gott* ist in sich ewig und unendlich. Der unendliche Raum ist von Ihm allein erfüllt. Und die ganze Unendlichkeit ist voll der Gedanken aus Ihm. Wir, die Urengel aber — als seine schon seit undenklichen Zeiten ausgereiften und nun selbständigen Lebensideen voll Licht, Erkenntnis, Weisheit und Willenskraft — fassen die aus Gott kommenden Lebensgedanken (Ur-Lebensfunken) zusammen. Wir bilden daraus mit Hilfe unserer zahllosen Hilfsgeister, die gleichsam unsere Arme ausmachen, in einem fort nach der Gottesordnung in uns Formen und Wesen. Und so euch da jemand fragte, woher Gott oder wir als seine Boten den materiellen Stoff zur Bildung der Wesen hernehmen — sehet, da vor euch habt ihr ihn nun! Diese schlangenartigen und feurigen (aus vielen Urlebensfunken bestehenden) Langzungen sind die geistigen *Bausteine,* aus denen alles gemacht worden ist, was die ganze Unendlichkeit nur immer Materiell-Wesenhaftes in sich faßt. Wie dieses ‚Machen' aber vor sich geht, werdet ihr erst dann in aller

Klarheit einsehen, wenn ihr selbst ganz lebensvollendet vor Gott dem Herrn steht im Geiste und nicht mehr im schweren Fleische.

Auf daß ihr aber nach dem Willen des Herrn, soweit es euch nun möglich ist, sehen könnt, wie wir mächtigen und alten Diener Gottes aus diesen im Raume umherschwebenden Gottes-Gedankenkräften *Formen und Wesen* bilden, so schauet mit euren Seelenaugen hierher. Ihr werdet da etwas erfahren, was bis jetzt noch kein Sterblicher auf der Erde erfahren hat!

Sehet, ich gebot nun im Namen des Allerhöchsten meinen dienstbaren Geistern recht viel jenes notwendigen Baustoffes hierherzuschaffen. Und schon haben wir nun einen hellstrahlenden Klumpen von feurigen Langzungen vor uns, der noch keine andere Form als die eines runden Feuerballes hat. Seht nur, wie die feurigen Langzungen sich aneinanderdrängen, als wollte eine jede in die Mitte hineinkriechen. Nach und nach tritt nun in diesem Bestreben scheinbar stets mehr Ruhe ein. Aber es ist dies dennoch keine Ruhe, sondern nur eine durch das stets vermehrte Drängen gegen den Mittelpunkt eingetretene Behinderung, sich dem Mittelpunkt noch mehr zu nähern.

Warum aber strebt alles dem Mittelpunkt zu? Seht, es gibt unter den endlos vielen, aus Gott gehenden wesenhaften Gedanken eine Art ganz *schwerer*, die schon einer ausgereiften *Idee* gleichkommen; dann weniger schwere, aber doch immerhin als Intelligenzkraft ganz gediegene. Dann gibt es *leichtere* Gedanken, die noch weniger reif und lichtgenährt sind. Und endlich gibt es auch *ganz leichte* Gedanken; das sind solche, die den Frühknospen eines Baumes gleichen. Sie sind zwar in sich schon etwas, haben aber noch nicht jene göttliche Entfaltung erreicht, daß man bestimmt sagen könnte: ‚Diese oder jene Form werden sie in ihrem Absonderungsstand annehmen.‘

Wenn nun unsereiner aus diesem (in den niederen materiellen Lebensformen vorgereiften) Seelenstoffe ein (höheres) Wesen in der Ordnung des göttlichen Willens formen will und (nach dem innersten Trieb des allerhöchsten Geistes) eigentlich muß, so beruft er die ihm dienenden Geister. Diese haben ihm den euch nun hinreichend bekannten Stoff zusammenzubringen. Und es ist hier geistig so leicht begreiflich wie materiell natürlich, daß die schweren, d. h. *ausgereiftesten* Gedanken hier eher an Ort und Stelle sein werden als die leichten oder gar sehr leichten. Die schwersten bilden infolgedessen das Zentrum, während die leichten, als später ankommend, mehr und mehr sich mit den Außenseiten begnügen müssen, und die sehr leichten das Alleräußerste ausmachen.

Da aber die *Zentralgedanken* die schon reichsten an Nährstoff sind, drängen sich die noch mehr leeren und noch hungrigen an die reichen, um von ihrem Überfluß etwas zu ihrer Sättigung zu gewinnen. Ihr ersehet darum die merkwürdige Erscheinung vor euch, daß sich die außen befindlichen Feuerlangzungen stets mehr an das Zentrum anschmiegen und nun sich endlich stets mehr zu beruhigen scheinen. Dies, obschon ihr Bestreben noch immer das gleiche ist, dem Zentrum so nahe wie möglich zu kommen, um von selbem desto mehr der Nährfülle in sich aufzunehmen.

Ihr sehet also hier einen Körper, der zum größten Teil noch sehr hungrig ist und nun nichts als eine ihm hinreichende Sättigung verlangt. Er ist gleich einem Kugelpolypen des Meeres, der mit seinen tausend Saugrüsselchen in einem fort die ihm zusagende Nahrung aus dem Meeresschlamm saugt, bis er (der Kugelpolyp) aus Übersättigung endlich anfängt, Auswüchse zu bekommen, mit denen er dann schon weiter um sich greifen und sich zu Zeiten auch schon von Ort und Stelle bewegen kann. Mit den Freßarmen bekommt er auch eine deutlichere, eigentümlichere Form und unterscheidet sich schon sehr von seiner ursprünglichen Kugelgestalt."

Mutterkeim und Befruchtung

„Und seht, gerade solch einen ‚Mutter-Lebensklumpen' haben wir hier zur Betrachtung nun vor uns. Seht, wie er in der Zeit meiner an euch gerichteten Erklärung sich schon sehr beruhigt hat! Ließe ich ihn nun so, dann würde er in seinem Bestreben nach Ruhe stets mehr einschrumpfen, da sich seine Teile dem Zentrum immer näher zögen, dasselbe ganz aussaugten und am Ende mit ihm verkümmern müßten. Denn solche Lebensgeister sind gleichsam wie die kleinen Kinder scheu und furchtsam und nehmen, so sie sich einmal eingepuppt haben, von außen her keine Nahrung mehr zu sich, sondern saugen in einem fort an ihrem Mutterzentrum.

Aber nun werden wir kräftige, *männliche*, nur für die *Bewegung* erregte Urlebensgeister hierherziehen und diesen *weiblich* trägen Klumpen von ihnen bestreichen lassen. Ihr werdet sehen, welche Wirkung das in diesem weiblichen Klumpen hervorbringen wird.

Ich habe nun nach dem Willen des Herrn durch die vielen untergeordneten Dienstgeister die großen und sehr hell leuchtenden, langfeuerzungenartigen Urlebensgeister, die dort am Wasser spielten, hierhergezogen. Seht nur recht genau, wie sie sich um den vor uns frei schwebenden weiblichen Lebensklumpen emsigst zu tummeln anfangen! Und schon fangen die kleineren, weiblichen Lebensgeister wieder an sich zu rühren und bemühen sich, diese unruhigen, männlichen Lebensgeister los zu werden. Aber diese weichen nimmer, und die Erregung der weiblichen Lebensgeister greift immer tiefer bis zum Hauptlebenszentrum.

Nun beginnt auch dieses sich zu rühren. Und da die das Zentrum überlagernden Lebensgeister — durch starke Regsamkeit wieder sehr hungrig gemacht — vom Lichte der männlichen Lebensgeister Nahrung zu nehmen genötigt sind und dadurch wieder selbst heller und voller werden, so bekommt auch der Zentral-Hauptlebensgeist durch sie eine Mannesnahrung. Durch diese Tätigkeit genötigt, bekommen die Umlagerer von innen heraus die Anregung, sich mehr und mehr zu einer Art gut gefügtem Bollwerk zu ordnen. Die kräftigeren Lebensgeister gegen das Zentrum hin aber erkennen sich, ihren Sinn und dessen Ordnung nun und scharen sich nach der Art ihres Sinnes und ihrer Verwandtschaft. Und schon sehet ihr daraus organische Verbindungen entstehen: Das Äußere geht in eine Form über, die stets mehr einem *Tierwesen* ähnlich wird.

Durch diese Tätigkeit und diesen Kampf werden alle Lebensteile stets der Nahrung bedürftiger, und durch die männlichen wird ihnen diese auch stets mehr zugeführt. Die sich mehr und mehr ordnenden äußeren Lebensgeister aber beginnen sich wegen der Nahrung mit den sie beunruhigenden Mannsgeistern vertraut zu machen. Die alte Furcht und Scheu schwindet und das geht auch auf die inneren Geister über. Alles fängt an, sich freier zu regen und zu bewegen. Die Folge ist die *Vollendung* des Wesens, das nun in Kürze so weit gediehen ist, daß ihr schon bestimmen könnt, welche Gattung da zum Vorschein kommen wird."

Geistige Zeugung

In solcher Weise geschieht also unter der geistigen Leitung der Schöpfungsdiener Gottes die Ur-Erschaffung oder Urzeugung jeglicher Art von neuen Lebensformen. Auf diese Weise wird sonach jeweils der *Keim* oder *Same* vor der vollendeten Form erschaffen.

Immerfort entstehen so durch Geisterhände auch heute noch alle *mineralischen* Schöpfungsgebilde, die sich nicht durch geschlechtliche Zeugung vermehren. Und wenn wir diese eigentlich sehr „natürliche" und wohlbegreifliche Entstehungsweise ins Auge fassen, erscheint es uns auch nicht unverständlich, daß nach Lorber auf manchen höheren Gestirnen auch die dort lebenden willensstarken *Menschen* die Fähigkeit besitzen, Pflanzen, Tiere, ja sogar ihresgleichen auf *geistigem* Wege, rein durch ihre Liebe, Weisheit und Willensmacht, aus den vorgereiften Elementen der Natur in einem geeigneten Erdreich bzw. weiblichen Mutterschoße zu erzeugen.

Schließlich werden wir nun auch leicht verstehen, wenn die Schrift berichtet, daß in der Jungfrau *Maria* ohne irdisch-menschlichen Zeugungsakt, nur durch das reine Geisteswirken der Gottheit die heilige Frucht des Leibes *Jesu Christi* erweckt worden ist. Es waren und sind hier überall bei diesen Urzeugungen immer die gleichen, wenn auch uns unsichtbaren, so doch höchst realen und wirksamen Geisteskräfte am Werke: jene herrlichen Diener des Schöpfers, die mit ihrer Weisheit und Willensmacht aus den vorhandenen wesenhaften Lebens-Bausteinen in wunderbarer Vollkommenheit gestalten, was nach dem großen Schöpfungsplane der Gottheit Zeit und Umstände erfordern.

Materielle Fortpflanzung

Nach den gleichen Grundgesetzen des Lebens erfolgt aber auch bei jenen Geschöpfen der Pflanzen- und Tierwelt, denen vom Schöpfer eine geschlechtliche Fortzeugung gegeben ist, unter der Leitung höherer Schutzgeister die *Fortpflanzung*. Das Besondere ist hierbei nur, daß in diesem Falle die zwei Gruppen der mehr duldenden *weiblichen* und der mehr tätigen *männlichen* Lebenselemente als weibliches und männliches *Sonderwesen* für uns unterscheidbar und wohlersichtlich in Erscheinung treten und, von einer uns unsichtbaren Geistesmacht getrieben, für das Zustandekommen der materiellen Form eine Zeugungstätigkeit entfalten.

Der *Engel des Herrn* belehrt darüber die Jünger wie folgt: „Bei allen Tieren ist der Akt der Begattung nur eine *Erregung* der in des Weibleins Leib schon vorhandenen Seelenstoffe; denn Pflanzen- und Tierseelenklümpchen sammeln sich stets fort in bestimmter Zahl und Ordnung am bestimmten Orte im Mutterleibe. Sind sie einmal da, so erregen sie zuerst die Mutter; diese erregt durch *ihr* Erregtsein das Männlein, und dieses geht und befruchtet das Weiblein — nicht aber als legte es einen neuen Samen in die Mutter, sondern nur durch tätige *Erweckung* des in der Mutter schon *vorhandenen* Lebensklümpchens.

Diese Erweckung geschieht dadurch, daß des Männleins Same, als aus mehr freien und ungebundenen Lebensgeistern bestehend, die gebundenen Lebensgeister im Lebensklümpchen der Mutter in eine ordentliche Revolution versetzt und sie so zur Tätigkeit zwingt, ohne welchen Zwang sie in ihrer süßen Trägheit liegenbleiben und sich nimmer zur Formung und inneren Organisierung eines Wesens ergreifen würden. Des Männleins Samengeister necken und reizen die Lebensgeister im Weiblein in einem fort und geben ihnen keine Ruhe. Diesem Necken widersetzen sich die Mutterlebensgeister. Ja manchmal, wenn sie sehr kräftig sind, bringen sie des Männleins Samengeister sogar zum Schweigen, welchen Akt dann die Landwirtschaftssprache ‚das Verschütten' nennt. Denn die *weiblichen* Lebensgeister im Mutterlebensklümpchen sind zu sehr für die *Ruhe* gestimmt, als daß sie sich gerne zu einer anhaltenden und geordneten Tätigkeit bequemten. Aber sind sie einmal gehörig und genügend erregt, dann geht die Entwicklung vorwärts." (Gr. Ev., Bd. 4, Kap. 120)

Lebensentwicklung im befruchteten Keim

Über die weiteren Vorgänge im befruchteten Keim sagt der Engel des Herrn, zur Erläuterung auf das Beispiel des Hühnereies hinweisend:

„Nehmt aus einer Henne den Eierstock und betrachtet die angesetzten Eiklümpchen genau. Einige werdet ihr noch ganz klein wie Erbsen, andere schon wie Weinbeeren und noch andere wie kleine Äpfel finden. Innerhalb der leichten Umhäutung wird sich nichts vorfinden als der gelbliche Dotterstoff. Wie unförmig ist noch dieses Sein!

Nun wird aber (nach der Befruchtung) dieser Zentralstoff stets mehr ausgenährt und setzt um sich das Klar (Eiweiß) an. Nach einiger Nährzeit wird aus dem Klar das Gröbste ausgeschieden. Es entfernt sich aber dennoch nicht vom Ei, sondern setzt sich als eine feste Hülse um das Ei und dient ihm zum Schutz bei der Ausgeburt. Betrachtet nun ein gelegtes Ei: wie sehr verschieden ist es schon vom ersten Ei-Embryo im Mutterleib!

Nun setzt sich die Henne auf das Ei und durchwärmt dasselbe eine Zeitlang. Welche Veränderungen gehen da im befruchteten Ei vor! Im Dotter fängt es an sich zu regen und zu ordnen. Die rechten Gedanken (Feuer-Langzungen) finden und verbinden sich und ziehen die ihnen nächstverwandten an sich. Diese verbinden sich wieder teils mit den ersten und noch mehr unter sich, ziehen aber gleich wieder die nächstverwandten äußeren, d. h. leichteren an sich. In kurzer Zeit werdet ihr schon des werdenden Küchleins Herz, Kopf, Augen, Eingeweide, Füße, Flügel und Flaumfederchen entdecken.

Während solch fortgesetzter Tätigkeit wurde auch der ursprüngliche Haupt- und *Grundlebensgeist* mehr und mehr gestärkt, unterstützt und gesättigt und fängt nun an, mit der Überfülle seines Lebens in den Organismus überzugehen. Er übernimmt dessen Lenkung, und das Wesen wird sichtlich lebendig und bildet sich erst dann ganz aus.

Ist es einmal so weit, so nimmt der in den ganzen Organismus übergegangene Grundlebensgeist alsbald wahr, daß er sich noch in einem Kerker befindet. Er fängt darob sich stärker zu regen an, durchbricht den Kerker und tritt, da er sich noch nicht hinreichend gekräftigt fühlt, ganz matt und voll Furcht in die große Welt hinaus. Er fängt nun an, äußere Weltnahrung zu sich zu nehmen und wächst dadurch auch wieder weiter, und das so lange, bis er sich leicht fühlbar mit der Außenweltnatur ins Gleichgewicht gesetzt hat.

Wir sehen nun eine ausgebildete Henne vor uns, die nun wiederum das Vermögen hat, teils aus der Luft, teils aus dem Wasser, zum größten Teil aber aus der ihr zusagenden, schon beseelten organischen Nahrung die ernährenden Seelenspezifikalteile in sich aufzunehmen: die geistigen zur weiteren Ausbildung ihrer Lebensseele und die gröberen nicht nur zur Erhaltung ihres Organismus, sondern auch zur Neuschaffung von Eiklümpchenansätzen, aus denen gemäß dem euch gezeigten Verlauf wieder ein Männlein oder Weiblein, zum Vorschein kommt.

Das *Geschlecht* aber rührt von dem Mehr oder Weniger der ursprünglichen Gediegenheit und Kraft des lebendigen Seelengrundgeistes her. Ist dieser schon vom Ursprung an völlig gediegen, so daß er in sich selbst schon eine ‚Idee' (d. h. eine reichere Vereinigung von Lebensfunken) ist, so wird dessen Ausbildung zu einer männlichen Gestalt führen; steht aber der Grundlebensgeist auf der zweiten und leichteren Stufe, so wird sich die Ausbildung in ein Weiblein hinüberziehen."[1]

„Aber ihr dürfet dieses Beispiel nicht auf die Werdung und Zeugung des Menschen, namentlich auf dieser Erde, übertragen; obschon dabei viel Ähnliches stattfindet, ist der Grund davon dennoch höchst verschieden." [2]

15

Engel und Geister als Schöpfungsdiener

In dem Werke ‚Erde und Mond', das von dem Seher Jakob Lorber im Jahre 1847 niedergeschrieben wurde, finden wir die tiefen Weisheitsworte: „Es kann im eigentlichsten Sinne gar keine (tote, ungeistige) Materie geben, da die Materie selbst nur eine Wirkung von *Kräften* ist, welche Wirkung in einer bestimmten Art, Beschaffenheit und Form in Erscheinung tritt und dadurch klar erkennen läßt, daß die wirkenden Kräfte nicht ohne *Intelligenz sind.* Denn wo immer an einer Sache oder an einem Wesen eine bestimmte Form, Art und Eigenschaft zu entdecken ist, kann niemand die Intelligenz der darin wirkenden Kräfte leugnen" (Erde und Mond, Kap. 42).

Der ganze „Weltstoff" der gesamten Schöpfung besteht also, wie die Naturforschung in unseren Tagen nun ebenfalls zu erkennen im Begriffe ist, aus intelligenten, d. h. erkenntnis- und willensfähigen Kräften. Oder mit anderen Worten: Alles ist *geistiger Natur;* in allem Bestehenden, vom Atom bis zum Sonnensystem, vom Stein bis zum Menschen leben und weben Geister.

Ein einziges, einheitliches Lebensreich

„Im Grunde des Grundes gibt es weder ein Mineral- noch ein Pflanzenreich", heißt es bei Lorber, „denn sowohl das Mineral- als auch das Pflanzenreich ist im eigentlichsten Sinn ein Tierreich: Es besteht ein jedes Mineral aus ebensovielen infusorischen (allerwinzigsten) Tiergattungen, als in ihm für den Geist der Weisheit

[1] Gr. Ev., Bd. 4, Kap. 119.
[2] Gr. Ev., Bd. 4, Kap. 120, 14.

einzelne seelische Sonderintelligenzkräfte wahrnehmbar sind." (Erde und Mond, Kap. 45) — Alle Naturreiche zusammen, so können wir im Einklang mit den Anschauungen fortgeschrittenster Wissenschaftler weiterfahren, bilden mit dem Menschen- und Engelreich ein *einheitliches Lebensreich,* in dem Mineral, Pflanze und Tier nur bestimmte Entwicklungsstufen darstellen, und dessen Wesen und Zweck uns im Großen Evangelium der Herr mit den Worten beleuchtet:

„Gott selbst ist in seinem Zentrum der ewige Urmensch und Urgeist. Er erfüllt die ewig aus Ihm hervorgehende Unendlichkeit mit seinen großen Gedanken und Ideen. Diese werden von seiner *Liebe* erfüllt, zu einem Ihm gleichen Lebensfeuer, durch seine *Weisheit* zu geordneten Formen und durch seinen machtvollen *Willen* zu voneinander abgesonderten und wie für sich bestehenden Wesen, in welche die Fähigkeit gelegt ist, sich selbst als solche ewig fortzubilden und fortzupflanzen und auf der Stufenleiter der Ordnung Gottes mit der Zeit sich zu vereinen und zur Gottähnlichkeit emporzusteigen."[1]

Dienen — die allgemeine Losung

Aller Geistwesen erhabenes Lebensziel ist es also, der Gottheit möglichst ähnlich zu werden in ihren wesentlichsten Grundeigenschaften: der Liebe, der Liebesweisheit und der ewigfort selbsttätigen Liebesmacht. — Und da ein Geist diese Eigenschaften auf dem Boden der vollen Willensfreiheit nicht durch göttlichen Schöpferspruch, sondern nur durch weise Belehrung und eifrige Übung erwerben kann, ist die ganze Schöpfung nichts als eine große *Schule* des Liebedienstes, der tätigen *Mitwirkung* am Werke der Schöpfung.

„*Dienen* heißt demnach das allgemeine Losungswort durch alle Sphären der Unendlichkeit — im großen Reiche der Natur sowohl als auch im endlosen Reiche der Geister."

„Durch das Dienen", sagt der Herr im Großen Evangelium, „wird die Demut (die für das Selbstgefühl der Geister schwerste, aber für die Einheit des Gottesreichs so überaus wichtige Herzenseigenschaft) am meisten geübt und gefördert. Und je untergeordneter ein Dienst erscheint, desto tauglicher ist er oft für die wahre Ausbildung des Lebens. Die Demut nämlich (ein volles Sichhingeben an die ewige Urkraft) ist ein immer stärkeres *Sammeln* des Lebens in sich selbst, während der Hochmut ein endloses *Zerstreuen* und Verlieren des Lebens bedeutet. Nach Meiner ewigen Ordnung muß daher ein jeder Geist, Engel und Mensch zum Dienen sich bequemen und wird gerade im ewigen, stets vielfältigeren und ausgebreiteteren Liebesdienste die größte Wonne und Seligkeit finden. Ohne Dienen gibt es in Meinem Reiche gar kein Leben, keine haltbare Dauer desselben, kein Glück, keine wahre Weisheit und keine Seligkeit weder hier im Erdenleben noch jenseits.

Wer sich einen Himmel voll Dienstlosigkeit, Trägheit und müßiger Schwelgerei denkt, der irrt sich sehr. Vielmehr bekommen die seligen Geister der höchsten Himmel nur eben darum eine Mir nahezu gleiche Kraft und Macht, um Mir und allen Menschen desto gediegenere Dienste leisten zu können. Denn wo es wie in Meinem Reiche viel zu tun gibt, da gibt es auch viele Bedienstungen, je nach den Graden der Fähigkeiten. Wer sich viele Eigenschaften in Meiner Ordnung erwirbt,

[1] Gr. Ev., Bd. 7, Kap. 72, 9; vergl. auch Band 6, Kap. 226, 8—10.

der wird über vieles — wer sich nur wenig erwirbt, über weniges gesetzt werden. Versieht ein Geist einen geringen Dienst gut, so wird er mit einem bedeutenderen betraut; versieht er ihn aber schlecht, so wird er bald auch das verlieren, was er schon hatte. Daher seid alle unermüdlich tätig und strebsam und sammelt euch dadurch Schätze, die für die Ewigkeit dauern!" (Gr. Ev., Bd. 4, Kap. 95—97)

Die Urengel

Die zeitlich ersten und für die Anfänge der Schöpfung auch wichtigsten Diener Gottes sind die reinen, urgeschaffenen *Engelsgeister,* welche den verhängnisvollen Weg Luzifers nicht gingen, sondern in der ihnen gegebenen überwiegenden Demut in der Liebesordnung Gottes verblieben, allezeit treu ihrem Schöpfer, Herrn und Meister. Diese Urengel wurden lange vor der materiellen Schöpfung geschaffen und sind nach Lorber gleichsam lebende „Sammelgefäße" der Gedanken und Ideen Gottes und die „Austräger" seines Willens.[1]

Die urgeschaffenen Engel haben trotz ihrer vollkommenen Hingabe an den Gotteswillen dennoch auch einen *eigenen* Geschöpfeswillen. — „Ich fühle gar wohl", sagt im Großen Evangelium ein Engel zu einem Jünger, „was ich will und was der Herr will. Ich nehme aber des Herrn Willen leichter, bestimmter und schneller wahr als ihr Menschen und ordne den meinen dem Willen des Herrn sofort ganz und gar unter. Dessenungeachtet *könnte* ich freilich so wie ein Mensch dem Willen des Herrn auch zuwiderhandeln; aber das kann in Wirklichkeit nie geschehen, weil ich die *Weisheit* in einem so hohen Grade besitze, daß ich — als Selbstlicht aus dem göttlichen Urlichte — zu sehr die unwandelbare Gerechtigkeit des göttlichen Willens als das allerhöchste Lebensgut aller Menschen, Engel und Welten erkenne und darum aus meiner höchsteigenen Bestimmung stets nur den wohlerkannten göttlichen Willen in Vollzug bringe." — Ebendiese unbedingte Willenshingabe ist es natürlich, welche diese Urengelsgeister zu den tauglichsten und berufensten Werkzeugen und Schöpfungsdienern Gottes macht.

Bei ihnen allen „ist ausnahmslos das *männlich-positive* Wesen vorwaltend; aber es ist dennoch in einem jeden auch das *weiblich-negative* Prinzip vollkommen gegenwärtig". Und so stellt ein jeder Urengel in sich die „vollkommenste Ehe der Himmel Gottes" dar. Es hängt ganz von ihnen ab, ob sie sich in der männlichen oder der weiblichen Form zeigen wollen. „Darin, daß sie ein Zweiwesen sind, liegt auch der Grund, daß sie nie altern können, weil sich in ihnen die beiden Pole ewigfort unterstützen." (Gr. Ev., Bd. 2, Kap. 156)

„Jeder große Engel dieser Art hat zahllose (von ihm selbst geschaffene) *Untergeister* als Diener, die in jedem Augenblick von seinem Willen abhängen. „Wenn ein Urengel aus dem Willen Gottes heraus etwas will, so erfüllt dieser Wille auch schon die zahllosen ihm unterstehenden Diener, die sogleich in vollste Tätigkeit treten und eine verlangte Tat schnellstens vollziehen." [2]

[1] Gr. Ev., Bd. 5, Kap. 106, 9—12; Bd. 2, Kap. 136, 6; Bd. 4, Kap. 119, 1 ff.
[2] Gr. Ev., Bd. 5, Kap. 2, 4; Bd. 4, Kap. 119, 1 ff.

Wenn diese urgeschaffenen Engel aber aus ihrer reinen Weisheitssphäre und (in gewissem Grade noch) geschöpflich unselbständigen Natur zur wahren, vollen Freiheit, Selbständigkeit und Vollkommenheit der *Gotteskindschaft* gelangen wollen, müssen sie dem großen Beispiel des Herrn folgen und alle selber den demütigen Weg dienender Liebe durch die Materie gehen.

„Der Weg, den der Herr (als Vorbild für alle Menschen und Engel) selbst ging, wird noch der Weg aller urgeschaffenen Geister aller Himmel werden, — aber freilich nicht von heute auf morgen, sondern nach und nach im gleichfort währenden Verlaufe der nimmer irgendwann endenden Ewigkeit, in der wir aus Gott wie in einem unendlich großen Kreise auf- und niedersteigen, ohne je des Kreises äußerste Linie zu berühren." (Gr. Ev., Bd. 3, Kap. 180, 12)

Mit ihren Untergeistern vollziehen diese urgeschaffenen „Machtträger" die bedeutendsten Aufgaben als Gestalter und Leiter in allen Sphären der ganzen Unendlichkeit. Sie ordnen, leiten und überwachen die Entwicklung der materiellen Weltkörper und Weltensysteme sowie das gesamte Leben auf diesen, walten auch über die Entwicklung und das Leben der Geister in den geistigen Schöpfungssphären und sind überall gewissermaßen „die Flügel des göttlichen Willens, ja ganz eigentlich der göttliche Wille selbst." (Gr. Ev., Bd. 2, Kap. 136, 6)

Diese Engel sind sonach auch die obersten Leiter am Wesenbau der Natur von der Pflanze bis zum Menschen. Ihnen unterstehen jenseitige Geister höherer und niederer Art, die überall an der ordnungsmäßigen Entwicklung und Zusammenfassung der zu einem Wesen gehörigen seelischen Intelligenzen tätig sind.

Naturgeister

„Ist eine durch reingeistige Kräfte aus der Materie angesammelte *Seele* in ihrem Leibe — sei es dem eines Minerals, einer Pflanze oder eines Tiers — durch die geistige Ausreifung fähig, in eine höhere Lebensstufe aufzusteigen, so veranlaßt ihr sie fortbildender jenseitiger *Geist,* daß ihr der fernerhin unbrauchbare Materieleib abgenommen wird; das heißt, der jenseitige Geist erhebt sich und verläßt im Verbande mit den an sich gezogenen Seelenteilen den alten materiellen Leib, um in einer höheren Lebensform seine seelische Anlage weiter zu bereichern und zu vervollkommnen. (Gr. Ev., Bd. 6, Kap. 133, 3—5)

Die den einfachsten Lebensformen des Mineral-, Pflanzen- und Tierreichs entstammenden *niederen* Wesen dieser Art nennt Lorber *„Naturgeister"*.

Von dieser Gattung, die meist bald von irgendeinem Mineral, einer Pflanze oder einem Tier wieder eingesogen wird, erzählt im Großen Evangelium (Bd. 4, Kap. 114) ein Hellseher:

„Wir sahen des öfteren die Luft wie auch die Gewässer dicht angefüllt mit allerlei wundersamen Fratzen und Larven, die sich schneller oder langsamer nach allen Windrichtungen fortschoben; auch schwebten sie auf und nieder, drehten sich bald langsam, bald ganz geschwind in Kreisen. Einige sanken gewisserart wie Schneeflocken auf die Erde nieder und verkrochen sich schnell in ihre Furchen. Einige wurden wie ein Tau von den Pflanzen, andere vom Erdreich und noch einige von allerlei Gestein aufgesogen. Die ins Erdreich sich verkriechenden und die von der Pflanzen- und Steinwelt aufgesogenen kamen nicht wieder zum Vorscheine.

Aber wo irgendein Baum oder ein Kraut oder etwas Tierisches verweste, da erhoben sich, anfangs wie ein leicht schimmernder Dunst aussehend, allerlei neue Gebilde, die sich bald zu Hunderttausenden ergriffen und in eine schon ganz gut ausgebildete *Form* zusammenschmolzen. War die Form einmal fertig, so dauerte es gar nicht lange, daß diese, wie mit einer Art von eigenem Bewußtsein versehen, sich zu bewegen anfing und wie ein Hund tat, wenn er etwas sucht, was seine Spürnase irgendwo aufgewittert hat. Wir sahen diese Wesen dann gewöhnlich den Herden von Schafen, Ziegen und Rindern zuschweben. Hatten sie eine solche erreicht, so blieben sie unter derselben. Und wurde von den Tieren eine Begattung verübt, wozu sie die Tiere sehr anzureizen schienen, da wurden sie von den sich begattenden Tieren abermals wie ein Tau vom welken Grase eingesogen und kamen nicht mehr zum Vorschein.

Viele solcher Formen eilten auch den Gewässern zu und schwammen leicht gleitend eine Zeitlang auf der Oberfläche umher. Einige tauchten darauf entschieden unters Wasser; einige drängten sich zu einer nebligen Masse näher zusammen und tauchten dann erst unter, nachdem sie in eine neue Form zusammengeschmolzen waren, die nicht selten einem Wassertier ähnlich sah. Aber was das Sonderbarste war, wir sahen, wie jetzt aus dem Wasser sich stets tausenderlei Fratzen, Larven und Formen erhoben, welche eine ähnliche Gestalt wie allerlei fliegende Insekten und kleine und große Vögel hatten. Diese Wesen besaßen sämtlich ganz gut ausgebildete Flügel, Beine und andere Gliedmaßen; aber sie bedienten sich derselben nicht wie die Vögel, sondern es hing alles an ihnen hernieder, und sie schwebten mehr wie Flammen oder Flocken in der Luft umher. Nur wenn ein Schwarm wirklicher Vögel in ihre Nähe kam, sah man eigentliche Lebensregungen an diesen dunstigen Larven und Formen; sie zogen dann auch mit dem Schwarm und wurden von ihm in Kürze wie aufgezehrt.

Aus der Höhe entdeckten wir nun zuweilen auch einen lichten Staub herabregnen, manchmal mehr, manchmal weniger dicht, und besonders häufig war er über den Wasserflächen zu ersehen. Wenn man diesen Staub näher betrachtete, so fand man auch an ihm irgendeine *Form,* die entweder kleinsten Eierchen oder überaus kleinen Wassertierchen gleichsah, und dieser Staub wurde vom Wasser meist sogleich verschlungen.“

Naturseelen

Eine *höhere Art* solch seltsamer Wesenheiten entsteht, wenn zahlreiche entwickeltere Naturgeister sich begegnen und verbinden — besonders dann, wenn irgendein gewaltsames Naturereignis sie gleichzeitig aus ihrer materiellen Kreaturform befreite. Alles, was da bei solch einem Elementargeschehnis an Naturgeistern frei wird, vereinigt sich, wie wir durch Lorber vernehmen, in der fortbestehenden Angst zu einer Art „Seelensubstanz-Knäuel“. Dieser schwebt oft jahre- und jahrzehntelang umher, bis die ursprünglich verschiedenartigen Seelenelemente sich völlig zu einem neuen geistigen Wesen verschmelzen. Und so geschehen auch aus anderen Gründen verwandtschaftlicher und sonstiger Anziehung zahlreiche Naturgeister-Vereinigungen dieser Art. Es können daraus — je nachdem dabei mineralische, pflanzliche oder tierische Seelenelemente vorwiegen — edlere Pflanzenseelen, Tierseelen oder im besten Falle auch Menschenseelen entstehen. — Lorber nennt diese höheren Naturwesenheiten *„Naturseelen"*. (Vergl. Gr. Ev., Bd. 4, Kap. 117)

Diese dem fleischlichen Auge unsichtbaren Geister bewohnen in der von ihnen sehr geschätzten Freiheit das Erdreich, Gewässer, Wälder, Fluren und Lüfte. Sie haben schon eine recht bedeutende Intelligenz und Willenskraft und sind in allen Dingen der Natur äußerst bewandert. Sie können alles sehen und hören, was auf der Erde geschieht und geredet wird, und können auch, wie wir in „Erde und Mond" (Kap. 34) lesen, mit den Menschen umgehen und ihnen mancherlei Dienste leisten. Nur muß man sich hüten, ihnen zu nahe zu treten, denn da werden sie leicht erbittert und können jedem, der sie reizt, einen bedeutenden Schaden zufügen.

Aus den alten, ahnungsvollen Volkssagen kennen wir diese seltsamen Wesen als Kobolde, Nixen, Elfen, Wichtelmännchen usf. Wenn diese Geister den Menschen wohlwollen oder wenigstens nichts Arges im Sinne haben, so erscheinen sie gewöhnlich (indem sie aus der Lebensaura von Pflanzen, Tieren und Menschen sich einen sichtbaren Leib zusammenziehen) den Menschen in Zwerggestalt, und zwar in grauer, blauer oder grüner Farbe. Diese kleine Form zeigt an, daß sie sich zu den Menschen herabwürdigen, um ihnen Gutes zu tun, weil sie im Menschen den gebannten Geist gewissermaßen bedauern. Wenn aber ein Mensch sich dann gegen solche Wesen ungebührlich benimmt, so wachsen sie nicht selten zu einer wahren Riesengröße an, in welcher Gestalt es nicht mehr gut ist, ohne Anrufung des göttlichen Namens in ihrer Nähe zu verweilen. (Erde und Mond, Kap. 34)

Ihrer Intelligenz und Willenskraft entsprechend sind diese Naturseelen im Haushalte der Natur vom Herrn aller Geister schon mit vielen verschiedenartigen und bedeutsamen Aufgaben betraut, und man unterscheidet je nach dem Aufenthaltsort und der Dienstleistung: Erd-, Flur- und Luftgeister.

Erd- oder Berggeister

Die Erd- oder Berggeister haben in der Mineralwelt die Ansammlung der Metalle, die Bildung der Kristalle und Gesteinsarten usw. zu besorgen. — So lesen wir im Gr. Evangelium: „Jene Naturgeister in der Materie der Berge, die z. B. mit dem in der Luft freien Goldstoff am nächsten verwandt sind, ziehen vermöge ihrer Intelligenz und Willenskraft (was die Chemiker die Anziehungskraft nennen) das freie Gold aus der Luft an sich. Wenn das mehrere Hunderte von Jahren fort geschieht, wird an einer solchen Stelle schließlich recht viel Gold sichtbar werden." [1]

„Wer sich vom Dasein dieser Geister überzeugen will", heißt es in ‚Der Großglockner' (Kap. 8), „der mache nur Bekanntschaft mit biederen und unbefangenen Bergleuten. Er wird unter hundert solchen Menschen sicher neunzig antreffen, welche in ihrem Leben schon mehrmals sogenannte *Bergmännlein* gesehen haben. Diese Art Geister kommen nur ganz selten an die Oberfläche der Erde, denn ihre innere Arbeitswelt kommt ihnen viel herrlicher und gehaltvoller vor als die äußere. Nur

[1] Gr. Ev., Bd. 7, Kap. 16, 2 ff. — Weiteres über Wesen und Tätigkeit der Erd- und Berggeister: Gr. Ev., Bd. 2, Kap. 64, 4—65, 6; Bd. 6, Kap. 72, 4—5; Erde und Mond, Kap. 34; 39.

müßt ihr euch nicht denken, daß ihnen die Materie bei ihrem Hin- und Herwandern im Erdinnern hinderlich sei. Ein solcher Geist geht durch Wasser, Feuer und Stein noch ungehinderter als der Mensch durch Luft. Für ihren feinstofflichen Körper ist die grobe *Materie* kein Hindernis. Sie erschauen auch nur die entsprechende geistig-seelische *Substanz.*

Flur- und Waldgeister

Über die Tätigkeit der das Pflanzenleben bedienenden Wald- und Flurgeister wird in ‚Erde und Mond' (Kap. 44) gesagt: „Die Arbeit dieser Wesen ist gebietsweise eingeteilt. Die niederste Art hat jede etwa nur einen Acker, ungefähr wie die natürlichen Äcker der Menschen auf der Erde sind. Ein solcher Geist hat die dazu nötige Weisheit und Kraft und leitet die einzelnen, ihm unterstehenden Kleinwesen bloß mit seinem Willen. Er kennt genau in jedem in die Erde gelegten Samenkorn die Sonderkräfte. Er weiß, wie viele davon aus der Erde und wie viele aus den Sternen sind. Wenn dann das Samenkorn in die Erde gelegt wird, so haucht er über den Acker seinen *Willen,* der die Kräfte im Samenkorn ergreift und sie nötigt, nach dem Ordnungsplan Gottes tätig zu werden. Da beginnen dann diese Grundgeisterchen im Samenkorn ihr Geschäft, bilden die Wurzeln, die Röhren. Andere steigen empor und bilden den Stamm mit seinen Röhrchen, Klappen, Pumpen und Ventilen. Wieder andere steigen, gemäß ihrer Intelligenz und Kraft, durch die Röhren des Stammes noch weiter auf und bilden Zweiglein und Blätter. Wieder andere bilden Knospe und Blüte. Und die reifsten, durch diese Arbeit selbst geläutertsten bilden die Frucht. Und die geistigen *‚Hauptintelligenzen'* vereinen sich in der Frucht zum Keim und umschließen sich mit einem Gewebe, durch das die andern, noch nicht so reinen Grundgeisterchen nicht eindringen können. Ist durch dieses Bemühen mit der Zeit die Reife bewirkt worden, dann hat der leitende Flurgeist dieses Ackers seine Arbeit verrichtet und überläßt das weitere den Menschen und einiges auch anderen Naturgeistern, welche die Auflösung oder Verwesung jener Pflanzenteile zu bewirken haben, welche nicht zur Frucht gehören."

„Nun denkt euch aber", heißt es in ‚Erde und Mond' weiter, „daß da stets ebensoviele solcher Geister da sind wie Äcker und Pflanzengattungen. Ein jeder bekommt auf einem bestimmten Gebiet seine besondere Pflanzen und muß sorgen, daß die ihm anvertraute Art fortwährend in der gleichen Beschaffenheit und Form vorkommt. Die geringste Unaufmerksamkeit von seiten eines solchen verantwortlichen Geistes hat Mißwachs und Mißernte zur Folge. Und solch eine Unachtsamkeit ist bei diesen Naturgeistern nicht gar so selten, da sie hinsichtlich der Treue ihres Wirkens keinen gerichteten, sondern einen vollkommen *freien Willen* haben (weil in einem gerichteten Willen keine Verantwortung geübt werden kann). Daher braucht es, so die Menschen mit einer Mißernte gezüchtigt werden sollen, nichts weiter, als diese Arbeit etwas lauen Geistern anzuvertrauen, die sich ihre Aufgabe nicht so sehr angelegen sein lassen. Wenn diese über die Vegetation wachenden Geister die ordnungsmäßig entbundenen seelischen Naturkräfte nicht in rechter Ordnung und Zahl einsetzen und streng überwachen, so steigen die unbeschäftigten sogleich in die Luftregion und bewirken üble Witterung, schlechte Dünste und dergleichen; das alles wirkt schlecht auf das Pflanzenwachstum.

Damit aber solche Ordnungswidrigkeiten doch so selten wie möglich geschehen, so haben die Flurgeister stets einen *höheren* und vollkommeneren Geist über sich, der schon ein viel größeres Gebiet zu überwachen hat. Ein solcher Geist ist gleichsam ein Gutsherr und hat schon vieles unter sich. Er übersieht alle seine Untergebenen und teilt ihnen die Arbeit nach ihren Talenten aus. In den Bezirk eines andern Ober-Geistes aber greift er nicht hinüber. — Damit aber dann doch auch in allen Bezirken eine gleiche Ordnung herrsche, so ist über die Bezirksherren wieder ein weiterer geistiger *Leiter* gestellt, der in der Lage ist, ein ganzes Land in allem zu übersehen und zu beherrschen. Das ist nun schon ein Engelsgeist, nicht mehr ein Naturgeist (Naturseele). — Ihr wisset aber, daß mehrere Länder ein Reich ausmachen. Darüber wacht dann ein Engelsfürst. — Über alle Reiche aber wacht der Fürst der Fürsten, der auch, was kein Geist vermag, in einem einzelnen Atom und Lebensfunken wacht. — Und so geschieht es, daß des Herrn Auge überall sieht, was da ist und geschieht." (Erde und Mond, Kap. 44)

Ein anderer Teil der Flurgeister hat die *Tierwelt* unter sich und muß dort ebenso wie ihre Genossen in der Pflanzenwelt Obsorge tragen, daß jedes Tier seiner gottgewollten Form und Beschaffenheit entspricht und sich in der rechten Weise betätigt. Diese über der Tierwelt waltenden Geister werden den Menschen nur selten sichtbar, da sie viel zu sehr beschäftigt sind, um sich unnütz hervorzutun. „Dessenungeachtet gibt es aber auf den Bergen doch so manche einfältigfromme Hirten, die auch solche Geister dann und wann zu Gesicht bekommen. Diese wissen denn auch so manche Geschichtchen zu erzählen, wie solche Geister über Nacht eine magere Wiese grünen gemacht haben, wie sie bei starken Gewittern und sonstigen Naturvorgängen das Vieh behütet und es vor steilen Felshängen bewahrt haben, wo es sich hätte zu Tode fallen können." Wenn ein gläubiger Mensch, so heißt es in ‚Der Großglockner', solche Naturgeister auch nicht sehe, so werde er doch nicht selten in Gebirgswäldern oder auf freien Alptriften, besonders wenn er durch große Herden von Pferden und Vieh wandere, von ihnen sonderbar berührt, indem er ein unheimliches Frösteln empfinde.

Luftgeister

Eine dritte Art der Naturseelen bilden sodann die „Luftgeister", denen die Leitung der Luftströmungen, der Wolkenbildung und des Wetters anvertraut ist.

„Wenn ihr den Zug der Winde beobachtet, namentlich die Strömungen nach Sonnenuntergang oder um Mitternacht oder bei Sonnenaufgang, und ihren erschauernden Einfluß auf Tiere und Menschen bemerkt, so könnt ihr versichert sein, solche Erscheinungen rühren von den Luftgeistern her. Diese Art Luftgeister sind freilich untergeordneter Art. — Wenn ihr den Blick aber höher erhebt und die Wolken beschaut, dann könnt ihr Wirkungen einer etwas höheren Art ersehen. Die Wolken selbst bestehen zwar nicht aus diesen Geistern; aber was ihre *Form* betrifft, so hängt es allezeit von den Luftgeistern ab, wie sie eine Luftschicht um die andere drehen und wenden, daß die Wolken ihre bezeichnende Form annehmen. — Einer noch höheren, schon im Äther wohnenden Art dieser Luftgeister liegt die Ordnung der noch höheren Luftschichten und Strömungen ob." (‚Der Großglockner', Kap. 8)

Über diese *Naturseelen* oder Erd-, Flur- und Luftgeister berichten die Lorberwerke so manche interessanten Einzelheiten, z. B. folgendes Erlebnis der Jünger des Herrn.

Im Großen Evangelium (Band 4, Kap. 115) sehen wir den Herrn eines Tages mit der kleinen, liebevollen Jüngerin Jarah und anderen Freunden auf einer Wanderung im Gebirge. Die Gesellschaft lagert sich am Rande eines Waldes und ergeht sich in allerlei weisen Gesprächen.

Sagt auf einmal die neben dem Herrn ruhende *Jarah:* „Aber Herr! Was sind denn das für kleine Männlein? Sie kamen vom Walde her und umlagern uns scharenweise in allen Farben. Einige scheinen ein dunstiges Kleid zu haben; die meisten aber sind ganz nackt, haben aber alle die Größe von kaum zwei Jahre alten Kindern."

Sagt der *Herr:* „Das sind diesirdische, in den Naturreichen herangereifte Menschenseelen, die den Weg des Fleisches noch nicht durchgemacht haben. Sie haben auch bis jetzt noch keine besondere Lust dazu, weil sie eine neue Einkerkerung in die Materie zu sehr fürchten. Die Bekleideten haben sogar eine Art Sprache, die freilich noch unentwickelt ist; aber eine gewisse Intelligenz besitzen alle!"

Sagt die *Jarah:* „Würden die Bekleideten mich verstehen, wenn ich sie anredete?"

Sagt der *Herr:* „Versuche es einmal auf gut Glück!"

Hierauf nimmt sich Jarah einen Mutanlauf und fragt einen dunstbekleideten Lichtblauen: „Wer seid ihr denn, und was wollt ihr hier?"

Das *lichtblaue Männlein* tritt nun ganz knapp zu Jarah hin, glotzt sie recht starr an und sagt darauf: „Wer gebot dir, du stinkendes Fleisch, uns Reine zu fragen? Bis auf den *einen* und bis auf noch einen stinkt ihr alle ekelhaft nach Materie, und das ist der größte Feind unserer Nüstern! Frage du in der Folge uns erst dann, du stinkendes Aas, wenn du vom allmächtigen Geiste aller Geister dazu ein Gebot erhalten haben wirst — sonst sorge du dich, wie du deines fleischlichen Mottensackes auf eine gute Art ledig wirst!"

Fragt der *Herr* die Jarah: „Nun, Mein Töchterchen, wie schmeckt dir diese Antwort?"

Sagt die *Jarah:* „Herr, Herr, ach diese Wesen sind ja ganz ungeheuer roh und grob! Bin ich denn wohl gar so ein stinkendes Aas? Ich kann mir nun vor lauter Wehmut nicht helfen, ja ich könnte nun ganz leicht verzweifeln!"

Sagt der *Herr:* „Schau, schau, Mein Töchterchen, das Geistlein hat dir ja etwas Gutes getan! Warum grämst du dich nun darob? Das Geistlein hätte dir das freilich mit zierlicheren Worten sagen können, daß in dir noch so ein ganz kleines Schönheitshochmütchen tief verborgen wohnt. Aber das Geistlein ist kein Sprachkünstler, hat nur einen notdürftigen Wortreichtum und spricht eigentlich viel mehr aus seiner Empfindung denn aus irgendeinem Verständnis heraus. Hättest du erst so einen *Glühroten* um Ähnliches wie den Lichtblauen gefragt, der hätte dir eine Antwort erteilt, daß du darob vor lauter Grimm in Ohnmacht gefallen wärst. Aber nun bedanke dich für die Wohltat, die dir der Lichtblaue erteilt hat, dann wird es mit ihm wohl besser zu reden sein!"

Jarah nimmt sich das zu Herzen und sagt sogleich zum sie noch immer starr anglotzenden Geistlein: „Ich danke dir, liebes Männlein, für die Wohltat, die du durch deine aller Schonung baren Wörtlein mir zugefügt hast; sei mir aber darum nur nicht gram!"

Hier lacht das *Männchen* hell auf und sagt: „Der dir das gesagt hat, der wäre schon recht — aber du Schneegänschen noch lange nicht; denn auf deinem stinkenden Boden ist weder der Gedanke noch der Wille dazu gewachsen! Aber erträglicher bist du mir nun schon als zuvor; nur ist dein Schönheitshochmütlein noch lange nicht ganz draußen! Bilde du dir nur gar nichts ein; denn alles, was dein ist, ist schlecht — das Gute gehört einem anderen!"

Sagt *Jarah:* „Aber sage mir, liebes Männchen, woher weißt du denn das alles?"

Lacht's *Männchen* wieder und sagt: „Was man sieht, das braucht man nicht zu wissen! Du siehst nun ja auch mehr, als du sonst sehen konntest. Ich sehe aber noch mehr als du, weil ich kein stinkendes Fleisch um mich gehängt habe. Und so sehe ich genau, wie du und jeder andere von euch beschaffen ist. Ich sage dir's, bilde du dir auf alle deine Vorzüge nichts ein, denn die sind bei dir noch langehin ein fremdes Gut!"

Sagt die *Jarah:* „Ja, wieso denn? Erkläre mir das doch näher!"

Sagt das *Männchen:* „Wenn dir einer, der viele Reisen gemacht hat und sich dadurch mit viel Mühe und Beschwerden allerlei Kenntnisse und Erfahrungen gesammelt hat, das mitteilt, was er gesehen und erfahren hat, so wisrt auch du das wissen, was er selbst kennt. Kannst du dir darauf aber etwas einbilden? Nein! Denn das, was du nun mehr weißt als früher, ist ja nur ein doppeltes Verdienst dessen, der sich erstens mit viel Mühe und mit vielen Opfern solche Kenntnisse und Erfahrungen mühsam gesammelt hat, und der zweitens noch so gut war, dir das alles getreu mitzuteilen. Sage mir, ob du dir die Erwerbung solcher Erfahrungen und Kenntnisse zu einem Verdienste anrechnen kannst?

Da stehst du nun als ein mit viel nützlichen und guten Wissenschaften und Erfahrungen beschriebenes Buch und noch lange nicht als ein weiser Schreiber des Buches da! Wem gehört denn da das Verdienst des Guten, was im Buche geschrieben steht, dem Buche oder dem, der das alles hineingeschrieben hat? Siehe, du bist ein recht beschriebenes Buch, aber ein Schreiber noch lange nicht! Darum bilde du dir nur nichts ein!"

Hierauf lacht das *Männchen* wieder, stellt sich auf wie ein Feldherr und sagt zu seinem Heer: „Wenn ihr euch an der Gesellschaft sattgeglotzt habt, so ziehen wir wieder weiter; denn hier stinkt es mir wirklich zu viel!"

Da ziehen alle miteinander ab und verschwinden im Walde.

Übergang zur Menschenstufe

Um in ihrer Entwicklung weiterzukommen, müssen aber alle diese Naturseelen, wenn auch nach längerer Freizeit, den in den früheren mineralischen, pflanzlichen und tierischen Lebensformen begonnenen Weg durch die *Materie* wieder antreten, um ihn in der Menschenform weiterzugehen und zu vollenden. Denn eine höhere Entwicklung zur Gotteskindschaft gibt es für sie alle ja nur auf dem vom Vater in Jesus gewandelten Weg durch das beschwerliche, aber auch überaus lehrreiche Menschenleben.

Wenn nun eine *Naturseele* sich in ihrem irdischen Naturdienst sehr tätig und nützlich erwiesen hat, so kann ihr freilich der so besonders beschwerliche Fleischesweg hier auf dieser *unserer* Erde nachgesehen werden. Dafür aber kommt dann eine solche Naturseele in den Mond oder in einen anderen Planeten, wo die Einzeugung in das Menschenleben meist williger angenommen wird, weil auf diesen Weltkörpern die Einhüllung ins Fleisch gewöhnlich eine leichtere und flüchtigere ist als auf Erden. Diese Geister werden *Wandergeister* genannt und gehen nicht selten in einer gewissen Neugier von Weltkörper zu Weltkörper, um die ganze Schöpfung zu beschauen und kennenzulernen. Wenn sie mit der Länge der Zeit des Herumgaffens müde werden, kehren sie gewöhnlich wieder zur Erde zurück und lassen sich hier die schwere Inkarnation endlich doch noch gefallen (Erde und Mond, Kap. 34).

Alle aus unserer Erde hervorgegangenen Naturseelen entschließen sich meist nur schwer zur menschlichen Einzeugung. Besonders der nach Gottes Ordnung mit der Einzeugung ins Fleisch des Menschen verbundene *Verlust der Rückerinnerung* hält sie zurück. Sehen sie dies doch als eine Art Tod ihres gegenwärtigen Seins an. Und so gibt es auf Erden Naturseelen, die nahezu ein fünffaches Alter Methusalems erreicht und den Weg des Fleisches noch nicht betreten haben. Nur viele Belehrungen seitens der höheren Geister und Engel Gottes und viele auf dem Erfahrungsweg gesammelte Erkenntnisse und beste Hoffnungen, auf dem Fleischeswege nie etwas zu verlieren, sondern nur zu gewinnen, bewegen sie schließlich doch zu dem unumgänglich notwendigen Entschluß, die hochbedeutsame menschliche Seinsstufe zu beschreiten. (Gr. Ev., Bd. 4, Kap. 116, 3 ff.)

Menschengeister, Engel und Engelsfürsten

Nach der Ordnung des göttlichen Schöpfungsplans ist es klar, daß auch der von einem besonders starken, reinen Gottesgeist aus den höchstgereiften naturseelischen Elementen gestaltete *Mensch,* die Krone der materiellen Lebensentwicklung, sowohl in seinem irdischen Leibesleben, wie nach der Ablegung der materiellen Körperhülle als „Geist“ seine ihm angemessenen Aufgaben im Reiche der Schöpfung zu erfüllen hat. Gerade für den Menschen gilt das allgemeine Grundgebot: „Liebe Gott über alles und deinen Nächsten in werktätiger Weise wie dich selbst!“ Wir werden über den Sinn und Zweck, die Aufgaben und die wahren Himmelswege des Menschenlebens später im Abschnitt über den Menschen noch vieles zu sagen haben.

Auch wie sich das Leben und Wirken des Menschengeistes nach Ablegung der leiblichen Hülle drüben im Reiche der Geister und endlich auf höheren Engelsstufen gestaltet, ist uns durch *Lorber* im Einklang mit der Bibel und den Ergebnissen der Forschung eingehend geschildert. Doch werden wir nach weiteren Ausführungen später bei der Lehre über die *jenseitigen* Verhältnisse näher erkennen, daß das einheitliche Wesenreich Gottes sich im sogenannten Jenseits nach den *gleichen* göttlichen Gesetzen und mit Hilfe der gleichen Intelligenzen fortsetzt: So, wie es im Urgeistigen begonnen und in der materiellen, unserem Auge sichtbaren Welt sich stufenweise entwickelt hat. Überall *ein* Gott, *ein* Leben und *eine* die Wesen zu gottähnlicher Liebes- und Schöpfertätigkeit reifende Ordnung!

„Ich will es“, sagt der Herr im Großen Evangelium, „daß alle Meine Gedanken und Ideen durch euch, Meine Kindlein, ins vollste Werk gesetzt werden — hier schon für Seele und Geist eurer Brüder und Schwestern, und jenseits in all die großen Wirklichkeiten von ihrer innersten geistigen Entstehung bis zu ihrer alleräußersten materiellen Ausbildung, und von da zur abermaligen Rückführung ins gemehrte, reine und selbständige, geistig vollendete Leben.“ (Bd. 4, Kap. 95, 7)

Alles im Namen des Herrn

„Mancher fromme Erdenpilger", heißt es in ‚Erde und Mond', „wird freilich dazu sagen: ‚Diese Verrichtungen in der Natur, dieses ganze Schöpfungswalten, das besorgt doch alles unser lieber Herrgott! Wozu da noch andere Intelligenzen?' — Das ist ja wohl richtig, denn so spricht der *Herr:* ‚Himmel und Erde und alles, was darinnen ist, habe Ich gemacht und mache es noch jetzt!' Aber wenn Ich mit diesem ‚Machen' es zu weit triebe, da müßte Ich auf der Welt auch noch manches machen, was Ich eigentlich nicht mache, sondern den Menschen anheimstelle, damit sie auch etwas zu tun haben. Die Menschen machen es freilich nur mit Meiner ihnen verliehenen Kraft; und Ich mache dasselbe demnach *mittelbar,* und das ist auch soviel, als ob Ich es selbst gemacht hätte. So wie Ich aber auf Erden durch die Hände der Menschen zahllose Dinge bewirke, ebenso lasse Ich auch durch die Kraft der Liebe und Weisheit in Meinen *Engeln* und *Geistern* diejenigen Dinge auf allen Weltkörpern schaffen, die von den Menschen nicht vollbracht werden können. Die Menschen können wohl Häuser bauen und Kleiderstoffe bereiten und Werkzeuge herstellen, aber die Materie dazu können sie nicht machen. Sie können kein Gras erschaffen, kein Gesträuch und keinen Baum und ebensowenig ein Tier, aber die durch und durch lebendigen Geister und Engel können das wohl, weil sie dazu mit jener Kraft aus Mir ausgerüstet sind, um solches in Meinem Namen zu vollführen." (Erde und Mond Kap. 42)

Geisterwerk

Keiner glaube,
daß die Traube
nur durch Sonnenkraft gedeihe!
Es bedarf da höherer Weihe,
um dies Rätsel zu ergründen.
Nur der Geist wird's euch verkünden,
daß in allen Früchten
Geister Geister richten,
den Geschmack, Geruch gestalten.
Farbe selbst wird durch ihr Walten.

All Gebilde,
noch so milde,
ist ein Werk der Geisterheere.
In der Erd', der Luft, dem Meere,
ja in allen Schöpfungsräumen
wohnen Geister in den Keimen.
Sucht, ihr werdet's finden,
in euch selbst ergründen,
welchen Weg die Geister gehen,
wie sie Erd' und Sonnen drehen.

Jakob Lorber

16

Der Gegenpol — Luzifer und seine Engel

Das durch Jakob Lorber enthüllte Weltbild wäre einseitig und unvollständig, wenn es uns nicht auch jene *finsteren* Mächte schildern würde, welche dem Lichtheere Gottes, den reingeistigen Schöpfungsdienern in ihrem göttlichen Liebeswerke als *„Gegenpol"* entgegenstehen: in Gestalt derjenigen Urgeister und ihrer Kreaturen, welche unter Führung ihres Hauptes Luzifer die Ordnungswege der Demut und Liebe verlassen haben und in die äußerste Widerordnung der Selbstherrlichkeit und Selbstsucht gefallen sind.

Einst oberster Lichtgeist — jetzt Fürst der Finsternis

Vom größten dieser gefallenen Urgeister, *Luzifer* oder *Satan* (ursprünglich Satana genannt), hörten wir, daß ihm unter allen urgeschaffenen Geistern einst die überragendste Stellung, Macht und Größe zukam.

„Als Satana war dieser Geist", so wird in ‚Erde und Mond' (Kap. 56) gesagt, „der Gottheit gegenübergestellt wie das Weib gegenüber dem Mann. Die Gottheit hätte in sein Wesen ihre ewigen Ideen ohne Zahl hineingezeugt, daß sie reif geworden wären in seinem gesammelten Lichte. Und es wäre aus dem Lichte dieses Geistes eine Wesenschöpfung von höchster Klarheit hervorgegangen und die ganze Unendlichkeit wäre fort und fort aus eben diesem Lebenslichte stets mehr und mehr bevölkert worden. Aber da dieser Geist eine so große Bestimmung hatte, nahezu ein zweiter Gott *neben* dem Schöpfer zu sein, so mußte er auch eine seiner Bestimmung entsprechende Freiheitsprobe bestehen, welche er jedoch nicht bestanden hat — weil er sich über die Gottheit erheben und diese sich unterwürfig machen wollte. Ein *Rangstreit* also war es, was dieser Geist gegen die Gottheit verbrochen! Da aber die Gottheit ihm den Vorrang nicht erteilen konnte, so erbrannte er in seinem Grimm und wollte die Gottheit förmlich vernichten. Sie aber ergriff ihn in allen seinen Teilen, nahm ihm alle spezifischen Wesenheiten, bildete daraus Weltkörper und umhüllte den Geist dieser endlosen Wesenseele mit den allermächtigsten Banden in der Tiefe der Materie."

„Und wollt ihr wissen", heißt es in ‚Erde und Mond' (Kap. 55) weiter, „wo dieser allerböseste Geist mit seinem eigentlichen Ich oder Lebenszentrum seinen Aufenthaltsort hat, so kann euch dieses unschwer gesagt werden. Der Sitz oder Kerker dieses Geistes ist der eigentliche festeste *Mittelpunkt eurer Erde,* auf den alles eindrückt, auf daß der Gefangene sich nicht allzu gewaltig bewege und alles Wesen der Erde zerstöre.

Wenn aber der einstige große Urgeist jetzt auch noch so sehr gebunden ist, so versäumt er dennoch nie, sein *Erzböses* in die aufsteigenden Lebenskräfte zu hauchen, welcher Willenshauch noch mächtig genug ist, den Tod in alle Seelenspezifika einzupflanzen. Und dies bekundet sich an allen Kreaturen der Erde gar treulich. Denn alles Organische ist zerstörbar, und alle Materie ist fähig, Tod und Zerstörung zu bewirken. Das alles rührt von dem Willenshauch des Allerbösesten her, dessen Böses in sich so unbeschreiblich schrecklich ist, daß ihr euch davon nimmer auch nur den geringsten Begriff zu machen imstande seid. Denn alles, was ihr über diesen Geist schon gehört habt, ist nur ein leisestes Schattenbild der Wahrheit, das von Gottes Gnade allseits umhüllt, eben nur hinreicht, um das Wesen dieses Geistes für euer Bedürfnis euch *ahnen* zu lassen."

Dämonen und Teufel

In die Materie der Gestirne gebannt sind natürlich auch alle mit ihrem Oberhaupt gefallenen *Untergeister* Luzifers. Viele dieser Wesen hausen auch auf unserem Planeten Erde und üben hier als Gehilfen des „Fürsten dieser Welt" ihre verhängnisvolle Wirkung aus. Man nennt diese noch nie durch das Menschenfleisch gegangenen satanischen Urgeister *Dämonen.*

Ihnen gesellen sich auf unserer Erde ferner diejenigen Seelen bei, die den Erlösungsweg wohl betraten und den Aufstieg durch das Mineral-, Pflanzen- und Tierreich mitmachten, aber auf der Menschenstufe in der Freiheit des menschlichen Lebens durch Satans Versuchungen von diesem zurückgewonnen und trotz aller Liebesmühe der schützenden Gottesdiener wieder ganz der alten höllischen Gesinnung anheimfielen, womöglich in noch schlimmerem Maße als zuvor. Diese ins arge satanische Wesen rückfälligen Menschenseelen nennt man *Teufel*; ihrer gibt es im irdischen Leben wie im Geisterreich leider eine gar große Zahl.

Alle diese Mächte der Finsternis und Widerordnung (Dämonen und Teufel) wirken gegenüber den Mächten des Lichts und der Ordnung als „*Gegenkraft*" versucherisch, zersetzend und vernichtend. Wo die Engel Gottes zum Guten mahnen, aufbauen und zu retten suchen, da locken diese verhängnisvollen Wesen zum Bösen, zum Abfall von Gott, zum Aufruhr wider die göttliche Ordnung und führen ihre Opfer in Vernichtung und Tod. Paulus sagt daher (Epheser 6, 12): „Wir haben nicht allein mit Wesen von Fleisch und Blut zu kämpfen, sondern auch mit *überirdischen* Mächten und Gewalten, mit den Herrschern der Finsternis, dem Heere der bösen Geister unter dem Himmel."

In ‚Erde und Mond' (Kap. 58) lesen wir über ihr Wesen und Wirken: „Satan, der eine große Menge böser Anhänger zählt, läßt seine Helfershelfer zu gewissen Zeiten unter das menschliche Geschlecht treten mit dem Auftrag, alles zu fangen, was nur immer zu fangen ist, und kein Mittel unversucht zu lassen, durch welches eine Seele für den Hofstaat des Fürsten aller Bosheit und Lüge zu kapern wäre. Auf solch einen Auftrag begeben sich dann die bösen Spießgesellen auf allen möglichen Schleichwegen zur Oberwelt hinauf und maskieren dabei ihre Absicht so fleißig wie möglich, damit ja kein ihnen begegnender besserer Geist Argwohn gegen sie schöpfen möchte. Da aber im Reiche der Geister, ob der guten oder der bösen, nichts so sehr geachtet werden muß wie der freie Wille (insoweit er nicht gar zu Arges im Schilde führt), so werden diese Wesen auch heraufgelassen, aber unter fortwährender heimlicher Aufsicht." Aber was tun nun solche böse Spießgesellen, wenn sie auf die Oberwelt heraufkommen? Sie ergreifen wirklich alle möglichen Mittel, ihr heimliches Vorhaben für das Reich Satans in die Tat umzusetzen. Sie verwirren und verführen die Menschen, bewirken Krankheit und Besessenheit. In den Neuoffenbarungsschriften ist vielfach geschildert, wie sie besonders auch im geschäftigen, erwerbssüchtigen Weltgetriebe und bei genießerischen Lustbarkeiten sich den Menschen in verderblicher Weise unvermerkt nahen.

Daß gerade auf unserem Planeten als dem Kerker des Urbösen diese unheimlichen Wesen so große Macht haben, ist uns Erdenbewohnern einerseits eine viele Schwierigkeiten in sich bergende *Gefahr.* Aber andererseits ist es auch ein großer *Vorzug*, hier unter dem starken Einfluß des Gegenpols leben und kämpfen zu dürfen, denn eben dadurch ist hier auf unserer Erde auch die lehrreichste Schule der Kinder Gottes. Wo die Aufgaben am schwierigsten sind, ist auch Ziel und Erfolgsmöglichkeit am höchsten. Wer sich hier übt und bewährt, kann im Reiche unseres himmlischen Vaters dereinst auch zu den schwierigsten und erhabensten Aufgaben berufen werden. — Andererseits ist auf dieser Erde dem Kinde Gottes, das im Suchen, Bitten und Anklopfen nicht nachläßt, auch die höchste und allerbarmendste *Liebe und Hilfe* sicher. Und auf diesem Stern, dem Sitz des schlimmsten Gegenpols, war es denn auch, wo der *Herr* selbst zur Materie herniederstieg, um in der tiefsten Finsternis das Licht der höchsten Himmel leuchten zu lassen, die herrlichste Lehre und das erhabenste Beispiel zu geben und auf Golgatha die Erlösungstat zu vollbringen, die Satan, Dämonen und Teufel in ihrer Grundmacht für immer besiegte.

Vom Ursprung und Zweck der Finsternismächte

Vielen denkenden Menschen drängt sich gewiß die Frage auf: Warum hat Gott überhaupt solche Wesen geschaffen, die sich gar so schlimm und verhängnisvoll entwickeln konnten? Warum läßt Er die Mächte des Bösen in der Welt zu? Kann man überhaupt annehmen, daß auch Satan und seine Dämonen und Teufel Geschöpfe des Gottes der ewigen Liebe sind?

Über diesem düsteren Rätsel der Schöpfung sind schon unzählige Menschen in Verwirrung geraten und in ihrem Gottvertrauen gescheitert. Denn gerade den tiefgläubigen Seelen ist es ein schmerzlicher Zwiespalt, daß einerseits Gott alles in allem ist und im ganzen All nichts besteht, was nicht in und aus Gott seinen Bestand hat — und daß doch andererseits das Böse und dessen Grundelemente so gar nicht zum Wesen Gottes passen.

Schon in der Urväterzeit stellte daher der König *Lamech* in einer tiefgründigen Unterredung[1] dem Herrn die Frage: „Herr, Du warst von Ewigkeit her vollkommen und endlos gut in Deinem Sein. Und außer Dir war in Deiner ganzen Unendlichkeit ewig nichts als nur Du allein. Als Du Engel, Himmel, Welten und Menschen erschaffen wolltest, da bedurftest Du keines Stoffes, sondern Dein allmächtiger Wille, verbunden mit Deinen weisesten Gedanken und Ideen war allein ewig der Grund Deiner ganzen unendlichen Schöpfung. Da ich mir aber doch unmöglich denken kann, daß in Dir je eine arge Idee oder ein nur dem Anschein nach böser Gedanke stattgefunden hat, so möchte ich denn doch von Dir erfahren, *woher* denn eigentlich das Böse Satans und somit auch das Arge und Schlimme in uns Menschen kam? Woher die Sünde? Woher der Zorn, die Rache, die Herrschsucht, die Hurerei?"

Das hier von König Lamech so tiefsinnig gestellte Problem beschäftigte auch das einfache Gemüt jenes Kindes, das seine Mutter fragte: „Mütterchen, woher kam

[1] ‚Haushaltung Gottes', Bd. 3, Kap. 67, 7 ff., alte Aufl. Kap. 533, 7 ff.

denn die Schlange im Paradies? Hat die auch der liebe Gott gemacht?" — Die Mutter erwiderte: „Ja, die hat natürlich auch der liebe Gott geschaffen. Denn Gott hat die Welt gemacht und alles was darinnen ist, also auch die Schlange!" — Darauf wurde das Kind ganz trübsinnig und sagte: „Ja, warum hat Er denn so etwas Böses gemacht?" Auf diese Frage wußte die Mutter natürlich keine rechte Antwort, und das Kind blieb sehr unzufrieden und kam in rechte Zweifel über den lieben Gott.

Wir sehen also, daß die Frage nach dem Woher und Wozu jener Finsternismächte in der Tat die Herzen sowohl der Philosophen wie der schlichtesten Menschen tief beschäftigt, sobald sie nur ein wenig zu denken anfangen. Es ist daher als eine besondere Gnade zu betrachten, daß in den Schriften der Neuoffenbarung durch Jakob Lorber auch über dieses beklemmende Dunkel ein helles Licht ausgegossen ist, und zwar dadurch, daß wir über den weisen, im gesamten Schöpfungswerke unentbehrlichen *Daseinszweck* der Widerordnungsgeister überzeugend aufgeklärt werden.

Keine Kraft kann wirken ohne Gegenkraft

Im ‚Gr. Evangelium' (Bd. 2, Kap. 228) belehrt der *Herr* die Jünger: „Seht, alles was da ist, besteht und irgend ein Dasein hat, kann nicht anders bestehen und ein Dasein haben, als durch einen gewissen beständigen *Kampf*. Ein jedes Dasein, das göttliche nicht ausgenommen, hat daher in sich lauter *Gegensätze* als verneinende und bejahende Kräfte, die einander stets so entgegenstehen wie Kälte und Wärme, Finsternis und Licht, hart und sanft, bitter und süß, schwer und leicht, Haß und Liebe, böse und gut, Lüge und Wahrheit. Keine Kraft kann irgend etwas *wirken*, wenn sich ihr nicht eine Gegenkraft entgegenstellt.

Stellt euch z. B. einen tausendfach goliathstarken Menschen vor, dessen Kraft es mit einem ganzen Heere von Kriegern aufnähme. Wozu würde ihm alle seine Kraft und Stärke dienen, so man ihn gleich den Wolken in einen freien Luftraum stellte? Ein leisestes Lüftlein, das auf dem Boden hier kaum ein Blättchen in Bewegung setzt, würde ihn trotz all seiner Kraft und Stärke dennoch unaufhaltsam fortschieben nach der Richtung, in der das Lüftchen den Zug hat. Damit aber der Riese von seiner Kraft einen wirksamen Gebrauch machen kann, muß er einen *festen Boden* haben, der ihn trägt und ihm zur sicheren Stütze dient."

Nach lehrreicher weiterer Ausführung dieses Beispiels vom Riesen fährt der Herr in Kap. 229 fort: „Wir hätten nun aus diesem ziemlich handgreiflichen Beispiel sicher deutlich wahrgenommen, warum ein Sein *ohne* ein Gegensein so gut wie gar kein Sein wäre.

Es muß daher ein jedes Sein irgendein Gegensein haben, damit es selbst *wirkend* sei. In allem, was da ist, muß dieses polarische (gegensätzliche) Verhältnis im rechten Maße vorhanden sein. Und selbst das vollkommenste Dasein *Gottes* muß in sich selbst in jeder Hinsicht die ausgebildetsten Gegensätze fassen, ohne die es ebenfalls so gut wie gar kein Wesen wäre. Diese Gegensätze sind in einem ununterbrochenen Kampfe begriffen, aber stets also, daß der Sieg der einen Kraft auch stets zur Stütze der eigentlich besiegten Kraft dient, wie wir solches gesehen haben beim steten Siege des Bodens über die bewegende Schwerkraft des Riesen."

Gut und Böse als Kräftemischung in allen Wesen

„Wollte nun Gott aus sich heraus Ihm ähnliche *freie* Wesen erschaffen, so mußte Er sie demnach auch mit eben den streitenden Gegensätzen versehen, die Er in sich selbst von Ewigkeit her in den besten und reinst abgewogenen Verhältnissen besaß. Die Wesen wurden also nach Gottes Ebenbild und Ebenmaß gestaltet. Und es ward ihnen am Ende auch die Fähigkeit notwendig eigen, sich selbst zu konsolidieren aus dem Widerstreit der von Gott in sie eingelegten *gegensätzlichen Kräfte.*

Jedem Wesen ward Ruhe und Bewegung, Trägheit und Tätigkeitssinn, Finsternis und Licht, Liebe und Zorn, Heftigkeit und Sanftmut und tausenderleiartiges völlig zu eigen gegeben; nur war dabei in dem Maße (der Mischung) ein *Unterschied.*

In *Gott* waren alle die Gegensätze schon von Ewigkeit her in der höchst besten Ordnung[1]. Bei den *geschaffenen* Wesen aber mußten sie erst durch den *freien* Kampf wie aus sich selbst heraus, also durch unermüdliche Selbsttätigkeit in die rechte Ordnung gelangen.

Nun, da entstanden dann verschiedene Siege. In dem einen Teile ward die harte Ruhe zum überwiegenden Sieger, und die Bewegung ward dadurch allzusehr untergeordnet, daher sie sich denn auch stets gleichfort die größte und feurigste Mühe gibt, den Stein zu erweichen und ihn ihr ähnlicher und entsprechender zu machen. In anderen Wesen siegte die Bewegung in allen ihren Teilen zu sehr und ward darum von der schwächeren Ruhe stets bekämpft, um mit ihr in ein entsprechenderes Verhältnis zu treten. Bei vielen Wesen aber haben die Gegensätze ein *rechtes Maß* nach der Ordnung Gottes erreicht, und ihr Sein ist dadurch ein vollkommenes, weil sich ihre gegensätzlichen Intelligenzfähigkeiten fortwährend allerbestens unterstützen." (‚Gr. Evangelium', Bd. 2, Kap. 229, 4—9)

Die Materiegeister als negativer Gegenpol im Wesen der Gottheit

„Daß nach eurer nun gemachten Erfahrung", so führt der Herr im ‚Großen Evangelium' (Bd. 5, Kap. 228) weiter aus, „der allerstärkste Riese ohne einen festen Gegenstützpunkt, den wir eine Gegenkraft oder einen *Gegenpol* nennen wollen, nichts zu wirken vermag, sehet ihr nun hoffentlich gut ein. Das gleiche Verhältnis aber dehnt sich, ins endlos Große gehend, bis zum allerhöchsten Gottwesen aus. Wenn der ewige, allerfreieste, weiseste und allmächtige Geist Gottes sich nicht schon von Ewigkeit aus sich heraus einen Gegenpol gesetzt hätte, so wäre es ihm als *nur* positivem Gott nie möglich geworden, Sonnen, Welten und all die zahllos vielen Wesen auf ihnen ins Dasein zu rufen.

Wie aber sieht dieser Gegenpol aus und worin besteht er? Ist er ein dem positiven, freien Gottesleben und Machtpol ganz fremder oder ein in einer gewissen Hinsicht gleichartiger? Ist er ein Selbstherr oder hängt er in allen seinen Teilen nur von dem positiven Machtpole ab? — Sehet, diese gar wichtigen Fragen werde Ich euch nun so lichtvoll wie möglich beantworten, und ihr werdet dann gleich einsehen, *wer* der sogenannte Satan und wer eigentlich seine *Teufel* sind!"

[1] d. h. die Kräfte der Ordnung (des positiven Pols) befanden sich in herrschender, die Kräfte der Widerordnung (des negativen Pols) in dienender Stellung.

Nun schildert der Herr in klaren Ausführungen, wie aus den Gedanken und Ideen Gottes nach und nach ausgesonderte, *fixierte* Schöpfungen wurden, die zunächst in ihrer Fixierung wie tot und gerichtet sind und in diesem Zustande zu den positiven, frei schöpferischen Kräften in Gott einen (negativen) Gegenpol bilden — so lange, bis sie in einem langen Erziehungsprozeß durch Selbsttätigkeit zur *göttlich-guten* Vollkommenheit in voller Selbständigkeit übergehen.

In Bd. 5, Kap. 230, vernehmen wir weiter: „Ihr sehet daraus, daß selbst Gott, so Er nicht aus sich selbst den für euren Begriff endlos großen Gegenpol ins Dasein gestellt hätte, keine Schöpfung als *materiell* bestehend aus sich hätte hervorrufen können, weil eben der große *Gegenpol die Schöpfung selbst* ist. Diese muß gerichtet, fest und so gut wie tot und beharrlich sein, so sie ihrem vom Schöpfer gestellten Zweck entsprechen soll. Und weil sie das ist, was und wie sie ist, so ist sie auch *gut* — Gott gegenüber! *Böse* der Wirkung nach ist sie nur den Menschen gegenüber, weil diese der Seele und teilweise auch dem Fleische nach die Bestimmung haben, als aus dem Tode erweckte Wesen sich für ewig durch den [ihnen eingezeugten] reinen, positiven Geist aus Gott zu vereinen mit Gott, *ohne* dadurch je mehr ihre absolute Freiheit und Selbständigkeit einzubüßen."

Näheres darüber, wie aus Gott zu diesem erhabenen Schöpfungszweck auch die Urelemente der Widerordnung oder des Bösen hervorgehen konnten, wird vom Herrn in aller Klarheit im ‚Großen Evangelium' (Band 4, Kap. 158) ausgeführt. Dort heißt es: „Ihr kennt die gerechte und wahre Ordnung Gottes, kennt aber auch die Abweichungen derselben. Ihr könnt sie denken, fühlen und empfinden. Was aber ihr könnt, das gleiche kann auch Gott. Er kennt seine ewige Ordnung sicher am besten, kennt aber dazu auch alle die möglichen und verschiedenartigen Übertretungen dieser Ordnung, muß daher diese auch zu denken und zu fühlen imstande sein.

Ja, Gott muß auch in die frei und selbständig werden sollenden Geschöpfe, besonders in die Engel und die Menschen sogar den *Reiz* zur Widerordnung legen, auf daß daraus für die Genannten eine wahre und freitätige Selbstbestimmung vollkommen möglich wird. Aus dem aber geht klar hervor, daß Gott die etwaige Widerordnung ebenso bekannt sein muß wie die gute, wahre und lebendige Ordnung.

Die Gedanken und Gefühle der Widerordnung, in Gott sowohl als im Menschen, entsprechen gegenüber den ordnungsgemäßen Gedanken und Gefühlen den Giftpflanzen und Gifttieren. Weil sie aber *auch* Gottesgedanken und Gottesgefühle sind, so können sie nicht vergehen, sondern bleiben auch in der feuerzüngigen Urgestaltung [als Urlebensfunken oder Spezifika] bestehen und können als verwandt sich in der negativen Sphäre ergreifen und eine eigene Wesenreihe bilden. Aus diesem Urborn entstand zumeist die ganze materielle und gerichtete Schöpfung."

Ähnliche wichtige Eröffnungen über das Wesen und die Entstehung des Gegenpols finden sich auch in ‚Robert Blum', Bd. 2, Kap. 193.

Gottesstandpunkt und Menschenstandpunkt

In diesen und anderen Stellen der Lorberwerke ist also klar und unzweideutig dargetan, daß und wie und zu welchem erhabenen Zweck aus Gott auch die gegenpolarischen Grundelemente (Spezifika oder Lebensfunken) der Widerordnung oder des Bösen entstanden sind. Wir hörten zugleich den großen Unterschied in der *Beurteilung* dieser Elemente vom allumfassenden Gottesstandpunkt und vom Menschenstandpunkt aus.

Da die Grundelemente des Bösen als *Gegenpol* sowohl im Wesen Gottes, in der Gesamtschöpfung wie in den einzelnen Geschöpfen nach den Ausführungen des Herrn zur Kraft- und Lebensentfaltung notwendig sind, so sind sie in ihrer Art, so wie Gott sie aus sich selbst heraus gestaltet hat, vom allumfassenden *Gottesstandpunkt* aus zwar recht und rein und gut. „*Vor Gott* gibt es nichts Unreines, nichts Schlechtes und nichts Böses, denn alles ist gut (in seiner Art und für seinen Zweck!), was Gott geschaffen hat. Gott gegenüber gibt es daher auch keinen Satan, keinen Teufel und somit auch keine Hölle." (Großes Evangelium, Bd. 8, Kap. 34, 12) — Aber *ganz anders* ist die Sache vom Geschöpf- oder Menschenstandpunkt aus! Die Elemente des Bösen (Selbstherrlichkeit und Selbstsucht und alle ihre Ableitungen) sind von Gott in die Wesen ja *nicht* darum gelegt, daß dieser negative Pol in den Wesen *herrschen* soll; vielmehr sollen die ebenfalls in jedes Wesen gelegten Elemente des Guten oder der positive Pol (Gottes- und Bruderliebe und ihre Ableitungen) den negativen Pol mit Gottes Hilfe *überwinden* und in den Wesen die volle Herrschaft erlangen. Weshalb uns gesagt ist: Wer überwindet, dem will Ich geben vom Baume des ewigen Lebens!

Vom Geschöpf- oder Menschenstandpunkt aus sind also die in uns gelegten Elemente des Bösen wirklich böse und verabscheuungswürdig. Sie sind der Gegner, den der himmlische Vater in uns gesetzt hat zur Bekämpfung und Besiegung mit göttlicher Hilfe, damit unser *positiver Pol* daran erstarke und wir wahrhaft freie und selbständige Wesen würden.

Wie weise unser himmlischer Vater in allen Wesen die Mischung der guten und bösen Triebe gestaltet hat, und wie Er einem jeden Wesen durch liebevollste Erziehung und Führung hilft, durch freie Tätigkeit und freie Erfahrung den Gegenpol zu überwinden, und schließlich alle Wesen zur Vollendung führt, ist uns ja in den Schriften der Neuoffenbarung ebenfalls lichtvollst enthüllt. Es gibt uns diese Erziehungs- und Vervollkommnungslehre, die wir später noch eingehend erörtern werden, in ergänzender Weise vollends das richtige Verständnis für die Lehre vom Wesen und dienenden Zweck der Elemente des Bösen. Und wir verstehen die tiefgeistige Antwort, welche der Vater in der ‚Haushaltung Gottes'[1] dem König Lamech auf seine eingangs erwähnte Frage gibt und welche lautet:

Gott im Ja und im Nein

„Von Mir aus gesehen gibt es durchaus nichts Böses, sondern nur Unterschiede in der Wirkung Meines Willens; dieser ist in der Hölle wie im Himmel, im Schaffen wie im Zerstören gleich gut. — Aber vom Standpunkt der *Geschöpfe* aus ist nur

[1] Bd. 3, Kap. 67.

eines als gut zu betrachten, nämlich der Verhältnisteil der Bejahung, unter dem das Geschöpf bestehen kann neben Mir und in Mir. Und das ist der *erhaltende* oder stets schaffende Teil aus Mir. Der auflösende oder *zerstörende* Teil aber ist in Anbetracht des Geschöpfes stets als böse zu betrachten, weil das Geschöpf in ihm neben Mir und in Mir nicht existenzfähig sein kann.

In *Mir* ist also das Ja wie das Nein gleich gut! Denn im Ja schaffe Ich und im Nein ordne und leite Ich alles. Aber fürs *Geschöpf* ist nur das Ja gut und das Nein böse, und das so lange, bis es völlig eins im Ja mit Mir geworden ist, wonach es dann auch im Nein wird bestehen und wirken können. Sonach gibt es für Mich keinen Satan und keine Hölle; wohl aber in Anbetracht der Menschen dieser Erde, weil es sich hier um die Bildung Meiner Kinder handelt. Es gibt noch zahllose andere Welten, auf denen man den Satan nicht kennt, und somit auch das Nein nicht, sondern allein nur das Ja in seinen Verhältnissen!

Siehe, so stehen die Dinge! Die Erde ist eine Kinderstube, und so gibt es auf ihr auch allzeit viel Geschrei und blinden Lärm. Aber Ich schaue das mit anderen Augen an als du, ein Mensch dieser Erde. Verstehest du solches? . . .“

V

Was dünkt euch um Christus?

17

Aller Geister Herr und Meister

Wir sahen in den bisherigen Betrachtungen, daß im ganzen Naturleben, ja in der ganzen Schöpfung Gottes sich Geister verschiedener Art und Ordnung auswirken, die in zwei gegensätzliche, sich wie Licht und Finsternis, Gut und Böse bekämpfende Klassen geschieden sind. Über den einfachsten, niedersten Naturgeistern und Naturseelen ersahen wir überwachende, leitende und ordnende Geister höherer Ordnung. Über diesen als Herrscher und Leiter Engel und über diesen wiederum Engelsfürsten, welch letzteren ganze Sonnengebiete, Hülsengloben und noch größere Schöpfungsgebiete zur Überwachung und Leitung anvertraut sind. Über alle diese endlich wacht nach den Bekundungen der Bibel wie auch der Neuoffenbarung als höchster Schöpfer, Erhalter und Alleinherrscher der *Ur- und Allgeist*, den wir *Gott* nennen, der nicht nur im ganzen Schöpfungsall, sondern auch in jedem einzelnen Atom gegenwärtig ist und alles nach seinem obersten Plan und Willen lenkt.

Die Ur- und Grundkraft alles Lebens

Auch die wissenschaftliche Forschung hat in den letzten Zeiten durch göttliche Erleuchtung dieses wunderbare Walten *geistiger* Kräfte und ihre geordnete Rangstufung wenigstens zu erahnen vermocht. Man fand im *Atom* ein herrschendes, die einzelnen Teile (Kraftfunken, Elektronen) mit Intelligenz und Willenskraft ordnendes Zentrum, den sogenannten Atomkern. Die Biologen fanden ein solch geistiges, organisierendes Zentrum in jeder Zelle aller lebenden Organismen. Sie schlossen daraus, daß ein solches Zentrum auch im gesamten Zellstaat eines jeden größeren Lebewesens, nicht zuletzt auch im Wunderbau des menschlichen Leibes sich als schöpferische Lebens-Grundmacht befinde. In dieser Weise vom Atom zur Lebenszelle, von dieser zum lebenden Organismus der Pflanzen, Tiere und Menschen fortschreitend, kann der forschende Verstand des Wissenschaftlers aber an dieser Grenze unmöglich stehen bleiben. Vielmehr wird die logische Denkreihe ihn über diese Grenze hinaus notwendig zur Annahme führen, daß auch die nächstgrößeren Organismen der Schöpfung, die Weltkörper und Weltkörpersysteme ein organisierendes geistiges Lebenszentrum, einen herrschenden und belebenden *Geist* als Lebens-Grundmacht besitzen.

Sehen wir doch tatsächlich zum Beispiel im Planetensystem, zu dem unsere Erde gehört, eine alles zusammenhaltende und ordnende Lebensgrundmacht verkörpert in der *Sonne,* von der auch nach wissenschaftlicher Vermutung die Planeten mit ihren Monden einst ausgeboren wurden und auch jetzt noch offensichtlich alles Leben empfangen. Es liegt mithin auch für die Logik des Sternkundigen der Schluß nahe, daß unser Sonnensystem wieder nur ein Teil eines noch höheren Weltkörpersystems ist, in dem wiederum ein Weltkörper mit einer noch größeren, weiseren und machtvolleren Lebensgrundmacht herrscht.

Auf der Stufenleiter dieser Erwägungen muß schließlich auch der wissenschaftliche Forscher unserer Tage zur Endanschauung gelangen, daß auch die Gesamtheit der *ganzen Schöpfung*, das ganze Schöpfungsall als geistigen Organisator, Herrscher und Leiter eine weiseste und mächtigste, von einem Zentralsitz aus in die Unendlichkeit wirkende geistige *Grundlebenskraft* besitzt: einen Ur- und Allgeist, den wir im Hinblick seiner unzweifelhaften Vollkommenheit und Einzigartigkeit mit Recht den ewigen, alleinigen, allwissenden und allmächtigen *Gott* nennen. Und da wir in der gesamten Schöpfung als Auswirkung seines Wesens eine, selbst das winzigste Atom mit Innigkeit und Ernst bedenkende Liebe erkennen, so werden wir von diesem obersten Allgeist und Allschöpfer gewiß auch mit Überzeugung glauben, daß Er nicht nur die ewige Allweisheit und Allmacht, sondern in seinem tiefsten Ursein auch die ewige *Alliebe* ist, die aus dem Drang nach Beseligung alle Gedanken und Taten der Schöpfung aus diesem Urgrunde geboren hat.

Der All-Gott in Christus

Durch die Bibel und die neueren Offenbarungen wissen wir auch weiter, daß dieser Gott, Schöpfer und Allvater sich vor bald zwei Jahrtausenden auf unserem Planeten den Menschen, Geistern und Engeln der ganzen Schöpfung mit seinem *Urlebenszentrum* sichtbar verkörpert hat in der Seele und dem Leibe *Jesu Christi.*

Und somit ist also aller Geister Herr und Meister — Christus, „in welchem wohnet die Fülle der Gottheit".

Gottesleugner haben allezeit auch diese große Tatsache, die uns die Heilige Schrift berichtet, bestritten und gesagt, es sei die Erzählung vom Gottessohn, der in die Welt kam, um sich zum Wohle der Menschheit zu opfern, eine Sage, die in manchen alten Dichtungen und Religionen vorkomme und von den späteren Christen auf den Propheten Jesus von Nazareth angewendet worden sei. Weit entfernt, geschichtliche Wahrheit zu sein, sei also die christliche Lehre der Menschwerdung Gottes in Jesu Christo nur eine stark ausgeschmückte Nachahmung früherer phantastischer Mythen.

Vorahnung

Ja, es finden sich auch wirklich in den alten Urreligionen der Ägypter, Perser, Inder usw. sagenhafte Vorstellungen und Lehren erwähnter Art. Aber warum? Woher kommen diese Anklänge? — In den Schriften der Neuoffenbarung durch Jakob Lorber wird uns gesagt, daß das große, in Zeit und Ewigkeit einzigartige Ereignis, die Darniederkunft des göttlichen Schöpfers und Vaters in die materielle Welt, sein Licht weit *vorausgeworfen* hat in die Herzen prophetischer Menschen, schon in den frühesten Jahrhunderten und bei allen Völkern der Erde.

„Die Völker alle, die auf der weiten Erde zerstreut wohnen, haben allezeit eine schon den ersten Menschen der Erde gemachte und gegebene *Weissagung* von Mir und von Meiner jetzigen Herabkunft zu den Menschen dieser Erde gehabt. Ihre Priester wußten sich stets durch Sagen und durch den innern Drang in ihrem Herzen einen Weg zu bahnen bis zu einer geistigen Anschauung [dieser großen Tatsache] und weissagten davon in freilich oft sehr verworrenen Bildern, die sie am Ende selbst nicht verstanden. Nur in wiederholten Verzückungen der Begeisterung kamen einige dann und wann zu einer helleren Anschauung und erklärten dann etwas näher ihre gehabten Gesichte." So vernehmen wir vom Herrn im ‚Großen Evangelium'. (Bd. 3, Kap. 167, 11 ff.)

Das Kommen im großen Augenblick der Schöpfungsreife

Das Kommen des Herrn in seinen Weinberg, das Herniedersteigen des Vater-Gottes in die Welt der Materie war freilich auch ein Geschehnis, das nicht bloß den Menschen unserer winzigen Erde, sondern *allen* Wesen, allen Geistern, Menschen und Engeln der *gesamten* Schöpfung in der ganzen Unendlichkeit galt. Es erfolgte in einem bestimmten, von der Gottheit längst vorausbedachten Reifepunkt der Gesamtschöpfung. Das große Gleichnis vom verlorenen Sohn deutet uns diesen Zeitpunkt an in den Worten:

„Und er (der Sohn) machte sich auf den Weg zu seinem Vater. Da er aber noch weit entfernt war, sah ihn sein Vater kommen und ward von Mitleid ergriffen. Er lief ihm entgegen, fiel ihm um den Hals und küßte ihn."

Der verlorene Sohn ist die aus den Elementen des gefallenen Urgeistes *Luzifer gestaltete* materielle Weltenschöpfung, die in einem großen Entwicklungsvorgang durch die reinen Geister Gottes zur göttlichen Ordnung und zum Vaterherzen zurückgeführt wird. Nachdem ein geweckterer Teil dieser gefallenen Urelemente seinen Irrtum erkannt und den *Rückweg* zum Vater angetreten hatte, kam den Reuigen die *ewige Liebe* auf halbem Wege entgegen, „umarmte und küßte sie" — und führt nun im ganzen Schöpfungsgebiet alle rückkehrenden Geister aus Elend, Gericht und Trübsal der Freiheit und Herrlichkeit der Kinder Gottes und der himmlischen Heimat entgegen.

Dies ist, vom umfassendsten Gesichtspunkt aus betrachtet, der Sinn und Inhalt jenes großen Gleichnisses von der Darniederkunft des göttlichen Ur-Allgeistes ins Fleisch dieser Materie, der *Menschwerdung Gottes in Jesus!* — Und im „Großen Evangelium" (Bd. 6, Kap. 63) lesen wir weiter: „Wie bei jedem ordnungsmäßig sich fortbildenden Einzelmenschen einmal der Augenblick eintreten muß, in dem er zur Aufnahme höherer Wahrheit fähig wird, so ist nun [d. h. damals, zu Jesu Zeit] dieser Zeitpunkt für die ganze Schöpfung, von Gott wohlberechnet, gekommen, in dem allen *gereiften* Geschöpfen Gelegenheit geboten wird, aus ihren alten Gerichtsgräbern zur vollen Gottähnlichkeit überzugehen. Es heißt darum auch in der Schrift, daß nun alle, die in den Gräbern waren und noch sind, hervorgehen werden zum ewigen, wahren und völlig gottähnlichen Leben.

Weil dieser von Gott schon von Ewigkeit her wohlberechnete Zeitpunkt eben jetzt gekommen ist, in dem alle Geschöpfe die bestimmte selbständige Reife erlangt haben (die sich am besten daran erkennen läßt, daß die meisten von Gott beinahe nichts mehr wissen und von Gott also völlig abgetrennt sind), so bin Ich als Gott denn nun da, um die Menschen nicht mehr durch Meine Allmacht zu führen, sondern allein durch die *Lehre,* die Ich ihnen nun so gebe, als wäre Ich selbst nichts mehr und nichts anderes als sie selber. Ich kann nun als eine Person mit ihnen wie ein Fremder mit einem Fremden verkehren. Und der alte Grund hat nun völlig aufgehört, demzufolge niemand Gott schauen und dabei das Leben behalten konnte. Nun könnet ihr Mich anschauen, wie ihr wollt — und ihr behaltet dennoch unversehrt euer Leben!"

Die Menschwerdung

Wie die große Tatsache möglich werden, wie der unendliche, ewige Allgeist sich ins Wesen eines irdischen Menschen einkleiden konnte, ist uns durch die Schriften der Neuoffenbarung ebenfalls begreiflich gemacht: vermöge der Grundanschauung, daß jeder Mensch, ja überhaupt ein jedes Wesen der materiellen Schöpfung, eine Dreieinheit ist, bestehend aus einem reinen, niemals gefallenen *Gottesgeistfunken* (als zentraler, aufbauender und leitender Lebensgrundkraft), einer aus den willensfügigeren Elementen der Materie gebildeten *Seele* und einem aus den hartnäckigeren Materieteilen gestalteten *Leib.* — In der Person Jesu Christi hat das Urmachtzentrum, der Urmittelfunke der Gottheit, genannt der „Vater" oder die ewige Liebe, Wohnung genommen. Das aus dem Feuer dieser Liebe hervorgehende Licht war die göttliche Seele Jesu oder der „Gottessohn" in Ihm. Seinem irdischfleischlichen Leibe nach war Er der „Menschensohn" und hat mit dessen hartnäckigen, satanischen Materieteilen und der mit diesen vermengten Seele sich ein zeitliches Gefäß und Werkzeug der Läuterung und Vollendung gestaltet. (Vergl. ‚Großes Evanglium', Bd. 4, Kap. 88 und 252.)

Während Jesu *Geist* als gewaltiges, in alle Schöpfungstiefen wirkendes Ur-Machtzentrum Gottes wirklich „die Fülle der Gottheit" in sich barg und sonach ganz durch und durch *wahrer Gott* war und ist — war Jesu *Seelisch-Leibliches* durch und durch *wahrer Mensch* nicht nur den geistigen Fähigkeiten und der äußeren Formgestalt nach, sondern auch der geistigen Vollendungsbedürftigkeit nach. Jesu Seelisch-Leibliches stammte ja ebenfalls aus der gefallenen Materie. Auch diese Elemente waren aus den Banden des härtesten Materiegerichts gelöst worden und sind auf dem langwierigen, mühseligen Weg durch die Naturreiche aufgestiegen, um nun in der Menschenform auf der willensfreien, gefährlichen Stufe des irdischen Menschenlebens selbständig Gott zu suchen und zu finden und völlig frei in die heilige Liebesordnung des himmlischen Vaters einzugehen.

Im ‚Großen Evangelium' (Bd. 6, Kap. 90) sagt in diesem Sinne der Herr selbst über seine Einzeugung als Mensch: „Nur das erste Menschenpaar erhielt den Leib aus der Willenshand Gottes — alle anderen Menschen sind aus einem Mutterleibe geboren. Und so ist auch Mein Leib aus einer irdischen Mutter — wenn auch nicht durch einen irdischen Vater auf die gewöhnliche Art, sondern allein durch den allmächtigen Willensgeist Gottes — gezeugt, was bei ganz reinen und gottergebenen Menschen sehr wohl möglich ist, vor alters bei solchen nichts Seltenes war und dann und wann auch noch in jetzigen Zeiten geschieht.

Daß solche auf einem reingeistigen Wege gezeugten Menschen auch geistiger sind als jene auf dem gewöhnlichen Wege gezeugten, ist klar. Denn Kinder sehr starker und völlig gesunder Eltern werden ja auch stark und gesund, Kinder schwacher und kranker Eltern dagegen werden gewöhnlich auch schwach und kränklich.

Ich als Mensch, wie Ich nun vor euch dastehe, bin kein Gott, wohl aber ein *Gottessohn,* was eigentlich ein jeder Mensch sein soll. Denn die Menschen dieser Erde sind berufen, Kinder Gottes zu werden, indem sie nach dem erkannten Willen Gottes leben. *Einer* von ihnen aber ist von Gott aus und von Ewigkeit her bestimmt gewesen, der Erste zu sein, das volle göttliche Leben in sich zu haben und es jedermann zu geben, der an Ihn glaubt und nach seiner Lehre lebt. Und dieser Erste bin Ich.

Aber Ich habe [als Seele] solches Leben aus Gott nicht etwa vom Mutterleib aus in diese Welt gebracht. Der Keim lag wohl in Mir, aber er mußte erst entwickelt werden, was Mich nahezu volle dreißig Jahre Zeit und Mühe gekostet hat. Nun stehe Ich freilich als vollendet vor euch und kann euch sagen, daß Mir alle Gewalt und Macht gegeben ist im Himmel und auf Erden und daß der Geist in Mir völlig eins ist mit dem Geiste Gottes; darum kann Ich denn auch solche Zeichen wirken, die vor Mir noch nie ein Mensch gewirkt hat. Aber es ist das für die Folge eben kein besonderes Vorrecht ausschließlich nur für Mich, sondern für jeden Menschen, der glaubt: daß Ich von Gott in diese Welt gesandt bin, um den Menschen das Licht des Lebens zu geben, und der dann handelt nach Meiner Lehre, die den Menschen im hellsten Lichte zeigt den Willen des Geistes Gottes, der in aller Fülle in Mir wohnt.

Dieser *Geist* ist wohl Gott, doch Ich als purer Menschensohn nicht. Denn Ich habe als solcher genau wie jeder andere Mensch durch viele Mühe und Übung Mir erst die Würde eines Gottes erwerben müssen und konnte Mich als so gereifter Mensch erst einen mit dem Geiste Gottes. Nun bin Ich wohl eins mit Ihm im Geiste, aber im Leibe noch nicht. Doch Ich werde auch da völlig eins werden, aber erst nach einem großen Leiden und gänzlicher und tiefst demütigender Selbstverleugnung Meiner Seele."

Er nahm zu an Weisheit und Gnade

In dem von Jakob Lorber wiedergegebenen Jugendevangelium des Jakobus lesen wir in den beiden Schlußkapiteln:

„Es heißt in der Schrift: „Und er nahm zu an Gnade und Weisheit vor Gott und den Menschen und blieb untertänig und gehorsam seinen Eltern, bis da er sein Lehramt antrat." — Hier erhebt sich die Frage: Wie konnte Jesus denn als das alleinige, ewige Gottwesen an Weisheit und Gnade vor Gott und den Menschen zunehmen, da Er doch Gott von Ewigkeit war? Und wie namentlich vor den Menschen, da Er doch von Ewigkeit das vollkommenste Wesen war?

Um das richtig zu fassen, muß man Jesus nicht lediglich als den alleinigen Gott ansehen, sondern man muß sich Ihn als einen *Menschen* vorstellen, in dem die alleinige, ewige Gottheit sich geradeso scheinbar untätig einkerkerte, wie da in eines jeden Menschen Wesen der Geist eingekerkert ist. Was aber ein jeder Mensch nach göttlicher Ordnung tun muß, um seinen Geist in sich frei zu machen, das mußte auch der Mensch Jesus vollernstlich tun, um das Gottwesen in sich frei zu machen, auf daß er eins würde mit Ihm.

Es muß aber jeder Mensch gewisse Schwächen in sich tragen, welche die gewöhnlichen Fesseln des Geistes sind, durch welche dieser wie in einer festen Hülse eingeschlossen ist. Die Fesseln aber können erst dann zersprengt werden, wenn die mit dem Fleisch vermengte *Seele* sich durch die rechte Selbstverleugnung so gestärkt hat, daß sie fest genug ist, den freien Geist zu fassen und zu halten. Aus dem Grunde kann der Mensch eben auch nur durch allerlei Versuchungen seine Schwächen gewahren und erfahren, wie und worin sein Geist geknebelt ist. Wenn er dann gerade in diesen Schwächen sich in seiner Seele selbst verleugnet, so löst er dadurch dem Geiste die *Fesseln* ab und fesselt damit die Seele. Ist dann mit der rechten Zeit die Seele mit allen den ehemaligen Geistesbanden gefestet, so geht ganz natürlich der entfesselte Geist in die erstarkte Seele über. Und diese gelangt dadurch in alle Machtvollkommenheit des Geistes und wird für ewig vollkommen eins mit ihm.

In dem Ablösen einer Fessel um die andere aber besteht das Zunehmen der Seele in der geistigen Kraft, welche da ist die Weisheit und die Gnade. Die *Weisheit* ist das helle Schauen der ewigen Ordnung Gottes in sich. Und die Gnade ist das ewige *Liebelicht,* durch das alle die zahllosen Dinge, ihre Verhältnisse und Wege erleuchtet werden.

Wie aber das beim Menschen der Fall ist, so war es auch bei dem Gottmenschen *Jesus.* Seine Seele war gleich wie die eines jeden Menschen und war mit um so mehr *Schwächen* behaftet, weil der allmächtige Gottgeist sich selbst in die gewaltigsten Bande legen mußte, um in seiner Seele gehalten werden zu können. So mußte die Seele auch die größten *Versuchungen,* sich selbst verleugnend, bestehen, um ihrem Gottgeist die Bande abzunehmen, sich damit zu stärken für die endlose Freiheit des Geistes aller Geister und so völlig eins zu werden mit Ihm.

Wie lebte nun Jesus der Herr (in den Hauptentwicklungsjahren) von seinem zwölften bis zu seinem dreißigsten Jahre? Er fühlte in sich fortwährend auf das lebendigste die allmächtige Gottheit. Er wußte es in seiner Seele, daß alles, was die Unendlichkeit faßt, seinem leisesten Wink untertan sein muß. Dazu hatte Er den größten Drang in seiner Seele, zu herrschen über alles. Stolz, Herrschlust, vollste Freiheit, Sinn fürs Wohlleben, Weiberlust und dergleichen mehr, ebenso auch Zorn waren die Hauptschwächen seiner Seele.

Aber Er *kämpfte* aus dem Willen der Seele gegen all diese mächtigen, tödlichen Triebfedern seiner Seele. Den Stolz demütigte Er durch die Armut. Aber welch ein hartes Mittel war das für den, dem alles zugehörte, und der aber dennoch nichts „Mein“ nennen durfte! — Die Herrschlust bändigte Er durch den willigsten Gehorsam gegenüber denen, die wie alle Menschen gegen Ihn wie gar nichts waren. — Seine ewige, allerhöchste Freiheit bestürmte Er eben damit, daß Er sich, wenn schon endlos schwer, den Menschen wie ein sklavischer Knecht zu den niedrigsten Arbeiten hergab. — Den starken Hang zum Wohlleben bekämpfte Er durch gar oftmaliges Fasten, aus Not und aus dem freien Willen seiner Seele. — Die Weiberlust bekämpfte Er durch nicht selten schwere Arbeit, durch magere Kost, durch Gebet und durch den Umgang mit weisen Männern. In diesem Punkte hatte Er ungemein viel auszustehen, da sein Äußeres und der Ton seiner Rede von höchst einnehmender Art waren. Aus diesem Grunde waren auch die fünf überaus schönen Pflegetöchter des Cyrenius in Ihn sterbensverliebt und wetteiferten untereinander, Ihm am besten zu gefallen. Ihm gefiel solche Liebe wohl; aber dennoch mußte Er allezeit zu jeder sagen: „Rühre mich nicht an!“ — Da Er ferner die Bosheit der Menschen mit einem Blick durchschaute und ihre Hinterlist, Heuchelei und Selbstsucht sah, so ist auch begreiflich, daß Er sehr erregbar war und leicht beleidigt und erzürnt werden konnte. Aber da mäßigte Er sein göttliches Gemüt durch Liebe und Erbarmung.

So übte Er sein Leben hindurch lauter schwerste *Selbstverleugnungen,* um dadurch die zerrüttete ewige Ordnung wiederherzustellen. Aus dem aber läßt sich ersehen, wie Jesus *als Mensch* die achtzehn Jahre unter beständigen Versuchungen und deren Bekämpfung zubrachte. Dadurch aber geschah auch das Zunehmen der Weisheit und Gnade in Jesu Seele vor Gott und den Menschen, und zwar in dem Maße, als sich der *Gottgeist* nach und nach stets mehr und mehr mit seiner göttlichen *Seele* einte, die da war der eigentliche Sohn."

18

Das Licht und Heil der Welt

Nur dadurch, daß Jesus wohl dem Geiste nach Gott, seinem Seelisch-Leiblichen nach aber ein wahrer *Mensch* wie wir alle war, konnte der große Zweck der Menschwerdung Gottes erreicht werden. Denn wie hätte uns mit der Unvollkommenheit unseres Wesens ringenden Menschen ein reiner, vollkommener Gott, für den es keine Versuchung und kein Ringen gibt, ein Lebensvorbild sein können? Hätte uns die Größe einer unverhüllt in die Erscheinung tretenden Gottheit nicht in unserem freien Willen überwältigt und statt zu selbständigen, freien Ebenbildern des Höchsten — zu gerichteten Geschöpfen gemacht? Und hätte die Hingabe des leiblichen Lebens am Kreuze als ein wahres *Opfer* bewertet werden können, wenn auf Golgatha nicht wirklich ein Mensch unter Qualen und Todesnot geblutet hätte?

Die Bibel und noch mehr und deutlicher die Schriften der Neuoffenbarung berichten uns daher mehrfach von den rein *menschlichen* Wesenszügen unseres Herrn und Heilands. Viele Leser dieser heiligen Schriften haben sich an diesen menschlichen Zügen im Bilde Jesu schon oft und stark gestoßen, da sie diese unvereinbar fanden mit der in anderen Schriftstellen geoffenbarten göttlichen Natur. Und es wurden gerade aus diesem Grunde von Ungläubigen schon viele heftige Angriffe erhoben gegen die diesbezüglichen Lehren und Berichte der Bibel. Wie kann, so sagen diese Zweifler, ein Gott zum reichen Jüngling sagen: „Was nennst du mich gut, Gott allein ist gut!" Wie kann ein Gott in Gethsemane „zagen und zittern"? Wie kann Er am Kreuze rufen: „Vater, warum hast du mich verlassen"?

Jesus als Mensch

In den Neuoffenbarungsschriften wird der Schleier auch von diesen Rätseln gehoben, und wir empfangen hier auch noch so manches Licht über verschiedene Einzelheiten in dieser bedeutsamen Frage der menschlichen Natur des Herrn.

So wird uns klar gemacht, daß und warum der Mensch Jesus durchaus nicht jederzeit alles wußte, was dem Vater, dem göttlichen Geiste in Ihm, bekannt war und in dessen unergründlichem Plane lag. Bei vollkommener Kenntnis alles Zukünftigen wäre ja der Seele Jesu das Streben und Ringen nach göttlicher Vollkommenheit und die volle Hingabe an den Vaterwillen in einer über das menschliche Maß weitgehenden Weise erleichtert worden. Und so belehrt im Großen Lorberevangelium der Herr einen Jünger, der sich über diesen Punkt wunderte:

„Du hast wohl recht, der Vater ist in Mir in aller Fülle. Aber Ich als der *äußere* Mensch bin dennoch nur ein Sohn von Ihm und weiß in Meiner Seele auch nur das, was Er Mir offenbart. Ich bin wohl die Flamme seiner Liebe, und Meine Seele ist das Licht aus dem Feuer der Liebe des Vaters. Ihr wisset aber, die Sonne, von der das Licht ausgeht, hat eine wundersame innere und allerinnerste Einrichtung; diese aber ist nur dem Innersten der Sonne selbst bekannt. Das äußere Licht weiß nichts darum und zeichnet auch nirgends ein Bild hin, aus dem man der Sonne innerste Einrichtung erschauen könnte. So ist es auch hier: der Vater ist in Mir; aber Sein Innerstes offenbart sich auch nur dann in Meine Seele, wenn Er es selbst will. Er hat gar vieles in seinem Innersten, darum der Sohn nicht weiß. Und will der Sohn darum wissen, so muß auch Er den Vater darum bitten! Aber es kommt bald die Stunde, da der Vater auch mit seinem Allerinnersten vollends eins wird mit Mir, dem Sohne von Ewigkeit." [1]

Auch im *Reden und Handeln* Jesu zeigt sich der Unterschied zwischen dem unendlichen Gottgeiste und dem Menschensohn Jesus. In den großen Lehrreden, bei den Zeichen und Wundertaten wirkte der Gottgeist. Im alltäglichen irdisch-menschlichen Reden und Tun, im Zagen und Herzenskampfe in Gethsemane und beim Kreuzesworte: „Vater, warum hast Du mich verlassen?" sowie bei manchen anderen, von den Evangelien berichteten Gelegenheiten redete und handelte offenbar der *Menschensohn*. Ein Unterschied, den wir ja auch im Reden und Handeln der Propheten aller Zeiten ersehen, aus denen auch nur zeitweilig in der Berufung der Geist Gottes, sonst aber die irdisch-menschliche Seele sich kundtat. — Im Großen Evangelium (Bd. 5, Kap. 110, 7) betont der *Herr* diesen Unterschied einmal ausdrücklich, indem Er zu den Jüngern sagt:

„Nun rede Ich nicht als der Wunderarzt aus Nazareth, sondern als Der, der in Mir wohnt von Ewigkeit — als der Vater voll Liebe und Erbarmung und als der alleinige Gott, der da spricht: „Ich bin das Alpha und das Omega, der Anfang und das ewige Endziel der ganzen Unendlichkeit; außer Mir gibt es keinen Gott!"

Und da die *Seele* des Menschensohnes Jesus ebenso wie wir nach ihrer göttlichen Vollkommenheit zu ringen hatte, verstehen wir endlich auch das *Beten* des Herrn, das vielen Zweiflern ein so besonderes Rätsel ist. Im Gebet, das auch Er meist in der Einsamkeit übte, suchte seine Seele im stillen Herzenskämmerchen die vollste und innigste Verbindung mit dem in ihr wohnenden göttlichen Urgeist. — „Sonderbar," sagen im Großen Evangelium (Bd. 3, Kap. 121) einige Uneingeweihte, „jetzt geht er hin, um zu beten und sich auf den morgigen Tag vorzubereiten! Wen kann er denn noch anrufen und zu wem kann er denn beten? Ist er denn ungeachtet seines tiefsten Wissens dennoch nicht das höchste Gottwesen? Sich selbst wird er ja doch nicht anbeten!" — Diesen Zweiflern erwidert der erleuchtete Jünger Mathael: „O ihr Blinden! Trägt Er hier auf Erden nicht gleichwie wir alle Fleisch und Blut, aus dem seine Seele sich wie die unsrige entwickelt hat, um fähig zu sein, in die volle Verbindung mit dem ewigen, grundgöttlichen Geiste zu treten? Nur der *Geist* in Ihm ist Gott, alles andere ist Mensch, wie wir da Menschen sind. So Er betet, so heißt das mit anderen Worten: Er läßt seinen Menschen ganz durchdringen von seinem urewigen Gottes-Grundgeist, von dem alle anderen Geister ebenso herrühren wie das kleine Abbild der Sonne in einem Tautropfen von der wirklichen Sonne."

[1] Gr. Ev., Bd. 4, Kap. 252, 1—4; vergl. auch: Bd. 5, Kap. 169, 10; Bd. 6, 75, 7.

Des Herrn Äußeres

Von der äußeren menschlichen Erscheinungsform des Herrn gibt die kleine Jüngerin *Jarah* von Genezareth, eine besonders hingebungsvolle Anhängerin des Heilands, folgendes Bild: „Mich hatte Er sehr lieb, wie auch ich Ihn über alles liebe, obschon Er äußerlich eben nicht ein „schöner" Mann ist; denn Er ist mehr klein von Statur (d. h. mittlerer Größe. Der Herr wollte nicht durch eine über das mittlere Maß hervorragende Gestalt die Menschen äußerlich in Bann schlagen) und seine Hände sind rauh und arbeitsnarbig. Aber sein Kopf ist würdevoll, und Sein Auge wohl das schönste, das mir je zu Gesichte kam. Auch um den Mund hat Er einen überaus freundlichen, wenn daneben auch würdevoll ernsten Zug. Die Stimme seines Mundes aber kann man eine wahrhaft männlich hinreißende nennen; denn sie klingt wenigstens für mein Ohr angenehmer als der schönste und reinste Gesang." (Bd. 2, Kap. 240)

Denen aber, welchen der Gedanke: *Gott in Menschenform* unmöglich, lächerlich oder gar gotteslästerlich erscheint, wird gesagt: „Ärgere dich nicht, so der Herr vor euch sich in menschlicher Form bewegt. Denn es ist ja jegliche Form sein höchsteigenes Werk" (‚Großes Evangelium', Bd. 2, Kap. 38). Ferner vernehmen wir, daß in der ganzen Schöpfung auf allen materiellen und geistigen Welten eben die Menschenform materiell und geistig die höchste *Vollendungsform* aller Formen ist, weil sie als Keim oder geistige Urvollkommenheitsform alles Werdenden schon von Ewigkeit her im innersten Machtzentrum der Gottheit gegeben war. [1]

Der große Weltlehrer

So kam denn also — in dieser schlichten, menschlichen Gestalt und Wesensart — der „Vater des Lichts" selbst aus seinem himmlischen Ursitz in die Welt, d. h. in seine materielle Schöpfung, um die einst mit Luzifer aus der Gottesordnung gefallenen, im Gericht der materiellen Weltkörper gebundenen Geister zu erlösen. Und um als guter Hirte die gesamte seufzende und harrende „Kreatur" ins Vaterhaus, in die Liebesordnung Gottes und in die Freiheit und Herrlichkeit seiner Kinder heimzuführen.

Der erhabene Schöpfer und heilige Allvater wählte zum Zweck seiner Darniederkunft nicht irgendeinen großen und himmlisch angenehmen Stern, etwa eine der riesenhaften Planetar- oder Gebietssonnen, sondern einen kleinen und zugleich geistig finstersten Planeten der Schöpfung, auf dem der Sitz und Kerker jenes schlimmsten und gewaltigsten der gefallenen Urgeister war und ist. [2] Er, der große Herr und Meister wollte sich sein Werk der Liebe und Erbarmung nicht leicht machen. Wo die Arbeit am schwierigsten war, gerade da wollte Er sie mit Lehre und Beispiel in Angriff nehmen und zum Vorbild für alle Seelen und Geister der Unendlichkeit die große Aufgabe bezwingen. In der tiefsten Finsternis sollte das

[1] ‚Großes Evangelium' Bd. 4, Kap. 56 ff.; Bd. 2, Kap. 222; über die Menschenform der materiellen Gesamtschöpfung vergl. ‚Robert Blum'. Bd. 2, Kap. 301; ‚Großes Evangelium', Bd. 6, Kap. 245 ff.

[2] Einen weiteren, kosmischen Grund der Bestimmung unserer Erde zum Schauplatz der Menschwerdung siehe Bd. 8, Kap. 57.

hellste Licht erstrahlen! Und da ein höheres, reineres Erkennen für alle Wesen die Vorbedingung eines höheren Wollens und Handelns ist, zeigte sich der Herr auf unserem Stern vor allem als Bringer eines reinsten, höchsten *Erkenntnislichtes*, als erhabener Lehrer der ewigen, himmlischen Liebesordnung.

Von dem was Jesus in diesem Amte als großer *Weltlehrer* im Verkehr mit den zahlreichen, sich zu Ihm drängenden Menschen jeden Geschlechts und Volkes auf Erden verkündet hat, berichtet die *Bibel* nur das, was für die noch unreife, sozusagen kindliche Erdenmenschheit der nachchristlichen zwei Jahrtausende am tauglichsten erschien: die auf einem einfachen Gottesglauben beruhende *Liebelehre*, zusammengefaßt in dem Gebot: „Liebe Gott über alles und deinen Nächsten wie dich selbst". — Der Jünger *Johannes* hat aber am Schluß seines Evangeliums deutlich ausgesprochen, daß es noch gar vieles gebe, was Jesus gesagt und getan habe, und wollte man das alles im einzelnen niederschreiben, so würde die Welt die Bücher nicht fassen, die zu schreiben wären. — Um eine fast zweitausendjährige Zeitperiode später, abermals in tiefer Finsternis, hat der himmlische Vater der inzwischen durch viele Erfahrungen gereifteren Erdenmenschheit durch seinen Knecht und Boten *Jakob Lorber* in zahlreichen Büchern einen weit umfangreicheren Teil der einstigen großen Jesu-Botschaft neugeoffenbart. Und wir bekommen durch diese Schriften erst so recht einen überwältigenden Begriff von Jesu Sendung als Weltlehrer.

Die Lehre Jesu

Wir sehen durch Ihn ein vollkommenes, einheitliches *geistiges Weltbild* vor uns entrollt, das durch seine Erhabenheit und Größe uns ebenso zur Bewunderung hinreißt, wie es durch seine glühende Lebens- und Liebeswärme uns beseligt und zur Hingabe an Gott, unsern Schöpfer und himmlischen Vater entflammt. Die Tiefen und Geheimnisse des *Wesens der Gottheit* tun sich vor uns auf. Aus der zentralen Lebensgrundmacht der ewigen Liebe in Gott entrollt sich das Werk der *Schöpfung*, entsprungen dem Drang der göttlichen Liebe, freie, selbständige, ihr selbst ebenbildliche Geistwesen zur seligsten Gesellschaft zu schaffen. Wir dürfen den *Werdegang* dieser Wesen schauen: ihr Entstehen durch gottgegebene Veranlagung; ihre Entwicklung und *Reifung* aus geschöpflicher Gebundenheit durch Freitätigkeit, Erziehung und Erfahrung zu gottähnlicher Selbständigkeit; die *Überwindung* ihrer widergöttlichen Triebe durch höhere Erkenntnisse und durch Gottes- und Bruderliebe. Wir entnehmen ferner den Lorberwerken, wie der Vater in Jesus das Doppelgebot: „Liebe Gott über alles und deinen Nächsten wie dich selbst!" als ewiges *Grundgesetz* der göttlichen Lebensordnung ins Zentrum seiner Heilslehre gestellt und von ihm eine alle Lebensverhältnisse der Menschen regelnde *Lebensordnung* abgeleitet hat. Und wir erfahren auch, daß diese auf der Liebe begründete Lebensordnung nicht nur für die Menschen dieser Erde, sondern für die Geister, Seelen und Engel in der ganzen Unendlichkeit gilt und ewiglich der einzig mögliche, einzig zuverlässig zum Ziel der vollen *Gotteskindschaft* führende Heils- und Vollendungsweg ist.

Alle diese durch Jakob Lorber neu enthüllten Gottes-, Schöpfungs- und Heilswahrheiten hat der Vater in Jesus damals vor zweitausend Jahren den Erdenmenschen zum Teil verkündet, wie wir aus dem Lorberwerk „Die Jugend Jesu" wissen, in seiner Kindheit und Jugend, zum größeren Teile aber in den drei Jahren, in welchen Er als Wanderbote und Heiland die Lande Palästinas durchzog, und sodann endlich in jenen vierzig Tagen zwischen der Auferstehung und Himmelfahrt des Verklärten.

Was bis dahin — auf Erden durch Propheten, Weise und erleuchtete Dichter den Menschen nur ahnungs- oder bruchstückweise in vereinzelten, oft sehr unsicheren Lichtblicken kundgetan — zum wahren Kern menschlicher Religionen gemacht worden war, das ward damals auf unserem Planeten durch den Vater des Lichts, den Herrn der Schöpfung den Gereiftesten unter den damaligen Erdenkindern in vollem Umfang und in ganzer Tiefe sonnenklar eröffnet; und von da dann allen weit genug gereiften Geistern, Menschen und Engeln auf allen materiellen Weltkörpern und in allen geistigen Sphären. (Gr. Ev., Bd. 1, Kap. 215)

Des Herrn Lehrweise

Einzigartig und göttlich groß war aber nicht allein, *was* der Vater in Jesus lehrte, sondern auch *wie* Er es lehrte.

Da war vor allem die vollkommene Liebe, Geduld und Sanftmut, welche den Menschen an diesem Himmelsboten auffiel. Keine gewaltsame Überredung, kein geistiger Zwang. Stets sorgsamste Beachtung der Urteils- und Willensfreiheit der Menschen. Im allgemeinen größte Milde, Nachsicht und Liebe gegen Schwache und Gutwillige — nur gegen Hartnäckig-Bösartige ein wuchtiger, im Notfalle Geißel und Schwert führender Ernst.

Zahlreich sind denn auch besonders in der „Haushaltung Gottes“ und im „Großen Evangelium“ die diesem Geiste entsprechenden, vom Herrn verkündeten Missionslehren. So wird im „Großen Evangelium“ (Bd. 8, Kap. 20) den Jüngern gesagt:

„Meine Lehre gibt euch die höchste Freiheit und kann darum nicht mit dem Schwert und mit den Ketten finsterer Sklaverei verkündet werden. Denn was dem Menschen die höchste Lebensfreiheit verschaffen soll, kann und wird — das muß er auch in seiner vollen *Freiheit* anerkennen und annehmen. So habe auch Ich niemanden von euch einen Zwang angetan, sondern euch nur zugerufen: „Wer da *will,* der komme, höre, sehe und folge Mir nach!“ Nehmet euch alle an Mir ein rechtes Beispiel! Was kostet es Mich denn, in einem Augenblick alle Menschen der ganzen Erde durch Meine Allmacht geradeso zur Annahme Meiner Lehre und vollsten Befolgung Meines Willens zu *zwingen* — wie es Mir möglich ist, in einem Augenblick aller anderen Kreatur den Weg, den sie strenge nach Meinem Willen zu gehen hat, mit einem unabänderlichen Muß vorzuzeichnen! Aber welche wahrhaft beglückende, sittliche Lebensfreiheit hätte die Menschheit wohl dabei? Ich sage euch: gar keine!

Alle Gebote, die Ich je den Menschen gab, waren daher eigentlich niemals Gesetze, sondern nur *Ratschläge* Meiner ewigen Liebe und Weisheit. Aus diesen Ratschlägen haben dann erst die Menschen in der Meinung, Mir dadurch eine größere Ehre zu erweisen, streng zu haltende Gesetze gemacht, deren Nichthaltung sie mit zeitlichen und ewigen Strafen bedrohten. Moses selbst hat vieles dazugetan, um den Juden damit größere Achtung vor dem geoffenbarten Willen Gottes zu verschaffen. Andere taten dasselbe, und die gegenwärtigen Pharisäer haben den höchsten

Punkt nicht nur der Dummheit sondern auch der Bosheit erreicht. Daß aber die Sache des Judentums nun auf so schlechten Füßen steht, ist eine notwendige Folge eben davon, daß die Menschen aus Meinen frei gegebenen Ratschlägen Mußgesetze gemacht haben.

Der freie Wille des Menschen wird eine helle Erleuchtung seines Verstandes sicher gerne und stets mit größtem Dank als eine Gnade von oben annehmen. Wenn der Mensch mit freiem Gemüt die lichte Wahrheit Meiner Lehre und Meines besten väterlichen Willens *erkennt* und einsieht, dann wird er sich schon *selbst* mit seinem freien Willen auch ein *freies Mußgesetz* daraus machen und danach handeln. Und das allein wird ihm zur wahren Wohlfahrt der Seele gereichen!

Aber ein den Menschen gegebenes Mußgesetz wird ihnen statt Meines Segens nur das harte Joch und die schwere Bürde des Fluches geben und sie zu neuen *Sklaven* der Sünde und des Gerichts machen. Und das darum, weil erstens ein Mußgesetz für den freien Willen des Menschen ganz wider Meine göttliche Ordnung ist, den Menschen nur verfinstert und nie erleuchtet; und zweitens, weil mit dem Mußgesetz sich die Gesetzverkünder sogleich eine höhere, nur ihnen zukommende *Gewalt* anmaßen, darum bald stolz, hochmütig und herrschsüchtig werden und zu den als ‚rein göttlich' verkündeten Satzungen aus angemaßter Machtvollkommenheit eigene arge Satzungen als ‚göttlichen und ihnen neu geoffenbarten Willen' hinzufügen und auf deren Beachtung stets viel größeres Gewicht legen als auf die Beachtung der rein göttlichen Gebote. Daraus aber gehen dann hervor finsterer Aberglaube, Abgötterei, Haß gegen Andersgläubige, Verfolgung, Mord und verheerendster Krieg. Die Menschen begründen dies alles mit allerlei finsterem Unsinn, so daß sie am Ende des Glaubens werden, Gott einen angenehmen Dienst zu erweisen, wenn sie an ihren andersgläubigen Nebenmenschen die größten Frevel und Missetaten begehen. Und daran haben allein die Mußgesetzgeber schuld!

Ich habe euch das nun offen dargestellt und lichtvoll erklärt. Denn in Meinen Himmeln herrscht nur die höchste Freiheit, aber dadurch auch die höchste Eintracht, durch reine Liebe und größte Weisheit erreicht. Ihr wisset jetzt also frei ohne geringsten inneren Zwang, was ihr als Ausbreiter Meines Evangeliums zu beachten habt." [1]

Zeichen und Wunder

Viel haben sich die Ungläubigen wie auch manche Verstandeschristen schon aufgehalten über die in der Bibel berichteten, von Jesus als Lehrer gewirkten Zeichen und Wunder. Auch die Schriften der Neuoffenbarung berichten über solche Auswirkungen des göttlichen Geistes in Jesus. Ja, die bezüglichen Schilderungen in den Lorberwerken, besonders im Großen Evangelium, sind entsprechend der größeren Tiefe und Ausdehnung der Gesamtdarstellung noch bedeutend vielseitiger als die kurzen, aufs Wesentlichste beschränkten Überlieferungen in den biblischen Evangelien. Von vernünftelnden, materialistischen Erklärungen, wie solche auch von

[1] Vergl. über Mission auch: Gr. Ev., Bd. 5, Kap. 108, 8; Bd. 6, Kap. 7, 4 ff., Kap. 18, 7, Kap. 59, 7 ff., Kap. 65, Kap. 113, Kap. 150, 24; Bd. 7, Kap. 165, 7, Kap. 166; Bd. 8, Kap. 23, 13 ff., Kap. 77, 17, Kap. 88, 2, Kap. 89, Kap. 125, 7, Kap. 159, 10 ff.; Bd. 9, Kap. 132, 6 ff., Kap. 148, 9 ff., Kap. 166, 4 ff., Kap. 181, 4 ff.; Bd. 10, Kap. 189, 3 ff.; Haushaltung Gottes, Bd. 1, Kap. 2, 11.

christlichen *Theologen* hinsichtlich der biblischen „Zeichen und Wunder" versucht wurden, kann hier nicht mehr die Rede sein. Vielmehr tritt in den Beschreibungen der Neuoffenbarungsschriften deutlich der *göttlich-geistige* Ursprung dieser „okkulten Phänomene" im Leben und Wirken des Herrn zutage. Wir erfahren, wie sich die Zeichen und Wunder Jesu genau nach jenen geistigen Grundgesetzen des Lebens erklären, denen die wissenschaftlich-okkultistische Forschung nun allmählich unverkennbar auf die Spur kommt und die durch Lorber vom Herrn selbst schon vor bald hundert Jahren so tief und klar enthüllt worden sind.

Es kann daher an der Echtheit der Zeichen und Wunder des Herrn kein Zweifel bestehen — und sollten diese noch so groß sein, sollte der Herr aus Wasser Wein machen, Kranke mit einem Worte gesund machen, Tote zum Leben erwecken, Häuser, Paläste, ja ganze Landschaften durch sein Willenswort erstehen lassen, dem Sturm und Meere oder gar den Gestirnen, der Sonne, dem Monde gebieten. Wissen wir doch, wer im Menschensohne war als innerste, allmächtige Lebensgrundmacht; daß hier das *„Ur-Machtzentrum des Alls"* mit der Fülle der Gottheit wirkte, von dem in der ganzen Unendlichkeit durch sein Willenswort ja alles gestaltet ist und erhalten wird: das Kleine wie das Große nach den gleichen, von uns in dieser Darstellung eingehend erörterten geistigen Schöpfungs- und Lebensgesetzen. [1]

Obgleich demnach dem Herrn als Träger der Gottheitsfülle in ganz natürlicher Weise die höchste, geistige Kraft und Vollmacht des Zeichen- und Wunderwirkens gegeben war, so hat Jesus dennoch im Hinblick auf die Urteils- und Willensfreiheit der Menschen aus guten Gründen von diesem Lehrmittel immer nur einen vorsichtigen Gebrauch gemacht und diese Zurückhaltung auch seinen Aposteln und Jüngern empfohlen.

„Im Notfall", heißt es im Großen Evangelium (Bd. 6, Kap. 178), „werdet auch ihr Zeichen zu wirken imstande sein. Aber seid damit sparsam und wirket erst dann ein Zeichen, so ihr im Geiste dazu genötigt werdet! Denn ein Zeichen wirkt zwar Gutes, aber ein wahres, lebendiges Wort um tausendmal Besseres, weil durch das Wort dem Menschenherzen kein Zwang auferlegt wird.

Denn das *Wort* erleuchtet zuerst den Verstand des Menschen. Dieser erweckt dann den Willen und die Liebe im Menschenherzen. Die Liebe wird dadurch zu einer mächtigen Flamme. Und diese beleuchtet und belebt durch Licht und Wärme den *Willen* des Menschen, und dieser handelt dann nach der Vorschrift des eigenen, vom göttlichen Liebegeist erhellten Verstandes. Und was der Mensch so frei aus sich tut, das ist eigene, verdienstliche Tat, und der Mensch hat erst so seinen eigenen Lebensherd gefunden.

Das *Zeichen* aber schlägt des Menschen Verstand auf eine lange Zeit nieder und schreckt die Liebe und ihren Willen nur künstlich zum Handeln auf. Aber es ist dieses Handeln gleich einem durch die Luft geworfenen Steine, der sich nur so lange durch die Luft bewegt, wie die Wurfkraft währt. Sobald diese aber aufhört, fällt der Stein nach seiner Schwere wieder als tot auf den Boden und bleibt da liegen in seinem alten Gericht.

Daher sage Ich euch allen noch einmal eindringlich: Lehret das Gotteswort hell und klar und seid in hohem Grade sparsam mit den Zeichen, so werdet ihr bleibende und unwandelbare Jünger erziehen! Denn das Zeichen vergeht; aber die

[1] Vergl. z. B. in Kap. 14 die Gesetze der Urzeugung!

helle und reine Wahrheit bleibt ewig und bedarf zu ihrer Bestätigung gar keines Zeichens mehr, weil sie selbst das höchste Zeichen ist, das aus den Himmeln zu jeder Zeit den Menschen, die es suchen, gegeben wird.

Es gibt schon auch Zeichen, die ihr wirken möget; aber da soll dasselbe für arme und bresthafte Menschen ohne Unterschied des Standes und des Glaubens nur eine rechte Wohltat sein, aber nicht ein besonderes Beweismittel für die reine Göttlichkeit Meiner Lehre.

Die Lehre muß sich durch ihr Licht selbst als rein göttlich erweisen. Wenn ihr das beachtet, werdet ihr Mir wahrlich gute Jünger und Boten sein. Wenn ihr es aber nicht genau beachtet, so werdet ihr dem Gegenchrist die Tore öffnen."

Tatlehre und Tatlehrer

Eine der wichtigsten, ja entscheidenden Wesensseiten der Lehrweise Jesu war auch — als ein Grundbestandteil ihres Wahrheitsgeistes — die Betonung der Betätigung, der lebendigen *Tat* als Bedingung der Wirksamkeit der Lehre. „Seid Täter und nicht bloß eitel Hörer und Bewunderer Meiner Worte, Lehren und Taten! Nur so werdet auch ihr die Vollendung des Lebens in euch selbst überkommen, welche ihr nun an Mir so hoch bewundert." Das ist der eigentliche, praktisch wichtigste Grundgedanke der Heils- und Lebenslehre Jesu Christi. Und die Bedeutung der Neuoffenbarung durch Jakob Lorber besteht hauptsächlich auch gerade darin, daß sie gegenüber der bloßen „Glaubensgerechtigkeit" die entscheidende Wichtigkeit des Tatlebens, des *„Tatchristentums"* stark und überzeugend in den Vordergrund stellt. Die bezüglichen Stellen in den Lorberwerken sind zahlreich und wir werden später davon noch viel vernehmen. [1]

Auch für die Wirksamkeit der *Wortverkündung* durch Jünger und Boten erachtete der Herr das Tatleben als eine überaus wichtige Sache. So belehrt Er im Großen Evangelium (Bd. 6, Kap. 163) die Jünger: „Vor allem muß der Prediger für sich *selbst* ganz in der Ordnung sein, bevor er jemand anderes lehrt. Denn sonst ist die Lehre hohl und läßt auch den Lehrling leer. So jemand aber selbst ein eifriger Befolger dessen ist, was er lehrt, dann werden auch seine Jünger sich mit allem Eifer bestreben, so wie ihr Meister vollkommen zu werden. Wenn aber die Jünger hier und da Fehler und Unvollkommenheit an ihrem Meister entdecken, werden sie auch bald in ihrem Eifer nachlassen und am Ende sagen: „Der Meister ist selbst ein Stümper! Was soll aus uns werden?" Und Ich sage euch, die Jünger werden solch einem Meister bald den Rücken kehren. Darum müsset ihr zuvor selbst in allem vollkommen sein, d. h. in der Lehre und in der Tat danach, weil ihr sonst nicht fähig wärt, wahre Ausbreiter Meines Evangeliums zu sein.

Ich sage euch: Es werden nicht alle in das Reich Gottes eingehen, die da zu Mir sagen: „Herr, Herr!" — sondern nur die, welche den erkannten Willen Meines Vaters im Himmel tun! Es ist nicht genug, daß da jemand glaubt, daß Ich Christus, der Gesalbte Gottes bin, sondern er muß auch *tun*, was Ich gelehrt habe, sonst nützt ihm der Glaube nichts. Denn ohne die Werke ist der stärkste Glaube tot und gibt keiner Seele das ewige Leben. Das merket euch alle wohl und tuet danach, so werdet ihr leben!"

[1] Vergl. insbesondere Gr. Ev., Bd. 1, Kap. 220, 7 ff., Kap. 221; Bd. 8, Kap. 142; Haushaltung Gottes, Bd. 2, Kap. 211.

Der Heiland der Kranken und Freund der Armen

Ewig vorbildlich war daher denn auch Jesus als Lehrer vor allem darin, daß Er seiner Lehre ein vollstes Gewicht gab durch sein eigenes Leben und Beispiel.

Als unermüdlicher Freund und Heiland aller Armen, Kranken und Schwachen ging Er über die Erde. Die Evangelien der Bibel berichten es, und noch eingehender die Schriften der Neuoffenbarung. Jesu Seele, Jesus der Mensch, lebte es aller Welt und allen Geistern und Engeln vor, wie man in der *Tat* und in der *Wahrheit* Gott über alles lieben soll, indem man seinen Nächsten, d. h. jedes hilfsbedürftig uns nahetretende Mitgeschöpf werktätig liebt und ihm alle mögliche Förderung leiblich und geistig angedeihen läßt.

Dabei durfte Jesus in seinen Heil- und Wundertaten auch zeigen, wozu ein reiner, mit der Urquelle aller Macht verbundener Mensch mit der ihn durchströmenden Gotteskraft ordnend, heilend und schöpferisch gestaltend imstande ist — nicht als ein die Naturgesetze überspringender Zauberer, sondern vollkommen in der Ordnung des durch die Kräfte Gottes geregelten Naturgeschehens, lediglich durch die allgewaltige Macht der reinen göttlichen Liebe.

Erschütternd sind in dieser Hinsicht viele herrliche Szenen in den Werken „Die Jugend Jesu", „Die Dreitageszene", „Briefwechsel Jesu mit Abgarus" und vor allem natürlich im „Großen Evangelium". So die Begegnung des Herrn mit dem Weibe am Jakobsbrunnen, die Belehrung, seelische und leibliche Heilung und ewige Beglückung so vieler Menschen. Ja hier, in diesem unvergleichlichen Wirken des einzigartigen Lehrers der Unendlichkeit wehte wahrhaft Gottes Odem mit überwältigender Macht! Hier neigte sich zu den Gefangenen der Materie die Ewige Liebe mit ihrem herrlichsten, alles beseligenden Licht!

Das Lamm Gottes

Das machtvollste Beispiel zur Bekräftigung der Lehre sollte der Menschensohn Jesus aber erst im leiblichen *Tode* geben.

Schon damals, als Jesus das irdische Vaterhaus in Nazareth verließ und zur geistigen Reifung in die Wüste und sodann als heimatloser Prediger auf die Wanderfahrt ging, hatte Er, um seiner Sendung an den Brüdern und Schwestern zu dienen, allen irdischen Besitz dahingegeben. So, daß Er sagen konnte: „Die Füchse haben ihre Höhlen, die Vögel ihre Nester, aber des Menschen Sohn hat nicht, wo Er sein Haupt hinlege". Aber die Hingabe an den Willen des Vaters und die Aufopferung alles Eigenwesens sollte noch weiter gehen. Es sollte um der Brüder und Schwestern willen auch noch das letzte, an was sich die Eigenliebe der Menschenseele am heißesten zu klammern pflegt, dem Vater dahingegeben werden: das Leben des Leibes, des *Leibes Blut* — und zwar auf die schmerzhafteste Weise.

In „Erde und Mond" (Kap. 70) vernehmen wir darüber: „Ich selbst, als Ich im Fleische auf der Erde wandelte, konnte und durfte nicht tun, was Ich wollte, sondern was der wollte, der Mich gesandt hat und der in Mir war, wie Ich in Ihm. Er war der *Geist* Gottes als Vater von Ewigkeit, Ich aber war und bin dessen *Seele,* die zwar ihre eigene Erkenntnis und Fähigkeit besitzt, als die höchste und vollendetste Seele aller Seelen. Aber dennoch durfte diese Seele nicht tun, was sie wollte, sondern nur, was der wollte, von dem sie ausgegangen war. Wollte auch die Seele den letzten bitteren Kelch zur Seite schieben, so wollte aber solches dennoch nicht der, der in Mir war. Darum tat demnach Meine Seele auch das, was der wollte, der in Mir war.“

Der Anblick der im Garten Gethsemane, d. h. im *Banne der Materie* schlafenden Brüder zeigte in der herben Entscheidungsstunde der Seele des Menschensohns, daß auch diese Tat zur Erweckung, Belebung und Rettung der schlaftrunkenen Seelen der Materie und zur Krönung des Erlösungswerkes unumgänglich notwendig sei. Denn die Hingabe und Aufopferung am Kreuze gab allen Wesen der Unendlichkeit erst recht das höchste *Vorbild* für die lebendige Auswirkung der vom Vater in Jesus verkündeten Liebes- und Heilslehre und bekräftigte zugleich als ein *Blutzeugnis* diese Lehre für alle Zeiten der Zeiten so machtvoll, daß man auf Erden und in der ganzen Unendlichkeit nun weiß: Von Golgatha, vom Kreuz, von der höchsten Kraft hingebender, sich selbst aufopfernder Liebe ergeht im Reiche des ewigen Lebens einzig und allein und ewiglich alles *Licht und Heil!*

Der Zeuge des ewigen Gotteslebens

Über die Zeugniskraft seines leiblichen Todes und seiner geistigen Auferstehung verkündet der Herr im ‚Großen Evangelium‘ (Bd. 8, Kap. 149) etlichen römischen Jüngern:

„Ich habe euch schon auf dem Ölberg einmal zu verstehen gegeben, daß Ich in nicht gar ferner Zeit zum Gericht der Frevler und zum Heil der Meinen es selbst zulassen werde, daß Mich die Menschen ergreifen und Meinen Leib töten am Kreuze wie einen gemeinen Verbrecher. So ihr davon hören werdet, dann ärgert euch nicht über Mich, sondern bleibt im Glauben an Mich und in der Liebe zu Mir. Ihr werdet dadurch selbst mit teilhaben an Meinem Werke der Erlösung der Menschen aus den alten und harten Banden der Sünde und des todbringenden Aberglaubens.

Ich sage es euch noch einmal, daß sich darob niemand ärgere und schwach werde im Glauben! Denn obschon Mein Leib von den Frevlern wird getötet werden, so werde Ich dennoch schon am dritten Tage wieder den getöteten Leib beleben und werde *auferstehen* als ewiger Sieger über den Tod und über alles Gericht.

Ich werde dann wieder zu euch kommen und euch die Kraft Meines Geistes und Willens zu eurer eigenen Lebendigmachung und Beseligung für ewig geben. Ich sage euch dieses darum mit großer Bestimmtheit voraus, auf daß, so es geschehen wird, sich von euch niemand ärgere an Mir.

Ich sage euch aber auch noch etwas, da ihr in euch denket: „Ja, *muß* denn das so geschehen? Hat denn Er als der weiseste und allmächtige Herr der Himmel und dieser Erde im Ernst kein anderes Mittel, um die vielen Frevler zu bändigen und die an Ihn gläubig sich Haltenden zu beseligen?“

„Höret alle, was Ich euch darauf zu sagen habe: Ich will es (an sich) nicht, daß es so geschehe und Ich hätte Mittel und Wege, Meine Kinder auch ohne das, was da geschehen wird, zu erlösen und selig zu machen. Aber die argen *Menschen* wollen es so. *Darum* lasse Ich es auch zu, daß es so geschehen möge, auf daß sich eben dadurch auch viele Frevler zur Reue, Buße und zum wahren Glauben an Mich bekehren mögen. Denn die Brut im Tempel sagt und schreit es ja in einem fort: „Lasset uns ihn nur ergreifen und töten! Wenn er vom Grabe wieder auferstehen wird, dann wollen auch wir an ihn glauben!“ Sie wollen also die letzte *Probe* an Mir machen, und so sei es denn auch sogar zugelassen! Es werden dadurch viele, die jetzt noch ganz blind sind, sehend und an Mich gläubig werden. Doch die Grundargen werden eben dadurch auch ihr Sündenmaß voll machen und in ihr Gericht und ihren ewigen Tod fallen. Ihr aber seid getröstet und freuet euch! Wenn Ich wieder aus dem Grabe erstehen werde, dann werde Ich auch zu euch kommen und euch selbst überzeugen von dem, was Ich nun zu euch geredet habe.“ [1]

19

Der Erlöser und himmlische Vater

Für die Jesuseele war die in Gethsemane und Golgatha vollzogene freie und vollkommene Hingabe an den Willen des Vaters zugleich die *Vollendung* der geistigen Läuterung und Verklärung: in so hohem Maße, daß nun der urewige, allerhöchste Gottgeist sich ganz und für ewig mit dieser höchst vollendeten, verklärten Jesuseele gleichsam zu einem neuen, höheren Wesen, einem *schaubaren Vatergott* verbinden konnte, in welcher Erscheinungsform die Gottheit von da an den höheren Geistern, Menschen und Engeln nahbar ist und mit Liebe ergriffen und erfaßt werden kann.

Ein nahbarer Vatergott und ein neuer Himmel

Eine neue, bis dahin nie bestandene Möglichkeit beseligender Annäherung an Gott wurde damit geschaffen — in der Schrift dadurch sinnbildlich ausgedrückt, daß in Jesu Todesstunde im Tempel der *Vorhang* vor dem Allerheiligsten *zerriß*. Eine bis dahin verschlossene innerste Himmelssphäre wurde geöffnet, den Wesen ein Zugang zum allerheiligsten Zentrum der Gottheit, zum Sitz der ewigen Liebe aufgetan; eben in dem unbeschreiblich seligen Bewußtsein, in der göttlich liebevollen und herrlichen Person Jesu den *Vater* schauen, ergreifen und lieben zu dürfen und mit Ihm zu verkehren wie ein Bruder mit dem andern; ja an seinem Herzen, „in Gott“ ruhen zu dürfen, wie einst Johannes leiblich und geistig ruhte an der Brust des Herrn.
Von diesem Jünger der Liebe, *Johannes,* ist dies in dem Lorberwerk „Die geistige Sonne“ (Bd. 2, Kap. 13) selbst mit den Worten ausgesprochen:
„Vor der Darniederkunft des Herrn konnte nie ein Mensch mit dem eigentlichen Wesen Gottes sprechen. Niemand konnte dasselbe je erschauen, ohne dabei das Leben gänzlich zu verlieren; wie es denn auch bei Moses heißt: „Gott kann niemand sehen und leben zugleich!“ Es hat sich zwar der Herr in der Urkirche wie auch in der Kirche des Melchisedek, zu der sich Abraham bekannte, wohl öfter persönlich gezeigt und hat mit seinen Heiligen gesprochen und seine Kinder gelehrt. Aber

[1] Gr. Ev., Bd. 8, Kap. 149, 5—10; vergl. auch Bd. 1, Kap. 58, 6.

dieser persönliche Herr war eigentlich doch nicht unmittelbar der Herr selbst, sondern allzeit nur ein zu diesem Zweck mit dem Geiste Gottes erfüllter Engelsgeist. Aus solch einem Engelsgeiste redete dann der Geist des Herrn so, als wenn unmittelbar der Herr selbst redete. Aber in einem solchen Geiste war dennoch nie die vollkommene *Fülle* des Geistes Gottes gegenwärtig, sondern nur soweit, als es für den bevorstehenden Zweck nötig war. Ihr könnet es glauben, in jener Zeit konnten auch nicht einmal die allerreinsten Engelsgeister die Gottheit je anders sehen, als ihr da seht die Sonne am Firmament. Und keiner von den Engelsgeistern hätte es je gewagt, sich die Gottheit unter irgendeinem Bilde vorzustellen, wie denn noch zu Mosis Zeiten dem israelitischen Volke auf das strengste geboten war, daß es sich von Gott kein geschnitztes Bild und überhaupt keine bildliche Vorstellung machen solle.

Aber nun höret: Diesem unendlichen Wesen Gottes hat es einmal wohlgefallen — und zwar zu einer Zeit, in welcher die Menschen am wenigsten daran dachten — sich in seiner ganzen, unendlichen Fülle zu vereinen und in dieser Vereinigung die vollkommene menschliche Natur anzunehmen. Nun denket euch: Gott, den nie ein geschaffenes Auge schaute, kommt als der von der allerhöchsten Liebe und Weisheit erfüllte *Jesus* auf die Welt! Er, der Unendliche, der Ewige, vor dessen Hauch Ewigkeiten zerstäuben wie lockere Spreu, wandelt und lehrt seine Geschöpfe, seine Kinder — nicht wie ein Vater, sondern wie ein Bruder!

Aber das alles wäre noch zu wenig. Er, der Allmächtige, läßt sich sogar verfolgen, gefangennehmen und dem Leibe nach töten von seinen nichtigen Geschöpfen! Sagt mir, könntet ihr euch eine größere Liebe, eine größere Herablassung denken als diese, die ihr an Jesus kennt?

Durch diese *unbegreifliche Tat* hat Er alle Dinge des Himmels neu gestaltet. Wohnt Er auch jetzt in seiner Gnadensonne, aus der das Licht allen Himmeln unversiegbar zuströmt, so ist Er dennoch ganz derselbe leibhaftige Jesus, wie Er auf der Erde in all seiner göttlichen Fülle gewandelt ist: als ein wahrer *Vater* und *Bruder,* als vollkommener *Mensch* unter seinen Kindern, gibt Er seinen Kindern alle Gnade, Liebe und Macht und leitet sie persönlich wesenhaft an, machtvoll zu wirken in seiner Ordnung!

Ehedem war zwischen Gott und den geschaffenen Menschen eine unendliche *Kluft.* Aber in Jesus ist diese Kluft beinahe völlig aufgehoben worden. Und Er selbst hat uns dieses sichtbar angezeigt, indem Er durch seine Allmacht den Vorhang im Tempel zerrissen hat, der das Allerheiligste vom Volke trennte.

Daher ist Er auch der alleinige *Weg,* das *Leben,* das *Licht* und die *Wahrheit.* Er ist die Tür, durch welche wir zu Gott gelangen können. Durch diese Tür überschreiten wir die unendliche Kluft zwischen Gott und uns und finden da — *Jesus,* den ewigen, unendlich heiligen Bruder!

Und Ihn, der es gewollt hat, daß diese Kluft aufgehoben wurde, können wir nun doch sicher auch über alles lieben!"

Der Mittler und Versöhner

Es ist der endlos barmherzige, heiligste Wille der in Jesus geoffenbarten und verkörperten Liebe: es soll fortan diese höchst beseligende Annäherung *allen,* auch den gefallenen Geistern der Materie gewährt sein. Allen, die dem Menschensohn nachfolgen, d. h. in reiner Gottes- und Bruderliebe ganz wie Er dem himmlischen Vater ihr ganzes Sein und Wesen im Liebesdienst für ihre Brüder und Schwestern hingeben.

Das erhabene Opfer der einen und edelsten Menschenseele, des Menschensohnes Jesus, wollte der Vater in Jesus gelten lassen als *Sühnung* des Abfalls aller Materiegeister. [1] Auch ihnen, ja gerade für sie besonders, war der neue, höchste Liebehimmel aufgetan. Und so war also Jesu Opfertod für die Wesen der Materie nicht nur ein Beispiel, sondern auch eine Sühnung, welche auch ihnen den Zugang eröffnete zu der neuen, höchsten Möglichkeit selig zu werden.

Darum heißt es in der Heiligen Schrift, „Siehe, Ich mache alles neu!" — Und im Großen Evangelium vernehmen wir die Worte:

„Eine Erlösung von allem Fluche (des Abfalls und des Materiegerichts) geschieht eben jetzt, da Ich selbst alle Materie dadurch segne, daß Ich Mich in euren alten Fluch hineinbegeben und ihm dadurch den Segen gebracht habe. Alle alte Ordnung der alten Himmel hört auf. Es wird auf der Grundlage der nunmehr durch Mich gesegneten Materie eine *neue* Ordnung und ein *neuer* Himmel gebaut, und die ganze Schöpfung — wie auch diese Erde — wird eine neue Einrichtung bekommen.

Nach der alten Ordnung konnte niemand in die Himmel kommen, der einmal in der Materie gesteckt hat. Von nun an wird niemand wahrhaft zu Mir in den höchsten und reinsten Himmel kommen können, der nicht gleich Mir den Weg der Materie und des Fleisches durchgemacht hat!

Wer immer von nun an in Meinem Namen getauft wird mit dem lebendigen Wasser Meiner *Lehre* und mit dem Geiste Meiner *Liebe* und in Meinem Namen der Kraft und *Tat* nach, von dem ist die alte Erbsünde für ewig genommen. Sein Leib wird nun nicht mehr eine alte Mördergrube der Sünde sein, sondern ein Tempel des Heiligen Geistes.

Aber ein jeglicher gebe acht, daß er sich nicht von neuem verunreinige durch das alte, giftige Unkraut der Eigenliebe! Hütet euch vor diesem Übel, dann werdet ihr heiligen auch euer Fleisch und Blut. Und wenn der reine Geist in euch zur vollen Alleinherrschaft gelangt ist, dann wird in ihm und durch ihn zu vollendetem, ewigem Leben auferstehen nicht nur die *Seele,* sondern auch des *Leibes* Fleisch und Blut! [2] Sehet, welch ein Unterschied ist da zwischen früher und jetzt! Wie es aber nun eingerichtet wird, so wird es bleiben in Ewigkeit." [3]

Die Kunde des Kreuzeswegs auf den Gestirnen

Da die Menschwerdung Gottes und die Tat der Versöhnung nicht bloß den Menschen unseres unscheinbaren Planeten Erde, sondern der *ganzen* Schöpfung galt, so ist es eigentlich selbstverständlich, daß die Kunde des einzigartigen Geschehens auch auf den anderen Gestirnen den dortigen Menschen durch Offen-

[1] Gr. Ev., Bd. 1, Kap. 166, 10; 48, 6; Bd. 3, Kap. 16, 12; 31, 11; 226, 6; Bd. 6, Kap. 234 5; Bd. 10, Kap. 179, 10; Bd. 5, Kap. 247, 5 ff.; Jugend Jesu, Kap. 104, 7; Robert Blum, Bd. 2, Kap. 157; 226.

[2] Sogenannte Verklärung des Leibes, worüber später Näheres zu sagen sein wird.

[3] Gr. Ev., Bd. 4, Kap. 109, 3—7; vergl. auch Bd. 1, Kap. 39, 6; 62, 9; 81, 19.

barung bekannt gemacht wurde und wird. Entsprechend der geistig-seelischen Beschaffenheit und Reife jener Menschengeschlechter bestehen freilich auf den Gestirnen große *Unterschiede* in Art und Maß dieser Offenbarung und Erkenntnis. Nicht allen Sternenmenschen ist die erhabene Tatsache in ihrem vollen Umfang bekannt.

Über die Kunde auf dem Haupt- und Mittelgürtel unserer *Sonne* lesen wir in dem Lorberwerk „Die natürliche Sonne" (Kap. 21 und Kap. 22) bei Schilderung der dortigen höchsten Tempelart:

„Was wird denn in diesem Tempel alles gelehrt? Seht, das ist ein Tempel der tiefsten *Geheimnisse,* in die nur wenige eingeweiht werden. Diese Geheimnisse aber bestehen darin, daß Gott ein *Mensch* ist, und wie in diesem Menschen die allerhöchste *Liebe* wohnt, der alles, was da ist, aus eigener Kraft erschaffen hat. — Hier wird auch das Allergrößte gelehrt: Wie da Gott als die reinste Liebe auf einem Planeten, *Erde* genannt (in der Sonne hat aber dieser Planet den Namen Pjur), vollkommen ein Mensch schweren und sogar todfähigen Leibes geworden ist und daselbst in der größten Dürftigkeit lebte, obschon alle Himmel sein Eigentum sind — und sich zum Zeichen seiner unendlichen Liebe und unbegreiflichen Demut sogar an ein Kreuz heften und töten ließ. ... Merkwürdig für euch wäre daselbst ein auf einem Hügel gegenüber dem Tempel befindliches *Kreuz.* Da sieht es geradeso aus, wie bei euch auf der Erde auf einem gutgestalteten Kalvarienberg. Dieser Berg der Sonne aber ist von einem Kranze hochgezogener Baumstämme so umstanden, daß von außen her nirgends etwas von ihm zu erblicken ist, außer so jemand durch ein enges Pförtlein von dem obersten Priester eingeführt wird.

Da erschaut er eine künstlerisch gebildete Gruppe, durch die das letzte *Abendmahl* dargestellt wird. Von hier wird er dann auf einen freien Platz hinaus geleitet. Da erschaut er eine Gruppe, welche Christus darstellt mit seinen Aposteln im Garten *Gethsemane* auf dem Ölberg. Von da etwas weiter wieder eine Gruppe, welche des Herrn *Gefangennehmung* darstellt. Und so weiter kommt er spiralförmig um den Hügel herum von einer Gruppe zur andern, durch welche die verschiedenen Leiden des Herrn dargestellt werden.

Endlich zuoberst des Hügels befindet sich ganz freistehend ein großes *Kreuz,* an dem die Gestalt des Herrn in *irdisch-menschlicher* Form angeheftet ist, während auf dessen beiden Seiten an kleineren und niederen Kreuzen die bekannten zwei Schächer zu erschauen sind.

Nach diesem Anblick wird dem Besucher des Kalvarienberges von dem Führer die große *Liebe in Gott* gezeigt. Es wird ihm gesagt, daß durch diesen Tod am Kreuz die Menschen, besonders jene, welche auf dieser Erde wohnen, das wirkliche *Kinderrecht* überkommen haben.

Sodann wird der Führer wieder vom Gaste befragt, ob denn die Menschen der Sonne nie zu solch einem unaussprechlichen Glück des Kinderrechts gelangen werden? Und der Führer gibt ihm dann zur Antwort: „Nicht nur die Menschen der Sonne, sondern alle Menschen, welche da bewohnen *alle* Sonnen und *alle* Planeten der ganzen Unendlichkeit, haben dadurch ein geheimes Recht auf dieses unermeßliche Glück. Aber auf keinem anderen Wege können sie zu diesem Glück gelangen als allein nur auf dem Wege der tiefsten *Demut* und, aus dieser heraus, auf dem Wege der vollkommensten *Liebe* ihres ganzen Wesens zu Gott!"

Siehe, darum auch ist dieses überheilige Bild hier aufgestellt, damit auch wir erkennen sollen, daß Er *auch für uns* seine Hände ausgestreckt hat. Auch uns will Er umfassen, aber wir müssen zuvor auf dem dir bezeichneten Wege des Kreuzes zu Ihm kommen."

Der Erlöser und die Erlösung

„Christus ist allein der Mittler zwischen Gott und der Menschennatur. Durch den Tod seines Fleisches und durch sein vergossenes Blut hat Er allem Fleische, das da ist die alte Sünde Satans, den Weg gebahnt zur Auferstehung und Rückkehr zu Gott! —

Christus aber ist die Grundliebe in Gott, das Hauptwort alles Wortes, das da ist Fleisch geworden und dadurch geworden zum Fleische alles Fleisches und zum Blute alles Blutes. Dieses Fleisch nahm freiwillig alle Sünde der Welt auf sich und reinigte sie vor Gott durch sein heilig Blut. — Mache dich teilhaftig dieses größten Erlösungswerkes Gottes durch das Fleisch und durch das Blut Christi, so wirst du rein sein vor Gott! Kein Wesen und kein Ding kann rein werden durch sich, sondern allein durch die Verdienste Christi, die da sind die höchste Gnade und Erbarmung Gottes. — Du allein vermagst nichts, alles aber vermag Christus!" (Rob. Bl. II Kap. 157, 9)

Welche Gnadenfülle entstanden ist durch das Werk der Erlösung und wie aus deren Licht und Wärme alle Kreatur erst neu- und wiedergeboren werden kann zum ewigen Leben hören wir weiter:

„Das aber ist die Erlösung, daß erkannt werde der heilige Vater und die Liebe, welche die ganze Welt sühnend und wieder heiligend am Kreuz blutete und selbst den Missetätern durch den letzten Lanzenstich ins Herz der ewigen Liebe die heilige Pforte zum Lichte und zum ewigen Leben öffnen ließ. Und wie da einer sehend ward und lebendig im Glauben und in der Liebe, so können alle sehend und lebendig werden im Glauben. Das ist der wahre Anteil an der Erlösung, daß eure Liebe von neuem befruchtet werde durch die Strahlen der Gnadensonne und in euch aufgehe die Liebe des Vaters durch die Werke des Sohnes in aller Kraft und Macht des heiligsten Geistes aus beiden in der reinen Liebe eures wiedergeborenen Herzens.

Was das Werk Meiner Erlösung bedeutet und ist, so sage Ich euch, es ist das allergrößte Werk der ewigen Liebe, da hierdurch Ich, der Allerhöchste, in aller Fülle Meiner Liebe und in der unendlichen Fülle Meiner Gottheit selbst Mensch, ja sogar euch allen Bruder wurde, die ganze Masse der Sünden der Welt auf Meine Schultern nahm und die Erde reinigte vom alten Fluch der unantastbaren Heiligkeit Gottes. Dann ist es die Unterjochung der Hölle unter die Kraft Meiner Liebe, die früher nur in der Macht der zornergrimmten Gottheit stand und somit entfernt war von allem Einfluß Meiner Liebe. Diese aber ist die furchtbarste Waffe gegen die Hölle, da sie das alleräußerste Gegenteil von ihr ist, weshalb sie bei der liebevoll andächtigen Nennung Meines Namens auch schon in eine ganze Unendlichkeit zurückgetrieben wird. Sodann ist das Werk Meiner Erlösung die Eröffnung der Pforte des Himmels und ewigen Lebens und der getreue Wegweiser dahin, denn sie versöhnt euch nicht nur wieder mit der Heiligkeit Gottes, sondern sie zeigt auch, wie ihr euch vor der Welt erniedrigen müßt, so ihr wollet erhöht werden von Gott. Sie zeigt euch ferner, alle Verspottung, Leiden und Kreuz aus Liebe zu Mir und euren Brüdern zu ertragen in aller Geduld, Sanftmut und Ergebung eures Willens. Ja, sie lehrt euch, eure Feinde zu segnen mit der göttlichen Liebe in euren Herzen.“ (Weg z. Wiedergeb. S. 13)

Der Name aller Namen

Jesus Christus, der Gekreuzigte, ist also alles in allem. Er ist das verkörperte Ur-Machtzentrum Gottes, die Fülle der Gottheit. Er ist die ewige Alliebe, Allweisheit, Allmacht. Er ist der Herr und Meister aller Geister. Er ist das Licht und Heil der Welt. Er ist der Erlöser und himmlische Vater. Er ist die Einheit der Unendlichkeit, der Monarch des ewigen, göttlichen Allreichs!

„Ich sage euch“, spricht Johannes, „*Jesus* ist etwas so ungeheuer Großes, daß, so dieser Name ausgesprochen wird, die ganze Unendlichkeit vor Ehrfurcht erbebt! Saget ihr ‚Gott‘, so nennt ihr zwar auch das allerhöchste Wesen; aber ihr nennt es in seiner Unendlichkeit, da es erfüllet das unendliche All mit seiner unendlichen Kraft von Ewigkeit zu Ewigkeit. — Aber mit dem *Namen* ‚Jesus‘ bezeichnet ihr das vollkommene, allmächtige, wesenhafte *Zentrum* Gottes, oder noch deutlicher gesprochen: Jesus ist der wahrhaftigste, allereigentlichste, wesenhafte *Gott als Mensch,* aus dem alle Gottheit, welche die Unendlichkeit erfüllt, als Geist seiner unendlichen Macht und Kraft hervorgeht gleich den Strahlen der Sonne. Jesus ist demnach der Inbegriff der gänzlichen *Fülle* der Gottheit. Oder: in Jesus wohnt die Gottheit in ihrer unendlichen Fülle wahrhaft körperlich *wesenhaft.* Darum auch allezeit die ganze göttliche Unendlichkeit mitschwingt, wenn dieser heilig erhabene Name in wahrer Liebe ausgesprochen wird!“ (Geistige Sonne, Bd. 2, Kap. 13)

Ein höchstes, heiligstes Geheimnis

Daß in Jesus Christus der Vater des Lichts, die Ewige Liebe selbst Mensch geworden ist und sich verkörpert hat, ist freilich ein höchstes, heiligstes *Geheimnis.* Eine göttliche Wahrheit, die ob ihrer Größe und Tiefe durchaus nicht von jedem Geist und Menschen erkannt, gefaßt und geglaubt werden kann. Nur demütige liebeerfüllte Menschen können es begreifen und als möglich empfinden, daß die erhabene Majestät der Gottheit in ihrer endlosen Liebe und Erbarmung sich so weit herniederließ. Denn nur in solchen Liebeherzen sind zarte Saiten, die auf diesen Anhauch der ewigen Liebe gläubig mitschwingen können.

Es hat denn auch der Herr den Petrus wie auch andere eingeweihte Jünger — in Kenntnis der menschlichen Natur — immer wieder gewarnt, Ihn, d. h. die Gottheit in Ihm, ungereiften Menschen verfrüht zu verraten und diesen Glauben irgend jemandem aufzudrängen. Und wie vorsichtig enthüllt Er sich selber im Großen Evangelium den meisten Seelen:

„Dich habe Ich vorbereitet durch Wort und Lehre“, sagt der Herr (Gr. Ev., Bd. 1, Kap. 155) zu einem besonders glühenden Anhänger. „Du hieltest Mich, als Ich vor etlichen Tagen zu dir kam, wohl für einen sehr weisen und wohlverständigen *Arzt.* Und als du Mich ungewöhnliche Taten verrichten sahst, so fingst du an, Mich für einen *Propheten* zu halten, durch den der Geist Gottes wirke. Du aber bist ein in allen Schulen bewanderter Mann. Es trieb dich, in volle Wissenschaft zu bringen, *wie* ein Mensch zu solcher Vollendung gelangen könne. Da enthüllte Ich dir, *was* der Mensch und was in ihm ist, und dazu, was aus dem Menschen werden kann, so er sich völlig erkannt hat und dadurch zur vollsten Lebensfreiheit seines Geistes gelangt ist.

Aber Ich zeigte dir dann auch, daß Gott selbst ein *Mensch* ist, und daß aus diesem einzigen Grunde auch du und alle dir ähnlichen Wesen Menschen sind. Und Ich zeigte dir dann auch im geheimen, daß eben *Ich selbst* der (Ur-)Mensch bin, und daß ein jeder Mensch berufen ist, das zu werden und für ewig zu sein, was Ich selbst bin. Da erstauntest du, und du weißt von da an, wer Ich bin. Und sieh, das war eine zweckmäßige *Vorbereitung* deiner Seele."

So kann es uns denn nicht wundern, wenn die große Tatsache, daß in Jesus Vater, Sohn und Geist *vereinigt* und verkörpert sind, auch in den biblischen Schriften des Alten und Neuen Testaments für die noch unreife Menschheit nur sehr verhüllt zutage tritt. Wir finden klare Hinweise hauptsächlich bei Jesaja („Er heißt Ewig-Vater") und im Evangelium des Johannes („Wer Mich siehet, der siehet den Vater"). Die große Masse der Christen verehrt bisher in Jesus nur den *Gottessohn.* Doch hat es immer geweckter Seelen gegeben, die zarten Herzens in Ihm auch den Vater und den Heiligen Geist erkannten; so im früheren Mittelalter viele Mystiker und Heilige. Und selbst *Luther* hat einst erkannt: „Er heißt Jesus Christ, der Herr Zebaoth. Und ist kein anderer Gott."

So wollen denn auch wir nicht ungeduldig gegen solche sein, die in der Erkenntnis noch zurückstehen und in dem, der für *uns* der Vater, der Inbegriff alles Göttlichen und aller Liebe, Weisheit und Macht ist, nur einen weisen, menschenfreundlichen Arzt oder höchstens einen Propheten ersehen. Wenn solche Brüder und Schwestern sich nur auf dem Liebeweg befinden, so wollen wir freudig hoffen und vertrauen auf die große Verheißung: „Wer Meine Gebote hat und hält, der ist's, der Mich liebt. Ihm werde Ich Mich offenbaren!"

Zweiter Teil

Mensch und Lebenssinn

VI

Woher kommt und was ist der Mensch?

20

Erde und Mensch

Wer die Lorbersche Schöpfungslehre mit ihren geistigen Grundlagen und Zielen richtig verstanden hat, dem dürfte es klar sein, daß der Mensch auf unserer Erde (wie auch auf den anderen Gestirnen) nicht ohne vorangehende, langwierige Entwicklungen und Vorbereitungen von Gott erschaffen worden ist. Der ganze Weltkörper, auf dem diese Blüte und Frucht der materiellen Schöpfung zutage treten sollte, mußte als Träger solchen Lebens zuvor einen großen Bildungs- und Werdegang durchmachen und einen bestimmten Reifezustand erreichen, bevor der himmlische Gestalter diese Knospe am Fruchtbaume hervortreten lassen konnte. Muß doch auch im Obstgarten zuerst aus winzigem Keime der Apfelbaum heranwachsen, um erst zur bestimmten Zeit die Blüte und Frucht des Apfels zu reifen.

So erfahren wir auch durch Lorber in Übereinstimmung mit der Schöpfungsgeschichte der Bibel und den wesentlichen Feststellungen der Wissenschaft, daß unsere Erde schon ein hohes Alter besaß und lange Entwicklungszeiten durchgemacht hatte, als endlich die Schöpferliebe Gottes zur göttlichen Allmacht sprach: „Lasset uns Menschen machen, ein Bild, das uns gleich sei!"

Der erste Erdbildungsabschnitt

Im Großen Evangelium (Bd. 8, Kap. 70, 6 und Kap. 71—73) bekundet der Herr: „Die Erde besteht als Weltkörper für eure Begriffe schon nahezu unendlich lange und hatte viele Veränderungen auf ihrer Oberfläche zu erleiden, bis sie zu ihrer gegenwärtigen Gestalt gedieh. Feuer, Wasser, Erdbeben und große Stürme waren die Handlanger, die aus ihr nach Meinem Willen das gemacht haben, was sie nun ist.

Als die Erde in ihren Urzeiten so weit gediehen war, daß sich über ihren Gewässern einige größere und kleinere Inseln erhoben, die mit Meeresschlamm überdeckt waren, da legte Ich, der Herr der Schöpfung, auch bald aus Meiner Weisheit und Meinem Willen allerlei *Pflanzensamen* in den fruchtbaren Schlamm. Und siehe, da waren solche Inseln bald bepflanzt, zuerst mit allerlei Gräsern, Kräutern und kleinen, später auch überaus großen Bäumen.

Als jene Inseln bewachsen waren, schuf Ich dann auch Eier oder Samen zur Bildung einer für jenen Erdzustand tauglichen *Tierwelt*. Diese bestand zuerst nur in allerlei kleinen und dann größeren Würmern, in der Folge aus Insekten und endlich, als der trockener gewordene Boden schon Futter in großer Fülle hatte, auch aus riesig großen Tieren. Deren Aufgabe war es, sich mit den noch sehr rohen Kräutern und Baumästen zu nähren und mit ihrem Kot und endlich auch mit ihren Leibern den Boden mehr und mehr zu düngen.

In diesem *ersten* Erdbildungsabschnitt sehen wir die Erde gewissermaßen in ihrer Mager-Sauerknospen-Gestaltung. Was geschieht denn aber bei einem Baum im ersten Frühjahr, wenn die Magerknospe so recht geschwollen und grünsaftig wird? Seht, sie springt von innen gedrängt auf, wirft ihre erste Umhüllung gewisserart über Bord ins Meer der Auflösung, damit aus ihrer Mitte sich die Blätter als notwendige Begleiter der nachfolgenden Blüte und Frucht entfalten können. Obschon ein Baum nur ein höchst magerer Vergleich zur Entwicklung eines Weltkörpers ist, so kann er euch dennoch als gutes Bild dienen, dem ihr in sehr verjüngtem Maße entnehmen könnt, wieviel dazu gehört, bis ein Weltkörper tauglich wird, um Menschen eurer Art zu tragen und zu ernähren.

Was wir in jener ersten Erdbildungsperiode gesehen haben, ging denn auch alles durch angeordnete Feuerstürme aus dem Inneren der Erde unter. Und nach einer großen Anzahl von Erdenjahren erhoben sich größere Landgebiete, schon mit Bergen geziert, aus den tiefen Meeren der Erde, mit einem schon um vieles fruchtbareren Schlamm überdeckt."

Der zweite Erdbildungsabschnitt

„Zur rechten Zeit wurden dann in dem nun folgenden *zweiten* Erdbildungsabschnitt aus Meiner Weisheit und Meinem Willen vollkommenere Sämereien in den fetteren Erdschlamm gelegt, und bald war ein schon üppigeres Aussehen auf der noch immer jungen Erde. Als es nun abermals Futter in großer Menge auf den verschiedenen größeren Länderstrecken gab, ward von Mir aus in der weisesten Ordnung für eine größere und schon vollkommenere Anzahl von kleinen und großen Konsumenten gesorgt. Das Wasser zwischen den Länderstrecken ward von größeren Tieren belebt. Und auch die Landgebiete selbst hatten ihre großen Verzehrer dessen, was ihr Boden an neuen Pflanzen, Kräutern und Bäumen bot.

Gräser, zahlreiche Kräuter, Gesträuche und gar riesige Bäume erzeugten teilweise schon Samen und konnten sich fortpflanzen. Die Tiere entstanden auf nahezu dieselbe Weise wie die euch bekannten Drachen des Nilstroms in Ägypten, nämlich aus den Eiern. Sie konnten in der Luft wie im Wasser leben und sich nähren von den Pflanzen im Wasser und auf den Ländern, auf denen es aber noch lange nicht zu trocken aussah.

Diese zweite Vorbildungsperiode dauerte wieder eine für euch unaussprechlich lange Zeit. Aber die Erde ward noch lange nicht tauglich, warmblütige Tiere, geschweige Menschen von noch so niederer Art zu tragen. Daher ging auch sie wie die erste unter, und es dauerte dann wieder lange, bis nach vielen stürmischen Zwischenperioden eine dritte Bildungsperiode zum Vorschein kam."

Der dritte und vierte Erdbildungsabschnitt

„In dem aus vielen notwendigen Vorgängen entstandenen *dritten* Erdbildungsabschnitt traten nun schon bedeutend große Länder aus dem Meere hervor, nach Meinem Willen getrieben durch das innere Feuer der Erde. Die Pflanzen- und Tierwelt ward noch um vieles reichhaltiger und immer noch riesiger Art. Aber auch diese Periode, die ebenfalls überaus lange andauerte und die man gleichsam mit der Blüte eines Baumes vergleichen könnte, war wie die beiden früheren noch lange nicht geeignet, dem Menschen einen Wohnort zu bieten. Daher ging auch diese unter und begrub, ebenso wie die erste und zweite, ihre pflanzlichen und tierischen Erzeugnisse, nur nicht so tief wie die erste.

Darauf gab es wieder eine Menge Zwischenperioden. Und es kam nach langen Zeiten ein *vierter* Erdbildungsabschnitt zum Vorschein. Die Länderteile wurden wieder um vieles größer, die Pflanzenwelt wurde auch um vieles üppiger. Und im Wasser, auf den schon trockeneren Landen wie auch in der Luft fing es an, von allerlei kleinen und daneben auch von größeren Tieren sehr lebendig zu werden. Es gab darunter sogar schon warmblütige Säugetiere, die nicht mehr mittels Eier in diese Welt kamen, sondern lebendige Junge zur Welt brachten.

Diese vierte Hauptvorbildungsperiode dauerte abermals ungemein lange, aber auch in ihr gab es noch nichts Menschenähnliches auf der Erde. — Es kamen wiederum große Umwälzungen und begruben erneut zum größten Teil alle vorhandene Kreatur. Ihr findet auch aus dieser Periode gar vieles unter dem Boden der Erde erhalten, das sich von den Lebensformen der ersten drei Perioden schon sehr wesentlich unterscheidet.“ [1]

Der fünfte Erdbildungsabschnitt — mit den Präadamiten

„Nach langen Zeiten, in deren Verlauf auf der Erde schon größere Ruhe und Ordnung eintrat, und nach vielen noch immer sehr großen Erdstürmen sehen wir nun einen *fünften* Erdbildungsabschnitt auftauchen. Aus dem tiefen Meeresgrund erheben sich von neuem große Länder, schließen sich aus früheren Perioden bestehenden an und bilden schon ordentliche Festlande.

In diesem fünften Abschnitt entstehen die meisten und höchsten Berge der Erde. Ihre überhohen Spitzen werden von den Blitzen zertrümmert und durch gewaltige

[1] Bei der jedesmaligen Vernichtung der in den verschiedenen Erdbildungsabschnitten gezeitigten Schöpfungen samt aller vorhandenen Pflanzen- und Tierkreatur müssen wir bedenken, daß dabei ja nur die äußeren Lebensformen, das *Leibliche* jener Pflanzen- und Tierwelt, zerstört wurden. Das in diesen Formen enthaltene und sich ausreifende, aus der gröbsten Materie aufgestiegene *Seelisch-Geistige* dagegen lebte weiter und wurde nur von überwundenen Formen gelöst, um nun in höheren, reicheren sich weiter zu läutern und zu vollenden. Dies ist die herrliche Wahrheit der durch Jakob Lorber geoffenbarten *Lebensentwicklungslehre* (s. Kap. 12 „Das Naturleben der Schöpfung als Auferstehung der Materiegeister“), die ihr himmlisches Licht selbst über die furchtbaren Weltuntergänge der großen Schöpfungskatastrophen wirft. Durch Nacht zum Licht, durch Tod zum Leben — so lautet das ewige, göttliche Grundgesetz aller Entwicklung. Weshalb Goethe spricht: „Und solang du das nicht hast, dieses Stirb und Werde, bist du nur ein trüber Gast auf der dunklen Erde!“

Erdbeben und mächtige Wolkenbrüche in die tiefen Täler und Gräben der Erde geschwemmt. Dadurch werden weitgedehnte Ebenen und mehr oder minder breite Täler und Triften gebildet, auf denen alles besser gedeihen kann.

Mit dem Beginn dieser Periode wird die Erde auch in eine geordnete Bahnung um die Sonne gebracht. Tag und Nacht wechseln nun schon regelrecht, ebenso auch die Jahreszeiten — obschon noch unter allerlei Veränderungen, weil die Schwankungen der Erdachse noch immer bedeutend sind und in dieser Zeit auch noch sein müssen.

In diesem Abschnitt, in dem sich schon ein bleibendes Festland gebildet hat, beginnen die regelmäßigen Meeresströmungen von 14 000 zu 14 000 Erdenjahren. [1] Durch diese wird nach und nach einmal die südliche Erdhälfte und darauf wieder die nördliche vom Meer überschwemmt, zur weiteren Fruchterdbildung über die oft sehr weitgedehnten Steingeröllwüsten. Denn nach ungefähr 14 000 Jahren hat das Meer so viel fruchtbaren Schlamm über die wüsten Steingeröllflächen und Täler gelegt, daß sie dann reiche Bewachsung tragen, so das Meer wieder zurücktritt und der zurückgelassene Schlamm zu einem gediegeneren Boden wird.

Es bedurfte bei diesem fünften Abschnitt wohl mehr als tausendmal tausend Jahre, bis endlich aller gut gelegene Erdboden völlig für eine neue Schöpfung einer großen Anzahl verschiedenartigster Pflanzen und dann auch für allerlei Tiere und *voradamitische Menschen* geeignet war. In diesem Abschnitt sehen wir dann schon eine große Menge von Fruchtbäumen und anderen Fruchtgewächsen aller Art für die Tiere und für die nun erstmals auftretenden Vormenschen."

Die Vormenschen oder Präadamiten

„Bei diesen letzteren, den Vor- oder Präadamiten [2], ist freilich von Ackerbau noch keine Rede. Wohl aber nutzen die Vormenschen schon bestimmte Tierherden, führen ein rohes Nomadenleben, haben kein Gewand und bauen sich auch keine Häuser und Hütten. Aber auf den dicken Baumästen errichten sie sich gleich Vögeln eine Art feste Wohn- und Ruhenester und schaffen sich Vorräte an Nahrungsmitteln. Ist der Vorrat aufgezehrt, so gehen sie scharenweise auf eine neue Jagd aus. Wenn es frostig wird (weil in dieser Periode auch der Schnee zum Vorschein kommt), dann ziehen diese Menschen samt ihren Haustieren, die in Mammuts, großen Hirschen, Kühen, Ziegen und Schafen bestehen — auch der Elefant, das Nas- und Einhorn, allerlei Affen und auch Vögel gehören dazu — in wärmere Gegenden. Mehr gegen das Ende dieser Periode erscheinen auch der Esel, das Kamel, das Pferd und das Schwein, welche Tiere von diesen Vormenschen ebenfalls gehalten werden. Denn so viel höheren Vernunftinstinkt besitzen sie, daß sie die genannten Tiere teils zum Tragen gebrauchen können, teils zur Jagd und teils zur Gewinnung der Milch und der Wolle, mit der sie sich ihre Nester wohl auslegen und ein weiches Lager bilden.

Sprache haben diese Vormenschen in der Art, wie sie nun unter Menschen gang und gäbe ist, eigentlich keine. Aber sie haben dennoch gewisse artikulierte Laute,

[1] Wohl als Folge der Bahnung unseres gesamten Sonnensystems um die nächst höhere Gebietsmittelsonne *Sirius*.

[2] Wissenschaftlich gesprochen: die Menschen der sogenannten Eis- und Steinzeit.

Zeichen und Gebärden, können sich besser als selbst die vollkommensten Tiere gegenseitig über ein Bedürfnis verständigen und kommen dann auch einander zu Hilfe. Wird jemand krank, gewöhnlich wegen hohen Alters, so kennt er schon das Kraut, das ihm hilft. Kann er nicht mehr gehen und es suchen, tun das die anderen für ihn.

Nur ein Feuer machen und benützen können sie nicht. So sie aber hätten sehen können, wie es die Adamiten später machten, würden sie es nachmachen, weil bei ihnen der Nachahmungstrieb sehr vorherrscht und ihre Intelligenz mit einem gewissen Grade des freien Willens schon weit über die eines noch so vollkommenen Affen ragt. Also würden sie auch reden lernen können nach unserer Weise, doch aus sich selbst nie eine weise Rede verfassen.

Als Menschen aber waren sie leiblich sehr groß und stark und hatten auch ein so starkes Gebiß, daß sie sich dessen als Schneidewerkzeuge bedienen konnten. Ebenso hatten sie auch einen höchst starken Geruchs- und Gefühlssinn und gewahrten schon von weitem, wenn sich ihnen etwas Feindliches nahte. Mit ihren Augen und ihrem Willen bändigten sie die Tiere und mitunter auch die Naturgeister.

Die Farbe ihrer noch ziemlich behaarten Haut war zwischen dunkel- und lichtgrau; nur im Süden gab es auch haarlose Stämme. Ihre Form hatte eine bedeutende Ähnlichkeit mit den Mohren der Jetztzeit. Sie pflanzten sich bis zu Adam in den Niederungen und dichten Wäldern fort, aber auf die Berge begaben sie sich niemals.

Diese fünfte Vorbildungsperiode dauerte „viele tausendmal tausend Jahre". „Es gab dabei gar viele Epochen auf dieser Erde, in denen ein früheres Geschlecht ganz unterging und nach und nach ein anderes und stets in irgend etwas vollkommeneres an seine Stelle trat." (Gr. Ev. Bd. 5, Kap. 198)

Der sechste Erdbildungsabschnitt mit den ersten Vollmenschen

„Zu den Zeiten Adams, mit dem die *sechste* Periode beginnt, hatte die Erde wieder teilweise große Umwälzungen zu bestehen durch Feuer und durch Wasser. Und da gingen bei dieser Gelegenheit die beschriebenen Voradamiten samt ihren Haustieren nahezu ganz unter, so auch die vielen Wälder und deren Tiere. Nur einige Gattungen der Vögel blieben, wie auch die Tiere der Berge und der Gewässer.

Zwar erhielten sich hier und da die beschriebenen Vormenschen wohl noch, aber höchst dünn gesät mit den Adamiten bis in die Zeiten Noahs. Aber sie verkümmerten nach und nach, weil sie keine ihnen entsprechende Nahrung zur Genüge mehr fanden. Doch in einigen tiefen Gegenden des südlichen Afrika und auf einigen größeren Inseln der weiten Erde sind noch einige verkümmerte Nachkommen aus der fünften Periode anzutreffen. Sie sind noch ganz wild; nur haben sie sich von den Nachkommen Kains doch hie und da eine etwas größere Kultur angeeignet. Sie können zu verschiedenen Arbeiten abgerichtet werden, aber aus sich im Grunde doch nichts erfinden. Ein Teil steht ja etwas besser, weil er aus der Vermischung mit den Kainiten und später auch den Lamechiten hervorging; aber auch dieser Teil ist zu einer höheren Geistesbildung nicht geeignet."

Warum so unausdenkbar langsam?

„Fragt Mich aber nicht, warum denn das Ausbilden eines Weltkörpers eine so unausdenkbar lange Zeit vonnöten hat, denn das liegt in Meiner Weisheit und Ordnung! Wenn der Herr eines Weinberges alle Arbeit in einem Augenblick fertig haben könnte, was würde er dann das ganze Jahr hindurch tun? Der kluge Weinbergsbesitzer aber teilt sich die Arbeit ein und hat an jedem Tag etwas zu schaffen. Und diese tägliche Tätigkeit bereitet ihm auch stets neue Seligkeit. Seht, so ist es auch bei mir der Fall! Denn Ich bin in der ganzen Unendlichkeit ewig das allertätigste, aber darum auch das allerseligste Wesen.

Aus dem euch so klar wie möglich Dargestellten könnt ihr nun auch den eigentlichen Grund entnehmen, weshalb der Prophet *Moses* die Schöpfung in *sechs Tage* eingeteilt hat. Diese sechs Tage sind die euch gezeigten sechs Erdbildungsabschnitte. Nach diesen kommt die siebente Periode der Ruhe, welche ist das seligste, ewige Leben!"

21

Adam und Eva, das erste Vollmenschenpaar

Wir haben im letzten Kapitel gesehen, daß der lebendige Organismus unserer Erde langwierige und tiefgehende Entwicklungen durchmachen mußte, bis er fähig war, die höchste Blüte und Frucht der materiellen Schöpfungsstufe, den gott-ebenbildlichen *Vollmenschen* hervorzubringen. Näheres über den großen Lebensorganismus unseres Planeten, über dessen gleichsam tierische Organe und und seine zur Erhaltung der irdischen Wesenheiten dienende Lebensregungen findet sich ausführlich dargelegt in dem Lorberwerk ‚Erde und Mond'. Wir wollen auf diese Anschauungen und Lehren, die sich folgerichtig aus dem geistlebendigen Grundwesen aller Materie ergeben, hier jedoch nicht näher eingehen, sondern uns weiter der Betrachtung des Menschen zuwenden.

Wie ist das *gegenwärtige* Menschengeschlecht mit seinen vielen verschiedenen Rassen entstanden? Ist der Mensch als eine Frucht der Schöpfungs- und Erdentwicklung an verschiedenen Orten unseres Planeten und in verschiedenen Artungen ins Dasein getreten? Oder gehen alle Rassen des gegenwärtigen Vollmenschengeschlechts auf *ein* Urgeschlecht, *ein* Urmenschenpaar zurück? Wenn ja, wie ist solches zur Entstehung gelangt? — Auch auf diese Fragen geben die Schriften der Neuoffenbarung eine unzweideutige, das Schriftwort der Bibel durchaus bestätigende Antwort.

Die Erschaffung Adams

„Als im sechsten Erdbildungsabschnitt", so sagt der Herr im ‚Großen Evangelium' (Bd. 2, Kap. 215, 12), „der Boden der Erde völlig reif war, da ward eine kräftigste (im Aufstieg durch die Naturreiche gebildete und reifste) *Naturseele* [1] aus ihrer freien Luftnatur berufen, sich aus dem fettesten Lehmhumus einen Leib nach der Ordnung der in der Seele seienden Urform Gottes zu gestalten. Und die erste, reifste und kräftigste Naturseele tat, wie sie von innen aus durch die göttliche Kraft getrieben ward. So trat die erste *Vollmenschen-Seele* in einen von ihr aus wohl organisierten, frischen und kräftigen Leib und konnte nun schauen alle Sinnenwelt und die vielen Geschöpfe, die schon alle vor ihr da waren."

„Und sehet, dieser *erste* Vollmensch auf der Erde, der hervorging aus den Händen der Macht und Kraft der ewigen Liebe, wurde benannt aus dem Munde der erbarmenden Gnade: Adam oder ‚Sohn der Erbarmung und der Gnade'." [2]

Die Erschaffung Evas

„Als Adam kraft Meines Willens durch Erfahrung zu jener Kraft gediehen war, durch die sich bei ihm eine äußerst starke Außenlebenssphäre hatte bilden müssen, und als er einmal arbeits- und wegmüde in tiefen Schlaf verfiel, da war es an der Zeit, eine *andere* aus allen Naturstufen zusammengefügte Naturseele in die Außenlebenssphäre Adams zu versetzen. Diese Seele fing in der Außenlebenssphäre Adams sogleich an, aus den ihr sehr lieblichen Außenlebensteilen Adams d. h. aus dessen reichlichem Lebensdunst sich (wie es noch heutzutage Seelen Verstorbener zu tun pflegen, wenn sie den Menschen auf einige Augenblicke erscheinen wollen) einen ihr entsprechenden Leib nach Meinem Willen und nach Meiner Ordnung zu bilden, und war mit demselben auch in drei Tagen vollkommen fertig.

Als darauf Adam erwachte, sah er voll Staunens und voll Freude sein *Ebenbild* neben sich, das ihm natürlich äußerst zugetan war und sein mußte, weil es dem Leibe nach aus seinem Wesen herstammte. Er aber nahm in der Gegend des Herzens wahr, als drücke ihn etwas, und zwar ganz angenehm. Auch fühlte er in sich zuweilen wie eine Leere. Dies war der Anfang der geschlechtlichen Liebe. Und er konnte sich nimmer trennen von dem Ebenbild, das ihm bald soviel Glück verschaffte. Wohin er ging, da folgte ihm das Weib. Und ging das Weib wohin, so konnte er es sicher nicht allein gehen lassen. Er fühlte des Weibes Wert und dessen Liebe und sagte darum in einem hellsehenden Augenblick: „Wir, ich ein Mann und du ein Weib, sind ein Fleisch und ein Leib. Du bist meines Lebens lieblichster Teil und es wird fürder so bleiben!"

Wenn es aber in der Schrift heißt, daß Gott dem Adam eine *Rippe* nahm und den betreffenden Leibesteil mit Fleisch bedeckte, so wird hoffentlich niemand so einfältig sein anzunehmen, daß Gott den Adam im Ernst verwundet hat, um ihn um eine Rippe zu verkürzen, damit aus der kleinen Rippe ein großes Weib werde! Die Sache ist geistig zu verstehen: Die Rippen sind ein äußerer fester Schutzschild der zarten inneren Lebensorgane. Wenn ein David sagt: „Gott, unsere feste Burg und ein starker Schild!" — ist darum Gott eine aus lauter Würfelsteinen erbaute feste Burg oder ein großer, eherner Schild? Ebenso steht

[1] Siehe Kap. 15 „Engel und Geister als Schöpfungsdiener", Seite 79.

[2] Haushaltung Gottes, Bd. 1, Kap. 7, 8; vergl. auch Gr. Ev., Bd. 7, Kap. 221, 4, Bd. 1, Kap. 166, 3.

es auch mit der Rippe, aus der die Eva stammen soll. Sie ist nur ein Zeichen für die Sache.

Eva ist dem leiblichen Wesen nach aus der Überfülle des Adamischen Außenlebensäthers entstanden. Und da dieser Lebensäther aus der Gegend der Rippen und der Brustgrube ausdünstet und danach den Menschen allseitig weithin umgibt als ein gewaltiger Schutz seines inneren Seelennaturlebens — so konnte Moses, dem die entsprechende Bildsprache geläufig zu Gebote stand, Eva ganz richtig aus einer ‚Rippe' Adams entstehen und von Gott Adams Wunde mit dem Fleisch der Eva zudecken lassen." (Gr. Ev., Bd. 4, Kap. 162, 4—11.)

Das Wesen Evas

In der „Haushaltung Gottes" (Bd. 1, Kap. 7, 11) erfahren wir, daß die von der *weiblichen* Seele aus dem Außen-Lebensdunste Adams angezogenen Teile die mehr *eigenliebigen,* d. h. selbstgefälligen, sinnlichen und äußerlichen waren.

Über das Wesen des aus Adam hervorgegangenen Ewig-Weiblichen sagt im Großen Evangelium (Bd. 1, Kap. 166, 4) ein vom Herrn Erleuchteter:

„Ja, jetzt wird mir auf einmal alles klar! ‚Das Weib ward geschaffen aus der Rippe Adams!' heißt: das hartnäckigere Geistige, das mehr Sinnliche, Stolze und Hochmütige des Mannes ward durch Gottes Weisheit und Macht aus dem Mann geschieden und in einer dem Mann ähnlichen, weiblichen Form dargestellt. Als aus dem Mann stammend, steht sie mit ihm in einer lebendigen Entsprechung und ist darum (durch den Akt der Zeugung) zur Erweckung einer lebendigen Frucht in ihr nach dem allmächtigen Willen Gottes fähig. Da ihr als dem hartnäckigeren geistigen Teil des Mannes ein größeres Leiden auferlegt ist, kann sie ihren Geist aber ebenso vollenden wie der Mann seinen sanfteren — wodurch es dann nach der Schrift geschehen kann und auch geschieht, daß am Ende Mann und Weib eins werden. Denn der Ausdruck, daß Mann und Weib einen ‚Leib' haben, heißt nichts anderes als: obschon des Weibes Wesen der hartnäckigere Teil des Mannes ist, so wird es aber durch die im Verhältnis stärkere Probung am Ende dem sanfteren Geistteile des Mannes völlig gleich. Und das ist es, was da besagt, daß Mann und Weib einen Leib haben!"

Vom Paradies

Eine irrtümliche Vorstellung wäre es, in buchstäblicher Auffassung der durch die Heilige Schrift überlieferten Sinnbilder zu glauben, daß dieses erste Vollmenschenpaar nun in einem paradiesisch üppigen Garten in Fülle und Freuden ohne Müh und Arbeit zu leben gehabt hätte.

„Auf der Erde", sagt der Herr im Großen Evangelium, „gab es nirgends ein *materielles* Paradies, in dem den Menschen die gebratenen Fische in den Mund geschwommen wären. War der Mensch tätig, sammelte er sich die Früchte, welche die Erde ihm trug, hatte er sich dadurch einen Vorrat angelegt, so war jede Gegend der Erde, die der Mensch kultiviert hatte, ein rechtes irdisches Paradies. Was wäre aber wohl aus dem Menschen und seiner Geistesbildung geworden, wenn er in einem wahren Müßiggangs- und Freßparadiese sich um gar nichts zu kümmern und zu sorgen gehabt hätte; wenn er nur hätte wünschen dürfen, und alles wäre schon da gewesen? Wenn er nur den Mund aufzusperren brauchte und die besten Bissen hätten sich ihm hineingeschoben? Wann würde bei solch einer Erziehungsweise der Mensch zur Lebens-Selbständigkeit gelangen? Ich sage euch, daß der Mensch da bis zur Stunde nichts anderes wäre als da ist ein Freßpolyp auf dem Meeresgrunde!

Hatte der *erste* Mensch dem Leibe nach auch keine Kindheit durchzumachen (da er, als einziges Geschöpf, völlig ausgewachsen der Hand Gottes entsprang), und hatte er auch eine Größe von mehr als zwölf Schuh, nicht viel minder auch die Eva, so war er im Wissen über die Beschaffenheit der Erde dennoch ein Kind und mußte erst durch die Erfahrung klug werden.

Im warmen Frühjahr, Sommer und Herbst konnte er es schon mit nackter Haut aushalten; aber im Winter fing er an, die Kälte sehr zu fühlen. Und er fragte sich in seinem Gefühl, das Gott durch geistiges und naturmäßiges Einfließen in ihm stets mehr erweckte: „Wo bin ich denn? Was ist mit mir vorgegangen? Es war mir zuvor so angenehm; nun friert mich und die kalten Winde tun wehe meiner Haut!“ Er mußte sich um eine vor dem Winde geschützte Wohnung umsehen und seinen Leib mit allerlei Laub der Bäume überdecken. Durch diese erzwungene Arbeit ward sein Denken reger und auch geordneter.

Aber es fing ihn auch zu hungern an, denn viele Bäume und Gesträuche hatten im beginnenden Winter leere Zweige. Er ging daher weiter fort, suchte Nahrung und fand noch volle Bäume. Er sammelte die Früchte und trug sie in die Grotte, die er als eine gute Wohnung auffand. Da sagte ihm sein schon mehr erfahrenes Gemüt abermals: „In dieser Zeit liegt die Erde in einem Fluch, und du Mensch kannst dir nur im Schweiße deines Angesichtes deine Kost sammeln!“

Nachdem aber der erste Mensch dieser Erde einmal in der Grotte überwintert hatte auf den Höhen, die da begrenzen den nordöstlichen Teil des gelobten Landes, zu dem auch Galiläa gehört, da hatte er Muße, mit seinem Weib tiefer in sich hineinzuforschen. Und da fand er auch ein Bedürfnis nach größerer Gesellschaft. Im *Traume* ward er belehrt, was er zu tun hätte, um zu einer solchen größeren Gesellschaft zu gelangen. Und nach solcher Belehrung fing er an, zu zeugen (unzeitig und ungesegnet) den Kain und dann bald darauf (gesegnet) den Abel und den Seth. Das Weib aber war es, das ihm den ersten Anreiz zur Zeugung gab. Denn dem *Weibe* kam zuerst im Traume ein Gesicht, wie dieselbe zu geschehen habe.

Alles ging sonach ganz natürlich zu. Aber *Moses* erkannte durch Gottes Geist, daß diese natürliche Führung auf dem Wege der Erfahrungen durch Meinen Geist geleitet ward. Er stellte darum Gott durch entsprechende Bilder stets an die Seite dieses ersten Menschenpaares und erläuterte auch Meine Einwirkung in den entsprechenden Bildern, wie sie damals üblich waren, weil überall zur Leitung des Volkes solch bildhafte Sprache notwendig war.

Übrigens versteht es sich von selbst, daß Gott und die Engel es wohl verstanden, das erste Menschenpaar in einer der fruchtbarsten Gegenden der Welt entstehen zu lassen. Wenn spätere, eigens zugelassene Naturereignisse die ersten Menschen nötigten, ihren ersten Nährgarten zu verlassen und sich auf der Erde umzusehen, so geschah das nicht etwa aus einer Art göttlichen Zornes, sondern nur aus *Liebe* zum Menschen, auf daß er von seiner träge gewordenen Sinnlichkeit wieder aufgeweckt würde, zur Tätigkeit überginge und ausgedehntere Erfahrungen mache.

Als Adam, sein Weib und seine Söhne wahrnahmen, daß es auf der weiten Erde beinahe überall zu essen gab, fingen sie an, größere Reisen zu unternehmen, wodurch sie mit Asien und Afrika ziemlich vertraut wurden. Das bereicherte sie wieder mit allerlei Erfahrungen. Geheim vom Gottesgeiste geleitet, kamen sie später in ihr erstes Eden zurück und blieben daselbst, von wo aus denn auch die Bevölkerung der ganzen Erde ausging.“ (Gr. Ev., Bd. 4, Kap. 142, 4—13.)

Vom göttlichen Urzustand und vom Sündenfall

Im Großen Evangelium heißt es zusammenfassend: „Es ward im Anfang vom Schöpfer also nur *ein* Menschenpaar auf die Erde gesetzt. Dieses erste Paar aber ward von Gott aus mit allen Fähigkeiten ausgerüstet. Es hatte tiefe Erkenntnisse, einen höchst klaren Verstand und einen machtvollen freien Willen, vor dem sich alle anderen Geschöpfe beugen mußten. Zu diesen Fähigkeiten bekam es auch aus dem Munde Gottes eine hellste und wohlverständliche *Offenbarung.* Die zeigte ihm ganz frei und offen, was es zu tun habe, um die Bestimmung, die ihm von Gott gestellt wurde, auf dem kürzesten und leichtest wandelbaren Wege zu erreichen. Aber daneben zeigte ihm Gott auch an, daß es ganz *frei* sei und dem geoffenbarten Willen Gottes auch zuwider handeln könne, so es nach dem Triebe des Fleisches und der Materie der Welt handeln wolle; aber dann werde es sich dadurch selbst ein Gericht und mit demselben auch den Tod bereiten.

Es ging danach auch eine Zeitlang ganz gut. Und darin — in der vollen Harmonie der Seele mit dem göttlichen Geiste — bestand geistig genommen das *Paradies.* Das Bild: Adam und Eva im Paradiese bezeichnet also das in der vollen *Gottesordnung* befindliche Urmenschenpaar. (Vergl. Gr. Ev., Bd. 8, Kap. 34, 15.) Aber nur zu bald siegte die sinnliche Begierde (von Moses dargestellt unter dem Bilde einer Schlange) über die Erkenntnis des Guten und Wahren der göttlichen Offenbarung, und das erste Menschenpaar übertrat das Gebot Gottes, um zu erfahren, was daraus werde.

Und siehe, was das erste Menschenpaar tat, das tun nun beinahe alle Menschen!“ (Gr. Ev., Bd. 7, Kap. 121, 7—10.)

Die Erbsünde

„Hätte Adam das positive Gebot beachtet, so wäre die Menschheit, d. h. die vollkommene Seele des Menschen, nicht zu einem so sehr harten, schweren und gebrechlichen Fleischleibe gekommen. Aber der Ungehorsam gegen das Gottesgesetz hat den Menschen notwendig auf einen weiten *Umweg* gebracht, auf dem er nun das Ziel um vieles schwerer und später erreicht.

Du meinst freilich: „Ei, wie kann denn ein kleines, bloß moralisches Gesetz auf die gesamte Natur des Menschen einen gar so wesentlichen Einfluß haben? Adam wäre ohne den dummen Genuß sicher ebenso der fleischliche Adam gewesen, wie er sich nach dem Genuß des ‚Apfels‘ gezeigt hat. Und er hätte dereinst dem Fleische nach sicher ebensogut sterben müssen wie nun alle Menschen!“

Du hast einesteils wohl recht, aber andernteils auch unrecht. Es ist der Genuß eines Apfels, der eine gesunde und reife Frucht ist, sicher nicht todbringend. Am Apfel selbst liegt also wenig oder gar nichts. Aber so er zum Genuß auf eine unbestimmte Zeit *verboten* wird (und das nur der größeren Festigung der Seele wegen!) — die Seele aber, ihres freien Willens bewußt, das Gesetz mißachtet und übertritt, so vollzieht sie gleichsam einen Durchbruch in ihrem göttlich reinen Wesen. Und dieser gleicht dann einer offenen Wunde, die schwer je völlig zu heilen ist. Wenn die Wunde auch vernarbt, werden durch die Vernarbung eine Anzahl von Gefäßen so beengt, daß durch sie fürder die Lebenssäfte der Seele nicht gut zirkulieren können und darum an der Stelle der Narbe stets einen unbehaglich schmerzlichen Druck ausüben. — Und seht, *diese Narbe heißt Welt!*

Die Seele will zwar diese Narbe gleichfort loswerden, denn sie schmerzt die Seele im Gefühl der Weltsorge. Aber je mehr die Seele sich damit abmüht, desto härter wird die Narbe; und je derber, desto mehr Sorge erzeugt sie. Die Seele hat dann am Ende nichts zu tun, als sich nur mit der Heilung dieser alten Narbe zu beschäftigen, d. h. sich sorglos zu machen, und kümmert sich infolgedessen wenig mehr um ihren göttlichen Geist. Und seht, das ist die sogenannte *Erbsünde!*

‚Wie aber kann sich so etwas wohl vererben?' wird man fragen. — Sehr leicht! Was die organische Seelengestaltung einmal angenommen hat, kann ihr Tausende von Jahren bleiben, wenn solches nicht durch den Geist in ihr wieder in volle Ordnung gebracht wird. — Seht den Typus eines Volkes an! Stelle Ich euch heute die Gestalt seines Urstammvaters vor, so werdet ihr bald erkennen, daß eine bedeutende Ähnlichkeit auf alle seine Nachkommen übergegangen ist. War der Stammvater ein guter und sanfter Mann und so auch dessen Weib, wird am Ende mit wenigen Ausnahmen das ganze Volk ein mehr gutes und sanftes sein als ein Volk, das einen zornmütigen, stolzen und herrschsüchtigen Stammvater hatte.

Wenn aber ein solcher leichter Zug eines Urstammvaters leiblich und moralisch noch nach ein paar Jahrtausenden in allen seinen Nachkommen wohl zu erkennen ist, um wie viel mehr ein (so gewichtiger) Zug des ersten Menschen der Erde in allen seinen Nachkommen, denen das Merkmal des Vaters gleich bei der Zeugung im Strome des Lebenssamens eingeprägt ward." [1]

[1] Gr. Ev., Bd. 2, Kap. 224, 6—11; Kap. 225, 1, 2; Bd. 8, Kap. 34, 13 ff.

22

Die Geschichte der Urmenschheit

Über die Entwicklungen und Geschicke des aus dem ersten Vollmenschenpaar hervorgegangenen Erdengeschlechts besitzen wir durch Jakob Lorber in dem dreibändigen Werke ‚Die Haushaltung Gottes‘ eine eingehende Schilderung von der Zeit Adams bis zur großen vorderasiatischen Erdkatastrophe, genannt Sündflut. Diese Geschichte der *Urväter* mit ihren tiefen Aufschlüssen über den wahren Schöpfungs- und Heilsplan unseres himmlischen Vaters zu lesen, kann jedem Gottesfreunde nur dringend und warm ans Herz gelegt werden. — Einen kurzen, zusammenfassenden Überblick gibt im ‚Großen Evangelium‘ (Bd. 5, Kap. 197) der Herr einigen israelitischen Jüngern. Er belehrt sie über

die Urmenschheit bis zur Sündflut:

„Menschen, wie sie *nun* der Boden der Erde trägt, bestehen erst etwas über 4000 Jahre.[1] Die damals lebenden ersten Vollmenschen waren Menschen wie ihr, aber sie zerfielen infolge ihrer Handlungsweise in zwei Klassen: in die *Kinder Gottes,* so genannt, weil ihr Herz und Gemüt Gott erkannte und Ihm treu blieb, und in die *Kinder der Welt,* so genannt, weil sie Gott stets mehr vergaßen und in allem nur der Welt dienten (so wie heute die meisten Menschen).

Die Kinder der *Welt* erbauten (in der Tiefebene, abseits ihrer gebirgigen Urheimat in Vorderasien) Städte und allerlei Götzentempel. Ihr Herrgott aber war, wie nun, der Mammon. Sie lebten ähnlich wie jetzt; darum war ihr Leben aber auch nur ein ganz kurzes, so wie jetzt!

Aber anders stand es mit den Kindern *Gottes.* Diese bewohnten die Berge, kamen nur höchst selten in die Tiefen hinab und lebten ganz einfach und naturgemäß. Da gab es keine Städte, keine Dörfer und auch keine gezimmerten Häuser, sondern nur bestimmte, mit lebenden Bäumen umgebene, reine Rasenplätze. Gegen die Bäume zu war ein bankartiger Erdwall gemacht und, wo es nötig, gegen die Baumstämme hin dick mit Moos belegt. Und so bildete dieser innere Rundwall eine ganz bequeme Tagesruhebank und zugleich ein gutes Nachtruhelager.

Die Kost der Kinder Gottes bestand zumeist in guten und reifen Baumfrüchten, allerlei schmackhaften Wurzeln und Milch. Mit der Zeit lernten sie, durch innere Offenbarung belehrt, auch verschiedene nützliche Hausgerätschaften aus Eisen und anderen Metallen anzufertigen. Sie betrieben dann auch den Ackerbau, bereiteten Mehl und verstanden ein recht gutes Brot herzustellen und noch gar manches, aber alles ohne Prunk. Der Zweck einer Sache genügte ihnen vollkommen. Und so lebten sie beinahe 2000 Jahre lang in voller Einfachheit und erreichten dabei ein überaus hohes Alter.

[1] D. h. also: vor Chr. — Die gelehrte Wissenschaft rechnet meist mit größeren Zahlen. Doch bestehen in dieser Hinsicht unter den einzelnen Forschern große Meinungsunterschiede, da die geschichtlichen Anfänge der Urvölker sehr im Dunkeln und Ungewissen liegen.

Nur als sie sich nach und nach auch von der Pracht und großen Schönheit der Weltkinder berücken ließen, wurden sie dann zur Strafe häufig von diesen unterjocht und förmlich zu Sklaven gemacht — bis auf einen sehr geringen Teil, der wie Noah Gott treu blieb. Aber damit änderte sich auch alles bei ihnen. Sie wurden leiblich kleiner und schwächer, und ihr Leben erreichte nur selten 100 Jahre, während sie früher oft nahe an die 1000 Jahre alt wurden.

Wie euch aber bekannt ist, so wurden alle rein zu Weltmenschen gewordenen Menschenerstlinge der Erde zu Noahs Zeiten eigenverschuldet von einer großen Flut ertränkt. Diese Flut deckte den größten Teil der damals bevölkerten Erde so unter Wasser, daß die mächtigen Wogen, durch Stürme und Orkane erzeugt, über die höchsten Bergspitzen schlugen und auch alles Leben in ihrem Bereich erstickten bis auf Noah und seine kleine Familie, und so auch alles Getier bis auf das, was Noah in seiner Arche beherbergte. — Mit *Noah* aber fing, wie bekannt, eine ganz *neue* Epoche der Erde an.

Damit habt ihr ein kurz gefaßtes, aber getreues Bild von den Urmenschen dieser Erde."

Die Sündflut

Näheres über die sogenannte Sündflut, ihre geistigen und natürlichen Ursachen, ihre Ausdehnung und ihre Folgen finden wir in dem obenerwähnten Lorberwerke ‚Die Haushaltung Gottes' [1] sowie in einem diesem Buche beigegebenen Anhang „Die vornoahische Gestalt der Erde" und im ‚Großen Evangelium' (Bd. 6, Kap. 207, 10 ff.). Danach wurde diese Erdkatastrophe, in der die ganze verderbte Völkerschaft Vorder- und Mittelasiens mit der Hauptstadt *Hanoch* zugrunde ging, naturmäßig hauptsächlich dadurch verursacht, daß die gottlosen, herrsch- und genußsüchtigen Hanochiten — zur Gewinnung von Gold und Edelsteinen wie auch in bösartigen Rachekriegen gegen die Hochlandbewohner — den Fuß der Gebirge, auf welchen die letzteren wohnten, mit Sprengkörnern von großer Wirksamkeit angruben und dadurch die natürlichen, unter den Gebirgen befindlichen Wasserbecken (Brunnen der Tiefe) eröffneten.

In der ‚Haushaltung Gottes' [2] sagt der Herr zu einem der Urväter: „Meinst du denn, Ich habe den Plan gefaßt, je einen Menschen zu richten und zu verderben? Siehe, Ich tue nur das Gegenteil! Aber eben um die Menschheit nicht zu richten mit Meiner Allmacht, muß Ich es nun leider zulassen, daß die Menschen selbst die Schleusen der Erde gewaltsam eröffnen, aus denen mächtige Fluten hervortreten und alles ertränken, was da atmet in diesem größten Wohnbezirk der Erde.

Ich sah das lange voraus und warnte darum auch stets die Menschen. Aber nun haben sie einen langen Krieg sogar gegen Mich unternommen und wollen die ganze Erde mit ihren Sprengkörnern zerstören, wie sie nun auch schon einen Berg um den andern in die Luft sprengen. Und das ist ihr eigenes Gericht! Siehe, unter den Bergen sind große Wasserbecken, enthaltend viele tausende Kubikmeilen Wasser. Dieses Wasser aber wird hervorbrechen und steigen über die Hochgebirge dieser Wohnbezirke und wird auch den Erdkreis in Dünste hüllen, aus denen es ge-

[1] Bd. 3, Kap. 333 und Kap. 357 ff.
[2] Bd. 3, Kap. 338.

waltig regnen wird. — Sage Mir: Tat Ich nicht recht, so Ich den einen Mir gehorsamen Noah diesen Kasten bauen ließ zur Rettung seines Lebens, wennschon sonst niemand Mich mehr hören wollte?

Über die

Ausdehnung und die geistige Bedeutung der Flut

vernehmen wir in der ‚Haushaltung Gottes‘ [1]: „Wie aber und wohin ergoß sich das Gewässer der Sündflut? Der Hauptteil war Mittelasien, wo noch heute der Aralsee und das Kaspische Meer sind. Da stand das übergroße und stolze *Hanoch*. Und es ließen sich noch heutzutage Überreste dieser Stadt finden, freilich in großer Tiefe. Von diesen Hauptpunkten ergoß sich das Gewässer reichlichst nach Sibirien wie auch nach Europa, das aber damals noch nicht bewohnt war. Ein Teil brach gegen Süden durch, zum heutigen Ostindien und am stärksten nach Arabien. Auch das nördliche Afrika wurde stark mitgenommen bis zum Hochlande, von wo an dies Land nur kleine Unterströmungen erlitt. Amerika ward nur von Sibirien aus im Norden etwas mitgenommen; der Süden aber blieb frei, ebenso wie die meisten Inseln des großen Meeres. [2]

Warum wird denn nun aber gesagt, die Flut ergoß sich dahin und dorthin? Regnete es denn nicht auf der ganzen Erde, und war die Flut nicht überall von gleicher Stärke?

Da sage Ich: Die Flut ergoß sich dahin und dorthin, weil es nicht über die ganze Erde geregnet hat und daher die Flut auch nicht von gleicher Stärke sein konnte. Hätte es wohl in den überkalten Polargegenden regnen können? Und wozu wäre der vierzigtägige Regen in jenen Gegenden gut gewesen, wo noch kein Mensch wohnte und auch wenig oder gar kein Getier? Oder was hätte der Regen über dem Weltmeere bewirken sollen? Und endlich, wenn das natürliche Flutgewässer auf der ganzen Erde über jedem Punkte gleich eine Höhe von über 3000 Klaftern erreicht hätte, wohin hätte es dann wohl abfließen und sich verlaufen sollen? — Darum war die Flut nur dort in ihrem verderblichen Auftritt, wo die arge Menschheit zu Hause war und bedeckte da besonders Mittelasien, von wo aus sie sich dann weit und breit nach allen Seiten hin ergoß!

Wenn es aber in der Schrift heißt: „Über *alle* Berge der Erde, und außer was die Arche trug, blieb nichts Lebendiges auf dem Erdboden“ — so muß das *nicht buchstäblich* auf die Naturerde selbst bezogen werden. Denn unter ‚Bergen‘ wird hier der Hochmut und die Herrschsucht verstanden von Seite der Menschen. Und daß auf der Erde kein Leben übrigblieb außer in der Arche, besagt, daß Noah allein ein geistiges Leben in Gott und aus Gott getreuest bewahrte. Wer das wohl beachtet, der wird einsehen, daß die Flut Noahs wohl eine große

[1] Bd. 3, Kap. 357, 8 ff.; 358 und 359, 4—6, vergl. auch Großes Evangelium, Bd. 7, Kap. 91, 20 ff.

[2] Eine wissenschaftliche Bestätigung dieser Angaben lieferte die englisch-amerikanische Forscherfahrt unter C. L. Woolley (1923—1930) mit ihren Grabungen zu Ur in Chaldäa. In dem im Laufe von Jahrtausenden angehäuften Schutt dieser alten Sumerierstadt, deren Geschichte sich in diesen Überresten auf mehrere Jahrtausende vor Chr. zurückverfolgen ließ, fand sich in bedeutender Tiefe eine verschiedene Meter dicke Schlammschicht, die nicht als Anschwemmung einer gewöhnlichen Stromflut, sondern nur als Niederschlag einer ganz außerordentlichen Erdkatastrophe sich erklären läßt.

örtliche, aber deswegen noch *keine* völlig allgemeine war, und das darum, weil nur in Mittelasien die Menschen durch Tollkühnheit dazu selbst die Hauptveranlassung gegeben hatten, was in den anderen Weltteilen nicht der traurige Fall war."

Die Überlebenden und ihre Geschicke nach der Flut

Von der großen Flut wurden demnach auch keineswegs alle bis dahin entstandenen Völker vom Erdboden getilgt. Es blieben im Norden und Osten als Nachkommen und äußerste Ausläufer der Hanochiten: die *Mongolen,* die *Indianer* Amerikas, die *Japaner,* die *Chinesen* und *Polynesier.* Im mittleren und südlichen Afrika und auf den australischen Inseln: die *Neger* — nach Lorber Nachkommen Kains.

Inmitten dieses Hanochitischen und Kainitischen Rassenkranzes aber entwickelten sich vom Zentrum des Hochflutgebietes, dem vorderasiatischen Hochland *Iran* (Araratgebiet) aus die Nachkommen Noahs. Ursprünglich mit *einer* Religion und *einer* Sprache in *einer* Volksfamilie zusammenlebend, trennte sich, als ihre Volkskraft wuchs, bald Sippe um Sippe vom Mutterstamm und zog in die Welt hinaus. Zuerst wandten sich die Söhne des dunkelhäutigen Ham nach dem Süden, bevölkerten Kanaan und drangen dann weiter nach Arabien, Ägypten und Nordafrika vor. Diese Völker heißen noch heute die *Hamiten.* — Ein anderer Teil des noahischen Urvolkes, die *Japhetiden* oder Nachkommen des Sohnes Japhet, wanderte in zahlreichen Trupps nach Osten, Norden und Westen und breiteten sich in weiten Wanderzügen fächerartig aus — vom Strome Indiens, dem Ganges, bis ans nördliche Eismeer und von da bis Skandinavien, England, Irland, Spanien, Italien und Griechenland. Man nennt diese von Noah stammende große Völkerfamilie daher auch die *Indo-Germanen.* Die Bibel spricht vom „weitausgebreiteten Japhet".

Mehr bei der alten Stammheimat blieben dagegen die Nachkommen des ältesten Noahsohnes Sem, die *Semiten.* Sie setzten sich nach kurzer Reise im fruchtbaren Stromlande des Euphrat und Tigris, in den Ländern Assyrien, Babylonien und Sumerien (Chaldäa) fest. Ein Teil unter *Abraham* zog von da (der Stadt Ur) aus, verdrängte die Hamiten aus Kanaan und besetzte und bevölkerte als ein biederes Hirtenvolk dieses kanaanitische Hügelland. Ein anderer Teil zog weiter an den Küstenstrich am Mittelländischen Meer, gründete die Städte Sydon, Tyrus usw. und ward unter dem Namen *Phönizier* oder Punier bald ein reiches, aber auch lasterhaftes und gefürchtetes Handelsvolk.

Der große Menschheitsbaum

Aus dem einen Samenkorne Adam entwickelte sich so unter dem ständigen Einfließen und Walten Gottes ein gewaltiger Menschheitsbaum mit zahlreichen Ästen und Zweigen. Das naturmäßige Bild vom Wachstum eines Baumes, ja eines ganzen Waldes, bestätigt in tiefsinniger Entsprechung die in den Schriften der Neuoffenbarung dargebotene Lehre von der Schaffung, Abstammung und Entwicklung des irdischen Menschengeschlechts aus einem *einzigen* Vollmensch-Keimling. — Danken wir dem himmlischen Vater, daß wir nach manchen fehlgeschlagenen Versuchen der menschlichen Wissenschaft durch Prophetenmund nun auch auf diesem Gebiet eine mit der Bibel und der erleuchteten Vernunft übereinstimmende, wahre Kunde empfangen haben!

Allen diesen Völkern war ursprünglich durch *Offenbarung*, d. h. durch das innere Wort des Herzens, durch Prophetenmund und durch unmittelbare Belehrung aus den Himmeln ein lichtvoller Glaube an einen *alleinigen Gott*, den Schöpfer Himmels und der Erde, den Vater aller Menschen und Herrn einer Welt von Engeln und Geistern gegeben. Je mehr jedoch die Völker an Zahl und irdischer Weltliebe wuchsen, desto mehr verdunkelte und entstellte sich in ihrem Bewußtsein diese reine, himmlische Eingottlehre. Die Geisterwelt und die Geisterverehrung trat in den Vordergrund. Natur- und Schutzgeister wurden zu Nebengöttern und schließlich anstelle des unsichtbaren Himmelsvaters zu Hauptgöttern erhoben. Und so entstand durch den derben Weltsinn der wachsenden Völker und Völkergruppen die mannigfaltige *Vielgötterei*, durch die das Ewig-Göttliche vermenschlicht und der Glaube schließlich aller Wahrheitskraft entleert wurde. Besonders bei den reiselustigen Volksschwärmen Japhets, den Italern, Helenen, Germanen, Slaven usw. zeigte sich diese Entwicklung. Auf ihren langen und kriegerischen Wanderzügen verwilderte ihr Sinn und verlor ihr Herz den lebendigen Glauben an einen allwaltenden und allgütigen Himmelsvater Jehova. Und nur in ihrem obersten Gotte Jupiter, Zeus, Tuisko usw. verblieben ihnen gewisse Erinnerungen.

Melchisedek, der König von Salem

Besser bewahrten den Eingottglauben diejenigen Nachkommen Noahs, welche keine langen Wanderfahrten machten, sondern wie die Perser im vorderasiatischen Stammlande, oder wie die Semiten in dessen unmittelbarer Nachbarschaft blieben. — Ihnen ward bald nach der Sündflut ein erhabener Herrscher und Hoherpriester gegeben in Melchisedek, dem König von Salem.

Salem, der Sitz dieses sagenhaften, göttlichen Königs der Könige lag östlich des Jordans, nicht fern vom Galiläischen Meer auf dem Hügellande Manasse an der Stätte des späteren Abila.

Im ‚Großen Evangelium' (Bd. 10, Kap. 59 ff.) besucht der *Herr* mit seinen Jüngern diesen Ort und sagt: „Ich selbst bin der wahre König von Salem und Hohepriester von Ewigkeit. — Dieser König war also in Wahrheit vor aller Kreatur und somit auch eher als Noah. Was aber die Erdenzeit anlangt, in der Er selbst in Person und Gestalt eines *Engels* aus den Himmeln die Menschen über sich selbst und über ihre Bestimmung unterwies, so war Er zwar schon zur Lebenszeit des Noah von Zeit zu Zeit da und redete mit ihm. Jedoch ein eigentliches König- und Hohepriestertum ward von Ihm erst ein paar Jahrhunderte nach Noahs Aussteigen aus der Arche errichtet, welche Zeit Noah selbst und seine drei Söhne noch erlebten. In dieser Zeit war die Erde schon wieder stark bevölkert und die vielen Stammväter von kleinen Völkern führten den Namen ‚Könige', brachten alljährlich Ihm Opfer nach Salem und wurden von dem König *Melchisedek* unterwiesen.

Aber als sich dann die Völker mehr auf der weiten Erde ausbreiteten, vergaßen sie des Königs der Könige und fingen an, sich von Ihm zu trennen. Auch die in seiner Nähe wohnten, zogen nicht mehr nach Salem. Da verließ auch der König mit allen Engeln, die Ihm dienten, die Burg und besuchte (in Engelsgestalt) nur selten noch wenige, Ihm treu gebliebene Patriarchen, wie z. B. Abraham, Isaak und Jakob und später alle die großen und kleinen Propheten. Die Folge des Abfalls von Melchisedek war, daß unter den Völkern und ihren Königen bald Zwietracht, Neid, Mißgunst, Zorn und Haß und dadurch auch Kriege entstanden."

Der Turmbau zu Babel und die Sprachverwirrung, wovon die Schrift berichtet, versinnbildlicht diese Zerklüftung der damaligen Menschheit im Gefolge der Weltliebe und Herrschsucht. Immer wieder steuerte freilich die Gnade Gottes dem zunehmenden Verderben und suchte den Abstieg in die Finsternis der heidnischen Vielgötterei und des Unglaubens aufzuhalten durch große und kleine Boten des Himmels. Den Persern ward einige Zeit nach Melchisedek (ums Jahr 1200 vor Chr.) der Dichterprophet *Zoroaster* (Zarathustra) gegeben, dessen lichtvolle Lehren Jahrtausende nachwirkten. Dem unter Abraham aus dem Euphrattal nach Kanaan und von da später nach Ägypten gewanderten semitischen Volksstamm der Hebräer oder Israeliten brachte um dieselbe Zeit der Gottesbote *Moses* Rettung aus der ägyptischen ‚Finsternis', und viele kleinere Propheten hatten immer wieder dieses erwählte Priestervölklein der semitischen Rasse trotz seiner starken Weltliebe und Sinnenlust auf den Wegen Gottes zu erhalten.

Japhet in den Hütten Sems

Bei den *Israeliten* wurde der alte Glaube an den alleinigen Gott Jehova am längsten und reinsten bewahrt. Hier im Zentrum der Erdteile Asien, Europa und Afrika wurde dann 2000 Jahre nach der Sündflut in der durch die großen Völkerwanderungen und stürmischen Lebensentwicklungen bewirkten allgemeinen Glaubensnacht jene neue große *Geistleuchte* für alle Völker des ganzen Erdrundes angefacht, die heute noch und in alle Ewigkeit den Menschenherzen das Licht des höchsten Heils spendet. Auch jene weltfrohen, wandersüchtigen Japhetiden: die Italer, die Helenen, Kelten, Germanen, Slaven, Russen usf. kamen, nachdem sie ihre irdischen Weltreisen zum Teil bis an die Eiswüsten der Polarländer, bis an die Küsten Irlands und an die Säulen des Herkules im Süden Spaniens ausgedehnt hatten, geistig verarmt zu diesem Urlichte in *Jesus* zurück, ja ergriffen es gleich dem heimgekehrten verlorenen Sohn mit doppelter Begier. Und so wurden in wunderbarem, vom Vater und Lenker vorausgeschautem Lauf der Geschicke die geheimnisvollen Worte Moses (1. Mose 9, 27) wahr, daß der ‚weitausgebreitete Japhet' (geistig) wohnen wird in den ‚Hütten' d. h. in den Glaubenslehren Sems.

23

Der Geist als gestaltende Grundkraft im Menschen

Allezeit war und ist der Mensch sich selbst ein größtes Rätsel. Schwer begreifen wir nach jahrtausendelanger Forschung den kunstvollen Bau unseres Leibes, geschweige denn unsere seelisch-geistigen Wesensseiten. Und obwohl im Zeitenwandel das große Völkermeer der Menschheit sich ständig erneuert, obwohl vor unseren Augen das Wunder des Sprießens und Erblühens neuer Menschenleben sich täglich vollzieht, so ist es dennoch bis zur Stunde ein Rätsel aller Rätsel geblieben, wie diese reichhaltigste Frucht am erhabenen Baume des Lebens zur Entstehung gelangt.

Wir sagen, der Mensch trete ins Dasein durch *Zeugung und Geburt*. Und ein in ungeistigen, rein stofflichen Vorstellungen befangener Mensch glaubt, dann wohl auch schon eine genügende Erklärung gefunden zu haben. Allein, für den Tieferschürfenden beginnen die Schwierigkeiten und beklemmenden Dunkelheiten gerade erst hier, mit der Frage nach dem eigentlichen Wesen dieser geheimnisvollen Vorgänge der Lebensentstehung. Der mit Ehrfurcht nach Wahrheit strebende Mensch möchte zu seinem Heil Näheres wissen, um sein Leben in entsprechender Weise vernunftvoll einrichten zu können. Und so hat sich denn in der Neuzeit auf diesem Erkenntnisgebiet eine eigene Sonderwissenschaft, *die Embryologie*, zu deutsch Kunde vom keimenden Leben, entwickelt. Ihr war es vergönnt, gerade in den letzten Jahrzehnten eine der allergrößten und segensvollsten Entdeckungen zu machen, die je dem Menschengeiste beschieden waren.

Die große Entdeckung in der Keimlehre

Der Mann, der durch scharfe Beobachtung und klares Denken diese hohe Erkenntnis an den Quellen des Lebens gewinnen durfte und mit seltenem Bekennermut der Welt verkündet hat, war ein Deutscher, der Forscher *Hans Driesch* in Leipzig, einer der größten Gelehrten von Weltruf.

Um dem Geheimnis der Entstehung des menschlichen Lebens auf die Spur zu kommen, begann Driesch schon in seinen jüngeren Jahren mit dem Studium der Befruchtungs- und Keimvorgänge im tierischen Ei, die nach und nach zum wunderbaren, kunstvollen Aufbau des leiblichen Organismus führen. Bezüglich dieses staunenswerten Werdevorgangs, der aus einer einzigen, meist mikroskopisch kleinen Keimzelle ein unfaßbar weises und zweckvoll gegliedertes Lebewesen gestaltet, gingen die Ansichten der Wissenschaft früher bedeutend auseinander. Bis in das letzte Jahrzehnt vor dem Weltkrieg herrschte nur die materialistische (mechanistische) Erklärungsweise.

In einem Berliner Vortrag führte Driesch aus, alles stimme nicht mit der alten Lehre überein, daß die einzelnen Zellen mechanisch vorherbestimmt seien für die Bildung bestimmter Teile. Die gesamten neuen Ergebnisse spotteten jeder mechanischen Erklärung. Sonach könne auch die befruchtete Keimzelle nicht eine Maschine sein. Es walten in derselben vielmehr zweckmäßig wirkende Kräfte, die stets das Ganze garantieren. Man könne sagen: es sei ein Agens, eine Kraft da, welche das Ganze wirke und die gleichsam ein ursprüngliches Wissen in sich habe. Er,

Driesch, habe dafür den aristotelischen Begriff „Entelechie“ (zu deutsch etwa soviel wie „Innenlicht“) gewählt. Diese Entelechie könne man sich vielleicht in der Art eines seelisch-geistigen Wesens vorstellen; denn sie probiere nicht erst herum, sondern mache es „gleich richtig“ aus einem urtümlichen Wissen. „Wir haben also damit in den lebenden Organismen einen nicht-mechanischen Faktor erkannt, der mit der Materie (schöpferisch) arbeitet.“

Mit anderen Worten ausgedrückt, hat also auch der Forscher Hans Driesch im lebendigen Organismus der Pflanzen und Tiere als zentrale, grundlegende, aufbauende und erhaltende Kraft eine unserem *geistigen Ich* entsprechende geistige Macht entdeckt, die mit umfassendem, souveränem Wissen und Willen vorgeht und wie ein Gott im kleinen Maßstab das ihm obliegende kleine Schöpfungswerk gestaltet und verwaltet. Er stieß bei scharfsinnigen Untersuchungen im Seeigel-Ei und anderen pflanzlichen und tierischen Keimzellen auf die gleiche herrschgewaltige, göttlich anmutende, individuelle Geistkraft, die auch der Arzt und Forscher Oskar Kohnstamm durch seine Versuche im hypnotischen Schlafe als überpersönliches *„Tiefstbewußtsein“* in der Menschenseele entdeckt hat. Auch Driesch wies in seinem Vortrag auf den gleichliegenden Fall beim Menschen hin: der Organismus Mensch spotte in seinem Gebahren jeder Auflösung in Mechanik. Auch in ihm muß eine „Entelechie“, und zwar natürlich eine besonders lichtvolle und kräftige als wirkendes Agens und eigentlicher, wichtigster Lebenskern angenommen werden.

Die neue Keimlehre von Driesch — und Jakob Lorber

Mit diesen und späteren Feststellungen bestätigte die Wissenschaft auf dem Gebiete der Lebensforschung in bemerkenswerter Weise die durch Jakob Lorber dargebotenen Lehren und lieferte einen geradezu unumstößlichen Beweis ihrer Wahrheit. Nach Jakob Lorber ist ja *Reingeistiges* als aufbauende, erhaltende und verwaltende Grundlebensmacht in jeglicher Materie. „Dieses ruht“, so belehrt im Großen Evangelium ein Engel die Jünger, „z. B. bei der Pflanze in einem den Augen kaum sichtbaren kleinsten Hülschen, das in der vom Samenkorn umschlossenen Keimzelle vorhanden ist. Dieses in dem Hülschen eingeschlossene Reingeistige ist ein mit Liebe, Wissenslicht und Willenskraft erfüllter Gedanke aus Gott, in seiner vollen Abgetrenntheit von zahllos vielen anderen, in und für sich ebenso abgesonderten Gedanken.“

Dieser so für sich abgesonderte Geist im Keimhülschen, sagt der Engel weiter, werde im Besitze seiner klaren Intelligenz und im Bewußtsein seiner Kraft leicht inne, wann der Same als sein von ihm erbautes, materielles Wohnhaus sich in einer Lage befindet, in welcher er, der reine Geist, seine Tätigkeit beginnen könne. Wenn der Same in die feuchte Erde gelegt sei und die äußere, substantiell-materielle Umkleidung sich erweicht habe, dann fange der reine Geist sofort an, von seiner Intelligenz und Willensmacht den rechten Gebrauch zu machen. Er erkenne genau die ihm entsprechenden Teilchen in der Erde, im Wasser, in der Luft, im Licht und in der Wärme der Sonne, ziehe sie an sich und schaffe aus ihnen in seiner Ordnung das, was seinem Wesen entspreche. Und so sehe der Mensch dann eine Pflanze aus dem Boden der Erde wachsen, mit der ihrer Art seit Jahrtausenden stets gleichen Eigentümlichkeit. Das Kraut oder (gewissermaßen) Außenfleisch der Pflanze von der Wurzel bis zur höchsten Stammspitze werde dabei nur darum erzeugt, daß der reine Geist in den neuentstehenden Samenkörnern sich schöpferisch vervielfachen und so sein Ich verunendlichfältigen könne. Nach solchem Werke erhebe sich der Geist und gehe im Verband mit den an sich gezogenen Seelenteilen zur Bildung höherer und vollkommenerer Formen und Wesen über. (Gr. Ev., Bd. 7, Kap. 73, 9; 74; 75, 7.)

„Und was ich dir jetzt von den Pflanzen gesagt habe", erklärt im ‚Großen Evangelium' der belehrende Engel weiter, „gilt in geringerem Maße auch von allen Mineralien und in höherem Maße von allen Tieren und endlich auch vorzüglich vom Menschen. Uranfänglich aber gilt dasselbe von der Bildung aller Weltkörper, aller Hülsengloben und des gesamten großen Schöpfungsbaues. Die angegebene Regel gilt für die ganze Ewigkeit und für die ganze Unendlichkeit. Verstehst du das Alpha, so verstehst du auch das Omega!" (Gr. Ev., Bd. 7, Kap. 74, 5.)

„Überall wo ein materielles Gebilde sich gestaltet, ist für die vollständige Vereinigung all der Spezifika (Urlebensteile) ein gewisses reingeistiges *Zentrum* gegeben. Dieses zieht mächtig all dasjenige an sich, was seines Wesens ist, und möge dieses noch so zerstreut sein." Auf diese Weise konzentrieren sich also die materiellen Urbestandteile oder Lebensfunken um das ihnen eigentümliche geistige Zentrum, ergreifen sich hier zu einer intelligenten Form und eigenschaften sich nach dem Wesen ihres geistigen Grundlebens. (‚Erde' Kap. 38.)

Nach den Eröffnungen durch Jakob Lorber hat der ganze, nach dieser Grundregel erfolgende Aufbau der endlos mannigfaltigen Lebensformen vom Mineral bis zum Menschen in seinem ständigen Werden, Vergehen und Neuwerden bekanntlich einen tiefgeistigen, göttlich erhabenen und ewigen *Sinn und Zweck*. Dadurch werden die bei dem aufrührerischen Abfall Satanas (Luzifer) aus der Ordnung Gottes getretenen und in der sichtbaren Stoffwelt aufgefangenen (verdichteten und entarteten) urgeistigen Elemente durch nichtgefallene Geister Gottes in die Ordnung zurückgeführt. Alle materiellen Organismen, vom Atom und Mineral bis zum Menschen, sind daher nach Jakob Lorber — geistig genommen — Seelenbildungsschulen, in welchen ein reiner ‚*Geist*' aus Gott als Lebenszentrum aus der Gottesordnung gefallene Lebensfunken, als ‚*Seele*' an sich zieht, um sie durch den planmäßigen Aufbau und Gebrauch eines entsprechend reich ausgestalteten ‚*Leibes*' im Dienste der Gottesordnung zu unterweisen, zu üben und zu festigen.

Geist zeuget den Geist

Von diesen allgemeinen Grundanschauungen aus ist nun unschwer zu verstehen, daß auch der Mensch eine *Dreieinheit* von Geist, Seele und Leib ist (wobei der Geist das eigentliche, schöpferische Grundleben darstellt) — und daß des Menschen Zeugung und Ausgeburt in die Welt nicht lediglich ein dumpfes, materielles Geschehen ist, sondern von geistig-seelischen Kräften und Vorgängen bestimmt wird.

In dem Lorberwerk ‚Die Haushaltung Gottes' (Bd. 2, Kap. 133) wird gesagt: „Der Geist zeuget den Geist, die Seele die Seele und das Fleisch das Fleisch!"

Und über die dabei in erster Linie in Betracht kommende Grundlebenskraft des *Geistes* vernehmen wir in den Lorberschriften:

„Jeder Mensch, der hier auf dieser Erde geboren wird, bekommt einen Geist *unmittelbar aus Gott* und kann durch ihn nach der vorgeschriebenen Ordnung die vollkommene Kindschaft Gottes erhalten. Auf den anderen Weltkörpern bekommen die Menschen Geister *aus den Engeln,* die, wie der Herr selbst und wie jeder Erzengel den Weg des Fleisches durchgemacht haben. Denn jeder Engel, der diesen Weg durchgemacht hat und dadurch ein Kind Gottes geworden ist, hat eben hierdurch die schöpferische Kraft und kann aus dem Überflusse seiner Liebe und seines Lichtes lebendige Kräfte nehmen und in die neu werdenden Menschen legen und sich auf diese Weise wie ein Gott Kinder *seines* Namens ziehen. Die Menschen auf den anderen Weltkörpern sind demnach nur *Nachkinder* und nicht wirkliche Kinder aus Gott, können jedoch auf dem Wege einer Wiedereinzeugung auf dieser Erde wohl auch zur Kindschaft Gottes gelangen." (‚Erde', Kap. 53.)

Die Menschen unserer Erde haben also einerseits dadurch, daß sie hier am Sitz und Kerker Satans so nahe und fühlbar unter dem Einflusse dieser zerstörerischen, furchtbaren Grundmacht des Bösen leben müssen, gegenüber den Menschen anderer Weltkörper einen besonders schwierigen Standpunkt. Allein dieser Nachteil wird aufgewogen durch den unendlichen Vorteil, daß sie „einen kräftigen Geist unmittelbar aus Gott haben, mit dem sie leicht, wenn sie nur wollen, die Bosheit des Bösesten bekämpfen können, um dadurch vollkommene Kinder Gottes zu werden."

Die Erschaffung dieses unserem Sein und Wesen zugrunde gelegten reinen Urgeistes oder Liebefunkens aus dem Herzen Gottes ist also die erste Bedingung unseres irdisch-menschlichen Entstehens. Und in der ‚Haushaltung Gottes' (Bd. 1, Kap. 4, ff.) lesen wir über diese „Zeugung des Geistes durch den Geist" die Worte: „Und Gott sah (in seinem Ursein) in sich die große Herrlichkeit seiner Liebe. Und die Liebe sah in der Gottheit ihre Gedanken und fand daran großes Wohlgefallen. Da entzündete sich die Liebe und die Kräfte der Gottheit rauschten um sie. Und siehe, die Gedanken der Liebe waren selbst Liebe und waren ohne Zahl. Da sprach die Liebe in der Gottheit: „Laß Uns die Gedanken der Herrlichkeit festhalten und hinausstellen, daß sie frei werden und Uns empfinden und sehen, wie Wir sie empfinden und sehen!" Da ging das Wort in die Gottheit über und sie ward überall Liebe. Und da sprach die Gottheit zum ersten Mal: „Es werde!" — Und es ward ein Heer der Geister aus Gott frei, deren Zahl kein Ende hat. Und die Liebe sah sich selbst in ihnen verunendlichfältigt."

Näheres über den Geist des Menschen

Von diesem reinen göttlichen Geiste, der positiven Lebensgrundmacht im Menschen, kündet in der Lorberschrift ‚Drei Tage im Tempel' (Kap. 21, 19) der zwölfjährige Jesus den Priestern und Schriftgelehrten im Tempel: „Geist und Seele ist nicht ein und dasselbe! Die *Seele* des Menschen ist ein geistiges Produkt aus der Materie, in der ein gerichtetes Geistiges für die Löse rastet. Der reine *Geist* aber ist niemals gerichtet gewesen. Und es hat ein jeder Mensch seinen von Gott ihm zugeteilten Geist, der alles beim werdenden Menschen besorgt, tut und leitet, aber mit der eigentlichen Seele sich erst dann in eins verbindet, so diese aus ihrem eigenen Wollen vollkommen in die erkannte Ordnung Gottes übergegangen und somit völlig rein geistig geworden ist."

Wie jedes höhere Geistwesen, hat auch der in uns wohnende reine Geist die geistige Urform aller Formen, die Menschenform.[1] Seiner Liebe, Weisheit und Macht nach ist er, weil „völlig aus dem Herzen Gottes“ stammend, „ein Gott im kleinsten Maßstab.“ (Gr. Ev. Bd. 1, Kap. 214, 10.) „Der lebendige Geist im Menschen“, sagt der Herr im ‚Großen Evangelium‘, „ist Meine ewige Liebe, Weisheit und Macht, die alles schafft, ordnet und erhält. Dieser Geist ist der eigentliche, wahre und in sich schon *ewige Mensch* im Menschen, der sich nach Meiner ewigen Ordnung der Selbständigwerdung halber mit Seele und (stofflichem) Leib umkleidet und so in eine äußerlich beschauliche Form tritt.“ (Bd. 9, Kap. 85, 10.) — Wie Gott, so ist auch solch ein Geist „eine Kraft in sich, die, ihrer selbst bewußt, in eben jener Klarheit, aus der sie hervorgegangen ist, wirken kann. Als eine Reinkraft durchdringt er alles, was Materie heißt, kann aber von der Materie selbst nicht durchdrungen werden.“ (Gr. Ev., Bd. 7, Kap. 66, 6.)

Da unser Geist also „ein vollkommen ebenmäßiges Abbild Gottes“ ist, so haben wir durch ihn in uns alles, was im unendlichen Gottesgeiste selbst ist. „Wisset,“ sagt in dem tiefsinnigen Lorberwerk ‚Die geistige Sonne‘ (Bd. 2, Kap. 11) ein Erleuchteter, „so ihr nicht in euch hättet alle Sonnen, die in Millionen am Himmel brennen, so könntet ihr nicht eine erschauen. Und hättet ihr nicht in euch die Erde und alles, was in und auf ihr ist vom Atom an bis zur größten allgemeinen Form, so könntet ihr nicht eines der Dinge erschauen und keines derselben denken und im Worte aussprechen. Und hättet ihr nicht das ganze Universum in euch, so wäre sternenlos der ganze Himmel für euer Auge. Und hättet ihr nicht in euch das geistige Reich der Himmel und das ewige Leben aus dem Herrn, wahrlich, ihr könntet auch solches weder denken noch aussprechen.“ All dieses „was des Herrn ist“ ist also durch den reinen göttlichen Geist, sein Abbild in unserem innersten Herzen, auch unser Eigentum. Und so verstehen wir das Wort der Schrift: „Das Gottesreich ist inwendig in euch“.[2]

[1] Gr. Ev., Bd. 4, Kap. 52, 12; 53, 1, 5, 10; Kap. 256, 4; vergl. auch Kap. 56, 1 ff.

[2] Der dem Menschen und jedem anderen Wesen und Gebilde der materiellen Schöpfung zu Grunde gelegte reine Sondergeist ist zu unterscheiden von dem „allgemeinen Gottesgeist“ oder „Heiligen Geist“, bei Lorber auch „Außenlebensäther Gottes“ genannt. Der Sondergeist ist, wie wir oben bemerkten, ein zu individuellem Sein und Leben von Gott (gleichsam) abgetrennter, in sich abgeschlossener „Geistesfunke“, ein „Selbstgott“ in kleinem Maßstabe. Der allgemeine Gottesgeist oder Heilige Geist dagegen ist ein von der Ur-Machtmitte der Gottheit fort in die Unendlichkeit ausgehender und von da in großem Lebenskreislaufe wieder zurückkehrender Kraftstrom. Im ‚Großen Evangelium‘ sagt der Herr darüber: „Hinter der, den unendlichen Raum allenthalben erfüllenden Substanz des Äthers (d. h. durch sie strömend) ist das den menschlichen Sinnen nicht sichtbare Geistfeuer, eine ewig waltende Kraft, die, von Gott ausgehend, den unendlichen Raum erfüllt.“ (Bd. 7, Kap. 71, 11 und 72, 9; vergl. auch ‚Abgarus-Briefwechsel‘ II., 9.) — Dieser Heilige Geist ist in sich eine lebendige, göttlich vollkommene Kraft der höchsten Liebe, Weisheit und Willensmacht. Er durchdringt, nährt und belebt und stärkt alles. Durch ihn erkennt und wirkt Gott alles. Auf ihm beruht Gottes Allgegenwart, Allwissenheit und Allwirksamkeit. (Bd. 4, Kap. 257, 10.) Dieses erhellende und belebende Geistfeuer aus Gott ist den Geistern, Menschen und Engeln Gottes aber nicht allezeit in gleichem Maße zugegangen. Im Vollmaße wurde es ihnen erst seit der Menschwerdung Gottes und Auffahrt des Herrn zuteil. Und nur durch diesen erhöhten, die Kraft der innewohnenden reinen Sondergeister verstärkenden Zustrom konnten von da an die Menschen die volle geistige Wiedergeburt und Gotteskindschaft erreichen. (Gr. Ev. Bd. 5, Kap. 236, 11; Bd. 4, Kap. 246, 6; Bd. 1, Kap. 152, 9.)

24

Die Seele und ihr Aufstieg aus dem Naturreich

Ein großes, herrliches Auferstehungslied im erhabensten Sinn ist die uns Menschenkindern durch Jakob Lorber enthüllte *Seelenentwicklungslehre* des Neuoffenbarungslichts.

Im vorangehenden Kapitel haben wir den aus Gott stammenden reinen Geist im Menschen als wahre, innerste Lebensgrundmacht kennengelernt. Nun möge unsere weitere Betrachtung zeigen, wie dieser „inwendige" göttliche Geistmensch aus den edelsten, gereiftesten Lebenselementen der Naturwelt unsere *Seele* gestaltet, um sie durch weise Führung nach dem Liebesplane Gottes zum ewigen Lebensziel der Vollendung in Gott zu leiten.

In dieser Hinsicht werden uns in den Lorberwerken tiefe Einblicke eröffnet. Wir wissen, daß die mit Luzifer aus der Ordnung Gottes gefallenen, im sichtbaren Weltstoffe materialisierten Lebenselemente zu ihrer geistigen Befreiung aus dem Materiegericht und zur Rückführung in die Ordnung des reingeistigen Gottesreichs alle möglichen Lebensstufen der Naturreiche durchmachen und sich auf jeder Stufe von neuem in einen materiellen Leib „einpuppen" müssen, um immer höhere Erkenntnisse und Fähigkeiten sich anzueignen und immer neue Lebensfunken mit sich zu vereinigen.

Im ‚Großen Evangelium' hören wir aus dem Munde des Herrn weiter, daß der „jenseitige, reine Geist", der sich entschlossen hat, auf dem Weg durchs Menschenfleisch eine Seele zur Gotteskindschaft zu läutern, die Lebensfunken, die er als Menschenseele zur Vollendung führen will, schon *von Anfang an* auf ihrem ganzen Weg durch die Naturreiche bearbeitet, weckt, sammelt und ihren ganzen Aufstieg leitet.

Aufstieg durch die Naturreiche unter Leitung des Geistes

Wir lesen im ‚Großen Evangelium' (Bd. 6, Kap. 133, 4): „Ist eine Seele — was ihr jenseitiger Geist aus Gott gar hell sieht — einmal in einem Leibe, sei es dem einer Pflanze oder dem eines Tieres, durch die erforderliche Ausreifung fähig, in eine höhere Lebensstufe aufzusteigen, so veranlaßt ihr sie stets fortbildender jenseitiger *Geist*, daß ihr der für fernerhin unbrauchbare Leib abgenommen wird. Dies, damit sie dann, als schon mit höherer Intelligenz begabt, sich einen anderen Leib bilden kann, in dem sie kürzere oder längere Zeit hindurch sich wieder zu einer größeren Lebens- und Tätigkeitsintelligenz emporarbeiten kann, und das so fort bis zum Menschen hinauf, wo die Seele, als schon völlig frei, im letzten (materiellen) Leibe zum vollen Selbstbewußtsein, zur Erkenntnis Gottes, zur reinen, göttlichen Liebe und dadurch zur vollen Vereinigung mit ihrem jenseitigen Geiste gelangt, welche Vereinigung wir die *Neu- oder Wiedergeburt im Geiste* nennen."

Mit der ordnungsmäßigen Zusammenfassung aller zu einem Wesen gehörigen seelischen Intelligenzen sind aber auch noch andere Haupt- und Grundgeister als Baumeister am Werke, welche die unendlich verzweigten Entwicklungswege durch die zahlreichen Lebensformen des Mineral-, Pflanzen- und Tierreichs leiten. Es sind dies die Engel mit ihren zahllosen Untergeistern, deren ein hoher Engelsgeist nach Lorber „Millionen und Abermillionen als Diener und Gehilfen besitzt.“ [1] Diese Unter- und Hilfsgeister bearbeiten im Atom, im Kristall, in der Pflanze, im Tier die aus der großen Luziferseele gelösten, willensfügigen Lebensfunken und führen sie unter der Oberleitung ihres *Hauptgeistes* Stufe um Stufe bis zu den höchsten Lebensformen des Tierreichs empor. Wie im Kriege die Unterführer, Offiziere und Soldaten im Feindeslande sich bewegen und wirken, so leben, wirken und walten diese Untergeister im sozusagen „feindlichen“ Gebiet der Materie, während der leitende Hauptgeist selbst sich in dieser Zeit — wie ein Feldherr im Hauptquartier — in der obersten Luftregion, der sogenannten „Friedensregion“ aufhält, wo (nach ‚Erde und Mond‘, Kap. 28) alle jene vollkommenen Geister wohnen, deren Aufgabe es ist, die Lebensvorgänge in den niedereren Regionen der Naturwelt zu überwachen und zu leiten.

Vereinigung zur Naturseele

Gewahrt nun ein Haupt- und Grundgeist in der Friedensregion, daß von seinen Unter- und Hilfsgeistern in verschiedenen höheren Tieren Seelenelemente in geeigneter Weise und genügender Anzahl vorbereitet und gereift sind, so ist es seine nächste Aufgabe, für die Vereinigung dieser Tierseelen zu einer sogenannten *Naturseele* zu sorgen.

„Aus einer einzigen Tierseele“, sagt der Herr im ‚Großen Evangelium‘ (Bd. 6, Kap. 165), „kann nämlich nie eine Menschenseele werden. Man sagt darum auch, daß die Tierseele mit dem Tiere sterbe — was freilich nur so zu verstehen ist, daß z. B. die Seele eines Ochsen nach dem Verenden des Tiers völlig aufhört, eine Ochsenseele zu sein, weil sie sich bei ihrem Austritt aus dem Tierleibe alsbald mit noch vielen anderen freien Tierseelen zu einer neuen und *vollendeteren* Seele (Naturseele) vereinigt und als solche sich weiter ordnet und festigt, bis sie genügend gereift ist, um in einen Menschenleib eingezeugt werden zu können.“

Wir haben durch Lorber diese Naturseelen als Erd-, Flur- und Luftgeister schon früher (S. 83 ff.) kennengelernt und wissen, daß sie nach Maßgabe ihrer Intelligenz und Willenskraft zu ihrer Weiterbildung in den verschiedensten Diensten im Inneren der Erde, in der Pflanzen- und Tierwelt und in der Atmosphäre — dem Herrn der Schöpfung zu dienen haben und daß sie dabei je nach Fähigkeit und Eifer aus den tieferen Sphären zu den höheren, und von einfachen Diensten zu bedeutenderen Aufgaben im Naturreiche aufsteigen können.

Gazelle, Schakal und Aar — Beispiel der Bildung einer Menschenseele

Wie eine solche Vereinigung verschiedener Tierseelen zur Naturseele von den höheren Dienern Gottes bewerkstelligt wird, ersehen wir aus einer Szene im ‚Großen Evangelium‘ [2], wo die Jünger des Herrn folgendes beobachten:

[1] Gr. Ev., Bd. 5, Kap. 2, 4; Bd. 4, Kap. 119, 1 ff.
[2] Bd. 10, Kap. 180, 15 ff. u. 185, 1 ff.

„Bei dieser Gelegenheit“, heißt es, „ersah man eine flüchtige Gazelle, die von einem Schakal verfolgt ward. In kurzer Zeit hatte der Schakal die Gazelle eingeholt und hatte, etwa fünfhundert Schritte vom Herrn und den Jüngern entfernt, eben nicht lange zu tun, mit seinem erjagten Morgenmahle fertig zu werden. Darauf begab er sich ganz langsam weiter gegen Süden hin, um sich irgendwo vielleicht noch ein Mittagsmahl zu erjagen.

Aber da flog ziemlich hoch in der Luft ein arabischer Riesenaar herbei. Dieser ersah aus der Höhe bald den schleichenden Schakal, stieß pfeilschnell hernieder und trug ihn trotz alles Sträubens hoch in die Luft empor. Dann ließ er ihn über einem Orte, der weithin sehr steinig war, niederfallen. Wie begreiflich, gab dies dem Schakal den Tod. Der Adler aber sank bald herab und überzeugte sich, daß der Schakal wirklich verendet war, nahm ihn abermals in seine Krallen und flog mit ihm südwärts, wo der Aar zwischen Steinfelsen sein Nest hatte.

Dort mit seiner Beute angekommen, ließ er sie abermals, da sie ihm zu schwer wurde, von einer ziemlichen Höhe hinabfallen. Die Beute aber prallte an eine Felsenwand und fiel in eine ziemlich tiefe Talschlucht hinab. In dieser Schlucht weideten arabische Hirten ihre spärlichen Herden und ersahen bald, wie sich der Riesenaar, als ein Feind ihrer Herden, stets mehr und mehr in die Tiefe herabsenkte, um seine ins Tal gefallene Beute zu holen.

Als die Hirten solches merkten, spannten sie sogleich ihre Bogen, und siehe, der Aar, von drei Pfeilen wohl getroffen, fiel tot in die Talschlucht und ward als Siegestrophäe von den Hirten in Empfang genommen. Der tote Schakal mit seiner Gazelle aber liegt noch zwischen den niederen Felsen, in die er hinabgefallen ist, und wird erst nach einiger Zeit von anderen Raubvögeln verzehrt werden.

„Und nun seht her“, fährt der Herr fort, „dort vor der Türe steht eine Menschengestalt, wie die eines Kindes, und wartet, bei einer nächsten Zeugung in den Leib einer Mutter aufgenommen zu werden. Und hinter dieser Seelenerscheinung seht ihr eine Lichtgestalt. Das ist schon dieser Seele jenseitiger Geist, der dafür Sorge tragen wird, daß diese *Naturseele* bei der allernächsten Gelegenheit in einem Mutterleibe versorgt wird.

Es wird davon ein männliches Kind zur Welt geboren werden, aus dem, so es wohl erzogen wird, ein großer Mann werden kann. — Das Gemüthafte der *Gazelle* wird sein Herz regieren, das Schlaue des *Schakals* seine Vernunft und das Kräftige des *Riesenaars* seinen Verstand, seinen Mut und seinen Willen. Sein Hauptcharakter wird ein kriegerischer sein, den er aber durch sein Gemüt und durch seine Klugheit mäßigen kann, wodurch er ein sehr brauchbarer Mensch in jeglichem Stande wird. Wird er aber ein Krieger, so wird er zwar auch durch seinen Mut Glück haben, aber ebenfalls eine Beute der Waffen anderer Kriegsleute werden.“

Einzeugung der Seele ins Fleisch

Die Erd-, Flur- und Luftgeister und sonstigen Naturseelen zeigen, wie wir schon einmal ausführten, im allgemeinen wenig Neigung, sich bald ins Fleisch des Menschen einzeugen zu lassen. Sie fürchten die ihnen aus ihren früheren, tierischen Einzeugungen wohlbekannte Schwere der materiellen Hülle und fühlen sich in ihren wandelbaren, leichten Geistformen, in welchen sie ohne Hemmnis durch Erde, Wasser, Luft und Feuer gehen können, bedeutend wohler. Ganz besonders aber fürchten sie die *Menschenstufe,* weil sie durch die höheren Geister und Engel des Herrn wissen, daß im menschlichen Probungsleben auf unserem Planeten den Seelen (ihrer Selbständigmachung wegen!) die Rückerinnerung an die vorhergehenden Seinsstufen gänzlich genommen und die bewußte Verbindung mit der geistigen Welt so lange verdunkelt wird, bis die Seele durch eigenes mühsames Suchen Gott, den großen Ur- und Allgeist, durch den Geistesfunken in ihrem Herzen wiedergefunden hat.

Durch die höheren Gottesdiener erfahren die älteren, gereiften Naturseelen aber auch, daß für sie der große Fortschritt vom untergeordneten Geschöpf zum vollfreien, seligen *Gotteskind* in Zeit und Ewigkeit allein durch die Einzeugung ins *Menschenleben* möglich ist. Und so kommt dann schließlich auch für die hartnäckigsten Freunde der Geisterfreiheit eines Tages die Stunde, da sie sich zu diesem großen Schritt aufmachen.

Die durch vielfache Schulung in allen Gebieten der Natur zur menschlichen Einzeugung gereiften Naturseelen halten sich zumeist in der mittleren Luftregion auf, etwa „da, wo die Baumregion aufhört, bis zur Schnee- und Eisregion hinauf". — „Wenn nun einmal eine solche vollständig einzeugungsreife Seele die gehörige planmäßige Beschaffenheit in der Luft erreicht hat, so steigt sie tiefer bis zu den Wohnungen der Menschen herab, bekommt dann aus dem Außenlebensätherkreise, den ein jeder Mensch um sich hat, eine gewisse Nahrung und bleibt, wo sie durch die Gleichartigkeit ihres Wesens angezogen wird.

Wenn dann irgendein Menschenpaar sich durch den Naturtrieb genötigt fühlt, eine Begattung zu begehen, erhält eine solche vollreife und dem Gattenpaare zunächststehende freie Naturseele aus dem Außenlebensäther eine Kunde davon. Oder mit anderen Worten: sie wird durch die vermehrte Kraft des Außenlebenskreises der Gatten als verwandt angezogen, tritt mit einem gewissen Zwang während der Begattungshandlung in den Strom des Mannes und wird durch diesen in ein kleines Ei gelegt — was man die *Befruchtung* nennt. Und siehe, von da an gleicht die Lebensseele dann schon dem Samenkorn, das ins Erdreich gelegt ward, und macht im Mutterleibe bis zur Ausgeburt in die Welt alle die Zustände entsprechend durch, die das Samenkorn in der Erde durchmacht, bis es den Keim über den Erdboden treibt!" (Gr. Ev. Bd. 2, Kap. 216, 2 ff.)

Vorkreaturformen

Die tierischen Eigenschaften einer auf solche Weise zur Menschenseele erhobenen Naturseele machen sich natürlich in dem neuen, nun ins Fleisch gezeugten Menschen gar sehr bemerkbar. So tauchen (wie es sich in dem oben angeführten Beispiele von Gazelle, Schakal und Aar zeigte) die *Erkenntniskräfte, Neigungen, Begierden und Fähigkeiten* der in der Naturseele vereinigten Tierseelen mit ihren Auswirkungen deutlich auch in der neuen Menschenseele auf. Tückische Raubtiere, gutmütige Haustiere, treue Hundeseelen, krallenbewehrtes Katzenvolk, fromme Schäflein, lüsterne Böcke, gewalttätige Stiere — alles das bringt sich auf seine alte Weise zur Geltung.

Auch in den Bedürfnissen der leiblichen *Nahrung* zeigt sich der Ursprung der verschiedenen Seelenelemente. Menschen mit zahlreichen Seelenfunken fleischfressender Tiere werden, wenigstens im Anfang ihrer Entwicklung, ein starkes Bedürfnis nach Fleischkost empfinden, Menschen von pflanzenfressender Herkunft mehr nach Pflanzenkost. Schon in diesem Hinblick ist eine einseitige, für alle Menschen gleichlautende Ernährungslehre sicher nicht das Richtige!

Endlich bringen sich die sogenannten „Vorkreaturformen“ nicht selten auch sichtbar in den *Leibesformen* zum Ausdruck. Man sieht Fischköpfe, Vogelgesichter, Stiernacken, Schafsnasen, treue Hundeaugen und alle möglichen Erinnerungen aus dem Tierreich in der Gestalt der Menschen. Zur Erklärung dieser Erscheinungen wird im ‚Großen Evangelium‘ (Bd. 4, Kap. 151) gesagt:

„Es kommt stets darauf an, aus welcher vorhergehenden Kreatursphäre ein Mensch seine Seele erhalten hat. Besonders bei Kindern birgt die Seele immer Spuren jener Vorkreaturgattungen in sich, aus denen sie in die Menschenform überging. Wird ein Kind gleich in eine gute Erziehung gebracht, so geht die seelische Vorkreaturform bald völlig in die *Menschenform* über und festigt sich mehr und mehr in derselben. Wird aber bei einem Kinde die Erziehung sehr vernachlässigt, so tritt in seiner Seele die Vorkreaturform bald mehr in den Vordergrund und zieht nach und nach sogar den Leib in die vorkreatürliche Form zurück. Man kann daher auch in der Tat bei so manchem rohen Menschen mit leichter Mühe erkennen, welche Form seine Seele (auf Grund ihres vorkreatürlichen Seins) vorherrschend besitzt.“

Trostlicht über Kampf und Leiden der Tierwelt

Diese lichtvolle Lehre vom geistigen *Aufstieg* der tierischen Seelenelemente zur Menschenstufe erhellt uns die seltsamen Worte des *Paulus* vom Harren und Seufzen der Kreatur (Röm. 8, 19 ff.), macht uns die Andeutung der Schrift von der Verkündung des Evangeliums an *alle Kreatur* zur wohlverständlichen Tatsache und bestätigt die Voraussage in der Offenbarung des Johannes (5, 13): „Und alle Kreatur, die im Himmel ist und auf Erden und unter der Erde und im Meer und alles, was darinnen ist, hörte ich sagen: ‚Dem, der auf dem Stuhle sitzt, und dem Lamm sei Lob und Ehre und Preis und Gewalt von Ewigkeit zu Ewigkeit!‘“

Die vom Schöpfer und himmlischen Vater enthüllte Seelenentwicklung gibt in den Augen jedes fühlenden Menschen der *Tierseele* eine ganz andere, das Gemüt befriedigendere Bedeutung als die landläufige Anschauung, welche entweder das Bestehen der Tierseele leugnet oder annimmt, daß dieselbe beim Tode des Tieres sich ins Nichts auflöse. Auch das Tierleben hat im Lichte dieser Lehre eine hohe, wahrhaft göttlich zweckvolle Bedeutung, und wir erkennen in den Tierseelen geistige Brüder, wenn auch noch auf tieferer Entwicklungsstufe. Dies wird unser Verständnis und unser Mitgefühl für die Mühsale und Leiden des Tieres erhöhen und wird uns anleiten, unsere Liebe und unser Erbarmen auch über diese Geschöpfe auszudehnen, in dem Bewußtsein, daß auch die Elemente unserer eigenen Seele einst diese mühselige Stufe durchzumachen hatten und dankbar waren für jede Erleichterung und Förderung.

Die Lorbersche Seelenentwicklungslehre wirft zugleich aber auch ein herrliches *Trostlicht* über die Mühsal, den Kampf und das Leiden der Tierwelt, woran schon viele denkende Menschen sogar in ihrem Glauben an die Allweisheit und Allgüte Gottes wankend geworden sind. Der Aufstieg der Seelen durch die Naturreiche zeigt uns, daß auch die Tierseele notwendig eine harte *Schule* durchzumachen hat, in der sie lernen muß, den gehorsamen Anschluß an den göttlichen Geist zu suchen, vom alten satanischen Eigenwillen zu lassen und in die Ordnung Gottes sich zu fügen. Auch die rohe Tierseele braucht in dieser Schule, mehr noch als die Menschenseele, die harte Zucht von Not, Gefahr und Leiden und die darin liegenden *Erweckungsantriebe* zur Tätigkeit. Ohne Not und Gefahr würde auch das Tier sich zu keiner Lebenstätigkeit bequemen — man denke nur an die Nahrungssuche! Auch die Tierseele wird nur durch Leiden gesänftet und für die höheren, auf der Menschenstufe sich entwickelnden Gefühle des Mitleids und der Barmherzigkeit vorbereitet. Wenn eine Seele auf der Tierstufe viel Gefahr, Not und Leiden durchzumachen hatte, so werden deren Elemente auf der (nächst höheren) Menschenstufe die Seele des betreffenden Menschen ohne Zweifel in höherem Grade zu Mitgefühl, Barmherzigkeit und Hilfsbereitschaft geneigt machen.

Und so hat im Lichte der Lorberschen Seelenentwicklungslehre auch diese harte, anscheinend grausame Kampfes- und Leidensnot der Tierwelt ihren tiefen Sinn, der im vollen Einklang steht mit der uns aus der Schöpfung und aus den heiligen Schriften sonst allenthalben entgegenleuchtenden Liebe und Weisheit Gottes.

25

Die höheren Bestandteile der Menschenseele

Nach den Eröffnungen durch Jakob Lorber besteht aber unsere Seele nicht bloß aus den erwähnten, dem irdischen Naturreich entstammenden *naturseelischen* Lebensfunken; vielmehr stehen den geistigen Dienern Gottes bei der Gestaltung einer neuen Menschenseele auch noch zwei weitere, sehr wichtige Lebensquellen zur Verfügung, aus welchen sie nach Belieben die mannigfaltigsten Lebensfunken schöpfen können, um der Seele in jeder Hinsicht die von Gott, dem himmlischen Bildner gewollte Veranlagung zu geben.

Seelenelemente aus den leiblichen Eltern

Die eine dieser beiden weiteren Quellen von Seelenfunken liegt in den leiblichen *Eltern* des zu zeugenden neuen Menschen.

Daß von Vater und Mutter Seelenelemente auch auf die leiblichen Kinder gleichsam als ein Erbteil oder eine Mitgift übergehen, bald mehr vom Vater, bald mehr von der Mutter, ist eine altbekannte Erfahrung. Auch in den Lorberwerken wird diese Tatsache betont.

„Daß die Seele der Kinder“, heißt es in ‚Erde und Mond‘ (Kap. 53), „zum großen Teil auch aus der Seele der leiblichen Eltern genommen ist, beweist nicht selten schon die äußere (und seelische) Ähnlichkeit mit den Eltern. Denn was in der Seele eines Kindes aus den Zeugern ist, das spricht sich *ebenbildlich* durch die Ähnlichkeit aus, und die Eltern erkennen daran ihre Kinder.“

Auf der Beimischung elterlicher Seelenfunken beruht auch die wissenschaftlich festgestellte *Vererbung* von Krankheiten und Krankheitsveranlagungen, desgleichen aber auch von künstlerischen, handwerklichen, geschäftlichen und sonstigen Talenten und Fähigkeiten. Auch die oft Jahrtausende sich von Geschlecht zu Geschlecht fortsetzende Übertragung von Rassen- und Stammeseigenschaften der Völker erfolgt auf diesem Wege.

Und endlich erklärt sich damit auch das von der Bibel gelehrte, von den Ungläubigen als Märchen verleugnete Übel der *„Erbsünde"*. Die Stammeseltern des irdischen Menschengeschlechts hatten in ihren Seelen durch die in arger Lust begangene Übertretung der Gottesordnung die Selbstliebe bedeutend und verhängnisvoll verstärkt und die wahre Gottes- und Nächstenliebe dagegen in entsprechendem Maße geschwächt. Es ist daher begreiflich, daß sich dieser Übelstand durch die von Zeugung zu Zeugung übertragenen Seelenelemente bis in unsere Tage auf die Nachkommen vererben konnte.

„Was die organische Seelengestaltung einmal angenommen hat, kann ihr Tausende von Jahren (in den Kindern und Enkeln) bleiben, wenn solches nicht durch den Geist wieder in die volle Ordnung gebracht wird ... Wenn aber demnach schon ein leichter (sei es leiblicher oder moralischer) Zug eines Urstammvaters noch nach Jahrtausenden in seinen Nachkommen gar wohl zu erkennen ist, um wie viel mehr muß ein (solch hochgewichtiger) Zug des ersten Erdenmenschen sich in allen seinen Nachkommen zeigen, denen das Merkmal des Vaters gleich bei der Zeugung im Strome des Lebenssamens eingeprägt ward." [1]

Zum Trost sei freilich gegenüber der harten, lichtlosen Vererbungslehre der Wissenschaft schon hier gesagt, daß der gütige Schöpfer und Himmelsvater die Veranlagung einer jeglichen Seele und ihre Führung durch das irdische und jenseitige Leben so wunderbar weise gestaltet, daß dem Menschen gegen jedes ererbte Übel leiblicher oder sittlicher Art auch Kräfte als Gegenmittel in genügendem Maße gegeben sind, besonders auch in dem ihm eingepflanzten göttlichen Geiste — so daß eine jede Seele, wenn sie nur guten und ernsten Willens ist, durch Gottes Liebe und Gnade auch über die schlimmsten erblichen Anlagen, sei es in diesem oder im anderen Leben Herr werden kann.

Seelenelemente aus den Sternen

Weitere, höchst wirkungsvolle und sehr reine Lebenskräfte, die den naturseelischen und elterlichen Elementen die Wage halten, empfangen alle Menschenseelen endlich auch aus einer wichtigen *dritten* Quelle, nämlich jenen endlos reichen Lebensströmen, die immerfort von den großen kosmischen Licht- und Lebenssammelpunkten, den Gestirnen des ganzen Universums auf die Erde herniedertauen. Erleuchtete Weise haben davon zu allen Zeiten durch Beobachtung und innere Offenbarung Kenntnis gehabt, und in der Wissenschaft der echten *Astrologie* ist darüber manches Wahre niedergelegt.

Wie groß und vielseitig diese ständige Lebensstrahlung aus den zahllosen Welten und Sonnen des Schöpfungsalls ist, hat uns durch Jakob Lorber der Vater des Lichtes selbst klar und überzeugend enthüllt. [2] Durch Ihn wissen wir auch Nä-

[1] Gr. Ev., Bd. 2, Kap. 224, 6—11; Kap. 225, 1 ff.; Bd. 8, Kap. 34, 13 ff.
[2] Zusammenstellung der diesbezüglichen Eröffnungen siehe Kap. 11.

heres über die *seelisch-geistige* Natur der von den Gestirnen ausgehenden Lichtmaterie. Und wir werden auf Grund dieser Lehren ohne weiteres begreifen, daß für die Zusammensetzung und den Aufbau der Menschenseele auch diese Lebensfunken aus den fernen Welten von größter Bedeutung sind und daß in ihnen für die Diener Gottes, welche die Zusammensetzung der Menschenseele besorgen, ein geradezu unerschöpfliches Meer des Lebens geboten ist.

Nach Lorber sind diese Sternenkräfte *Lichtatome*, oder in ihrer reicheren Zusammensetzung *Lichtmonaden* genannt, ihrer Natur nach allerwinzigste, mit keinem Mikroskop unterscheidbare lichtmaterielle Kleinwesen, reich erfüllt von reingeistigen Kräften. Sie kommen von den Sonnen und werden auf den Planeten von den dortigen Lebensformen auf allen Stufen vom Mineral bis zum Menschen als eine Haupt-Lebensnahrung ständig und mit Begierde aufgenommen. „Ja, alles, was körperlich auf und in der Erde (und anderen Planeten) vorhanden ist", lesen wir in ‚Erde und Mond' (Kap. 21), „ist im Grunde das Werk gegenseitiger Wirkung der Sterne, und das darum, weil Ich, der Schöpfer, den großen Weltenmechanismus also eingerichtet habe."

Von den unzählbaren und unendlich verschiedenartigen „Sternenspezifiken", die den Weltenraum erfüllen, nimmt jedes Geschöpf das ihm Zusagende und Notwendige auf. Und das Bedürfnis eines irdischen Lebewesens nach dem einen oder andern Spezifikum ist oft so groß, daß, wenn die betreffende, das Spezifikum ausstrahlende Sonne auf ihrer großen Bahn verschwindet, jene Art von Lebewesen zugrunde gehen muß, oder daß andererseits beim Neuauftauchen eines neuen Sonnengestirns plötzlich neue Lebewesen auf Erden entstehen. (‚Erde und Mond', Kap. 21.)

Wahrhaft zahllose, von den Mineralien, Pflanzen und Tieren aufgenommene Sternenelemente mischen sich auf diese Weise schon durch die früher erörterten „naturseelischen" Bestandteile in die werdende Seele eines Menschen. Aber auch bei der *Zeugung* und während der Schwangerschaft und vornehmlich bei der *Geburt* führen die geistigen Diener Gottes der Seele solche Licht- und Lebensfunken aus den Gestirnen zu.

In ‚Robert Blum' (Bd. 2, Kap. 265) lesen wir daher: „Es haben *alle* Seelen auf dieser Erde etwas aus *allen* Sternen in sich. Vorherrschend bleibt freilich das, was sie aus der Natur derjenigen Erdenwelt haben, auf der sie zuerst als vollständige Menschenseelen ausgebildet worden sind." — Und die Beobachtung der Astrologen, daß der Stand der Gestirne in der *Geburtsstunde* eines Menschen von besonderem Einfluß ist auf dessen seelische Wesenheit, dürfte vielfach ihren guten Grund darin haben, daß die junge Menschenseele beim Austritt aus dem Mutterleibe besonders stärkungsbedürftig ist und die Diener Gottes der Seele gerade darum von den zu dieser Zeit wirkungsvoll stehenden Gestirnen besonders wichtige Himmelsspeise reichen. Nur sollten die Astrologen weiter berücksichtigen, daß die Seele des Menschen nicht bloß aus den *Sternen* der Geburtsstunde, sondern auch aus den *Naturreichen* dieser Erde und aus den Seelen der leiblichen *Eltern* stammt, und daß darum ihr Wesen und vermutliches Geschick nicht einzig und allein aus den Sternen gelesen werden kann, sondern daß dafür auch noch ganz andere Kräfte und Mächte maßgebend sind. [1]

[1] Siehe Kap. 24.

Schauen wir nun auf dieses Werden und Zusammenströmen der Elemente unserer Seele aus allen Lebensstufen und -formen unseres Planeten und zahlloser anderer Erd- und Sonnenwelten zurück, so begreifen wir, daß die Seele des Menschen tatsächlich ein überaus reich *zusammengesetztes* Wesen ist. Unzählbare Myriaden von Lebensfunken, oder wie es bei Lorber heißt, „Spezifiken" der verschiedensten Art sind hier wie die Nebelbläschen in einer großen Wolke oder die Funken in einer Flamme zu einer *Gesamtintelligenz* vereinigt.

„Wo das Mineral", so wird in ‚Erde und Mond' (Kap. 46) als Maßstab angeführt, „etwa acht, neun, zehn, höchstens bis zwanzig Intelligenzarten zählt, da sind bei mancher Pflanze schon viele Tausende, bei manchem Tier viele Millionen mal Millionen und bei Menschen wahrhaft zahllose, aus allen Sternen und aus allen atomistischen Teilchen der Erde."

„Alle diese vielen Seelenatome sind durch die Weisheit und den allmächtigen Willen Gottes zu einer vollkommenen *Menschenform* zusammengesetzt." (Gr. Ev., Bd. 7, Kap. 66) Im Kindesalter ist die Gestalt der Seele eine dem sichtbaren Körperleib entsprechend kindliche. (Gr. Ev., Bd. 10, Kap. 185) Mit zunehmendem Alter wächst sie sich zugleich mit dem Körperleib mehr und mehr bis zur vollentwickelten Menschengestalt aus und erfüllt und durchdringt als eine feine *ätherische Substanz* den ganzen Leib.

„Die Seele als geistige Substanz ist", so wird im Großen Evangelium gesagt, „ganz vollkommen *Mensch*, sowohl der Gestalt als auch allen Gliedern und Bestandteilen des Leibes nach. Wäre sie das nicht, könnte sie auch nicht von ihrem Leibe einen möglichst vollkommenen Gebrauch machen. Die Hände der Seele befinden sich in den Händen des Leibes, ihre Füße in den Leibesfüßen und so fort: alle Teile der Seele in den entsprechenden Teilen des Leibes. Wird der Leib krank, so ist die in den kranken Leibesteilen gegenwärtige Seele sehr bemüht, ihn wieder gesund zu machen. Gelingt ihr das nicht, so wird sie darin untätig und die Folge davon ist, daß dann ein solcher Leibesteil ganz gelähmt und nahezu gefühllos und untätig erscheint." (Gr. Ev., Bd. 6, Kap. 218 u. 219)

Als Beweis dafür, daß die Seele den ganzen Leib des Menschen einnimmt, wird von einem Jünger des Herrn im Großen Evangelium (Bd. 6, Kap. 219) erzählt: „Ich kannte in Rom einen Menschen, der hatte in einer Schlacht ein Bein bis übers Kniegelenk eingebüßt. Als ich ihn fragte, ob er von dem verlorenen Gliede nie mehr etwas wahrnehme, beteuerte er mir, daß es ihm oft vorkomme, als habe er das Bein nie verloren. Er hatte in solchem Gefühl schon öfter auf den anscheinend noch immer vorhandenen Fuß auftreten wollen und sei darum schon mehrere Male recht hart gefallen!"

Durch die den Leibesorganen entsprechenden Seelenorgane besitzt die Seele natürlich auch die betreffenden *Sinne*. „Die schärfsten Sinne des Leibes würden der Seele nichts nützen, so sie nicht selbst in ihrem ätherischen Leibe ganz dieselben Sinne besäße. Weil aber die Seele dieselben Sinne besitzt wie der Leib, so nimmt sie auch leicht und bestimmt wahr, was vorausgehend die Sinne des Leibes von der Außenwelt aufgenommen haben." (Gr. Ev., Bd. 4, Kap. 51.)

Gesunde, starke und im göttlich Guten wohlentwickelte Seelen haben aber auch über ihre menschliche Formgestalt hinaus noch eine mehr oder weniger starke *Ausstrahlung* seelisch-geistiger Lebensfunken (Aura).

Im Großen Evangelium vergleicht daher der Herr den Menschen mit einer glühenden Kohle: Eine ganz ins Fleisch verwachsene, materiell gesinnte Seele gleiche einer nur matt glühenden, mit Asche umlagerten Kohle. Eine solche Weltseele brauche all ihr mattes Lebensfeuer zur Bildung der sie umlagernden, finsteren Materie. Da ist es sonach mit der Bildung einer Außenlebenssphäre so viel wie nichts, und daher kann solch eine sehr materielle Seele unmöglich je von einer besonderen höheren Geisteseigenschaft etwas verspüren.

Ganz anders, wenn eine Seele durch Belehrung und Selbstüberzeugung geistig geweckt und gleich einer hochfeurigen Kohle in starkem, frischem Luftzuge lebensglühend geworden ist. Da fängt eine solche Seele an, sich selbst in ihrem Sein und Wesen und ihrem Ursprung aus Gott zu erkennen. Werden die geistigen „Anwehungen" stärker und stärker, so wird ihr geistiges Licht stets heller und ihre Außenlebenssphäre immer weitreichender. Was dann in solch eine Außenlichtsphäre tritt, wird von der Seele bald und vollkommen erkannt, beurteilt und beherrscht. Und wenn es eine Seele einmal sozusagen zur sprühenden Weißglut gebracht hat, so wird sie durch ihre machtvolle Außenlebenssphäre schließlich als Beherrscherin aller Kreatur dastehen, weil sie sich mittels dieser Lebensstrahlung in eine vollkommene, kräftigst wirksame *Verbindung* mit aller ihr nahestehenden Kreatur setzen kann. (Gr. Ev., Bd. 4, Kap. 261)

Eine Lebensausstrahlung der Aura haben übrigens alle Gebilde und Wesen der Schöpfung, vom Atom und Stein bis zum Engel. Die Vollkraft und Vollwirksamkeit entfaltet diese jedoch erst beim Menschen in der geistigen *Wiedergeburt*, d. h. wenn der göttliche Geist die geläuterte Seele völlig erfüllt und durchdringt.

26

Sternenseelen

Durch den großen Seher und Gottesboten *Jakob Lorber* ward uns über die Herkunft mancher Menschenseelen noch eine weitere wunderbare Kunde. Wir hören, daß unter den Menschen der Erde sich auch solche befinden, deren Seele nicht von dieser Erde ist. Diese Menschen haben schon auf einem oder nicht selten auch auf mehreren *anderen Weltkörpern* gelebt. Sie haben sich nach ihrem dortigen Abscheiden aus gewissen Gründen auf unserer Erde noch einmal einzeugen lassen und durchlaufen nun hier auf diesem einzigartigen Planeten noch einmal das schwierige und bedeutsame Menschendasein, um hier das erhabene Ziel der höchsten und seligsten *Gotteskindschaft* zu erlangen.

Über dieses Geheimnis, das uns manche Eigenarten und Schicksale dieser „von oben“ kommenden „Sternenseelen“ verständlich macht, vernehmen wir im ‚Großen Evangelium‘ durch den Mund eines solchen Sternengastes:

„Siehe hinauf, alle die zahllosen Sterne sind Welten, die um vieles größer und herrlicher sind als unsere Erde. [1] Und auf jeder dieser Welten findest du Menschen, die der Form nach uns völlig ähnlich sind. Überall findest du bei ihnen große Weisheit und auch der Liebe ermangeln sie nicht. Aber sie kommen, beinahe den Tieren unserer Erde ähnlich, schon vollkommen zur Welt und brauchen nicht von Grund an alles zu lernen. Ihre Sprache ist beinahe überall ein und dieselbe und ihr Erkennen hat ganz bestimmte Grenzen. Überall aber geht Erkennen, was freilich mehr ein Ahnen ist, bis zum höchsten Geiste Gottes.

Kurz, du findest auf all den zahllosen Weltkörpern Menschen, die den besseren Heiden (Griechen und Römern) dieser unserer Erde gleichen, nur mit dem Unterschied, daß die Menschen dort im Grunde nichts Neues erfinden, weil alles in höchst möglicher Vollendung schon da ist.

In den großen Welten aber gibt es hie und da doch auch Weise, die zuweilen mit höheren Geistern zusammenkommen und sich von ihnen in der tieferen Erkenntnis Gottes unterweisen lassen. Da geschieht es dann, daß hier und da einen Geweckteren der Wunsch anwandelt, auch ein Kind Gottes zu werden.[2]

Denn in allen Welten wissen die Weisen durch die sich offenbarenden höheren Geister, daß es im weiten Schöpfungsraum eine Welt gibt, auf der die Menschen *Gotteskinder* sind; und daß die Seele eines Sternenmenschen, wenn sie in ihrer Welt ihres Leibes ledig geworden ist, sich auf jene glückliche Welt begeben und da von neuem in einen freilich grobfleischlichen Leib treten kann. Von dem Augenblick an aber, da ein Sternenmensch ernstlich diesen Wunsch äußert, wird ihm alles bis ins kleinste vorgestellt, was er in den sehr schwierigen Verhältnissen der Erde wird zu bestehen haben.

Wenn ein Sternenmensch nach solcher Belehrung dennoch vollkommen ernst die Übersiedlung verlangt, wird er des leichten Leibes in einem Augenblick ledig und wird schnell und unbewußt zur Einzeugung auf diese Erde gebracht. — Und da steht dann ein solcher Mensch, wie ich selbst nun, vor dir!“ [3]

Irdische Heilsmöglichkeiten für Sternenmenschen

Freilich können nicht alle Menschen aus allen Sonnen und Planeten der Schöpfung zur Erlangung der höchsten Gotteskindschaft *unmittelbar* auf diese Erde kommen.

[1] Über die Lebensverhältnisse und Bewohnerschaft der Sterne siehe S. 63.

[2] Was von der Zeit Adams bis zur Gegenwart nur auf unserer Erde als der durch die Nähe Satans schwierigsten Lebensschule möglich war, mit Beginn der gegenwärtigen geistigen Weltwende aber auch auf einigen anderen Gestirnen unserer Hülsenglobe erreichbar ist. Vergl. ‚Bischof Martin‘, alte Auflage Kap. 174, Kap. 181, ff., neue Auflage Kap. 176, Kap. 183 ff.

[3] Gr. Ev., Bd. 3, Kap. 221; vergl. auch Bd. 6, Kap. 192; Bd. 8, Kap. 16.

Im für euch unermeßlichen Raume", sagt der Herr im ‚Großen Evangelium', „sind zahllos viele Hülsengloben. In jeder solchen Hülsenglobe, die für sich schon einen für eure Begriffe nie meßbaren Raum einnimmt (da sie die Trägerin von Äonen mal Äonen Sonnengebieten und Sonnen ist), leben zahllos viele Menschengeschöpfe entweder noch im Leibe, oder aber schon rein geistig (in den geistigen Sphären). Sie haben in ihrer Art gewöhnlich eine sehr helle Vernunft und einen feinst berechnenden Verstand. Diese Sternenmenschen haben dann und wann traumähnliche Ahnungen, daß es irgendwo Kinder des allerhöchsten, ewigen Geistes gibt, und hegen auch nicht selten den Wunsch, um jeden Preis des Lebens solche Kinder zu werden. Aber es geht so etwas zu allermeist ganz und gar nicht, denn es muß alles in seiner Ordnung bestehen bleiben — gleich wie bei einem Menschen auch die Teile des Kniegelenks nicht zu den edlen Augen des Hauptes umgestaltet werden können und die Zehen der Füße nicht leichtlich zu den Ohren. Alle Glieder am Leibe müssen das bleiben, was sie einmal sind. Möchten z. B. die Hände noch so sehr wünschen, auch sehend zu sein, so nützt das nichts, sie bleiben ganz gesunde und glückliche blinde Hände, bekommen aber dennoch ein überaus hinreichendes Licht durch die sehenden Augen im Haupte. Oder es würde dem Auge sehr übel bekommen, wenn Teile, die nur zur Ernährung eines Knochens geeignet sind, als Bestandteile in das Auge kämen.

Und so würde es auch in der großen Schöpfungsordnung von sehr schlechtem Erfolg sein, so Ich die Menschengeschöpfe anderer Welten alle zur Werdung Meiner allereigensten Herzenskinder zuließe. Ja es ist wohl dann und wann eine solche Zulassung möglich, aber es gehören große Läuterungen und weitgehende Vorbereitungen dazu!

Am ehesten kommen die Seelen dieser (der Erde leuchtenden) *Sonne* zu dieser Gnade — oder auch die Urengel, denen die Pflicht obliegt, ganze Hülsengloben zu beherrschen und zu leiten. Aber so ungeheuer groß diese Urengel in allem auch sind, ebenso klein müssen sie sich gleich Mir auf dieser Erde zu sein begnügen und sich jede Demütigung gefallen lassen. — Auch aus der Mittelsonne des Gebiets, zu dem auch eure Sonne gehört, können Seelen auf diese Erde zur Erreichung der Kindschaft übergesiedelt werden; ebenso aus der weiteren Sonnengebiets- und Sonnenall-Mittelsonne. Dagegen aus der allgemeinen *Urzentralsonne* (eurer Hülsenglobe) können Seelen nicht leicht mehr hierherkommen, weil die Seelen jener riesenhaftesten Menschen zu ungeheuer viel Substanz in sich enthalten, als daß diese vom kleinen Leib eines diesirdischen Menschen könnte aufgenommen werden." [1]

Übersiedlungsvertrag

In dem Lorberwerk ‚Die geistige Sonne' finden wir in einer feierlichen Szene (Bd. 2, Kap. 17 und 22) die Übersiedlung eines Mannes und eines Weibes von einer Mittelsonne auf die Erde eingehend geschildert. Und im ‚Großen Evangelium' (Bd. 1, Kap. 213 ff.) erfahren wir Näheres über das Sternenvorleben eines besonders geistesstarken Jüngers, des Griechen *Philopold,* der auf zahlreichen Weltkörpern als Mensch gelebt hatte, bis er zuletzt nach langwieriger Reifung auf

[1] Gr. Ev., Bd. 5, Kap. 113.

der Sonnenwelt Procyon (mit ihrem eigentlichen Namen Akka genannt) den Wunsch faßte, auf den Planeten Erde gesetzt zu werden, um dort den zu sehen und zu hören, der ihn erschaffen hatte, und um dessen Kindschaft zu erwerben. Der Engel, der die Übersiedlung dieses Jüngers geleitet, bringt dem im geistigen Dunkel der Erde *ungläubig* Gewordenen, auf des Herrn Geheiß die Bedingungen seines damals mit dem Boten Gottes abgeschlossenen Vertrags in Erinnerung und läßt ihn durch Eröffnung der geistigen Sehe einen Blick in die von ihm verlassene Sonnenwelt zurücktun.

Nach einer ziemlichen Weile tiefsten Staunens sagt Philopold: „Ja, so ist es! Ich sehe nun in alle endlosen Tiefen meines Lebens zurück, sehe die Welten alle, auf denen ich schon geweilt, und die Orte und Plätze in den Welten, wo ich von der Geburt bis zum Abschied gelebt habe. Ich sehe, was ich war und was ich auf einem und dem andern Weltkörper getan habe, und sehe auch noch allenthalben meiner nächsten Verwandten Abkömmlinge. Und siehe, auf der Akka (Procyon) sehe ich sogar noch meine Eltern, meine vielen Brüder und Schwestern! Ja, ich höre sie um mich besorgt untereinander reden: ‚Was ist mit *Murahel?* Wird sein Geist im endlosen Raume wohl schon den Großen Geist in Menschengestalt gefunden haben? Er wird unser nicht gedenken, weil Archiel, der Gesandte des großen Geistes, ihm die Rückerinnerung verdeckt bis dahin, wann er ihn dreimal beim rechten Namen rufen werde!'

Seht, so höre ich sie nun reden und sehe sie zugleich leibhaftig! Sie gehen nun in den Tempel, um in den Dokumenten nachzusehen die harten Lebensbedingnisse, aber sie finden diese nicht. Der Oberpriester des Tempels sagt ihnen, daß Archiel die Dokumente vor etlichen Augenblicken des Murahel wegen geholt habe, sie aber in aller Kürze zurückstellen werde. Und sie harren nun im Tempel und geben ein Opfer für mich.

O Liebe, du göttliche Kraft! Wie endlos weit strecktest du deine heiligen Arme aus! Überall dieselbe Liebe! O Gott, wie groß und heilig bist Du, und welcher verborgenen Geheimnisse voll ist doch das freie Leben! Welcher Mensch auf der ganzen Erde kann die Tiefen ergründen, die ich nun schaue? Wie nichtssagend geht der armselige Mensch auf dieser magersten Erde umher, streitet nicht selten um eine Spanne Erde auf Leben und Tod, während er in sich trägt, was Milliarden Erden nimmer zu fassen vermögen!"

Die irdischen Geschicke der Sternenseelen

Die von oben, von den Sternen kommenden Menschenseelen, die alle in einer oder auch zahlreichen Lichtwelten das inhaltsreiche Menschenleben zur Übung und Festigung ihres Wesens schon durchgemacht und in geistiger Hinsicht meist tiefere Lehren und Erkenntnisse aufgenommen haben, verlieren zwar (ihrer Selbständigmachung wegen) die Rückerinnerung, aber nicht ihre sonstigen Geistesgaben, Fähigkeiten und Willenskräfte. Sie ragen daher meist unter den ganz von dieser Erde stammenden Menschen durch ihr eigenartiges, starkes oder feinsinniges Wesen hervor. Diese edlere Art von Menschen ist besonders befähigt, „die Geheimnisse des Gottesreichs zu fassen und solche nach Bedarf den Kindern der Welt mitzuteilen und ihnen, als gutes Beispiel voranleuchtend, den Weg zu zeigen, auf dem auch sie zu Kindern Gottes und zu Bürgern des himmlischen Reiches werden können."[1]

Bei ihrer Einzeugung in unsere Welt müssen die Sternenmenschen besonders mit dem für sie gar beschwerlichen fleischlichen Leibe auch Seelenelemente der groben diesirdischen Materie mit all ihren argen Eigenschaften und Trieben in sich aufnehmen, um als „Starke aus dem Reiche des Lichts" auch ihrerseits ein möglichst schwieriges Teil der großen Satansseele zu läutern und dem himmlischen Vater wiederzubringen. Diese Belastung mit irdischen Elementen macht im Verein mit den so besonders schweren Verhältnissen unseres Planeten den Sternenmenschen viel Beschwer und vielen gelingt es nicht, „ihre fremdweltliche Seele auch in der Materie dieser Erde durchzugären."

Manche dieser fremden Seelen, die in dem Leibe dieser Erde gleich zu Anfang ihres Eintritts ob der sie drückenden Materie nicht bestehen können, werden von ihrem Geiste gleich wieder dahin zurückgebracht, von wo sie gekommen sind. So erklärt sich nicht selten das frühzeitige Sterben eines manchen Menschenkindes schon bei oder bald nach der Geburt.

Andere Sternenseelen können vielfach „den Anblick dieser allermagersten und am wenigsten schönen Welt" nur schwer ertragen. Solche bilden dann ihre Sinne gewöhnlich sehr nachlässig aus. Sie halten wohl oft längere Zeit auf Erden aus und machen so manches, wenn auch gewöhnlich nur weniges, den Menschen dieser Erde nach, kehren aber nach einem solchen für sie immerhin tiefe Bedeutung habenden Leben (das gewöhnlich nur etliche Dezennien währt) nach ihrer Sternenheimat zurück, um dort das Ziel des Lebens besser zu erreichen.

Seelen aus Sonnenwelten erweisen sich auf Erden oft bald als sehr vollkommen. Manche aber „bekommen oft auch großen Zorn auf alles, was ihnen auf dieser argen Welt vorkommt. Daraus werden für diese Erde oft sehr böse Individuen, die rauben, morden und stehlen, was ihnen nur unterkommt. Auch haben sie gewöhnlich keine Liebe zu den Menschen dieser Erde und suchen ihnen auf alle mögliche Weise zu schaden. Solche entgleiste Sonnengeister entgehen auf unserem Planeten nur selten der Strafe für ihre Vergehen wider die erdbürgerliche Ordnung. Sie kehren wohl auch oft in ihre alte Heimat zurück, wo es ihnen dann aber auch nicht am allerbesten geht; denn ihr Geist fängt dort mit ihnen eine ganz entsetzlich scharfe und schmerzliche Schule an, die, je nachdem eine Seele stolz, verhärtet und selbstsüchtig ist, lange dauern kann." (Gr. Ev., Bd. 5, Kap. 188)

Erdenseelen und ihre Bestimmung

Wie schon erwähnt, machen freilich die Sternenseelen nur einen sehr kleinen *Bruchteil* der Erdenmenschheit (eins oder zwei vom Hundert) aus. Die meisten Bewohner unseres Planeten haben als Menschen *nicht* schon auf anderen Sternen gelebt. Ihre Seele wurde, wie wir in den vorangehenden Kapiteln ersahen, vielmehr erst hier auf Erden unmittelbar vor und bei der fleischlichen Zeugung von den geistigen Schöpfungsdienern Gottes (Schutzgeistern und Schutzengeln) zusammengestellt aus zahllosen, den Naturreichen, den leiblichen Eltern und der kosmischen Sternenstrahlung entnommenen seelischen Lebensfunken.

[1] Gr. Ev., Bd. 5, Kap. 225; Bd. 4, Kap. 35.

Da in diesen Erdenseelen-Menschen die aus dem Schoße der Erde durch das Mineral-, Pflanzen- und Tierreich aufgestiegenen *naturseelischen* Elemente eine bedeutende, meist sogar vorwiegende Rolle spielen, nennt man diese Menschenart „von unten“, während die Sternseelen-Menschen „von oben“ sind. (Joh. 8, 23)

Die in allen Völkern und Ständen sich zahlreich vorfindenden Erdseelen sind die eigentlichen „*Weltmenschen*“. Eben erst dem Naturreiche — „dem Schlamm dieser Erde“ entwachsen, sind sie „natürlich noch sehr sinnlicher Art, da sie noch nie und nirgends irgendeine menschliche Vorschule, ein freies, (im göttlichen Erkenntnislichte) sich selbst bestimmendes Menschenleben durchgemacht haben.“ Bei ihnen herrscht in Trieben und Begierden meist noch stark das Tierische vor. Materieller Besitz und Genuß ist ihnen die Hauptsache. Naturhafte Selbstliebe überwiegt die Gottesliebe. Und während für irdische Dinge und Verhältnisse ein guter, oft scharfer Verstand sich bekundet, fehlt für geistige Belange vielfach das Interesse wie das Verständnis. „Sie können daher anfänglich auch nur durch ganz einfache, sinnfällige Bilder (und Lehren) zu der Erkenntnis eines höchsten und ewigen Gottgeistes hingeleitet werden.“ (Gr. Ev., Bd. 5, Kap. 225, vergl. auch Bd. 2, Kap. 169.)

Die Liebe und Weisheit des himmlischen Schöpfers und Allvaters macht freilich unter seinen Menschenkindern keine willkürlichen Unterschiede. Er will sie alle in ihrer Art zur möglichsten Lebensvollendung und höchsten Glückseligkeit führen und reifen. Und so sind denn auch die Erdseelen-Menschen auf unserer Welt durchaus nicht seine Stiefkinder!

„Denen Gott der Herr weniger Licht gegeben hat, die hat Er als Kindlein umso mehr lieb, indem Er ihnen ihre irdische Lebensprobeaufgabe so leicht wie möglich stellt, während Er den großen Geistern den Weg mit sehr vielen Dornen besät, auf denen nicht gar leicht zu wandeln ist.“ (Gr. Ev., Bd. 6, Kap. 139.)

27

Die leibliche Zeugung

In unseren bisherigen Erörterungen über die Entstehung des Menschen haben wir zuerst den unmittelbar aus Gott entspringenden *Geist* (als heilige Lebensgrundmacht im Menschen) — sodann die von den Engeln Gottes bewirkte Zusammenstellung der menschlichen *Seele* aus den Elementen der Materie betrachtet. Nun kommen wir an den dritten und letzten Teil des „Heiligen Werdens“: Die *leibliche* Zeugung.

In den Fragen des *Geschlechtslebens* sind heutzutage die Menschen mehr als je in unklaren, verderblichen Anschauungen befangen. Es rächt sich auf diesem so grundwichtigen Gebiete des Lebens die blind-materielle Weltanschauung, die nur mit dem Diesseits und nicht mit einem Gott und Vater und einem ewigen Lebensziel rechnet.

Wer nicht an das unsichtbare Reich des Geistes, unsere eigentliche Heimat, glaubt und im göttlichen Gebot reiner Gottes- und Bruderliebe nicht das unverbrüchliche Grundgesetz alles Lebens erkennt, der kann unmöglich in den Fragen der Zeugung und Entstehung des Menschen und mithin im ganzen Liebesleben der Geschlechter einen klaren und gesegneten Standpunkt gewinnen. Der ungläubige Mensch, der von keiner weisen Liebe eines göttlichen Menschenbildners etwas weiß, wird auch auf diesem Gebiet sein Sittengesetz nur auf diesweltliche Gesichtspunkte stützen können. Und da werden die meisten den sinnlichen Genuß und nur ein kleiner Teil die Werte eines schönen Familienlebens als das Vernunftgemäße erkennen und erstreben.

Das *Diesseits* bietet eben keine tieferen und einleuchtenderen Gesichtspunkte zur Beurteilung dieser Fragen. Und so leidet unsere durch die technische Kultur überhitzte Zeit unter einer *sexuellen Not,* die zusammen mit den Wirtschaftsnöten nahe daran ist, Ehe, Familie, Nachwuchs und damit das ganze Volksleben bei allen Nationen in Frage zu stellen. Volksfreunde, Gelehrte, Jugend- und Gesundheitsbehörden, gesetzgebende Körperschaften usw. suchen fieberhaft nach Abhilfe. Aber es ist vom rein diesirdischen, materialistischen Standpunkte offenbar alles vergeblich — denn dieser Standpunkt führt letzten Endes immer nur zur Entfesselung des Tieres im Menschen.

Eine den höheren und ewigen Wesensteil des Menschen rettende Beleuchtung und Klärung dieser Fragen kann nur von *überweltlichen* Gesichtspunkten aus gewonnen werden, die uns das irdische Leben in seinem Zusammenhang mit dem Ewigen erkennen lassen und uns die eigentlichen *Ziele und Aufgaben* dieser wichtigen zeitlichen Daseinsstufe zeigen.

In diesem Lichte erkennen wir erst die göttlich erhabene Bedeutung des Zeugungsaktes und des Liebeslebens der Geschlechter. Und darum ist das durch Jakob *Lorber* gegebene neue Gotteslicht auch hier so unendlich bedeutsam, weil es uns auch in diesen Dingen durch vertiefte Erkenntnisse klare, wegweisende Blicke und Urteilsmöglichkeiten eröffnet.

Der Zeugungsvorgang in seiner wahren Bedeutung

Nachdem wir aus den bisherigen Betrachtungen wissen, welch große Vorarbeit für die Entstehung des Menschen von Gott und seinen Engeln durch die Erschaffung des *Geistes* und die Reifung und Sammlung der menschlichen *Seelenelemente* zu leisten ist, so ist klar, daß das, was der Mensch im Augenblick der leiblichen Zeugung hinzutut, nicht mehr so viel sein kann, wie es dem stofflich denkenden Verstande vorkommt.

Über den Zeugungsvorgang beim *Tiere* wird in dem Lorberwerk ‚Erde und Mond' (Kap. 49) gesagt: „Wenn bei den Tieren der Akt der Zeugung eintritt, so treiben die Geister Gottes durch ihren Willen die angesammelten ätherisch-substantiellen Spezifika (Seelenfunken) in die Zeugungsorgane der Tiere und umschließen sie im Augenblicke der Zeugung mit einem materiellen Häutchen. In diesem Häutchen wird dann die neue Seele tätig und fängt an, nach der Art und dem Maße ihrer Intelligenz sich selbst zu ordnen. Hat die Tierseele innerhalb dieser ersten Behausung in sich selbst die ihr bestimmte Anordnung geschaffen, so sorgen die Geister Gottes weiter, daß die Seele durch neue, eigens dazu gebildete Organe aus dem Mutterleibe die ihr entsprechende Nahrung und damit das Baumaterial für den künftigen Leib erhält, den sie zu bewohnen und durch den sie zu wirken hat. Diesen Leib bildet die Seele selbst, aber freilich unter fortwährender Leitung der Geister Gottes, die dabei keine Hand, sondern nur ihren Willen ans Werk zu legen haben."

Grundsätzlich ähnlich, wenn auch nicht ganz gleich, verhält sich die Sache bei der Zeugung des *Menschen.* Ein Engel, der im ‚Großen Evangelium' (Bd. 4, Kap. 119 ff.) den Jüngern das Geheimnis der Ur- und Fortzeugung in Lehre und Vorführung enthüllt, bekundet darüber: Es hat auch das Menschenweib einen Naturstoff (Mutter-Lebensklümpchen, Ei) in sich. Ist dieser zur Befruchtung gereift, so wird er wie eine Beere von einer Traube abgerissen und an die rechte Stelle des Mutterleibes (Gebärmutter) gebracht. Wenn nun die *Zeugung* stattfindet, so tritt die schon fertige, von den Dienern Gottes gesammelte Seele hinzu, pflegt eine Zeitlang diese Lebensbeere, bis der Stoff in derselben so weit gediehen ist, daß die sich stets mehr zusammenziehende Seele in den noch sehr flüssig-lockeren Keimling eindringen kann, mit welcher Verrichtung die Seele etwa *zwei Monate l*ang zu tun hat. Hat sie sich des Keimlings ganz bemächtigt, dann wird das Kind bald fühlbar lebendig und wächst schnell zu ordnungsmäßiger Größe.

Ein Heiligtum Gottes

Der Einblick in diese hinter dem Schleier des Materiellen sich begebenden seelisch-geistigen Lebensvorgänge führt uns den tiefen Ernst und die Heiligkeit des Zeugungsaktes *eindringlich* vor die Seele.

„Wenn das Leben des Menschen", spricht der Herr im ‚Großen Evangelium', „kein tändelnder Scherz, sondern ein sehr geheiligter Ernst ist, so kann auch der Entstehungsakt desselben durchaus keine Tändelei, sondern auch nur ein sehr geheiligter *Ernst* sein. Fasse du den Grund recht, und es wird dir darauf bald von selbst alles klar werden!

Die wohltuenden Empfindungen sollen nicht der Beweggrund zur Vornahme des Zeugungsaktes sein, sondern allein der Wille, daß ein Mensch gezeugt werde. Denn die Empfindungen sind nur begleitende Erscheinungen und für die selbstische Natur des Menschen notwendige Anreize zum höheren Zwecke der Zeugung.

Drängt dich der Hauptgrund, so gehe und handle, und du hast keine Sünde. Aber es ist dabei dennoch so manches in Berücksichtigung zu ziehen. Dieses Tun darf nicht außerhalb der Sphäre der wahren Nächstenliebe geschehen! Es hat also ein jeder, der nach Gottes Ordnung und Wohlgefallen leben will, auch bei ganz ordnungsmäßigen, der Keuschheit nicht widersprechenden Handlungen noch auf alle anderen menschlichen Nebenumstände sein Augenmerk zu richten, so er sich nicht gegen irgendein Gebot der Nächstenliebe versündigen will." (Bd. 3, Kap. 215)

„Um eine rechte und gesunde Frucht zu zeugen, müssen zwei reife Menschen eine echte *Seelenverwandtschaft* untereinander haben. Sind ein Mann und ein Weib in ihrem Herzen (d. h. ihrem Geiste) und in ihren Seelen verwandter Natur, so sollen sie sich denn auch ehelichen und sich nach der Ordnung der Natur des Zeugungsaktes lediglich zu dem Zweck bedienen, um zu einer lebendigen Frucht nach ihrem Ebenmaße zu gelangen. Ein mehreres, als eben dazu vonnöten, ist wider die Ordnung Gottes und der Natur und somit ein Übel und eine Sünde, die nicht um vieles besser ist als die stumme von Sodom und Gomorra.

Kann irgendein Zeugungsfeuriger bei all seiner Not zu keiner natürlichen Löschung seines ihn quälenden Feuers gelangen, dem rate Ich als bestes Naturmittel das Fasten (nach dem Beispiel des Täufers Johannes), ein fleißiges Baden im kalten Wasser und ein recht inbrünstiges Gebet um Linderung dieser Plage, so wird ihm solche ehestens abgenommen werden. Jede andere Löschungsart aber ist vom Übel und erzeugt abermals Übel und Sünde. [1]

Zugleich aber soll allen Eltern ans Herz gelegt sein, daß sie ihre Kinder nicht den Reizungsgefahren aussetzen. Denn ein brennbares Material kann leicht in Brand geraten. Wenn aber einmal die Flammen auf allen Seiten lichterloh aufschlagen, dann geht es mit dem schnellen Löschen oft gar nicht mehr. Und ohne Opfer schlägt keine Flamme auf; wenn sie gelöscht ist, zeigt sich der Schaden! Darum sollen besonders die Jungfrauen wohl gekleidet, aber nie reizend geziert einhergehen. — Die Jungfrauen und Jünglinge sollen nicht dem Müßiggang preisgegeben werden, denn der Müßiggang ist stets die Ursache aller Sünden." — Und für beide Geschlechter ist auch eine einfache, mäßige und naturgemäße Ernährungsweise unerläßlich. (Gr. Evang., Bd. 3, Kap. 66, 1 ff.)

Zeugungskraft, Gefühlsreichtum und Geistesvollendung

In dem Lorberwerk ‚Die Haushaltung Gottes' wird vom König der großen lasterhaften Stadt Hanoch dem Herrn vorgehalten: „Der Mann hat ein Gefühl, demzufolge er nicht nur ein, sondern viele Weiber ergreift. Und dieses Gefühl ist ein wahrer Nimmersatt. Denn so da schon jemand hätte zwei, drei und noch mehrere der schönsten Weiber, käme aber dann an einen Ort, da es noch hundert wieder anders geformte Weiber gibt, da drängt es ihn bald gewaltigst, daß er sich auch in den Besitz dieser hundert setzen möchte! Warum denn solch ein Drang, der Deiner Ordnung zufolge nicht gestillt werden darf?"

Der *Herr* erwidert darauf: „Siehe, da verhält es sich mit dem Gefühlsreichtum geradeso wie mit der reichen Ausstattung der Zeugungsfähigkeit. Das Gefühl, das sich als mächtiger Zug oder Trieb im Herzen ausspricht, ist eine reiche Zeugungsfähigkeit im Geiste. Wenn aber der Mann ein Unzüchtiger ist und seinen Samen auf den Gassen verstreut, sage Mir, wird so ein grundgeschwächter Mann selbst mit einem fruchtbaren Weibe je eine Frucht von gerechtem Maße zu zeugen imstande sein? Siehe, das wird er nicht, denn aus den Trebern preßt man keinen geistigen Saft mehr!

Ebenso steht es auch mit dem Gefühlsreichtum: Der Mann sammle nur sein Gefühl im Herzen und kehre es dann zu Mir. Und wenn es die rechte Kraftreife wird erlangt haben, dann wird er in Mir, dem Urgrunde aller Dinge und somit auch aller noch so schönen Weiber den allergenügendsten und befriedigendsten

[1] Gleichwohl ist im ‚Gr. Evang.' (Bd. 3, Kap. 71, 10 ff.) einem geistig fortgeschrittenen Ehegatten seinem noch ungereifteren oder heißblütigeren Ehegefährten gegenüber weise, liebevolle Geduld und Rücksichtnahme ans Herz gelegt. Besonders gegenüber einem sehr begehrenden Weibe. „Denn eines solchen Weibes Natur gleicht einem trockenen Boden, den der Gärtner in der heißen Sommerszeit zu öftern Malen begießen muß, so er seine Pflanze erhalten will. ... Aber dabei soll der nüchterne Mann sein Weib auch fleißig geistig bilden, und es wird ihm das gute Früchte tragen. Denn Geduld ist stets besser als das allerbeste Recht."

Ersatz finden. Er wird dann mit diesem kraftvollen Gefühl sein Weib in aller Kraft lieben können und es wird ihn das Weib seines Nachbars nimmer anfechten.

Wisse, daß auf dieser Welt alles im Menschen nur eine auszubildende *Anlage* ist für einen erhabenen, ewigen Zweck. Daher soll der Mensch von den in sich wahrgenommenen Kräften nicht eher einen Gebrauch machen, als bis sie zur Vollreife gelangt sind. Wie aber die Früchte der Erde nur im Lichte der Sonne reifen, so reifen auch die geistigen Kräfte des Menschen nur in Meinem Lichte. Daher soll jeder Mensch seine Kräfte auf *Mich* hinwenden, so wird er ein vollkommen reifer, mächtiger Mensch werden in Meiner Ordnung. Wer aber das nicht tut, der ist selbst schuld an seinem Tode.“ (Haushaltung Gottes, Bd. 3, Kap. 64.)

Im ‚Großen Evangelium‘ werden diese Gedanken vom *Herrn* in einer Aussprache über den Unsegen der Vielweiberei noch näher dargetan mit den Worten: „Wer immer nach Meiner Lehre eine baldige und volle Wiedergeburt im Geiste seiner Seele wünscht, führe ein möglichst keusches Leben und lasse sich nicht berücken und betören vom Fleische der Jungfrauen und Weiber. Denn dieses zieht den Lebenssinn der Seele nach *außen* und verhindert dadurch gewaltig die Wachwerdung des Geistes in der Seele, ohne die keine volle Wiedergeburt der Seele in ihrem Geiste möglich und denkbar ist.

Eine gute, mit Vernunft, Weisheit und Selbstverleugnung gepaarte *Ehe* verhindert die geistige Wiedergeburt nicht, aber Sinnlichkeit und Wollust machen sie unmöglich. Darum fliehet sie ärger denn die Pestilenz!“ (Gr. Ev., Bd. 8, Kap. 41)

Segen der Keuschheit und geordneter Zeugung

Wie und warum ein reines, keusches Leben und eine geordnete Zeugung den Segen des Himmels findet, wird den Jüngern vom Herrn ebenfalls erklärt. Wir finden darüber im ‚Großen Evangelium‘ die ernste und wichtige Belehrung aus höchstem Munde: „Würden die Menschen das Laster der Unzucht meiden und den Beischlaf nur so oft begehen, als er zur Erweckung einer Frucht in eines Weibes Leibe notwendig ist, Ich sage euch: Nicht einen gäbe es unter euch, der nicht ein Hellseher wäre! So aber, wie es unter euch Sitte ist, vergeuden der Mann und das Weib die besten Kräfte durch das oft tägliche Verpuffen der alleredelsten und seelenverwandtesten Lebenssäfte und haben demnach nimmer einen Vorrat, aus dem sich am Ende ein stärkeres Licht in der Seele ansammeln könnte.

Darum aber werden die Menschen stets mehr träge und polypenartig genußsüchtige Wesen, sind selten eines hellen Gedankens fähig und sind furchtsam, feig, materiell, launisch und wetterwendisch, selbstsüchtig, neidisch und eifersüchtig. Sie können schwer oder oft gar nimmer etwas Geistiges begreifen, denn ihre Phantasie schweift immer im Reize des Fleisches umher und mag sich nimmer zu etwas Höherem und Geistigem emporzuerheben. Sorget darum vor allem, daß dieses Laster nirgends einreiße. Und die Eheleute sollen, wie gesagt, nur so viel tun, als da zur Zeugung eines Menschen unumgänglich notwendig ist!

Wer sein Weib stört während ihrer Schwangerschaft, verdirbt die Frucht schon im Mutterleibe und pflanzt derselben den Geist der Unzucht ein. Denn der Geist, der die Gatten nötigt und reizt, sich über die natürliche Gebühr zu beschlafen, geht verstärkt *in die Frucht* über. Daher soll auch bei der Zeugung sehr gewissenhaft beachtet werden, daß erstens die Zeugung nicht aus gemeiner Sinnengier, sondern aus wahrhafter Liebe und seelischer Neigung ausgeübt werde — und zweitens, daß das einmal empfangen habende Weib noch gut sieben Wochen nach der Geburt ihrer Frucht ungestört in Ruhe belassen werde!

Kinder, auf diese ordentliche Art gezeugt und im Mutterleib ungestört ausgereift, werden schon leiblich vollkommener in die Welt kommen, weil die Seele in einem vollkommen ausgebildeten Organismus doch sicher leichter für ihren geistigen Herd sorgen kann als in einem ganz verdorbenen, an dem sie gleichfort zu bessern und zu flicken hat. Zweitens ist sie *selbst* in sich reiner und heller, weil sie nicht von den Unzuchtgeistern gestört wird, die durch die oft täglichen Nachzeugungen in des Embryo Fleisch und Seele hineingezeugt werden.

Wie leicht kann solch eine Seele ihr Gemüt schon in der zartesten Kindheit zu Gott erheben aus wahrer kindlicher, unschuldigster Liebe! Bei solchen Kindern fängt sich schon frühzeitig eine Außenlebenssphäre zu bilden an, sie werden bald und leicht hellsehend, und ihrem Willen wird sich alles in Meiner Ordnung Seiende zu fügen anfangen. Was sind dagegen die schon im Mutterleib verdorbenen Kinder? Ich sage euch: Kaum mehr als scheinbelebte Schattenbilder des Lebens! Und was ist hauptsächlich daran schuld? Das, was Ich euch bisher sattsam als Folge der Wollust gezeigt habe!

Wo irgend in der späteren Zeit Mein Wort von euch gepredigt wird, sollte diese Lehre nicht fehlen! Denn sie bearbeitet *des Lebens Grund und Boden* und macht ihn frei von Dornen, Gestrüppen und Disteln, von denen noch nie ein Mensch Trauben und Feigen geerntet hat.“ (Gr. Ev., Bd. 4, Kap. 230 ff. bis Kap. 231.)

Der Leibesaufbau nach der Zeugung

Wie wichtig ein reines, die Leibes- und Seelenkräfte sammelndes und bewahrendes Leben der *Eltern* für das Wohl eines werdenden Menschenkindes ist, erhellt auch im Hinblick auf den nach der Empfängnis sich vollziehenden leiblichen Aufbau des neuen Wesens. — Über diese in weiser Reihenfolge sich ergebenden Vorgänge voll heiliger Wunder vernehmen wir in ‚Erde und Mond‘ (Kap. 50 und 51):

Hat die Seele in ihrer Umhülsung sich in menschlicher Form geordnet und ihren Lebensfunken mit Kräften aus dem Mutterleibe eine feste Verbindung gegeben, so strömen aus dem Mutterleibe alsbald weitere Spezifika (stoffliche und seelische Lebenskräfte) an den Ort, wo der neue Mensch entsteht. „Diese werden zur Bildung der *Nerven* verwendet, welch letztere gewisserart Schnüre sind, die von der Seele überall ergriffen und angezogen werden, um dadurch dem entstehenden Leibe jede mögliche Bewegung zu geben.

Sind die Nerven in ihren Grundlagen und Verbindungen fertig, dann werden die hinzuströmenden Spezifika zur Bildung der *Eingeweide* (d. h. der inneren Leibesorgane) verwendet, die sogleich mit den Hauptnerven verbunden werden. Da die meisten Nerven im Kopfe zusammenlaufen, und zwar hauptsächlich im Hinterhaupt (in dem auch die Seele ihren Kopf hat), so beginnt zugleich mit der Bildung der Eingeweide auch die Bildung des Kopfes, der das entsprechendste

Bild der Seele ist (weil alle Intelligenzen der Seele sich durch gewisse Hauptausstrahlungen im Kopfe konzentrieren). Und da die Augen der vollkommenste Ausdruck der Intelligenz sind, so werden auch besonders die Augen am ersten ersichtlich sein; denn in den Augen strömen alle Ausstrahlungen der einzelnen Intelligenzen der Seele zusammen. (Daher die Möglichkeit der Augendiagnose!)

Ist die Seele mit dieser Arbeit durch die Willenshilfe der Geister Gottes fertig, so werden ihr wieder neue Spezifika zugeführt, aus denen dann schon allerlei andere Dinge des menschlichen Leibes geordnet werden. Es braucht hier nicht des Machens oder Schaffens; die Sache macht sich sozusagen von selbst, wenn ihr nur (von den höheren Geistern Gottes) der Weg zur rechten Ordnung gezeigt wird. Und so werden hier Fleisch, Knorpeln, Muskeln, Sehnen und Knochen gestaltet. Es ergreift sich da alles von selbst, was zusammengehört. Nur würde die Richtung und auch die Form verfehlt, wenn nicht die Geister den Intelligenzspezifiken durch ihre weise geleitete *Willenskraft* den rechten Weg vorzeichneten.

Wenn es freilich manchmal geschieht, daß die Mutter, die so ein Kind in sich trägt, in ihrem Gemüte sich in die Hölle begibt (d. h. schlechten Gedanken, Begierden, Leidenschaften und Genüssen sich hingibt), so können da freilich Gottes gute Geister und Engel nicht volle werktätige Gesellschaft leisten. Die Folge solchen Übels ist gewöhnlich eine Fehl- oder Mißgeburt oder manchmal gar ein Einschiebling aus der Hölle, welchen das Volk einen ‚Wechselbalg' nennt. Daher ist es jeder Mutter zu empfehlen, sich während der Schwangerschaft so tugendhaft wie möglich zu betragen.

Wenn die Seele die obenerwähnten Knorpeln, Muskeln, Knochen und Sehnen ausgebildet hat, wird von ihr weiter Sorge getragen, die *äußeren Glieder* durch richtige und ordnungsmäßige Verwendung der dazu gehörigen Spezifika zur völligen Ausbildung zu bringen.

Wenn dies auch getan ist, zieht sich die Seele in die Eingeweide zurück und beginnt die Muskeln des *Herzens* in Bewegung zu setzen, wo zuerst durch besondere wasserklare Säfte die Organe geöffnet und gewisserart durchstoßen werden. Ist dies geschehen, dann setzt die Seele die *Milz* in Tätigkeit. Dadurch wird das *Blut* erzeugt und in die Herzkammern geführt, von denen aus es dann bald in die Organe getrieben wird. Hat das Blut auf diese Weise einmal den ersten Kreislauf gemacht, so beginnt der *Magen* die in ihm liegenden Nährsäfte in eine größere Gärung zu bringen, wodurch die edleren, feinstofflichen Spezifika ausgesondert, die gröberen, unverdaulichen Flüssigkeiten aber durch den natürlichen Entleerungskanal hinausgestoßen werden. Daher kommt die Flüssigkeit in der Mutterblase, welche nichts anderes ist als der Unrat des nun schon im Mutterleibe leiblich lebenden Kindes."

28

Geburtsgeheimnisse

Das Geheimnis der Entstehung des Menschen ist mit den geschilderten Vorgängen noch nicht erschöpft. Vielmehr ereignen sich vor der Geburt des werdenden Menschenkindes im hegenden und nährenden Mutterschoße noch *geistige* Dinge, von denen sich der ungläubige, stofflich denkende Mensch nichts träumen läßt — obwohl gerade erst durch diese Ereignisse das junge Lebewesen vom mehr tierischen Geschöpf zum *Menschen* erhoben wird.

Das wichtigste dieser „Geburtsgeheimnisse" unseres Schöpfers und himmlischen Vaters ist

die Einlegung des Geistes

Wir lesen darüber in ‚Erde und Mond': Wenn die höchst kunstvolle Ausbildung der Frucht im Mutterleibe getan ist, wird der reine *göttliche,* für dieses Menschenkind als innerstes Haupt- und Grundleben ersehene *Geist,* der die Reifung der Seelenelemente auf den Stufen der Naturreiche von Anfang an leitete (Gr. Ev., Bd. 6, Kap. 133), durch einen höheren Engelsdiener Gottes in das mit dem leiblichen Herz zusammenfallende *Herz der Seele* eingelegt.

Dieser heilige Akt der himmlischen Gnade erfolgt in der Regel „nachdem die Frucht im Mutterleibe wenigstens drei Monate lang ein leibliches Leben hatte und die Seele nach getanem Hauptwerk ruhiger geworden ist — bei einigen Kindern früher, bei andern später, bei vielen drei Tage vor der Geburt". (Erde und Mond, Kap. 51.)

Da die Seele des Menschen auf der nun erreichten Entwicklungsstufe des menschlichen Lebens in vollster Freiheit und vollkommener Willensselbständigkeit durch Selbsterfahrung erzogen werden soll, ist es nun im göttlichen Erziehungsplan gelegen, daß der zur Einlegung ins Fleisch des Menschen ersehene Geist vorläufig auf seine göttliche Kraft und Macht weitgehend verzichtet und sich gleichsam mit festen Banden fesseln und umhüllen läßt. An der eben angeführten Stelle wird von einer *„siebenfachen Umhülsung"* gesprochen. „Natürlich", heißt es aber, „darf sich dabei niemand eine materielle Umhülsung denken, sondern eine *geistige,* welche viel kräftiger und haltbarer ist als eine stoffliche — was sich ja schon aus vielen Dingen auf dieser irdischen Welt ersehen läßt, wo es oft ein leichteres ist, einen materiellen Kerker zu durchbrechen als einen geistigen!"

Welches die eigentlichen Fesseln, Bande und Hülsen des in unsere Seele gelegten reinen Geistes sind, wird deutlich in dem durch Jakob Lorber uns wiedergegebenen Jakobusevangelium ‚Die Jugend Jesu' (Kap. 298) dargelegt. Es heißt dort:

„Es muß jeder Mensch gewisse *Schwächen* in sich tragen, die da die gewöhnlichen *Fesseln des Geistes* sind, durch welche dieser wie in einer festen Hülse eingeschlossen ist. Diese Fesseln können erst dann zersprengt werden, wenn die mit dem Fleisch vermengte Seele sich durch gerechte Selbstverleugnung so gestärkt hat, daß sie fest genug ist, den freien Geist zu fassen und zu halten. Durch allerlei Versuchungen kann der Mensch seine Schwächen gewahren und so erfahren, wie und worin sein Geist geknebelt ist. Wenn er dann gerade in diesen Punkten sich in seiner Seele selbst verleugnet, löst er dadurch dem Geiste die Fesseln ab und festigt damit die Seele. Ist dann so in der rechten Zeit die Seele mit allen ehemaligen Geistesbanden gefestet, so geht ganz natürlicherweise der entfesselte Geist in die erstarkte Seele über. Und diese gelangt dadurch in alle himmlische Machtvollkommenheit des Geistes und wird für ewig vollkommen *eins* mit ihm."

Unsere widergöttlichen, aus *Luzifer,* dem gefallenen Großgeiste stammenden argen Seelenfunken mit ihren selbstherrlichen, selbstsüchtigen Gedanken, Gefühlen und Begierden fesseln also mit ihrer von Gott zugelassenen freien Willensmacht den reinen göttlichen Liebefunken in unserem Herzen geistig in entsprechender Weise, wie die harten Hülsen und Schalen eines Samenkorns den Keim in sichtbarer Weise stofflich gleichsam einkerkern, bis die Feuchtigkeit und Wärme eines guten Erdreichs die Hülsen erweicht und dem Keim die Freiheit und Möglichkeit zum Wirksamwerden gibt.

Den göttlichen Geistfunken aus dem Kerker dieser Umhülsung nach und nach mit der Gnadenhilfe Gottes zu befreien und ihn zur vollen Herrschaft über unsere Seele und unser ganzes Sein und Wesen zu bringen — das ist die große, heilige *Aufgabe* unseres menschlichen Lebens, deren Erfüllung wir womöglich schon hier im diesirdischen Dasein als unsere „geistige Wiedergeburt" erreichen sollen.

Abdunklung der Rückerinnerung

Um aber diese geistige Neugeburt der Seele in höchster *Freiheit* und Selbständigkeit zu erzielen, ist vor der Geburt des werdenden Menschenkindes noch eine weitere, überaus weise und bedeutungsvolle Maßregel des göttlichen Bildners und Lebensmeisters notwendig.

Wir vernehmen darüber im ‚Großen Evangelium' (Bd. 4, Kap. 120): „Sobald die Seele im Mutterschoße unter geistiger Leitung als letztes das zarte, vielverästelte Nervensystem völlig ausgebaut hat und der sich entwickelnde Nervengeist (als wichtiges Mittelglied zwischen Seele und Leib) ordnungsmäßig tätig geworden ist, begibt sich die *Seele* mehr und mehr zur Ruhe und schläft am Ende in der Gegend der Nieren völlig ein. Sie weiß nun nichts mehr von sich selbst und vegetiert ohne alle Erinnerung an ihren früheren Naturzustand (d. h. an das Vordasein ihrer Elemente auf den verschiedenen vorangegangenen Stufen des Naturreiches, die sog. ‚Vorkreaturformen'). — Erst etliche Monde *nach* der Geburt fängt die Seele wieder mehr und mehr zu erwachen an, was aus der Abnahme der Schlafsucht wahrgenommen werden kann. Aber bis sie zu einigem klaren Bewußtsein gelangt, braucht es noch eine längere Zeit. Erst wenn das Kind der Sprache mächtig wird, tritt auch ein rechtes Bewußtsein in die Seele — jedoch *ohne Rückerinnerung;* denn diese könnte man bei der höheren Weiterbildung der Seele durchaus nicht brauchen."

Es tritt also bei den Menschen auf dieser unserer Erde „der sonst nirgends mehr vorkommende Fall ein, daß sie aller Rückerinnerung (an ihre seelischen Vorzustände) bar werden und daher eine ganz neue Lebensordnung und -bildung vom Anfang an beginnen müssen, die so gestellt ist, daß mit ihr ein Mensch bis zur vollsten Gottähnlichkeit emporwachsen kann." (Gr. Ev., Bd. 4, Kap. 106)

Nur durch diese Abdunkelung der Rückerinnerung, womit dem Menschen zunächst auch das den höheren Naturseelen eigene Wissen von Gott und der geistigen Welt verloren geht, kann es erreicht werden, daß die hilflose, junge Menschenseele *selbsttätig* nach dem Lichte und den stärkenden Kräften des göttlichen Geistes *verlangt* und bei ihrem neuen, in sie gelegten Lebenspol Anschluß, Leitung und Kräftigung sucht. Nur der *Mangel* ist es ja überall, der ein Wesen zum Suchen und Streben und mithin zu selbständiger Tätigkeit antreibt. Von diesem Gesichtspunkt erklärt sich für jeden Denkenden die oft als Vorwurf gegen den Schöpfer aufgeworfene Frage, warum Gott sich und sein geistiges Reich dem Blick unserer Seele verhüllt und uns in tiefem Dunkel unter größten Schwierigkeiten und Zweifeln nach einem wahren, ewigen Lichte suchen läßt. — Wüßten wir alles, wäre uns das Sein und Walten Gottes samt allen Geheimnissen und Wundern der Schöpfung schon von Geburt an bekannt, so hätten wir keinen Antrieb zum Forschen und mithin aber auch keine Möglichkeit zur Selbständigwerdung und zu eigenem geistigem Erwerb und Gewinn, worin ein wichtigster Teil göttlicher Vollendung und Seligkeit liegt.

„Die Menschen der Erde sind im vollsten Sinne *frei* und können tun, was sie wollen: Gutes nach den Geboten Gottes oder Schlechtes wider dieselben. Sie werden weder zum Guten noch zum Schlechten genötigt, sondern lediglich durch ihren vollkommen freien Willen dazu bestimmt. Aus diesem Grunde ist einerseits diese *Welt* in ihren Lebensverhältnissen so mager bestellt, daß durch sie kein freier Wille eine unwiderstehliche Versuchung und Beirrung erleide. Andererseits aber ist auch das *Himmlische* dergestalt verdeckt, daß durch die bestimmte Anschauung künftiger Seligkeiten ebenfalls kein freier Wille zum Guten genötigt wird. So kann ein jeder, obschon er die Folgen seines guten oder schlechten Lebens aus der gegebenen Gotteslehre weiß, dennoch *frei* handeln, wie er will — weil er weder auf der einen noch auf der andern Seite irgendeine nötigende Gewißheit hat.“ [1]

„Wird die Seele (in der Wiedergeburt) mit ihrem göttlichen Liebegeist-Funken völlig eins, dann wird sie in der Beschauung ihrer selbst schon in jene klare Rückerinnerung gelangen, aus der sie die endlose Liebe und Weisheit des großen göttlichen Baumeisters im seligsten Dankgefühl allerhellst erkennen und bewundern wird. Dann wird ihr eine solche Rückbeschauung zum ewigen Lebensnutzen dienlich sein, während sie ihr jetzt gar gewaltig schaden würde.“ [2]

Geburt und erste Lebensspeise

Nach der Einlegung des Geistes in das Herz der Seele wird der Leib schneller vollends ausgereift und in kurzem erfolgt die *Geburt.*

Auch dieser Austritt des neuen Menschen aus dem Lebensschoße der Mutter in die materielle Welt steht selbstverständlich unter der Leitung der Diener Gottes. Aber der mehr oder weniger schwierige Hergang und Erfolg wird auch von manchen anderen Umständen abhängen, die vielfach im freien Willen der

[1] Bischof Martin, Kap. 173.
[2] Gr. Ev., Bd. 9, Kap. 178, 2 ff.; vergl. auch Bd. 8, Kap. 29, 11.

Eltern und der sonstigen Umwelt liegen. Haben die Eltern der Ordnung Gottes gemäß gehandelt und ihr Leben entsprechend eingerichtet, so wird auch ein ordnungsmäßiger, leichter Verlauf der Geburt möglich und zu erwarten sein.

Nach der Geburt „wird die *Lunge* des Neugeborenen in Tätigkeit gesetzt und das Kind fängt an, aus der Luft durch jeden Atemzug eine zahllose Menge *Spezifika* in sich aufzunehmen, welche sofort zur Bildung des Nervengeistes und zur Kräftigung der Seele verwendet werden. Weitere leiblich-geistige Nahrung erhält das Kind von den guten umgebenden Geistern durch die Sinne und Organe des Leibes." (‚Erde und Mond', Kap. 51.)

Wir können demnach verstehen, daß die im Augenblick der Geburt vom Himmel strahlenden *Gestirne* für die *seelische* Ausgestaltung eines Menschenkindes große Bedeutung haben können, sofern dies im Willen Gottes und seiner leitenden Geister gelegen ist. Denn in ihrer Macht steht es ohne Zweifel, auch von diesen aus den Sternen herniedertauenden Lebenselementen dem jungen Menschenwesen in beliebiger Menge Seelenspeise zuzuführen. Aber es geschieht dies nicht, wie viele Astrologen sich vorstellen, blindlings und mechanisch, sondern in weiser Abwägung nach dem *freien,* über alle Naturmächte erhabenen Willen und Plane des Schöpfers, der jede einzelne Seele so gestaltet, wie es seinem weisen Liebesratschluß entspricht.

Die hohe geistige Bedeutung des irdischen Geburtstags

Welch großer Augenblick es für den Menschen ist, wenn er als neue Schöpfung Gottes ins irdische Leben tritt, um nunmehr auf der hohen, menschlichen Seinsstufe die Wiedervereinigung mit der reingeistigen Welt zu erlangen — das wird in „Himmelsgaben" Bd. II S. 135 mit folgenden tiefsinnigen Lichtworten dargetan:

„Höre, Mein lieber Freund! Es ist wahrlich nichts Geringes, wenn ein Mensch aus dem Mutterleibe zur Welt geboren wird. Denn was dazu gehört, bis eine Menschenseele aus allen Stufen der Naturreiche reif wird zur Ausgeburt in die Welt, ist fürwahr mehr, als du in Ewigkeiten zu fassen imstande sein wirst!

Wisse, in dem tiefen Zeiten- und Ewigkeits-Raum wurden von Mir in endloser Fülle Geister, Mir ähnlich, ins freie Dasein gerufen. Eine Unzahl hat sich durch den Mißbrauch ihrer Freiheit von Mir getrennt. Eine Unzahl aber hat sich auch mit Mir auf ewig vereinigt. Was sollte nun mit der getrennten Unzahl werden? Sollte sie für ewig zugrunde gehen, oder sollte sie, was nur Mir allein möglich, zurückgeführt werden? Siehe, das war selbst für Mich, den Allmächtigen und allerhöchst weisen Schöpfer, keine geringe Frage! Denn lasse Ich sie zugrundegehen, so ist auch in Mir der Tod zu Hause. Führe Ich sie aber zurück, dann ist die unantastbare Heiligkeit Meiner urewigen Ordnung gefährdet. Was war und ist sonach hier zu tun?

Siehe, die *Liebe,* als das alleinige Leben in Gott, mußte sich gewissermaßen trennen, die abgetrennte Unzahl der Geister ergreifen, sie binden mit ihrer Macht und aus ihnen gestalten zahllose Weltenmassen verschiedenster Art, je nach Beschaffenheit der Geister, die darin eingefangen wurden.

Als nun die Welten von der Urzentralsonne abwärts ausgebildet waren, da erst wurde genau berechnet, wann jedes Welten-Atom *gelöst* werden sollte. Und war die große Rechnung einmal vollzogen, dann erst begannen die organischen

Schöpfungen auf den Weltkörpern durch alle Stufen in der höchst weisen, wohlberechneten Ordnung. Und hernach erst wurde der *Mensch* als ein vollkommenes Aufnahmeorgan aller ihm vorangegangenen Stufen und als ein vollkommener *Wiedervereinigungspunkt* des einst aus Mir gegangenen Lebens geschaffen.

Siehe, solches alles steckt hinter einem einzigen Geburtstag! Beachte daher wohl, was er in sich birgt, damit dir dadurch bald ein neuer großer Geburtstag werde *im Geiste!*"

VII

Wohin zielt unser Leben?

29

Vom Sinn und Zweck des Menschenlebens

Der Einblick, den wir durch die Lorberschriften in die Entstehung und das dreieinheitliche Wesen des Menschen gewinnen, erhellt uns auch in einem bisher nie erreichten Grade die uralte Frage nach dem Sinn und Zweck unseres Erdenlebens.

Wozu sind wir Menschen da? Wozu leben wir auf diesem kargen Planeten Erde und ringen uns zwischen Geburt und Tod durch ein mühevolles, oft schmerzens- und enttäuschungsreiches Dasein? Lohnt es sich, diesen bitteren Kampf bis ans Ende zu führen, da die Summe des irdischen Lebens nach der Erfahrung selbst besonders glückbegnadeter Mensch doch vorwiegend Not und Qual ist? Viele haben diese Frage schon verneint. Besonders zahlreich sind auch in unserer verwirrten Zeit solche, die ihr Leibesleben aus freien Stücken wegwerfen in der irrigen Meinung, dadurch der Qual des Daseins und den Notwendigkeiten ihrer geistigen Entwicklung zu entgehen.

Unter diesen Umständen ist es gerade in unseren Zeitverhältnissen eine große Gnade, durch die Neuoffenbarungsschriften die herrlichsten Aufklärungen über den hohen Sinn und Zweck des menschlichen Lebens zu erfahren und dadurch für dieses Erdendasein eine neue Leuchte des Herzens zu gewinnen.

Das Ziel Gottes

„Meine Gedanken sind nicht eure Gedanken,
und eure Wege sind nicht Meine Wege, spricht der Herr;
sondern soviel der Himmel höher ist als die Erde,
so sind auch Meine Wege höher als eure Wege
und Meine Gedanken höher als eure Gedanken."

Diese Worte des Dichterpropheten *Jesaja* kommen uns in den Sinn, wenn wir in den Lorberschriften lesen, was Gottes eigentliche höchste Absicht mit den Menschen ist.

Im ‚Großen Evangelium' sagt darüber der Herr: „Gott kann mit seiner Allmacht jederzeit einen Geist mit vollendeter Weisheit und Macht aus sich hinausstellen oder erschaffen, und das in einem Augenblick gleich zahllos viele. Aber alle solche Geister haben keine Selbständigkeit; denn ihr Wollen und Handeln ist kein anderes als das göttliche selbst, das unaufhörlich in sie einfließen muß, auf daß sie da sind, sich bewegen und handeln nach dem Zuge des göttlichen Willens. Sie sind für sich gar nichts, sondern nur Gedanken und Ideen Gottes.

Sollen sie mit der Zeit *selbständig* werden, so müssen sie den Weg der Materie oder des gerichteten und gefesteten Willens durchmachen auf die Art, wie ihr sie auf dieser Erde vor Augen habt. Haben sie das getan, dann erst sind sie aus sich selbständige, selbstdenkende und freiwillig handelnde *Kinder Gottes* — die zwar auch allzeit den Willen Gottes tun, aber nicht, weil er ihnen durch die Allmacht Gottes aufgedrungen ist, sondern weil sie solches als höchst weise erkennen und sich selbst bestimmen, nach solchem zu handeln (was dann für sie lebensverdienstlich ist und ihnen erst des Lebens höchste Seligkeit und Wonne gibt.)

Siehe, Mein lieber Freund, so stehen diese Sachen! Und eben daran kannst du des alleinigen, wahren Gottes höchste Weisheit immer mehr erkennen und bewundern, da du daraus ersehen kannst, wie Gott aus seiner höchsten Liebe und Weisheit seine eigenen Gedanken und Ideen zu *selbständigen,* Ihm vollkommen *ähnlichen* Kindern gestaltet und erzieht!" [1]

„Von Gott aus darf da nur gewisserart der Same, versehen mit allen erdenklichen Lebensfähigkeiten, wie in einer Hülse eingeschlossen, geschaffen werden. Die weitere, freie Lebensentwicklung und die Ausbildung desselben muß dem Samen selbst überlassen werden. Er muß das ihn umströmende Leben aus Gott selbst an sich zu ziehen anfangen und daraus ein eigenes, für sich dastehendes Leben bilden. Und siehe, so etwas geht nicht so leicht und schnell." (Gr. Ev., Bd. 5, Kap. 71, 10 ff.)

„Ich aber bin ja nun darum in das Fleisch dieser Welt gekommen, um euch Menschen die beste Lebensvorschrift (Heils- und Lebenslehre) zu geben, nach der ein jeder sich in die höchste Lebensfülle versetzen kann. Und diese Vorschrift lautet ganz kurz: „Liebe Gott aus allen deinen Kräften über alles und deinen Nächsten wie dich selbst!" — Wer das übt und vollauf tut, der ist Mir gleich und wird auch eben dadurch in alle Weisheit, Kraft und Macht geleitet werden!" (Gr. Ev., Bd. 5, Kap. 72, 12 ff.)

Die Schöpfung — ein Schulhaus

Sein Ziel: die Erziehung und Heranreifung selbständiger, Ihm ebenbildlicher Kinder — verfolgt der Schöpfer und Allvater auf *allen* Gestirnen der ganzen Schöpfung mit *allen* Menschen.

Überall werden Teile der großen im Materiegericht der Weltkörper erstarrten *Luziferseele* abgelöst, die winzigen Grundbestandteile oder Lebensfunken auf der Stufenleiter der Naturreiche in zahllosen Lebensformen im göttlichen Dienst geübt und gefestigt und schließlich in Myriaden zu einer *Menschenseele* vereinigt, um auf dieser bedeutsamen Stufe unter Leitung eines der Seele eingepflanzten reinen *Gottesgeistfunkens* den höchstmöglichen Grad der Gottähnlichkeit zu erreichen.

Die ganze unermeßliche Schöpfungsentwicklung ist also im Endzweck ein geistiger Erziehungsvorgang und die Schöpfung mit all ihren zahllosen Gestirnen

[1] Gr. Ev., Bd. 6, Kap. 133; (vgl. auch Bd. 4, Kap. 246); Bd. 8, Kap. 14, 16 ff.; Bd. 7, Kap. 62, 4 ff., Beispiel eines vom Willen des Herrn belebten Gebrauchsgegenstands.

eine große, vielgestufte *Seelenvollendungsanstalt.* — So vernehmen wir in dem Lorberwerk ‚Die Haushaltung Gottes':

„Die Welt ist als eine gefestete Unterlage Meiner Liebe ein großes *Schulhaus,* in dem alle Menschen in kurzer Abgeschiedenheit von Mir durch den eigenen Antrieb ihres inneren Lebens eine große Sehnsucht nach Mir bekommen sollen. Die äußeren Reize der Welt sind nur der Versuchung wegen da, damit sich die Menschen selbst richten sollen nach Meiner Liebe. Sobald jemand durch Führung und Erfahrung an der Welt kein Wohlgefallen mehr findet, sondern in stets wachsender Sehnsucht nur nach Mir trachtet, wird ihm dann bald das innere Auge und Ohr erschlossen. Er wird, wenn auch noch im sterblichen Leibe, alsbald den heiligen Vater hören und dann und wann zu sehen bekommen. Der Geist der ewigen Liebe wird ihn dann erfüllen. Er wird schauen die Zukunft, Gegenwart und Vergangenheit allörtlich. Und des Leibes Tod wird jeden mit unaussprechlicher Wonne erfüllen, da er dann überklar zu schauen beginnt, daß der Tod des Leibes kein Tod, sondern nur ein vollendetes Wachwerden zum ewigen Leben ist." (Haushaltung Gottes, Bd. 1, Kap. 80.)

Unsere Erde als Hochschule der Hauptkinder Gottes

Zwischen dem Leben und Entwicklungsziel der Menschheit auf *unserer* Erde und dem der Menschen auf den *anderen* Gestirnen besteht aber ein großer Unterschied. Dieser beruht darauf, daß im festen Mittelpunkt unserer grobmateriellen Erde sich der Kerkersitz und Hauptsammelpunkt des großen, gefallenen *Urgeistes* Luzifer befindet und daß aus diesem Grunde hier, wo der Geist der Finsternis am mächtigsten ist, auch der Vater des Lichts in *Jesus* zur Materie herniedergestiegen und den Menschen ein Mensch, Lehrer, Bruder und Erlöser geworden ist.

Weil demnach nirgends die Macht der *Finsternis* das Leben so versuchungsreich und schwer gestaltet, nirgends aber auch die *Liebe Gottes* sich machtvoller auswirkt — so ist unsere Erde (welche im großen Schöpfungsmenschen dem Herzlebenswärzchen entspricht [1] zufolge dieser besonderen Eignung durch die Gnade Gottes berufen, eine ganz besondere *Lebenshochschule* der strebsamsten Geister und Seelen zu sein, die aus allen Gebieten der Schöpfung durch die höchste geistige Vollendung zum *Herzen Gottes* und zur Seligkeit der innigsten *Gottesnähe* gelangen wollen. Den entsprechenden gewaltigen Unterschied zwischen dem Leben und Entwicklungsziel der Erden- und der Sternenmenschen beleuchtet besonders eindrucksvoll eine Szene in dem Lorberwerk ‚Die geistige Sonne' [2], in welcher der Bewohner einer großen Mittelsonne zum Zweck der Erlangung der wahren Gotteskindschaft sich zur Übersiedlung auf unsere Erde entschließt.

[1] Gr. Ev., Bd. 4, Kap. 114 ff.; vergl. auch Bd. 8, Kap. 76 ff.; Robert Blum, Bd. 2, Kap. 301.

[2] Bd. 2, Kap. 16 ff.; Gr. Ev., Bd. 6, Kap. 192; Bd. 1, Kap. 213—216; Bd. 5, Kap. 113; Bd. 8, Kap. 16. — Über die aus diesem Grunde erfolgende Übersiedlung von Seelen anderer Gestirne auf die Erde und die Einzeugung dieser „Sternengäste" auf unserem Planeten war schon in Kap. 26 ausführlich die Rede.

Zu der im Heiligtum eines großen Sonnenpalastes vor dem Altar versammelten Gemeinde spricht da ein ehrwürdiger Ältester:

„Ihr wisset, daß der Herr, unser alleiniger Gott, *zweierlei* Wesen gestaltet hat, die sich selbst frei bestimmen können.

Die erste Art sind wir *Sonnen-Geschöpfe*, begabt mit freiem Willen und einem verständigen Gemüt, auf daß wir selbsttätig sein können zu unserer Freude und großen Wohlfahrt. Diesen seinen Geschöpfen hat der Herr diese Sonnen-Welt leiblich wie geistig zur Wohnung für bleibend eingeräumt. Dies angenehme Los zu erreichen ist überaus leicht. Denn wer da glaubt, daß der Herr ist ein einiger Gott Himmels und aller Welt und gibt dem Herrn der Herrlichkeit die Ehre durch Opfer und Anbetung auf die Art, wie desgleichen üblich ist auf unserer Welt, der hat sich dieses angenehmen Loses würdig gemacht.

Wenn wir aber die *zweite* Art der Geschöpfe betrachten, deren freilich an Zahl viel weniger sein dürften, so finden wir an ihnen laut der uns zuteil gewordenen Offenbarung, daß sie nicht nur Geschöpfe wie wir, sondern wahrhaftige *Kinder* des alleinigen Gottes sind. Diese ‚Kinder' stehen in aller Machtvollkommenheit Gottes, und ihre Seligkeit ist gleich der Seligkeit Gottes; denn sie haben alles, was Gott hat, sie tun alles, was Gott tut. Und Gott tut, was sie tun!

Ihnen ist Gott nicht mehr ein Gott also, wie Er uns ist — ein ewig unzugänglicher, den nie ein weltlich Auge schauen kann; sondern ihnen ist Er ein wahrhaftiger *Vater,* der allzeit unter ihnen ist, sie führt und leitet und mit ihnen spricht wie ich mit euch, und für sie sorgt und baut, daß sie ewig keine Sorge haben dürfen. In ihrer Vollendung sind sie einst vollkommene Herren über die ganze Unendlichkeit wie ihr allmächtiger Vater und freuen sich ihrer unendlichen Machtvollkommenheit, die ihnen von ihrem Vater verliehen wurde.

Solch ein Los ist freilich wohl etwas ganz anderes als das unsrige! Ja, es ist gegen das unsrige unaussprechlich erhaben und selig. Sind wir Geschöpfe dieser Welt aber für ewig ausgeschlossen, dieses überherrliche Los ebenfalls zu erlangen? Was spricht darüber die Offenbarung, die wir dereinst bekommen haben in der Urzeit der Zeiten von einem mächtigen Geiste?

Also lautet sie mit kurzen Worten: „Einen Altar erbauet euch in eurer Wohnung, und dieser Altar sei allzeit belegt mit wohlduftendem Holz übers Kreuz und über die Quere. So jemand den alleinigen Gott erkannt hat in seinem Glauben, der frage sein *Herz,* ob es entzündbar ist, so wird die Glut des Herzens das Holz am Altare ergreifen und es verzehren unter hellen Flammen. In diesen Flammen wird der im Herzen Entzündete die großen, heiligen, aber überschweren *Bedingungen* lesen, durch welche er zu einem Kinde Gottes werden kann."

Nun frage ich euch: Welcher von euch meinen Hausgenossen und Kindern die Bedingungen in der Flamme lesen will, der trete herbei und lese! Hat jemand die Bedingungen annehmbar gefunden, der lege — der Offenbarung gemäß — seine Hand an den Altar, und Gott der Allmächtige wird seinen Geist führen auf jene Welt, wo er selbst weilte. Er wird den Geist zu einem neuen Menschen gestalten, der (zwar nur auf eine kurze Zeit) einen sterblichen, schmerzhaften Leib tragen und in diesem bis zum Tode sich wird demütigen müssen. Und wenn er wird durch und durch gedemütigt sein, dann wird er noch müssen schmerzhaft dem

Leibe nach sterben, um aus dem Tode dann erst zu erstehen zu einem wahren Kinde Gottes!“

Die Bedingungen der Gotteskindschaft

Nun seht, auf diese Worte des Ältesten tritt ein *Mann* aus der Mitte der ganzen Menge und liest aus der Flamme folgende Bedingungen: „Unzufriedener mit deinem seligen Lose! Was willst du? Du kennst bis jetzt keine Leiden und nie hat ein Schmerz dein Wesen berührt. Der Tod ist dir fremd und noch nie hat eine schwere Bürde deinen Nacken berührt. Bleibst du auf dieser Welt nach der Ordnung Gottes, so kannst du ewig nie fallen, verderben und zugrundegehen. Was dein Herz wünscht und fühlt, hast du und wirst es allezeit haben. — Bist du aber mit dem nicht zufrieden und willst dahin ziehen, wo die Kinder Gottes gezeugt werden, so wisse, daß dich Gott, dein Herr, durch allerlei große Leiden, Schmerzen und Trübsale mächtig bis auf den letzten Lebenstropfen wird durchprüfen lassen, bevor du durch den Tod umgewandelt wirst zu einem Kinde. Wehe dir aber, wenn du die Prüfung nicht bestehst! Da wirst du für die Eitelkeit deiner Bestrebung im Zornfeuer der Gottheit büßen müssen.

Du wirst aber auf jener Welt, da die Kinder Gottes gezeugt werden, mit der vollkommensten *Blindheit* geschlagen sein, und nichts wird dir von allem, was du hier zu deiner ferneren Führung erfährst, im Bewußtsein übrig bleiben. Du wirst da genötigt sein, ein ganz neues, mühevolles und beschwerliches Leben zu beginnen. Nichts wird dir somit bleiben als allein zu deiner größten Gefahr die Begierde nach dem Leben dieser (von dir verlassenen) Welt. Du wirst dich nach allen ähnlichen Vollkommenheiten und Herrlichkeiten sehnen. Große Anlagen und Fähigkeiten des Geistes wirst du klar in dir gewahren, aber in deinem schweren, mühseligen Leibe wirst du keine ausführen können.

Hier auf unserer Sonnenwelt ist von Gott aus dein, was du hast. Dort auf jener andern Welt wirst du dir nicht einen Grashalm zueignen dürfen. Reichtum und große Pracht gehört bei uns zur Tugend; dort aber wird sie dir zum tödlichen Laster gerechnet werden. Hier darfst du wollen, und der Erdboden gehorcht deinem Winke; dort aber wirst du dir die Nahrung im schmerzlichen Schweiße des Angesichtes mühsam selbst suchen und bereiten müssen.

Das sind die Bedingungen, die zu erfüllen deiner harren, so du dich zu einem ‚Kinde Gottes‘ aufschwingen willst.

Es ist nicht unmöglich, daß du Gnade und Erbarmung bei Gott finden wirst, so du Ihn wirst *lieben* über alles und wirst sein wollen der Nichtigste und *Geringste* und wirst ertragen alle Leiden und Schmerzen mit großer *Geduld* und völligster *Hingebung* in den Willen Gottes. Aber es ist viel leichter möglich, daß du fällst, als daß du erstehest! Daher besinne dich und lege dann erst deine Hand auf den Altar — auf daß dir werde nach deinem Wollen!“

Die Heilsgrundlage der Demut

Nun sehet, der *Bewerber* bedenkt sich die Sache ganz ernstlich und spricht dann zum Ältesten: „Höre, du Vater dieses Hauses! Wenn ich hier den ernstlichen Entschluß fasse, nicht ein Kind des Herrn zu werden, sondern nur ein unterster

Diener der geringsten seiner Kinder — bloß aus dem Grunde, um ganz geheim liebend dem allmächtigen Herrn einmal in Sehnähe zu gelangen, so meine ich, das dürfte doch nicht vermessen sein. Wird aber der Herr meines Grundsatzes eingedenk sein und mich in solche Verhältnisse stellen, in welchen ich diesen Grundzweck erreichen kann? Wenn das der Fall ist, so will ich meine Hand auf den Altar legen."

Der *Alte spricht:* „Dessen kannst du völlig versichert sein! Denn aus welchem Grunde da jemand zur Kindschaft des Herrn gelangen will, aus ebendiesem Grunde wird der Herr ihn auch werden lassen in jener Welt das, wodurch er erreichen kann, was da liegt im Grunde seines Lebens. Willst du der Geringste sein, dann wird dich der Herr tragen auf seinen Händen. Wer aber der Größte sein will, der wird den Herrn nicht zum Führer haben, sondern der Herr wird hinter ihm einhergehen und wird belauschen seine Schritte und Tritte. Und wenn der Großseinwollende zu einem Abgrunde gelangen wird und wird nicht frei umkehren, so wird ihn der Herr weder rufen noch vom Abgrunde zurückziehen, sondern ihm überlassen, entweder frei umzukehren oder frei hinabzustürzen in den Abgrund. Du aber hast dir den demütigsten Grund gefaßt. Dieser Grund wird dir vom Herrn dein Leben und die Erbarmung unwiderruflich erwirken. Und so kannst du getrost deine Hand auf den Altar legen!"

Sehet, nun spricht der *Bewerber:* „Herr, Du Allmächtiger in Deiner Liebe, Gnade und Erbarmung! Aus keinem andern Grunde als aus reiner Liebe nur will ich zu Dir! Daher verlaß mich nicht in der Zeit meiner Schwäche und sei Du allein alle meine Kraft und Stärke! In welcher Gestalt ich immer in der neuen Welt auftreten werde, sei *Deine Liebe* mir das alleinige, ewige Vorbild meines Lebens, nach dem ich trachten will aus all meiner von Dir verliehenen Lebenskraft. — Verhülle mir ganz, was ich hier war und hier hatte, damit ich desto leichter erstrebe alle Niedrigkeit in meiner großen Liebe zu Dir! Aber den Grund der Demut laß allzeit auftauchen in mir, auf daß ich kräftiger werde stets in der Liebe zu Dir! Und so übergebe ich mich denn, o Herr, Deiner unendlichen Liebe, Erbarmung und Gnade!"

Sehet, damit legt der Bewerber seine Hand auf den Altar. Die mächtige Flamme ergreift ihn und im Augenblicke ist er nicht mehr unter den Bewohnern dieses Hauses. [1]

Diese hohen Aufschlüsse über Sinn und Zweck unseres irdischen Lebens werden uns auch in den schwierigsten Verhältnissen mit Trost und Kraft, mit Freude und Ausdauer erfüllen. Wissen wir doch nun, worum es in diesem mühe- und kampfreichen Dasein, in diesem oft so kargen, entbehrungsvollen Leben geht: um die höchste Kindesseligkeit, die, wie alles Große, nur durch große Anstrengung mit göttlicher Gnade als Siegespreis vom Überwinder erworben werden kann.

[1] Geistige Sonne, Bd. 2, Kap. 16 und 17; vergl. auch Kap. 2; Gr. Ev., Bd. 2, Kap. 60; Kap. 205; Bd. 6, Kap. 192 .

30

Vom freien Willen

Nachdem wir im vorangehenden Kapitel die Erde als Hochschule der Hauptkinder Gottes kennengelernt haben, wollen wir jetzt den wunderbaren Weg näher betrachten, auf dem die Liebe und Weisheit des göttlichen Seelenbildners den Menschen zum Ziele der Vollendung hinanführt.

„Ihr sollt vollkommen sein wie euer Vater im Himmel!" — das ist der Leitsatz, der in leuchtenden Lettern über diesem Wege steht. Denn Gott schuf den Menschen „sich zum Bilde"! Worin besteht nun diese göttliche, uns zum Vorbild gesetzte Vollkommenheit unseres Gottes und Vaters? In *zwei* Haupt- und Grundeigenschaften seines Wesens! Zum ersten darin, daß im Vater die *Fülle alles Guten* ist, also die Liebe, Liebeweisheit und Liebetatkraft, die Ordnung, der Ernst, die Geduld und die Barmherzigkeit (die sogenannten sieben Geister Gottes). Und zum zweiten darin, daß der Vater alles, was Er ist, ewiglich aus sich selbst ist, daß Er keine andere Macht als Ursprung und Grundlage braucht, sondern daß all sein Sein und Leben in Ihm selbst begründet ist und aus Ihm selber quillt.

Zur *Vollkommenheit* des Vaters gehört also neben seiner endlosen Liebegüte seine unbedingte *Selbständigkeit.* Durch diese zwei Grundwesenszüge ist Gott der ewige, allwaltende Schöpfer und Allvater.

Soll der *Mensch* nun wirklich ein möglichst ähnliches Ebenbild Gottes, ein wahres Kind seines himmlischen Vaters werden, so muß also seine Erziehung und Bildung von Gott so geleitet werden, daß auch er, der Mensch, am Ziele der Reife nicht nur göttlich gut, sondern auch in der Willens- und Handlungsfähigkeit göttlich selbständig ist. Das heißt also, der vollendete Mensch muß das der himmlischen Liebe entsprechende *Göttlich-Gute* aus eigenem, wahrhaft und vollkommen freiem und *selbständigem Wollen* heraus tun.

Dies zu erreichen ist das nur einem allweisen und allmächtigen Gott erreichbare geistige Endziel der ganzen Schöpfung. — Wir kommen damit an das große, die Menschheit seit uralten Zeiten tiefst bewegende Problem der Willensfreiheit, über das die Menschheit bis heute noch nicht klug geworden ist.

Das Problem der Willensfreiheit

Um die einzigartige Bedeutung dieser großen Frage und die durch *Jakob Lorber* gebotene lichtvolle Lösung voll würdigen zu können, wäre es notwendig, auch nur in einem flüchtigen Blicke die schon von den ältesten Kulturvölkern der Erde, den Chinesen, Ägyptern, Griechen und Römern, bis in unsere Tage darüber angestellten Untersuchungen zu überschauen. Zahllose Weltweise und Forscher haben ihr ganzes Leben lang über diese Frage nachgedacht und Berge von Büchern sind darüber geschrieben worden. Gar manche Denker sind an diesem Rätsel gescheitert und zerbrochen. Denn schließlich hängt doch für die Beurteilung unseres Seins und Wesens und für Wert und Glück unseres Lebens alles davon ab, ob wir wirklich einen *freien* Willen besitzen, oder ob wir nur die unbewußte, mechanische Endauswirkung von allerlei äußeren Ursachen und Umständen sind.

Am Ausgang des Altertums kam als letzter großer Denker der Kirchenlehrer *Augustin* (gest. 430 n. Chr.) zu der Ansicht, der Mensch könne tun und streben, was er wolle, so habe dies doch für seine Endbestimmung gar nichts zu bedeuten; denn Gottes allein maßgebender Gnadenratschluß habe seit Ewigkeit her den einen Menschen zur ewigen Verdammnis, den andern zur ewigen Seligkeit *bestimmt,* und dem könne kein Mensch je entrinnen. Diese in ihren Folgerungen für die „Verdammten" furchtbare *Prädestinations-* oder Vorherbestimmungslehre Augustins, die sich auf einige Stellen im Römerbriefe des Paulus stützt (Kap. 9, 16—23) und unter den Menschen viel Verzweiflung und Unheil angerichtet hat, fand im späteren Mittelalter besonders durch die Philosophen *Descartes* und *Spinoza* und andere eine Art Ergänzung oder Umwandlung dahin, daß der Mensch *überhaupt keinen* freien Willen habe, sondern in seinem ganzen Denken, Wollen und Handeln unausweichlich bestimmt sei durch die äußeren Umstände seines Lebens: Geburt, Veranlagung, Sternen- und Natureinfluß und alle sonstigen Verhältnisse seiner Umgebung. In all diesen teils inneren, teils äußeren Ursachen liegen die unbedingt bestimmenden Antriebe des menschlichen Willens, der nach dieser Lehre (*Determinismus* genannt) also nur scheinfrei, in Wirklichkeit aber gleichsam mechanisch und zwangsläufig von den Umständen bestimmt sei.

Wenn aber der Mensch *keinen* freien Willen hat, dann kann man ihn auch für sein Handeln nicht verantwortlich machen. Auch hat es keinen Sinn, ihm sittliche Gebote als göttliche Lebensrichtlinien vorzuschreiben. Und wie konnte einer willensunfreien Menschheit der Herr sagen: „Ihr sollt vollkommen sein wie euer Vater im Himmel!" — und denen, welche den Willen des Vaters aus freien Stücken tun, die Kindschaft und den Himmel, den andern aber die Hölle in Aussicht stellen?

Von diesen gewiß sehr beachtenswerten, ja grundwichtigen Gesichtspunkten aus stellten andere Denker und Forscher daher schon im Mittelalter die Lehre auf, daß der Wille des Menschen zwar ohne Zweifel beeinflußt werde von vielen äußeren Umständen, aber daß der Mensch in seinem innersten Ich doch allezeit vollkommen *frei* und ungenötigt *wählen* könne, ob er so oder anders — gut oder böse, heilvoll oder unheilvoll handeln wolle. Diese Lehre *(Indeterminismus* genannt) stimmte offenbar viel besser zu der Sitten- und Heilslehre der Heiligen Schrift. Aber doch war es durchaus nicht zu leugnen, daß das sogenannte freie Denken, Fühlen, Wollen, Wählen und Handeln sehr stark, ja meist ausschlaggebend bestimmt erscheint durch die dem Menschen gegebene, von seinem Willen unabhängige *Veranlagung* seiner Seele und seinen körperlichen, gesundheitlichen, sozialen und sonstigen *Verhältnissen.*

Und so wurde in dem alten Streite zwischen den Deterministen und den Indeterministen bis zum heutigen Tage noch keine befriedigende Klärung und Lösung der großen Lebensgrundfrage erzielt.

Das neue Offenbarungswort lichtet das Dunkel

Was sagt nun der *Herr* der Schöpfung und Meister des Lebens selbst in seinem neuen Lichtwort über dieses tiefe Geheimnis? Gibt er den Deterministen oder den Indeterministen recht? Wir werden sehen: Er gibt keinem vollkommen recht, aber auch keinem vollkommen unrecht. Die Wahrheit liegt in einer wunderbar einfachen, aber bei einigem Nachdenken voll überzeugenden Weise in der *Mitte.*

Der Herr läßt uns in den Schriften seines neuen Wortes zum Verständnis des großen Willensproblems den Menschen nicht in einem bestimmten einzelnen Augenblick seines Dasein, sondern in seinem ganzen *Werde- und Entwicklungsgang* betrachten. Und da sehen wir, daß der Mensch im *Anfang* seiner Lebenslaufbahn durch die ihm von Gott gegebene Veranlagung weitgehend bestimmt (determiniert) und *unselbständig* — am *Ziele* seines Vollendungsweges als geistig Wiedergeborener aber durch freiwillig auf dem Erfahrungswege aufgenommene höhere Erkenntnisse wahrhaft und vollkommen frei und *selbständig* ist.

Von der *geschöpflichen,* veranlagungsmäßigen Gebundenheit (dem „Geschöpften" oder Gegebenen) — zum Gotteskinde uns Menschen zu reifen — das ist ja gerade der *Sinn* des im ganzen Schöpfungsvorgang ersichtlichen geistigen Erziehungsplans Gottes!

„Eben darum", spricht der Herr im ‚Gr. Evangelium', „bin Ich ja selbst auf diese für die Zeugung Meiner wahren Kinder bestimmte Erde gekommen, um euch von den Banden der *geschöpflichen* Notwendigkeit zu befreien und euch den Weg zur wahren, selbständigen, ewigen *Lebens- und Willensfreiheit* zu zeigen durch Wort und Tat — um ihn zu bahnen und zu ebnen durch Mein euch allen vorangehendes Beispiel. Denn nur auf diesem Wege allein wird es euch möglich sein einzugehen in die nie ermeßbare Herrlichkeit Gottes, Meines und eures Vaters!" [1]

Veranlagung

Um das Geheimnis der Willensfreiheit richtig zu verstehen, müssen wir also unser Augenmerk vor allem auf den *Ausgangspunkt* der menschlichen Seelenentwicklung, auf die einem jeden Menschen vom Schöpfer in einer besonderen Weise gegebene Veranlagung richten.

Wenn wir ein Kind beobachten, sehen wir ja schon in der frühesten Jugend eine ganz bestimmte Denk-, Empfindungs- und Handlungsweise an ihm zutage treten. Und wir wissen, das ist des Kindes *Veranlagung,* das hat es nicht sich selbst gegeben, sondern so ward es ihm bei der Zeugung seiner Seele vom Schöpfer verliehen in den aus den Naturreichen, aus den Seelen der leiblichen Eltern und aus den Sternen *geschöpften* Seelenfunken.

Diese Erfahrungstatsache wird hell beleuchtet durch die Eröffnungen, die wir hinsichtlich der Zeugung und Gestaltung der Menschenseele in den Lorberschriften finden und in den vorangehenden Kapiteln ausführlich erörtert haben. — Wir hörten: Seelenfunken aller Art und von der verschiedensten geistigen Beschaffenheit werden von den geistigen Dienern Gottes, den Engeln und Schutzgeistern, schon vor der leiblichen Zeugung als vollgereifte Früchte vom großen Schöpfungsbaume der Natur gesammelt und zu einer Menschenseele *vereinigt;* und zwar nicht nur solche, in welchen schon die himmlischen Gedanken und Gefühle kräftig vorherrschen, sondern auch solche Funken, in welchen noch die Gedanken und Gefühle der alten satanischen Selbstherrlichkeit und Selbstsucht mächtig sind — also jene Seelenfunken der Herrschsucht, Habsucht, Genußsucht, Sinnenlust,

[1] Gr. Ev., Bd. 3, Kap. 178; Bd. 5, Kap. 71; Kap. 72; Bd. 6, Kap. 133; Kap. 226.

Zornlust, des Neides, des Hasses, der Rache usw., von welchen unsere Seele oft so schwer und nachhaltig erschüttert und verfinstert wird.

Warum gibt aber der Herr aus der großen Seele Luzifers auch solche unreife, noch arge und ungeläuterte Lebensfunken in die Seele des Menschen? Aus zwei Gründen! Zum ersten, weil eben diese noch unreifen Funken in der Seele des neuen, zum Gotteskinde bestimmten jungen Menschen gereift und geläutert und für das Lebensreich des himmlischen Vaters seiner Freiheit und Herrlichkeit zurückgewonnen werden sollen. Und zum zweiten, weil kein Leben, auch kein inneres Seelenleben des Menschen, denkbar ist ohne wetteifernde Gegensätze und Gegenkräfte.

Im ‚Gr. Evangelium' beleuchtet diesen letzten *Lebensgrundsatz* der Herr am Beispiel eines in die Luft gestellten Riesen, der mangels einer Gegenkraft nicht die geringste Wirkung auszuüben imstande ist.

„Sehet, alles, was da ist, besteht und irgendein Dasein hat, kann nicht anders bestehen als durch einen gewissen beständigen Kampf. Ein jedes Dasein, das göttliche nicht ausgenommen, hat daher in sich lauter *Gegensätze* als verneinende und bejahende Kräfte, die einander stets also entgegenstehen wie Kälte und Wärme, Finsternis und Licht, hart und sanft, bitter und süß, Haß und Liebe" usw. (Gr. Ev., Bd. 2, Kap. 228, 4—6.)

„Wollte nun Gott aus sich heraus Ihm ähnliche, freie Wesen erschaffen, so mußte Er sie mit eben den *streitenden* Gegensätzen versehen, die Er in sich selbst von Ewigkeit her (natürlich in den besten und reinst *abgewogenen* Verhältnissen) besaß und besitzen mußte, ansonst Er nie wirkend dagewesen wäre." [1]

Jedem nach Gottes Ebenmaß gestalteten Wesen wird daher in den verschiedenartigen, in seiner Seele vereinigten Lebensfunken „Ruhe und Bewegung, Trägheit und Tätigkeitssinn, Finsternis und Licht, Zorn und Liebe, Heftigkeit und Sanftmut und tausenderlei anderes zu eigen gegeben." Und zwar nicht allen gleich, sondern jedem einzelnen in einer ihm eigentümlich besonderen *Mischung.* [2]

Wie entsteht der freie Wille der Seele?

Wenn wir nun wissen, wie die menschliche Seele zusammengesetzt ist aus zahllosen Seelenfunken von verschiedenartigster Denk-, Empfindungs- und Willensart, so ist unschwer zu verstehen, wie aus diesen wahrhaft unzählbar vielen Kleinkräften in der Menschenseele unser *Wille* entsteht.

Wir begreifen es wohl am besten unter dem Bilde einer Volkskörperschaft. Die vielen Lebensfunken unserer Seele entsprechen den Mitgliedern einer solchen Versammlung, den sogenannten „Volksvertretern", von welchen jeder seine besondere Denkweise und Gesinnung hat. Diese treten einzeln oder in Parteigruppen bei jeder zur Erwägung stehenden Frage zur Beratung und Abstimmung zusammen. Nach mehr oder weniger langen und heftigen Aussprachen wird *abgestimmt* und dann die Ausführung des Beschlusses den dazu bestimmten Ausführungsorganen übergeben.

[1] Gr. Ev., Bd. 2, Kap. 229, 4; vergl. auch Haush. Gottes, Bd. 3, Kap. 110, 7 ff., alte Aufl. Kap. 577, 5 ff.

[2] Gr. Ev., Bd. 2, Kap. 229, Kap. 227; vergl. auch Gr. Ev., Bd. 4, Kap. 104; Bd. 6, Kap. 165.

Genau so vollziehen sich im großen Volksstaate unserer *Seele* die Beratungen, Kämpfe und Beschlüsse der zahllos vielen Seelenfunken, die schließlich auf solche Weise unsere Willensentschlüsse und unsere Willenshandlungen herbeiführen. Auch in unserem Gemüt wogen die Meinungen, Gefühle, Empfindungen und Bestrebungen, wie wir alle täglich erleben, in oft stürmischem Widerstreit durcheinander. Und dieses freie Wallen, dieses Sichherausbilden unserer Entschließungen im inneren Kräftespiel gehört zur Bildung des *freien Willens.* Da jedoch der Mensch auch ein *geistiges* Wesen ist, weil in seinem Herzen der Gottesfunke ruht, der als die Stimme seines Geistes in die Seele einstrahlen kann, so wird die Willensbildung des Menschen auch von dieser Seite beeinflußt. Das Organ, das uns gut und böse zum Bewußtsein bringt, heißt das *Gewissen.* Tun wir das Gute und Rechte, so entsteht in uns ein bejahendes Gefühl. Handeln oder reden wir aber schlecht, so ergreift uns ein geheimes Bangen. Es kann jedoch dieses Organ so abgestumpft werden, daß es die Willensbildung des Menschen nicht mehr berührt, dann ist es schlecht um seinen freien Willen bestellt; er ist aus der Ordnung Gottes getreten und wird nur noch von den niederseelischen Neigungen und Trieben beherrscht.

Somit wird der freie Wille gebildet aus den Gegensätzen zwischen Geist und Materie, zwischen Geistseele und Triebseele, zwischen Gottesliebe und Eigenliebe, zwischen Ordnung und Widerordnung. Meist wird er von der Eigenliebe bestimmt, denn die Liebe, ob guter oder böser Art, ist das eigentliche Leben der Seele und die letzte Instanz des freien Willens.

Es hat unserem Schöpfer und himmlischen Vater seinem großen Schöpfungsplane zufolge gefallen, diese lebendige Auseinandersetzung und Willensfestsetzung in unserer Seele nicht mit den unwiderstehlichen Einflüssen seines allmächtigen Gotteswillens zu beherrschen, sondern diesem inneren Kräftespiel die vollste *Freiheit und Entfaltungsmöglichkeit* zu gewähren.

31

Freitätigkeit und Führung

Der im Parlament unserer Seele durch den lebhaften Widerstreit unserer zahllosen Seelenfunken zustande kommende freie Wille hat am Anfang unserer geschöpflichen Lebenslaufbahn auch beim besten Menschen noch gar große und wesentliche Mängel und Unvollkommenheiten.

Vor allem ist, wie die *Bibel* sagt (da unsere Seelenelemente aus der großen Luziferseele stammen), „das Dichten und Trachten des menschlichen Herzens *böse* von Jugend auf" oder wie *Lorber* sagt: *die* Gedanken, Gefühle und Triebe der Menschenseele stehen im Anfange noch nicht wie bei Gott selbst im „besten, reinst abgewogenen Verhältnis" (Gr. Ev., Bd. 2, Kap. 229, 3, 7), sondern die materiell gestimmten Seelenfunken der Selbstherrlichkeit und Selbstsucht haben beim unreifen Menschen noch ein *Übergewicht* über die geistig gestimmten Funken der Gottes- und Bruderliebe (Gr. Ev., Bd. 9, Kap. 181). Es fehlt also beim menschlichen freien Willen im Anfange seiner Entwicklung noch das rechte, der himmlischen Ordnung entsprechende Erkennen und Wollen des Göttlich-Guten. Der ungereifte, ungeläuterte Mensch denkt, fühlt und handelt im allgemeinen noch selbstherrlich und selbstliebig.

Aber zu diesem Mangel kommt hinzu, daß unser „freier Wille“ im Anfang unserer Entwicklung noch ganz *bestimmt* wird von unserer gottgegebenen Veranlagung, d. h. durch die unserer Seele *gegebene* Mischung von Seelenfunken guter und böser, weiser und unweiser, tatkräftiger und träger, frommer und unfrommer Art usw. An jedem Kinde sehen wir ja, wie schon erwähnt, die Auswirkungen dieser ihm angeborenen Veranlagung. Und auch unser himmlischer Vater kennt gar wohl die willensbestimmende Bedeutung der Veranlagung und die Unselbständigkeit des Willens beim unreifen Menschen. Daher kommt auch seine übergroße Langmut, Geduld und Erbarmung mit dem Irren des Sünders.

Vervollkommnung in der Schule des Lebens

Aber des Schöpfers heiliger Planwille ist es, daß der Mensch vollkommen werde wie der Vater im Himmel, und zwar sowohl in allem *Göttlich-Guten* wie auch in der möglichst großen *Selbständigkeit* seines Denkens und Wollens.

In dem Lorberwerk ‚Die Haushaltung Gottes‘ lesen wir: „Der Herr hat dem Menschen die Schwächen zur selbständigen Probung gegeben, und eben durch sie ist unser aller geistige Freiheit bedingt. Nur durch die Erkenntnis und *Besiegung* unserer Schwächen können wir vollkommen frei im Geiste werden. Denn die Schwäche in uns ist ein vom Herrn geflissentlich *unvollendeter Teil* unseres Wesens, den wir selbst (mit seiner Hilfe) vollenden sollen, um dadurch die Gottähnlichkeit in uns selbst zu bekräftigen und zu rechtfertigen und ein wahres freies Leben für ewig durch uns selbst zu gründen.“ [1]

Um nun diese Vollendung und Selbständigwerdung zu erreichen, läßt Gott den Menschen den inneren Willen seiner Seele in möglichst ungehindertem Maße frei auswirken und betätigen und führt den Menschen durch solche „Freitätigkeit“ auf wunderbarer Bahn zwischen *zwei mächtigen Polen: Gott und Welt* — durch eine höchst weise und wirkungsvolle Schule des Lebens.

Die Stimme Gottes

In dieser Schule des Lebens kann der Mensch das ihm noch fehlende Göttlich-Gute sich nicht selber geben. Daher muß ihm das „Licht aus den Himmeln“ von oben gereicht werden. Dieses Licht, diese große *Heilslehre* aus den Himmeln aber lautet ganz kurz gefaßt: „Gott, dein Schöpfer und Vater ist die ewig unendliche Liebe, Weisheit und Kraft. Liebe Ihn in seiner Offenbarungsgestalt als Jesus Christus über alles und alle deine Mitgeschöpfe wie dich selbst.“ [2]

[1] Haushaltung Gottes, Bd. 3, Kap. 110 ff.; vergl. auch Gr. Ev., Bd. 3, Kap. 92; Bd. 4, Kap. 109; Bd. 3, Kap. 177; Kap. 178.

[2] Im 2. Bande dieser Schrift wird diese ewige Heilslehre Jesu Christi eingehend behandelt werden.

Diese Lehre gibt Gott den Menschen seit Urzeiten in allen Religionen und in den verschiedensten Formen. Wir alle dürfen seine Belehrung täglich und stündlich erleben: durch allerlei menschliche Worte und Schriften, durch das äußere und innere Gotteswort und ganz besonders durch die stets so wunderbaren Führungswege, auf welchen seine unsichtbare Hand uns durch diese irdische Schule geleitet.

Der verlockende Ruf der Welt

Aber auf der andern Seite läßt Gott, der weise Erzieher und Seelenbildner, zur Erweckung und Festigung unserer Seele auch *gegenseitige* Anreizungen und Versuchungen zum Widergöttlichen, zur Selbstsucht, zu allen Arten niederer, höllischer Begierden und Leidenschaften von außen her an uns herantreten. Denn nur durch den so hervorgerufenen inneren Kampf und Widerstreit kommt unsere Seele in ein *inneres* Leben, das schließlich durch die sich einstellenden Erfahrungen zur Klärung und geistigen Vollendung des Menschen führt.

„Auf einer Welt, auf der es sich darum handelt, daß die Menschen zu vollendeten Gotteskindern erzogen werden, müssen sie nebst dem freiesten Willen und einem hellen Verstand auch die von Gott gegebenen Gesetze haben, die ihr Wille frei ergreifen und ausüben soll. Wie aber könnten sie das letztere, wenn in ihnen nicht auch eine gleich mächtige Anreizung zur *Nichteinhaltung* der Gesetze vorhanden wäre? Diese entgegengesetzte Anreizung verschafft dem menschlichen Willen erst die vollkommene Freiheit und gibt ihm (durch Erfahrung und Übung) schließlich auch die volle Kraft, den Reizen der Widerordnung zu widerstehen und den erkannten Willen Gottes an deren Stelle zu setzen." (‚Gr. Ev.,' Bd. 6, Kap. 165)

„Um das ewige Leben und die Herrlichkeit des Vaters seinen wahrhaften Kindern zu verschaffen, müssen daher Himmel und Hölle unter *einem* Dach wohnen. Ohne Kampf kein Sieg! Wo das Höchste zu erreichen möglich ist, muß dafür auch die höchste Tätigkeit in vollen Anspruch genommen werden; um ein Äußerstes zu erreichen, muß man sich von einem entgegengesetzten Äußersten loswinden." (‚Gr. Ev.', Bd. 3, Kap. 178)[1]

Ein tiefes Licht des Verständnisses, das uns zeigt, warum es in unserer Welt oft so unerquicklich, ungerecht und arg zugeht, bieten daher die Worte des Herrn:

„Wäre diese Welt nicht mit allen erdenkbaren Reizungen versehen, sondern wäre sie nur das für den Menschen, was da ist eine leere Wüste für die wilden Tiere, so wären dem Menschen sein gottähnlicher Wille, seine Vernunft und sein Verstand vergeblich gegeben. Denn was sollte da seine Liebe erregen und was sollte diese begehren und wollen, und was könnte da seine *Vernunft* läutern und seinen Verstand erwecken und beleben?

Das nahezu endlos Mannigfaltige, Gute und Schlechte, Edle und Unedle ist also nur des Menschen wegen da, auf daß er alles erkenne, prüfe, erwähle und es zweckmäßig gebrauche. Daraus kann er dann schließen, daß das alles ein höchst weiser, guter und allmächtiger Urheber so geschaffen und eingerichtet hat, der,

[1] Daher in der Offenbarung Johannis (Kap. 2; 3; 21) der tief bedeutungsvolle, siebenfach wiederholte Satz: „Wer überwindet" usf.

wenn der Mensch aus sich so zu urteilen beginnt, dann niemals säumt, sich dem denkenden Menschen näher zu offenbaren, wie das noch zu allen Zeiten unbestreitbar der Fall war." (Gr. Ev., Bd. 9, Kap. 23)

Und zusammenfassend sagt der Herr:

„Daß für eine jede Seele die *Materie* (d. h. die innere Veranlagung zur Selbstliebe und der Reiz der Welt) ein gewisses Übergewicht haben muß, das ist darum so verordnet, auf daß die Seele dadurch genötigt wird, *tätig* gegen das kleine Übergewicht der Materie zu werden, um so von der Freiheit ihres Willens den rechten Gebrauch machen zu können. Um aber das tun zu können, ist ihr die Lehre zu allen Zeiten klar aus den Himmeln gegeben, welche die Seele in eine vollkommene *Freischwebe* zwischen Geist und Materie stellt." (Gr. Ev., Bd. 9, Kap. 181, 9)

Die Folgen der Widerordnung

Nun soll freilich die Seele des Menschen nicht bei ihrer Unvollkommenheit verharren, den Reizen der Widerordnung nicht folgen oder gar dauernd stattgeben, sondern sie soll lernen, diese aus freier Erkenntnis und freien Stücken zu überwinden und die guten, göttlichen Triebe in sich zur Herrschaft zu bringen.

Zu diesem Zweck hat die Weisheit des Schöpfers in der ganzen Unendlichkeit, auf Erden wie in den Himmeln für alle Wesen es so eingerichtet, daß die aus der machtvollen Urmitte der Gottheit strömenden Lebenskräfte des Heiligen Geistes als Nährbrot allen Wesen in beseligendem Vollmaß nur insoweit zugehen, als sie in der *Ordnung* Gottes leben und wandeln. Können ja doch auch die lebenspendenden Strahlen der natürlichen Sonne nur dem Geschöpfe zugehen, das sich in ihren Bereich stellt. So ist es eine natürliche Willensfolgenordnung, wenn auch die belebenden und beglückenden Ströme des heiligen Gottes-Lebensgeistes einem jeden Wesen zu *mangeln* beginnen, das sich aus der göttlichen Ordnung entfernt. [1]

Dieses selbstverschuldete Verlustiggehen der göttlichen Segens- und Lebensströme bedeutet aber für jedes Wesen eine — mit der Entfernung aus der Gottesordnung fortgesetzt sich steigernde — schmerzvolle Einbuße, die schließlich zu vollem Kräftezerfall und gänzlicher Verarmung und einer Art Erstarrung (geistiger Tod) führen kann. Und so ist die weise Ordnung Gottes die, daß ein Wesen (sei es Geist, Mensch oder Engel) einem Reiz der Widerordnung folgend, zwar wohl einen augenblicklichen, kurzen *Vorteil* erreichen kann, dafür aber unfehlbar den schweren, oft lang andauernden *Nachteil* der Entfernung vom heiligen Strome des Gotteslebens sich zuzieht. Und diese göttliche „Willensfolgenordnung" ist es, welche für den Menschen wie auch für alle anderen Wesen das Leben auf dem Boden der Materie zu einer so vortrefflichen Erfahrungs- und Vollendungsschule macht.

Im ‚Großen Evangelium' hören wir darüber die Worte des Herrn:

„Ist der Übertretungsreiz einem jeden Wesen miteingegeben, so muß auch irgendeine daraus wie von selbst hervorgehende *schlimme Folge* gewisserart als eine

[1] Ein gewisses Mindestmaß der göttlichen Lebenskräfte muß freilich auch den abtrünnigsten Wesen — z. B. den gefallenen luziferischen Geistern — zugehen, ansonst sie ja nicht einen Augenblick bestehen könnten. Schon die Minderung aber wird als schmerzliches Gericht empfunden.

Strafe gegeben sein. Und es müssen dem Wesen die Folgen *spürbar* werden, daß sie wirklich sind, und wie und warum sie einer dem gegebenen Gebote zuwiderlaufenden Handlung allzeit folgen müssen. Man muß das Wesen erkennen lassen, daß sich durch die Übertretung des Gebotes für das Wesen wohl anfangs irgendein kurz währender Vorteil erreichen läßt, daß es aber späterhin stets einen lange währenden Nachteil daraus ziehen wird, dem zu begegnen es dann viel harte Mühe und schmerzliche Anstrengungen kostet.

Mit alldem versehen, kann das neugeschaffene Wesen erst einen wahren Gebrauch von seiner freien Intelligenz und der daraus hervorgehenden Tatfähigkeit machen, gehe es dann, wie es wolle, krumm oder gerade, recht oder unrecht. Das neugeschaffene Wesen wird nun einmal aus sich heraus *selbständig* und beginnt dadurch den Hauptakt zur vollen und wahren *Selbständigkeit*. Und das ist es, um was es sich am Ende bei allen geschaffenen Intelligenzen handelt. Denn die Selbständigkeit wird dadurch schließlich erreicht, entweder auf kürzerem oder längerem Wege." (Gr. Ev., Bd. 2, Kap. 227)

Freie Willensentfaltung — an Gottes Hand

Da für die Gewinnung der göttlichen Selbständigkeit und Vollkommenheit demnach die Freitätigkeit der Wesen von grundlegender Wichtigkeit ist, so wird in den Schriften der Neuoffenbarung immer wieder mit größtem Nachdruck die Willensfreiheit als ein *Grundgesetz* des Lebens in der ganzen Schöpfung verkündet. Dieses besagt, daß es von Gott aus jedem Geistwesen und ganz besonders dem Menschen gestattet ist, seinen Willen in der früher beschriebenen Weise durch den Wettstreit seiner inneren Seelenkräfte frei (d. h. ungehindert durch die göttliche Allmacht) zu bilden und den also gebildeten Willen auch so frei wie irgend mit den ewigen Heilszwecken des Schöpfers verträglich, zu betätigen.[1]

Dieses Gesetz der freien Willensentfaltung ist freilich nicht dahin zu verstehen, daß jedes Wesen schon im Zustande geistiger Unreife und Unvollkommenheit alles, was ihm in den Sinn kommt, gänzlich ungehemmt tun dürfe. Wozu würde dies im Reiche der Schöpfung führen, wo alles dem Ziele des obersten Allgeistes zuzustreben und seiner Ordnung sich einzufügen hat. Wenn auch grundsätzlich jedem Menschen die Betätigung seines Willens freigegeben wird, so muß diese Betätigung sowie deren Auswirkung von Gott aus doch ständig überwacht, geleitet und in gewissen Grenzen gehalten werden — in einer Weise, daß der Mensch mit seinem Tun und Lassen schließlich doch an das ihm vom Schöpfer und himmlischen Vater gesetzte Lebens- und Reifeziel gelangt.

Um dabei die Willensfreiheit *möglichst* zu wahren und immer höher zu entwikkeln, ist es für alle Diener Gottes aber ein strenges Gebot, diese Führung in einer unvermerkten, *zwanglosen* Weise zu vollbringen. So verkündet der Herr seinen geistigen Dienern, den Schutzgeistern und Schutzengeln der Menschen:

„Um den Menschen zur höchsten Freiheit, Selbständigkeit und Machtvollkommenheit fähig zu machen, muß man dahin wirken, daß er sich völlig *freiwillig* auf die Wege des Lichtes begeben und auf diesen sich so lange mit aller Liebe und

[1] Vergl. Rob. Blum, Bd. 1, Kap. 95; Gr. Ev., Bd. 2, Kap. 28; Bd. 3, Kap. 177; Bd. 7, Kap. 62.

Selbstverleugnung fortbewege, bis er das rechte Ziel durch seine eigene Tätigkeit und freie Selbstbestimmung erreicht hat. Dazu aber dient weder ein äußerer noch ein innerer Zwang, von denen jeder ein Gericht ist, durch das ein Menschengeist in seinem Willen niemals frei werden kann. Solange aber sein Wille nicht frei ist, kann auch von der Vereinigung seines Willens mit dem allerfreiesten Willen in Gott keine Rede sein.

Es sind daher die Menschen zunächst nur durch allerweisesten Unterricht zur Erkenntnis ihrer selbst und des einzig wahren Gottwesens zu führen, und zwar mit aller möglichen Güte, Geduld und größten Sanftmut. Nur hartnäckig widerspenstige Charaktere, bei denen im Hintergrund ein ganz böser Mutwille und teuflische Bosheit steckt, sind durch ein äußeres, weltliches Strafgericht zu Paaren zu treiben." (Gr. Ev., Bd. 5, Kap. 78)

Ausdrücklich betont der Herr: Die führende Beeinflussung hat daher immer nur so zu geschehen, „daß ein Himmelsdiener bei jedem Menschen nur auf sein *Erkenntnisvermögen,* nie aber auch nur im entferntesten Sinne (unmittelbar) auf den *Willen* hemmend oder fördernd einwirkt. Denn ein unvorsichtig unterstützter Wille ist ebenso wie ein gehemmter als ‚gerichtet' zu betrachten. Die Hölle, ja, die packt die Menschen beim Willen und zerrt sie beim selben ins Verderben, ins Gericht und in den Tod! Aber so darf es bei uns (Trägern der himmlischen Liebe) nicht sein, denn von uns aus muß die vollste Freiheit des Willens auf das äußerste geachtet werden. Daher müßt auch ihr dort, wo ihr ermächtigt seid, nie auf den Willen, sondern allein nur auf das Erkennen des Menschen einwirken." (Rob. Blum, Bd. 2, Kap. 254)

Die Führung der Menschen durch die Diener Gottes (Schutzgeister und Schutzengel) erfolgt, diesen Grundsätzen entsprechend, sonach ganz unvermerkt einesteils durch die Stimme des Geistes im Herzen (das *Gewissen),* andernteils aber auch in sehr nachdrücklicher Weise dadurch, daß der Mensch in allerlei für ihn belehrende Verhältnisse und *Erlebnisse* hineingeleitet wird, sei es durch Zulassungen oder Fügungen seitens der unsichtbaren Diener Gottes.

Unter diesem Gesichtspunkt gibt es daher im Leben des Menschen durchaus *keinen Zufall.* Und die Heilige Schrift bekundet die reine Wahrheit in dem Worte: „Es fällt kein Haar von eurem Haupt ohne Gottes Willen." Alles, auch das Seltsamste und Widrigste ist Zulassung oder Fügung von oben — mit dem ausgesprochenen Zweck, uns über Gottes Liebewillen, Ordnung und Ziel zu belehren. Am Menschen liegt es, auf diese weisen Führungen zu lauschen und sich ihre Lehren zum Heil seiner Seele zunutze zu machen.

32

Durch Erfahrung zu höherer Geistigkeit und Freiheit

In der Schule der Erfahrung, zu der sich das Leben des Menschen durch seine Freitätigkeit und durch die göttliche Führung gestaltet, lernen wir zufolge der schon erörterten „Willensfolgenordnung“ mit der Zeit zweierlei:

Erstens, daß der Mensch, wenn er *entgegen* dem Willen und der Ordnung Gottes nur sich selbst lebt und sich der Selbstherrlichkeit und Selbstsucht hingibt, trotz allen Ringens und Jagens zu *keinem inneren Frieden* und *wahren Glücksgefühl* gelangt, sondern daß sein Leben ein trostloser Kampf und ewige Qual bleibt, ohne wahren Segen für ihn selbst und seine Umgebung. Dies ist das negative Ergebnis, das sich, sei es im Diesseits oder im Jenseits, in der Erfahrungsschule des Daseins unvermeidlich herausstellt für alle Menschen, die nur sich selbst leben und nicht Gott und ihre Nächsten lieben.

Entsprechend zeigt die Erfahrungsschule des Lebens uns aber auch andererseits, daß wir bei wahrer Verbindung mit Gott und seiner Ordnung in einen *beglückenden Herzensfrieden* gelangen, in welchem uns selbst bei äußerlich bescheidenen, ja kümmerlichen Verhältnissen wunderbare Kräfte des Geistes zuströmen, die uns stärken und tief beglücken und uns auch für unsere Umgebung zu einer Quelle des Glückes und des Segens werden lassen. Dies ist das positive Ergebnis, das sich in der Erfahrungsschule des Lebens für jedermann herausstellt. Alle wahren Lebenskenner haben diese Erfahrungstatsachen bestätigt gefunden. Und es wird auch ewiglich so sein und bleiben, da die Ordnung Gottes zum Heile aller Wesen zu keinen anderen Ergebnissen führen kann.

Zweierlei Lebensschüler. — Die Ungelehrigen

Sehr verschieden ist nun aber das *Verhalten* der Menschen in dieser Schule des Lebens und zu deren göttlichen Lehren und Forderungen.

Die meisten wollen im Anfange durchaus *nicht* von ihrem alten, selbstliebigen Wesen abgehen und sträuben sich mit aller Macht gegen höhere Einsichten und ein entsprechend gutes Wollen und Handeln. Die besseren Elemente oder Lebensfunken ihrer Seele bleiben trotz aller Belehrung matt und kraftlos, nehmen keinen Kampf auf gegen die eigenliebigen Seelenfunken und werden von diesen, statt sie zu besiegen, selber besiegt und zum Schweigen gebracht oder gar ins Böse verkehrt und zu Verächtern der göttlich-wahren Liebes- und Lebensordnung gemacht.

Eine solche Entwicklung nahm schon in Urzeiten der große Lichtgeist *Luzifer* mit seinen Untergeistern — trotz aller Belehrung, die auch ihnen von seiten der Gottheit ständig in der weisesten und liebevollsten Art zuteil wurde. Es führte solch starrsinniges Verhalten schon bei ihnen zu einer zunehmenden inneren Verderbnis ihres freien Willens — und zwar bis zum äußersten Maße, so daß in ihnen zuletzt so gut wie gar keine Kräfte der Gottes- und Nächstenliebe mehr wirksam waren und nur noch die Gedanken und Triebe der Selbstliebe herrschten. (Gr. Ev., Bd. 2, Kap. 229 und 231) Auch Luzifer und sein Gefolge mußten dementsprechend die unvermeidlichen Folgen der oben geschilderten Willensfolgenordnung

Gottes verspüren und gerieten zu ihrer möglichen Belehrung und Besserung in die schweren Gerichte der materiellen Fesselung.[1]

So geht es bis zum heutigen Tage einem jeden Menschen, der in der göttlichen Erziehungsschule des irdischen Lebens keine Lehre annehmen *will.* Er kommt in ein Gericht ums andere und stürzt schließlich von Hölle zu Hölle, um immer peinvoller an sich selber zu erfahren, daß ohne Gott sich kein Wesen ein wahres, dauerndes Heil und Glück verschaffen kann.

Wohl mag manch selbstliebiger *Weltmensch* in dieser irdischen Daseinsspanne einen blendenden *Scheinvorteil* gewinnen, ja es mag ihm äußerlich durch Reichtum, Macht und Ehre wohlergehen, und mancher Tor beneidet ihn. Aber nie wird ein solcher Mensch den *inneren* tiefbeglückenden Frieden, der aus Gott strömt, in sich finden. Unruhe und Kälte wird in seinem innersten Herzen wohnen. Und ein furchtbares Erwachen wird sein Teil sein, wenn an der Todespforte aller irdische Besitz und Glanz von ihm abfällt und er in das ewige Leben nichts mit hinüber bringt als die peinvolle Leere und Nacht seiner lieb- und lichtlosen Seele. Wie furchtbar wird es dann sein, wenn er erkennt, daß er das kostbare irdische Leben verpraßt und verspielt hat! — Das Gleichnis des Herrn vom reichen Mann und vom armen Lazarus (Luk. 16, 19 ff.) gibt ein gewaltiges Zeugnis.

Die Gelehrigen und ihr Aufstieg

Andere, nach *dauerhaftem* Wohlsein und Glück sich sehnende Seelen dagegen fühlen sich durch die Erfahrungen des Lebens mehr oder weniger dazu gedrängt, nach den Bedingungen eines höheren Daseins zu suchen, sich über Gott, den Schöpfer und Erhalter der Welt Gedanken zu machen und sich vom Vater alles Lichtes die wahren Wege des zeitlichen und ewigen Heils weisen zu lassen.

Durch dieses auf dem Erfahrungsweg erlangte Suchen kommt ein solcher Mensch zum Finden. — Denn uns allen ist verheißen: „Suchet, so werdet ihr finden! Bittet, so wird euch gegeben! Klopfet an, so wird euch aufgetan!" — Wir gelangen zum beglückenden Lichtschatz höherer Erkenntnisse und sind nun innerlich durch die unter himmlischer Führung freitätig gewonnenen Erfahrungen auch vorbereitet und gereift, dieses von oben gereichte höhere Erkenntnislicht freiwillig anzunehmen und uns zu eigen zu machen.

Durch höhere Erkenntnisse zu einem höheren Willen

Nimmt nun der Mensch unter dem Eindruck seiner Erfahrungen die neuen, höheren Erkenntnisse (über das Sein und Walten Gottes, über seinen Liebewillen, über das ewige Heilsziel im geistigen Lebensreiche usw.) in sich freiwillig und ernstlich auf, so machen diese neuen Anschauungen sich auch nach und nach immer stärker bei dem inneren Ringen seiner Seelenkräfte, den *„Seelenkämpfen"* geltend, in welchen unser menschlicher Wille geformt wird.

Es wird bei diesem inneren Seelenkampf durch die neugewonnenen höheren Erkenntnisse die Gottes- und Bruderliebe in ihrer Klarheit und Willenkraft *ge-*

[1] Gr. Ev., Bd. 2, Kap. 231; s. ‚Grundfragen', Kap. 8.

stärkt, die unlauteren Triebe der Eigenliebe dagegen zum Guten *umgestimmt* oder schließlich *überwunden* und wirkungslos gemacht.

Auf diese Weise gewinnt dann in unserer Seele infolge der freiwillig angenommenen Erkenntnisse die „Gottesliebe" die Oberhand und bildet in unserem Innern nun aus freien Stücken einen ganz neuen *höheren* Willen. Es hat so schließlich nicht mehr die Materie, d. h. die Ichsucht und Selbstherrlichkeit, das Übergewicht — sondern die Gottes- und Nächstenliebe fängt an, mehr und mehr vorherrschend zu werden.

„So der Mensch zu einem rechten *Erkennen* gelangt, wird dieses höhere Erkennen den Willen leiten wie ein guter Reiter sein Pferd. Und die Seele wird dann mehr und mehr das zu wollen anfangen, was ihr Erkennen als wahr, gut und zweckdienlich findet. Dadurch werden der Wille und das Erkennen einander stets befreundeter, bis sie endlich völlig eins werden, was dann die Vollendung des Menschen ergibt." (‚Rob. Blum', Bd. 2, Kap. 254)

Bekehrung zur Gottes- und Nächstenliebe

Diese mehr oder weniger rasche Wandlung des Willens (von der Selbstliebe durch höhere Erkenntnis des göttlich Wahren und Guten zur Gottes- und Bruderliebe) nennt man *Bekehrung,* weil hier die Seele in ihrer Gesamthaltung aus freien Stücken sich einer neuen, himmlischen Richtung zukehrt. Bloß verstandliche Erkenntnisse und ein noch so starker *Kopfglaube* genügen dazu aber nicht, sondern eine wirkliche „Bekehrung" oder „Umkehr" liegt nur insoweit vor, als durch die Erkenntnisse auch wirklich der *Wille* und somit die *Liebe* des Menschen von der selbstischen in eine göttliche Tatgesinnung gewandelt wird.

Diese Umkehr oder Bekehrung geschieht in der Zeit der Reife bei manchen Menschen zuweilen in sehr auffallender Weise nach irgendeinem für sie besonders eindrucksvollen inneren oder äußeren Erleben, einer Predigt, einem Unglücksfall, einer Schauung oder einer Errettung. So erfolgte sie bei dem Apostel *Paulus* durch das geistige Erlebnis vor den Toren von Damaskus. Aber auch bei dem feurigen Apostel wie überhaupt bei jedem Menschen ist sie nicht, wie der Schein zuweilen glauben läßt, die Folge eines plötzlichen Eindrucks oder einer einmaligen Gnadenberührung seitens des Heiligen Geistes, sondern die Frucht einer stets sehr langen, von Gott liebevoll, weise und langmütig geleiteten Erziehung und *Entwicklung.* Bevor diese innere Reifung einer Seele vom göttlichen Meister erreicht ist, kann kein menschliches Predigen, Belehren und Bemühen etwas helfen. Auch einen Apfel am Baume muß Gott reifen. Wir Menschen können nur die vom Himmel gereifte Frucht pflücken.

Auf diesen weisen Wegen göttlicher Seelenerziehung kann selbst ein höchst arger Mensch gebessert und vollendet werden durch die schlimmen Zustände, in die er sich selbst durch seine böse Liebe versetzt. „Wenn eines solchen Menschen Seele", sagt der Herr im ‚Großen Evangelium' (Bd. 7, Kap. 52), „zufolge ihres eigenen Verhaltens sich im Gericht befindet, beginnt sie über den Grund ihres argen und unglückseligen Zustandes nachzudenken. Erkennt sie dann einmal den Grund, wird sie auch bald den Wunsch in sich fühlen, ihren argen Zustand los zu werden. Hat die Seele aber einmal solch einen Wunsch und Willen in sich, dann ist sie auch schon fähig, ein heilvolles, höheres Licht in sich aufzunehmen, das ihr von oben her durch allerlei geeignete Mittel geboten wird. Ergreift die Seele die ihr angebotenen Mittel, so fängt ihre ehedem böse Liebe an, sich in eine gute und bessere aus und in sich selbst umzugestalten. Es wird lichter und lichter in ihr und sie geht von Stufe zu Stufe zu einer höheren Lebensvollendung über."

Wahres Eigentum und wahre Selbständigkeit

„Wenn Ich nun aber", bekundet der Herr weiter, „die Menschen lehre, die volle Wahrheit zu erkennen und danach selbständig zu handeln, so ist dadurch ihrer Seele vollste Freiheit nicht im geringsten gehemmt, und was sie sich auf diese Weise nach Meiner Lehre einstens werden errungen und erkämpft haben, das wird dann *ihr Werk* und auch ihr *volles Eigentum* sein.

Und sehet, das ist denn also nach der ewigen Ordnung der Wille Gottes hinsichtlich der wahren und allein wahrhaft nützlichen Lebensbildung der Menschen auf dieser Erde! Nur auf diese Art und Weise kann eine Seele zum wahren, ewigen Leben gelangen und am Ende *Selbstschöpferin* ihres Lebens und ihres Himmels werden." (Gr. Ev., Bd. 8, Kap. 126)

Zwischen der veranlagungsmäßig gegebenen Beschaffenheit eines Wesens zu *Anfang* seines Werdegangs und einem auf diese Weise durch Freitätigkeit, Führung und Erfahrung gereiften und bekehrten Menschen am *Ziel* der Reifung ist nun offensichtlich ein großer Unterschied. Im Anfang, beim jungen Menschen, ist alles, auch das Gute, vom Schöpfer gegeben. Der aus dem Widerstreit der verliehenen Seelenfunken sich bildende Wille ist zwar ein in der Menschenbrust unbehindert sich gestaltender und in diesem Sinne ein „freier"; aber da er auf *gegebenen* Seelenkräften beruht, ist er dennoch ein nur bedingt selbständiger.

Beim gereiften, bekehrten Menschen dagegen bildet sich der Wille, wie wir gesehen haben, auf Grund von höheren, durch Erfahrung unter der Leitung Gottes *selbsterworbenen* und frei angeeigneten Erkenntnissen. Ein solcher Mensch steht also geistig auf selbsterworbenem Grunde. Sein Wille ist selbständig und der Mensch mithin jetzt erst, wie es bei Lorber mehrfach heißt: „wahrhaft und vollkommen frei."

33

Am Vollendungsziel der Wiedergeburt

Eine Menschenseele, die auf dem Erfahrungswege in freiester Entschließung den festen Willen gewonnen hat, nach der Ordnung Gottes zu leben, ist reif zur „geistigen Wiedergeburt". Sie ist nunmehr in ihrer Liebe ganz so geartet wie der ihr als geheimer Leiter und Lebensvollender eingezeugte reine, göttliche Geistfunke.

Jetzt kann sich Gleiches mit Gleichem verbinden. Die von allem satanischen, selbstherrlichen und selbstliebigen Wesen gereinigte Seele kann mit ihrem göttlichen Geiste völlig *eins* werden und dadurch geistig den kerkerartigen Mutterschoß der Materie verlassen und — wenn auch vielleicht noch körperlich im materiellen Leibe wohnend — in die Sphäre des reinen Geistes hinaustreten.

Dieses durch die Seelenreifung erfolgende geistige Hinaustreten aus dem Materiegericht und Eintreten in die reingeistige Gottesordnung nennt man als einen der leiblichen Geburt entsprechenden Vorgang die *„geistige Wiedergeburt"*. — Man spricht auch von der Wiedergeburt „im" oder „aus" dem Geiste — weil diese Seelenausreifung im Licht- und Lebensstrahl des reinen, göttlichen Liebegeistes erfolgt wie das Reifen einer Baumfrucht in den Lebensstrahlen des Sonnenlichts. — Oder man spricht auch von der Wiedergeburt des Geistes „in der Menschenseele", weil nunmehr der göttliche Geist mit seinen Wirkungskräften sich in die ganze Menschenseele ergießt und sie vollkommen durchdringt. Mit all diesen Bezeichnungen meint man jene geistige Vollreife der Seele.

Dem Jünger Judas bezeichnet dieses Lebensziel der Herr näher mit den Worten: „Ich will dir denn ein Maß geben, nach dem ein jeder wissen mag, wie es mit ihm in seiner Vollendung hinsichtlich der Liebe zu Gott, zum Nächsten und zu sich selbst stehen soll! Nimm die Zahl 666, die in guten und schlechten Verhältnissen *entweder* einen vollendeten Menschen *oder* einen vollendeten Teufel bezeichnet. Teile deine Liebe gerade in 666 Teile! Davon gib Gott 600, dem Nächsten 60 und dir selbst 6, so bist du ein vollendeter, wiedergeborener Mensch! (Gr. Ev., Bd. 2, Kap. 77)

Man kann auch sagen, die geistige Wiedergeburt erfordert die volle Entwicklung aller sieben Grundeigenschaften Gottes.

In Gott ist die Fülle alles Guten, die Liebe, Liebeweisheit und Liebetatkraft, die Ordnung, der Ernst, die Geduld und die Barmherzigkeit.

Wahre Gotteskindschaft

Durch die Wiedergeburt wird der Mensch aus einem unselbständigen Geschöpf zum wahren, in allem Himmlisch-Guten vollkommen selbständigen Gotteskind. Auch in der geistigen Vollendung verschmelzen Seele und Geist freilich nicht vollkommen, sondern beide bilden eine wohl *unterscheidbare Zweiheit:*

„Es wird der Seele durch die Wiedergeburt ihr äußeres Erkennen und ihr eigener freier Wille nicht benommen. Die Seele wird sich zum Geiste stets so verhalten wie im zeitlichen Leben der irdische Leib zur Seele. Der Leib mag für sich Begierden haben, so viele er will und mit allen seinen oft sehr scharfen Stacheln die

Seele zur Gewährung und Befriedigung reizen, so sagt eine vollkommene Seele aber dennoch stets ihr wirkungsreiches Nein dazu. Genau dasselbe aber tut (bei einem Wiedergeborenen) der göttliche Geist in der Seele, in die er völlig übergegangen ist. Solange die Seele auf des Geistes Willen vollkommen eingeht, geschieht auch alles genau nach dem Willen des Geistes, der da ist *Gottes* Wille. Wenn aber die Seele infolge ihrer Rückerinnerung etwas mehr sinnlich *Eigenliebiges* will, so tritt in solchen Augenblicken der Geist zurück und überläßt der Seele allein die Ausführung ihres Wunsches, woraus aber gewöhnlich nichts wird, besonders wenn das Vollbringenwollen sehr wenig oder gar nichts Geistiges in sich enthält. Die Seele, ihre selbstische Schwäche und Ungeschicklichkeit in solchem Falle bald merkend, läßt von ihren Selbstlust-Träumereien dann auch bald ab, vereinigt sich wieder mit dem Geiste auf das innigste und läßt dessen göttlichen Willen vorwalten. Da ist dann natürlich wieder alles in Ordnung, Kraft und Macht in Fülle!" [1]

Mit anderen Worten: Beim geistig wiedergeborenen Menschen hat der göttliche Geistfunke mit seiner himmlischen Liebe, Weisheit und Macht die volle Vorherrschaft und *Führung* in der Seele erlangt. Damit hat der göttliche Wesensbildner durch seine unendlich liebevolle und weise Erziehung sein vorgesetztes Ziel erreicht, wie solches der Herr im ‚Großen Evangelium' (Bd. 2, Kap. 229) mit den Worten erläutert:

„In Gott waren alle die Gegensätze schon von Ewigkeit her in der höchst besten *Ordnung*. Bei den geschaffenen Wesen aber mußten sie erst durch den freien Kampf wie aus sich selbst heraus (also durch die bekannte Selbsttätigkeit!) in die rechte Ordnung gelangen. Nun, da entstanden dann verschiedene Ergebnisse. In dem einen Teile ward die harte Ruhe zum überwiegenden Sieger, in dem andern Teile siegte die Bewegung zu sehr. Bei vielen Wesen aber haben die Gegensätze ein *rechtes Maß* nach der Ordnung Gottes erreicht und ihr Sein ist dadurch nun ein vollkommenes, weil sich ihre Intelligenzkräfte fortwährend allerbestens unterstützen."

Göttliche Kraft und Macht der „gewordenen Engel"

Da bei einem geistig Wiedergeborenen der göttliche Geist vorherrscht, kann einem solchen vollendeten Wesen nun auch die göttliche Kraft, Wirkungs- und Schöpfermacht in einer gottähnlichen Weise aus der Urquelle aller Kraft und Macht zugeteilt werden. Und so wird dann ein solch vollendetes, freies und selbständiges Kind auch teilhaftig der *„Herrlichkeit"* Gottes.

Ein solcher *„gewordener Engel"* wird niemals diese Kraft, Macht und Herrlichkeit in selbstsüchtiger Weise nützen, sondern sein Streben wird sein, die sich immer höher steigenden Erkenntnisse und Kräfte nach der glühenden Liebe seines Herzens auszuleben *im Dienste der Schöpfung*, d. h. der Erweckung, Führung und Vollendung aller noch in den Banden der Unvollkommenheit und des Materiegerichts weilenden Wesen und Mitbrüder.

In dieser Liebetätigkeit, die sich schließlich ausdehnt über alle Gebiete der materiellen und geistigen Schöpfungsräume, besteht die *Seligkeit* der in der Freiheit

[1] Gr. Ev., Bd. 4, Kap. 225, 226; vergl. Bd. 1, Kap. 206.

ihres Willens Vollendeten, da es nirgends einen Himmel tatlos schwelgenden Genusses geben kann, sondern ein dauerndes, wahres Glück nur zu finden ist in einer dem Wesen Gottes ähnlichen, schöpferischen Tätigkeit selbstloser Liebe.

Wahre Freiheit

Auf dieser Stufe der geistigen Wiedergeburt entfaltet sich für den Menschen dann auch erst die wahre, vollkommene *Freiheit.*

„Um dieses Höchste zu erreichen", sagt ein erleuchteter Jünger im ‚Großen Evangelium' (Bd. 4, Kap. 176) „ist es notwendig, Gott nicht etwa nur teilweise, sondern, leiblich, seelisch und geistig ganz in sich aufzunehmen durch die ausschließliche, alleinige Liebe zu Ihm. Ein solches Entgegenkommen wie das des Schöpfers zum Geschöpf und des Geschöpfes zum Schöpfer, muß am Ende notwendig eine volle Gleichsetzung zwischen dem schöpferischen Urwesen und dem geschöpflichen Nachwesen zur Folge haben. *Gott wird eins mit uns, und wir werden eins mit Ihm* — ohne die geringste Beschränkung unserer persönlichen Individualität und vollkommensten Willensfreiheit. Ohne diese vollendete Gleichsetzung des Geschöpfes mit dem Schöpfer ist ewig nie an eine vollendete Willens- und Machtfreiheit zu denken, weil ja doch nur des Schöpfers Wille in der vollsten Unbeschränktheit sich befinden kann und des Geschöpfes Wille nur dann, wenn er vollkommen eins mit dem Willen des Schöpfers geworden ist.

Wollen wir das, was der Herr will, so ist mithin unser Wollen ein vollkommen freies, weil auch des Herrn Wille ein vollkommen freier ist. Wollen wir aber das nicht oder nur zum Teil, so sind wir elende Sklaven unserer eigenen Blindheit. — Nur in Gott können wir vollkommen frei werden. Außer Gott gibt es nichts als Gericht und Tod."

Auf dieser Stufe der Vollendung fallen also für die Auswirkung und Betätigung unseres Willens alle Fesseln und Schranken völlig hinweg, je vollkommener wir durch immer höhere Erkenntnisse uns den Willen Gottes als allein maßgebendes Gesetz des Denkens, Wollens und Handelns freiwillig zu eigen machen. Die Beengungen, welche vordem auf den ungeläuterten Stufen unseres Lebens notwendig waren, sind jetzt entbehrlich. Und mit Freuden gibt der Schöpfer und himmlische Vater zu den gewonnenen Kräften auch die *Vollmacht* unbehinderten, gottähnlichen Gebrauches in seinem Reiche des Lebens.

Der vordem unselbständige und im Hinblick auf seine ungeläuterte und unheilvolle Beschaffenheit gebundene und beengte Wille, wird nun also „in Gott" selbständig und nach jeder Hinsicht wahrhaft und vollkommen frei.

Höchste Seligkeit

Das Leben und Wirken in dieser vollkommenen Freiheit allein verbürgt nun auch die volle Seligkeit des zum *„Engel Gottes"* gewordenen Menschen.

Volle Selbständigkeit und Freiheit des Willens, sagt der Herr im ‚Großen Evangelium', sind zur höchstmöglichen Seligkeit die nötigsten Voraussetzungen. Siehe an einen noch so gut bestellten Diener. Er hat bei seinem Herrn nahe alles, was dieser selbst hat, und genießt, was der Herr selbst genießt. Aber dennoch ist die Seligkeit beider verschieden. Im Gemüt des Dieners ist infolge seiner Abhängigkeit im tiefsten Grunde immer eine gewisse Unruhe und Bangigkeit, seine Stellung zu verlieren. Nur der Herr ist wahrhaft glücklich, denn ob er schon seinen treuen Diener sehr lieb hat, darf es ihm dennoch nie bange sein, so ihn dieser verließe; denn für ihn bekommt er leicht hunderte. Er bleibt immer der hochbegüterte Herr und selbständige Eigentümer seiner Habe und Schätze. Seine Glückseligkeit kann daher nicht getrübt werden, während die zufällige des Dieners in jedem Augenblick den Garaus bekommen kann. Und siehe, ebenso verhält es sich in Meinem Lebensreiche: Solange Ich, als Herr alles Lebens und alles Lichtes, euch in einem fort Leben und Licht einhauchen muß, seid ihr nur Meine Knechte und Diener. Nun aber bin Ich eben darum selbst auf diese für die Zeugung Meiner wahren Kinder bestimmte Erde gekommen, um euch vollkommen selbständig und selig zu machen. (Gr. Ev., Bd. 3, Kap. 177)

Wenn eine Seele einmal dahin kommt, daß ihr innerer Geist sie ganz durchdringt und beherrscht, so kommt sie auch zum vollen *Hellsehen* und klarsten *Erkennen,* wie auch zur *Erinnerung* an alles, was sie war und wie sie geworden ist. Solch eine Seele kann dann sowohl diese Erde wie auch alle anderen Gestirne durchschauen und sich an ihrer wunderbaren Gestaltung und Einrichtung ergötzen und die höchste Freude an der Liebe, Weisheit und Macht des alleinigen Gottes empfinden.

Die *größere* Seligkeit einer vollendeten Seele besteht aber offenbar darin, daß sie Gott den alleinigen Herrn und Schöpfer der Unendlichkeit als ihren höchsten Lebensfreund fort und fort um sich haben und Ihn ohne Grenzen lieben kann.

Die *allerhöchste* Seligkeit einer vollendeten Seele aber besteht darin, daß sie, als mit Gott durch die Liebe völlig vereint, sich auch in der vollsten göttlichen *Freiheit* befindet. (Gr. Ev., Bd. 7, Kap. 66, 14 ff.; 67, 1 ff.)

34

Gott, Mensch und Schicksal

Von diesem Vollendungsgipfel zurückblickend auf den ganzen Weg der Entwicklung, werden wir erkennen, daß tatsächlich jenes große Geheimnis der menschlichen Willensfreiheit nicht anders begriffen werden kann als durch diese, in den Schriften des neuen Gottesworts uns geoffenbarte Lösung. Es haben mit ihren einseitigen Anschauungen weder die Deterministen noch die Indeterministen vollkommen recht noch auch vollkommen unrecht. Die göttlich beseligende *Wahrheit* liegt in einem, beide Gesichtspunkte umfassenden, *höheren Erkenntnislichte.* Der Mensch ist im Anfang unvollkommen auch in Hinsicht der wahren Freiheit und Selbständigkeit seines Willens. Es ist ihm aber in der wunderbarsten Weise gezeigt und gelehrt, daß und wie er vollkommen werden soll und kann wie der himmlische Schöpfer und Allvater. Wir wissen durch die Neubotschaft Jakob *Lorbers* nun auch, wie des Menschen wahre und vollkommene Freiheit zustande kommt und beschaffen ist in der Vollendung.

Danken wir der ewigen Liebe Gottes, daß sie uns endlich dieses wichtigste Geheimnis des Menschenlebens erschlossen hat in einem beseligenden Lichte, das uns jetzt erst so recht den Sinn des Menschenlebens darlegt und dem, der es erfaßt, machtvolle Kräfte zuströmt zur Erringung unseres ewigen Lebenszieles in Gott.

Gnadenerlösung oder Selbsterlösung

Es klärt sich in diesem Lichte auch die alte Streitfrage der Theologen: Gnadenerlösung oder Selbsterlösung? — Paulus hat recht, wenn er sagt: „Gott ist es, der in uns wirket *beides,* das Wollen und das Vollbringen, nach seinem Wohlgefallen." (Phil. 2, 13.) Wir haben ja gesehen, wie weise und wunderbar der Schöpfer und himmlische Vater durch unsere vielseitige Veranlagung, Belehrung und Führung es wirkt, daß wir endlich zur Zeit der Reife ein höheres Licht und ein gutes, heilvolles *Wollen* annehmen können, das schließlich im Stande der Vollendung zu einem glücklichen *Vollbringen* des *Göttlich-Guten* führt.

Unser eigenes, aus der großen, gefallenen Luziferseele stammendes Seelenwesen in seiner Verderbnis hätte aus sich selber und *ohne* Gottes gnädige Hilfe *niemals* einen göttlich-guten, heilvollen Willen fassen und etwas Vollkommenes vollbringen können — auch beim heftigsten, rastlosesten „Wollen und Laufen" nicht. Denn der vom Geiste getrennten, durch kein höheres Himmelslicht erleuchteten Seele fehlt die richtige Erkenntnis sowohl wie auch die Kraft des guten Vollbringens. Und es liegt daher tatsächlich, wie Paulus an die Römer schreibt, zunächst und in erster Linie nicht an jemandes „Wollen und Laufen", sondern an „Gottes Erbarmung". Er muß kommen, uns ergreifen, erwecken, lehren und führen, sonst ist alles umsonst und kein Heilsziel zu erreichen!

Insbesondere hat auch der Vater in seiner Verkörperung als *Jesus* uns vom Fluche des Abfalls erlöst und durch Lehre und Beispiel uns den Weg zum Vaterhause und zur Vollendung gebahnt. Und somit ist unsere Erlösung vom Übel unserer luziferischen Natur in Wahrheit vor allem ein Werk der göttlichen Liebe, Gnade und Erbarmung, die uns Unwürdige, Abgefallene „ohne Verdienst" gerecht und selig macht.

Aber: Paulus hat auch recht mit einigen andern, dieser Lehre scheinbar widersprechenden Bekundungen. So mit der Mahnung an die Philipper (2, 12): *„Schaffet,* daß ihr selig werdet, mit Furcht und Zittern!" Oder der Herr, wenn Er bei Lukas (13, 24) sagt: *„Ringet* danach, daß ihr durch die enge Pforte eingeht." Oder in der Offenbarung (2, 7): „Wer *überwindet,* dem will Ich zu essen geben vom Baume des Lebens."

Auch vom Menschen ist also gemäß den ihm gegebenen Geboten ein Tun gefordert, ein Schaffen, Ringen und Überwinden! Die Gnade Gottes *allein* tut nicht alles! Etwas sehr Wichtiges ist auch in den Willen und die Tätigkeit des Menschen gelegt. Und in unseren Betrachtungen der Führungswege des göttlichen Erziehers haben wir ja auch deutlich ersehen, um was es sich hier handelt, worin dieses Wichtige, vom Menschen zu Erfüllende besteht.

Der Mensch muß das ihm gebotene Gnadenlicht des Himmels in der Zeit seiner Reife an- und aufnehmen — nicht nur in seinen Kopf, sondern ernstlich in seinen Willen, und seine Liebe entsprechend wandeln. Diese *Willensumkehr,* dieses ernste Jasagen zu Gottes Willen und dann das eifrige Bitten um Kraft und das Betätigen und Auswirken der empfangenen neuen Kräfte — das ist *unser* Teil, den wir *selber* beitragen müssen zu unserer Erlösung und Vollendung. Dieser durch die Liebe sich tätig auswirkende Glaube an Jesus, seine Lehre und sein Beispiel ist es, der „in Christo gilt" (1. Thess. 5) und uns vor Gott „gerecht" macht. (Röm. 1, 17; 2, 6, 13; 4, 28 usw.) Bei Lorber heißt diese Aufgabe unsere „*Selbstgestaltung*".

Selbstgestaltung unter göttlicher Leitung

Zu dieser Frage sagt im ‚Großen Evangelium' Judas zum Meister: „Herr! Tote rufest Du aus den Gräbern, und sie leben; warum läßt Du denn mein Herz im Grabe des Verderbens zugrunde gehen? Ich will ja ein besserer Mensch werden und kann es dennoch nicht, weil ich mein Herz nicht umändern kann. Daher gestalte Du mein Herz um, und ich bin ein anderer Mensch!"

Sagt der Herr: „Darin eben liegt das große Geheimnis der *Selbstgestaltung des Menschen!* Alles kann Ich dem Menschen tun, und er bleibt Mensch. Aber *das Herz ist sein eigen,* das er vollkommen selbst bearbeiten muß, so er das ewige Leben sich selbst bereiten will. Denn würde Ich selbst zuerst die Hand an des Menschen Herz legen, so würde der Mensch zur Maschine und gelangte nie zur freien Selbständigkeit. Wenn aber der Mensch die Lehre bekommt, was er zu tun hat, um sein Herz für Gott zu bilden, so muß er diese auch frei befolgen und sein Herz nach ihr bilden!

Hat er sein Herz danach gebildet und gereinigt und gefegt, *dann erst* ziehe Ich im Geiste in dasselbe ein und nehme Wohnung darin, und der ganze Mensch ist dann im Geiste wiedergeboren und kann fürder ewig nimmer verlorengehen. Denn er ist dadurch eins mit Mir geworden, wie Ich selbst eins bin mit dem Vater, von dem Ich ausgegangen bin in diese Welt, um allen Menschenkindern den Weg zu zeigen und zu bahnen, den sie zu gehen haben, um zu Gott in der Fülle der Wahrheit zu gelangen!

Du mußt daher, so wie jeder von euch, *selber* die Hand an die Bearbeitung deines Herzens legen, sonst bist du verloren — und hätte Ich dich tausendmal aus den Gräbern ins Leben des Fleisches gerufen!" (Gr. Ev., Bd. 2, Kap. 75)

Das Ziel der Vollkommenheit und des seligen Lebens in Gott erreicht der Mensch also weder durch alleinige eigene Kraft, noch durch alleinige Gnadenwirkung von oben, sondern durch ein *Zusammenwirken* beider Kräfte. Wohl ist natürlich die göttliche Liebe, Weisheit und Macht die Grundlage, und der Apostel Paulus hat nicht unrecht getan, so stark und eindringlich darauf hinzuweisen und die göttliche Gnade als Allgestalterin, Allerhalterin und auch Allvollenderin zu preisen. Aber das große *Ziel* der Gnadenwaltung ist die menschliche *Selbständigkeit* und Selbsttätigkeit. Und darum ist auch die Entwicklung, Stärkung und Reifung dieser Eigenschaften auf jeder Stufe so unendlich wichtig und darf die Selbstverantwortung und Selbstbemühung des Menschen nicht verwischt und verkümmert werden durch eine einseitig übertriebene Gnaden- und Glaubensgerechtigkeitslehre!

Goethe, der große deutsche Dichter gab erleuchteten Geistes den himmlischen Chören die Worte in den Mund:

„Wer immer strebend sich bemüht,
den könnten wir erlösen!"

— In diesem Gedankenkristall haben wir die reine, göttliche Wahrheit.

Vorherbestimmung des Schicksals (Prädestination)?

Noch eine andere, tiefste Frage der Menschenbrust findet im Lichte dieser Eröffnungen über die Entwicklungswege der Menschenseele ebenfalls ihre seit Jahrtausenden gesuchte Aufhellung.

Es ist die Frage nach der *Vorherbestimmung* oder Prädestination unseres zeitlichen und ewigen Schicksals.

Wiederum ist es der Apostel Paulus, der in prophetischer Erleuchtung hier Wahrheitsworte ausgesprochen hat, die zahlreichen Gottes- und Menschenfreunden zu denken gaben und viele in eine anscheinend unlösbare Fragenwirrnis führten.

Am Beispiele des Pharao führt der Apostel, die Bedeutung der göttlichen Gnadenwirkung betonend, aus: „So erbarmet sich Gott, welches Er will, und verstokket, welchen Er will. Wohl sagst du: „Was kann Er dann noch jemand tadeln und strafen? Wer kann denn seinem Willen widerstehen?" Ja, o Mensch, wer bist denn du, daß du Gott zur Verantwortung ziehen willst! Darf etwa das Gebilde zu seinem Bildner sagen: „Warum hast du mich so gemacht?" Hat etwa der Töpfer nicht Macht über seinen Ton, aus derselben Masse hier ein Gefäß zu ehrenvoller Bestimmung und dort ein anderes zu gemeinem Gebrauche zu verfertigen? Bei all seiner gewaltigen Macht hat Gott dennoch die Gefäße des Zornes, die zum Verderben zugerichtet waren, mit großer Langmut getragen, um zugleich den Reichtum seiner Herrlichkeit an den Gefäßen des Erbarmens zu erweisen, die Er für die Teilnahme an seiner Herrlichkeit zubereitet hat!" (Römer 9, 18 ff.)

Hier scheint wirklich so etwas wie eine Vorherbestimmung der Menschen entweder zu ewiger Verdammnis oder zu ewiger Seligkeit hervorzuspringen. Und auf Grund dieser und einiger anderer Stellen der Schrift hat denn auch der Kirchenlehrer *Augustin* († 430 n. Chr.) mit eiserner Schärfe seine „Prädestinationslehre" aufgestellt.

Des Menschen Lebensbahn im Lichte der Neuoffenbarung

Durch *Jakob Lorber* wird jedoch diese ungeheuerliche Ansicht des Augustinus, daß die ewige Liebe willkürlich einen Teil ihrer Wesen zur Herrlichkeit und Seligkeit, den andern aber zum Verderben und zur ewigen Verdammnis geschaffen habe, *berichtigt* und dieses Grundgeheimnis des Lebens in einer höchst einleuchtenden Weise aufgehellt.

Wohl schafft Gott die Wesen durch ihre höchst verschiedenartige Veranlagung in der mannigfaltigsten Beschaffenheit und zu den verschiedenartigsten Zwecken. Wie ein Töpfer nach seinem Gutdünken aus seinem Ton feine, zarte Edelgefäße zu ehrenvoller Bestimmung und harte, grobe Nutzgefäße zum Alltagsgebrauch fertigt, so gab Gott schon im Schöpfungsbeginne jedem seiner Urengel (z. B. Michael und Luzifer) eine seiner Zweckbestimmung entsprechende besondere Grundveranlagung. So ist auch heute noch von Gott aus jedem Menschen seine individuelle, eigenartige Veranlagung und Zweckbestimmung verliehen.

Aber zugleich gibt Gott jedem Menschen (wie auch schon den Urgeistern) auch einen freien Willen und ferner allen — ohne jeden Unterschied — ein einziges, durch Freitätigkeit, Belehrung und Erfahrung zu erreichendes höchstes Vollendungs-Endziel: die wahrhaft und vollkommen freie und allerhöchst selige *Gotteskindschaft,* die jedes Wesen, je nachdem es seinen freien Willen anstrengt, früher oder später erreichen kann.

So sagt in dem Lorberwerk ‚Bischof Martin' der Herr zu Luzifer: „Bin Ich nicht ein Werkmeister aller Werke der Werke? So Ich das aber bin und schaffe Mir Werkzeuge, wie Ich sie brauche und haben will, sage, kannst du Mir dann trotzen? Oder kannst du das Trotz nennen, so du also bist, wie du bist, und nicht anders sein kannst, als nur, wie Ich es am Ende will?

Ich aber bin kein harter Erzgießer, sondern ein Meister voll Liebe, so daß Ich sogar Meine Tiegel aus ihrer langen Glut ziehen will, so sie es *wünschen* und in die Ordnung Meiner freien Werke übergehen *wollen.* Wollen sie aber das nicht, und macht es ihnen mehr Freude, meine ewigen Schmelztiegel zu verbleiben, so ist es Mir auch recht, denn dann brauche Ich Mir keine neuen zu schaffen. Bleiben sie aber Tiegel, so sind sie, wie sie sein müssen, und unmöglich, wie sie sein wollen! Denn ein Werkzeug kann nicht anders sein, als wie Ich es gestalte und haben will.

Daher ist dein vermeintlicher Trotz, an dem du eine Freude hast, auch nichts als eine Chimäre, entstammend deiner großen Blindheit! Denn so wenig ein Topf zum Töpfer sagen kann: ich bin, wie ich will, während ihn doch der Töpfer dreht und gestaltet, wie er will — ebensowenig kannst du zu Mir sagen, daß du seist, wie du wollest, während du doch nur sein mußt, wie und was du bist, wie Ich es will. Nur gebe Ich, als die ewige Liebe selbst, dir nebst diesem deinem *Gericht* auch so viel lebendige *Freiheit,* derzufolge du deinen qualvollen Zustand fühlen, begreifen und *ändern kannst, so du es willst.* Willst du es aber nicht, so bleibe, wie und was du bist. Willst du aber dein Los verbessern, so werde Ich an deine Stelle ein anderes, Mir in deiner Art dienliches Werkzeug setzen!" (Bischof Martin, Kap. 119).

Wir sehen also auch hier: Je nach der Veranlagung wird sich die Führung sowie die Schwierigkeit und Länge des Weges gestalten. Und insofern ist alles, was einem Wesen auf seinem Lebenswege entgegentritt und geschieht in Wahrheit eine ihm bestimmte „Schule". Aber je mehr das Wesen in der *Erfahrungsschule des Lebens* freiwillig höhere Erkenntnisse aufnimmt und aus freien Stücken seinen Willen zum Guten wandelt, um so mehr wird es, wie wir hörten, wahrhaft und vollkommen frei und selbständig und um so mehr wird es der Selbstgestalter seines eigenen Schicksals.

Das allgemeine Endziel

Durch eigene, freie Willensentschließung kann somit, dank der gnadenvollen Führung und Hilfe Gottes, auch ein Gefäß der Unehre zuletzt ein erhaben herrliches Gefäß der Ehre werden. Ja, über einen reuigen Sünder ist im Himmel mehr Frohlocken als über neunundneunzig Gerechte, die der Buße nie bedurften. Denn ein Wesen der „Unehre" oder „Widerordnung", das mit Hilfe Gottes auf schwierigen, weisen Schul- und Erfahrungswegen eine ganze Hölle in sich zu überwinden lernte, ist ohne Zweifel in seinem Innern größer und reicher ausgestattet als eine ohne starke Gegenkräfte versehene, von Anfang an fromme Seele.

„Ein Kind der Welt und der Sünde soll neunundneunzig von der Geburt aus Gerechte überwiegen, wenn es Mich mit seinem ganzen Herzen ergreift. Ein solches Kind soll fürder nimmerdar weichen von Meiner Brust und soll Mich durch das ganze Leben schauen und haben!" (Haushaltung Gottes, Bd. 2, Kap. 122.)

Diese vom Schöpfer und Allvater für alle Wesen ohne Unterschied gleichermaßen aufgestellte *Endbestimmung* gleicht vollkommen die Verschiedenartigkeit der Durchgangsziele und der Zwischenbestimmungen aus. Und so verstehen wir das herrliche Walten der ewigen Liebe. Kein Gefühl der Willkür, der Ungerechtigkeit trübt uns das strahlende Gottheitsbild. Keine „vorherbestimmte ewige Verdammnis" schreckt uns mehr.

„Glaube nur", so wird im Jenseits einem römischen Prior gesagt, „der Herr ist auch in der Hölle pur Liebe. Und nicht ein einziger Geist ist darunter, der nicht, *so er nur will,* berechtigt wäre, als ein verlorener Sohn zum Vater zurückzukehren! Wenn aber dies der gewisseste und untrüglichste Fall ist, so wirst du wohl auch aus deiner Liebe zum Herrn schließen können, daß dich seine Allmacht nicht für die Hölle erschaffen hat. Daher gehe nun und tue, was ich in seinem Namen dir gesagt habe, auf daß dir bald eine Löse werde!" (Geist. Sonne, Bd. 1, Kap. 86.)

Und wir begreifen die wunderbaren, urtiefen Lichtworte des Herrn in dem Buch ‚Die geistige Sonne' (Bd. 2, Kap. 121):

„Nur das einzige ist vom Herrn von Ewigkeit fest bestimmt, daß ein *jedes Leben seine bestimmten Wege* hat, über die es ewig nimmer hinaus kann. Diese Wege aber sind so intim mit der Natur des (betreffenden Wesens und seines) Lebens verflochten, daß sie eben mit dem Leben selbst das Lebensglück (des Wesens) ausmachen. Und würde jemand einen solchen Weg dem Wesen abschneiden, so schnitte man ihm seine Freiheit und somit auch sein Leben ab, und solches Abschneiden wäre ein todbringendes Gericht."

Einem jeden Menschenleben hat die unendliche Liebe und Weisheit Gottes also ein seinem Wesen entsprechendes seligstes *Vollendungsziel* bestimmt. Die Seelen auf dem zweckvollsten Wege durch alle Zwischenziele der Tiefe und der Höhe in ihrer vollen *Freiheit* zu diesem Hochziele zu führen, ist der heilige Liebesplan des Schöpfers und Allvaters und die Hauptarbeit seiner Engel.

Ja, Vater!

Damit sind wir nun zum Schluß unserer Betrachtungen über *Gott, Mensch und Lebenssinn gelangt.* Ein erleuchtetes, fühlendes Herz kann zu diesen wunderbaren Lehren der Neuoffenbarung wohl nur ein freudiges Ja und Amen sagen.

Ja, Vater, wir wollen die Führungswege, welche Du uns vorzeichnest, mit Freuden gehen! Wir wollen mit Deiner Hilfe das von Deiner Liebe und Weisheit gesetzte Ziel erstreben und erringen, indem wir Deine Gebote der Liebe halten.

Und wir wollen nun auch weiter mit Ernst und Hingabe vernehmen, was Du den Menschen ferner noch eröffnet hast über die Bedeutung Deines Grundgebotes der Liebe für *alle Gebiete* des irdischen Lebens: für Ehe und Familie, Gesundheits- und Glaubenspflege, Berufs-, Staats- und Völkerleben usw. — und wie der Weg des Heils und der Vollendung *jenseits* der Pforte des Todes in der *geistigen Welt* weitergeht.

Es ist alles *ein* Reich, die sichtbare wie die unsichtbare Welt. Überall waltest Du in Deiner unermeßlich liebevollen, weisen und machtvollkommenen Heiligkeit. Und was Du tust, ist unaussprechlich gut und heilvoll für uns alle. Und so sei unser vertrauensvolles „Ja, Vater!“ ein Dank für das Empfangene, ein freudiges Erharren des Künftigen und ein Gelöbnis voll Zuversicht hinsichtlich unseres ganzen Wollens und Strebens!

DRITTER TEIL

Heils- und Lebenslehre

VIII

Wie werde ich selig?

35

Der Heilsweg im Alten und Neuen Lichte

Nachdem im ersten Band dieser Darstellung der Gottesbotschaft Jakob *Lorbers* die großen Fragengebiete: Gott, Schöpfung, Mensch und Lebenssinn im Lichte der Neuoffenbarung erörtert wurden, möge nun im folgenden die große Frage jedes ernsten Menschenherzens geklärt werden: Wie werde ich selig? Was soll ich tun, daß ich des *ewigen Lebens* in Gott teilhaftig werde?

Diese Frage des reichen Jünglings im Evangelium sollte auch für uns alle die Frage der Fragen sein. Denn von der rechten Lösung dieses Grundproblems des Lebens hängt unser wahres Glück und Heil in Zeit und Ewigkeit ab. Wer aber könnte uns darauf eine zuverlässigere Antwort geben als *Jesus,* der väterliche Freund der Menschen, der Herr und Meister des Lebens, der Schöpfer und Walter der Unendlichkeit?

Der Heilsweg der Liebe in der Heiligen Schrift

Er, der ewig Alliebende antwortete dem irdisch reichen Jüngling in drei inhaltsschweren Worten: „Halte die Gebote!“ Und als der Jüngling weiter fragte „Welche?“ — da nannte ihm der Herr die verschiedenen Gebote Mosis, die alle zurückgehen auf das *Grundgebot der Liebe.* (Matth. 19, 16 ff.)

Bei einer anderen Gelegenheit, die von Matthäus im 22. Kapitel berichtet wird, sprach sich der Herr über das große Heilsgebot noch deutlicher aus. Es waren da die Pharisäer zu Ihm getreten, die sich als besondere Hüter des Gesetzes und der Propheten ausgaben und eifrig die äußerlichen Tempelsatzungen und die Opfergebote hielten. Ein Schriftgelehrter richtete an den Herrn die Fangfrage:

„Meister, welches ist das vornehmste Gebot im Gesetz?“

Da kamen von den Lippen Jesu die Licht- und Lebensworte, die den *Kern* aller Gottesoffenbarung und aller wahren Religion bilden und das *Grundgesetz* alles Lebens auf Erden wie in den Himmeln aussprechen:

Du sollst lieben Gott, deinen Herrn, mit der ganzen Kraft deines Geistes, deiner Seele und deines Leibes! Dies ist das vornehmste und größte Gebot! Das andere aber ist dem gleich: Du sollst deinen Nächsten lieben wie dich selbst! In diesen beiden Geboten hanget das Gesetz und die Propheten!

Noch kürzer wurde dieses göttliche Grundgesetz an anderer Stelle ausgeprägt mit den Worten: *„Liebe Gott über alles und deinen Nächsten wie dich selbst!“*

In den biblischen Schriften ist dieses Doppelgebot der Gottes- und Bruderliebe unter den verschiedensten Anwendungen immer wieder in den Vordergrund gestellt; schon im Alten Testament, noch nachdrücklicher aber in den Schriften des Neuen Testaments. Besonders die Reden des Herrn selbst sind voll von ernsten Hinweisen auf diesen Grundgedanken seiner Lehre. Und auch in den Briefen des Paulus, des Johannes, Jakobus und der anderen Apostel klingt diese Botschaft mächtig hervor. Man denke an Worte wie:

„Wer in der Liebe bleibet, der bleibet in Gott und Gott in ihm. Denn Gott ist die Liebe." (1. Joh. 4, 16) — „Darin besteht die Liebe zu Gott, daß wir seine Gebote halten." (1. Joh. 5, 3) — „Wie kann jemand sagen, daß er Gott liebe, den er nicht sieht, so er seinen Nächsten nicht liebt, den er sichtbar vor sich hat?" (1. Joh. 4, 20) — „Der Glaube ohne Werke der Liebe ist tot." (Jak. 2, 17) — „Wenn ich alle Gaben hätte, alle Geheimnisse und Erkenntnisse wüßte, und wenn ich allen Glauben besäße, so daß ich Berge versetzte und hätte der Liebe nicht, so wäre ich nichts." (1. Kor. 13, 2) — „Nun bleibet Glaube, Hoffnung, Liebe. Die größte aber unter ihnen ist die Liebe!" (1. Kor. 13, 13) — „In Christo gilt nur der Glaube, der durch die Liebe tätig wird." (Gal. 5,6) — „Die Liebe ist des Gesetzes Erfüllung." (Röm. 13, 10)

Die Abwege der Christenheit

Wie kommt es nun, daß über diese vom Herrn so nachdrücklich verkündigte Heilslehre der Liebe heute unter der Christenheit so viel Unklarheit und Streit besteht? Besitzt die Menschheit doch das Wort der Bibel heut in einer größeren Verbreitung als irgend je. Durch den Buchdruck wird es bei allen Völkern in allen Sprachen der Welt verbreitet in Millionen von Büchern. Zugleich gehen christliche Boten durch alle Lande der Erde und verkünden und preisen das Bibelwort in ihrer Auffassung aller Welt!

Ein Blick auf die geistige Entwicklung der Menschheit nach Christus gibt uns auf diese Frage klare Antwort. Die Heilslehre der Liebe wurde im Laufe der Jahrhunderte durch die Selbstsucht und Selbstherrlichkeit der Menschennatur, dem alten Erbgut Satans, verdunkelt und verschüttet. Es behagte der selbstliebigen Menschenseele nicht, ihr Heil zu suchen in der meist so schweren Überwindung ihrer Selbstsucht. Vielmehr drängte der Mensch, seiner seelischen, aus Luzifer stammenden Natur gemäß dahin, jene auf dem Doppelgebot der Gottes- und Bruderliebe begründete Heilslehre Jesu Christi zu verlassen und dafür bequemere Wege zu einem seligen Leben zu suchen.

Dieser im Laufe der Zeit immer verhängnisvolleren Abwege gab es in der Christenheit hauptsächlich zwei: den Weg der äußerlichen *Werkgerechtigkeit* und den Weg der einseitigen *Glaubensgerechtigkeit.* Beide traten schon bald nach Jesu Hinscheiden in den Christengemeinden hervor.

Der Abweg der „Werkgerechtigkeit" besteht darin, daß die Menschen glauben, *ohne* eine innere Gesinnungswandlung durch *äußere* Handlungen sich gleichsam in Gottes Himmelreich einschleichen zu können. Man will wohl das Äußere tun, aber die angeborene Selbstliebe nicht umwandeln in eine selbstlose, herzenswahre Gottes- und Nächstenliebe. Man befolgt streng die äußeren Gebräuche der Kirche und Gottesverehrung, man ist auch wohl eifrig in äußerlichen „guten" Werken, man nimmt die von der Kirche gebotenen „Gnadenmittel" — aber man tut alles dies nicht aus wahrer Herzensliebe zu Gott und seinen Geschöpfen, sondern kalten Gemütes, sei es aus Furcht vor der Verdammnis oder wegen des äußeren Ansehens vor den Menschen oder aus einem selbstsüchtigen Streben nach der Seligkeit des Himmels.

Diese Art Christentum erweckte in den Kirchen und Gemeinschaften den Gedanken, das Heil zu erlangen durch „Zeremonien" und „Gnadenmittel", durch Kirchenspenden, Bußen und Ablässe. Aber es wurde dadurch nur zu bald ein *Scheinchristentum* gezeitigt, dem gerade das Wesentliche, die innere Herzensheilung, fehlt.

Schon im Römerbrief, im Galaterbrief und noch mehr in dem (durch Lorber wiedergegebenen) Brief an die Gemeinde zu Laodizea wendete sich der Apostel *Paulus* gegen dieses Christentum, das glaubt, durch allerlei äußerliche Gesetzeswerke vor Gott „gerecht" zu werden. Noch heute bildet diese vom fleischlich gesinnten Menschen gerne geteilte Auffassung eine große Gefahr, besonders in der *katholischen Kirche*. Immer wieder mußten zur Reinigung der Lehre Boten Gottes gesandt werden. Und als im 16. Jahrhundert nach Christus abermals ein großer Tiefstand in dieser Hinsicht erreicht war, erschienen in Männern wie Luther, Calvin, Zwingli — Erneuerer, welche die Christenheit mit lauter Stimme von dem Irrwege der äußerlichen Werkgerechtigkeit zurückzurufen suchten.

Aber war die damalige gewaltsame Zeit nicht mehr fähig, die reine, wahre *Liebeslehre* Jesu Christi aufzunehmen, oder ist es ein Entwicklungsgesetz, daß die Menschheit in ihrer Erkenntnisschwäche von einer Einseitigkeit in die andere fällt? Beides wirkte zusammen, daß die Reformatoren sozusagen das Kind mit dem Bade ausschütteten. Sie verwarfen nicht bloß die äußerliche Gesetzesgerechtigkeit, sondern stellten überhaupt das *Werke-Tun* in den Hintergrund und betonten auf Grund mißverstandener Paulusstellen einseitig das verdienstlose Gerecht- und Seligwerden „ohne Werke, allein durch den Glauben an Jesum Christum und dessen für uns durch sein Opferblut erworbenes Verdienst".

Für diese Lehre der *„Glaubensgerechtigkeit"* wurden und werden noch heute Stellen ins Feld geführt wie: Römer, Kap. 3, 22 ff., Kap. 10, 4 und 9 ff.; Galater, Kap. 2, 16; Johannes, Kap. 3, 18, 36, Kap. 5, 24, Kap. 6, 47, Kap. 7, 38 usw. Dagegen werden viele andere wichtige Stellen, welche das Heil in der Liebe und *Liebestätigkeit* predigen, ganz übersehen. So jenes gewichtige Wort des Herrn in der Bergpredigt: „Nicht alle, die zu Mir ‚Herr, Herr!' sagen, werden in das Himmelreich kommen, sondern die den Willen *tun* Meines Vaters im Himmel!" — Oder die eindringliche Gerichtsrede Matth. 25, 31 ff., wonach es für das Gerecht- und Seligwerden nächst der Gottesliebe nur darauf ankommt, ob wir den „Geringsten" in Jesu Namen tatkräftige Liebe erwiesen haben.

Nicht bedacht wird, daß auch Paulus nur die äußerlichen, gesetzlichen Scheinwerke (Lippengebet, Fasten, Waschungen, Kirchenopfer, pflichtmäßiges Almosengeben und dergleichen Gesetzeswerke) verwerfen wollte und nachdrücklich betont hat, daß Gott „geben wird jeglichem nach seinen (wahren Liebes-) Werken", nämlich unvergängliches Wesen denen, die im *Tun des Guten* unermüdlich nach dem ewigen Leben trachten, dagegen Zorn und Grimm denen, die der Ungerechtigkeit dienen (Römer, Kap. 2, 3 ff.; 2. Korinther, Kap. 5, 10). Niemals dachte Paulus je daran, den bloßen, tatlosen Glauben (das „Fürwahrhalten") als Heilsweg vor die Liebe zu stellen. Den Galatern schrieb er (Kap. 5, 6) in unzweideutiger Klarheit: „In Christo Jesu gilt weder Beschneidung noch Unbeschnittensein (d. h. nichts Äußerliches), sondern nur der Glaube, der *durch die Liebe tätig* ist."

Setzt man in den die „Gerechtigkeit durch Glauben" betreffenden Stellen diesen paulinischen Begriff des *Liebetat-Glaubens* ein, so sind jene Schriftworte denn auch alle im vollen Einklang mit der wahren Heilslehre Jesu Christi.

In dieses warme Innenlicht der Jesuslehre drangen die Glaubenserneuerer des 16. und 17. Jahrhunderts freilich leider nicht. In Luthers Katechismus wird viele Seiten lang von nichts als Glaubenspunkten und nur ganz zuletzt in aller Kürze von der Liebe als „Frucht", nicht aber als Grund und Wurzel des rechten Glaubens gesprochen. Und da nur die Liebe das Wesen Gottes wahrhaft erkennen und einen lebendigen Glauben fassen kann, so ist es auch auf die einseitige Glaubensgerechtigkeitslehre zurückzuführen, daß auch der *Protestantismus* trotz mancher Verdienste als eine vorwiegend verstandlich kühle Lehre keine weltbezwingende und erlösende Bewegung werden konnte. Die Glaubensgerechtigkeitslehre entfesselte die dogmatische Streitsucht, da in den Glaubenspunkten jeder Mensch gemäß seiner Veranlagung und Erfahrung ja seine besonderen Auffassungen hat. Und auf sittlichem Gebiete entwickelte der Protestantismus, entsprechend den harten Glaubenssätzen, eine strenge, aber kalte Moral.

So kam es denn, daß trotz der Reformation in den folgenden Jahrhunderten der wahre, liebesinnige Glaube und dessen Kraft sich weiterhin verlor. Das Bewußtsein vom Grundgebote Jesu und vom alleinigen Heil der Liebe erlosch trotz der Verbreitung der Bibelschriften bei den „christlichen" Völkern. Der kalte Verstand des Kopfes ergriff die Herrschaft über das Denken der Menschheit. Und allbekannt ist, in welch furchtbare Weltkatastrophen diese Scheinkultur die Völker der Erde schließlich stürzte, nachdem ihr Grundgesetz nicht mehr die Gottes- und Nächstenliebe, sondern die rücksichtslose Entfaltung und Befriedigung des verstandlichen, selbstischen Ich geworden war.

Das neue Heilslicht

Wer diese geistige Entwicklung der Völker klar ins Auge faßt und deren vernichtende Folgen für die zeitliche und ewige Wohlfahrt der Menschheit mitempfindet, der kann nicht zweifeln, daß eine *Erneuerung* der ewigen Heilslehre Jesu Christi in unserer Zeit eine *dringende Notwendigkeit* war und als eine wahrhaft rettende Tat des Himmels mit tiefstem Dank gepriesen werden muß.

Lassen doch auch die biblischen Schriften klar und deutlich erkennen, daß die Offenbarungen Gottes als Licht- und Lebensspeise den Menschen und Völkern ihrer Entwicklungsstufe und Fassungskraft entsprechend immer wieder in neuen Formen und in tieferem Wahrheitsgehalt zugehen.

In den Schriften des Alten Testaments tritt der ungebändigten Kindheit des Volkes Israel Gott gleichsam als strenger Zuchtmeister mit strafender Rute entgegen. — In den Schriften des Neuen Testaments dagegen zeigt Er sich dem reiferen Jünglingsalter der Menschheit als Vater der Liebe. Und dem engen Kreise fassungskräftiger Jünger enthüllte Er schon damals die ganze Fülle seines Wesens.

Die nachchristliche Menschheit war im allgemeinen zunächst nicht fähig, so wie die ausgewählten reiferen Jünger des Herrn die ganze Lehre Jesu Christi zu fassen. Und so wurde nach Gottes Ratschluß dafür gesorgt, daß von den Lehren des Herrn zunächst nur ein Teil der Nachwelt überliefert wurde, Wir lesen im

Evangelium Johannis, Kap. 21, 25: „Es sind noch viele andere Dinge, die Jesus getan und gelehrt hat. Wollte man das alles im einzelnen niederschreiben, so würde die Welt die Bücher nicht fassen, die dann zu schreiben wären.“ Wohl aus diesem Grunde hat Jesus seine Lehre nur mündlich verkündet. Und die Niederschriften seiner Botschaft wurden auch erst nach Jahrzehnten von den vier Evangelisten des Neuen Testaments bekanntgegeben und erst mehrere Jahrhunderte nach Christus durch die Patriarchen von Alexandria und die Päpste von Rom als maßgebend erklärt und in die Bibel aufgenommen.

Bei seinem Scheiden jedoch verhieß der Herr, daß Er allezeit sich demjenigen offenbaren werde, welcher seine Gebote (der Demut und Liebe) „hat und hält“ (Joh. 14, 21). Und weiterhin, daß der Heilige Geist, welchen der himmlische Vater sende, denen, die in der Demut und wahren Liebe sich befinden, alles aufs neue offenbaren werde, was Jesus in seinen Erdentagen fassungskräftigen Jüngern verkündet hat.

Somit lassen uns also die heiligen Schriften der Bibel deutlich und zu unserem großen Glück erkennen, daß eine Neuoffenbarung der wahren, reinen Lehren Jesu Christi, insbesondere auch über den Heilsweg der Liebe, in unserer Zeit nicht von der Hand gewiesen werden darf, sondern von jedem ernsten Wahrheitsfreunde gesucht und mit Freuden begrüßt und beherzigt werden sollte.

Wer die geistigen Bewegungen auf Erden überblickt, der gewahrt auch, daß im Laufe des letztvergangenen Jahrhunderts nach und nach fast bei allen großen Nationen der Welt durch Boten Gottes die reine Religion der Liebe aufs neue verkündet worden ist in einer jedem Volke entsprechenden und angepaßten Weise. Ein ganzer Licht- und Liebeskranz hat sich in aller Stille um den Erdball gelegt.

In England war es William Booth, der Begründer der Heilsarmee, welcher mit seiner vorbildlichen Tatgemeinschaft der britischen Nation in ihrer Weise die ewige Heilsbotschaft erneuern durfte. — In Amerika waren es die Quäker, begründet von Fox und Penn in Schottland, welche auch im Weltkrieg fast als einzige die Fahne der Liebe hochhielten. — Über dem Stillen Ozean, in Japan, ist es die von den Propheten Naja und Onisabbro Deguci begründete, schon heute in die ganze Welt sich ausbreitende Oomoto-Bewegung. — In Indien sind es die Bakhti-Gläubigen, die in allen Göttern nur einen Gott der Liebe anerkennen, dem der Mensch sich nur auf dem Wege der Herzensfrömmigkeit und Liebestätigkeit nahen kann. — In Vorderasien die Bahai, welche die gleiche Lehre vor einigen Jahrzehnten durch die Gottesboten Baha ullah und Abdul Baha empfingen.

Die umfassendste Neuoffenbarung der Liebesreligion aber geschah in den Jahren 1840—1864 im Sprachgebiet des deutschen Volkes durch Jakob Lorber.

Durch diesen Boten wurde die Liebeslehre der Heiligen Schrift nicht nur wieder rein und nachdrücklich aus der Verschüttung erhoben und in den Vordergrund gestellt, sie wurde auch begründet und erläutert durch eine tiefgeistige Gottes- und Schöpfungslehre, in ihrer Anwendung ausgebreitet zu einer alle Fragen und Verhältnisse des irdischen Lebens klärenden Lebenslehre und gekrönt durch eine das ewige Fortleben unter dem gleichen Grundgesichtspunkt erhellende Jenseitslehre.

Die Begründung und Erläuterung des Liebegesetzes durch die Lorbersche Gottes- und Schöpfungslehre haben wir schon in den vorangehenden Teilen dieses Werkes behandelt. Nun kommen wir im folgenden zu dem Grundgesetze selbst und dann weiterhin zur Betrachtung seiner Bedeutung für alle Verhältnisse des diesseitigen und jenseitigen Lebens.

36

Das Heilsgesetz der Ewigkeit

In den Schriften der Neuoffenbarung durch Jakob Lorber wird in der nachdrücklichsten Weise das Doppelgebot der Gottes- und Bruderliebe als die ewige Grundlehre der Botschaft Jesu Christi und als der göttliche Kern aller wahren Religion dargetan. Ja, man kann sagen: Diese Heilslehre gläubiger, selbstloser und tatfertiger Liebe ist nächst dem Neuen Testament in keiner Schrift so machtvoll den Menschen verkündet wie in den Neuoffenbarungswerken. Mit heiligem Ernst ist in jedem Kapitel betont, daß Gott die Liebe ist und daß der Mensch sich dem himmlischen Vater und der Seligkeit des Gottesreiches nur nahen kann durch die gleiche Eigenschaft, die Gott im höchsten Maße der Vollkommenheit besitzt — die Liebe.

Durch die Liebe zu Gott muß jedes Wesen sich gleichsam zur Urquelle alles Lebens hinwenden, um von dort die Kräfte des Daseins und Wirkens zu empfangen. Die aus Gott geschöpfte Lebenskraft soll das Wesen aber dann nicht in sich selbst eigensüchtig verschließen, sondern in gleicher Weise wie Gott selbst sonnenartig wieder an alle Nächsten als Mitgeschöpfe ausstrahlen. Dadurch verteilen sich die der göttlichen Urquelle entströmenden Kräfte des Gottesgeistes in einer für das Leben der ganzen Schöpfung heilvollen Weise. Nur so kann das von Gottes Liebe erdachte und erschaffene Lebensreich in einem beglückend harmonischen Zustand fortbestehen und sich vervollkommnen zum wahren Heile aller Kreatur. Das ist der ewige, göttliche Zweckgedanke, der diesem großen Urgesetze des Lebens zu Grunde liegt!

Würde es den Wesen an der Hinneigung und Liebe zu Gott fehlen, so würden ihnen nur zu bald die Kräfte für das eigene Dasein und noch schneller die ausstrahlenden Kräfte der Nächstenliebe verlorengehen. Und wenn die Kräfte der Nächstenliebe völlig versiegen, so würde das ganze Lebensreich der Schöpfung bald in Atome zerfallen. Alle Wesen und Teile der Schöpfung würden dann nur noch ausschließlich für sich selbst zu leben suchen, müßten aber aus Mangel an göttlichen Lebenskräften bald zu bestehen aufhören.

Aus dieser Erwägung ist klar, wie unumgänglich das Grundgesetz der Gottes- und Bruderliebe im ganzen Bereiche der geistigen und materiellen Schöpfung in den Himmeln wie auf Erden ist. Und wenn nach dem priesterlichen Rate Jesu die Menschen beten: „Unser Vater, Dein Wille geschehe!“, so ist damit in erster Linie gemeint, daß in den himmlischen wie in den irdischen Sphären vor allem das Doppelgebot der Gottes- und Bruderliebe von allen Wesen erfüllt werden möge.

Der Wille Gottes

Im ‚Großen Evangelium Johannes‘ lesen wir darum z. B. in Bd. 6, Kap. 40, 8: „Der Wille Gottes an alle Menschen (Geister und Engel) lautet ganz kurz also: Suche und erkenne Gott und liebe Ihn über alles und deinen Nächsten, d. h. jedes Mitgeschöpf, das deiner Hilfe bedarf, wie dich selbst. Und was du vernünftigerweise willst, das man dir tue, das tue auch du deinem Nebenmenschen! So wird

Einigkeit und Friede zwischen euch sein und Gottes Wohlgefallen und Segen über euren Häuptern strahlen als ein rechtes Licht des Lebens."

Der gleiche Grundgedanke wird auch in Bd. 3, Kap. 53, 4 ff. vom Herrn mit den Worten ausgesprochen: „Im übrigen läßt Meine Lehre sich ganz kurz in dem zusammenfassen, daß man Gott über alles und seinen Nächsten wie sich selbst lieben soll.

Gott über alles lieben aber heißt: Gott und seinen geoffenbarten Willen von ganzem Herzen zu erkennen suchen und dann aus wahrer, inniger Liebe zu dem erkannten Gott danach handeln und sich gegen jeden Nebenmenschen so verhalten, wie sich ein jeder vernünftige Mensch gegen sich selbst verhält. — Natürlich ist hier eine reine, in möglichst höchstem Grade uneigennützige Liebe sowohl gegen Gott als auch gegen jeden Nächsten gemeint. Wie alles Gute und Wahre einzig darum geliebt werden soll, weil es gut und wahr ist, so will auch Gott geliebt sein, weil Er allein höchst gut und höchst wahr ist. Dein Nächster aber muß darum von dir also geliebt werden, weil er gleich dir das Ebenmaß Gottes ist und gleich wie du einen göttlichen Geist in sich trägt.

Siehe, das ist der eigentliche Grundkern Meiner Lehre. Und er ist leicht zu beachten, ja um sehr viel leichter als die tausend Gesetze des Tempels, die zumeist vom Eigennutz der Tempeldiener erdacht und erfüllt sind."

Das Reich Gottes im Menschen

„Durch die möglichst genaue Beachtung dieser Meiner Lehre", so fährt der Herr an genannter Stelle des ‚Großen Evangeliums' fort, „wird im Menschen der anfänglich sehr gefesselte göttliche Geistfunke freier und freier, wächst und durchdringt endlich den ganzen Menschen und zieht so alles in sein Leben, das ein Leben Gottes ist und daher in höchster Seligkeit ewig dauern muß. Ein jeder Mensch, der so in seinem Geiste gewissermaßen wiedergeboren ist, wird nimmer einen Tod sehen, fühlen noch schmecken, und die Loslösung von seinem Fleisch und aller Materie wird ihm die höchste Wonne sein. Denn Geist und Seele des Menschen in der Hülle des Leibes gleichen einem Gefangenen, der durch das enge Lichtloch seines Kerkers in die Gefilde der Erde hinausschaut und sieht, wie sich freie Menschen auf denselben mit allerlei nützlichen Beschäftigungen erheitern, während er im Gefängnis schmachten muß. Wie froh wird er sein, so der Kerkermeister kommt, die Türe öffnet, ihn von allen Fesseln losmacht und zu ihm sagt: ‚Freund, du bist frei! Gehe und genieße nun die volle Freiheit!' Aber solch seliges Ziel kann der Mensch nur erreichen durch die genaue und aufrichtige Haltung Meiner Liebesgebote." [1]

„Liebe sei daher in allen Dingen das vorherrschende Element im Leben eines jeden Menschen!" (Gr. Ev., Bd. 1, Kap. 174, 7.)

„Liebe zu Mir, große Herzensgüte, Liebe zu allen Menschen — das ist auch das wahre Zeichen der Wiedergeburt. Wo aber dieses fehlt und die Demut noch nicht für jeden Stoß reif genug ist, da nützen weder Heiligenschein noch Kutte noch

[1] Gr. Ev., Bd. 3, Kap. 53, 5 ff.; vergl. auch Gr. Ev., Bd. 4, Kap. 39; Bd. 5, Kap. 72, 12; Kap. 123 ff.; Kap. 230; Bd. 6, Kap. 40, 8; Bd. 7, Kap. 198, 2 ff.; Haushaltung Gottes, Bd. 1, Kap. 41, 23 ff. und zahlreiche ähnlich lautende Stellen.

Geistervisionen etwas; und manche Menschen solcher Art sind dem Reiche Gottes ferner als andere mit einem sehr weltlich aussehenden Gesicht. Denn das Reich Gottes kommt nie mit äußerem Schaugepränge, sondern lediglich inwendig in aller Stille des Menschenherzens! — Dieses präget euch so tief, als ihr nur immer könnt, in euer Gemüt, dann werdet ihr das Reich Gottes viel leichter finden, als vermutlich mancher vermeint." (Erde, Kap. 70)

Durch Liebe zu Weisheit, Macht und Leben

In Gottes Liebe zum Menschen und zu allen Geschöpfen liegt der Urgrund alles Werdens und Seins. Und darum liegt auch in der Liebe des Menschen zu Gott, dieser Herzensverbindung mit der Urquelle, all und jegliches Heil für den Menschen. „Trachtet nach dem Reiche Gottes in euch, so wird euch alles andere — Weisheit, Kraft, Macht und ewiges Leben — zufallen!" heißt es in der Schrift.

„Wenn jemand seine Liebe an die materielle Welt heftet, so wird seine Liebe durch die Macht des Todes (der in der Materie wohnt) erdrückt. Wer aber seine Liebe zu Mir, dem Urgrund alles Lebens, richtet und an Mich heftet, der verbindet seine Liebe mit der Urliebe oder mit dem Urleben alles Lebens; und der wird dann lebendig durch und durch.

Nun aber siehe, die Liebe an und für sich ist blind und eben dadurch auch in großer Gefahr, sich zu verlieren und zu Grunde zu gehen. Darum gebe Ich aller Liebe zu Mir nach dem Grade ihrer Größe auch sogleich den gerechten Anteil des Lichtes hinzu. Und dieses Geschenk heißt die Gnade. Mit dieser fließe Ich bei jedem Menschen ein nach dem Grade seiner Liebe.

Daher, so jemand die echte Liebe hat und Mein Gesetz in sich lebendig macht, welches die höchste Liebe ist, über den werden Ströme des Lichtes ausgegossen werden und sein Auge wird durchdringen die Erde und wird schauen die Tiefen der Himmel." [1]

Die Klarheit und Seligkeit einer Seele steigert sich also nach dem Grade ihrer Liebetätigkeit. „Denn es ist das schon von Ewigkeit her von Gott so verordnet, daß kein Geist und keine Menschenseele ohne eine entsprechende Liebetätigkeit je zum Lichte gelangen kann" (Gr. Ev., Bd. 9, Kap. 142, 2). — Bloßes, kaltes Wissen des Kopfverstandes aber schafft dem Menschen kein wahres Heil.

„Siehe, viel Wissen macht den Kopf schwer und das Erdenleben unbehaglich. Aber viel Liebe im Herzen zu Gott und zu den Brüdern macht das Erdenleben angenehm und benimmt die Furcht vor dem Tode! Denn diese Liebe ist ja in sich selbst das ewige Leben. Wer aber das hat, der wird dereinst auch zu schauen bekommen alle Schöpfung. Denn die wahren Liebenden Gottes werden schauen sein Angesicht. Das Angesicht Gottes aber ist das, was Er erschaffen hat durch seine Liebe, Weisheit und ewige Allmacht". (Jug. Jesu, Kap. 174, 13 ff.)

„O liebe Brüder," ruft in ‚Haushaltung Gottes' (Bd. 1, Kap. 90, 12) ein wahrer Gottesweiser voll Inbrunst, „forschet daher nicht kalten Herzens und sorget nicht (einseitig) für den Verstand; sondern liebet Gott, unsern liebevollsten, heiligen Vater aus allen euren Kräften über alles, so werdet ihr in einem Augenblicke mehr empfangen, als was euer Verstand in seiner größten Schärfe höchst unvoll-

[1] Haushaltung Gottes, Bd. 1, Kap. 4, 4 ff.; vergl. auch Ev. Joh. 14, 21.

kommen in Jahrtausenden enträtseln möchte. — Liebe ist die Wurzel aller Weisheit. Daher liebet, wollt ihr wahrhaft weise werden! — So ihr aber liebet, da liebet der Liebe und nie der Weisheit wegen, so werdet ihr wahrhaft weise sein!"

Es entspricht diese Erkenntnislehre der Verheißung des Herrn im biblischen Johannesevangelium (Kap. 14, 21): „Wer Meine Gebote (der Liebe) hat und hält, der ist's, der Mich liebt . . ., ihm werde Ich Mich offenbaren."

Aber nicht nur Weisheit — auch Kraft, Macht und ewiges Leben verschafft die Liebe!

„Wahrlich, wahrlich Ich sage euch: So ihr Meine Liebe habt, da habt ihr alles, ja mehr als alle Welt je fassen mag. Wahrlich, wer in Meiner Liebe treu verbleiben wird, von dem wird der Tod fliehen und weichen wie der Schnee vor den heißen Strahlen der Mittagssonne des Sommers. . . . Denn solange ihr eure Herzen zu Mir kehrt, werde Ich mit Meiner Liebe segnend bei euch allen sein und jeglichem austeilen nach dem Maße seiner Liebe zu Mir und daraus zu seinem Bruder. Und die flammenden Herzens sind, sollen Mich sogar nicht selten zu Gesicht bekommen; besonders wenn sie ihre Herzen vom Anbeginn ihres Seins rein erhalten haben und sich nicht so leicht haben von der Welt berücken lassen!

Behaltet in euren Herzen diese Verheißung! Denn also sollet ihr sein und bleiben in aller Kraft, Macht und unbesiegbaren Stärke und soll einst alle Naturwelt euch untertan sein!" (Haushaltung Gottes, Bd. 2, Kap. 1, 9 ff. und Kap. 2, 23 ff.)

Glaubensgerechtigkeit, Sektengeist und Liebe

Nach ihrem Feingehalt an wahrer Liebe zu Gott und zu allen Menschen und Wesen sind auch alle Glaubenslehren und Glaubensgemeinschaften zu beurteilen und zu bewerten. Dies betont der Herr in ‚Erde' (Kap. 73) mit folgenden Worten: „Wo nicht Christus gepredigt wird in seinem wahren Liebegeist, da ist falsches Prophetentum an Stelle einer wahren Kirche!

Wenn eine oder die andere Sekte auch spricht: ‚Siehe, ich habe keine Bilder, also muß mein Bekenntnis das reinere sein!' — so sage aber Ich, der Herr: ‚Bild oder nicht Bild entscheidet gar nicht, sondern allein *das Leben nach dem Worte!* — Denn eine Lehre in sich selbst noch so sehr von allem Zeremoniellen reinigen, um sie zur Aufnahme der ‚reinen Vernunft' tauglicher zu machen, heißt mit anderen Worten meist nichts anderes, als über eine Lehre fortwährend räsonieren, aber nie danach leben. So jemand ein Haus kaufte und fortwährend aus- und inwendig putzte, um es immer tauglicher zu einer Wohnung zu gestalten, aber vor lauter Polieren käme nie ein Bewohner hinein, sagt, ist da nicht die nächste Hütte besser, die fortwährend bewohnt wird, als ein solches Haus? —

Ebenso verhält es sich auch mit einer Kirche. Da ist noch immer diejenige besser, die irgendeine Norm hat, in welcher deren Gläubige einen Bestand (und eine ersprießliche Tätigkeit) finden, als eine solche Kirche, in der nichts als nur fortwährend gefegt und geputzt wird. Ihre Bekenner stehen da und sehen zu wie müßige Menschen bei einem Hausbau, die auch Glossen machen, aber keinem fällt es ein, nur einen Ziegel oder einen Scheffel Mörtel einem arbeitenden Maurer zu reichen. Und dabei halten sich die Müßiggänger noch für viel besser als die Arbeitenden.

Sehet, das ist ein rechtes Bild der vielen Konfessionen. Sie tun aus lauter Vorbereitung nichts und kritisieren fortwährend diejenigen, die nicht ihrer Konfession sind. Sie machen sich über deren Blindheit lustig und schreien: ‚Kommt her, daß wir euch den Splitter aus den Augen nehmen!' aber des Balkens in dem eigenen Auge werden sie nicht gewahr.

Es ist wohl wahr, daß es in der *römisch-katholischen Kirche* tausend gewaltige Mißbräuche gibt. Aber es gibt darin doch auch manches Gute, denn es wird von der Liebe und von der Demut gepredigt. Und so jemand sonst nichts als nur das befolgt, wird er nicht verloren sein.

Aber was soll Ich denn von einer Konfession sagen, die nichts als den Glauben lehrt und die Werke verwirft? Es steht doch deutlich geschrieben, daß ein Glaube *ohne* die Werke tot ist. Und Ich selbst habe offenkundig und zu öfteren Malen gesagt: Seid nicht eitel Hörer, sondern Täter Meines Wortes! Dadurch ist ja angezeigt, daß der Glaube allein nichts nützt, sondern das *Werk* (bzw. der gute Wille der tatfertigen, gläubigen Liebe).

Was nützte der Erde das Licht der Sonne, wenn es nicht mit der tatkräftigen Wärme verbunden wäre? Was nützen einem Menschen alle Kenntnisse und Wissenschaften, wenn er sie nicht anwendet? Oder was nützt es, im kalten Winter bloß zu glauben, daß ein brennendes Holz im Ofen das Zimmer erwärmen kann? Wird das Zimmer durch den Glauben warm? Kurz, der festeste Glaube ohne Werke gleicht einem törichten Menschen, der sich im kalten Zimmer bloß mit einem warmen Gedanken zudecken will, um sich zu erwärmen. Das ist freilich die wohlfeilste Decke, aber ob diese Decke jemanden erwärmen wird?

Der Glaube ist nur das Aufnahmeorgan einer Lehre, die zu einer gewissen Tätigkeit anleitet. Wer diese Anleitung bloß in seinem Glauben aufnimmt, aber nicht danach tut, dem nützt die Anleitung nicht das Geringste.

So ist Mir denn auch eine Kirche lieber, wo doch noch etwas geschieht, als eine, wo nichts geschieht. Denn es ist besser, jemandem ein Stück Brot zu geben, als tausend Pläne für Armenversorgung zu machen und dem Armen aber dennoch nichts zu geben. Planen ist schon recht, aber das Geben muß auch dabei sein, sonst ist der Glaube ohne Werke, wobei die arme Menschheit verhungert.

Wer aber recht leben will, der kann es in *jeder* Kirche. Denn eine Hauptregel ist: Prüfet alles, und das Gute davon behaltet! Ich sage zu niemandem: Werde ein Katholik oder ein Protestant oder ein Griechisch-Katholischer; sondern was einer ist, das bleibe er, wenn er will. Sei er aber, was er wolle, so sei er ein *werktätiger* Christ, und das im Geiste und in der Wahrheit! Denn jeder kann, wenn er es will, das reine Wort Gottes haben.

Ich bin nicht wie ein Patriarch und nicht wie ein Papst noch wie ein Generalsuperintendent, sondern Ich bin wie ein überaus guter und gerechtester Vater *allen* Meinen Kindern und habe nur Freude, wenn sie tätig wetteifern in der Liebe, aber nicht daran, daß sie einander Narren schelten und ein jeder von ihnen der weiseste und unfehlbarste sein will mit lauter Räsonieren, aber dabei nichts tun.

Mein Reich ist ein Reich der höchsten Tatkraft, aber kein Reich eines müßigen Faulenzertums. Ich sagte zu den Aposteln nicht: ‚Bleibet daheim und denket und grübelt über Meine Lehre nach!' — sondern: ‚Gehet hinaus in alle Welt!' Dasselbe sage Ich auch zu allen Seligen. Denn drüben heißt es auch tätig sein! Die Ernte ist immer größer als die Zahl der Arbeiter.

Darum ist es auch für euch Menschenkinder viel besser, in irgendeiner Ordnung tätig, als bloß des reinsten Glaubens zu sein. Denn tätig sein nach Meiner Lehre ist unendlich besser, als die ganze Bibel auswendig zu wissen und zu glauben. Der bloße Glaubensmensch ist dem gleich, der sein Talent vergrub. Wenn aber jemand aus der Schrift nur wenig weiß, aber danach tut, der ist dem gleich, der über das wenige eine treue Haushaltung führte und dann über vieles gesetzt wird.

Aus dem bisher Gesagten wird jeder, der eines guten Willens ist, leicht herausfinden, was er zu tun hat, um ein rechter Mensch und des ewigen Lebens teilhaftig zu werden. Und somit Amen!"

37

Gottesliebe — das erste Gebot

Auf die Frage nach dem „größten" Gebot, erwiderte der Herr dem Pharisäer bekanntlich: „Du sollst lieben *Gott,* deinen Schöpfer, Herrn und Vater über alles mit allen Kräften von Geist, Seele und Leib."

Was heißt denn nun „Liebe Gott über alles"?

In dem Lorberwerk ‚Die geistige Sonne' (Bd. 2, Kap. 99) wird gesagt: „Natürlicherweise betrachtet, nichts anderes als: Verbinde deine dir von Gott gegebene Lebenswärme mit der dich erschaffenden und erhaltenden Urwärme deines Schöpfers, so wirst du das Leben ewig nimmer verlieren!

Wirst du aber deine Liebe oder Lebenswärme eigenwillig von der göttlichen Urlebenswärme *trennen* und gewisserart als ein selbständiges Wesen dasein wollen, so wird deine Wärme keine Nahrung mehr haben. Du wirst dadurch in einen stets größeren Kältegrad übergehen. Und je tiefer du hinabsinken wirst in die stets kälter werdenden Grade, desto schwerer wird es sein, dich je wieder zu erwärmen. Bist du aber in die vollkommene Kälte übergegangen, dann bist du ganz dem Satan anheimgefallen, wo du schließlich keiner Erwärmung und Belebung mehr fähig bist. Was da mit dir dann weiter wird, davon weiß kein Engel des Himmels dir zu sagen."

Ähnlich wird dieser Grundgedanke ausgesprochen in ‚Haushaltung Gottes' (Bd. 1, Kap. 70, 21) mit den Worten:

„Ich gebe euch kein Gebot außer das des ewigen Lebens, welches so lautet: Du sollst Mich, deinen Gott und heiligen Vater, lieben aus und mit all der Liebe, die Ich dir gab von Ewigkeit her zum ewigen Leben! So du Mich liebst, so *verbindest* du dich wieder mit Mir, und deines Lebens wird nimmer ein Ende sein. Unterläßt du aber solches, so trennst du dich vom Leben. . . . Jenes einzige Gebot ist daher der lebendige Same, den ihr alle in eure Herzen säen müßt, wollt ihr leben als Kinder eines Vaters, der da Gott ist und heilig, heilig von Ewigkeit zu Ewigkeit."

Aus diesem Grunde stellte der Herr — n i c h t z u s e i n e r E h r e, sondern zum Heil seiner Geschöpfe — das Gebot der *Gottesliebe* an die Spitze seiner Lehre und betonte es dem Pharisäer gegenüber (Matth. 22, 38) als das *erste* und das *vornehmste* Gebot. Und in den Schriften der Neuoffenbarung (Geistige Sonne, Bd. 2, Kap. 94) wird es genannt „der Inbegriff der Lehre, ja eine Sonne aller Sonnen und ein Wort aller Worte".

Wie gelangen wir zu Gottesliebe?

Mancher wird nun vielleicht sagen: Wie kann mir der Schöpfer Gottesliebe gebieten, wenn Er mir keine solche gegeben hat und ich infolgedessen keine besitze? Vermag ein Mensch sich diese Liebe überhaupt selber zu verschaffen? Und wie kann solches geschehen? Diese Fragen haben schon viele ernste Gottsucher bewegt, und es ist eine Wohltat, daß auch hierüber die Schriften der Neuoffenbarung ein helles Licht geben.

In früheren Erörterungen haben wir gesehen, daß Gott unsere Seele zusammengesetzt hat aus Myriaden verschiedenartiger Seelenfunken, in welchen entweder die Gottesliebe oder die Nächstenliebe oder die Selbstliebe vorherrschend ist. Und da im Ganzen in unserer, aus dem Wesen Satans stammenden Seele die *Selbstliebe* und Selbstherrlichkeit vorwiegt, so hat Gott uns als Gegengewicht und als geheimen Leiter und Lebensvollender auch noch einen reinen Gottesgeistfunken („Odem", 1. Mose 2, 7) eingehaucht oder eingepflanzt. Und nun wogt und wallt in unserer Brust zu jeder Stunde der Wider- und Wettstreit hin und her zwischen Himmel und Hölle, zwischen der gottes- und nächstenliebigen „Gottespartei" und der selbstherrlich-selbstliebigen „Weltsinnspartei" unserer Seelenfunken.

Durch diesen oft stürmisch bewegten Widerstreit entsteht in unserer Seele der *freie Wille* oder unsere *„Liebe"*, die je nach dem Ergebnis des Widerstreites gut *oder* böse sein kann. Im Hinblick auf diesen Wettkampf sagt in der ‚Haushaltung Gottes' der Schöpfer und Vollender unserer Seele: „Du sollst Mich, deinen Gott und heiligen Vater lieben aus und mit all der Liebe (d. h. der freien Willenskraft), die *Ich dir gab* von Ewigkeit her zum ewigen Leben!"

Wie unsere weltsinnliche Seele ihre widergöttlichen Lebensfunken überwinden und die Funken himmlischer Liebe und Güte stärken kann, ist in einleuchtender Weise ebenfalls oben ausgesprochen in den Worten: *„Verbinde* deine dir von Gott gegebene Lebenswärme mit der dich erschaffenden und erhaltenden Urwärme deines Schöpfers!" [1]

Wir müssen uns also zur *Urquelle* des Lebens und aller lebenreifenden Wärme hinbegeben und bei ihr suchen, *erbitten* und in Empfang nehmen, was uns fehlt und uns nottut zu unserer Vollendung. Dies ist der grundlegende *Heilsgedanke* aller wahren Religion (zu deutsch „Wiederverbindung").

Durch die Pforte der Demut

Freilich: Aller Anfang ist schwer! Eben weil die arge, aus Luzifer stammende Seele des Menschen voll Selbstliebe, Hochmut und Selbstherrlichkeit steckt, mag sie sich durchaus nicht von sich selbst und der vielgeliebten Welt und ihren Reizen

[1] Näheres über den bedeutsamen Vorgang der freien Willensentwicklung und -vervollkommnung siehe ‚Grundfragen', Bd. 1, Kap. 30 ff.

abwenden zu dem unsichtbaren, meist so fernab gedachten Gott und sich niederbeugen zu seiner Quelle des Lebens. Wennschon der Mensch in manchen Augenblicken den himmlischen Schöpfer, Erhalter und Vollender ahnt oder der nüchterne Verstand ihm dessen Spuren weist im Buche der Natur und des Lebens — so will die Seele sich doch viel lieber in sich selbst oder in der Welt die Kräfte des Daseins und die Hilfsmittel zum Kampf und Genuß des Lebens suchen. Aber wehe solch harter und stolzer Art!

„Dein Leben", spricht der Herr, „wird zwar darob nicht enden. Auch werde Ich darum ewig nicht aufhören, dein richtender Gott zu sein. Mich, deinen *Gott,* wirst du nicht verlieren! Aber deinen liebevollsten, heiligen *Vater* und mit Ihm ein ewig freies, wonnevollstes Sein, siehe, das wirst du verlieren!" (Haushaltung Gottes, Bd. 1, Kap. 70, 21) — Anstatt daß die lichten, warmen Seelenfunken der reinen, himmlischen Liebe gemehrt werden, mehren und stärken sich in einem solchen Fall immer mehr die finsteren, kalten Seelenfunken der unreinen *höllischen* Liebe. Diese lebensvernichtenden Mächte verderben und verfinstern in der Seele allmählich die besseren Elemente und nehmen schließlich den ganzen Menschen derart gefangen, daß ein solcher zuletzt wirklich zum Knecht der Sünde wird.

Anders ist es, wenn wir uns, durch die Erfahrungen des Lebens gereift, in Selbsterkenntnis und vollem Bewußtsein der Mangelhaftigkeit unseres Wesens endlich *niederbeugen* zur einzig wahren Urquelle alles Lichts, aller Kraft und allen Lebens — zu dem allgewaltigen Schöpfer und Vater, dem Anfang und Ende allen Seins.

Dieses Sichniederbeugen zur Gottheitsquelle heißt die *„Demut"*. Die Silbe „De" bedeutet soviel wie „hinab". Demut ist also sprachlich das Gegenteil von Hochmut und besagt, daß unser ganzes Gemüt, anstatt selbstherrlich in die leere Höhe unserer Einbildung zu steigen, sich niederbegeben soll zur wahren Grundlage alles glückseligen Lebens. Als Anfang aller Entwicklung zur göttlichen Vollkommenheit predigen darum auch die Schriften der Neuoffenbarung mit machtvollem Ernst die Demut:

„Die wahre Weisheit", spricht der Herr in ‚Haushaltung Gottes' (Bd. 3, Kap. 70, 12), „besteht in der Demut, derzufolge der Mensch einsieht, daß er aus sich völlig nichts vermag, aus Mir aber alles."

Grund und Wesen der Demut

„Soweit ihr euch Meinem erkannten Willen frei unterwerft und danach handelt, so handelt da nicht mehr ihr selbst, sondern Mein Wille in euch, der allein gut ist. Habt ihr dann ein Verdienst des Handelns wegen? Seht, da habt ihr gar kein Verdienst. Wohl aber darin, daß ihr euren bösen Weltwillen Meinem allein guten Willen *untergeordnet* habt und dadurch mit Mir eins geworden seid durch die Hilfe eures Glaubens.

Wahrlich, Ich sage euch: Ohne Mich könnet ihr nichts Verdienstliches tun zum ewigen Leben! So ihr das anerkennet in euren Herzen, dann erst seid ihr Meine wahren Jünger und noch mehr: dadurch seid ihr auch Meine rechten Kinder und Geistesbrüder geworden! ...

So ihr saget: ‚*Wir* haben dieses und jenes Gute gewirkt!', da lügt ihr euch selbst sowie Gott und eure Nächsten an, weil kein Mensch *aus sich* etwas Gutes zu wirken vermag. Und das darum, weil erstens schon sein *Naturleben* nur ein ihm von Gott gegebenes ist — und zweitens ebenso auch die Lehre, nach der er zu leben und zu handeln hat. Wenn ein Mensch das nicht begreift, ist er für sich soviel wie nichts. Es ist bei ihm von einer wahren Selbständigkeit noch lange keine Rede, weil er zwischen seinem *eigenen* Wirken und dem Wirken *Gottes* in ihm noch nicht unterscheidet und beides als dasselbe fühlt und betrachtet. Erst dann tritt der Mensch in den Kreis der Lebensselbständigkeit, so er wahrnimmt, daß sein eigenes Lebenswirken ein eitel nichtiges ist und nur das *göttliche* Wirken in ihm allein gut ist.

Sieht der Mensch das ein, so wird er sich auch stets mehr bestreben, sein eigenes Wirken mit dem wohlerkannten göttlichen zu vereinen und sich so nach und nach völlig mit der Lebenskraft Gottes zu einen. Dadurch gelangt dann der Mensch zur wahren Lebensselbständigkeit, da er dann klar einsieht, daß das göttliche, früher wie fremde Wirken nun zu seinem eigenen geworden ist durch die *Demut* vor Gott und durch die rechte *Liebe* zu Gott. Darin liegt der eigentliche Grund, warum Ich zu euch gesagt habe: Und wenn ihr auch alles getan habt, so bekennt dennoch: ‚Herr, nur Du hast das alles getan; wir aber waren aus unserm Selbstischen nur faule und unnütze Knechte!'

So ihr das in euch selbst wohlerkenntlich sagt, dann wird euch die *Gotteskraft* unter die Arme greifen und wird euch vollenden. Wenn ihr das aber nicht in euch selbst bekennet und euch selbst auf den Altar der Ehre erhebt, da ihr euch selbst stark fühlt, dann wird *Gott* eure höchst mühsame Lebensvollendung euch selbst anheimstellen; und es wird sich dann bald zeigen, wieweit ihr mit eurer eigenen Kraft ausreichen werdet. Darum sagte Ich euch, daß ihr ohne Mich nichts Verdienstliches und Endzweckliches tun könnt. So aber Ich euch nichts vorenthalte, was zur Gewinnung des wahren, freiesten und völlig selbständigen Lebens eurer Seele unerläßlich notwendig ist, warum ärgert euch dann Meine sorgliche und weise Mühe um euch?" [1]

Durch Suchen, Bitten und Anklopfen zur höheren Gotteserkenntnis

Die demütige Erkenntnis, daß der Mensch nichts, Gott aber alles ist, und die *freie Hingabe* des Willens an die göttliche Urmacht — kurz: die Demut — kann dem Menschen aber von Gott *nicht* als Schöpfergabe frei verliehen oder gar aufgezwungen werden, da der Mensch dadurch seine Willensfreiheit verlieren und nie zu einem völlig selbständigen Kind und Ebenbild Gottes werden würde.

In der ‚Haushaltung Gottes' ist betont: „Alles kann jeder von Mir empfangen und kann sich nehmen aus Meinem unendlichen Vorrat, soviel er nur immer will. Er kann lieben, so viel er mag und will. Er kann sich nach seinem Wunsche stärken durch den Glauben, so daß es ihm ein leichtes wird, mit seinem Willen Berge

[1] Gr. Ev., Bd. 6, Kap. 143, 10 ff.; Kap. 144, 4 ff.; vergl. auch Gr. Ev., Bd. 8, Kap. 19, 1 ff.; Bd. 4, Kap. 82; Kap. 95; Geistige Sonne, Bd. 1, Kap. 91; Bd. 2, Kap. 59, S. 251 ff. bis Kap. 64; Rob. Blum, Bd. 1, Kap. 37, 5; Bd. 2, Kap. 157, 13. — Erziehung der Jugend zur Demut: Gr. Ev., Bd. 4, Kap. 83. — Grenzen der Demut, Kriecherei und Gleißnerei: Gr. Ev., Bd. 7, Kap. 141, 2 ff.; Bd. 2, Kap. 76, 6 ff.; Bd. 3, Kap. 195, 12 ff.; Haushaltung Gottes, Bd. 1, Kap. 59, 28; Bd. 2, Kap. 62, 29; Kap. 63, 7 ff.; Kap. 66, 4.

zu versetzen. Er kann seinen Willen so mächtig machen, daß seinem Worte Tausende folgen. Allein nicht also verhält es sich mit der Demut. Diese ist jedes Menschen höchsteigenes *freies Eigentum.* Diese kann und darf Ich niemanden geben, sondern nur begehren und lehren!" [1]

Wenn somit Gott, der Willensfreiheit wegen, dem Menschen die Demut nicht geben oder aufnötigen kann, so kann Er sie aber doch als sein „Begehren" uns vor die Seele stellen und ihre Heilsnotwendigkeit uns lehren. Und dies tut denn auch der große Meister der Wesenerziehung, indem Er uns alle von Jugend an durch sein inneres und äußeres Gotteswort unterweist und vor allem uns im Leben die wunderbarsten Erfahrungswege führt.

Dadurch dämmert schließlich in jedem Herzen — allerdings oft erst im äußersten Gericht menschlicher Ohnmacht — die freie Erkenntnis der Allmacht Gottes. Eine Sehnsucht nach göttlichem Licht und göttlicher Hilfe entsteht. Und nun heißt es für jeden im Notstand und Zwielicht der Seele sich durch ernstes, unablässiges Suchen, Bitten und Anklopfen von Gott immer höhere Erkenntnisse von der unendlichen Macht, Weisheit und Liebe Gottes zu erflehen und schenken zu lassen. „Denn, um Gott wahrhaft *lieben* zu können, muß man Gott stets mehr und mehr zu *erkennen* trachten!" (Gr. Ev., Bd. 6, Kap. 75, 9 ff.)

Der himmlische Vater kommt solchem Verlangen auch gerne entgegen und reicht jedem demütig suchenden Kinde ein immer helleres Licht aus den Himmeln, das uns den erhabenen, ewigen Gott und Schöpfer immer wieder von neuen Seiten seine Güte, Weisheit und Macht in tieferem Lichte erkennen läßt.

Durch Erkenntnis zur Liebe

Durch solches Erkennen erwacht und wächst dann in der Seele des Menschen nach und nach auch eine wahre *Gegenliebe* zu diesem herrlichen Gott und Vater. Und so gelangt durch die Pforte der Demut und durch Suchen, Bitten und Anklopfen auch ein ursprünglich kalt und selbstisch veranlagtes Gemüt schließlich zur heilbringenden, beseligenden Gottesliebe.

Diese Entwicklung wird im ‚Großen Evangelium' vom Herrn veranschaulicht mit den Worten:

„Siehe, wenn ein Mensch einmal ernstlich zu fragen, suchen und bitten anfängt, dann ist er schon auf einem besseren Wege. Er wird allen Geschöpfen (und auch seinem eigenen Wesen und Leben) eine höhere Aufmerksamkeit widmen und in ihnen forschen, wieviel von der göttlichen Urweisheit sich darin vorfinden möchte. Und je länger er prüfen wird, desto mehr der göttlichen Weisheit und Ordnung wird er auch leicht darin finden. Dann wird er in seinem Herzen auch bald eine Regung von *Liebe zu Gott* wahrnehmen und daraus stets mehr innewerden, daß Gott in sich selbst von der mächtigsten Liebe erfüllt sein muß, damit Er eine so große Freude habe, eine unzählige Menge von Dingen und Wesen — nicht nur als Zeugen seines Daseins, sondern noch vielmehr als Zeugen seiner Weisheit, Macht und Liebe — so wunderbarerweise zu erschaffen, zu erhalten und liebevollst zur Vollendung zu führen.

[1] Haushaltung Gottes, Bd. 2, Kap. 11, 10 ff.

Wenn der Mensch in solchen Innewerdungen zunimmt, dann nimmt er offenbar auch in der Liebe zu Gott zu und nähert sich Ihm mehr und mehr. Je größer und gediegener aber solche Annäherung, desto mehr des Geistes Gottes sammelt sich auch in seinem Herzen, in dem dadurch der eigene Geistfunke genährt und stets mehr erweckt wird, bis die Seele zur wahren Erkenntnis des eigenen inneren Lebens und der Kraft des göttlichen Geistes in ihm gelangt.“ [1]

38

Das höchste Lebensziel: Der Vater in Jesus

Bevor der Mensch in Gott den liebevollen Schöpfer und Erhalter erkennt und liebt, wird sein Gefühl gegenüber dem allmächtigen Schicksalswalter naturgemäß mehr das der Furcht oder Ehrfurcht sein. Dieses Gefühl ist als eine erste Wirkung der Demut auch vor Gott in einem gewissen Grade recht und gut. Aber der Mensch soll dabei nicht stehen bleiben.

Liebe und Furcht

„Wahr ist“, spricht der Herr, „in der Furcht der Schwachen bin Ich zugegen. Ohne die Gottesfurcht kann niemand den Vater lieben, und wer den Vater liebt, der fürchtet Gott. Daher ist auch Gottesfurcht und Liebe (in gewisser Hinsicht) gleich und kann nicht die eine sein ohne die andere. Aber doch ist zu merken, daß die Liebe *höher* steht als die Furcht. Nur in der Liebe ist Leben, in der Furcht aber ist der Tod. Daher soll ein jeder endlich seine Furcht von der Liebe gefangennehmen lassen! ... Wie wenig die Furcht und ihr Versprechen anhält, kann man ja schon an schwachen Kindern sehen, die ihre in der Furcht versprochene Besserung so lange halten, als der Vater mit finsterer Miene um sie herumdonnert. Hat sich aber des Vaters Miene wieder aufgeheitert, dann ist auch die Furcht hinweg samt allen Versprechungen. Nicht also ist es bei der wahren, echten Liebe.

Willst du also vollkommen sein, so müssen in dir stets drei Teile Furcht und sieben Teile Liebe sein! ... Die Furcht ist der Same der Liebe. Wie aber der Same in der Erde verfault und der lebendige Keim der Liebe hervorbricht und dann großwächst und lebendige Früchte bringt, so muß auch die alte Furcht verwesen. Aber eben aus dieser Verwesung (in der guten Erde Meiner Liebe zu euch) wird sich eine erstaunliche *Frucht* erheben, ein Baum des Lebens, unter dessen Ästen selbst des Himmels Bewohner ihre Wohnungen errichten werden.“ [2]

[1] Gr. Ev., Bd. 6, Kap. 87, 10 ff.; vergl. auch Bd. 6, Kap. 111, 9 ff.; Bd. 7, Kap. 223, 8 ff. Geistige Sonne, Bd. 2, Kap. 50; Robert Blum, Bd. 1, Kap. 54, 5 ff.
[2] Haushaltung Gottes, Bd. 1, Kap. 158, 28 ff. und 37 ff.; Bd. 2, Kap. 24, 12 ff. (Beispiel des Verhältnisses zwischen Kind und Eltern); Bd. 2, Kap. 50, 11 ff.

Schön und bündig sind diese wichtigen Gedanken auch im ‚Großen Evangelium' (Bd. 6, Kap. 119) ausgesprochen, wo der Herr vor einem gemeinsamen Mahl einige allzu ehrfürchtig Zerknirschte mit den Worten ermuntert:

„Eine zu große, das menschliche Gemüt ganz zerknirschende Ehrfurcht vor dem Gottwesen ist ebenso zu verwerfen wie eine zu geringe. Denn so ihr jemanden zu außergewöhnlich mit Furcht und Zittern hochachtet, so fragt euer Herz, ob ihr ihn wohl auch lieben könnt? Achtet ihr aber jemanden gar nicht, so werdet ihr ihn auch nicht lieben können. Aber so ihr jemanden wohl erkennt in seinen vielen guten Eigenschaften und Fähigkeiten, werdet ihr ihn in eurem Herzen entzückt bewundern und über alle Maßen auch zu lieben anfangen. Und sehet, das eben ist dann die *echte* Ehrfurcht, die ihr einem Gottwesen ebenso schuldet wie einem jeden Menschen, der euer Nächster ist. Lasset also ab von eurer übertriebenen Ehrfurcht! Setzt euch zu Tisch und esset und trinket fröhlichen Mutes mit Mir! Denn so ihr gar oft bei euren Festmahlen habt heiter sein können, als noch der Tod in euren Herzen hauste, dann werdet ihr nun wohl um so heiterer sein können, da der Tod von euch gewichen und das Leben in eure Brust eingekehrt ist!"

Gottes- und Vatererkenntnis

Das Beseligendste im Verlaufe dieser geistigen Entwicklung ist der Fortschritt des suchenden Menschen *von der Gottes- zur Vatererkenntnis.*

Die daraus sich ergebende unendliche Stärkung des Lebens schildert in ‚Haushaltung Gottes' (Bd. 2, Kap. 70, 4 ff.) ein Erwachender namens *Juribael* mit glühenden Worten:

„O du heiliger, liebevollster, unaussprechlich bester Vater!", ruft dieser Überglückliche aus. „Siehe, ich, ein nichtiger Wurm vor Dir, liege hier in der größten Ehrfurcht und innersten Demut meines Herzens! Du hast mich gerufen aus meinem Schlafe ins wahre, wache, freie Leben Deiner unendlichen Vaterliebe. Du hast aus dem matten, blinden Wurme der totbestaubten Erde einen freien Menschen gemacht, der nun hinausblickt in ferne Ewigkeiten wie in eine endlose Reihe von Kreisen voll Unsterblichkeit, und der sich in jedem dieser ewigen Kreise verherrlichter und Dir, o heiliger Vater, ähnlicher und näher sieht!

Aber nicht nur zu einem unsterblichen Menschen, sondern noch zu unendlich mehr hast Du den bestaubten Wurm der Mutter Erde gemacht! Ach, wer kann die endlose Größe Deiner Vaterliebe fassen? Denn der schwache, sündige Mensch darf Dich, Du ewiger, heiliger Gott *‚lieber Vater'* rufen! O Vater! — zu Deinen *Kindern* hast Du uns gemacht!

Großer Gott! Ich kann Dich anbeten, kann Dich loben und preisen mein Leben lang aus allen meinen von Dir mir verliehenen Kräften. Ich kann Dir Opfer anzünden, wo immer sich mein Auge hinwenden möchte. Ich kann Dich beobachten aus der möglichsten Ehrfurcht meines Geistes. Solches alles kann ich tun Dir, meinem allmächtigen *Schöpfer,* Dir, meinem heiligen, großen *Gott!* Denn solange Du mir nur bist ein Schöpfer, ein ewiger und unendlicher Gott, solange auch besteht zwischen mir und Dir kein anderes Verhältnis als allein nur das meiner vollsten Nichtigkeit gegen Dich und Deine unendliche Allmacht.

Aber, wenn ich Dich *Vater* nenne, dann hört all das frühere Verhältniswesen auf. Eine Wonne umstrahlt da mein Herz, und mein Geist bebt von einer unaussprechlich großen Ahnung ergriffen! Mir bleibt dann nur *ein* mächtiges Gefühl: die *Liebe,* die alleinige, reine, in Dir geheiligte Liebe! Ja eine heilige Liebe, die nichts denn nur Dich allein, Du heiliger Vater, zu lieben vermag!

In dieser Liebe vergesse ich sogar alle (äußere) Anbetung, auch alle opferliche Verehrung, die Dir doch als dem ewigen Gott gebührt, und alles Rühmen Deiner unendlichen Herrlichkeiten. Denn nun wahrlich habe ich nichts mehr vor mir als allein Dich und rufe nichts als ‚*Vater!*' und denke an nichts denn nur an Dich, Du heiliger Vater!"

Höchste Seligkeit

„Nach diesen Worten", so wird das Erleben des zur Liebe Entbrannten weiter geschildert, „fiel Juribael von seiner mächtigen Liebe gedrungen hin zu den Füßen des Herrn und machte auf diese Art sich gewissermaßen Luft. Und so lag der Heißliebende in vollster Demut und tiefster Dankbarkeit zu den Füßen seines Gottes, seines Schöpfers und seines Vaters. [1]

Aber der Vater beugte sich bald zu ihm nieder und hob ihn hinauf zur heiligen Brust, damit er da einatme das wahre, ewige Leben aus derselben Urquelle alles Lebens, aus der alle Ewigkeiten ihr Sein und Leben haben und auch ewig trinken werden. An diese heilige Brust drückte der Vater den Liebetrunkenen. Zugleich richtete Er an ihn folgende Worte:

‚Juribael, siehe, nun lebest du erst wahrhaft! Und dieses Leben wird nimmer können von dir genommen werden. Denn jetzt habe Ich es dir gegeben, und du hast es jetzt wahrhaft genommen aus Mir, deinem ewigen, heiligen, liebevollsten Vater! . . .

Diesen Weg sollen *alle* wandeln! Und der hohe Sinn Meiner Absicht mit und in euch würde bald helle leuchtend vor euch enthüllt werden, und ihr würdet nicht fragen: Wo, woher und von wannen? Sondern in sich würde es ein jeder finden.
So aber da jemand *nicht* wandelt diesen Weg der reinen göttlichen Liebe, wahrlich der wird sich zu Tode suchen und nimmer finden das Ziel des ewigen Lebens! Denn das Leben der finsteren Eigenliebe dauert nicht ewig, sondern nur sehr kurze Zeit, in der sich solche Liebe bald verzehren wird, da sie von Meiner Vaterliebe abgetrennt keinen Zufluß mehr hat!' "

Das Gleichnis vom Öllicht

„Es verhält sich mit der *Eigenliebe* so wie mit einem Öllicht. Wenn da jemand in ein Gefäß einiges Öl nimmt, das an verschiedenen Punkten der Berge aus kleinen Quellchen des fetten Gesteins aufsteigt und zündet es an, so wird es zwar bald zu brennen anfangen. Verzehrt es sich aber durch das Brennen, wird

[1] Haushaltung Gottes, Bd. 2, Kap. 71, 1 ff.; ähnliche Glutszenen der Liebe siehe ferner z. B.: Haushaltung Gottes, Bd. 1, Kap. 177, 9 ff., Bd. 2, Kap. 87; Gr. Ev., Bd. 2, Kap. 114, 6 ff., Kap. 119, 5 ff.; Bd. 3, Kap. 110 ff.; Rob. Blum, Bd. 1, Kap. 41 ff.; Bd. 2, Kap. 157, 14 ff., Kap. 243, Kap. 249, Kap. 251, 5; Bischof Martin, Kap. 120—122; Geistige Sonne, Bd. 1, Kap. 100; Abgarus-Briefwechsel, K. 17 ff.

da das leergewordene Gefäß wohl auch fortbrennen, wenn kein neues Öl hinzugetan wird? Mitnichten, sondern da wird mit dem Öl auch die Flamme ausgehen, und es wird das Gefäß finster werden und kalt und tot!

Wenn du aber an der *Quelle* das Öl anzündest und verwahrest den Ort, da das Ölquellchen in lichter Flamme lodert, vor argen Winden und Wasserüberflutungen — so wird die Flamme ewig nimmer erlöschen, sondern stets herrlicher fortlodern, weil solche Flamme nach und nach die Stelle weit um sich her mehr und mehr erwärmt und daher auch stets mehr Öles dem inneren *Urborn* entlocken wird.

Siehe, wer demnach seine Liebe im Herzen zu *Mir* wendet und Mich für ewig in dieser seiner Liebe ergreift, der hat das Öl seines Lebens an der Quelle entzündet. Und diese Flamme wird nimmerdar erlöschen, sondern ihm ein ewiges, lebendiges Licht sein!." [1]

Die Fülle in Jesus

Den unsichtbaren Gott mit solch wahrhaft heilbringender Inbrunst als *Vater* zu lieben, glauben freilich viele Menschen darum nicht zu vermögen, weil sie sich von der ewigen, unendlichen Gottheit keinen *faßbaren* Begriff und keine menschlich nahbare Vorstellung machen können.

So sprach der Jünger *Philippus* zum Herrn, als dieser ihnen vom Vater redete: „Zeige uns den Vater, auf daß wir Genüge haben!" *Jesus* aber erwiderte ihm:

„So lange Zeit bin Ich bei euch, und du kennst Mich noch nicht, Philippus? *Wer Mich sieht, der sieht den Vater!* Wie kannst du sagen: ‚Zeige uns den Vater?' Glaubst du denn nicht, daß Ich im Vater bin und der *Vater in Mir* ist? Die Worte, die Ich zu euch rede, die rede Ich nicht von Mir selbst, sondern der Vater, der *in Mir* wohnt, der tut Meine Werke."

Dieses zu unserer Lebensvollendung so wichtige Geheimnis, daß in *Jesus* die Ur-Machtmitte der Gottheit, der *Vater* verkörpert, schaubar und nahbar ist und daß Gott in dieser makellosen, liebeheiligsten Gestalt geliebt werden kann, ist in den Schriften der Neuoffenbarung voll und herrlichst enthüllt. [2]

Im ‚Großen Evangelium' (Bd. 5, Kap. 73, 4) spricht der *Herr:*

„Kannst du dir von Gott keinen dich ergreifenden Begriff machen, so siehe Mich an, dann hast du jene für ewig bleibende Form vor dir, unter der *allein* du dir deinen Gott und Schöpfer vorstellen kannst. Denn *Gott ist auch ein Mensch*, und zwar der in und aus sich ewig vollendetste! Siehst du Mich, so siehst du alles!"

Wie dieses Geheimniswunder, daß in Jesu dreieinheitlicher Person die „ganze *Fülle* der Gottheit" (d. h. nicht nur der Vater, sondern auch der Sohn und der Heilige Geist) sich vereinigt findet, zu begreifen ist, wird in den Neuoffenbarungsschriften eingehend dargetan. In Jesu Geist haben wir den *Vater*. In Jesu Seele und leiblicher Gestalt den *Sohn*. In der vom Geist durch die Hülle der verklärten Seele ausstrahlenden Allkraft den *Heiligen Geist.*

[1] Haushaltung Gottes, Bd. 2, Kap. 71, 13 ff., vergl. auch Haushaltung Gottes, Bd. 1, Kap. 1; Geist. Sonne, Bd. 2, Kap. 59, S. 251 bis Kap. 64; Gr. Ev., Bd. 5, Kap. 72, 12 und zahlreiche andere Stellen. —

[2] Zusammengefaßt in ‚Grundfragen', Bd. 1, Kap. 3 und Kap. 17—19.

Vollkommene Jesusliebe

Ein herrliches Beispiel vollendeter Jesusliebe tritt uns im ‚Großen Evangelium' entgegen in der Geschichte der kleinen Jüngerin *Jarah*, des zwölfjährigen Töchterchens des Wirts Ebahl von Genezareth.

Im zweiten Bande (Kap. 114) erzählt dieses gottesinnige Kind, in seligsten Freuden an der Seite des Herrn sitzend, wie wunderbar es vom Himmel gefügt wurde, daß sie in solch unmittelbare Nähe des Herrn kommen konnte:

„Wir alle hatten es von vielen, die zu uns nach Genezareth kamen, vernommen, daß in Nazareth und dessen Umgegend ein gewisser Zimmermann Jesus außerordentlich große, unerhörte Heilungen an den Kranken bewirke, ja sogar die Toten wieder lebendig mache; die Blinden sähen, die Stocktauben bekämen vollkommen ihr Gehör und die Stummen die Sprache wieder, die Lahmen und Krüppel würden wieder gerade und ganz — kurz, es gäbe gar keine Krankheit, die er nicht augenblicklich heilte. Anfangs hielten wir das für eine Fabel; als aber immer wieder Leute zu uns kamen, sogar solche, die von Jesus geheilt worden waren, da fingen wir an zu glauben, daß es sich wirklich so verhalte.

Da ergriff mich eine überstarke Liebe zu diesem Mann, dem solches möglich ist. Ich bat dann den lieben Gott tagtäglich andächtig und vertrauensvoll, daß Er Dich zu uns führen möchte durch seine Allmacht. Und siehe, Gott hat mich richtig erhört und Dich zu uns gebracht! Als es hieß, Du seiest gekommen, was habe ich da für eine Seligkeit empfunden! O wie gerne, wenn ich nur den Mut gehabt hätte, wäre ich Dir um den Hals gefallen. Aber ich mußte meinem Herzen, der Eltern und der Geschwister wegen, einen großen Zwang antun. Heute aber ist die für mich unbeschreiblich glückliche Zeit gekommen, bei Dir, dem Meister und Herrn zu sitzen, den ich schon, seit ich von Ihm das erste Wort gehört habe, über alle Maßen liebe.

Oh, jetzt bist Du da und — welch unbeschreibliche Seligkeit! — ich darf Dich lieben und werde auch von Dir geliebt! Nun dürften selbst die vollkommensten Engel im Himmel nicht seliger sein, als ich's nun bin! Aber Du darfst uns auch nimmer verlassen, denn da müßte ich wohl sterben vor zu großer Traurigkeit!"

Sagte der *Herr:* „Nein, du Mein Herz, dich verlasse Ich ewig nimmer. Ich sage dir auch, daß du den Tod weder sehen noch fühlen wirst. Meine Engel werden dich von dieser Welt dereinst holen und werden dich zu Mir bringen, deinem Vater von Ewigkeit! Denn siehe, Meine allerliebste Jarah, zu dem du um Meine Hierherkunft so herzlich gebetet hast, der sitzt nun in Meiner Person bei dir und liebt dich mit der rein göttlichsten Flamme aller Himmel. Und du hattest recht zu sagen, daß du seliger bist denn die vollkommensten Engel aller Himmel! Hebe deine Augen auf, und du wirst sehen, daß es so ist, wie Ich es dir nun gesagt habe!"

Hier hebt die liebliche *Jarah* ihre schönen Augen auf zu den Himmeln und schaut wie eine Verklärte voll höchster Entzückung in die Tiefen der ihren Augen geöffneten Himmel. Nach einer ziemlich geraumen Weile erst fängt sie an, mit einer himmlisch reinen und sanften Stimme mehr zu stammeln als zu reden: „Ah, o Du großer, überheiliger Gott, welch unbeschreiblich Entzückendes sehe ich nun! Die großen Himmel sind angefüllt von den seligsten Engeln! O wie endlos selig müssen sie sein! Aber die arme Jarah ist dennoch seliger! Denn der ewige Thron in der großen Mitte der weiten Himmel, um den zahllose Scharen der

Engel auf sonnenlichten Wolken knien und rufen: ‚Heilig ist der, dessen Thron hier steht! O freuet euch ihr Ewigkeiten, bald wird Er auf der Erde das nie zu beschreibende große Werk vollendet haben und wird einnehmen diesen Thron der Herrlichkeit Gottes!‘ — ist leer! Der aber darauf zu sitzen allein das ewige Recht hat, sitzt nun als Mensch hier bei der armen Jarah! Oh, so lobet und preiset Ihn, denn sein ist der ewige Thron aller göttlichen Macht und Herrlichkeit!“

Nach diesen Worten sinkt sie an Meine Brust, nachdem ihr das Gesicht wieder benommen ward, und sagt: „O Du großer Alleinheiliger! Verstoße mich arme, schwache Jarah, darum ich Dich über alledem, was ich nun gesehen habe, gleichfort zu lieben wage! Aber ich kann ja nicht dafür, daß mein Herz Dich stets mehr liebt!“

Sagte der *Herr:* „Ja, du Mein Herzchen, darum habe Ich dir ja Meine Herrlichkeit und Mein Reich gezeigt, weil Ich will, daß du Mich immer noch mehr und mehr lieben sollst. Liebe du Mich darum fest darauf los, solche Liebe wird dir keinen Schaden bringen!“

Jarah umklammert darauf den Herrn mit beiden Händen und drückt Ihn so fest als möglich ans Herz. Und der Herr sagte darauf zu den stumm vor Erstaunen Umstehenden: „Da nehmt euch alle ein Exempel daran! Dies Mägdlein, erst zwölf Jahre alt, bezeugt Mir eine Liebe, wie Mir so etwas in ganz Israel noch nicht vorgekommen ist. Aber wer Mich so liebt wie diese, dem werde Ich auch geben, daß er dann in Fülle haben wird, was die Welt noch nicht gehabt und Israel nie gefühlt und geschmeckt hat!“

39

Nächstenliebe — das zweite Gebot

Dem schriftgelehrten Pharisäer, der den Meister nach dem „vornehmsten“ Gebot im Gesetz fragte, erwiderte der Herr, nachdem Er ihm als erstes Gebot die Gottesliebe bezeichnet hatte, weiter:

„Das andere aber ist dem gleich: Du sollst deinen *Nächsten lieben* wie dich selbst! — In diesen zwei Geboten hanget das ganze Gesetz und die Propheten.“

Warum stellte hier der Herr das Gebot der Nächstenliebe so unmittelbar hinter das der Gottesliebe? Warum räumte Er ihm geradezu einen gleichen Rang ein? Dieser hochbedeutsame Umstand kann nicht aufmerksam genug ins Auge gefaßt werden, da der Herr selbst offenbar darauf den größten Wert legte. Die Antwort auf unsere Frage aber lautet:

Der Nächstenliebe kommt nächst der Gottesliebe die höchste Bedeutung darum zu, weil die Liebe zu Gottes Geschöpfen die dem Schöpfungsplane einzig dienliche und ersprießliche *Auswirkung* unserer Gottesliebe, ja im Grunde das Wichtigste ist, worauf es dem Schöpfer der Unendlichkeit ankommt.

Von unseren tatlosen, in unseren Herzen verschlossenen Glaubenserkenntnissen und Liebesgefühlen hat unser himmlischer Vater für sich und seine Schöpfung eigentlich nichts. Erst wenn wir aus freien Trieben die durch seine Gnade erlangten Erkenntnisse und Gefühle nach allen Seiten auf unsere *Mitgeschöpfe* auswirken, hat Er uns zu der von Ihm beabsichtigten Vollendung gebracht. Dann erst sind wir seine wahren Kinder und Ebenbilder der Ursonne alles Lebens.

Dadurch daß wir die von Ihm uns zuströmenden Lebenskräfte nicht mehr selbstsüchtig in uns verschließen, sondern nach allen Seiten sonnenartig *weitergeben*, entsteht jenes heilige Hin- und Widerstrahlen, welches die unbeschreibliche Glückseligkeit der Himmel ausmacht.

„Kein Gesetz", so lesen wir in ‚Robert Blum', „sichert jedem das eigentliche Seine so treu wie das heilige, lebendig geübte Gesetz der *Nächstenliebe*, demzufolge jeder das Seinige stets allen freudig zur freien Benutzung stellt. Was aber einer tut und übt, das tun und üben (in den Sphären der Vollendeten) auch alle andern. Und so ist es hier die reinste Unmöglichkeit, daß da jemand zu kurz kommen könnte. Hier bewahrheitet sich vollkommen der Spruch: ‚Wie schön und lieblich ist es, wenn Brüder einträchtig beieinander wohnen.' " [1]

Ähnlich spricht der *Herr* im ‚Großen Evangelium': „Die wahre Nächstenliebe im Herzen eines Menschen ist das einzige, wahrhaft geistige *Lebenselement*, durch das alle Sinnenwelt und alle Himmel in ihrer Bestandsordnung erhalten werden. So ein Mensch die wahre Nächstenliebe übt, lebt er dadurch in der rechten Ordnung Gottes und begründet in sich das ewige Leben seiner Seele.

Habe denn auch du von nun an die wahre Nächstenliebe gegen alle Menschen, und du wirst erweckt werden durch Meines Geistes Kraft zum ewigen Leben und wirst eindringen in Meine Gottheitstiefen und wirst dadurch in Mir auch deinen Gott über alles wahrhaft lieben — und das ist alles, was Ich von den Menschen zur Gewinnung des ewigen Lebens verlange! Wer da solche Liebe hat, der hat vor Mir keine Sünde und braucht nicht lange, leere und vor Mir wertlose Gebete, keine Fasten und keine Bußwerke in Sack und Asche zu wirken." [2]

Tatliebe — die wahre Sonne des Heils

Die Schriften der Neuoffenbarung stellen darum die tätige Nächstenliebe unmittelbar neben der Gottesliebe hoch auf den Leuchter — auf daß den Menschen dieser liebe- und seligkeitsarmen Welt die wahre Sonne des Heils endlich wieder klar bewußt werde. Fast unzählbar sind die Worte und Stellen der Lorberwerke, in welchen diese Liebelehre mit größtem Nachdruck gepredigt und erläutert wird. Wir können hier nur einige wenige anführen. So heißt es im ‚Großen Evangelium Johannes':

„Liebe zu Gott ist bedingt durch die Liebe zum Nächsten. Wer da sagt, daß es zur Seligkeit genügte, nur Gott allein über alles zu lieben, dabei aber vor seinem armen Nächsten Herz und Tür verschließt, der ist in größter Irre. Denn die Liebe zu Gott ist *ohne* die Liebe zum Nächsten ewig *nicht möglich*. Wer seinen notleidenden Nächsten nicht liebt, den er doch sieht, wie kann der Gott über alles lieben, den er nicht sieht? Darum liebet eure Nächsten, weil sie, gleich wie ihr, Gottes Kinder sind, und ihr werdet dadurch auch Gott über alles lieben!" [3]

[1] Robert Blum, Bd. 1, Kap. 121, 17.
[2] Gr. Ev., Bd. 10, Kap. 146, 11 ff. —
[3] Gr. Ev., Bd. 10, Kap. 140, 4; vergl. auch z. B. Gr. Ev., Bd. 5, Kap. 122—124; Geist. Sonne, Bd. 2, Kap. 98—105

Gleichnis vom reichen Gutsherrn und seinen Kindern

„Seht, es war ein reicher Gutsherr, der eine Menge Güter besaß, und ein jeder der bei ihm bedienstet war, hatte ein gutes Leben. Dieser Gutsherr hatte aber auch viele Kinder, die er liebte, und die er, damit sie wohlerfahrene Menschen würden in die Weltschule hinausgab. Er gab ihnen aber nur das Nötigste mit auf ihren Weg, daß sie sich nicht übernähmen, nicht träge und dann zur Verwaltung seiner Güter untauglich werden könnten.

Diesen Kindern ging es in den Weltschulen nicht am besten. Sie mußten sich oft recht kümmerlich durchbringen und nicht selten um ein Almosen die fremden Menschen angehen. Einige der angegangenen Fremden sagten: ‚Ei, ihr habt ja einen überreichen Vater. Gehet nur den an, er wird euch schon helfen!' — und gaben den Kindern nichts. Etliche andere aber dachten sich in ihren milderen Herzen: ‚Wir wissen wohl, daß der Vater dieser Kinder sehr reich ist und seinen hier studierenden Kindern wohl helfen könnte, so er dagegen nicht weise Gründe hätte. Aber die Kinder leiden unter uns nun einmal sichtlich Not, und wir wollen ihnen helfen, so gut wir es vermögen.' Also gedacht und getan!

Nach einiger Zeit aber kam der reiche Gutsherr selbst in jene fremde Weltstadt, in der seine Kinder die verschiedenen Kenntnisse und Erfahrungen sich zu eigen zu machen hatten, und erkundigte sich um alles, wer da seinen Kindern Liebe erwiesen hatte. Die Kinder führten den Vater überall dorthin, wo ihnen Liebe erwiesen worden war. Und der Vater belohnte die Wohltäter seiner Kinder hundertfältig, nahm die liebetätigsten auf seine Güter und hielt sie seinen Kindern gleich.

Seht, hier vor euch steht in Mir der Gutsherr! Die Armen in dieser Welt sind allenthalben wahrhaft Meine Kinder. Die Reichen aber sind zumeist Kinder dieser Welt. Ich lasse Meine Kinder, auf daß sie sich nicht übernehmen, in dieser harten, aber für sie dennoch überaus heilsamen Lebensschule auch Not leiden und in ihrer Not vor die Reichen der Welt kommen. Was diese Meinen Kindern tun, das werde Ich auch ihnen tun, und Ich werde sie belohnen vielfach schon hier und endlos in Meinem Reiche.“ [1]

Das Geschäft der Himmel

„Es wird nicht verlangt, daß ihr alle eure Habe an die Armen verteilen sollt, weil ihr Meine Jünger seid. Aber weise *Verwalter* des euch anvertrauten Vermögens sollt ihr sein, auf daß ihr die unverschuldet Armen nicht darben und schmachten lasset, wenn sie vor eure Türe kommen.

Sehet hier den Freund Ebahl aus Genezareth! Er hat als Wirt Tausende von einheimischen und auch fremde Arme beherbergt, und das nie mit Widerwillen oder mit Ängstlichkeit der Seinen wegen. Und doch ist sein Vermögen um nichts geschmälert worden. Er besitzt nun im Gegenteil so viele und große Erdenschätze, daß er sich dafür ein kleines Königtum kaufen könnte. Aber er legt auf alle diese Schätze nur darum einen Wert, weil er dadurch um so mehr Armen kräftig unter die Arme zu greifen vermag. Er denkt nicht an sein eigenes Haus, und an seine

[1] Gr. Ev., Bd. 10, Kap. 140, 5 ff. —

Kinder nur so weit, daß sie alle in der Erkenntnis des einigen und allein wahren Gottes kräftig werden. Dafür aber sorge dann Ich für alles andere seines Hauses. Und Ich stehe euch dafür, daß sein Haus an nichts je einen Mangel leiden wird!

Den Ängstlichen aber überlasse Ich die Sorge um ihr Haus und überschütte ihre Scheuer nimmer mit Weizen und Korn, und ihre Kelter soll nicht überfließen vom Wein. Ihre Gärten sollen nicht strotzen von der Schwere Meines Segens und ihre Herden sollen im Lande nicht die fettesten sein! Wer auf Mich schwach vertraut, der soll auch ernten nach seinem Vertrauen und Glauben, der stets eine Frucht der Liebe zu Mir und zum Nächsten ist.

Seid darum stets und allezeit *barmherzig* und voll Dienstfertigkeit untereinander, überbietet euch in Wohltun, liebt euch wahrhaft so, wie auch Ich euch liebe — so werdet ihr aller Welt zeigen, daß ihr Meine Jünger und in eurem Geiste völlig Meine wahren Kinder seid!

Es ist die Bestimmung aller Meiner Kinder, daß sie sich hier auf dieser Erde gleichfort üben sollen im einstigen großen Geschäfte Meiner *Himmel.* Denn dort wird alles nur allein die *Liebe* zu tun haben. Und jede Weisheit, die nicht dem Feuer der Liebe entstammt, wird in Meinen Himmeln ewig nie eine Aufnahme finden und auch nichts zu tun bekommen." [1]

Lebendiger und toter Glaube

In diesem Lichte verstehen wir auch, warum *Paulus* sagt: Nur ein Glaube, der durch die *Liebe tätig* wird, gilt in Christo (Gal. 5, 6). Nur ihm gelten die Verheißungen der Schrift, nur er allein führt zum ewigen Leben und macht selig. Jeder andere Glaube, der im bloßen Fürwahrhalten oder in tatloser Verehrung, Anbetung und Schwärmerei besteht, ist tot und unnütz und führt nicht zum ewigen, seligen Leben in Gott.

Dies ist klar und deutlich an vielen Stellen des Neuen Testaments ausgesprochen, [2] und nicht minder unzweideutig bekunden es die Schriften der Neuoffenbarung.

In ‚Schrifttexterklärungen' (Kap. 34) heißt es: „Wer an Mich glaubt, aus dessen Lenden werden, wie die Schrift sagt, Ströme des lebendigen Wassers fließen." Dieser Text (Joh. 7, 38) ist gegeben wie eine Grube, in der man Löwen, Panther und Tiger fängt; auch ist er wie ein Eckstein, über den gar viele in der Nacht stolpern und sich gewaltig zerfallen. Warum das? Ich gebot hier und da den *Glauben* und predigte allenthalben die *Liebe* durch Tat und Worte. Ich sagte: „So ihr Glauben hättet, möget ihr Berge versetzen!" Und wieder sagte Ich: „Seid Täter und nicht alleinige Hörer Meines Wortes!"

So sagte Ich auch, daß diejenigen, die zu Mir „Herr, Herr!" sagen, also an den Sohn Gottes glauben, nicht werden in das Himmelreich eingehen, sondern allein nur, die den Willen Meines Vaters tun. Ferner sagte Ich: „Wer nach Mei-

[1] Gr. Ev., Bd. 4, Kap. 97, 5—9. —

[2] So Matth., Kap. 7, 21; Kap. 25, 34 ff.; im Jakobusbrief Kap. 1, 22 u. 27; Kap. 2, 14 ff.; im 1. Johannesbrief Kap. 2, 3; Kap. 3, 7 ff., Kap. 4, 7 ff.; im 1. Korintherbrief Kap. 13, 1 ff.

nem Worte lebt, der ist es, der Mich liebt. Zu ihm werde Ich kommen und werde Mich in aller Fülle ihm offenbaren!" Und weiter sagte Ich auch: „Nur ein *einziges Gebot* gebe Ich euch, daß ihr euch untereinander liebet, also wie Ich euch liebe! Daran wird man erkennen, daß ihr wahrhaft Meine Jünger seid."

Nun frage *Ich:* Was soll denn der Mensch tun? Soll er sich bloß begnügen mit dem angeratenen *Glauben,* oder soll er sich nur an die *Liebe* halten und nichts glauben, als was ihm die Liebe zu Mir eingibt, die er sich durch die Tätigkeit nach Meinem Worte zu eigen gemacht hat? War Ich denn ein Doppellehrer? Oder bin Ich einer, der den Mantel nach dem Winde dreht und einer gläubigen Gesellschaft vom alleinigen Werte des Glaubens und bei einer tätigen Gesellschaft vom alleinigen Wert der Tätigkeit predigt?

Die Pharisäer glaubten eisenfest an die Satzungen Mosis, und das aus zeitlichen und einst auch geistigen Rücksichten. Dennoch wurden sie sämtlich von Mir ihres Unglaubens willen zu öfteren Malen auf das empfindlichste angegriffen. Warum begnügte Ich Mich nicht mit ihrem festen Glauben? Warum ließ Ich den das Gesetz allzeit erfüllenden Pharisäer ungerechtfertigt und den mit Sünden belasteten Zöllner gerechtfertigt aus dem Tempel ziehen?

Ich sage euch: Aus euch selbst möchtet ihr aus diesem Labyrinth wohl nimmer den Ausweg finden; Ich aber will hier, gleich jenem Helden Mazedoniens den Knoten mit einem Hieb entwirren. Und so höret denn:

Wenn Ich vom Glauben sprach, so verstand Ich darunter allezeit den lebendigen, also *mit Liebe gepaarten Glauben!* Aber einen Glauben für sich allein verwarf Ich allezeit. Und wenn Ich in der Schrift sage: ‚Wer an Mich glaubt, aus dessen Lenden werden Ströme des lebendigen Wassers fließen!' so sage Ich soviel als: Wer einen lebendigen, also mit Liebe gepaarten Glauben hat, der wird in die Weisheit und Kraft der Himmel eingeführt werden.

Daß aber auf den alleinigen Glauben *kein* Himmel verheißen ist, lehrt euch eure eigene Erfahrung. Denn ihr habt ja auch an Mich von Kindheit an geglaubt — fraget euch aber selbst, wie viele Tropfen lebendigen Wassers darum eurem Wesen entströmt sind? Habt ihr es durch euren viele Jahre alten Glauben dahin gebracht, daß ihr z. B. die Unsterblichkeit eurer Seele vollkommen klar empfunden hättet? Noch seid ihr in so manchem über euer inneres Fortbestehen nach dem Tode des Leibes nicht im reinen. Und wo sind die sonstigen lebendigen Wirkungen bei euch Gläubigen?

Aus dieser eurer eigenen Erfahrung könnet ihr hinreichend entnehmen, daß Ich in jenem Texte unmöglich den alleinigen Glauben verstanden habe, sondern nur den mit der Liebe zu Gott und dem Nächsten gepaarten! Denn der alleinige Glaube für sich kann ebensowenig Ersprießliches zum ewigen Leben wirken, als ein Ehegatte mit und aus sich selbst Kinder zu zeugen vermag. Er muß sich mit einer Gattin vermählen und kann dann erst im Feuer seiner Liebe mit ihr Kinder zeugen.

Die Kinder sind in naturmäßiger Bedeutung entsprechend den Strömen des lebendigen Wassers aus den Lenden des Leibes. Zudem bezeichnet eben der ‚Leib' oder die ‚Lenden' in diesem Texte als materielles Bild die Liebtätigkeit selbst. Der ganze Text lautet im enthüllten Zustande also: ‚Wer in seinem Herzen auf Mich hält, dessen Tätigkeit wird ersprießlich sein zum ewigen Leben!'

Wenn demnach irgendwo in Meinem Wort vom Glauben die Rede ist, so verstehe Ich darunter nie den leeren, sondern allezeit den mit Liebe erfüllten. Und wollt ihr Ströme des lebendigen Wassers aus euren Lenden fließen sehen, so muß euer Glaube durch die *Werke der Liebe* lebendig werden!“ [1]

40

Du und dein Nächster

Von denen, die das Gebot der Nächstenliebe kennen, wird nun oft gefragt: Wer ist denn eigentlich im Sinne dieses Gotteswortes unser *Nächster?* Manche verstehen darunter die nächsten Blutsverwandten und Freunde. Andere in erster Linie auch die Glaubens- oder Standesgenossen. Und wieder andere wollen nur die Rassegenossen, nicht aber die Angehörigen anderer Volksrassen in den Kreis der Nächsten ziehen, denen sie solche große Liebe wie sich selber schulden.

Auch diese Frage wird in der Neuoffenbarung geklärt. Wir werden auf einen die ganze Schöpfung umfassenden Gesichtspunkt gestellt, da wir ja nicht bloß zu Bürgern unseres irdisch-menschlichen Lebenskreises, sondern zu nützlichen Gliedern des göttlichen Gesamtreiches herangebildet werden sollen. Und so lautet die Antwort des Herrn selbst auf jene Frage so, wie sie diesem großen Ziel allein entsprechend lauten muß:

„Euer Nächster ist ein jeder Mensch, ob Freund oder Feind, so er eurer *Hilfe* in was immer für einer den Geboten Gottes gemäßen Art bedarf. Es versteht sich dabei von selbst, daß ihr dem, der Handlungen wider Gottes Gebote begeht, dazu nicht behilflich sein, sondern ihn davon abhalten sollt. So ihr das tut, dann übet ihr die Nächstenliebe in der rechten Weise aus und euer Lohn im Himmel wird groß sein.“ [2] — Auch jedes *andere* Lebewesen auf irgendeiner Stufe, sei es der materiellen oder geistigen Welt, ist in diesem Sinne unser Nächster.

Familienliebe

Einen Anfang dieser allumfassenden Nächstenliebe bildet die Familienliebe.

Die ersten Ansätze dazu sehen wir schon im Tierreich. Mit welch rührender Aufopferung füttern, hegen und verteidigen die meisten Tiereltern, vom Geiste Gottes durch den sogenannten Instinkt getrieben, ihre Jungen! Geschöpfe, die sonst immer nur für sich selbst sorgen — in der Zeit der Brut und Aufzucht ihrer Jungen lernen sie, von sich selbst abzusehen und für andere Wesen zu leben und zu streben.

Auch beim Menschen bildet die *Familienliebe* den Anfang und die erste Schule der Liebe zum Nächsten. Und wir betrachten mit Recht eine weise Liebe der

[1] Schrifttexterkl. Kap. 34; vergl. auch Gr. Ev., Bd. 6, Kap. 163, 7; Bd. 5, Kap. 167, 10 ff.
[2] Gr. Ev., Bd. 10, Kap. 139, 3; vergl. auch Bd. 8, Kap. 63, 8 ff. (Gleichnis vom barmherzigen Samariter); Bd. 2, Kap. 234, 1 ff.

Eltern zu ihren Kindern und eine dankbare, ehrfurchtsvolle Liebe der Kinder zu ihren Eltern (ebenso wie die wahre, selbstlose Liebe unter anderen Blutsverwandten) als eine himmlische Tugend.

Aber bei alledem ist die Familienliebe nur ein kleiner Anfang dessen, was wir in Gottes Lebens- und Liebesschule erreichen sollen. Und wer hier in dieser Schulklasse stehen bleibt, der verfehlt die vom Herrn und Meister mit uns verfolgte Absicht der vollen Reifung und Vollendung.

Ja es können sich die Triebe der Familienliebe, wenn sie übersteigert werden, geradezu in verhängnisvoller Weise auswachsen. Sie können besonders im Verhältnis zwischen den Eltern und ihren Kindern zu einer „Affenliebe" werden und zu einer Verzärtelung der Kinder führen, die in den Schriften mehrfach als ein großes Unheil bezeichnet wird. Auch schleicht sich im Gefolge solch übersteigerter Familienliebe bekanntlich leicht Habsucht, Geiz und eine kalte Hartherzigkeit gegen Fremde ein, so daß aus der Tugend schließlich ein wahres Laster wird. Daher hören wir den *Herrn:*

„Ich sage es euch allen: Eure Liebe zu euren Kindern brenne wie ein Licht, aber die Liebe zu den fremden Kindern armer Eltern sei ein großer Feuerbrand! Denn niemand in der Welt ist ärmer als ein armes, verlassenes Kind, ob Knabe oder Mägdlein. Wer ein solches aufnimmt in Meinem Namen und versorgt es leiblich und geistig wie sein eigenes Blut, der nimmt Mich auf. Und wer Mich aufnimmt, der nimmt auch den auf, der Mich in diese Welt gesandt hat und vollkommen Eins ist mit Mir. Wollet ihr Segen von Gott in eure Häuser ziehen und ihn wie ein wohlbestelltes Feld zur reichen Ernte erheben, so leget in euren Häusern Pflanzschulen für arme Kinder an. Aber so ihr arme, hungrige Kindlein von euch weiset und sie obendrein noch angrollt, wird der Segen von euren Häusern weichen wie der sterbende Tag vor der ihn rasch verfolgenden Nacht." [1]

Art- oder Rassenliebe

Eine zu enge Begrenzung der Nächstenliebe ergibt sich aus göttlichen Gründen nicht selten auch durch die Behauptung, daß nur der Volks- und Rassegenosse unser Nächster im Sinne der Schrift sei und daß wir mithin nur ihm eine gleiche Liebe schulden wie uns selbst. Heutzutage wird ja viel über die Bedeutung des Rassenbluts des Menschen geschrieben. Es gibt Biologen und Philosophen, die auf diese physischen Unterschiede unter Menschen und Völkern einen bedeutenden Wert legen. Was ist vom Standpunkt der Neuoffenbarung von diesen Anschauungen zu halten?

Im ‚Großen Evangelium' (Bd. 1, Kap. 114) finden wir zu dieser Frage ein interessantes Gespräch zwischen Nathanael, dem „echten Israeliten, in welchem kein Falsch ist" und Judas Ischarioth. Es heißt dort:

„Da sagte Nathanael, der gewöhnlich wenig und sehr selten sprach, zu Judas: „In dir wohnt der Geist Kains, verstehst du mich? Und dieser Geist bessert sich auf dieser Erde nicht. Denn der Geist Kains ist die Welt, und von der ist keine Besserung zu erwarten!"

[1] Gr. Ev., Bd. 2, Kap. 68, 6 ff.; Gr. Ev., Bd. 5, Kap. 168, 7 ff.; vergl. auch Bd. 1, Kap. 125, 19—22; Geist. Sonne, Bd. 2, Kap. 104, 18.

Sagte Judas: „Ja, ja, ja, was du immer mit deinem alten Geiste Kains hast! Wo ist Kain und wo sind wir? Das Geschlecht ging unter. Nur Noah allein blieb, und in dessen Nachkommen ist kein Tropfen des Blutes Kains mehr, sondern das reine Blut der Kinder Gottes rollt in unseren Adern. Wo aber das *Blut* rein ist, da ist auch der *Geist* rein! Denn der Geist des Menschen entstammt allzeit seinem Blut, und so ist der Geist auch stets dem Blut gleich rein!"

Sagte Nathanael: „Das ist ein alter, mir nur schon zu bekannter *Unsinn* und gilt bei mir nichts. Gehe zu den Sadduzäern, dort kannst du damit Aufsehen machen! Bei uns aber ist das Blut eine faule Materie und der Geist ist und bleibt für ewig Geist. Was nützt dir aber dein Gotteskinderblut, so in selbem ein *unreiner Geist* wohnt, wie es in dir der Fall ist! Verstehst du mich?"

Wir wissen aus den Lorberwerken, daß der Mensch eine *Dreieinheit* ist, bestehend aus Geist, Seele und Leib. Dabei ist das grundsätzlich und endgültig Bestimmende der göttliche *Geist* — das Wandelbare und zur Vollendung Bestimmte die *Seele* — das Vergängliche der *Leib.*

Es wird sonach das aus der Materie und deren Quintessenz, dem Blut aufgestiegene *Seelisch-Leibliche* des Menschen und somit die Rasseherkunft für die Bewertung der Gesamtpersönlichkeit zwar von Bedeutung sein. Aber wir werden uns auch darüber klar sein müssen, daß jeder Menschenseele, auch der dem Leibe nach dunkelhäutigen, ein göttlicher *Geistfunke* aus dem Herzen Gottes eingepflanzt ist, durch den auch die Seele des Morgenländers, Inders oder Chinesen usf. so gut wie diejenige des reinrassigen Germanen zur vollen Gotteskindschaft berufen ist. Denken wir nur z. B. an den armenischen König Abgarus oder an die Chinesin Chancha (in ‚Bischof Martin'), die, obwohl nicht-arischen Geblüts, den höchsten Gipfel der Vollendung durch Demut und Liebe erreichen konnten!

Diese Erwägung wird uns davor bewahren, etwa nur in den germanischen Rassegenossen unsere Brüder und Nächsten zu sehen und die anderen Mitmenschen hochmütig und lieblos auf die Stufe minderen Wertes zurückzusetzen. Jede Rasse hat ihre Vorzüge und Mängel. Zeichnet sich die sogenannte *Nordrasse* durch Heldensinn aus, so neigt sie andererseits gerade durch ihr Hoheitsgefühl in bedeutendem Maße zu Hochmut, Herrsch- und Streitsucht, einem Grundübel aus dem Herzen Luzifers. — Und bemerken wir an den *Südrassen* mit Mißfallen oft satanische Tücke, Wollust und Grausamkeit, so finden wir bei ihnen andererseits auch nicht selten eine große, feurige Glut wahrer Gottesliebe und Glaubensinbrunst. Und wenn wir gerecht abwägen, ob durch die Kultur der Nordrasse oder durch die Kulturen der übrigen Menschengeschlechter mehr Glückseligkeit und größere Ewigkeitswerte geschaffen worden sind, dann wird die Entscheidung gewiß schwer sein. Denn es ist hier kein Unterschied, sagt Paulus: „Sie sind allzumal Sünder und ermangeln des Ruhmes, den sie vor Gott haben sollten". Und der Herr selbst spricht: „Niemand ist gut als der alleinige Gott".

Erheben wir uns also nicht in dünkelhaftem Rassenhochmut über unsere Brüder und Schwestern von anderer Hautfarbe! Vor Gott gilt kein äußeres, leibliches Merkmal, sondern allein nur die Reinheit unserer Gottes- und Nächstenliebe. So sei es unser Streben, mit der Liebe unseres Herzens alles zu umfassen, was Menschenantlitz trägt und unser himmlischer Vater zu seinem Ebenbilde reifen will.

Feindesliebe

Auch unseren Feinden sollen wir nur mit Liebe begegnen. In einer beispiellos gewaltsamen und selbstsüchtigen Welt erschallen die unvergänglichen Flammenworte der Bergpredigt:

„Ich aber sage euch: *Liebet eure Feinde!* Segnet die euch fluchen! Tut Gutes denen, die euch hassen! Bittet für die, so euch beleidigen und verfolgen — auf daß ihr euch als Kinder eures himmlischen Vaters erweiset. Denn Er läßt seine Sonne über Böse und Gute aufgehen und läßt über Gerechte und Ungerechte regnen. Wenn ihr die liebt, die euch lieben, was werdet ihr für Lohn haben? Tun das nicht auch die Zöllner? Und so ihr zu euern Brüdern freundlich seid, was tut ihr da Besonderes? Tun das nicht auch die Heiden? Darum sollt ihr auch hierin vollkommen sein wie euer Vater im Himmel."

Ein wahres Friedensreich kann ja ohne diese Engelstugend weder auf Erden noch in den Himmeln gedacht werden. Denn die Grundwurzel des Bösen wird nur durch diese tiefste Liebeskraft erfaßt und getilgt. Daher hat der Herr in die fünfte Bitte seines Gebets die Feindesliebe besonders eingeflochten mit den Worten: „Vergib uns unsere Schuld, wie wir vergeben unseren Schuldigern". Und auch in den Schriften des neuen, durch Jakob Lorber ergangenen Gotteswortes wird diese höchste Form der Nächstenliebe mit eindringlichem Ernst gepredigt. Wir erfahren auch hier die weisen *Gründe,* weshalb gerade die Geduld und Sanftmut gegenüber den Feinden die Himmelsfrüchte des Friedens zeitigt.

„Es versteht sich von selbst", sagt der Herr, „daß man Räuber und Mörder einfangen und in Zwinger tun muß. Denn Menschen dieser Art sind gleich den wilden, reißenden Bestien, die als Ebenbilder der Hölle bei Tag und Nacht auf Raub lauern. Auf solche eine gerechte Jagd zu machen ist sogar eine Pflicht der Engel im Himmel. Aber vernichten soll sie niemand, sondern sie in die Zwinger tun und sie da sänften und zähmen! Nur bei einer gewaltsamen Gegenwehr sollen sie verstümmelt und bei hartnäckigem Widerstand auch getötet werden. Denn da ist eine tote Hölle besser als eine lebendige.

Aber wer immer einen Dieb, Räuber oder Mörder im Zwinger noch weiter richtet und tötet, der wird von Mir einst mit zornigen Augen angesehen werden. Denn je schärfer die Menschen ihre Übeltäter richten und strafen, desto grausamer, vorsichtiger, heimlicher und hartnäckiger werden die noch in Freiheit befindlichen Übeltäter sich gestalten. Wenn sie dann in ein Haus bei Nacht einbrechen, so werden sie nicht nur alles nehmen, sondern auch alles ermorden und vertilgen, was sie irgend verraten könnte.

Nimm aber das scharfe Gericht hinweg und gib allen Menschen den weisen Rat, daß sie dem, der einen Rock verlangt, auch den Mantel hinzugeben sollen, so werden zwar die Diebe auch kommen und von euch dieses und jenes wegnehmen, aber rauben und morden werden sie nicht.

So aber die Menschen aus Liebe zu Mir und aus wahrer *Liebe* zu ihren Brüdern und Schwestern nicht mehr die vergänglichen Güter dieser Erde zusammenhäufen, sondern einfach und schlicht einhergehen wie Ich, dann würde es auch bald weder Diebe noch Räuber und Mörder geben.

Wer da meint, durch strenge Gesetze und verschärfte Gerichte werden am Ende die Übeltäter ausgerottet, irrt gewaltig! Die Hölle hat daran noch nie einen Mangel gehabt. Was nützt es dir, einen Teufel zu töten, wenn darauf die Hölle an die Stelle eines Getöteten zehn schickt, von denen einer ärger ist, als es zehn der ersten Art gewesen wären? Wenn der Böse, so er kommt, wiederum Böses findet, so ergrimmt er und wird zum Satan im Vollmaß. So er aber kommt und findet nichts denn Liebe, Sanftmut und Geduld, da steht er von seiner Bosheit ab und zieht weiter.

Segnet daher lieber eure Feinde, als daß ihr sie fanget, richtet und in die Zwinger sperrt, so werdet ihr glühende Kohlen über ihren Häuptern sammeln und sie unschädlich machen für euch. Mit Liebe, Sanftmut und Geduld kommt ihr überall fort. So ihr aber die Menschen, die trotz ihrer Blindheit am Ende dennoch eure Brüder sind, richtet und verurteilt, werdet ihr statt des Segens des Evangeliums nur Fluch und Zwietracht streuen unter die Menschen der Erde!“ [1]

Feindesrache

Sehr aufschlußreich sind in der Frage der Feindesbehandlung auch die folgenden Ausführungen aus dem ‚Großen Evangelium‘:

„Wer da glaubt, daß er sich seines Feindes entledigt hätte, so er dessen Leib tötete, ist mit zehnfacher Blindheit geschlagen. Denn dadurch erst hat er sich aus einem schwachen Feinde, den er sehen konnte, tausend unsichtbare gemacht, die ihn Tag und Nacht verfolgen und ihm Schaden zufügen an Leib, Seele und Geist.

Siehe an einen Krieg, durch den nicht selten viele Tausende dem Leibe nach getötet werden. Der Sieger meint, er habe sich seiner Feinde entledigt, so er sie seiner blinden Idee nach leiblich vernichtet hat. Aber wie groß irrt er da! Die Seelen und Geister der Getöteten verheeren mehrere Jahre hindurch zufolge ihres *unmittelbaren Einflusses* auf die Witterung der Erde die Fruchtsaaten jeder Art und Gattung und rufen dadurch Teuerung der Nährmittel hervor. Diese verursacht Hungersnot und dadurch allerlei tödliche Seuchen, die in kurzer Zeit mehr Menschen hinwegraffen, als der Krieg getötet hat. So in seiner Macht geschwächt, muß der Herrscher, um zu bestehen, Krieger um teuren Sold anwerben und verschuldet so sein Land. Das Volk, von zu großer Not gedrückt, wird sich bald wider ihn erheben. Auch die äußeren Feinde werden diese Gelegenheit nicht unbenützt lassen und werden sich aufmachen wider ihn. Und er, der gefeierte Sieger, wird in einem solchen Kampfe nimmer als Sieger gekrönt werden, sondern die Verzweiflung wird ihn erfassen und bis in seine innerste Lebensfiber zerfleischen. Und siehe, das alles ist eine Wirkung der dem Leibe nach getöteten Feinde!

Darum ist es eine uralte Regel, daß sich mit einem dem Leibe nach Sterbenden alle ihm Nächststehenden versöhnen und sich von ihm segnen lassen. Denn stirbt er als jemandes Feind, so ist der zu beklagen, der ihn als Gegner überlebt. Denn fürs erste wird die freigewordene Seele des Überlebenden Gemüt ohne Unterbrechung in Gestalt von quälenden Gewissensbissen martern, und fürs zweite wird sie alle irdischen Umstände des Überlebenden so leiten, daß dieser nicht leicht wieder auf einen grünen Zweig kommen wird.

Der Herr aber läßt solches alles darum zu, daß den beleidigten Seelen die verlangte Genugtuung geschehe. Auch weil es für den Überlebenden besser ist, wenn

[1] Gr. Ev., Bd. 1, Kap. 75, 5—12; vergl. auch Bd. 10, Kap. 162, 13 ff., Bd. 2, Kap. 159, 10 ff.; Bd. 9, Kap. 159, 10 ff.; Bd. 8, Kap. 119, 4 ff.

er auf dieser Materienwelt für seine Hochmutstaten gepeinigt wird, als so er nach seines Leibes Tode sogleich in die Hände feindlicher Geister geriete, die mit ihm als einem in jener Welt noch gänzlich Unerfahrenen sicher nicht freundlich umgehen würden.

Darum ist es überaus nötig, auf dieser Welt Liebe und *wahre Freundschaft* zu üben und einem Feinde lieber Gutes als Böses zuzufügen und den zu segnen, der mir flucht. Denn ich kann nicht wissen, wann der Herr ihn von dieser Welt abrufen wird!

David war von seiner Kindheit an ein Mann nach dem Herzen Jehovas. Aber er hatte *einen* Menschen, den Urias, wider den Willen des Herrn sich zum Feind gemacht, und wie schwer hat sich dann mit Zulassung des Herrn des Urias Geist an David gerächt. Das aber bleibt stets die unausbleibliche Folge einer feindlichen Handlung an einem Menschen wider den Willen Gottes.

Ganz anders ist es freilich, so dich der Herr selbst dazu beheißt, wie Er den David gegen die Philister beheißen hat, schon des Satans gewordene Gottes- und Menschenfeinde mit kriegerischer Gewalt zu schlagen und irdisch zu vernichten! Diese fallen jenseits sogleich in ein hartes Gericht und können sich wider den Gottesarm nicht erheben. Denn sie werden von des Herrn Macht gedemütigt."
(Gr. Ev., Bd. 1, Kap. 79, 7—14)

Notwehrrecht

Die Lehre der Feindesliebe und der Vergeltung des Bösen mit Gutem fordert wieder den Widerspruch wehrhaft gesinnter Menschen heraus. Und auch dem Herrn entgegnete der spätere Schwertträger *Petrus:*

„Ich sehe wohl ein, daß in diesem von Dir zur Ausübung befohlenen Verhalten die Nächstenliebe die wahre, himmlische Form annimmt. Aber da kommt mir doch so manches noch ungerade vor, weil dadurch die Notwehr ganz beiseite gesetzt wird. Man kann wohl die Sanftmut beachten gegen Menschen, die es in ihrer Bosheit gegen andere nicht zu weit treiben, aber gegen Menschen, die zu wahren Erzteufeln geworden sind, sollte Deine göttliche Lehre Ausnahmen machen.

Es würde mir gerade nichts machen, dem, der mir bei einer Gelegenheit eine mäßige Ohrfeige versetzt hat, auch den andern Backen hinzureichen, damit Friede und Einigkeit zwischen uns würde. Aber was dann, so mein Gegner mich mit seiner ersten Ohrfeige schon beinahe totgeschlagen hat? Soll ich da nicht lieber zur Gegenwehr schreiten, so mir diese in irgendeiner Art möglich wäre, als mich von solch einem zornigen Simson ganz totschlagen zu lassen?"

Dem Petrus erwidert der *Herr:* „Es ist ganz klar, daß man einem erzbösen Menschen durch eine zu große Gegenfreundschaft *nicht* noch mehr Gelegenheit verschaffen soll, dadurch in seiner Bosheit zu wachsen und noch ärger zu werden als er vorher war.

In diesem Fall wäre eine fortgesetzte Nachsicht nichts anderes als eine Hilfeleistung für des Feindes wachsende Bosheit. Dafür aber habe Ich in dieser Welt zu allen Zeiten strenge Richter aufgestellt und ihnen das Recht erteilt, die zu schlecht und böse gewordenen Menschen, nachdem sie es verdient haben, zu züchtigen und zu strafen. Ich habe euch darum auch das Gebot gegeben, daß ihr der weltlichen Obrigkeit untertan sein sollt, ob sie sanft oder strenge ist. Wer demnach einen solchen argen Feind besitzt, der gehe zum Weltrichter hin und zeige ihm solches an. Und dieser wird dem schon erzböse Gewordenen seine Bosheit austreiben.

Geht das mit nur körperlichen Züchtigungen nicht, so geht es am Ende wirksam durch das Schwert. Und so ist es auch der Fall mit der Ohrfeige. Erhältst du sie von einem minder bösen Menschen, den eine plötzliche Aufwallung seines Gemütes dazu verleitet hatte, so wehre dich nicht, auf daß er dadurch besänftigt wird, und ihr werdet darauf leicht ohne Weltrichter wieder zu guten Freunden werden! Sei dessen sicher, daß Ich mit Meiner Predigt von der Nächstenliebe die Macht des Schwertes nicht im geringsten aufgehoben, wohl aber so lange hin gemildert habe, als die Feindseligkeit unter den Menschen nicht jenen Grad erreicht hat, den man den höllischen nennen kann." [1]

Die Goldene Regel der wahren Nächstenliebe

Worin besteht nun aber die wahre Nächstenliebe? Wie bezeugt und betätigt sie sich?

Darüber ist in den Schriften der Neuoffenbarung mehrfach eine Norm aufgestellt, die man im Leben allgemein als die „goldene Regel" kennt und bewährt gefunden hat. Sie lautet nach den Worten des Herrn: „Die wahre Nächstenliebe besteht darin, daß ihr euren Nebenmenschen alles das tut, was ihr vernünftigerweise wünscht, daß sie im entsprechenden Falle auch euch tun möchten." Oder kürzer: „Was ihr wollt, daß man euch tue, das tut auch ihr den andern!" [2]

Durch Vernunft und Erfahrung weiß ja ein jeder Mensch meist recht genau, was er selbst von seinen Mitmenschen billigerweise verlangen möchte. So ist denn mit dieser Regel in der Tat ein praktischer, leicht zu findender Maßstab geboten. Es würde in der Welt bald ganz anders aussehen als bisher, wenn diese Regel von jedermann angewendet würde.

Entsprechend dem, was wir selbst für uns erfüllt zu sehen wünschen, ist es unsere Liebespflicht, jedem Mitmenschen eine gerechte *Freiheit* zu lassen und jedem das Seinige zu geben in derselben Weise, wie auch wir solches für uns selber wünschen. [3] *Unbilligen,* der Ordnung Gottes widersprechenden Ansprüchen ist dabei allerdings nicht Rechnung zu tragen. Das *gerechte Maß* des Freiheitlassens und Gebens aber werden wir im Lichte der Neuoffenbarung unschwer erkennen. — Im Folgenden sollen einige hier in Betracht kommende Hauptgesichtspunkte erörtert werden.

[1] Gr. Ev., Bd. 10, Kap. 215, 5—14. Im Lichte dieser Ausführungen klärt sich auch die Frage, ob und inwieweit ein Volk vor Gott das Recht hat, Krieg zu führen und mit Waffengewalt sein Leben zu verteidigen.

[2] Gr. Ev., Bd. 8, Kap. 63, 13; Bd. 9, Kap. 12, 4; Bd. 5, Kap. 126, 3; Bd. 7, Kap. 198, 3; Rob. Blum, Bd. 1, Kap. 139, 21. —

[3] Geist. Sonne, Bd. 2, Kap. 105, 5.

41

Duldsamkeit

Eines der wichtigsten Grundgesetze im Lebensbereiche unseres himmlischen Vaters ist die Willensfreiheit. Denn nur durch die freie Willensentfaltung und die dadurch gewährleistete Erfahrung können die Geister, Menschen und Engel zu der von Gott als Ziel der Schöpfung aufgestellten *Selbständigkeit* der wahren Kinder Gottes gelangen.

Die Nächstenliebe erfordert daher in erster Linie, daß wir jedem Mitmenschen in leiblicher und geistiger Beziehung seine möglichste Freiheit lassen, soweit es mit der Ordnung Gottes vereinbar ist. Sehen wir doch, wie der himmlische Vater sich selbst und seinen Engeln bei unserer Führung die größte Zurückhaltung auferlegt:

Sein *äußeres* Offenbarungswort gibt Er uns nicht unmittelbar und in zwingender Form, sondern durch Menschenmund, vermischt mit Menschlichem und eingehüllt in irdische Sprache. Sein belehrendes *inneres* Wort ertönt nur ganz sanft im Kämmerlein des Herzens. Seine *Führungen* durchs Leben sind fast unmerkbar. Kurz, Er kommt zu uns nicht im Sturm und Feuer, sondern im „sanften Säuseln". Und in dem Lorberwerk ‚Die geistige Sonne' (Bd. 2, Kap. 105) lesen wir, wie Er auch unsere Schutzgeister eindringlichst belehrt, diese Grundsätze der Freiheit gegenüber ihren Schutzbefohlenen auf das strengste zu beobachten. „Keinem Geist oder Menschen darf irgend Gewalt angetan werden. Sein *freier Wille*, gepaart mit seiner Erkenntnis, bestimmt den Weg und die Art und Weise, wie er zu leiten ist."

Hauptpflicht der Nächstenliebe

Eine Hauptpflicht der Nächstenliebe ist demnach die geistige *Duldsamkeit*. Nirgends aber wird gerade dagegen mehr gefehlt als auf dem Glaubensgebiet. Viele Menschen meinen, der von ihnen erkannten Wahrheit dienen zu müssen, indem sie Andersdenkende bekämpfen, ja gegebenenfalls mit Mitteln der Gewalt sie überwältigen oder gar töten.

Wie sehr widerstreitet ein solcher unduldsamer Gewaltgeist dem Wesen der göttlichen Liebe! Nichts wäre der Gottheit — wenn sie dies wollte — leichter, als allen Menschen durch eine unverkennbare, machtvolle Offenbarung die richtigen Erkenntnisse sozusagen auf einen Schlag beizubringen. Aber was wäre dadurch für die Freiheit und Selbständigkeit und mithin für die wahre Vollkommenheit und Seligkeit der Menschen gewonnen? Nichts! Und darum mögen die geistig unduldsamen Gewaltmenschen es sich wohl überlegen, wieviel Schaden sie mit ihrem Vorgehen stiften und wie weit entfernt sie sich damit von der wahren, gottgefälligen Nächstenliebe befinden.

„Meine Lehre", spricht der Herr im ‚Großen Evangelium', „gibt euch die höchste Freiheit und kann darum nicht mit dem Schwerte und mit den Ketten finsterer Sklaverei verkündet werden. Denn was dem Menschen die höchste Lebensfreiheit verschaffen soll und wird, das muß er auch in vollster Freiheit erkennen und annehmen." (Gr. Ev., Bd. 8, Kap. 20, 3 ff.)

„Bedenkt daher allezeit, daß sich in der Liebe, Geduld, Sanftmut und Erbarmung die größte Macht und Kraft des Geistes offenbart. Könnet ihr einen Narren mit Liebe und Geduld nicht zurechtbringen, so werdet ihr mit Ärger und Zorn um so weniger dazu imstande sein. Es ist wohl notwendig, daß man dann und wann, wenn es sehr not tut, mit dem rechten Ernst auftritt, aber dahinter muß dennoch stets die Liebe mit dem Gewande des wahren Wohlwollens hervorleuchten. Ist das nicht der Fall, so ist der Ernst nichts als ein wirkungsloser Lärm, der viel mehr Schaden als Nutzen anrichtet.

Wo ihr aber leicht merket, daß ein Mensch zu tief in götzenhafter Torheit der Welt vergraben ist und für die Stimme der Wahrheit weder Ohr noch Herz hat, da wendet euch von ihm ab und habt mit ihm keine Gemeinschaft — außer es käme ein solcher Tor zu euch und verlangte euch zu hören, oder es fehlte ihm etwas und er möchte eine Hilfe von euch. So das vorkäme, dann stellt ihm mit vernünftiger und für ihn begreifbarer Rede seine Torheiten vor. Und hat er das angenommen, so lasset ihm dann auch die verlangte Hilfe zukommen. Aber mit der Hilfe gebt ihm auch liebeernst die Mahnung, daß er in der Folge nicht mehr in der alten Torheit und Sünde verharren solle, denn da werde sein zweiter Leidenszustand ein noch viel ärgerer werden. Wenn ihr diesen Rat befolgt, werdet ihr in Meinem Namen leicht zu wirken haben und die besten Lebensfrüchte ernten.

Aber vor allem mache Ich euch noch einmal darauf aufmerksam, daß keiner von euch je aus den Schranken der wahren Liebe, Mäßigung, Geduld, Sanftmut und Erbarmung trete. Denn ein solcher Austritt würde nur zu bald Gegenhaß, Verfolgung und Krieg zur Folge haben. Darum beachtet dies vor allem, so ihr statt des Segens nicht Zwietracht, Ärger, Zorn, Haß und Verfolgung unter den Menschen ausbreiten wollt!“ [1]

Nicht richten!

Aber nicht nur in Glaubenssachen, sondern überhaupt in *jeder* Hinsicht sollen wir uns lieblosen Richtens enthalten, wenn wir wahre Jünger dessen sein wollen, der gekommen ist „nicht daß Er die Welt richte, sondern daß die Welt durch Ihn selig werde“. Dies ist mit großem Ernste an vielen Stellen der Neuoffenbarungsschriften ausgesprochen. So lesen wir:

„So du allerlei Sünder siehst, so richte und verdamme sie nicht! Denn sie sind es ja zumeist nicht, die da sündigen, sondern ein Geist, der sie *treibt*. Du kannst nicht wissen, von welch einem Geiste sie getrieben werden. Es gibt viele, die in ihrer Frömmigkeit leicht hochmütig werden und möchten mit Verachtung und Abscheu von ihrer vermeinten Tugendhöhe auf die Sünder herabblicken, wodurch sie dann unbewußt zu größeren Sündern würden als jene, die sie verurteilen. Da kommt dann ein Geist und treibt solche richterische Menschen zu irgendeiner Sünde an, und der stolze Tugendheld erfährt so an sich selbst, daß er noch lange kein Gott, sondern nur ein gewöhnlicher schwacher Mensch ist. Ein solcher Mensch wird dann wieder demütig und tut Buße, worüber er sich früher als vermeinter Tugendheld schon viel zu erhaben dünkte.

[1] Gr. Ev., Bd. 8, Kap. 153, 9 ff.; weitere wichtige Stellen über die rechte Mission siehe „Grundfragen des Lebens“, Bd. 1, S. 124.

So soll denn niemand einen Sünder darob hassen, weil er ein Sünder ist. Ein jeder aber tut wohl und genug, so er allein die *Sünde* haßt und in seinem Tun und Lassen vermeidet. Nur einem hartnäckigen Bösewicht, der mit der Sünde eins geworden ist, sollst du die Hand nicht reichen! So er aber darum zu seiner Besserung in ein rechtes Elend gekommen ist, dann sollst du seiner gedenken. Und so von ihm eine Bitte an dich kommt, sollst du davor dein Ohr nicht verschließen. Und siehst du einen Missetäter zum Tode verurteilt, sollst du nicht Freude fühlen ob dessen traurigem Lose, und hätte er selbst an deinem Hause die Missetat begangen, derentwegen er nun zum Tode geführt wird. Denn siehe, es ist nicht unmöglich, daß auch ein solcher Missetäter selig werden kann in der andern Welt!

Liebe sei in allen Dingen das vorherrschende Element des Lebens eines jeden Menschen! Eine Gerechtigkeit, die nicht in der Liebe ihre Wurzeln hat, ist keine Gerechtigkeit vor Gott. Und wer sie als ein Richter ausübt, ist vor Gott ein größerer Sünder als jener, den er verurteilt. Und Gott wird ihn einst ebenso unbarmherzig richten, wie er seinen Nächsten gerichtet hat.

Darum richte und verdamme niemanden, und hätte er auch an dir noch so grob gesündigt, so wirst dereinst auch du nicht gerichtet und nicht verdammt werden. Denn mit welchem Maße da jemand mißt, mit dem gleichen Maße wird ihm dereinst in der andern Welt wiedervergolten werden!" (Gr. Ev., Bd. 1, Kap. 174, 4 ff.)

Vom Türkehren

„Kehret allezeit nur vor eurer eigenen Haustüre und sehet nicht zuvor nach des Nachbars Tür, ob der Weg zu ihr schon gefegt ist! Erst wenn ihr den Weg vor *eurer* Tür gereinigt habt, dann könnet ihr auch zum Nachbar sagen: „Freund, siehe, ich habe meinen Weg schon gereinigt, du aber noch nicht. So du Zeit und Muße hast, da reinige denn auch den Weg zu deines Hauses Tür! Hast du aber ein anderes dringlicheres Geschäft, so laß es zu, daß ich auch deinen Weg rein mache!" Wenn dann dein Nachbar zu dir sagt: „Tue mir den Liebesdienst!" — dann kannst du den Weg vor deines Nachbars Tür reinigen. Doch zuvor reinige den deinen!" [1]

Falscher Tugendstolz. — Gleichnis vom lieblosen Klausner

„Siehe, es ging in der Nacht eine Maid geringen Standes. Sie war irgendwo in Geschäften ihrer Herrschaft, verspätete sich aber so sehr, daß sie auf dem Rückweg von der Nacht eingeholt wurde. Auf halbem Wege trifft sie ein Haus, in dem ein frommer Einsiedler wohnt, der des Reiches Gottes wegen ein sogenanntes strenges Leben führt. Die schon in stürmischer Nacht ankommende Maid pocht an des Klausners Tür und bittet um Einlaß und Herberge die Nacht hindurch. Der Klausner geht hinaus und sieht, daß die Flehende eine Maid ist, durch deren Eintritt seine Hütte verunreinigt werden könnte. Darum spricht er von heiligem Eifer ergriffen: ‚Betritt, du unreines Wesen, meine gottgeweiht reine Hütte ja nicht, denn sie würde unrein durch dich! Ziehe weiter und gehe hin, von wo du

[1] Gr. Ev., Bd. 8, Kap. 124, 14; über das Richten vergl. weiter: Bd. 1, Kap. 74, 10 ff., Bd. 4, Kap. 58; Robert Blum, Bd. 1, Kap. 111, 3 ff.; Kap. 142, 1 ff.

gekommen bist!‘ Mit diesen Worten schließt er die Türe und überläßt leichten Gemütes die weinende Maid ihrem herben Lose.

Nach einer Stunde aber kommt dieselbe Maid, vom Sturme übel zugerichtet, zum Hause eines verrufenen Zöllners, der vor den Augen des reinen Einsiedlers ein großer Sünder ist und dem man denn auch den Beinamen ‚ordnungsloser Lump‘ gegeben hat. Dieser sündige ‚Lump‘ zündet schnell eine Fackel an und eilt der jammernden Maid entgegen. Und als er sie hinkend und weinend findet, tröstet er sie, führt sie in sein Haus, reicht ihr Speise und Trank und bereitet ihr ein gutes Lager. Am Morgen aber beschenkt er sie noch, besorgt zwei Lasttiere und läßt sie so, sie begleitend, ihre noch ziemlich ferne Heimat gestärkt und wohlgemut erreichen.

Siehe, der Klausner ist ein strenger Büßer, lebt in einem sich selbst auferlegten Strafzwang und vermeidet alles sorgfältig, was irgend seine als rein geglaubte Seele nur im geringsten verunreinigen könnte, und meint, daß Gott an ihm schon ein großes Wohlgefallen haben müsse. Zugleich aber liegt ihm auch sehr daran, daß die Welt ihn für einen makellosen Heiligen halte, und das um so mehr, weil es von ihm allgemein bekannt ist, daß sein Gemach noch nie von einem weiblichen Fuß betreten ward. Natürlich trägt ihm solch sittliche Reinheit auch so manche Prozente in seine Hütte, die sicher in Abnahme kämen, könnte am Ende verraten werden, daß seine Hütte doch einmal durch den Fuß einer Maid verunreinigt ward.

Dem Zöllner aber ist das einerlei, ob die Welt schwarz oder weiß von ihm spricht. Sein Haus hält man stets für das unreinste, sodaß ein echter Jude es nicht betreten wird, weil er sich darin verunreinigen könnte. Daher handelt der Zöllner frei nach dem Drang seines Herzens und denkt sich: ‚Bin ich schon ein großer Sünder voll Unlauterkeit, so will ich dennoch Barmherzigkeit üben, auf daß auch ich dereinst Barmherzigkeit vor Gott finden möge!‘

Ich, der Herr, sage euch nun aber: Wer da nicht wird wie der Zöllner, wird in Mein Reich wahrlich nicht eingehen. Denn vor Mir gilt alle lieblose Sittenreinheit für ewig nichts! Ja, eine wahre innere Sittenreinheit mit der alles opfernden Nächstenliebe geht Mir über alles, nicht aber eine solche, wie wir sie hier beim Klausner sehen. Wer rein ist, der soll rein sein im Herzen *vor Gott,* aber die Welt soll nicht viel wissen davon. Denn wenn er sich von ihr loben läßt, wird er von Mir wenig Lob zu erwarten haben.

Am besten ist es, wenn der Mensch stets sagt: ‚Herr, sei mir Sünder gnädig!‘, wenn er über niemand Arges urteilt, für seine Feinde betet und sogar noch jenen Gutes tut, die Übles von ihm reden oder ihm Übles zufügen. Wahrlich, wer das tut, der ist nicht nur rein vor Mir — und hätte er auch noch so manche Sünde auf sich, die ihn sein Fleisch dann und wann zu begehen nötigte — sondern er ist dabei vollauf Mein Bruder und mit Mir ein König der Himmel und aller ihrer Herrlichkeiten! Denn wird eines Menschen Fleisch oft auch von argen Dämonen gereizt, so wandelt aber dennoch seine Seele gleichfort in Meinem Geiste.

Ich sage daher euch allen: Was immer für Sünder und Sünderinnen in euer Haus hilfesuchend kommen, so sollt ihr ihnen nimmer die Türe weisen, sondern ihnen helfen, als hätten sie nie gesündigt. Und habt ihr ihnen geholfen, so sollet ihr dabei auch alles aufbieten, um die Sünder für die Zukunft zu bessern auf dem Wege der Liebe und der Weisheit, aber jener wahren Weisheit, die nur aus der Liebe hervorgeht!“ (Gr. Ev., Bd. 2, Kap. 208 ff.)

42

Dienet einander

Zur Erläuterung des Liebegebotes ist in der Neuoffenbarung mehrfach dargelegt, wie *verschieden* die Menschen in ihren von Gott verliehenen Fähigkeiten, Gaben, Erkenntnissen und Besitztümern sind und worin diese verschiedenartige Ausstattung ihren weisen Grund hat. Dadurch allein kann ein Mensch dem andern etwas bieten und ein gegenseitiges Dienen und Austauschen stattfinden. Dies aber ist zur Erweckung und Übung der Nächstenliebe und mithin zur wahren Vollendung der Wesen in der ganzen Schöpfung und nicht zum wenigsten unter den Menschen dieser Erde eine unerläßliche Bedingung.

„Sieh, der Herr hat die Menschen dieser Erde mit verschiedenen Fähigkeiten begabt, einige mit größeren und einige mit minderen. Aber keinem ist das Tor in den großen Tempel der Vollendung verschlossen, sondern einem jeden der Weg gegeben. Es kann sich demnach niemand beschweren und sagen: ‚Herr, warum gabst Du denn nicht auch mir die Talente, deren sich mein Bruder im Vollmaße zu erfreuen hat?' Denn da würde der Herr zu ihm sagen: ‚Fühlst du einen Mangel, so gehe zu deinem Bruder, und er soll dir aushelfen! Hätte Ich allen Menschen ein Vollgleiches gegeben, da hätte keiner gegenüber dem andern einen Mangel und der Bruder würde des Bruders niemals benötigen. Womit sollte dann die alles belebende Nächstenliebe im Menschen erweckt und gestärkt werden?'

Was wäre aber ein Mensch ohne die *Nächstenliebe,* und wie würde er ohne diese dann die reine Liebe zu Gott finden, ohne die an ein ewiges Leben der Seele gar nicht zu denken ist? Siehe, damit ein Mensch dem andern dienen und sich dadurch dessen Liebe erringen kann, muß er irgend etwas zu leisten imstande sein, was ein anderer nicht so leicht kann, weil ihm dazu die erforderlichen Talente mangeln. Dadurch wird dann ein Mensch dem andern zu einem Bedürfnis, durch den gegenseitigen Dienst die Liebe erweckt und durch das Gute solcher Dienstleistung stets mehr gestärkt. In der Stärke der Nächstenliebe aber liegt allezeit die innerste Offenbarung der reinen, göttlichen Liebe und in dieser das ewige Leben." [1]

Die große Lebensaufgabe aller Gotteskinder

Überall in der ganzen Schöpfung ist daher *Dienen* die allgemeine Losung durch *alle* Sphären der Unendlichkeit.

„Eben darum", sagt der Herr im ‚Großen Evangelium', „bekommen auch die seligen Geister der höchsten Himmel eine Mir nahezu gleiche Kraft und Macht, um Mir und allen Menschen desto gediegenere Dienste leisten zu können. Und Ich selbst kam auch zu euch nicht darum, um aus euch Müßiggänger zu ziehen oder euch bloß für Ackerbau, Viehzucht und dergleichen mehr zu bilden, sondern um aus euch tüchtige Arbeiter für den großen Weinberg der Himmel heranzubilden. Meine Lehre an euch ist deshalb dahin abgezielt, euch selbst im Gebiete

[1] Gr. Ev., Bd. 3, Kap. 79, 16 ff.; vergl. auch Bd. 7, Kap. 113, 1 ff.; 124, 1 ff.; Kap. 152, 9 ff.

eures inneren Lebens wahrhaft zu vollenden. Und fürs zweite, daß ihr dann selbst als Lebensvollendete Mir schon hier und besonders einst drüben in Meinem Reiche die tüchtigsten Arbeiter abgeben möget.

Würde dies nicht Meine Endabsicht sein, und sagte Ich zu euch: ‚Seid nur *hier* tätig, einstens drüben in Meinem Reiche werdet ihr dann bei bestem Saus und Braus in alle Ewigkeit vollauf ruhen können und alle die Herrlichkeiten Gottes bestaunen!', so müßte Ich selbst ein Tor sein. Ja, ihr werdet wohl Gottes Herrlichkeiten ewig anzustaunen haben, aber *nicht ohne Tätigkeit!* Denn an eurer Tätigkeit wird es eben liegen, die Wunder der Himmel zu mehren und sie stets herrlicher und göttlicher zu machen.

Ich will es, daß alle Meine Gedanken und Ideen *durch euch,* Meine Kinder, ins vollste Werk gesetzt werden: *hier* schon für Seele, Herz und Geist eurer Brüder und Schwestern, und *jenseits* in all die großen Wirklichkeiten von ihrer innersten geistigen Entstehungssphäre bis zu ihrer äußersten materiellen Ausbildung, und von da zur abermaligen Rückführung ins gemehrte, rein selbständig geistige, vollendete Leben. Und dazu, Freunde, wird eine große *Tätigkeit* erforderlich sein und eine ebenso allumfassende Liebe, Geduld, Weisheit und Kraft! . . ." (Gr. Ev., Bd. 4, Kap. 95, 4—7)

Aus diesen bedeutsamen, wahrhaft göttlichen Worten des Herrn ersehen wir überzeugend, warum auch im irdischen Leben des Menschen das tatkräftige *Dienen* einen wesentlichen Teil der Nächstenliebe bildet, und daß ein möglichst reiner, selbstloser Geist dabei das Wichtigste ist.

Höllisches und himmlisches Dienen

„Auch der Hölle arge Bewohner", lesen wir im ‚Großen Evangelium', „verstehen sich auf das Dienen — nur mit dem gewaltigen Unterschiede vom Dienen der Bewohner des Himmels: In der Hölle will im Grunde jeder *bedient* sein. Und dient schon einer dem andern, so ist das bloße Augendienerei, also ein allezeit höchst selbstliebig interessierter Scheindienst, wodurch einer den andern täuschen will, um ihn bei günstiger Gelegenheit desto sicherer unter seine Krallen zu bekommen und aus seinem Fall Vorteile für sich zu ziehen.

Sonach ist auch jeder mehr oder weniger eigennützige Dienst, den sich die Menschen gegenseitig erweisen, stets mehr mit der Dienerei der *Hölle* verwandt und kann unmöglich einen Wert vor Mir und Meinen Himmeln haben. Nur ein uneigennütziger Dienst ist auch ein rein himmlischer Dienst und hat vor Mir und vor Meinen Himmeln vollen Wert.

Wenn ihr euch sonach gegenseitig dient, dann dient euch *in Liebe* und wahrer Brüderlichkeit, wie solches in den Himmeln gang und gäbe ist! Wenn jemand einen Liebesdienst von euch erbittet, so verrichtet ihn in aller Freudigkeit und fraget nicht vor der Dienstleistung um den Lohn; denn solches tun auch die Heiden, die den wahren Vater im Himmel nicht kennen. So dir aber jemand einen guten Dienst erwiesen hat, sollst du auch nicht fragen: ‚Freund, was schulde ich dir?' — sondern du sollst den dir geleisteten Dienst aus aller Liebe und Freudigkeit deines Herzens nach deinen Kräften bestens belohnen. Wird der, welcher dir den guten Dienst erwiesen hat, dessen gewahr, so wird er dich umarmen und sagen: ‚Edler Freund, sieh, einen nur sehr kleinen Dienst habe ich dir geleistet und du belohnst mich dafür so groß! Ein Teil davon ist genug, und selbst den nehme ich nur als einen Beweis deines mir so teuren Bruderherzens an!'

Wenn der Dienstleister so zu seinem Diensthern reden wird aus dem lebenstiefen Gefühlsgrund, werden da Diener wie Dienstgeber nicht zu wahren Himmelsbrüdern werden? Ganz sicher! Und es wird eben dadurch das wahre Reich Gottes zu euch kommen und euch himmlisch beherrschen mit dem Zepter des Lichtes und aller Gnade." (Gr. Ev., Bd. 4, Kap. 99, 2—8)

Vom rechten Geben

Auch das rechte Geben ist eine himmlische Kunst und will gelernt sein, falls es uns nicht von Gott gegeben ist.

„Was du tust oder gibst, das tue und gib mit vielen Freuden!" spricht der *Herr*. „Denn ein freundlicher Täter und Geber hat einen Doppelwert vor Gott und ist der geistigen Vollendung auch ums Doppelte näher. Sein Herz gleicht einer Frucht, die leicht und früh reif wird, weil sie in sich eine Fülle der rechten Wärme hat, in der das Element des Lebens waltet. Ein sonst noch so eifriger Geber und Wohltäter ist von dem Ziel der geistigen Lebensvollendung um so entfernter, je unfreundlicher er beim Geben und Tun ist. Denn das saure Gebaren beim Geben hat noch materiell Weltliches in sich und ist darum vom rein himmlischen Elemente um vieles entfernter als das freudige und freundliche.

So sollst du beim Geben oder Tun auch nicht ernste und oft bittere Ermahnungen mitgeben. Denn diese erzeugen bei dem armen Bruder leicht eine Traurigkeit, und er fängt an, sich im Herzen sehr danach zu sehnen, von dem ihn stets ernster ermahnenden Wohltäter nichts mehr annehmen zu müssen. Den Wohltäter aber machen solche unzeitige Ermahnungen nicht selten ein wenig stolz und der Bewohltätigte fühlt sich dadurch tief entwürdigt und empfindet da erst recht seine Not. Und so ist das Nehmen bei weitem schwerer denn das Geben.

Wer Vermögen und einen guten Willen hat, der gibt leicht. Aber dem armen Nehmer wird schon bange, so er sich durch seine Armut genötigt sieht, dem noch so freundlichen Wohltäter zur Last fallen zu müssen. Wie schwer aber muß ihm erst ums Herz werden, so der Wohltäter ihm mit einem grämlichen Gesicht entgegentritt und ihm noch vor der Wohltat weise Lehren zukommen läßt, die für den Bewohltätigten in Zukunft zu schmerzlichen Hemmschuhen werden, im Notfall noch einmal vor die Türe des Mahnpredigers zu kommen.

Ein freundlicher Geber dagegen hat einen großen Vorzug vor dem grämlichen, weil er das Herz des Nehmers tröstet, erhebt und in dankbare Stimmung versetzt. Auch erfüllt es den Nehmer mit einem liebevollen und gedeihlichen Vertrauen gegen Gott, und sein sonst so schweres Joch wird ihm zu einer leichteren Bürde, die er dann mit mehr Geduld und Hingebung trägt als zuvor. — Ein freudiger Wohltäter ist einem notleidenden Bruder das, was dem Schiffer auf sturmbewegtem Meer ein sicherer und freundlicher Hafen." [1]

[1] Gr. Ev., Bd. 4, Kap. 81, 11 ff.; Bd. 7, Kap. 1, 14 ff.; Bd. 4, Kap. 98, 5 ff.; Kap. 79, 4—9.

Geiz — ein Vater aller Sünden

Mit scharfen Worten wird auch der Geiz getadelt:

„Geiz ist ein Vater aller Sünden! Zuerst geizt man sich ein großes Vermögen zusammen, und das durch jedes Mittel, nicht selten durch Betrug, Diebstahl und Raub. Ist man einmal reich, dann wird man hochmütig und herrschsüchtig. Man fängt an, sich zu verschanzen und dingt Diener und Knechte, daß sie jeden davontreiben, der sich unberufen der Wohnung eines groß gewordenen Geizigen nähert. Der Reiche kauft sich bald ein ganzes Land zusammen, wird zum förmlichen Herrscher, erpreßt oft alles Gut seiner Untertanen und behandelt sie wie ein echter Tyrann.

Ist der Geizige einmal übermäßig reich, wirft er sich allem sinnlichen Wohlleben in die Arme, treibt allerlei Schändlichkeiten. Und weil er ein Erster seines Landes ist, verführt er bald sein ganzes Volk durch sein schlechtes Beispiel. Denn dieses sagt: ‚Der Herr muß es doch besser wissen als wir; tut er's, so können wir es auch tun!' Und so fängt endlich in einem Lande alles an zu stehlen und ein sittenloses Leben zu führen, und von einer Gotteserkenntnis ist keine Spur mehr.

Gehe hin in die Länder und Reiche der Erde, schlage nach in deren Chronik! Du wirst finden, wie zumeist deren Herrscher anfänglich geizende, gewinnsüchtige, gewöhnlich handeltreibende Menschen waren und sich mit ihren Schätzen mit der Zeit Länder und Völker durch allerlei Gewaltmittel dienstbar machten, ja sogar der untertan gewordenen Völker Sitten und Religionen derart umgestalteten, daß an ihnen kaum noch eine Spur der alten Reinheit zu entdecken war.

Darum habet acht, daß sich unter euch kein *Geiz* einschleiche! Es soll sogar eine übertriebene Sparsamkeit bei euch verpönt bleiben, da sie gewöhnlich der Keim des Geizes ist. Jeder habe so viel, wie er zum Leben nötig hat. Ein Mehr soll in eurem Hause bei niemandem sich finden!" [1]

Vom Sparen

„Wer nur für sich allein und seine Angehörigen spart, der spart nicht in Meiner Ordnung. Wer aber spart, damit er etwas habe, um zur Zeit der Not auch für *andere* arme Brüder etwas zu haben, den lobe Ich und segne seine Ersparnisse und er wird niemals Not haben. Ich sage nicht, daß jemand nicht sparen soll für seine Kinder und sein Haus, denn es ist das jedes Elternpaares erste Pflicht. Aber es sollen dabei die *fremden Armen* nicht ausgeschlossen bleiben. Auch Ich lasse Meine Sonne ja in gleichem Maße über jene leuchten, die nicht Meine Kinder sind!

Wer da tun wird, wie Ich es tue, der wird dereinst auch dort sein, wo Ich ewig sein werde. Wer aber seinen Brüdern gegenüber knickert, dem gegenüber werde Ich sehr sparsam sein. Diese Lehre beachtet fortan in eurem Hause, so wird Mein Segen nie von euch genommen werden!" [2]

[1] Gr. Ev., Bd. 5, Kap. 168, 1 ff.
[2] Gr. Ev., Bd. 5, Kap. 168, 7 ff.; Bd. 3, Kap. 192, 4 ff.

Armut und Reichtum

Von der Armut sagt der Herr: „Es ist zwar die Armut eine große Plage für die Menschen, aber sie trägt den Keim der Demut und *Bescheidenheit* in sich und wird darum (als Demutsschule) auch stets unter den Menschen verbleiben. Dennoch aber sollen die Reichen die Armut nicht mächtig werden lassen, ansonst sie selbst sehr gefährdet werden hier und dereinst auch jenseits. Wenn ihr unter euch Arme habt, so braucht ihr ihnen nicht zu geben, daß auch sie reich würden. Aber Not sollet ihr sie nicht leiden lassen! Die ihr seht und kennt, denen helfet nach Recht und Billigkeit!

Wer von euch aber ein Freund der Armen sein wird aus *vollem Herzen,* dem werde auch Ich ein Freund und wahrer Bruder sein zeitlich und ewig. Er wird nicht nötig haben, die innere Weisheit von einem andern Weisen zu erlernen, sondern Ich werde sie ihm in aller Fülle in sein Herz geben. Ich werde selbst zu ihm kommen und Mich ihm treulichst offenbaren. Seinem Geiste, der die Liebe ist, werde Ich es sagen, und dieser wird damit erfüllen die ganze Seele und ihren Mund. Was der dann reden oder schreiben wird, wird *von Mir* geredet und geschrieben sein." (Gr. Ev., Bd. 4, Kap. 79, 3 ff.)

Vom *rechten* Reichtum der irdischen „Verwalter" Gottes wird gesagt: „Menschen, die durch ihrer Hände Fleiß reich geworden sind unter dem Einfluß der Gnade aus den Himmeln, sind eine gute und edle Frucht dieser Erde. Sie sind fortwährende Sammler für die Schwachen und Armen, erbauen stets neue Wohnstätten für die Obdachlosen und weben Kleider für die nackten Brüder und Schwestern. Daher wird auch ihr Lohn dereinst groß sein, denn sie tragen ja den höchsten Himmel schon auf dieser Erde in sich. Wenn dereinst ihre Seele den Leib verlassen wird, so wird aus ihrem Herzen der Himmel sich ausbreiten, gleichwie die aufgehende Sonne ihr Licht ausbreitet und prangt dann im großen Zentrum ihres allbelebenden Wesens.

Ja, Meine Freunde! Reich sein auf dieser Erde und für sich nur so viel verwenden, als man zur Erhaltung seiner selbst höchst nötig braucht, also karg sein gegen sich, um desto freigebiger gegen die Armen sein zu können, dies ist die *größte Gottähnlichkeit* schon im Fleische dieser Erde! Je größer diese echte und allein wahre Gottähnlichkeit bei einem Menschen ist, desto mehr Segen und Gnade fließt ihm stets aus den Himmeln zu!

Darum seid ihr, mit den Gütern dieser Erde reichlich Versehenen, *freigebig* gleichwie die Sonne am Himmel mit ihrem Licht, so werdet ihr auch sein und ernten gleich der Sonne!" [1]

Von der Geldhilfe

Manches Gemüt wird von der Frage bewegt, ob es nach den Geboten der Liebe einem Jünger des Herrn gestattet ist, sein Geldvermögen auf Zinsen zu *verleihen.* In dem Lorberwerk ‚Die geistige Sonne' (Bd. 2, Kap. 84, 14) ist darüber gesagt: „Wenn in einem Staate der Zinsfuß gesetzlich bestimmt ist, so ist es *den Reichen* erlaubt, nach diesem Zinsfuß die Zinsen zu nehmen."

Weiter wird aber im ‚Großen Evangelium' vom Herrn ausgeführt:

[1] Gr. Ev., Bd. 3, Kap. 192, 8—14; Bd. 8, Kap. 182, 9 ff.; Bd. 9, Kap. 210, 17.

„Wer von euch viel des Geldes hat, der leihe es nicht stets nur denen, die ihm hohe und wucherische Zinsen und das Kapital zur bedungenen Zeit zurückzahlen können, sondern auch den Armen, die ihm weder Kapital noch Zinsen zurückerstatten können. Dann wird er sein Geld bei *Mir* guthaben, und Ich werde es ihm schon hier zehnfach und jenseits hundertfach zurückbezahlen. Wer aber sein Geld nur denen leiht, die ihm zur bedungenen Zeit Kapital und Zinsen zurückzahlen können oder in gewissen Fällen durch gerichtlichen Zwang zurückzahlen müssen, der hat seinen Lohn schon hier ganz genommen und hat von Mir keinen mehr zu erwarten. Denn er hat dadurch nicht Mir, sondern nur der Welt und sich selbst gedient.

Ihr werdet zwar sagen: ‚So man jemandem, der in Not steckt, Geld auf Zinsen leiht, so ist das ja auch eine Wohltat. Dem Entleiher ist dadurch geholfen, er ist vielleicht ein reicher Mann geworden und kann dann leicht Kapital und Zinsen zurückerstatten. Der Darleiher aber hat wagen müssen, sein Geld im ungünstigen Fall zu verlieren.‘

Dazu sage Ich: Wer einem Mitmenschen in der Not Geld darleiht gegen die *gesetzlichen* Zinsen, hat an ihm schon ein gutes Werk vollbracht, das auch in den Himmeln seine Würdigung finden wird. Es ist dann auch die Pflicht des Entleihers dem Darleiher nicht nur gewissenhaft das Entliehene samt den bedungenen Zinsen zurückzuerstatten, sondern so er viel gewonnen hat, soll er auch aus *freiem* Herzensantriebe den Gewinn mit dem Darleiher *teilen*, da er doch nur mit dessen Geld den Gewinn gemacht hat. Doch der Darleiher soll das nicht verlangen!

Wenn aber zu dem, der Geld zum Ausleihen hat, ein *Armer* kommt, von dem nicht zu erwarten ist, daß er eine geliehene größere Summe nutzbringend verwenden könnte, da ist von Mir aus kein Mensch verpflichtet, solch einem Armen verlangtes Geld zu leihen. Darum, weil er auf diese Weise mutwillig sein Geld, ohne damit wirklich zu nützen, gleichsam wegwerfen würde und dem armen Entleiher nur Gelegenheit bereitet hätte zu allerlei Ausschweifungen. Solch ein Werk wäre sonach nicht gut, im Gegenteil, wennschon gerade nicht schlecht, so doch sehr dumm zu nennen — was weder Meiner Liebe und noch weniger Meiner Weisheit angenehm sein könnte.

Anders ist es jedoch, so ein armer Mann, von dem ihr wißt, daß er mit dem Geld wohl umzugehen versteht und nur durch widrige Zufälle arm geworden ist, von euch eine Summe Geldes leihen wollte. Dem sollt ihr, was in euren Kräften steht, nicht vorenthalten, auch ohne Zinsen und ohne sichere Zuversicht, das dargeliehene Kapital je wiederzuerhalten. Hat der Mann das Geld gut verwendet, so wird er als euer Bruder auch wissen, was er danach zu tun haben wird; denn er hat dieselben Verpflichtungen gegen euch wie ihr gegen ihn.

Sollte er das Entliehene jedoch nicht mehr zurückerstatten können, so sollt ihr ihm darum nicht gram werden oder euer Guthaben bei seinen Nachkommen suchen, denn dies wäre hart und gänzlich wider Meine Ordnung. Sind aber die Nachkommen, besonders die Kinder oder die ersten Enkel zu Vermögen gekommen, so werden sie sehr wohl und Mir wohlgefällig daran tun, jene Schuld zu tilgen, die ihr armer Vater oder Großvater bei einem Menschenfreunde gemacht hat. Geschieht das, so wird der Menschenfreund dann schon wissen, was er mit solch einem Geld aus Liebe zu Mir und zum Nächsten zu tun haben wird!“ [1]

[1] Gr. Ev., Bd. 4, Kap. 98, 1 ff.; Bd. 10, Kap. 139, 9; Bd. 8, Kap. 119, 7.

„Ich sage euch: Was die pure *Weltklugheit* tut, das verschlingt der Boden der Erde und für den ewigen Himmel bleibt nichts übrig. Was aber die *Liebe* tut auf Erden, das ist auch im Himmel getan und bleibt ewig." (Gr. Ev., Bd. 1, Kap. 58, 4 ff.)

43

Liebe und Weisheit

In allen Lebenslagen ist die wahre Nächstenliebe durch eine vernunftvolle, Zweck und Mittel wohlerwägende *Weisheit* bedingt. Gott selbst vereinigt ja mit seiner unermeßlichen Liebe ebenfalls die Weisheit, die Ordnung und den Ernst in der vollkommensten Weise.

Eine vernunftlose Liebeverschwendung oder ein übermäßiges „Gutsein" und Gewährenlassen ist daher ebensowenig nach Gottes Willen wie eine wortreiche aber tatlose Gefühlsschwärmerei.

Wir haben dies schon früher (Kap. 40) hinsichtlich der Feindesbehandlung und der Schwertmacht erörtert. In ‚Jugend Jesu' wird über die rechte Behandlung der Übeltäter gesagt: „Wer Böses tut und kennt es nicht, der soll belehrt werden. Desgleichen auch der, der es tut in der Not. Wer aber das Gute kennt, tut aber dennoch aus eitel *Mutwillen* Böses, ist ein Teufel und muß mit Feuer gezüchtigt werden!" (Kap. 252, 20 ff.)

Folgende Szene aus dem ‚Großen Evangelium' zeigt, daß der Herr aus den genannten Gründen sehr scharf gegen den Mißbrauch der Nächstenliebe vorgehen konnte. Bei der Herberge des Herrn hatten sich einst zwei sogenannte Professionsbettler niedergelassen. Zu ihnen sagte der *Herr:*

„Es ist nicht fein von euch, hier zu betteln, denn ihr habt keines Almosens vonnöten. Ihr habt Häuser und Gründe in der Nähe von Samaria um teures Geld verpachtet und habt dann das Geld mit Wucher in die Wechselbank gelegt. Ihr seid reiche Leute geworden und bettelt nun in armer Kleidung auf fremdem Boden, auf daß ihr eure Wucherzinsen erspart und entzieht dabei den wahren Armen dieser Gegend das ihnen Gebührende. Habt ihr denn als Juden nicht aus dem Gesetze vernommen, daß man Gott über alles und seinen Nächsten wie sich selbst lieben soll? Heißt das aber nach dem Gesetz handeln, wenn man so tut wie ihr? Erhebt euch von diesem Platze, ihr Heuchler und Betrüger, sonst soll es euch übel ergehen!

Nur wer wahrhaft arm und wegen hohen Alters oder Lähmung seiner Glieder oder Sinne oder aus sonst triftigen Gründen keiner Arbeit oder keines Erwerbs mehr fähig ist, der hat von Gott aus das Recht, die Barmherzigkeit seiner reicheren Mitmenschen in Anspruch zu nehmen. Und wer einem solchen etwas gibt, dem wird es Gott auch vergelten. Dem Beteilten wird Er die Gabe segnen und ihm auch den Lohn geben für seine Geduld, mit der er seine wahre Armut erträgt. Und so Gott zwar auch dem, der in seiner Unwissenheit euch irgendein Almosen verabreicht hat, seine Barmherzigkeit belohnen wird, so wird Er aber euch als Betrüger und Heuchler um so schärfer züchtigen hier und jenseits ... Ihr aber seid noch besonders strafbar, weil ihr hier den wahren Armen dieser Gegend das ihnen Gebührende entzieht. Hebet euch alsbald von hinnen, sonst sollt ihr die Macht dessen kennenlernen, der nun solches zu euch geredet hat!" (Gr. Ev., Bd. 8, Kap. 159, 11 ff.)

Gottesliebe, Nächstenliebe und Selbstliebe

Die Selbstliebe, welche in *gerechtem* Maße auf Bestand und Erhaltung des eigenen Lebens und Wohlseins aus ist, ist von Gott keineswegs verworfen. Es lautet ja auch das Gebot des Herrn nicht: „Liebe *auch* deinen Nächsten ebenso wie Gott über alles" — sondern nur: „wie *dich selbst!*"

Der Mensch wie jedes andere Lebewesen muß in gerechtem, der Gottesordnung entsprechendem Maße auch auf sein *eigenes* Leben und Fortbestehen bedacht sein. Dies ist als Lebenserhaltungstrieb vom Schöpfer in jedes Geschöpf gelegt, sonst würde sich alles Bestehende auflösen. Alle die zahllos vielen, vom Schöpfer in den verschiedenen Wesen geschaffenen „Lebenssammelpunkte" würden ohne diesen Naturtrieb vergehen und schließlich die ganze Schöpfung sich in ihre Urlebensfunken zersplittern.

So wird denn gesagt: „Da eines jeden Menschen Eigenliebe so viel als sein *Eigenleben* selbst ausmacht, versteht sich im gerechten Grade die natürliche Eigenliebe von selbst. Denn *keine* Eigenliebe haben, hieße so viel wie kein Leben haben."

Es handelt sich hier nur, den Unterschied zwischen der gerechten und der ungerechten Eigenliebe zu erkennen. — „*Gerecht* ist die Eigenliebe, wenn sie nach den Dingen der Welt kein größeres Verlangen hat, als was ihr das Maß der göttlichen Ordnung zuteilt, welches Maß in dem siebenten, neunten und zehnten Gebote Mosis hinreichend gezeigt ist. Verlangt die Eigenliebe über dieses Maß hinaus, so überschreitet sie die bestimmten Grenzen der göttlichen Ordnung und ist Sünde." (Geistige Sonne, Bd. 2, Kap. 103, 2 ff.)

Das rechte Verhältnismaß

kommt im ‚Großen Evangelium' durch ein höchst aufschlußreiches Gespräch zwischen dem Herrn und dem Jünger Judas zum Ausdruck.

Hier erklärt *Judas:* „Es ist dem Menschen unmöglich, alle Selbstliebe fahren zu lassen. Er muß doch essen und trinken und sich um Wohnung und Kleidung umsehen. Und das geschieht doch auch aus einer Art von Selbstliebe! Man nimmt sich ein liebes Weib und will es allein für sich haben, und wehe dem, der es wagte, seines Nächsten Weib zu begehren! Und das wird doch sicher auch eine Art Selbstliebe sein? Ferner, wenn ich einen wohlbearbeiteten Grund habe, und es kommt die Zeit der Ernte, werde ich wohl nun aus gänzlichem Mangel an Selbstliebe zu meinen Nachbarn hingehen und sagen: ‚Meine Freunde, gehet und erntet, was auf meinen Feldern gewachsen ist, denn ich habe als der Geringste unter euch und als euer aller Knecht nur für euch gearbeitet!' Ich meine, da sollte die so hochgestellte Selbstverleugnung doch eine bestimmte Grenze haben! Wie weit darf also des Menschen Eigenliebe gehen?"

Darauf erwiderte der *Herr:* „Ich will dir denn ein Maß geben, nach welchem du und ein jeder wissen mag, wie er mit der Eigenliebe stehen soll, wie mit der Liebe zum Nächsten und wie mit der Liebe zu Gott.

Nimm die Zahl 666, die in guten und schlechten Verhältnissen entweder einen vollendeten Menschen oder einen vollendeten Teufel bezeichnet. Teile die Liebe im Menschen gerade in 666 Teile. Davon gib Gott 600, dem Nächsten 60 und dir selbst 6, so hast du das Verhältnis des *vollendeten Menschen!* Willst du aber ein *vollendeter Teufel* sein, dann gib Gott 6, dem Nächsten 60 und dir selbst 600!

Siehe, die rechtschaffenen Knechte und Mägde sind es, die die Felder ihrer Herrschaft bearbeiten. Nach deiner Ansicht sollten sie denn auch die Ernte nehmen, weil sie durch ihren Fleiß und ihre Mühe geworden ist. Aber sie tun diese in die Scheunen ihrer Herrschaft und haben große Freude daran, so sie zu ihrer Herrschaft sagen können: ‚Herr, alle deine Scheunen sind bereits voll, und noch ist die Hälfte auf dem Felde! Was sollen wir da tun?' Und ihre Freude wird größer, so der Herr zu ihnen sagt: ‚Ich lobe euren großen und uneigennützigen Fleiß und Eifer. Geht und bringt Bauleute her, daß sie mir Vorratskammern in kürzester Zeit erbauen und ich des Feldes Segen aufbewahre für Jahre, die an Früchten vielleicht weniger gesegnet sein möchten als dieses war!'

Sieh, nichts gehört in diesem Falle den Dienstleuten, sie haben keine Scheunen und Vorratskammern, und doch arbeiten sie um einen geringen Lohn, als gelte es für ihre Scheunen; denn sie wissen, daß auch sie nicht Not zu leiden brauchen, wenn der Herr alle Vorratskammern voll hat. Und siehe, im Tun eines rechtschaffenen Dienstboten liegt das ganze Verhältnis jedes wahren Menschen zu sich, zum Nächsten und zu Gott.

Der wahre Dienstbote sorgt für sich 6fach, für seine Dienstgefährten, damit sie ihm wohlwollen, 60fach und für seinen Dienstherrn 600fach. Und dadurch sorgt er, ohne es zu wollen, dennoch 666fach für sich. Denn die Nebendiener werden ihrem Gefährten, bei dem sie die wenigste Selbstliebe merken, am meisten wohlwollen und der Dienstherr wird ihn bald über alle setzen. Aber einen Diener, der nur für seinen Sack sorgt, bei der Arbeit gerne der letzte ist und seine Hände nur an die leichteste Arbeit legt, den werden seine Gefährten mit scheelen Augen ansehen, und sein Dienstherr wird es wohl merken, daß der selbstsüchtige Diener ein fauler Knecht ist. Er wird ihn daher nie über seine Dienerschaft setzen, sondern ihm den Lohn vermindern und ihn zu unterst am Speisetisch setzen. Und wird sich dieser selbstsüchtige, faule Knecht nicht bessern, so wird er mit schlechten Zeugnissen aus dem Dienste getan und schwerlich je wieder einen Dienst erhalten. So er aber noch einen einzigen Freund hat, dem er sich uneigennützig bewiesen hatte, so kann dieser ihn in seine Wohnung aufnehmen, wofür ihn der Herr nicht schmähen wird.

Ein *jeder* Mensch hat und muß einen gewissen Grad von Eigenliebe haben, ansonsten er nicht leben könnte. Aber, wie gezeigt, nur den möglichst *geringen* Grad. Ein Grad darüber hebt schon das reine Verhältnis auf. Und so ist die Sache in der göttlichen Ordnungswaage auf ein Haar abgewogen! Nun sind dir die Grenzlinien gezeigt, und wir wollen sehen, wie du diese tatsächlich befolgen wirst."

Sagt *Judas:* „Dazu gehört aber viel tiefste Weisheit, um beurteilen zu können, ob man das genaue Maß mit der Eigenliebe getroffen hat! Wie kann der kurzsichtige Mensch das beurteilen?"

Sagt der *Herr:* „Er tue mit *redlichem* Willen das, was er kann; das Abgängige wird schon von Gott aus hinzugetan werden.“ [1]

Der heiligende Zweck

Tief enthüllt die letzten Untergründe und das gesamte Wesen der Liebe auch folgendes Gespräch des *Herrn* mit einem andern Jünger namens *Ahab.* Einem wunderbaren Gleichnis von der Liebe eines selbstlosen und eines selbstsüchtigen Sohnes zur gemeinsamen Mutter fügte der Herr an: „Wer Mich nicht so wie der echte Sohn seine Mutter um Meiner selbst willen liebt, wird nicht dahin kommen, wo Ich sein werde. Der Mensch muß Gott lieben ohne Gewinnsucht, wie Gott ihn liebt, ansonsten er Gottes völlig unwürdig ist.

Hierauf erwiderte *Ahab:* „Das ist eine hohe und tiefe Wahrheit. Aber dennoch möchte ich dazu bemerken, daß es eine völlig *uninteressierte* Liebe wenigstens bei den Menschen nicht geben kann. Denn soviel ich über die Liebe nachgedacht habe, so geht diese Liebe, ist sie auch noch so rein, doch immer mehr oder weniger auf einen *Raub* aus.

Siehe, ich liebe Dich doch sicher so innig, als Dich nur je ein Mensch lieben kann; ja, so es möglich wäre, möchte ich Dich aus reiner Liebe ganz in mein Herz hineinziehen! Aber nun frage ich, ob ich das auch für irgendeinen anderen, ganz gleichgültigen Menschen fühlen kann? Ich muß gestehen — nein! Und warum nicht? Warum fühle ich das nur bei Dir?

Die Antwort gibt die Sache selbst: Ich weiß, wer Du bist, und was Du vermagst, und weiß nun auch, was ich durch Dich und die Beachtung Deiner Lehre erreichen kann. Und das ist denn auch der unbestreitbare Grund meiner heißen Liebe zu Dir. Denn wärest Du nicht das, was Du bist, so wäre meine Liebe zu Dir sicher bedeutend schwächer. Ich habe also an Dich und für Dich ein übergroßes *Interesse,* und darum will und liebe ich Dich!

Ich will nicht behaupten, daß ich Dich nun eines besonderen Gewinnes wegen liebe, denn ich verlasse ja alles auf der Welt um der Liebe willen zu Dir. Aber dennoch geht hier meine Liebe auf einen ganz besonderen *Raub* aus; denn sie hascht nach Dir, weil Du ihr mehr bist als die ganze Welt!

Es bestimmt stets der größere, entweder materielle oder geistige Wert den Zug der Liebe. Der Kaufmann, der Perlen suchte, verkaufte alles und kaufte die große Perle, die er fand. Warum denn? Weil sie viel mehr wert war denn alles, was er ehedem besaß. Es ist das freilich ein edles Interesse, aber es bleibt dennoch ein Interesse, und ohne das gibt es wenigstens beim Menschen keine Liebe. Wer mir von einer uninteressierten Liebe, die vielleicht höchstens in Gott Platz haben mag, etwas weismachen will, dem sage ich: ‚Freund, du magst viel Weisheit haben, aber über den Punkt der Liebe hast du noch nie tiefer nachgedacht!‘

Ja, die *göttliche,* wahre Liebe unterscheidet sich von der *höllischen* freilich ganz gewaltig darin, daß die göttliche Liebe zwar auch raubt, gleich der höllischen; aber sie gibt alles wieder her! Sie sammelt nur des *Wiedergebens* willen, während die höllische Liebe bloß für den eigenen Rachen raubt und nichts wiedergeben will.

[1] Gr. Ev., Bd. 2, Kap. 76, 8 ff., Kap. 77, 1 ff.; vergl. auch Haush. Gottes, Bd. 1, Kap. 174, 10.

Wenn wir uns aber die Liebe der Himmel aneignen, so wissen wir, daß wir dabei nie zu einem Verlust gelangen können, sondern nur in jeder Hinsicht desto mehr zu gewinnen haben, je mehr wir hergeben.

Wir gleichen da einer Grube, die ins Erdreich gegraben wird: je mehr Erdreich sie verliert, desto größer wird ihr innerer Raum zur Aufnahme des Lichtes und der himmlischen Luft. — Herr, ich meine, daß ich darin nicht unrecht habe. Was sagt Deine unendlich höhere Weisheit dazu?"

Sagt der *Herr:* „Nichts, als daß du darin vollkommen *recht* hast! Denn wäre die Liebe nicht ein Räuber so oder so, dann wäre sie keine Liebe. Alle Liebe begehrt und will haben. Aber im *Zweck* des Habens liegt ein unendlicher Unterschied. Und das scheidet Himmel und Hölle für ewig auseinander!" [1]

Viel Wissen oder viel Handeln?

Ein Mangel am vernunftvollen Maß und im Grunde eine versteckte Art Selbstliebe ist auch das viele Lesen, Hören und Studieren mancher tatlosen Weisheitshelden und Worteiferer. Ihnen sagt der *Herr:*

„So jemand nur weniges weiß von Meiner Lehre, *tut* aber sogleich danach, der wird davon einen größeren und lebendigeren Nutzen haben, als wer zwar mit aller Ehrfurcht von Mir und Meiner Lehre spricht, sich aber nie zur Tat entschließen kann. Der erstere wird durchs Handeln nach dem wenigen, das er vernahm, das Vernommene in seiner Seele beleben. Es wird aus dem kleinen Samenkorn bald eine große Ernte des lebendigen Geistes erfolgen, die keine böse Macht je mehr zu zerstören imstande ist. Der zweite Lobredner Meiner Lehren dagegen wird, vom geistigen Hunger geplagt, auch alle anderen Lehren zusammenraffen und dabei dennoch geistigen Hungers sterben. Wird Mich dann drüben, im anderen Leben, seine Seele wohl erkennen, wenn sie sich hier auf Erden nicht durch ihre Tätigkeit den wahren Geist Meiner Worte in aller Wahrheitsfülle zu eigen gemacht hat?

Ich setze den Fall, es wüßte jemand von Meiner Lehre nicht mehr als das nur, daß man Gott über alles und seinen Nächsten wie sich selbst lieben soll, und dächte darüber ganz ernstlich: ‚Sieh, das ist eine gute Lehre und ich will fürder strenge danach handeln!' Dieser Mensch tut nun das und sucht auch seine Umgebung dazu zu bewegen, teils durch sein Beispiel und teils durch seine ganz einfache Lehre und bildet so sein Haus zu einer wahren Musterstätte gottergebener Menschen. Was sind da in Kürze die Früchte solch eines löblichen Unternehmens? Die Menschen leben in Frieden und keiner erhebt sich über den anderen. Der Verständige gibt sich in Geduld die ernste und mit Liebe erfüllte Mühe, den Unverständigen zu sich heraufzubilden, und freut sich, den Schwächeren zu stärken. Weil solches aber in der *Tat* geschieht, so wird das auch ins Leben der Seele aufgenommen. Die Seele wird dadurch stets tätiger und lebenskräftiger. Je tätiger es aber in der Seele zugeht, desto heller wird es auch in ihr, denn das Grundelement des Seelenlebens ist das Tätigkeitsfeuer des Geistes.

Gelangt nun solch ein Mensch durch tatfertige Liebe schließlich in alle Weisheit, war daran wohl etwa das die Schuld, daß er jegliches Meiner Worte genau

[1] Gr. Ev., Bd. 1, Kap. 204, 25 ff., Kap. 205, 1 ff.; vergl. auch Bd. 5, Kap. 160, 1—7.

und unverändert übernommen hatte? O nein! Ihm kam nichts zu Ohren als bloß das *Gesetz der Liebe.* Die gewissenhafte und tatsächliche Beachtung desselben hat ihm alles andere erworben!" (Gr. Ev., Bd. 5, Kap. 122 ff.)

Keine Weltflucht, sondern weise Benützung des Gegebenen

Von diesen Gesichtspunkten aus ist es auch zu verstehen, daß dem ewig tätigen Schöpfer und Erhalter der Unendlichkeit kein schwärmerisch *asketisches* oder klösterlich zurückgezogenes Glaubensleben gefallen kann. Hat sich doch auch der Herr selbst nicht von der Welt abgezogen — vielmehr ist Er zur Entfaltung der größten Wirksamkeit mitten unter die Menschheit getreten und hat das Licht der Frohbotschaft allen Bedürftigen und Empfänglichen gebracht. Dem wahren Gottes- und Menschenfreunde ist daher die finstere Weltentsagung der mittelalterlichen Asketen oder sonstigen Fanatiker ebenso fremd wie die beschauliche Zurückgezogenheit christlicher und buddhistischer Einsiedler und Mönche.

Im ‚Großen Evangelium' spricht der *Herr:* „Wer Mein Wort völlig in sich aufnimmt und unabweichlich darnach handelt und lebt, der nimmt dadurch Mich selbst mit all Meiner Liebe, Weisheit, Macht und Kraft in sich auf und wird so zu einem wahren Kinde Gottes, dem der Vater im Himmel nicht eines vorenthält, was Er selber hat. Bedenket dies allzeit, so werdet ihr über die materielle Welt leicht Sieger werden! Ich will damit aus euch keine Kopfhänger und Verflucher der Welt machen, sondern weise Benützer derselben!

Wäre der nicht ein Tor zu nennen, der sich in ein brauchbares Werkzeug zum Betriebe seiner Kunst so verliebte, daß er es gar nicht zu dem bestimmten Zweck gebrauchen möchte, sondern nur verwahrte in einem Schrein, daß es nicht rostig und dadurch weniger schön würde? Die Welt ist für euch ein Werkzeug, mit dem ihr, zweckvoll angewendet, überaus viel Gutes und Herrliches schaffen könnt. Aber ihr müßt als Meine Jünger dies Werkzeug so gebrauchen, wie Ich als euer einzig wahrer Meister es euch gelehrt habe. Gebraucht ihr es anders, so wird dieses Werkzeug gleich einem überscharfen Messer in den Händen unmündiger Kinder euch nur zu leicht eine tödliche Wunde versetzen, die schwerlich ein Arzt zu heilen imstande sein wird. Recht angewendet aber wird es euch das ewige Leben bereiten und befestigen." (Gr. Ev., Bd. 1, Kap. 83, 3 ff.)

„Der Mensch kann sich freilich von der Welt ganz abziehen gleich den Einsiedlern des Karmel und Sion, die da kein Weib ansehen und sich kümmerlich von Wurzeln, Beeren, wildem Honig und Johannisbrot ernähren. Auch verschneiden sie sich sogar des Reiches Gottes wegen, weil sie dann in keine Versuchung geraten können, in der sie irgendein Gebot Mosis übertreten könnten. Sie haben darum kein Eigentum, haben keine Eltern, keine Weiber und Kinder, haben selbst keine Männlichkeit. Sie bewohnen wilde Bergschluchten, damit die Schönheit der üppigen Erdfluren sie nicht reizt. Sie reden nicht miteinander, damit nicht jemandem ein Wort aus dem Munde fahre, das ihn oder seinen Nachbar ärgern könnte.

Unter solchen höchst dummen Lebensverhältnissen und Verwahrungen vor der Möglichkeit, eine Sünde zu begehen, halten sie freilich die Gesetze Mosis; aber zu wessen Nutzen und Frommen? Ich sage es euch: Das alles nützt ihnen nichts und den anderen Menschen auch nichts! Denn Gott hat dem Menschen die verschiedenen Kräfte, Anlagen und Fähigkeiten nicht darum gegeben, daß er sie in einer Klause als Einsiedler verschlafe, sondern daß er nach dem geoffenbarten Willen Gottes *tätig* sei und dadurch sich und seinem Nächsten *nütze.*

So hat Gott zu den Menschen auch niemals gesagt. ‚Verstümmle und verschneide dich, auf daß dich das Fleisch des Weibes nicht reize und du dich der Hurerei und des Ehebruches enthaltest!' Sondern Gott hat zu Adam, als Er ihm das Weib gab, gesagt: ‚Gehet hin, vermehret euch und bevölkert die Erde!'

Der Mensch muß also in der Welt *wirken* und freiwillig den bösen Verlockungen widerstehen. Dadurch wird seine Seele stark und die Kraft des Geistes Gottes wird sie durchdringen. Aber durch ein Leben des Faultieres kommt kein Mensch je zum wahren ewigen Leben, das in sich die höchste und vollendetste Tätigkeit in all den zahllos vielen Lebensschichten und Sphären bedingt.

Solche Menschen sündigen freilich so wenig wie ein Stein, aber ist das etwa ein Verdienst für den Stein? Es wird aber die Seele ihren verstümmelten Leib ablegen müssen; was wird sie dann jenseits machen in ihrer vollen Schwäche und gänzlichen Untätigkeit? Dort werden dann doch Prüfungen aller Art über sie kommen, die sie zur vollen und wahren Lebenstätigkeit aneifern sollen. Und diese Prüfungen werden für die Seele jenseits stärker sein als hier, weil in der geistigen Welt das, was eine Seele denkt und will, sich auch schon wie in der Wirklichkeit vor sie hinstellt. Wen schon im irdischen Leben z. B. der bloße Gedanke an seines Nachbars schönes, junges Weib mit brennender Leidenschaft erfüllt, wie wird es dem drüben ergehen, so ihm solcher Gedanke des Nachbars Weib ganz nach seinem Wunsch und Willen in vollster, wennschon nur scheinbarer Wirklichkeit darstellen wird! — Darum ist es also mit der frommen Trägheit der Einsiedler und Weltflüchtlinge nichts, denn sie hat vor Mir keinen Wert für das ewige Leben!" (Gr. Ev., Bd. 7, Kap. 156, 4 ff.)

Tätigkeit über Tätigkeit

Mit eindringlichen Worten preisen daher immer wieder die Schriften der Neuoffenbarung den Wert des Tatlebens in der Ordnung Gottes. Im ‚Großen Evangelium' vernehmen wir den *Herrn:*

„Meine lieben Freunde und Brüder, Ich rate euch wiederholt: Nur Tätigkeit über Tätigkeit zum allgemeinen Wohle der Menschen! Denn alles Leben ist eine Frucht der beständigen, nie ermüdenden Tätigkeit Gottes und kann daher nur durch die wahre Tätigkeit erhalten und für ewige Dauer bewahrt werden, während aus der Untätigkeit nichts als der Tod zum Vorschein kommen muß.

Legt eure Hände auf euer Herz und merket, wie es in einem fort Tag und Nacht tätig ist! Davon hängt ja das Leben des Leibes allein ab. So das Herz einmal stillzustehen anfängt, da dürfte es mit dem natürlichen Leben des Leibes wohl aus sein. Wie aber die Ruhe des leiblichen Herzens offenbar der Tod des Leibes ist, so ist auch die Ruhe des Seelenherzens der Tod der Seele.

Das Herz der Seele aber heißt Liebe, und sein Pulsen spricht sich in voller *Liebtätigkeit* aus. Die unausgesetzte Liebtätigkeit ist demnach der nie zu ermüdende Pulsschlag des Seelenherzens. Je emsiger das Herz der Seele pulst, desto mehr Leben erzeugt sich in der Seele. Und wenn dadurch ein hinreichend hoher Lebensgrad entsteht, so daß er dem göttlichen, allerhöchsten gleichkommt, dann weckt solch ein Lebensgrad das Leben des göttlichen Geistes in der Seele. Dieser Geist als pures Leben ergießt sich dann in die ihm durch die Liebtätigkeit *gleichgewordene* Seele und das ewig unverwüstbare Leben hat im Menschen seinen vollen Anfang genommen. Seht, das kommt alles von der Tätigkeit, nie aber von einer faulen Ruhe her! Daher fliehet die letztere und suchet die volle Tätigkeit. Und euer Lohn wird sein das *ewige Leben!*" (Gr. Ev., Bd. 1, Kap. 221, 5 ff.)

Auf dem Liebesweg zur geistigen Wiedergeburt

Wie sich dem Pilger auf dem Weg der reinen, tätigen Liebe die geistige Wiedergeburt und der ewige Tag des seligen Lebens in Gott nach und nach erschließt, schildert der *Herr* im ‚Großen Evangelium' unter dem Bilde des Sonnenaufgangs:

„Seht, der Aufgang der Sonne hat eine große Ähnlichkeit mit dem geistigen Lebensmorgen des Menschen und mit dem Aufgang der geistigen Sonne der Himmel in seiner Seele! Wenn der Mensch das Wort Gottes hört, beginnt es in seiner Seele zu morgendämmern. Wenn er dem vernommenen Worte glaubt, so wird es schon heller in ihm. Er fängt dann an, stets größere Freude an der Lehre zu bekommen und wird danach tätig. Da werden diese Taten gleich den Morgenwölkchen von der Liebe gerötet, und es wird dadurch schon heller im Menschen. Aus seiner Freude am Guten und Wahren aus Gott gelangt der Mensch nun zur stets klareren Erkenntnis Gottes, und sein Herz entbrennt in voller Liebe zu Gott. Und das gleicht ganz diesem nun schon strahlend hellen Morgenrot. Die Erkenntnisse über Gott und daraus auch über sich selbst und die eigene große Bestimmung steigern sich so, wie durch die schon große Helle des Morgenrotes jetzt auch die schönen Gegenden der Erde ringsum wohlerkenntlich werden.

Es wird aber weiterhin immer noch heller. Die der aufgehenden Sonne zunächst stehenden Wölkchen — gleich den Taten aus reiner Liebe zu Gott — werden zu hellstrahlendem Gold. Endlich erglüht es im Morgen. Und seht, die *Sonne* selbst steigt in aller Lichtglorie und Majestät über den Horizont herauf. Und wie der neue Tag aus der Nacht durch die Lichtkraft der Sonne *neu geboren* wird, so auch der Mensch durch die Kraft des Wortes Gottes und durch die stets steigende Liebe zu Gott und zum Nächsten. Denn eben darin besteht die geistige Wiedergeburt im Menschen, daß er Gott stets mehr und mehr erkennt und sonach auch stets mehr und mehr liebt.

Hat er es in seinem Herzen zu einer wahren Glut gebracht, dann geht Gottes Geist gleich der Morgensonne in ihm auf, und im Menschen ist es vollkommen Tag geworden. Aber es ist das nicht wie ein Tag dieser Erde, der mit dem Abend wieder sein Ende hat, sondern das ist dann ein *ewiger Lebenstag* und die volle *Neu- oder Wiedergeburt* des Geistes Gottes in der Menschenseele.

Wahrlich, Ich sage euch: Bei wem solch ein Tag in seiner Seele anbricht, der wird keinen Tod mehr sehen, fühlen und schmecken in Ewigkeit. Und beim Austritt aus seinem Leibe wird er einem Gefangenen gleichen, der begnadigt wurde und dessen Kerkermeister mit freundlicher Miene die Kerkertür öffnet und zum Gefangenen spricht: ‚Erhebe dich; denn du bist frei! Hier ziehe an das Kleid der Ehre, verlaß diesen Kerker und wandle hinfort frei vor dem Angesichte dessen, der dir solche Gnade erwies!'

Wie sich darob ein Gefangener sicher im höchsten Grade freut, so und noch mehr wird sich ein im Geiste wiedergeborener Mensch freuen, so Mein Engel zu ihm kommt und sagt: ‚Unsterblicher Bruder, erhebe dich, ziehe an das Lichtgewand der Ehre in Gott, und wandle hinfort frei und selbständig in der Fülle des *ewigen Lebens* im Angesichte Gottes.'" [1]

44

Der Vollendungsweg des Königs Abgarus

Besonders zu Herzen dringend ist der wahre Heilsweg der Gottes- und Nächstenliebe geschildert in der durch Jakob Lorber erfolgten Wiedergabe des kostbaren Briefwechsels Jesu mit Abgar Ukkama, dem Fürsten von Edessa [2]. Zur weiteren Beleuchtung der Heilslehre möge darum der Inhalt dieses einzigartigen Schrift-Denkmals hier in Kürze wiedergegeben werden.

Aus geschichtlichen Berichten wissen wir, daß Abgar Ukkama ein heidnischer, armenischer König war im Lande Mesopotamien. Und daß er auf einer Reise nach Persien von einer schweren Krankheit (vermutlich Aussatz) befallen in dauerndem Siechtum lebte, in dem ihm kein irdischer Arzt helfen konnte und durch das er schließlich auch noch an beiden Beinen gelähmt wurde. Also schwere, irdische Not eines Menschen, der mitten im Leben stand!

Ganz so fängt der himmlische Vater meist mit uns allen unsere Erziehung und Herzensbildung an. Er läßt uns, die wir in unserem naturmäßigen Zustand meist ganz für die Interessen der Welt leben, in *Not* kommen, um uns vom Äußeren nach innen, von der Welt und Zeitlichkeit zum Geist und zum Ewigen zu lenken und uns schließlich nach Ihm, dem allmächtigen Helfer und Retter suchen zu lassen.

So kam es auch, daß der Heide Abgarus, als er durch seine Diener von dem mit göttlichen Kräften begabten Wunderheiland *Jesus* hörte, an diesen flehentlich schrieb: „Nachdem ich diese Dinge von Dir gehört habe, so habe ich bei mir geschlossen, entweder Du seiest Gott, vom Himmel herabgekommen, oder Du, der diese Dinge tut, seiest doch zum wenigsten ein Sohn des großen Gottes. Ich ersuche Dich daher durch dieses Schreiben, Dich zu mir zu bemühen, um die Krankheit, die ich habe, zu heilen ... Du sollst von jedermann auf Händen und im Herzen getragen sein! Ich erwarte Dich mit der größten Sehnsucht meines Herzens."

Auf diesen Ruf in der Not antwortete der *Herr* durch eine von einem Jünger geschriebene Antwort: „Abgarus, du bist selig, weil du Mich nicht gesehen und

[1] Gr. Ev., Bd. 7, Kap. 1, 2—7; Bd. 5, Kap. 184, 3—4.

[2] Näheres über diesen in der christlichen Urzeit wohlbekannten, in späterer Zeit verschollenen Briefwechsel Jesu, von dem der Kirchenlehrer und Geschichtsforscher Eusebius († 340) Trümmer überlieferte, siehe im Vorwort zu der im Lorber-Verlag erschienenen Schrift: „Briefwechsel Jesu mit Abgar Ukkama von Edessa".

doch Glauben hast!“ Weil also der Herr bei dem in so große Not gekommenen Abgarus *Glauben* sah, erklärte Er ihn für selig, d. h. geborgen in Gott.

Was war das nun für ein Glaube bei Abgarus, auf den der Herr eine solch schöne Zuversicht geben konnte? Es war kein leichtsinniger *Blindglaube,* denn Abgarus hatte sich durch seine Diener über den jüdischen Heiland, seine Wundertaten, Fähigkeiten und Gesinnung gründlich erkundigt. Aber es war auch nicht ein bloßes Fürwahrhalten, kein bloßer Verstandesglaube; sondern der leidgeprüfte und gutherzige Fürst hatte sich durch seinen inneren Gottesfunken belehren lassen, daß dieser weise, gütige und mächtige Heiland ein Gott oder Gottessohn sein müsse. Er hatte aus seiner Glaubenserkenntnis zu ihm die „größte Sehnsucht“ in seinem Herzen, also nicht bloß einen Verstandesglauben, sondern einen *Herzensglauben,* eine wahre Herzensliebe gefaßt. — Und nur weil sein Glaube so beschaffen war, daß er auf festem Erkenntnisgrund in sich eine heilige *Liebe* trug, konnte Jesus dem Rufenden antworten: „Du bist selig, weil du Glauben hast!“

Aber noch war freilich Abgarus erst im *Anfang* seiner Glaubens- und Liebesentwicklung. Noch hatte er gemeint, Jesus, als ein gotterfüllter Arzt, müsse sich persönlich-leiblich zu ihm verfügen, um ihn heilen zu können. Auch hatte Abgarus in seinem Hilferuf nur an seine persönlich-leibliche Heilung und sonst nichts weiter gedacht. Und so gab ihm denn Jesus im ersten Antwortschreiben weiter den merkwürdigen, Abgarus sicher nicht so recht befriedigenden Bescheid: „Sei aber geduldig in deiner leichten Krankheit! So Ich werde in den Himmel aufgenommen sein, alsdann werde Ich einen Jünger zu dir senden, damit er deine Krankheit heile und dir und *allen,* die bei dir sind, die wahre Gesundheit gebe!“

Mancher von uns hätte auf solchen Bescheid gesagt: Das ist mir ein schöner Heiland! Solch eine nichtssagende Vertröstung hätte mir jeder schreiben können. Und dabei soll ich auch noch durch meinen Glauben selig werden? Nein, mit diesem Wunderheiland kann es nichts sein. Was mir berichtet wurde, ist sicher alles nur ein Märchen!

In der Seele des Abgarus mag sich vielleicht auch im ersten Augenblick eine ähnliche Stimme bemerkbar gemacht haben. Aber der durch sein Leiden nach *innen* gerichtete König lauschte bald auf das zarte Säuseln der Gottesstimme in seinem *Herzen,* die ihm die Antwort des Herrn im wahren Lichte erklärte und in dieser Probung sein Vertrauen und seine Liebe so stärkte, daß er in seinem Glauben nicht wankte.

*

Als kurze Zeit darauf sein ältester Sohn und Thronerbe in eine unheilbare Fieberkrankheit verfiel, wandte sich Abgarus in seiner großen Betrübnis abermals an Jesus, indem er Ihm schrieb:

„Ich *weiß,* wie es mir mein Bote beteuert hat, daß Du derlei Kranke ohne Arznei, bloß durch Wort und Willen sogar in die Ferne heilst. O Jesus, Du guter Heiland, Du wahrhaftiger Sohn des allerhöchsten Gottes, lasse also auch meinen Sohn, der Dich so sehr *liebt,* daß er für Dich sogar in den Tod gehen möchte, wieder gesund werden durch Deines Willens mächtiges Wort! O Jesus, du guter Heiland! Bescheide mich, der ich auch krank bin, nur diesesmal nicht auf die Zeit Deiner mir verkündeten Himmelfahrt, sondern hilf sogleich meinem Sohn!“

Der Glaube des Abgarus ist also hier, obgleich er selber von seiner Krankheit nicht geheilt ward, so weit gewachsen. Auf diesen Fortschritt im Glauben und in der Liebe läßt der Herr dem Hilferufenden sogleich antworten: „Abgarus, groß ist dein Glaube! Und darum könnte es mit deinem Sohne wohl besser werden. Aber da Ich bei dir *Liebe* gefunden habe mehr als in Israel, so will Ich dir auch *mehr* tun, als so du nur allein geglaubt hättest!" Worin besteht nun dieses der Liebe widerfahrende größere „Mehrtun?"

„Du wirst", läßt der Herr durch seinen Jünger weiterschreiben, „wohl deinen Sohn dem Leibe nach verlieren in der Welt, aber dem *Geiste* nach tausendfach gewinnen in Meinem ewigen Reiche!"

Wem von uns wäre dies nicht auch schon widerfahren? Es ist so, wenn wir unser Herz ganz Gott zuwenden, dann verlieren wir „dem Leibe nach" in der Welt. Denn wir können nicht am Zeitlichen und Vergänglichen hängen bleiben, wenn wir das Ewige und Unvergängliche ergreifen wollen. Daher, setzt der himmlische Vater uns hier in dieser Welt auf „schmale Ration", wenn Er uns vorbereiten will, in seinem geistigen Reiche von den Seligkeiten des Himmels zu leben.

Der Herr stärkt Abgarus aber auch weiter mit der *Verheißung:* „Glaube aber ja nicht, daß dein Sohn, so er stirbt, im Ernste sterben wird! Nein, nein! Sondern wenn er stirbt, da erst wird er erwachen vom Todesschlafe dieser Welt zum wahren, ewigen Leben in Meinem Reiche, welches ist geistig und nicht leiblich!"

Auch diese Worte gelten wiederum uns allen, die wir in der Liebe zu Gott Irdisches hingeben und verlieren. Denken wir daher in solchem Falle stets an diesen Bescheid des Herrn und die dem Abgarus gemachte Verheißung!

*

Mit dem hingebenden Jünger Abgarus ging der Herr in seiner Schulung noch im selben Antwortbrief um eine Stufe weiter, indem Er ihm am Schluß schreiben ließ: „In den nächsten Tagen aber wird ein *armer Jüngling* in deine Stadt kommen. Diesen nimm auf, so wirst du darob Mein Herz erfreuen. Und tue ihm Gutes darum, daß Ich deinem Sohn eine so große Gnade erweise und ob seiner Liebe ihn dahin gehen lasse, wohin auch Ich hingehen werde nach der Erhöhung am Pfahle."

Wieso war denn das nun ein Weiterschreiten in der Erziehung zur Liebe? Blicken wir zurück auf Abgarus' ersten Brief an Jesus, so sehen wir, daß in diesem Notrufe der Fürst nur für sich selbst um Hilfe schrie. Es war also hier in ihm, dem Anfänger im Glauben und in der Liebe, vorerst noch lediglich die *Selbstliebe* regsam und hatte ihn getrieben, für das *eigene* leibliche Heil den jüdischen Wunderheiland anzurufen. So beginnt es auch in der Regel bei uns allen. Aus eigener Not, in die uns die weise Führung Gottes geraten läßt, suchen wir, wenn alle anderen Mittel versagen, Hilfe beim unsichtbaren, in unserem Herzen wohnenden Gott. Und schon diesen Anfang pflegt der Gesuchte in seiner Gnade zu segnen, indem Er das von der Selbstliebe nach Ihm ausgeworfene Seil in seinem festen Lebensgrunde verankert. Aber dabei läßt Gott es nicht bewenden. Unsere Liebe soll sich vom Punkt unseres Ich aus *ausweiten,* um nicht bloß die nächsten, sondern schließlich *alle* Wesen der Schöpfung unseres himmlischen Vaters zu umfassen.

Im zweiten Briefe des Abgarus, dem Notruf für seinen Sohn, sahen wir daher den gelehrigen Schüler der Ewigen Liebe schon fortgeschritten zu der nächsthöheren Stufe, der Liebe für den seinem Herzen am nächsten stehenden Sohn. Diese Liebe für die eigenen Kinder ist ja schon eine Art der Nächstenliebe, durch die der himmlische Vater die Menschen (und auch schon im höheren Naturreiche die Tierseelen) lehrt, von sich selbst abzusehen und ihr liebendes Trachten anderen Wesen, nämlich ihren Kindern oder Jungen zuzuwenden.

Diese Art der Nächstenliebe für die leiblichen Nachkommen oder sonstigen Blutsverwandten hat als unterster Grad freilich noch viel Selbstliebe zur Grundlage. Sie gilt vor unserem himmlischen Vater nur als ein *Anfang* und ist ferne davon, uns vor Ihm vollendet erscheinen zu lassen. Ja, es ist nicht selten, daß in *dieser* Art Liebe der Mensch in seiner geistigen Entwicklung steckenbleibt und in der verzärtelten Liebe zu den Kindern oder Angehörigen in Wahrheit nur sich selbst liebt.

Darum geht der Herr mit seinem gelehrigen Schüler im angefangenen „Heilkursus" sogleich eine Stufe weiter. Denn nun kommt für Abgarus eine Gelegenheit, seine Liebe *auszudehnen* auf einen ganz fremden armen Wanderburschen, einen der Geringsten! *Diesem* solle er Gutes tun!

Abermals hätte wohl mancher von uns gesagt: „Das ist mir ein schöner Ersatz für meinen Sohn und Erben!" — Wie aber verhält sich Abgarus in dieser Schule des Glaubens, der Liebe und des geistigen Heils?

*

Im *dritten* Briefe finden wir die Antwort. Dort dankt Abgarus für die himmlische Verheißung bezüglich seines Sohnes und läßt ganz kurz mit einfließen, daß der angesagte junge Mensch sich nun schon „bestgehalten" bei ihm befinde. Abgarus hat also den armen, von der langen Reise gewiß heruntergekommenen Wanderburschen dem Wunsche des Herrn entsprechend freundlichst aufgenommen in beste Wahrung und Pflege. Damit sehen wir König Abgarus von der Selbst- und Blutsverwandtenliebe fortgeschritten zu der völlig selbstlosen Liebe an einem ihm fremden, geringsten Mitmenschen.

Und nun berichtete uns derselbe Abgarusbrief weiter etwas sehr Denkwürdiges: Daß nämlich durch ebendiesen armen Jüngling der König und sein Sohn auf wunderbare Weise zu einem getreuen *Bildnis* des Herrn Jesus kamen.
„In meiner Stadt", berichtet Abgarus, „lebt ein großer Künstler der Malkunst. Dieser malte mir sogleich nach der Darstellung des jungen Menschen Deinen Kopf mit der Brust. Mich und meinen Sohn überraschte dieses Bild umso erfreulicher, als mir der arme junge Mensch beteuerte, daß Du, o Herr, gerade so aussähest."

Was hat nun diese Sache geistig zu bedeuten? Der Empfang des Bildes durch Abgarus will bedeuten, daß in uns allen, wenn wir von der Selbstliebe fortschreiten zur reinen Nächstenliebe, nunmehr in Gestalt des unserer Seele eingezeugten reinen *Geistfunkens* das sprechende *Bild* des Herrn lebendig bemerkbar wird, uns zum Heil und zur höchsten Seligkeit.

Der Herr läßt Abgarus auf die letzte Nachricht denn auch schreiben: „O Abgarus! Wüßtest du und könntest du es fassen, wie sehr Ich dich darum liebe und welch große Freude du Meinem ewigen Vaterherzen machtest, dich würde die zu große Seligkeit erdrücken, so daß du nimmer leben könntest!"

Und über die große, in Abgarus nun zum Ausdruck gekommene Gottes- und Bruderliebe schreibt der Herr: „Die da *glauben* Meiner Lehre, daß sie von Gott ausgegangen ist, sollen auferweckt werden am Jüngsten Tage, da ein jeder sein rechtes Gericht finden wird. Aber die Mich wie du *lieben,* werden den Tod nimmer schmecken, sondern: wie da ist der schnellste Gedanke, so schnell werden sie aus diesem Leben des Leibes in das allerhellste, ewige Leben verklärt werden und werden Wohnung nehmen bei Mir, ihrem Vater von Ewigkeit.“

*

Im Besitze dieser herrlichen Verheißungsworte und des beseligenden Bildnisses des Herrn konnte Abgarus in seinem nun folgenden *vierten* Briefe in tiefem Seelenfrieden dem Herrn schreiben, daß sein Sohn vor einigen Tagen heimgegangen sei mit der Bitte, er, Abgarus, möchte dem Herrn den innigsten *Dank* ausdrücken dafür, daß Er den Sohn wirklich so gnädigst habe dahinscheiden lassen. Der Sohn sei in der reinsten Himmelsfreude gestorben mit dem Rufe: „Du allein, ja Du bist meine Liebe in Ewigkeit! Ich lebe, ich lebe durch Dich, in Dir — ewig!“

Auf diese freudige Hingabe des Liebsten, was die Welt ihm geboten hatte, und auf diese Kundgabe zuversichtlichsten Glaubens und glühender Liebe berichtet unser Briefwechsel nun wiederum über ein neues, noch bedeutsameres Geschehnis: Während die bisherigen Briefe der Herr nicht persönlich, sondern durch seine Jünger geschrieben hatte, kommt nun eine *eigenhändige* Antwort des Herrn, und zwar in *griechischer* Sprache, der Verkehrssprache der Heidenvölker, während die früheren in jüdischer Sprache abgefaßt waren.

Auch in diesem scheinbar unwesentlichen Geschehen liegt eine entsprechungsvolle Lehre! Wenn wir so weit sind, daß wir in unerschütterlichem Glauben und in glühender Liebe zum Herrn alles Irdische, selbst das Teuerste hingeben und uns des selbstischen Eigenbesitzes völlig entäußern, dann kommt der Herr, der bis dahin durch seine Diener (Schutzgeister und Engel) mit uns verkehrte, in eigener Person und spricht zu uns im Kämmerlein unseres *Herzens* nicht mehr nur in „altjüdischer Zunge“, d. h. im äußeren, biblischen Gotteswort, sondern durch das *innere Wort* in unserer eigenen *Sprache des Herzens* (entsprechend der dem Abgarus gebräuchlichen griechischen Verkehrssprache).

Und was lehrt uns diese Stimme: „Sei fortan sehr barmherzig, so wirst du auch eine große Erbarmung finden! Vergiß der Armen nicht! Diese sind allzumal Meine Brüder. Was du ihnen tust, das tust du Mir, und Ich werde es dir vergelten hundertfältig. Suche das Große, d. h. Mein Reich, so wird dir auch das Kleine dieser Welt zukommen! So du aber suchest das Kleine, dann könntest du des Großen nicht wert erachtet werden.“

Diese Worte, welche der Herr mit der bedeutsamen Anrede „Mein *geliebter Sohn und Bruder*“ nunmehr persönlich und in der wohlverständlichen eigenen Sprache an Abgarus richtet, sind auch der *Kern* aller von Ihm an *uns* gerichteten Lehren.

*

Bei Abgarus aber geht der Herr im selben Briefe gleich wieder weiter fort zur höchsten und letzten Stufe der Nächstenliebe, nämlich der *Feindesliebe*, indem Er scheinbar ganz wie zufällig anfügt: „Du aber hast in deinem Gefängnis einen

Verbrecher, der nach deinem weisen Gesetze den Tod verdient hat. Ich aber sage dir, Liebe und Erbarmung stehen höher als Weisheit und Gerechtigkeit! Handle daher mit ihm nach der *Liebe* und nach der *Erbarmung*, so wirst du *eins* sein mit Mir und dem, der in Mir ist, von dem Ich als Mensch wie deinesgleichen ausgehe."

Nun, das war für Abgarus wiederum keine kleine Zumutung. Unser königlicher Freund wurde vor eine neue, gewaltige Herzensprobe gestellt und sollte nun in seiner Entwicklung auf dem Heilsweg auch noch das Schwierigste lernen: einen Staatsverbrecher, also einen höchst gefährlichen Menschen, der dem König nach Thron und Leben gestellt hatte und den er nun in seinem Kerker verwahrte, nicht mit Weisheit und Gerechtigkeit, sondern mit Liebe und Erbarmung zu behandeln! Aber auch diese Schule und Probung bestand Abgarus. Schon nach drei Wochen konnte er im *fünften* Brief an den Herrn schreiben: „Den großen Staatsverbrecher habe ich nach Deinem Wunsch nicht nur sogleich aus dem Kerker gehoben, sondern ihn auch in meine Schule und an meinen Tisch bringen lassen. Ob ich daran recht tat oder etwa des Guten zu viel getan habe, das zu beurteilen reicht mein menschlicher Verstand nicht hin. Darum komme ich, o Herr, auch in diesem Stück zu Dir, daß Du mir darüber die rechte Weisheit gnädigst erteilen möchtest."

Und Abgarus, der auf dieser Stufe der Liebe nun in Jesus, dem äußerlich ganz einfachen Menschen, das unendliche, das ganze All gestaltende und beherrschende *Gottwesen* erkennen darf, möchte aus dankbarem Herzen in seinem *ganzen Staate* sogleich alles einführen, was der Herr ihm gebieten möchte.

Auf diese *volle* Hingabe verheißt der Herr in seiner Antwort seinem „geliebten Sohn und Bruder Abgarus", daß Er ihm, dem Heiden, das volle Licht und die volle Seligkeit der *Gotteskindschaft* geben werde und enthüllt ihm die Grundlage seines ganzen Reiches und allen Heils mit den Worten: *„Mein Gesetz ist nichts als Liebe!"* — Freilich, heißt es weiter, liege dann in Gottes Willen, aus diesem Grundgesetz sich ableitend, noch so manches, was Abgarus jetzt noch nicht fassen könne. Aber wenn der *Geist Gottes* demnächst über ihn komme, dann werde ihn dieser in allen Dingen unterweisen. Mit dem Verbrecher habe Abgarus völlig recht getan. „Denn siehe, Ich tue mit euch Heiden ja dasselbe. Deine Tat ist dir ein guter Spiegel dessen, was Ich schon jetzt tue und später in der Fülle noch tun werde."

*

Nun, da Abgarus mit der edelmütigen Behandlung seines schlimmsten Feindes auf der *höchsten* Stufe der Geschöpfesliebe angelangt war, sollte man meinen, daß es ihm irdisch aufs beste hätte ergehen sollen und daß seine, auf sein ganzes Volk ausgedehnte Liebe sich nun auch ungestört hätte auswirken dürfen. Aber der *sechste* Brief und Notruf des Abgarus meldet uns — wiederum sehr denkwürdig und entsprechungsvoll — etwas ganz anderes! Denn da schreibt der Vielgeprüfte:

„O Herr, vergib mir mein unverschämtes Zudringen! Aber Du weißt ja, daß gute Ärzte bei den Menschen stets die größte Arbeit haben. Ich kann daher auch Dir allein nur meine gegenwärtige sonderbare Staatsnot vortragen. Siehe, vor zehn Tagen ist hier ein Erdbeben verspürt worden, welches äußerlich zwar ohne besondere Spuren vorüberging. Ein paar Tage danach fing jedoch alles Wasser an trübe zu werden, und jeder Mensch, der das Wasser trank, bekam Kopfschmerzen und ward darauf ganz unsinnig. Abhilfe war bis jetzt nicht möglich. Darum bitte ich Dich, o Herr, in aller *Demut* und Zerknirschtheit meines Herzens, Du wollest mir und meinem Volke aus dieser Not helfen!"

In diesen Worten des Abgarus fällt uns auf, daß er nach dieser neuen Heimsuchung nicht mit Unmut vor den Herrn tritt, nicht in geistigem Hochmut spricht: „Herr, warum lässest Du solches über mich kommen?" Sondern trotz des neuen Landesunglücks schreibt er in der vollsten *Zuversicht* weiter: „O Herr, ich *weiß*, daß Dir alle guten und bösen Mächte untertan sind und Deinem Winke weichen müssen." Inmitten dieser schweren Probung sehen wir also den in den ersten Briefen zutage getretenen *Glauben* des Abgarus zum vollen *Wissen* und zum allerhöchsten *Vertrauen* fortgeschritten!

Und nun berichtet uns der Briefwechsel wiederum recht bezeichnend: „Als der Herr diesen Brief gelesen hatte, erregte Er sich tief und sprach laut: ‚O Satana! Wie lange willst du Gott, deinen Herrn, noch versuchen! Auf daß du aber wieder erfahrest, daß Ich dein Herr bin, so habe es in diesem Lande von diesem Augenblick an ein *Ende* mit deiner Bosheit!' " — Und dem Abgarus schreibt der Herr: „Diesen argen Streich hat dir nicht dein Feind, sondern *Mein* Feind gespielt. Fürchte dich aber nimmerdar! Denn für dich und dein Volk habe Ich ihn nun geschlagen!"

Was besagt nun diese Antwort des Herrn und was bedeuten alle diese letztgeschilderten Ereignisse im Leben und in der Seelenentwicklung des Abgarus?

Wenn der *Gegenpol* Gottes, der Fürst dieser Welt, bemerkt, daß eine wertvolle Seele ihm durch die Reifung im Glauben und in der Liebe völlig aus seinem Bereich zu entschwinden droht, setzt er alles in Bewegung, um dieses Entrinnen zu vereiteln. Da er eine solche Seele aber nicht mehr *unmittelbar* in ihrem geistigen Besitz, d. h. ihrem Glauben und ihrer Liebe zu Gott, anfassen und erschüttern kann, so macht er sich an des Menschen *materielle* Grundlage (seinen „Erdboden"). Er bewirkt da mit aller Macht ein möglichst gewaltiges „Erdbeben", indem er dem Menschen seine materielle *Existenz* erschüttert und zu vernichten sucht und überdies, wenn solches nicht zum Ziel führt, die Quellen und Brunnen vergiftet, d. h. mit giftigen Verleumdungsfluten den Menschen zu verderben strebt. — Ist dies nicht eine im geistigen Leben häufig zu beobachtende Tatsache? Wir haben vielleicht alle schon mehr oder weniger etwas davon gespürt.

Wenn der Mensch sich aber auch von solch äußerster materieller Probung auf dem Boden der Demut nicht erschüttern läßt, vielmehr gesteigert seine *Zuversicht* auf den himmlischen Vater und dessen Allmacht setzt — dann kommt der Augenblick, wo das Böse sowohl seine *versuchende* wie auch seine *bedrängende* Macht an ihm verliert und der Herr für diesen Menschen den „Feind schlägt und bindet" — weil für diese nunmehr gereifte Seele die Macht des Gegenpols als Erziehungs- und Festigungsmittel fürder nicht mehr notwendig ist.

Diesen tiefen Sinn seiner letzten Erlebnisse erklärt denn auch der Herr dem Abgarus mit den herrlichen Worten: „Siehe, weil du Mich liebst, ist dir Arges begegnet. *Weil* aber deine Liebe zu Mir mächtiger ward in der Bedrängnis, so hat deine Liebe gesiegt über alle Macht der Hölle, und du bist nun für alle Zeit frei von solchen höllischen Anfechtungen!"

*

Nachdem Abgarus diese tiefe Aufklärung über die wunderbaren Führungs- und Erziehungswege Gottes empfangen hat, so hat in seinem Herzen nichts anderes mehr Raum als *allein der Herr!* In überschwenglichster Dankbarkeit und Liebe kann er nur noch rufen: „O mein Gott, mein Herr, Du alleiniger Erfüller meines Herzens und vollster Inbegriff aller meiner Gedanken!" Und nur noch an den Herrn und dessen bevorstehendes Kreuzesschicksal kann er denken, und sein Sinn und Wille ist nur noch: „O Herr, lasse mich wissen, was ich *für Dich* tun soll! *Dein* allzeit heiliger Wille geschehe!" Wir sehen hier den Abgarus also in höchster geistiger Feuerglut und in jener Erzbereitschaft der vollendeten Engel, die nur noch auf den Herrn schauen, nichts Eigenes mehr wollen, sondern nur noch durch und durch Bereitschaft sind, den *Willen Gottes* zu vollführen.

„Herr, lasse mich wissen, was ich für Dich tun soll!" Das ist der auf dem Heilswege des Glaubens und der Liebe erklommene Gipfel der *Vollendung*, auf dem jene Geister als Engel und Engelsfürsten stehen, welche die schwere irdische Fleisches-Lebensschule durchgemacht und, der göttlichen Führung folgend, das Ziel erreicht haben. Ihnen kann nun der Herr zur Erfüllung ihrer Aufgaben die *tiefsten Geheimnisse* des Schöpfungs- und Heilsplans vollends enthüllen. Und so eröffnet der Herr in seinem *letzten* Antwortschreiben dem Abgarus, daß und warum mit Ihm, dem Herrn, alles so geschehen müsse. Das Geheimnis des *Kreuzes* wird vor ihm aufgetan: „Mein Kreuz, an das Ich geheftet werde, erschrecke dich nicht! Denn siehe, gerade dieses Kreuz soll für alle künftigen Zeiten der Grundstein zum Reiche Gottes und zugleich die Pforte in dasselbe werden."

Aber auch das sieghafte Ergebnis des großen Geschehens wird ihm vorhergesagt: „Nur drei Tage lang werde Ich dem Leibe nach tot sein. Am dritten Tage aber werde Ich als ein ewiger Überwinder des Todes und der Hölle wieder vom Tode *auferstehen* und Mein allmächtiges Gericht wird alle Täter des Übels treffen. Für die aber, „die mit Mir eines Herzens sind, werde Ich dann die Pforte der Himmel weit auftun vor ihren Augen!"

*

Wenn wir von dieser Höhe aus den durch Jakob Lorber wieder gegebenen Briefwechsel rückschauend überblicken, so sehen wir also, daß in diesem kleinen, tiefsinnigen Evangelium in der faßlichsten und innigsten Weise und in Form einer lebenswahren Geschichte eine klare und überzeugende Lehre vom allein wahren, zuverlässig zu Gott führenden *Heilsweg* gegeben ist. Wir sehen *alle Stufen* der geistigen Entwicklung, vom einfachen Glauben an den göttlich begnadeten Wunderheiland bis zum unbedingten, unerschütterlichen Wissen von der Alliebe, Allweisheit und Allmacht Gottes in Jesus — und andererseits auch alle Arten und Stufen der *Liebe*, von der nur auf die eigene, leibliche Heilung bedachten Selbstliebe bis zur allerhöchst geistigen, reinsten und erzbereiten Jesusliebe.

Wer könnte, wenn er die herrliche kleine Niederschrift in dieser Weise erkannt hat, darüber zweifeln, daß diese Schrift wahrlich nicht Menschen-, Geister- oder gar Dämonenwerk ist, sondern daß solches Licht nur aus den höchsten Himmeln, nur aus der reinsten Quelle göttlicher Wahrheit und Liebe zu uns kommen konnte. Möchten dies doch bald viele, ja alle Menschen einsehen und ihre kurzsichtigen Meinungen und Streitigkeiten über den Weg des Heils zu Grabe tragen, indem sie dieses Evangelium, das den heidnischen König Abgarus vor die geöffnete Pforte des Himmels führte, sich durch Tat und Wandel zu eigen machen!

IX

Was sollen wir also tun?

45

Die Ehe auf Erden und im Himmel

Wenn wir Bürger dieser oft so sturmbewegten Erde durch die Schriften des Himmelsboten Jakob Lorber die Liebe-Heilslehre in ihrer grundlegenden Bedeutung kennen, so erhebt sich immer wieder die Frage: Was sollen wir demnach in dieser oder jener Lebenslage tun?

Auf alle diese Fragen geben die Neuoffenbarungsschriften in klarer und überzeugender Weise Aufschluß. Von dem heiligen Grundgesetz der Schöpfung, dem Gebote der Gottes- und Bruderliebe aus werden hier in Wahrheit *alle* Lebensverhältnisse, in die wir Menschen hienieden gestellt sind, vom Herrn und Meister des Lebens, dem gütigen Allvater auf die wunderbarste Weise beleuchtet. Es ist, als ob mit einem Zauberstab alle Wirrnisse enträtselt, alle Schleier gelüftet würden. In Fragen und Nöten, in welchen wir Erdgeborenen keine Lösung sehen, klärt sich uns in diesem göttlichen Lichte alles und zeigen sich ungeahnte Wege befreiender Erkenntnisse.

Eines der wichtigsten, in dieser Weise aufgehellten Gebiete ist die Lebensgemeinschaft zwischen Mann und Weib — die *Ehe*.

Diese Urzelle des Volkskörpers, auf der das Leben der Familie und mithin des ganzen Volkes beruht, ist heute in dieser großen Weltwende vielfach in voller Zersetzung begriffen. Ein verblendeter Geist will, dem Drucke unseliger Geistes- und Wirtschaftsverhältnisse folgend, aus dem heiligsten, für die Ewigkeit bestimmten Bunde der Herzen eine nur dem flüchtigen Bedürfnis der Sinne dienende, zeitbegrenzte Geschlechtsgemeinschaft machen. Wo aber der Ehe die Haupteigenschaft zeitlicher und ewiger Dauer genommen wird, da zersplittert die wichtigste Grundlage des ganzen Volkslebens.

Kaum ein anderes Lebensgebiet ist daher heute der Klärung in einem wahren Heilslichte bedürftiger. Jedem Menschenfreunde müssen die tiefgründigen Eröffnungen daher doppelt willkommen sein. Die Lehren des neuen Gotteswortes über die *Ehe* zeichnen sich dadurch aus, daß sie uns bei Betrachtung dieses Verhältnisses von vornherein auf den höchstmöglichen Standpunkt stellen, uns den Ehebund im großen Zusammenhange des ganzen göttlichen Schöpfungsplans zeigen und uns dadurch eine unendlich klare Überzeugung von ihrem ewig heiligen Sinn verschaffen.

Warum Trennung in zwei Geschlechter?

Wer das Schöpfungsleben betrachtet, dem wird sich die Frage aufdrängen: Warum hat denn Gott männliche und weibliche Wesen geschaffen und dadurch das gezeitigt, was wir Liebes- und Ehenot nennen?

Von den „im Anfang" der Schöpfung aus Gottes Händen hervorgegangenen urgeschaffenen Geistern oder *„Urgeistern"* wissen wir durch Jakob Lorber, daß sie in ihrem reichgestalteten Wesen das *männlich-positive* und das *weiblich-negative Prinzip* vereinigen.[1] Noch heute ist es bekanntlich bei den meisten Pflanzenarten ebenso. Im Kelch der Blumen sehen wir wie in einem heiligen Tempel die männlichen und weiblichen Lebensorgane vereinigt. Doch während dies im Pflanzenreich noch die Regel bildet und nur Ausnahmen gegeben sind, sehen wir im nächst höheren Naturreiche der *Tiere* die Trennung der beiden geschlechtlichen Wesensteile in zwei gesonderte Selbstwesen als Regel. Und so ist es auch beim Menschen der Fall, der die Stufenreihe der Seelenentwicklung in der materiellen Welt krönt, um sich nach dem leiblichen Tod als ein jenseitiges Wesen bis zum vollendeten Engel und Gotteskinde weiter zu entwickeln.

Die auf dem Wege vom Pflanzen- zum Tierreich vorgenommene und auf der Menschenstufe festgehaltene *Spaltung* der Geschlechter in ein männliches und ein weibliches Sonderwesen hat ihre verständlichen Gründe. Wir wissen durch *Lorber*, daß die — im Reiche der Natur von der Einfachheit und Gebundenheit im Mineral durch die Pflanzen- und Tierwelt aufsteigenden — Naturseelen sich von Lebensstufe zu Lebensstufe durch Aufnahme immer neuer Lebensfunken mehr und mehr anreichern. Dies ergibt schließlich auf den höheren Stufen für den Schöpfer die Möglichkeit, die *zeugenden* männlichen und die *ausreifenden* weiblichen Elemente zu sondern und aus jedem Teil ein reichveranlagtes Sonderwesen zu schaffen. Und da in der Schöpfung Gottes alles auf die göttliche Grund- und Haupteigenschaft der gegenseitigen *dienenden Liebe* abgestellt ist, so hat auch diese Sonderung der Geschlechter keinen anderen Grund als den: durch die Trennung in zwei Hälften die beiden Wesen sich gegenseitig *ergänzen* und dienen zu lassen. Denn indem nun jede Hälfte zu ihrer Ganzheit und Vollendung in geistiger und leiblicher Beziehung alles das benötigt, was der Schöpfer der anderen Hälfte gegeben hat, können und müssen beide Teile sich gegenseitig dienen und werden sich daher auch gegenseitig suchen, lieben und austauschen. Erziehung zur dienenden Liebe ist also der *geistige Grund* der vom Schöpfer auf den höheren Seinsstufen vorgenommenen Trennung der Geschlechter.

In der Heiligen Schrift ist dies bezüglich des Menschen angedeutet in den bekannten Worten: „Und Gott der Herr sprach: ‚Es ist nicht gut, daß der Mensch allein sei. Ich will ihm eine *Gehilfin* schaffen, die zu ihm paßt. . . .' Da ließ Gott einen tiefen Schlaf auf den Menschen fallen, und als er entschlafen war, nahm Er eine von dessen Rippen, gestaltete sie zu einem Weibe und führte dieses dem Menschen zu. Da rief der Mensch aus: ‚Diese endlich ist Bein von meinem Gebein und

[1] Siehe ‚Grundfragen', Bd. 1, Kap. 15, S. 94.

Fleisch von meinem Fleisch! Sie soll Männin heißen; denn *vom Manne* ist sie genommen!' "[1]

Herzensehe

Die Bekundungen der Heiligen Schrift und der Neuoffenbarung über die Erschaffung des ersten Vollmenschenpaares werfen aber auch ein Licht auf ein *Ehegeheimnis,* das uns Nachgeborene alle ohne Ausnahme angeht. Wenn Eva von Adam „genommen" ist, dann liegt nahe, daß auch jedes andere Weib von irgendeinem bestimmten Mann genommen ist, um seine ewige „Gehilfin" und einzig taugliche Ergänzung zu bilden. Oder mit anderen Worten: Für *jeden Mann* hat Gott aus dessen Wesen *ein Weib* geschaffen, das vom Schöpfer und himmlischen Vater dem Mann zur ehelichen Ergänzung und zur *ewigen* Lebensgefährtin bestimmt ist.

Wenn wir uns erinnern, daß das innerste Haupt- und Grundleben eines jeden Menschen nicht der sichtbare Leib, noch die aus dem Gerichte der Materie aufsteigende Seele, sondern der reine, göttliche *Geist* ist, so liegt die Vorstellung nahe, daß Gott für die ewige, wahre eheliche Ergänzung eines jeden Menschen schon in der geistigen Grundlage gesorgt hat und mithin der *Geist* des Weibes vom Geiste des ihr bestimmten Mannes genommen ist, so daß jeder wahre, von Gott ersehene Gatte mit Adam ausrufen kann: „Siehe, dieser Gefährte ist Geist von *meinem* Geist!"

Nach den Enthüllungen, die uns in der Neuoffenbarung über den Geist des Menschen gemacht sind, werden wir auch — obwohl es in den Lorberwerken nirgends ausdrücklich ausgesprochen sein dürfte — die Wege verstehen, auf welchen die Vorsehung des Schöpfers dies bei jedem einzelnen Menschenpaare zustande bringt.

Bei allen jenen urgeschaffenen „Urgeistern" war und ist wie erwähnt, das männlich-positive *und* das weiblich-negative Prinzip vollkommen gegenwärtig. Und so stellt nach Lorber ein jeder Urengel *in sich* die „vollkommenste Ehe der Himmel Gottes" dar. Es hängt daher, so wird im ‚Großen Evangelium' gesagt, ganz von diesen Wesen ab, ob sie sich in der männlichen oder der weiblichen Form zeigen wollen.[2]

Wenn wir uns das über die Erschaffung Adams und Evas Geoffenbarte vorhalten, dann gelangen wir zu der Anschauung, daß Gott auf einer gewissen Stufe der Entwicklung eines jeden Urgeistes dessen männlich-positiven und weiblich-negativen Wesensteil trennt und jeden auf *gesonderten* Lebenswegen in die Welt schickt, um auf den verschiedenen Stufen des materiellen Naturlebens eine Seele aus dem Gerichte der Materie zu erlösen und durch Demut und Liebe zur Vollendung zu führen.

Der männlich-positive *Wesensteil* des urgeschaffenen Geistes wird als *Mann,* der weiblich-negative als *Weib* seine Lebensschule zu durchlaufen haben. Eines

[1] Näheres über die Erschaffung des ersten Vollmenschenpaares, das in der Schrift Adam und Eva genannt wird, siehe ‚Grundfragen', Bd. 1, Kap. 21 und die dort angegebenen Stellen: Gr. Ev., Bd. 4, Kap. 162, 4—11; Bd. 2, Kap. 215, 12 ff.; Bd. 7, Kap. 221, 4; Bd. 1, Kap. 166, 3; Haushaltung Gottes, Bd. 1, Kap. 7, 8.

[2] Gr. Ev., Bd. 2, Kap. 156, 12; ‚Grundfragen', Bd. 1, Kap. 15, S. 94.

Tages aber werden sich nach Gottes Ratschluß in einem bestimmten Zeitpunkt der Reife, sei es im Diesseits oder im Jenseits, die beiden ursprünglich zusammengehörigen Hälften *wiederfinden* dürfen, bereichert durch die mit heiliger Engelsliebe erlösten und zu himmlischer Vollkommenheit geläuterten Seelenelemente. Mit tiefem, aus dem Innersten des Herzens quellendem Empfinden werden sie sich als zusammengehörig erkennen. Und solch ein auf der Liebe von Geist zu Geist begründeter Bund ist dann, wenn die Beiden in ihrem Fühlen und Streben auch seelisch vollkommen eins geworden sind, wiederum wie im Uranfang eine „vollkommenste Ehe der Himmel Gottes".

Eine solche Geistes- oder Herzensehe ist — als von Gott selbst geschlossen — ewig und unlösbar und für beide Teile restlos beglückend. Der Mann wie das Weib könnten die ganze Unendlichkeit durchschweifen und würden nirgends eine Ergänzung finden, die besser und in beseligenderer Weise zu ihr paßte als eben diese, vom liebevollsten Schöpfer *uranfänglich* für sie geschaffene Hälfte.

Fleisches- und Weltehen

Das hohe Glück, schon in diesem Erdenleben seine *wahre* geistige Hälfte, sein *„Dual"*, zu finden, ist freilich in der Zeit, in der wir leben, nur wenigen Menschen gegönnt. Die meisten Seelen, sowohl der Männer wie der Frauen, lassen sich heute, wie zu den Zeiten Noahs, nicht mehr vom Geiste, sondern vom Fleische und von der Weltlust leiten. Sie denken, fühlen und streben nicht im Hinblick auf Gott und schätzen im Ehegefährten nicht die *himmlischen* Eigenschaften der Gottes- und Nächstenliebe, sondern suchen in der Ehe nur die Befriedigung ihrer sinnlichen Natur oder weltlichen Ansprüche. Die Gattenwahl erfolgt zumeist nach leiblichen Reizen, irdischem Reichtum, angesehener Stellung, Versorgungsmöglichkeiten und dergleichen. Solche Ehen sind dann natürlich weit entfernt von der Vollkommenheit der Herzensehen; sie tragen nicht die Gewähr und Bestimmung ewiger Dauer, sondern im Gegenteil das Los der Vergänglichkeit allen Fleisches. Solche Gatten werden auch niemals das tiefe Gefühl beseligender Ergänzung genießen, wie solches selbst in Zeiten seelischer Kämpfe und Auseinandersetzungen einem *geistig* verbundenen Paar vergönnt ist.

Auch noch allerlei andere Gründe der Entwicklung und Reife können manch wohlgesinntes Menschenkind in diesem irdischen Leben seine wahre eheliche Ergänzung nicht finden lassen. Umstände aus einem menschlichen Vordasein oder aus der Person des anderen Teiles mögen da mitspielen. Und da nur wenige aus Liebe zu *Gott* das vertrauensvolle Warten verstehen, werden auch von diesen Menschen im Erdenleben oft Ehen geschlossen, die nicht das unverbrüchliche Siegel göttlicher Berufung tragen.

Eheliche Liebe

Ob nun aber eine reine Herzensehe oder eine Sinnen- oder Weltehe vorliegt — in allen Fällen ist dieser Bund für Mann und Weib eine hochbedeutsame *Lebensschule.* Beide Teile sollen hier noch mehr, als es im Leben des ledigen Standes möglich ist, durch gegenseitiges *Dienen* die tragfähige und tatfertige Liebe lernen, dem

Gatten wie auch den der Ehe entspringenden Kindern gegenüber. Und so predigen auch die Neuoffenbarungsschriften den Ehegefährten als den Willen Gottes und als Grundbedingung einer glücklichen Ehegemeinschaft die *selbstlose, tatkräftige Liebe* in guten wie in bösen Tagen.

Keine abgöttische Anbetung, aber eine ernste, treue Fürsorge schuldet ein Gatte dem andern. „Die bloße Weiberliebe", heißt es in ‚Robert Blum' (Bd. 2, Kap. 157), „ist Eigenliebe. Denn wer von der Weiberliebe sich so weit verziehen läßt, daß ihm daneben die Nächstenliebe und aus dieser die Gottesliebe zur Last wird, der liebt *sich selbst* im Wesen des Weibes. Laß dich daher von der reizenden Gestalt eines Weibes nicht gefangennehmen übers rechte Maß, ansonst du untergehst in der Schwäche des Weibes, während doch das Weib in deiner Kraft erstehen soll zu einem Wesen mit und in dir!"

So schreibt auch der Apostel *Paulus* in seinem durch Jakob Lorber nach langer Verschollenheit aufs neue kundgegebenen Brief an die Laodizener: „Höret aber auch, ihr Weiber zu Laodizea: Also will es der Herr, unser Gott von Ewigkeit, daß ihr untertan sein sollet euren Männern *in Christo,* dem Herrn; denn im Manne habt ihr das Haupt Christi. Ihr Männer aber, liebet eure Weiber gerechten Maßes und seid nicht hart gegen sie. Aber treibet es mit der Liebe eurer Weiber nicht zu bunt, daß ihr darob des Herrn vergessen könntet."

Ehelicher Verkehr

Von den hohen Gesichtspunkten des göttlichen Schöpfungs- und Menschenbildungsplans aus werden in den Schriften der Neuoffenbarung den Eheleuten auch über den weiteren Hauptzweck ihres Bundes, die *Zeugung* einer gesunden, lebenstüchtigen Nachkommenschaft, bedeutsamste Eröffnungen und Ratschläge erteilt.

„Wenn das Leben des Menschen kein tändelnder Scherz, sondern ein sehr geheiligter Ernst ist, so kann auch der Entstehungsakt desselben durchaus keine Tändelei, sondern auch nur ein sehr geheiligter Ernst sein. Fasse du den Grund recht, und es wird dir darauf bald von selbst alles klar werden!

Die wohltuenden Empfindungen sollen nicht der Beweggrund zur Vornahme des Zeugungsaktes sein, sondern allein der Wille, daß ein Mensch gezeugt werde; denn die Empfindungen sind nur begleitende Erscheinungen und für die sinnliche Natur des Menschen notwendige Anreize zum höheren Zweck der Zeugung.

Drängt dich der Hauptgrund, so gehe und handle, und du hast keine Sünde! Aber es ist dabei dennoch so manches in Berücksichtigung zu ziehen. Dieses Tun darf nie außerhalb der Sphäre der wahren Nächstenliebe geschehen. Es hat also ein jeder, der nach Gottes Ordnung und Wohlgefallen leben will, auch bei ganz ordnungsmäßigen, der Keuschheit nicht widersprechenden Handlungen noch auf alle andern menschlichen Nebenumstände sein Augenmerk zu richten, so er sich nicht gegen irgendein Gebot der Nächstenliebe versündigen will." (Gr. Ev., Bd. 3, Kap. 215, 1 ff.)

„Um eine rechte und gesunde Frucht zu zeugen, müssen zwei reife Menschen eine rechte *Seelenverwandtschaft* untereinander haben. Sind ein Mann und ein Weib in ihrem Herzen (d. h. ihrem Geiste) und in ihren Seelen verwandter Natur, so sollen sie sich denn auch ehelichen und sich nach der Ordnung der Natur des Zeugungsaktes lediglich zu dem Behufe bedienen, um zu einer lebendigen *Frucht* nach ihrem Ebenmaße zu gelangen. Ein mehreres, als eben dazu vonnöten, ist wider die Ordnung Gottes und die Natur und somit ein Übel und eine Sünde.

Kann irgendein Zeugungsfeuriger bei all seiner Not zu keiner natürlichen Löschung seines ihn quälenden Feuers gelangen, dem rate Ich als bestes Naturmittel das *Fasten* (nach dem Beispiel des Täufers Johannes), ein fleißiges *Baden* im kalten Wasser und ein recht inbrünstiges *Gebet* um Linderung dieser Plage, so wird ihm solche ehestens abgenommen werden. Jede andere Löschungsart aber ist vom Übel und erzeugt abermals Übel und Sünde.

Zugleich aber soll allen Eltern ans Herz gelegt sein, daß sie ihre *Kinder* nicht den Reizungsgefahren aussetzen, denn ein brennbares Material kann leicht in Brand geraten. Wenn aber einmal die Flammen auf allen Seiten lichterloh aufschlagen, dann geht es mit dem schnellen Löschen oft gar nicht mehr. Und ohne Opfer schlägt keine Flamme auf; wenn sie gelöscht ist, zeigt sich der Schaden!

Darum sollen besonders die Jungfrauen wohl gekleidet, aber nie reizend geziert einhergehen. Die Jungfrauen und Jünglinge sollen nicht dem Müßiggange preisgegeben werden; denn der Müßiggang ist stets der Zeuger aller Sünden.“ [1] — Und für beide Geschlechter ist auch eine einfache, mäßige und *naturgemäße* Ernährungsweise unerläßlich.

Eheliche Geduld

Für die Erfüllung der an die Selbstsucht der Ehegatten gestellten Forderungen ist freilich die Natur der meisten Menschen nicht so bald reif. Dies gilt besonders in Zeiten wie den gegenwärtigen, wo durch übersteigerte Genußmöglichkeiten und sonstige Unnatur der Zivilisation die Sinne überreizt werden und die von Gott und vom Glauben losgelösten Seelen keine wahre Glückseligkeit und Lebensfreude an den unvergänglichen Gütern des Geistes mehr kennen. Der entwurzelte, ganz diesseitige Mensch kann nicht einsehen, warum er der ewigen Ordnung eines unbekannten Gottes zuliebe seine erhitzten Triebe zügeln soll. Und auch der fürs Geistige schon mehr Erschlossene wird in dieser vom Gegenpol so stark versuchten Welt je nach Veranlagung, Alter und Erfahrung oft schwer um das Hochziel der Keuschheit zu ringen haben.

Daher ist geduldige Rücksichtnahme und *liebevolle Nachsicht* als eine Pflicht wahrer Gattenliebe auch in der vom Herrn im ‚Großen Evangelium‘ (Bd. 3, Kap. 66 ff.) gegebenen „Ordnung des geschlechtlichen Lebens“ einem fortgeschritteneren Ehegatten ans Herz gelegt. „Geduld ist stets besser als das allerbeste Recht.“

Eheberatung

Was im Hinblick auf die vielen Fragen und Nöte des Ehelebens heutzutage von vielen einsichtigen Menschenfreunden erstrebt wird — eine *staatliche Eheberatung* —, das ist schon vor bald 100 Jahren vom Vater des Lichts durch Jakob

[1] Gr. Ev., Bd. 3, Kap. 66, 1 ff. Weiteres über Zeugung und ehelichen Verkehr siehe ‚Grundfragen‘ Bd. 1, Kap. 27. Weitere Stellen über das eheliche Leben: Gr. Ev., Bd. 4, Kap. 230, 1 bis 231, 9; Bd. 3, Kap. 215; Bd. 8, Kap. 41; ‚Geistige Sonne‘ Bd. 2, Kap. 80, S. 335.

Lorber im ‚Großen Evangelium' als alte Lehre des Herrn den Menschen aufs neue in Vorschlag gebracht worden.

„Es soll", so erklärt der Herr dem römischen Statthalter Cyrenius, „vom Staate aus eine gesetzliche Vorschrift dahin getroffen werden, daß die Ehen sittlich so gut als möglich gehalten und Menschen, die mit (sehr großen) leiblichen und seelischen Gebrechen behaftet sind, zur Ehe nicht zugelassen werden. Denn aus solchen Ehen kann nie eine völlig gesegnete Zucht hervorgehen.

Es soll daher mit allen, auch den sonst Gebrechenlosen, eine *Prüfung* vorgenommen werden, ob der Bräutigam und die Braut für einander taugen. Findet da ein bevollmächtigter weiser Prüfer irgendwelche Hindernisse, so soll er mit der Bewilligung zum Ehebündnis zurückhalten, den Ehelustigen die argen Folgen recht ans Herz legen und ihnen bedeuten, daß die Ehebewilligung so lange nicht erteilt werden kann, als die verderblichen Umstände fortbestehen. Auch soll ein solcher vom Staat bevollmächtigter Eheschließer den Heiratslustigen den Lebensernst der Ehe und den hohen, himmlischen Zweck derselben recht helle machen.

Zeigt es sich, daß dadurch die Ehelustigen nüchterner werden und die Hindernisse beseitigen, so daß sie sich nur des gegenseitigen Menschenwertes wegen ehelich verbinden wollen, dann erst soll der Bevollmächtigte die Bewilligung zum vollgültigen Ehebündnis erteilen. Er soll das Treuegelöbnis zum Zeichen der Unauflösbarkeit der Ehe in ein Buch eintragen. Weiterhin soll er aber auch stets in Kenntnis der nachfolgenden Eheverhältnisse bleiben und darüber wachen, wie sich diese gestalten.

Darum sollen zu solchen für die Schließung der Ehe Bevollmächtigten keine gemeindefremden Menschen bestellt werden, sondern allenthalben nur Einheimische, welche die Gemeindeglieder, jung und alt, bestens kennen. So werden sicher viele Mißehen verhindert und es wird viel Segen geben in einer solchen Gemeinde. Es wäre darum gut, in jeder größeren Gemeinde ein *Ehegericht* zu bestellen, das über alle Ehesachen zu wachen hätte. Freilich müßte solch ein Gericht höchst unbescholtenen Charakters sein und an seiner Spitze sollte allenthalben ein von Gott *erleuchteter* tatkräftiger Mann stehen.

Dieser Mann sollte auch darauf sehen, daß ein junger Mann nie unter 24 Jahren, und eine Maid nie unter 20 Jahren ein Ehebündnis schließt. Denn diese Zeit ist mindestens notwendig zur nötigen Reife für eine gute, auch im *Geiste* haltbare Ehe. Ein solcher Oberrichter wird ferner auch die Erziehung der Kinder seiner Gemeinde im Auge und im Herzen festzuhalten und allen Ärgernissen mit den entsprechenden Mitteln vorzubeugen haben. Die Widerspenstigen wird er züchtigen und die Eifrigen für alles Gute und Wahre beloben und sie einleuchtend auf den Segen einer recht geführten Haushaltung aufmerksam machen.

Wenn ein Ehegericht in dieser Art sein Amt erleuchteten Sinnes führt, dann werden auch für den Gesamtstaat und dessen gesalbtes Oberhaupt die größten sittlichen und natürlichen *Vorteile* hervorgehen. Denn werden die Ehen in guter Ordnung gehalten, so werden aus solchen auch Kinder in guter Ordnung hervorgehen. Und aus ordentlichen Kindern werden dann auch ordentliche Staatsbürger, die in ihrem Herzen auch vollkommene Bürger des Gottesreiches werden können. Und damit ist alles erfüllt, was die göttliche Ordnung von den Menschen dieser Erde verlangen kann." (Gr. Ev., Bd. 3, Kap. 72, 8 ff.)

Ehescheidung

Vom Standpunkt der Geduld und ausdauernden Liebe aus wird in den Schriften der Neubotschaft auch die *Scheidung* der Ehe behandelt.

„Ich bin", spricht der Herr in ‚Jugend Jesu' (Kap. 102, 11 ff.), „nicht ein Herr dessen, was der Welt ist. Daher seid ihr von Mir aus in allem Weltlichen frei. Habt ihr aber eine *wahre Liebe* in euren Herzen zueinander gefaßt, dann sollt ihr diese nicht brechen. Es gilt bei Mir kein anderes Gesetz für die Ehe, als welches da mit glühender Schrift (des Geistes) geschrieben steht in euren Herzen. Habt ihr euch schon beim ersten Anblick laut dieses lebendigen Gesetzes (d. h. durch die Stimme des göttlichen Geistes) erkannt und verbunden, dann sollet ihr euch nicht mehr trennen, so ihr nicht sündigen wollet vor Mir. Ich halte aber kein bloß *weltliches* Eheband für gültig, sondern allein das des *Herzens.* Wer *dieses* bricht, der ist ein wahrhaftiger Ehebrecher vor Mir. ... Wehe aber der Liebe, deren Grund die Welt ist. Sie sei verflucht!"

Im allgemeinen gilt also: „Was *Gott* verbunden hat, das soll kein Mensch mehr trennen, und es bleibt sonach eine wahre (vom Geist mit dem Geiste) geschlossene Ehe für ewig unauflöslich" (Gr. Ev., Bd. 1, Kap. 236, 19). — „Hatte den jungen Eheleuten der Ehe Honig gemundet, so müssen sie (bei eintretenden Lebensschwierigkeiten) dann auch mit der Galle der Ehe sich zufrieden stellen. Der Ehe Honig ist ja ohnehin der schlechteste Teil derselben; erst mit dem gallichten Teil nimmt des Lebens goldener Ernst seinen Anfang. Käme dieser nicht, dann ginge es mit der Saat für den Himmel schlecht. Im oft bittersten Lebensernst beginnt erst der geistige Same sich zu beleben und zu entfalten, der im beständigen Honigleben erstickt wäre." (Gr. Ev., Bd. 3, Kap. 70)

Nur in einigen wenigen, ganz besonders mißlichen Fällen, deren wichtigste Beispiele im ‚Großen Evangelium', Bd. 3, Kap. 70, angegeben sind, kann eine *solche* Ehe fürs zeitliche Leben zum Teil oder vollkommen geschieden werden.

Von den *Weltehen* und ihrer Auflösung dagegen sagt der Herr: „Eine reine Weltehe ist ohnehin kein Bund vor Gott und ist somit *auflöslich* wie die Weltmenschen und alle ihre Bündnisse." (Gr. Ev., Bd. 1, Kap. 236, 19)

Zusammenfassend finden wir diesen Unterschied auch in einer durch Jakob Lorber *empfangenen* Kundgabe in den ‚Supplementen', Seite 95, betont. Auf die Frage: Ist das Eheband ein ewig unauflösliches? erfolgt die Antwort: „Allerdings, wenn es aus wahrer, reiner Liebe hauptsächlich in Anbetracht Meiner wie dann auch in Anbetracht des gegenseitigen Menschenwertes geschlossen wurde oder wenigstens danach vollends so manifestiert ward. Ist aber solches nicht der Fall, dann hat das, was Ehe genannt wird, für den Himmel gar keinen Namen und Wert, aber einen desto größeren für die Hölle. Verstehe es jeder!"

Für die Auflösung der Weltehen wie überhaupt für alle Ehen gelten natürlich aber auch die *Weltgesetze:* „Denn solange der Mensch nicht völlig im Geiste wiedergeboren ist, sind ihm äußere Staatsgesetze notwendig, weil sie ihn in der Demut und Geduld üben, die zur Erreichung der vollen Wiedergeburt höchst notwendig sind, andernteils aber auch den finsteren und bösen Menschen abhalten, seinen Nebenmenschen Böses in zu großem Maße zuzufügen, indem sie mit scharfgezogenen Linien jedem das Seinige zuweisen und den mutwillig dawider Handelnden züchtigen." (Gr. Ev., Bd. 8, Kap. 22, 5)

„Jedermann, der als Mitglied einer großen Gesellschaft lebt, muß sich daher den *Ordnungsgesetzen* fügen und sie zu seinen eigenen Lebensgrundsätzen machen." (Die drei Tage im Tempel, Kap. 22, 5)

Daneben gelten selbstverständlich auch für die Gatten einer Weltehe von Gott aus die allgemeinen Gebote der *Geduld, Sanftmut* und opferbereiten, tätigen *Nächstenliebe.* Besonders wenn Kinder vorhanden sind, werden sich daraus Pflichten und Rücksichtnahmen sowohl während der Ehe wie in den Fragen der Auflösung ergeben müssen. Ohne ein starres Gesetz zu geben, weisen hier in all diesen Fällen die Neuoffenbarungsschriften die Ehegatten darauf hin, in ernstem Gebet durch die Stimme des Heiligen Geistes in ihren Herzen die gottgefälligen Grenzen und Wege zu finden. Es hat auch in der Ehe alles ein vernünftiges Maß und Ziel, das wir nur mit Gottes Hilfe durch seine innere Stimme wahrhaft finden. Als Grundsatz muß aber nach den hohen sittlichen Anforderungen der Lehre Jesu gelten, daß bei *allen* Ehen, den Herzens- wie den Weltehen, die Scheidung in diesem zeitlichen Leben nur als alleräußerstes Mittel zur Ordnung völlig unhaltbarer Verhältnisse in Betracht kommen darf — eben darum, weil diese Lebensgemeinschaft eine besondere Hochschule der dienenden Geduld, Sanftmut und ausharrenden Liebe ist.

Die Ehe im Jenseits

Wie steht es nun aber mit dem Band der Ehe jenseits des irdischen Lebens? — „Wes Weib wird sie in der Auferstehung sein?" fragten schon die Sadduzäer den Herrn.

Wenn auch für das *jenseitige* ewige Leben vor Gott nur die wahre, auf der Verwandtschaft des *Geistes* beruhende Herzensehe gilt, so besagt dies doch nicht, daß nicht auch einer Sinnen- oder Weltehe im jenseitigen Dasein eine Bedeutung zukäme. Vielmehr hören wir durch Lorber, daß bei ungeläutert abscheidenden Menschen in dem jenseitigen, zu ihrer Läuterung dienenden Leben gerade auch die irdischen Eheverhältnisse oft noch eine große Rolle spielen. Der Sinnenmensch wird unter Umständen lange nicht vom Gegenstand seiner Leidenschaft, der Ehr-, Macht- oder Geldgierige von dem aus solchen Gründen geehelichten Gatten loskommen. In den Lorberwerken lesen wir viele derartige Beispiele.[1] Und mit Schrecken wird mancher leichtfertige Erdenbürger drüben wahrnehmen, daß er der sich selbst bereiteten ehelichen Hölle auch in der geistigen Welt *nicht entrinnt,* bis er in dieser schweren Schule mit Hilfe des Himmels seiner Schwächen und Laster endgültig Herr geworden ist.

Die Ehe des Vollendeten

Wie die auf Fleisches- und Weltsinn gegründete Ehe ihrem materiellen, höllischen Wesen nach „ewige Unrast und Pein" verursacht, so verschafft dagegen die auf den Geist gegründete Ehe ihrem göttlichguten, himmlischen Wesen nach auch in der anderen Welt ewigen *Frieden* und ewige *Glückseligkeit.*

[1] Siehe z. B. Rob. Blum, Bd. 1, Kap. 70; Geist. Sonne, Bd. 1, Kap. 35 ff.; Geisterszenen.

Wenn in einem durch geistige Herzensehe verbundenen Paar die einst getrennten Urgeist-Hälften nach langer Lebensfahrt sich in dem durch Gottes Ratschluß bestimmten Zeitpunkt endlich gefunden und ihre aus der Materie gelösten Seelen völlig vergeistigt haben, dann werden diese geistig Wiedergeborenen „wie die *Engel Gottes* im Himmel sein", d. h. es wird in ihnen nichts Fleischlich-Sinnliches noch Weltsüchtiges mehr Macht haben. Sie werden daher auch, wie der Herr es den Sadduzäern erklärte, nicht mehr in irdischer Art nach fleischlichen oder weltlichen Gründen „freien und sich freien lassen", sondern sie werden als von Gott Verbundene ewig beisammen bleiben in himmlischer Harmonie und Vollkommenheit.

Da keine Menschenseele, wenn sie einmal aus den Elementen des Naturreichs gebildet wurde, ihre Persönlichkeit je mehr verliert, wird auch bei einem solchen geistig wiedergeborenen und vollendeten Paar der Mann sowohl wie das Weib ewig eine *gesonderte Persönlichkeit* bleiben. [1] Aber infolge der ursprünglichen geistigen Zusammengehörigkeit wird zwischen ihnen in alle Ewigkeit eine ganz besondere, einzigartig wohlgestimmte und höchst wonnevolle gegenseitige *Ergänzung* und Wechselbeziehung stattfinden. Ein Lebenszusammenklang wird sich ergeben, würdig des großen Meisters, der in der Tiefe seiner Schöpferliebe vor Urzeiten sein Werk erdacht und es mit unergründlicher Weisheit und Macht auf wunderbarsten Wegen zur Vollendung geführt hat.

Wohl dem Paare, das so im großen Schöpfungsganzen eine ewige Lebens-Zelle bilden darf, vom Schöpfer selbst eingereiht in sein unvergängliches Lebensreich! Für uns *alle* ohne Ausnahme hat die Ewige Liebe diese Seligkeit vorgesehen, wir dürfen uns nur willig der heiligen Führerhand überlassen.

46

Ehenot

Ein Wort für unsere Zeit,
durch die innere Stimme des Geistes empfangen.

Ehenot heißt eine der Geißeln, mit welchen Ich (der Herr) die Menschheit der Erde heute züchtigen muß. Aber auch diese Völkergeißel habe nicht Ich den Menschen geflochten; vielmehr waren und sind sie selbst die Verfertiger dieses harten Zuchtmittels. Würden sie auf Meine Stimme lauschen und den Geboten Meiner heilvollen Lebensordnung gehorchen, dann wüßten sie nichts von Ehewirren, sondern würden als seelen- und leibesgesunde Gatten selige Freuden genießen durch die enge Verbindung mit Mir und Meiner göttlichen Kraft.

[1] Wir sehen dies z. B. in dem Buche ‚Robert Blum' an dem Helden dieses Buches und seiner himmlischen Gattin Helena. Vergl. auch z. B. Geistige Sonne, Bd. 1, Kap. 100, S. 469.

Auf eigenen Wegen zum Abgrund

Auf eigenen Wegen der Glaubenslosigkeit und Selbstliebe wandelnd, haben sich die Menschen in allen Erdzonen von den wichtigsten Grundlinien Meiner Naturordnung entfernt und haben auch fast ganz die Verbindung mit Meinem Heiligen Geiste aufgegeben. Mit einer Verblendung und Hartnäckigkeit sondergleichen zerstörten sie die aus Mir strömenden Lebenskräfte und sehen sich nun vor einem Trümmerfelde.

Auch das Glück eines *wahren* Ehelebens ging verloren. Achtete man doch nicht mehr Meines ersten Grundgesetzes der Ehe, daß nur *ein* Weib für einen Mann von Mir geschaffen und zur gegenseitigen Ergänzung bestimmt ist. Die Unersättlichkeit der selbstischen Genußsucht in den Menschen beiderlei Geschlechts ließ sich nicht mehr zügeln von der Stimme Meines Geistes. Vielmehr gewannen die satanischen Geister der Fleischeslust die Herrschaft im Menschen und gaben ihm „Vernunftslehren" ein, der Mensch müsse sein kurzes Erdenleben voll und ungehemmt genießen, solange er jung und genußfähig sei.

Damit war schon der Grund und Boden der Ehe aufgelöst und Mann und Weib zu Zerstörern des himmlischen Glücks der wahren, ewigen Ehe geworden. Es wurden nun die kostbarsten Säfte und Kräfte beider Geschlechter unheilvoll vergeudet. Elemente des Leibes und der Seele, die zu lust- und lebensvollen Strahlungskräften von Mann und Weib werden sollten, wurden elend vertan. Jene Strahlkräfte aber sind das wichtigste Band der Ehe. Auf ihnen beruht die geheime, aber mächtige Anziehung der Geschlechter.

Mann und Weib bedürfen und genießen voneinander diese leiblich-seelischen und auch reingeistigen vom Menschen ausgehenden Kräfte, die in hochlebendigen, gleichsam elektrisch geladenen Lebensfunken bestehen. Wenn die Ehegatten inner- oder außerhalb der Ehe die Säfte, aus welchen diese Lebensfunken gereift werden, vergeuden, so ist klar, daß von jener Strahlung keine Kraft mehr erwartet werden kann. Weder der Mann noch das Weib kann dann vom andern Teil jene erquickende, belebende Einwirkung, welche das seelische Liebesempfinden weckt und nährt, im Umgang des täglichen Lebens mehr empfangen. So erkaltet die gegenseitige Anziehung und Liebe, ja es entsteht Abneigung, Ekel und Haß. Und der Zustand glücklichen, liebegenährten Friedens weicht dem Geiste des Unfriedens, des Zankes und Kampfes, und aus der Ehe wird ein ewiger Krieg. Die Ehenot ist fertig.

Wenn in solch einer Ehe Kinder kommen, sind sie höchst störende und unwillkommene Erscheinungen, und das Streben besteht, ihre Zeugung oder Geburt zu verhindern. Ich aber habe das Zeugungsvermögen den Menschen nicht zur leeren, eitlen Lust gegeben, sondern zur Fortpflanzung ihres Geschlechtes. Den Lustreiz habe Ich nur als Mittel zu diesem heiligen Zweck beigefügt, und die Kräfte der Zeugung soll der Mensch nicht genußsüchtig vergeuden, sondern in sich zur Vollreife bringen. Wenn er damit nicht ein neues Menschenleben zeugen will oder kann, dann soll er sie in sich sammeln oder umsetzen in die geistigen Schöpferkräfte, die jeder Mensch — Mann oder Weib — im täglichen Leben auf die verschiedenste Weise benötigt und zu seinem großen Nutzen und Heil verwenden kann.

Wahres Glück in der Ordnung Gottes

Neue fruchtbare Gedanken entstehen licht- und kraftvoll im Menschen, der seine Fruchtkeimsäfte bei sich sammelt und vergeistigt. Und zu den guten Gedanken hat ein solcher vernunftvoll keuscher Mensch auch die Willens- und Tatkraft zu erfolgreicher Ausführung. Das wahre Geheimnis des Erfolgs ist die Keuschheit und Enthaltsamkeit. Wer das Geld hinaus in den Rinnstein wirft, wird bald ein Bettler sein. Und wer die von Mir verliehenen Zeugungskräfte verschwendet, dem geht es ebenso; wer sie aber sammelt, der kommt zu erstaunlicher Macht in allen Dingen. Nicht nur seine schöpferischen Gedanken und Taten mehren und verstärken sich — auch seine *Strahlkräfte* werden mächtig geladen mit Lebensenergien, die wonnig und belebend von der ganzen Umgebung und besonders von dem andern Ehegatten empfunden werden.

In solch einer Ehe tritt das äußere wie das geistige Glück und Wohlergehen zur Türe herein. Kinder sind einem solchen Paar keine Last und unwillkommene Erscheinung, sondern werden mit Freuden in Empfang genommen aus Gottes Hand und mit Liebe und tiefem Verantwortungsgefühl gepflegt und erzogen. Auch wird hier des Himmels Segen nicht fehlen. Und mit dessen Unterstützung wird auch in schwierigen Zeitläufen ein keusches, gottverbundenes Ehepaar eine stattliche Zahl gesund und gut gearteter Kinder zu reifen, glücklichen Menschen erziehen können, die einst im Alter ihre Stütze und unversiegbare Freude sein werden.

So kann also die *Ehenot* in heutiger Zeit durch ein auf Mich und Meine ewige Ordnung gegründetes keusches Eheleben *behoben* werden. Durch ein solches Leben werden auch nach und nach alle wirtschaftlichen Nöte beseitigt, die ihre letzte Ursache ebenfalls in der ungezügelten Selbstsucht der heutigen Menschheit haben. Wer den Menschen und sich selbst helfen will, der strebe also nach der Wiederverbindung mit Mir, dem Urquell alles Lebens und wahren Glückes, und der halte Meine Gebote und Ordnungsregeln. Darin liegt das einzig wahre und wirklich durchgreifende Heilmittel für die ganze Menschheit.

Neuzeitliche Vorschläge

Wenn nun die Menschen heute nach Lösungen suchen, so werden die Vorschläge zur Abhilfe gar sehr verschieden sein. Die völlig *Ungläubigen*, nur mit der sichtbaren Welt rechnenden sogenannten Freidenker werden auch nur an *materielle* Mittel und Wege denken, und zwar an solche, die den Sinnengenuß nicht zügeln, sondern ungehemmt entfalten lassen. Sie verkünden leicht lösliche Eheverbindung, Verhütung der Empfängnis und möglichst gefahrlose Geburtenverhinderung. Das ist dieser Verblendeten echt satanische, lebenvernichtende Weisheit! Dabei meinen sie noch vernünftig zu handeln und bedenken nicht, welch furchtbare Lebensvernichtung sie damit anbahnen und wie vollkommen dadurch die Zelle des Volkskörpers, die Familie, zerstört wird.

Andere, die noch dem *christlichen* Geiste näherstehen, werden auf Mein Gebot verweisen und auch in der heutigen Zeit mit Strenge die Durchführung verlangen — wenigstens von den andern! Wie sollen sie aber durchdringen mit ihrem toten Glaubenseifer, wenn sie den Menschen nicht mehr die wahre Liebe zu Mir, dem himmlischen Vater in Jesus beibringen können, da sie selber ein kaltes Herz und nur Verstandesglauben besitzen? Diese Buchstaben- und Scheinchristen werden nichts ausrichten gegenüber der ungeheuren Masse der Ungläubigen, denn ihre Predigt hat weder wahres Licht noch feurig belebende Kraft. Sie wird abprallen und verhallen bei den sinnengierigen Weltmenschen, die nach Sinnenfreiheit lechzen und darüber zur Tagesordnung hinweggehen.

Ratschläge für die Gottes-Kinder

So wird also in den nächsten Zeiten in all diesen Fragen keine glückliche Lösung von den Völkern durchgeführt werden können. Es wird sich dabei nur um Notmaßnahmen oder Stückwerk handeln. Und jede der von der gegenwärtigen weltsüchtigen Menschheit ergriffene Maßregel wird neben geringem Guten überwiegend Arges und Unheilvolles aufweisen, denn Mein Segen fehlt und muß fehlen.

Darum, Meine Lieben, die ihr in Meinem Lichte steht, zerbrecht euch nicht den Kopf darüber, was zu tun sei, um der großen Ehenot der heutigen Zeit zu steuern. Diese Zeit und Weltmenschheit muß vergehen und zuvor ihr Wesen völlig auswirken, damit das Menschengeschlecht durch die sich ergebenden Erfahrungen belehrt und für die Aufnahme Meines himmlischen Lichtes reif und sehnsüchtig gemacht werde.

Überlasset daher den Weltmenschen ihre Entschlüsse und begebet euch selbst möglichst getreu in Meine euch wohlbekannte Ordnung. So werdet ihr nicht nur für euch das seligste Familienglück finden, sondern durch euer Lebensbeispiel auch den blinden Weltmenschen die wirkungsvollste Lehre geben und die Entwicklung des Weltgeschehens zum Guten beschleunigen.

Es wird mehr und mehr ein neuer *Glaube der Liebe* erwachen und sich ausbreiten in allen Völkern. Und schließlich werden die Geweckten mit Meiner Hilfe die Macht ergreifen und alles im Sinne Meiner Ordnung neugestalten. Dann wird auch das heilige Wesen der Ehe aufs neue enthüllt und zur Geltung gebracht, und die Ehenot wird allenthalben schwinden, wo Mein Geist und Meine Ordnung herrscht.

In der Zwischenzeit aber gehet nicht zu scharf ins Gericht mit denen, die noch blind und unreif sind oder denen die Glut ihrer Veranlagung das Leben in Meiner Ordnung noch nicht gestattet. Ich selber bin nachsichtig, weil Ich gar wohl weiß, daß ihr Menschenseelen alle Gefallene und Verirrte seid und aus den schweren Banden der Materie nur ganz allmählich erstehen könnt. Darum seid auch ihr wohl streng gegen euch selbst, aber voll Nachsicht gegen eure Brüder und Schwestern. Es verurteile und verlasse kein fortgeschrittener Ehegatte den minder fortgeschrittenen, sondern trage seine Unreife und Schwäche, bis auch er durch Mich und Meine Diener gereift ist!

Ich dränge ja auch keinem Menschen Meinen Willen auf, sondern erziehe euch zur wahren Selbständigkeit und Vollkommenheit in der größtmöglichen Freiheit. Erzwungenes Halten Meiner Ordnung hat vor Mir keinerlei Wert. Und mit Gewalt werdet auch ihr nicht das geringste Gute reifen können an eurem Gatten oder sonstigen Mitmenschen. Dagegen segne ich eure sanfte Liebe, Geduld und Barmherzigkeit auch in der Ehe mit den reifenden Strahlen Meiner Lebenssonne, und ihr werdet Früchte erleben dürfen an Seelen, wo ihr es kaum zu hoffen wagtet.

Für heute nehmt nun diese Winke über jene Fragen der Zeit, die euch und viele andere beschäftigen! Im Lichte der Ewigkeit ist alles einfach und klar, was im Spiegel der Welt oft trüb und unheilschwanger erscheint. Amen.

47

Kindererziehung und Jugendpflege

Der Segen wahren Familienglücks beruht nächst der Festigkeit und Reinheit der Ehe in besonderem Maße auf einer rechten, von Liebe und Vernunft geregelten Zucht und Pflege der *Kinder.*

Auch dieses wichtige Lebensgebiet findet in den Schriften der Neuoffenbarung eine bedeutsame Beleuchtung. Die dabei zur Geltung gelangenden Gesichtspunkte heißen: *Herzensbildung,* wahre *Verstandeserleuchtung* und *Willensfestigung* auf dem Boden der Ordnung Gottes. Das Ziel ist nicht, einen in irdisch vergänglichen Dingen erfolgreichen Weltmenschen, sondern einen vom Geiste tätiger Gottes- und Nächstenliebe geadelten *Himmelsbürger* heranzubilden, der durch seine Weisheit und Tatkraft unter göttlichem Segen auch das irdische Leben meistert.

Schon die

Kinderzeugung

ist ein heiliges Werk von größter Verantwortung, die einen neuen Menschen ins Dasein ruft.

„Daher soll auch bei der Zeugung gar wohl beachtet werden, daß diese Handlung nicht aus gemeiner Sinnengier, sondern aus wahrhafter *Herzensliebe* und seelischer Neigung geschieht — und zweitens, daß das einmal empfangen habende Weib während der Schwangerschaft und weiterhin noch gut sieben Wochen nach der Ausgeburt ihrer Frucht ungestört in *Ruhe* gelassen wird. Wer sein Weib während der Schwangerschaft stört, verdirbt die Frucht schon im Mutterleib und pflanzt derselben den Geist der Unzucht ein; denn der Geist, der die Gatten reizt und nötigt, sich über die natürliche Gebühr zu beschlafen, geht verstärkt in die Frucht über.

Kinder auf reine Art gezeugt und im Mutterleib ungestört ausgereift, werden schon leiblich vollkommener in die Welt kommen, weil die Seele in einem vollkommen ausgebildeten Organismus eher und leichter für ihren geistigen Herd sorgen kann als in einem ganz verdorbenen, an dem sie gleichfort zu bessern und zu flicken hat. Und zweitens ist sie selbst in sich reiner und heller, weil sie nicht von den Unzuchtsgeistern gestört wird, die durch die oft täglichen Nachzeugungen in des Embryo Fleisch und auch Seele hineingezeugt werden.

Wie leicht kann solch eine Seele ihr Gemüt schon in der zartesten Kindheit zu Gott erheben aus kindlicher, allerunschuldigster Liebe! Bei solchen Kindern fängt sich schon frühzeitig eine Außenlebenssphäre zu bilden an. Sie werden bald und leicht hellsehend, und ihrem Willen wird sich alles in Meiner Ordnung Seiende zu fügen beginnen. Was sind dagegen die schon im Mutterleibe verdorbenen Kinder?

Ich sage euch: Kaum mehr als scheinbelebte Schattenbilder des Lebens! Und was ist hauptsächlich daran schuld? Das, was Ich euch sattsam als Folge der Wollust gezeigt habe.

Wo irgend in der späteren Zeit Mein Wort von euch gepredigt wird, sollte diese Lehre nicht fehlen! Denn sie bearbeitet des Lebens Grund und Boden und macht ihn frei von Dornen, Gestrüpp und Disteln, von denen noch nie ein Mensch Trauben und Feigen geerntet hat." [1]

Dem hohen Ziel der Heranbildung wahrer Himmelsbürger entsprechen in den Neuoffenbarungsschriften auch die

Grundsätze der rechten Erziehung.

Im ‚Großen Evangelium' hören wir aus dem Munde des *Herrn:*

„Das Kind muß vor allem gelehrt werden, seinen noch stark tierischen, selbstsüchtigen Eigenwillen zu *beugen,* und darf nicht verzärtelt werden. Ein Hauptgrund der Verderbung der Menschenseelen liegt in einer häufig affenliebigen Erziehung der Kinder. Man läßt das Bäumchen wachsen, wie es will, und trägt durch *Verzärtelung* noch alles mögliche dazu bei, um den Stamm recht krumm wachsen zu lassen. Ist aber der Stamm einmal erhärtet, nützen alle späteren Beugungsversuche nichts mehr.

Darum beuget eure Kinder in ihrer leicht lenksamen *Jugend,* dann wird es bald weniger materielle Seelen geben, die das Geistige nicht verstehen und sich nicht der wahren Lebensordnung fügen.... Ein Kind ist bis ins siebente Jahr stets bei weitem mehr Tier als Mensch und hat darum noch sehr viel tierische und wenig wahrhaft menschliche Bedürfnisse. Den Kindern werde daher nur das *Nötigste* gereicht und man gewöhne sie frühzeitig an allerlei Entbehrungen!

Man lasse sie sich üben in allerlei *Gutem und Nützlichem,* mache jedoch ein noch so braves Kind nie selbstliebig und sich überschätzend. Man lobe die Braven nie übertrieben, sei aber auch gegen Minderbefähigte oder Minderbrave nie zu hart, sondern behandle sie mit rechter Liebe und Geduld. Man mache auch die Kinder, besonders wenn sie schön gestaltet sind, nie durch schöne und reiche Kleidung *eitel* und *stolz!* Man halte sie rein, mache aber nie Hausgötzen aus ihnen!

Wer seine Kinder wahrhaft liebt, dem muß vor allem daran gelegen sein, ihre *Seelen* so zu erziehen, daß sie nicht von der Materie verschlungen, sondern fähig werden, den *Geist Gottes* in sich aufzunehmen. Gewöhnt darum eure Kinder schon frühzeitig daran, das wahre Reich Gottes im *Herzen* zu suchen. Dann schmücket ihr sie dadurch mehr als königlich und erwerbt ihnen das größte und beste Erbteil für Zeit und Ewigkeit.

Durch eine solche *geistig* gerichtete Erziehung wird eine Jungfrau voll Keuschheit und Züchtigkeit den Stand einer ehrbaren Mutter erreichen. Und der Jüngling wird mit reifer Seele und gewecktem Geiste in das Mannesalter treten und ein Segen sein für die Seinen und für die Erde und all ihre Kreatur. Gebt ihr aber den tierischen Begierden und Leidenschaften eurer Kinder zu sehr nach, dann werdet ihr allen *Lastern* ein weites Tor eröffnen. Und sind diese einmal scharenweise da, so werdet ihr vergeblich mit allen Waffen gegen sie zu Felde ziehen und nichts ausrichten gegen ihre große Gewalt." [2]

[1] Siehe ‚Grundfragen', 1. Teil, S. 180; Gr. Ev., Bd. 4, Kap. 230, 2 ff. bis Kap. 231, 9.
[2] Gr. Ev., Bd. 4, Kap. 124, 2 ff., Kap. 126, 6 ff.

Strenge und Liebe

In der Behandlung der Kinder und der *reiferen* Jugend ist der wahren Weisheit gemäß jedoch ein wesentlicher Unterschied zu machen.

Da heutzutage die meisten Kinder nicht in der Ordnung Gottes gezeugt, sondern Früchte eines tierischen Trieblebens sind, ist ihre schwache Seele zumeist stark belastet mit selbstischen, niederen Seelenfunken und ihr Wille demgemäß arg und hartnäckig. Dieses Unkraut ist bei den *Kleinen* schon in frühestem Alter durch strenge, unnachgiebige *Zucht* so gut als möglich auszurotten. In der Zeit der Unreife sind Kinder ihren Eltern sonach unbedingten Gehorsam schuldig.[1] Den Ungehorsamen ist mit allem Ernst zu begegnen. „Ihre Seelenkrankheiten", sagt der Herr im ‚Großen Evangelium', „können am besten geheilt werden durch eine gut geordnete Zucht, bei der auch die *Rute* nicht fehlen soll."[2]

Für aufbrausende, zornmütige Kinder ist ein zweckmäßiges Fasten jedoch eine bessere Strafe als Schläge. Nichts heilt den Zorn besser als Fasten. Man soll den Kinder dabei sagen, der himmlische Vater habe verboten, ihnen Brot zu geben, weil sie schlimm gewesen seien. Wenn sie Ihn um Verzeihung bitten und wieder brav sind, werden sie wieder eins bekommen. Sind die Kinder ruhig und sittsam geworden, dann soll man ihnen sagen, welch große Freude der himmlische Vater an ihnen hat. Zeigen die Kinder große Gefühlserregbarkeit, so sollen sie auch später sehr mäßig leben, früh schlafen gehen, von geistigen Getränken sich enthalten, kein Fleisch unreiner Tiere essen, keine Schaulustorte besuchen,[3] besonders nicht solche, wo aufreizend getanzt und gespielt wird. (Erde und Mond, Kap. 62, S. 181 ff.)

Eine *andere* Behandlungsart ist dagegen der *reiferen* Jugend gegenüber am Platze. — „Es tut wohl jeder Vater recht, so er die kleinen, unartigen Kinder mit der Rute straft, aber den *erwachsenen* Söhnen und Töchtern soll er stets ein weiser und sanfter Lehrer sein! Nur wenn ein herangewachsenes Kind sich auflehnt gegen die Eltern, dann soll ihm gedroht werden. Bekehrt es sich, dann soll es wieder in den alten Frieden gesetzt werden." (Jugend Jesu, Kap. 168, 13—16)

Im übrigen soll aber bei Kindern, die zur Erkenntnis des Gotteswillens gelangt sind, „statt des Gehorsams, den sie dann nur Gott allein schuldig sind, die *kindliche Liebe und Achtung*" den Eltern gegenüber Platz greifen.

„Die Seelenkrankheiten der erwachsenen Menschen werden geheilt durch weisen und liebevollen *Rat,* durch gediegene Lehre, liebevolle Ermahnungen und *Aufklärungen* über die notwendigen schlimmen Folgen, die aus der Beibehaltung der Seelenschwächen mit der Zeit entstehen müssen. Nur wenn dies alles bei sehr verstockten, blinden und tauben Seelen nichts fruchtet, dann ist auch bei Erwachsenen zu einer *schärferen* Behandlung überzugehen, hinter der aber dennoch die *Nächstenliebe* im Vollmaße vorhanden sein muß. Denn nur aus der reinen Liebe und Weisheit kann ein Segen hervorgehen. Handelt dagegen der Erziehungsleiter aus Zorn und höllischer Straflust, dann ist alle Mühe vergebens. Denn anstatt die kranken Seelen zu wahren Menschen zu heilen, werden aus ihnen Teufel gezeugt, deren Rachedurst fürder keine Macht mehr zu stillen vermag." (Gr. Ev., Bd. 1, Kap. 79, 3 ff.)

[1] Gr. Ev., Bd. 8, Kap. 22, 7 ff.; Bd. 1, Kap. 34, 9.
[2] Gr. Ev., Bd. 1, Kap. 79, 3; Jugend Jesu, Kap. 168, 13.
[3] Weil dort viele unreine, die Menschen befallende Geister sich aufhalten.

Erziehung zur Demut und Gottesliebe

Nächst der Überwindung der niederen Triebe und selbstsüchtigen Neigungen ist eine Hauptaufgabe der Jugenderziehung nun aber weiterhin der positive Teil: Die Hinwendung des kindlichen Gemüts auf *Gott* und die Erweckung und Pflege der Demut und Gottesliebe. Denn aus Ihm, dem Ursprung alles Seins und himmlischen Allvater, empfangen wir ja alle Kräfte des Lebens und gesegneten Gedeihens. Auch mit dieser Bearbeitung des Gemüts ist daher schon in zartester Kindheit zu beginnen. „Denn wahrlich, Ich sage euch: Der Unterricht in der Wiege (d. h. im frühen Kindesalter) ist mehr wert als alle Hochschulen der Welt." [1]

„Lehret früh die Kindlein den Vater im Himmel lieben! Zeiget ihnen, wie gut und liebevoll Er ist; wie Er alles, was da ist, zum Besten der Menschen höchst gut, schön und weise erschaffen hat und wie gar sehr Er besonders den Kleinen, Ihn über alles liebenden Kindlein zugetan ist. Machet sie bei jeder Gelegenheit darauf aufmerksam, daß alles, was da geschieht, der Vater im Himmel anordnet oder geschehen läßt! So werdet ihr die Herzen der Kleinen zu Mir kehren und Meine Liebe wird in ihnen zu wuchern anfangen. Eure leichte Mühe aber wird euch bald die gediegensten Früchte tragen." [2]

Der Herr als Gotteslehrer für Kinder

Wie dem einfachen Verstand und Gemüt der Kinderseele die rechten Begriffe von Gott, dem All-Schöpfer und Vater in Jesus beigebracht werden können, zeigt der *Herr* selbst in einer Szene des ‚Großen Evangeliums'. Er begrüßt dort eine Schar Hegekinder der Essäer. Und wir lesen:

„Darauf segnete Ich die Kindlein, herzte und küßte sie und wollte nun gehen. Aber diese, zu Mir Liebe und Vertrauen fassend, umringten Mich und baten, daß Ich doch noch eine kurze Zeit bei ihnen verweilen möchte. Und Ich sagte: ‚Ja, diesen Bittstellern kann Ich nichts abschlagen und will darum noch eine halbe Stunde bei ihnen verweilen.'

Als die Kindlein solches von Mir vernahmen, da wurden sie überfröhlich und ein *Knabe* fragte Mich ganz vertrauensvoll: ‚O du lieber, höchst guter Herr! Du hast uns ehedem von dem überguten Geistvater im Himmel etwas gesagt, daß wir Ihn kennen und über alles lieben lernen sollen. Ja, das werden wir auch ganz sicher, so wir Ihn einmal werden erkannt haben! Aber wie werden wir Ihn erkennen? Wer wird Ihn uns zeigen? Kennst du Ihn etwa so gut? Dann beschreibe Ihn uns, und wir werden Ihn dann auch gleich über alles zu lieben anfangen.'

Sagte *Ich:* ‚Ja, Meine lieben Kindlein, diese Sache ist freilich noch ein wenig schwer, weil ihr von Ihm noch keine Vorbegriffe habt. Aber Ich werde es dennoch versuchen, euch welche zu geben, und so höret Mich nun recht aufmerksam an:

Der Vater im Himmel ist der reinste, vollkommenste und ewiglebendige Geist, der nie einen Anfang genommen hat und auch nie ein Ende nehmen wird. Er hat schon von Ewigkeit her aus sich den Himmel und diese Erde und alles, was auf ihr ist, mittels seiner Allmacht erschaffen. Will ein Mensch auf dieser Erde etwas

[1] Gr. Ev., Bd. 5, Kap. 246, 9; Bd. 8, Kap. 213, 7 ff.
[2] Gr. Ev., Bd. 4, Kap. 220, 12; vergl. auch Kap. 83, 4 ff.

schaffen, muß er dazu einen geeigneten Stoff und allerlei Werkzeuge haben. Der Vater im Himmel aber braucht dazu weder einen schon vorhandenen Stoff noch ein Werkzeug. Sein Stoff und Werkzeug ist sein allmächtiger Wille.

Er hat denn auch die Menschen erschaffen, daß sie Ihn erkennen und über alles lieben sollen, auf daß sie von Ihm das ewige Leben erhalten. Damit aber die Menschen wissen, wie sie untereinander zu leben haben, so hat ihnen der Vater im Himmel durch gewisse Himmelsboten, genannt Propheten, seinen Willen geoffenbart. Wer danach lebt und handelt, der überkommt das ewige Leben. Menschen, die recht fromm sind und den Vater über alles lieben und nach seinen Geboten leben, bekommen schon in dieser Welt die Stimme des Vaters zu hören und auch sein Angesicht zu sehen.

Seid ihr, Meine lieben Kindlein, darum auch recht fromm, so werdet ihr solch größtes Glück auch schon auf dieser Welt genießen!'

Die *Kindlein* versprachen alles, was Ich ihnen angeraten zu tun, wenn sie nur einmal den Vater im Himmel hören und sehen könnten, und fragten Mich, ob Ich den Vater im Himmel schon oft gehört und gesehen habe, und wie Er wohl aussehe.

Da sagte *Ich* mit freundlicher Miene: ,Meine lieben Kindlein! Ich höre und sehe den Vater immer, und Er sieht geradeso aus wie Ich, und seine Stimme klingt auch so wie die Meine. Wer sonach Mich sieht und hört, der sieht und hört auch den Vater im Himmel. Sehet Mich daher nur recht gut an und ihr könnt dann sagen, daß ihr den Vater im Himmel gesehen und gehört habt!'

Hier schauten die Kinder Mich fest an und sagten nach einer Weile: ,Wenn der Vater im Himmel so aussieht wie du — da muß Er sehr gut sein, und wir lieben Ihn schon jetzt über alles!'" (Gr. Ev., Bd. 8, Kap. 219, 12 ff.)

Erziehung zur Nächstenliebe

Aus der Liebe zu Gott, dem Vater aller Menschen, soll das Kind auch frühzeitig die reine, in Werken sich äußernde Liebe zu allen Mitmenschen und Mitgeschöpfen lernen. Denn im Grunde ist es ja die selbstlos tätige Liebe zum Nächsten, worauf der göttliche Menschenbildungsplan hinzielt. Und gerade in der Liebetätigkeit sollen wir vollkommen werden wie Er selbst. So vernehmen wir im ,Großen Evangelium' (Bd. 8, Kap. 150, 14 ff.) vom Herrn die Worte, die in besonderem Maße auch für die Jugend und die Jugenderziehung gelten:

„Suchet vor allem das Lebensgefühl (Gemüt) nach Meiner Lehre zu bilden und zu stärken! Fühlet mit dem Armen seine Not und lindert sie nach euren Kräften, tröstet die Traurigen, bekleidet die Nackten, speiset die Hungrigen, tränket die Durstigen! Helfet, wo ihr könnt, den Kranken, erlöset die Gefangenen, und den Armen im Geiste predigt Mein Evangelium! Das wird euer Gemüt bis in die Himmel erheben, und eure Seele wird auf diesem wahrsten Lebensweg bald mit ihrem Geiste aus Gott eins und dadurch auch aller seiner Weisheit und Macht teilhaftig werden. Und das wird sicher mehr sein, als vieles in der Welt zu wissen, dabei aber gegen seine Nebenmenschen gefühllos zu sein und durch sich selber das Zeugnis zu geben, daß man dem wahren Leben im Geiste noch sehr ferne steht.

Ich sage euch: Der allein *lebendige Geist* im Menschen ist pur Liebe. Wer diese *Liebe* und ihr ewig wohlwollendes Gefühl in seine eigenliebige Seele stets mehr aufnimmt und in deren Auswirkung immer kräftiger, mutiger und gefügiger wird, fördert dadurch die volle *Einung* des Geistes mit der Seele. Und wird dann die Seele ihrem zartesten Gefühle nach ebenfalls zu reiner Liebe und Weisheit, so ist sie völlig eins mit ihrem Geiste und dadurch auch im lebendigsten Besitz all der wunderbaren Lebens- und Seinsfähigkeiten ihres Geistes. Und das ist mehr wert als alle Schulen der Weltweisen dieser Erde!"

Verstandes- und Wissenspflege

Wenn sonach die *Gemütsbildung* durch Pflege der Gottes- und Nächstenliebe an der Spitze der göttlichen Erziehungsratschläge steht, so ist damit freilich nicht gesagt, daß dem Verstand und der *Wissensbildung* nicht auch eine berechtigte Bedeutung beizumessen wäre.

Der im Kopf wohnende menschliche Verstand hat als ein durch die Leibessinne vermitteltes Erkenntnislicht der Seele zwar die Unvollkommenheit alles Seelischen an sich. Wenn er nur im Dienste und unter dem Einfluß der kalten menschlichen Selbstsucht und Selbstherrlichkeit steht, kann er in der Welt nichts wahrhaft Gutes erkennen noch wirken. Anders dagegen, wenn er sich erleuchten und *leiten läßt* von dem im Herzen wohnenden göttlichen *Geist,* dessen Wesen und Wille Demut und Liebe heißt. Ein scharfer, vom göttlichen Geistfunken erhellter Verstand und ein auf *diese* Weise erleuchtetes Wissen ist eine segensvolle Gottesgabe, durch die der Mensch fähig wird, im irdischen wie im jenseitigen Reiche unseres himmlischen Vaters viel Gutes zu wirken. Darum ist eine vernünftige Verstandes- und Wissensschulung der Kinder durchaus nicht zu vernachlässigen:

„Lehret die Kinder", so heißt es im ‚Großen Evangelium', „zuerst lesen, schreiben, rechnen. Dann enthüllet vor ihnen die Gestalt der Erde und zeiget ihnen überall den wahren Grund alles Geschaffenen, soweit sich dies für sie geziemt und sie es zu fassen vermögen. Bereichert sie mit allerlei nützlichen *Kenntnissen,* lasset sie auch allerlei *Erfahrungen* machen und *begeistert* sie für alles Gute und Wahre." (Gr. Ev., Bd. 5, Kap. 134, 4.)

Zu diesem Zwecke soll jede Gemeinde „ein eigenes *Schulhaus* errichten und es mit wohlerfahrenen, sittsamen Lehrern versehen". (Gr. Ev., Bd. 8, Kap. 90, 1.)

Auch der Sinn für das *Schöne* soll geweckt werden. — „Daß die Menschen auch eine Freude an der schön gezierten Erde haben, habe Ich ihnen nie untersagt. Nur sollen sie dabei allezeit in ihrem Herzen dessen gedenken, der die Erde so schön gemacht hat; dadurch werden sie in ihrem Gemüt erbaut werden. Wer Gottes Werke so mit den rechten Augen betrachtet, darf daran auch seine Lust haben, und solche Freunde der schönen Erdnatur sind sicher auch bessere Menschen und leicht zum Reiche Gottes reif zu machen." [1]

Bei aller Verstandes- und Wissensbildung ist jedoch ein vernünftiges *Maß* einzuhalten:

„Es sind zwar die angezeigten Kenntnisse dem Menschen auch nötig, um zur wahren Lebensweisheit zu gelangen. Aber es soll dabei dennoch wohl darauf geachtet werden, daß die Menschen diese Vorkenntnisse und ihre Erlernung *nicht zur Hauptsache* machen und dabei die innere, geisterweckende Bildung vergessen, in der am Ende doch allein aller Lebenswert besteht. Denn was nützte es einem

[1] Gr. Ev., Bd. 8, Kap. 189; vergl. auch Bd. 6, Kap. 136, 2 ff.

Menschen, so er alle Schriften der Welt lesen und verstehen und aller Menschen Sprache reden könnte, an seiner Seele aber Schaden litte? Daher suchet auf Erden vor allem das Reich Gottes, suchet es in euch! Alles andere wird euch dann schon mit dem Gottesreich in euch gegeben werden, aber ohne dasselbe hat der Mensch — und besäße er auch alle Schätze der Erde und die Wissenschaften aller Weltweisen — so viel wie nichts. Ein Besitzer des Reiches Gottes im Herzen dagegen hat alles. Er hat die höchsten und tiefsten Wissenschaften *in sich* und hat das ewige Leben und seine Kraft, Macht und unvergängliche Seligkeit." (Gr. Ev., Bd. 7, Kap. 126, 8 ff.)

Erziehung zur Keuschheit und Sittenreinheit

Als eine Hauptpflicht der Erzieher betonen die Neuoffenbarungsschriften ferner, der Jugend die *Reinheit der Seele* zu bewahren.

„Die Fleischeslust ist für alle Menschen mehr oder weniger ein Hauptübel. Aus ihr entspringen viele leiblichen Krankheiten und Gebrechen der Seele. Daher sollt ihr eure Augen abwenden von den gefährlichen Reizen des Fleisches so lange, bis ihr Meister über eure Sinne geworden seid. Die *Kinder* aber wahret vor dem ersten Fall und erhaltet ihnen ihre Schamhaftigkeit, so werden sie als Erwachsene ihr Fleisch eher beherrschen können und nicht leicht zu Fall kommen. Ein einmaliges Versehen nur, und des Fleisches Teufel hat von der Seele Besitz genommen. Kein Teufel aber ist schwerer aus dem Menschen zu vertreiben als eben der Fleischteufel, der nur durch vieles Fasten und Beten hinausgeschafft werden kann. Hütet euch daher auch, die Kinder durch übermäßiges Putzen und reizende Kleidung fleischlich zu entzünden. Wehe dem, der sich so an der Natur der Kleinen versündigt! Solch einen Frevler an der Natur der Jugend werde Ich züchtigen mit aller Macht Meines Zorns.

Ist das Fleisch einmal brüchig geworden, hat die Seele keine feste Unterlage mehr und ihre Vollendung geht schlecht vonstatten. Welche Arbeit ist es dann für eine schwache Seele, ihr brüchiges Fleisch wieder zu heilen und narbenlos zu machen! Welche Angst steht sie dabei aus, so sie ihres irdischen Hauses Brüchigkeit und Schwäche merkt. Sehet an die Blinden alle, die Tauben, die Krüppel, die Aussätzigen, die Gichtbrüchigen! Seht weiter an die mit allerlei anderen Leibesübeln behafteten Kinder und Erwachsenen! Alles sehr oft Folgen einer zu frühen Fleischbrüchigkeit der Eltern oder Kinder!" (Gr. Ev., Bd. 4, Kap. 80, 2 ff.)

Groß und segensvoll sind dagegen die Früchte keuscher Jugenderziehung und Lebensführung. Im ‚Großen Evangelium' spricht der *Herr:* „Ich sage euch, wenn die Eltern es verstünden, ihre Kinder so zu erziehen, daß diese ihre Unschuld und Reinheit sich erhalten, würden denselben auch unmittelbar aus den Himmeln Lehrer und Führer gegeben werden. Bei den Patriarchen war dies sehr häufig der Fall und hie und da geschah solches auch noch in der jetzigen Zeit (d. h. zu des Herrn Erdenzeit). Meines Leibes Mutter wie auch Mein Nährvater Joseph, dann auch der alte Simeon, die Anna, der Zacharias, sein Weib Elisabeth und sein Sohn Johannes und noch etliche sind unmittelbar von den Engeln aus den Himmeln erzogen worden. Aber die Genannten sind von ihren Eltern auch in größter Sitten- und Seelenreinheit von der Wiege an erhalten worden." [1]

[1] Gr. Ev., Bd. 8, Kap. 68, 11 ff.; vergl. auch ‚Grundfragen', Bd. 1, Kap. 27, S. 180.

Früchte schlechter und guter Erziehung

Gottferne, weltsüchtige Menschen haben von diesen Dingen freilich keine Ahnung und verstehen ihre Nachkommenschaft nicht anders zu erziehen, als in ihrer weltklugen Art, durch die sie selbst zum „*Weltglück*" emporgekommen sind. „Sie lassen ihre Kinder allerlei lernen, aber alles nur für die Welt. Da wird auf die Bildung des Gemüts nicht die geringste Rücksicht genommen, weil die Eltern und die ihnen aus Gewinnsucht gefälligen Erzieher selbst keinen Begriff vom Gemüt einer Seele haben. Alles wird auf früheste Bildung und Schärfung des *Verstandes* verwendet. Dazu wird das Kind durch allerlei Geschenke und Auszeichnungen so viel wie möglich angeeifert. Es wird dabei in frühestem Alter auch in der Selbst- und Gewinnsucht möglichst geübt, trägt feine und geschmückte Kleider und kennt sich oft schon im zehnten Lebensjahr nicht mehr vor lauter Hochmut. Wehe einem Armen, der solch einem verbildeten Kinde die gewünschte Ehre nicht bezeugt! Aber wo ist bei einem solchen verdorbenen Menschenkind noch an eine wahre, innere Lebenskraft zu denken? Wo ist da des Menschen Herrschaft über die Natur und über die Elemente alles Geschaffenen?

Wird aber beim Menschen vor allem das *Gemüt* gebildet und tritt darauf erst eine leicht zu bewerkstellende, wirkungsreiche Ausbildung des Verstandes hinzu, so wird der so geweckte Verstand zum lebendigen Lichtäther, der die Seele umfließt, wie das Licht die Sonne umflutet und alle jene herrlichen Wirkungen zum Vorschein bringt, welche diese Erde beleben.

Bei der *rechten* Bildung des Menschen ist und bleibt die Seele ein Inwendiges und Tätiges; und das, was ihr „Verstand" nennt, ist die ausströmende Wirkung der inneren Tätigkeit der Seele. Dieses Äußerliche des Verstandes erleuchtet dann der Seele alle noch so kritischen äußeren Verhältnisse, und der Wille der Seele geht in dieses Außenlicht über und wirkt wunderbar alles Gedeihen. Denn wie des Menschen Ordnung nach Meiner Ordnung gestellt ist, so ist der vertrauensvolle Wille (des in Gottes Ordnung stehenden Menschen) auch ein aus Meinem allmächtigen Willen hervorgehender, dem sich alle Kreatur fügen muß. Was dann ein solcher (völlig) geordneter Mensch will, das muß geschehen im weiten Umkreise, weil seine *Außenlebenssphäre* von Meinem *Geiste* durchweht wird, dem alle Dinge möglich sind." (Gr. Ev. Bd. 4, Kap. 217, 4—8)

Vorbildliche Jugendschulen

Mit diesen Grundsätzen im Einklang sind die Bekundungen, die wir in dem Lorberwerk ‚Die natürliche Sonne' über die Erziehungsweise auf unserer *Sonne* lesen. Wir vernehmen da von eigenartigen *Willensschulen*, die darin bestehen, die Jugend in einer starken, unerschütterlichen Willensanspannung zu üben, sei es zur Überwindung von Begierden und Untugenden (Kap. 17, 11 ff.), sei es zu gottverbundener Werktätigkeit. (Kap. 31, 14 ff.) — Beachtenswert sind auch die im ‚Großen Evangelium' beschriebenen Prophetenschulen im alten Volke Israel. (Bd. 9, Kap. 56, 6 bis Kap. 57, 11)

Die eingehendste Schilderung einer wahrhaft göttlichen Schule der geistigen Lebensvollendung jedoch findet sich in dem Werke *‚Die geistige Sonne'*, wo die in der geistigen Sonnensphäre von den Engeln Gottes geleitete Reifung und Vollendung der im Kindesalter von der Erde abgeschiedenen Menschenseelen gezeigt wird.

Die Art und Weise, wie hier im sogenannten *„Kinderreich"* den kindlichen Seelen das Sprechen und Lesen, die Entsprechungsdeutung, die Schöpfungslehre, die Gottes- und Menschenkunde sowie die Sittenlehre beigebracht wird im ständigen Hinzielen auf ihre geistige Seelenvollendung — all dies wäre auch für den Jugendunterricht auf Erden im höchsten Grade vorbildlich.

„Solches könnt ihr", wird in dem genannten Werke gesagt, „gar wohl annehmen, daß hier im Reiche der vollkommenen Geister in entsprechender Weise alles unendlich weiser angestellt wird, um irgendeinen guten Zweck zu erreichen, als auf Erden. Und das schon aus dem einfachen Grund, weil man hier — bildlich gesprochen — nicht bei Eins bis ins Unendliche zu zählen anfängt; sondern man beginnt hier gewissermaßen beim Unendlichen (bei Gott) und zählt von da bis auf Eins (d. h. zum geschöpflichen Gegenstande) zurück. Oder, was dasselbe ist, man geht hier nicht von innen nach außen, sondern von außen nach innen.

Es sind auch auf Erden alle Menschen vom Herrn auf diesen besten Weg hingewiesen und belehrt worden, sich die innerliche, geistige Seelenbildung anzueignen. Aber sie lassen die heilige *Schule des Herzens* ruhen und plagen sich lieber ihr ganzes Leben lang mit nichtigen Erkenntnissen der toten Natur. Wenn sie sich dann am Ende ihres Lebens fragen: ‚Was haben wir nun durch unser mühsames Studium Großes erreicht?' — so wird ihnen ihr eigenes Gefühl die Antwort geben: ‚Wir haben es so weit gebracht, daß wir jetzt im wichtigsten Augenblick unseres Lebens nicht einmal wissen, ob wir noch ein Leben zu erwarten haben oder nicht. Sind Himmel, Hölle und Geisterwelt Märchen oder sollte wohl etwas daran sein? Ist nichts daran, was wird dann mit uns? Ist aber etwas daran, wo kommen wir dann hin — aufwärts oder abwärts?'

Seht, das sind sichere Früchte weltlicher, *äußerer* Gelehrtheit. Zur Erlangung der Wiedergeburt des Geistes aber — ohne die keiner in das Himmelreich kommt — ist die Beachtung der heiligen Schule des Lebens in all ihren Teilen notwendig, die der große Meister alles Lebens mit eigenem Munde den Menschen der Erde gepredigt und mit seinem eigenen Blut besiegelt hat." (Geistige Sonne, Bd. 2, Kap. 71, S. 300.)

Das höchste Beispiel göttlicher Lebensvollendung

bildet in ewig leuchtender Herrlichkeit die Entwicklung Jesu, des Herrn und Meisters selbst. In dem Lorberwerk *‚Die Jugend Jesu'*, der Wiedergabe des verschollenen Jakobusevangeliums, besitzen wir eine ausführliche Schilderung der Kindheit Jesu bis zu dessen 12. Lebensjahr. Im letzten Kapitel (299) wird über den Inhalt der weiteren, entscheidungsvollen Jugendzeit kurz berichtet:

„Wie lebte nun Jesus, der Herr, von seinem zwölften bis zu seinem dreißigsten Jahre?

Er fühlte in sich fortwährend auf das lebendigste die allmächtige Gottheit. Er wußte es in seiner Seele, daß alles, was die Unendlichkeit faßt, seinem leisesten Wink untertan ist und ewig sein muß. Dazu hatte Er den größten Drang in seiner *Seele*, zu herrschen über alles. Stolz, Herrschlust, vollste Freiheit, Sinn fürs

Wohlleben, Weiberlust und dergleichen mehr, sowie auch Zorn waren die Hauptschwächen seiner (menschlichen) Seele. [1]

Aber Er kämpfte aus dem Willen der Seele gegen alle diese gar mächtigen, tödlichen Triebe.

Den *Stolz* demütigte Er durch die Armut; aber welch ein hartes Mittel war das für den, dem alles zugehörte und der aber dennoch nichts ‚Mein' nennen durfte! Die *Herrschlust* bändigte Er durch den willigen Gehorsam gegenüber denen, die, wie alle Menschen gegen Ihn wie gar nichts waren. Seine ewige, allerhöchste *Freiheit* besiegte Er damit, daß Er sich den Menschen wie ein Knecht zu niedrigen Arbeiten hergab.

Den Hang zum *Wohlleben* bekämpfte Er durch oftmaliges Fasten, aus Not und auch aus dem freien Willen seiner Seele. Die *Weiberlust* bekämpfte Er durch nicht selten schwere Arbeit, durch magere Kost, durch Gebet und durch den Umgang mit weisen Männern. Ja gerade in diesem Punkte hatte Er ungemein viel auszustehen, da sein Äußeres und der Ton seiner Rede von höchst einnehmender Art waren. Dennoch mußte Er allezeit zu jeder, die Ihm nahen wollte, sagen: ‚Noli me tangere!' [2]

Da Er ferner die Bosheit der Menschen mit einem Blick durchschaute und ihre Hinterlist und Heuchelei, Verschlagenheit und Selbstsucht sah, so ist auch begreiflich, daß Er sehr *erregbar* war und leicht beleidigt und erzürnt werden konnte. Aber da mäßigte Er sein göttliches Gemüt durch seine *Liebe* und *Erbarmung*. So übte Er sein Leben durch lauter schwerste *Selbstverleugnungen*, um dadurch die zerrüttete ewige Ordnung wiederherzustellen."

Damit erreichte der Herr denn auch, ohne je der Versuchung der Sünde zu erliegen, schon in seinem dreißigsten Jahre einen solchen Grad der *geistigen Wiedergeburt*, d. h. der Einswerdung seiner Seele mit dem in Ihm wohnenden Gottgeist, daß Er nun die große, heilige Sendung als Lehrer, Heiland und Erlöser der Welt antreten konnte.

Aber auch für *uns* Menschen alle gilt dieses Hochziel in einem entsprechenden Maße. Im ‚Großen Evangelium' bekundet es uns der Herr mit allem Ernst seiner unendlichen Liebe:

„Jeder Mensch sollte längstens bis zu seinem *dreißigsten* Jahre so weit mit der Bildung seines Ich fertig sein, daß ihm das ewige, freieste und seligste Leben nach dem Tode des Leibes so vollbewußt und sicher ist wie einem Aar der Flug in der hohen, freien Luft!" (Gr. Ev., Bd. 2, Kap. 210, 4.)

[1] Über den Unterschied zwischen Jesu menschlicher *Seele* und dem in ihr wohnenden göttlichen *Geist* sowie über die sonstigen Geheimnisse der Person und Natur Jesu, siehe ‚Grundfragen', Bd. 1, Kap. 5 und Kap. 17—19.

[2] Rühre Mich nicht an!

48

Glaubenspflege

Von großer Bedeutung für die Erreichung des uns durch Jesus Christus aufgestellten Vollendungs-Vorbildes ist auch eine rechte Glaubenspflege. Auch darüber sind in den Schriften der Neuoffenbarung dem redlich strebenden Menschen tiefe Aufschlüsse gegeben.

Ist doch ein vernunftvoller, wahrer und lebendiger Glaube die Grundlage, auf der wir unsere geistige Entwicklung beginnen und unser Leben samt all unserem Streben, Lieben und Hoffen aufbauen müssen! Gerade die *Glaubensgrundlage* wird aber heute in besonderem Maße von der glaubenslosen Welt mit schärfsten Waffen angegriffen. „Ist denn euer Glaube“, so wird den Kindern Gottes täglich zugerufen, „nicht nur eine Fiktion, ein Wahn? Wo sind die *Beweise,* daß ein Gott im Regiment sitzt und als ein Vater und Erzieher seiner Kinder sich um die Menschen und ihr Wohl und Wehe kümmert?

Wohl mag unsere Vernunft einen Allgeist als Weltenbaumeister anerkennen, ja im Hinblick auf Zweckmäßigkeit und Vollkommenheit aller Schöpfungsgebilde ihn sogar logischerweise fordern. Aber daß dieser Allgott, der die undenkbar großen Sonnensysteme erschuf und im Gang erhält, sich auch um den Menschheitsstaub kümmert, der wie ein Hauch auf der Rinde unseres armseligen Weltballs klebt — und daß er gar jedes einzelnen Menschen gedenke — das sind doch Vermutungen, die dem gesunden Menschenverstand nicht ohne weiteres einleuchten, ja die ihm offen zu widerstreiten scheinen!

Sollen und dürfen wir in dieser unerbittlichen Welt der rauhen Tatsachen und blinden Naturgesetze überhaupt *glauben,* was wir nicht bestimmt *wissen?* Setzen wir uns dadurch nicht in die Gefahr, uns in Träume, in uferlose Phantasien zu verlieren und von den wahren Wirklichkeiten des Lebens verschlungen zu werden?“

Dies sind Fragen, die in der Tat ewig wichtig bleiben und gerade heute mehr als je eine klare Beleuchtung und Entscheidung erheischen.

Blindglaube

Die kirchlichen Richtungen unserer Zeit wie auch die meisten Sekten, nicht weniger aber auch die Gemeinschaften fanatischer „Ungläubiger“ verlangen von ihren Anhängern einen unbedingten, blinden Glauben an ihre, sei es bejahenden, sei es verneinenden Lehrsätze und Bekenntnisse.

Die *Kirchen* der christlichen Konfessionen bekennen zum Beispiel, daß ihr Hauptdogma, die Lehre vom *dreipersönlichen Gott,* mit der Vernunft nicht begriffen werden kann. Sie verlangen dennoch unbedingt das Festhalten dieser Lehre von jedem ihrer Mitglieder und machten sie sogar zur Hauptgrundlage des ganzen Lehrgebäudes. Sie fordern ferner den Glauben an die „Erbsünde“, an das „Fortleben“, ohne dafür andere Beweise als das Wort der Schrift aufzustellen. Aber wie steht es mit *diesem* Schriftzeugnis für den, der an den Offenbarungscharakter der Heiligen Schrift nicht glauben kann, dem die Göttlichkeit dieser Schriften erst erwiesen werden muß? Bringen die Kirchen solchen mehr kritisch veranlagten Menschen lichtvolle *Vernunftgründe* für ihre vielfältigen Glaubens- und Heilslehren? Leider nein! — So wenig wie das dreieinheitliche Wesen der Gottheit wird das Geheimnis der Erbsünde, des Kreuzesopfers, der Auferstehung, des Fortlebens und der Wiedergeburt in den Kirchen und Sekten dem prüfenden Menschen vernunftvoll *erklärt* und überzeugend dargelegt. Es heißt einfach: „Glaube und werde selig!" Oder „Glaube nicht und sei verdammt!"

Ein wenig vernunftgemäßer gehen die *Freidenker* mit ihrem Unglauben vor. Sie sagen: Es gibt keinen Gott. Alles baut sich nur aus Stoff und Kraft und durch blinde Naturgesetze auf. — Das ist *ihr* Dogma. Aber wenn die Freidenker sich auch alle erdenkliche Mühe geben, diese Lehrsätze wissenschaftlich zu beweisen, so ist es dennoch trotz allen Scharfsinns nicht gelungen, eine Welt *ohne* Weltenbaumeister, ein Gesetz *ohne* Gesetzgeber zu erklären — oder darzulegen, wie aus Stoff und Kraft beseeltes, geistiges Leben entsteht. In Wahrheit ist daher auch der Glaube der Freidenker — wie die erleuchtetere Wissenschaft heute auf allen Gebieten der Naturerkenntnis erwiesen hat — ein armer Blindglaube, der darum sich besonders unheilvoll auswirkt, weil seine meist nur halbgebildeten Anhänger sich einbilden, wissenschaftliche Wahrheit in Händen zu haben und auf festem Erkenntnisgrunde zu stehen, sich aber dabei der trostlosesten und entsittlichendsten Weltanschauung ausliefern, die den Menschen zum Opfer einer sinn- und erbarmungslosen Weltmaschine macht.

Blindglauben sehen wir also auf *beiden* Seiten der sogenannten Kulturmenschheit. Soll und muß es so sein und bleiben? Kann der Mensch in diesem irdischen Dasein überhaupt keine bessere Erkenntnis gewinnen?

Vernunftglaube

Die Glaubenslehre, die uns in den Schriften der *Neuoffenbarung durch Jakob Lorber entgegengebracht* wird, zeichnet sich von den kirchenchristlichen und vielen anderen Religionen dadurch aus, daß sie jeden Blindglauben vollkommen verwirft und alle Glaubenselemente jedem einzelnen Menschenkinde nach seiner Reife und Fassungskraft möglichst *klar begreiflich* machen will.

Hier gibt es kein mystisches Dunkel, keine Geheimtuerei „Eingeweihter", keine Priester und Laien, keine Illuminaten und gewöhnliche Sterbliche, keinen „Innen- und Außenkreis", keine „esoterische" und „exoterische" Schule! Vielmehr will in den Schriften der Neuoffenbarung der Vater des Lichts in seiner großen Liebe und Weisheit sein ganzes Wesen und Schöpfungswalten, das Heilsziel und den Heilsweg, das Diesseits und das Jenseits *jedem* wahren Gottsucher so *vernunftgemäß und klar*, so *überzeugend und lebendig* wie möglich enthüllen und verständlich machen — auf daß ein jeder Verstand, ein jedes Herz, ein jeder Wille erglühe und jedes Kind Gottes in Klarheit und Kraft sich auf den Weg zur Vollendung und zur Freiheit und Herrlichkeit der Himmelsbürger machen kann.

„Wo bei einem Menschen der Verstand unterentwickelt und der Glaube nur ein Gehorsam des Herzens und seines Willens ist", spricht der Vater des Lichts im ‚Großen Evangelium', „da muß solch ein Mensch mit aller Vorsicht behandelt werden, auf daß er nicht zu trügerischem *Wahn* erstarre oder auf die gräßlichsten

Abwege gerate — wie dies bei den Heiden und in dieser (Jesu-)Zeit auch bei vielen Juden der traurige Fall ist." (Gr. Ev., Bd. 1, Kap. 155, 11)

„Darum soll ein rechter Jünger Meiner Lehre niemals etwas leichtfertig ohne vorangegangene genaue *Prüfung* annehmen. Erst wenn er von allem sich eine gründliche *Einsicht* und Überzeugung verschafft hat, soll er das Gute und Wahre sich zu eigen machen und danach klug und weise handeln. Er wird dadurch ganz sicher zu jenen Erfolgen gelangen, die man mit Fug und Recht als aus den Himmeln herab gesegnet auch andern anpreisen kann." (Gr. Ev., Bd. 5, Kap. 88, 1)

Die Lehrweise des Meisters

„Ich bin doch der Herr und der Meister von Ewigkeit, und ihr erkennt Mich nun vollkommen als solchen. Ich könnte zu euch nun sagen: dies und jenes, krumm oder gerade, weiß oder schwarz — und ihr würdet es Mir glauben, da ihr nun innerlich überzeugt seid, wer Ich bin. Da wäre sonach ein sogenannter *Autoritätsglaube* sicher am rechten Platz. Aber wer von euch kann sagen, daß Ich solchen von jemandem je verlangt habe? Ja, Ich verlange Glauben, aber keinen blinden und keinen toten, sondern einen vollauf *lebendigen!*

Ich lehre euch Wahrheiten, von denen der Welt nie etwas in den Sinn gekommen ist. Aber Ich sage dabei nicht: ‚Glaubst du das?' — sondern: ‚Hast du das wohl verstanden?' — Und so du sagst: ‚Herr, dies und jenes ist mir dabei noch unklar', da erkläre Ich dir die Sache durch alle Mir zu Gebote stehenden Mittel so lange, bis du es vom tiefsten Grunde aus völlig begriffen hast und gehe dann erst wieder um einen Schritt weiter.

Ich könnte jedem wohl gleich anfänglich eine solche Erklärung geben, daß er eine von Mir neu vorgetragene Lehre sogleich vollauf begreifen müßte. Aber Ich kenne auch, was und wieviel er auf einmal zu ertragen fähig ist und gebe auf einmal nur so viel, wie jemand von euch zu fassen vermag. Auch lasse Ich dem Samen Zeit, zu keimen und Wurzeln zu fassen, und binde Mich selbst, nicht eher etwas Neues zu bringen, als bis das erste auf den Grund begriffen worden ist. Ich lasse euch Zeit zur Prüfung des Vorgetragenen und Gezeigten. Und Ich selbst sage euch: ‚*Prüfet alles* und behaltet das Gute und Wahre!'

Tue Ich selbst aber das, um wieviel mehr müßt ihr es tun, die ihr der Menschen Gedanken gleich Mir nimmer zu durchschauen vermöget!" (Gr. Ev., Bd. 5, Kap. 88, 2—4)

Vernunftlicht — der große Vorzug der Neuoffenbarungslehre

In den zahlreichen Schriften der Neuoffenbarung durch Jakob Lorber, den großen Boten des himmlischen Wahrheitslichtes, sind denn auch alle jene Fragen des Glaubens und des Lebens, die bislang für Christen und Nichtchristen in schmerzlich drückendem Dunkel lagen, auf die wunderbarste Weise beleuchtet und *erhellt.* Verstand *und* Gemüt finden hier volles Genüge!

Das *Wesen Gottes,* der *Schöpfungsvorgang,* das *Heilsziel,* des Menschen *Lebenssinn,* der *Heilsweg* im Diesseits und Jenseits — das alles wird besonders im *„Großen Evangelium"*, aber auch in den andern Lorberwerken durch den Mund des Herrn so tief und einleuchtend erörtert, daß es jeder wahre Gottsucher von Grund aus fassen und damit glücklich werden kann. Der schlichteste Mensch, der vielleicht nur eine bescheidene Schule in seinem engen Lebenskreise besucht hat, wird in der herrlichen Lehre: „Liebet die Liebe, die euch werden ließ und euch zur höchsten Seligkeit vollenden will!" alles Licht und volle Genüge finden. Und den philosophischen Kopf oder den wissenschaftlich Gebildeten und Forschenden werden die tiefen Erläuterungen der Liebelehre durch die Schöpfungs- und Jenseitslehre beglücken und befestigen.

Demut — Bedingung des Verständnisses

Freilich eine große Bedingung ist gesetzt für den Zutritt zu diesem Heiligtum der lichtvollsten Erkenntnisse! Sie heißt: Herunter vom Thron des alten luziferischen Hochmuts und selbstgefälliger menschlicher Einbildung!

Durch den Hochmut, die aufgeblähte Selbstherrlichkeit entfernte sich Luzifer, der große Lichtgeist von Gott und aus der Liebeordnung Gottes. Er und sein ganzer Anhang, zu dem auch unsere Seele gehört, beraubten sich selber der nährenden Lebensströme des Urlichts, indem sie dessen Lichtkreis flohen. Und so haben auch heute der Hochmut und die Selbstherrlichkeit nach der unwandelbaren Lebensordnung des göttlichen Wesenreiches immer noch *dieselbe Folge* wie vor Urzeiten: Der selbstherrliche Geist, der sich in seiner Einbildung von Gottes Licht- und Lebensquelle abkehrt und hochtrabend auf sein Wissen und Können sich gründet, wird auch das in den neuen, großen Offenbarungen des Herrn ausgegossene Erkenntnislicht nicht an- und aufnehmen können, weil er sich selber in den harten, undurchdringlichen Panzer seiner widergöttlichen, stofflich gerichteten Gedanken und Vorstellungen hüllt und gleichsam im Kerker seiner eigenen Materie sich vergräbt.

Mit nachdrücklichem Ernst rückt dies der Herr im ‚Großen Evangelium' einigen ‚stark weltweisen' Priesterinnen des Apollo vor die Seele:

„Solange ihr in eurem Hochmut verharrt, werdet ihr anstatt des Lebens nur den ewigen Tod in euch fühlen. Denn der Hochmut treibt die Seele mit aller Gewalt in ihres Leibes Fleisch. Und diese, sich in sich selbst stets mehr aufblähend, wird dadurch völlig eins mit ihrem Fleisch und kann in solch einem Zustand dann nichts anderes fühlen als den Tod des Fleisches. Welche Worte, Taten und Zeichen aber sollen dann einer todvollen Seele den Beweis liefern können, daß sie nach des Leibes Tode fortlebt und daß es einen einigen und wahrhaftigen Gott gibt? Ihr meint freilich, daß ein allwissender und allmächtiger Gott einem Menschen doch auf irgendeinem Wege ein Licht geben könnte, daß er gewahr würde, wie es mit ihm steht. Das tut Gott immer. Aber der Hochmut des Menschen läßt es nicht zu, daß der Mensch alles dessen innewerde." (Gr. Ev., Bd. 6, Kap. 111, 2 ff.)

Kopfverstand und Herzensverstand

Bei allem Wahrheitsuchen ist nämlich wohl zu beachten der große Unterschied zwischen dem matten, trügerischen *Verstand* unseres Kopfes und dem hellen *Geistlichte* des Herzens.

Unsere Seele ist ja, wie wir durch Lorber wissen, ein in Myriaden Lebensfunken aus dem Gericht der Materie aufgestiegenes, an sich noch materiell blindes und arges Wesen. Es ist nichts Gutes und noch wenig Licht in ihr. Sie hat nur eine geringe Intelligenz, mit der sie durch die fleischlichen Sinne in die Welt schauen und mit einer gewissen Logik ihre Beobachtungen verbinden und in einem oft sehr begrenzten Gedächtnis aufbewahren kann. Die meisten Sinne der seelischen Welterkenntnis haben ihre Organe im Kopf, ebenso befindet sich hier (im Gehirn) die Werkstätte des logischen Denkens und das Archiv des Gedächtnisses. Und so heißt dieses Erkenntnisvermögen der *„Kopfverstand"*.

Damit nun aber unsere Seele Fortschritte in der Erkenntnis des göttlich Wahren und Guten sowie auch im guten Wollen und Handeln machen kann, ist ihr ein reiner Gottesgeist als Leiter und Vollender eingezeugt, der ständig mit dem Urfeuer und Urlicht der Ewigen Liebe (Gott-Vater) in Verbindung steht wie der Lichtstrahl mit der Sonne. Dieser reine Gottesgeist im Menschen ist durch seine Verbindung mit Gott allwissend, er kennt die Tiefen der Gottheit, die Geheimnisse der Schöpfung, das ewige Leben, das Heilsziel und den Heilsweg und kann die Seele entsprechend aufklären, leiten und vollenden. Da seine Wohnung im Herzen ist, heißt das auf ihn gerichtete Erkenntnisvermögen der Seele *„Herzensverstand"* oder „Inneres Licht".

Nach welcher der beiden Erkenntnisseiten — Welt oder Geist — die Seele ihre Aufmerksamkeit vorwiegend wenden will, liegt in ihrem freien Willen. Richtet sie den Blick nur nach *außen*, auf die Welt, und forscht sie nur mit ihrem schwachen Kopfverstande, dann erkennt sie nur die Oberfläche der Dinge und Verhältnisse und erschaut nicht deren tiefere Zusammenhänge und wahre Grundkräfte und Gesetze. Insbesondere bleibt ihr die geistige Grundursache und Urwesenheit alles Bestehenden verborgen, weil ihr selber ja die reingeistige Vollkommenheit noch mangelt und bekanntlich nur Gleichgeartetes sich völlig verstehen und begreifen kann.

Die innere Licht- und Lebensquelle

Ganz anders ist das Ergebnis, wenn die Seele ihre Aufmerksamkeit mehr nach *innen* richtet, zu dem in der Kammer des Herzens wohnenden reinen Geist, dem Gottesfunken, dem „Christus in uns" — und sich von diesem belehren und mit Liebe, Weisheit und Kraft erfüllen läßt. Hier ist die von Gott angelegte innere Heilsquelle, wo die schwache und blinde — weil aus der Ordnung gefallene — Menschenseele das wahre ewige Leben sich holen kann. Mit diesen Erkenntniskräften dringt sie in die Tiefen der Gottheit, der Schöpfung und des Lebens, findet die wahren Zusammenhänge und Lebensgrundgesetze, insbesondere das große, ewige Grundgesetz der Liebe. Ihr ganzes Weltgefühl erhält dadurch Wärme, Leben und Seligkeit. Und dies zeigt sich bald in grundlegender Weise z. B. auch in unserem wissenschaftlichen Weltbild, unserem Glaubensleben und unserer ganzen Lebensführung. Allenthalben erglüht und leuchtet die Sonne des ewigen, göttlichen Geistes und zaubert Wunder des Lebens hervor.

49

Vom äußeren Wort Gottes

Als der Herr von den Pharisäern gefragt wurde: „Wann kommt das Reich Gottes?" — da antwortete Er: „Das Reich Gottes kommt nicht mit äußerlichen Gebärden. Man wird auch nicht sagen: ‚Siehe hier ist es oder dort!' Denn wisset wohl: Das Reich Gottes ist inwendig in euch!"

Was der Herr mit dieser Antwort meinte, wissen heute freilich nicht alle Christen. In manchen Bibelübersetzungen lauten die Schlußworte: „Das Reich Gottes ist mitten unter euch". Es soll damit gesagt sein, daß in der Person Jesu Christi das Himmelreich zu den Menschen gekommen sei — ein Gedanke, der ja an sich gewiß nicht fehlgeht. Da aber an dieser Stelle der Herr den Pharisäern, die mit äußeren Gesetzeswerken den Frieden mit Gott und unter äußerem Gepränge das Kommen des Messias und seines jüdischen Nationalreichs erwarteten, eine tiefsinnige Belehrung zugehen lassen wollte, dürfte doch *Luthers* Übersetzung die richtigere sein, in der auf das wahre *innere* Gottesreich im Herzen eines jeden Menschen hingewiesen wird, von wo aus auch das allgemeine Reich Gottes allein erkannt und errungen werden kann. Auch in jedem Pharisäer, jedem Sünder ist dieses Gottesreich!

Was aber meinte der Herr so recht eigentlich mit diesem „inwendigen Gottesreich"? Im Lichte der Neuoffenbarung kann es uns kein Rätsel sein. Der Herr meinte den einer jeden Menschenseele eingezeugten reinen Geist — den „Gottesgeistfunken", der berufen ist, in uns zum unbeschränkten König und himmlischen Vollender unseres Wesens zu werden. In heiligen Entsprechungsbildern lehrt uns solches alle Jahre das Geschehen der Weihnachtszeit:

Der Notstall zu Bethlehem ist unser Leib. Die Menschen und Tiere im Stall bedeuten unsere Seele. Das Kindlein in der Krippe ist unser reiner, göttlicher Geistfunke. — Und nun handelt es sich darum, daß wir mit all den verschiedenartigen Kräften unserer Seele es lernen, das Gotteskindlein als solches zu erkennen, zu lieben, zu hegen und zu pflegen. Dann wird das Kindlein zunehmen an Liebe, Weisheit, Kraft und Macht und schließlich die Königsherrschaft in unserem ganzen Seelen- und Lebensreich übernehmen.

Das Kindlein in der Krippe, der Gottesgeistfunke in unserer Seele ist freilich nur scheinbar — in unserem menschlichen Bewußtsein — ein schwaches, unmündiges Wesen. In Wirklichkeit ist es ein reiner *Urgeist* aus dem Herzen, d. h. dem innersten Grundwesen Gottes, ein allweiser und allmächtiger „Gott im kleinen Maßstab". Nur unserer Freiheit und Selbstbestimmung wegen gibt dieser reine, himmlische Geist sich den Anschein eines ohnmächtigen und hilfsbedürftigen Kindleins. Wie können wir es nun zu unserem ewigen Heil machen, daß das Kindlein zu einem starken Wachstum kommt, d. h. daß der Geist unser Inneres durchdringt, in unserer Seele Macht und Herrschaft gewinnt und schließlich wahrhaft ein unumschränkter König wird in unserem ganzen Wesen?

Auf diese wichtigste Grundfrage des Lebens antworten die Schriften der Neuoffenbarung mit großer Klarheit und lehren die Mittel und Wege der rechten Seelenpflege.

Vom Forschen im Buche der Natur

Bevor der Mensch den Gottesfunken in seinem Herzen entdecken kann, muß er, da sein ganzes Beobachten meist nur auf die ihn umgebende äußere Umgebung gerichtet ist, das Wirken und Walten einer göttlichen Macht zunächst in der ihm allein bewußten äußeren Welt erkennen. Und so ist der erste Anfang der Glaubenspflege: Gottes Daseinsspuren zu suchen in ihren äußeren Erscheinungen, im Buche der Natur und des Lebens.

Freilich hat ein bedeutender Weltweiser aus vielfacher Beobachtung den Satz ausgesprochen: „Ein *wenig* Natur- und Lebensbeobachtung führt von Gott ab!", d. h. oberflächlich betrachtet scheint das Geschehen in der Natur und im Leben nur von einer blinden, mechanischen Naturgesetzlichkeit zu zeugen. „Aber" — so fährt der Weltweise aus seiner Erfahrung heraus weiter fort, „*viel* Natur- und Lebensbeobachtung führt zu Gott hin!" d. h. dem tieferen Forscher erschließen sich in den zahllosen Gebilden der Schöpfung so viele Wunder der Weisheit und Zweckmäßigkeit, daß er bei einiger Vernunft nicht umhin kann, dort überall einen überaus weisen Schöpfer voll Liebe, Geduld und Tatkraft als Meister aller Werke zu erkennen.

Dies erlebten wir ja auch in jüngerer Zeit in der Wandlung der Anschauungen der Gelehrtenwelt. Die gottlose Welterklärung, die alles Bestehen und Werden in der Natur aus ungeistigen Elementen und mit blinden, mechanisch wirkenden Naturgesetzen erklären wollte, ist von vielen führenden Männern verlassen. Der „Baum der Wissenschaft" ward in unseren Tagen mit neuen, tieferen Erkenntnissen gesegnet. [1] Die Forscher durften erkennen, daß die Grundelemente der Naturwelt (Elektronen und Atome) geistiger Art sind und daß eine weise und mächtige Kraft aus diesen „Urgedanken Gottes" mit meisterlicher Kunst die Wundergebilde der sichtbaren Naturwelt geschaffen hat und zu immer höheren Lebensformen entwickelt.

Der tiefer forschenden Menschheit wird heute die weite Flur der Erde und der Bau des Himmelszeltes wieder zu einem herrlichen Evangelium der Gottesweisheit und Gottesliebe. Und wie einst der große Astronom Johann Kepler, so sprechen nun auch heute wieder viele erleuchtete Naturfreunde: „Jeder Blick in den gestirnten Himmel ist mir ein Beweis vom Dasein und Walten Gottes!"

Belehrung durch die Boten Gottes

Nächst der machtvollen Schöpfungssprache dient der Seelenpflege des Menschen aber vor allem das durch die Propheten Gottes verkündete *Offenbarungswort.* Ja die meisten Menschen können das Buch der Natur und des Lebens überhaupt nur durch dieses Wort und seine heiligen Lehren richtig verstehen. [2]

„Würde Gott", so heißt es im ‚Großen Evangelium', „sich den Menschen nie und auf keine Weise offenbaren, so hätten die Menschen das volle Recht, an

[1] Vorausverkündet durch Jakob Lorber im Jahre 1860 im ‚Großen Evangelium Johannes', Bd. 9, Kap. 89, 9—11, Kap. 90, 10 ff., Kap. 91, 9.

[2] Über Heilsbotschaft und Naturerkennen vergl. die lichtvollen Ausführungen im Gr. Ev. Bd. 8, Kap. 108; Bd. 9, Kap. 184, 7 ff.; Bd. 10, Kap. 65, 2 ff.

keinen Gott zu glauben und jedem, der einen solchen verkündet, zu sagen: „Was geht uns dein Phantasiegott an? Wenn er einer ist, so zeige er sich und gebe uns kund, was er von uns will!" Aber zurück bis auf Adam werden wir viele Zeitepochen finden, in denen sich Gott den Menschen auf die denkwürdigste Weise geoffenbart und seinen Willen samt seiner mit den Menschen verfolgten Absicht kundgetan hat." Aber weil dem Menschen sein freier Wille belassen werden muß, „so ging er mit dem göttlichen Worte nicht anders um als mit dem Worte eines Menschen. Ein kleiner Teil achtete eine Zeitlang darauf; aber der größte Teil vergaß dessen bald ganz und hielt am Ende alles für eine eitle Erfindung, genoß die Weltfreuden in vollen Zügen und hielt die Weisen für Toren und Schwärmer, die wegen eines höchst unsicheren und unbeweisbaren Himmelreiches das wahre Himmelreich dieser Welt mit Füßen treten!" (Gr. Ev., Bd. 6, Kap. 149, 7 ff.)

Gott aber ließ dennoch nie ab, sich den Menschen auf die mannigfachste Art immer wieder durch den Mund geweckter Propheten zu bekunden.

Echte und falsche Propheten

Echte Propheten sind von den falschen jederzeit leicht zu unterscheiden — an ihren Früchten.

„Der echte Prophet wird nie selbstsüchtig sein und ferne von ihm ist jeder Hochmut. Er wird wohl dankbar annehmen, was ihm gute und edle Herzen zu seinem Unterhalt spenden. Aber nie wird er an jemand eine taxenmäßige Forderung stellen, weil er weiß, daß dieses vor Gott ein Greuel ist und weil Gott seine Diener (durch gutgesinnte Menschen) wohl erhalten kann! Der falsche Prophet aber wird sich zahlen lassen für jeden Schritt und Tritt und für jede sogenannte gottesdienstliche Handlung zum vorgeschützten Wohle der Menschheit.

Der *falsche* Prophet wird von den Gerichten Gottes donnern und selbst in Gottes Namen richten mit Feuer und Schwert. Der *echte* aber wird niemand richten, sondern nur ohne alles eigensüchtige Interesse die Sünder ermahnen zur Buße und wird keinen Unterschied machen zwischen Groß und Klein, denn ihm gilt nur Gott und sein Wort — alles andere ist für ihn eitle Torheit.

Den echten Propheten kann nie jemand beleidigen. Wie ein Lamm wird er alles ertragen, was immer die Welt ihm antun mag. Nur gegen Lüge und Hochmut wird er im Feuereifer aufwallen und sie beide allezeit schlagen. — Der falsche Prophet dagegen ist stets ein Todfeind der Wahrheit und jedes besseren Fortschrittes im Denken und in den Werken. Niemand außer ihm soll irgendeine Erfahrung haben, auf daß ein jeder genötigt wäre, sich in allen Dingen teuren Rat bei ihm ums Geld zu holen." [1]

Echte Propheten gab und gibt es immer wieder bei allen Völkern. Denn alle Menschen, gleichviel welcher Rasse und Hautfarbe, sind Gottes Kinder. Alle werden von Ihm in einer ihrer Eigenart und Fassungskraft entsprechenden Form und Weise belehrt.

[1] Gr. Ev., Bd. 3, Kap. 204, 12 ff.; über echtes und falsches Prophetentum vergl. auch die wichtigen Stellen Gr. Ev., Bd. 6, Kap. 150, 1 ff. und Kap. 179, 3. Über das Offenbarungswort Gottes ferner ‚Grundfragen', Bd. 1, Kap. 2 und 3.

„Sehet", spricht der Herr im ‚Großen Evangelium', „die Religionen fremder Nationen, z. B. der Türken, Perser, Hindus, Chinesen, Japaner — wie sehr sind sie verschieden von der Religion, die Ich den Kindern aus den Himmeln aller Himmel gab. Und doch waltet auch in ihnen, wenn schon um vieles tiefer verborgen, derselbe *Geist Gottes!*" (Gr. Ev., Bd. 1, Kap. 134, 17)

Von großer Bedeutung für die Glaubenspflege ist daher das in den heiligen Schriften aller Völker niedergelegte Gotteswort. Und ein wichtiges Stärkungsmittel für die Seele eines jeden Menschen ist

das Lesen der göttlichen Offenbarungsschriften.

„Wer Mein Brot ißt" — diese Worte beziehen sich im besonderen auf die Aufnahme des in den echten Offenbarungsschriften dargereichten Himmelsbrotes. Der christlichen Welt dient in dieser Hinsicht vor allem die Bibel. Die vom Volke Israel im Laufe von über tausend Jahren zusammengestellten Schriften des *Alten Testamentes* können freilich nicht in allen Teilen als reines Gotteswort angesprochen werden. Selbst die Bücher des Moses wurden vom späteren Priestertum durch Überarbeitungen und Tempelsatzungen in bedauerlicher Weise entstellt.

Zu den Schriftgelehrten des Tempels spricht der Herr im ‚Großen Evangelium': „Wie habt denn ihr euch die Freiheit zu nehmen getraut, das Gesetz Mosis so arg nach eurem Gutdünken und zu eurem materiellen Wohl umzuändern, daß ihr nun tatsächlich auch nicht ein Häkchen von dem mehr beobachtet, was Moses und die Propheten gelehrt und anbefohlen haben! So euch Mosis Gesetze und seine Schriften gar so heilig sind, warum habt ihr dann das sechste und siebte Buch Mosis [1] und den reinen, prophetischen Anhang als „unecht" verworfen und euer Menschenwerk an dessen Stelle gesetzt?" [2]

Reiner und den Bedürfnissen unserer Zeit entsprechender (Gr. Ev., Bd. 4, Kap. 100, 7) ist die göttliche Heilslehre in den Schriften des *Neuen Testaments* geboten. Aber auch hier liegen uns nirgends die ganz wortgetreuen „Urevangelien" vor.

„Die Originale", so hören wir, „sind aus dem einfachen Grunde, daß in Kürze mit solchen Reliquien keine Abgötterei getrieben werde, weise aus dem Wege geräumt worden. ... Denn Ich sage euch, es würde mit ihnen bei weitem noch mehr Abgötterei getrieben als mit dem sogenannten Heiligen Grabe in Jerusalem." (Gr. Ev., Bd. 1, Kap. 134, 14)

In der Schrift ‚Supplemente' (Anhang zum ‚Großen Evangelium Johannes') empfiehlt uns der Herr selbst in erster Linie

das Johannesevangelium.

„Haltet euch", so heißt es, „(hauptsächlich) nur an den Evangelisten Johannes! Denn dieses Evangelium sowie die ‚Offenbarung' sind von dieses Jüngers eigener Hand geschrieben. (S. 22). — Solange Johannes mit Mir umherreiste, verfaßte er freilich nur Bruchstücke, indem er das Denkwürdigste aufzeichnete. Aber in seiner sogenannten Verbannung auf der Halbinsel Patmos (wo ihn ein redlicher,

[1] Enthaltend die wahre, durch Jakob Lorber neu geoffenbarte Gottes- und Schöpfungskunde. —

[2] Gr. Ev., Bd. 8, Kap. 91, 4; vergl. auch Gr. Ev., Bd. 6, Kap. 21, 16; Bd. 4, Kap. 100, 6.

machthabender Römer der Verfolgungswut der Juden entzog) konnte er in der Feste des Griechen Cado an der Seite der Maria unbeanstandet sein Evangelium in die rechte Ordnung bringen und gab darin der Nachwelt soviel kund, als sie zu ihrer Beseligung nötig hat. Von allem andern aber sagte er am Ende, daß Ich noch gar vieles getan und gelehrt habe, was die Welt, so es niedergeschrieben würde, nicht fassen würde. Mit dieser triftigen Bemerkung schloß er sein Evangelium nahe um die Zeit, als Jerusalem von den Römern zerstört wurde (i. J. 70 n. Chr.).

Johannes lebte darauf noch eine geraume Zeit und brachte seine Gesichte unter dem Titel ‚Offenbarung des Johannes' aufs Pergament. Er ward bei dieser Gelegenheit von einem ihm sehr geneigten Freunde mit dem Taufnamen Johannes im Schreiben unterstützt, da er in dieser Zeit schon über *hundert* Jahre Alters zählte.

Und so wisset ihr nun, wie es sich mit Johannes und seiner Schrift der Wahrheit nach verhält. Er war, ist und bleibt (seines reinen Liebegeistes wegen) Mein Liebling. Und wer nach seinem Evangelium lebt und handelt, wird von Mir aus ihm gleich gehalten werden." (S. 36/37)

Von bedeutendem Wert ist, der erwähnten Schrift ‚Supplemente' zufolge, sodann auch

das Markusevangelium.

Wir hören: „Nach Johannes ist Markus am meisten zu berücksichtigen. Denn das, was er in aller Kürze gibt, hat er zumeist aus den Schriften und Lehren des Apostels Paulus geschöpft."

Danach war Markus, wie heute auch viele Evangelienforscher annehmen, ein Schüler und Mitarbeiter des Paulus; und man setzt ihn mit jenem Johannes, genannt Markus gleich, der in der ‚Apostelgeschichte' wie auch in den ‚Briefen' des Paulus mehrfach erwähnt wird.

Wenn nun in den ‚Supplementen' (S. 22) bekundet wird, der Evangelist Markus habe „aus den Schriften und Lehren des Paulus geschöpft", so ist natürlich aber weniger an die in der Bibel überlieferten Lehrbriefe des Apostels zu denken, da Markus hieraus ja offensichtlich nur weniges für seinen Evangelienbericht entnehmen konnte. Vielmehr liegt nahe, daß der Apostel Paulus für die Zwecke der Heidenmission zu seinem eigenen Gebrauche sich von den Aposteln und anderen Augenzeugen möglichst viel Tatsächliches aus dem Leben, Wirken und Lehren Jesu gesammelt und die sich ergebende Darstellung ergänzt hat durch das ihm innerlich durch die Stimme des Geistes Geoffenbarte (1. Kor. 11, 23). So dürfte ein auf Paulus zurückgehender *Urbericht* entstanden sein, den der Apostel bei der Mission verwendet und auch seinen Schülern und Mitarbeitern zu diesem Zwecke anvertraut hat. Aus dieser bedeutsamen Quelle hat wohl nicht nur Markus, sondern — wie die Texte erweisen — auch der Verfasser des Matthäusevangeliums sowie der Evangelist Lukas geschöpft. Dieser Überlieferung einen hohen Beweiswert zuzusprechen, erscheint daher in der Tat sehr berechtigt.

Über

das Matthäusevangelium,

das von den Zusammenstellern der Bibelschriften ob seiner Reichhaltigkeit an die Spitze des Neuen Testaments gesetzt worden ist, finden sich in den Lorberschriften ebenfalls denkwürdige Hinweise.

So ergibt sich aus einer Szene im ‚Großen Evangelium' (Bd. 10, Kap. 157, 2), daß nicht der Apostel Matthäus, sondern ein *anderer* Mann gleichen Namens der unmittelbare Verfasser ist.

Weiteres Wichtige über den Apostel Matthäus und sein Ur-Evangelium lesen wir in der Lorberschrift ‚Supplemente' (S. 17):

„Da Matthäus gut bei Feder war", heißt es dort, „und sich von Mir nicht mehr trennen wollte, so ward er von Mir als Schreiber aufgenommen. Aber mehr für die Tatsachen, während Mein Johannes das Wort, d. h. was Ich lehrte, aufzuzeichnen hatte. Denn Matthäus hatte für Tatsachen ein gutes Gedächtnis, aber für die Lehre ein schwaches.

Dieser Apostel Matthäus selbst hat sein Evangelium ganz ordentlich und richtig zusammengestellt und machte dann damit (nach des Herrn Tod) eine Reise in die südöstlichen Gegenden Asiens. Es haben sich aber dann in Jerusalem, in Galiläa, in Samaria, dann in Tyrus und Sidon *fünf* Matthäusse hervorgetan, und es schrieb ein jeder ein „Evangelium Matthäi". Darunter war das zu Sidon erschienene unstreitig das annehmbarste. Die andern vier wurden bei der großen Kirchenversammlung zu Nizäa, als mit diesem, wie auch untereinander nicht übereinstimmend, verworfen und das Sidonische als verhältnismäßig bestes behalten. Und so ist auch dieses teilweise apokryph, obschon der Schreiber sich alle erdenkliche Mühe gab, die Sache so wahr als möglich darzustellen.

Er selbst schrieb eigentlich *vierzehn* Evangelien, je nachdem ihm die Sache von seinwollenden Augenzeugen bekanntgegeben wurde. Aus diesen vierzehn schrieb er dann ein fünfzehntes, das nach der Beurteilung vieler Sachkundiger als das wichtigste und wahrste erklärt wurde. Und dieser *Pseudo-Matthäus,* der eigentlich *L'Rabbas* hieß, ist also der Schöpfer des heutigen Matthäusevangeliums.

Das wirkliche Urevangelium des Apostels Matthäus aber befindet sich heutzutage noch in einer großen Bücher- und Schriftensammlung einer bedeutenden Bergstadt Hinterindiens, zu welcher Sammlung aber leider nur die hohen Priester, die unter dem obersten Priester Brahmas stehen, Zutritt haben. Die Birmanen allein besitzen eine echte, aber sehr abgekürzte Abschrift.

Ihr möchtet wohl auch wissen, was es mit dem Apostel Matthäus in diesen Ländern Indiens für ein Ende genommen hat? Er ist daselbst ganz gut gehalten worden, durfte aber seine Lehre nur den Priestern und keinem andern Menschen mitteilen. Er fand jedoch in seinen alten Tagen, von Meinem Geiste geleitet, eine Gelegenheit, zu den Birmanen zu entkommen, lehrte sie göttliche Weisheit und schrieb für sie dann auch das oben erwähnte kurze Evangelium."

Ebenfalls eine spätere Zusammentragung unter Benützung des Paulus-Markus-Berichts und anderer Quellen ist

das Lukasevangelium.

„Diese Schrift", so wird in ‚Supplemente' gesagt, „ist eine Sammlung von Tatsachen, die Lukas durch sein Forschen in und um Jerusalem über Mich und Meine Taten und Lehren durch verschiedene Menschen in Erfahrung gebracht hat. Lukas selbst hat sie hernach in seiner Art und Weise geordnet.

In der Zeit, als der Apostel *Paulus* Mein Wort in Griechenland da und dort predigte, ward Lukas von seinem Freunde Theophilus, der auch in Griechenland wohnte, ernstlich aufgefordert, über Mich verläßliche Erkundigungen einzuziehen, sie aufzuzeichnen und sie ihm dann zu übersenden.

Als Lukas dieses Schreiben in seine Hände bekam, nahm er sich der Sache ernsthafter an und erkundigte sich über alles, was Meine Person und Meine Lehre betraf. Er bekam aber auch, was er aufschrieb, nicht leichtlich aus dem Munde Meiner wirklichen Jünger, sondern zumeist von andern, auf Mich und Meine Lehre haltenden Menschen, die Mich zum Teil noch persönlich gekannt und zum größten Teil aber von Meinen Jüngern Kunde über Mich erhalten hatten. Denn zwischen Meinem Menschsein auf Erden und der Vollendung des Evangeliums des *Lukas* verstrichen fünfunddreißig Jahre, nach welcher Zeit er die Schrift erst an seinen Freund Theophilus nach Griechenland absenden konnte.

Wie es aber mit dem Evangelium des Lukas steht, so steht es noch mehr mit seiner ‚Apostelgeschichte', die er ebenfalls auf Aufforderung seines Freundes Theophilus aufs Pergament brachte, und zwar erst in seiner letzten Lebenszeit, also in einer Zeit, in der sich nicht einer Meiner ersten Apostel und Jünger mehr in Jerusalem befand.

So geschah es denn auch, daß sowohl in dem Evangelium des Lukas wie noch mehr in seiner nachträglichen Apostelgeschichte Dichtungen und Übertreibungen vorkamen, von denen Meine wirklichen Apostel und Jünger selbst wenig oder nichts wußten. Denn sie hielten sich in Jerusalem sehr wenig auf und hatten ihr Wesen mehr in Galiläa, Samaria und in den andern, von Jerusalem weiter entlegenen Landschaften.

Was aber das Geistige unseres Evangelisten Lukas betrifft, so war er voll Eifers um Meine Sache. Er war, ist und bleibt daher ein tüchtiges Rüstzeug Meiner Liebe- und Gnadenerweisungen sowohl für seine Zeit als für die Jetztzeit. Denn er war in den Schriften des Alten Bundes besser bewandert als mancher hochangesehene Schriftgelehrte des Tempels und konnte daher auch leicht Meine Taten, von denen er Kunde erhielt, als wahr beurteilen und sie auch den andern, die ihn darum angingen, darstellen."

Der Buchstabe tötet, der Geist macht lebendig

Wenn infolge dieser Entstehungsgeschichte der Evangelien sich auch manches Widersprechende in die Berichte eingeschlichen hat (was bei einem aufmerksamen Vergleich der Texte niemandem entgehen kann) — so kommt doch in allen Schriften des Neuen Testamentes der *Kern der Jesulehre,* die Liebe-Heilslehre als deren „Geist" für jeden ernsten Wahrheitssucher klar und deutlich zum Ausdruck.

Und wenn die Schriften auch noch weiterhin im Laufe der Jahrhunderte von den zahlreichen Nachschreibern und Übersetzern vielfach verändert wurden, so leuchtet auch heute noch das von heiligster Liebe getragene Erdenwallen des Heilands und Erlösers wunderbar heraus, und machtvoll klingt an unsere Herzen seine Botschaft in den ewigen, unvergänglichen Worten.

„Der Geist, der in den Urschriften lag", spricht der Herr selbst im ‚Großen Evangelium', „ist auch in den Nachschriften völlig beibehalten worden. Am Buchstaben aber liegt ja ohnehin nichts, sondern nur am Geiste. Oder ist wohl ein Unterschied, so der Gottesgeist schon hier auf dieser Erde und noch mehr auf einer Sonne endlos mannigfaltig in den sich unähnlichsten Formen wirkt? Sehet, es ist und bleibt stets ein und derselbe Heilige Geist! Und so ist es auch bei den Nachschriften Meines Wortes der Fall. Mögen sie sich äußerlich noch so unähnlich sehen, so sind sie aber im Innersten dennoch von ein und demselben Geiste erfüllt. Und mehr braucht es nicht." [1]

Wer nach diesem leicht zu erkennenden Geist allumfassender Gottes- und Nächstenliebe handelt und wandelt, der wird nimmer fehl gehen und das Ziel des ewigen Lebens, das inwendige Gottesreich, schon in diesem irdischen Dasein erreichen.

Das Gotteslicht der Neuoffenbarung

Ein solcher Gottesfreund, der in der Freiheit seines wahren Liebegeistes den Banden und Umklammerungen des Buchstabens entronnen ist, wird dann auch die großen Enthüllungen fassen können, welche Gottes Liebe der heutigen Menschheit und den Geschlechtern der Zukunft in den Schriften der Neuoffenbarung durch *Jakob Lorber* und andere dargeboten hat, um mit einer echt göttlichen Auslegung und Ergänzung alle Dunkelheiten zu lichten und alles Unvollkommene vollkommen zu machen.

In diesen das Licht der Bibel erneuernden und voll entfaltenden Schriften wird die wahre, von Jesus Christus, dem menschgewordenen Himmelsvater selbst, vor nahe 2000 Jahren verkündete und vorgelebte Lehre neu und in völliger Klarheit und Reinheit wiedergegeben. Gemäß der Verheißung (Joh. 14, 26) lehrt uns in ihnen der *Heilige Geist* „alles Weitere" und „erinnert uns alles dessen, was Jesus selbst gelehrt und getan hat". Alle Mängel und Unvollkommenheiten der bisherigen Überlieferung werden hier beseitigt, alle menschlichen Auslegungen und Dogmen (Lehrsätze) werden überflüssig und hinfällig. Mit wahrhaft himmlischer Klarheit und Geisteswucht wird als Kernwahrheit und als Grund- und Hauptgesetz herausgehoben und in den Vordergrund gestellt die erwähnte große Tatsache, daß *Gottes Grundwesen ewig tätige Liebe* ist und daher der Mensch nur auf dem Wege der reinen, selbstlos tätigen Liebe sich Ihm nahen und selig werden kann. — Zur Erläuterung dieser entscheidenden Heilswahrheit sind der Menschheit endlos tiefe und umfassende Blicke in das Wesen Gottes, die heiligen Wunder und Ziele der Schöpfungsentwicklung und in die Geheimnisse unserer Vollendung im Jenseits gewährt.

Wer durch eifriges Lesen in diesen Schriften auch mit diesem *neuen* Brot seine Seele nährt und stärkt, bei dem muß und wird der Funke des göttlichen Liebegeistes anfangen sich zu regen und schließlich den ganzen Menschen durchdringen. Da kann dann im Menschen ein ganz neues geistiges Innenleben beginnen, das vom Innern sich wieder nach außen wendet und in Taten und Werken himmlischer Liebe sich immer stärker bezeugt.

[1] Gr. Ev., Bd. 1, Kap. 134, 15 ff.; Geistl. Sonne, Bd. 2, Kap. 97.

50

Vom lebendigen inneren Wort Gottes

Die zur Läuterung und Vervollkommnung unseres Wesens erforderliche und unentbehrliche Belehrung läßt uns der himmlische Menschenerzieher und Seelenbildner, wie wir im vorhergehenden Kapitel ersahen, in erster Linie durch sein geoffenbartes *äußeres* Wort zukommen. Diese eine Art der Belehrung, die uns von außen her — im Buche der Natur und in den Schriften der Offenbarung aller Völker und Zeiten — dargebracht wird, könnte jedoch keine volle Wirkung haben, wenn wir nicht auch ständig von innen her durch die Stimme Gottes belehrt würden.

Diese *innere* Belehrung, die jedem Menschen zuteil wird, nennen wir das lebendige, innere Gotteswort. Jesus hat es bei seinem Scheiden von der Welt seinen damaligen Jüngern und uns anderen allen noch ganz besonders verheißen mit den Worten:

„Liebet ihr Mich, so haltet Meine Gebote! Dann will Ich den Vater bitten, und Er wird euch einen anderen Beistand geben, daß er bis in Ewigkeit bei euch bleibe: den Geist der Wahrheit. Die Welt kann ihn nicht empfangen, weil sie kein Ohr dafür hat und ihn nicht erkennt; ihr aber erkennet ihn, und bei euch bleibt er und in euch wird er ewig sein. ... Wer Meine Gebote hat und sie befolgt, der ist es, der Mich liebt. Wer aber Mich liebt, wird von Meinem Vater geliebt werden, und auch Ich werde ihn lieben und Mich ihm *offenbaren!* ... Der Beistand aber, der Heilige Geist, den der Vater in Meinem Namen senden wird, der wird euch über alles weitere belehren und euch an alles das erinnern, was Ich euch gesagt habe!" (Joh. 14, 15—26, Übers. von Menge.)

In diesen Worten Jesu ist unendlich viel, ja alles gesagt, was der Mensch über das innere Wort Gottes wissen muß.

Die Bibel über das innere Wort

Gute Aufschlüsse über das lebendige, innere Wort gibt aus reicher Erfahrung der deutsche Mystiker Johannes *Tennhardt* (1661—1720) in einem Schriftchen, das auch heute noch zum Besten gehört, was über die geheimnisvolle Stimme Gottes gesagt worden ist. [1]

Katechismusartig wird in dieser kleinen Schrift alles Wissenswerte und von Tennhardt selbst Erfahrene unter zahlreichen Hinweisungen auf die Heilige Schrift in Frage und Antwort behandelt.

Wir lesen vor allem:

„Hat denn solches innere Wort auch in der *Bibel* Grund?

Ja, Grund genug in der Heiligen Schrift selbst wie in der Erfahrung. Weil die ganze Heilige Schrift (im Wesentlichen) aus dem innern Wort geflossen und eigentlich nichts anderes als ein Ausdruck des innern Wortes Gottes ist. Denn was solches lebendige Wort in den Propheten, Evangelisten und Aposteln innerlich gesprochen

[1] Joh. Tennhardt, „Vom inneren Wort".

hat, das haben diese äußerlich gepredigt und aufgezeichnet, woraus dann das Bibelbuch erwachsen ist. Das kann dich auch der bekannte Spruch Petri lehren: „Die heiligen Menschen Gottes haben geredet, getrieben vom Heiligen Geiste". (2. Petr. 1, 19—21; 2. Tim. 3, 16.)

Haben denn die Propheten und andere fromme Menschen im *Alten Testament* auch schon dieses innere Wort gehabt?

Ja, alle Menschen Gottes, von Adam an bis auf Christus, haben es in sich gehabt, wie der angeführte Spruch Petri zu erkennen gibt, wie auch dasjenige, was Petrus im 1. Briefe 1, 10 schreibt: „Nach welcher Seligkeit gesucht und geforscht haben die Propheten, die von der euch zugedachten Gnade geweissagt und ergründet haben, auf welche Zeit deute der Geist Christi, der in ihnen war."

Kann man solches auch aus dem Alten Testament beweisen?

Ja, denn so sprach David lieblich in den Psalmen Israels: „Der Geist des Herrn hat durch mich geredet, und seine Rede ist auf meiner Zunge." (2. Sam. 23, 1—3.) Siehe auch unter vielen andern Stellen: 4. Mos. 12, 6—8; Sam. 3, 1, 7, 21; Nehem. 9, 30; Hiob 42, 5; Esra 5, 1; Amos 3, 7—8.

Aus diesen Stellen scheint aber zu sprechen, daß nur die Propheten als außerordentliche Boten Gottes dieses innere Wort gehabt haben?

Obschon die Propheten als außerordentliche Zeugen Gottes freilich einen nähern Zugang zu Gott und demnach dieses Wort in einem höhern Grade gehabt haben, so hat es doch auch andern frommen und gottgetreuen Seelen daran nicht gefehlt, die es gewissermaßen alle auch zu Propheten und Gottesfreunden gemacht hat. (Weish. 7, 27; 5. Mos. 8, 3 und 30, 11—14 mit Röm. 10, 6—8)

Hat dieses innere Wort nun aber auch im *Neuen Testament* fortgewährt?

Da hat es sich erst recht völlig in den heiligen Menschen hervorgetan, nachdem das Wort selbst Mensch geworden war. (Joh. 1, 14; Luk. 17, 20—21; Kol. 1, 25; 1. Kor. 2, 7—8.)

Vielleicht hat es sich aber nach Apostelgesch. 2 usw. nur im *Anfang* des Neuen Testaments bei den Aposteln und apostolischen Zeugen Jesu Christi so sonderlich hervorgetan?

Nein, sondern auch bei allen wahren und rechtschaffenen Christen der folgenden Zeiten bis auf den heutigen Tag! Wiewohl freilich bei einem jeglichen nach seiner Fähigkeit und je nachdem er sich dazu geeignet hat.

Woher kann man solches beweisen?

Sowohl aus den Stellen Joh. 14, 21; 14, 26; 6, 45; 1. Joh. 2, 20, 27; Hebr. 8, 10—11; Joel 2, 28—29 usw.; als auch insonderheit aus den beglaubigten Beispielen der bewährten Kirchengeschichte der Zeiten des Neuen Testaments, kraft deren sich jederzeit Leute gefunden haben, die wegen des bezeugten inneren Wortes von den wahren Christen hoch gehalten, von falschen aber unter allerhand Namen und Vorwand verworfen und verketzert worden sind.

Sollten sich wohl auch noch heutzutage solche Leute finden, die dieses innere Wort wahrhaftig haben und Gott in sich reden hören?

O ja, und werden solche meistenteils durch die wider sie ergehende Verfolgung genugsam bezeichnet; wiewohl auch noch manche, so dieser gnädigen An- und Einsprache gewürdigt werden, im Verborgenen sein mögen. (Ps. 31, 20—21.)"

Wie offenbart sich das innere Wort im Herzen des Menschen?

Darüber sagt Tennhardt:

„Das lässet sich durch die Gnade Gottes besser erfahren als aussprechen. Um mit einem Wort aber darauf zu deuten, so geht es etwa damit zu, wie da stehet 2. Kor. 4, 6; 1. Kön. 19, 9—13; Apostelgesch. 2, 1—2.

Ist die Art der Offenbarung dieses inneren Worts in allen Kindern Gottes gleich?

Nein, sondern in dem einen offenbart es sich mit einem stillen und sanften Säuseln oder lieblicher, Leib und Seele durchdringender Bewegung; in dem andern mit einem vernehmlichen und durchdringend-kräftigen, aber seiner Art und Herkunft nach unaussprechlichen Worte (2. Kor. 12, 1—4; Offenb. 1, 1—10.). Ja in einer Person offenbart es sich jetzt so, dann anders, je nachdem die Person Gottes Einwirkung oder Einsprache fähig und bedürftig ist. (Gal. 1, 12, 16.)

Läßt sich solches Wort zu *allen* Zeiten und sooft man es begehret, hören?

Was die vernehmliche Stimme desselben anlangt, so hört man solche nicht immerfort; am allerwenigsten, so man es etwa aus geistlicher Eigenliebigkeit über allerlei Kleinigkeiten gern hätte — sondern mehr nur in wichtigen Angelegenheiten und großen Leibes- und besonders Seelennöten, darin es sich gemeiniglich bei gutwilligen Herzen das erste Mal eröffnet und sie der wahrhaftigen innersten Gegenwart ihres Gottes und Vaters zu ihrem ewigen Heil und Trost versichert. Dabei ist jedoch nicht zu leugnen, daß, je getreuer die Seele diesem inneren Worte in allen seinen An- und Einsprüchen wird und je näher sie Gott in Christo Jesu und seiner heiligen Nachfolge kommt, desto mehr und öfter wird sie auch dasselbe in sich zu hören gewürdigt. (Joh. 14, 15—23.)“

Täuschungen und Gefahren des inneren Gehörsinns

Weshalb nicht alle Menschen diese innere Stimme klar und ungetrübt vernehmen können, ist begreiflich. Wie wir das äußere Wort aufnehmen durch den äußeren Gehörsinn, so nehmen wir das innere Wort des Geistes auf durch einen inneren, geistigen Gehörsinn — nämlich den nach innen zu unserem göttlichen Geist gerichteten Teil unserer Seele, das Gemüt. (Vgl. Kap. 48, S. 303, Kopfverstand und Herzensverstand.)

Dieses innere Gehör unserer Seele aber wird auch von *anderen* geistigen Stimmen bestürmt, nicht nur vom Heiligen Geiste Gottes. Als ein zartes Empfangsinstrument ist es auch offen der Stimme unserer *eigenen* menschlichen Seele sowie den Stimmen von allerlei Wesen aus der großen, uns allezeit umgebenden *Geisterwelt.*

Darum unterliegt dieser innere Gehörsinn vielen Täuschungen. Unsere unvollkommene Seele flüstert ihm ihre törichten, unfertigen Anschauungen und ihre selbstischen Wünsche und Bestrebungen zu. Die Wesen der Geisterwelt bestürmen unser inneres Gehör ebenfalls mit ihren Anschauungen und Begierden, die vielfach noch einen ganz unreifen, ja dämonischen Charakter haben. Und so ist das *Gewirr* der Stimmen in unserem inneren Gehör oft ein großes und gefährliches; und die Geschichte der Christenheit zeigt eine Fülle von Beispielen, wie gerade durch diese ungewisse, vielseitige Beeinflussung der menschlichen Seele durch das geistige Gehör schon viel Verwirrung und Unheil angerichtet worden ist.

Es könnte uns daher schmerzlich bewegen, daß von Gott eine solche Trübung seines reinen inneren Worts bei den Menschen zugelassen wird. Warum muß diese kostbare Belehrung der suchenden Menschenseele so durchsetzt werden mit verderblichen Einflüssen, die auf Irrwege lenken und schließlich zu Klippen und Abgründen führen? Wäre es nicht besser, die innere Stimme Gottes strömte uns allezeit unvermischt zu — als eine sozusagen chemisch reine Quelle streng untrüglicher Wahrheit, deren Lebenskraft niemand zu widerstehen vermöchte?

Die göttliche Weisheit des sanften Säuselns

Gewiß wäre eine solche Belehrungsart für uns Menschen das trefflichste Mittel, um uns rasch und ohne Fehltritt zum Ziel der göttlichen Ordnung zu bringen. Aber wie stünde es dann mit unserem köstlichsten Gute: der Freiheit und Selbständigkeit unseres Urteils und unseres Willens und mit der Selbsttätigkeit unseres Suchens und Prüfens? Will uns doch die unendliche Liebe Gottes nicht zu Sklaven ihres Willens und nicht zu Maschinen-Geschöpfen heranbilden, sondern in unendlich weiser Erziehungsschule zu Ebenbildern Gottes, d. h. zu vollkommen *frei und selbständig* denkenden, schöpferisch tätigen Wesen hinanreifen. Daher darf auch die reine Gottesstimme in unserem Herzen nur zart und zwangslos wie ein leises Säuseln uns zugehen, und es darf nicht verhindert werden, daß auch andere Einflüsse uns mit dem Schein der Wahrheit sich nahen — damit das Urteil unseres Herzens sich übe und festige in der immer wieder nötigen Prüfung und Unterscheidung von göttlicher Wahrheit und verderblicher Scheinwahrheit.

Wir wollen darum mit Gott nicht hadern, daß unser inneres Gehör von Ihm aus auch freigegeben ist für die trügerischen Stimmen und Einflüsse unserer eigenen, unvollkommenen Seele und der niederen Geisterwelt, sondern wollen es lernen, diese Trugstimmen von der ewig reinen Stimme Gottes zu unterscheiden.

Ist uns doch auch gesagt, wie wir die innere Gottesstimme in uns stark und kräftig zu machen vermögen: indem wir die einfachen Demuts- und Liebesgebote des äußeren Gotteswortes von Herzen annehmen und in allen Lebenslagen hingebend und eifrig befolgen. „Wenn jemand Mich liebt", spricht Jesus, „wird er Meine Gebote befolgen, und Mein Vater wird ihn lieben, und wir werden zu ihm kommen und — Wohnung bei ihm nehmen!"

Wie gelangt man zum inneren Wort Gottes?

Der einzige Weg zur Erlangung dieser göttlichen Gunst ist das Halten der Gebote, insbesondere das der Gottes- und Nächstenliebe (Matth. 22, 36 ff.), wie im Evangelium des Johannes (14, 21) vom Herrn mit besonderem Nachdruck betont wird. — Auch Paulus, der im 1. Brief an die Korinther (Kap. 12 ff.) ausführlich von den ‚Gaben des Geistes' spricht, sagt: „Strebet also eifrig nach diesen höchsten Gnadengaben! Und nun will ich euch noch einen ganz unvergleichlichen Weg zeigen, den Weg der Liebe! Strebet nach der Liebe und befleißiget euch der geistlichen Gaben, am meisten aber des *inneren Wortes* teilhaftig zu werden!"

Und bei *Tennhardt,* dem kundigen Praktiker, lesen wir:

„Wie kommt man denn zum Hören des inneren Wortes, oder wie hat man sich anzuschicken, daß man solches wahrhaftig in sich vernehmen möge?

Die beste Vorbereitung dazu ist, daß man zuvörderst seinem eigenen, gottgeregten Gewissen in allem, was es uns ratet oder verbietet, getreulich und fleißig nachkommt. (Luk. 16, 10—12) — Danach gehört insonderheit dazu:

1. Verleugnung und Ablegung der Liebe des Irdischen. (Luk. 14, 33.)
2. Keuschheit und Mäßigkeit in allen Dingen. (Weish. 1, 4—7; Luk. 21, 34; Röm. 13, 11—14.)
3. Rechtschaffene Wachsamkeit. (Psalm 57, 8—9; Luk. 12, 35—36.)
4. Am allermeisten aber ein ernstliches und unablässiges *inneres Gebet*, welches jedoch mehr mit einem steten, stillen und gelassenen Sehnen, Hungern und Dürsten nach dieser Gnade als mit vielen Worten geschehen muß. (Ps. 42, 2—3; Weish. 9; Sir. 51, 18; Luk. 11, 9—13.)

Wenn man aber über alle solche Bezeugungen dennoch nichts vernimmt, wie hat man dann solches anzusehen?

Ist dein Herz und deine Bezeugung rechtschaffen, auch deine Angelegenheit von sonderlicher Wichtigkeit, so wird sich das Wort des Herrn gewiß in dir eröffnen, sei es nun mit einer deutlichen Stimme oder mit heilsamen Gedanken oder mit heiligen Regungen der Seele, je nachdem es deinem himmlischen Vater dermal gefällig und dir erträglich ist. Dabei hast du dich aber zu hüten, daß du dir nicht *selbst* nach deinem *eigenen* Willen und Gefallen eine göttliche Antwort bildest oder von einem fremden und *falschen Geiste* einbilden lässest! Solltest du aber je durchaus nichts vernehmen, so prüfe dich, ob nicht noch eine verborgene Schuld als Hindernis an dir sei und du noch eine heimlich herrschende Sünde in dir habest, die dich und deinen Gott voneinander scheiden und welche du dann alsobald durch herzgründliche Demütigung und Buße abzutun hast. (Jes. 1, 12—18; Offenb. 3, 14—19.)

So aber auch dieses nicht wäre oder darüber nichts erfolgen sollte, dann denke getrost, daß dich Gott nur prüfe, ob du auch in der Einkehr zu Ihm und im wahren Geistesgebet aushalten, ob du auch ohne geistliches Gefühl Ihm dennoch vertrauen und Ihn für deinen Gott und liebevollsten Vater halten wollest. Und werde demnach nur nicht müde, dich stets zu Ihm hinzuwenden! Er wird sich dir schon zu rechter Zeit mit seinem Wort der Gnade und der Liebe in deinem Inwendigen offenbaren. — Lasse dir inzwischen an dieser Gnade genügen, daß du dich gleichwohl zu Ihm als ein Kind zu seinem Vater wenden und Ihn mit deinem Bitten getrost angehen darfst. Und versichere dich, daß, ob Er sich schon dermal vor dir verbirget, Er dennoch dein Verlangen hört, ja es selbst in dir wirket, erwecket und schärfet und sich solches wohl gefallen läßt. (Sprüche 2, 3—6; Hohel. 3, 1—4; Röm. 8, 26—27.)"

Wie läßt sich die Stimme Gottes von andern, falschen, unterscheiden?

Wenn demnach auch die Stimme Gottes oft säumt und dafür — unserer Eigenliebe und sonstigen Schwächen wegen — leicht andere Stimmen in unser inneres Gehör sich einschleichen, so ist doch das wahre Wort Gottes bei sorgsamer, vernunftvoller Prüfung unschwer von den falschen Einflüsterungen zu unterscheiden.

Gottes Grund- und Haupteigenschaften sind Liebe, Weisheit und Kraft. Und so sind diese drei Eigenschaften auch die Kennzeichen eines jeden echten Offenbarungswortes. Je mächtiger sie uns bei sorgfältiger Prüfung entgegentreten, desto reiner und vollwertiger ist das Wort. Auch erfüllt eine solche echte Kundgabe der Ewigen Liebe des Menschen Herz — eben durch ihre wahrhaft göttliche Macht und Kraft — mit einem wunderbar erhebenden und beglückenden Wohlgefühl, das von keiner anderen irdischen Beeindruckung erreicht wird.

Bei *Tennhardt* heißt es:

„Du sagst, man soll sich hüten, daß man sich nicht eine göttliche Antwort von dem eigenen oder einem fremden Geist einbilden lasse. Wie kann man denn die Stimme des eigenen oder auch des verstellten bösen Geistes von der Stimme Gottes in sich unterscheiden?

Die Stimme des eigenen Geistes (d. h. der eigenen, unvollkommenen Seele) gibt sich genugsam zu erkennen, indem sie gemeiniglich aus ungeduldiger Eigenliebigkeit von uns selbst in unserm Sinne gebildet und ausgedrückt wird und das Herz *unvergnügt* läßt. (Ezech. 13. 2—6; Kol. 2, 18; Sirach 34, 5.)

Was aber die Stimme des Feindes anlangt — er mag sich verstellen, wie er will — so ergehet solche doch niemals im Grunde des Herzens, worein er sich (als in den eigentlichen Sitz Gottes) keineswegs einschleichen darf noch kann — sondern nur in der *Vorkammer* der Sinne. Zudem ist sie kalt, ungeschmack und unkräftig, wo hingegen die Stimme Gottes voller Macht, Kraft und Nachdruck ist. Jene läßt das Herz leer, finster, trocken, rauh und ungebessert; dahingegen bringt die Stimme Gottes jederzeit einen gnädigen Regen und Segen zur täglichen Besserung und Erquickung mit sich. (Offenb. 3, 20.) Und ob jene schon auch zuweilen eine Lust und Ergötzlichkeit mit sich zu führen scheinet, so ist es doch nur ein Blendwerk und Kitzel der Phantasie oder auch des Fleisches, womit für den, der ihm aus Unvorsichtigkeit Raum gibt, nachgehend nichts als Unlust, Bitterkeit und Betrübnis erweckt wird. Solche falsche Stimmen kann man demnach wohl von der Stimme Gottes unterscheiden, wenn man diese nur einmal wahrhaftig in sich gehört und gefühlt hat.“ (Joh. 8, 42—47; 1. Joh. 4, 1—6.)

Was Er sagt, das tuet!

„Welchem aber viel gegeben ist, von dem wird viel gefordert!“ — Und so legt die große, heilige Gabe des inneren Gotteswortes dem Empfänger auch die Pflicht auf, mit größtem Eifer dem Vernommenen entsprechend zu handeln und die Gebote der Demut, Reinheit und Liebe durch die Tat ins Leben und in sein Eigentum umzusetzen.

Mit großem Ernst sagt der getreue Tennhardt:

„Ist es aber genug, daß man das Wort des Herrn so in sich höre, und darf man es dabei bewenden lassen?

Nein, sondern man muß dem, was man zu seiner Unterweisung gehört hat, auch getreulich und mit großem Fleiße nachkommen und darinnen beständig fortfahren, will man anders dieser Gnade nicht wiederum *verlustig* werden (Jak. 1, 21—25; Joh. 7, 37, Kap. 8, 31—32, Kap. 15, 5—7), welches den gottliebenden Seelen um so viel leichter ist, da dieses Wort alle dazu nötige Kraft in sich führt. (Joh. 6, 63; Phil. 4, 13.)

Was hat man denn davon, wenn man dieses Wort in sich hört und befolgt?

Du magst sein in welchem Stande, Alter oder Anliegen du nur immer willst, so wird dich solches allezeit unterweisen, was du tun und unterlassen sollst, und dich lehren und führen, wie es dir am nötigsten und seligsten ist und sein wird. Es wird dich in guten und gesunden Tagen lehren, allenthalben vor, in und mit Gott zu wandeln — in Krankheits- und Leidenstagen aber alles mit Geduld und demütiger Gelassenheit zu ertragen; ja auch endlich in der letzten Todesnot die sterbliche Hülle wohlgemut und mit Freuden abzulegen und in deinen ewigen Ursprung wieder frei und siegreich einzugehen.

Dieses alles und noch mehr, als sich mit Menschen- oder Engelszungen aussprechen läßt, hat man von diesem Wort, und also wahrhaftig einen Vorgeschmack des ewigen Lebens, da eine selige Seele Gott auf das allertrauteste und vollkommenste in sich vernehmen und fühlen wird."

Der Herr über das innere Wort

Über den unvergleichlichen Wert des wahren, aus dem Grunde der Demut und Liebe ergehenden Herzenswortes sagt im ‚Großen Evangelium' (Bd. 2, Kap. 39) der Herr:

„Ich sage dir: Ein Wort, das dir ein *Engel* in dein eigenes Herz gelegt hat, ist für deine Seele heilsamer als tausend Worte, durch das Ohr von außen her vernommen! Denn was du im Herzen vernimmst, das ist schon dein Eigentum; was du aber von außen her vernimmst, das mußt du dir erst zu eigen machen durch die Tat nach dem vernommenen Wort. Hast du das Wort nicht im Herzen, sondern nur im Gehirn, durchs Ohr dahin gebracht und sündigst, so sündigt das leere Herz mit und zwingt dich weder zur Erkenntnis noch zur Reue; die Sünde bleibt in dir, und du machst dich schuldig vor Gott und den Menschen.

Hast du aber das Wort im *Herzen* und sündigst deinem *Außenwesen* nach dennoch zuweilen, so ist dein Herz dabei nicht einstimmig und zwingt dich alsbald zur Erkenntnis der Sünde und der Reue, und du bist schon dadurch kein Sünder mehr."

Jakob Lorber über seine innere Gottesstimme

Machtvoll überzeugend ist endlich auch, was der große Bote Gottes, *Jakob Lorber* über die in ihm so gewaltig redende Stimme des göttlichen Geistes in aller Schlichtheit bekundet. An den ersten Verleger der großen Offenbarungswerke, Johannes Busch in Dresden, schrieb im Jahre 1858 der erleuchtete Prophet:

„Bezüglich des innern Wortes, wie man dasselbe vernimmt, kann ich, von mir selbst sprechend, nur sagen, daß ich des Herrn heiligstes Wort stets in der Gegend des Herzens wie einen höchst klaren Gedanken, licht und rein, *wie* ausgesprochene Worte vernehme. Niemand, mir noch so nahe stehend, kann etwas von irgendeiner Stimme hören. Für mich erklingt diese Gnadenstimme aber dennoch heller als jeder noch so laute materielle Ton. Das ist aber nun auch schon alles, was ich Ihnen aus meiner Erfahrung sagen kann. Aber es wandte sich jüngst eine dem Herrn höchst ergebene Frau durch mich an Ihn, und es ward ihr folgende Antwort zuteil, die ich Ihnen hier wörtlich mitteile. Sie lautete:

‚Das, was nun Mein irdisch sehr armseliger Knecht tut, sollten eigentlich alle Meine wahren Bekenner tun können. Denn allen gilt das Evangeliumswort: »Ihr müsset alle von Gott gelehrt sein! Wen nicht der Vater ziehet, der kommt nicht zum Sohne!« Das aber besagt soviel als: Ihr müsset von eurer werktätigen, lebendigen *Liebe* zu Mir und daraus zu jedem bedürftigen Nächsten — zur inneren *Weisheit* aus Gott gelangen. Denn eines jeden wahre, werktätige Liebe bin ja eben Ich selbst so in seinem Herzen, wie der Sonne lebendiger Strahl wirkend ist in jedem Tautropfen, in jeder Pflanze und in allem, was die Erde trägt. Wer Mich sonach wahrhaft über alles aus allen seinen Kräften liebt, dessen Herz ist auch voll von Meiner Lebensflamme und deren hellstem Lichte! Daß dadurch zwischen Mir und dem Mich über alles liebenden Menschen ein steter und hellster Verkehr entstehen muß, ist ebenso klar, wie daß ein gesundes Weizenkorn in fruchtbarer Erde unter dem warmen Sonnenstrahl zur segensreichen Frucht emporwachsen muß. — Daß dieses aber mit den Menschen durch Erfüllung der im Evangelium gestellten Bedingungen *wirklich möglich ist*, dafür steht dieser Mein Knecht als ein Zeuge vor dir. Aber das sage Ich dir auch: Mit einer bloßen Verehrung und noch so tief andächtigen Bewunderung Meiner göttlichen Vollkommenheit, ist's da nichts! Solcher sogenannten frommen Christen gibt es eine Menge in der Welt, und doch erreichen sie wenig oder nichts. Alles aber liegt an dem, daß jemand, der zu Meinem lebendigen Worte in sich gelangen will, vollkommen ein *Täter* Meines Wortes ist. Dies zur Danachachtung für dich und jedermann!'

Hier, lieber Freund, haben Sie Ihre Frage so erschöpfend als möglich beantwortet. Und es wäre vermessen von mir armem Sünder, Ihnen noch ein mehreres darüber zu sagen. Jakob Lorber."

51

Das Gebetsleben im Lichte der Neuoffenbarung

Von größter Wichtigkeit für den Fortschritt des Menschen auf dem geistigen Heilswege der Liebe ist auch das Gebetsleben. Als eine große Wohltat ist es zu bewerten, daß die Schriften der *Neuoffenbarung* gerade auch über dieses Gebiet ein klares und vielseitiges Licht verbreiten.

Wenn man vom Beten spricht, dann denken viele im wahren Glauben wenig bewanderte Menschen nur an das Aufsagen eingelernter Gebetsworte und meinen, ein Gebetsleben zu führen, wenn sie dieses Aufsagen gewohnheitsmäßig zu gewissen Stunden vornehmen. Allein, in dieser Übung liegt nur ein kleiner, kindlicher Anfang, ja nicht selten — durch die oberflächliche Gewöhnung — ein bedenklicher Abweg. Dies und so manches andere ist im Lorber-Werk aufgehellt durch eingehende Erläuterungen und Ratschläge über das wahre, vor Gott wohlgefällige und zum Ziele der geistigen Vollendung führende Gebet.

In die Stille gehen

Im Anfang unseres Verkehrs mit Gott steht nach der Lehre der Neuoffenbarung als erstes das „In-die-Stille-Gehen", die Verinnerlichung.

„Wenn du betest, so gehe in dein Kämmerlein!" Dieser Rat des Herrn ist zweifach zu verstehen. Zunächst örtlich: Wir sollen uns zurückziehen an einen Ort, wo wir soviel als möglich Ruhe finden vor den Störungen der Welt. „Und schließe die Tür zu!" fügt der Herr noch bei. Denn Er weiß, wie leicht die schwache Menschenseele von äußerlichen Eindrücken abgelenkt wird. In der äußeren Stille und Abgeschiedenheit gelingt es uns eher, unsere Gedanken und Gefühle zu sammeln und unsere Seele auf das inwendige Licht des Geistes zu richten.

Aber mit dem „Kämmerlein-Gehen" meint der Herr weiterhin hauptsächlich die geistige Versenkung in das eigene *Innere,* das eigene Herz als Wohnung des unserer Seele eingezeugten göttlichen Geistes. Durch diesen Mittler, unsern göttlichen Geistfunken, können wir uns zu Gott, dem himmlischen Vater emporschwingen, um von dieser Urquelle des Lebens die Ströme der Liebe, des Lichts und der Kraft zu erbitten und zu empfangen.

Somit ist beim Gebet das erste: In möglichster äußerer Stille und Abgeschiedenheit den inneren Mittler und Christus, den *„Immanuel"* (d. h. Gott in uns) zu suchen, um in seinem Lichte uns selbst und insbesondere unser Verhältnis zu Gott mit Ernst zu prüfen und die Stätte für den Herrn rein zu machen.

Selbstbeschauung

Diese innere Betrachtung nennt der Herr im ‚Großen Evangelium' Selbstbeschauung und empfiehlt sie dringend allen seinen Jüngern.

„Wahrlich, Ich sage euch: Nichts ist dem Menschen heilsamer als eine zeitweilige innere Selbstbeschauung! Wer sich und seine Kräfte erforschen will, der muß sich zu öfteren Malen selbst erforschen und innerlich beschauen. Es wissen aber manche nicht, wie sie es anfangen sollen. So höret denn: Ruhet und denket im stillen lebendig nach über euer Tun und Lassen, über den euch wohlbekannten Willen Gottes, und ob ihr demselben nachgekommen seid zu den verschiedenen Zeiten — so habt ihr euch innerlich selbst beschaut und dadurch dem Eindringen Satans in euch den Weg erschwert. Dieser sucht nichts emsiger, als durch allerlei äußere, nichtssagende Gaukeleien den Menschen an seiner inneren Selbstbeschauung zu verhindern. Denn hat der Mensch einmal durch Übung eine Fertigkeit in der Beschauung seines Inneren erreicht, so findet er in sich auch leicht und bald, welche Fallen ihm Satan gelegt hat, und kann dann diese weidlichst zunichte machen und aller künftigen Arglist des Feindes vorbauen.

Nun wisset ihr, worin die innere Sichselbstanschauung besteht. Machet von nun an *täglich* solche Übungen im stillen und lasset euch darin durch keine äußere Erscheinung mehr stören." (Gr. Ev., Bd. 1, Kap. 224, 8—13)

Worum es sich bei der rechten Selbstbeschauung handelt, spricht der Herr noch deutlicher an anderer Stelle des ‚Großen Evangeliums' aus. Hier heißt es:

„Nehmet euch alle Mühe und prüfet, ob ihr nichts unterlasset, auf daß ihr am Ende nicht sagen müßt: ‚Nun habe ich volle zehn oder zwanzig Jahre hindurch alles getan, was mir die neue Lehre vorschreibt, und dennoch stehe ich auf demselben Fleck, verspüre noch immer nichts von einer besondern Erleuchtung, und vom sogenannten ewigen Leben empfinde ich auch noch blutwenig! Woran fehlt es denn noch?'

Ich aber sage euch: Prüfet euch sorgfältig, ob nicht noch irgendwelche weltliche Vorteilsgedanken euer Herz beschleichen, ob nicht zeitweiliger Hochmut, eine gewisse zu überspannte Sparsamkeit, die Ehrsucht, richterlicher Sinn, Rechthabelust, fleischlicher Wollustsinn und dergleichen mehr euer Herz und eure Seele gefangenhalten! Solange das bei dem einen oder andern der Fall ist, wird er zur vollen Erfüllung der Verheißung an ihm nicht gelangen.

Betrachtet nur den Most und den reinen geistvollen Wein in einem Faß: Solange sich grobe und fremde Bestandteile im Most befinden, wird er gären und zu keiner Reinheit kommen. Sind aber diese Bestandteile endlich einmal alle hinausgeschafft, so wird es immer ruhiger im Faß, der Most klärt sich und wird zum vollgeistigen Wein." [1]

Heilige Zwiesprache

Durch die prüfende Selbstbeschauung und den ernstlichen Vervollkommnungswillen wird das Herz des betenden Menschen frei gemacht für einen ungetrübten Verkehr mit Gott, dem himmlischen Vater in seiner ewigen Offenbarungsgestalt Jesus Christus.

Zwischen dem Vater in Jesus und der Seele kann sich nun ein Austausch, eine innere *Zwiesprache* entwickeln, die ganz der Aussprache zwischen einem unendlich guten und weisen irdischen Vater und seinem liebenden Kinde gleicht und das Allerhöchste und Seligste darstellt, was ein Mensch im Tale dieser Erde finden und erleben kann.

„Wer mit Mir reden will, der komme zu Mir, und Ich werde ihm die Antwort in sein Herz legen. Jedoch die Reinen nur, deren Herz voll Demut ist, sollen den Ton Meiner Stimme vernehmen! Und wer Mich aller Welt vorzieht, Mich liebt wie eine zarte Braut ihren Bräutigam, mit dem will Ich Arm in Arm wandeln. Er wird Mich allezeit schauen wie ein Bruder den andern und wie Ich ihn schaute schon von Ewigkeit her, ehe er noch war." (Haush. Gottes, Bd. 1, 1 ff.)

Natürlichkeit — nach dem Zuge des Herzens

Diesen Herzensverkehr, diesen inneren Austausch, wünscht der himmlische Vater in den schlichtesten Formen, wie die vertrauensvolle Liebe eines Kindes sie ergibt. Dies ist — gegenüber zahlreichen Verirrungen auf diesem Gebiet — oft und mit allem Nachdruck ausgesprochen.

[1] Gr. Ev., Bd. 5, Kap. 125, 1—4; vergl. auch ‚Weg zur Wiedergeburt', S. 13. — Durch die klare Zielrichtung auf Gott und seinen Willen und auf die Reinigung unserer Seele unterscheidet sich die hier gelehrte geistige Versenkung ganz wesentlich von der indisch-theosophischen Lehre. Die empfiehlt eine völlige *Ausschaltung* aller Gedanken, um die Seele völlig aufnahmefähig zu machen für die Einströmungen der geistigen Welt. Auf diese Weise völlig willenlos hingegeben, wird die nach übermenschlichen Erkenntnissen und Kräften strebende Seele aber allzu leicht eine Beute trügender Wesen aus dem Geisterreiche. Geht der Sinn und Wille der Seele dagegen von Anfang an klar und entschieden auf *Gott,* den himmlischen Vater und auf nichts als auf die Erfüllung seines heilvollsten Liebewillens, dann steht die gutwillige Seele bald unter Gottes Schutz und es kann sich ihr in dem Maße, als ihr Streben ein lauteres und ernstes ist, nichts Unlauteres nahen und sie in die Irre führen.

So vernehmen wir vom Herrn in dem Lorberwerk ‚Die Haushaltung Gottes' das schöne Gleichnis:

„Ich setze den Fall, ein Vater sehr vornehmen Standes, etwa ein Fürst, hätte mehrere Kinder. Diese Kinder wissen die Ordnung, wie sie sich zu ihrem Vater begeben dürfen, nämlich ganz geziemend geschmückt, gemessenen Schrittes, die Hände kreuzweise über ihre Brust gelegt und das Haupt demütigst zu Boden gesenkt.— Wenn diese Kinder so vor den fürstlichen Vater kommen, da belohnt er sie und entläßt sie dann. — Eines unter den Kindern, ein rüstiger Knabe, aber ist ganz keck, erscheint nicht mit den abgerichteten Kindern, sondern kommt ganz allein zum Vater gerannt, ist auch mehr nachlässig in seiner Kleidung. Wenn aber dieser Knabe den Vater ersieht, breitet er seine Arme aus, umfaßt ihn mit aller kindlichen Liebeglut und ruft dabei: ‚O Vater, mein lieber Vater, wie sehr doch liebe ich dich! Siehe, du mein lieber, guter Vater, ich liebe dich zu sehr, als daß es mir möglich wäre, mich vor dir in den gesetzlich höfischen Schranken zu bewegen! Ja, ich will eher sterben, als vor dir, o Vater, meinem Herzen einen unterdrükkenden Liebeszwang antun!' — Ich setze nun den Fall, du wärest der Vater solch eines Kindes, was würdest du da nach deinem Vatergefühl wohl tun? Du sprichst: ‚Oh, das würde ich auch über die Maßen lieben!' — Gut geantwortet! Ich sage dir aber, gerade ein solcher Vater bin Ich auch! Wer demnach zu Mir kommt wie dieser kecke Knabe, der wird auch Mir der allerliebste Sohn sein! Gott kannst du an sich nicht lieben. Aber den *Vater* kannst du lieben gleich dem kecken Knaben. Und Gott als Vater wird dann dich auch mit aller Macht seiner Liebe ergreifen und wird dich setzen in seinen Schoß als ein wahres, Ihm über alles teures Kind und wird all den andern dann deinetwegen gnädig sein und ihnen die leere Höflichkeit erlassen. Siehe, das ist die *rechte* Liebe! Solches beachte!" (Haush. Gottes, Bd. 2, Kap. 232, 14 ff.)

„Wer also bei Mir", sagt der Herr im ‚Großen Evangelium', „eine gute Bitte erhört haben will, der wallfahre in sein Herz und trage Mir ganz im stillen seine Bitte mit natürlichen und ungeschmückten Worten vor, und Ich werde ihn erhören. Aber Ich sage noch hinzu, daß Mir dabei ja niemand mit einer fromm aussehenden Gebärde und Miene kommt! Denn wo bei einer Bitte an Mich die heuchlerisch-fromme Gesichtsdrückerei vorkommt, da wird keine Bitte erhört werden. Wer Mir nicht so natürlich kommt, wie er ist und nicht bittet im rechten Geiste der vollsten Wahrheit, der wird nicht erhört, sondern nur der, der Mich wahrhaft liebt, Meinen Willen tut und zu Mir ganz ohne allen Prunk und Zwang kommt." (Gr. Ev., Bd. 6, Kap. 123, 11)

Keine Zeremonien!

Kirchlich erzogenen Menschen will dieser zwanglose, natürliche Herzensverkehr mit dem himmlischen Vater in Jesus oft nicht recht einleuchten.

So sagt im ‚Großen Evangelium' ein biederer Fischer zum Herrn: „Siehe, wir Menschen sind schon von Kindheit an gewohnt, unsere Bitten und Danksagungen auch mit äußeren Gebärden zu begleiten, um den Menschen, die wir bitten oder denen wir danken, unser inneres Fühlen auch äußerlich der Bitte gemäß ersichtlich zu machen. So wir aber oft genötigt sind, vor den Menschen, die doch unseresgleichen sind, die Knie zu beugen, so schickt es sich doch ums Unaussprechbare mehr, vor dem Herrn der Ewigkeit unsere Knie gleichfalls zu beugen! Wenn demnach die Seele den Leib ihren geistigen Bestrebungen anpaßt und ihn mit sich in ihr Geistiges verkehrt, so kann dies doch nicht gegen Deine Ordnung und Dir mißfällig sein?"

Dem ehrfürchtigen Verehrer erwidert der *Herr:* „Freund, du hast nun ganz wohl geredet, und Mein Herz erquickte sich an dem Sinn deiner Worte. Es ist auch recht, wenn der bittende und dankende Mensch sich dabei so verhält, wie du es dargestellt hast. Aber dann sollte der Mensch auch stets völlig in deiner Gesinnung *verbleiben,* nur auf das Innere allein den wahren Lebenswert legen und das Äußere gewisserart nur als eine Last nach sich ziehen und es seiner inneren Kraft untertan machen. Und es wäre so das Bitten, Danken und Verehren schon ganz gut und Mir wohlgefällig.

Aber die Menschen bleiben nicht so, wie du nun vor Mir stehst. Sie fangen nur zu bald an, auf die äußerlichen Gebärden einen größeren Wert zu legen, als sie der innern Lebenswahrheit nach sollten und halten das allein wahre Innere in Ermangelung des Äußeren für nicht genügend und am Ende gar für wertlos. Es geht dann nur zu leicht so weit, daß gewisse, angeblich eingeweihte und von Gott erwählte Priester das Volk verleiten, daß es dem gemeinen Menschen genüge, nur das von ihnen vorgeschriebene *Äußere* zu beachten und zu verehren — denn das eigene *innere,* an Gott gerichtete Wort sei ohne Wert und habe keine Wirkung, da Gott daran nur Mißfallen habe, weil solch ein eigenmächtiges Beten, Bitten und Danken eine Gotteslästerung sei.

Was kommt da am Ende heraus? Siehe, die Menschen entfernen sich stets mehr von Gott, statt daß sie sich Ihm mehr und mehr im Herzen und in der Liebe und im lebendigen Glauben und Vertrauen nähern! Die wahre und reine Liebe wird in eine gespenstische Furcht verkehrt und der lebendige Wahrheitsglaube in einen finstern heidnischen Aberglauben, bei dem sich dann eine träge Priesterkaste irdisch sehr wohl befindet, während die sogenannte gemeine Menschheit ratlos in geistiger Not und Blindheit schmachtet.

Siehe, das alles entsteht nach und nach aus den anfangs sehr unschuldig und sogar sittlich geziemend scheinenden äußeren Gebetsgebärden. Und Gott muß endlich wieder durch den Mund eines neuerweckten Propheten zu den Menschen rufen: ‚Siehe, dieses Volk ehrt Mich mit den Lippen und eitler und toter Weltzeremonie, aber sein Herz ist ferne von Mir!' Darum merket euch und machet es zu eurer Lebensleitschnur: Gott ist in sich ein Geist voll Liebe, Wahrheit, Weisheit und Macht, unveränderlich von Ewigkeit her, und kann daher auch im Geist und in der Wahrheit, die *inwendig* im Menschen ist, angebetet werden.

So jemand ein Anliegen hat, daß ihm Gott als der Schöpfer und Vater aller Menschen und Engel in diesem oder anderem helfen möchte, so gehe er mit seinem Anliegen nicht in einen Tempel oder in eine Synagoge und auch zu keinem Priester, sondern sperre sich in ein Kämmerlein, besonders in das ganz stille seines *Herzens* ein, bete darin zu Gott und bitte Ihn als den liebevollsten Vater um eine rechte Hilfe!" [1]

[1] Gr. Ev., Bd. 9, Kap. 208, 15 ff.; gegen Zeremoniendienst sprechen zahlreiche weitere Stellen, so Laodizenerbrief Kap. 3; Gr. Ev., Bd. 1, Kap. 49, 10 ff.; Bd. 9, Kap. 55, 7 ff.; Bd. 6, Kap. 123, 4 ff.; Robert Blum, Bd. 1, Kap. 149, 8 ff. —

Kein Lippengebet und kein bezahltes Gebet

Der tief innerlichen Bedeutung des wahren Gebets- und Herzensverkehrs mit Gott entspricht es auch, daß ein bloßes Lippengebet für das Heil der Seele selbstverständlich nicht den geringsten Wert hat.

„Wo Ich so von den Menschen angebetet und verehrt werde", sagt der Herr, „da werde Ich sofort Mein Gesicht abwenden und einer solchen Anbetung und Verehrung nimmerdar achten, um den dummen Menschen deutlich zu zeigen, daß vor Mir derlei durchaus nichts gilt." [1]

Vor Gott wahrhaft ein *Greuel* aber ist ein bezahltes Gebet — „weil da der Betende zumeist ohne allen Glauben nur zum Schein sein Gebet hinmurmelt und der, dem das Geld helfen soll, selbst zu träge ist, die Knie vor Gott zu beugen und daher lieber einen andern für sich beten läßt." (Gr. Ev., Bd. 9, Kap. 37, 10)

„Wie ist es aber", so wird der Herr im ‚Großen Evangelium' gefragt, „wenn jemand gläubig im *besten* Sinn und in der Meinung, daß er unwürdig sei, zu Gott zu beten, zu einem Priester geht und ihn bezahlt, damit er für ihn bete? Hat solch ein Gebet auch keinen Wert?"

Hierauf erwidert der *Herr:* „Wie soll denn solch ein Gebet dem, der es bezahlte, etwas nützen? Er, der Gläubige, getraut sich nicht zu Gott zu beten; und der bezahlte Priester betet nicht zu Gott und kann das gar nicht, weil er bei sich an keinen Gott glaubt. Denn glaubte er an einen Gott, so würde er sich für seine Gebete nicht bezahlen lassen, sondern zu dem Bezahler sagen: ‚Jeder Mensch — und hätte er der Sünden so viele, wie es gibt Gras auf der Erde — kann reuig und demütig zu Gott beten und Gott wird sein Gebet erhören. Meine von Gott gebotene Nächstenliebe aber legt mir ja ohnehin die Pflicht auf, in meinen Gebeten aller Menschen zu gedenken. Und so gehe du hin und bete selbst zu Gott, was dir allein nützen kann. Denn ein bezahltes Gebet ist vor Gott ein Greuel!' — Siehe, so müßte ein gläubiger Priester zu dem reden, der ihm ein Gebet zu bezahlen käme! — Weil aber der Priester selbst an keinen Gott glaubt, so läßt er sich für das Gebet, das er aus einem Buch, ohne dabei etwas zu denken, mit heuchlerisch-frommer Gebärde hermurmelt, bezahlen und ist somit in allem ein Lügner und Betrüger. Wie kann da ein solches Gebet bei Gott angesehen sein? — Ich sage dir: So Gott dem Menschen, der sich ob seiner vermeinten Unwürdigkeit nicht zu Ihm zu beten getraut, auch aus irgendeiner Not seiner *Demut* wegen hülfe, so wird Er ihm aber im Falle eines bezahlten Gebetes ganz sicher nicht helfen, um ihn dadurch von seinem Aberglauben zu befreien." (Gr. Ev., Bd. 6, Kap. 180, 5—7)

Keine Kasteiung!

Um Gott nahe zu kommen oder göttliche Kräfte zu erlangen, begeben sich manche Menschen auch auf einen anderen Abweg, den der Kasteiung. Besonders unter den morgenländischen Völkern haben zu allen Zeiten die Asketen oder Büßer eine Rolle gespielt. Und diese Art der „Gottesverehrung" hat ja z. B. in Indien in der Selbstmarterung der Yogi höchst krasse Formen gezeitigt. Aber auch die abendlän-

[1] Gr. Ev., Bd. 9, Kap. 37, 6 ff.; Bd. 7, Kap. 85, 14 ff.; Bd. 3, Kap. 112, 9; Bd. 2, Kap. 111, 3 ff.

dische Religionsgeschichte zeigt in den harten, abtötenden Ordens- und Klosterregeln, in den Geißlergesellschaften, dem Einsiedlerwesen starke Beispiele.

Der *Herr* urteilt im ‚Großen Evangelium' über diese religiöse Haltung: „Durch ein rechtes Fasten und Beten wird die Seele freier und geistiger. Aber selig wird niemand durchs pure Fasten und Beten, sondern nur dadurch, daß er an Mich glaubt und den Willen des Vaters im Himmel tut. Das kann aber jedermann auch ohne Fasten und ohne das Sich-Enthalten von gewissen Speisen und Getränken. — Wer aber irgendeinen Überfluß hat und übt wahre Nächstenliebe, der fastet wahrhaft und zum ewigen Leben dienlich. — Wer ferner vor Gott wahrhaft und zum ewigen Leben der Seele verdienstlich fasten will, der enthalte sich vom Sündigen aus Liebe zu Gott und zum Nächsten; denn die Sünden beschweren die Seele, daß sie sich schwer zu Gott erheben kann." (Gr. Ev., Bd. 7, Kap. 85, 5 ff.)

Völlig verworfen wird die leibliche Kasteiung zum Zweck des *gewaltsamen* Eindringens in die geistige Welt. „Wer fastet zur rechten Zeit, tut besser als der, welcher allezeit schwelgt und praßt. Denn alle Menschen, die in der Welt ein Wohlgefallen haben an dem, was ihre Sinnlichkeit reizt, sitzen als Seele bis über die Ohren im Schmutz und sind darum geistig völlig taub und blind. Daher seid allezeit mäßig im Essen und Trinken, auf daß ihr nicht krank werdet an eurer Seele. Aber es ist dennoch ein Unterschied zwischen Fasten und Fasten. Ein völlig rechtes Fasten besteht darin, daß man sich von aller *Sünde* enthalte, sich in allen Dingen der Welt selbst verleugne, sein Kreuz auf seine Schultern nehme und Mir nachfolge, ohne darin gar zu ängstlich im Essen und Trinken zu sein, aber auch nicht über die Notdurft hinaus ins Schwelgen überzugehen. — Alles andere Fasten hat wenig oder gar keinen Wert. Es gibt da z. B. Menschen, die durch eine gewisse Kasteiung ihres Leibes in die Welt der Geister dringen und mit deren Hilfe dann die Kräfte der Natur bezwingen wollen. Das ist aber der Seele nicht nur nichts nütze, sondern überaus *schädlich.* Da fällt die Seele dann als eine Art notreife, kernfaule und somit tote Frucht vom Baume des Lebens. Ein derartiges Kasteien und Fasten ist darum eine große Sünde. Wer der wahren Ordnung gemäß leben will, der lebe so wie Ich lebe und euch zu leben lehre, so wird er auch in sich die Frucht reifen sehen, in der ein völlig lebendiger Kern für das ewige Leben sich gestaltet." (Gr. Ev., Bd. 1, Kap. 207, 8)

Danken

Für uns alle wichtig ist nun weiter die Frage, was wir im Gebetsverkehr unserem Gott und Vater vortragen dürfen und sollen. Dem wahren Beter wird es vor allem täglich, ja stündlich ein Bedürfnis sein, dem Geber aller guten Gaben für das ständig und in so vielen Formen aus dem Urquell seiner Liebe uns Zugehende zu *danken.*

Das tägliche Brot für Leib, Seele und Geist, das wir für uns, unser Haus und unser Volk erhalten — und vor allem auch die große Gnade, hier auf dieser Erde, der Hochschule der Gotteskinder, unter seiner Führung die Laufbahn zur höchsten Seligkeit durchmachen zu dürfen — die ständige Bewahrung vor den bösartigen Anschlägen der Finsternismächte usf. — dies alles muß ja unsere Seele, wenn wir es auch nur einigermaßen bedenken, mit glühendsten Dankgefühlen erfüllen. Und so ist das inbrünstige Danken das natürliche, erste Tun des betenden

Menschen, den die reine Glut des Herzens zum himmlischen Vater treibt. Worte brauchen dabei nicht viele gemacht werden, noch weniger bedarf es wohlgesetzter oder eingelernter Reden und Lobeserhebungen.

„Wer Mich liebend im stillen ehrt und preist“, spricht der Herr, „und dabei in aller Demut seine Geringheit und Mein alles erkennt, der ehrt Mich wahrhaft im Geiste und in der Wahrheit, und Ich habe ein großes Wohlgefallen an ihm. Und es erzeugt das ganz gering Scheinende eine große Wirkung. Wer Mich aber mit großem Weltgepränge, mit allerlei nichtigen Zeremonien und langen Gebeten und Gesängen ehrt und preist und dabei glaubt, daß Mir das wohlgefällt, der ist in einer großen Irre. Derlei Preisung ist vor Mir ein Greuel! Und so sie von den Priestern ausgeht und das unwissende Volk Mich dadurch zu ehren wähnt und von Mir eine Gnade erbitten will, wird sie von Mir nicht erhört werden, auf daß das Volk zur Einsicht komme, daß Ich an solchen großen Gebeten und prunkvollen Verehrungen kein Wohlgefallen habe.“ [1]

Viele Szenen werfen in den Neuoffenbarungsschriften dagegen ein helles Licht auf den *stummen* Gemütsdank. So sagt der Herr im ‚Großen Evangelium‘ (Bd. 3, Kap. 110, 6 ff.) von der Fürstentochter Helena: „Es dauerte ihr stummes Entzücken eine geraume Weile, und immer wieder ward ihr Gemüt so ergriffen von der Freude über Mein Kommen, daß stets von neuem wieder Tränen der Wonne ihre Zunge lähmten, sooft sie zu Mir Worte des Dankes aussprechen wollte. Ich aber sagte zu ihr: ‚Meine liebe Tochter, mühe dich nicht zu reden! Denn diese Sprache deines Herzens ist Mir um vieles *lieber* als eine noch so gewählte deines Mundes.‘ “

Das Nächste, was uns, den oft so bedrängten Menschen dieser Erde, in unserem Gebetsverkehr mit Gott wichtig sein wird, sind die vielen Wünsche für Leib, Seele und Geist, welche uns im Hinblick auf unser und unserer Mitmenschen Wohl — teils mit, teils ohne wahren Grund — bewegen.

Obwohl der allwissende Gott und liebevollste Himmelsvater besser als wir selbst weiß, was zu unserem Heil frommt und auch weiser und liebevoller, als wir ermessen können, allezeit für uns sorgt, so ist es doch um der Begründung eines wahren, kindlichen Verhältnisses wegen sein Wille, daß wir um alles, was wir von Ihm benötigen, mit vertrauensvoller Bitte zu Ihm kommen. An einer Stelle (‚Bischof Martin‘, Kap. 177) ist gesagt, daß in Gottes Erziehungsplan das Bittgebet noch *wichtiger* sei als das Dankgebet, da es den Menschen zu selbständiger Beurteilung dessen erziehe, was er zu seinem wahren Heile bedarf.

Und in ‚Haushaltung Gottes‘ lesen wir: „Die Bitte eines wahren Beters ist gewissermaßen ein andächtiger Rat, durch den Mir der Bittende anzeigt, was Ich tun soll. Er weiß, daß Ich, als die höchste Weisheit und Liebe, sicher ohne seinen Beirat das Allerbeste zu der allerrichtigsten Zeit tun werde. Aber Ich als der Vater will Mir ja von Meinen lieben Kindlein (um ihrer Freiheit und Selbständigkeit willen) raten lassen, so, als hätte Ich ihres Rates vonnöten und will sie auch tätig sein lassen, als hätte Ich ihrer Tat und Hilfe vonnöten! Solches alles tue Ich als Vater Meinen Kindlein aus Meiner großen Liebe heraus, leite aber dann ihren Rat und ihre Tat so, daß Ich dadurch doch allezeit *Mein* Ziel erreiche.“ (Haush. Gottes, Bd. 3, Kap. 1, 9 ff., 20 ff.)

[1] Gr. Ev., Bd. 8, Kap. 95, 5; Über frommen Gesang vergl. Gr. Ev., Bd. 4, Kap. 21, 13 ff.

Um was sollen wir bitten?

„In jeder Not und Drangsal", sagt der Herr im ‚Großen Evangelium', „bittet mit natürlicher Sprache im Herzen zu Mir, und ihr werdet nicht vergeblich bitten." (Gr. Ev., Bd. 10, Kap. 32, 4)

Jede Not und jede Drangsal, sei es für Leib, Seele oder Geist, sei es für uns selbst, unser Haus, unser Volk oder irgendein Wesen der Schöpfung, kann und darf also für ein vertrauensvolles Kind Gottes ein Bittgrund sein. Es ist nichts zu gering, um dem allgegenwärtigen, alliebenden Gott im Herzen vorgetragen zu werden. Ist es doch Er, der mit seinen unsichtbaren geistigen Dienern das Größte wie das Geringste in der ganzen Unendlichkeit wirkt, so daß in Wahrheit kein Haar von unserem Haupte fällt ohne Gottes Willen.

Da freilich vom Standpunkt der Ewigkeit und des wahren Lebenszieles aus das Heil von Geist und Seele *wichtiger* ist als das Wohlsein des Leibes, so mahnt der *Herr:*

„So ihr den Vater um etwas bittet, da bittet Ihn nicht so sehr um die Güter dieser Erde, nach denen die blinden und törichten Heiden und auch die Gottes vergessenen Juden und Pharisäer trachten, sondern bittet Ihn vielmehr um die unvergänglichen Schätze für *Seele* und *Geist* — und sie werden niemandem vorenthalten werden. — Was aber die zum zeitlichen Lebensunterhalt nötigen *diesirdischen* Güter betrifft, so werden sie jedem, der sein Bitten und Suchen nach dem Reich Gottes und dessen liebevollster Gerechtigkeit richtet, frei hinzugegeben. Wer da stark im Geiste und somit im Reiche Gottes geworden ist, der wird auch Herr sein über die Dinge der Welt und wird niemals eine große Nährnot für seinen Leib zu erdulden haben. Aber besser ist es auch für den im Geiste Erweckten, in den Gütern der Himmel Gottes zu schwelgen, dabei sich aber an den Gütern dieser Erde eine kleine Not gefallen zu lassen." [1]

Die wichtigsten Güter des Geistes, um die ein wahrer Gottesmensch demnach vor allem täglich bittet, sind: Echte *Demut* und tatfertige *Liebe* zu Gott und allen Wesen — und für die Seele das tägliche äußere und innere *Gotteswort,* sowie die sonstige lebendige Verbindung mit der Himmelswelt im Gebet und in den Führungen des Lebens.

Das Vaterunser

Eine wunderbare Zusammenfassung alles dessen, was der Mensch für sich und seine Nächsten zu seinem wahren Heil braucht, hat der Herr uns in den tiefsinnigen sieben Bitten des „Vaterunsers" gelehrt.

Wie nach dieser Anleitung ein Gotteskind, die jugendliche, innige Jüngerin des Herrn, *Jarah,* betet, ist im ‚Großen Evangelium' von dieser mit den Worten geschildert:

„Ich versetze mich mit allen meinen Gedanken und Gefühlen in die tiefste Tiefe meines Herzens, worin die Liebe zu Gott zu Hause ist. Dadurch bekommt diese heilige Liebe ebenso Nahrung, als wenn du auf eine stille Glut, die nicht mehr flammt, dürres und leicht brennbares Holz legst. Das Holz wird die stille Glut gar

[1] Gr. Ev., Bd. 9., Kap. 209, 9 ff.; Bd. 6, Kap. 180, 8.

bald erwecken, und es wird darauf das Ganze in hellste Flammen übergehen. Da wird's dann überlicht und völlig lebenswarm im Herzen. — Dann erst spricht der dadurch erweckte gottähnliche *Geist* in der Seele:

,O Du mein heiliger Vater in den Himmeln! Dein Name werde geheiligt! Zu uns armen, nachtvollen Sündern komme Deine Vaterliebe! Dein allein heiliger Wille geschehe hier auf Deiner Erde wie in allen Deinen Himmeln! Haben wir gesündigt wider Deine ewig heilige Ordnung, so vergib uns solche Torheit und habe Geduld und Nachsicht mit uns, wie auch wir mit denen Geduld und Nachsicht haben, die sich gegen uns irgend versündigt haben! Laß es nicht zu, daß wir in unserer fleischlichen Schwachheit über unsere Kraft hinaus von der Welt und vom Bösen versucht werden, sondern erlöse Du uns durch Deine große Gnade, Liebe und Erbarmung von den tausenderlei Übeln, durch die unsere Liebe zu Dir, o heiliger, großer, lieber Vater, getrübt und geschwächt werden könnte! Wenn es uns aber hungert und dürstet leiblich und geistig, dann gib uns, guter, lieber Vater, nach Deinem heiligen Ermessen, was wir täglich vonnöten haben! — Dir allein alle meine Liebe, alle Ehre und allen Dank ewig, ewig! Amen!' " (Gr. Ev., Bd. 3, Kap. 123, 2 ff.) [1]

Fürbitte

Schon im „Gebet des Herrn" kommt zum Ausdruck, daß der Mensch nicht nur für sich allein um das Kommen des Gottesreichs, das tägliche Brot, Sündenvergebung, Stärkung in der Versuchung usf. bitten, sondern daß er dem Gebote der Nächstenliebe entsprechend, in all diesen Dingen auch für seine Nächsten, ja für die ganze Kreatur einstehen soll.

„Wenn du einen Armen siehst, der einer nötigen Hilfe bedarf", spricht der Herr im ‚Großen Evangelium', „dann gehe hin und hilf ihm, so du etwas hast, um ihm zu helfen. Hast du aber nichts, dann *bete* du bei dir für ihn zu Gott! Und Ich sage dir: Gott wird dein und des Armen Gebet erhören!" (Gr. Ev., Bd. 6, Kap. 180, 8)

Über das Wesen der wahren, *fürbittenden* Erbarmung wird in ‚Haushaltung Gottes' (Bd. 1, Kap. 172, 19) gesagt:

„Wenn du siehst, daß da jemand arm ist, sei es durch Schwäche oder Gebrechlichkeit des Leibes, oder arm im Herzen, arm an der Liebe, im Verstande, in der Einsicht, im Willen, in der Kraft und in der Tat — und du erbarmst dich seiner aus der *Liebe* deines Herzens zu Gott — siehe, dann ist dein Erbarmen ein vollkommenes, da es dann schon eine Aufnahme Meiner großen Erbarmung ist, auf gleiche Art, wie so der Wind durch den Wald zieht und bewegt da die Bäume und rührt jegliches Blättchen. Da fächelt dann ein jedes Blättchen und bringt durch sein Fächeln auch einen kleinen Wind zuwege, welcher vom allgemeinen großen Windstrome aufgenommen wird so, als wäre er im Verhältnis zu ihm wirklich etwas. ... Darum soll denn ein Bruder dem andern so viel tun, als er kann, aus der von Mir ausgehenden und durch Mich lebendigen Liebe. Und Ich werde dann seine Tat und seine Fürbitte so anrechnen, als wäre sie etwas vor Mir."

[1] Weitere Fassungen des „Vaterunsers": Gr. Ev., Bd. 8, Kap. 92, 6; Bd. 10, Kap. 32, 6; Rob. Blum, Bd. 2, Kap. 248, 14; 249, 1; Bischof Martin, Kap. 179, 2 ff.

Ein großes *Beispiel* schildert dasselbe Lorberwerk in der Fürbitte *Abels* für seine gefallenen Eltern und Geschwister im kahlen Lande der Verbannung:

„Und siehe, da fiel Abel auf seine Knie nieder, durchdrungen von übergroßer Freude ob der ihm von oben gewordenen Gnadenstärkung und sprach: ,O du großer, heiliger und überguter lieber Vater, siehe hier Deinen kleinen Diener vor Dir im Staube und im Gefühle der tiefsten Unwürdigkeit und vernimm das Flehen eines Kindes um Gnade für seine armen Eltern und alle seine Brüder und Schwestern. Nimm die Kraft Mir nicht mehr, die mir aus Dir als ein übergroßes Geschenk geworden ist und lasse sie gnädig ausströmen über die Meinen zur Vergebung der Sünde und zur Wiedergewinnung des Lebens aus Dir in rechter Macht und Kraft! Und gestalte barmherzig und gnädig diese Gegend nach Deinem allerhöchsten Wohlgefallen, damit sie fruchtbar werde und die Schwachen Nahrung finden zur Stärkung ihrer Glieder und ihren brennenden Durst stillen können an einer frischen Wasserquelle! Und auch Tiere möchten kommen, tauglich ihnen zu dienen und ihrem Willen gehorchend! O Du großer, heiliger und überguter lieber Vater, erhöre mein schwaches Flehen, damit dein Name verherrlicht werde in den Herzen Deiner Reuigen.' . . .

Und nun siehe und höre, was da geschah! Als der fromme Abel dieses Mir wohlgefällige Gebet vollendet hatte, fing ein kühlender Hauch an über die starre Wüste zu wehen und lichte Wolken umhüllten den weiten Raum des Himmels. Und es fing an zu regnen über der ganzen Wüste. Und mitten unter dem Regen fielen Samenkörner aller Art in die vom Regen Jehovas gemachten Furchen des Sandes. Und im Augenblick wird die weite Wüste grün vom Grase und von Pflanzen, Gesträuchen und Bäumen. Und an der Stelle, da der fromme Abel betend im Geiste und in der Wahrheit gekniet hatte, stieg ein großer Baum fast bis zu den Wolken empor mit weiten Ästen und breiten Zweigen, vollbehangen mit Brotfrüchten lieblichen und süßen Geschmacks, und es wird ihm der Name ,*Bahahania*', d. h. ,Stärkung der Schwachen' oder ,Brotbaum' gegeben.“ [1]

Gebet für Kranke

Mehrfach ist in den Neuoffenbarungsschriften auch die Gebetshilfe für Kranke empfohlen. So im ,Großen Evangelium':

„Ein Zeichen Meiner mächtigen Gegenwart bei und in euch wird es immerdar sein, daß, so ihr einem leiblich kranken Menschen aus wahrer Nächstenliebe in Meinem Namen die Hände aufleget, es mit ihm besser wird — *wenn* dies zum Heile seiner Seele dienlich ist.

Es versteht sich von selbst, daß ihr auch dabei allezeit im Herzen sagt: ,Herr, nicht mein, sondern nur Dein Wille geschehe!' Denn ihr könnet es nicht wissen, ob und wann das Besserwerden des Leibes einer Seele zum Heile dienlich ist, und ein ewiges Leben auf dieser Erde im Leibe ist keinem Menschen beschieden! Daher kann das Händeauflegen auch nicht allzeit und jedem Menschen von seinen Leibesübeln Befreiung verschaffen. Aber ihr werdet dennoch keine Sünde begehen, so

[1] Haush. Gottes, Bd. 1, Kap. 14, 1 ff.; vergl. über gerechte Fürbitte auch Haush. Gottes, Bd. 2, Kap. 23, 26; Kap. 183, 3 ff.; Kap. 217, 23; Kap. 277, 6 ff.; Kap. 278, 11; ferner Gr. Ev., Bd. 6, Kap. 123, 6 ff.; Bd. 10, Kap. 128, 17 ff., Kap. 127, 12; Bd. 7, Kap. 39, 11 ff.; Kap. 214, 2 ff.; Bd. 8, Kap. 77, 16; Kap. 201, 5 ff.

ihr jedem Kranken die euch angezeigte Liebe erweist. Den Helfer werde schon Ich machen, so es zum Seelenheil der Menschen dienlich ist, was nur Ich allein wissen kann.

So ihr irgend aus der Ferne vernommen habt, daß da ein Freund von euch krank daniederliegt, da betet über ihn und leget *im Geiste* ihm die Hände auf, und es soll mit ihm ebenfalls besser werden! Dabei bestehe das nur im Herzen auszusprechende Gebet in folgenden wenigen Worten: ‚Jesus, der Herr, wolle dir helfen! Er stärke dich, Er heile dich durch Seine Gnade, Liebe und Erbarmung!' — So ihr das voll Glauben und Vertrauen zu Mir über einen noch so ferne von euch sich befindenden kranken Freund aussprechet und dabei über ihn im Geiste eure Hände haltet, so wird es mit ihm zur Stunde besser werden, wenn das zu seinem Seelenheil dienlich ist!" (Gr. Ev., Bd. 9, Kap. 43, 6 ff.)

Gebet für Verstorbene

Auch die Fürbitte für Verstorbene ist im ‚Großen Evangelium' in das rechte Licht gesetzt.

„Das Gebet einer mit wahrer Liebe und Erbarmung erfüllten Seele im vollen Liebesvertrauen auf Mich hat eine gute Wirkung auch auf arme Seelen im *Jenseits*. Es bildet um sie einen gewissen Lebensätherstoff, in dem sie wie in einem Spiegel ihre Mängel und Gebrechen erkennen, sich bessern und dadurch leichter zum Lebenslichte emporkommen. Ich selbst biete euch diese Gelegenheit, damit ihr auch euren abgeschiedenen Brüdern und Schwestern noch wahrhaft nützlich werden könnet! Aber wie sollet ihr für sie beten?

Ihr sollt bei euren Gebeten nicht etwa der Meinung sein, als möchtet ihr Mich dadurch zu einer größeren Erbarmung bewegen, da doch Ich wahrlich endlos barmherziger bin als alle besten und liebevollsten Menschen der ganzen Welt; sondern traget den abgeschiedenen Seelen gläubig und aus dem wahren Liebegrunde eures Herzens — eben im Herzen — das Evangelium, die Frohbotschaft von der ewig endlosen Liebe des himmlischen Vaters vor, und sie werden es vernehmen und sich danach richten! Auf diese Weise könnet ihr auch diesen wahrhaft Armen im Geiste die ewige Heilsbotschaft des Lichts und der Liebe bringen, was ihnen von großem Nutzen sein wird für ihre jenseitige geistige Weiterentwicklung und Vollendung.

Alles andere Beten und Wortemachen aber nützt keiner abgeschiedenen Seele auch nur im geringsten. Dieses möget ihr als einen guten Rat von Mir wohl beachten! Denn dadurch werdet ihr euch wahre, mächtige und sehr dankbare Freunde im großen Jenseits schaffen, die euch, so ihr in irgendeine Not geratet, nicht verlassen, weder diesseits noch jenseits. Solche Freunde in der andern Welt werden dann eure wahren Schutzgeister sein und sich allzeit um das Wohl ihrer Wohltäter kümmern." (Gr. Ev., Bd. 8, Kap. 38, 1 ff.)

Gemeinsame Bitte

Viel Gewicht wird in manchen Kreisen auf das gemeinsame Gebet mehrerer Gläubiger gelegt. Und manche Christen stellen sich die Wirkung in gewisserart magischer Form gleich der eines verstärkten „elektrischen Kraftfeldes" vor. Ob wir uns in solche, die vereinte *Menschenkraft* betonende Anschauungen verlieren dürfen, erscheint fraglich. Denn in einer gerechten Sache hilft Gott sicher ebensogut auf die Bitte eines einzelnen wie auf die Bitte mehrerer. Immerhin hat der Herr ja verheißen: „Wenn zwei oder drei beisammen sind in Meinem Namen, da bin Ich mitten unter ihnen."

Auch im ‚Großen Evangelium' wird gesagt: „Desgleichen *können* sich auch ganz im stillen zwei, drei oder auch mehrere vereinen und für sich und die ganze Gemeinde bitten — aber nicht so, daß es gleichfort die Gemeinde erfahre — und Ich werde solche Bitten sicher erhören. Aber so da gingen etwa zwei, drei oder mehrere und würden der Gemeinde verlautbaren, daß sie das an diesem oder jenem Tage tun werden, auf daß sie dann die Gemeinde lobe, ja am Ende gar ein frommes Bittwerk bezahle — wahrlich, da wird solch ein Gebet niemals erhört werden und somit auch der Gemeinde, wie denen, die da gebetet haben, nichts nützen! Denn alles das haben auch die Heiden getan und tun es noch, daß sie bei großen Gefahren in Scharen von einem Götzentempel zum andern zogen, dabei allerlei Schnitzwerk, Fahnen, Gefäße und eine Menge anderer Sachen trugen und ein großes Geheul machten, gewaltig die Zimbeln schlugen und mit den Schildern klirrten. Sie veranstalteten auch weite Wallfahrten zu den Götzengnadenbildern, verrichteten dort allerlei dümmstes Bußwerk und spendeten dem Götzen große Opfer. Damit war freilich nur den Götzenpriestern geholfen, nicht den dummen Wallfahrern. Derartige allgemeine Gebete und Bitten werden von Mir aus auch heute niemals erhört!" [1]

Frage und Antwort

Nächst dem Danken und Bitten gewährt aber die Gnade des himmlischen Vaters einem wahrhaft betenden, demütig liebenden Kinde noch eine weitere große Gunst: Ein jeder Mensch kann im Herzen auch mit jeder lebenswichtigen Frage zum Vater des Lichtes kommen. Und wenn er still und hingebend genug lauscht, wird er in keiner Angelegenheit ohne den besten Rat und die lichtvollste Aufklärung bleiben. „Klopfet an, so wird euch aufgetan!" Ja, in dieser Zwiesprache liegt die höchste Wonne und die herrlichste Krönung des ganzen inneren Herzensverkehrs mit Gott. [2]

„Mein Jesus, wie ist dies oder jenes? Was soll ich in dieser oder jener Hinsicht tun oder lassen?" — so in allen Dingen zu fragen, sollte daher für uns alle die heiligste Gepflogenheit sein.

Ein *Engel* belehrt im ‚Großen Evangelium' eine Jüngerin darüber mit folgenden Worten: „Wer Gott den Herrn und Vater wahrhaft liebt, ist beständig bei Gott und in Gott. Will er von Gott etwas hören und wissen, so frage er Ihn im Herzen, und er wird durch die *Gedanken des Herzens* sogleich eine vollste Antwort bekommen. Und es kann so jeder Mensch von Gott allezeit und in allen

[1] Gr. Ev., Bd. 6, Kap. 123, 9 ff.; vergl. auch Bd. 6, Kap. 180, 8; Bd. 9, Kap. 132, 20; Rob. Blum, Bd. 2, Kap. 289, 9; Kap. 290, 3. — Über das Tischgebet: Gr. Ev., Bd. 9, Kap. 11, 11; Robert Blum, Bd. 2, Kap. 254, 2; Haush. Gottes, Bd. 1, Kap. 17, 21 ff.; 54, 3. —

[2] Vergl. darüber Näheres im vorangehenden Kapitel (50) ‚Vom lebendigen, inneren Worte Gottes'.

Dingen belehrt, gestärkt und geführt werden. Du ersiehst daraus, daß man nicht immer auch zu schauen vonnöten hat, um glückselig im Herzen zu sein, sondern nur zu hören und zu fühlen — und man hat dann auch alles, was zur wahren Seligkeit in Gott nötig ist.

Siehe, auch ich werde nicht stets sichtbar um dich sein; aber du wirst mich in deinem Herzen nur zu rufen haben, und ich werde bei dir sein und dir antworten durch deines Herzens zwar sehr leise, aber dennoch deutlich vernehmbare Gedanken. Hast du solche vernommen, so denke, daß ich sie dir in dein Herz hineingehaucht habe! — Du wirst auch erkennen, daß sie nicht auf deinem Grunde und Boden gewachsen sind. Hast du sie aber erkannt, dann handle danach! Denn zu wissen allein, was recht und gut ist und was Gott dem Herrn wohlgefällig, genügt bei weitem nicht — auch dann nicht, wenn man das entschiedenste und größte Wohlgefallen an der Wahrheit aus den Himmeln hätte. — Darum heißt es, die Lehre vernehmen, wohl erkennen und dann danach handeln!" (Gr. Ev., Bd. 4, Kap. 23, 9 ff.)

Das Gott wohlgefälligste Beten — Handeln nach der Lehre

Da der ganze Plan Gottes wie auch sein inniger Herzensverkehr mit dem Menschen darauf zielt, den Menschen zur geistigen Wiedergeburt, d. h. zur Überwindung der alten luziferischen *Selbstliebe* und zur freien Betätigung der Gottes- und Nächstenliebe zu bringen, so ist, wie in den vorstehenden Engelsworten betont, das allerwohlgefälligste Gebet vor Gott: die selbstlose, tätige Auswirkung der reinen, göttlichen Liebe gegenüber aller Kreatur.

In dieser himmlischen Tätigkeit liegt das *wahre* „Beten ohne Unterlaß!" — „Und so beten auch alle Engel der Himmel Gott ohne Unterlaß an." (Gr. Ev., Bd. 7, Kap. 85, 18). — Wir vernehmen darüber im ‚Großen Evangelium' den *Herrn:*

„Es ist eines jeden Menschen erste Pflicht, in aller Demut seines Herzens Gott zu suchen im Geiste und in der Wahrheit; und hat er Ihn gefunden, dann bete er Gott auch im Geiste und in der Wahrheit an! Das *Hauptgebet* aber besteht darin, daß ein demütiges Herz demütig bleibt und seinen Nächsten werktätig liebt mehr als sich selbst, Gott aber den wahren Vater aller Menschen und Engel über alles. Niemand kann jedoch Gott lieben in seinem finsteren Fleische, so er seinen Bruder haßt; denn wie könnte jemand Gott lieben, den er nicht sieht, so er seinen Bruder nicht liebt, den er sieht?

Es ist aber bei weitem nicht genug, zu sagen: Ich liebe meine Nächsten und bin ihnen sehr freundlich! Die wahre und vor Gott allein gültige Liebe muß in *Werken* bestehen, wenn die Nächsten derselben bedürfen geistig oder leiblich. Diese Liebe ist der wunderbare Schlüssel zum Lichte aus Gott im eigenen Herzen." (Gr. Ev., Bd. 3, Kap. 207, 11 ff.)

„Seid darum wahrhaft vernünftig und habt ein verständiges Herz, tut Gutes jedermann, der irgend eurer Hilfe bedarf! Ja, tut sogar euren Feinden Gutes und segnet jene, die euch fluchen! Dadurch werdet ihr Mir gleichen, denn Ich lasse Meine Sonne leuchten über Gute und Schlechte, und Meine ärgsten Feinde werden täglich aus Meiner allmächtigen Hand mit Wohltaten überhäuft; nur über die zu argen Frevler wird Meine Rute geschwungen. Ja, Ich sage es euch: Ihr alle seid

Kinder Meines Herzens und Brüder Meiner Seele. Darum, so ihr betet, so betet nicht den Heiden und Pharisäern gleich mit den Lippen, mittels Worten von der Fleischzunge gebildet, sondern betet im Geiste und in der Wahrheit durch lebendige Werke und *Taten der Liebe* an euren Nächsten, dann wird jedes Wort in Meinem Namen ein wahrhaftes Gebet sein, das Ich stets und unfehlbar erhören werde." [1]

Des Vaters Verheißung an alle wahren Beter

„Ich werde", spricht der Herr im ‚Großen Evangelium', „jedes ernsten Strebens Hilfe, Kraft und Stütze sein! In der Zeit der Not werde Ich niemanden verlassen, der sonst stets treugläubig und liebend auf Meinen Wegen gewandelt ist. Ist er aber durch allerlei Lockungen der Welt von Meinen Wegen abgewichen, dann muß er es sich schon selbst zuschreiben, so für ihn Meine Hilfe zur Zeit der Not unterm Wege verbleiben wird, und das so lange, als der Gefallene nicht voll Ernstes und reuig und vollgläubig sich an Mich wendet!

Ich werde zwar ewig ein und derselbe treue Hirte verbleiben und nachgehen den Schafen, die sich verloren haben. Aber das Schaf muß, nach dem ihm eigenen und unantastbaren freien Willen, irgend zu blöken anfangen und sich finden lassen. — Wer da irgend belastet ist mit einer für seine Kraft zu großen Lebensbürde, der komme daher im Herzen zu Mir, und Ich werde ihn stärken und erquicken! Denn Ich gebe eben darum manchem eine größere Bürde zu tragen, auf daß er seine Schwäche fühle und dann im Herzen zu Mir komme und Mich bitte um hinreichende Kraft zur Ertragung seiner großen Lebensbürde. Ich werde ihn dann stärken in jeglicher Not seines Lebens und ihm ein rechtes Licht geben, die finsteren Wege dieser Welt zu durchwandeln. Wer aber die zu große Bürde wohl fühlt, aber nicht zu Mir kommt im Herzen, der muß sich's selbst zuschreiben, so er erliegt unter der Last des Erdenlebens." (Gr. Ev., Bd. 5, Kap. 169, 2 ff.)

Dein Wille geschehe!

Auch das muß ein Betender freilich gewärtigen, daß die verheißene Hilfe des Herrn oft *ganz anders* und zu anderer Zeit kommt, als der Mensch mit seinem kurzsichtigen Verstand sich denkt und wünscht. — „Denn Meine Gedanken sind nicht eure Gedanken, und eure Wege sind nicht Meine Wege. Sondern so hoch der Himmel über der Erde ist, so viel höher sind Meine Wege und Meine Gedanken als eure Gedanken."

Und so wird ein wahrer Beter in allem, was er bittet, strebt und tut in seinem Herzen sprechen: „Nicht mein blinder, törichter Wille nach meinem schwachen, menschlichen Verstand geschehe — sondern allezeit nur dein weisester, liebevollster Vaterwille!"

[1] Gr. Ev., Bd. 3, Kap. 209, 4 ff.; ebenso Bd. 1, Kap. 49, 14; Bd. 2, Kap. 111, 3; Bd. 3, Kap. 112, 3 ff.; Bd. 6, Kap. 57, 21 ff.; Kap. 123, 7 ff.; Bd. 7, Kap. 141; Bd. 9, Kap. 37, 7 ff.; Kap. 55, 16 und zahlreiche andere Stellen.

Bei und in Gott

Da Gott selbst die ewige, weiseste und tätigste Liebe ist, so gibt es für den Menschen, der zu Gott will, keinen anderen Heils- und Vollendungsweg als diese Reifung und Vervollkommnung durch ein wahres, in tätiger Liebe sich auswirkendes Gebetsleben. Dieser Weg wird aber auch mit voller Sicherheit zum ewigen Ziel der freien, seligen Gotteskindschaft führen.

„Wer im Herzen bei Mir ist, um den bin Ich immer. Und der ist auch immer um Mich. Und darin liegt die Hauptsache und die eigentliche Seligkeit der Himmel." (Gr. Ev., Bd. 3, Kap. 111, 4)

„Mein Reich ist in eines jeden Menschen kleines Herz gelegt. Wer hineinkommen will, der muß also in sein eigenes Herz eingehen und sich da ein Plätzchen der Ruhe gründen, das da heißet Demut, Liebe und Zufriedenheit. Ist er mit diesem Plätzchen in der Ordnung, so ist auch sein Glück für ewig gemacht. — Ein Herz voll Liebe zu Mir und zu den Brüdern und Schwestern und ein stets tätigkeitslustiger und tätigkeitsvoller Sinn, das wird für jeden von euch die wahre, ewige Seligkeit begründen.

So sollet ihr euch Meine Himmel auch nicht irgendwo als weit entfernt vorstellen, sondern ganz nahe. Der ganze Weg beträgt höchstens *drei Spannen* Maß. Es ist das die Entfernung vom Kopfe bis ins Zentrum des Herzens! Habt ihr diese kleine Strecke zurückgelegt, so seid ihr dann auch darinnen! Denkt ja nicht, daß wir etwa eine *Auffahrt* über alle Sterne hinaus machen werden. Sondern denkt euch, daß wir nur eine *Niederfahrt* in unser Herz machen. Dort werden wir unsern Himmel und das wahre, ewige Leben finden!" (Rob. Blum, Bd. 2, Kap. 278, 4 ff.)

Gebetsworte des Herzens

„Lieber himmlischer Vater! Siehe, Dein Kind möchte Dir so recht von Herzensgrund danken für alle Wohltaten, welche Du nach Geist, Seele und Leib mir von Kindesbeinen an erwiesen hast. Aber siehe, mein lieber Vater, ich bin zu gering all der Barmherzigkeit und Treue, die Du an mir getan hast. Ich vermag nicht auszudrücken Deine Güte, und wollte ich zeugen von Deiner Liebe, dann müßte mein schwacher Mund verstummen. Denn keine Sprache vermag Deine heilige Liebe zu beschreiben. Sie ist und bleibt ein allertiefstes Geheimnis, das nur dem reinsten Herzen in seiner Größe geoffenbart und keinem sterblichen Wesen völlig enthüllt und enträtselt wird. Darum, mein Vater, laß mich völlig schweigen von Deiner Liebe, laß nur mein Herzinnerstes tief und wahr empfinden, daß Du die Liebe bist! Mehr kann und soll mein schwacher Geist nicht fassen, und tiefer soll er nicht ergründen Dein göttlich Wesen. Von dieser einen Heilswahrheit laß Du mein ganzes Wesen immer völlig durchdringen, o heiliger Vater — so wird mein ganzes Wesen ein allerreinstes Dankgebet und immerwährendes Lob Gottes werden. Dazu hilf mir, mein Vater, daß ich Dir also danke und Dich würdig preise durch eine gänzliche Herzensübergabe, durch ein tägliches Eingehen in Deinen Willen und durch die völlige Verleugnung meines Ichs.

Indem ich mich befehle in Deine Hände, übergebe ich mich Deinem heiligen Willen, ich lege mich zu Deinen heiligen Füßen und spreche: Hier bin ich, Dein Wille ist mein Wille, und Dein Weg, den Du mich führst, heilig! So nimm mich denn an Deine Hand und halte mich, wenn ich wanke, erhebe mich, wenn ich sinke, und lasse mich nicht, wenn ich von Dir gehe. Denn ich bin Dein Kind, und Du hast mich errettet! An diese Verheißung will ich Dich täglich mahnen, auf Dein Wort will ich trauen und an Dir festhalten! Wenn Tod und Hölle mich überwältigen wollen, weiß ich, Du, Vater, bist meine Stärke, mein Trost und meine Hilfe, und wer auf Dich baut, wird nimmer zu Schanden. Das hoffe und glaube ich, darauf sterbe und lebe ich! Und weil ich dessen gewiß bin, so ist mein Herz fröhlich, und meine Seele lobet den Herrn, und mein Geist schwingt sich empor zum Throne Gottes und betet an durch tiefes Schweigen. — Amen."

52

Evangelium der Fröhlichkeit

Dem inneren Gotteslicht, das der himmlische Vater im Tempel des Herzens allen bereitet hat, die Ihn lieben, entspricht es, daß der Herr den Seinen wiederholt ein frohes Herz empfiehlt und ihnen seine Lehre als einen *frohen* Glauben, als ein Evangelium himmlischer Freudigkeit verkündet.

Besonders warm und kräftig wird diese Seite des neu enthüllten Heilslichtes in einer Szene des ‚Großen Evangeliums' beleuchtet, die im Hause des Lazarus in Bethanien spielt. Es kamen da einige vom Herrn schon früher bekehrte Judengäste an, die sich im Blick auf ihr bisheriges Leben unter einem schweren Sündendrucke fühlten. Über den Empfang, den der *Herr* ihnen bereitete, lesen wir:

Wir speisen alle an des Vaters Tisch

„Als die Bürger mit großer Ehrfurcht ins Zimmer traten, sagte Ich ganz freundlich zu ihnen: ‚Lasset eure zu große Ehrfurcht nur fahren! Ihr seid hungrig und durstig, darum esset und trinket frohen Mutes. Sind doch die Kinder der Nacht, des Gerichtes und des Todes fröhlich bei ihren Schmäusen — warum sollen da die Kinder des Lichtes und Lebens in Gegenwart ihres himmlischen Vaters es nicht sein? Denn Ich sage euch: Wo Ich bin, da ist auch der *Vater.* Also seid alle fröhlich und heiter, esset und trinket!'

Da dankten die Bürger, setzten sich und fingen an recht wacker zu essen und zu trinken und erzählten, daß sie sich auf etliche Monate von zu Hause freigemacht hätten, um sich dem Herrn anzuschließen. Ich belobte sie darum und empfahl ihnen rechten Mut und Ausharrung. Sie versprachen das und hielten auch ihr Versprechen, wie es sich später zeigte.

Während dieser Besprechung mit den Bürgern Jerusalems bemerkte *Martha,* die ins Zimmer getreten war, heimlich dem Lazarus: ‚Bruder, stelle dir vor: schon wieder ein Wunder! Wir haben gestern und heute für so viele Menschen doch ziemlich viel verbraucht, und doch fehlt in unserer großen Speisekammer nicht nur nichts, sondern es ist nun von allem zehnmal mehr da! Und in unserem großen und kleinen Weinkeller sind alle Schläuche voll Wein! Das kann niemand als allein der Herr in seiner großen Güte und Liebe uns getan haben. Und so hat nicht Er von uns Speise und Trank genommen, sondern wir alle speisten an seinem Tisch!'

Da ward Lazarus ordentlich verlegen und wußte nicht, was er darauf hätte erwidern sollen. Ich aber merkte seine Verlegenheit und sagte ganz leise zu ihm: ‚Mache dir nur nichts daraus! Denn siehe, wir wollen uns nahezu den halben Winter so hübsch im stillen in dieser Gegend aufhalten und da werden wir noch oft deine Gäste sein. Es wird in dieser Winterszeit gar viele Kranke in diesen Gegenden um Jerusalem geben, und die werde Ich bei dieser Gelegenheit heilen, auf daß sie erfahren sollen, daß nun der Messias gekommen ist, um ihnen zu helfen. Und sie werden an seinen Namen glauben. Wir werden uns sonach recht lange bei dir aufhalten und auch recht viel brauchen. Und darum segnete Ich so sehr deine Speisekammern und Weinkeller! Seid aber stille und sagt niemandem etwas davon!'

Lazarus dankte Mir im stillen und beruhigte darauf seine Schwestern. Als diese das vernahmen, wurden sie sehr voll Freude, so daß sie beinahe zu weinen anfingen und auf kurze Zeit ins Freie gingen, um sich da ihrer Freudentränen entledigen zu können. Darauf kamen sie wieder zu uns und freuten sich mit uns." (Gr. Ev., Bd. 6, Kap. 18, 2 ff.)

Darum keine Kopfhängerei!

Als die Bürger sich inzwischen auch gesättigt hatten, dankten sie und erhoben sich von ihren Plätzen.

Ich aber sagte zu ihnen: „So ihr sonst nichts zu tun habt, dann bleibt sitzen, und wir wollen miteinander fröhlich sein. Zum zeitweiligen Traurigsein wird die Zeit noch früh genug kommen! Meine Jünger dürfen keine Kopfhänger sein und nicht mit gleißnerischen und Frömmigkeit heuchelnden Gesichtern einhergehen, auf daß die Menschen glauben sollen, sie beträten nur noch mit den Füßen der Erde Boden, mit dem ganzen anderen Leibe aber stäken sie schon in den Himmeln und seien ganz erfüllt vom Geiste Gottes. Ihr müsset vielmehr vor jedermann mit dem offensten und heitersten Gesicht einhergehen, damit ein jeder Mensch ein gutes Vertrauen zu euch fassen kann, und so werdet ihr viel Segen aus den Himmeln unter den Menschen verbreiten.

Sehet, in Mir wohnt alle Fülle des wahrhaftigen Geistes Gottes, und ihr habt Mich noch nie mit einem hängenden Kopf und frömmelnden Augen gehen sehen, sondern Ich gehe offenen und ganz natürlichen Gesichtes einher und Mein Weg ist stets ein gerader. Mit Ehrlichen und Heiteren bin Ich freundlich und heiter, und die Trauernden und Ängstlichen mache Ich fröhlich und mutig. Und ihr als Meine Jünger müsset nach eurem höchst freien Willen ganz ebenso sein!" (Gr. Ev., Bd. 6, Kap. 18, 8 ff.)

Eine froheste Botschaft mit fröhlichem Mund

„Darum sage Ich euch allen noch einmal, daß ihr ganz freien Geistes sein und fröhlich und heiter durch die Welt gehen sollt, ohne an ihr zu hängen. Ich selbst bin ja nur darum in die Welt gekommen, um allen Menschen eine *fröhliche* und *beseligende* Kunde aus den höchsten Himmeln zu überbringen, die jedermann den höchsten Trost gibt, so daß sogar ein größter Martertod meinen wahren Nachfolger nicht betrübt stimmen wird — weil er sieht, daß es für ihn keinen Tod mehr gibt und daß für ihn in Meinem ewigen Reiche weder Erde noch Himmel verlorengehen kann, sondern daß er noch dazu eine große Herrschaft über gar vieles überkommen wird.

So werde Ich auch euch, wenn ihr tüchtig werdet im Geiste und in der Kraft Meiner Lehre, hinaussenden in Meinem Namen, allen Völkern der Erde zu überbringen diese frohe Kunde aus den Himmeln. Wer wird aber eine so überfrohe Kunde mit einem traurigen, zaghaften, ängstlichen und kopfhängerischen Gesicht überbringen wollen? Daher weg für immer mit alledem! Und weg mit der übertriebenen Ehrfurcht selbst vor Mir, denn damit würdet ihr nie fähig sein, etwas Wichtiges und Großes zu vollführen. So ihr Mich liebt aus dem Grunde eurer Herzen, so genügt Mir das vollkommen. Alles darüber ist zu nichts nütze und macht aus dem Menschen, der Mein Ebenmaß ist, eine feige und unnütze Kreatur." (Gr. Ev., Bd. 6, Kap. 18, 12 ff.)

53

Gnade oder Gnadenmittel

Braucht der Mensch zu seiner seelischen Vervollkommnung und zum wahren Heil des Lebens göttliche Gnade und Gnadenhilfe? — Diese Frage wird in unserem selbstbewußten und angeblich so aufgeklärten Zeitalter von vielen entschieden verneint. Und nicht selten begegnet man der Ansicht, daß dem Menschen seine Reifung und Vollendung gänzlich selbst überlassen sei, daß ihm nur das Wahre und Gute in vernünftiger Weise gezeigt werden müsse, dann werde er zufolge der höheren Erkenntnis schon von selbst danach streben und sich ohne einen Heiland und Erlöser zum Wahren und Guten entwickeln.

Diesem Wahn des sogenannten „Idealismus" ist von je die Heilige Schrift mit Nachdruck entgegengetreten. „Des Menschen Sinnen und Trachten ist böse von Jugend an", sprach der Herr schon durch Moses. Im gleichen Sinn sagt Jesus im Neuen Testament: „Und wenn ihr alles getan habt, so sprecht, wir sind unnütze Knechte!" Und auch Paulus betont: „Denn ich weiß wohl, daß in mir, das heißt in meinem Fleische, nichts Gutes wohnt. Wollen habe ich wohl, aber vollbringen das Gute, das finde ich nicht. Denn das Gute, das ich will, das tue ich nicht, sondern das Böse, das ich nicht will, das tue ich."

Der Apostel vermag in erleuchteter Weise auch näher die Gründe dieses merkwürdigen *Zwiespaltes* in der Menschenbrust zu unterscheiden. „Ich habe", so fährt er fort, „wohl Lust an Gottes Gesetz nach dem *inwendigen* Menschen. Ich sehe aber ein anderes Gesetz in meinem Fleische, das da widerstreitet dem Gesetz in meinem Gemüt und mich gefangennimmt in der Sünde Gesetz, welches wirkt in meinem Fleische.“ „O ich elender Mensch“, fügt der Herzenskundige hinzu, „wer wird mich erlösen von diesem Todes-Leibe? — Dank sei Gott — durch Jesum Christum, unsern Herrn!“

Warum Gnade?

Klar und überzeugend ist die Frage, warum des Menschen Seele aus eigener Kraft, ohne göttliche Gnade und ohne Heiland und Erlöser nicht zum Ziele der Vollkommenheit gelangen kann, in den Schriften der Neuoffenbarung enthüllt durch die Lehre vom *Fall Luzifers* und durch die Seelenentwicklungslehre.

Wir wissen durch Lorber, daß die *Seele* des Menschen ein Zusammengesetztes, mit Luzifer aus der Liebesordnung Gottes getretenes und in die äußerste Selbstsucht und die Selbstherrlichkeit verfallenes Wesen ist. Ihre Elemente oder Lebensfunken stürzten sich als Bestandteile des großen Urgeistes mit diesem in das Gericht der Widerordnung und mußten in der Gottesferne erstarren zum Urstoffe der sogenannten *Materie.* Die Erbarmung der Ewigen Liebe beließ sie aber nicht in diesem todesähnlichen Zustand, sondern löste Funken um Funken aus der Erstarrung und führte sie auf den Stufen der Naturreiche bis hinan zur Menschenstufe, wobei sie in zahlreichen Lebensformen gelehrt wurden, die alte Eigenmacht und Selbstliebe zu überwinden und dafür die Demut und reine Gottes- und Nächstenliebe sich anzueignen. Auf der *Menschenstufe* sollen die Seelen endlich Gott selbständig finden und freiwillig seine Gebote halten lernen. Zu diesem Zwecke wird der Seele des Menschen kurz vor der Geburt ein reiner, niemals gerichteter Gottesgeist als geheimer Leiter und Vollender eingepflanzt.

Paulus hat also recht, wenn er dem „bösen“ Gesetz in seinem Fleische, das „gute“ Gesetz in seinem inwendigen Menschen entgegensetzt. Mit dem ersteren meint er die vervollkommnungsbedürftige, aus Luzifer stammende *Seele;* mit dem „guten Gesetz“ oder inwendigen Menschen meint er den reinen, göttlichen Geist, ohne dessen Leitung die Seele des Menschen sich nicht zum Lichte der göttlichen Wahrheit und zum Gesetze der Demut und Liebe erheben und nie das Heilsziel der Seligkeit in Gott erreichen könnte.

So sehen wir nun also im Lichte der Neuoffenbarung deutlich, warum wir der göttlichen Gnade bedürfen und was in unserem Entwicklungsgang eigenes Werk der Seele und was Gottes Werk ist.

Worin besteht die Gnade?

Gottes grundlegende Gnade ist, daß Er unsere Seele aus dem Banne des Gerichts gelöst, aus dem Kerker der Materie befreit hat; daß Er ihre Elemente so wunderbare Wege der Schulung und Erfahrung hat durchlaufen lassen; daß Er die Myriaden Lebensfunken, aus welchen die Seele des Menschen besteht, aus Erd- und Sternensphären, aus Vater- und Mutterseele gesammelt und in weisester Abwägung durch seine geistigen Engelsdiener zusammengefügt hat; ferner daß Er uns zu unserer Führung und Vollendung einen reinen Gottesgeist voll Liebe, Weisheit und Macht eingepflanzt hat und uns außerdem durch seine Schutzgeister und Schutzengel ständig behütet, beeinflußt und zum Ziel des Wahren und Guten hinanlenkt. Und endlich als das Größte: daß Er in *Christus* Mensch geworden ist, um uns persönlich zu belehren, die Sünde unseres Abfalls zu tilgen und uns einen neuen Weg zu einem neuen Himmel der höchsten Kindesseligkeit zu bahnen.

Dies alles ist ewig zu Dank und Liebe verpflichtende Gnade und Barmherzigkeit Gottes, die wir mit unserer aus Gottes Liebesordnung getretenen argen luziferischen Seele nie verdient haben und deren auch der Beste unter uns sich niemals würdig rühmen darf. Diese Gnade und Barmherzigkeit ist so grundlegend und entscheidend, daß Paulus der Wahrheit gemäß wirklich sagen konnte: „Gott ist's, der in uns wirket beides, das Wollen und das Vollbringen nach seinem Wohlgefallen." Wenn wir in unserer Seele gute, segensvolle Gedanken und einen gereinigten Willen entwickeln, so ist es ja doch der Schöpfer und himmlische Vater, der solches auf unserem langen Seelenbildungsweg mit großer Liebe und Weisheit in uns gezeitigt hat. Mithin ist also die waltende, gesund machende und erlösende Gnade Gottes im Entwicklungsleben des Menschen durch die neue Gottesbotschaft vollkommen klargestellt und kein gerecht denkender und urteilsfähiger Christ wird sagen können, daß — wie von Unkundigen zuweilen behauptet wird — unsere Schriften die Selbsterlösung lehren.

Gnade und Selbstgestaltung

Die Schriften der Neuoffenbarung betonen freilich auch andererseits mit Nachdruck, daß der Mensch bei alledem sich *nicht tatenlos* auf die erlösende Gnade verlassen und auf das Heil durch einen äußerlichen Glauben vertrauen dürfe. Die Gnade Gottes tut viel, ja, sie tut zu unserem Heile weitaus die Hauptsache. Aber der Mensch muß mit seinem freien Willen *auch etwas* dazu tun, und zwar das, worauf es der ewigen Liebe Gottes bei all ihren Bemühungen um unser Heil ausschließlich ankommt: Er muß Gott und seine führende Stimme suchen und dann den ernsten Vorsatz fassen, danach zu handeln — kurz, alles das *tätig befolgen,* was wir in dem Kapitel über das Gebetsleben erörtert haben.

Von unserem bloßen, tatlosen Glauben an die christlichen Heilstatsachen (Menschwerdung, Kreuzesopfer, Auferstehung usf.) hat Gott sozusagen nichts. Diesen Glauben könnte Er uns ja leicht durch starke, unwiderlegbare Offenbarungen aufzwingen. Dann wären wir allerdings nichts weiter als Sklaven oder lebende Maschinen ohne eigene Denk- und Willensfreiheit. Der himmlische Vater will uns aber zu freien, selbständigen und selbsttätigen Ebenbildern seiner eigenen göttlichen Wesenheit, zu wahren Gotteskindern erziehen und heranbilden. Und so liegt Ihm alles daran, daß wir *freiwillig* unsere Selbstherrlichkeit und Eigenliebe in allen Formen durch eine *werktätige Liebe* zu Ihm und allen Geschöpfen überwinden, indem wir frei, durch vernunftvolle Überzeugung die dargebotene Liebeslehre annehmen und den festen *Willen* fassen, mit seiner stärkenden Gnadenhilfe danach ernstlich zu *handeln.*

Durch dieses Zusammenwirken von göttlicher Gnade und menschlicher Hingabe und Willensanspannung kommt der wahre geistige Fortschritt und die schließliche Vollendung des Menschen, seine geistige „Wiedergeburt" und sein Eingehen in die unnennbare Herrlichkeit und Seligkeit des Gottesreiches zustande.

Also weder durch einseitige Gnadenerlösung, noch durch einseitige Selbsterlösung, sondern durch eine enge, wechselseitige Verflechtung beider Bestrebungen wird im Menschen das Hochziel erreicht, das unser Himmelsvater mit der ganzen Schöpfung verfolgt. [1]

Die kirchliche Gnadenlehre

Die Notwendigkeit der heilswirkenden göttlichen Gnade lehren selbstverständlich auch alle christlichen Kirchen. Die wahre Gnadenlehre ist hier aber — besonders in der katholischen Kirche — erweitert und umgebogen worden in ein kirchliches Sakraments- oder Gnadenmitteldogma, welches den heiligen Sinn und Zweck der göttlichen Gnadenwaltung stark gefährdet.

Die katholische Kirche erklärt: Die Gnade des Heiligen Geistes empfängt der Mensch nicht unmittelbar von der göttlichen Quelle, sondern durch die vom Priester gespendeten Gnadenmittel oder *Sakramente.* Und zwar sind es sieben Sakramente, welche die Kirche vermittelt: Die Taufe, die Firmung, die Buße, das Altarsakrament (Abendmahl), die Priesterweihe, die Ehe, die letzte Ölung.

Luther hat von diesen sieben Sakramenten bekanntlich nur zwei, die Taufe und das Abendmahl beibehalten und beiden Gebräuchen auch eine etwas andere mehr zeugnisartige Bedeutung gegeben.

In der katholischen Kirche haben die sieben Sakramente dagegen durchweg den Charakter, daß hier durch den *Priester* eine heilige, göttliche Gnadenkraft „ausgeteilt“ und „vermittelt“ wird. So heißt es im katholischen Katechismus (3. Hauptst.): „Die Taufe tilgt die Erbsünde, sie heiligt die Seele, macht uns zu Christen und zu Mitgliedern der katholischen Kirche. Sie ist das notwendigste Sakrament, weil man ohne sie nicht selig werden kann. — Der Priester spendet sie, indem er usf.“

Diese katholische Auffassung von den Gnadenmitteln und ihre monopolartige Spendung durch die kirchlichen Priester gibt natürlich der Kirche eine große geistige *Macht* und erschließt ihr auch eine reiche *Einnahmequelle,* weshalb es nicht zu verwundern ist, daß Rom gerade auf die Gnadenmittellehre das allergrößte Gewicht legt und sie als Grundfundament verteidigt. Allein gerade dieses krampfhafte Festhalten an mittelalterlichen, irrtümlichen Dogmen entfremdet heute der katholischen Kirche auch viele Glieder, da denkende Menschen sich an der priesterlichen Gnadenmittelspendung stoßen, deren menschliche Gründe durchschauen und nach einer unmittelbaren Herzensverbindung mit der Ewigen Liebe, dem Vater in Jesus verlangen.

Was sagt zur Gnadenmittellehre das neue Gotteswort?

Die Neuoffenbarung räumt mit der kirchlichen Sakramentenlehre gründlich auf. Sie lehrt einerseits den allein wahren Heilsweg des *unmittelbaren,* liebetätigen Herzensverkehrs mit dem himmlischen Vater in Jesus — und andererseits bestimmt sie von diesem geistigen Standpunkt aus im einzelnen den wahren Wert und die wahre Bedeutung der sogenannten Gnadenmittel.

[1] Vergl. darüber auch ‚Grundfragen des Lebens‘, Bd. 1, Kap. 34, S. 210.

„Wer jenen Heilsweg der tätigen Gottes- und Nächstenliebe nicht gehen will, der bleibt in den Sünden und in ihren argen Folgen gleichfort auch dann, so für ihn zehntausend Böcke geschlachtet und in den Jordan geworfen würden. Dieses und auch *alle* anderen *äußeren* Reinigungs- und Gnadenmittel bessern und heiligen den Menschen nicht im geringsten, sondern allein nur der lebendige Wahrheitsglaube und die auf solchem Grund sich auswirkende Liebe." (Gr. Ev., Bd. 8, Kap. 8, 16) — Oder mit den Worten Pauli: „In Christo gilt weder Beschneidung noch Unbeschnittensein, sondern nur der Glaube, der durch die Liebe tätig ist." (Gal. 5, 6)

Über die einzelnen kirchlichen Gnadenmittel: Taufe, Firmung, Sündenvergebung, Abendmahl usf. werden wir Weiteres in den nächsten Kapiteln ersehen.

54

Taufe, Buße und Gedächtnismahl

Die Kräfte der Gnade und des Heils, die seit dem Erdenwallen Jesu Christi in verstärktem Maße auf die Menschheit und in die ganze Schöpfung ausströmen, kann der Mensch, wie wir bisher ersahen, im allgemeinen sich nur durch einen ernsten Glauben, der durch die Liebe tätig wird, zu eigen machen.

Dieses „Tätigwerden durch die Liebe" fällt freilich manchen Anfängern im Glauben und in der geistigen Entwicklungsschule schwer. Es fehlen gerade die zur Tat befähigenden und beflügelnden Geisteskräfte. Und so muß der erbarmende himmlische Vater einige geistige *Hilfsmittel* zulassen, durch welche bei Menschen guten Willens die Kraft der Seele gestärkt und der geistigen, vom Heiland gebotenen Vollkommenheit nähergebracht werden kann.

Solcher Hilfsmittel der geistigen Erweckung und Stärkung sind es nach der Lehre des alten wie des neuen Gotteswortes *drei:* Die Taufe, die Handauflegung und das Gedächtnis-Liebesmahl. Die katholische Kirche dagegen nennt bekanntlich ihrer *sieben,* indem sie auch noch die Buße, Priesterweihe, Ehe und letzte Ölung dazu rechnet.

Wir wollen im Folgenden zunächst einmal die Taufe, die Buße und das Gedächtnis-Liebesmahl betrachten und ihre wahre Bedeutung und Wirkung unter das Licht der Neuoffenbarung stellen.

Die Taufe

Im ‚Großen Evangelium' spricht der Herr von der Taufe. Da fragt der Ihm überaus ergebene Statthalter *Cyrenius:* „Herr, ich glaube alles, was Du lehrst. Bin ich darum auch schon getauft?"

Der *Herr* erwidert ihm: „Nein, getauft (äußerlich!) bist du zwar noch nicht, aber es tut dies auch nichts zur Sache! Denn wer da glaubt wie du, Freund, der ist *im Geiste* so gut wie getauft, und zwar mit aller Segnung der Taufe.

Die Juden haben wohl die Beschneidung, die eine Vortaufe ist, aber an sich vor Mir keinen Wert hat, so der Beschnittene nicht auch zugleich beschnittenen Herzens ist. Denn Ich verstehe unter einem beschnittenen Herzen ein rein gefegtes und mit aller Liebe gefülltes Herz. — Nach der Beschneidung kam bei den Juden auf einige Zeit die *Wassertaufe* des Johannes, die von seinen Jüngern fortgesetzt wird. Diese Taufe ist an sich selbst aber auch nichts, so ihr die geforderte *Buße* nicht entweder vorangeht oder doch ganz sicher nachfolgt.

Wer sich darum im ernsten Besserungsvorsatz mit Wasser taufen läßt, begeht zwar keinen Fehler, aber er soll nur nicht glauben, daß da das Wasser reinige sein Herz und stärke seine Seele. Dies bewirkt nur der eigene, ganz freie Wille. Das Wasser bewirkt nur ein *Zeichen* und zeigt an, daß der Wille, als des Geistes lebendiges Wasser, nun die Seele gereinigt hat von den Sünden, wie das natürliche Wasser da reinigt das Haupt und den Leib von Staub und Schmutz. Wer die Wassertaufe in diesem wahren, tatsächlichen Sinne genommen hat, der ist vollkommen getauft, so bei oder schon vor der Taufhandlung der *Wille im Herzen* des Getauften seine Wirkung gemacht hat. Ist dies nicht dabei, so hat die bloße Wassertaufe nicht den allergeringsten Wert und erwirkt keine Segnung der Materie und noch weniger irgendeine Heilung.

Ebenso hat auch die Wassertaufe an *unmündigen Kindern* keinen Wert außer eines äußeren Zeichens für die Aufnahme in eine bessere Gemeinde und daß das Kind irgendeinen Namen bekommt, der fürs Leben der Seele aber nicht den geringsten Wert hat, sondern nur einen äußeren Zweck. Man könnte aus diesem Grunde dem Kinde auch ohne Beschneidung und ohne die Wassertaufe des Johannes einen Namen geben, vor Mir wäre das alles gleich. Denn kein *Name* heiligt die Seele eines Menschen, sondern allein der freie gute *Wille*, nach der besten Erkenntnis sein Leben lang recht zu handeln. Jeder Name kann durch den Willen und durch die Handlung geheiligt werden, aber nicht umgekehrt.

Als Johannes taufte, brachten sie ihm wie auch seinen Jüngern Kinder zur Taufe. Er taufte sie auch, wenn sich für das Kind gewissenhafte Stellvertreter vorstellten und auf das heiligste gelobten, für die geistige Erziehung eifrigst Sorge zu tragen. Nun, in diesem Fall kann auch ein Kind der Heiligung wegen getauft werden. Die Taufe aber heiligt des Kindes Seele und Leib nicht länger, als bis das Kind zur wahren Erkenntnis Gottes und seiner selbst und zum Gebrauche des freien Willens kommt. Bis dahin hat der Stellvertreter auf das gewissenhafteste zu sorgen, daß das Kind in allem, was zur Erlangung der wahren Heiligung nötig ist, bestens versehen werde — ansonst der Stellvertreter alle Verantwortung auf seiner Seele trägt.

Es ist darum besser, die Wassertaufe erst dann erfolgen zu lassen, wenn ein Mensch fähig ist, alle Bedingungen zur Heiligung seiner Seele und seines Leibes aus seiner Erkenntnis und aus der freiwilligen *Selbstbestimmung* zu erfüllen. Übrigens ist die Wassertaufe zur Heiligung der Seele und des Leibes gar nicht nötig, sondern allein das Erkennen und das Tun nach dem richtigen Erkennen der Wahrheit aus Gott.

So aber mit Wasser getauft wird, da bedarf es nicht nur des Jordanwassers, weil Johannes im Jordan getauft hat, sondern es ist dazu ein jedes frisches Wasser gut; das Quellwasser jedoch besser als ein Zisternenwasser, der leiblichen Gesundheit wegen.

Die wahre und bei Mir allein gültige Taufe ist die mit dem *Feuer der Liebe* zu

Mir und zum Nächsten und mit dem lebendigen *Eifer des Willens* und mit dem heiligen Geiste der ewigen Wahrheit aus Gott. Diese drei Stücke sind es, die im Himmel für jedermann ein gültiges Zeugnis geben.“ [1]

Buße, Beichte und Sündenvergebung

Ein weiteres kirchliches „Gnadenmittel“ wird bezeichnet durch die Begriffe Buße, Beichte und Sündenvergebung.

Buße heißt Reinigung. Und unter „Bußetun“ verstand und versteht der Herr allezeit die Reinigung des Herzenstempels von allen unlauteren, widergöttlichen Gedanken, Gefühlen und Trieben und die willige Aufnahme und Betätigung des Geistes der Gottes- und Nächstenliebe.

So hat der Herr die Buße bei seinem Erdenwandel verkündet, und so wird sie von Ihm auch in den Schriften der Neuoffenbarung gelehrt. *Nie* aber hat Er die Buße als ein kirchliches Sakrament und die ihr folgende Genugtuung (Absolution oder Lossprechung) als ein priesterliches Amtsrecht festgesetzt!

„Ohne Sünde sein heißt, sich im höchsten Grade der Demut und Liebe befinden. Das Gesetz Gottes muß zur eigenen Natur des Menschen geworden und sein Fleisch in allen seinen Begehrungen bis auf den tiefsten Grad verleugnet sein, auf daß Gottes Kraft völlig in ihm wohnen kann. Dann kann solch ein Mensch wohl auch zu diesem oder jenem sagen: ‚Deine Sünden sind dir vergeben!‘ Und sie werden ihm vergeben sein. Er hat zwar kein Recht, die Schuld nachzulassen, weil er selbst ein großer Schuldner ist. Da er aber dadurch ein Werk der Barmherzigkeit ausübt, so reicht er durch diese Ausübung einem Durstigen einen Trunk stärkendes Wasser, der ihm nicht unvergolten bleiben wird. Aber da vergibt nicht der Mensch die Sünden, sondern *die göttliche Kraft*, der allein es möglich ist, die Herzen derjenigen, die gegen einander gesündigt haben und in Feindschaft geraten sind, auszusöhnen und auszugleichen, d. h. die Herzen mit göttlichem Feuer zu durchglühen und zu durchleuchten und dadurch allen Zorn, Hochmut und Neid zu erstikken. Daß aber solches nur Gottes und keines Menschen Kraft vermag, versteht sich von selbst; daher ein Mensch auch nur zu Gott sagen kann: ‚Herr, vergib mir meine Sünde!‘

Ich will auch gegen einen solchen Gebrauch nicht zu viel sagen, so ein Mensch seine Fehler und Gebrechen einem sogenannten Seelenfreund unter vier Augen kundgibt, um von ihm Trost zu bekommen und eine *mittelbare* Versicherung, daß ihm die Sünden nachgelassen werden — *wenn* er sich an Mich wendet mit dem ernstlichen Vorsatz, solche Sünden nicht mehr zu begehen und womöglich die begangenen an seinem Bruder wieder gutzumachen durch aufrichtige Reue und liebfreundliche Genugtuung. Ein solcher Beichtvater wird Mir allezeit recht lieb, wert und köstlich sein. Freilich braucht es dazu gerade keinen Geistlichen.

So aber ein solcher ‚Beichtvater‘ wähnt, er habe ausschließlich die Macht und die Gewalt, Sünden nachzulassen, oder gar diese einem Sünder, der sich ihm anvertraut, vorzuenthalten und ihn zu richten und sich im sogenannten Beichtstuhl sogar als ‚Stellvertreter Gottes‘ benennen zu lassen, der ist ein Täter des Übels

[1] Gr. Ev., Bd. 4, Kap. 110, 1 ff.; vergl. auch Bd. 8, Kap. 40, 17; Bd. 9, Kap. 166, 8; Bd. 1, Kap. 22, 5 ff.; Kap. 36, 17; Bd. 6, Kap. 59, 7.

und ein Seelen- und Geistes-Totschläger, da er eigenmächtig sich vor die Pforten des Himmels hinstellt.“ (Erde, Kap. 72)

Sündenbekenntnis

Ähnlich spricht der *Herr* über Beichte und Sündenvergebung im ‚Großen Evangelium‘: „Sündenbekenntnisse vor den Priestern sind in der Art und Weise, wie sie jetzt bestehen, schlecht und verwerflich, weil sie die Menschen nicht bessern, sondern nur in ihren Sünden bis an ihr Ende verharren lassen. Aber Ich bin auch wieder nicht dawider, so ein schwacher und seelenkranker Mensch im guten Willen einem stärkeren, seelengesunden Menschen seine Schwächen und Gebrechen treu bekennt — weil dann der gesunde und lichtstarke Mensch ihm aus wahrer Nächstenliebe jene wahren Mittel an die Hand geben kann, durch die des schwachen Nächsten Seele erstarken und gesund werden kann. Denn auf *diese* Weise wird dann ein Mensch dem andern ein rechter Seelenheiland. Aber Ich mache daraus auch *kein Gesetz,* sondern gebe euch damit nur einen guten Rat. Und was Ich tue, das tuet auch ihr, und lehret jedermann die Wahrheit.

Das Bekenntnis allein aber reinigt einen Menschen ebensowenig von seinen Sünden, wie es einen leiblich Kranken schon gesund macht, so er einem Arzt seine Leiden noch so treu bekennt. Der Kranke muß vielmehr auf den Rat des weisen, kenntnisreichen Arztes hören, ihn dann getreu befolgen und in der Folge alles meiden, was ihn zum Leiden gebracht hat.

So ist es denn auch gut, daß in einer Gemeinde ein jeder Bruder den andern kennt, sowohl in seinen starken wie auch schwachen Seiten, damit einer den andern der vollen Wahrheit nach seelisch und leiblich unterstützen kann. Wer aber verschlossen bleiben will in der Meinung, daß er durch sein Bekenntnis jemanden ärgern könnte, dem soll niemand seine Schwäche herausfordern!

Wenn dagegen jemand von euch ein Weiser ist und sein Geist offenbart ihm die Mängel des schwachen und ängstlichen Bruders, so gebe ihm der Weise unter vier Augen einen guten Rat und helfe ihm mit Rat und Tat aus der geheimen Not, und sein Lohn wird nicht unterm Wege bleiben. Doch lasset jedem den freien Willen, und tuet niemandem einen Zwang an. Denn ihr wisset, daß ein *jeder geistige Zwang völlig wider Meine ewige Ordnung* ist.

Ihr sollt daher auch dem schwachen Bruder, der sich euch vertraulich enthüllt hat, nicht mit einer richterlich drohenden Miene begegnen, sondern ihm stets mit aller Liebe und Freundlichkeit die Wahrheit offen kundtun und ihm auch die Mittel an die Hand geben, durch die er leicht und sicher geheilt werden kann — so wird er auch den Mut nicht sinken lassen und ein dankbarer Jünger der freien Wahrheit werden. Aber wenn ihr ihm mit allerlei Strafpredigten kommt, so werdet ihr nicht nur nichts oder wenig ausrichten, sondern ihn nur um vieles elender machen, als er vordem war.“ (Gr. Ev., Bd. 8, Kap. 43, 3 ff.)

Sündenvergebung

„Ich habe euch, besonders Meinen alten Jüngern, auch einmal gesagt, daß ihr denen, die *an euch* gesündigt haben, die Sünden vergeben könnt; und denen ihr sie vergeben werdet hier auf Erden, denen sollen sie auch im Himmel vergeben sein. Solltet ihr aber wegen sichtlicher Unverbesserlichkeit guten Grund haben, einem Menschen die Sünden, die er gegen euch begangen hat, nicht zu vergeben, so werden sie ihm auch im Himmel nicht vergeben sein. Wir haben aber schon damals ausgemacht, daß ihr erst dann das Recht haben sollet, den Sündern ihre Sünden gegen euch vorzuenthalten, so ihr ihnen zuvor schon siebenmal 77 Male vergeben habt.

So aber ihr als Meine nächsten Jünger auf die besagte Weise nur das Recht von Mir habt, den Sündern die *gegen euch* begangenen Sünden nicht zu vergeben oder auch zu vergeben, so ist es klar, daß kein Priester je das Recht von Gott aus haben konnte und kann, auch *fremde* Sünden zu vergeben oder vorzuenthalten. Wer z. B. sich an Kaiphas versündigt hat, dem kann Kaiphas die Sünden vergeben oder nach Gestalt der Sache auch nicht vergeben. Wer sich aber gegen Herodes versündigt hat, der hat mit Kaiphas und Kaiphas mit ihm nichts zu tun, sondern nur allein er mit Herodes." (Gr. Ev., Bd. 8, Kap. 43, 12 ff.)

„Der Mensch kann nur dadurch die wahre und volle Vergebung seiner begangenen Sünden erlangen, so er erstens seine Sünden als ein Unrecht gegen seine Nebenmenschen erkennt, sie bereut und nach Möglichkeit wieder gutmacht, und zweitens aber dann auch Gott um Vergebung bittet mit dem ernsten Vorsatz, die Sünden nicht mehr zu begehen und dem gemachten guten Vorsatz treu zu verbleiben. So ihr das in euren Herzen euch ehrlich vornehmet und dann auch danach handelt, so sage Ich euch schon hier: Eure Sünden sind euch von Mir vergeben!" [1]

Liebesmahl — zum Gedächtnis

In dem durch Leopold Engel gegebenen 11. Band des ‚Großen Evangeliums', der über den Abschluß des Erdenwandels des Herrn berichtet, wird auch das letzte *Abendmahl* mit den Jüngern geschildert, und hier lauten die Schlußworte über die Austeilung von Brot und Wein:

„Es war über allen diesen Reden schon spät geworden, und Ich nahm nun das Brot nochmals, von dem Ich die ersten Bissen zubereitet hatte, und sagte zu den elfen: ‚Nehme noch jeder einen Bissen, den Ich hier bereite! Es ist Mein Leib, das Fleisch gewordene Wort, welches in euch lebendig werden soll. Nehmt auch diesen Kelch! Trinket alle daraus! Es ist Mein Blut, welches für euch zur Vergebung eurer Sünden vergossen werden wird. Wer nicht Mein Fleisch ißt und Mein Blut trinkt, wird nimmermehr selig werden. Ihr wisst aber nun, wie ihr dieses zu *verstehen* habt und werdet euch nicht mehr an solchen Worten stoßen. Esset, trinket, und solches tuet, sooft ihr es tut, zu Meinem Gedächtnis! Wo aber zwei solches tun werden zu Meinem Gedächtnis und sind versammelt in Meinem Namen, da bin Ich auch unter ihnen!' " (Gr. Ev., Bd. 11, Kap. 71)

Solche Liebesmahle mit Brüdern und Schwestern „zu seinem Gedächtnis" zu halten, hatte der Herr schon längere Zeit vor seinem Scheiden den Jüngern empfohlen.

[1] Gr. Ev., Bd. 8, Kap. 66, 11; vergl. auch Bd. 8, Kap. 40, 14 ff.; über kirchliche Beichte und Sündenvergebung weiter Gr. Ev., Bd. 8, Kap. 194, 6 ff.; Bd. 9, Kap. 166, 11 ff.; Geist. Sonne, Bd. 1, Kap. 86 und 87; Rob. Blum, Bd. 2, Kap. 230, 10 ff.; über die Wiedergutmachung als Bedingung der Sündenvergebung Ev., Bd. 8, Kap. 66, 6, 8 ff.; Bd. 6, Kap. 206, 10; über Sündendeckung durch Liebe, Rob. Blum, Bd. 2, Kap. 157, 4.

Im ‚Großen Evangelium' heißt es einmal: „Sodann möget ihr auch in Meinem Namen und in eurer Liebe zu Mir denen, die an Mich lebendig glauben und Meine Gebote halten, von Zeit zu Zeit, so ihr es habt, *Brot und Wein* geben zu Meinem Gedächtnis. Wo ihr ein solches Liebesmahl unter euch halten werdet, da werde auch Ich unter euch, bei euch und in euch sein, wie nun mit Fleisch und Blut; denn das Brot, das eure Liebe zu Mir bieten wird, wird gleich sein wie Mein Fleisch und der Wein wie Mein Blut, das bald für viele wird vergossen werden. Dies und die Taufe genüge euch als ein *äußeres Zeichen*, das aber nur durch die Liebe einen rechten Wert vor Mir kommen wird." (Gr. Ev., Bd. 9, Kap. 166, 12)

„Alles Wahre und Gute findet im Brot und Wein seine volle *Entsprechung*. Darum werdet ihr auch nach Meinem Tode, zu Meinem Gedächtnis Mahl haltend, beim mäßigen Genuß des Brotes und Weines stets versichert sein können, daß Ich im Geiste, so wie nun im Leibe, bis ans Ende aller Zeiten dieser Erde Mich unter euch, Meinen Kindern, Brüdern und Freunden, persönlich befinden werde. Werdet ihr Mich mit euren Fleischesaugen auch nicht allzeit erschauen, so wird es euch aber dennoch euer Herz sagen: ‚Freuet euch, denn euer Herr, Gott und Vater ist unter euch und segnet für euch das Brot und den Wein! Seid denn fröhlich und heiter in seinem Namen und gedenket dabei der armen Brüder und Schwestern und besonders der Armen im Geiste!'

Wenn euch euer Herz eine solche Mahnung geben wird, dann denket und glaubet allzeit, daß Ich Mich persönlich unter euch befinde. Und um was Gutes und Wahres fürs Leben der Seele ihr Mich da bitten werdet, das werde Ich euch dann auch bereitwillig und wohlverständlich geben.

Die Mich aber da mit großer Liebe ihrer Herzen begrüßen, die werden sich auch bald mit ihren Augen überzeugen, daß Ich wahrhaft persönlich Mich unter euch befinde. Was Ich aber hier euch sage und beteuere, das gilt auch ganz gleich allen euren *wahren und getreuen* Nachfolgern." [1]

„Brot und Wein"

Obwohl der Herr beim letzten Abschiedsmahle die Worte gebrauchte: „Dies *ist* Mein Leib . . ., dies *ist* Mein Blut . . .", so meinte Er damit doch selbstverständlich nur eine sinnbildliche, entsprechungsweise Darstellung seiner *Lehre* durch das Brot und seiner *Liebe* durch den Wein. Denn was sollte und könnte es dem Menschen nützen, das wirkliche Fleisch und wirkliche Blut des Herrn leiblich zu genießen? Könnte dadurch seine Seele geistig reiner und besser werden? Nur ein roher, stofflicher Aberglaube kann sich solches vorstellen und einbilden.

In Voraussicht der in dieser Hinsicht schon zu Lebzeiten des Herrn sich einschleichenden und später so bedauerlich ausgebreiteten Irrtümer, hat der Herr im ‚Großen Evangelium' die auch in der Schule zu Kapernaum geäußerten Worte vom Essen seines Fleisches (im Brot) und vom Trinken seines Blutes (im Wein) seinen Jüngern wiederholt eingehend erklärt.

So belehrte Er einen gläubig gewordenen samaritanischen Mann, dessen Knecht

[1] Gr. Ev., Bd. 8, Kap. 40, 2 ff. Über die Empfehlung des Liebes- und Gedächtnismahls bei den Urvätern, Haush. Gottes, Bd. 1, Kap. 169 u. 170.

Er geheilt hatte, mit den Worten: „Du hast ganz recht, so du sagst, daß das Reich Gottes in Mir zu euch gekommen ist und sich bei euch in eurer Mitte befindet. Aber das genügt noch nicht zur Erreichung und vollen Erhaltung des ewigen Lebens der Seele, weil das Reich Gottes in Mir wohl zu euch gekommen, aber darum noch nicht in *euer* Inneres gedrungen ist, was erst dann geschehen kann und wird, wenn ihr ohne alle Rücksicht auf die Welt Meine Lehre ganz in *euren Willen* und somit auch in die *volle Tätigkeit* aufgenommen habt. Wenn das einmal der Fall sein wird, dann werdet ihr nicht mehr sagen: ‚Christus und mit Ihm das Reich Gottes ist zu uns gekommen und wohnt bei und unter uns!' — sondern ihr werdet sagen: *‚Nun lebe nicht mehr ich, sondern Christus lebt in mir!'* Dann werdet ihr in der Fülle auch lebendig begreifen, daß und wie das Reich Gottes nicht mit äußerem Schaugepränge zu den Menschen kommt, sondern sich nur inwendig *im* Menschen entfaltet und die Seele in sein ewiges Leben zieht.

Es muß zwar dem Menschen zuvor von außen her der Weg gezeigt werden durch das Gotteswort, das da kommt aus den Himmeln zum Menschen. Aber darum ist der Mensch noch nicht im Gottesreiche und das Reich Gottes ist noch nicht in ihm. Erst so der Mensch ungezweifelt zu glauben anfängt und durch sein *Tun* nach der Lehre den Glauben lebendig macht, entfaltet sich das Reich Gottes im Menschen, so wie sich im Frühjahr das Leben in der Pflanze von innen aus zu entfalten beginnt, wenn die Pflanze vom Lichte der Sonne beschienen und erwärmt und dadurch zur inneren *Tätigkeit* genötigt wird.

Alles Leben wird wohl wie von außen her angeregt und geweckt — aber die Entstehung, Entwicklung, Entfaltung, Formung und Festigung geht dann immer von innen aus. So müssen auch die Tiere und Menschen ihre Nahrung zuerst von außen her in sich aufnehmen. Aber diese Aufnahme der Speise und des Tranks ist noch lange die wahre Ernährung des Leibes nicht, sondern diese geht erst dann vom Magen aus in alle Teile des Leibes.

Wie aber gewisserart der Magen das Lebensnährherz des Leibes ist, so ist auch das *Herz* im Menschen der *Nährmagen der Seele* zur Erweckung des Geistes aus Gott in ihr. Und Meine Lehre ist die wahre Lebensspeise und der Lebenstrank für den Magen der Seele. Und so bin Ich denn in Meiner *Lehre* an die Menschen ein wahres *Lebensnährbrot* aus den Himmeln. Und das *Tun* nach ihr ist ein wahrer *Lebenstrank,* ein bester und kräftigster Wein, der durch seinen Geist den ganzen Menschen belebt und durch die hell auflodernde Liebesfeuerflamme durch und durch erleuchtet. Wer dieses *Brot* und diesen *Wein* trinkt, der wird keinen Tod mehr sehen, fühlen und schmecken in Ewigkeit." (Gr. Ev., Bd. 9, Kap. 72, 9 ff.)

„Mein Fleisch und Blut"

Sagen nun die Jünger: „Herr und Meister, diese Deine Belehrung ist wohl verständlich — aber als Du einmal in Kapernaum, wo Dir so viel Volk aus allen Gegenden nachzog, eine ähnliche Lehre vom Essen Deines Fleisches und vom Trinken Deines Blutes verkündet hast, da war das offenbar eine *harte Lehre,* besonders für jene Menschen, die Dein einfaches und klares Wort nicht so verstanden haben, wie es dem wahren Sinne nach zu verstehen war, weshalb denn damals Dich auch viele Jünger verlassen haben. Wir selbst verstanden es auch anfangs nicht. Nur einer, der niemals ein eigentlicher Jünger von Dir war, hat uns die Sache verdolmetscht. Und wenn wir nun jene Lehre mit dieser jetzigen vergleichen, so besagt sie dasselbe, was du nun wohl in handgreiflicher Klarheit gelehrt hast. Haben wir recht oder nicht?"

Sagt der *Herr:* „Allerdings! Denn Brot und Fleisch sind da ein und dasselbe. Und wer in Meinem Wort das Brot der Himmel ißt und durch das Tun nach dem Worte, also durch die Werke der wahren, uneigennützigen Liebe zu Gott und zum Nächsten, den Wein des Lebens trinkt, der ißt auch Mein Fleisch und trinkt Mein Blut. Denn wie das von den Menschen genossene natürliche Brot im Menschen zum Fleisch und der getrunkene Wein zum Blut umgestaltet wird, so wird in der Seele des Menschen auch Mein *Wortbrot* zum Fleische und der *Liebetatwein* zum Blute der Seele umgewandelt.

Wenn Ich aber sage: „Wer da *ißt* Mein Fleisch", so ist damit schon bedeutet, daß der Mensch Mein Wort nicht nur in sein Gedächtnis und in seinen Gehirnverstand, sondern zugleich in sein Herz, das da der Magen der Seele ist, aufnehmen soll; und im gleichen auch den Liebetatwein, der dadurch nicht mehr Wein bleibt, sondern ein wahres Blut des Lebens wird. Denn das Gedächtnis und der Verstand des Menschen verhalten sich zum Herzen beinahe geradeso wie der Mund zum natürlichen Magen. Solange das natürliche Brot sich noch unter den Zähnen im Munde befindet, ist es noch kein Fleisch, sondern Brot. Wenn es aber zerkaut in den Magen gelassen und dort von den Säften durchmengt wird, so ist es seinen feinen Nährteilen nach schon Fleisch, weil dem Fleische ähnlich. Und ebenso ist es auch mit dem Wein: Solange du den Wein im Munde behältst, geht er nicht ins Blut über; aber im Magen wird er gar bald in dasselbe übergehen.

Wer demnach Mein Wort hört und in seinem Gedächtnis behält, der hält das Brot im Munde der Seele. Wenn er im Gehirnverstand darüber ernstlich nachzudenken anfängt, dann zerkaut er das Brot mit den Zähnen der Seele, denn der Gehirnverstand ist für die Seele das, was die Zähne im Mund für den Leibmenschen sind. — Ist vom Gehirnverstand Mein Brot, also Meine Lehre zerkaut, oder als volle Wahrheit verstanden und angenommen, so muß sie dann auch von der Liebe zur Wahrheit aufgenommen werden und durch den festen Willen in die *Tat* übergehen. Geschieht das, so wird das Wort in das Fleisch und durch den ernstfesten Tatwillen in das Blut der Seele, das da ist Mein Geist in ihr, umgestaltet.

Darum sei keiner von euch nur Hörer, sondern zugleich ein ernstwilliger und emsiger Täter Meines Wortes! Wenn ihr dadurch in den Vollbesitz Meines Reiches in euch gekommen seid, dann werdet ihr über Schlangen und Skorpionen wandeln und Gifte aus der Hölle trinken können und es wird euch das nimmerdar schaden.

Und so ihr das alles nun wohl begriffen habt, werdet ihr auch der vollen und lebendigen Wahrheit nach einsehen, was Ich unter „Mein Fleisch essen" und „Mein Blut trinken" verstanden haben will. Und ihr werdet das hinfort auch sicher keine harte Lehre mehr nennen." [1]

[1] Gr. Ev., Bd. 9, Kap. 72, 9—74, 6; vergl. auch Bd. 6, Kap. 44, 15 ff.

Meßopfer?

Das in der katholischen Kirche priesterlich so hochgehaltene *Meßopfer* hat demnach weder in den biblischen Schriften noch in denen der Neuoffenbarung eine Begründung. Es ist nirgends die Rede davon, daß Brot und Wein in das wirkliche Fleisch und Blut Christi umgewandelt wurden, noch daß dem Priester dazu die Gewalt gegeben sei. Auch widerspricht die Anschauung, daß der Mensch durch die materielle Handlung des *leiblichen* Genusses der Hostie in der „Kommunion" geistig gestärkt und von den Sünden gereinigt werde, der wahren geistlichen Heilslehre Jesu Christi.

„Den Menschen reinigt und heiligt nichts als der lebendige Glaube und seine tätige Liebe zu Gott und zum Nächsten". (Gr. Ev., Bd. 8, Kap. 40, 14)

55

Weihen und Segnungen

In den Kirchen, besonders der katholischen, spielen auch die Segnungen und Weihen eine Rolle. — In der Apostelgeschichte (Kap. 8, 14 ff.) lesen wir: „Als die Apostel in Jerusalem vernahmen, daß Samaria das Wort Gottes angenommen habe, sandten sie Petrus und Johannes dahin. Diese gingen hinab und beteten für die Gläubigen, damit sie den Heiligen Geist empfingen. Der Heilige Geist war nämlich noch über keinen von ihnen gekommen, sondern sie waren nur auf den Namen des Herrn Jesus getauft worden. Alsdann legten Petrus und Johannes ihnen die Hände auf, und sie empfingen den Heiligen Geist."

Die Handauflegung

Die Handauflegung zur Stärkung der Seelen im Geiste himmlischer Liebe, Weisheit und Kraft wird vom Herrn auch im „Großen Evangelium" geübt und seinen Jüngern empfohlen.

„Bald nach Beginn des öffentlichen Lehramtes", sagt der *Herr,* „mehrte sich die Zahl Meiner Jünger von Tag zu Tag. Und ein jeder, der an Mich glaubte und dem Ich nach dem Maße seines Glaubens und nach der Taufe mit Wasser, die von Meinen Jüngern ausgeübt wurde, Meine Hände auflegte, ward voll Geistes der Kraft und des Mutes und frei von aller Furcht vor dem Leibestode." [1]

Diesem eigenen Beispiele des Herrn entsprechend, wurden auch die geistig fortgeschrittenen Jünger aufgefordert: „Die da voll Glaubens werden, die *segnet* denn auch ihr in Meinem Namen! Der Segen aber bestehe darin, daß ihr den gläubig Gewordenen die Hände auflegt und in eurem festen Vertrauen auf Mich und im lebendigen Glauben an Mich ihnen saget: „Gott der Herr, der im Men-

[1] Gr. Ev., Bd. 1, Kap. 25, 1; vergl. Bd. 7, Kap. 166, 17. —

schensohne *Jesus* zu uns gekommen ist, sei mit euch und durch Ihn der Friede den Menschen auf Erden, die an Ihn glauben, eines guten Willens sind und seine Gebote halten!"

So ihr das über die Bekehrten werdet ausgesprochen haben, so werden sie des Segens von Mir alsbald innewerden. Doch denen, die nur halbgläubig geworden sind, tuet das erst, so auch sie mit der Zeit voll Glaubens geworden sind. Denn ein *halber* Glaube taugt für den Empfang Meines Segens nicht!" (Gr. Ev., Bd. 10, Kap. 128, 17 ff.)

Auch zwecks geistiger Heilung leiblicher Krankheiten und Gebrechen wurden die in der Demut und Liebe besonders erstarkten Jünger vom Herrn zur Handauflegung ermächtigt:

„Wenn ihr zu *kranken* und bresthaften Menschen kommet, so leget ihnen die Hände auf in Meinem Namen, und es wird besser werden mit ihnen! So ihr kommet zu solchen, die da *besessen* sind von unreinen Geistern, so gebietet ihnen ebenfalls in Meinem Namen und sie werden ausfahren vom Fleische der Geplagten und werden dahin ziehen, wohin ihr sie bestimmen werdet." [1]

Dabei soll, da es sich ja um eine geistig-seelische Heilweise handelt, der Handauflegung möglichst eine angemessene *Belehrung* vorangehen, und das laut oder auch nur im Herzen auszusprechende *Gebet* bestehe in wenigen Worten, wie etwa: „Jesus, der Herr und himmlische Vater, wolle dir helfen! Er stärke dich und heile dich durch seine Gnade, Liebe und Erbarmung!" (Gr. Ev., Bd. 9, Kap. 43, 6 ff.)

„Wer aber jemandem die Hände auflegt, der muß das in *Meinem* Namen tun, ansonst seine Behandlung keinen Nutzen bewirkt. Es gehört ein unerschütterlicher Glaube und ein ebenso fester Wille dazu. Aus des Herzens tiefstem Grunde muß solch eine Bestrebung rühren und muß aus der wahren Nächstenliebe hervorgehen. Dann erfüllt solche Kraft der Liebe die Hände des Handauflegers, dringt durch dessen Fingerspitzen, fließt wie ein sanfter Tau in die Nerven des Kranken und heilt den brennendsten Schmerz." (Gr. Ev., Bd. 4, Kap. 40, 2 ff.)

Konfirmation oder Firmung der Jugend

Ein besonderes priesterliches Einsegnen der reiferen *Jugend* (Konfirmation, Firmung), wie es die Kirchen heute üben, erwähnt der Herr in den Neuoffenbarungsschriften nicht. Dagegen empfiehlt Er nachdrücklich, die Seelen der jungen Menschen von zartester Kindheit an im wahren Glauben und in der rechten Gottes- und Nächstenliebe durch Wort und Beispiel zu unterweisen. [2]

„Wollet ihr Menschen bilden nach Meinem Sinn, dann müßt ihr schon bei den Kindern, und zwar in frühester Jugend anfangen. Denn wahrlich, der Unterricht ‚in der Wiege' ist mehr wert als alle Hochschulen der Welt (weil hier die Grundlagen der Seelengestaltung gebildet werden!). Wer aber aus den Kindern Menschen im göttlichen Sinne bilden will, der muß sie *lieben* und mit ihnen eine rechte *Geduld* haben. . . . Wer so ein Kind aufnimmt in Meinem Namen, der nimmt auch

[1] Gr. Ev., Bd. 7, 166, 17; vergl. auch Bd. 9, Kap. 43, 6 ff.; Bd. 10, Kap. 47, 1; Bd. 1, Kap. 89, 11.

[2] Vergl. ‚Grundfragen', Bd. 2, Kap. 47.

Mich, den himmlischen Vater auf, und in seinem Hause wird es an Segen nicht fehlen. Denn solche Kinder sind der echte und wahre Segen Gottes in einem Hause, wo sie gepflegt, genährt und zu wahren Menschen gebildet werden.“ [1]

Auch ein nicht nur einmaliges, sondern öfteres, ja tägliches Segnen der Kinder durch Handauflegung seitens der Eltern und Erzieher ist ohne Zweifel im Sinne der göttlichen Vaterliebe. Und dieses Tun der Liebe steht selbstverständlich nicht nur dem Priester, sondern *jedem* durch die wahre Demuts- und Liebeskraft Befähigten zu.

56

Gemeinschaftspflege

Der Mensch ist ein Gesellschaftswesen, insbesondere auch der geistige. Er hat natürlicherweise das Bedürfnis des Austausches seiner Besitztümer, Anschauungen, Bestrebungen. Das gegenseitige Geben und Nehmen ist geradezu die Voraussetzung eines höheren Lebens. So wissen wir aus den Schriften der Offenbarung, daß die *Gemeinschaft* auch im geistigen Reiche und insbesondere auch in den Himmeln eine große Rolle spielt.

Vereine der Engel in den Himmeln

Im ‚Großen Evangelium‘ erklärt *Raphael,* ein im Gefolge des Herrn auftretender Erzengel, den Jüngern sein Sein und Walten und fügt an: „Zudem habe ich als Erzengel *Aeonen Mitdiener,* die alle von meinem Willen in jedem Augenblick abhängen. So ich aus dem Herrn heraus etwas will, erfüllt dieser Wille auch schon zahllose mir unterstehende Diener, die sogleich in vollste Tätigkeit treten und eine verlangte Tat auch leicht in einen euch kaum denkbar schnellen Vollzug setzen. Ich selbst tue persönlich nichts, aber durch meinen Erzwillen werden Aeonen vom innersten Seinsgrunde heraus zur Tätigkeit bestimmt.“ (Gr. Ev., Bd. 5, Kap. 2, 4)

In dem Lorberwerk ‚Die geistige Sonne‘ (Bd. 2, Kap. 65) darf eine Gruppe „Himmelswanderer“ etliche solcher vereinartiger Gesamt-Geistwesen aus der Ferne erschauen. Es heißt da: „Die Geister, die ihr dort wandeln sehet, sind nicht etwa einzelne Geister, sondern ein jeder solcher Einzelgeist ist ein ganzer *Verein* von zahllosen Geistern, in dem an und für sich wieder zahllose kleinere Vereine vorhanden sind, die ebenfalls aus seligen Geistern besonderer Art bestehen.“ ... „Da bei starken, hochgereiften Geistern die Liebe zum Herrn Unendliches umfaßt, so werden sie zu *Vorstehern* himmlischer (Geister- und Engels-)Vereine. Im Angesichte des Herrn dehnt sich die Liebesphäre eines solchen seligen Geistes wie zu einem zweiten großen *Menschen* aus; und diese Sphäre ist dann an und

[1] Gr. Ev., Bd. 5, Kap. 246, 9 ff.

für sich so ganz eigentlich ein solcher *Himmelsverein*, in den alle diejenigen guten Geister aufgenommen werden, die mit dem Begründer und Vorsteher des Vereins in gleicher Liebe zum Herrn stehen."

Irdische Beispiele dieses Verhältnisses seien, so wird weiter gesagt, die Vereinigungen der Staaten, Städte, Dörfer oder, in mehr geistiger Hinsicht, die Religionsvereine und dergleichen. Das Schriftwort: „Ihr werdet sitzen auf zwölf Stühlen und richten die zwölf Geschlechter Israels" bedeute so viel als: „Durch das Wort, das ihr in Meinem Namen und Geiste predigen werdet allen Völkern, werden (in der geistigen Welt) Vereine errichtet, darinnen ihr nach *eurer* Art werdet die Vorsteher und Hauptleiter sein." (Geist. Sonne, Bd. 2, Kap. 65, S. 287—291)

„Denn Meinen *Kindern der Erde*", spricht der Herr an anderer Stelle des genannten Lorberwerkes, „ist es (in ihrer Vollendung) von Mir aus gegeben, mit Mir zu beherrschen und zu richten (d. h. zu leiten) die Unendlichkeit und alle zahllosen Schöpfungen in ihr. Und die Kinder aus den andern Gestirnen stehen ihnen dabei so zu Diensten wie die Glieder eines Leibes dem Willen des Geistes. Die Sternengeister haben zwar auch ein jeder seinen eigenen Willen; dennoch geht aber im Falle des Liebewirkens der Wille Meiner Hauptkinder in sie alle ein und aus, und dann sind sie zu Milliarden wie *ein* Mensch, dessen wirkender Willensgeist eines Meiner Kinder ist." (Geist. Sonne, Bd. 2, Kap. 2, S. 9)

Gemeinschaftspflege auf Erden

Angesichts dieser großen Zukunftsaufgabe der Erdenkinder und der himmlischen Bedeutung des sich dabei auswirkenden Gemeinschaftslebens ist es klar, wie wichtig die Pflege eines einträchtigen *Gemeinschaftssinns* zum Zweck geistigen Zusammenwirkens schon hier in diesem Erdenleben ist. Wissen wir doch, daß das irdische Dasein in allem eine Schule für das himmlische Reich Gottes ist.

Aus diesem Grunde hat denn auch der himmlische Vater in seiner höchsten Offenbarungsform als Jesus Christus die Gemeinschaftspflege unter seinen Jüngern und Nachfolgern durch die besondere Verheißung gesegnet:

„Wo immer ihr aus reiner Liebe in Meinem Namen versammelt sein werdet, da werde Ich, wenn schon nicht sichtbar, aber dennoch allkräftig euch stärkend, unter euch sein." (Gr. Ev., Bd. 1, Kap. 73, 9)

Die Gemeinschaft, der brüderliche Zusammenschluß Gleichgesinnter zur gemeinsamen Seelenpflege und zu gemeinsamen Werken der Liebe hat für die geistige Vollendung eines jeden Menschen ohne Zweifel auch große Bedeutung. In der *Vereinzelung* werden wir leicht in unseren Erkenntnissen und Anschauungen einseitig und beschränkt, in unserem Wollen und unseren Bestrebungen eigensinnig und starrköpfig. In der *Vereinigung* mit andern dagegen werden wir ständig veranlaßt, unsere Erkenntnisse und Urteile zu prüfen und zu messen. Wir müssen um unseren Standpunkt kämpfen, ihn nach Möglichkeit klären, und dadurch erfahren und lernen wir immer Neues. — Mit den gewonnenen höheren Erkenntnissen und Kräften können wir sodann in der Gemeinschaft wieder unseren Mitmenschen in höherem Grade dienen und nützen und uns selbst wie unsere Mitbrüder auf diese Weise fördern und festigen in der Haupttugend der Himmelsbürger, der dienenden Demut und Liebe.

Da diese ganze „höhere Schule" der geistigen Vollendung nur in der Gemeinschaft mit andern Menschen auf Erden möglich ist, hat der Schöpfer und himmlische Vater ja auch schon die Gemeinschaft der Ehe und Familie geschaffen und hat Er die Menschen angeleitet, staatliche und allerlei bürgerliche Vereinigungen zu bilden. Um so mehr aber ist es sicherlich in seinem Sinn, daß sich die Menschen schon auf Erden zu geistigen Vereinigungen zum Zwecke des höchsten Liebedienstes, der gemeinsamen Seelenpflege in seinem Namen zusammentun.

Aufgaben der Gemeinschaft

Die Aufgaben solcher geistigen Gemeinden bestehen in erster Linie im gemeinsamen Verkünden, Hören, Lesen, Besprechen und Aufnehmen des Gotteswortes.

Wohl kann ja heute jedermann aus der Bibel und den zahlreichen Schriften der Neuoffenbarung sich eine Fülle geistigen Lichtes schöpfen. Wenn er danach handelt, wird er den Weg nicht verfehlen können. Dennoch wird für jeden, auch den geistig Starken und Selbständigen, eine *Aussprache* mit Gleich- oder Andersdenkenden allezeit von großem Nutzen sein. Man lernt manches von einer anderen oder tieferen Seite zu erfassen. Zudem sind immer in jedem geistigen Kreise schwächere Brüder und Schwestern oder Anfänger, die eine geistige Hilfe gerne annehmen; und da bietet sich den Starken und Selbständigen eine treffliche Gelegenheit, *Liebe* zu üben und sich im wahren Gottes- und Menschendienste zu vervollkommnen.

Weiter aber besteht die Aufgabe einer geistigen Gemeinschaft darin, die göttliche Lichtbotschaft über den eigenen inneren Kreis zu *anderen* Menschen und Kreisen hinauszutragen in Wort und Schrift und insbesondere auch durch gemeinsame Liebeswerke. In diesem Zusammenwirken nach außen liegt ein ganz besonderer Segen.

„Es wird neben den Erleuchteten stets auch Unerleuchtete geben", spricht der Herr im ‚Großen Evangelium'. „Aber es wird auf Erden auch an wahrhaft erleuchteten Menschen nie einen Mangel haben, und diesen wird die Gelegenheit geboten sein, die Unerleuchteten mit ihrem wahren Lebenslichte zu erhellen. Und Erleuchtete, welche das tun in Meinem Namen, deren Lohn wird groß sein in Meinem Reiche. Selbst erleuchtet sein durch Meine Gnade ist ein großes, unschätzbares Glück für den Menschen; aber noch tausendmal schätzbarer ist es, mit seinem wahren Lebenslichte auch andere zu erleuchten, die noch in der Finsternis wandeln, aber das Licht annehmen wollen." (Gr. Ev., Bd. 8, Kap. 14, 21)

Dabei gibt der Herr jedoch mit großem Ernst zu bedenken: „Mein Reich, das Ich nun auf Erden gründe, ist ein Reich des *Friedens*, und so sollet ihr es auch im Frieden unter den Menschen ausbreiten und euch dabei keines Schwertes bedienen. — Seid alle friedsame Arbeiter in Meinem Namen und vermeidet allen Zank und Hader. Wirket allein durch Meine *Liebe* in euren Herzen. Denn in der Liebe liegt die *größte Kraft* und Macht." (Gr. Ev., Bd. 10, Kap. 106, 13 ff.)

Gemeinschafts-Formen

Solche Vereinigungen zur geistigen Seelenpflege bilden eine wahre Kirche, wenn sie in des himmlischen Vaters Namen vom reinen, selbstlosen Geiste tatkräftiger Gottes- und Bruderliebe erfüllt und belebt sind.

Auf die äußere Form kommt es dabei weniger an. Diese mag mehr lose oder streng, einfacher oder reicher gegliedert sein — das bedeutet vor dem Auge des höchsten Herrn und Leiters nicht so viel, da dieser ja nicht aufs Äußere, sondern auf das Herz, den Geist sieht. So macht es vor Gott auch keinen großen Unterschied, ob eine Glaubensgemeinschaft etwa (wie die katholische Kirche und die Heilsarmee) monarchisch, oder (wie die protestantischen Kirchen und manche Sekten) mehr demokratisch geordnet ist — ob sie eine feste, geschriebene Satzung oder nur lose, gewohnheitsmäßige Gepflogenheiten zur Richtordnung hat. Dies ist alles mehr oder weniger nur eine Frage der gegebenen Umstände und der Zweckmäßigkeit.

Immerhin ist zu beachten, daß unser Gott ein Gott der *Ordnung* ist und eine formlose, ungeordnete Gemeinschaft sein Wohlgefallen sicherlich nicht finden kann, zumal sich im göttlichen Schöpfungswerk, und zwar in den materiellen wie in den geistigen Sphären, allenthalben eine wunderbar weise und bestimmte Ordnung vorfindet. (Vergl. Robert Blum, Bd. 1, Kap. 18 ff.)

Auch dürfte ein Fingerzeig für die rechte Ordnungsform geistiger Gemeinschaften auf Erden wohl darin liegen, daß die *himmlischen* Geister- und Engelsvereine, wie oben geschildert, dem Vorbild der gesamten Schöpfung entsprechend, nicht demokratisch, sondern durchaus *monarchisch* geordnet sind, d. h. mit einem obersten Regenten oder Hauptleiter, der aus göttlichem Geiste und in weiser Ordnung mit voller Machtvollkommenheit waltet. Diese Ordnungsform gewährleistet offenbar eine größere innere Einigkeit und demzufolge nach außen eine geschlossene, starke Wirkungskraft. Auch ist die Möglichkeit gegeben, daß ein erleuchtetes, starkes Haupt auf die schwächeren, unentwickelten Glieder nachdrücklicher und fördernder einwirken kann, während bei der demokratischen Form die Gefahr naheliegt, daß die unreife Masse sozusagen „von unten her" ihren Sinn und Willen durchsetzt und das Haupt überwältigt und unwirksam macht.

Die wahre Kirche

Jede Vereinigungsform aber — die monarchische wie die demokratische, die lose wie die strenge, die einfache wie die reich gegliederte — wird nur dann ihren Zweck im göttlichen Sinne erfüllen, wenn die sie tragenden Menschen vom rechten Geiste der Gottes- und Nächstenliebe erfüllt und geleitet sind. Auch eine weniger zweckmäßige Form kann und wird beim Vorhandensein dieses Geistes Gutes, und andererseits eine zweckvolle, bestausgedachte äußere Form beim Fehlen dieses Geistes nur Unheilvolles zutage fördern.

Darum spricht der *Herr* in dem Werk ‚Die Haushaltung Gottes' (Bd. 1, Kap, 4, 9—12) zu seinem Boten Jakob Lorber: „Sage es Meinen Kindern und allen, sie mögen sein, welcher Religion sie wollen — ob Römische, ob Protestanten, ob Juden, ob Türken, ob Brahmi, ob finstere Heiden — kurz für alle soll es gesagt sein: Auf der Erde gibt es nur *eine* wahre Kirche, und diese ist die *Liebe* zu Mir in Meinem Sohne! Diese Liebe ist der *Heilige Geist* in euch und gibt sich euch kund durch Mein lebendiges Wort. Und so bin Ich in euch; und eure Seele, deren Herz Meine Wohnstätte ist, ist die alleinige *wahre Kirche* auf der Erde. In ihr allein ist ewiges Leben, und sie ist die alleinseligmachende!

Denn siehe, Ich bin der Herr über alles, was da ist. Ich bin Gott, der ewige und mächtige, und als solcher bin Ich auch euer Vater, der heilige und liebevollste. Und dies alles bin Ich im Wort! So ihr es beachtet und danach tut, habt ihr es in euch aufgenommen. Dann wird es in euch lebendig und erhebt euch über euch selbst und macht euch frei. Ihr seid dann nicht mehr unter dem Gesetze, sondern *über* demselben im Lichte. Und das ist die Seligkeit oder das Reich Gottes *in euch* oder die alleinseligmachende Kirche auf der Erde, und in keiner andern ist das ewige Leben als nur einzig in dieser.

Oder meinet ihr denn, Ich wohne in den Mauern oder in der Zeremonie oder im Gebet oder in der Verehrung? O nein, ihr irret euch sehr. Denn da bin Ich nirgends, sondern nur, wo die *Liebe* ist, da bin auch Ich!"

Die bestehenden irdischen Kirchen

Diese Bedingungen einer *„wahren Kirche Christi"* erfüllen — infolge der allgemeinen menschlichen Unvollkommenheit — die bestehenden irdischen Glaubensgemeinschaften heute, in dieser „Mittelbildungszeit der Menschheit", leider mehr oder weniger nicht. Und wenn wir Freunde der Neuoffenbarung uns prüfen, dann werden auch wir gestehen müssen, daß es auch bei uns noch vielfach und bedeutend fehlt. Darum wollen wir auch auf andere Vereinigungen keine Steine werfen, sondern uns alle nur eifrigst bestreben, soviel an *uns* liegt, dem vorgestellten Ziel nachzustreben und unsere Sorge darauf richten, daß vor allem in unseren Kreisen und dann auch in der ganzen Glaubenswelt der Geist wahrer, des Meisters würdiger Liebe durchdringt und auf diesem Boden endlich eine Herde unter einem Hirten wird.

Die einzelnen Erkenntnisse und Glaubensanschauungen werden ja, entsprechend der verschiedengearteten Veranlagungen, Erfahrungen und Reifegrade der Menschen, Stände, Völker und Rassen auf Erden immer höchst mannigfaltig bleiben. Es entspricht dies der geistigen Fülle und Bedeutung unseres Planeten. Aber auf dem Boden der *Liebe* zu Gott und zum Nächsten können sich alle ehrlichen, ernsten Glaubensrichtungen gar wohl zusammentun. Und die diesbezüglichen großen Verheißungen der heiligen Schriften vieler Völker werden da sicherlich noch ihre Erfüllung finden.

Mängel der bestehenden Kirchen

Was nach dem alten und neuen Worte Gottes bei den wichtigsten der bestehenden Kirchen fehlt und demgemäß als Mangel oder Mißstand erscheint, ist in den Schriften der Neuoffenbarung mit großer Offenheit dargelegt.

Es trifft sie alle mehr oder weniger der Vorwurf, daß sie von der wahren Heilslehre, der *Liebelehre*, auf gefährliche Abwege gewichen sind, und zwar, wie wir schon öfter hervorgehoben haben: die katholische Kirche auf den Abweg der äußerlichen *Werkgerechtigkeit,* die protestantische auf den Abweg der äußerlichen *Glaubensgerechtigkeit.* [1]

Allem *äußerlichen* Kirchentum aber gilt, was im ‚Großen Evangelium' der Herr am Ufer des Euphrat einer Minerva-Priesterschaft sagt:

„Ich bin nun drei Tage lang bei euch und habe euch gelehrt, was ihr zu wissen, zu glauben und zu tun habt, um das ewige Leben der Seele zu erlangen. Habe Ich euch da von irgendwelchen äußerlichen Gebeten oder von irgendeinem mysteriösen, Mir allein wohlgefälligen Gottesdienst etwas gesagt? Oder von gewissen Feiertagen, wie etwa einem heiligen Sabbat der Juden, den sie einen ‚Tag des Herrn' nennen? Nein, von alledem habt ihr aus Meinem Munde *nichts* vernommen! Und Ich sage euch als vollwahr:

Hinweg mit allen *äußerlichen* Gebeten, hinweg mit allen Feiertagen, da ein jeder Tag ein wahrer Tag des Herrn ist, und hinweg mit allem Priestertum! Denn ein *jeder* Mensch, der Gott erkennt und Ihn über alles liebt und seinen Willen tut, ist ein wahrer und rechter Priester und dadurch auch ein rechter Lehrer, so er seinen Nebenmenschen diese Lehre gibt, die er von Mir empfangen hat. — Wer Meinen Willen tut, der betet wahrhaft und betet allezeit ohne Unterlaß. Und ein jeder Tag, an dem ein Mensch seinem Nebenmenschen in Meinem Namen eine Wohltat erweist, ist ein rechter und Mir allein wohlgefälliger ‚Tag des Herrn'.

So ist es auch eine alte Sitte sogar bei den Juden, daß die blinden Menschen bei ihren Bitten und Gebeten auch feine und bessere *Kleider* anziehen, weil sie meinen, daß der Mensch zur sogenannten größeren Ehre Gottes in dieser Hinsicht nicht genug tun könne. Aber das bedenkt so ein Narr nicht, daß es viele Arme gibt, die kaum zur größten Notdurft ihres Leibes Blöße bedecken können. Wie muß es dem Armen zumute sein, so er den Reichen so geschmückt in einem Bethause erblickt und sieht, welch eine Ehre dieser Gott gibt, während der Arme das nicht tun kann und sich dabei denken muß, daß er mit seinem Gebet in seinen Lumpen Gott nur beleidigen muß. Wahrlich, Ich sage euch: Wer immer mit gewissen besseren (Prunk-)Kleidern angetan, Mich um etwas bitten wird, der wird niemals erhört werden — und noch weniger irgendein Priester in seinen verbrämten Mänteln und Röcken!

So gibt es endlich auch eine alte Unart bei den Gebeten zu Gott, daß man irgendeine alte, *fremde Sprache* dafür gebraucht und diese für die Verehrung Gottes am würdigsten hält. Wo solch ein Unsinn je in der Folge besteht, da wird die Bitte auch niemals erhört werden. Der Mensch schmücke sich vor Mir allein nur im Herzen und rede die Mir wohlverständliche Sprache seines Herzens, und Ich werde seine Bitte erhören!

Ich will, daß da alle die alten Narrheiten ganz abkommen und die Menschen ganz neue, *wahrhaftige,* reine Menschen werden." [2]

[1] Siehe ‚Grundfragen', Bd. 2, Kap. 35.

[2] Gr. Ev., Bd. 6, Kap. 123, 5—16; vergl. über äußerliche Gottesverehrung auch Bd. 9, Kap. 55, 15 ff., sowie den ganzen Brief des Paulus an die Laodizener, welcher der Bekämpfung solcher Verirrung galt.

Die großen Unterschiede in den Lehren, Einrichtungen und Gebräuchen der zahlreichen Glaubensrichtungen und -gemeinschaften zeitigen in der blinden Menschheit, wie die Geschichte aller Völker lehrt, sehr oft einen unseligen Streit- und Verfolgungsgeist. Mit ernstem Nachdruck spricht daher der *Herr:*

„Daran soll man erkennen, daß ihr Meine Jünger seid, so ihr Liebe untereinander habt." (Joh. 13, 35)

Also nicht das Glaubensbekenntnis, sondern die *Liebe* ist das Kennzeichen der wahren Jüngerschaft!

„Die Liebe aber", sagt Paulus, „ist langmütig, freundlich, neidlos. Sie prahlt nicht, blähet sich nicht auf. Sie ist nicht rücksichtslos, sie sucht nicht ihren Vorteil. Sie läßt sich nicht erbitten, sie trägt das Böse nicht nach, sie freut sich nicht über das Unrecht, sondern freut sich über jede Wahrheit. Sie ist duldsam, sie glaubt alles Gute, sie hofft alles und trägt alles."

Das Gegenteil von diesem wahren Christusgeist jedoch ist der in den Glaubensgemeinschaften leider so häufig anzutreffende hochmütige, engherzige und gewaltsame *Sektengeist.*

Auch in den Schriften der Neuoffenbarung wird vor diesem Ungeiste eindringlich gewarnt und darauf hingewiesen, daß wir auch im Andersgläubigen den Bruder lieben und in seinen Anschauungen das Gute und Wahre erkennen und werten, das Irrtümliche aber mit Geduld tragen und der reifenden Gnade unseres gemeinsamen himmlischen Vaters anheimgeben sollen.

„Siehe", sagt der *Herr* im ‚Großen Evangelium', „die praktische Erklärung aller Gesetze Mosis und der Weissagung aller Propheten liegt in dem Satze: „Liebet Gott als euren ewigen Vater über alles und eure armen und vielfach kranken Brüder und Schwestern unter allen Umständen wie euch selbst, so werdet ihr als wahre, seelengesunde Kinder des ewigen Vaters im Himmel ebenso vollkommen sein wie Er selbst. Freilich ist die in der Welt unter den Menschen eingerissene Lüge und Finsternis schwer zu bekämpfen, weil sie eine schwere Grundkrankheit der Seele ist; aber mit der *Wahrheit,* die aus der Liebe wie das Licht aus der Flamme hervorgeht, kann man die Lüge und Finsternis leicht besiegen. So du aber des Lichtes benötigst, um ein finsteres Gemach zu erleuchten, wird dich da jemand als weise preisen, wenn du sogleich das Gemach in Flammen setzest und es dadurch zerstörst? Darum soll Mein Wort und Meine Lehre *nicht* mit dem Schwerte weiterverbreitet werden. Und ein Unduldsamer wird für seinen Eifer keinen Segen von Mir überkommen, sondern selber in die größte Finsternis hinausgestoßen werden." [1]

Allen Streitgeistern auf dem Glaubensgebiet möge auch gesagt sein, daß die Echtheit, d. h. der göttliche Feingehalt und der *Wert* einer Religion, Konfession oder Sektenlehre vor Gott sich lediglich nach dem Gehalt an wahrer Gottes- und Nächstenliebe bestimmt.

[1] Gr. Ev., Bd. 4, Kap. 39, 1—4; vergl. auch Bd. 8, Kap. 153, 9 ff.

Ein Hauptträger religiösen Gewaltgeistes ist nicht selten der *Priesterstand.*

Daß und warum in der wahren Kirche Christi ein beamtetes und besoldetes Priestertum nicht erforderlich ist, wurde schon oben in den Worten des Herrn angedeutet: „Ein *jeder* Mensch, der Gott erkennt und Ihn über alles liebt und seinen Willen tut, ist ein wahrer und rechter Priester und dadurch auch ein rechter Lehrer, so er seinen Nebenmenschen (durch Wort und Beispiel) die von Gott empfangene Lehre gibt."

Freilich sollen zur Verkündung des Gotteswortes und zur Pflege des göttlichen Liebegeistes dennoch allezeit auch „freie und wahre Lehrer" in einer Gemeinde sein. Es gilt für sie heute noch, was der Herr im ‚Großen Evangelium' dem römischen Kriegsveteran Markus auseinandersetzt:

„So du der guten Meinung bist, daß die Menschen am Sabbat sich an einem Orte versammeln sollen, um da über Gott und seinen Willen von neuem unterrichtet und an Ihn wohl erinnert zu werden, da soll das auch statthaben. Aber darauf hat dann der Lehrer ja auch sechs Arbeitstage! Wenn er einmal im Geiste geweckt ist, so braucht er die sechs Tage nicht nur damit zuzubringen, sich für den kommenden Sabbat mühsam vorzubereiten, was er der Gemeinde vortragen wird. Denn wer aus dem Geiste Gottes redet, dem wird das, was er zu reden hat, im Augenblick in sein Herz und auf seine Zunge gelegt werden. Wenn das aber nach Meiner Verheißung sicher geschehen wird, wie es auch allzeit zu den Zeiten der Urväter und der Propheten geschah, so meine Ich, daß es an den sechs Arbeitstagen auch für den Gemeinderabbi eben nicht unnütz wäre, so er als ein Muster für seine Gemeinde auch irgendeine nützliche Handarbeit verrichten möchte und sich dadurch sein tägliches Brot verdiente. Dies, damit er den Gliedern der Gemeinde nicht um alles zu kommen genötigt wäre und diese ihn dann sicher um so mehr achtete und ihm nachstrebte, weil sie in seiner Selbsterhaltung den schönsten Beweis seiner Uneigennützigkeit und Liebe für die Gemeinde vor Augen hätte. Ich meine, daß dies um sehr vieles besser wäre, als — den gegenwärtigen Templern gleich — die sechs Arbeitstage mit völligem Nichtstun zu vergeuden und statt einer nützlichen Beschäftigung sich für den ewigen Tod zu mästen.

Etwas anderes ist es jetzt für die Wanderboten, die Ich nun in alle Welt aussende, um das Evangelium allen Völkern der Erde zu predigen. Diese Meine ersten Boten haben weder Zeit noch Gelegenheit, sich mit den Händen ihr Brot zu erwerben. Darum heißt es für sie auch: ‚Esset und trinket, was euch aufgesetzt wird!' Und weiter: ‚Sorget euch nicht für den kommenden Tag, was ihr essen und trinken und womit ihr den Leib bekleiden werdet, sondern suchet vor allem nur das Reich und seine Gerechtigkeit unter den Völkern mit allem Fleiße und Eifer auszubreiten, so wird euch alles andere wie von selbst zufallen. Denn der Vater im Himmel weiß, wessen ihr bedürfet!' — Aber wie gesagt, das gilt nur für die von Mir nun in alle Welt Ausgesandten. Wo aber einmal feste und stehende Gemeinden in Meinem Namen bestehen werden, da soll Meine früher ausgesprochene Meinung (für die ständigen Leiter und Lehrer) zur Geltung kommen!" [1]

[1] Gr. Ev., Bd. 8, Kap. 89, 3—7; vergl. auch Bd. 1, Kap. 202, 8 ff.

Gemeindeleiter

Einer *Leitung* bedarf natürlich jede geistige Gemeinde.

In ‚Robert Blum' (Kap. 18) lesen wir: „Das mußt du gewiß einsehen, daß keine menschliche Gesellschaft ohne Leiter bestehen kann und es daher nötig ist, den Menschen die Notwendigkeit zu zeigen, diesen Leitern zu gehorchen. Oder bist du wohl der Meinung, daß auf Erden große menschliche Gesellschaften ohne alle Leitung bestehen könnten? Siehe, das wäre die größte Unmöglichkeit und wider die natürliche Ordnung aller irdischen Dinge."

Somit muß denn auch jede Gemeinschaft, die zum Zweck der lebendigen Auswirkung des von Gott geoffenbarten Lichtes sich zusammenfindet, einen *Vorsteher* oder Leiter bestimmen. Und so belehrt der Herr im ‚Großen Evangelium' (Bd. 8, Kap. 23, 14) die Apostel bei der Aussendung:

„Wo und wann ihr irgendeine Gemeinde bekehrt, geheilt und in Meinem Namen gefestigt habt, da stellet aus ihrer Mitte den kundigsten Mitbürger zu einem freundlichen Hüter über die Gemeinde und erteilet ihm (durch Handauflegung) die Gabe des *Heiligen Geistes,* auf daß er ein wahrer Wohltäter der ihm anvertrauten Gemeinde werden kann. Aber bindet ihn nicht mit einem Mußgesetz, was er gegen die Glieder der Gemeinde zu beachten haben soll.

Obwohl ein solcher Hüter von euch bestellt wird in Meinem Namen, so soll er dennoch darum *keinen irdischen Vorrang* haben. Sondern er soll sein, gleich euch, ein demütigster und gleichsam geringster Diener der ihm anvertrauten Brüder und Schwestern und soll sich von ihnen nicht ehren oder für seine ihnen geleisteten Dienste gar belohnen lassen. Denn was er umsonst erhalten hat, das soll er in aller Liebe zu seinen schwächer begabten Brüdern und Schwestern umsonst wieder geben. Doch was ihm die freie Liebe seiner Gemeinde bieten wird, das soll er auch annehmen, gleich wie Ich solches auch euch gestattet habe."

Welche *Eigenschaften* von einem solchen Vorsteher gefordert werden müssen, ist eindringlich in der ‚Haushaltung Gottes' (Bd. 2, Kap. 10 und 11) hervorgehoben anläßlich der Aussendung Kisehels an der Spitze der ersten Tieflandmission. Dort heißt es z. B.: Wie aber Ich euere Kinder zu leiten nun lehre, so sollt auch ihr aus eurer Mitte zu Leitern erwählen, deren Herz ihr voll der wahren *Demut* findet. Aber ja etwa keinen, der danach strebt und mehr und größer sein möchte als alle seine Brüder anstatt der Geringste unter ihnen. Auch den nicht, der sich *scheinbar* zu allergeringst stellt, um erwählt zu werden. Denn einen Kriecher sollet ihr so lange eures Landes verweisen, bis er mit Meinem Zeugnis im Herzen zu euch zurückkehrt und euch redlich bittet um die Aufnahme als geringsten Knecht in eurem Lande. Denn in der *wahren Demut* besteht die eigentliche, allerhöchste Freiheit des Lebens, aber auch die große Vollkommenheit desselben. Und ihr brauchet daher nicht so sehr einen Führer in der Weisheit oder in der Gewalt, als vielmehr einen Führer in der beständigen Demut.

Gemeindeordnung

Über die Stellung, die nach dem Willen des Herrn einem Vorsteher der Gemeinde einzuräumen ist, gibt der *Herr* in der bereits angeführten Rede an die Apostel (Gr. Ev., Bd. 8, Kap. 23, 14) seinen Rat und Willen kund in dem inhaltsreichen Satz: „Aber bindet ihn nicht mit einem Mußgesetz, was er gegen die Glieder der Gemeinde zu beachten haben soll."

Mit anderen Worten: Dem Vorsteher soll vertrauensvoll eine volle, nur von der Stimme Gottes in seinem Herzen geleitete *Handlungsfreiheit* eingeräumt werden. Dies bedeutet vor allem, daß der Vorsteher nicht auf eine zu kurze Zeit bestimmt werden soll, sonst kann er sich ja in seiner Tätigkeit nicht entfalten und auswirken. Sodann soll ihm auch volle *Freiheit* in der Führung seiner Geschäfte gewährt werden. Nur durch die Stimme Gottes in seinem Herzen und durch von Gott erleuchtete Berater soll er sich leiten lassen. Denn Gott wird das Herz eines solchen berufenen Vorstehers eher und leichter erleuchten und lenken können als die Herzen einer ganzen Gemeinde. Frei und von keinem Mußgesetz gebunden soll der Vorsteher endlich auch sein hinsichtlich der *Auswahl* seiner Mitarbeiter und Gehilfen, da er die ihm in das Herz gelegten Gedanken und Entschlüsse in vollkommener Weise ja nur durchführen kann mit tauglichen, von ihm berufenen und ihm vertrauenden Werkzeugen.

Dem Vorsteher und seinen Mitarbeitern und Gehilfen sollen die Gemeindeglieder liebewilligen *Gehorsam* leisten, solange der Leiter auf dem Boden des göttlichen Willens bleibt. Der *Herr* sagt dazu in ‚Robert Blum': „Denn selbst die stumme Natur zeigt, daß eine gewisse „stufenmäßige Unterwürfigkeitsordnung unerläßlich notwendig ist, damit die Schöpfung bestehen und dauernd erhalten werden kann."

Für die Stellung der Leiter, Lehrer und sonstigen Gemeindediener gilt ferner das Wort des Herrn: „Sehet darauf, daß unter euch in der Folge keine *Rangstreitigkeiten* entstehen! Der Erfahrenste von euch sei der Führer eurer Sache; aber er bilde sich darum nie ein, mehr zu sein, als da ist einer der Geringsten! Damit sei jedoch nicht gesagt, daß die Schwächeren ihm die gebührende Achtung versagen sollen. Er werde geliebt und geachtet, und sein Rat werde von allen befolgt so, als wäre er ein Gesetz. Wehe dem, der sich vergriffe an ihm! Wahrlich, der soll von Mir mit zornigen Augen angesehen werden!

So ihr aber erwählt einen Vorsteher und Leiter eurer Sache, so *betet und prüfet*, daß nicht einem Unwürdigen das Amt verliehen werde. Denn ein schlechter, unkluger Leiter ist einer Gesellschaft das, was ein schlechter Hirte ist seiner Herde. So er den Wolf kommen sieht, ergreift er zuerst die Flucht und überläßt die Schafe dem Wolfe, oder er wird am Ende selbst zu einem Wolf und Würger seiner Lämmer." (Gr. Ev., Bd. 2, Kap. 150, 4 ff.)

Von Tempeln und wahren Gotteshäusern

Im einstigen „Friedensreiche" wird, wie in der Offenbarung des Johannes (21, 22) gesagt wird, *kein Tempel* mehr sein, weil Gott der Herr und Vater in Jesus „der Menschen alleiniger Tempel sein wird". Und da auch schon für die Zeit des „Neuen Bundes" durch den Mund des ersten Blutzeugen Stephanus ausgesprochen (Abgesch. 7, 48) und durch Paulus vor den Athenern feierlich wiederholt ist: „Gott, der die Welt gemacht hat, wohnt nicht in Tempeln, von Menschenhand gemacht" — ist klar, daß auch in den Schriften der Neuoffenbarung durch Jakob Lorber das Errichten von Tempeln und die Gottesverehrung in derartigen Prunkbauten als töricht und zwecklos erklärt wird.

„Ihr sollt Mir keine Tempel von Holz, Steinen und von Gold und Silber erbauen und Mich darin ehren durch allerlei eitle, nichtige Zeremonie, an der Ich nie ein Wohlgefallen hatte und nie haben werde. Der *rechte Tempel,* in dem ihr Mich ehren sollet, sei euer Mich *liebendes Herz!* Wer Mir im Herzen durch die Werke der Liebe zu Mir und zu seinem Nächsten opfern wird, dessen Opferung wird bei Mir allein einen Wert haben und Ich werde ihn belohnen mit dem ewigen und seligsten Leben in Meinen Himmeln.“ [1]

„Wollt ihr aber schon ein sogenanntes ‚Gotteshaus‘ bauen, da erbauet *Kranken- und Versorgungshäuser* für eure armen Brüder und Schwestern. Darin dienet ihnen mit allem, was sie benötigen, so werdet ihr den wahrsten Gottesdienst verrichten, an dem der Vater im Himmel ein großes Wohlgefallen haben wird. An solchem echten und allein wahren Gottesdienst wird die Welt erkennen, daß ihr wahrhaft Meine Jünger seid.“ (Gr. Ev., Bd. 1, Kap. 202, 12 ff.; Bd. 1, Kap. 49, 10—14)

Schul- und Versammlungshäuser

Häuser und Räume für Unterricht, Belehrung und Erbauung der Jugend und der Erwachsenen dagegen sind natürlich ein berechtigtes Bedürfnis, dem der Gemeinschaftsgeist in weiser, tatkräftiger Liebe nach Möglichkeit nachzukommen hat. So spricht im ‚Großen Evangelium‘ der *Herr:*

„Für die Kinder mag die Gemeinde ein eigenes *Schulhaus* errichten und es mit einem oder mehreren erfahrenen und sittsamen Lehrern versehen, die der Jugend das Lesen, Rechnen und andere nützliche Kenntnisse beizubringen haben. Und der Gemeinderabbi wird gut tun, wenn er solch eine Schule zu öfteren Malen besucht, Lehrer und Schüler zum Fleiß und Eifer ermuntert und ihnen von Zeit zu Zeit gute Lehren gibt in Meinem Namen. Was er aber da zu reden haben wird, dafür wird schon von Mir aus gesorgt werden.

Und so ist es auch recht, so eine stehende Gemeinde sich nebst dem Schulhause für Kinder ein *Versammlungshaus* errichtet, in dem sie sich von Zeit zu Zeit in Meinem Namen versammeln kann. Aber es soll in einem solchen Hause dann nicht nur der bestellte Gemeinderabbi das Recht zu reden und zu predigen haben, sondern ein jedes Gemeindemitglied, so es von Meinem Geiste dazu ermuntert worden ist. Und es soll in einem solchen Hause nicht nur von der Schrift, von den Propheten und von Mir gepredigt werden, sondern auch von anderen Dingen zur tieferen und wahren Erkenntnis Gottes und zur Belebung der Liebe zu Gott und dem Nächsten. Und da soll der reden, der von *Meinem Geiste* dazu ermuntert wird, und die Gemeinde samt ihrem Gemeinderabbi soll ihn hören. So sie das tun wird an was immer für einem Tage, da wird sie auch eine wahre Sabbatheiligung begehen.“ (Gr. Ev., Bd. 8, Kap. 90, 1 ff.)

[1] Gr. Ev., Bd. 10, Kap. 102, 16; Bd. 2, Kap. 72, 2 ff.; Bd. 8, Kap. 88, 2 ff.! Kap. 163, 4; Laodizenerbrief, S. 16.

Versammlungsordnung und rechtes Predigen

Daß bei einer Versammlung von Gotteskindern alles in weiser und liebevoller Ordnung zugehen muß, hat schon Paulus den lebhaften und etwas zanksüchtigen Korinthern ans Herz gelegt. Er regelte das Zungenreden (das mediale Geistreden) das Prüfen und Auslegen und schloß mit der Mahnung: „Lasset alles mit Anstand und in *Ordnung* zugehen!" (1. Kor. 14, 26—40)

Diese Ratschläge haben auch heute noch ihre Bedeutung, besonders in Versammlungen, in welchen unter dem unmittelbaren Einfluß der geistigen Welt *(medial)* geredet wird. Aus der Geisterwelt drängen sich gar oft zügellose Wesen heran, die in gewalttätigem Sinne die Versammlung zu stören oder die Anwesenden in ihren verderblichen Bann zu ziehen trachten. Es gilt hier zwar: „Den Geist dämpfet nicht, die geistige Rede verachtet nicht" — aber auch: *„Prüfet alles* und nur das Gute glaubet und behaltet!" (1. Thess. 5, 19 ff.) Oder wie Johannes schreibt: „Ihr Lieben, glaubet nicht einem jeglichen Geist, sondern *prüfet die Geister,* ob sie von Gott sind!" (1. Joh. 4, 1)

Über die rechte Art der *Predigt* sagt der Herr im ‚Großen Evangelium':

„Wer da predigt zur Heilung der Seelen, der führe wohl ein vernehmliches, aber dabei dennoch sanftes Wort und schreie nicht wie ein Rasender, der vor Wut und Grimm schäumt. Denn ein solcher Mensch bessert niemand mit seinem wilden Geschrei. Er macht, daß ihn die Zuhörer verspotten und verlachen oder am Ende gar mit Fäusten aus der Gemeinde stoßen.

So rede auch niemand zu seinem Bruder ein versöhnliches Wort, so er in der eigenen Brust noch den Stachel des Ärgers fühlt. Denn dadurch wird der Bruder nicht zur Versöhnlichkeit umgewandelt, sondern noch mehr zum Gegenteil gereizt und der vorgestellte gute Zweck in den Hintergrund gedrängt.

Ja, ihr sollt bei der Verbreitung Meiner Lehre stets ein *freundliches* Gesicht machen! Denn mit Meiner Lehre kommet ihr ja mit einer freudereichsten Kunde zu den Menschen und müsset sie ihnen denn auch mit der freundlichsten Gebärde verkünden!" (Gr. Ev., Bd. 4, Kap. 39, 5—7)

Vom Reden der Frauen in der Versammlung

Eine bemerkenswerte Aufklärung gibt der Herr in dem Lorberwerk ‚Robert Blum' auch über das Reden der Frauen in der Versammlung. — Dort sträubt sich eine zum Reden aufgeforderte weibliche Seele unter Berufung auf die Worte des Paulus im 1. Korintherbrief (14, 34 ff.). Ihr erwidert der Herr, Paulus selbst habe im 16. Kapitel des Briefes an die Römer verschiedene Schwestern der Gemeinde von Kenchreä mit Namen herzlich gegrüßt, und fährt dann fort:

„Siehe, *solchen* Frauen hat Paulus kein Redeverbot in der Gemeinde auferlegt, sondern nur solchen, die da aus einer Art Hochmut in der Gemeinde Sitz und Stimme haben und, ohne Meinen Geist zu besitzen und zu begreifen, dennoch reden wollen, als wüßten sie, was die aus Meinem Geiste Wiedergeborenen wissen! — So ein Weib wahrhaft Meines Geistes voll ward, der im Mann wie im Weib stets derselbe ist, kann und muß sie sogar reden, was und wie es der Geist von ihr verlangt. — Meine Apostel waren die erste und somit vorzüglichste christliche Gemeinde in der Welt, weil sie unmittelbar von Mir selbst gestiftet war. Als Ich am dritten Tage wieder aus dem Grabe erstand, wen wohl sandte Ich zu den Brüdern hin, ihnen Meine Auferstehung zu verkünden? Siehe, Ich sandte ein *Weib!* — Nun, wenn das Gebot Pauli auch bei Gott wohlgefälligen Weibern in Anwendung kommen sollte, wie hätte sich dann eine Magdalena unterstehen können, an Meine ersten Apostel selbst einen Apostel zu machen? — Zudem habe Ich auch einmal den Sadduzäern gezeigt, daß im Himmelreich alle irdischen Unterschiede aufhören, so auch die irdischen Geschlechtsrechte.[1] Alle sind den Engeln Gottes gleich und genießen das *eine Recht,* nämlich Kinder Gottes zu sein." (Rob. Blum, Bd. 1, Kap. 84, 6)

Die Kirche der Zukunft

Durch die im Vorstehenden kurz erörterten Lehren der Neuoffenbarung (die in Wahrheit auch die rechtverstandenen Lehren der *Bibel* sind) wird, wenn sie von den Menschen befolgt werden, ein ganz neues Gemeinschaftsleben angebahnt, das man die „Kirche der Zukunft" nennen kann. Sein Bild und seine Grundzüge faßte der *Herr* im ‚Großen Evangelium' in die Worte zusammen:
„Ich gebe euch hiermit eine Gottes- und Lebenslehre, die von jeder Zeremonie so ferne ist wie ein Himmelspol vom andern. Da bedarf es keines Sabbats, keines Tempels, keines Bethauses, keiner Faste, keines eigenen Aaronstabes und -rockes, keiner zweihornigen Kopfbedeckung, keiner Bundeslade, keines Rauchfasses, keines gebenedeiten und noch weniger eines verfluchten Wassers. — In dieser Lehre ist der Mensch *in sich* alles in allem und braucht (nebst der Liebe und Gnade Gottes) nichts als nur sich selbst.

Denn in dieser Meiner neuen Lehre ist der Mensch wie auf einem Punkt vollkommen in sich und *mit sich* (d. h. mit seinem göttlichen Geistfunken) vereinigt, so wie auch Ich selbst mit Meiner urewigen und unendlichen Gottheit hier auf einem Punkt vereinigt vor euch stehe und selbst zu euch sage, daß von jetzt an das Reich Gottes und seine Gerechtigkeit nicht mehr im Tempel zu Jerusalem oder auf dem Berge Garizim zu suchen und dort Gott anzubeten sein wird, sondern Gottesdienst wird man überall halten können, wo ein Mensch ist!

Des Menschen *Herz* wird sein der *lebendige Tempel* des wahren, einigen und einzigen Gottes. Und die *werktätige Liebe* wird sein der allein wahre Gottesdienst. Und die *Liebe zu Gott* wird die allein wahre Anbetung Gottes sein! Da aber weder eine wahre Liebe zu Gott ohne die werktätige Nächstenliebe und diese nicht ohne die wahre Liebe zu Gott denkbar ist, so sind diese beiden Liebearten im Grunde des Grundes auch nur *eine Liebe* und somit eine und dieselbe Anbetung Gottes.

Wer das in sich hat, der hat alles Gesetz und alles Prophetentum in seinem Herzen vereint und hat darum weiter durchaus nichts irgend mehr vonnöten." (Gr. Ev., Bd. 5, Kap. 132, 1—5)

[1] Nicht nur der geschlechtliche, sondern geistig-seelische Unterschied überhaupt! Vergl. ‚Grundfragen', Bd. 2, Kap. 45.

57

Neuoffenbarung und Kirche

Die Mängel in den Lehren und Gebräuchen der christlichen Kirchen, die im Lichte der Neuoffenbarung so stark ins Auge fallen, machen es vielen Freunden des Lorberwerks zur ernsten Gewissensfrage, wie sie sich zu diesen Glaubensgemeinschaften verhalten sollen. Sind die Mißstände der Kirchen, denen sie bisher vielleicht angehörten oder in deren Schoße ihre lieben Nächsten sich wohlfühlen, schonungslos durch *Austritt* zu bekämpfen oder sind andere Mittel und Wege der Abhilfe vorhanden?

Diese Frage ist durch die Freidenker- oder Gottlosenbewegung unserer Tage wieder in manchen Herzen brennend geworden. Und so mögen hier zur Beleuchtung die wichtigsten Aufschlüsse zusammengestellt werden, durch welche in den Schriften der Neuoffenbarung vom Herrn selbst einem jeden hinreichende Winke gegeben werden, um die rechte Stellung zu finden.

Grundgedanken

Im Plan der Schöpfung geht alles entwicklungsweise und stufenmäßig vor sich — insbesondere auch die geistige Reifung der Menschen und Völker. Jede einzelne Seele macht unendlich langwierige *Schulungswege* durch, bis sie endlich zur Reife gelangt und fähig wird, ein höheres und immer höheres Erkenntnislicht aufzunehmen.

Deshalb bietet auch unser himmlischer Vater das geistige Wahrheitslicht den Menschen und Völkern in sehr verschiedener Gestalt und Tiefe und mit unterschiedlichem Feingehalt dar. Und das Gipfellicht der *Neuoffenbarung,* das rein geistig, frei von Dogmen und Zeremonien, ganz auf die Demut und Liebe des Herzens gerichtet ist, können auch heute nur *wohlvorbereitete* Seelen fassen, die meist schon auf Erden oder einem lichten Stern ein erfahrungsreiches Vorleben hatten. Den *„Sternenseelen"* [1] ist das Geisteslicht eine selige, heimatliche Rückerinnerung, die sie mit Wonne und Begierde und voller Entschiedenheit aufnehmen, sobald sie ihm durch die weisen Führungen des himmlischen Seelenbildners begegnen dürfen.

Anders geht es mit der großen Masse derjenigen Menschen, deren Seele ganz vorwiegend aus Elementen *dieser Erde* stammt [1], den sogenannten *Erdenseelen.* Diese benötigen die ewige Wahrheit in mehr äußerlichen, sozusagen derberen und greifbareren Formen. Und da nach Lorber unter hundert Menschen nur eine oder zwei Sternenseelen sich finden, die übrigen aber Erdseelen sind, so haben auch heute noch die Kirchen mit ihren *äußerlichen* Glaubenslehren und Heilsgebräuchen — obwohl sie für den geweckten Geistmenschen etwas Überwundenes sind — ihre unverkennbare Bedeutung als geistige Vorbereitung für die *Masse* des Volkes.

[1] Siehe ‚Grundfragen des Lebens', Bd. 1, Kap. 26.

Beispiele gottgewollten Verhaltens

Darum hat sich auch Jesus selbst, trotz aller Mißstände des Tempels, der zu seiner Zeit eine „Mördergrube“ voll „Otterngezüchts“ war und in dessen Bundeslade Gott längst nicht mehr „wohnte“ — nicht von dieser alten Kirche losgesagt, sondern manche der Gebräuche (Passahmahl, Tempelbesuch) mitgemacht oder von seinen Angehörigen vornehmen lassen (Beschneidung, Reinigungsopfer der Maria). — Auch haben die *Urchristen,* wie wir aus der Apostelgeschichte ersehen, sich auch nach dem Tode des Herrn noch lange in der Salomonshalle im Tempel versammelt (Apg. 5, 12) und dort gebetet (Apg. 3, 1), obwohl von der verblendeten Priesterschaft auf Golgatha der größte aller Frevel begangen worden war.

Endlich bietet auch der große Prophet der Neuoffenbarung, *Jakob Lorber,* ein lehrreiches Beispiel. Obwohl die katholische Kirche zu seiner Zeit einen viel stärkeren Geistesdruck ausübte als heute, ist dieser vorbildliche Christ nicht (wie damals viele Freidenker taten) aus seiner Mutterkirche ausgetreten. Wir lesen in seiner Lebensbeschreibung von K. G. Leitner (S. 20 ff.) über Lorbers Heimgang u. a.: „Man schickte nun eilends in die nächste Pfarrei, worauf bald ein Priester am Schmerzenslager des schwer Leidenden erschien. Da dieser aber bereits teilnahmslos da lag, fragte der Geistliche eine zur Pflege anwesende Anverwandte, ob Lorber wohl die Kirche besucht habe. Diese erwiderte darauf, daß dies wohl ohnehin bekannt sein müsse, da Lorber ja bei Hochämtern sogar oft auf dem Musikchore uneigennützig *mitgewirkt* habe. Hierauf fragte der Geistliche die Verwandte noch ernstlich, ob sie es auf ihr Gewissen nehme, wenn er den Sterbenden mit den Sakramenten versehe. Nachdem sie dies unbedenklich bejaht hatte, verrichtete der Priester ohne weiteren Anstand sein kirchliches Amt und entfernte sich dann wieder.“

Verhältnis der Zeremonienkirche zur Geistkirche

Diesen gewichtigen Beispielen entsprechen auch — bei aller Schärfe und Klarheit berechtigter Kritik — die verständnisvollen Hinweise in den Schriften der Neuoffenbarung. So wird in dem Schriftchen ‚Der Weg zur Wiedergeburt‘ über das Verhältnis der Zeremonienkirche zur reinen *Geisteskirche* gesagt:

„Wie ihr einen Leib habt, durch den die ersten Eindrücke zur Seele gelangen und diese nähren, so muß es auch eine geistige Speisekammer (für die ersten Glaubenseindrücke) geben, welche die äußere Kirche ist. Wer nun den Mutterleib zu früh verläßt, was kann aus einem solchen werden? — Gehorsam und Demut sind die Nahrung zur Wiedergeburt des Geistes. So euch aber die römische Kirche solches lehrt, was treibt euch dann weg von eurer Glaubensmutter? Was aber die Zeremonien in ihr betrifft, so ist für den Lebendigen alles lebendig, für den Reinen alles rein, dem Gehorsamen alles recht und dem Demütigen alles heilig.

... Darum folget eurer Kirche in ihrem (äußeren) Begehren, und lasset eure Herzen *von Mir* ziehen! Dann werdet ihr sehr bald zum Leben der Gnade und dadurch zur Wiedergeburt des Geistes gelangen und eure äußere Kirche beleben.

... Denn wie ein Baum wächst, Äste und Zweige treibt, dann Knospen, Blätter, Blüten und in letzteren weibliche und männliche Organe, und wie solches mit der Zeit als nutzlos alles wegfällt, damit die Frucht frei und wirksam werde in aller Kraft ihrer geordneten Wesenheit — ebenso ist es mit der zeremoniellen (oder äußeren) Kirche der Fall. Jene vegetativen Vorgänge beim Baume sind gleich der toten Zeremonie in der Kirche. Aber müßt ihr nicht sagen, sie sind (in gewissem rechten Maße) der Ordnung wegen doch notwendig? Denn wenn die Bäume blütenleer stehen, wird wenig Frucht zum Vorschein kommen.

Die jüdische Kirche z. B. war eine *vorbildende,* rein zeremonielle — als Blatt und Blüte zur lebendigen Frucht des Wortes der ewigen Liebe. Nun frage Ich: War sie nicht recht, wenn sie war, wie sie (nach den geistigen Wachstumsgesetzen der Menschheit) hat sein müssen? Wenn euch Kinder gegeben werden, womit könnt oder wollt ihr sie Mich und Meinen Willen besser erkennen lehren als eben mit Hilfe der zeremoniellen Anschauung? Und seht, ihr alle seid anfangs noch nichts als Juden und Kinder und bedürft daher sehr wohl, solange ihr das seid, kirchlicher Zeremonie. Nur hat es selbstverständlich *nicht* bei derselben zu verbleiben! Sondern wer die Elementarklasse durchgemacht hat, der trete in eine höhere Klasse und lerne da lesen und schreiben und endlich rechnen in Meiner Liebe und handeln in der Gnade Meiner Weisheit. Und wessen Herz *liebend* rein geworden ist, der komme dann in *Meine* Schule (des lebendigen inneren Worts), in der er erst voll zum ewigen Leben gelangen wird durch die Wiedergeburt. Wer aber, sein Inneres nicht beachtend, an der Zeremonie *hängenbleibt,* die an sich tot ist, der wird selbst tot werden, da er so dumm und finster war, in äußeren Mitteln den Zweck zu suchen.

Daher, so ihr wollt wahre Kinder Meiner Liebe und Gnade werden, so lasset euch nicht von der Blüte ärgern, sondern denket an die Frucht! Ist aber jemand zur Frucht gediehen, so fehlt er nicht, wenn er sich öfter umsieht und das Werden seines geistigen Lebens wohlachtend durchgeht. Dagegen ist Mir der nicht angenehm, der, seine Kinderschuhe verachtend, sich gleich einem Geier stolz erhebt und von schwindelnden Höhen mörderisch die bescheidenen Taubenhäuser anblickt und gierig auf deren Fall hinsieht, um dadurch etwas zu gewinnen."

Vom Besuch des kirchlichen Gottesdienstes

Die Frage, ob ein zum Lichte der Neuoffenbarung gereiftes Gotteskind auch noch den *kirchlichen* Gottesdienst besuchen oder nur den inneren Herzensverkehr mit dem himmlischen Vater als allein wahren Gottesdienst pflegen soll, beantwortet der Herr in ‚Erde und Mond‘ (Kap. 66 und 73) mit den Worten:

„Wen der Gottesdienst (der Kirchen) *ärgert,* der bleibe draußen; denn bei den Ohren wird niemand hineingezogen. Und wäre auch letzteres der Fall, so wird es niemand schaden, wenn er hineingeht. Denn *besser* ist es doch noch immer, sich in einem Bethause zu befinden und eine Andacht zu verrichten, als an den allgemeinen Fest- und Feiertagen in ein Spielhaus zu gehen oder wucherische Geschäfte zu machen und dergleichen. Neben den Zeremonien werden ja auch noch Predigten gehalten, vor welchen doch wenigstens einige Verse des Evangeliums vorgelesen werden. Will schon jemandem die Predigt nicht munden, der bleibe bei den Versen aus dem Evangelium, und er wird da so viel herausnehmen können, daß er daran hinreichend haben wird, das ewige Leben zu erlangen, wenn er nur den wenigen Versen richtig Folge leistet. So sich aber jemand aus bloßem Haß gegen ein solches Götzentum von der Kirche losmacht, ergreift aber dafür nichts Besseres, sondern gewöhnlich nur Schlechteres — wird ihm das wohl nützen? Ich meine kaum.

Der Tempel zu Jerusalem war bei Meinen Lebzeiten auf Erden völlig ein *Götzentempel.* Von einem Hause Gottes war sicher keine Rede mehr. Aber Ich als Jehova untersagte es niemanden, den Tempel zu besuchen und seine Gabe zu opfern. Und Ich selbst ging zu öfteren Malen hin und lehrte dort und ließ auch der Ehebrecherin darin ihre Schuld nach. Auch Meine Schüler haben nie ein Verbot erhalten, den Tempel zu besuchen. Warum sollte sich nun hier jemand ärgern, in ein Bethaus zu gehen? Denn geht er *wahrhaft* in Meinem Namen hinein, so bin ja Ich bei ihm und gehe mit ihm; und so wir darinnen sind, wird uns wohl niemand hinauswerfen. Solange Ich es darin aushalte, wird es wohl auch der aushalten können, mit dem Ich darinnen bin!

... Wer recht leben will, der kann es in *jeder* Kirche; denn eine Hauptregel ist: ‚Prüfet alles und das Gute davon behaltet!' — Ich sage zu niemandem: Werde ein Katholik oder ein Protestant oder ein Griechischkatholischer, sondern: was einer ist, das bleibe er, wenn er will. Sei er aber, was er wolle, so sei er ein *werktätiger Christ,* und das im *Geiste* und in der *Wahrheit!* Denn Mein Reich ist ein Reich der höchsten Tatkraft. Ich bin nicht wie ein Patriarch und nicht wie ein Papst und nicht wie ein Generalsuperintendent, sondern Ich bin wie ein überaus guter und gerechtester Vater *allen* Meinen Kindern und habe nur Freude daran, wenn sie tätig sind und wetteifern in der *Liebe* — nicht aber daran, daß sie einander Narren schelten und ein jeder von ihnen der weiseste und unfehlbarste sein will."

Heilung — nicht Vernichtung

Dieser, wenn auch kritische, so doch besonnene Standpunkt der *Geduld* wurde den Jüngern des neuen Gotteswortes durch Jakob Lorber noch in einer besonderen Kundgabe bezüglich der römischen, in so manche Äußerlichkeit verstrickten Kirche nachdrücklich empfohlen. [1] In dieser Ermahnung heißt es unter anderem:

„Ist es wohl löblich, wenn Kinder ihre kranke Mutter verlassen und der Leidenden den Tod wünschen ihrer vielen Gebrechen halber? ... Wie kommt es denn, daß ihr (über die römische Kirche) rufet: ‚Herr, lasse Blitz und Schwefel regnen auf ihr krankes Haupt!'? Hört, da schaut noch ganz wenig wahre Liebe heraus! — Meint ihr denn, *Vernichtung* sei der Weg zur Besserung? O nein, da irrt ihr euch gar abscheulich. So meinten auch alle Sektenstifter; aber sie haben sich ebenfalls sehr geirrt und die Folge war Bruderzwist, Krieg, Mord und Greuel aller Art! War eine solche Besserung gesegnet? Oder kann da eine Sekte sagen: Meine Lehre ist nicht mit dem Blute der Brüder besiegelt?

Sehet, sie, die Römerin, ist dasjenige ehebrecherische Weib, welches da hätte gesteinigt werden sollen. Ich aber sage euch hier: ‚Wer ohne Sünde ist, der werfe den ersten Stein auf sie!' — Wieder ist sie das kanaanitische Weib und hat einen großen Glauben und viel Liebe. — Wieder ist sie das Weib, das da zwölf Jahre am Blutgang litt und Mir aus Meinem Kleide die Heilung stahl und genaß, da sie viel Glauben und Liebe hatte. — Und wieder ist sie gleich der großen Hure und hernach Büßerin Magdalena, die da Meine Füße salbte. — Unter allen diesen Gestalten kann die römische Kirche auftreten.

[1] Himmelsgaben Bd. I S. 97 u. 98.

Zu euch aber sage Ich, da ihr in ihr geboren und getauft wurdet, daher sollet ihr auch nicht Vernichtung, sondern *Heilung* ihr wünschen. Ich gebe *euch* den Balsam und heile in euch das Erbübel. So *ihr* nun lebet nach den gegebenen Regeln, wird euch die Kirche achten. Und so sie an *euch* erfahren wird Wunderdinge, so wird sie selbst nach dem Balsam verlangen und wird im stillen viele ihrer Wunden heilen. So ihr aber wollt abtrünnig werden, so wird wenig Segen an eure Brüder gelangen!

Lebet, wie Ich euch gezeigt habe, dann wird euch auch nie eine Untersuchung Meinetwegen treffen! Denn Ich werde euch beschützen und Mein Werk wird ungehindert seine Kraft offenbaren wie ein großer Magnet, der alles an sich ziehen wird.“

Schlußfolgerung für heute

Das Beispiel des Herrn und seine Lehren in den Schriften der Neuoffenbarung führen uns also den Kirchen und ähnlichen Glaubensgemeinschaften gegenüber zu einem *klaren Standpunkt,* der auch in der heutigen stürmischen Entscheidungszeit gilt. Und die eingangs gestellte *Gewissensfrage* wird sich jeder Freund der Neuoffenbarung nach seiner eigenen Erkenntnis nun selbst beantworten können.

Eine allgemeine Losung zum *Austritt* aus den alten Glaubensverbänden liegt ohne Zweifel *nicht* im Sinne unseres himmlischen Seelenhirten. Wir mögen und müssen zwar, wo es nottut und zum Guten dient, den Mängeln der Einrichtungen, Lehren und Gebräuche mit Offenheit und Klarheit entgegentreten; aber nicht in gehässiger, bösartiger Weise, sondern im Geiste ernster *Bruderliebe.* Denn „nicht Vernichtung, sondern Heilung“ sollen wir den alten Glaubensgemeinschaften wünschen. Und so wird es für die Freunde der Neuoffenbarung nur dort, wo man sie anfeindet und verfolgt, angezeigt sein, sich zurückzuziehen.

Wo sich Seelen finden, die für den Fortschritt zu der reinen, freien Geist- und Liebeslehre gereift sind, da werden wir es als unser Recht und unsere Pflicht betrachten, die Brüder und Schwestern im Geiste auf diese höhere Stufe hinanzuführen und uns mit ihnen zu einem geistigen Geschwisterkreis zwecks besonderer Pflege des neuen Gotteswortes zusammenzuschließen. Aber unser geistiger Besitz und Zusammenschluß soll uns stets die *Vorstufen* verständigen Herzens beachten und bewerten lassen — als Wege zu Gott und als geistige Vorbereitung für viele, für das Licht der Neuoffenbarung noch nicht gereifter Seelen.

58

Arbeit im Weinberg

Das heutige Geschlecht lebt in einer der größten *Umwälzungen* der Weltgeschichte. Viele empfinden es als ein Unglückslos. In Wahrheit ist es ein großer *Vorzug*, die Schule des Erdenlebens gerade in einer solchen Zeit durchlaufen zu dürfen, da die Wogen so hoch gehen und die Kämpfe so groß sind. Stehen wir doch an der Schwelle des Tausendjährigen Reichs, das durch ein mächtiges Eingreifen des himmlischen Weltenlenkers und durch gewaltige Ströme des Heiligen Geistes nach und nach hinüberleiten soll in das unvergängliche Reich der Liebe, des Lichts und des ewigen Friedens.

Die vom Vater in Jesus ausgehenden Licht- und Lebenskräfte, welche dieses neue, unter dem Himmelszeichen des „*Wassermann*" (Lebenswasser-Mann) stehende Zeitalter gestalten, werden der Erde im *Unsichtbaren* zugetragen von den Heeren der seit Christi Auffahrt im Diesseits und Jenseits gereiften Gotteskinder. Die hohe Aufgabe der zu gegenwärtiger Zeit im Fleische Lebenden ist es, die Liebe, das Licht und die Kraft der empfangenen Lebensströme im *Sichtbaren* auszubreiten und in der ganzen Welt durch Wort und Tat zur Geltung zu bringen.

Blicken wir in diese herrlichen Geheimnisse unserer Zeit hinein, dann wird uns allen klar, wie köstlich, aber auch wie verantwortungsreich unsere *Aufgabe* im Weinberg des himmlischen Vaters ist und wie ratsam es für jeden von uns erscheint, diese hohe Pflicht nicht zu versäumen. Handelt es sich doch darum, für uns selber und für die *ganze Welt* den Himmel zu bereiten für Zeit und Ewigkeit! Denn indem wir göttliches Licht und Wesen um die eigene Person verbreiten und auf unsere Umgebung ausstrahlen, wirken wir im entsprechenden Maße für die geistige Umgestaltung der Welt, die schließlich gekrönt werden wird durch die allen fühl- und sichtbare persönliche *Wiederkunft des Herrn.*

Das hohe Ziel und die allgemeine Aufgabe

Klar und deutlich ist dieses erhabene Ziel vom Herrn selbst vielfach ausgesprochen. So hören wir z. B.:

„Wenn diese Meine Lehre unter die Menschen, die eines guten Willens und tätigen Glaubens sind, gebracht sein wird und zum wenigsten *ein Drittel der Menschheit* davon Kunde hat, dann werde Ich (nach der so bewirkten geistigen Wiederkunft) auch hie und da *persönlich* und leibhaftig sichtbar zu denen kommen, die Mich am meisten lieben und nach Meiner Wiederkunft die größte Sehnsucht und daran auch den vollen und lebendigen Glauben haben. Und Ich selbst werde aus ihnen *Gemeinden* bilden, denen keine Macht der Welt mehr Trotz und Widerstand zu bieten vermag. Denn Ich werde ihr Heerführer und ihr ewig unüberwindlicher Held sein. Und so werde Ich die Erde reinigen von ihrem alten Schmutz." (Gr. Ev., Bd. 9, Kap. 94, 6 ff.)

Diesem hohen Ziele entspricht die allgemeine Aufgabe:

„Diese Welt ist Mein Weinberg. Und die Menschen, die Mein Wort hören, an Mich, den wahren Gottessohn, glauben und Meine Gebote halten, sind die edlen

Reben, die durch ihre guten Werke Mir viel Frucht bringen. Aber zwischen den edlen Reben gibt es auch gar viele unedle. Diese sollen auch veredelt werden, und dazu benötigt es vieler und kräftiger Arbeiter. Wohl denen, die sich als tüchtige *Arbeiter* in Meinem Weinberge erweisen werden — und zwar *aus Liebe* zu Gott und zum Nächsten!" (Gr. Ev., Bd. 8, Kap. 125, 18)

Voraussetzung gesegneter Arbeit

Daß es bei der himmlischen Weinbergsarbeit keine unlauteren Beweggründe geben darf und ein Gottesdiener vor allem in seinem eigenen Innern Licht und Ordnung zu schaffen hat, bevor er in gesegneter Weise wirken kann, ist selbstverständlich. Der *Herr* spricht:

„Vor allem muß der Prediger für *sich selbst* in Ordnung sein, bevor er andere lehrt. Denn sonst ist die Lehre hohl und läßt auch den Lehrling hohl. So jemand selbst ein eifriger Befolger dessen ist, was er lehrt, werden auch seine Jünger sich mit Eifer bestreben, so vollkommen zu werden, wie da ihr Meister ist. So aber die Jünger hie und da Unvollkommenheiten an ihrem Meister entdecken, so werden sie bald in ihrem Eifer nachlassen und am Ende sagen: ‚Der Meister ist selbst ein Stümper! Was soll aus uns werden?' Und Ich sage euch: Die Jünger werden solch einem Meister bald den Rücken kehren." (Gr. Ev., Bd. 6, Kap. 163, 4—6; Bd. 8, Kap. 194, 2)

„Ein jeder vollkommene Lehrer muß daher zuvor *von Gott gelehrt* sein. Der Vater im Himmel (die reine Liebe) muß ihn ziehen, sonst kann er nicht zur Wahrheit in all ihrer Lichttiefe kommen. Wer aber nicht in diese kommt und dadurch nicht selbst Licht wird, wie soll es dem möglich sein, die Nacht seines Nächsten zu erleuchten? Was die Nacht erleuchten und sie in den Tag umwandeln soll, das muß ein Selbstlicht sein gleich der Sonne. Darum ist ein Lehrer, der nicht von Gott dazu erzogen ist, schlechter als gar kein Lehrer; denn solch ein finsterer Lehrer ist nichts als ein Sack voll schlechter Samenkörner, aus dem das Unkraut des Aberglaubens in die Furchen des Menschenlebens gestreut wird. — Das Lesen, Schreiben und Rechnen können geeignete *weltliche* Lehrer den Kindern in den Schulhäusern beibringen; aber *Mein Evangelium* können und dürfen nur solche Lehrer und Boten mit Nutzen und Segen verkünden, welche die zu diesem Amt erforderlichen geistigen Eigenschaften im Vollmaße besitzen." (Gr. Ev., Bd. 4, Kap. 165, 2—5)

„Meinen Dienern sage ..."

Volle *Selbstlosigkeit* des Dieners an der Mitwelt ist dabei selbstverständlich ein Grund- und Haupterfordernis. Gar ernst ist dies im Eingang des grundlegenden Werkes ‚Die Haushaltung Gottes', (Bd. 1, Kap. 2, 11) ausgesprochen. Dort heißt es:

„Meinen Dienern und Knechten sage: Meine Ämter sind keine Wechselbanken und keine Geldpfründen. Denn wer Mir des Geldes wegen dient, der dient Mir nicht aus Liebe. Wer Mir aber nicht aus Liebe dient, dessen Dienst ist Mir fremd, wie Ich ihm fremd sein muß; mit ihm habe Ich die Rechnung schon geschlossen.

Ich ließ ja zwar durch Meinen lieben Paulus sagen, daß der, der dem Altare dient, auch vom Altar leben soll — aber nur aus den Werken der Liebe, die alles Gute wirkt! Ich selbst bin die *Liebe* und bin durchgehend um keinen anderen Preis als nur wieder um Liebe zu haben. Durch Liebe habe Ich euch alle erkauft; daher fordere Ich von euch allen wieder Liebe. Und wer Mir dienen will, der diene Mir in der Liebe, in der Ich für ihn am Kreuze gestorben bin."

Und im ‚Großen Evangelium' sagt der Herr zu den Aposteln: „Darum habt wohl acht, so ihr in Meinem Namen Nachfolger für euch *wählen* werdet, daß ihr erstens niemanden dazu zwingt und zweitens niemanden annehmt, dem ihr es schon von weitem anseht, daß er aus zeitlichen *Interessen* in euer Amt treten möchte.

Ihr werdet zwar solches wohl beachten; aber es werden später dennoch solche in Unzahl in euer Amt treten, teils durch äußeren Zwang und teils durch die Aussicht, in eurem Amt eine gute und sorglose Versorgung zu finden. Aber diese werden von Mir alle in das Regiment des *Antichrist* gezählt werden und ihre Werke werden vor Gott ein Ekelgeruch sein. Wahrlich, Ich sage euch: Alle eure Nachfolger, die *nicht von Mir,* sondern nur von den Menschen in gewissen Weltschulen zu eurer Amtsnachfolge zubereitet werden, werde Ich nicht ansehen; denn nur der Antichrist wird seine Jünger so qualifizieren." (Gr. Ev., Bd. 6, Kap. 150, 23 ff., Bd. 9, Kap. 16, 5—8)

Die rechte Lehre

Wichtige Verhaltensregeln für die Lehrer des Evangeliums gab der Herr in umfassenderer Weise bei der ersten Probeaussendung der zwölf Apostel (Gr. Ev., Bd. 1, Kap. 135—140) und dann bei der späteren Aussendung einer Schar von 70 Jüngern (Gr. Ev., Bd. 7, Kap. 166 ff.). Aber auch sonst finden sich in den Neuoffenbarungen zahlreiche „Missionswinke" bei vielen Gelegenheiten. Von größter Bedeutung ist dabei natürlich vor allem ein rechter *Inhalt* der Lehre. Darüber sagt der Herr:

„So ihr in Meinem Namen die Menschen bilden wollt, dann lehret sie, worin das Reich Gottes besteht und was ein Mensch zu tun hat, um des Reiches Gottes schon diesseits und noch mehr jenseits teilhaftig zu werden. Habt ihr auf diese Weise die Herzen und Seelen der Menschen geläutert und gereinigt, dann möget ihr ihnen auch die Dinge der *Naturwelt* erklären, um ihren Verstand auf die Ur-Wahrheit zurückzuführen und ihr Gemüt von allem Aberglauben zu reinigen. Es ist das um so notwendiger, weil ein Mensch, der die von Gott geschaffenen Werke irrwähnig betrachtet, auch Gott niemals richtig erkennen kann, also auch nicht sich selbst und ebensowenig seinen Nächsten. Wo es aber an dieser Erkenntnis gebricht, da wird es auch an der verlangten wahren Liebe zu Gott und desgleichen an der Liebe zum Nächsten gebrechen.

Gott kann der Mensch nur auf dem wahrheitsvollen Wege der Erkenntnis der geschaffenen Dinge und seiner liebevollen und weisesten Ordnung mit den Augen seines Geistes schauen und dann auch über alles lieben. Und wer Gott über alles liebt, der erkennt aus solcher Liebe auch sich und seinen Nächsten und wird in ihm ebenso das Ebenmaß Gottes lieben und achten wie in sich selbst. Darum ist richtig, daß man sorglich dahin arbeiten soll, daß aller *Aberglaube* von den Menschen weiche. Solange noch ein Fünklein Wahnglauben das menschliche Gemüt belastet, ist der Mensch nicht frei und kann aus diesem Fünklein in viele und grobe Irrtümer verfallen. Nur die völlig reine Wahrheit kann den Menschen auch völlig frei und hier und jenseits vollkommen glücklich und selig machen.

Merket euch aber auch, daß es stets leichter ist, dem Menschen von irgendeiner Sache eine Kunde im Bereich seines *Wissens* zu verschaffen, als sein Gemüt zu einem festen und zweifellosen *Glauben* zu bewegen. Darum sollet ihr auf die Gründung des *lebendigen* Glaubens viel größeres Augenmerk haben als auf ein reines Wissen; denn im Wissen allein ist das Leben nicht, wohl aber im reinen und durch die Werke der Liebe lebendigen Glauben! Das noch so reine Wissen ist ein *Ablicht* der Dinge und ihrer Ordnung in dieser Welt, die vergänglich ist wie alle Dinge in, auf und über ihr. Aber die Dinge des Glaubens sind ein wahres, unvergängliches Licht aus den Himmeln und ein lebendiges Angehör des Gemüts.

Ich will aber damit nicht sagen, als solltet ihr des lebendigen Glaubens wegen bei den Menschen das, was man *reine Wissenschaft* nennt, unbeachtet lassen; denn der Mensch kann nicht eher an etwas glauben, als bis er davon eine gute Kunde oder Wissenschaft erhalten hat. Hat der Mensch einmal von einer guten und wahren Sache auch eine reine und verläßliche Kunde und wohldurchprüftes Wissen gewonnen, so soll er sich dann aber nicht mit der Wissenschaft allein begnügen, sondern sie in den lebendigen Glauben aufnehmen und nach den erlangten Erkenntnissen handeln. Tut er das, so wird ihm die *reine Wissenschaft* auch wahren, lebendigen und unvergänglichen Nutzen bereiten.“ [1]

Keinen blinden Autoritätsglauben pflegen!

Da durch den wahren Glauben an Gott und seine Liebeordnung der Mensch im tiefsten Grunde seines Herzens von der Selbstliebe zur Gottes- und Nächstenliebe umgewandelt werden soll, und zwar durch überzeugte Erkenntnis und freiesten Willensentschluß, so ist klar, daß ein blinder Autoritäts- oder Zwangsglaube keiner Seele etwas nützen kann, sie vielmehr in unheilvollem Maße unfrei und unselbständig macht.

Daher mahnt der Herr in den Lorberschriften: „Verlanget ja von niemandem einen *blinden* Glauben, sondern zeiget jedem den Grund! Und sollte er nicht fähig sein, solchen mit seinem Verstand zu erfassen, so lasset es euch der Mühe nicht gereuen, ihn von Stufe zu Stufe hinzuleiten mit aller Liebe und Geduld, bis er fähig wird, eure guten Lehren von Grund aus zu begreifen. Denn mit einem finstern Verstand soll niemand euer Jünger sein in Meinem Namen. Ich gebe euch ein helles Licht und Leben, und ihr sollt darum keine Apostel der Finsternis und des Todes sein. Wer da sucht, der soll finden! Wer da bittet und fragt, dem werde eine rechte Antwort gegeben! Und wer da pocht an die verschlossene Pforte, dem werde sie *völlig aufgetan!*“ [2]

[1] Gr. Ev., Bd. 9, Kap. 132, 6—15. Über den Nutzen einer rechten Verstandesbildung und Naturkunde vergl. auch Gr. Ev., Bd. 9, Kap. 100, 14; Bd. 8, Kap. 27, 9, Kap. 78, 7, Kap. 108, 10; Bd. 6, Kap. 111, 9—13, Kap. 87. —

[2] Gr. Ev., Bd. 5, Kap. 88, 5—8; vergl. auch Bd. 6, Kap. 27.

Keinen Zwang und kein Schwert!

Mit großem Nachdruck verwirft der Herr bei der Glaubensausbreitung auch jegliche Nötigung.

„Jeder innere, geistige *Zwang* ist ein Gericht. Was ein Mensch nicht annimmt und tut mit seinem freiesten Willen und aus seiner völlig eigenen Überzeugung, gereicht ihm nicht zum Leben, sondern nur zum Tode. Soll der Mensch gut und voll des wahren geistigen Lebens werden, so darf er dazu durch gar kein anderes Zwangsmittel genötigt werden als allein durch seinen *eigenen,* ganz freien und festen Willen. Weder Gesetz, noch Lohn oder Strafe dürfen ihn irgend dazu bestimmen, sondern allein seine innere Überzeugung, sein reines Erkennen und sein freier Wille, der aus der reinen Liebe zu Gott und zu allem Guten und Wahren hervorgehen muß.

Ich sage euch als eine allerlichteste Wahrheit: Gar leicht hätte Ich Mich in der riesenhaftesten Menschengestalt, begleitet von zahllosen Engelscharen und unter Feuer, Blitz, Donner und Sturm zur Erde herablassen und mit bergezertrümmernder Donnerstimme euch das Wort der Gnade verkünden können. Da wäre sicher keiner unter euch gewesen, der in sich nur den geringsten Zweifel hätte aufkommen lassen können. Denn der höchste Schreck und die größte Angst hätten ihn augenblicklich derart geknebelt, daß er nicht eines beschränktesten Gedankens fähig gewesen wäre. Würde das aber jemand zu seiner inneren, wahren Freiwerdung genützt haben? O mitnichten! Das wäre ein *Gericht* für jedes Menschen Seele gewesen und eine derartige Gefangennehmung aller Gemüter, daß die Menschenherzen ordentlich zu härtesten Steinen geworden wären.

Seht, *darum* bin Ich in dieser Niedrigkeit ganz unscheinbar in die Welt gekommen, wie Ich Mich auch durch den Mund der Propheten so angekündigt habe — auf daß keines Menschen Herz gefangen würde und ihr allein durch die segensreiche Macht der Wahrheit Meiner Worte und Lehren Mich liebend erkennen und dann ganz frei euren Lebenswandel einrichten könnt!“ [1]

„Mein Reich, das Ich nun auf dieser Erde gründe, ist ein Reich des Friedens und nicht ein Reich der Zwietracht, der Verfolgung und des Krieges. Und so sollt ihr es auch im *Frieden* unter den Menschen ausbreiten und euch dabei keines Schwertes bedienen! Wenn aber diese Meine Lehre einmal durchs *Schwert* unter die Völker ausgebreitet wird, dann muß es bald sehr elend auf dieser Erde aussehen. Das Blut wird in Strömen fließen, und alle Meere werden eine traurige Färbung annehmen. Darum seid alle friedsame Arbeiter in Meinem Namen und vermeidet allen Zank und Hader! Wirket allein durch Meine *Liebe* in euren Herzen, denn in der Liebe liegt die größte Kraft und Macht verborgen!“ (Gr. Ev., Bd. 10, Kap. 106, 13 ff.)

[1] Gr. Ev., Bd. 6, Kap. 7, 5—8; vergl. auch die große Stelle über zwanglose Mission Bd. 8, Kap. 23, 6 ff. — Vom Zwang durch Wunderzeichen Gr. Ev., Bd. 8, Kap. 154; Bd. 6, Kap. 178, 13; Bd. 10, Kap. 220 ff., Kap. 104, 9. —

Keine Kopfhängerei und keine Kleinlichkeit!

Da ein unfrohes, oft einem geheimen Geisteshochmut entspringendes Wesen keinen Menschen gewinnen kann und auch nicht der Wonne des himmlischen Liebelichtes entspricht, werden die Boten des Herrn auch des öftern angehalten, ihre „Frohbotschaft" mit *freudigen* Mienen und mit fröhlichem, gewinnendem Wesen zu verkünden. [1]

Auch kleinliche *Engherzigkeit* in den Äußerlichkeiten des Lebens, insbesondere gegenüber den alteingebürgerten Lebensgewohnheiten anderer Menschen und Völker, ist *nicht* im Sinne des Herrn. Die leiblichen und seelischen Bedürfnisse sind je nach Veranlagung und Reifegrad der Menschen zu verschieden, als daß eine Regel für alle durchgeführt werden könnte. So sagt der *Herr* im ‚Großen Evangelium' zu etlichen, über die Gewohnheiten der wohlhabenden Römer entrüsteten Juden:

„Wer aus Gottes- und Menschenliebe so viel für die Armen tut, wie diese Römer tun, der hat auch das Recht — so er dazu das Vermögen besitzt —, seinen Leib zu pflegen nach der Art und Weise, wie er schon von Kindesjahren an gewöhnt worden ist. Denn ihnen ist das zu einem so natürlichen Bedürfnis geworden wie euch das reine und frische Wasser. Ich aber sehe nicht darauf, ob und womit jemand seine Haut gereinigt und belebt hat, sondern nur allein darauf, ob er gewaschenen und *reinen Herzens* vor Mir ist.

Daher, so ihr den Völkern Mein Evangelium verkündet, sollet ihr sie auch in ihren Leibespflegesitten belassen. Denn es genügt für einen jeden, daß er an Mich und Meinen Namen glaubt und nach Meiner Lehre lebt. Seinen Leib aber soll er nähren und pflegen, wie er das von Kindheit an *gewöhnt* war, damit er nach seiner Art frisch und gesund verbleiben kann. — Auch sollt ihr essen und trinken, was euch irgendwo auf den Tisch gesetzt wird, und sollt nicht Wesens machen mit dem materiellen äußern Judentum, das vor Mir keinen Wert hat, sondern handeln nach dem *Geiste* des wahren, innern und lebendigen Judentums, so werdet ihr Meine wahrhaftigen Jünger sein, und Ich werde ein Wohlgefallen haben an euch und euren Werken und werde unter euch im Geiste verbleiben." (Gr. Ev., Bd. 8, Kap. 100, 3—6)

Kluges und behutsames Vorgehen

Wer in der Aufklärung und Belehrung der Menschen Erfolge erzielen will, der muß überhaupt klug und behutsam vorgehen, da die Menschenseele, und besonders die schwache und kranke, ein empfindliches und durch plumpen Angriff leicht gestörtes und verärgertes Wesen ist.

„Wenn ihr jemand belehrt", spricht der Herr im ‚Großen Evangelium' anläßlich der Bekehrung eines eingefleischten Magiers zu seinen Jüngern, „so dürfet ihr nirgends gleich mit der Türe ins Haus fallen, sondern müsset zuvor den Menschen genau *erforschen* und daraus erkennen, von *welcher* Seite er zugänglich ist. Denn habt ihr ihn bei einer unzugänglichen Seite gefaßt, so habt ihr euch die Arbeit nur selbst erschwert, und ihr werdet dann zu tun haben, um solch einen Menschen

[1] Vergl. ‚Grundfragen des Lebens', Bd. 2, Kap. 52: ‚Evangelium der Fröhlichkeit'.

auf den rechten Weg zu bringen. Daher kann Ich euch nicht oft genug sagen: Seid klug wie die Schlangen und sanft wie die Tauben!

Ihr wisset nicht, welche Gewalt die *falsche Begründung* eines Menschen über sein Gemüt ausübt. So ihr erfahret, worin diese besteht, so dürft ihr den Menschen niemals unmittelbar bei solcher seiner meistgepanzerten Seite anpacken, sondern nur dort, wo er am schwächsten ist, was ihr bald herausfinden könnt. Habt ihr ihn da überwunden, nun, so wird es dann gar nicht mehr schwer sein, sich auch seiner starken Seiten zu bemächtigen.

Ihr müßt euch verhalten wie ein sehr *geschickter Arzt,* der die Krankheit eines Menschen und ihren Sitz wohl erkannt hat. Was tut er? Seht, da, wo die Krankheit sitzt, tut er nichts und kann er oft auch nichts tun. Aber er gibt dem Kranken solche Mittel, die die Krankheit *ableiten* auf die gesunden Teile des Leibes und von da durch den Schweiß oder den Magen und die Gedärme ausscheiden — und der Kranke wird gesund. Wo die Krankheit als Feind sich stark hingesetzt hat, da ist mit ihr nichts anzufangen, sondern man *zerteilt* sie durch gute und rechte Mittel und besiegt sie dann leicht.

Höret weiter! Dieser Mann — der nun nicht hier ist, darum Ich mit euch auch also ganz frei reden kann — ist in seiner stärksten Begründungsseite ein *Magier.* Er glaubt an gewisse Sprüche, Amulette, Salben, an die Mondstände und -viertel, an die Sonne, Wolken, Luft und Vogelzüge und noch an tausend andere Dinge so fest, daß er dem entsetzlich gram würde, der ihm sofort schroff entgegenträte. Mit solch einem Menschen würde er dann sicher sehr wenig mehr verkehren, weil er ihn für zu dumm und seiner Weisheit unwürdig halten würde.

Aber er ist sonst ein ganz guter und ehrlich-treuer Mensch und hat seine Freude daran, von jemandem etwas *Neues und Besonderes* zu erfahren — und sehet, das ist eben seine schwache Seite! Bei der muß man ihn fassen und ihm die Dinge in einem naturwahren Zustande darstellen und erklären, und er wird dann schon geheim bei sich *selbst* den Zauberer hinauszuschaffen anfangen, weil er auf der andern Seite mehr und mehr einsieht, daß seine ganze Zauberei auf hohlem Boden steht.

Es ist darum auch gut, die Menschen, die man für die Wahrheit gewinnen will, sich vorher ganz vom Grunde aus ihrer Ansichten *entäußern* zu lassen. Haben sie das mit aller Energie getan, dann haben sie in sich keine weitere Hauptkraft mehr und fangen dann erst an, ein aufmerksames Ohr auf den Gegner zu haben, in seine höheren Wahrheiten einzugehen, verwerfen von selbst ihre falschen Begründungen, und man hat sie gewonnen." [1]

„Wer da nicht versteht, mit den Weinenden zu weinen, mit den Lachenden zu lachen, mit den Heiteren heiter und mit den Ernsten ernst zu sein, der ist noch *nicht* geschickt zur Ausbreitung Meines Reiches auf Erden." [2]

[1] Gr. Ev., Bd. 6, Kap. 113, 3—8; vergl. auch Bd. 10, Kap. 189, 8 ff.; Bd. 1, Kap. 223, 9.
[2] Gr. Ev., Bd. 10, Kap. 189, 7.

Behandlung von Weltmenschen. — Keine Perlen vor die Schweine!

Besondere Vorsicht erfordert auch die Behandlung von Menschen, die von der *Welt* und deren Reizen in zu hohem Maße eingenommen sind.

Hinsichtlich ihrer rät der Herr den Jüngern: „Ich lobe euern Eifer, doch merket euch noch hinzu: In der *Klugheit* des menschlichen Geistes liegt stets eine größere Kraft als in der Faust. Und wo der gewisse Ernst für sich wenig oder nichts ausrichtet, da wirkt die *Liebe* und ihre *Geduld* und *Sanftmut* Wunder. Der volle Ernst und dessen Mut beherrsche euch selbst in euren Herzen! Eure Waffe gegenüber den Menschen aber bestehe stets nur in der Liebe, Sanftmut und Geduld, und ihr werdet auf diesem Wege, den Ich selbst vor den Menschen wandle, mehr ausrichten als mit purem Feuereifer und diamantenem Ernst.

Furcht sollet ihr freilich vor den Weltmenschen nicht haben, die in ihrem Grimm wohl euern Leib töten, aber eurer Seele nichts anhaben können. Fürchten sollet ihr allein nur den, der ein wahrer *Herr* über Leben und Tod von Ewigkeit her ist! Doch wo ihr sehen werdet, daß ihr mit der Liebe und der rechten Weisheit mit den zu verfinsterten Menschen nichts ausrichten könnt, denen kehrt den Rücken und zieht von dannen; ihr werdet anderswo schon wieder Menschen finden, mit denen ihr in Meinem Namen gute Erfolge haben werdet!

Bekennen sollt ihr Mich vor allen Menschen, da auch Ich euch bekenne vor Meinem Vater, aber *aufdringen* sollt ihr Mich den Weltfinsterlingen nicht und ihnen als den Weltschweinen auch nicht Meine Perlen vorwerfen. Denn Ich sage euch: Mein Wort ist ein rechter Lebensdünger *nur* für den Weizen und Meine Lehre ein wahrer Dünger für des Weinberges edle Reben. Aber für das Unkraut der Erde habe Ich keinen Lebensdünger; denn dieses ist nur da, auf daß es zertreten und verbrannt werde und mit seiner Asche dünge den Boden der Erde.

Wer zum Leben da ist auf der Erde, der soll durch Mein Wort zum Leben erweckt werden. Wer aber da ist durch seinen eigenen Willen und Starrsinn für den Tod, der soll auch in den Tod übergehen. Wer auferstehen will zum Leben aus dem Grabe seiner Materie, der erstehe; wer aber fallen *will*, der falle! Den Teufeln das Evangelium predigen, hieße Öl ins Feuer gießen! Darum seid auch ihr allzeit wohl klug gleich den Schlangen, dabei aber dennoch sanft wie die Tauben, und ihr werdet so tüchtige Arbeiter in Meinem Weinberg werden!" (Gr. Ev., Bd. 9, Kap. 148, 9—14)

Behandlung blinder Geistesgrößen, Pharisäer und Priester

Weise und sehr beachtenswert ist auch, was der Herr im ‚Großen Evangelium' über die rechte Behandlung blinder Blindenführer und anderer Personen sagt,die wie die Templer zu Jesu Zeiten durch Amt, Würde oder Erwerbsstellung auf verkehrte Anschauungen eingeschworen sind. Hier wird man nicht selten auf die hartnäckigsten und bösartigsten Gegner des wahren Himmelslichtes stoßen.

Der *Meister der Seelenkunde* spricht: „Für einen Erleuchteten ist es nicht schwer, einem lichtbedürftigen, willigen Blinden einen Führer zu machen. Schwer wird das erst dann, wenn der Blinde von dem Wahne beseelt ist, selbst ein Sehender zu sein. Solche Blinde sind unsere Pharisäer und Schriftgelehrten; auch der Heiden Priester sind davon nicht ausgenommen. Was ist da wohl zu tun? Ein kurzes Beispiel soll es euch zeigen."

Nun schildert der Herr, wie ein kluger Feldherr gegen einen bösen, mächtigen Nachbarfürsten vorgeht, der sich mit viel Kriegsvolk in uneinnehmbaren Festungen verschanzt hat. Der Feldherr läßt den Gegner in seinen unnahbaren Festungen unbehelligt, dringt dagegen ins flache Land, zieht mit leichter Mühe das dort wohnende unzufriedene Volk an sich, gibt ihm Licht und weise Gesetze und überwindet so schließlich den ehedem mächtigen Gegner *ohne* Schwertstreich.

„Seht", so fährt der Herr fort, „desgleichen tuet auch ihr als kluge Ausbreiter Meiner Lehre! Lasset stehen die Tempel und vielen Priesterhäuser, bearbeitet nur das Volk! Ist das Volk einmal auf eurer Seite, dann werden die alten Götzentempel ehestens von selbst allen Wert verlieren und zusammenstürzen, und ihre Diener werden aus eigenem Antriebe und durch die Not gedrungen zu euch übergehen, die neue Lehre annehmen und mit ihr zu wirken anfangen." (Gr. Ev., Bd. 5, Kap. 118, 2 ff.)

Zu den hartnäckigen Geistestyrannen dieser Art gehören auch viele von sich selbst eingenommene *Weltgelehrte* auf ihren stolzen Hochmutsburgen. Auch ihnen ist erfahrungsgemäß mit dem Himmelslicht der Prophetie kaum oder gar nicht beizukommen. Es will ihrem Stolze nicht eingehen, daß durch die Gnade und Eingebung Gottes einem demütigen, frommen Gottesmann wie *Lorber* die allergrößten Erkenntnisse auch auf den verschiedensten Gebieten der gelehrten Wissenschaften zugefallen sind, um welche sie mit vielen Fachgenossen Jahrzehnte, ja vielleicht ihr Leben lang mühsam gerungen haben. Daher werden die großen Enthüllungen *Lorbers* in den tiefsten Fragen der Natur-, Sternen-, Seelen- und Lebenskunde usf. von der Gelehrtenwelt auch heute noch übersehen und mißachtet, obzwar die Forscher aus den Lorberwerken die großartigsten Anschauungen und Anregungen zu entnehmen vermöchten.

Nicht viel zu erwarten!

Überhaupt darf der eifrige Jesujünger bei seiner Arbeit im Weinberge seine Erfolgserwartungen nicht zu hoch stellen! Die Lichtausbreitung ist auf unserem von den Mächten der Finsternis gewaltig beherrschten Erdensterne immer ein mühseliges und Geduld erheischendes Werk.

„Seht", spricht der Herr im ‚Großen Evangelium' zu einigen Ungestümen, „vor wie vielen Menschen habe Ich selbst gelehrt auf offenem Felde, auf den Straßen, in den Städten, Flecken, Häusern, auf dem Meere, auf den Bergen, im Tempel und in den Wüsten — und habe dabei, um den Blinden die Augen zu öffnen, stets große, nie erhörte Zeichen gewirkt. Geht hin und forschet nach, wie *wenige* sich von allen, die Mich gehört und gesehen, wahrhaft bekehrt haben!

Und so wie es nun ist, ebenso war es und wird es auch in der Folge sein. Denn ein jeder Mensch hat seine freie Liebe, seinen Willen und seinen Verstand. So er mit dem Verstande auch die volle Wahrheit begreift, sieht er aber mit seinen begierlichen Augen dennoch auch die Welt mit ihren vielen Reizen, von denen sich ein Herz nicht trennen mag, weil sie seinem Fleische mehr zusagen als die geistigen, die sein sinnliches Auge nicht schauen und sein Fleisch nicht fühlen kann.

Dazu ist dem Menschen auch die *Trägheit* sehr eigen. Er macht sich oft wohl einen guten Vorsatz um den andern; aber so er ihn zur vollen, tatsächlichen Ausführung bringen sollte, dann fängt sein genußgieriges Fleisch an, sich dagegen zu sträuben und zieht auch die Seele in den Schwerpunkt seiner Trägheit und Sinnlichkeit hinab.“ (Gr. Ev., Bd. 9, Kap. 181, 4—6)

Diese leidige Tatsache darf uns freilich nicht verdrießen. Denn Gott, der Herr und Schöpfer, weiß wohl, warum Er der menschlichen Seele dieses kleine Übergewicht der Materie gegeben hat. Er schenkt dazu ja andererseits auch seine Lehre und seinen Heiligen Geist aus den Himmeln! Und eben die Mühen und Kämpfe im *Ringen* mit der Finsternis üben, stärken und festigen den Menschen und machen ihn zu einem wahren, freien und *selbständigen* Gotteskind.

Nicht wir — sondern Er!

Die Schwierigkeiten der Lichtausbreitung überzeugen uns auch — und das ist dabei ein Hauptsegen — auf Schritt und Tritt davon, daß der Mensch mit all seinem Verstand und seiner Kraft eigentlich *ohnmächtig* ist und zur Seelenreifung selbst der nächststehenden Mitmenschen, der Freunde, Gatten, Kinder usf. aus Eigenem so wenig tun kann, wie es dem Landmann nicht gegeben ist, von sich aus einen Apfel am Baume zu reifen. Zu letzterem Erfolge kann der Baumbesitzer auch nur gewisse Vorbedingungen schaffen; aber die *Reifung* der Frucht muß der Herr der Schöpfung selbst besorgen durch Sonne und Regen. Und nur die vollgereifte Frucht zu pflücken und einzuheimsen ist dann wieder des Landmanns Sache. So kann auch der Mensch schließlich nur Geringes zur Erhellung und Vollendung einer anderen Menschenseele tun und nur die vom göttlichen Lebensmeister durch allerlei Führungen und Erfahrungen gereifte Seele zum Lichte führen.

In dieser demütigen Erkenntnis begreifen wir, wie wichtig beim Boten- und Lehramt die *Fürbitte* ist, ja daß darin geradezu das Haupterfordernis einer gesegneten Lichtausbreitung liegt. Wir sehen, daß wir vor allem eigenen Bemühen immer aufs neue in unseren ganzen Unternehmungen den *Herrn* des Weinbergs, den himmlischen Vater und Menschenbildner, um seinen heiligen Segen, sein machtvolles Durchgreifen und seine weise Vollführung bitten müssen.

„Ohne Mich könnet ihr nichts tun zum Heile der Seelen!“ Dieses Wort steht über jeglicher Missionsbestrebung als ernstes Mahnzeichen. Und nach gewonnenem Siege möge uns die Demut in tiefstem Herzensgrunde empfinden und sprechen lassen:

Nicht ich hab es vollendet, *Er* hat das Werk vollbracht!

59

Ursachen der Krankheiten und ihre Heilung

Das Leben des Menschen faßt in sich eine Fülle von Fragen, und es wäre kein Ende zu finden ohne Erleuchtung von oben. So ist auch das Verhältnis zwischen Leib und Seele ein tiefes Rätsel, und gerade heute ringt die Menschheit besonders um Licht in diesen Dingen. Können wir der Seele durch den Leib und dem Leib durch die Seele Heilung verschaffen? Was soll demnach geschehen, wenn der Leib in seiner Beschaffenheit und seinen Funktionen nicht in Ordnung ist? Darüber zerbrachen sich zu allen Zeiten viele Menschen den Kopf und geht der Streit auch heute in hohen Wogen fort.

Was hat nun über diese Fragen der große Bote aus dem Reiche des Lichtes, Jakob Lorber, zu sagen? Wie kann dem kranken Menschen vom geistigen Standpunkte aus geholfen werden?

Krankheit eine Folge der Widerordnung

Der Mensch ist nach den Lehren der Neuoffenbarung eine *Dreieinheit* von Geist, Seele und Leib. — Der Leib ist in diesem Dreiklang von mehr untergeordneter, dienender Bedeutung. Er hat keine weitere Aufgabe, als der Seele und dem Geist ein Gefäß und taugliches Werkzeug zu sein, durch dessen Aufbau, Erhaltung und weisen Gebrauch die Seele unter Leitung des göttlich erleuchteten Geistes den willigen und gesegneten Dienst in der Ordnung Gottes lernen soll.

Da in der ganzen Welt nichts ohne einen weisen, im Willen und in der Ordnung Gottes gelegenen Grund geschieht, so gibt es auch keine Störung, Unregelmäßigkeit oder Schadhaftigkeit im kunstvollen Organismus des Leibes, die nicht letzten Endes *geistig* begründet wäre. Kein Haar fällt von unserem Haupte ohne Gottes Willen oder Zulassung — eine unumstößliche Grundwahrheit im Schöpfungsganzen, von der es nicht eine einzige Ausnahme gibt.

Wo liegen nun die Gründe, wenn wir in unserem Körper *Unstimmigkeiten* und infolgedessen Schmerzen oder Unwohlsein fühlen? Warum ist in unserem irdischen Leben so oft die leidige Geißel der *Krankheiten* zugelassen? In den Werken Jakob Lorbers finden wir darüber folgende Worte:

„Würden die Menschen sich nie von Gott abwenden, so würden sie auch nie in Not und Elend verfallen. Wenn ihr sonach auch in euren Nachkommen stets in und bei Mir im Glauben und in der Tat nach Meiner Lehre verbleiben werdet, so werdet ihr auch nie ein Elend zu bestehen haben. Auch des Leibes Krankheiten werden eure Seelen nicht ängstlich und kleinmütig machen; denn des Leibes Krankheiten sind allezeit nur die bitteren Folgen der Nichtbeachtung der von Mir den Menschen allzeit klar ausgesprochenen Gebote.

Wer diese schon von seiner Jugend an treu zu halten anfängt, wird bis ins hohe Alter keines Arztes bedürfen, und seine Nachkommen werden nicht an den Sünden ihrer Eltern zu leiden haben, wie das bei den alten, Gott getreuen Völkern oft Jahrhunderte lang der Fall war. Aber wenn die Menschen auszuarten angefangen haben, dann sind auch bald schwere Körperleiden über sie gekommen und haben sie die Folgen der Gering- oder Nichtachtung der Gebote Gottes kennen gelehrt.

... Wenn der sachkundige Verfertiger einer Maschine dem, der sie ihm zum Gebrauch abgekauft hat, zeigt, was er zu beachten hat, um von ihr einen dauerhaft nützlichen Gebrauch machen zu können, muß der Käufer auch genau beachten, was ihm der Maschinenmeister gesagt hat. So aber der Käufer mit der Weile das Gesagte aus Eigen- oder Leichtsinn nicht mehr beachtet, muß er es sich selbst zuschreiben, daß die Maschine verdorben wird und somit für den guten Gebrauch entweder ganz oder doch zum Teile untauglich geworden ist.

Gott aber ist der große Maschinenmeister des menschlichen Leibes, den Er zum nützlichen Gebrauch für die Menschen als eine gar kunstvolle Maschine wohl eingerichtet hat. Gebraucht die Seele diese belebte Maschine nach dem ihr klar ermittelten Rate, der in den Geboten Gottes besteht, so wird der Leib auch in stets brauchbarer Gesundheit verbleiben. Mißachtet aber mit der Zeit die träge und sinnlich gewordene Seele diese Gebote, so muß sie es sich auch selbst zuschreiben, so ihr Leib in allerlei Elend verfallen wird.“ (Gr. Ev., Bd. 9, Kap. 35, 5—9)

Die Hauptursachen der Krankheiten

Im ‚Großen Evangelium‘ ermahnt der *Herr* noch besonders:

„Von allen menschlichen Lastern ist das böseste die Hurerei und Unzucht aller Art. Zu diesem Laster aber werden die Menschen verleitet durch Müßiggang und durch den Hochmut. Denn dem Hochmut ist nichts mehr heilig; er sucht alle ihm zu Gebote stehenden Mittel auf, um durch sie seine weltsinnlichen Leidenschaften zu befriedigen. Diese Sünde ist also eine Hauptquelle, durch die alle die ärgsten Krankheiten in diese Welt kommen. Dann kommen aber auch Völlerei, der Zorn und allerlei Ärger, durch welche genannten Laster sich auch allerlei Krankheiten bei den Menschen entwickeln und sie dann quälen.

Sagte Ich nicht zu dem Kranken in Jerusalem, der volle 38 Jahre am Teiche Bethesda harrte, um geheilt zu werden, als Ich ihn geheilt hatte: „Gehe hin und sündige nicht mehr, auf daß dir nicht noch etwas Ärgeres widerfahre!“? Seine böse Gicht war demnach auch eine Folge seiner früheren vielen Sünden. Und so ist es beinahe bei den meisten von Mir Geheilten der gleiche Fall gewesen. Wären sie durch ihre vielen Sünden nicht krank geworden, so wäre es auch um ihre Seelen geschehen gewesen. Nur eine schwere und bittere Krankheit hat sie nüchtern gemacht und zeigte ihnen, wie die Welt ihre Huldiger lohnt. Sie verloren durch die Krankheit ihre Liebe zur Welt und sehnten sich, von ihr bald erlöst zu werden. Dadurch ward ihre Seele freier, und es kam ihnen dann auch zur rechten Zeit die Heilung ihres Leibes.

Neben diesen Hauptursachen, aus denen die meisten Krankheiten bei den ohnehin von Geburt her geschwächten Menschen entstehen, gibt es wohl noch andere, durch die der schwache Mensch auch sehr arg krank werden kann — aber Ich sage es eigens noch einmal: Nur dem schon von der Geburt an Geschwächten kann das begegnen. Die Ursachen aber will Ich euch ganz kurz gefaßt zeigen:

Einmal steht da im Vordergrunde das Essen schlechter, unreiner und nicht frisch zubereiteter Speisen und auch schlechter Getränke, sodann das Essen von allerlei unreifem Obst. Dann haben viele den argen Brauch, sich in erhitztem Zustande schnell abzukühlen. Wieder andere setzen sich, unbewußt ihrer angeborenen Schwäche, allerlei Gefahren aus, in denen sie entweder zugrunde gehen oder einen lebenslang dauernden Schaden davon tragen. Dafür kann Gott nicht, und das um so weniger, da Er dem Menschen Verstand, freien Willen und die besten Lebensgesetze gegeben hat!

Es gibt aber auch kranke Menschen, die wegen der Sünden ihrer Eltern oder Voreltern schon vom Mutterleib aus krank in diese Welt gekommen sind. Solcher Kranken Seelen sind zumeist von oben her und machen nur eine zeitweilige Fleischprobe auf dieser Erde durch. Für diese aber ist jenseits im Reiche der Geister ohnehin bestens gesorgt, und jeden, der sie pflegt mit Liebe und Geduld, werden sie auch jenseits mit der gleichen Liebe und Geduld in ihre himmlischen Wohnungen aufnehmen.“ [1]

Krankheit und Schmerz als Wächter und Wecker

Den geistigen *Sinn* der oft schmerzvollen Krankheitszulassungen enthüllt der Herr bei einem Gespräch in dem Lorberwerk ‚Die Haushaltung Gottes‘. Dort sagt ein Wahrheitssucher:

„O Herr, du heiliger und liebevollster Vater und Schöpfer aller Engel und Menschen! Siehe, das Leben auf der Erde zur Probung des Geistes wäre an und für sich ja ganz seinem erhabenen Zweck gemäß, wenn mit diesem Leben nur *eine* unangenehme Sache nicht verbunden wäre: die Empfindlichkeit für den entsetzlichen Schmerz! Warum muß denn dieser Leib schmerzfähig sein? Warum muß es mir einen Schmerz verursachen, so ich mich irgendwo anstoße, oder so ich falle oder irgend mich schneide, kneife oder steche? Warum müssen sich sogar öfters überlästige Schmerzen im Leibe entwickeln? Warum muß mich das Feuer so unerträglich brennen, und warum muß das Weib unter so großen Schmerzen gebären?

Siehe, Du lieber, heiliger Vater, das kann ich durchaus nicht billigen in der Sphäre des Lebens mit diesem meinem Erkennen und möchte darum den Grund dieser traurigen Erscheinung von Dir erfahren! Denn ich vermute mit großer Zuversicht, daß das Leben des Geistes völlig schmerzunfähig ist. Darum könnte ja wohl das Leben des Leibes ebenfalls auf eine gleiche Weise völlig schmerzunfähig sein! Hab‘ ich recht oder nicht?“ (‚Haush. Gottes‘, Bd. 3, Kap. 72, 2—5)

Der *Herr* erwidert: „Mein Sohn, sage Mir in deinem Gemüt: Wäre wohl irgendein Leben denkbar, welches da *nicht* empfänglich sein sollte für Eindrücke aller Art? So du keine Empfindung hättest, lebtest du dann? Ich setze aber den Fall, daß der Mensch alle Eindrücke nur als wohltuend empfände, etwa auf die Weise wie den Akt der Zeugung. Würde sich da der Mensch nicht alsbald zerstören, indem er sich fortwährend stoßen, schlagen, stechen, schneiden und brennen würde? Und ehe da verginge ein Jahr, wäre doch sicher vom ganzen Leibe kein gesundes Glied mehr vorhanden. Ohne alle Empfindung, weder wohltuender, noch schmerzender Art aber ist nur der absolute Tod.

So ist der Schmerz ja des Lebens größter Wohltäter und getreuester Schutzwächter, ohne den das Leben auf keine sonstige Weise bestandbar gedacht werden

[1] Gr. Ev., Bd. 6, Kap. 56, 1—7 u. 10; vergl. auch Bd. 4, Kap. 80; ‚Erde und Mond‘, Kap. 59.

könnte. Zudem ist dir ja ohnehin ein schmerzloser Leib gegeben worden! So du ihn hältst nach Meiner Ordnung und bist aufmerksam im Liegen, Sitzen, Stehen, Gehen und Laufen, so wirst du dein Leben völlig schmerzlos durchbringen. Und so du mäßig bist im Essen und Trinken, wirst du auch verschont bleiben von innerem Weh. Und so du nicht zu sehr den Werken des Fleisches obliegst, wirst du nie erfahren, was da ist ein Schmerz in den Gliedern. Der Schmerz aber ist ein wesentliches Attribut des Lebens, ohne das du keine Sinne hättest. Er ist die eigentliche Empfindung und die Wahrnehmung der *Liebe;* und so diese aus ihrer Ordnung gerät, so empfindet sie solches in der Art des Schmerzes, die Ordnung aber stets als ein überaus behagliches Gefühl. Wünsche dir daher den Schmerz nie hinweg; denn er ist deines Lebens treuester Wächter und wird einmal auch der Zusammenzieher, Sammler und völlige Retter des Lebens deines Geistes werden." (‚Haush. Gottes', Bd. 3, Kap. 72, 7—13)

Ähnlich lautet ein bedeutsamer Hinweis des *Herrn* im ‚Großen Evangelium':

„Es ist dem Menschen um seiner Seele willen nicht allezeit zuträglich, so er völlig gesunden Leibes einherwandelt. Denn ist sein Fleisch zu gesund, da wird es leicht erregt durch allerlei sinnliche Lustreize, die die Seele dann auch eher begierlich machen, als so ihr Fleisch kränklich und schwach ist — und so ist eine Leibeskrankheit gleichsam eine Wache vor der Tür des inneren Lebens der Seele.

Ich will zwar nicht, daß da jemand mit einem kranken Leib dies irdische Willensfreiheitsprobeleben durchmachen soll. So aber die Menschen den alten Rat Meiner Liebe und Ordnung nicht beachten, sondern tun, was sie *nicht* tun sollen, so sind sie auch selbst die Schöpfer aller Übel ihres Leibes und ihrer Seelen.

Ich aber kann des Leichtsinns und der selbstverschuldeten Blindheit der Menchen wegen Meine Ordnung, durch die allein der Bestand aller Dinge möglich ist, nicht umkehren. Wer da weiß, daß sein Leib, so er geschlagen oder gestochen wird, einen Schmerz empfindet, sich aber dennoch schlägt und sticht, der ist ja selbst schuld daran, so sein Leib dabei große Schmerzen erleidet. Der aberwitzigen Torheit der Menschen wegen werde Ich keine Seele mit einem unempfindlichen Leibe versehen und nicht machen, daß man der Schwere wegen nicht vom Dache auf den Boden herabfallen dürfte. — Das also zu eurer Danachachtung!" [1]

Von der Besessenheit

Eine besondere und nicht seltene Ursache leiblicher und seelischer Störungen ist auch die Besessenheit. Manche Krankheitserscheinungen und seelisch geistigen Übel, bei denen die stofflich gerichteten Ärzte und Forscher unserer Zeit vergebens nach materiellen Ursachen ausschauen, sind darauf zurückzuführen.

Im ‚Großen Evangelium' erklärt der Herr über diese auch von den biblischen Evangelien berichteten Fälle:

„Es gibt Menschen, die von bösen Geistern auf eine Zeitlang, aber nur im Fleische, in Besitz genommen werden, ohne daß dadurch die bösen Geister der Seele eines solchen Besessenen nur im geringsten (dauernd) schaden können. Die das Fleisch eines Menschen in Besitz nehmenden argen Geister sind Seelen *verstor-*

[1] Gr. Ev., Bd. 9, Kap. 158, 11 ff. Über Leidenserläuterung vergl. auch Gr. Ev., Bd. 10, Kap. 112.

bener Menschen, die einst auf der Welt ein böses Leben geführt haben, und zwar wohl wissend, daß ihr Tun ein böses war.

Diese an sich schlimm aussehenden Vorkommnisse in den glaubensfinsteren Zeiten sind demnach eine Zulassung, damit die Ungläubigen darin eine derbe Mahnung erhalten, daß ihr Unglaube ein eitler ist und daß es nach dem Abfall des Leibes ein Fortleben der Seele des Menschen gibt und sicher auch einen Gott, der die Bosheit und Dummheit der Menschen auch jenseits gar wohl zu züchtigen imstande ist. Der arge Geist, der da das Fleisch eines Menschen in Besitz nimmt, erfährt trotz seines bösen Sträubens für ihn kaum erträgliche Demütigungen und wird darauf in sich sanfter und leichter. Die Zeugen vom Vorkommen solcher Zustände werden aus ihrem zu materiellen und finstern Lebenswandel wie mit Gewalt gerissen, fangen an, über Geistiges nachzudenken und werden besser in ihrem Tun und Lassen.

So hat diese unter den Menschen vorkommende und sehr schlimm aussehende Sache auch wieder in Zeiten der größten Glaubensnot ihr entschieden Gutes.

...Bei Menschen, die im lichtvoll-lebendigen Glauben sind, kommt das Besessensein gar nie vor, weil des Menschen Seele und der Geist in ihr auch den Leib so durchdringen, daß da kein fremder und etwa auch noch arger Geist in ein lauteres Fleisch dringen kann. Aber wo die Seele eines Menschen finster, fleischlich und materiell geworden ist und dadurch auch ängstlich und furchtsam, krank und schwach, so daß sie einem fremden Eindringling keinen Widerstand leisten kann, geschieht es auch leicht, daß dann und wann die argen Seelen — die sich nach dem Austritt aus dem Leibe zumeist in jenen niederen Regionen dieser Erde aufhalten und ihr Unwesen treiben, wo die Menschen ihres Gelichters im Fleische leben — in den Leib eines schwachen Menschen dringen, sich zumeist im sinnlichsten Unterleib ansetzen und sich als Fremde und arge Geister durch das Fleisch des Besessenen nach außen hin zu äußern anfangen.“ [1]

Tiefe Gründe eines Krankenschicksals

Auf die im weisen Ratschlusse Gottes begründeten tieferen Ursachen und geistigen Zwecke eines Krankheitsübels wirft auch eine Szene im ‚Großen Evangelium‘ ein bedeutsames Licht. Hier hatte der Herr einen blinden und lahmen Wirtssohn geheilt.

„Sagte der Wirt: ‚O Herr und Meister, nun sehe ich es ganz klar ein, daß Du allein höchst weise bist und in allem recht hast; die Menschen sind allzeit selbst schuld an allen Übeln, von denen sie körperlich und seelisch heimgesucht werden.

Doch wer war denn daran schuld, daß dieser mein Sohn, der stets von der frühesten Jugend an mein allergeratenster und frömmster war, blind und lahm geworden ist?‘

Sagte *Ich:* ‚Siehe, Freund, da wirkten drei Hauptumstände zusammen. Der erste war deine zu große Vorliebe für ihn. So er nur ein wenig von irgendeinem kleinen Kopfübel bedroht war, mußten gleich alle bekannten Ärzte zu ihm kommen, um

[1] Gr. Ev., Bd. 8, Kap. 32, 1, 2, 4, 5, 6 u. 10; vergl. auch Bd. 2, Kap. 169, 1 ff.

ihn zu heilen. Diese haben ihm durch ihre stärksten Mittel einen ziemlich heftigen Kopfkatarrh in die Augen getrieben, und der Sohn ward blind.

Zweiter Umstand: Als der Sohn blind geworden war, wollten die Ärzte ihn wieder sehend machen, gebrauchten innerlich und äußerlich starke, aber ganz verkehrte Mittel, und dein Sohn ward dadurch denn auch bald am ganzen Leibe lahm.

Dritter Umstand: Ich wußte wohl auch darum, ließ es aber zu, daß dir solches begegne, und zwar aus folgendem Grund: Zum ersten hast du dann auch deinen andern Kindern eine größere Liebe bezeigt und hast sie alle besser zu erziehen angefangen. Zum zweiten hast du eingesehen, daß ein rechter Jude auch bei den leiblichen Übeln stets mehr auf Gott als auf die meist unwissenden Weltärzte sein Vertrauen setzen soll; denn wo kein Arzt mehr helfen kann, da kann noch Gott allein gar wohl helfen. Und zum dritten ließ Ich das auch darum zu, weil Ich wohl wußte, daß Ich zu dir kommen werde, um dir in der Heilung deines Sohnes ein Zeichen zu geben, daß Ich der Herr bin und Mir nichts unmöglich ist.

Aus dem wirst du nun wohl einsehen, was da alles schuld war, daß dein Sohn auf eine Zeitlang blind und lahm geworden ist. Es gibt zwar wohl noch einen dir jetzt noch völlig unbegreiflichen, geheimen geistigen Grund, der dir aber erst im anderen Leben klar werden wird. Das magst du aber nun aus Meinem Munde für dich und deinen Sohn vernehmen, daß weder du selbst, noch dieser dein Sohn der Seele nach von dieser Erde, sondern von oben her, d. h. von einer anderen im endlos weiten Himmelsraume abstammt. Denn alles, was sich dir am weiten und tiefen Himmel als ein bleibendes Gestirn zeigt, sind Weltkörper über Weltkörper, und keiner ist ohne euch ähnliche, vernünftige Menschenwesen; doch Meine *Kinder* trägt nur diese Erde.

Doch frage Mich darüber um nichts Weiteres mehr; so du im Geiste vollendet sein wirst, wird sich deine innere Sehe auch in diesem zu größerer Klarheit erheben.' " (Gr. Ev., Bd. 10, Kap. 148, 8—15)

Grob- und feinstoffliche Heilweisen

Für die Heilung der Krankheiten kennt die stofflich gesinnte Welt hauptsächlich das *Messer* und starke, vielfach giftige *Arzneien.* In neuerer Zeit kommen aber auch wieder geistigere Heilweisen auf, so die von Samuel Hahnemann schon um die Wende des 19. Jahrhunderts begründete, mit feinverdünnten Stoffen arbeitende *Homöopathie,* ferner der von den Ärzten Mesmer, Reichenbach, Kerner u. a. in der ersten Hälfte des 19. Jahrhunderts empfohlene und angewandte *Magnetismus* und die in den letztvergangenen Jahrzehnten stark ausgebreitete *Naturheilkunst.* Alle diese Heilweisen können, im rechten Fall und in der rechten Weise angewendet, Erfolg und Segen bringen, so es der Wille Gottes ist. Und der Herr selbst zeigte in Nazareth einem irdischen Arzt „eine Menge heilsamer *Kräuter* und andere Dinge, mit denen er dann die besten Kuren machte und sich dadurch einen rühmlichen Namen erwarb." (Gr. Ev., Bd. 1, Kap. 89, 11)

Die Sonnenlichtkur

Durch Jakob Lorber wurde sodann den feinstofflichen Verfahren auch noch die Heilung mit Sonnenlichtstoffen hinzugefügt.

Diese *„Sonnenkur"* wurde in einem besonderen Schriftchen [1] behandelt und empfohlen. Und wir lesen da u. a.:

„In den ältesten Zeiten benützten die Menschen, so sie irgendein Unbehagen in ihrem Leibe verspürten, die Sonne, d. h. ihr *Licht* und ihre *Wärme* als einziges Heilmittel zur Wiederherstellung ihrer Gesundheit. Sie legten ihre Kranken in die Sonne und entblößten diejenigen Teile des Leibes gänzlich, in denen der Kranke eine Schwäche, eine Unbehaglichkeit oder einen Schmerz verspürte — und es ward in Kürze besser mit dem Kranken.

Fehlte es dem Kranken im Magen, so mußte er — nebst dem, daß er eine Zeitlang seine Magengegend dem Sonnenlicht ausgesetzt hatte — darauf aus einer reinen Quelle, die der Sonne ausgesetzt war, Wasser trinken, und es ward bald besser mit ihm. Überhaupt tranken die ersten Bewohner dieser Erde nicht leicht ein Wasser, das nicht zuvor auf kurze Zeit, so es tunlich war, dem Sonnenlicht ausgesetzt war. Tiefe und gedeckte Brunnen waren ihnen fremd, und aus einer Quelle, wohin das Licht der Sonne nicht dringen konnte, trank niemand ein Wasser; denn sie wußten und sahen es wohl auch, daß sich in solchem Wasser so lange grobe und mitunter sogar böse Geister aufhalten, bis diese durch die Kraft des himmlischen Sonnenlichtes ausgetrieben wurden.

Seht, in dem bisher Angeführten liegt eine tiefe Wahrheit, denn das Licht der Sonne führt reinere Geister mit sich. Diese aber haben die größte *Verwandtschaft* mit den substantiellen Teilen der Seele des Menschen. Wenn durch die Einwirkung solch reiner Geister der Seele eine kräftige *Stärkung* zugeführt wird, so wird dann die so gestärkte Seele mit irgendeiner in ihrem Leibe entstandenen Schwäche leicht und bald fertig, weil die Gesundheit des Leibes einzig und allein von einer hinreichend kräftigen Seele abhängt.

Denn wo immer ursprünglich irgendeine Schwäche in der Seele, d. h. in ihren substantiellen Teilen, auftritt und die Seele selbst auf einem geordneten Weg sich in den geschwächten Teilen keine Stärkung verschaffen kann, wendet sie sich dann an ihren eigenen *Nervengeist* und zieht aus ihm das ihr Mangelnde an sich. Dafür entsteht dann, wie in entladenen elektrischen Flaschen, in den Nerven ein offenbarer *Mangel* an jenem Lebensfluidum, durch das sie allein in der rechten Spannung erhalten werden.

Die Nerven, dadurch hungrig geworden, saugen dann eine noch zu wenig reine Kost aus dem Blut. Wenn solches vor sich geht, so entsteht dann ein unnatürlicher Lebensprozeß in der Natur des Fleisches, aus dem alle möglichen Krankheiten je nach der Art und Weise entstehen können, wie sie nach dem tieferen Seelenkalkül (Berechnung der Seele) einem oder dem andern Teil entsprechen, der in der Seele schwach geworden ist.

Da aber in den reineren Sonnengeistern *alle* jene partikularen Seelensubstanzen, aus denen die Seele selbst besteht, sich vorfinden, so ist es für sie ein leichtes, aus ihnen das zur Stärkung zu nehmen, was ihr abging, um dadurch auch wieder die frühere Ordnung in ihrem Nervengeist — und durch diesen in den Nerven

[1] ‚Die Heilkraft des Sonnenlichts', Lorber-Verlag, Bietigheim/Württ.

— und in dem Blut die rechte, natürliche Lebensspannung zu bewerkstelligen" (‚Die Heilkraft des Sonnenlichts', Seite 1, 2, 3).

In dem Schriftchen ‚Die Heilkraft des Sonnenlichts' wird nun weiter ein *Verfahren* angegeben, durch welches mittels starker und anhaltender Besonnung in gewissen stofflichen Trägern, wie Milchzucker u. a. Sonnenkräfte eingespeichert werden können. Zugleich wird eine allerdings ziemlich strenge *Ernährungsweise* angegeben, von deren Einhaltung die Wirksamkeit der Sonnenlichtstoffe abhängt.

Magnetismus

Wie die Sonne, so hat nach den Eröffnungen durch Jakob Lorber und den Feststellungen der neueren Wissenschaft jeder geschöpfliche Organismus und besonders auch der Mensch eine mehr oder weniger starke *Lebensausstrahlung,* die aus einer Fülle winziger, dem Körper entströmender Lebensfunken besteht. Da der Mensch eine Dreieinheit von Leib, Seele und Geist ist, so zeigt auch seine Lebensausstrahlung oder *Aura* (bei Lorber „Außenlebenssphäre" genannt) *dreierlei* verschiedenartige Elemente. Und man unterscheidet je nach dem Ursprung und der Beschaffenheit der Strahlung einen leiblichen, seelischen und reingeistigen Magnetismus.

Der *leibliche* (oder tierische) Magnetismus geht vom grobstofflichen Leibe aus und vermittelt nur dessen tierische Lebenswärme.

Etwas höher steht der *seelische* Magnetismus, der von den seelischen Eigenkräften eines guten, wohlmeinenden Menschen ausgeht. Da kann, wenigstens auf kurze Dauer, schon manches Ersprießliche ausgerichtet werden. [1] Ist aber die Seele des Magnetiseurs noch selber ungeläutert, d. h. herrschen in ihr an Stelle der reinen, göttlichen Liebe zu Gott und den Menschen die Triebe der Selbstsucht und Selbstherrlichkeit, dann schwingen diese Kräfte der verderblichen Widerordnung auch in der seelischen Strahlung des Magnetiseurs und kann dieser nichts wahrhaft Gutes wirken. Ja, ein solcher Mensch zieht aus den geistigen Welten ähnlich geartete Wesen, unter Umständen sogar Teufel und Dämonen an sich, und diese helfen ihm dann allerlei „Wunderwirkungen" auszuüben. Aber diese „Heilungen" und sonstigen Zaubereien sind dann *Scheinerfolge* und bringen kein wahres geistiges Heil weder dem Heilkünstler noch dem Behandelten.

Ein wahrer, dauernder Segen liegt nur in der dritten, der *geistigen* Lebensstrahlung.

Der geistige Lebensstrom

Diese Reinkraft geht vom reinen, göttlichen *Geistfunken* aus, der in jedem Lebensorganismus das Haupt- und Grundleben bildet und beim Menschen, als unmittelbar aus dem „Herzen Gottes" stammend, ein Geist von besonderer Liebe, Weisheit und Macht ist.

Dieser in der Lebenskammer unseres Herzens wohnende Gottesgeist, der „Christus" in uns ist es, der unserer Seele und unserem Leibe die aus der Urmitte der Gottheit, vom Vater in Jesus, allen Wesen zugehende schöpferische und allerhaltende Lebenskraft des *Heiligen Geistes* zuströmt. Und der reingeistige Magnetismus (oder „Lebensstrom") ist nichts anderes als eben jenes heilige *Geistfeuer,* das

[1] Vergl. Gr. Ev., Bd. 4, Kap. 223, 224, 228, 6, 229, 6 ff.

in sich die höchste göttliche Liebe, Weisheit, Kraft und Macht ist. Diese Strahlung zeigt sich freilich in bemerkbarer Weise *nur* bei stark geläuterten, in der Demut und selbstlosen Liebe fortgeschrittenen Menschen. Und ihr ist aber auch, da sie göttlichen Ursprunges ist, kein Ding unmöglich.

Von der Außenlebensstrahlung des Menschen

Über die Geheimnisse der menschlichen Außenlebensstrahlung gibt der *Herr* im ‚Großen Evangelium' seinen Jüngern manche Eröffnungen. So sagt Er anläßlich des Erscheinens eines durch seine Anwesenheit angezogenen Kranichzuges zu Lazarus:

„Siehe, ein jeder Mensch hat als ein geistig, seelisch und naturkörperlich lebendes Wesen ebenso eine Außenlebenssphäre um sich, wie solche ein jeder Weltkörper, jeder einzelne Stein wieder eigens für sich und so ein jeder Baum und jedes Gewächs nach seiner Art und also auch ein jedes Tier hat. Ohne solch eine Außenlebenssphäre könnte weder eine Erde, noch ein Stein, noch ein anderes Mineral, noch ein Gewächs und ein tierisches Lebewesen bestehen.

Daß sich die Sache aber so verhält, könnt ihr einer von euch schon sicher oft erprobten Erfahrung entnehmen, daß ihr z. B. in einem Eichenwald von einer ganz anderen Empfindung ergriffen werdet als in einem Zedernwald. Eine ganz andere Stimmung bemächtigt sich des Menschen, wenn er sich auf einem Kalkfelsen befindet, und eine andere auf einem Granitfelsen. Ein anderes Empfinden hat der aufmerksame Mensch in einem Weinberg und ein anderes in einem Garten mit Feigenbäumen. Dasselbe wandelbare Gefühl hat der Mensch bei der Annäherung verschiedener Tiere und noch mehr bei Annäherung verschiedener Menschen. Ein fein fühlender Mensch empfindet das oft schon auf eine beträchtliche Ferne und merkt es genau, ob ihm ein guter oder ein böser Mensch begegnen wird. Das empfinden auch die Tiere, und manche um vieles schärfer als ein materieller und wenig Gutes und Wahres denkender Mensch.

Ist ein Mensch von einer vollendet guten Art und in seiner Seele von göttlichem Geiste erfüllt, wird seine Außenlebenssphäre auch stets kräftiger und in weite Fernen hin reichen. Wenn solch einem Menschen sich dann auch selbst die reißendsten Tiere nähern, werden sie von seiner Außenlebenssphäre durchdrungen und gesänftet, werden sich ihm voller Freundlichkeit nähern und ihm nichts zuleide tun; er wird ihnen sogar mit seinem *Willen* gebieten können, und sie werden sich ihm gehorsam erweisen. Beispiele von der Wahrheit des Gesagten findet ihr bei den Urvätern der Erde, bei den Patriarchen und bei den Propheten; und in dieser Zeit habt ihr das schon selbst an Meiner Seite gar vielfach erlebt." [1]

Das Jesuskind als Krankenheiler und Heilkraftspender

Wunderbar herrlich und anschaulich wird in dem köstlichen Buche ‚Die Jugend Jesu' geschildert, wie das Jesuskindlein als Inbegriff und „Fülle der Gottheit" heilt und wie schon von Ihm alle wahre göttlich-geistige Heilkraft ausgeht. Wir lesen da von einem Besuch Josephs und des Kindleins bei einem befreundeten Arzt in Nazareth:

[1] Gr. Ev., Bd. 8, Kap. 102, 2—6; vergl. auch Bd. 4, Kap. 215, 3—8; 216; 222; 228, 6; 229, 6 ff.

„Das Kindlein lief munter im Zimmer herum und fragte die Kranken, die da mit allerlei Gebrechen behaftet waren, was ihnen fehle, und wie sie zu solchen Übeln gekommen wären.

Die Kranken aber sprachen: ‚Du kleines, munteres Knäblein, das haben wir schon dem Arzte gesagt, der uns danach heilen wird. Jetzt vor den Gästen würde es sich wohl nicht schicken, daß wir da unsere Sünden bekennen sollen, die sicher die Ursache unserer Leibesgebrechen sind; daher gehe du zum Arzte, der wird es dir schon sagen, so es sich schickt für dich!'

Das Kindlein lächelte hier und sprach zu den Kranken: ‚Würdet ihr Mir auch dann den Grund von euren Gebrechen nicht kundgeben, so Ich euch ganz bestimmt helfen könnte?'

Und die Kranken sprachen: ‚O ja, dann schon; aber dazu wirst du noch sehr viel lernen müssen! Es wird noch eine schöne Zeit verrinnen, bis du ein Arzt wirst.'

Und das Kindlein sprach: ‚O mitnichten, denn Ich bin schon ein ganz ausgelernter Arzt und habe es so weit gebracht, daß Ich euch augenblicklich heilen kann. Und Ich sage euch: Wer aus euch sich Mir am ersten anvertrauen wird, der soll auch am ersten und alsogleich gesund werden!'

Da war ein gichtbrüchiges Mädchen von zwölf Jahren, das fand Wohlgefallen an dem Kinde und sagte zu Ihm: ‚So komme denn her, du kleiner Arzt, ich will mich von dir heilen lassen!'

Hier lief das Kindlein zu dem Mädchen und sprach zu ihm: ‚Weil du Mich zuerst berufen hast, so sollst du auch zuerst gesund werden! Siehe, Ich kenne deines Gebrechens Grund, er liegt in denen, die dich gezeugt haben. Du aber bist ohne Sünde, daher sage Ich zu dir: Stehe auf und wandle frei, und gedenke Meiner! Aber nun rede du zu niemand, daß Ich dich geheilt habe!'

Und siehe, das zwölfjährige Mädchen ward im Augenblick gesund, stand auf und wandelte frei. Da aber das die andern Kranken sahen, verlangten sie auch geheilt zu werden. Aber das Kindlein ging nicht an ihre Betten, weil sie es früher nicht verlangt hatten.

Als der Arzt aber diese Wunderheilung des von ihm als völlig unheilbar erklärten Mädchens ersah, wußte er nicht, was er sagen sollte. Er kam kaum zu Atem vor lauter Staunen und sprach zu Joseph: ‚O Bruder, ich bitte dich, ziehe weg von hier; denn nun wird es mir gewaltig bange ums Herz! Denn siehe, ich bin ein sündiger Mensch, und in deinem Kinde weht offenbar *des Herrn Geist!* Wie aber kann ein armer Sünder bestehen vor dem allsehenden und allmächtigen Geiste des Allerhöchsten?'

Da lief das Kindlein zum Arzte und sprach zu ihm: ‚Mann! Warum wirst denn du nun töricht und fürchtest dich vor Mir? Was Arges tat Ich dir wohl, daß es dir nun so bangt vor Mir? Meinst du denn, die Heilung des Mädchens war etwa ein Wunder? Ich sage dir: Mitnichten! Denn versuche du nur, auch die andern Kranken auf diese Art zu behandeln, und es wird besser mit ihnen! Gehe hin, erwecke in ihnen den *Glauben,* lege ihnen dann die Hände auf, und sie werden genesen im Augenblick! Aber zuvor mußt *du selbst* fest glauben, daß du ihnen so helfen kannst und auch unfehlbar sicher helfen wirst!'

Als der Arzt solches vom Kindlein vernommen hatte, faßte er festen Glauben, ging hin zu den Kranken und tat ihnen nach dem Rate des Kindleins. Und siehe, alle Kranken wurden sogleich gesund, zahlten dem Arzte ihre Gebühr, lobten und priesen Gott, daß Er dem Menschen solche Macht verliehen habe. Dadurch aber fiel dann auch günstigermaßen das Wunderbare vom Kinde vor den Augen der Welt weg. Der Arzt aber gelangte dadurch zu einem bedeutenden Ruf und Berühmtheit, und viele Kranke kamen dann von weit und breit zu ihm und fanden dort ihre Heilung.

Als aber das zwölfjährige Mädchen sah, daß auch der Arzt ebenso wunderbar heilte, meinte es, das Kind habe das durch den Arzt getan, und pries danach auch des Arztes Weisheit. Das Kindlein aber beschwerte sich nicht dagegen; denn es hatte ja darum dem Arzte solche Kraft verliehen, auf daß von Ihm der Verdacht genommen würde. Nur Joseph sprach zum Mädchen: ‚Mädchen, gedenke, daß alle Kraft von oben kommt!' " (Jugend Jesu, Kap. 273—274, 21)

Die ordentlichste und natürlichste Heilweise

Die Welt nennt solche Eröffnungen *Märchen* und versagt ihnen den Glauben. Und wenn sie schon derartigen Heilberichten glauben muß, weil die Beweise und Tatsachen eine zu unwiderlegbare Sprache sprechen, so schüttelt man den Kopf und spricht von einem „Wunder". Und doch ist die geistige Heilung in dieser Schöpfungswelt, in welcher letzten Endes ja als wahre Grundkraft und Grundursache ein und alles der *Geist* schafft, in Wahrheit das allernatürlichste.

Der *Herr* spricht im ‚Großen Evangelium': „Ich bin ein Heiland. Wie, fragen sich die toten und stockblinden Menschen, kann Mir doch solches möglich sein? Und Ich sage euch, daß Ich keines Menschen *Fleisch* heile, sondern wo irgendeine Seele noch nicht zu mächtig mit ihrem Fleische vermengt ist, mache Ich nur die *Seele* frei und erwecke, insoweit es sich tun läßt, den in der Seele begrabenen *Geist*. Dieser stärkt dann sogleich die Seele, die frei wird, und es ist ihr dann ein leichtes, alle Gebrechen des Fleisches in einem Moment in die normale Ordnung zu setzen.

Das nennt man dann eine Wunderheilung, während das doch die allerordentlichste und natürlichste Heilung des Fleisches ist! Was jemand hat, das kann er auch geben; was er aber nicht hat, das kann er auch nicht geben.

Wer eine lebendige Seele nach der Ordnung Gottes hat und einen freien Geist in ihr, der kann auch seines Bruders Seele frei machen, wenn sie noch nicht zu sehr inkarniert (verfleischt) ist, und diese hilft dann leicht ihrem kranken Fleischleib. So aber der Seelenarzt selbst eine überaus kranke Seele hat, die viel mehr tot denn lebendig ist, wie sollte der hernach einer zweiten Seele geben, was ihm selbst gänzlich mangelt?" (Gr. Ev., Bd. 3, Kap. 12, 8—10)

Heilkraft als Zeichen der Gegenwart des Herrn

Da einem wahrhaft mit Gott verbundenen Menschen die Erfüllung alles dessen verheißen ist, was er in der Ordnung Gottes vom Vater der Liebe erbittet, so ist auch die Heilkraft ein auf diesem Wege erreichbares Gut. Und der *Herr* verheißt jedem seiner Jünger und Berufenen:

„Ein *Zeichen* Meiner mächtigen Gegenwart bei, in und unter euch wird auch das sein, daß es, so ihr den leiblich kranken Menschen aus wahrer Nächstenliebe in Meinem Namen die Hände auflegen werdet, mit ihnen besser werden soll, wenn dies zum Heil ihrer Seelen dienlich ist.

Es versteht sich auch da von selbst, daß ihr dabei allzeit im Herzen sagt: Herr, nicht mein, sondern nur *Dein* Wille geschehe! Denn ihr könnt nicht wissen, ob und wann das Besserwerden des Leibes einer Seele zum Heile dienlich ist, und ein ewiges Leben auf dieser Erde im Leibe ist keinem Menschen beschieden. Daher kann das Händeauflegen auch nicht allzeit und jedem Menschen von seinen Leibesübeln Befreiung verschaffen. Aber ihr werdet dennoch keine Sünde dadurch begehen, so ihr jedem Kranken die euch angezeigte Liebe erweist; den Helfer werde schon Ich machen, so es zum Seelenheil des Menschen ist.

So ihr irgend aus der Ferne vernommen habt, daß da ein oder der andere Freund von euch krank daniederliegt, da betet über ihn, und leget im Geiste die Hände auf ihn, und es soll auch besser werden mit ihm! Dabei aber bestehe das nur im Herzen auszusprechende Gebet in folgenden wenigen Worten: ‚Jesus, der Herr, wolle dir helfen! Er stärke dich, Er heile dich durch seine Gnade, Liebe und Erbarmung!' So ihr das voll Vertrauen zu Mir über einen noch so ferne von euch befindenden Kranken aussprechen und dabei über ihn im Geiste eure Hände halten werdet, wird es mit ihm zur Stunde besser werden, wenn das zu seinem Seelenheil dienlich ist." [1]

Heilhilfe im Verzückungsschlaf

Bei einer andern Gelegenheit fügt der Herr den belehrenden Ausführungen über die Heilung durch Gebet und Handauflegung noch hinzu:

Wenn du eine genügende geistige Vollendung erlangt hast, dann kann es geschehen, „daß der Mensch, dem du die Hände festgläubig aufgelegt hast mit dem starken Willen, ihm zu helfen, *hellsehend* wird und sich dann *selbst* eine taugliche Arznei bestimmen kann, die nach seiner Vorschrift angewendet, ihm volle Heilung bringen muß. Natürlich, wenn gegen seine Vorschrift Änderungen getroffen wurden, wird es mit der vollkommenen Heilung nicht gut gehen; ist aber die Vorschrift in ungestörter Anwendung geblieben, so erfolgt die volle Heilung ganz sicher.

Wenn bei dieser Heilbehandlung eine menschliche Person in weissagenden Schlaf gekommen ist, soll sie nicht durch allerlei unnütze Fragen gestört und geschwächt, sondern nur um das gefragt werden, was da notwendig ist. Wer aber jemand die Hände auflegt, der muß das in Meinem Namen tun, sonst wird seine Behandlung nichts bewirken.

Es gehört ein unerschütterlicher Glaube und ein ebenso fester Wille dazu.

Aus des Herzens tiefstem Grunde muß solch eine Bestrebung rühren und muß aus der wahren Nächstenliebe hervorgehen, dann erfüllt solche Kraft der Liebe die Hände des Handauflegers, dringt dann durch dessen Fingerspitzen, fließt wie ein sanfter Tau in die Nerven des Kranken und heilt den oft stechenden und brennenden Schmerz.

Das aber ist wohl zu merken, daß mehr dazu gehört, einen *Mann* in den Verzückungsschlaf zu versetzen als ein *Weib!* In gewissen Fällen könnte auch ein Mann von einem Weibe in den Verzückungsschlaf versetzt werden; dem frommen Weibe aber gelänge solche Behandlung nur mit Hilfe eines ihm zur Seite stehenden, unsichtbaren *Engels,* den es sich hilfsbereit machte durchs Gebet und des Herzens Reinheit." [2]

[1] Gr. Ev., Bd. 9, Kap. 43, 6—9; vergl. auch Bd. 4, Kap. 41, 5—7.

[2] Gr. Ev., Bd. 4, Kap. 40, 2—7. Näheres über die Bewirkung des Verzückungsschlafes (Trance): Gr. Ev., Bd. 4, Kap. 42, 1 u. 10; über die Wirkungen: Kap. 48 ff.

Selbsthilfe durchs Gebet

Wenn nun der himmlische Vater die Starken mannigfach begnadet zur Hilfeleistung für die Schwachen und ein Mensch sich vom anderen brüderlich dienen lassen mag, so ist aber doch jedem Kranken auch ein *unmittelbarer* Weg zum Urquell aller Kraft und Arzt aller Ärzte gegeben: die Zuflucht zum Herzen Jesu, durch das eigene und vertrauensvolle *Gebet.*

„Den Kranken sage", spricht der Herr, „sie sollen sich in ihrer Krankheit nicht betrüben, sondern sollen sich ernstlich *an Mich* wenden und Mir ganz vertrauen! Ich werde sie trösten und ein Strom köstlichsten Balsams wird sich in ihr Herz ergießen. Und des ewigen Lebens unversiegbare Quelle wird in ihnen offenbar werden." (‚Haushaltung Gottes', Bd. 1, Kap. 1, 3)

Näher ausgeführt ist diese tröstliche Verheißung des unmittelbaren Gebetswegs im ‚Großen Evangelium' mit den Worten:

„Ich werde jedes ernsten Strebens Hilfe, Kraft und Stütze sein. In der Zeit der Not werde Ich niemanden verlassen, der sonst stets treugläubig und Mich liebend auf Meinen Wegen gewandelt ist. Ist er aber durch allerlei Lockungen der Welt von Meinen Wegen abgewichen, da muß er es sich dann schon selbst zuschreiben, so für ihn Meine Hilfe zur Zeit der Not unterm Wege verbleiben wird, und das so lange, als der Gefallene nicht voll Ernstes und reuig und vollgläubig sich an Mich wenden wird!

Ich werde zwar ewig ein und derselbe treue Hirte verbleiben und nachgehen den Schafen, die sich irgend verloren haben; aber das Schaf muß selbst zu blöken anfangen und sich finden lassen nach dem ihm eigenen und unantastbaren freien Willen.

Wer da irgend belastet ist mit einer für seine Kraft zu großen Lebensbürde, der komme im Herzen zu Mir, und Ich werde ihn stärken und erquicken! Denn Ich gebe eben darum manchem eine größere Bürde zu tragen, auf daß er fühle seine Schwäche und dann im Herzen zu Mir komme und Mich bitte um hinreichende Kraft zur leichteren Ertragung seiner größeren Lebensbürde; und Ich werde ihn stärken in jeglicher Not seines Lebens und ihm ein rechtes Licht geben, zu durchwandeln die finsteren Wege des Lebens dieser Welt. Wer aber diese zu große Bürde wohl fühlt, aber nicht zu Mir kommt im Herzen, der muß sich's selbst zuschreiben, so er erliegt unter der großen Last des Erdenlebens." (‚Gr. Ev.', Bd. 5, Kap. 169, 2—4)

Der allerbeste Heilsweg

Ein ernstes Leben inniger Gottverbundenheit und kindlicher Herzenszwiesprache ist auch der sicherste Weg, um mehr und mehr den vom göttlichen Menschenbildner erstrebten Zustand der Vollkommenheit zu erreichen, in dem unser *eigener* Geist die Kraft und Macht hat, Leib und Seele völlig zu durchdringen und alles ein für allemal in die beste Ordnung zu bringen.

Diese Heilung durch innere geistige Vollendung des Menschen ist die gründlichste und hat auch die Gewähr ewiger Dauer. Darum erging in der Bergpredigt das große Wort: „Trachtet am ersten nach dem Reiche Gottes, so wird euch alles übrige (auch die Gesundheit von Seele und Leib) von selbst zufallen."

Demgemäß spricht auch der Herr alles Lebens:

„Trachtet vor allem, vollkommene Menschen zu werden! Werdet so vollkommen, wie da euer Vater vollkommen ist, so wird euch alles Gift der Pflanzen und der Tiere nichts anhaben können. Werdet, wozu ihr berufen seid, doch einmal wieder das, was die Erzväter waren, denen alle Kreatur gehorchte. Werdet durch die Beachtung Meiner Lehre Herren der Schöpfung eures Vaters in seiner Ordnung! Es wird bei so bewandten Umständen keine Feindschaft mehr bestehen, weder unter euch, noch zwischen euch und den euch untergeordneten Kreaturen.

... Wer dies alles erkennt und treu beachtet, der wird unfehlbar die Lebens*vollendung* erreichen und den Tod nimmer auf irgendeine Art wahrnehmen. Denn wer schon im Leibe sich das ewige Leben des *Geistes* erweckt hat, wird im Abfall des Fleisches nichts als eine ihn über alles beseligende Befreiung im höchst klaren Bewußtsein seines vollkommenen Seins wahrnehmen und sein Seh- (und Lebens-)kreis wird ins Unendliche erweitert werden.“ (Gr. Ev., Bd. 5, Kap. 90, 1 ff.)

60

Gesundheitspflege

Das beste Heilmittel gegen Krankheit und Gebrechlichkeit ist die Vorbeugung durch eine vernünftige Gesundheitspflege. Die Schriften des neuen Gotteswortes weisen die Menschen auf diesen Weg. Der Arzt wie auch der heilsuchende Laie findet darin eine Fülle von Anregungen und Ratschlägen, die alle vom Grundgesichtspunkt der geistigen Welt- und Lebenserklärung ausgehen.

Wenn der Mensch weiß, daß sein *Leib* nur eine vergängliche Hülle einer unsterblichen *Seele* und eines ewig-göttlichen *Geistes* ist, und daß das Ziel des irdischen Daseins nicht im Wohlleben und Genuß besteht, sondern in der Erreichung göttlicher Vollkommenheit, dann wird ihm klar, in welcher Richtung sein irdischer Lauf zu gehen hat und wie Leib und Seele behandelt werden müssen, um das gesteckte Ziel zu erreichen.

Im ‚Großen Evangelium‘ vernehmen wir über das Verhältnis von Seele und Leib und die rechte Sorge für beide Teile des menschlichen Wesens folgende

Grundlehren der Leibes- und Seelenpflege

Der *Herr:* *„Seht,* der *Leib* ist Materie und besteht aus den gröbsten urseelischen Substanzen, die durch die Macht und Weisheit des göttlichen Geistes in jene organische Form gezwängt werden, die der einen solchen Formleib bewohnenden Seele in allem Nötigen wohl entspricht.

Die in einem Leibe wohnende *Seele* aber ist anfangs um nicht viel reiner als ihr Leib, weil auch sie der unreinen Urseele des gefallenen Satan entstammt. Der Leib ist für die noch unlautere Seele eigentlich nichts als eine höchst weise und zweckmäßig eingerichtete Läuterungsmaschine. In der Seele aber wohnt schon der reine Funke des *Geistes* Gottes, aus dem sie ein rechtes Bewußtsein ihrer selbst und der göttlichen Ordnung in der Stimme des Gewissens überkommt.

Daneben ist der Leib für außen hin mit allerlei Sinnen versehen und kann hören, sehen, fühlen, riechen und schmecken; dadurch bekommt die Seele allerlei Kunde von der Außenwelt, gute und wahre, schlechte und falsche. Aus dem Urteil des in ihr wohnenden Geistes fühlt sie in sich bald, was da gut und was schlecht ist. Anderseits macht sie auch durch die äußeren Sinne ihres Leibes Erfahrungen von guten und schlechten, wohltuenden und schmerzlichen und anderen Eindrücken. Überdies wird der Seele von Gott, auf dem Wege der außerordentlichen Offenbarung von innen und von außen her, durchs Wort der Weg der Ordnung Gottes gezeigt. So ausgerüstet, kann dann die Seele nach der leicht zu erkennenden göttlichen Ordnung sich selbst frei bestimmen, was nicht anders sein kann, weil die Seele sonst unmöglich zu einer ewig andauernden, in sich abgeschlossenen, aber doch *freien* Existenz gelangen könnte.

Jede *Seele,* die fortbestehen will, muß sich durch die ihr gegebenen Mittel selbst bestandsfähig gestalten und ausbauen, ansonsten sie am Ende entweder das Los des Leibes teilt, oder sie tritt als noch zu dreiviertel Teil unausgebildet aus dem Leibe, der als völlig verdorben zur weiteren Ausbildung der Seele nicht mehr taugt. In diesem Falle wird dann die Seele genötigt sein, in einer viel unbequemeren Notform auf eine gewöhnlich sehr traurige und schmerzliche Weise ihre weitere Vollendung fortzusetzen.

Der *Leib* ist, weil aus noch in tiefem Gerichte stehenden Teilen bestehend, des Todes fähig und für jeden Menschen die *Hölle* im engsten Sinn. Die Materie aller Welten aber, in die der Mensch durch seinen Leib gestellt ist, ist die Hölle im weitesten Sinne. Wer nun viel für seinen Leib sorgt, der sorgt auch für seine eigene Hölle und nährt sein Gericht und seinen Tod zu seinem eigenen Untergang. Der Leib muß zwar ausreichende Nahrung bekommen, damit er stets fähig ist, der Seele für die Lebenszwecke entsprechende Dienste zu leisten. Aber wer da zu ängstlich sorgt für den Leib und nahezu Tag und Nacht arbeitet und handelt, der sorgt offenbar für seine Hölle und für seinen Tod.

Wenn der Leib die Seele reizt, sich für seine sinnliche Befriedigung in alle Tätigkeit zu werfen, rührt das stets von den vielen unlauteren Natur- oder gerichteten Materiegeistern her, die ganz eigentlich das Wesen des Leibes ausmachen. Gibt die Seele den Anforderungen des Leibes zuviel Gehör und tut danach, so tritt sie mit ihnen in Verbindung und steigt auf diese Weise in ihre höchsteigene Hölle und in ihren eigenen Tod. Tut die Seele solches, so begeht sie eine Sünde wider die Ordnung Gottes.

Verharrt die Seele darin mit Liebe und köstlichem Behagen, ist sie ebenso unrein wie ihres Leibes unreinste und gerichtete Geister, bleibt dadurch in der Sünde, somit in der Hölle und im Tode. Wenn sie auf der Welt auch gleich ihrem Leibe nach fortlebt, so ist sie dennoch so gut wie tot, fühlt auch den Tod in sich und hat eine große Furcht vor ihm. Denn die Seele kann in solcher ihrer Sünde und Hölle tun, was sie nur immer will, so kann sie dennoch kein Leben finden, obschon sie dasselbe über alle Maßen liebt.

Seht, darin liegt auch der Grund, warum viele tausendmal Tausende von Menschen von einem Leben der Seele nach dem Tode ihres Leibes ebensoviel wissen wie ein Stein, der am Wege liegt. Und so man ihnen irgend etwas davon sagt, lachen sie höchstens oder werden gar erbost und treiben den Weisen zur Türe hinaus. Und doch sollte ein jeder Mensch längstens bis in sein dreißigstes Jahr so weit mit der Bildung seines Ich fertig sein, daß ihm das folgende freieste

Leben nach dem Tode des Leibes so vollbewußt und sicher wäre wie einem Aar der Flug in der hohen, freien Luft.

Aber wie weit sind selbst die Menschen, die danach erst zu fragen anfangen, noch entfernt davon! Und wie weit erst jene, die davon gar nichts hören wollen und einen solchen Glauben sogar für eine Dummheit halten. Solche Menschen befinden sich demnach ihr ganzes Erdenleben hindurch in der Hölle und im vollsten Tode.

Nun aber kann sich eine Seele schon gereinigt haben, und es wird ihr oft noch eine geraume Zeit gegeben zur *Mitreinigung* ihres an und für sich noch immer unlauteren Leibes und seiner Geister. Dadurch kann der ganze *edlere* Leibesteil sich endlich auch aus der Seele die Unsterblichkeit anziehen und jüngst nach dem Tode des gröbsten Teiles seiner Wesenheit mit der Seele zu ihrer Vollkräftigung *miterweckt* werden." (Gr. Ev., Bd. 2, Kap. 210, 1—16)

Der göttliche Geistfunke als Hauptkraft

Bei allem, was wir zum wahren Heil von Leib und Seele tun, müssen wir also dessen gedenken, daß nicht das Äußere und das Stoffliche die Haupt- und Grundkraft des Lebens ist, sondern daß alles wahre Heil vom inwendigen Gestalter und Erhalter, vom *Geist,* der im Herzen der Seele wohnt, ausgeht.

Freund, wenn du noch nicht weißt, daß in jeglicher Seele ein Geist alles Lebens wohnt, dann kannst du freilich noch lange nicht das wahre Wesen des Menschen in dir selbst begreifen.

„Die *Seele* ist nur ein Gefäß des Lebens aus Gott, aber noch lange nicht das Leben selbst. Denn wäre sie das Leben selbst, welcher Prophet hätte ihr dann je von der Erreichung des ewigen Lebens, wie umgekehrt von einem ewigen Tode etwas vorreden können? Da aber die Seele erst auf dem Wege der göttlichen Tugend zum ewigen Leben gelangt, so kann sie doch unmöglich selbst das Leben, sondern nur ein Aufnahmegefäß dafür sein.

Nur ein Fünklein im *Zentrum* der Seele ist das, was man *Geist Gottes* und das eigentliche Leben nennt. Dieses Fünklein muß genährt werden mit geistiger Kost, die da ist das reine *Wort Gottes* und das Handeln danach. Durch diese Kost wird das Fünklein größer und mächtiger in der Seele, zieht endlich selbst die Menschengestalt der Seele an, durchdringt sie ganz und gar und umwandelt am Ende die ganze Seele in sein Wesen. Dann freilich wird die Seele selbst auch ganz Leben, das sich als solches in aller Tiefe der Tiefen erkennt." (Gr. Ev. Bd. 3, Kap. 42, 4—6)

Die beste Stärkungskost des göttlichen Geistfunkens

Mit diesen inhaltsvollen Worten ist auch schon gesagt, was das Haupt-Geheimmittel aller wahren Gesundheitspflege ist: das reine Wort Gottes! Das heißt also, der belehrende Strom des *Heiligen Geistes,* der uns im äußeren geschriebenen oder gesprochenen Gotteswort, in den Erfahrungen und Führungen des Lebens, in den Zeugnissen des Buches der Natur und ganz besonders auch in der sanften Stimme im Menschenherzen zugeht.

In diesem Sinne lehren auch die Neuoffenbarungsschriften den Weg des Heils mit größtem Nachdruck im *Geistigen* und in der ununterbrochenen innigen Lebensverbindung mit Gott.

Daneben geben diese wahrhaft überreichen Eröffnungen aber auch noch eine Fülle von Winken und Ratschlägen in allerlei wichtigen Einzelfragen der Gesundheitspflege, so daß für den Sucher und Zweifler auf diesem heute so sehr verwirrten Lebensgebiet viele wichtigen Probleme gelöst werden.

Eine Hauptregel der Lebenskunst

Dem Führer eines Naturvolkes aus Ägypten gibt der *Herr* vor allem folgenden Heilsrat:

„Wollet ihr Menschen wahrhaft glücklich leben auf dieser Erde, so bleibet bei eurer alten *Einfachheit!* — Erstens kostet diese euch wenig Mühe und Arbeit und zweitens habt ihr nur ganz geringe natürliche Bedürfnisse, die ihr leicht deckt. Eure Viehzucht auf euren fetten Gebirgstriften macht euch wenig Arbeit und Sorge, und euer Acker, den ihr nur sehr wenig bebaut, ist ohnehin als nichts zu rechnen; auch eure Kleidung ist einfach und leicht zustande zu bringen. Ihr braucht daher sehr wenig Zeit auf eure natürlichen Bedürfnisse zu verwenden und könnt euch darum ausschließlicher mit den *geistigen* Betrachtungen abgeben. Und das ist viel mehr wert, als mit blutigem Schweiß auf Unkosten von hunderttausend Menschenleben Paläste erbauen, damit der unverwüstbare Zahn der Zeit dann Tausende von Jahren an ihnen sattsam zu nagen hat!" (Gr. Ev., Bd. 4, Kap. 183)

Den unmittelbaren geistigen Nutzen einer anspruchslosen, einfachen Lebensweise beleuchten auch die Worte, welche der Herr an drei andere Weise aus dem Morgenlande richtet:

„Alle von Natur aus besseren Menschen werden von *Geistern* auf eine mehr oder weniger fühlbare Weise unterwiesen in allerlei geistiger und natürlicher Wissenschaft. Je naturgemäßer, einfacher und in sich gekehrter die Menschen in der Welt leben, desto mehr und lebhafter stehen sie auch mit den besseren und guten Geistern aus dem Jenseits in Verbindung. Das war auch bei euch der Fall. Als ihr aber dann durch eure vielen Reisen weltläufiger geworden seid, haben euch auch eure Lehr- und Lichtgeister verlassen und euch euren eigenen Erkenntnissen, eurer Vernunft, eurem Verstande und eurem eigenen freien Willen anheimgegeben. Aber dennoch weckten sie die Begierde in euch, daß ihr Mich suchen und auch finden mußtet. (Gr. Ev., Bd. 6, Kap. 40)

Nicht zu viel Verbesserungen des äußeren Daseins!

Einem Freunde des *„Kulturfortschritts"*, der eine verbesserte Meeresschiffahrt wünschte, wird vom Herrn gesagt:

„Die späteren Geschlechter werden wunderbar kunstvolle Schiffe erbauen, mit denen sie, an Schnelligkeit Vögeln gleich, nach allen Richtungen über alle Meere fahren können. Aber es wird dies das Glück der Menschen weder leiblich und noch weniger geistig erhöhen, sondern gewaltig vermindern.

Darum bleibet nur recht lange bei dem, was ihr habt! Denn eine zu große Verbesserung in irdischen Dingen ist stets eine wahre und dauernde Verschlimmerung im Geistigen, das der Mensch mit allen Kräften seines Lebens doch nur allein kultivieren soll. Was nützt es dem Menschen, so er alle Schätze der Welt für sich gewinnen könnte, litte aber dadurch den größten Schaden an seiner Seele? Kennt ihr denn noch nicht die kurze Lebensdauer alles Fleisches auf dieser Erde und das endliche Los des Fleisches? Ob du nun als ein Kaiser oder als ein Bettler stirbst, so ist das fürs Jenseits alles eins! Wer hier viel hatte, der wird jenseits viel entbehren müssen. Wer aber hier wenig oder auch wohl nichts hatte, der wird jenseits auch wenig oder nichts zu entbehren haben und wird um so leichter und eher zu den inneren und allein wahren, lebendigen *Geistesschätzen* gelangen.

Darum waren die Urväter dieser Erde so glückliche Menschen, weil sie ihre diesirdischen Lebensbedürfnisse so einfach wie möglich befriedigten. Wie aber dann besonders jene Menschen, die sich in den tiefer liegenden Tälern aufhielten, Städte zu erbauen anfingen, so ist damit auch die Hoffart in sie gefahren. Sie verweichlichten, wurden träge und verfielen bald in allerlei Laster und mit ihnen in allerlei Elend. Was Gutes hatten sie davon? Sie verloren Gott aus den Augen ihrer Seelen, und alle innere Lebenskraft des Geistes verließ sie, so daß sie gleich vielen von euch an kein Leben nach dem Tode des Leibes mehr glauben konnten.

War das nicht ein entsetzlicher Umtausch, so man für die größere Bequemlichkeit des materiellen Lebens das Geistige so gut wie völlig verlor? Wer darum ein Weiser unter euch ist, der suche nun wieder das unnötigerweise zu gute und bequeme Materieleben für das reine, wahre, geistige umzutauschen. Er wird da besser tun um ein endlos Großes, als so er die größten Erfindungen machte, wie man ganz sicher und vogelschnell über alle Meere fahren kann. Einmal wird er dennoch sterben müssen. Was werden ihm dann seine großen Erfindungen für seine Seele nützen?

Bleibet darum bei dem, was ihr habt! Sucht vor allem, wie ihr mehr und mehr auf dem Wege des Geistes wandeln könnt, so werdet ihr dadurch die größte und beste Erfindung für die große Schiffahrt aus diesem Irdischen ins andere, jenseitige Geistige gemacht haben.

Was sicher für ewig währt, das zu erreichen setzet alle eure Kräfte und Mittel in vollste Bewegung; ums Irdische für den Leib aber sorget euch nur insoweit, als es vernunftgemäß nötig ist! Daß ein Mensch essen und trinken und seinen Leib schützen muß gegen Kälte und große Hitze, ist eine ganz natürliche Sache. Wer aber für den Leib mehr tut als für die Seele und am Ende gar für den Leib allein sorgt, dagegen für die Wohlfahrt der Seele, die doch ewig leben soll, gar nicht, der ist wahrhaftig ein blinder und überdummer Narr.

Wenn ihr das nun wohl verstanden habt, so fraget Mich nicht mehr, wie ihr eitle, irdische Dinge um ein Großes verbessern könntet; denn Ich bin nur darum in diese Welt gekommen, um euch die Wege zum *ewigen Leben* zu zeigen und anzubahnen, auf daß ihr sicher und leicht auf denselben fortkommen könnt!“ [1]

Aber auch keine finstere Weltverneinung!

Andererseits will der himmlische Vater aber auch nicht, daß der Mensch finsteren, verschlossenen Gemütes seiner Schöpfung und der Schule des Lebens gegenüberstehe. In der düsteren Stimmung und eisigen Luft der Weltflucht und Askese kann ebensowenig wie in der Verschwendung und Prasserei ein wahrer Himmelssinn und ein gesundes Leibes- und Seelenleben gedeihen.

Der Herr spricht: „Der Leib braucht das seinige und der Geist das seinige. Wir sind nun unseren Gliedern eine rechte Stärkung zu geben schuldig, und dann

[1] Gr. Ev., Bd. 7, Kap. 222, 9—17. Über Naturverbundenheit vergl. Bd. 3, Kap. 211, 3—9.

werden wir des Geistes nicht vergessen. Glaube ja keiner, daß er Gott einen wohlgefälligen Dienst erweist, so er fastet und für seine begangenen Sünden in härenen Kleidern vor aller Welt Augen Buße tut. Denn nur der ist Gott angenehm, der *dankbar* ißt und trinkt, was ihm Gott zukommen ließ, um dadurch seine irdischen Kräfte zur nützlichen Arbeit zu stärken. Dadurch kann er sich und seinem Nächsten viel nützen, und so er irgendeine Sünde beging, sie erkennt, bereut, verabscheut, sie nicht mehr begeht und sich also wahrhaft bessert, ist sie ihm vergeben.

Freilich gibt es leider gar viele, die da ihre Lebenszeit mit lauter Essen und Trinken zubringen. Sie sorgen nur für ihren Bauch und für ihre Haut. Die Nächstenliebe ist ihnen fremd, und die armen Menschen lassen sie nicht an ihres Hauses Schwelle kommen. Ihr stets voller Bauch läßt sie nie den Schmerz des Hungers und des Durstes fühlen. Das sind die echten Prasser und Vollsäufer, die dadurch ihren Leib stets bereit zu allerlei Unzucht, Hurerei und Ehebrecherei halten. Damit wird niemand je ins Reich Gottes eingehen.

Im gleichen sind aber auch alle jene *Gleisner*, die da fasten, in härenen Kleidern Buße wirken und für ihre Sünden ansehnliche Opfer dem Tempel darbringen, damit sie von dem Volke als Gerechtfertigte gelobt werden. Ich aber sage euch: Derlei Menschen sind ebenfalls ein Greuel vor Gott; denn ihr Herz, ihr Sinn und Verstand ist verhärtet. Sie richten ihre Nebenmenschen ohne Schonung und Nachsicht, sie kehren vor des Nachbars Türe und bemerken den großen Haufen Unrat vor der eigenen Hausflur nicht. Wahrlich, Ich sage euch: Wie diese Tempelheiligen und -gerechten nun ausmessen, geradeso wird ihnen drüben wieder zurückgemessen werden!“ [1]

Friede und Freude in Gott — ein Lebensbalsam

Die Welt muß als *Schule* betrachtet und weise benutzt werden. (Gr. Ev., Bd. 1, Kap. 83, 3 ff.) — Und das Evangelium der Liebe zu Gott und den Wesen der ganzen Schöpfung ist *heiteren* Gemütes zu verkünden und vorzuleben. (Vergl. Gr. Ev., Bd. 6, Kap. 18; Bd. 4, Kap. 167, 15 ff.)

Friede und Freude in Gott sind ein wahrer Lebensbalsam, der Wunder wirkt in Seele und Leib. Und auch der *Schönheitssinn* als eine Haupteigenschaft unseres Schöpfergottes soll gepflegt werden, damit wir auch hier unserem großen Vorbild ähnlich werden. (Gr. Ev., Bd. 1, Kap. 34, 6 ff.; Bd. 6, Kap. 136)

Dankbar soll der Mensch, der an Leib und Seele gesund bleiben will, sich darum auch oft und viel in der *Natur* ergehen, die Werke Gottes bewundern und sich erheben lassen von den herrlichen Kräften der höheren Geister- und Engelswelt, welche ihm da entgegenwehen, wo diese Gottesdiener in ihrer Tätigkeit sind. (Gr. Ev., Bd. 1, Kap. 174, 2 ff.; Kap. 49, 12)

Aufenthalt in der freien Natur

Der *Herr* selbst ging alle Tage regelmäßig, besonders frühmorgens vor Aufgang der Sonne ins Freie.

„Herr und Meister“, sagen einige Jünger „wir bemerken, seit wir um Dich sind, daß Du stets gut eine Stunde Zeit *vor* dem Sonnenaufgang auch zur Winters-

[1] Gr. Ev., Bd. 6, Kap. 51, 2—6. Vergl. auch Bd. 3, Kap. 14; Bd. 1, Kap. 83, 3 ff.; Bd. 7, Kap. 156, 4 ff.

zeit Dich ins Freie begibst und Dich gleich uns Menschen an den Erscheinungen der Naturwelt erheiterst. Da Dir aber ohnehin alles, was auf dieser Erde geschieht, bekannt ist, so haben wir schon oftmals darüber nachgedacht, wie Du an den Dingen und Erscheinungen auf einem nur kleinen Fleck dieser Erde noch irgendein Wohlgefallen haben kannst!“

Der *Herr* erwidert: „Das war einmal wieder eine recht menschlich-blinde Frage von euch! So Ich an den Dingen und Erscheinungen auch in dieser materiellen Natur kein größeres und innigeres Wohlgefallen hätte als ihr, da würde sich von dieser ganzen Erde mit allem, was sich auf, in und über ihr befindet, gar bald auch nicht ein Pünktlein mehr irgendwo vorfinden. Es ist doch alles, was da ist, Meine ewige *Liebe,* verkörpert vor euren Augen. Wie sollte Ich dann kein Wohlgefallen an Meiner Liebe haben, die doch von Ewigkeit her alles in allem ist?

Daß Ich Mich aber stets schon am frühen Morgen, wie oft auch bis in den späten Abend gerne im Freien befinde, hat seinen doppelten Grund: Denn erstens sollt ihr daraus erlernen, wie auch in des Menschen Seele der *geistige Morgen* ähnlich dem dieser Erde frühzeitig erwachen soll, und Ich dann an solch einem frühzeitigen Morgen im Menschen Mich ebenso erfreuen werde, wie Ich Mich vor euch sichtbar an jeglichem Naturmorgen erfreut habe.

Und zweitens sollt ihr aus Meinen steten und frühen Morgenbesuchen die Tätigkeit und den rechten Eifer kennenlernen und sollt Mir auch darin gleichen und die Menschen, denen ihr Mein Evangelium predigen werdet, daran wohl erinnern. Denn nur durch den rechten Eifer und durch eine *frühe Tätigkeit* kann der Mensch zum wahren Reiche Gottes in sich gelangen und es dann auch für ewig behalten.“ [1]

Die stärkende Wirkung des Aufenthalts in der ersten Morgenfrische aber rührt auch daher, daß um die Zeit des Sonnenaufgangs viele durch die Nachtruhe gestärkte *Naturgeister* unterwegs sind, die dem zu dieser Stunde im Freien befindlichen Menschen das Fluidum ihrer frischen Lebenskraft mitteilen.

Aus einem ähnlichen Grunde rät der Herr auch:

Gehet gern auf die Berge!

„Die *reinen Geister* (der höchsten Luftregion) kommen nicht selten in die zweite, manchmal auch in die erste Region herab. Hauptsächlich aber sind jene Stellen auf der Erde ihre sichtbaren Niederkunftsplätze, die ihrer bedeutenden Höhe wegen fortwährend mit Schnee und Eis bedeckt sind. Und darin liegt auch der Grund, warum solche Gegenden für fast jeden Menschen eine beseligende und zugleich das ganze menschliche Gemüt erheiternde, stärkende und beruhigende Anziehungskraft haben. Wer da traurigen Herzens ist und voll Unruhe in seinem Gemüt, der begebe sich in Meinem Namen auf eine solche Höhe oder gehe wenigstens in ihre Nähe, und sein Gemüt wird wie mit einem stärkenden Balsam übergossen werden.

Während das Gemüt in den *tieferen* Regionen stets dumpfer, schwerer und leidender wird, ähnlich dem Gefühle eines Bergschluchten- und Höhlenbesteigers, wird das Gefühl bei einem, der eine solche reine Höhe erstiegen hat, heiterer und heiterer. Und wer da hinaufkommt, mag füglich ausrufen: ‚Herr, hier ist gut

[1] Gr. Ev., Bd. 9, Kap. 152, 2—6; Bd. 10, Kap. 41, 4; Bd. 7, Kap. 129, 1.

sein!' — Daher sage Ich: Gehet gerne auf Berge! Denn auch Ich, als Ich im Leibe wandelte auf der Erde, ging häufig auf Berge. Auf einem Berge ward Ich verklärt; auf einem Berge trieb Ich den größten Versucher von dannen; auf einem Berge predigte Ich das Himmelreich; auf einem Berge betete Ich, und auf einem Berge ward Ich gekreuzigt! Darum gehet gerne auf die Berge; denn nicht nur euer Geist, sondern auch euer Leib gewinnt mehr dabei als aus hundert Apotheken." (Erde und Mond, Kap. 29)

Die rechte Bekleidungsweise

Naturmäßig und einfach soll auch die Bekleidung des Menschen sein.

„Gott hat den Menschen erschaffen ohne Kleid und erschuf ihn nach seinem Ebenmaße, und Gott gefiel also die Gestalt des Menschen, weil sie sein Ebenmaß war. Gott zeigte dem Menschen auch, sich ein Gewand zu machen, damit er seine Haut vor Kälte schützen könne. Aber darum lehrte Gott die ersten Menschen nicht, sich Kleider zu machen, daß sie diese als eine hoffärtige Zierde ihrer Glieder tragen sollen. Und noch weniger lehrte Gott den Menschen, sich darum ein verbrämtes Kleid zu machen, daß er allein in diesem nur Gott würdig anbeten solle.

Darum kleidet euch zwar nach eurem Stande, aber einfach, und leget auf den Rock und Mantel keinen andern Wert als allein den, daß er bedecke den Leib. Was darüber ist, das ist vom Übel und trägt keine guten Früchte." [1]

Dementsprechend einfach war denn auch die Kleidung des Herrn und seiner Mutter Maria. Der Herr trug der Landessitte gemäß einen (roten) Leibrock und einen (blauen) Mantel. — Von Maria aber sagt der Herr: „Siehe, die Mutter meines Fleisches! Sie ist rein mit weißer Wäsche angetan und trägt darüber eine gewöhnliche blaue Schürze (Schutzkleid). Und sie ist damit gut bekleidet. Auf dem Haupte trägt sie gewöhnlich einen viereckigen Sonnenschirm-(hut), so wie alle anderen Weiber, die Mir aus Galiläa und Judäa gefolgt sind." (Gr. Ev., Bd. 1, Kap. 52, 6)

Was sollen wir essen und trinken?
Der Ernährungsprozeß des menschlichen Körpers

Viel umstritten ist heutigen Tages die Frage der rechten Ernährungsweise. Fleischesser, Vegetarier, Rohkostler streiten sich um den allein richtigen Standpunkt. Eine klare Auffassung vermitteln uns in diesen Dingen die Schriften der Neuoffenbarung.

Über den *Ernährungsvorgang* im menschlichen Organismus und die dabei verfolgten Zwecke des Schöpfers empfangen wir im ‚Großen Evangelium' folgendes Licht:

„Siehe", spricht der Herr, „alles, was du genießest und zur Stärkung und Belebung deines Leibes in deinen Magen aufnimmst, ist gar nicht so tot, wie du glaubst! Es hat *drei Teile:*

Erstens den *materiellen,* den du siehst und fühlst und von dem du, so die Speise wohlbereitet ist, in deinem Munde einen Wohlgeschmack verspürst und

[1] Gr. Ev., Bd. 6, Kap. 123, 17 ff. Vergl. auch Haushaltung Gottes, Bd. 1, Kap. 36, 39. —

zuvor schon auch mit deiner Nase den Wohlgeruch in dich einhauchst. Siehe, diese Stücke gehören zur Belebung deines *Leibes!* — Wenn die Speisen in den Magen gelangen, so werden sie dort gewisserart zum zweiten Male gekocht, und es entwickeln sich dabei zwei Hauptbestandteile, von denen der eine, größere zur Ernährung des Leibes, seiner Glieder und Muskeln, durch das *Blut* — das von diesen beiden Bestandteilen herrührt — überall hingeleitet wird, wo der Leib einer Stärkung bedarf.

Sind diese beiden Bestandteile in dem oberen Magen von dem, was du gegessen hast, gehörig ausgeschieden und in den Leib hinausgeleitet, so bekommst du Durst und trinkst etwas. Dadurch kommt die Speise in den unteren, kleineren Magen, der in zwölf Fächer abgeteilt ist.[1] In diesem wird auf dem Wege eines eigenen Gärungsprozesses der *ätherische* Stoff der zu dir genommenen Speisen aus den kleinen Zellen abgesondert und dient zur Belebung der Nerven, daher du ihn auch den ‚*Nervengeist*' nennen kannst.

Das ganz außerordentlich *fein Ätherische*, das wir ‚*Substanz*' nennen wollen, wird durch die Milz auf einem ganz geheimen Weg ins Herz geleitet und geht vom Herzen aus völlig geläutert in die *Seele* des Menschen über. Und so zieht die Seele von jeder aufgenommenen Nahrung das ihr Verwandte an sich und wird dadurch in allen ihren, dem Leibe ganz ähnlichen Einzelbestandteilen genährt und gestärkt. Das kannst du daraus entnehmen, daß deine Reden und Urteile, wenn du hungrig und durstig bist, ein unzusammenhängendes Gedanken- und Ideengewebe sind. Hast du aber zuvor eine reine Kost und auch einen guten Wein genossen, werden deine Reden und Urteile einen ganz andern Charakter annehmen, und das bewirkt die Mitsättigung und -stärkung der Seele. Würdest du aber lange Zeit keine Speise und keinen Trank zu dir nehmen, so würde es dir mit deinem Denken und Reden bald sehr kümmerlich ergehen.

Haben die Speisen einmal das Wichtige an den Leib, an seine Nerven und an die Seele abgegeben, so wird dann das eigentlich *Unlautere* der aufgenommenen Belebungsmaterie durch die zwei natürlichen Gänge aus dem Leibe hinausgeschafft.

Ist aber ein Mensch in jeder Hinsicht ein Schwelger geworden und hat den Bauch zu seinem Abgott gemacht, so kann die aufgenommene Speise, wie auch der zu reichlich genossene Wein in den beiden bekanntgegebenen Magenteilen nicht mehr völlig abgesondert werden. Es gehen dadurch noch viele unausgeschiedene Leibes-, Nerven- und Seelenbelebungsteile in den Bauch und in die Gedärme, andernteils durch die Leber und Milz in die Harnblase über, bewirken daselbst abermals *Gärungen*, aus denen sich mit der Zeit allerlei Krankheiten entwickeln und die Seele träge, stumpf und gefühllos machen.

Aus diesen bösen Stoffen geht dann oft noch ein anderes Übel hervor. Wenn nämlich die argen, noch ungegorenen *Naturgeister* aus dem Dunstkreis eines solchen Menschen gar wohl merken, daß sich in seinem Bauche und Unterleib schon eine Menge ihnen verwandter Naturgeister angesammelt haben, so dringen diese bald in den Leib solch eines Menschen und vereinigen sich dort mit den ihnen artähnlichen Geistern.

Ist dieser Akt vor sich gegangen, so sieht es mit solch einem Menschen schon sehr übel aus. Es bemächtigen sich bald nicht nur seines *Leibes* eine Menge schwer- oder unheilbarer Krankheiten, sondern auch seiner *Seele*, die dadurch, in sich sehr

[1] Gemeint ist wohl der Zwölffingerdarm mit der Bauchspeicheldrüse. Der Verf.

geschwächt und träge gemacht, sich nimmer wehren kann, stets mehr in ihr sinnliches und leidendes Fleisch überzugehen.

Um das gänzliche Materiellwerden der Seele zu verhindern, gibt es da kein anderes Mittel als die großen *Krankheiten* des Leibes selbst. Solch ein Mensch verliert dann alle Eßlust und sucht durch Arzneien den alten Unrat aus dem Leibe zu schaffen. Es gelingt hier und da wohl eine Art Heilung, aber niemals vollständig. Und ein solcher Mensch darf sich nur ein wenig vergessen, so hat er schon wieder seine früheren Plagegeister belebt, und sein zweiter leidender Zustand ist dann gewöhnlich ärger als sein erster.

Aber alles das ist nicht der einzige schlimme Zustand, den sich der Mensch durch seine Freß- und Saufgier zuziehen kann. Es kommt noch ein viel ärgerer dazu, der besteht in dem sogenannten *Besessensein* von einem oder mehreren *bösen* Geistern, die kürzer oder länger vorher im Leibe eines Menschen ihre Lebensfreiheitsprobe durchgemacht haben. Von diesem dritten Übel kann kein irdischer Arzt den Menschen mehr befreien, sondern allein Ich und der auch, der von Mir aus die Kraft und Macht bekommen hat.“ [1]

Hauptregel der Ernährung: Einfachheit und Mäßigkeit

Warum Einfachheit und Mäßigkeit die Hauptregel aller Diätetik (Ernährungskunde) ist, wird an vielen Stellen mit Nachdruck betont. So heißt es in ‚Haushaltung Gottes‘:

„Ich sage dir: Sei allzeit mäßig im Genuß der naturmäßigen Kost, denn in ihr liegt eine große Versuchung! Wenn wir das natürliche Brot essen und die Früchte des Erdbodens, müssen wir dabei sehr behutsam sein, daß wir durch ihre grobe sinnliche Last nicht den unsterblichen Geist erdrücken.

Denn schon an gefräßigen Kindern magst du klar erschauen, wie sie durch ihre starke Gefräßigkeit verdummen und dann zu nichts geistig Tüchtigem fähig sind; dagegen werden die stets mäßig ernährten Kinder gar bald feine Denker. Wie aber solches bei Kindern der Fall ist, so auch um so mehr bei dem erwachsenen Menschen, da dieser ausgebildeter Leidenschaften fähig ist, die dem Kinde noch fremd sind.

In der natürlichen Kost nimmst du Naturmäßiges auf, und dieses wird in dir (falls im Übermaße genossen) nicht vergeistigt, sondern es vernaturmäßigt deinen Geist. Aber im *Wort Gottes* nimmst du Geistiges auf, und dieses sättigt, nährt und stärkt den Geist zum ewigen Leben. In der naturmäßigen Kost wird der Leib genährt und der Geist gedrückt und zum Fasten genötigt. Aber durch die geistige Kost gewinnen beide: der *Geist* wird kräftig und mächtig und seine Sinne endlos scharf, und der *Leib* wird dann durch den Geist geschmeidig, genügsam, dauerhaft und wird kräftig erhalten wie ein gut gewebtes Kleid aus feinen, aber in sich zähen und starken Fäden.

In der naturmäßigen Kost ruhen verdorbene Geister, und hat der Mensch deren *zu viel* in sich aufgenommen, werden sie des eigenen Geistes Meister und untergraben seine Wesenheit so, wie die argen Nagekäfer und Würmer einen Baum untergraben, seine Wesenheit zerstören und ihn endlich wohl ganz zugrunde rich-

[1] Gr. Ev., Bd. 10, Kap. 209, 2—12. Vergl. über das Geistige in der materiellen Nahrung auch Bd. 2, Kap. 218, 1 ff.

ten. Die geistige Kost aber ist dem Geiste ein belebender Regen vom Himmel, unter dem er bald zu einer kräftigen und wohlduftenden Blume des ewigen Lebens erblühen wird.“ [1]

Die Lebensweise der Urväter und der Speisezettel Mosis

„Sehet, die *Urmenschen*“, spricht der Herr an anderer Stelle, „die in der ihnen durch Meinen Geist gezeigten Ordnung und Einfachheit geblieben sind, wußten von keiner dem Leibestode vorangehenden Krankheit etwas. Sie erreichten zumeist ein sehr hohes Alter, wurden nie krank und schliefen am Ende ganz ruhig ein, und ihre Seele empfand dabei keine Schmerzen und keine Todesangst.

Ihre Nahrung war aber auch immer eine gleiche, und nicht heute so und morgen anders. Zumeist lebten sie von Milch, Brot und guten und reifen Baumfrüchten. Ein solches Gericht war ihr ganzes Leben hindurch ihre Leibesnahrung, und zur Stillung ihres Durstes diente das frische Quellwasser. Aus diesem Grunde waren ihre *Leibesnerven* stets von denselben guten und unschädlichen Seelensubstanzen ernährt und es konnte so keine böse, unreine und schädliche Seelensubstanz in den Leib hineingelangen. Daher blieben diese Menschen stets gleich kräftig und gesund, sowohl geistig als auch leiblich.

Aber beseht jetzt in dieser Zeit die vielen tausend Leckerbissen, mit denen die Menschen ihre Mägen und Bäuche füllen! Es wird euch somit klar werden, welche Anzahl von unreinen, bösen und schädlichen Substanzen bei solcher Gelegenheit oft den ganzen menschlichen Leib in Besitz nehmen und ihn nach und nach stets mehr zu martern anfangen. Denn solche verschiedenartigen Substanzen geraten dann in einem Menschenleibe in einen beständigen Kampf, den der Mensch nur dadurch auf eine Zeitlang zu beschwichtigen vermag, daß er zu allerlei aus der Erfahrung bekannten Kräutern und Wurzeln seine Zuflucht nimmt und mit ihrer Hilfe die Neigung der inneren Seelensubstanz zur Revolution stillt.

Aber solch eine Gesundheit ist nie von Dauer, besonders bei dem alten Menschen — er müßte denn auf längere Zeit hin zur ganz einfachen Leibesernährung seine Zuflucht nehmen, was aber gewöhnlich nicht geschieht. Denn die meisten Menschen, so sie dem Leibe nach wieder durch eine glücklich gewählte Medizin nur erträglich gesünder werden, bekommen bald wieder Lust zu ihren alten Leckereien, werden darauf kränker als ehedem, fangen an zu siechen und nehmen gewöhnlich ein sehr schmerzliches Ende.

Siehe, darum hat auch *Moses* den aus der harten Knechtschaft Ägyptens erlösten Israeliten den Speisezettel vorgeschrieben. Die, welche streng danach lebten, blieben gesund bis ins hohe Alter. Aber viele sehnten sich nur zu bald nach ihren ägyptischen Fleischtöpfen, und die Folge war, daß sie darauf bald krank, schwach und mühselig wurden und unter allerlei Leibeskrankheiten ihr irdisches Leben beschließen mußten.“ [2]

[1] Haushaltung Gottes, Bd. 2, Kap. 245, 11—18. Über Schwelgen und Fasten vergl. auch Gr. Ev., Bd. 1, Kap. 207, 2—11.
[2] Gr. Ev., Bd. 10, Kap. 182, 2—7. — Den Urvätern wurden drei Mahlzeiten empfohlen, morgens, mittags und abends: Haushaltung Gottes, Bd. 1, Kap. 17. — Hinweis des Herrn auf sein eigenes Lebensbeispiel: Gr. Ev., Bd. 10, Kap. 210, 1—3.

Keine kleinliche Bedenken in der Speisenwahl!

Weniger wichtig als die Mäßigkeit ist eine strenge Wahl der Speisen.

Dem ängstlichen Petrus verwirft der *Herr* seine „echt tempeljüdische, kleinliche Bedenklichkeit“ mit den Worten: „Was dir vorgesetzt wird, das iß, und es wird weder deinem Leibe noch irgend deiner Seele schaden. Nur vor der Unmäßigkeit hat sich jedermann zu hüten.

... Im Notfalle kannst auch du als strenger Jude *aller* Tiere Fleisch essen, und es wird dir gut dienen. Denn alle Nahrung, die zu nehmen ein Mensch durch die *Not* gezwungen wird, ist von Mir aus gereinigt, nur muß er dabei eine noch größere Mäßigkeit beachten.“ [1]

Verschiedenheit des natürlichen Speisebedürfnisses

Es kann und darf auch bezüglich der Speisenwahl nicht ein Mensch gleich wie der andere behandelt werden. Vielmehr sind die Nahrungsbedürfnisse sehr verschieden, je nach der *Herkunft und Reife* einer Menschenseele.

Durch Lorber wissen wir, daß ein Teil der Lebensfunken einer Menschenseele unmittelbar aus den Naturreichen, und zwar hauptsächlich aus der höheren *Tierwelt* stammt. Hat nun ein Mensch als Bestandteile seiner Seele viele Seelenelemente *fleischfressender* Tiere, so wird er — wenigstens im Anfang seiner geistigen Entwicklung — sicher ein viel stärkeres Bedürfnis nach Fleischkost empfinden als ein Mensch mit vielen Seelenelementen *pflanzenfressender* Tiere. Es wird ihm dabei die seiner Seele gewohnte Kost nicht ohne Schaden allzufrüh entzogen werden können.

Auf diesen Gesichtspunkt weist eine Stelle im ‚Großen Evangelium‘ hin, in der die „Vorkreaturformen“ eines durch Unfall aus dem irdischen Leben geschiedenen Knaben enthüllt werden, wobei der *Herr* anfügt:

„Die reinen Erdenkinder sind seelisch und leiblich aus der gesamten organischen Schöpfung dieser Erde zusammengesetzt. Dafür liefert schon die höchst *verschiedene Nahrung* für den Leib, die ein Mensch zu sich nimmt, den Beweis, während ein Tier sehr beschränkt ist in der Wahl der Nährkost. Damit aber der Mensch allen Intelligenzpartikeln, aus denen seine Seele besteht, aus den zu sich genommenen natürlichen Nährstoffen eine *entsprechende* Seelennahrung zuführen kann, kann er eben auch so verschiedenartige Nahrungsteile aus dem Tier-, Pflanzen- und auch Mineralreich zu sich nehmen. Denn der substantielle Formleib der *Seele* wird gleich wie der Fleischleib aus der zu sich genommenen Naturkost genährt und ausgereift.

Nun kommt es noch darauf an, aus welcher vorhergehenden Kreatursphäre ein nur diesirdischer Mensch seine Seele nach den aufsteigenden Graden erhalten hat. Und es ist dann, besonders bei Kindern, der Umstand zu erwägen, daß ihre Seele noch immer Spuren jener *Vorkreaturgattung* in sich birgt, aus der sie zunächst in eine Menschenform überging. Wird ein Kind gleich in gute Erziehung gebracht, geht die Vorkreaturform bald völlig in die Menschenform über und festigt sich darin mehr und mehr. Wird aber bei einem Kinde die Erziehung sehr vernachlässigt, tritt in dessen Seele bald wieder die Vorkreaturform in den Vor-

[1] Gr. Ev., Bd. 5, Kap. 239, 3 ff.; Bd. 6, Kap. 222, 11 ff.; Bd. 9, Kap. 127.

dergrund und zieht nach und nach sogar den festgefügten Leib in die vorige Form.“ (Gr. Ev., Bd. 4, Kap. 151, 7 ff.)

Im Anfang der geistigen Entwicklung ist also beim Menschen die Vorkreaturform noch von großer Bedeutung auch für die Ernährung. *Vergeistigt* sich dagegen ein Mensch, so tritt in ihm das Tierische immer mehr zurück und weichen auch in der Nahrung die ursprünglichen tierischen Bedürfnisse mehr und mehr denen des reinen Geistesmenschen.

Im Meinungsstreit der Fleischesser, Vegetarier und Rohkostler könnten diese Erkenntnisse aus dem Lichtschatze der Neuoffenbarung manche Klärung und Verständigung bringen! Und mancher Wahrheitssucher käme, wenn er diese Aufschlüsse beherzigt, in dem großen Wirrsal der Ansichten und Lehren besser zurecht.

Eine gute Kost für Geistesmenschen

wird in dem Lorberbuch ‚Erde und Mond‘ mitgeteilt. Dort heißt es:

„In früheren Zeiten, in denen die Menschen noch viel einfacher lebten als jetzt, gab es häufig solche, die das sogenannte *zweite* Gesicht hatten und ganz naturgemäß in den *beiden* Welten lebten. Es könnten auch Menschen in der heutigen Zeit leicht dahin gelangen, so ihre Kost einfacher wäre. Aber zu allermeist schadet ihnen die gegenwärtige, komplizierte Kost. Da verderben und verdummen sie ihre Natur so, daß in derselben die Seele sich wie ein Vogel unter den Leimspindeln verwickelt und verkleistert und sie unmöglich zu jener Regsamkeit gelangen kann, in der ihr ein freier Auf- und Ausflug möglich wäre.

Worin bestand denn die Kost jener früheren, einfachen Menschen? Die Kost bestand zumeist in *Hülsenfrüchten,* die ganz einfach, weich gekocht, etwas gesalzen und dann nie in heißem Zustand genossen wurden. So war auch *Brot, Milch und Honig* ebenfalls eine uralte, einfache Kost, bei der die Menschen zumeist ein sehr hohes Alter erreichten und fortwährend bis zum letzten Augenblick ihres Lebens im Besitze des *zweiten Gesichtes* waren.

Wohl kann jedermann dann und wann mäßig *Wein* genießen, jedoch nie so viel, daß er sich berauscht fühlen würde.

Fleischspeisen sollten nur zu gewissen Zeiten, und da nie länger als sieben Tage nacheinander, sehr mäßig und allezeit von frisch geschlachteten Tieren genossen werden. Und da ist das Fleisch der Fische besser als das Fleisch der Tauben. Das Fleisch der Tauben besser als das der Hühner, das Fleisch der Hühner besser als das Lämmerfleisch, dieses besser als das Ziegenfleisch, und dieses besser als das Kälber- und Rindfleisch — wie unter den Brotarten das Weizenbrot das dienlichste ist. Jedoch soll von den angezeigten Speisen nie mehr als *eine* mit etwas Brot genossen werden, so wie auch das Obst nur mäßig und allezeit von bester Reife, desgleichen auch einige Wurzelfrüchte, aber nur eine auf einmal.

Bei solcher Kost würde der Leib nie zu jener Wülstigkeit gelangen, in welcher er träg, schläfrig und schwerfällig wird, daß dann die Seele sehr anstrengend zu tun hat, solch eine Maschine in Bewegung zu erhalten, geschweige, daß sie sich neben solch einer Arbeit noch mit etwas anderem beschäftigen könnte.

Seht, so einfach lebende Menschen gab es in der früheren Zeit viele, und besonders einfach lebten jene Menschen, die sich an *Bergen* ihre Wohnstätten aufgerichtet hatten. Diese Menschen hatten denn auch beständig das *zweite* Gesicht, hatten bei Tag und Nacht einen ganz natürlichen Umgang mit den *Geistern* und ließen sich von ihnen in den mannigfachsten Sachen belehren. Die Geister zeigten ihnen die Wirkungen der Kräuter und zeigten ihnen auch an, wo hier und da das eine oder das andere edle oder unedle Metall in den Bergen verborgen lag, lehrten sie auch das Metall aus den Bergen abzubauen und durch Schmelzen und Schmieden zu allerlei nützlichen Dingen brauchbar zu machen.

Kurz und gut, es war da selten ein Haus auf den Bergen, das da nicht seine eigenen Hausgeister gehabt hätte, die wie ein anderes Hausgesinde ganz gewöhnlich zum Hause gehörten. Dadurch aber gab es denn auch eine Menge Weiser, namentlich auf den Bergen, welche mit den geheimen Kräften der Natur in der größten Vertrautheit lebten, denn diese Kräfte oder Geister standen ihnen fast allezeit zu Gebote." (Erde und Mond, Kap. 35, S. 100 ff.)

Die wichtigsten Speisen für den Menschen

werden vom *Herrn* auch im ‚Großen Evangelium' im Gespräch mit einem römischen Oberstadtrichter erörtert:

Der Herr sagt: „Fische von guter Art, die in reinen Gewässern sich aufhalten, sind in der Zubereitung, in welcher wir sie genossen haben, die allergesündeste Kost für den menschlichen Leib. Wo aber derlei Fische nicht zu haben sind, da ist das Weizen- und Gerstenbrot an und für sich die gesündeste Nahrung des Menschen, so wie auch die Milch von gesunden Kühen, Ziegen und Schafen.

Unter den Hülsenfrüchten nehmen die Linsen den ersten Rang ein, wie auch zur Bereitung des Muses der persische Maisweizen.

Fleisch ist nur von einigen Hühnern und Tauben, dann von gesundem und reinem Rinde sowie auch von Ziegen und Schafen im vollkommen blutlosen Zustande, entweder gebraten oder gekocht als Speise zu genießen. Das gebratene aber ist dem gekochten vorzuziehen.

Das *Blut* der Tiere soll von niemandem genossen werden!

Das jetzt von Mir dir Gesagte ist und bleibt für den Menschen die einfachste, reinste und gesündeste Kost; alles andere, besonders im Übermaße Genossene ist für den Menschen schädlich, besonders wenn es zuvor nicht jene Zurichtung bekommt, durch die das Bösnaturgeistige völlig ausgeschieden wird."

Der Oberstadtrichter fragt: „O Herr und Meister, was ist es denn mit den vielen überaus wohlschmeckenden Obst- und Wurzelarten?"

Der *Herr* erwidert: „Das genießbare *Obst* muß vollkommen reif sein, in welchem Zustand man es dann auch mäßig genießen kann. Es ist aber dennoch im gekochten, gebratenen oder gedörrten Zustande gesünder als in seinem rohen, weil durch das Sieden, Braten und Dörren die schlechten und noch ungegorenen Naturlebensgeister hinausgeschafft werden. Dasselbe ist auch mit den *Wurzeln* der Fall." [1]

Gesunde Getränke

Als bekömmliches Getränk wird nächst reinem, durchsonnten Quellwasser die *Milch* von gesundem Vieh öfters erwähnt; so im ‚Großen Evangelium', Bd. 1, Kap. 38, 1 und ‚Haushaltung Gottes', Bd. 1, Kap. 17, 24.

[1] Gr. Ev., Bd. 10, Kap. 210, 5—10; Bd. 9, Kap. 116, 11.

In ‚Jugend Jesu‘ hören wir bei der Erwähnung eines aus Fischen und Honigkuchen bestehenden Mahles: „Auch für einen guten Trank ward gesorgt, den Joseph und Maria aus Wasser und Zitronensaft mit Beimischung von etwas Honig bereiteten.“ (‚Jugend Jesu‘, Kap. 252, 3)

Über den *Weingenuß* sagt der Herr im ‚Großen Evangelium‘: „Meine lieben Freunde! Es ist der Wein, im rechten Maße genossen, eine rechte Stärkung und macht des Leibes Glieder kräftig und gesund. Aber so er übermäßig getrunken wird, erweckt er die bösen Geister des Fleisches und betäubt die Sinne. Die bösen Geister aber erwecken dann des Fleisches Lust, die da Unkeuschheit und Unzucht heißt, durch welche die ganze Seele auf langhin unrein, darauf auch unmutig, zänkisch, träge und oft beinahe wie völlig tot wird. Darum beachtet auch im Trinken des Weines ein gerechtes Maß, und ihr werdet Ruhe haben in eurem Fleische!“ [1]

Nur das *Blut* der Tiere soll der Mensch keinesfalls genießen, da es viele unvergorene und gefährliche naturgeistige Elemente enthält, die den Menschen leicht verunreinigen. (Gr. Ev., Bd. 10, Kap. 240, 1)

Vom Tischgebet

Eine wichtige Regel, die bei keinem Mahle vergessen werden sollte, ist auch, daß wir uns Speise und Trank vom himmlischen Geber aller guten Gaben *segnen* lassen und, was Er in seiner Liebe und Gnade spendet, mit innigem *Dank* genießen.

Schon den Urvätern wurde vom Herrn das Tischgebet ernstlich ans Herz gelegt. (Haushaltung Gottes, Bd. 1, Kap. 17, 21 ff.) — Und einem von langem Magenleiden geheilten Griechen empfiehlt der Herr:

„Bitte im Herzen Gott vor dem Essen, daß Er dir und allen Menschen die Speisen und den Trank segnen möge, und Er wird solche Bitte allezeit erhören. Und dir wird dann jegliche für die Menschen bestimmte Speise wohl dienen und deinen Leib wahrhaft nähren und stärken.“ [2]

Segen der Keuschheit

Die Einfachheit und Mäßigkeit in Speise und Trank ist in den Neuoffenbarungsschriften auch darum so ernstlich empfohlen, weil nur ein strenges Maßhalten in diesen Dingen dem Menschen ein *reines* Leben in der Ordnung Gottes ermöglicht und für die Gesundheit von Leib und Seele nichts wichtiger ist als eben eine sittenreine *keusche* Lebensführung.

Die sogenannten Sexual- oder Geschlechtssäfte sind ja nicht zur sinnlosen Vergeudung bestimmt. Vielmehr dienen sie als feinste Substanzen dem Aufbau des Leibes, der Ergänzung des Nervengeistes und der Belebung des ganzen Menschen. Auch die Strahlkräfte der Aura oder Außenlebenssphäre, die in so hohem Maße die Lebensauswirkung des Menschen bestimmen, werden von dieser Quelle aus gespeist. Und so ist es für den gesamten Gesundheits- und Kräftestand des Men-

[1] Gr. Ev., Bd. 6, Kap. 187, 1; Bd. 1, Kap. 63.
[2] Gr. Ev., Bd. 9, Kap. 11, 11; Rob. Blum, Bd. 2, Kap. 254, 2.

schen überaus *nachteilig*, diese Edelprodukte des leiblichen Organismus der kurzen Sinnenlust zu opfern — zumal dadurch auch das ganze Sinnen und Trachten der Seele vom wahren, geistigen und ewigen Ziele abgezogen und zum Verweilen im materiell vergänglichen Genuß verleitet wird.

Eindringlich mahnen daher die Schriften immer wieder zu einem nüchternen und reinen Leben, auch in der *Ehe*. So lesen wir beispielsweise in der ‚Haushaltung Gottes' (worin die Geschichte und geistige Führung der Urmenschheit geschildert wird), wie der *Herr* in der Gestalt des „Abedam" ein junges Paar, Jorias und Besela vermählt und belehrt:

„Als das Paar nun vor dem hohen Abedam sich befand, legte alsbald der Heilige seine Hände zuerst auf Jorias, dann aber auch auf die Besela, berührte das Haupt und das Herz, d. h. die linke Seite der Brust, und sprach dabei folgende Worte:

„Nehmt hin Meinen Segen zum ewigen Leben! Zeuget aus euch wahre, lebendige Früchte der reinen Liebe! Ferne sei euerm Leibe die stumme Befriedigung dessen, daran das Fleisch und somit auch die Sünde hängt — so werdet ihr stets wahrhaft und getreu vor Mir wandeln. Wer aber da wohltut seinem Fleische, es nährt über das gerechte Maß, und es dann durch alle Wollust zu ergötzen sucht, der nährt seine eigene Sünde und räumt durch die Wollust des Fleisches dem ewigen Tode alle Gewalt über sich ein. Daher *bezähmet* allzeit eure Begierden, so es nicht Zeit ist, daß ihr Mir zeuget eine lebendige Frucht. Wenn es aber Zeit ist, dann rufet zu Mir, damit Ich euch halte, wenn ihr der Sünde ein Opfer bringet, und ihr darum nicht fallet, sondern bleibet in Meiner Gnade.

Denn wer da fällt, der steht schwer auf, und bei jedem Fall wird der Geist mit einem *neuen* Totengefängnis umgeben. ... Daher sage Ich euch noch einmal: Nähret, stärket und ergötzet euer Fleisch nicht! Denn dadurch nährt ihr euren eigenen Tod, der den Geist umgibt als letzter Kerker vor seiner Wiederbefreiung oder Wiedererstehung zum vollen ewigen Leben aus Mir und in Mir!

Du, Mein geliebter Jorias, hast geschaut die Größe und Erhabenheit dessen, was da ist ein Kind Meiner Liebe. Du hast die Fülle der Glut Meiner Vaterliebe empfunden. Also bleibe getreu Meinem Willen; bleibe getreu Mir, deinem Gott; ja bleibe getreu Mir, deinem heiligen, liebevollsten Vater!

Siehe, so oft das Fleisch eine ungebührliche Forderung an dein Herz legen wird, allzeit die Sterne des Himmels an, und Ich werde aus den Sternen zu dir reden und werde dir sagen, was du zu tun hast! Wenn du aber abweichen möchtest von diesem Wege, den Ich dir jetzt vorgezeichnet habe, dann wird sich auch der Himmel vor deinen Augen in dichte Wolken verhüllen, und du wirst so lange die sprechenden Sterne nicht zu Gesicht bekommen, bis du voll Reue auf Meinen Weg zurückkehren wirst! So du aber verbleiben wirst freimütig getreu Meinem Willen, da wirst du bald die große Macht desselben in dir zu gewahren anfangen. Denn eben dadurch, daß du befolgst Meinen Willen, nimmst du ihn in dir auf und machst ihn zu dem deinigen.

... Wer aber sich zu eigen gemacht hat Meinen Willen, der ist vollkommen geworden wie Ich, sein Vater es bin, und er wird die Werke des Lebens verrichten, die Ich verrichte. Wer aber so geworden ist ein Besitzer Meines Willens, der hat auch die wahre Kindschaft überkommen. Das aber ist die wahre Kindschaft, daß jeder ist in Meinem Willen und Mein Wille in ihm. Und das ist die wahre, lebendige Frucht der reinen *Liebe* und das *ewige Leben*.

Diese Frucht sollst du Mir vor allem zeugen mit deinem Weibe. Hast du solche gezeugt, so wirst du dann auch Kinder zeugen, welche aus Meinem Willen hervorgehen und werden vollkommen sein gleich dem, der sie gezeugt hat. Das aber ist Mein Segen, daß sonach Mein Wille der deine werde und du lebest aus und in demselben ewig! Amen." [1]

Vernünftige Ruhe und maßvolle Leibesübung

Wichtig für die Erhaltung der leiblichen und seelischen Gesundheit ist ferner auch ein geordneter Wechsel von Ruhe und Tätigkeit im menschlichen Leben. Selbst in den Himmeln bedarf der Geist, wie es in dem Werke ‚Die geistige Sonne' heißt, zu seiner ordnungsmäßigen Stärkung der Ruhezeiten — „was der Herr schon bei der Schöpfungsgeschichte dadurch anzeigte, daß Er nach den sechs Schöpfungswerktagen einen *Ruhetag* bestimmt hat. Und zu den Zeiten Christi hat der Herr selbst gezeigt, daß Er nach getaner Arbeit gleich einem jeden andern Menschen geruht hat. Also müssen auch die Geister in den Himmeln Ruhezeiten haben, in welchen sie sich stärken zu neuer Tätigkeit." [2]

Die wahre Ruhe bedeutet freilich auf Erden wie in den Himmeln kein völliges Untätigsein, sondern das Leben zieht sich gleichsam *nach innen* zurück, um an der inneren Quelle des reinen göttlichen Geistfunkens neue Kräfte zu neuem Tun zu sammeln. Die äußere Ruhezeit verbringt der geistige Mensch daher weder in stumpfer Trägheit noch auch mit leichtfertiger Zerstreuung der Sinne, sondern im Hinblick auf den Ernst und das ewige Ziel des Lebens mit erquickender Aufnahme des Gotteswortes oder der Naturbetrachtung, oder auch mit anderen zum Herzen *Gottes* führenden Beschäftigungen.

Auch eine vernünftige *Leibespflege* und -übung ist in den Grenzen, die durch die dienende Unterordnung des Leibes unter den Geist geboten sind, berechtigt und angezeigt. Niemand aber soll glauben, einzig und allein auf diesem Wege zu einer wahren Ertüchtigung des ganzen Menschen zu gelangen. Die Leibespflege darf nie zur Hauptsache werden, sondern steht an Bedeutung der *Seelenpflege* allezeit nach und soll den Menschen daher nicht mehr in Anspruch nehmen, als für sein seelisch-geistiges Wohl erforderlich ist. Sehr verfehlt ist die in heutiger Zeit bemerkbare Übertreibung der sportlichen Leibesübung, die nicht nur den Menschen vom Geistigen aufs Stoffliche lenkt, sondern auch vielfach durch Übertreibung zu leiblichen Schädigungen führt.

Stärkung im Schlafe

Auch des Schlafes soll der Mensch nicht allzuviel pflegen. Der Herr empfiehlt im ‚Großen Evangelium' für die Menschheit der *damaligen* Zeit täglich fünf Schlafstunden für die Jugend, sechs für das Alter. In unserer jetzigen, hetzenden

[1] Haushaltung Gottes, Bd. 2, Kap. 89, 2 ff. Vergl. über die Sinnenlust und ihre Schadensfolgen ferner die ernsten Mahnungen: Gr. Ev., Bd. 4, Kap. 80, Kap. 230 u. 231; Bd. 1, Kap. 207, 2 ff.; Kap. 86; Bd. 3, Kap. 66 ff.; und hauptsächlich ‚Erde und Mond', Kap. 59; ‚Grundfragen', Bd. 1, Kap. 27; Bd. 2, Kap. 45. —

[2] Geistige Sonne, Bd. 2, Kap. 72, S. 317 ff.; vergl. auch Bd. 2, Kap. 6, S. 22.

und aufreibenden Zeit wird man dem nervenschwachen Menschengeschlecht (besonders Kopfarbeitern und andern Personen in nervenkraftverbrauchenden Berufen) eine etwas *längere* Schlafruhe gestatten müssen. Auf alle Fälle aber ist stets ein ruhiger und tiefer Schlaf um die Zeit der Mitternacht anzustreben, weil nur im *Tiefschlaf* die Seele sich völlig vom Leibe löst und mit der reingeistigen Welt eine Verbindung erlangt, die ihr eine erquickende, für die Gesundheit von Leib und Seele so unentbehrliche Stärkung verleiht.

Über die im ruhigen Tiefschlafe sich der Seele bietenden Möglichkeiten wird im ‚Großen Evangelium' gesagt:

„Es gibt gewisse fromme Menschen, die beinahe täglich zur Stärkung der Seele im Leibesschlafe in der Geisteswelt leben und *handeln.* Wenn sie aber wieder leibeswach werden, so wissen sie nichts davon; nur ein gewisses tröstlich-stärkendes Gefühl gewahren sie in sich, und es kommt manchem vor, als hätte er angenehme Dinge gehört und gesehen. Nur solche Menschen, die sich gleich den Propheten schon im Übergang in den dritten und somit *höchsten und hellsten* Schau- und Gefühlsgrad befinden, weil ihr Geist sich schon völliger mit der Seele zu einen angefangen hat, bringen das in der höheren Geisterwelt Geschaute und Vernommene in den leibeswachen Zustand mit und können es ihren Nebenmenschen verkünden." [1]

Die Summe aller Lebensweisheit

Das beste Teil und die Krönung aller wahren, vernunft- und segensvollen Gesundheitspflege aber ist eine unermüdliche, von selbstloser Liebe getragene *Tätigkeit* im Lichte und in der Ordnung Gottes. Nichts zieht so stark und nachhaltig die ewigen Lebenskräfte der Himmel auf uns herab. Liegt doch das hohe Ziel, das der himmlische Vater mit uns verfolgt, eben darin, uns gleich Ihm vollkommen zu machen in der tätigen Liebe.

„Was sich der Mensch mit seinen ihm von Gott verliehenen Kräften nicht selbsttätig verschafft, das kann und darf ihm auch Gott nicht verschaffen, ohne ihn zu richten! Darum seid nicht nur Hörer Meines Wortes, sondern eifrige *Täter* desselben, so werdet ihr dessen Segnungen in euch wahrnehmen!

Das Leben ist ein Tun und kein Müßigstehen der Kräfte. Und so muß das Leben auch durch die fortwährende Tätigkeit sämtlicher Kräfte für ewig erhalten werden, denn in dem Sich-zur-Ruhe-Legen waltet kein bleibendes Leben. Das gewisse Wohlgefühl, das euch die Ruhe bietet, ist nichts als ein teilweiser Tod der zum Leben erforderlichen Kräfte. Wer mehr und mehr an der tatlosen Ruhe, besonders der geistigen Lebenskräfte, ein behagliches Wohlgefallen findet, schiebt sich dadurch stets mehr dem wirklichen Tod in die Arme, aus denen ihn auch kein Gott leicht mehr befreien wird.

Ja, es gibt auch eine *rechte Ruhe* voll Lebens. Aber die ist in Gott und ist für jeden Menschen ein unnennbar beseligendes Gefühl der Zufriedenheit, nach dem Willen Gottes tätig zu sein. Dieses beseligende Zufriedenheitsgefühl und die klarste Erkenntnis, wahrhaft nach der Ordnung Gottes gleichfort gehandelt zu

[1] Gr. Ev., Bd. 8, Kap. 136, 6 ff. Über Wesen und Bedeutung des Traumlebens vergl. auch Bd. 8, Kap. 135; Bd. 1, Kap. 37; Erde und Mond, Kap. 67. Über Nachtruhe in Liegestühlen: Gr. Ev., Bd. 5, Kap. 196. Über Schlafwandeln: Erde und Mond, Kap. 5, S. 244.

haben, ist die bewußte rechte „Ruhe in Gott“, die allein voll Lebens ist, weil voll Tatkraft und Handlung.“ (Gr. Ev., Bd. 1, Kap. 220, 6—11)

Bete und arbeite!

„Ora et labora!“ — „Bete und arbeite!“ In dieses Wort faßten darum schon in alten Zeiten erleuchtete Gottesmenschen die Summe aller *Lebenskunst* zusammen. Und in Ewigkeit wird der beste Rat für das leibliche und geistige Heil und Wohlbefinden des Menschen lauten:

Verbinde dich durch innigen Herzensverkehr mit deinem Gott und Vater und sei mit den aus dieser Urquelle des Lebens empfangenen Kräften in Dank und Liebe tätig für alle deine Mitgeschöpfe! Wirke dich so als Lebenssonne aus in deinem Kreise, auf daß du ein wahres, seliges Kind und Ebenbild deines Schöpfers und Vaters in Ewigkeit sein und bleiben kannst! Dann wird die „Krone des Lebens“, d. h. alle Kraft und Macht der Himmel dein unvergängliches Erbteil sein.

61

Berufsleben und Gotteslicht

Manchen geistig gerichteten Menschen, der in einem weltlichen Beruf lebt, beunruhigt nicht selten die Frage, ob er am richtigen Orte stehe, ob sein berufliches Tun und Lassen sich in Übereinstimmung befinde mit der Ordnung Gottes und ob es ihm kein Hindernis bereite im geistigen Fortschritt. Schon mancher ist durch solche Bedenken in schwere Gewissensnöte gekommen. Und so ist zu beachten, daß die Schriften der Neuoffenbarung auch über das Berufsleben ihr Licht ausgießen und die Wege zu einem segensvollen Verhalten auch in dieser Hinsicht weisen.

Die Schriften lehren *keine* Weltflucht! Sie zeigen vielmehr die große Bedeutung des irdischen Probelebens, in dem wir es lernen sollen, zwischen den gegensätzlichen Polen von Gut und Böse unsern Schöpfer über alles zu lieben, indem wir allen unsern Mitmenschen aus reiner Liebe zu dienen uns befleißigen. Vom Grundsatz des selbstlosen *Dienens* aus ist in den Lorberschriften auch das Berufsleben beleuchtet und der Weg gezeigt, auf dem gerade durch diese Schule des Lebens der Mensch das Ziel seines Hauptberufes — ein wahres *Gotteskind* zu werden — erreichen kann.

Berufswahl und -vorbereitung

Im ‚Großen Evangelium‘ finden wir eine Stelle, welche vom Gesichtspunkt der geistigen Bedeutung des Berufslebens aus die Wahl eines Berufs und die rechte Vorbereitung der Jugend beleuchtet. Dort sagt der Herr:

„Wenn alle Menschen gleich fleißig wären und auch die gleichen Talente hätten, würden sie sich gegenseitig bald völlig entbehrlich werden. Aber so haben schon Kinder ein- und desselben Elternpaares verschiedene Fähigkeiten. Der Erzieher muß sie wohl beurteilen können und dann den Kindern auch nach ihren Talenten den nötigen Unterricht erteilen, um sie dem rechten Ziele zuzuführen. Aber wenn du bei den verschiedenen Anlagen deiner Kinder wolltest, daß sie z. B. lauter Kleidermacher oder lauter Weber werden, so würdest du nur bei jenen einen rechten Fleiß und Eifer gewahren, die zu dem, was sie lernen, auch wirklich Talent besitzen. Diejenigen aber, die dafür wenig oder gar kein Talent haben, werden wenig Eifer zeigen, und solche Kinder werden später auch wenig Ersprießliches leisten."

Also die *rechte Berufswahl* für die Kinder liegt bei den Eltern und anderen Lehrern der Jugend. „Die Rebe bringt die Traube und der Feigenbaum die Feige als Frucht hervor. Beide Früchte schmecken süß. Aber wenn du den Feigenbaum ebenso behandelst wie den Weinstock, so wird dir der Feigenbaum wenig Früchte tragen. Und läßt du den Weinstock so unbeschnitten fortwachsen wie den Feigenbaum, wird er bald verkümmern und dir wenig Trauben geben."

Auf diese Worte des Herrn erwidert der Römer *Agrikola:* Das ist wahrlich eine wichtige Lehre! Auch meine Kinder sollen dementsprechend gebildet werden. Natürlich aber muß eine gewisse Grundbildung bei allen gleichermaßen vorangehen, so das Lesen, Schreiben und Rechnen, wie auch das Verstehen der Sprachen, die in unserem Reiche gesprochen werden. Denn ohne diese Vorkenntnisse läßt sich aus den Menschen nicht viel machen. Dann aber soll ein jeder Mensch nach seinem hervorragendsten Talente gebildet werden. Herr, ist es recht so?"

Der *Herr* entgegnet: „Allerdings! Es sind die von dir angezeigten *Vorkenntnisse* dem Menschen gewiß nötig, um mit ihrer Hilfe leichter zur wahren Lebensweisheit zu gelangen. — Aber es soll dabei dennoch wohl darauf gesehen werden, daß die Menschen diese Vorkenntnisse und ihre Erlernung nicht zur *Hauptsache* machen und nicht ihr Leben lang sich mit dem Studieren der Schriften und Sprachen abgeben und dabei die innere, geisterweckende Bildung vergessen, in der am Ende doch ganz allein aller Wert des Lebens besteht. Denn was nützte es einem Menschen, so er alle Schriften der Welt schreiben und verstehen und aller Menschen Zungen reden könnte, an seiner Seele aber Schaden litte?

Daher suchet vor allem das Reich Gottes auf Erden — suchet es in euch! Alles andere wird euch dann mit dem Gottesreiche in euch gegeben werden; aber ohne dasselbe hat der Mensch — und besäße er auch alle Schätze der Erde und hätte er die Wissenschaften aller Weltweisen in sich — soviel wie nichts. Ein Besitzer des *Reiches Gottes* im Herzen aber hat alles. Er hat die höchsten und tiefsten Wissenschaften und hat das ewige Leben und seine Kraft und Macht. Und das ist sicher mehr als alles, was die Menschen auf dieser Welt je als groß und wertvoll anerkannt haben." (Gr. Ev., Bd. 7, Kap. 126, 2 ff.)

Worauf es ankommt

Von diesem hohen Standpunkt aus kommt es selbstverständlich nicht so sehr darauf an, *was* ein Mensch seinem zeitlichen Berufe nach ist, sondern *wie* er darin sich verhält.

Der Herr spricht: Was das Weltliche betrifft, so geht Mich das an sich nichts an, denn dies ist eine Sache des menschlichen Weltverstandes. Die Menschen können dem weltlichen Berufe nach werden, was sich für sie ehrlichermaßen ergibt. Der weltliche Erfolg kommt bei Mir nicht in Betracht, sondern nur das, was sie wirken nach Meiner Lehre und Meinem Willen.

„Auch das äußere Ansehen der Person hat vor Mir nicht den geringsten Wert, wohl aber das Ansehen eines durch Gottes Wort erleuchteten Herzens, das voll Leben ist durch die Liebe zu Gott und zum Nächsten. Wenn jemand ein hohes *weltliches Amt* bekleidet, so ist er dadurch ja instandgesetzt, desto mehr Gutes zu wirken. Tut er das, so wird auch sein Amt vor Mir einen verdienstlichen Wert haben. Aber das hohe Amt an sich hat gar keinen: Kaiser und Bettler sind vor Mir ganz gleich und haben als das, *was* sie sind, gar kein Ansehen vor Mir. Sondern vor Mir hat nur das einen Wert, *wie* sie es sind in Meinem Namen. Das lasset euch alle wohl gesagt sein!

Elend sei der, der seinen Nebenmenschen darum für gering achtet, weil er selbst ein hohes weltliches Amt bekleidet. Das *Amt* soll ein wohlrespektiertes Ansehen haben und der Beamte insoweit, als er ein Amt vorstellt. Aber der *Beamte* tue sich darauf ja nichts zugute, da er *nur ein Diener* des Amtes, nicht aber das Amt selbst ist. Ich sage euch dieses darum, daß sich niemand eines weltlichen Amtes wegen übernehme. Denn wer das tut, der ist nicht mehr in Meiner Liebe, und sein Amt dient ihm dann nicht zu seinem Leben, sondern zu seinem Untergang." (Gr. Ev., Bd. 6, Kap. 143, 1 ff.)

Die goldene Hauptregel für Amt und Beruf

Da die Gottesliebe, das wichtigste Ziel unseres Lebens, nur durch die tätige *Nächstenliebe* zur Vollkommenheit gestärkt werden kann, ist in unserem beruflichen wie überhaupt im ganzen weltlichen Verhalten die bekannte „goldene Regel" auch der Hauptgrundsatz und die wichtigste Richtschnur unseres Tuns und Lassens. Diese Regel lautet: „Was du vernünftigerweise willst, daß dir deine Mitmenschen tun, das tue du auch ihnen."

Auch in den Neuoffenbarungsschriften ist dieser Grundsatz göttlicher Lebensweisheit als Wegweiser in allen Lebenslagen, besonders auch im Berufsleben mehrfach aufgestellt.[1] Das Gefühl dessen, was wir selbst billigermaßen von unseren Mitmenschen erwarten, gibt uns im Tun und Lassen des alltäglichen Lebens einen zuverlässigen Hinweis auf das, was nach göttlicher Ordnung auch unser Nächster von uns erwarten darf.

Zu etlichen Handelstreibenden spricht der *Herr* im ‚Großen Evangelium': Was ihr wünschet, daß man euch tue, das tuet auch ihr euren Nebenmenschen, und was ihr wünschet, daß man euch nicht antue, das unterlasset auch gegenüber den andern. Ich verstehe das natürlich in einer vernünftigen, weisen Hinsicht und Beziehung. Wer so seinen Nebenmenschen redlich dient, liebt auch Gott und wird von Gott wieder geliebt. „Ihr seid Handelsleute und Wechsler, und es ist euch ein großer Gewinn lieber als ein kleiner und gerechter. Ich aber sage euch: Seid in der Folge in allem gerecht und denket, wie es euch lieber ist, daß ein anderer gegen euch gerecht und billig ist. Mit welchem Maße, Gewicht und Preis ihr eure Nebenmenschen bedienet, mit demselben Maße wird es euch Gott der Herr und Vater im Himmel wieder vergelten. Lügner und Betrüger in jeder irdischen Lebensbeziehung aber werden von Gott nicht angesehen und in sein ewiges Lebens-

[1] Siehe ‚Grundfragen des Lebens', Bd. 2, S. 251.

reich nicht eingehen. Das kann Ich euch gar wohl sagen, weil Ich Gott und sein Reich und seinen Willen bestens kenne.“ [1]

Richtlinien für Kaufleute

Wie sich der Herr zu Handel und Verkehr stellt und was ein Gewerbetreibender zu beachten hat, spricht der Meister des Lebens im ‚Großen Evangelium‘ mit den Worten aus:

„Ich eifere nicht gegen den *gerechten* und höchst wohltätigen Verkehr zwischen Mensch und Mitmensch. Denn so will Ich es ja selbst haben, daß ein Mensch vom anderen in gewissen Beziehungen abhängen und einer dem andern dienen soll. Und darum ist ein gerechter Verkehr zwischen Menschen dieser Erde in der Ordnung der Nächstenliebe. Aber das werdet ihr hoffentlich auch einsehen, daß Ich dem *lieblosen Wucher* kein Wort reden kann. Der redliche Kaufmann soll für seine Mühe und Arbeit seinen entsprechenden Lohn haben; aber er soll nicht für zehn Groschen hundert Groschen und mehr gewinnen wollen! — Ich verdamme also nur den Wucher, nicht aber das notwendige, rechtliche Geschäft. Verstehet solches wohl, auf daß ihr nicht in Versuchung fallet!“ (Gr. Ev., Bd. 7, Kap. 6, 8)

Von der dienenden Liebe geistiger Heiler

Für Ärzte und Heilkundige, die vom Herrn mit geistigen Kräften begabt sind, finden sich im ‚Großen Evangelium‘ ebenfalls beherzigenswerte Winke. Dort verehelicht der Herr einen ausgezeichneten Menschenfreund, den Arzt Borus, mit einer schönen, geistgeweckten Jüngerin Sarah, verleiht ihm die Gabe der geistigen Heilung und spricht zu dem Paare:

„An Meinem Segen in jeder guten Hinsicht sollt ihr von Mir aus keinen Mangel haben. Aber vergesset auch nie der wahrhaft *Armen.* Und lasse du, Borus, dir deine, von keinem Menschen der Welt erreichte Kunst in der Heilung aller Krankheiten von keinem armen Bürger und noch weniger von einem Diener zahlen, sei es mit Geld, mit Abdienen, mit Getreide oder mit Vieh! Aber den großen Geldbesitzern, Maklern und Wechslern, Kaufleuten und großen Grundbesitzern *berechne* deine Kunst nach Recht und Gebühr. Denn wer da hat und leben will, der soll dann und wann für sein Leben auch ein Opfer bringen! Es gibt schon Arme genug, denen du das zubringen kannst, um was sich ein begüterter Geldmann sein Leben erkauft. Ein Arzt wie du verkauft den Menschen das Leben, das besonders für die Weltmenschen das größte Gut ist. Darum sollen sie sich's auch nur ums teure Geld und Gut erkaufen und dabei noch froh sein, daß es auf der Erde einen Menschen gibt, bei dem sich das Leben erkaufen läßt.

Aber diesen Rat gebe Ich dir, Borus, auch noch: Wenn ein Kranker zu dir kommt oder du zu einem gerufen wirst, so frage ihn stets ganz ernstlich: ‚Glaubst du, daß ich dir *im Namen Jesu,* des Heilandes aus den Himmeln, helfen kann?‘ Sagt der Kranke darauf vollernstlich: ‚Ja, ich glaube!‘, so heile ihn. Zweifelt er

[1] Gr. Ev., Bd. 9, Kap. 12, 4—7. Vergl. auch Bd. 5, Kap. 120, 3; Bd. 7, Kap. 198, 3; Bd. 8, Kap. 63, 13; Rob. Blum, Bd. 1, Kap. 139, 21.

aber, dann heile ihn nicht, bis er glaubt, daß du ihn in Meinem Namen heilen kannst!“ [1]

Winke für Amtleute und Herrscher

Der römische Oberstatthalter *Cyrenius*, der als ein demütiger Mann das Licht der Jesulehre von Grund aus in sein Herz aufgenommen hatte, machte sich schwere Gedanken, ob er denn nun auch sein mit irdischer Macht, Gewalt und Pracht verbundenes kriegerisches Amt weiter behalten und verwalten könne. Ihm gibt der *Herr* im ‚Großen Evangelium‘ Klarheit mit den Worten:

„Freund, bleibe, was und wer du bist, und stehe dem vor, dem du vorgestellt bist — aber nicht zu deinem Ansehen, sondern zum vielseitigen Nutzen der Menschen!

Siehe, als zu Noahs Zeit die Flut kam über den Boden der Erde, den die sündiggewordene Menschheit bewohnte, da tötete die Flut bis auf Noah und dessen kleine Familie und die Tiere, die Noah in den Kasten aufnehmen konnte, in der weiten Weltgegend alles, nur die Fische im Wasser natürlich nicht. Wie aber erhielt Noah sich und seiner Familie das Leben hoch über all den todbringenden Wogen der großen Flut? Siehe, er befand sich in seinem *festen Kasten*, den die wilde Flut ganz gehorsam auf ihrem Rücken tragen mußte!

Die ‚tödliche Flut Noahs‘ erhält sich aber *geistig* noch gleichfort über dem Boden dieser Erde. Und Ich sage dir, daß diese geistige und beständige Sündflut Noahs dem Leben der Weltmenschen nicht minder gefährlich ist als die einstige naturmäßige zu den Zeiten Noahs. Wie aber kann man sich vor dem Ertrinken in der geistigen Sündflut schützen? — Siehe, was Noah körperlich tat, das tue man nun geistig, und man ist für immer geschützt. Mit anderen Worten: Man gebe nach der *Ordnung* Gottes zwar auch der Welt, was der Welt ist, aber vor allem Gott, was Gottes ist! — Die ‚Arche Noahs‘ ist eines Menschen rechte Demut, Nächsten- und Gottesliebe.

Wer recht *demütig* ist und voll der reinen, uneigennützigen *Liebe* zu Gott, dem Vater, und zu allen Menschen und hat stets das rege Bestreben, allen Menschen wo irgend möglich zu dienen in der Ordnung Gottes — der schwimmt ganz wohlbehalten und bestverwahrt über die sonst gar leicht todbringenden Fluten aller Weltsünden hinweg. Und am Ende seiner irdischen Lebensbahn, wenn für ihn die Flut sinken und sich verlaufen wird in ihre finsteren Tiefen, da wird seine Arche am großen Ararat des lebendigsten Gottesreichs eine wohlgestellte Ruhe nehmen und wird dem, den sie getragen, zu einem ewigen Wohnhause werden.

Sieh Mich an! Muß Ich nun nicht verkehren mit der Welt? Ich esse und trinke, und die Welt dient Mir, wie einst die Flut dem Kasten Noahs gedient hat. Wohl tobt sie gar gewaltig unter den festen Wänden meines Kastens, aber verschlingen kann sie ihn ewig nimmer!

Du kannst nicht dafür, daß da ein römisches Reich entstanden ist. Nun ist es einmal da, und du kannst es nicht zunichte machen. Das Reich aber hat auch gute Gesetze, die zur Aufrechterhaltung der Ordnung und zur Demütigung der Menschen recht wohl taugen. Dünkst du dich nun ein Herr zu sein, der *über* dem Gesetze steht und darum eine Krone tragen kann, so bist du auf dem fal-

[1] Gr. Ev., Bd. 2, Kap. 46, 9—16. Vergl. auch Gr. Ev., Bd. 5, Kap. 5, 5 u. 6, 2—13.

schen Wege. Stellst du dich aber *unter* das Gesetz und betrachtest dich bloß als den vom Staate aufgestellten Leiter und Ausfolger, so stehst du auf dem *rechten* Standpunkt und zimmerst dir aus dem geistigen Material des Gesetzes eine Arche, die dich über alle noch so stürmende Flut der Weltsünden hinwegtragen muß! — Wenn du dazu noch in aller Tat die leichten Grundsätze Meiner Lehre beachtest, die mit euren Gesetzen ganz gut zu vereinbaren sind, so tust du auch nach Möglichkeit für deine Seele und für deinen Geist zur Genüge."

Sagt *Cyrenius:* „Aber bedenke, o Herr, die Pracht und den Luxus, worin ich des Staates wegen leben muß, und bedenke, was Du eben vorher von der Pracht und vom Luxus der Welt geredet hast!"

Sagt der *Herr:* „Liebst du denn in deinem Herzen die Pracht und den Luxus der Welt?"

Antwortet *Cyrenius:* „Oh, nicht im geringsten! Mir ist das alles wie eine rechte Qual!"

Sagt der *Herr:* „Nun, was beirrt dich dann die *Mußpracht* und der Mußluxus? Kein Glanz und keine Verzierung kann *ohne* Liebe deines Herzens dafür zu einem Nachteil für Seele und Geist werden! Aber wenn dein Herz an etwas Materiellem hängt, und wäre dasselbe an und für sich noch so nichtig, so kann es der Seele und dem Geiste ebenso schädlich sein wie eine schwerste Krone aus reinem Golde und aus kostbaren Gesteinen. Es kommt da alles nur auf die *Verfassung des Herzens* an!" (Gr. Ev., Bd. 3, Kap. 13, 3—10 und 14, 1—8)

Für Zöllner und Wirte

Selbst das zu des Herrn Zeiten besonders verhaßte Zöllnergeschäft und das Wirtsgewerbe können im Lichte der Botschaft Jesu in Ehren betrieben werden.

Ein Mann namens *Jored* war Zollpächter und Herbergsbesitzer zugleich. Auch er fühlte sich, nachdem er die Herrlichkeit Jesu und seiner Lehre kennengelernt hatte, in seinem Berufe nicht mehr wohl und sagte eines Tages zum Herrn:

„Meister, wie steht es nun mit meinem Zöllnergeschäft hier zu Wasser und zu Lande? Da sieht eigentlich von der Nächstenliebe blutwenig heraus! Aufgeben aber kann man es doch nicht so ganz und gar, weil das eine öffentliche Staatssache ist. Denn lasse ich es aus, so wird es ein anderer nehmen, der die reisenden Handelsleute und besonders die Fremden noch mehr drücken wird als ich, der ich doch schon so manchen, der nichts hatte, habe umsonst die Zollschranke passieren lassen. Was wäre denn da Dein Wille?"

Dem Jored erwidert der *Herr:* „Was du bist, das bleibe! Aber sei billig im Verlangen gegen die Armen, dafür können aber die Reichen schon um ein bedeutendes mehr geben! Die *Zölle* sind gut für das Land, da sonst bald große Karawanen mit allerlei Waren euer Land überziehen und es (durch unnötigen Austausch) von seinen eigenen Lebensmitteln entblößen würden. Daher sollst du die fremden Handelsleute noch mehr besteuern, damit ihnen die Lust vergehe, zu oft mit ihren Waren in dieses Land zu kommen. Aber bei den Einheimischen sei dafür um so billiger. Auch deine *Herberge* ist gut. Beachte aber auch hier das gleiche: Sei billig gegen die Nächsten und gerecht gegen die Fremden! So aber ein Fremder kommt und hat nicht, daß er dich bezahlen könnte, dem schenke die Zeche, und wenn er etwa Meine Lehre annähme, da gib ihm noch ein Reisegeld obendrauf, so wird der Vater im Himmel dir das reichlich vergelten. Allezeit sei gerecht im Maß und Gewicht, denn mit welchem Maße die Menschen aufmessen, mit demselben wird ihnen vergolten werden!" (Gr. Ev., Bd. 6, Kap. 92, 4—8)

Alles im Blick auf das ewige Leben

Wir sehen, im ganzen Berufsleben will uns der Herr nicht durch starre Regeln und Vorschriften binden. Nur durch allgemeine Aufschlüsse und Blickpunkte sucht Er uns zu einem freien, selbständigen Handeln in seiner Ordnung zu erziehen. Ein jeder Beruf kann durch möglichste Beachtung des Gebots der Nächstenliebe geadelt werden. Ja, gerade an einem sehr welttümlichen Platz können wir oft viel Gutes tun und die Schule des Lebens mit bestem Erfolg durchlaufen. Darum ist auch nicht Ängstlichkeit und Kleinlichkeit in den einzelnen Dingen des Berufs im Sinne des Herrn. Wenn wir nur guten Willens sind, seinem weisen Willen gerecht zu werden, dann ist ein gelegentlicher Fehltritt nicht so schlimm. Der Vater wird unser Versehen schon zum Guten zu wenden wissen.

Die Hauptsache ist unser Blick auf das ewige Leben, unser Streben zum Göttlich-Guten! In diesem großen, auch für das Berufsleben richtunggebenden Punkt gibt der *Herr* im ‚Großen Evangelium' den Jüngern aller Zeiten und aller Stände einen tiefgründigen Hinweis:

„Ein jeder Mensch hat eine unsterbliche Seele und in der Seele einen unsterblichen Geist. Auf daß aber die Seele als ein aus der Materie sich entwickelnder Geist mit dem Urgeist Gottes, der ‚Liebe' heißt, vollkommen eins werde, muß die Seele selbsttätig sich der Materie und ihren Anforderungen entziehen und all ihr Trachten, Tun und Treiben allein nach dem rein Geistigen richten, um eins zu werden mit dem in ihr ruhenden Geiste der reinen Liebe Gottes.

Wie aber kann ein Mensch denn erfahren, daß seine Seele eins geworden ist mit dem wahren Geiste Gottes in ihr? Das erfährt er aus sich selbst überaus leicht! Wenn du in dir keinen Hochmut, keinen unnötigen Ehrgeiz, keine Ruhmsucht, keinen Neid, keine Eigenliebe, aber desto mehr Liebe zum Nächsten und zu Gott lebendig fühlst und es dir eine wahre Herzensfreude macht, dein Hab und Gut im Notfall mit armen und notleidenden Brüdern und Schwestern zu teilen, ja, wenn du ein ordentliches Leid in deinem Herzen fühlst, irgendeinem Armen nicht helfen zu können, wenn dir Gott alles und die ganze Erde mit ihren Schätzen nichts sein wird — dann ist deine Seele völlig eins mit dem Geiste Gottes in ihr und hat das vollkommene, ewige Leben erreicht!" (Gr. Ev. Bd. 5, Kap. 51)

62

Die soziale Frage

Unter dem Ausdruck „soziale Frage" versteht man, kurz gesagt, das Verhältnis von Arm und Reich. Man sagt auch „Arbeiterfrage", weil es sich in unserem Maschinenzeitalter hauptsächlich um die wirtschaftlichen und rechtlichen Verhältnisse zwischen den Arbeitern und den Besitzern der Wirtschafts- und Geldmittel handelt.

Alles, was von *weltlicher* Seite — sei es vom Standpunkt der Besitzenden oder von dem der Nichtbesitzenden — über die soziale Frage gesprochen wird, geht nur bis zu einer gewissen Tiefe der Erkenntnis, da immer nur die weltlichen Beziehungen und Untergründe aufgedeckt werden. Und weil hier die Interessen sehr verschieden und zumeist vollkommen gegensätzlich sind, so ist der Meinungsstreit auch bis heute ein höchst unversöhnlicher geblieben.

Der Herr und weise Lenker aller menschlichen Verhältnisse, der auch in diesen Dingen auf den tiefsten Grund schaut, stellt uns auf einen Blickpunkt, der dieses ganze Fragengebiet in einem viel tieferen, *geistigen* Lichte zeigt.

Die geistige Ursache der verschiedenen Lebensverhältnisse

Die Zulassung von „Arm und Reich", von „Dienst- und Herrschaftsverhältnissen" hat im göttlichen Schöpfungsplan ganz bestimmte geistige Gründe. Und wir verstehen in ihrem Lichte auch das sonderbare, für viele so fragwürdige und schmerzliche Wort des Herrn: „Arme werdet ihr jederzeit haben!"

Die soziale Frage muß in erster Linie von dem Standpunkt aus betrachtet werden, daß die ganze materielle Schöpfung eine Schule und unsere Erde eine ganz besonders schwierige *Haupt-Pflanzschule* der eigentlichen Großkinder Gottes ist — eine Hochschule, in der besonders reich veranlagte Geister und Seelen aus allen Sternenwelten im Verein mit vielen schwachen, der hartnäckigen Materie unseres Planeten entstiegenen Erdseelen den Weg zur höchsten Gottähnlichkeit, Selbständigkeit und Seligkeit suchen.

Die Vollkommenheit und geistige Wiedergeburt der einst mit *Satana* abgefallenen Menschenseelen kann in dieser Hochschule der Kinder Gottes nur auf dem Wege der Erfahrung durch *Demut* und tätig dienende, selbstlose Liebe erlangt werden. Die selbstherrlichen, stolzen Seelen müssen durch Armut, Kämpfe und Niederlagen gebeugt werden. Die Selbstliebigen, denen nur das eigene Wohlergehen am Herzen liegt, müssen durch Not und Hilfsbedürftigkeit zum Mitgefühl mit anderen Wesen und zu Dank und Liebe gegen jeden Helfer, insbesondere gegen den himmlischen Vater, erzogen werden. Manche Seelen dürfen ihr Herrschbedürfnis ausleben, sei es im göttlichen Sinn mit Segen, sei es im ungöttlichen mit Fluch und Unfrieden. Anderen ist es verliehen, wissenschaftliche, künstlerische, geschäftliche, geistliche Gaben im guten oder selbstischen Sinn zu betätigen und dadurch beglückende oder schmerzliche Erfahrungen zu machen. Und wieder andern — freilich in dieser Welt nur einer geringeren Zahl — ist es zugelassen, in ererbtem oder erworbenem Reichtum sorglos genießend durch dieses Leben zu gehen. Auch an diese *scheinbar* Bevorzugten ergehen immer wieder Mahnungen, und wohl ihnen, wenn sie der inneren Stimme folgen und mit dem ihnen anvertrauten Pfunde als Wohltäter ihrer notleidenden Mitmenschen wuchern! Ihr jenseitiges Erkennen wird sonst ein überaus schmerzliches sein, da sie dann einsehen müssen, eine unwiederbringliche Möglichkeit geistigen Heils versäumt zu haben.

Allen diesen Menschenseelen, Armen und Reichen, Herrschenden und Beherrschten, Gebildeten und weniger Gebildeten ist in der irdischen Lebensschule gerade durch die zerklüfteten Verhältnisse unserer Welt eine einzigartige Gelegenheit geboten, durch gegenseitiges Dienen die höchsten Himmelstugenden *Demut und Liebe* und dadurch das Bürgerrecht in den seligsten Sphären der geistigen Welt zu erwerben. Auf keinem andern Stern der Schöpfung sind solche höllischen Verhältnisse, solche Gegensätze, solche Nöte und Kämpfe wie hier auf unserem Planeten, dem Kerkersitz Luzifers, des großen Gegenpols der Ewigen Liebe — und darum aber auch nirgends ein solches Feld gesegneter Betätigung und Festigung.

So gewinnt die ganze uns oft so hart und lichtlos anmutende *„soziale Frage“* durch diesen, in die Grundtiefen des Schöpfungsplans reichenden Einblick ein ganz anderes Gesicht. Wir sehen den göttlichen Zweck des ganzen sozialen Vorgangs. Der Gedanke, daß in dieser Schule jeder einzelne als lernender Erfahrungsschüler durch göttliche Führung gerade an die Stelle gesetzt ist, wo es für seine geistige Reifung, seinen Gaben und Mängeln entsprechend, am aussichtsreichsten ist — diese Erkenntnis ist in hohem Maße geeignet, denkenden Menschen den Lebenskampf erträglich zu machen und der sozialen Frage viele Spitzen und Schärfen zu nehmen.

Daß dem zeitlichen Leben diese Bedeutung als Schule der tätigen Gottes- und Nächstenliebe zukommt, wird in den Schriften der Neuoffenbarung oft betont. So erklärt der *Herr* im ‚Großen Evangelium‘ (Bd. 7, Kap. 37) einer sehr sozial gesinnten Jüdin:

Warum Armut und Reichtum auf Erden?

„Daß die Güter dieser Erde so ungleich verteilt sind, und daß es Reiche und Arme gibt, ist schon der weise Wille Gottes. Er läßt darum auch solch ein Verhältnis unter den Menschen zu, weil ohne dieses die Menschen schwer oder auch gar nicht zu ihrem wahren Lebensziel gelangen könnten.

Stelle dir einmal vor, daß da ein jeder Mensch schon von Geburt an mit allem versorgt wäre, so daß er von keinem andern das Geringste benötigen würde — da würde er nur zu bald den Tieren des Waldes und den Vögeln der Luft gleich leben. Diese bauen sich keine großen Häuser, bebauen keine Felder und Weinberge und haben nicht Not, für ihre Bekleidung zu sorgen. Und hätten sie auch in ihren Höhlen und Nestern hinreichend Nahrung, so würden sie ihren Unterschlupf nie verlassen, sondern würden gleich den Polypen im Meeresgrunde ruhen und fressen. Aber weil die Tiere ihren Fraß erst *suchen* müssen, sind sie voll Bewegung und ruhen erst dann, wenn sie ihren Hunger gestillt haben.

Und siehe, so hat es Gott besonders unter den Menschen dieser Erde sehr weise eingerichtet, daß Er die kargen irdischen Güter unter sie sehr ungleich verteilt und sie auch mit sehr verschiedenen Talenten und Fähigkeiten ausgestattet hat. Dadurch ist ein Mensch dem andern ein unerläßliches *Bedürfnis.* So braucht der reiche Besitzer allerlei Handwerksmeister. Er muß zum Schmied kommen, zum Zimmermann, zum Maurer, zum Schreiner, zum Töpfer, zum Weber, zum Schneider und zu noch vielen anderen. Und so lebt einer vom andern, weil einer dem andern dient.“ Und nur auf diese Art kann das Menschengeschlecht auf der Erde erhalten werden und, im gegenseitigen Dienen sich übend, das ewige Lebensziel der geistigen Vollkommenheit erreichen.

„Die Menschheit könnte auch sehr gut bestehen, wenn nicht so manche Menschen in eine gar zu übermäßige Habsucht und Herrschgier verfallen würden. Doch diese werden von Gott stets scharf heimgesucht und meist schon auf dieser Welt gezüchtigt, und ihr ungerecht zusammengeraffter Reichtum geht höchstens bis auf die dritte Nachkommenschaft.“ [1]

[1] Gr. Ev., Bd. 7, Kap. 37, 1—6. Vergl. auch Bd. 3, Kap. 79, 16--19; Bd. 2, Kap. 59, 9 ff.

Aufgabe und Pflicht der Dienenden

Dem himmlischen Sinn der irdischen Lebensschule entsprechend, gestaltet sich auch die Aufgabe der Dienenden wie der Gebietenden. Die Dienenden sollen sich nicht mit Widerwillen im harten Menschendienste üben, sondern sollen gedenken, daß sie um ihrer *eigenen* Lebensvollendung willen in dieser Schule stehen. Sie sollen um des alliebenden Vaters willen ihren Dienst an den Mitmenschen treulich tun und, wenn die letzteren noch unreif, hart und unverständig sind, die Geduld nicht zu bald verlieren.

Im Briefe an die Laodizener (der uns durch Lorber nach langer Verschollenheit wiedergegeben wurde) schreibt *Paulus* in diesem Sinn:

„Euch Knechten und Dienern sage ich: Seid gehorsam euren Herrn in allen Dingen, die nicht *wider* Christus sind — aber nicht mit alleinigem Augendienst, um dadurch euren Herren zu gefallen, sondern in wahrer Einfalt eures Herzens und in stetiger Gottesfurcht. Alles aber, was ihr verrichtet euren Herren, das verrichtet so, als dientet ihr Christus dem Herrn in aller Treue eures Herzens, so werdet ihr auch einst von Ihm den Lohn der Herrlichkeit überkommen.

Wer von euch aber Unrecht verübt an seiner Herrschaft, tut es auch gleichermaßen an dem Herrn und himmlischen Vater. Der aber sieht nicht darauf, ob jemand ist Herr oder Knecht, sondern allein auf das Werk und auf des Werkes *Grund.* Wer daher Unrecht tut, dem wird auch der Herr des Himmels dereinst den gebührenden Lohn geben. Ihr möget wohl die Menschen täuschen, aber der Herr läßt sich nicht täuschen. Denn vor Ihm liegen allezeit eure Herzen offen." (‚Laodizenerbrief des Apostels Paulus', Kap. 3, 32—35)

Aufgabe und Pflicht der Gebietenden

Wie die Dienenden, so haben auch die Gebietenden in ihrer Stellung dieselbe Aufgabe, Demut und wahre Gottes- und Nächstenliebe zu lernen. Sie ist ihnen durch Versuchungen, welche Reichtum und Macht mit sich bringen, zumeist nicht leicht gemacht. Vom geistigen Standpunkt aus ist daher die Gebieterstellung in der Schule des Lebens nicht selten die schwerere, zumal damit auch meist der verantwortungsvollere Aufgabenkreis verbunden ist. Für die Gebietenden handelt es sich darum ,um der Liebe Gottes willen ihre irdischen Besitz- und Machtmittel als treue *Verwalter* zum Nutzen ihrer bedürftigen Mitmenschen weise zu verwenden.

Paulus schreibt: „Euch dienstgebenden Herren aber sage ich, daß ihr wohl bedenket, daß die Knechte und Diener auch eure *Brüder* sind vor dem Herrn. Daher erweiset ihnen allezeit, was da recht ist vor Gott! Gebt ihnen den gebührenden Lohn zur rechten Zeit mit Liebe und bedenkt, daß wir alle *einen* Herrn haben im Himmel, und dieser ist Christus von Ewigkeit!" (‚Laodizenerbrief des Apostels Paulus', Kap. 3, 36)

Fluch und Segen des Reichtums

Mit großem Ernst weist der *Herr* in den Schriften der Neuoffenbarung die Besitzenden auf ihre Pflichten gegenüber den besitzlosen und bedürftigen Mitmenschen hin. So heißt es im ‚Großen Evangelium':

Hütet euch vor den Gütern und Schätzen dieser Welt, denn in ihnen ruht der arge Geist der Versuchung zu allen Sünden! So ihr zu Gott betet, so denket und wünschet, daß Er euch nicht mit vielen irdischen Gütern und Schätzen wohl versehe, sondern bittet Ihn nur um das tägliche Brot, und Er wird es euch nicht vorenthalten, da Er am besten weiß, wessen ihr bedürft! So ihr aber nach Meiner Lehre Gott über alles liebet und darum auch euch untereinander so, wie ein jeder sich selbst, werdet ihr euch nie über eine Not zu beklagen haben. Denn die Not und die Armut unter den Menschen erzeugt einzig und allein ihre gegenseitige Lieblosigkeit. Diese aber ist stets die Folge des Un- oder Aberglaubens. Denn wer den Glauben an den einen, ewig allein wahren Gott nicht hat, wie soll der Gott über alles lieben und aus solcher Liebe seinen Nächsten wie sich selbst?

Es sieht zwar ein mit irdischen Schätzen bestens versehener Mensch seinen armen Nächsten. Aber da er selbst keine Not zu erleiden hat, sagt er: „Ich bin versorgt, was gehen mich die andern an? Ein jeder sorge für sich selbst, und er wird nicht Not zu leiden haben!" — Ich aber werde dereinst zu einem solchen sagen: „Warum sorgtest denn du weit über die Gebühr nur für dich und entzogst den andern das, was von Mir aus ihnen gebührt hätte? Darum wirst du nun in Meinem Reiche verlassen sein und dir alle Armut und Not gefallen lassen müssen!"

Und so der unbarmherzige Reiche sich damit entschuldigen will, daß ihm von Mir niemand eine rechte Kunde gebracht habe, werde Ich zu ihm sagen: „Wer hat dir denn die Kunde von einem Rechte gebracht, demnach du die Güter der Erde deinen Nebenmenschen, die ein gleiches Recht auf ihren nötigen Besitz haben, als Stärkerer entzogen und für dich zusammengehäuft hast? Hättest du da nicht nach der Vernunft und dem Rechte, das die Natur dir laut verkündet, handeln sollen, da du doch klar gewahren mußtest, daß die Erde mit ihren Gütern nicht für dich allein, sondern für alle Menschen da ist? Weil du aber dessen, was dir deine Vernunft eingeben mußte, nicht geachtet hast, so wird hier in Meinem Reiche auch deiner Seelennot und Armut nicht geachtet werden!

So du aber sagst, daß du darum an keinen wahren Gott glauben konntest, weil dir von Ihm niemand eine rechte Kunde gebracht habe, da sage Ich dir: Du arger Lügner! Vom Geiste Gottes erfüllte Menschen kamen arm und dürftig vor deine Tür und wollten dir die Kunde von dem einen, allein wahren Gott überbringen. Du aber ließest sie nicht vor aus der einzigen Furcht, daß du ihnen dafür etwas geben müßtest, so du durch sie zum ungezweifelten Glauben an einen allein wahren Gott bekehrt würdest. Auf daß du dich nicht durch eine mögliche Bekehrung genötigt fühlen könntest, ließest du dich lieber gar nicht bekehren und wünschtest dir deines Geizes wegen *keine* wahre Kunde von dem allein wahren Gott."

Wer aber ein so hartes Herz hat, wird in seiner verstockten Seelenblindheit Gott nie lieben und darum aber auch nie das selige, ewige Leben erlangen können. Darum sage Ich euch noch einmal: So ihr den Vater in Mir in Meinem Namen um etwas bittet, da bittet Ihn vor allem nur um die unvergänglichen Schätze des Reiches Gottes, und ihr werdet sie erhalten und mit ihnen auch das, was euch zum Leben auf dieser Erde nottut! Wem aber viel an Erdengütern verliehen ist, der verwalte sie nach dem Liebewillen des himmlischen Vaters, und er wird dann als ein *treuer Verwalter* in Meinem Reiche über Großes gestellt werden. (Gr. Ev., Bd. 9, Kap. 210, 2—17. Vergl. auch Bd. 3, Kap. 192, 8—15 und besonders Bd. 6, Kap. 117, 118)

Die rechte Verwendung irdischen Reichtums aus Dank und Liebe zu Gott und den darauf liegenden Segen beleuchtet eine Szene im ‚Großen Evangelium'. — Der Herr hatte einen von einem tollwütigen Hund gebissenen Bürger von Nazareth geheilt, an dessen Aufkommen niemand mehr geglaubt hatte. Die Frau des Geheilten wagte ihren Sinnen kaum zu trauen, als man ihr den Gatten und Vater ihrer Kinder wiederbringt.

Der *Herr* schildert das Geschehnis weiter: „Das Weib weint vor Freude und Dankbarkeit und sagt: ‚Herr, du wahrhaftigster Meister aus den Himmeln! Ich habe ein großes Vermögen; die Hälfte will ich sogleich den wirklich *Armen* zukommen lassen und die andere Hälfte will ich für sie *verwalten,* auf daß sie bei mir immer etwas finden sollen. Denn ich meine, daß solches gut sei, da mir bekannt ist, daß die Armen mit einem größeren Vermögen nicht haushälterisch umgehen können und zur Zeit der Not dann wieder nichts haben!'

Sagt der *Herr:* ‚Tue das, liebes Weib! So sollten es alle Reichen tun, dann würden die Armen nie Not zu leiden haben. Denn die Not ist auch ein Übel und verleitet den Menschen oft zu größeren Lastern als der Reichtum. Der Reiche bleibt wenigstens in seiner Ehre öffentlich vor der Welt und gibt selten so viel Ärgernis wie ein Armer, den die Not nur zu leicht für schlechte Taten fähig macht. Aber der unbarmherzige Reiche, der die Armen zur Ausführung seiner Laster benützt, ist bei aller seiner Weltehre um tausendmal schlechter als der Arme. Denn der Arme wird lasterhaft durch die Not, und der Reiche ist des Lasters Schöpfer in seinem unverzehrbaren Überfluß.

Aber wie du, Mein liebes Weib, nun deinen Reichtum verwenden wirst, ist der Reichtum ein Segen aus den Himmeln und wird zeitlich und ewig dessen Verwaltern den größten Gewinn abwerfen. Darum, wer da recht tugendhaft sein will, sei allzeit sparsam und haushälterisch, auf daß er zur Zeit der Not fähig sei, den Armen und Schwachen unter die Arme zu greifen.

Ich sage euch allen: Eure Liebe zu euren Kindern brenne wie ein Licht; aber die Liebe zu den *fremden* Kindern *armer* Eltern sei ein großer Feuerbrand! Denn niemand in der Welt ist ärmer als ein armes, verlassenes Kind. Wer ein solches aufnimmt in Meinem Namen und versorgt es leiblich und geistig wie sein eigenes Blut, der nimmt Mich auf. Und wer Mich aufnimmt, der nimmt auch den auf, der Mich in diese Welt gesandt hat und vollkommen Eins ist mit Mir. Wollt ihr Segen von Gott in eure Häusern ziehen und ihn wie ein wohlbestelltes Feld zur reichen Ernte erheben, so leget in euren Häusern Pflanzschulen für arme Kinder an! ... Und nun gehe du, Mein liebes Weib, nach Hause, tue, was du dir vorgenommen hast und gedenke vorzüglich der armen Witwen und Waisen!'

Nach dieser Lehre erhebt sich das Weib mit seinen Kindern, dankt Mir noch einmal samt seinen Kindern und ruft endlich laut: ‚O Gott Abrahams, Isaaks und Jakobs, wie groß, gut und heilig bist Du und wie endlos mächtig und weise, der Du uns armen Sündern einen Menschen aus Deinem Herzen gegeben hast, der wohl imstande ist, zu heilen alle unsere Gebrechen, leiblich und geistig! Dir, heiliger Vater, sei allein alles Lob, alle Liebe, alle Ehre und aller Preis ewig!

O Menschen, nehmet euch alle an mir ein Beispiel! Auch ich war eine Sünderin, und Gott hat mich gewaltig unter seine Zuchtrute getan. Aber ich wankte in meinem Vertrauen nicht, bereute meine Sünden und betete inbrünstig zum Vater im

Himmel. Und seht, Er allein hat mein Flehen erhört und half mir wunderbar aus der schrecklichsten Not! Darum bauet allein auf Ihn! Denn wo kein Mensch mehr helfen kann, da kommt Er und hilft dem Bedrängten. Dir, du lieber Gesandter aus den Himmeln, aber danke ich noch einmal; denn du selbst mußt ein heiliges Werkzeug in der Hand des allmächtigen Gottes sein!'

Dieser Herzensgruß, der Mich, dem Weibe unbewußt, allein anging, kostete Mich etliche Tränen der innigsten Rührung, so daß Ich Mich von ihr abwenden mußte. Es bemerkte aber solches *Cyrenius* und sprach: ‚Herr, was ist Dir, daß du weinest?'

Und *Ich* antwortete: ‚Freund, solcher Kindlein wie dieses gibt es wohl wenige auf der Erde! Sollte Ich als der Vater, den es so herzlich lobte, nicht auch zu Tränen der Freude gerührt werden können? Oh, Ich sage dir: Mehr als jeder andere Vater! Siehe, das ist eine, die da ist, wie jede sein sollte, und Ich habe eine unbeschreibliche Freude an ihr. Aber sie soll es auch gewahr werden, was das bedeutet, daß Ich über sie vor großer Freude geweint habe!' " (Gr. Ev., Bd. 2, Kap. 68, 3 ff.)

Soziale Entwicklung der heutigen Zeit

Die Einsicht in die *geistigen* Untergründe der sozialen Verhältnisse und das rechte, dem ewigen Lebensziel entsprechende Verhalten fehlt freilich heute noch sehr bei den Dienenden wie bei den Gebietenden. Dadurch haben sich die Auffassungen beider „Klassen" allmählich zu einer unerträglichen Schärfe zugespitzt. Diese „soziale Entwicklung" wurde schon in der Mitte des vorigen Jahrhunderts, als Technik und Industrie noch in den Anfängen waren, in den Eröffnungen durch Jakob Lorber vorausgeschildert. — Im ‚Großen Evangelium' spricht der *Herr:*

„In jenen Zeiten (d. h. in unserer Gegenwart), werden es die Verstandesmenschen durch das unermüdliche Forschen und Rechnen unter den weit ausgebreiteten Zweigen des Baumes der Erkenntnis in vielen Wissenschaften und Künsten sehr weit bringen und werden mit allen, in der Natur der Erde den Menschen noch ganz verborgenen Kräften Wunderbares zustande bringen und sagen: ‚Sehet, *das* ist Gott, sonst gibt es keinen!' Der Glaube dieser Menschen wird demnach so gut wie gar keiner mehr sein.

Ein anderer, auch großer Teil der Menschen aber wird sich in einem noch um vieles finsteren Aberglauben befinden als jetzt die Heiden. Diese werden ihre Lehrer, Vertreter und Beschützer eine geraume Zeit in den dermaligen Großen und Mächtigen der Erde haben. Aber die mit allen Wissenschaften und Künsten wohlausgerüsteten Kinder der Welt werden den finstern Aberglauben mit *Gewalt* unterdrücken und dadurch die Großen und Mächtigen in starke Verlegenheit setzen. Dies, weil durch die Wissenschaftler und Künstler aller Art das gemeine und lange mit Gewalt in Blindheit gehaltene Volk einzusehen anfängt, daß es doch nur des Weltruhmes und Wohllebens der Großen und Mächtigen wegen, die selbst keinen Glauben haben, in der harten Knechtschaft gehalten worden ist. . . . Sind die Blinden aber einmal sehend geworden, so werden sie auch Anhänger derer, die sie von der Knechtschaft der Mächtigen frei gemacht haben.

Und so Ich da kommen würde und sagen: ‚Höret, ihr Völker der Erde, Ich will euch die rechten Wege zum ewigen Leben zeigen!‘, dann werden Mir diese Menschen zur Antwort geben: ‚Freund, wer du auch seist, laß ab von der alten und glücklicherweise verrauchten Dummheit, für die seit den Zeiten ihrer Entstehung viele Ströme unschuldigsten Blutes geflossen sind! Ist der sogenannte gute Vater im Himmel, den wir nicht kennen und nach dem wir auch gar keine Sehnsucht mehr haben, ein gar so großer Blutfreund, so kann Er sich ja den großen Ozean in Blut umwandeln und sich darin höchlichst ergötzen. Wir aber brauchen von solch einer Lebenslehre, die statt des verheißenen Gottesreiches nur die Hölle unter die Menschen gebracht hat, nichts mehr. Wir halten uns nun an die Wissenschaften und Künste aller Art und leben dabei in Frieden und Ruhe, wenn auch nur zeitlich. Denn uns ist nun ein zeitliches, aber friedliches und ruhiges Leben um vieles lieber als ein durch unzähliges Leiden und durch Ströme Blutes erkaufter und dabei doch in Zweifel gezogener Himmel mit allen seinen Seligkeiten!‘ (Gr. Ev., Bd. 9, Kap. 89, 1 ff.)

Diese durch Lorber schon vor über hundert Jahren gegebene Vorausschau der geistigen Verhältnisse unserer Zeit hat sich leider nur allzusehr erfüllt: im sogenannten dialektischen Materialismus (Diamat) und dem marxistisch-leninistischen Sozialismus sowie im atheistischen Freidenkertum in aller Welt haben wir die Bestätigung.

Lösung im kommenden, besseren Zeitalter

Eine allgemein befriedigende Lösung der sozialen Frage war jedoch in dem Zeitalter, in dem wir heute noch stehen, nicht zu erwarten. Dieses Zeitalter — in den Schriften der Neuoffenbarung die „Mittelbildungszeit“ der Erdenmenschheit genannt — ist dadurch gekennzeichnet, daß hier das der Kindheit entwachsene Menschengeschlecht von Gott aus die Freiheit hat, nach Lust und Liebe seinen Willen zu entfalten und dadurch im Guten wie im Bösen belehrende *Erfahrungen* zu machen.

Nachdem in dieser Freiheitszeit nun im Laufe der Jahrhunderte und Jahrtausende viele Seelen gereift worden sind, ist nach der Neuoffenbarung jetzt der Zeitpunkt nahe, da dieser Mittelbildungsabschnitt der Menschheit zu *Ende* geht, und der Herr des Himmels mit den Scharen der gereiften und vollendeten Geister und Engel die Menschen stärker als bisher mit den Licht- und Kraftströmen seines Liebegeistes durchdringen wird. Dadurch wird auch in den Menschen der göttliche *Geist* das große *Übergewicht* erlangen und mit seiner Kraft und Macht werden die erweckten und erleuchteten Menschen ganz neue und wahrhaft glückliche Verhältnisse auf Erden schaffen.

Dann wird es kein selbstisch bemessenes Eigentum am Grund und Boden der Erde mehr geben. Jeder wird da leben, arbeiten und ernten, wo Gott ihn durch die ihm verliehenen Gaben hinstellt. Was die Menschen in gemeinsamen Werkstätten und Betrieben an Gütern für den Lebensbedarf herstellen, wird von den erleuchteten Leitern des Volkes im Sinne des göttlichen Liebegebots weise verwaltet und nach Bedarf verteilt. Und jeder, der arbeitet und dient, wie auch jeder Kranke, Schwache und Gebrechliche wird vollauf zur Genüge haben, was er leiblich und seelisch zu einem wahren Leben in der Ordnung Gottes benötigt. Denn die Erde, wie auch die Güterverteilung wird gesegnet sein, da die Menschen nicht mehr im Unglauben von dem schlimmen Geiste satanischer Selbstsucht und Machtgier getrieben, sondern in wahrer Glaubenserkenntnis vom Geiste der dienenden Liebe geleitet werden.

63

Der Christ und die Staatsgesetze

Als ein Kind der Erde und des Himmels steht der Mensch in diesem zeitlichen Leben auf der Stufe zwischen Satan und Engel. Er soll vollkommen werden wie der göttliche Vater im Himmel, befindet sich aber erst auf halbem Wege im Aufstieg aus dem dumpfen Schoße der Materie.

Die menschliche Seele hat darum in sich noch vorherrschend die Gedanken, Gefühle und Triebe der Widerordnung: Hochmut, Raffgier, Genuß- und Herrschsucht, Neid, Zorn und Haß und alle die andern Erscheinungsformen der leidigen Selbstsucht. Damit sind auch besonders auf unserem Stern, dem Sitz des gefallenen großen Urgeistes, wo die Versuchung am stärksten ist, die äußeren Verhältnisse der Menschen wirr und gewaltsam, und das irdische Leben kann nicht ohne staatliche, zwangsmäßige Regelung bestehen.

Diese Notwendigkeit äußerer Staatsordnung, die den Weltgesetzen eine gewisse göttliche Sanktion verleiht, wird auch in den Neuoffenbarungsschriften betont. Hier sehen wir uns auf einen *geistigen* Standpunkt gestellt, der uns in diesen Dingen ein klares Urteil ermöglicht.

Jesus und der Freiheitsmann

In dem Buch ‚Robert Blum' findet sich gleich im Eingang (Bd. 1, Kap. 17 ff.) eine denkwürdige Szene. Dem eifrigen Volksmann und leidenschaftlichen Tyrannenfeind *Blum*, der im Jahre 1848 auf kaiserlichen Befehl in Wien standrechtlich erschossen worden war, tritt da im Jenseits auf seine inständigen Anrufe *Jesus* entgegen. Nun entspinnt sich zwischen ihnen eine Aussprache gerade über die den Freiheitsmann am meisten bewegende Frage der weltlichen Tyrannei.

Robert Blum möchte auf der Welt keine Fürsten und ähnlichen Gewalthaber, sondern eine volle, würdige *Volksfreiheit* auf Grundlage der göttlichen Liebesgebote sehen und meint, der Herr und sein Bote Paulus hätten in ihrem Erdenleben nur aus einer Art politischer Klugheit, der Sicherheit ihrer Lehre und Person wegen, jene bekannten Worte vom „Zinsgroschen" bzw. vom „Gehorsam gegen die Obrigkeit" ausgesprochen. — Allein der *Herr* belehrt ihn:

Mein Bruder! Siehe, wenn man wie du mit rein weltlichem Verstand diese Sache betrachtet, kann man wohl nicht anders denken. Du darfst aber glauben, daß weder Ich noch der Apostel Paulus aus irgendeiner Fürstenfurcht unsere obrigkeitlichen Gebote oder vielmehr Ratschläge gegeben haben, sondern nur der höchst notwendigen *Weltordnung* der Menschen wegen. „Denn das mußt du doch einsehen, daß keine menschliche Gesellschaft ohne Leiter bestehen kann und es daher auch nötig ist, den Menschen die Notwendigkeit zu zeigen, diesen Leitern zu gehorchen. — Oder bist du wohl anderer Meinung? Siehe, das wäre die größte Unmöglichkeit und sogar wider die natürliche Ordnung nicht allein des Menschen, sondern aller irdischen Dinge!"

Der Herr erläutert dies nun an Beispielen aus der *Naturwelt*, wo überall die Geister der Materie durch eine feste Ordnung gebändigt und geleitet werden müssen, und fährt dann fort:

„Stelle dir nun so recht vor, was da am Ende herauskäme, wenn jeder Mensch zufolge seiner inneren, absoluten Freiheit ohne alle Beschränkung tun dürfte, was er nur immer aus seinem unversiegbaren, fanatischen Inneren schöpft! Ich sage dir, kein Mensch wäre vor dem anderen sicher! Eine Welt voll Tigern, Löwen und Panthern würde in größerer Harmonie leben als die Menschen, wenn sie nicht durch weise Sitten- und Staatsgesetze beschränkt wären. — Erkennst du nun, warum Ich, wie auch Paulus, allen echten Bekennern Meiner Lehre den Gehorsam gegen eine *rechtmäßige* weltliche Obrigkeit anempfahl? Siehst du nun ein, warum man dem Kaiser, was sein ist, und Gott, was Gottes ist, geben soll?" (Rob. Blum, Bd. 1, Kap. 18, 6 ff.; Kap. 22, 12)

„Was die äußeren Staatsgesetze betrifft", sagt der *Herr* weiter im ‚Großen Evangelium', „so sollen sie bestehen fürs Fleisch der Menschen. Denn solange der Mensch nicht völlig im Geiste wiedergeboren ist, sind ihm äußere Staatsgesetze nötig, weil sie ihn in der Demut und Geduld üben, die zur Erreichung der vollen Wiedergeburt höchst notwendig sind. Andernteils halten die Staatsgesetze auch den finsteren und bösen Menschen ab, seinen Nebenmenschen Böses in zu großem Maße zuzufügen, indem sie mit scharfgezogenen Linien jedem das Seinige zuweisen und den mutwillig dawider Handelnden züchtigen." (Gr. Ev., Bd. 8, Kap. 22)

Das Beispiel des Herrn

Im ‚Großen Evangelium' stellt sich der *Herr* einem vielgereisten Weltbürger, dem Essäer *Roclus*, als willigen Beachter der bestehenden Weltgesetze dar und zeigt, daß, wer sich selbst beherrscht, auch leicht ein Herr der Gesetze und Machthaber wird:

„Wer in seinem Inneren in der völligen Ordnung ist, der ist auch ein Herr über alle Unordnung der Welt und kann daher in *jeder* politischen Gesellschaft bestehen, möge dieselbe so oder so bestellt sein. Ich selbst bin ja nun auch auf dieser Erde und füge Mich Meiner *äußeren* Persönlichkeit nach in die vom römischen Kaiser vorgeschriebene Ordnung und lehne Mich nirgends, nicht einmal dem Anschein nach wider dieselbe auf! Verliere Ich etwa dadurch Meines *innersten* Gottwesens Ordnung? O mitnichten! Ich bin, der Ich bin, unverändert. Und Mein Rat wird auch von denen angenommen, die des Herrschers Macht in ihren Händen tragen.

Glaubet Mir, daß einer, der wahrhaft ein Herr seiner selbst geworden ist, auch leicht Herr über ein ganzes Volk werden kann. Die Menschen werden ihn selbst dazu machen, indem sie zu ihm eilen und sich Rat holen. Freilich gehört zu solchem Wirken auch jener entschiedene Mut, der sich vor dem Tode des Leibes nicht fürchtet. Wie aber sollte sich der davor fürchten, der in höchster Klarheit das ewige Leben in sich trägt und gar wohl weiß, daß diejenigen, die den Leib töten, der Seele keinen Schaden zuzufügen vermögen, sondern daß die Seele mit dem Wegfall des Leibes für ewig einen unaussprechlichen Gewinn macht. Strebt also vor allem, zu vollkommenen Herren über *euch selbst* zu werden, so werdet ihr auch Herren sein über alle Gesetze und alles Gericht und ferne von jedem Fluch irgendeines törichten Weltgesetzes!" (Gr. Ev., Bd. 5, Kap. 133, 4 ff.; vergl. auch ‚Dreitagesszene', Kap. 17)

Gottesgebot und Weltgesetz

Vor *Gott* gerecht und mit seinem Willen im Einklang sind freilich weltliche Gesetze und Obrigkeiten nur, soweit sie *übereinstimmen* mit dem ewigen, für die ganze Schöpfung geltenden Grundgesetze der Gottes- und Nächstenliebe. Dem Boten Jakob *Lorber* gibt der Herr in dem Werk ‚Die Haushaltung Gottes' den Auftrag:

„Den Beamten und Herren der Welt sage ohne Scheu, daß ihre Ämter nicht höher stehen als die Ämter Meines Reiches. Jedes Amt aber, das *wider* Mein Amt ist, will Ich zerstören in Bälde. Wehe seinen Dienern! Denn Ich bin der Allerhöchste! Mein Gesetz ist ewig, wie Ich es bin, und wird bleiben *ewig*. Diejenigen, die Mein Gesetz aufheben wollen, um Mein Gebot zu vertilgen, auf diese wird es sich mit größter Last und Schwere wälzen und sie vernichten. Jedem, der sich an Meinen Geboten versündigt, kann vergeben werden, *wenn* er sich bessert, seinen Fehler einsieht und bereut, sich dann zu Mir wendet und in Mir verbleibt und Ich in ihm. Aber wer Mein Gesetz untergraben will, den wird es erdrücken. Alle Weltgesetze untergraben Mein Gebot, wenn sie nicht aus Meiner *Liebe* von Männern gegeben sind, die durch Meinen Geist unterrichtet sind. Wehe den Tyrannen, die herrschen des Thrones, der Macht und des Ansehens wegen! Zu ihrer Zeit fehlt nicht mehr denn eins, und sie werden die Macht der Schwachen erfahren. Der Boden ist Mein, und das Feld ist Mein! Dies sagt der Wahrhaftige, der ewige Gott der Liebe und Weisheit. Amen." (Hausch. Gottes, Bd. 1, Kap. 2, 12)

Und im ‚Großen Evangelium' wird anläßlich der Erörterung der Menschheitsgeschichte ausgesprochen:

„Solange nicht die reine Liebe und Demut die Völker ordnen und leiten wird, wird es im allgemeinen finster bleiben auf der Erde und werden Selbstsucht, Neid, Geiz, Verfolgung als die wahren Elemente der Hölle vom Boden der Erde nicht weichen."

Gottesfurcht und Liebe sind also in Zeit und Ewigkeit, dem göttlichen Lebensgesetze entsprechend, die Grundlage alles Heils und aller Volkswohlfahrt. In diesem Geiste wäre denn das ganze Volksleben, vor allem das gesamte „bürgerliche Recht", zu ordnen.

Das bürgerliche Recht

Über die gesetzliche Regelung der Schuldverhältnisse, des Eigentums und der sonstigen Sachrechte, des Familien- und Erbrechts, geben die Schriften der Neuoffenbarung außer den grundsätzlichen Gedanken nicht viel Einzelhinweise und Ratschläge. Es soll in diesen weltlichen Fragen die Menschheit *nicht* (wie z. B. im Alten Testament durch die späteren Priestersatzungen) gebunden, sondern nur durch allgemeine Gesichtspunkte zum Guten geleitet werden, wie solche durch Moses in den zehn Geboten gegeben waren.

Daher ist durch Jakob Lorber auch nur einiges Allgemeine, z. B. über eine gottwohlgefällige, von Nächstenliebe getragene Regelung und Abwicklung weltlicher Schuldverhältnisse, verkündet — so über das Zinsnehmen (Gr. Ev., Bd. 4, Kap. 98; Bd. 1, Kap. 58, 2 ff.; Geist. Sonne, Bd. 2, Kap. 84, 14), über Dienstleistung und Lohn (im Gr. Ev., Bd. 9, Kap. 210; Laodizenerbrief, Kap. 3).

Eigentumsschutz

Über das Privateigentum und seine Grenzen findet sich in dem Werke ‚Die geistige Sonne' (Bd. 2, Kap. 83 ff. und Kap. 87 ff.) eine ziemlich ausgedehnte Erörterung. Und im ‚Großen Evangelium' belehrt der Herr den kecken Dieb und Bettler *Zorel:*

Du schützest deine Armut vor und willst für dich gegen das göttliche Eigentumsschutzgesetz so viel des Rechtes haben, daß du als Hungriger dir im dringenden Notfall das Erforderliche nehmen darfst, um dich zu sättigen. Siehe, da kann Ich dir sagen, daß Jehova, als Er durch Moses dem israelitischen Volke Gesetze gab, dieses Bedürfnisses wohl gedachte, und den Menschen einschärfte: Dem Esel, der auf deinem Acker arbeitet, sollst du nicht wehren, daselbst einen Fraß zu nehmen, und dem Ochsen, der den Pflug zieht, das Maul nicht zubinden! So du aber Garben in deine Scheuern trägst, laß die auf dem Acker gebliebenen Ähren liegen, auf daß die Armen sammeln können für ihre Notdurft! Jeder sei stets bereit, den Armen zu helfen! Und wer da sagt: ‚Es hungert mich!', den laß nicht weiterziehen, als bis er sich gesättigt hat. Siehe, das ist *auch* ein Gesetz Jehovas!

Weil du aber selbst weder ein Freund vom Arbeiten noch vom Bitten bist, hat dich das alte Eigentumsschutzgesetz stets geniert. Und du *nahmst* dir darum selbst, was du nur immer ungestraft nehmen konntest. Wehe jedoch dem, der dir selbst etwas entwendet hätte. Dem hättest du das dich so stark anwidernde Eigentumsschutzgesetz gewaltig eingeschärft. Oder wäre es dir wohl angenehm gewesen, so deines Ackers reife Frucht jemand anderes darum eingeerntet hätte, weil es ein vollkommen Armer wäre? Siehe, was *dir* nicht recht wäre, das wird auch einem andern nicht recht sein! (Gr. Ev., Bd. 4, Kap. 62, 1, u. 6 ff.)

Moses hat darum mit Recht bestimmt: „ ‚Du sollst nicht stehlen!' und auch: ‚Du sollst kein Verlangen tragen nach allem, was deines Nächsten ist, außer ein solches, das allgemeiner Gerechtigkeit entspricht!'

Du kannst deinem Nächsten wohl etwas redlich abkaufen und es dann gerecht vor allen Menschen besitzen. Aber jemandem wider seinen Willen etwas geheim entwenden, ist Sünde wider die den Menschen von Gott durch Moses gegebene Ordnung, weil solch eine Handlung offenbar gegen die Nächstenliebe streitet."

Der Diebstahl entspringt zumeist der *Eigenliebe,* woraus hervorgehen die Trägheit, der Hang zum Wohlleben und eine gewisse Mutlosigkeit, die mit einer hochmütigen Scheu sich zwar nicht zur etwas lästigen Bitte, aber desto eher zum geheimen Entwenden bequemt. Im Diebstahl ruhen sonach eine Menge Gebrechen. Nur durch eine lebendige Nächstenliebe kann diesem Seelenübel am meisten entgegengewirkt werden. (Gr. Ev., Bd. 4, Kap. 81, 1 ff.)

Familien- und Erbrecht

Auf dem Gebiete des Familienrechts finden sich in den Schriften der Neuoffenbarung Ratschläge des Herrn über Ehe, Ehegerichtsbarkeit und Scheidung, besonders im ‚Großen Evangelium‘ (Bd. 3, Kap. 66 ff. Näheres ‚Grundfragen des Lebens‘, Bd. 2, Kap. 45).

Auf dem Gebiete des Erbrechts erfahren wir im ‚Großen Evangelium‘ (Bd. 5, Kap. 17) die weise Anordnung des erleuchteten Regenten *Mathael,* der erklärt, daß bei ihm kein unbeschränktes Erwerbsrecht gestattet sei. Jedermann steht es zwar offen, sich ein Vermögen zu sammeln. Es darf aber die Zahl von zehntausend Pfunden bei Todesstrafe nicht übersteigen. Alles, was jemand darüber hinaus erwerben würde, ist gewissenhaft an die Staatskasse abzuführen. Auch ist niemand gestattet, sich die erlaubten zehntausend Pfund in einer zu kurzen Zeit zu erwerben. Bei Schenkungen, Erbschaften und dergleichen aber ist stets die Hälfte an die Staatskasse abzuliefern, womit dann die unmündigen Waisen erzogen und ernährt, wie auch andere arme, arbeitsunfähige Menschen versorgt werden. (Gr. Ev., Bd. 5, Kap. 17)

Das Strafrecht im Lichte der Gottesordnung

Etwas reichlicher sind die Bekundungen und Ratschläge des neuen Gotteswortes bezüglich der Strafrechtspflege. Hier sind durch Jakob Lorber schon vor über hundert Jahren Grundsätze der *Menschlichkeit und Vernunft* vermittelt worden, die heute von den Rechtsgelehrten und Gesetzgebern auf dem Erfahrungswege ebenfalls eingesehen und mehr und mehr in die Tat umgesetzt werden.

Der Herr und Meister des Lebens läßt uns in den Neuoffenbarungsschriften den Verbrecher in erster Linie als einen *Seelenkranken* erkennen, bei dem nicht eine geistig verschlimmernde Strafe, sondern ein seelisches Heilungs- und Besserungsverfahren not tut.

Den römischen Oberstatthalter Cyrenius belehrt der *Herr:*

Es gibt auf Erden zwei Arten von Menschen. Die eine Art ist von oben her, d. h. die Menschen stammen aus einer Sonne oder einem der Erde ähnlichen Planeten. Unter diesen *„Sternenseelen“* sind die den Sonnen entstammen am kräftigsten. Weniger begabt und widerstandsfähig, aber immerhin noch sehr kräftig, sind die Planetenseelen. Viel zahlreicher aber ist die zweite Art von Erdenmenschen, deren Seelen von Anbeginn ganz aus unserer versuchungsreichen Erde stammen. Diese *„Erdseelen“* sind die schwächsten und können durch den starken Einfluß des Bösen am ehesten völlig verdorben werden. Alle diese Seelen, auch die Erdseelen, sollen in der Schule dieser Welt möglichst geläutert und von der naturmäßigen Selbstsucht zur reinen Gottes- und Nächstenliebe gereift werden. Dazu ist viel Liebe, Weisheit und Geduld seitens der Erzieher, Leiter und Herrscher vonnöten.

„Darum sollt ihr Menschen eure schwachen Mitbrüder nicht richten, auf daß ihr dadurch nicht zu Richtern über euch selbst werdet! Wäre es nicht eine unmenschliche Torheit, einen leiblich kranken Menschen deshalb zu richten und über ihn eine Strafe zu verhängen, weil er elend geworden ist? Eine viel größere Torheit aber ist es, so ihr einen seelenkranken Menschen darum richtet und verdammt, weil seine Seele aus den früher angeführten Gründen (Abstammung, Veranlagung, falscher Erziehung und sonstiger Lebensumstände) schwach und krank ist. Wäre es nicht klüger und menschlicher, mehr Ärzte und Arzneien für krank gewordene *Seelen* zu errichten, als für deren Leiber, die in kurzer Zeit eine Speise der Würmer werden?" (Gr. Ev., Bd. 4, Kap. 36, 1—7)

„Es ist freilich nicht an dem, als solltet ihr darum nun alle Gefängnisse und Verwahrungsorte, die ein *notwendiges* Übel gegen das große Übel sehr kranker Seelen sind, zerstören und alle Fesseln und alle Schwerter zerbrechen. O nein, das soll damit nicht gesagt sein! Denn sehr ansteckend kranke Seelen müssen sorgfältig von den gesunden abgesondert und so lange in Gewahrsam gehalten werden, bis sie von Grund aus geheilt sind. Aber nicht euer Zorn und euer Rachegefühl halte sie in festem Gewahrsam, sondern eure Nächstenliebe und die damit eng verbundene Sorge um ihre möglichst gänzliche Heilung.

Zeigt euch der rechte Geist der Liebe an, daß bei einem Schwerkranken eine bittere Arznei vonnöten ist, so enthaltet sie ihm nicht vor, weil das ein sehr unreifes und unzeitiges Erbarmen wäre! Aber nur in der *wahren Liebe* müsset ihr dem Schwerkranken eine bittere Arznei verabreichen, so wird sie ihm auch sicher die erwünschte Heilung verschaffen, und ihr werdet dann viel des Segens über euch bekommen.

Mit welchem Maße ihr ausmesset, mit demselben Maße wird euch dereinst wiedervergolten werden! Wer mit wahrer Liebe mißt, dem wird auch also zurückgemessen. Wer aber in Zorn und Rache mißt, dem wird dereinst zu seiner Heilung dieselbe Arznei im doppelten Maße wiedergereicht, und er wird nicht um eine Sekunde eher aus der jenseitigen bittersten Anstalt entkommen, als bis jede harte Fiber an seiner Seele weiß und weich wie Wolle gemacht ist." (Gr. Ev., Bd. 4, Kap. 38, 1—5)

„Ihr sollet darum auch *nicht* klagsüchtig sein und ohne dringende Not nicht zu den Weltrichtern laufen. Denn was ihr nicht wünscht, daß es euch begegne, damit verschont auch eure Nebenmenschen, solange es möglich ist! Nur offenbare Diebe und Räuber und zu arge Hurer und Ehebrecher möget ihr den Gerichten überliefern und gleichfalls den, der einen Mord begangen hat. Aber ihr sollet dabei nicht erbost werden, sondern nur tun, was da not tut. Alles andere überlasset Mir und den Richtern!" (Gr. Ev., Bd. 9, Kap. 159, 17)

Behandlung von Schwerverbrechern

So irgendein roher, tierisch verwahrloster Mensch, von seinen bestialischen Leidenschaften getrieben, einen Mitmenschen erschlägt (oder ein ähnliches schweres Verbrechen begeht), und man ist seiner habhaft geworden, „dann bringe man ihn in ein gutes *Gewahrsam*, gebe ihm einen *Unterricht* und versuche, aus ihm einen Menschen zu machen — wofür ihr von Mir mehr des wahren Lebenslohnes zu erwarten haben werdet, als so ihr den Mörder getötet hättet.

Wenn der Mörder aber ein berüchtigter und ganz eingefleischter *Teufel* wäre, dann machet Jagd auf ihn. Habt ihr ihn gefangen, so fraget ihn um den Grund, warum er solche Greueltaten verübt habe und ob er solche nicht bereue! Redet er die Wahrheit, so tuet, wie Ich gesagt habe. Leugnet er aber die Tat und gibt euch auf eure Reden kein gehöriges Wort — obwohl ihr überzeugt seid, daß er der Bösewicht ist — dann sorget dafür, daß er fürderhin für die menschliche Gesellschaft *unschädlich* werde, doch nicht durch seinen Tod, sondern entweder durch ein stärkstes Gefängnis oder durch eine Verbannung in eine ferne Gegend am Meer, von wo für ihn keine Rückkunft mehr denkbar ist.

Das ist also Mein Rat: Ihr könnet bessern und reinigen eure Gemeinde von Übeltätern; aber ein liebloses Gericht sollt ihr nicht halten!" [1]

Von der Todesstrafe

Einem seelenkranken Verbrecher das ihm von Gott zur Schulung gegebene irdische Leben durch Verhängung der Todesstrafe abzukürzen, ist der Mensch nur *alleräußersten* Falles berechtigt. Denn kein Sterblicher weiß, ob und wie lange die Schule des irdischen Lebens für einen seelenkranken Bruder vonnöten ist. Und hier einzugreifen mit dem tödlichen Richtschwert, ist eigentlich nur der allwissende Herr und Meister des Lebens berufen. Auch ist die von vielen Gesetzgebern so stark betonte abschreckende Wirkung der Todesstrafe erfahrungsgemäß verhältnismäßig gering.

Im ‚Großen Evangelium' erklärt darum der Herr: „Ich bin nicht für die Strafe des Todes!" (Gr. Ev., Bd. 2, Kap. 1)

Diese Strafe „soll nur über jene verhängt werden, bei denen *jedes* Besserungsmittel durch einen Zeitraum von zehn Jahren fruchtlos bleibt. Verspricht der Verbrecher auf dem Blutgerüst Besserung, soll ihm noch eine Jahresfrist hinzugefügt werden! Ist aber auch da noch keine Besserung erfolgt, dann soll die Tötung vollzogen werden. Denn da ist von der Besserung eines solchen Menschen auf der Erde nichts mehr zu erwarten, und es ist besser, ihn von dieser Erde zu schaffen. Will aber die rechtmäßig machthabende Obrigkeit mit Zustimmung der Gemeinde solch eine wohlverdiente Todesstrafe in lebenslänglichen Zwinger verwandeln und die Besserungsversuche fortsetzen, so steht ihr das frei und Ich werde sie darum nicht zur einstigen Verantwortung ziehen." [2]

Gute und schlechte Gesetze und Gesetzgeber

Freilich sind auf Erden weder die Machthaber und Obrigkeiten, noch die Gesetze immer der göttlichen Ordnung entsprechend. Und so wird der Mensch, der die Wege Gottes wandeln will, oft vor die Frage gestellt, ob er einer harten, unvernünftigen Obrigkeit oder einem minderguten Gesetze sich fügen oder widerstehen soll. In solchen Widerstreitsfällen empfiehlt der Herr aus erzieherischen Gründen in erster Linie *Geduld.* Denn Geduld und Sanftmut soll der selbstherrliche, zu Hochmut und Gewaltsamkeit neigende Mensch in der Schule des Erdenlebens vor allem lernen. Und wohin käme die menschliche Gesellschaft, wenn jeder einzelne sich berufen fühlte, sich leichthin über die weltlichen Machthaber und ihre Ordnung hinwegzusetzen?

[1] Gr. Ev., Bd. 6, Kap. 244, 3—5. Über Verschneidung s. Gr. Ev., Bd. 3, Kap. 69, 6. Über Rutenstrafe Bd. 2, Kap. 1, 4. Über den Unterschied der Behandlung kleiner und großer Verirrungen Bd. 5, Kap. 250, 4.

[2] Gr. Ev., Bd. 1, Kap. 81, 4 ff. Vergl. auch Bd. 1, Kap. 79, 6 ff. (Rache der Getöteten); Kap. 174, 9 ff. (Gnadenfrist). —

„Ich sage euch daher", vernehmen wir im ‚Großen Evangelium', „daß ihr der weltlichen Macht untertan bleibet, ob sie euch minder gut oder auch gar böse (d. h. allzuhart und streng) dünkt. Denn ihre Gewalt ist ihr von oben verliehen." (Gr. Ev., Bd. 8, Kap. 22, 6)

„Wer da so oder so über die Menschen herrschen soll, der wird schon von oben dazu den Ruf bekommen, und es wird ihm in sein Herz gelegt werden, wie er seine Völker zu beherrschen hat. Stolze und hochmütige Menschen sollen von einem stolzen und hochmütigen König beherrscht werden; gute und demütige dagegen werden entsprechende Herrscher bekommen und unter ihrem Zepter gut und glücklich leben." [1]

Freilich hat alle obrigkeitliche Macht eine vernünftige *Grenze,* da wo sie nach dem Maßstab göttlicher Weisheit offenkundig gegen die ewigen Gebote der Gottes- und Nächstenliebe verstößt. *Gottesgebot geht vor Menschengebot*!

Und da gibt es auch für jeden Untertan und für die ganzen Völker ein Recht der Notwehr und des Widerstands, so der Heilige Geist Gottes in die Herzen solchen Aufruf legt.

Hilfe von oben

Auch in einem solch kritischen Fall aber werden die Menschen und Völker, bevor sie zur gewaltsamen Eigenhilfe schreiten, durch das neue Gotteswort ernstlich ermahnt, ihre Hilfe und ihr Heil vor allem *oben,* bei dem mächtigen Lenker der Menschen- und Völkergeschicke durch ernstes, unablässiges *Bitten* zu erflehen.

In dem Lorberwerk ‚Robert Blum' sagt *Petrus:* „Wir Himmelsbewohner können wohl sehen, was die Menschen ausführen wollen und können auch die daraus entstehenden Folgen ermessen. Aber wir hindern die Menschen nicht zu handeln, wie sie wollen, denn die Bewohner sind freiesten Willens. So es aber Menschen gibt, die sich an den *Herrn* wenden und Ihn bitten um eine gute Regierung, um Ruhe, Frieden und gute Ordnung — dann greifen auch wir in die Zügel des Regenten und leiten ihn und sein Volk auf den Weg, auf dem allein alles Glück erreicht werden kann. Darum sollen die Menschen ihren Regenten nie grollen und sie gar hassen, da auch die Regenten Menschen sind. Sie sollen sie lieber segnen und den Herrn bitten, daß Er sie als ihre irdischen Herrscher lenke und segne. Dann werden sie glücklich sein in Hülle und Fülle." [2]

Regentenweisheit

Den Regierenden gibt der *Herr* folgende Ratschläge, deren Berechtigung heute wie ehedem einleuchtet:

„Man soll, wenn man das Gesetzgebungsrecht hat, nie zu voreilig ein neues Gesetz geben! Ist aber ein Gesetz beschlossen, soll man noch weniger voreilig sein, das gegebene Gesetz aufzuheben; denn da muß der Rat der Verständigung das Rechte zeigen. Wenn du ein neues Gesetz gibst, so wirst du dir alle jene zu Fein-

[1] Gr. Ev., Bd. 7, Kap. 177, 18. Vergl. auch Haushaltung Gottes, Bd. 3, Kap. 168; Gr. Ev., Bd. 1, Kap. 221, 20; Bd. 6, Kap. 118, 9.

[2] Robert Blum, Bd. 2, Kap. 289, 9; Haushaltung Gottes, Bd. 3, Kap. 168, 9.

den machen, denen das Gesetz auferlegt ward. Hebst du dann aber das Gesetz auf, so wird dir darum niemand dankbar sein, sondern man wird dich der Schwäche zeihen und sagen: „Da sieht man den Tyrannen! Weil er die Überzahl seiner Feinde sieht, möchte er sich durch die Aufhebung des harten Gesetzes beim Volke wieder in Gunst setzen. Aber er wird der Freunde im Volke wenige finden; denn wer einmal ein Tyrann ist, der ist zum zweiten Male, so er wieder zur Macht kommt, ein zweifacher!"

Es ist daher besser, ein gegebenes Gesetz zu belassen, als dasselbe sobald wieder aufzuheben; aber man kann dafür das Gesetz ganz geheim fallen lassen, und wenn Übertretungen desselben vorkommen, so übe man Nachsicht und sei im Urteil nicht zu streng. Kommt dann ein anderer Regent, so steht es ihm frei, die Gesetze seines Vorgängers ganz aufzuheben und dafür dem Geiste des Volkes gemäß mildere zu geben. Es müßte denn sein, daß sie kämen und dich darum bäten, da wohl kannst du den strengsten Teil des einmal erlassenen Gesetzes wegtun, aber stets mit dem Vorbehalte, das Gesetz sobald wieder mit aller Strenge zu erneuern, wenn sich Spuren zur *böswilligen* Verfolgung der durch das Gesetz zu bewerkstelligenden guten Sache zeigen sollten.

Siehe, das ist die Klugheit, nach der jeder Regent seine ihm untergebenen Völker leiten sollte, so er glücklich regieren will! Ein lauer Regent aber wird bald zur traurigen Überzeugung gelangen, daß er sich durch zu große Nachgiebigkeit die Völker nicht hätte über den Kopf wachsen lassen sollen. Denn die Völker verhalten sich zu ihren Regenten wie die Kinder zu ihren Eltern. Strenge und dabei weise Eltern werden auch gute, gehorsame und dienstfertige Kinder haben, die ihre Eltern lieben und ehren, wogegen zu nachgiebigen Eltern die Kinder nur zu bald über den Kopf wachsen.

Liebe mit Ernst und Weisheit ist ein ewiges Gesetz. Wer danach handelt, macht keinen Fehltritt, und die Früchte davon werden gut und köstlich schmecken." [1]

Recht auf Umsturz und Selbsthilfe

Nur äußersten Falles, spricht der *Herr* im ‚Großen Evangelium', „so ein Herrscher gar zu große und mutwillige Erpressungen den Gemeinden aufgelegt, haben diese das Recht, solch einen Tyrannen vom Throne zu entfernen. Denn die Gemeinden haben von Anbeginn an das Recht gehabt, sich einen König zu wählen und ihn auszurüsten mit aller nötigen Macht und Gewalt. Was sie aber im Anbeginn hatten, das haben sie noch." (Gr. Ev., Bd. 6, Kap. 118, 8)

Und über die *Selbsthilfe* gegen unmenschliche Besitzer und Machthaber lesen wir in ‚Geistige Sonne' weiter:

„Wir sehen (in den heiligen Schriften) nirgends eine Aufforderung, daß wir uns über die Güter der Reichen hermachen sollen. Der Herr spricht: „Gebet dem Kaiser, was des Kaisers ist!" Auch befiehlt Er nicht dem reichen Jüngling, seine Güter zu verkaufen, sondern erteilt ihm nur den freundschaftlichen Rat nebst der Verheißung des ewigen Lebens.

Da wir sonach nirgends auf ein Gebot vom Herrn stoßen, durch das Er ausdrücklich befohlen hätte, sich des Reichtums der Wucherer zu bemächtigen, so ist

[1] Gr. Ev., Bd. 2, Kap. 55, 2—6. Vergl. auch Kap. 26, 9 ff.

es auch sicher klar, daß ein wahrer Christenmensch nicht das Recht hat, sich über die Güter der Reichen herzumachen. Wohl aber hat bei einem großen Notstand ein ganzes Volk das Recht dazu. Warum denn? Weil dann der Herr selbst im Volke waltend auftritt und dadurch für die nimmersatten Wucherer ein gerechtes Gericht bewirkt. Nur soll sich da außer im höchsten Notfall niemand erlauben, die Wucherer und die reichen Hartherzigen zu *ermorden*, sondern man soll ihnen nur so viel von ihren höchst überflüssigen Schätzen wegnehmen, wie das Volk zu seiner Unterstützung nötigst bedarf, um sich wieder auf die Füße des friedlichen Erwerbes stellen zu können." (Geist. Sonne, Bd. 2, Kap. 84, S. 362)

Gebot der Menschlichkeit

Dem reichen Wucherer, so lesen wir weiter in dem Buche ‚Die geistige Sonne', soll bei einer gewaltsamen Enteignung „noch immer so viel gelassen werden, daß er auf der Welt keine Not leide", da er nach diesem Erdenleben ja nichts weiteres zu erwarten hat.

„Zudem will der Herr auch keinen Menschen auf dieser Welt völlig richten, damit da für einen jeden die Möglichkeit noch vorhanden bleibe, sich freiwillig von der Welt *abzuwenden* und zum Herrn zurückzukehren. Würde nun solch einem reichen Wucherer alles weggenommen, erscheint er schon völlig gerichtet. Denn Verzweiflung wird sich seiner bemächtigen und eine endlose Zornwut, in der er unmöglich je den Weg des Heils betreten kann. Ist ihm aber noch ein genügendes Vermögen belassen worden, so ist er keiner irdischen Not ausgesetzt, und er kann daher auch in diesem Zustand, als nicht völlig gerichtet, noch den Rat befolgen, den der Herr dem reichen Jüngling gegeben hat, und kann dadurch zum ewigen Leben gelangen. Am wenigsten aber sollen bei solchen äußersten Unternehmungen von Seite eines tiefverarmten Volkes blutige *Grausamkeiten* ausgeübt werden. Denn sobald solches geschieht, da wirkt nicht mehr der Herr mit dem Volke, und das Volk wird seine Tat nicht gesegnet sehen! Denn wenn es heute siegen wird, so wird es morgen wieder geschlagen. Und da wird ein Blut wider das andere fließen.

Nie soll der Mensch vergessen, daß alle Menschen seine *Brüder* sind. Was er unternimmt, das soll er stets mit einem liebeerfüllten Herzen tun. Niemand soll er je etwas Böses tun wollen, sondern allezeit nur Gutes, besonders im geistigen Teil zum ewigen Leben Wirkendes. Ist so eines Volkes Sinn beschaffen, dann wird der Herr seine Handlung segnen. Wehe aber dem Volke, welches ohne die äußerste Notwendigkeit sich gegen die Reichen und Mächtigen erhebt! Es wird für seine Tat bitter gezüchtigt werden.

Die Armut ist des Herrn. Wer den Herrn liebt, der liebt auch die Armut. Der Reichtum und das Wohlleben aber ist die Welt! Wer nach diesem trachtet, der hat sich vom Scheitel bis zur Zehe dem Satan einverleibt!" (‚Geistige Sonne', Bd. 2, Kap. 84, S. 361 ff.)

64

Krieg und Kriegsdienstpflicht

Die Völker der Erde stehen sich heute fast mehr als je kampfbereit und bis an die Zähne bewaffnet gegenüber. Noch nie, seitdem die Welt steht, sind solch mörderische Waffen als Erfindungen und Gaben der Hölle und des Weltverstandes in ihren Händen gewesen. Kein Wunder, wenn so mancher Menschenfreund bangt, wenn manche Mutter und mancher Vater um den Sohn, manches Weib um ihren Gatten zittert und wenn täglich die Blicke der Menschen den politischen Horizont absuchen, ob etwa ein neuer Krieg alles Leben und Sein in den Abgrund des Verderbens stürzen werde.

Warum ist gerade heute in der Welt eine solch große *Kriegsfurcht*, obwohl doch die Menschheit die furchtbare Warnung zweier Weltkriege erlebt hat und man denken sollte, daß die Lust zum Kriege den Völkern vergangen wäre? Wohl haben die Menschen heute eine große Furcht vor den Kriegsschrecken, die sie hart an Leib und Seele erfahren haben und in ihren Nachwirkungen noch immer durchkosten. Aber auch immer noch lebt in ihnen der arge Geist, aus welchem Krieg und Kriegsgeschrei und alles Elend entsteht. In dem Buche ‚Robert Blum' wird gesagt:

„Wer führt Krieg? Siehe, die Eigenliebe als die Mutter des *Hochmuts* und der *Herrschsucht* ist es!"

Heutzutage ist es hauptsächlich auch noch eine andere Form der Eigenliebe, die *Hab- und Raffgier,* welche den Lebenskampf der Völker um die Weltmärkte verschärft und zu kriegerischen Auseinandersetzungen treibt. Solange dieser Geist auf Erden mächtig ist, wird auch die Kriegsgefahr weiter bestehen. Und da die meisten Staaten ihren Bürgern durch die allgemeine Kriegsdienstpflicht die Teilnahme an einem etwaigen Kriege vorschreiben, ist für viele Männer in jüngeren Jahren die Frage brennend: „Wie habe ich mich angesichts der bekannten, das ‚Schwert' und das ‚Töten' betreffenden Gottesworte dieser weltgesetzlichen Kriegsdienstpflicht gegenüber zu verhalten?"

Die Gebote der Heiligen Schrift

Wir wissen, daß Gott der Herr durch Moses uns einen Hauptgrundsatz der Nächstenliebe geboten hat: *„Du sollst nicht töten!"* Und in der Bergpredigt dehnte der Herr selbst die Nächstenpflicht in dieser Hinsicht noch weiter aus, indem Er sprach:

„Ihr habt gehört, daß gesagt ist: „Auge um Auge, Zahn um Zahn!" Ich aber sage euch: Widerstrebet nicht dem Übel (mit Gewalt), sondern so dir jemand einen Streich gibt auf die rechte Wange, dem biete auch die andere dar. Und so jemand mit dir rechtet und will dir deinen Rock nehmen, dem laß auch den Mantel. Liebet eure Feinde und betet für eure Verfolger, damit ihr euch als Kinder eures himmlischen Vaters erweiset."

Diese Worte der *Bergpredigt* haben schon vielen Menschen zu denken gegeben und manch eine Seele vor bange Gewissensfragen gestellt — zumal der Herr auch am Schluß seiner irdischen Laufbahn noch einmal ein scharfes Wort gegen die

Gewalt gesprochen hat, indem Er im Garten Gethsemane bei der Gefangennahme zu Petrus sagte: „Stecke dein Schwert in die Scheide! Soll Ich den Kelch nicht trinken, den Mir Mein Vater gegeben hat? *Wer zum Schwert greift, soll durch das Schwert umkommen!*"

Es waren dies die letzten, mit großem Nachdruck an seine Jünger gerichteten Lehrworte, und sie hallen seitdem wie ein göttlicher Gerichtsdonner mahnend und drohend durch die Welt.

Grenzen der Milde. Gerechte Gewalt

Der weise Sinn der selbst auf die Schädiger und Feinde sich erstreckenden Liebesgebote des Herrn liegt offensichtlich darin, daß wir mit der Liebe überall da, wo noch eine Spur guten Willens bei einem Mitmenschen vorhanden ist, leichter und besser zu einem gesegneten Ergebnis gelangen, als mit verschärfender und vernichtender Gewalt. Und so empfiehlt der Herr, in jedem Falle alle Mittel der Liebe, Sanftmut und Milde zu erschöpfen, *bevor* zu den Mitteln des Zwangs und der Gewalt gegriffen wird, die den „Teufel in der Hölle wecken" und ihn zum Herrn in der Menschenbrust machen.

Wo aber die Mittel der Liebe erschöpft sind oder wo von vornherein bei dem betreffenden Mitmenschen das Fehlen eines jeden guten Willens feststeht und eine volle *satanische Bösartigkeit* vorliegt, da ist Milde und Sanfmut nicht mehr angebracht und fordert auch die reine Nächstenliebe andere, zur scharfen Züchtigung dienliche Maßregeln.

Darum hat ja auch der Herr im Tempel wider die allzu großen Frevler gegen die Heiligkeit Gottes die *Geißel* geschwungen und die Tische der Wechsler umgestürzt. Und in den neuen Offenbarungsschriften belehrt Er den Petrus:

„Es ist ganz klar, daß man einem erzbösen Menschen durch eine zu große Gegenfreundschaft nicht noch mehr Gelegenheit verschaffen soll, daß er dadurch in seiner Bosheit wachse und noch ärger werde als vorher. In diesem Falle wäre eine fortgesetzte Nachsicht nichts anderes als eine wahre Hilfeleistung für des Feindes wachsende Bosheit."

Es ist also in jedem Fall wohl zu unterscheiden und weise zu urteilen!

„Erhältst du eine Ohrfeige von einem minder bösen Menschen, den eine plötzliche Aufwallung seines Gemütes dazu verleitet hat, so wehre dich nicht, auf daß er dadurch, daß du ihm mit keiner Ohrfeige begegnest, besänftigt wird. Und ihr werdet ohne Weltrichter wieder zu guten Freunden werden. — Aber so dir jemand mit einer mörderischen Ohrfeige in voller *Wut* entgegenkommt, so hast du auch ein volles Recht, dich zur Gegenwehr zu stellen". (Gr. Ev., Bd. 10, Kap. 215, 9 ff.)

„Wer Böses tut und kennt es nicht, der soll belehrt werden, desgleichen auch, wer es tut in der Not. Wer aber das Gute kennt, tut aber dennoch aus eitel Mutwillen Böses, der ist ein Teufel und muß mit Feuer *gezüchtigt* werden." (‚Jugend Jesu', Kap. 252, 20 ff.)

Und über das Schwertführen im besonderen finden wir aus diesem Geiste heraus in ‚Jugend Jesu' (Kap. 75, 13 ff.) noch das Wort:

„Wer das Schwert gebraucht als Waffe (der Selbstsucht), der werfe es von sich. Wer es aber gebraucht als einen Hirtenstab (der Liebe und Ordnung), der behalte es! Denn also ist es der Wille Dessen, dem Himmel und Erde ewig gehorchen müssen."

Angriffs und Verteidigungskrieg

Klar ist demnach, daß ein aus menschlicher Selbstsucht geborener *Angriffskrieg* unter allen Umständen verwerflich ist und nicht dem Willen Gottes entspricht.

Man sagt freilich, ein an Zahl wachsendes Volk habe das Naturrecht, sich das erforderliche Gebiet, die Absatzmärkte und die sonstigen Bedingungen seiner irdischen Wohlfahrt zu verschaffen. Und gewiß besteht ein Anspruch auf die notwendigen Lebensbedingungen auch vor Gott. Aber ob ein Volk auch mit Waffengewalt von einem Nachbarn sich solche verschaffen darf, ist eine andere Frage! Im Wege des redlichen Austausches wird Gott seinen Segen dazu geben. Aber Rauben und gewaltsames Nehmen wird Er, der die goldene Regel der Nächstenliebe als ein Grundgesetz seines Reiches aufgestellt hat, nicht billigen oder gar segnen.

Hier kann man sich nach den entwickelten Grundsätzen ein gerechtes Vorgehen mit *Gewalt* höchstens dann denken, sofern einem Volke von einem andern in mutwilliger, unbelehrbarer *Bosheit* lebensnotwendige Rechte und Güter hartnäckig vorenthalten werden. In einem solchen Falle, wo nur der vor Gott und Menschen gültige Rechts- und Ordnungszustand hergestellt werden soll, dient ja das Schwert nicht als tötende Waffe der Vernichtung, sondern als „Hirtenstab", wie es dem gerechten Willen des Vaters aller Völker entspricht.

Abgesehen von diesem äußersten Falle der Rechtsbeschaffung — der von den Staatslenkern übrigens allezeit im Lichte göttlicher Weisheit wohl überlegt werden sollte, dürfte aber ein Angriffskrieg kaum je der Ordnung Gottes entsprechen.

Dagegen ist einem Volke in einem durch den unberechtigten Angriff eines anderen Volkes aufgezwungenen *Verteidigungskrieg* von Gott aus ohne Zweifel auch die Abwehr mit Waffengewalt gestattet.

Wir finden dies im ‚Großen Evangelium' vom *Herrn* ausgesprochen in einer Belehrung, die Er dem Römer Agrikola über Mosis Gebot des „Nichttötens" erteilt:

„Mir", spricht der Herr, „steht wohl von Ewigkeit das Recht zu, alles Menschengeschlecht dem Fleische nach zu töten, und Ich bin sonach ein Scharfrichter aller *materiellen* Kreatur in der ganzen Unendlichkeit. Aber was Ich töte der Materie nach, das mache Ich *geistig* wieder für ewig lebendig. — Wenn du das vermagst, so kannst du töten, wenn du willst und kannst, zur rechten Zeit. Aber weil du das nun nicht kannst, so sollst du auch nicht töten — außer im höchsten Notfall, z. B. in einem *Verteidigungs-* oder in einem von Gott aus gebotenen *Strafkrieg* gegen unverbesserlich böse Völker, und auch im Falle einer Notwehr gegen einen argen Mörder und Straßenräuber. — In allen andern Fällen sollst du nicht töten, noch töten lassen, solange du nicht in dir selbst Mein volles Licht hast!" (Gr. Ev., Bd. 7, Kap. 94, 4.)

Religionskriege

Entsprechendes gilt auch in einem noch höheren Maße der Verantwortlichkeit auf dem geistigen und Glaubensgebiet. Hier ist äußere Gewalt noch schädlicher und unheilvoller, und der Glaubenskrieg gehört in Wahrheit zu den abscheulichsten Erscheinungen der Menschheitsgeschichte.

Immer wieder wird den Jüngern vom Herrn jede Anwendung von Zwang und Schwert bei der Glaubensausbreitung mit größtem Nachdruck verboten. Was den Menschen die Liebe Gottes verkünden und das Heil in der Gottes- und Nächstenliebe bringen soll, kann nie durch die Mittel äußerer Gewalt verbreitet werden. Da der Mensch in seinem ganzen Glauben, Denken und Handeln die vollste Freiheit und Selbständigkeit erlangen soll, sind Zwang und Schwert auf dem Geistesgebiet gerade das Gegenteil von dem, was in Gottes Plan und Willen liegt.

Auch zur *Verteidigung* taugt auf dem Glaubensgebiete das Schwert nur alleräußersten Falles. — „Ja", spricht der *Herr* im ‚Großen Evangelium', „*wenn* einmal ein Volk ganz in Meinem Lichte stände und es wäre bedroht durch hartnäckige, blinde Völker, die den Glauben an Mich durchaus nicht annehmen wollen, sondern mit aller Wut Meine Lämmer verfolgen, *dann* ist es Zeit, das Schwert zu ergreifen und die Wölfe von den frommen Herden für immer zu verscheuchen. Wird aber einmal in Meinem Namen das Schwert ergriffen, dann soll es auch mit allem Ernst gebraucht werden, daß die Wölfe des Schwertes gedenken, daß sie in Meinem Namen getroffen hat. Denn wo einmal ein Gericht in Meinem Namen auftritt, soll es nicht das Aussehen eines nur halben Ernstes haben.

Gegen *blinde Heiden* dagegen, deren Seelen noch zu weit von Meiner Ordnung entfernt sind und Mein Wort unmöglich verstehen können, aber ihrem Glauben mit besonderem Eifer obliegen, soll das Schwert bloß als ein *Hüter der Grenzen* auf so lange gestellt sein, bis die nachbarlichen Heiden sich nach und nach in Meine Ordnung fügen. Ist dieses erfolgt, dann vertrete des Schwertes Stelle das Zeichen der brüderlichen Eintracht und Liebe." (Gr. Ev., Bd. 4, Kap. 251, 4 ff.)

Heeres- und Kriegsdienst

Aus diesen Erwägungen und Ratschlägen über den Krieg ergibt sich auch leicht die rechte Stellung in der Frage des Heeres- und Kriegsdienstes.

Daß der Herr nicht grundsätzlich und unbedingt gegen den Dienst in der Wehrmacht eines Volkes ist, sehen wir schon daran, daß Er als Jesus mit dem römischen Oberstatthalter und Heeresobersten Cyrenius, den Hauptleuten Kornelius, Julius und andern Kriegsleuten verkehrte, ohne sie zur Niederlegung ihres Dienstes aufzufordern. Ja, zu Cyrenius und andern ähnlichen Standes sagte Er mehrfach: „Bleibe, was du bist!" Freilich empfahl Er gerade auch in diesem harten Berufe den hier besonders schweren Standpunkt der Gottesfurcht und Menschenliebe mit doppeltem Nachdruck. Bei solcher Gelegenheit war es auch, daß der Herr das Schwert, das Er als „Waffe der Selbstsucht" verwarf, als „Stab der Ordnung und des Friedens" pries und segnete. (‚Jugend Jesu', Kap. 75, 13)

Einer Wehrmacht anzugehören, die zum äußeren *Schutze* des Vaterlandes und zur Aufrechterhaltung der inneren *Ordnung* dient, kann also vom göttlichen Standpunkt aus *keinem Anstand* unterliegen. Und wenn in einem Staat für diese Zwecke eine allgemeine militärische Dienstpflicht der Bürger besteht, so widerstreitet es sicher nicht den Gottesgeboten, ja es ist eine zum „Gehorsam gegen die Obrigkeit" gehörende Staats- und Nächstenpflicht, diesem Dienst in der Schutz- und Ordnungswehrmacht zu genügen.

In einer Welt, in der noch der höllische Geist der Selbstsucht und Gewaltsamkeit herrscht und auch ein friedliches Volk durch Feinde des Rechts und der Ordnung von außen und innen bedroht wird, ist die Aufstellung einer starken staatlichen *Wehrmacht* ein Erfordernis der Vernunft und Vorsicht, die einem jeden einzelnen Bürger am Herzen liegen muß. Deshalb erklärte denn auch im ,Großen Evangelium' der erleuchtete Beherrscher von Pontus, *Mathael:*

„Niemand soll bei mir steuerfrei sein, denn wer da Kraft zur Arbeit hat, der soll arbeiten und sich etwas verdienen. Wer aber etwas verdient, kann auch einen Tribut an den König entrichten, der stets für das Wohl des ganzen Reiches zu sorgen hat und daher stets mit vielen und großen Schätzen versehen sein muß, um eine Wehrmacht zu unterhalten, die stark genug ist, um irgendeinem kecken Feinde die Spitze zu bieten. Der mächtige König muß auch Schulen und Zuchtanstalten unterhalten und die Grenzen des Reiches mit starken, unüberwindlichen *Festungen* versehen, die ein Feind nicht leicht bezwingen kann." (Gr. Ev., Bd. 5, Kap. 17)

Kriegsfall

Beim Ausbruch eines Krieges wird es allerdings für einen Bürger oft nicht leicht zu beurteilen sein, ob er sich nun auf der angreifenden Seite oder auf der Seite der rechtmäßigen Verteidigung befindet.

Im Falle der *Verteidigung* wird er nach menschlichem wie göttlichem Recht dem Ruf zu den Waffen Folge zu leisten haben. Stellt sich aber von Anfang oder später der unrechtmäßige und gotteswidrige Angriffscharakter des Krieges offenkundig dar, so ist es ohne Zweifel die Gottes- und Menschenpflicht eines jeden Bürgers, die Mordwaffe niederzulegen und dadurch sein Teil zur möglichst schleunigen Friedensschließung beizutragen.

Möge demgemäß der Vater des Lichts und der Liebe möglichst vielen Menschen in einem jeglichen Kriegsfalle die nötige Erkenntnis und mutige Willenskraft geben, nach seinem heiligen Sinne das Richtige zu tun! Dazu wird allezeit am besten eine lichtvolle Seelenbildung der Bürger und eine innige Gottverbundenheit des ganzen Volkes dienen.

Weltfrieden der Zukunft

Eine Trostkunde bringt in diesem düsteren Kapitel das neue Gotteswort den Menschen im ,Großen Evangelium' (Bd. 8, Kap. 185, 8 ff.). Dort heißt es von unserer Zeit:

„Wenn dann die stolzen und habgierigen Könige (und Völker) miteinander Krieg führen, so wird dabei das *Feuer* den entscheidendsten Dienst zu versehen bekommen. Denn durch seine Gewalt werden eherne Massen in Kugelgestalt von großer Schwere mit Blitzesschnelle gegen den Feind, gegen die Städte und Festungen geschleudert werden und große Verheerungen anrichten. Und die erfinderischen Menschen werden es mit diesen Waffen so weit treiben, daß dann bald kein Volk gegen das andere mehr einen Krieg wird anfangen können.

Denn werden zwei Völker mit solchen Waffen sich anfallen, so werden sie sich auch leicht und bald bis auf den letzten Mann aufreiben, was gewiß keinem Teil einen wahren Sieg und Gewinn bringen wird. Das werden die Könige und ihre Heerführer bald einsehen und sich daher lieber in Frieden und unter Freundschaft vertragen. Und wird sich irgendein stolzer und ehrgeiziger Störenfried erheben und gegen seine Nachbarn ziehen, so werden sich die Friedliebenden vereinen und ihn züchtigen. Auf diese Weise wird sich dann auch *nach und nach* der Friede unter den Völkern der Erde einstellen und dauernd festigen ..."

„Unter den noch mehr wilden Völkern der Erde werden wohl noch Kriege vorkommen, aber sie werden auch unter ihnen bald zur Unmöglichkeit werden. Ich werde sie durch Meine gerechten und mächtigen Könige und Heerführer zu Paaren treiben und unter sie Mein Licht ausschütten lassen, und sie werden dann auch zu friedlichen und lichtfreundlichen Völkern umgewandelt werden." (Gr. Ev., Bd. 8, Kap. 185, 8—11)

Ansätze einer Entwicklung in dieser vernunftvolleren Richtung sind ja auch, dem Himmel sei Dank, in heutiger Zeit zu erkennen. Es sind viele Menschen der Kriege müde. Auch beginnen die Leiter der Völker einzusehen, was der Prophet Jakob Lorber schon vor über einhundert Jahren verkünden durfte: daß durch die hochgesteigerte Ausbildung der Kriegswaffen selbst für den Sieger ein Krieg zum ungeheuren Schaden würde.

Möge diese Erkenntnis und die wachsende Einsicht in den Willen und die Ordnung Gottes sich weiter vertiefen und verstärken und der Voraussage gemäß durch die geistige Wiederkunft des Herrn die Kriegsfurie vom Erdenrund verschwinden! Was jeder einzelne von uns zu diesem Ziel beitragen kann, ist das Gebet und die Pflege des Liebe- und Friedensgeistes im gläubigen Herzen.

65

Staat und Wirtschaft in Vergangenheit und Zukunft

Über die rechte Staatsform und Wirtschaftsweise nach dem Sinn und Willen Gottes ist in den Schriften Jakob Lorbers nicht viel gesagt, d. h. es sind den Menschen keine bestimmten Einzelvorschriften gegeben.

„Die Menschen auf Erden", sagt der Himmelsfürst Petrus in ‚Robert Blum' (Bd. 2, Kap. 289, 7) „sind frei und können sich ihre staatlichen Verhältnisse einrichten, wie sie wollen". Nur die der göttlichen Heilsordnung entsprechenden *Grundsätze* sind ihnen geoffenbart in dem großen Gebote der Gottes- und Nächstenliebe. Es ist nun die Aufgabe der Völker, unter Überwindung ihrer naturmäßigen Selbstsucht, die der göttlichen Heilslehre entsprechende Ordnung ihrer irdischen Lebensverhältnisse mit Hilfe der himmlischen Mächte zu suchen und durchzuführen.

Die Menschheitsgeschichte zeigt freilich, daß die Völker der Erde sich in diesem Verwirklichen des göttlichen Lichtes bei Gestaltung ihrer Staats- und Wirtschaftsformen sehr verschieden verhalten haben, daß aber dabei ein geistiges *Entwicklungsgesetz* in Erscheinung tritt, das bei allen Völkern auf bestimmten Stufen immer die gleichen Arten von Staats- und Wirtschaftsformen zeitigt.

Der Geist der Völker als formbestimmende Kraft

Im ‚Großen Evangelium Johannes' (Bd. 6, Kap. 76) finden wir eine sehr denkwürdige Aussprache des Herrn mit einem Herbergsbesitzer von Kapernaum. Diesem Wirt hatte der Herr so manche wichtige Aufschlüsse und Belehrungen erteilt, und voll ehrfürchtiger Verwunderung richtete der Mann schließlich die Frage an den Herrn:

„Herr und Meister, was mag doch die Hauptursache sein, daß die Verhältnisse der Menschen in dieser Zeit so entsetzlich sinnlos geworden sind?"

Der Herr erwiderte: „Denke nach, was Ich dir darüber schon öfter gesagt habe! Vor allem sind der Hochmut, die Trägheit, die Selbstliebe und die daraus erwachsene Herrschsucht die Ursache solch eines Verfalls der Menschen!"

Bei dieser Antwort fällt auf, daß der Herr die Ursache der damaligen Nöte nicht in irgendwelchen *äußeren* Verhältnissen ersieht. Er beschuldigt weder eine einzelne Rasse oder Klasse der Menschheit, noch irgendeinen Stand, noch sieht Er die Ursache der großen Sinnlosigkeit der Verhältnisse in irgendwelchen politischen oder wirtschaftlichen Zuständen, etwa in der drückenden Fremdherrschaft der Römer. Er nennt als Hauptursache des allgemeinen Übelstands einen *geistigen* Grund, nämlich die allgemeinen *widergöttlichen Grundeigenschaften der Menschenseele,* die dem satanischen Ursprung unserer Natur entsprechen. Diese Eigenschaften sind vor allem die hochmütige Selbstherrlichkeit, die einst den großen Lichtgeist verblendete, so daß er sich selbst an Gottes Stelle setzen wollte. Weiter nennt der Herr die Trägheit, die ebenfalls eine Eigenschaft der Materiegeister ist; ferner die Selbstsucht, die alles Erreichbare zu ihrem Genuß an sich raffen will und zu diesem Zwecke über andere Menschen herrscht, um sie auszubeuten.

Wenn wir uns die Sache überlegen, sehen wir, daß die dem Wirt gegebene Antwort in auffallender Weise auch für unsere *heutigen* Verhältnisse stimmt. Hochmut, Trägheit, Selbstliebe und die Herrschsucht der menschlichen Natur sind auch heute die Ursache unserer Nacht und Not. Und da hat keine Rasse, keine Klasse, keine menschliche Seele der anderen etwas vorzuwerfen — ob Kapitalist oder Kommunist, ob Jude oder Christ — sie alle ermangeln des Ruhmes und sind, wie Paulus sagt, allzumal Sünder. Durch die genannten menschlichen Schwächen kommen die Ungerechtigkeiten, Gegensätze, Kämpfe und Störungen in unseren Volkskörper, und dieser Geist bestimmt auch unsere staatlichen und wirtschaftlichen Gesetze und Verhältnisse.

So ist also die Grundursache aller äußeren, weltlichen Zustände eine allgemeine *geistige,* in der menschlichen Natur gelegene! Dieses ist die wichtige Grunderkenntnis, die wir aus des Herrn Antwort festhalten wollen! Sie bewahrt uns davor, in eitlem Wahn Sündenböcke zu suchen und für die Mißstände auf Erden die Schuld auf diese oder jene Menschengruppe zu wälzen.

Die Geschichte Israels als Beispiel

Zur Beleuchtung dieser Dinge gibt der Herr dem Herbergswirt von Kapernaum weiterhin einen Überblick über die Geschichte des Volkes Israel und einen Ausblick in die ferne *Zukunft* des Menschengeschlechts. Und dies wird uns für die Beurteilung der allgemeinen Staats- und Wirtschaftsgeschichte zwei weitere Grundwahrheiten enthüllen.

Der Herr sagt:

„Schon zu den Zeiten *Samuels* sind die Menschen träger und arbeitsscheuer geworden. Sie fingen an, sich bestimmter Arbeiten zu schämen und ließen solche nur von gedungenen Knechten und Mägden verrichten. Die reichen Besitzer legten ihre Hände in den Schoß und ließen die andern für sich arbeiten. Wer für sie am meisten gearbeitet hatte, der bekam zwar auch den bessern Lohn, was denn auch recht war. Aber bei dieser Gelegenheit haben sich nach und nach aus den Besitzern eine Art kleiner Herrscher gebildet, die durchaus keine noch so kleine knechtliche Arbeit in ihre Hände nehmen wollten.

Wie die Eltern waren, so wurden auch ihre Kinder, nämlich träge, selbst- und herrschsüchtig. Sie lernten befehlen über die Dienenden, aber ihre zarten Hände wollten sie nimmerdar besudeln mit einer gemeinen Arbeit. Diese Unart erreichte bald jene Stufe, auf der trotzdem der so wohlgenährte menschliche Hochmut keine hinreichende Sättigung mehr fand. Der Jude blickte wehmütig auf den Glanz und die hohen Würdenträger der heidnischen Völker, und unter einem Könige sah er eine der allerhöchsten Menschenwürden. Kurz, er wollte *auch* einen weltlichen König haben und war nicht mehr zufrieden mit der reinen Herrschaft Gottes durch Seher und Richter!

Als das Volk gegen alle guten Ermahnungen des Sehers Samuel einen solchen König verlangte, trug der fromme Diener Gottes das Begehren des törichten Volkes Gott vor. Da sprach Jehova zu ihm: „Siehe, zu allen Sünden, die dieses Volk schon vor Meinem Angesicht begangen hat, begeht es nun auch diese größte: daß es einen König verlangt! Gehe hin und salbe den größten Mann aus dem Volke! Dieser wird es züchtigen für seinen an Mir begangenen Frevel."

Siehe, das sind die Worte Jehovas auf das arge Begehren des Volkes! Die *Folgen* des dadurch stets mehr genährten Hochmuts des Volkes kannst du zum Teil lesen in dem Buche der Könige und in der Chronik, wo in Kürze diese Geschichten aufgezeichnet sind.

„Freund", erklärte der Herr dem Wirt von Kapernaum weiter, „nur in der wahren *Demut* liegt der Weg zum inneren Leben der Seele! Solange nicht die wahre Liebe und die ihr entsprechende Demut die Völker leiten wird, wird es im allgemeinen finster sein auf der Erde. Und Selbstsucht, Neid, Geiz, Verfolgung und Verrat, als die wahren Elemente der Hölle, werden vom Boden der Erde nicht weichen — bis zu einer Zeit des großen *Gerichtes*, in der Ich die Erde von neuem durchs *Feuer* reinigen werde. Nach solcher Zeit wird kein König mehr herrschen über ein Volk der Erde, sondern allein das Licht Gottes". (Gr. Ev., Bd. 6, Kap. 76, 2 ff.)

Das Gesetz der Entwicklung und der geistige Endzweck

Diese Darstellung des Herrn zeigt dem Leser zwei weitere hochwichtige Tatsachen des irdischen Staats- und Wirtschaftslebens, nämlich:

1. Das Gesetz der Entwicklung und
2. den geistigen Sinn und Endzweck der irdischen Menschheitsgeschichte.

Das Gesetz der *Entwicklung* ist für die einzelnen Völker wie für die ganze Erdenmenschheit das gleiche, wie wir es kennen gelernt haben im Leben des einzelnen Menschen sowie im Gesamtbilde der Schöpfung. Nichts geschieht plötzlich, sondern alles allmählich, schritt- und stufenweise. Und nichts geschieht willkürlich, sondern alles planmäßig nach weisen Gesichtspunkten und um ewiger, göttlicher Zwecke willen.

Und der *Endzweck* Gottes besteht überall darin, die geschaffenen Wesen auf der Stufe des Menschen vom unfreien und unselbständigen *Geschöpf* durch freie Willensbetätigung und Erfahrung zum gottähnlichen, wahrhaft freien und selbständigen *Gotteskind* zu reifen.

Diese Entwicklung vollzieht sich im Leben der Völker (ebenso wie in dem des einzelnen Menschen und der gesamten Schöpfung) — in *drei* verschiedenen Abschnitten, die uns der Herr auch in seiner Schilderung der Geschichte des Volkes Israel erkennen läßt.

Die paradiesische Kindheitszeit

Die *erste* dieser Entwicklungsstufen ist in der Geschichte Israels, angedeutet als die „Zeit vor Samuel", in der sich das Volk in seiner *Kindheit* einer reinen Herrschaft Gottes durch Seher und Richter unterstellte. — Wie jeder einzelne Mensch in der Kindheit von Gott durch Schutzgeister und Schutzengel stärker als im späteren Alter geleitet und gleichsam gegängelt wird, so werden auch die Völker der Erde von Gott in der Zeit ihrer Kindheit geistig in einem nachdrücklicheren Maße beeinflußt. Dieses ist eine allgemeine Tatsache, die wir bei *allen Urvölkern*, nicht bloß bei den Israeliten feststellen können. Auch z. B. die germanischen Völker wurden in ihren Urzeiten von Gott durch erleuchtete Männer und Frauen, „Armanen und Armaninnen" geleitet. Die äußeren Lebensverhältnisse begünstigten diese reine Herrschaft Gottes. Jagd, Viehzucht oder Ackerbau ernährten jede Familie durch ihre eigene Arbeit, und zu einer Beherrschung und Ausbeutung der Mitmenschen gab es keine Veranlassung und Möglichkeit. — Auch im Volke Israel herrschten in der „Zeit vor Samuel" solche kindhaft einfachen, glücklichen Verhältnisse. Die von Gott zu *Führern* berufenen Männer wurden *von oben her* durch die Einwirkung des göttlichen Geistes mit so viel Liebe, Weisheit und Willensmacht ausgestattet, daß das Volk alle Fragen und Streitigkeiten freiwillig ihnen zur Entscheidung vorlegte und sich auch in wirtschaftlicher, politischer und kriegerischer Hinsicht ihrer Führung unterwarf. Solche Seher und Führer hießen daher im israelitischen Volke „Richter". [1]

Die weltsinnliche, gottlose Mittelzeit

Unter seinen Richtern und unter dem Schutz Gottes reifte das israelitische Hirten- und Bauernvolk zu einem gewissen Wohlstand heran. Aber eben diese Zunahme an Lebensfülle brachte mit der Zeit eine große Veränderung in der geistigen und sonstigen Lebenshaltung des Volkes.

Auch diese *zweite* Entwicklungsstufe erlebt jeder einzelne Mensch, wenn er aus den Kindheitsjahren in die Zeit der geschlechtlichen Reife kommt und nun größere Ansprüche an das Leben entwickelt und den verstärkten Begierden und Leiden-

[1] Über die Gottesherrschaft oder Theokratie in den Vorzeiten der Völker: Geist. Sonne, Bd. 2, Kap. 103, S. 435. — Über Theokratie auf der Sonne: Natürliche Sonne, Kap. 33, 23.

schaften nachzuleben beginnt. Die nun eintretende *Entfesselung* der menschlichen Selbstherrlichkeit führte im Volke Israel zur Zeit Samuels in jene unheilbringenden, vom Herrn geschilderten Verhältnisse. Es stellten sich große wirtschaftliche Gegensätze zwischen Besitzenden und Nichtbesitzenden, zwischen Herrschenden und Dienenden heraus. Und da die Besitzenden und Herrschenden nach immer mehr Besitz und Glanz strebten und ihre Macht auch über andere Völker auszudehnen hofften, wollten sie sich nicht mehr von einem gottberufenen Seher und Richter, sondern von einem *weltlichen König* regieren und vertreten lassen, der mit irdischer Macht ihre menschlichen Begierden befriedigen sollte.

Da Gott die Menschen auf dem Wege freier Willensentfaltung durch Lebenserfahrung erziehen will und somit die *Willensfreiheit* das Grundgesetz seiner Menschenerziehung ist, so gewährte die Weisheit des himmlischen Vaters den Israeliten ihr Begehren, wie Er dieses auch jedem einzelnen Menschenkinde im gleichen Falle zu tun pflegt.

Die Folgen sehen wir in den blutigen und furchtbaren Geschichten des biblischen Buches der „Könige" und der „Chronik", in welchen so viel von Kampf, Blut, Verrat, Not und Vernichtung die Rede ist.

In diesem zweiten Geschichtsabschnitt stehen aber heutzutage noch *alle* großen Völker der Welt — auch unser deutsches! In den Schriften der Neuoffenbarung wird dieser große Zeitabschnitt, der den Jünglings- und Mannesjahren des Menschen entspricht, die „Mittelbildungsperiode" der Menschheit genannt. [1] In dieser auf freie Entfaltung der selbstischen Lebenskräfte gerichteten Periode beginnt die Staatsform mit dem *Königtum,* das die Selbstsucht der Dynasten rasch zu einem erblichen Besitz in ihrer Familie (Erbmonarchie) macht. — Nimmt das Volk an Zahl und Einfluß zu, dann verlangt es selbst die Herrschaft und es kommt zur *demokratischen* Staatsform. — Diese führt in der Geschichte der Völker aber infolge vielseitiger Interessengegensätze meist bald zur Zersplitterung des Staatswesens durch andauernde innere Kämpfe. Und dann erschallt der Ruf nach einem rettenden „starken Mann" und kommt als dritte Form die *Diktatur* in welcher ein einzelner Mächtiger die Zügel ergreift. [2]

Die so durch den Wechsel der Staatsformen gekennzeichnete Mittelbildungsperiode der Menschheit währt laut der vom Herrn gegebenen Aufklärung: „bis zu der Zeit des großen Gerichtes", in welcher der Herr die Erde von neuem durchs Feuer reinigen wird.

Die göttlich-geistige Vollendungszeit (Goldenes Zeitalter)

Dieser neue, dritte und bessere Zeitabschnitt wird also *nicht* herbeigeführt durch die *eigene* Kraft der immer wieder aus dem Boden der Materie emporsteigenden Menschheit — sondern der Herr weist darauf hin, daß Er selbst kommen muß, um in einer Zeit großen Gerichtes die Erde von neuem durch gewaltige Mittel seiner Liebe und Weisheit zu reinigen. *Wie* diese Reinigungsfeuer beschaffen sein werden, ist im ‚Großen Evangelium', Bd. 4, Kap. 207, zu lesen. Sie sind teils

[1] Gr. Ev., Bd. 8, Kap. 182, 5.

[2] Über Erb- und Wahlmonarchie: Robert Blum, Bd. 2, Kap. 289, 5. — Könige von Gott gegeben: Haushaltung Gottes, Bd. 3, Kap. 168, 7 ff. — Demokratie der Endzeit: Robert Blum, Bd. 1, Kap. 85, 9.

geistiger, teils naturmäßiger Art und bekunden sich in großen, lichtvollen Offenbarungen, aber auch in allerlei aufrüttelnden und sichtenden Trübsalen größten Ausmaßes.

Die staatlichen Verhältnisse in der Vollendungszeit

Wie werden sich nun in jenem *dritten* Zeitabschnitt die menschlichen Verhältnisse auf Erden gestalten? Der Herr sagt darüber zum Wirt, indem Er zunächst die politische Seite erwähnt: „Nach solcher Zeit wird kein (weltlicher) König mehr herrschen über ein Volk der Erde, sondern allein das Licht Gottes."

Also in jener Zeit wird es keine Könige und Herrscher mehr geben, d. h. solche, die, auf *äußere* Gewalt gestützt, der Hab- und Herrschsucht der Menschheit dienen. Wohl wird es allezeit, wie im Himmel, Leiter der menschlichen Gemeinschaften geben, da kein Gemeinwesen ohne Leitung und weise Ordnung bestehen kann. Allein die Leiter im neuen, dritten Geschichtsabschnitt der Menschheit werden wiederum wie im ersten Abschnitt *Erleuchtete Gottes* sein, die mit göttlicher Liebe, Weisheit und Willenskraft ausgestattet sind und vom Volke freiwillig als Leiter anerkannt und berufen werden, um nach höheren, geistigen Gesichtspunkten den wahren Bedürfnissen von Geist, Seele und Leib des Volkes zu dienen. So wird in jener Zeit „allein das Licht Gottes" über die Völker der Erde herrschen.

Die wirtschaftlichen Verhältnisse in der Vollendungszeit

Auch über die sodann in diesem Lichte sich entwickelnden wirtschaftlichen Verhältnisse gibt der *Herr* im ‚Großen Evangelium' [1] mehrfache Aufschlüsse.

So lesen wir: „So Ich zum andern Male auf diese Erde kommen werde, um Gericht zu halten und um den Lohn des Lebens zu geben dem, der viel Elend und Not aus Liebe zu Gott und zum Nächsten erduldet und ertragen hat, dann soll Mir die Erde mit keinem Maßstabe mehr zu jemands alleinigem Nutzen vermessen werden, sondern da, wo man leben wird, da wird man auch ernten und seine Bedürfnisse befriedigen können. Die Menschen werden einander wohl unterstützen, aber keiner wird sagen: „Siehe, das ist mein Eigentum, und ich bin darüber ein Herr!" Denn dann werden die Menschen einsehen, daß Ich allein der Herr bin, sie alle aber sind Brüder und Schwestern!"

Hier treten also die Ideale des Gemeinbesitzes zutage, welche schon in den urchristlichen Gemeinden laut Apostelgeschichte eine Rolle spielten. Es wird in der Vollendungszeit *jeder* Mensch gewiß auch eine persönliche Besitzsphäre haben. Aber diese wird nicht mehr dem Eigennutz dienen, in einer den Nächsten ausschließenden Weise wie heute. Sondern es wird sein wie in den Himmeln, wo wohl auch jeder Engelsgeist seine *persönliche* Sphäre besitzt, diese jedoch anderen Geistern nicht verschließt, sondern seine Seligkeit eben darin findet, mit seinem weitherzig offenstehenden Besitz möglichst vielen Wesen zu dienen. In jener dritten Zeitstufe werden also die Menschen einander mit allem, was sie besitzen, unterstützen, jeder wird zum andern sagen: „Komm und laß dir mit meinem Besitztum dienen!" — Nicht der Besitz an sich, sondern der Geist der Besitzenden wird

[1] Gr. Ev., Bd. 8, Kap. 182, 6. Vergl. auch Kap. 48, 9 ff. und Kap. 186, 8.

also ein anderer sein und wird dem Eigentum einen andern Charakter geben, als dieses heute der Fall ist.

Auch eine Art staatlich geleiteter *Planwirtschaft* wird vom Herrn mit den Worten angedeutet: „Von Gott aus gehört die ganze Erde, so wie das im Anfang der Fall war, allen Menschen gleich. Die Weisen sollen sie einteilen nach dem Bedarf der Menschen und sollen die Menschen lehren, dieselbe zu bebauen. Die Früchte sollen dann von den Weisen verteilt und der Überfluß in den dazu errichteten Kammern und Speichern aufbewahrt werden, auf daß niemand in der Gemeinde Not zu leiden habe." — Diese planmäßige Erzeugung und Verwaltung der Güter und Verteilung der Früchte bezieht sich sicherlich nicht nur auf die landwirtschaftlichen Güter und Früchte, sondern auf alle Produktionsmittel und Erzeugnisse, die als ein allgemeines Volksgut in Betracht kommen.

Auch zu dieser Planwirtschaft gehören freilich weise, von Gott erleuchtete Menschen, die ohne Eigennutz ihre Machtbefugnisse ausüben in einer für das geistige und leibliche Wohl des Volkes ersprießlichen Weise. Und so kann dies alles auf Erden *erst dann* durchgeführt werden, wenn durch den verstärkten Einfluß von oben der göttliche Geist der Liebe, Weisheit und Kraft schon bedeutend das Übergewicht erlangt haben wird.

Wann kommt das „Goldene Zeitalter"?

Für uns alle wird sich damit die brennende Frage erheben, wann dieses himmlische Bruderreich auf Erden zu erwarten sein wird. Steht es unmittelbar vor der Tür, wird es noch schwere Kämpfe absetzen, müssen wir noch durch Gerichte und Katastrophen hindurch, oder wird seine Verwirklichung noch auf unabsehbare Zeit ausstehen?

Auch der Wirt, dem der Herr im ‚Großen Evangelium' auf seine bedeutsame Zeitfrage jene Belehrung gab, stellt am Schluß die Frage, *wann* der Zahl der Jahre nach jene glückliche Zeit kommen werde.

Der Herr erwidert ihm: „Darum weiß allein der Vater und wem es der Vater offenbaren will. Mir [1] hat es Mein Vater bis jetzt noch nicht geoffenbart, außer daß solches geschehen wird. Das aber könnt ihr alle als völlig wahr annehmen, daß nahezu alle 2000 Jahre auf der Erde eine große Veränderung vor sich geht. Und so wird es auch, von jetzt an gerechnet, werden."

Auch an verschiedenen anderen Stellen der Neuoffenbarung setzt der Herr den *Beginn* des neuen, großen Zeitalters in einer auf *unsere* Tage weisenden Zahlenangabe fest. Im ‚Großen Evangelium', Bd. 9, Kap. 89—94, schildert Er eingehend die kritische Wendezeit. Aus den dort angegebenen Zuständen und Verhältnissen ist deutlich zu erkennen, daß wir heutzutage gerade an der *Schwelle* jener großen, vom Herrn vorausgesagten Veränderung stehen. Näheres darüber möge in den genannten Kapiteln nachgelesen werden.

[1] d. h. dem Menschensohn Jesus.

Die tausendjährige Übergangszeit

Wir dürfen nun aber nicht glauben, daß diese Veränderung durch himmlischen Machtspruch ganz plötzlich und sozusagen über Nacht kommen werde. In der Schöpfung unseres himmlischen Vaters geht alles *entwicklungsmäßig* vor sich und keine Frucht reift ohne lange Vorbereitung. Und so haben wir nach unseren Schriften mit einer tausendjährigen „Übergangszeit" zu rechnen, die gewaltige Kämpfe zwischen den Mächten des Lichtes und der Finsternis bringen wird, sowohl in den unsichtbaren geistigen Sphären wie auf dem Boden der Erde.

Diese Kämpfe und Entwicklungen im sogenannten *„Tausendjährigen Reich"*, (das wir uns also als ein „Übergangsreich", nicht als das endgültige „Gottes- oder Friedensreich" zu denken haben!) schildert der Herr im ‚Großen Evangelium' (Bd. 8, Kap. 48, 2 ff.) den Jüngern im Bilde eines im Widerstreit von Licht und Finsternis vor ihren Augen sich vollziehenden Sonnenaufgangs.

Danach wird der Geist weltlicher Selbstherrlichkeit und Selbstsucht aus den Herzen des größeren Teils der Erdenmenschheit noch lange nicht ganz verschwinden. Ja, wir erfahren (Gr. Ev., Bd. 6, Kap. 207, 5), daß es auch in jener tausendjährigen Übergangszeit „der wahrhaft guten und reinen Menschen stets eine geringere Anzahl" geben wird als derer, die sich noch immer vőn ihren Weltleidenschaften beherrschen lassen. Darum werden sich auch im Tausendjährigen Reiche bei den verschiedenen Völkern der Erde politisch und wirtschaftlich voraussichtlich noch recht verschiedenartige Verhältnisse herausbilden, je nach der geistigen Reife der Bevölkerung und den sonstigen Umständen und Möglichkeiten.

Das Reich Mathaels — eine Zwischenform

Interessant dürfte es sein, in diesem Zusammenhange das Reich zu betrachten, das ein erleuchteter Jünger des Herrn, *Mathael*, im 5. Band des ‚Großen Evangeliums' (Kap. 17) schildert.

Mathael, ein früherer Tempelschüler, war auf einer im Auftrag des Tempels unternommenen Reise unter die Räuber gefallen und selbst zum Räuber geworden. Gefangen und vor den römischen Statthalter Cyrenius geführt, wurde er vom Herrn von den Gewaltgeistern, die seine Seele eingenommen hatten, befreit und erwies sich nun als ein so hochgeistiger Mann, daß der zu jener Zeit ebenfalls in Gesellschaft des Herrn weilende König von Pontus, *Ouran*, ihn zu seinem Schwiegersohn und Landesregenten machte. — Später empfiehlt Mathael einem vornehmen Essäer, der sich kritisch über die Verhältnisse des römischen Reiches äußert, sein Reich, indem er ihn einlädt, dort Bürger zu werden.

In meinem Reiche, erklärt Mathael, „werdet ihr unter meinen wohl strengsten Gesetzen ganz sicher und ruhig zu leben haben. Nur das sage ich euch, daß in meinem Reiche auch nicht einmal ein Schein von einer ungerechten Handlung vorkommen darf, und eine jede Lüge wird auf das schärfste unnachsichtig bestraft. Aber der vollkommen rechtliche, wahrheitsliebende und uneigennützige Bürger soll unter meinem ehernen Zepter das beste Leben haben . . ."

Mathaels Reich ist also ein durch Gesetze im Sinn der Wahrheit und Gerechtigkeit streng geordnetes Staatswesen. Der Herrscher führt ein ehernes Zepter, da er es mit noch keineswegs göttlich gearteten Menschen zu tun hat. Auch nach außen ist dieses Reich „wehrmächtig“, ja sogar mit starken, unüberwindlichen Festungen versehen, da es von bösartigen Feinden umgeben ist und sich vor Angriffen schützen muß.

In wirtschaftlicher Hinsicht aber erklärt Mathael:

„Weiter sage ich euch noch, daß bei mir niemandem ein unbeschränktes Erwerbsrecht gestattet wird. Jedermann steht es zwar offen, sich ein Vermögen zu sammeln, das jedoch die Summe von 10 000 Pfunden bei Todesstrafe niemals übersteigen darf. Alles, was jemand darüber erwerben würde, müßte er gewissenhaft an die allgemeine Staatskasse abführen. Auch ist es niemand gestattet, sich in einer zu kurzen Zeit die erlaubten 10 000 Pfunde zu erwerben; denn es ist nur zu einleuchtend, daß ein solcher Gewinn in einer zu kurzen Zeit ohne allerlei Betrug und Erpressungen nicht denkbar ist, außer durch ein Geschenk oder eine Erbschaft oder einen Fund. Bei Schenkungen, Erbschaften und Auffindungen aller Art aber besteht in meinem Reiche die höchst weise Anordnung, daß davon stets die Hälfte an die Staatskasse abzuliefern ist, wovon fürs erste die unmündigen Kinder erzogen und ernährt, wie auch andere arme und arbeitsunfähige Menschen versorgt werden.“ Ein wundervoller Gedanke, der es den Abgabepflichtigen leichter macht, sich von ihrem Gut zu Gunsten des Gemeinwohles zu trennen! Es herrscht also bei Mathael zwar Privateigentum und die „privatkapitalistische“ Produktionsweise; aber in diesem Wirtschaftssystem sind Ausbeutung und unrechtmäßiger Bereicherung Schranken gesetzt.

Der geistige Weg zum Endziel Gottes

Vielleicht steuert auch bei uns die Entwicklung der Dinge, bevor das große *geistige* Bruderreich kommt, zunächst auf derartige staatliche und wirtschaftliche Übergangsformen zu. Doch können alle diese Bestrebungen aus eigener, menschlicher Kraft nicht zum Guten führen, sondern zu einem ersprießlichen Ziele nur dann reifen, wenn die Menschen lernen, Licht und Kraft aus der göttlichen Urquelle zu schöpfen und sich der obersten Leitung dessen unterstellen, der in dem neuen Offenbarungswort uns seinen großen Plan der Menschenbildung und Weltentwicklung so tief und klar enthüllt hat.

Für jeden von uns wird es daher das Allerwichtigste sein, sein eigenes Herz und Haus zur Aufnahme des göttlichen Lichtes reif und fähig zu machen durch einen Glauben, der durch die Liebe tätig wird.

VIERTER TEIL

Tod und Jenseits

X

Der Tod - Ende oder Übergang?

66

Am Tore der Ewigkeit

„Alle Menschen müssen sterben." Dieser unumstößliche Erfahrungssatz ist vielen Erdenbürgern ein Schreckensgedanke, dem sie nur höchst ungern Raum geben und den sie am liebsten übertäuben möchten mit dem rauschenden Schwall des zeitlichen Lebens. Es hilft den todesbangen Weltgenießern aber nichts. Eines Tages erscheint eben doch der Engel des Herrn mit dem Befehl der Abberufung aus dieser Welt — und was dann?

Gibt es ein Fortleben? Ist der Tod ein Ende oder Übergang?

Über diese Frage haben schon Abermillionen sterblicher Menschen mit Furcht oder gläubiger Hoffnung nachgedacht. Sie stellt sich immer wieder, da wir keinen Tag sicher sind, ob der Tod nicht an uns herantritt und Krankheit und Alter uns immer wieder an ihn mahnen.

Der oberflächliche Augenschein zeigt uns das Sterben aller Kreatur als eine Auflösung, ein Vergehen, ja als eine offenbare Vernichtung des Lebens. Unser Gefühl aber sträubt sich mit aller Macht dagegen, und gebieterisch verlangt unser Lebenswille eine Rettung aus dem Abgrunde des Nichts. Wo aber sind die *Beweise* für ein ewiges Fortleben? Wo gibt es eine verläßliche Erkenntnis der Wahrheit im unendlichen Dunkel dieses Lebensrätsels?

Der biblische Beweis

Von vielen werden vor allem die göttlichen Offenbarungsschriften aller Völker und Zeiten genannt — in der christlichen Welt in erster Linie die *Bibel*. Was diese Grundlage der christlichen Glaubenslehren anlangt, so ist hier freilich bemerkenswert, daß es im Alten Testament, wie es uns überliefert ist, nur sehr wenige Stellen gibt, die unzweideutig auf ein ewiges Fortleben in Gott hinweisen.

In dem ums Jahr 150 vor Chr. von einem unbekannten Seher verfaßten Buche *Daniel* heißt es (Kap. 12, 2): „Viele, so unter der Erde schlafend liegen, werden erwachen: etliche zum ewigen Leben, etliche zu ewiger Schmach und Schande."

Vorwiegend herrscht im Alten Testament jedoch „das Grauen vor dem Versinken ins Totenreich". So klagt (in Jesaia 38, 10) der fromme König Hiskia: „Im Mittag meines Lebens muß ich zu den Pforten des Totenreichs dahinfahren ...

Nun werde ich nicht mehr schauen den Herrn im Lande der Lebendigen, werde keinen Menschen mehr erblicken bei den Bewohnern der Totenwelt. Meine Wohnung wird abgebrochen wie ein Hirtenzelt. Noch ehe der Tag zum Abend wird, macht Er aus mit mir." — Ähnlicher Stimmung ist der *Psalmist* (Psalm 6, 6): „Im Tode gedenkt man deiner nicht, o Gott. Wer singt im Totenreich Dein Lob?" — Und *Hiob* kennt die Unterwelt (Kap. 10, 21) nur als „das Land der Finsternis und des Todesschattens, das Land, das düster ist wie tiefe Nacht."

Es ist freilich auch schon nach der Lehre des Alten Testaments ein Unterschied unter denen, die in dieses mächtige Reich der Toten kommen: „Die richtig vor sich gewandelt haben, kommen zum Frieden und *ruhen* in ihren Kammern" (Jes. 57, 2). — Die andern fahren mit Angst in die Grube, und Gott „hört nicht ihr Schreien" (Hiob 27, 8 ff.). — Ob diese düstere Jenseitslehre schon anfänglich in den heiligen Schriften der Israeliten vertreten wurde, ist allerdings fraglich. Es erscheint nicht ausgeschlossen, daß erst die vermaterialisierte höhere Priesterschaft der späteren Zeit, die mit den Sadduzäern die Geisterwelt und das Fortleben nach dem Tode leugnete, die diesbezüglichen lichtvolleren Bekundungen der alten Urschriften unterdrückt hat.

Ein volles Licht über diese Dinge aber gab der Herr des Lebens in seiner Offenbarung als *Jesus Christus* durch seine Worte und Werke, die uns in den Schriften des *Neuen Testaments* und noch ausführlicher in denen der Neuoffenbarung durch *Jakob Lorber* überliefert sind.

„Ich bin die Auferstehung und das Leben! Wer an Mich glaubt (und die Gebote der Liebe hält), der wird leben, ob er gleich stürbe" (Joh. 11, 25) — dies ist der *Grundklang* der von Jesus, dem Heiland und Erlöser verkündeten Jenseitslehre. Freilich haben die Schriften der Offenbarung und im besonderen die der Bibel nicht für alle Menschen eine vollgültige Beweiskraft, zumal in unserer Zeit die wissenschaftliche Bibelforschung die geschichtliche Entstehung und die vielfache Überarbeitung der gesamten biblischen Schriften unwiderleglich nachgewiesen hat.

Die Beweise des Okkultismus und Spiritismus

Der kritisch überlegende Mensch schaut sich daher nicht ohne Berechtigung auch nach anderen Aufschlüssen um. Und da sind von altersher von großer Bedeutung die Zeichen und Kundgaben aus der geistigen Welt, dem sogenannten „Jenseits", welche der Vater des Lichts bei allen Völkern der Erde immer wieder und besonders in der geistig so hochbedeutenden Gegenwart zur Erweckung, Aufrüttelung und Belehrung der erdgebundenen, im Weltwahn befangenen Menschheit zuläßt.

Man hat in unsern Tagen diese „Zeichen und Wunder" des Jenseits und ihre Erforschung mit dem Namen *Okkultismus* und *Spiritismus* belegt. Von den unzählbaren, erstaunlichen Erfahrungen dieser Geisteswissenschaften kann ein großer Teil nur durch die Annahme einer unsichtbaren, ins diesseitige Leben hereinragenden Geisterwelt erklärt werden, in der des Menschen geistig-seelisches Wesen nach dem leiblichen Tode fortlebt und sich geistig weiterentwickelt.

Nach den bei allen Völkern, den primitiven wie den zivilisierten, millionenfach gemachten Erfahrungen und im Hinblick auf die Genauigkeit der besonders von deutschen und englischen Forschern angestellten Untersuchungen der Neuzeit kann kein vernünftig Urteilender diese Beweise mehr zurückweisen. Wer es dennoch tut aus Trägheit oder Voreingenommenheit, hat es sich selbst zuzuschreiben, wenn ihm diese Möglichkeit einer beruhigenden und beglückenden Erkenntnis versagt bleibt.

Die Erkenntnisse der neuzeitlichen Wissenschaft

Ein weiterer starker Beweis für das Fortleben der Seele nach dem leiblichen Tode liegt ferner in den neuesten Erkenntnissen der wissenschaftlichen Forschung, wonach nicht das Stoffliche, der Leib, die Entstehungsgrundlage des geistigen Lebens, sondern umgekehrt der Geist das Ursprüngliche, das Schöpferische — Stoff und Leib dagegen das geschaffene Erzeugnis des Geistes ist.

Zu dieser Erkenntnis haben auf dem physikalischen Gebiete besonders die Atomforschungen der Gegenwart geführt, auf dem mathematisch-philosophischen die Denkarbeit Planks u. a., auf dem biologischen die Feststellungen von Driesch. Alles Stoffliche, das in der Zeit der materialistisch-mechanischen Welterklärung als an sich „tot" angesehen wurde, enthüllte sich im Lichte der neuzeitlichen Forschung als ein sinnvoll geordnetes System lebendiger Kraftfunken (Elektronen), denen eine gewisse Denk- und Willensfähigkeit zukommt und die durch höhere Intelligenzkräfte geleitet und zu den unseren Sinnen bekannten stofflichen Gebilden gestaltet werden.

In jedem lebenden Organismus, auch im Menschen, waltet als Erbauer und Erhalter eine solche leitende Intelligenz, zu deutsch ein *„Geist"* (Driesch gebraucht die griechische Bezeichnung „Entelechie" = Innenlicht). Und da dieser Geist das Werk des Leibes selber errichtet und ausgestaltet, also *vor* dem Werke da war, so ist der Schluß unabweisbar, daß er auch *nach* Auflösung seines Werkes noch da sein wird und durch dessen Zerfall in seinem Fortleben nicht gehindert werden kann.

Die Entwicklungs-Lehre der Neuoffenbarung

Alle diese bedeutsamen Beweise des Fortlebens nach dem Tode, welche die Offenbarungsschriften, der Okkultismus und Spiritismus und die neuzeitliche Wissenschaft bieten, werden aber überboten und aufs wunderbarste beleuchtet durch die in den Schriften *Lorbers* aus höchster Geistesquelle dargebotene Schöpfungs- und Seelenentwicklungslehre.

Schon der Darwinsche Entwicklungsgedanke konnte die Menschheit darauf hinweisen, daß nicht nur die Wesen des Pflanzen- und Tierreichs eine vom Schöpfer bestimmte sinnvolle Entwicklungsreihe bilden. Die ganze Schöpfung und auch der *Mensch* und sein Leben müssen doch offenbar — wenn der Entwicklungsgrundsatz allgemeine kosmische Geltung hat — einer sinnvollen *Entwicklung* unterliegen.

Diese große, von Darwin teilweise geahnte Wahrheit ist in den Lorberwerken, wie im ersten Bande unserer Gesamtdarstellung ‚Die Grundfragen des Lebens' (Kap. 6, ff.) ausführlich dargetan wurde, in allen Tiefen und Höhen mit allen

Einzelheiten enthüllt. Die ganze Schöpfung und auch das Menschenleben erschauen wir als einen geistigen Entwicklungsvorgang mit den höchsten Lebenszielen. Und wenn man aus diesen Lehren der Neuoffenbarung unter der Wucht ihrer überzeugungsvollen Vernunft sich darüber klar geworden ist, daß der Schöpfer in seiner Liebe, Weisheit und Allmacht aus uns, seinen noch schwachen und unvollkommenen Geschöpfen, wahre Kinder und *Ebenbilder* für ein gottähnliches Leben reifen will, dann ist uns das Fortleben nach dem irdisch-leiblichen Tode eine Selbstverständlichkeit, klar wie die Sonne.

Die wahre Lebensgrundkraft — der Geist

In den Lorberschriften verkündet der Herr: „Der Mensch lebt im Geiste entsprechend in der jenseitigen Welt, wie er in seinem Leibesleben, welches nur ein Mit- oder Mittelleben ist, hier auf der Erde gelebt hat. — Mancher wird nun sagen: Damit scheint es nicht seine völlige Richtigkeit zu haben! Denn das geistige Leben muß doch sicher unter ganz anderen Verhältnissen gedacht werden als das naturmäßige Leben. Ich, der Herr, aber sage euch: Wer so spricht, hat noch keine Ahnung von dem, wie und wodurch er naturmäßig lebt.

Lebt denn beim Leibesleben der Leib oder der Geist? Was ist die *wahre* Grundkraft des Lebens? Wer nur ein wenig klar zu denken vermag, wird doch nicht die wahre Grundkraft des Lebens im Leibe, sondern allein im Geiste suchen. Denn wäre die Lebensgrundkraft im Leibe, so wäre der Leib unsterblich. Der Leib aber ist sterblich, somit kann er auch nicht die Grundfeste des Lebens in sich haben, sondern nur der Geist, der unsterblich ist.

Das Leben des Leibes ist nur ein durch das Leben des Geistes bedingtes und erregtes Mitleben. Gerade so, wie irgendein Werkzeug in der Hand eines Handwerkers wirkend mitlebt, solang es der Handwerker in seiner lebendigen Hand leitet. Legt er es aber zur Seite, dann hat es mit dem Mitleben des Werkzeuges und dessen Tätigkeit ein Ende.

Wer wird demnach etwa den Satz aufstellen wollen: Der Handwerker müsse sich nach den Verhältnissen des Werkzeuges richten — statt klar einzusehen, daß der Handwerker es ist, der sich brauchbare Werkzeuge nach seinem Bedürfnisse verfertigt! — Wenn also der Geist als Werkmeister die Verhältnisse des Werkzeugs (das Leib genannt wird) nach seinem Bedürfnisse bestimmt, so wird es auch klar sein, daß die Verhältnisse des mitlebenden Leibes von denen des allein lebendigen Geistes abhängen, und nicht umgekehrt.

Und so lebt also der *Geist* allezeit allein aus seinen eigenen Lebensgrundkräften und in seinen eigenen Lebensverhältnissen, an denen der Leib im Bestehen und Vergehen so wenig zu ändern vermag wie das tote Werkzeug an den Verhältnissen des Handwerkers." (Geist. Sonne, Bd. 2, Kap. 111)

Von Lebensform zu Lebensform

„Ist eine Seele — was ihr jenseitiger (d. h. reiner) Geist aus Gott gar hell sieht — einmal in einem Leibe, sei es dem einer Pflanze oder dem eines Tieres, durch die rechte Ausreifung fähig, in eine höhere Lebensstufe aufzusteigen, so veranlaßt ihr sie stets fortbildender jenseitiger *Geist*, daß ihr der für fernerhin unbrauchbare Leib abgenommen wird. Dies, damit sie dann, als schon mit höherer Intelligenz begabt, sich einen andern Leib bilden kann, in dem sie kürzere oder längere Zeit hindurch sich wieder zu einer größeren Lebens- und Tätigkeitsintelligenz emporarbeiten kann. Und das so fort bis zum *Menschen* hinauf, wo sie dann, als schon völlig frei, im letzten (materiellen) Leibe zum vollen Selbstbewußtsein, zur Erkenntnis Gottes, zur Liebe zu Ihm und dadurch zur vollen Vereinigung mit ihrem jenseitigen Geiste gelangen wird — welche Vereinigung wir die *Neu- oder Wiedergeburt im Geiste* nennen." (Gr. Ev., Bd. 6, Kap. 133, 4—5.)

Diesen Gedanken des geistigen und gestaltlichen Aufstiegs von Lebensform zu Lebensform beleuchtet der Herr in den Neuoffenbarungsschriften vielseitig und eingehend, so an anderer Stelle des ‚Großen Evangeliums' mit den Worten:

„Alles, vom Kleinsten bis zum Größten — sei es nach eurem Menschenverstand gut oder böse — ist so wenig vernichtbar wie Gott als die urewige Kraft, Liebe und Weisheit selbst. Übergänge vom Unvollkommenen zum Vollkommenen sind freilich notwendig, weil Gott dadurch seinen großen Gedanken und Ideen eine freie *Selbständigkeit* verschaffen will. Aber die Übergänge sind keine Vernichtungen, sondern nur erscheinliche Zerstörungen im Gebiete des äußeren Naturmäßigen. Nur die *materiellen Formen*, in denen das geistige Lebenskraftwerk eine Zeitlang von der allgemeinen göttlichen Geistwesenheit gewisserart abgetrennt rastet und verborgen ist, sind zerstörbar, aber ihr *inneres Wesen* nimmerdar.

Diese äußeren Formen müssen der Erscheinlichkeit nach darum zerstörbar sein, weil ohne sie (d. h. ohne den durch die Formen hindurch stattfindenden Aufstieg der Seelen) eine geistige Vervollkommnung in Hinsicht auf die freie, individuelle Selbständigwerdung der Wesen unmöglich wäre. Denn was ist für euch, als nun in einer letzten materiellen Form steckende Menschen, die sicht- und wahrnehmbare Kreatur anderes als Meine durch Meinen Willen für eine gewisse Zeit dauernd festgehaltenen Gedanken und Ideen, die Ich, so es nötig ist, ändern kann, wie und wann Ich es nach Meiner Liebe und Weisheit will. Ich tue das aber nicht etwa aus einer Art Laune, sondern aus ewiger Notwendigkeit nach Meiner weisesten Liebeordnung, um Meinen Gedanken und Ideen eine freieste und individuell wesenhafte Selbständigkeit zu verschaffen. Wäre das auf anderem Wege möglich, würde Ich solchen sicher vorgezogen haben. Aber es ist und bleibt der euch bekannte Weg der wahre und beste, weil durch ihn allein Meine Absichten vollkommen erreicht werden können." (Gr. Ev., Bd. 10, Kap. 111, 1—4.)

Der Leibestod des Menschen — ein Übergang

Auch der Leibestod des Menschen ist demnach nur ein Übergang zu einer anderen Seinsstufe. Dabei wird die alte stoffliche Form des Leibes, welche der Geist als ein Gehäuse und Werkzeug für sich und die Seele aufgebaut und bis dahin erhalten hatte, als fürderhin untauglich oder entbehrlich verlassen und aufgelöst — während das eigentliche *geist-seelische* Lebewesen sich in ein freies, vom groben Erdenstoff entbundenes Dasein begibt.

„Wenn wir von Gott aus berufen werden, diese Welt zu verlassen, dann wird ein Engel Gottes ... alles dem Geiste Angehörige aus der Materie freimachen, die Materie der vollen Auflösung übergeben, die Seele aber und ihren Lebensgeist, sowie alles, was in der Materie (des Leibes) der Seele angehört, in vollkommener (ätherischer) Menschengestalt vereinigen und nach dem ewig unwandelbaren Willen Gottes in die Welt der Geister hinüberführen.“ (Gr. Ev., Bd. 2, Kap. 195, 2.)

„Siehe, in der Liebe-Wollust (deiner Eltern) wurdest du gezeugt. Aber in der höchsten Liebelust (der Himmel) wirst du als Geist aus dem schweren Fleische gehoben und lebst dann (nach deiner Vollendung) ein vollkommenstes, ewiges, mächtig wirksamstes Leben, dessen Süße mit nichts Irdischem zu vergleichen ist. Und was du immer auf Erden angefangen hast, das wirst du im Geiste auf der geistigen ewigen Erde vollenden.“ (Haushaltung Gottes, Bd. 3, Kap. 120, 19 ff.)

Todesfreude und Todesfurcht

Die Gedanken und Gefühle, mit welchen die Menschen diesem Ereignisse entgegensehen, werden freilich sehr verschieden sein, je nach dem Erkenntnislichte der Seele und ihrer Liebe, sei es zu Gott oder zur Welt.

Der Gottesmensch, der mit klarem Bewußtsein ein ewiges, lichtvolles Leben vor sich sieht, hat keinen Grund zu Furcht und Trauer. Anders wird es bei einem Menschen sein, dessen Herz am Stofflichen und Fleischlichen, das heißt an den Gütern und Genüssen der vergänglichen Welt hängt. Bei ihm wird das freudige Bewußtsein des ewigen Fortlebens in einer unsichtbaren, reingeistigen Welt keinen Eingang finden, und eine solche Seele wird die Todesfurcht nicht los werden.

Im ‚Großen Evangelium‘ spricht der *Herr:* Daß viele Menschen vom Fortleben der Seele nach dem Leibestode kein Bewußtsein haben und in steter Furcht vor dem Tode leben, liegt hauptsächlich an ihrer Liebe zur Welt und ihrer Selbstliebe. „Durch diese falschgerichtete Liebe wird die Seele sehr in ihr Fleisch vermengt. Die Folge davon ist, daß sie dadurch das Gefühl des Sterbens, Vergehens und Aufhörens stets mehr zu ihrem eigenen machen und übergehen muß in allerlei Angst und Furcht.

Siehe, die Urväter der Menschen dieser Erde hatten keine Furcht vor dem Tode, sondern oft nur Sehnsucht danach, daß sie befreit würden von dem gebrechlich gewordenen Leibe. Sie hatten ob ihres Gott wohlgefälligen Lebenswandels von Zeit zu Zeit helle Gesichte und Blicke ins Jenseits und haben sich dadurch ein klares Bewußtsein über das Leben der Seele nach dem Abfalle des Leibes erworben. Aber in dieser gegenwärtigen Zeit ist beinahe aller Glaube an Gott bei den Menschen erloschen. Wo sollte da das helle Bewußtsein der Seele noch herkommen? Wo man an dem Grunde alles Lebens beinahe allgemein zweifelt, da ist es gar nichts Wunderbares, wenn man über das Fortleben der Seele nach des Leibes Tode in starkem Zweifel ist.

Gehe hin zu den Sadduzäern, und du wirst finden, daß sie äußerst materielle, die Welt und sich über alles liebende Menschen sind, ferner an gar keinen Gott glauben und darum auch die Unsterblichkeit der menschlichen Seele völlig leugnen. Dafür aber kannst du in Indien noch heutzutage Menschen finden, die mit den Seelen verstorbener Menschen geradeso umgehen wie mit Lebenden und sich mit ihnen über tausenderlei Dinge besprechen. Diese Menschen haben auch nicht die leiseste Furcht vor des Leibes Tod; im Gegenteil ist der Sterbetag eines Menschen bei ihnen ein wahrer Jubeltag.

Siehe, so sind in dieser Hinsicht die Menschen höchst verschieden! Am meisten aber fürchten sich vor dem Leibestode die *Juden*, und der Grund davon ist eben ihre große Weltliebe und sinnliche Lust. Wer diese so sorgfältig pflegt, muß mit der Zeit um alles höhere Licht kommen. Denn nichts schadet dem lebendigen Glaubenslichte so sehr wie die Unzucht und fleischliche Hurerei, die schon seit langem bei den Juden um vieles ärger ist als bei den finstersten Heiden. Diese Sünde erstickt die Seele förmlich im Schlamme des Fleisches und tötet sogar das Fleisch selbst . . . Wenn aber so, woher soll dann solch eine Seele das lichte Lebensbewußtsein nehmen?

Wer Mein Wort hört, es als Wahrheit annimmt und treu danach lebt und handelt, der wird hinfort keinen Tod mehr fühlen noch schmecken!" (Gr. Ev., Bd. 6, Kap. 68, 1—8, Kap. 69, 1.)

Samenkorn und Mensch

Eine herrliche Aussprache findet sich über diese letzten Fragen des Erdenlebens in dem grundlegenden Lorberwerk ‚Die Haushaltung Gottes'.

In einem Schlußkapitel des dritten und letzten Bandes rechtet vor dem Ausbruche der Sündflut Mahal, der verstandesstolze Bruder Noahs mit dem Herrn, weil er Noah retten, ihn, den Mahal, aber dem Untergang und der ewigen Vernichtung preisgeben wolle. Das Zerstörungswerk des Todes am Menschen sei überhaupt etwas höchst Sinnloses.

„Herr", spricht Mahal, „hältst Du den für klug, der ein überaus kunstvolles Werk mit der tauglichsten Zweckmäßigkeit zuwege bringt — wenn es aber in seiner höchsten Vollendung dasteht, es zusammenbricht und in eine Grube wirft, wo es verfault und vernichtet wird?"

Dem weltsinnigen Haderer erwidert der *Herr* mit heiliger Güte:

„So das ein Werkmeister zwecklos täte, da wäre er in der Tat ein offenbarer Tor und der Verdammnis wert. Aber wenn der Werkmeister damit einen höheren Zweck verbindet, der ohne einen solchen dir töricht dünkenden Vorgang durchaus nicht zu erreichen ist, da tut er sicher sehr klug und weise, wenn er solch ein kunstvolles *Vorwerk* vernichtend in eine Verwesungsgrube wirft — denn er erreicht dadurch ja einen heiligen Zweck.

Siehe, ein *Samenkorn* ist gewiß auch ein höchst kunstvolles Werk sowohl in seiner äußern Gesamtgestaltung wie in den feinstofflichen Teilen. Findest du aber unklug, daß es in der Erde zuvor verwesen muß, auf daß es dann daraus hundertfältig wiedererstehe? Wenn aber der weise Werkmeister der Dinge schon bei einem gemeinen Samenkorn eine solche Einrichtung getroffen hat, meinst du wohl, Er wird den Menschen, dies endlos vollkommene Werk, bloß darum in die Grube der Verwesung stürzen, um seiner Laune zu genügen?

O Mahal, wie blind mußt du sein, wenn du in Mir einen so törichten Werkmeister wähnst! Sagt nicht dein eigenes Gefühl, daß du *ewig leben* und immer tiefer beschauen möchtest Meine endlos vielen Werke? Meinst du wohl, daß du dieses Gefühl hättest, so du nur für ein zeitliches Dasein geschaffen wärest? Wahrlich, Ich, dein Schöpfer, sage dir, da würdest du auch nur einen zeitlichen Lebenstrieb haben! Da du aber einen *ewigen* Lebenstrieb in dir hast und kannst hinausschauen ins Unendliche, so trägst du ja schon den lebendigen Beweis in dir, daß du in deiner Grube nicht verwesen wirst, um als ein unvollendetes Werk Meiner Hand zunichte zu werden, sondern um eben erst durch dieses dir unklug scheinende Mittel in Fülle und höchster Vollendung das zu erreichen, was du in diesem Vorwerke fühlst und lebendig begehrst!

Siehe, die Erde ist ein Leib, aus dem vieles geboren wird, und du weißt nicht, wie das zugeht. So muß auch dein irdischer Leib wieder in die Erde gelegt werden, auf daß dein geistiger, unzerstörbarer Leib frei in der Fülle zum ewigen Leben erstehe! Daß sich aber die Sache so verhält, davon hast du in deinem Leben schon die vielfachsten Beweise erhalten, indem du schon mit vielen geredet hast, deren Leib in die Erde gelegt worden ist." (Haushaltung Gottes, Bd. 3, Kap. 339, 4—10.)

67

Vom Sterben und Hinübergehen

Nächst der großen Frage: Ende oder Übergang? sind es viele andere Geheimnisse, welche das erhabene Mysterium des Todes umhüllen. Da ist als eine Vorerscheinung das rätselhafte Altern, wodurch die Seele zum Scheiden reift. Da ist das schwere und das leichte Sterben der verschiedenen Menschen. Da sind die seltsamen, tiefbedeutungsvollen Vorgänge der leiblichen Auflösung und endlich die jenseitigen geistigen Geschicke der Seele nach ihrer Befreiung vom Erdenstaub.

Auf alle diese Rätsel wirft der schon erörterte Gedanke des entwicklungsmäßigen *Übergangs* von der stofflichen zur geistigen Stufe ein klärendes Licht. Aber noch heller werden diese Fragen, wenn wir uns in den Schriften der Neuoffenbarung weiter vom Herrn des Lebens belehren lassen.

Das Geheimnis des Alterns

Warum die leiblichen und oft auch die seelischen Kräfte des Menschen im Alter abnehmen, wissen die Ärzte und Lebensforscher naturmäßig zu erklären mit der Abnützung oder Verhärtung der leiblichen Organe. Selten fragen sie sich aber woher es kommt, daß die „Natur", die in jedem lebenden Organismus geraume Zeit hindurch allen widrigen Einflüssen zu trotzen weiß, von einem bestimmten Zeitpunkt an die Erhaltung aufgibt und ihr Werk der Zerstörung überläßt. Da wir auch in der Erscheinung des Alterns bei jedem Lebewesen eine bestimmte Ordnung erkennen, so liegt es nahe, auch hinter diesem naturmäßigen Geschehen (ebenso wie beim Keimen, Wachsen, Aufblühen und Fruchtbringen) einen weisen Zweck und einen vernunftvollen *Plan* zu vermuten. Ist doch gesagt, daß ohne Gottes Willen auch nicht ein Haar von unserem Haupte fällt!

Der geistige Sinn und Zweck des Alterns wird uns in den Offenbarungsschriften klar erhellt: der reine, göttliche Geist im Menschen, der nach dem Plan und Willen Gottes den Leib als Gefäß und Werkzeug der Seele aufbaut, weiß, wann es nach dem hohen Ratschlusse Gottes an der Zeit ist, die Seele dieser zeitlichen Behausung zu entwöhnen und durch den allmählichen Zerfall der irdischen Hütte ihren Sinn auf das Jenseitige und Ewige zu richten.

Einem indischen Magier, welcher sich darüber beklagt, daß auf der oft mühsam erreichten Höhe des Lebens die Kräfte des Menschen schwinden und der Leib mühselig und gebrechlich werde, erwidert der Herr: „Wandelt gleichfort auf den Wegen, die Ich euch treulich gezeigt habe, so werdet ihr (auch im Alter) wenig zu leiden haben, und euer Abgang von dieser Welt wird ein leichter sein! — Nur über jene kommen am Ende zumeist bittere Leiden, die aus allerlei Welttümlichkeiten ihre Seele zu sehr in ihr Fleisch vergraben. Denn eine solche Seele muß, damit sie nicht völlig verderbe in ihrem Fleische, mit großer Gewalt von demselben losgetrennt werden, was im Leibe Schmerzen erzeugen muß. Und das ist gut für die Seele, weil sie durch die Schmerzen und Leiden von ihren fleischlichen Gelüsten frei wird und dadurch im Jenseits einen leichten Fortgang und ein sicheres Vorwärtsschreiten auf der Bahn des geistigen Lebens findet. — Ganz welttümliche Menschen aber, die an keinen Gott glauben und dabei doch ein gesundes Leben bis in ihr hohes Alter genießen und am Ende auch eines schnellen und schmerzlosen Todes sterben, haben ihren Lebenslohn auch schon auf dieser Welt empfangen und werden im Jenseits sehr schwer je einen zu gewärtigen haben." (Gr. Ev., Bd. 8, Kap. 16, 11—13)

Durch die körperliche Hinfälligkeit erkennt der Mensch seine Schwäche. Er sieht ein, daß er ohne die Kraft des göttlichen Lebensgeistes nichts ist und lernt Demut, die Grundvoraussetzung alles wahren geistigen Fortschritts. Und weiter lernt der alternde Mensch durch eigene Gebrechen und Leiden das Mitgefühl mit seinen Nebenmenschen und jeder Kreatur. Dadurch beginnt er sich zu vervollkommnen in der reinen himmlischen *Liebe.* So ist also das Alter jene wahrhaft weise Hochschule der Seelenläuterung. Wer sich willig darein schickt und Gottes Ordnung und Willen sich zu eigen macht, dessen Beschwerden werden auch im höchsten Alter erträglich sein, da der Geist, der inwendige göttliche Herrscher und Helfer, dann seines Wesens Licht und Kraft auch über Leib und Seele ergießt.

Der Schnee des Alters — eine Demutshülle

Seltsam ist auch, daß des alternden Menschen Haar nach und nach dieselbe Farbe annimmt wie der Schnee, der die ruhende winterliche Natur in seine stille Decke hüllt. Auch hier wissen die Biologen einen äußeren Grund: die Veränderung der chemischen Farbstoffe des Haares infolge schwächerer Ernährung. Aber der tiefere *geistige* Grund wird wohl selten erkannt. Um so klarer wird uns dieser im Lichte der Neuoffenbarung erhellt:

Alles Leibliche und Äußere ist in Form und Farbe ein Entsprechungsbild des geistigen Inneren. So hat auch der „Schnee des Alters" einen geistigen Entsprechungssinn, der aus Folgendem erhellt: Die weiße Farbe ist an sich gleichsam nichts, sie zeigt äußerlich keine der sieben Grundfarben des Regenbogens, und dennoch enthält sie (prismatisch zerlegt) alle sieben Farben in sich vereinigt. Und ganz so ist es auch mit der *Demut.* Auch diese ist nach außen hin gleichsam nichts; aber in sich birgt sie die ganze Fülle aller sieben göttlichen Hauptgrundeigenschaften: Liebe, Weisheit, Macht, Ordnung, Ernst, Geduld und Barmherzigkeit. Und so hat der Schöpfer dem Alter des Menschen wie der winterlichen Erdflur dieselbe Farbe zur sinnbildlichen Decke gegeben.

Der Vorgang des Sterbens

Auch über die Löse der Seele vom Leibe, den Vorgang des Sterbens, geben die Neuoffenbarungsschriften bedeutsame, sonst nirgends zu findende Aufklärungen.

Vor allem machen sie uns, wie schon vielfach hervorgehoben, klar, daß der Mensch aus drei Wesensteilen: Geist, Seele und Leib besteht. Sie zeigen, daß der reine *Geist*, jenes innerste Grundleben, ein himmlisches Wesen von gottähnlicher Liebe, Weisheit und Kraft ist — daß die *Seele* aus Myriaden mit Satan gefallener Lebensfunken besteht, die ihre Selbstherrlichkeit und Selbstsucht überwinden und himmlischen Geist sich aneignen sollen — und endlich, daß der *Leib* aus jenen hartnäckigsten, mit Satan gefallenen Lebensfunken besteht, die sich trotz aller geistigen Belehrung der göttlichen Demuts- und Liebeordnung nicht fügen wollen.

Wenn es nun in der Stunde des Todes an eine Scheidung geht — wie werden sich da diese drei Wesensteile des Menschen verhalten, und wie haben wir uns diesen geheimnisvollen Vorgang zu denken?

Durch Lorber erfahren wir, daß der Herr einem jeden Menschen einen „Todesengel" schickt, der die Löse vornimmt (Gr. Ev., Bd. 2, Kap. 195, 2). Es ist dies einer der höheren Schutzengel des betreffenden Menschen, die oben in den Friedensregionen wohnen und, über den unteren Schutzgeistern waltend, die Führungen und Geschicke des Menschen nach dem Willen des himmlischen Vaters leiten. (Erde und Mond, Kap. 28)

Wenn dieser Engelsgeist als „Todesengel" durch seinen Willenshauch das Zeichen gibt, dann entsteigt der als innerer Leiter im Herzen des Menschen wohnende göttliche Sondergeist seinem fleischlichen Kerker und erhebt sich über dem Leibe in die Luft. Und nun geschieht mit der Seele etwas Ähnliches, wie solches der Imker beim Ausflug der Königin im Frühsommer erfährt. Wie dort der Schwarm der jungen Bienen der Königin nachfolgt — die einen eilend, die andern zögernd — und wie sich schließlich der größte Teil traubenförmig an die Königin setzt, ebenso geschieht auch beim Sterben des Menschen (wie auch jedes anderen Lebewesens) der Auszug der Myriaden Seelenfunken aus dem Leibe und die Ansammlung um den das Lebenszentrum des Menschen bildenden Geist.

Auch von den fast zahllos vielen Seelenfunken folgen nicht alle mit gleichem Eifer dem Geiste. Meist ist nur ein Teil schon himmlisch-geistigen Sinnes und eilt mit Lust und Eifer dem Führer nach. Je lauterer, reifer und himmlischer eine Seele ist, desto größer und geistesfeuriger ist dieser Teil. Je fleischlicher, unreifer und erdgebundener aber eine Seele ist, desto größer ist die Zahl der Seelenfunken, welche zögern und beim geliebten Leibe in der irdischen Welt zurückbleiben möchten. Es gibt da meist ein langes Hin und Her zwischen diesen beiden Polen, dem Geiste und dem Leibe. Mit Macht sucht der Geist, was irgend möglich ist, an sich zu ziehen, aber oft ist bei einem Teil der Seelenfunken alle Liebesmühe umsonst. Ihre Fleisches-, Stoff- und Weltsucht ist zu groß, und sie entscheiden sich trotz allem, eigenwillig beim geliebten Leibe zu bleiben. Dieser Wille wird ihnen, da im Reiche unseres himmlischen Vaters die größte Freiheit Grundgesetz ist, bis auf Weiteres auch gelassen.

Schweres und leichtes Sterben

Wenn wir diese Vorgänge in Betracht ziehen, so ist klar, daß auch die Empfindungen der Seele bei der Trennung vom Leibe sehr verschieden sind, je nachdem ihre Liebe eine weltsüchtige oder eine himmlische ist.

Eine himmelsreife Seele wird mit *Freude* der irdischen Auflösung und dem Übertritt in das Licht der Ewigkeit entgegensehen und auch etwaige körperliche Leiden mit Geduld und Vertrauen tragen. Eine weltsüchtige Seele dagegen wird mit *Bangen* dieser Stunde entgegensehen und die Leiden, die ihr zur Ablösung von den Banden des Fleisches und der Welt auferlegt sind, mit Ungeduld oder in dumpfer Ergebung tragen.

„Wenn du so leben wirst", spricht der Herr im ‚Großen Evangelium', „daß deine Seele in ihrem Geiste völlig wiedergeboren wird, so wird dein Geist mit allen in deinem Fleische noch steckenden unreinen Elementen bald und leicht völlig fertig werden und du wirst eines ganz seligen Todes sterben auch dem Leibe nach. Aber so da jemand im allgemeinen zwar wohl nach Meiner Lehre ganz ernstlich leben und handeln will, aber so geheim bei sich doch auch noch in seine alten Gewohnheiten verfällt, ja, da wird er diesseits auch nicht die völlige Wiedergeburt der Seele im Geiste erlangen können und wird sich's am Ende schon gefallen lassen müssen, so er beim Scheiden mit noch manchen Leiden zu kämpfen hat. Denn da werden die Leiden das Feuer sein, durch das des Menschen Lebensgold von gar manchen Schlacken gereinigt wird." [1]

„Es gibt freilich", so lesen wir an anderer Stelle, „wohl auch Beispiele, daß recht fromme und gerechte Menschen am Ende auch mit irgendeiner nicht sehr sanften Todesart von dieser Welt scheiden. Aber da können wir immer zwei Fälle annehmen. Diese können darin bestehen, daß Gott solch einem Menschen eine größere *Geduldsprobe* zukommen läßt, damit seine Seele fürs Jenseits eine um so größere Gediegenheit erlange. Im zweiten Fall aber kann der im gesetzten Alter fromm und gerecht gewordene Mensch durch manche Jugendsünden seines Leibes Natur in Unordnung gebracht haben. Diese kann ihr dann am Ende seines Lebens noch so manche bitteren Folgen zum Verkosten bringen, die ihm die letzten Stunden eben nicht zu den angenehmsten machen. — Aber das können wir als völlig gewiß annehmen, daß von der Wurzel an ganz nach der Ordnung Gottes lebende Menschen stets höchst sanft dahinsterben." (Gr. Ev., Bd. 8, Kap. 4, 11 ff.)

Ein neuer unverweslicher Leib

Was geschieht nun aber in der Todesstunde weiter, wenn der geistig gereifte Teil der Seele sich vom Leibe getrennt und zum reingeistigen Führer gesellt hat?

Ist es soweit, dann ordnet dieser geistige Führer die Schar der vom Leibe losgelösten Seelenfunken nach der ewigen Ur- und Grundform des Menschen zu einem ätherisch-geistigen neuen *Seelenleib,* in dessen geistigem Herzen er selber wiederum als Lebenszentrum seine Wohnung nimmt.

[1] Gr. Ev., Bd. 8, Kap. 82, 10; Bd. 1, Kap. 48, 8 ff.; Bd. 5, Kap. 75, 6; Bd. 6, Kap. 68 ff.; Jugend Jesu, Kap. 39, 13 ff.

Wir lesen in der ‚Haushaltung Gottes': „Wenn der Geist nach dem Willen des Herrn die Materie verläßt, dann verläßt er sie nie als ein vollkommen reiner, freiester (d. h. hüllenloser) Geist, sondern stets in einem neuen (aus den geläuterten Lebensfunken der Seele gebildeten) ätherischen Leibe, den er dann nie mehr verlassen kann." [1]

Diese Neugestaltung deutet der Apostel Paulus mit den Worten: „Es wird gesäet ein natürlicher Leib und wird auferstehen ein geistiger Leib." (1. Kor. 15, 44)

Dieser neue Mensch besteht also nicht mehr aus einer Dreieinheit von Geist, Seele und stofflichem Leibe, sondern nur noch aus einer *Zweiheit* von Geist und seelischem Leibe. Bei ihm ist nunmehr *die Seele der Ätherleib des Geistes.*

Dieser neue Mensch hat nun in seinem seelischen Wesensteil selbstverständlich zunächst noch die gleichen Gedanken, Gefühle, Begierden und Bestrebungen wie in der vergangenen Erdenzeit. Es ist ja die gleiche Seele, vereint mit dem gleichen Geiste. Darum ist es durchaus so, als hätte der Mensch beim irdischen Scheiden aus dem fleischlichen Leibe nur einen alten stofflichen Rock abgelegt.

Weiteres vom Seelenleibe

Auch gestaltlich und organisch hat der neue geist-seelische Mensch im allgemeinen die bisherige menschliche Form, nur jetzt nicht mehr in fleischlich-stofflicher Materie, sondern in *ätherischer* Substanz. — Darüber bekundet im ‚Großen Evangelium' *Zorel,* ein Bettler, im magnetischen Schlafe, in den ihn der Herr durch einen Jünger versetzen ließ:

„Freilich hat die Seele auch einen zwar nur ätherischen, aber für sie ebenso vollkommenen Leib. Nichts fehlt dem Seelenleib an Sinnesorganen. Du siehst solches mit deinen Fleischesaugen freilich wohl nicht, aber ich kann das alles sehen, hören, empfinden, riechen und schmecken. Denn auch die Seele hat *dieselben Sinne,* wie sie der Leib hat als Verkehrsmittel zwischen sich und seiner Seele.

Die Sinne des Leibes sind die Leitzügel in den Händen der Seele zur Beherrschung ihres Leibes für die Außenwelt. Hätte der Leib solche Sinne nicht, so wäre er gänzlich unbrauchbar und der Seele eine unerträgliche Last. . . . Aber im gleichen Maße würden der Seele die schärfsten Sinne des Leibes nichts nützen, so sie nicht selbst in ihrem ätherischen Leibe ganz dieselben Sinne besäße. Weil aber auch die Seele dieselben Sinne besitzt wie der Leib, so nimmt sie leicht und bestimmt mit *ihren* feinen Sinnen wahr, was vorausgehend die Sinne des Leibes von der Außenwelt aufgenommen haben.

Nun weißt du, daß die Seele auch eine leibliche Form hat. *Du* weißt es zwar nun, da ich es dir gesagt habe, wie ich es nun schaue, fühle und körperlich empfinde. Wenn *ich* aber wieder wach werde, dann werde ich nichts davon wissen, weil ich das jetzt nur mit meinen feinen Seelensinnen sehe, fühle und empfinde, und nicht zugleich auch mit den Sinnen des Leibes.

Würde ich das alles nun auch mit den Sinnen des Leibes wahrnehmen, so würden diese auf meines Gehirnes Nerven und entsprechend auf die Lebensnerven des Fleischherzens gewisse Merkmale eingraben; und ich, Seele, würde sie dann

[1] Haush. Gottes, Bd. 3, Kap. 88, 8; vergl. auch Gr. Ev., Bd. 1, Kap. 206, 15.

in meinem Fleischleibe wiederfinden und erkennen. — Aber da ich nun nahezu außer allem Verbande mit meinem Leibe frei dastehe und auf die Sinne meines Leibes nicht rück- und einwirken kann, so werde ich nach dem Wiedereintritt in meinen Leib von all dem gar nichts wissen, was ich nun sehe, höre, fühle und rede und was alles nun mit mir vorgeht.

Es hat aber die Seele auch für sich ein *Erinnerungsvermögen* und kann sich demzufolge an alles Kleinste und Unbedeutendste erinnern, was je mit ihr vor sich gegangen ist; aber nur in ihrem freien Zustande kann sie das.[1] Weilt sie aber in ihrem sie durch und durch verdunkelnden Leibe, so sieht, hört und fühlt sie, alles Geistige übertäubend, nur die groben und übermächtig rauschenden und rohen Eindrücke der Welt. Ihres Selbstseins aber wird sie oft kaum bewußt — geschweige daß sie von den in ihr rastenden höheren geistigen Eindrücken etwas wahrnähme.

Auch du hast eine Seele, wie ich selbst nun eine völlig freie Seele bin, aber du wußtest auch wenig oder nichts von dir selbst. Der Grund davon liegt im finsteren Fleische, mit dem eine Zeitlang eine jede Seele umhüllt ist. Erst nun, weil ich dir durch des Leibmundes Stimme einige Eindrücke in deines Hinterhauptes Nerven machte, und du als Seele nun durch solche Eindrücke die gleichen Urmerkmale *in dir* selbst liesest, so weißt du jetzt auch als Seele und nicht als Fleisch, daß du auf Grund deines Denkens und Wollens selbst Seele bist, die in ihrem ätherisch-leiblichen Wesen die *gleiche Gestalt* hat wie dein Leib.“ (Gr. Ev., Bd. 4, Kap. 51, 3 ff.)

Schauung des Todesvorgangs durch einen Seher

Mathael, ein geistig Geweckter, berichtet im ‚Großen Evangelium‘ über einen von ihm mit der geistigen Sehe erschauten Sterbefall:

„Ich besah mir nun die Sterbende näher. Aus der Brustgrube, dem gewöhnlichen Ausweg der Seele aus dem Leib, erhob sich etwas wie ein weißer Dunst, breitete sich über der Brustgrube immer mehr aus und wurde auch stets dichter. Aber von irgendeiner menschlichen Gestalt merkte ich lange nichts. — Als ich das so etwas bedenklich betrachtete, da sagte der anwesende Schutz-Geist zu mir: „Sieh nur zu, wie eine Seele ihr irdisches Wohnhaus für immer und ewig verläßt!“ — Ich aber sagte: „Warum hat denn diese scheidende Seele keine Gestalt, während doch ihr, die ihr auch lauter Seelen seid, ganz ordentliche Menschengestalten habt?“ — Sagte der Geist: „Warte nur ein wenig noch! Wenn die Seele erst ganz aus dem Leibe sein wird, wird sie sich schon zusammenordnen und wird dann auch recht schön und freundlich anzusehen sein.“

Während ich jenen Dunst über der Brustgrube der Kranken sich immer mehr ausbreiten und verdichten sah, lebte der Leib noch immer und stöhnte zuweilen wie jemand, der von einem schweren Traume geplagt wird. Nach etwa dem vierten Teile einer römischen Stunde schwebte der Dunst in der Größe eines zwölfjäh-

[1] Es ist dies das von den Psychologen unserer Zeit festgestellte sogenannte „Unterbewußtsein“, unter dem noch das göttlich allwissende „Tiefstbewußtsein“ des reinen, der Menschenseele eingepflanzten Geistes liegt. Diese, den Gelehrten heute stückweise dämmernden Lebensgeheimnisse durfte Jakob Lorber schon vor über hundert Jahren in voller Klarheit enthüllen!

rigen Mädchens etwa zwei Spannen hoch über des sterbenden Weibes Leibe und war mit dessen Brustgrube nur noch durch eine fingerdicke *Dampfsäule* verbunden. Die Säule hatte eine rötliche Färbung, verlängerte sich bald und verkürzte sich auch wieder dann und wann. Aber nach jedesmaligem Verlängern und abermaligem Verkürzen ward diese Dampfsäule dünner, und der Leib trat während der Verlängerungen stets in sichtlich schmerzhafte Zuckungen.

Nach etwa zwei römischen Stunden ward diese Dampfsäule von der Brustgrube ganz frei, und das unterste Ende sah aus wie ein Gewächs mit sehr vielen Wurzelfasern. In dem Augenblicke aber, als die Dampfsäule von der Brustgrube abgelöst ward, bemerkte ich zwei Erscheinungen. Die erste bestand in dem völligen *Totwerden des Leibes,* und die andere darin, daß die ganze, weißneblige Dampfmasse sich in einem Augenblick in das mir wohlbekannte Weib des Nachbarn *umwandelte.*" (Gr. Ev., Bd. 4, Kap. 128, 6 ff.)

Der neue Leib ein Entsprechungsbild der Seele

Nicht immer hat freilich der neue Seelenleib eine dem bisherigen Fleischleibe völlig ähnliche Gestalt. Da auch in der geistigen Welt, und hier ganz besonders, die äußere Formgestalt ein Entsprechungsbild des inneren Wesens ist und hier die sinnentsprechende Ausgestaltung des Äußeren noch rascher und vollkommener als im stofflichen Sein erfolgen kann, so gestaltet sich in der geistigen Welt der ätherische Leib äußerlich auch viel vollkommener nach der inneren Beschaffenheit der Seele — sei es in höllischer oder in himmlischer Richtung.

Der Seher *Mathael* schildert im ‚Großen Evangelium' in dieser Hinsicht zwei weitere lehrreiche Schauungen. Die eine betrifft den Kreuzestod etlicher arger Raubmörder, wobei tigerähnliche Gestalten der Seelen zum Vorschein kommen. (Gr. Ev., Bd. 4, Kap. 130, 15 ff.) — Das lichtvolle Gegenbeispiel erschaute Mathael beim Tode des alten Lazarus, des Vaters des bekannten Lazarus von Bethanien. Über dieses Begebnis erklärt der Herr dem Seher:

„Im Sterbegemach des Lazarus sahst du keine zerfaserte Dunstgestalt über dem Leichnam schweben, sondern schon mehr eine volle Menschenform. Der Grund davon liegt in der (dem Lazarus eigenen) großen Liebe zur Tätigkeit, was schon ein vollendetes inneres, geistiges Leben andeutet, das aller Furcht vor der kommenden großen Tätigkeit im Reiche der Himmel vollkommen bar ist. Die Angstvibrationen der Seele können da nicht stattfinden. Und somit ist die seelische Menschenform schon gleich beim ersten Austritt aus dem Leibe für den, der solches zu schauen das seltene Vermögen hat, als unzerfasert und in voller Ruhe ersichtlich.

Die kleine und äußerst dünne Bindeschnur zwischen der Seele und ihrem Leib bekundete den geringen Sinn fürs Irdische und somit auch das leichte und schmerzlose Lostrennen vom Leibe. Die Lichterscheinung über dem Haupte der Seele aber bekundete vor allem den mächtigen Willen der Seele und dessen außerordentliche Tätigkeit nach der Ordnung der Himmel." [1]

[1] Gr. Ev., Bd. 4, Kap. 139, 5 ff. Über die jenseitige Seelenleibesform ferner: Gr. Ev., Bd. 4, Kap. 150 ff.; Bd. 5, Kap. 71, 6 ff.; Bd. 7, Kap. 209, 19 ff.; Erde und Mond, Kap. 53; Robert Blum, Bd. 2, Kap. 255, 2.

Je nach der geistigen Beschaffenheit zeigt sich auch ein Unterschied in der Farbe und Lichtstrahlung der Seelen. Die ungeläuterten, selbstsüchtigen sind je nach dem Grade ihres höllischen Wesens dunkel und finster, die geläuterten Seelen dagegen nach dem Grade ihrer Gottes- und Nächstenliebe und ihres himmlischen Tätigkeitseifers hell und strahlend.

Todesstarre

Im Lichte der Neuoffenbarung lassen sich auch die geistigen Gründe verstehen, welche den weiteren, der Seelenlöse nachfolgenden Geschicken des Leibes, der Todesstarre und der Verwesung zugrunde liegen.

Die Todesstarre kennen wir als eine mit der Erkaltung eintretende Erstarrung des Leichnams, welche nach einiger Zeit schließlich durch den Auflösungsprozeß der Verwesung abgelöst wird. Welche stofflichen Ursachen dabei wirksam sind, hat die Wissenschaft in beachtenswertem Maße erforscht. Letzten Endes geht aber auch dieser naturmäßige Vorgang, wie alles Werden, Sein und Vergehen der materiellen Schöpfung, auf *geistige* Gründe zurück.

Wir vernahmen bereits, wie im Tode der Geist die zahlreichen Lebensfunken der Seele gleichsam wie einen Bienenschwarm aus der „Höhle" des Leibes zieht, oft mit einer gewissen heilvollen Gewalt. Viele mit den Bestandteilen des Leibes eng verwachsene Lebensfunken der Seele bleiben aber in den allermeisten Sterbefällen dennoch hartnäckig an ihrem bisherigen Seins- und Wirkungsorte, dem Leibe zurück. Und diese fleischlich gesinnten Seelenfunken sind es, die das ihnen so lieb gewordene Gehäuse und Werkgetriebe des Leibes im Gang erhalten möchten. Sie glauben, dies auch ohne den bisherigen Regenten, den reinen göttlichen Geist durchführen zu können und geben sich alle Mühe, die stoffliche Form in ihren Bestandteilen aufrechtzuerhalten. Aber bei aller Anstrengung gelingt es ihnen nicht, neues Leben dem erkaltenden Leichnam einzuhauchen. Ihre der göttlichen Hilfe ermangelnde Kraft reicht nur soweit, das Bauwerk eine kurze Zeitlang in lebloser Starre zusammenzuhalten. Und diesen Zustand nennen wir eben die Todesstarre.

Mit der Zeit erkennen aber die einen und andern unter den zurückgebliebenen Seelenfunken die Aussichtslosigkeit ihres Beginnens und eine Gruppe um die andere läuft vom gemeinsamen Unternehmen weg und sucht, nach dieser bitteren Erkenntnis ihrer Ohnmacht, nun doch den Anschluß an den vorangegangenen, auf sie harrenden geistigen Führer, der die belehrten Nachzügler nun der bereits angesammelten Seele zu deren Vervollkommnung einordnet.

Verwesung

Dieses unter den zurückgebliebenen Seelenelementen erfolgende Erkennen der Ohnmacht und reuige Verlassen des Leichnams sowie Sichanschließen an den Geist zeigt sich stofflich als jene wahrnehmbare Auflösung der Leibesteile, die wir „Verwesung" nennen. Sie beginnt zuerst bei den Weichteilen und endet bei den Haaren und Knochen, wo die hartnäckigsten Seelenelemente sitzen. Wir erkennen also im Lichte der neuen Offenbarung auch diesen für unser Gemüt so erschrekkenden Vorgang als eine von der unendlichen Liebe, Weisheit und Erbarmung Gottes angeordnete segensvolle *Schulung der Erkenntnis* für diejenigen Seelenteile, die ohne solch harte Belehrung nicht zur Freiheit des himmlischen Lebens geführt werden könnten.

Im ‚Großen Evangelium' deutet der *Herr* diese Geheimnisse mit den Worten an:

„Die Seele als ein Gemengtes und sich ergreifend Zusammengesetztes ist durch und durch ätherisch-substantieller Beschaffenheit. Da aber auch der Leib in seinem Wesensgrunde Ätherisch-Substantielles in sich faßt, so ist solches verwandt mit der Substanz der Seele. Dieses *Verwandte* [1] ist das Eigentliche, das die Seele mit dem Leibe so lange verbindet, als es nicht zu sehr in das nur Materielle übergegangen ist, woselbst es dann mit der eigentlichen Seelensubstanz eine zu geringe und oft auch gar keine Verwandtschaft mehr hat. Und wenn schon noch welche vorhanden ist, muß diese erst durch den Verwesungsprozeß aus dem Körper geschieden und jenseits der gleichsam nackten Seele zugeführt werden.

Hat aber die Seele selbst am Ende zu viel Materielles aus ihrem Leibe in sich aufgenommen, so erreicht der Leibestod auch sie, und sie muß mit dem Leibe *mitverwesen* und dann erst nach mehreren Erdenjahren als höchst unvollendet erwachen, wobei ihr alles ein finsteres Erdendasein ist, in dem wenig Leben in allen Winkeln rastet." [2]

Bestattung

Diese Erkenntnisse der geistigen Bedeutung der Verwesung werfen endlich auch ein Licht auf die Frage der rechten Bestattungsweise.

Da durch den demütigenden Verwesungsvorgang die hartnäckig am Leiblichen klebenden Lebensfunken der Seele und des Nervengeistes durch Erfahrung gründlich umgestimmt werden sollen, so ist klar, daß wir gut tun, diese heilsame Schule den genannten Seelenelementen weder zu verkürzen noch ihnen die Möglichkeit des Verweilens im Gehäuse des Leibes über die Maßen zu verlängern.

Das Volk Israel hat daher nach dem Wort: ‚Du bist Staub und sollst wieder zu Staub werden' wie viele alte Völker, seine Toten begraben (1. Mose 3, 19; 15, 15; 23, 4; Joh. 19, 40). — Und der *Herr* selbst hat ein Beispiel gegeben dadurch, daß Er seine eigene irdische Hülle, den Leichnam Jesu im Grabe des Joseph von Arimathia bestatten ließ.

So werden wir denn also das *Erdbegräbnis* als die geeignetste Art der Bestattung ansehen dürfen, weil hier der für die hartnäckigen Seelenelemente so notwendige Verwesungsprozeß seinen ungehinderten Verlauf nehmen kann. — Ein bestimmtes Gebot in dieser Richtung gibt der Herr allerdings nicht, wie Er auch

[1] Nervengeist genannt.

[2] Gr. Ev., Bd. 4, Kap. 90, 6 ff. — Über die Gründe des langsamen Verwesens: Gr. Ev., Bd. 8, Kap. 83, 4 ff. — Die Seele nimmt aus dem Verwesungsäther ihre jenseitige Bekleidung: Gr. Ev., Bd. 8, Kap. 61, 12; Bd. 10, Kap. 9, 15.

keine unbedingt schädigende und nie wieder gutzumachende Folge anderer Bestattungsarten betont. [1]

Im ‚Großen Evangelium' stellt ein Römer an den Herrn die Frage: „Meister, bei uns Römern werden die Leichname, besonders vornehmer Menschen *verbrannt* und die Asche dann in Urnen und Krügen an dazu bestimmten Orten aufbewahrt. Die Leichname gar hochstehender Herren aber werden *einbalsamiert* und dann in den Katakomben aufbewahrt. Nur das ganz arme Volk und die Sklaven werden *begraben* auf den dazu bestimmten Stellen. Ist das so zu belassen oder zu ändern? Was sagst Du zum Verbrennen und Einbalsamieren der Leichname?"

Dem Fragenden erwidert der *Herr:* „So ihr es nicht ändern könnt, belasset es beim alten Gebrauch! Aber das Verbrennen ist besser noch als das Einbalsamieren, durch das der Akt der Verwesung sehr verzögert wird. Aber ein rechtes *Beerdigen* des Leichnams ist das beste. Nur soll dabei darauf gesehen werden, daß ein Leichnam erst dann beerdigt wird, wenn er vollkommen tot ist, was ein Arzt aus der Gesichtsfarbe und dem Verwesungsgeruche wohl beurteilen kann, denn bei den Scheintoten stellen sich die eigentlichen Todeszeichen nicht ein. Darum sollen sie auch nicht eher beerdigt werden, als bis sie erkennbar völlig tot sind." (Gr. Ev., Bd. 8, Kap. 83, 1 ff.)

Der *Herr* selbst gibt also hier, wie wir sehen, für die Erdbestattung des Leibes nur einen zwanglosen *Rat,* ohne die anderen Bestattungsarten gänzlich zu verwerfen. Es ist daher ohne Zweifel falsch, aus der Erdbestattung einen Glaubenssatz oder ein kirchliches Dogma zu machen. Gegenüber dem ewigen Geschick und Leben von Geist und Seele ist die Art der Auflösung des Leibes doch immer nur von geringerer Bedeutung, und ohne Zweifel hat der Schöpfer auch im Falle anderer Auflösungsarten Mittel und Wege, die betreffenden Seelenelemente zu sammeln und zu reifen. Denn sonst wären ja alle die Menschen im ewigen Nachteil, deren Leib ohne ihren Willen durch Feuer, Unfall, Zerreißung oder Verzehrung durch wilde Tiere usf. aufgelöst wurde.

Das Wichtigste

Das Allerwichtigste aber ist, daß der Mensch schon zu Lebzeiten sein ganzes Fühlen, Denken und Streben von der vergänglichen Welt auf das ewig Unvergängliche und Himmlische richtet, so daß die ganze Seele bis in die tiefsten Schichten ihrer fleischlichen Elemente in der Todesstunde weiß, wohin sie zu halten hat, daß die ganze Fülle der unzählbaren Seelenfunken dem göttlichen Führergeiste folgt und nichts, was der Seele angehört, zurückbleibt bei der sterblichen, der Auflösung geweihten Hülle.

[1] Solche Schadensfolgen werden nicht selten bezüglich der Feuerbestattung in Kundgaben aus dem Jenseits von Seelen Verstorbener behauptet, deren Leichnam durch diese Bestattungsart aufgelöst wurde. Sie geben an, dadurch große Pein und Schmerzen erlitten zu haben. Ob diese Behauptung der Wahrheit entspricht, ist jedoch schwer zu entscheiden. Es kann auf alle Fälle dies nur bei welttümlichen Seelen zutreffen, die auch nach dem Tode noch sehr stark mit ihrem Leibe verbunden sind. Diese empfinden drüben ihren unseligen Geisteszustand als Pein und sind, um sich selbst zu entschuldigen, möglicherweise geneigt, dieses Ungemach der Verbrennung ihrer leiblichen Hülle zuzuschreiben.

68

Auferstehung

So rätselvoll wie das Geheimnis des Todes ist für viele Christen auch die Bedeutung der Auferstehung. Wohl weiß man aus der Heiligen Schrift, daß *Jesus* am dritten Tage nach dem leiblichen Tode als verklärter Geist aus dem Grabe wieder auferstanden ist, und daß auch der Mensch die Bestimmung hat aufzuerstehen. Aber wann und wie die Auferstehung des Menschen stattfindet und wer ihrer (im seligen Sinne) teilhaftig wird — darüber gehen die Meinungen sehr auseinander.

Die katholische Kirche lehrt:

Beim Tod des Menschen scheidet die Seele aus dem Leibe. Der Leib kommt ins Grab, wo er verwest. Die Seele kommt vor das Gericht Gottes, wo sie über alle Gedanken, Worte und Werke Rechenschaft geben muß. Dieses Gericht heißt das „besondere" oder „geheime" (im Gegensatz zum späteren „Allgemeinen Weltgericht").

Nach dem „besonderen" Gericht kommen die Seelen, welche von allen Sünden und (kirchlichen) Sündenstrafen frei sind, alsbald in den *Himmel,* dürfen dort Gott schauen, sind von allen Übeln frei und genießen unaussprechliche Freuden. — Seelen, welche noch läßliche Sünden oder zeitliche (Kirchen-)Strafen abzubüßen haben, kommen in das *Fegfeuer.* Denn viele Seelen sind beim Sterben zwar nicht in der Todsünde, aber auch nicht so rein, daß sie gleich in den Himmel eingehen könnten. Für sie muß es noch einen Ort geben, wo sie ihre Sünden vollends abbüßen können, bis sie des Himmels würdig sind. — Die Seelen aber, welche in der Todsünde aus dem irdischen Leben scheiden, d. h. die in einer wichtigen Sache ein Gebot Gottes oder der Kirche wissentlich und freiwillig übertreten haben und keine kirchliche Lossprechung besitzen, kommen in die *Hölle,* wo sie auf ewig von der Anschauung Gottes ausgeschlossen sind und unaussprechliche Qualen im ewigen Feuer leiden müssen.

Dies alles aber ist nach katholischer Lehre nur ein vorläufiges, besonderes Gericht. Ihm folgt zu einer im Weltplane Gottes bestimmten Zeit der *Jüngste Tag* und das *Weltgericht.*

Am Jüngsten Tag wird Gott den *Leib* des Menschen wieder auferwecken und für immer mit der Seele vereinigen. Die Leiber der Guten werden herrlich, die Leiber der Bösen aber häßlich sein. Und jetzt bekommt nicht nur die Seele, sondern auch der Leib seinen Teil am ewigen Leben, bzw. an der ewigen Strafe, „so wie er es verdient."

Nach dieser „Auferstehung des Fleisches" folgt dann am „Ende der Welt" für alle Menschen zugleich das „Weltgericht", auch das „Jüngste", „Letzte" oder „Allgemeine" Gericht genannt, welches Jesus Christus halten wird, damit Er, Christus, vor aller Welt verherrlicht würde und „die Gerechten die verdiente Ehre, die Gottlosen die verdiente Schmach empfangen."

Die protestantische Lehre

An diesen Anschauungen hat die Reformation wenig geändert. Luther hat in der Hauptsache nur insofern eine gewisse Änderung gebracht, als er mit der Beseitigung des Fegfeuers jede Möglichkeit der weiteren Seelenreinigung im Jenseits in Abrede stellte. Seine Jenseitslehre ist dadurch noch dürftiger als die katholische. In seinem Katechismus lesen wir über die „Auferstehung des Leibes" und das „ewige Leben" nur das Wenige:

„Das Werk der Heiligung wird vollendet am großen Tage der Auferstehung aller Toten. An diesem *Jüngsten Tag*, der allein Gott bekannt ist, wird Christus wiederkommen, sichtbar und in großer Kraft und Herrlichkeit zum allgemeinen Gericht. Mit seinen Heiligen, Auserwählten und Engeln wird Er richten die Lebendigen und die Toten nach ihren Werken und Worten, in welchen der Glaube und Unglaube sich offenbart."

Den Gläubigen wird in der Auferstehung ein neuer Leib zuteil. „Es wird gesäet ein natürlicher Leib und wird auferstehen ein geistlicher Leib." — In diesem geistlichen Leibe kommen die Seelen der Gläubigen zum Herrn ins ewige Leben. Sie werden Gott von Angesicht schauen, mit Engeln und Auserwählten im Himmel Gemeinschaft haben, von allen Übeln befreit und aller himmlischen Güte vollkommen teilhaftig sein. Doch wird es für diese „Kinder Gottes" je nach ihrer (irdischen) Treue einen besonderen Gnadenlohn und verschiedene Stufen der Herrlichkeit geben. — Die Gottlosen aber werden in die „ewige Pein" gehen, in das „ewige Feuer, das bereitet ist dem Teufel und seinen Engeln."

Der Grundgedanke der neuen Offenbarung

ist diesen katholischen und protestantischen Anschauungen gegenüber weniger abhängig vom Buchstaben etlicher Bibelstellen und geht dafür auf den lebendigmachenden Sinn und Geist der himmlischen Grundwahrheiten zurück.

Vor allem betonen die Neuoffenbarungsschriften, daß Gott, als die allervollkommenste Liebe und als ein endlos barmherziger Vater aller Menschen, Geister und Engel, nicht des Sünders Tod und ewige Verdammnis, sondern dessen geistige Vollendung und ewiges, seliges Leben will.

Es kann daher weder im Diesseits noch im Jenseits von einem Gerichte Gottes die Rede sein, in dem die einen, welche im kurzen Erdenleben gläubig waren, ein für allemal zum ewigen Leben gelangen und aller himmlischen Güter teilhaftig werden, die Ungläubigen dagegen für alle Ewigkeit in eine nie endende entsetzlichste Pein verdammt werden. Was müßte denn das für ein grauenhafter *Rache- und Strafgott* sein, der mit den von Ihm selbst geschaffenen, schwachen und unvollkommenen Wesen derartig verführe! — Er, der dem Menschen selber das Gebot gegeben hat, seine Feinde zu lieben, zu segnen, die ihm fluchen (Matth. 5, 44) und den Schuldigern „siebzigmal siebenmal" zu vergeben! (Matth. 18, 22)

Nein, nie und nimmer ist dies der Sinn und Geist unseres himmlischen Vaters, der jedem Menschen seine Veranlagung gegeben hat — dem einen eine schwierigere, dem andern eine leichtere — der aber sowohl den mit starken Seelenfunken der Widerordnung (Selbstherrlichkeit und Selbstsucht) veranlagten Sünder, das „Gefäß zur Unehre" (Röm. 9, 21), wie den mit stärkeren Seelenfunken der Ordnung

(Gottes- und Nächstenliebe) veranlagten Gerechten, das „Gefäß zur Ehre", durch Belehrung und väterliche Führung zum ewigen Leben in Gott leiten und zum Gotteskinde reifen will.

Zu *allen* Menschen ohne Unterschied hat Jesus die in Ewigkeit geltenden Worte gesprochen: „Ihr sollt vollkommen sein, wie euer himmlischer Vater vollkommen ist!" und: „So ihr den Menschen ihre Fehler vergebet, wird euch euer himmlischer Vater auch vergeben." — Und im Gr. Evangelium lesen wir:

„O ihr Narren! Gibt es wohl einen Vater von nur einiger Liebe zu seinen Kindern, der ein Kind, das gegen sein Gebot einen Fehler beging, auf lebenslänglich in einen Kerker stieße und es dazu noch züchtigen lassen möchte alle Tage, solange es lebte? Wenn aber das ein menschlicher Vater nicht tun wird, der im Grunde als Mensch doch schlecht ist, um wie viel weniger wird das der Vater im Himmel tun, der die ewige und reinste Liebe und Güte selbst ist!" (Gr. Ev., Bd. 6, Kap. 243, 9)

Von der „ewigen Verdammnis"

erhalten wir diesen himmlischen Grundwahrheiten zufolge in den Schriften der Neuoffenbarung daher ganz *andere Vorstellungen,* als solche in der Christenwelt durch buchstäbliche Auslegung einiger Schriftstellen nach der strafsüchtigen Art der blinden Menschenseele kirchliches Dogma geworden sind.

In dem Lorberwerke ‚*Robert Blum*' (Bd. 2, Kap. 226, 9 ff.) spricht ein jenseitiger Geist zum Herrn: „Eines geht mir noch ab zur vollen Ruhe meines Herzens, und das ist eine Aufhellung über den fast in allen christlichen Sekten vorkommenden Begriff einer sogenannten *ewigen Strafe.* Gibt es eine solche, oder gibt es keine? Denn so man für die irdischen Minuten rechtlichen Lebenswandels eine ewige Belohnung erhält, so kann man nicht leichtlich umhin anzunehmen, daß es füglicherweise auch für eine böse Zeit eine ewige Strafe geben müsse. Ich finde diese Annahme ganz logisch."

Der Herr erwidert: „Du schon, aber Ich nicht! Da Ich selbst das ewige Leben bin, so kann Ich doch nie ein Wesen für den ewigen Tod erschaffen haben! Eine sogenannte Strafe, wo sie auch immer vorkommen mag, kann daher stets nur ein Mittel zur Erreichung des einen Grund- und Hauptzweckes (nämlich der seligen Vollendung der Wesen), ewig nie aber eines gleichsam feindseligen Gegenzweckes sein!"

Spricht der Belehrte: „Ja, o Herr, das verstehe ich nun! Aber in der Schrift, und zwar in Worten aus Deinem allerheiligsten Munde selbst, steht nur zu deutlich geschrieben von einem ‚ewigen Feuer, das nimmerdar erlischt', von einem ‚Wurm, der nimmer stirbt!' Ja es steht geschrieben: ‚Weichet von Mir, ihr Verfluchten, in das ewige Feuer, das dem Teufel und seinen Dienern bereitet ist!' — O Herr, ich kenne eine Menge Texte, wo der Hölle und ihres ewigen Feuers sehr handgreiflich gedacht wird. So es nun aber keine ewige Strafe gibt — da sehe ich durchaus nicht ein, wie von einem ewigen Feuer, das nimmer erlischt, und von einem Wurme, der nimmer stirbt, in der Schrift die Rede sein kann."

Sagt der Herr: „Mein lieber Freund! Es steht wohl geschrieben von einem ewigen Tode, welcher da ist ein ewig festes Gericht, und dieses Gericht gehet hervor aus Meiner ewig unwandelbaren *Ordnung.* Diese ist das sogenannte Zorn- oder besser Eiferfeuer Meines Willens, der ganz natürlich für ewig unwandelbar verbleiben muß, ansonst es mit allem Geschaffenen auf einmal völlig aus wäre.

Wer sich nun von der Welt und ihrer Materie hinreißen läßt (die doch notwendig gerichtet sein und bleiben muß, ansonst sie keine ‚Welt' wäre), der ist freilich *so lange* als verloren und tot zu betrachten, als er sich von der gerichteten Materie nicht trennen will. Es muß also der Geschaffenen wegen wohl ein ewiges Gericht, ein ewiges Feuer und einen ewigen Tod geben. Aber darin liegt nicht die Folge, daß ein im Gericht gefangener Geist so lange gefangen verbleiben *muß*, als dieses Gericht an und für sich dauern kann — so wenig wie auf Erden, so du ein festestes Gefängnis erbaut hättest, die Gefangenen deshalb auf die ganze mögliche Dauer dieses Gefängnisses verurteilt werden sollen.

Ist denn nicht ‚Gefängnis' und ‚Gefangenschaft' für jedermann ersichtlich zweierlei? Das Gefängnis ist und bleibt freilich ewig und das Feuer Meines Eifers darf nimmer erlöschen; aber die Gefangenen bleiben nur so lange im Gefängnis, bis sie sich bekehrt und gebessert haben.

Übrigens steht in der ganzen Schrift auch nicht eine Silbe irgendwo von einer ewigen Verwerfung oder Verdammnis eines Geistes, sondern nur von einer ewigen Verdammnis der Nichtordnung gegenüber Meiner ewigen Ordnung. Das Laster als Unordnung oder Widerordnung ist wahrlich ewig verdammt, aber der Lasterhafte nur so lange, als er sich im Laster befindet!

So gibt es denn auch in aller Wahrheit eine ewige Hölle — aber keinen Geist, der seiner Laster wegen ewig zur Hölle verdammt wäre, sondern nur bis zu seiner Besserung! Ich habe wohl zu den Pharisäern gesagt: ‚Darum werdet ihr desto mehr (oder eine desto längere) Verdammnis überkommen!' — aber nie: ‚Darum werdet ihr auf ewig verdammt werden!' Verstehst du nun deine so gefährlich aussehenden Schrifttexte?" [1]

Jüngster Tag und allgemeines Weltgericht

Ebenso wenig wie eine ewig währende Verdammung und Höllenpein gibt es, diesen geistigen Gründen zufolge, aber auch ein „allgemeines Weltgericht" an einem „Jüngsten Tage".

Was hätte es für einen Sinn, alle Menschen, die je auf Erden gelebt haben (und vielleicht auch die der andern Gestirne) zu einem bestimmten Zeitpunkt vor die Person Jesu, des allgemeinen „Weltrichters", zur Aburteilung treten zu lassen? Stehen wir denn nicht *täglich,* ja in jedem Augenblick vor Gottes Angesicht? Haben wir nicht *ständig* in unserem Herzen die richtende Stimme und in unseren inneren und äußeren Verhältnissen das Gericht? (Vergl. Röm. 2, 6 ff.) Sind wir nicht schon in diesem Leben und nicht minder im jenseitigen zu jeder Stunde entweder in Gott und selig, oder fern von Gott und dadurch unselig?

Wohl ist von *Jesus* in verschiedenen Reden (besonders Matth. 11, 27 und Matth. 25, 31 ff.) gleichnisweise von einem „allgemeinen Gericht" gesprochen worden. Allein diese Stellen der Schrift beziehen sich — sofern sie überhaupt getreu überliefert sind — offensichtlich nicht auf ein jenseitiges allgemeines Gericht an einem „Jüngsten Tag", sondern auf die geistige Scheidung der Gottes- und der Weltmen-

[1] Rob. Blum, Bd. 2, Kap. 226, 9 ff.; Bd. 1, Kap. 24, 5 ff.; Gr. Ev., Bd. 6, Kap. 243, 6 ff.

schen bei der geistigen Wiederkunft des Herrn auf unserer Erde. Da wird es in der Tat einmal heißen für die liebetätigen Gottesmenschen: „Kommet her, ihr Gesegneten, ererbet das (Liebe-)Reich, das euch bereitet ist!" — und zu den selbstischen Weltmenschen: „Gehet hin, ihr Verblendeten, in das ewige Feuer der Gottesferne, das bereitet ist dem Teufel und seinen Engeln!"

Die auf Daniel 12, 2 ff. sich gründende Vorstellung der Pharisäer von einer allgemeinen Auferstehung an einem „Jüngsten Tag", hat der Herr selbst der Martha von Bethanien gegenüber berichtigt. Denn als diese zu Ihm sagte: „Ich weiß wohl, daß er (Lazarus) auferstehen wird in der Auferstehung am Jüngsten Tage!" — da entgegnete ihr Jesus: „*Ich* bin die Auferstehung und das Leben! Wer an Mich glaubt, der wird leben, ob er gleich stürbe! Und wer da lebt und glaubt an Mich, der wird nimmermehr sterben." (Joh. 11, 25 ff.)

Damit ist deutlich gesagt, daß es einer allgemeinen Auferstehung an einem Jüngsten Tag und einer Zusprechung oder Absprechung des ewigen Lebens an einem allgemeinen Weltgericht nicht bedarf, sondern daß einem jeden Menschen schon durch seinen Glauben (d. h. natürlich den allein gültigen, der „durch die Liebe tätig ist" Gal. 5, 6) die Auferstehung und das Leben in Jesu Christo gegeben ist im Diesseits wie im Jenseits.

Im ‚Großen Evangelium' werden vom Herrn die groben, welttümlichen Vorstellungen der jüdischen Jünger in dieser Hinsicht mehrfach richtiggestellt. So lesen wir:

„Daß Ich mit euch noch nie von einem allgemeinen Erweckungs- und Gerichtstag gesprochen habe, dessen werdet ihr euch alle wohl erinnern. Wohl aber von einem besonderen ‚Jüngsten Tag', der für einen jeden Menschen kommt, und das in dem Augenblick, in dem seine Seele die fleischlich-irdische Probehülle verlassen wird. Freilich wird diese Erweckung nicht jedem zum sofortigen ewigen Leben verhelfen, sondern auch umgekehrt zum ewigen Tode, wobei aber wohl zu bemerken ist, daß ihr das Wort ‚ewig' nicht als eine endlos fortdauernde Zeit betrachten dürft." (Gr. Ev., Bd. 10, Kap. 155, 1) — Der „Jüngste Tag" ist also für jeden Menschen der erste, den er, der groben irdischen Leibeshülle ledig, als „Seelengeist" in der geistigen Welt zubringt. [1] — In weiterem Sinn ist jeder neue Tag ein jüngster Tag und kann dem Herrn dienen zur Erweckung der Seele. [2]

Auferstehung des Fleisches

Nicht minder welttümlich als die landläufigen Begriffe vom Jüngsten Tag und allgemeinen Weltgericht sind auch die Vorstellungen von der Auferstehung des Leibes oder Fleisches.

Der Glaube an eine Auferstehung des „Leibes" oder des „Fleisches" wird vornehmlich auf ein Wort Hiobs (Kap. 19, 25 ff.) gestützt, welches *Luther* im Einklang mit der katholischen Überlieferung übersetzt: „Ich weiß, daß mein Erlöser lebt! Er wird mich hernach aus der Erde aufwecken. Und ich werde danach mit dieser meiner Haut umgeben werden und werde in meinem Fleische Gott sehen."

[1] Vergl. Gr. Ev., Bd. 1, Kap. 139, 9; Kap. 149, 2; Bd. 6, Kap. 54, 11; Bd. 7, Kap. 209, 12 ff.
[2] Gr. Ev., Bd. 2, Kap. 42, 1.

Diese berühmte Stelle des nach der neuzeitlichen Bibelforschung etwa ums Jahr 300 v. Chr. geschriebenen Lehrgedichtes, genannt Buch Hiob, ist freilich urtextlich sehr entstellt und lückenhaft und wurde von der katholischen Kirche und Luther völlig unrichtig, ja geradezu widersinnig übersetzt. Es ist darin in Wirklichkeit *nicht* von einem „Erlöser" im christlichen Sinn die Rede; sondern Hiob hofft auf einen nach seinem irdischen Tod über seinem Staub auftretenden „Anwalt" oder „Ehrenretter", der seinen Ruf als eines rechten Gottesmannes wiederherstellt. Und während seine, Hiobs Haut, d. h. sein irdischer, äußerer Mensch, von seinen irdischen Widersachern zerschlagen sei, werde er „ledig seines Fleisches" Gott schauen. [1]

Die Hiobstelle spricht also keineswegs für eine „Auferstehung des Fleisches" und ein Schauen Gottes „im Fleische", sondern im Gegenteile: *„ledig* seines Fleisches" hofft Hiob als ein Gerechtfertigter Gott zu schauen.

Was frommte es denn auch der Seele, mit ihrem schweren Fleischesleib im Jenseits wieder beladen zu werden? Und welchen Leib sollte sie wiederhaben — den Jünglings-, Mannes- oder Greisenleib? Die diesbezüglichen grobstofflichen Vorstellungen einiger Jünger zerstreut der Herr im ‚Großen Evangelium' mit den Worten:

„Es ist selbstverständlich, daß der irdische Leib, so er einmal entseelt worden ist, nimmerdar auferstehen und in allen seinen Teilen wieder belebt werden wird. Denn wenn solches der Fall wäre, so müßten an dem gewissen ‚Jüngsten Tage' auch alle durch das ganze, manchmal recht lange zeitliche Leben von dem Leibe abgelegten Teile, wie die Haare, die Nägel, die verlorenen Zähne und alle durch das Waschen weggeschafften groben Hautteile, wie auch die in manchen bitteren Fällen vergossenen Blutstropfen, Schweißtropfen und noch so mancherlei, was der Leib mit der Zeit ablegte, miterweckt und belebt werden. Nun stellet euch solch eine am Jüngsten Tage wiederbelebte Menschengestalt vor — welch ein lächerliches Aussehen müßte sie haben!

Dazu wäre das auch noch eine Sache, die sich mit der ewigen Ordnung Gottes nie vertragen könnte, indem Gott selbst ein reinster Geist ist und am Ende auch die Menschen ausschließlich nur die Bestimmung haben, zu gottähnlichen, reinen Geistern für ewig zu werden. Wozu sollen ihnen dann die Leiber dienen? Ja, die Menschen werden auch dort mit Leibern angetan sein, aber nicht mit diesen irdisch-grobmateriellen, sondern mit ganz neuen geistigen, die da hervorgehen werden aus ihren diesirdischen guten Werken nach Meiner euch nun gegebenen Lehre." [2]

[1] Vergl. das große Musterwerk der Übersetzung: „Die Heilige Schrift des Alten Testaments" von E. Kautzsch (S. 353), wo die Stelle in wörtlicher Wiedergabe lautet: „Ich aber weiß, mein Anwalt lebt, und als letzter wird er auf dem Staube sich erheben. Und nachdem meine Haut sie haben abgeschlagen, werde ich, ledig meines Fleisches, Gott schauen." —

[2] Gr. Ev., Bd. 6, Kap. 54, 4—9; Bd. 5, Kap. 238, 1 ff.; Bd. 10, Kap. 9, 15; Bd. 7, Kap. 209, 12 ff.; Bd. 1, Kap. 165, 9.

Vergeistigung des Fleisches

Wie die „Auferstehung des Leibes" (oder „Fleisches") demnach in Wahrheit zu verstehen ist, enthüllen uns die Neuoffenbarungsschriften durch ihre Lehren vom Wesen und Bau alles Stofflichen, im besonderen auch des menschlichen Leibes.

Alles Stoffliche (alle Materie) ist im Grunde Geistiges, das seines widergöttlichen Willens wegen sich im Gerichte der Ohnmacht und im Banne der Erstarrung befindet. Auch für unseres Leibes stoffliche Atome gilt dies. Auch diese sind, wie die Materie aller Weltkörper, in einer harten Erfahrungsschule, in welcher sie es lernen sollen, die alte satanische Selbstherrlichkeit und Eigenliebe aufzugeben und dafür die Gottes- und Nächstenliebe sich anzueignen.

Damit sie endlich freiwillig von der Widerordnung zur Ordnung Gottes umkehren, werden auch die Atome unseres Leibes, während sie in ihrer materiellen Seinsform als Bausteine des Leibes dienen, vom Geist und den schon zum Guten umgestimmten Seelenfunken ständig beeinflußt. Ganz besonders in der beschwerlichen Zeit des Alters und in der Todesstunde (aber auch noch im Grabe, in der Zeit der Verwesung und Auflösung) geschieht diese geistige Bearbeitung der stofflichen Elemente des Leibes. Mit dem Feuer himmlischen Liebeeifers sucht der Geist möglichst viele dieser hartnäckigen Bestandteile umzustimmen, ja womöglich alle für sich zu gewinnen und der geläuterten Seele zuzuführen. Denn dadurch „komplettiert" (vervollständigt) sich die Seele immer mehr und bildet einen immer herrlicheren, ätherischen Seelenleib des Geistes.

In ‚Erde und Mond' wird über dieses Geheimnis gesagt:

„Auch der menschliche Leib besteht aus puren Seelenpartikeln (d. h. aus gefallenen Geist- oder Urlebensfunken). Aber jene, die den Leib ausmachen, sind noch grob, arg und unlauter. Daher müssen sie zuvor wieder in die Erde kommen, dort verwesen und von da erst aus der Verwesung aufsteigen, um sich zur Komplettierung desjenigen Wesens, dem sie einst leiblich angehörten, anzuschicken, was gewöhnlich in der dritten oder obersten Erdluftsphäre vor sich geht. Dadurch erst wird ein jeder reine Geist vollkommen — wenn er all das Seinige wieder in sich aufgenommen hat, welches Aufnehmen die sogenannte ‚*Auferstehung des Fleisches*' ist." [1]

Friedhofseelen

Um auch die letzten ins Geistige umzuwandelnden Elemente aus dem Leibe an sich zu ziehen, ist es nicht erforderlich, daß sich Geist und Seele räumlich in unmittelbarer Nähe des sich auflösenden Leibes aufhalten. Der Geist, als ein mit göttlicher Macht ausgestattetes Wesen, vermag die vergeistigten Teile des Leibes, die wieder den Anschluß an den Geist und die Seele gewinnen wollen, auch aus weitester räumlicher Zerstreuung und Entfernung an sich zu ziehen.

Stark materielle Seelen wissen das freilich nicht. Und so lesen wir in dem Lorberwerk ‚Himmelsgaben' von den sogenannten „Friedhofseelen":

[1] Erde und Mond, Kap. 40, Kap. 28; Gr. Ev., Bd. 2, Kap. 210, 16; Bd. 8, Kap. 24, 13. Die vergeistigten Teile des Leibes (Seelenätherteile) bilden im Jenseits den Umriß der äußeren Form und die Bekleidung des ätherischen Seelenleibes: Gr. Ev., Bd. 10, Kap. 9, 15.

„Seelen, deren Herz sehr stark an der Welt gehangen ist, hängen nach dem Hinscheiden noch lange an der materiellen Erde und namentlich gerne an dem Ort, wo ihr Leib verwest. Manche verweilen so lange in den Friedhöfen über den Gräbern ihrer Leiber, bis nicht ein Atom mehr von ihrem Leibe durch den Akt der Verwesung übrigbleibt. Da die Seele nach dem Tode immerwährend mit ihrem freien Geiste vereint bleibt, dessen vollkommenen Leib sie eigentlich selbst ausmacht, so wird auch in Hinsicht der ewig zu achtenden Freiheit des Willens diesen Wesen durchaus kein Zwang angetan. Sie werden von Zeit zu Zeit belehrt, können aber im übrigen tun, was sie wollen, gerade so, als wenn sie noch leiblich auf der Welt lebten.

Der Hauptgrund, daß sich die Seelen dort in den Friedhöfen aufhalten, ist wohl die *falsche* Lehre von der Auferstehung des Fleisches. Die Seelen werden zwar allezeit belehrt, daß der verstorbene Körperleib sie gar nichts mehr angeht. Dessenungeachtet wünschen doch viele dieser Seelen in den ‚Himmel' zu kommen. Diese werden dann von ihren Lehrern (Schutzgeistern) hinweggeführt und über das Wesen des Himmels unterrichtet. Ihnen wird gezeigt, daß der wahre Himmel aus ihnen selbst hervorgehen muß und sie durchaus nicht in den Himmel kommen können, sondern nur der Himmel in sie durch das lebendig ernstliche Wollen, stets mehr Gutes zu tun und darum auch stets geringer zu werden, um desto mehrfältig Gelegenheit zu bekommen, jedermann dienen zu können." (Himmelsgaben Bd. I, S. 362.)

Verklärung und Verwandlung

Die geschilderte Vergeistigung des Leibes findet je nach der Geistesstärke des Menschen mehr oder weniger schon während des irdischen Lebens statt und vollendet sich dementsprechend mehr oder weniger rasch nach dem leiblichen Tode.

Bei *Jesus* selbst erfolgte sie restlos bis zum Morgen des dritten Tages, wo Magdalena mit der geistigen Sehe den Herrn im auferstandenen *Seelenleibe* vor der Pforte des Grabes schauen durfte. Im Grabe selbst waren nur noch die Binden und Tücher zu sehen, vom Leibe aber war keine Spur mehr da. Alles Stoffliche hatte der urgöttliche Geist und die vergöttlichte Seele vergeistigt und aufgelöst in das für das Fleischesauge unsichtbare, nur der geistigen Sehe erkennbare Seelische des Herrn.

Eine ähnliche alsbaldige „Verklärung des Leibes" haben aber auch schon manche wahrhaft fromme und selbstlose Menschen bald nach dem Leibestode erlebt, wenn sie, wie Jesus, schon im irdischen Dasein alles Selbstische abgelegt und ganz Liebe und Demut geworden waren. „Dadurch wird", sagt der Herr im ‚Großen Evangelium', „auch der edlere Teil des Leibes mitgeheiligt, und nahezu alles Fleisch erreicht mit der Seele und dem mit ihr vereinigten Geiste eine Art Verklärung und Auferstehung und bildet dann für ewig ein mit Seele und Geist völlig vereintes Wesen. Allein, das erreichen auf Erden nur höchst wenige, aber kurz nach dem Leibestode recht viele." (Gr. Ev., Bd. 5, Kap. 184, 8; Bd. 4, Kap. 83, 9 ff.)

Wunder in den Gräbern

In ‚Bischof Martin' (Kap. 188, 10 ff.) lesen wir über dieses „Lebensgeheimnis der Gräber":

„*Der Herr:* „Dies merket euch: Wessen Liebe zu Mir wahrhaft über alles stark, rein und mächtig ist, der wird auch schon im Leibe verwandelt durch die heftige Liebe zu Mir so, daß sein Fleisch vom Feuer seines Geistes alsbald zersetzt, geläutert und in das eigene Leben und Wesen des Geistes aufgenommen wird ...

Die Erde hat solche Verwandlungsbeispiele genug aufzuweisen, sowohl in der alten wie in der neuen Zeit. Aber einer solchen Wirkung muß auch die dazu erforderliche Ursache vorangehen. Bei zu wenig Wärme zerschmilzt nicht einmal das Wachs, geschweige das Erz! Verstehst du dies?'

Bischof Martin: ‚Ja, Vater, das verstehe ich wohl. Denn ich selbst bin ein solches Wachs oder Erz und habe viel zu wenig Wärme in mir, um das Wachs damit auch nur um ein geringes zu erweichen, geschweige das harte Erz in meiner Materie zu zerschmelzen. Und so werden wohl eine Menge Brüder die Erde bewohnen, deren Materie nicht nur Erz, sondern Diamant ist! Wir alle werden darum wohl schwer so, wie Du sagst, verwandelt werden können!'

Der Herr: ‚Du weißt, daß Mir gar vieles möglich ist, was dir unmöglich erscheint! Ich sage dir, auch in den Gräbern geschehen Wunder, die von den Fleischesaugen der Erdenmenschen nicht gesehen und beobachtet werden!' "

Einige Fälle, in welchen die geistige Auflösung des Leibes sofort beim Leibestode stattfand, nennt die Heilige Schrift. So bei Henoch (1. Mose 5, 24) und Elia (2. Kön. 2, 11 ff.) Man spricht hier von „Verwandlung". Auch in den Neuoffenbarungswerken werden solche besondere Gnadenakte erwähnt. (Vergl. Gr. Ev., Bd. 3, Kap. 110, 5; Bd. 8, Kap. 10, 4; Bd. 9, Kap. 174, 11; Haush. Gottes, Bd. 2, Kap. 5, 34; Kap. 280, 35.)

Alles in Gottes Scheunen

Im allgemeinen geht aber die volle Vergeistigung des Leibes beim gewöhnlichen Sterblichen bedeutend langsamer vonstatten. Braucht es doch nicht selten nach irdischer Rechnung lange Jahre, Jahrzehnte, ja Jahrhunderte, bis nur erst die Seele bekehrt und für die himmlische Liebe gewonnen wird. Wie schwer mag es da mit der Verklärung der Leibeselemente gehen! Je mehr wir in dieser Hinsicht im zeitlichen Leben erreichen, desto leichter, rascher und seliger ist der Fortschritt und unsere Vollendung im Jenseits.

Darum möge es unser aller irdisches *Lebensziel* sein: durch ein vollkommenes Eingehen in die Ordnung Gottes nicht nur unsere Seele, sondern auch möglichst viele Bestandteile des Leibes schon im zeitlichen Dasein zu vergeistigen, dem Schoße der Materie nichts zu überlassen und alles in die Scheunen Gottes einzubringen.

XI

Was erwartet uns drüben?

69

Die Seele in der geistigen Welt

„Siehe, wenn Gott die Menschen nur für diese Erde erschaffen hätte, dann wäre es wohl eine sonderbare Liebhaberei von seiner Seite, in einem fort zu schaffen und das Geschehene wieder zu zerstören. Aber weil Gott die Menschen für ein höheres und *ewiges* Leben erschaffen hat und sie nur so lange auf dieser Erde läßt, bis sie die nötige Willensfreiheitsprobe oder mindestens den Durchgang durchs Fleisch gemacht haben, so ist das eine wahre und lebendige ‚Liebhaberei' Gottes zu seinen Menschen, daß Er sie auf dieser ‚Jammerwelt' nur so lange im Fleisch erhält, als es für sie höchst nötig ist. — Verläßt der Mensch diese Erde, so wird er jenseits in andere Schulhäuser geführt, die geeignet sind, ihn zur wahren Lebensvollendung gelangen zu lassen." (Gr. Ev., Bd. 7, Kap. 217, 2)

Diese lichtvollen Worte des Herrn im ‚Großen Evangelium' geben uns einen beglückenden Ausblick in das, was die ihres schweren Erdenleibes entledigte Seele des Menschen drüben in der geistigen Welt erwartet.

Es sind neue, höhere Wege der Vollendung in Gottes „Schulhäusern", denen die Seele an ihrem „jüngsten Tage", d. h. beim Übertritt in das geistige Reich entgegengeführt wird.

Immer höher hinan zum geistigen Hochziel

„Des Menschen Seelenleben nach dem Abfall des Leibes ist ein fortwährend sich steigerndes, da die Vollendung unmöglich das Werk eines Augenblicks sein kann. Und das aus dem Grunde, weil die Seele (gleich ihrem früheren materiellen Leibe) ein räumlich wie auch zeitlich begrenztes und in die Menschenform gewisserart eingezwängtes Wesen ist und deshalb das Unendliche und das Ewige, sowohl dem Raume und der Zeit, wie auch der unbegrenzten Macht des Gottesgeistes nach, nur nach und nach in sich aufnehmen und fassen kann.

Es kommt nun auf den Standpunkt der inneren Gesittung an, in dem eine Seele ihren Leib verläßt. Ist dieser den göttlichen Gesetzen gemäß, so wird der jenseitige Zustand der Seele sogleich ein solcher sein, von dem aus sie sich sofort auf eine höhere Vollendungsstufe des freien Lebens setzen und immer weiter auf eine höhere Stufe fortschreiten kann.

Hat aber eine Seele entweder aus Mangel an Erziehung oder im schlimmeren Falle aus Mangel an gutem Willen den Leib verlassen müssen, ohne sich im Leibesleben nur ein wenig zum Wahren und Besseren gekehrt zu haben, dann ist es begreiflich, daß eine solche ganz verkümmerte Seele jenseits zunächst in einen sicher nicht beneidenswerten Zustand gestellt werden muß, in dem sie nach der Liebe und Weisheit Gottes von ihrer tierischen Rohheit gereinigt und geheilt wird und mit der Weile sich zu einer höheren Lebensstufe erheben mag." (Gr. Ev., Bd. Bd. 5, Kap. 225, 8 ff.)

Abholung und Führung durch Schutzgeister

Eine Reihe sehr denkwürdige Übertritte in die geistige Welt wird von diesem Gesichtspunkte aus in der Schrift ‚Jenseits der Schwelle' geschildert. Wir erfahren dort das erschütternde Erleben verschiedener Menschentypen (eines Weltmannes, Gelehrten, Stutzers, Papstes, armen Mannes, einer Tänzerin usf.), das diese Seelen unmittelbar nach dem Verlassen ihrer Körperhülle in der sogenannten Ewigkeit ereilt. Umfassender noch sind diese Geschicke in den großen Jenseitswerken ‚Bischof Martin' und ‚Robert Blum' geschildert. Und auch in den übrigen Lorberwerken finden sich verschiedene derartige Berichte.

Danach sendet der himmlische Vater — wenn Er bei besonders hochgereiften oder Ihn besonders heiß verlangenden Seelen nicht selbst in seiner Jesusgestalt erscheint — einer jeden, vom irdischen Leben abscheidenden Seele einen Schutz- oder Führergeist oder zumeist deren mehrere. Deren hohe Aufgabe ist es, die Seele, ebenso wie dies schon im irdischen Leben der Fall war, nunmehr auf den Wegen der geistigen Welt zu belehren, zu behüten und dem Ziele der geistigen Neu- oder Wiedergeburt entgegenzuführen. [1]

„Ich sage dir, auch im Jenseits wird den Seelen das Evangelium von Meinen zahllos vielen *Engeln* verkündet. Die es anhören, annehmen und sich danach richten, werden auch zur Seligkeit gelangen; doch so leicht und so bald nicht wie auf dieser Erde, auf welcher der Mensch viele und oft recht schwere Kämpfe mit der Welt, mit seinem Fleische und mit vielen anderen Dingen — wenn auch kurz dauernd — in aller möglichen Geduld, Selbstverleugnung, Sanft- und Demut durchzukämpfen hat. Darum sei dir um niemand im großen Jenseits allzu bange! Denn Gottes Liebe und Weisheit und große Erbarmung waltet überall, auch dort!" [2]

Grundnorm: Wahrung der geistigen Freiheit

Die den geistigen Dienern Gottes, den Schutzgeistern und Engeln obliegende Führung der Seelen im Jenseits muß, wie auch schon im irdischen Leben, um der Freiheit des Menschen willen eine höchst behutsame und verborgene sein. Denn da die Menschenseelen aus geschöpflicher Gebundenheit und Unvollkommenheit zur höchsten Selbständigkeit und Selbsttätigkeit im Göttlich-Guten erzogen werden sollen, so ist klar, daß kein aufdringlicher Zwang stattfinden darf, sondern nur ein fast unbemerkbares Aufklären und Leiten im „sanften Säuseln" des Geistes.

[1] Gr. Ev., Bd. 4, Kap. 92, 1; Kap. 135, 3; Kap. 128, 8 ff.; Bischof Martin, Kap. 12; Rob Blum, Bd. 1, Kap. 12; Erde und Mond, Kap. 58.
[2] Gr. Ev., Bd. 10, Kap. 2, 5 ff. Bd. 5, Kap. 225, 8 ff.

Im ‚Großen Evangelium' beleuchtet dies der *Herr* einem römischen Hauptmann, der ein rascheres Lichtmachen in den Seelen wünscht, mit den Worten:

„Ich, der es wohl am besten weiß, wie der Mensch beschaffen sein muß, um ein Mensch und kein Menschtier zu sein, sage dir, daß der Mensch nur dem *Leibe* nach eine Maschine ist, bei welcher der Meister im Falle eines Schadens leicht durch seinen allmächtigen Willen helfen kann, ohne dadurch der Erkenntnis-, Glaubens- und Willensfreiheit des Menschen im geringsten schädlich zu werden. So Ich es aber auch mit jemandes *Seele und Geist* also täte, wäre deren eigene Lebenskraft (die da besteht in ihrer freien Liebe, in dem ebenso freien Denken, Forschen und Erkennen, im Glauben und im freien Wollen) so gut wie gebrochen und zerstört und mit ihr auch alle individuelle Selbständigkeit. Was hätte dann eine solche Seele, was am Ende Ich selbst davon?

Die Seele des Menschen muß daher durch einen guten Unterricht und dann durch ihr eigenes Forschen, Prüfen, Erkennen, Glauben und Wollen ins innere, lebendige Licht ihres aus Gott ihr innewohnenden Geistes gelangen. Dann ist ihr für ewig wahrhaft geholfen. Jede andere, gewaltsame Art, ihr nach deiner Idee zu helfen, würde nur zerstörend und nie heilend auf ihre Lebenselemente einwirken." (Gr. Ev., Bd. 8, Kap. 126, 5 ff.)

„Wie schwer und mühsam oft eine weltliebige und zur Trägheit geneigte Seele das reine Gute und Wahre begreift und sich danach zu handeln entschließt, das kannst du an deinen eigenen Kindern merken. Und so geht es auch einer (im irdischen Dasein) verwahrlosten Seele im großen Jenseits zunächst noch um vieles schlimmer, weil sie sich im Leibesleben in allerlei Irrtümern und daraus im Falschen und Bösen begründet hat. Eine solche Begründung ist gleich wie eine Erhärtung der Liebe und des Willens der Seele, welche beide das Leben und individuelle Sein des Menschen ausmachen. Wenn Ich da einer solchen Seele ihre Liebe und ihren Willen auf einmal hinwegnähme, so wäre dadurch auch die ganze Seele hinweggeschafft.

Es muß daher mit solchen Seelen gar behutsam zu Werke gegangen werden, um sie nach und nach auf den rechten Weg zu bringen. Dazu gehört aber eine allerhöchste göttliche Liebe, Weisheit und Geduld. Denn man muß eine solche Seele, stets nur wie von außen auf sie einwirkend, durch ihr Wollen, Trachten und Handeln in solche Zustände kommen lassen, in denen sie *aus sich* inne wird, daß sie sich in großen Irrtümern befindet. Fängt eine Seele an, dieselben an sich wahrzunehmen, dann wird in ihr auch schon der Wunsch rege, den Grund zu erfahren, aus dem sie sozusagen auf kein ‚grünes Gras', sondern nur auf düstere und fruchtlosere Wüsteneien gelangt.

In solch einem Zustand ist es dann erst an der Zeit, einer solchen Seele einen ihr wie ganz ebenbürtig aussehenden weisen Geist entgegenkommen zu lassen, der sich dann mit ihr über dies und jenes besprechen kann. Dadurch wird es in solch einer verirrten Seele auch schon lichter und sie erkennt, wie völlig aus sich selbst, daß sie sich in großen Irrtümern befindet und sich nach dem wahren Lichte stets mehr zu sehnen anfängt. Ist es soweit, dann kommt eine ehedem noch so im Finstern wandelnde Seele bald und leicht zum wahren Lebenslichte. Aber eine nach deiner Meinung urplötzliche Umwandlung der Seele wäre soviel wie ihre völlige Vernichtung." (Gr. Ev., Bd. 8, Kap. 129, 6 ff.)

Sehr wesentlich ist nun bei dieser jenseitigen Seelenschulung, daß allen in unvollendetem Zustande abgeschiedenen Seelen — und dies ist bei weitem die größte Zahl — bei Ihrem Übertritt in das geistige Reich das *Organ* für das Erkennen der neuen, sie umgebenden Welt zunächst noch mehr oder weniger mangelt. Diese unvollendeten Seelen sind daher drüben zunächst in einer seltsamen, gleichsam von der Außenwelt abgeschlossenen, auf sich selbst angewiesenen Lage. Die *äußeren* Sinne der Wahrnehmung: Auge, Ohr, Geruch, Tastsinn usf. sind solchen Seelen mit Wegfall des Leibes abhanden gekommen, und es gibt daher für sie kein leibliches Sehen, Hören, Riechen, Tasten mehr. In dieser Hinsicht geht es ihnen wie einem plötzlich völlig erblindeten und ertaubten Menschen. Andererseits hat aber eine unreife, noch weltlich gerichtete Seele auch noch keine rechte Verbindung mit ihrem *geistigen* Wahrnehmungsorgan, dem in ihr wohnenden göttlichen Geist (oder „Geistfunken"), der dazu bestimmt ist, ihr als ein Mittler des ewigen Gottes-All-Lebens im unendlichen Schöpfungsraume zu dienen.

So ist denn eine unvollendete, welttümliche Seele im großen Jenseits zunächst ganz auf sich selbst gestellt und in ihrem inneren Denken, Schauen, Fühlen und Wollen auf das angewiesen, was sie sich im irdischen Leben erworben und in ihrem seelischen Gehirn oder Gedächtnisarchiv, dem sogenannten *Unterbewußtsein*, aufgespeichert hat.

In dem Büchlein „Unsterblichkeit und Wiedersehn" wird über diesen bedeutsamen Umstand gesagt:

„Wer im irdischen Leben nicht wenigstens zur Hälfte im Geiste wiedergeboren wird, kommt im Jenseits stets mehr oder weniger in obbezeichneten Zustand und kann sich selber darin ebensowenig helfen wie ein Embryo im Mutterleibe ... Wie kommt das aber? Wenn ein Mensch auf dieser irdischen Welt nur sehr wenig oder auch gar nichts zur Belebung und Bildung dessen getan hat, was seine Seele in ihrem Herzen verborgen trägt, sondern alles nur auf den äußeren Verstand verwendete, um sich weltliche Schätze aller Art zu verschaffen und durch sie die feinsten Genüsse und Lustreize sich zu bereiten — so ist, wenn dann solch eines Menschen Seele jenseits ankommt, ihre göttliche *Lichtkammer* sehr verdunkelt und verschlossen. Das irdische Verstandeslicht aber — das eigentlich bloß eine Vereinigung der äußeren, materiellen Lichtbilder ist, die an den vielen Millionen Flächen der Gehirntäfelchen haften — bleibt wie die Bildergalerie eines aus dem Leben scheidenden Bilderliebhabers in der Welt zurück.

Die Folge davon ist, daß solch eine Seele dann völlig finster in der Geisterwelt anlangt und nichts behält als das Bewußtsein oder den Ausdruck des Lebens, dagegen die Erinnerung an ihre irdischen Zustände und Verhältnisse nur insoweit, als solche in der dem leiblichen Gehirn entsprechenden Gehirnkammer der Seele in entsprechenden Eindrücken aufgezeichnet sind." [1]

[1] ‚Unsterblichkeit und Wiedersehen', S. 21 ff.; Gr. Ev., Bd. 1, Kap. 58, 6; Bd. 6, Kap. 71, 2 ff.
Daß böse und finstere Seelen infolge dieser wohlbegreiflichen Umstände im Jenseits von der materiellen Welt grundsätzlich nichts sehen und daher auch im allgemeinen nicht darauf einwirken können, hat überdies auch noch seinen sehr praktischen Grund und Zweck. „Es wäre das", spricht der Herr im ‚Großen Evangelium', „auch nicht gut, weil

In ahnungsvoller Erkenntnis dieses Zustandes unreif abgeschiedener Seelen spricht der Volksmund vom „Schlafen" der Toten. Und das Alte Testament kennt das Totenreich nur als ein „Reich der Schatten und Finsternis", wo die Gerechten „ruhen in ihren Kammern".

An diesen Vorstellungen ist, wie wir sehen, so viel wahr, daß die geistig unvollendeten Seelen tatsächlich wie Blinde in das für sie ganz neue Reich des geistigen Seins gelangen und hier in ihrer selbstgeschaffenen Lage zunächst nur ein in ihrer Phantasie bestehendes geistiges Innenleben führen, das im Wesen völlig gleich ist dem irdischen, im Schlafe gepflegten *Traumleben.*

Über die bei diesem geistigen Innenleben zur Geltung kommende, allen Menschen und Geistern verliehene Gestaltungskraft der *Phantasie* erklärt der Herr im Großen Evangelium:

„Dieser Mein *Leib,* der so wie der eurige aus Fleisch und Blut besteht und eigentlich dasjenige an Mir ist, was man den *Sohn Gottes* nennt, ist freilich bei euch nun hier und zu gleicher Zeit nirgends anderswo. Aber die von Mir ausgehende Kraft des *Gottesgeistes* erfüllt die ganze Unendlichkeit und wirkt nach dem Grundwillen in Mir, und zwar in dem Augenblick, in dem von Mir das ‚Werde' ausgesprochen wird (was Ich freilich nicht laut auszusprechen vonnöten habe, sondern nur in Meinem Innersten). Und so ist alles, was du siehst, im Grunde des Grundes nichts anderes als Mein fester und unwandelbarer *Wille.*

Diese Eigenschaft haben auch alle reineren Geister, ganz besonders Meine Engel, die Mir stets zu dienen in vollster Bereitschaft stehen, in einem vollkommeneren Grade als die minderen und noch weniger entwickelten Geister. Dieses kannst du freilich noch nicht vollkommen verstehen, weil die Welt deine Seele noch gefangenhält. Wenn aber deine Seele frei wird durch Meinen Geist in ihr, so wird diese dir nun sichtbare Welt für dich vergehen. Du wirst sie zwar allezeit noch schauen können, so du das wollen wirst, aber ihre für dich jetzt allenthalben harte Materie und die in ihr wohnenden Kräfte werden dir nach keiner Seite hin den geringsten Widerstand mehr bieten können. Du aber wirst dir aus deinem Inneren *selbst eine Welt erschaffen* können, die für dich, solange dein Wille sie wird halten wollen, eine ebenso vollkommene Wohnunterlage bilden wird, wie da nun diese Meine Erde für deinen Leib eine Wohn- und Tätigkeitsunterlage bildet." [1]

sie in ihrer großen Schadenfreude und Rachgier der Erde und allen Geschöpfen großen Schaden zufügen würden. Sie halten sich zwar in den Niederungen dieser Erde auf, auch in manchen Höhlen und Löchern der Erde; aber sie sehen dennoch den von ihnen besessenen Ort nicht, sondern nur das haltlose und lockere Gebilde ihrer Phantasie. Nur zuweilen wird es einem oder dem andern gestattet, des materiellen Ortes, den ein solcher Abgeschiedener bewohnt, innezuwerden. In solch einem Zustande weiß er dann auch, was irgendein Mensch auf der Erde tut, wie es ihm geht und noch so manches andere, aber alles nur auf einige Augenblicke lang. Dann kehrt er wieder in seinen nichtigen Phantasieort zurück." (Gr. Ev., Bd. 8, Kap. 83, 8)

[1] Gr. Ev., Bd. 10, Kap. 195, 3 ff.

„Ein kleines Bild davon kann Ich dir zeigen: Du hast z. B. in der Nacht einen recht lebhaften *Traum*. Du bist in diesem Traum bei vollkommenem Bewußtsein und wirst dabei stets inne, daß nur du es bist, der da träumt, und kein anderer an deiner Statt. Du hattest aber noch nie einen Traum, in dem du nicht irgendeine Gegend, in der du dich befunden hast, gesehen hättest, wie auch Menschen, mit denen du oft Zwiesprache führtest, und das stets nach deiner Erkenntnis und Denkweise. Wo ist denn aber diese Gegend, in der du dich im Traume befunden hast, und wo und wer waren denn die Menschen, mit denen du gesprochen oder sonst etwas zu tun hattest? Siehe, nirgends anders als *in dir selbst!*

Wenn sich deine Seele im Leibesschlaf auf kurze Zeit zum größten Teil von den Leibesbanden frei fühlt, kann sie nicht umhin, das *in* ihr Zugrundeliegende in der Form, wie es in ihr liegt, auch wie *außer* sich zu erblicken. Sei es dann, was es wolle, so sieht es die Seele in der vollen Wirklichkeit vor sich und ist dann ebenso in ‚ihrer Gegend' zu Hause wie im wachen Zustande auf dieser Erde.

Daß sie aber auch mit Menschen im Traume zusammenkommen kann, und zwar teilweise mit noch lebenden und teilweise mit solchen, die schon verstorben sind, hat darin seinen Grund: Eines jeden Menschen Seele faßt (durch ihren göttlichen, allwissenden Geist) gleichsam im kleinsten Maßstab alle Menschen, die je auf der Erde gelebt haben, jetzt leben und noch leben werden, und so auch die ganze Geisterwelt abbildlich in sich, so wie ein Spiegel die äußeren Bilder in sich aufnimmt, ohne daß diese Bilder Wirklichkeiten sind. Freilich ist das nur ein sehr matter Vergleich, weil der Spiegel an und für sich tot ist und daher nur die toten Formen der ihm gegenüberstehenden Dinge wiedergeben kann. Die Seele ist aber ein lebendiger Spiegel des Geistes, daher kann sie die in ihr haftenden Bilder beleben und mit ihnen so umgehen und handeln, als wären sie volle Wirklichkeit. Sie hat dabei den unberechenbaren Vorteil, daß sie sich durch diese in ihr belebten Bilder auch mit leichtester Mühe mit den wirklichen Bildern (den Abgebildeten) in Verkehr setzen kann.

Solange die Seele in der irdischen Welt noch lebt, bleibt in ihr dieses Vermögen zwar noch unvollkommen, und sie weiß am Ende selbst nicht, was sie damit machen soll. Ist sie aber einmal von dieser Welt gänzlich befreit, so wird sie in immer höherem Grade innewerden, was sie mit diesem Vermögen zu tun hat. Sie gleicht einem jungen Erben, der von seinem Vater viele Güter übernommen hat und im Anfang auch nicht weiß, wie die Güter aussehen und wozu er sie verwenden soll; aber mit der Zeit wird er alle seine Güter kennenlernen und auch zur Erkenntnis gelangen, wozu sie zu verwenden sind und was er zu tun hat, um sie alle sich zunutze zu machen. Und ebenso wird es einer jeden nur einigermaßen ausgebildeteren Seele ergehen, daß sie nach und nach stets mehr inne wird, was in ihr zugrunde liegt und wie sie die in ihr zugrundeliegende geistige Fähigkeit zu verwenden hat." [1]

[1] Gr. Ev., Bd. 10, Kap. 195, 6 ff., Bd. 7, Kap. 66, 11 ff. Über die geistige Gestaltungskraft siehe ferner Gr. Ev., Bd. 9, Kap. 170, 7 ff.; Geistige Sonne, Bd. 2, Kap. 111. Über „Erscheinlichkeit" und „Wirklichkeit" in der geistigen Welt: Rob. Blum, Bd. 2, Kap. 197, 7.

Die geistige Wohnwelt der Seele

Zur Belehrung eines römischen Ratsherrn über die innere Geisteswelt der Seele im Jenseits beruft der *Herr* im ‚Großen Evangelium' den Geist Julius Cäsars und läßt diesen Großen der Welt dem römischen Mitbürger seinen (des Julius Cäsar) Demutsweg im Reiche des ewigen Lebens berichten.

Der Geist schildert die schlichte Wohnwelt, in der er durch den Verkehr mit fortgeschritteneren Seelen nach und nach zum wahren Lichte gelangen durfte. Darauf sagt ganz verblüfft der Ratsherr: „Ja, wo befindet sich denn nun irdisch die von dir beschriebene Gegend?"

Der Geist des *Julius Cäsar* erwidert: „Auf dieser Erde befindet sich die beschriebene Gegend wohl nirgends. Sie kann aber örtlich dennoch überall vorhanden sein. Denn wo ich bin, da ist auch die Gegend. Ich habe nach und nach wohl kennengelernt, daß der Ort, die Gegend und alles, was mich in unserer geistigen Welt als scheinbare Materie umgibt, aus mir, gewisserart wie ein Baum aus der Erde, hinausgewachsen ist. Oder: *ich selbst bin der Schöpfer der Welt, die ich bewohne.* Ich und meine Freunde bewohnen, weil wir von einer gleichen Liebe, vom gleichen Willen und somit auch von gleicher Denkweise sind, darum auch eine gleiche Landschaft. Aber es können auf demselben Punkte auch noch zahllos viele andere Geister wohnen, und zwar ein jeder in einer andern Gegend. Das ist der große Unterschied zwischen uns Geistern und euch noch irdischen Menschen."

Sagt der *Ratsherr:* „Das verstehe ich nicht! Wie können denn auf einem und demselben Punkte mehrere Gegenden und Landschaften vorhanden sein?"

Sagt *Julius Cäsar:* „Oh, ganz leicht, und am Ende sogar ganz natürlich dazu! Siehe, in ein- und demselben Gemach schlafen zum Beispiel 100 Menschen, und alle träumen! Der eine ist in Rom, der andere in Athen, ein dritter in Jerusalem, ein vierter in Alexandria und so fort, ein jeder ganz woanders, und das so lebhaft, daß er am Tage nicht genug davon erzählen kann. Ja, wie kann das wohl möglich sein? Alle hundert in ein und demselben Schlafgemach, und doch ein jeder in einer ganz andern Gegend!

So aber stehen ungefähr die Dinge und Sachen in unserer Geisterwelt! Der Unterschied zwischen unserer und dieser eurer Welt besteht bloß darin: Wir Geister wohnen so ganz eigentlich in unserer völlig *eigenen* Welt, ihr aber wohnt in Gottes Welt. Denn unsere Welt ist das Werk unserer Gedanken, Ideen, Begierden und unseres Willens. Diese eure Welt aber ist das Werk der Liebe, der Gedanken, der Ideen und des Willens Gottes.

Darum ist der Mensch das Ebenmaß Gottes, hat in sich schöpferische Eigenschaft und kann sich im reingeistigen Zustande seine Welt selbst erschaffen und sonach in seinem vollkommenen Eigentum wohnen. Dieses wirst du nun doch verstanden haben?"

Sagt der *Ratsherr:* „Dann sind die Menschen, die dich umgeben und mit dir umgehen, ja auch nur deine Werke und dein Eigentum in der Welt, die aus dir wie ein Traumbild hervorgegangen ist!"

Sagte *Julius Cäsar:* „Auch das zum *Teil!* Aber ich könnte ohne ihr Wollen sie mir nicht vergegenwärtigen und noch weniger mit ihnen umgehen, sie sehen, hören und sprechen. Es hat aber das auch eine bedeutende Ähnlichkeit mit dem diesirdischen Sehen, Hören und Fühlen der Nebenmenschen. Denn du siehst den wirklichen Menschen auch nicht, sondern nur sein Abbild in dir, fühlst ihn nur durch dein eigenes Gefühl und hörst den Ton seiner Rede in deinem Ohr, das also eingerichtet ist, daß es die durch die Luft zu ihm gelangenden Töne nachahmt. Bist du aber blind, taub und gefühlsstumm, so besteht für dich kein Nebenmensch, wenn er sich auch in deiner nächsten Nähe befände. Wenn du aber auch hörst, siehst und fühlst und dir in deiner Idee auch noch so viele Menschen vorstellst, so wirst du aber, wenn kein Mensch da ist, dennoch keinen sehen, hören und fühlen.

Und so muß auch in der Geisterwelt der Geist, mit dem du verkehren willst, dasein — zum wenigsten mit seinem Willen, seiner Liebe und seinem Erkennen. Ohne das bist du allein, oder die Menschen, die du auf Augenblicke sähest, wären nichts als Phantome deiner Phantasie, hätten für sich kein Sein, keine Realität und könnten sonach mit dir auch in keinen Wechselverkehr treten; denn all das ihrige wärst du selbst.

Darin aber besteht der ewig gleiche und endlos große Unterschied zwischen Gott und uns Ihm ähnlichen Menschen, daß nur *Gott* allein aus seinen großen Gedanken Menschen ins vollkommene, selbständige und ganz freie Dasein rufen kann, während wir Geister wohl Phantome, aber keine Realitäten ins erscheinliche Dasein stellen können. So ist auch die Welt, die ein (noch unvollendeter) Geist bewohnt, mehr ein Phantom als eine Wirklichkeit. Denn es haben mich vollkommenere Geister auch ihre Welt sehen lassen auf ein und demselben Fleck, und solche Welt hatte ein ganz anderes Aussehen als die, welche ich bewohne. Doch das wirst du erst dann völlig verstehen und einsehen, wenn du selbst ein Bewohner deiner inneren Geisteswelt werden wirst. [1]

70

In Gottes geistiger Seelenschule

Die Beschaffenheit des inneren Geisteslebens und der geistigen Wohnwelt der Abgeschiedenen im Jenseits zu kennen, ist ungemein wichtig, wenn man den weiteren Fortbildungsgang der Seelen in der geistigen Welt begreifen will. In dieser Hinsicht gilt auch in der Ewigkeit der Grundsatz: „Ohne Mich nichts!" Ohne die gnadenvolle Hilfe Gottes müßte das geschilderte innere Geistesleben der unvollendeten Seelen für alle Zeiten ein sehr licht- und haltloses bleiben.

Der alliebende himmlische Vater will *alle* seine Kinder zur Vollendung und zur Freiheit und Herrlichkeit der Kinder Gottes im Lichte des ewigen Lebens reifen. Und so überläßt Er die unreifen Seelen nicht dauernd sich selbst und ihrem ungeordneten geistigen Traumleben, sondern bestellt, wie schon erwähnt, einer jeden Seele *Schutzgeister und Schutzengel,* welche die Liebesaufgabe haben, durch ein sanftes Einfließen in das geistige Innenleben die Seele zu belehren und vom wi-

[1] Gr. Ev., Bd. 7, Kap. 219, 7 ff.; Kap. 66, 11 ff.; vergl. auch Robert Blum, Bd. 1, Kap. 67, und ferner über die Möglichkeit eines gemeinsamen Traumes mehrerer schon im Erdenleben: Gr. Ev., Bd. 2, Kap. 145.

dergöttlichen, selbstischen Wesen zur ewigen Lebensordnung der Demut und selbstlosen Liebe zu leiten.

Dieses belehrende Einfließen seitens der Schutzgeister geschieht durch ein suggestives Gestalten der inneren Traumerlebnisse der Seele in einer Weise, daß die Seele durch diese gleichsam inspirierten Schauungen und inneren Begebenheiten aufs tiefste beeindruckt und belehrt wird.

Daß eine Seele durch die lebhafte Einbildung innerer Erlebnisse, die sie für unbedingt wirklich hält, nicht minder als durch wirkliche Erfahrungen des irdischen Lebens belehrt und gereift werden kann, können wir verstehen, wenn wir an die Wirkung denken, welche z. B. ein gutes Buch oder ein dramatisches Bühnenstück auf den Leser bzw. Hörer ausübt.

In dem Büchlein ‚Unsterblichkeit und Wiedersehen' wird darüber gesagt: Welttümliche Seelen sind in ihrem lichtlosen Zustande nur den Engeln zugänglich „durch Entsprechungen, welche diese in die Phantasiewelt solcher blinder Seelen hineinzuhauchen imstande sind."

Wenn eine Seele die ihr auf diesem Wege zugeführten Belehrungen zurückweist, so bleibt sie in ihrer stets ärger werdenden Traumwelt lange Zeit der Zeiten. Und da ist dann von einem erfreulichen Fortschritt, einem höheren Erkennen und Leben keine Rede. Wenn die Seele dagegen die in dem inneren Erleben dargebotene Belehrung ergreift und zu ihrem wahren Besten verwendet, „so bleibt es ihr erhalten. Und es beginnt so für die Seele aus dem Traume eine feste und bleibende Welt sich zu entwickeln. Je mehr die Seele ergreift, was ihr von ihrem Geiste geboten wird, desto mehr einigt sie sich mit ihm und geht dadurch unvermerkt in ihren *Geist* ein und mit demselben zum *Urlicht* aller Wahrheit." [1]

Die Grundnorm der jenseitigen Seelenschulung

Diese jenseitige Seelenschulung geht, wie alles in der Schöpfung unseres himmlischen Vaters, in stufenmäßiger Entwicklung ganz allmählich vor sich. Im ‚Großen Evangelium' gibt der *Herr* den Jüngern einen kurzen Umriß der dabei richtunggebenden allgemeinen Grundnorm, wobei Er betont:

„Es versteht sich von selbst, daß hier (bei dieser Darlegung) von einem sonderheitlichen Falle nicht die Rede sein kann, sondern nur von einer *Grundnorm,* nach der, sowohl bei der diesseitigen und besonders bei der jenseitigen Führung, eine Seele aus ihrer lebenhemmenden Materieverhaftung zu heben ist.

Es gibt daneben zahllos viele *Abweichungen,* von denen eine jede ein wenig anders zu behandeln ist. Aber dessenungeachtet muß es doch eine Grundnorm geben, nach der sich verbindlich alle anderen Fälle zu richten haben, so wie das Erdreich mit *einem* Regen befruchtet werden muß, damit im selben der ausgesäte Samen zu keinen beginnen kann. Wie aber dann die verschiedenartigen Samen, die im Erdreiche zur Belebung ruhen, das ihnen Zusagende aus dem Regentropfen an sich bringen, das ist Sache der speziellen Intelligenz der Geister, die die Keime bewohnen und für ihr Haus gar wohl zu sorgen verstehen!" (Gr. Ev. Bd. 4, Kap. 93, 1 ff.)

[1] ‚Unsterblichkeit und Wiedersehen', S. 20, 27; Gr. Ev. Bd. 7, Kap. 58, 5 ff.; Kap. 66, 11 ff.; Bd. 3, Kap. 31, 3 ff.

Die erste Stufe — der Öde und des Suchens

Den ersten Zustand, welchen eine in die geistige Welt tretende unreife Seele durchzumachen hat, nennt der Herr die Stufe der Abödung und des Suchens.

„Kommt eine Seele, z. B. die eines Weltmenschen, völlig licht- und hilflos in das geistige Reich, so muß sie zunächst, so lange in ihrer Lichtlosigkeit *allein* gelassen werden, bis sie, durch eigene Not gedrungen, sich aus ihrer mehr als halbmateriellen Stumpfheit aufrüttelt und so bestimmtere Gedanken in ihrem Herzen hervorzubringen beginnt.

Werden die Gedanken immer ausgeprägter und bestimmter, so fängt es in einer solchen Seele ganz leise zu dämmern an. Sie beginnt einen Grund zu bekommen, auf dem sie ein wenig ‚stehen' und nach und nach auch ein wenig ‚umhergehen' kann. Dieses Umhergehen entspricht dem Übergehen eines Gedankens in einen anderen und einer Empfindung in die andere. Es ist das ein Suchen. Sobald die Seele nun irgend etwas findet, gibt ihr das einen neuen und erhöhten Antrieb zu einem noch weit emsigeren Forschen. Entdeckt sie nun gar Spuren von ihresgleichen, so jagt sie diesen gleich einem Spürhunde nach und ruht nicht eher, bis sie etwas gefunden hat, das ihr wenigstens ein nahes Dasein von ihresgleichen bezeugt.

Durch dieses sich stets steigende Suchen wird die Seele auch reifer und sucht sich zu sättigen mit allem, was sie (in ihrer Traumwelt) irgend wie zufällig zur Umhüllung ihres substantiellen Seelenleibes findet. Hier und da findet sich auch etwas, wenn auch noch so Mageres, zur Füllung ihres (geistigen) Magens und zur Stillung ihres oft brennenden Durstes ... Da muß dann aber von seiten eines Schutzgeistes, der wie von Ferne eine solche Seele leitet, die größte Vorsicht gebraucht werden, damit die Seele auf dem Suchpfade ja nur das findet, was sie in ihrer Lebensvollendung weiterbringen kann." (Gr. Ev., Bd. 4, Kap. 91, 7 ff. und Kap. 92, 1)

Glückliches Finden guter Gesellschaft

„Mit der Zeit erst kann die suchende Seele eine ihr ähnliche Seele, von nahe gleichen Bedürfnissen bedrückt, finden, mit der sie dann natürlich sogleich in Verkehr tritt wie in dieser Welt zwei Menschen, die von demselben Schicksal verfolgt werden. Die beiden Leidensgenossen fragen sich nun gegenseitig aus, bedauern sich und fangen an, Rat zu halten, was da zu tun sei, um ihr Los erträglicher zu gestalten.

Es versteht sich von selbst, daß diese zweite Seele nur eine scheinbare Ähnlichkeit mit der ersten, aus der vollen Abödung getretenen Seele haben darf. Denn sonst würde ein Blinder einem Blinden als Führer gegeben, wobei dann nur zu leicht beide in eine Grube fallen könnten. Der wie zufällig zu der suchenden Seele stoßende, in sich vollendete Geistmensch aber darf von seiner Vollendung nichts merken lassen, sondern muß anfänglich ganz das sein, was die junge Seele ist. Lacht sie, so lache er mit ihr; und weint sie, da weine er mit! Nur so die Seele ärgerlich wird über ihr Schicksal und schimpft und flucht, da tue dieser Geist nicht mit." (Gr. Ev., Bd. 4, Kap. 92, 2 ff.)

Zeit der Sammlung und Kräftigung im Liebesdienst

„Wenn nun solch eine Seele (in ihrer inneren Geisteswelt) durch ihr emsiges Suchen, Fragen und Forschen endlich irgendein Rastplätzchen gefunden hat, so lasse man sie dort so lange, als sie selbst kein Bedürfnis in sich verspürt, ihr Los zu verbessern. Denn solche Seelen gleichen oft gewissen genügsamen Menschen, die mit einer kleinen Besitzung lange ganz zufrieden sind, wenn sie ihnen nur knapp soviel einträgt, daß sie dabei notdürftig bestehen können. Alles Höhere und Bessere geht sie nach ihrer Sehnsucht gar nichts an, und sie bekümmern sich dessen auch nicht. Was liegt ihnen an der großen Beschäftigung eines Kaisers oder Feldherrn? Wenn sie nur etwas zu essen und die liebe Ruhe haben, sind sie schon ganz glücklich.

Ist nun auf dieser zweiten Stufe eine Seele dahin versorgt, daß sie (in ihrer Traumwelt) z. B. bei ziemlich guten Leuten einen Dienst gefunden hat, der sie mit dem Nötigsten versieht, oder daß sie irgendein Häuschen mit reichlich besetztem Obstgarten und ein paar Melkziegen als ein verlassenes Gut zum Eigentum erhalten hat, dann hat der leitende Geist vorderhand nichts weiter zu tun, als die Seele eine Zeitlang in diesem Besitz ungestört zu belassen.

Er entferne sich auch zeitweilig von ihr und tue, als ginge er selbst etwas Besseres suchen, komme dann wieder und rede davon, daß er wohl etwas Besseres gefunden habe, aber man müsse es sich durch viel Mühe und Arbeit verdienen. Die Seele wird darauf sicher fragen, worin die Mühe und Arbeit bestehe. Dann erkläre der Führer dies der fragenden Seele. Fühlt sich die Seele dazu geneigt, so führe er sie dahin. Im Gegenteil aber belasse er sie, sorge jedoch dafür, daß ihr bisheriger Besitz in seinen Erträgnissen stets magerer wird und am Ende nicht einmal mehr das Allernotdürftigste trägt. Die Seele wird nun wohl allen Fleiß anwenden, um ihr Besitztum zu einem wieder reichlicheren Ertrag zu bringen. Aber der Führer darf es nun nicht mehr zulassen, daß die Seele ihre Absicht erreicht, sondern muß bewirken, daß die Seele endlich das Vergebliche aller ihrer Mühen einsieht und den Wunsch äußert, diese ganze Behausung aufzugeben und einen Dienst anzunehmen, in dem sie eine erträgliche Versorgung finde." (Gr. Ev., Bd. 4, Kap. 92, 5 ff.)

Weitere Stärkung und Reifung im Dienst der Liebe

„Hat sich in einer Seele solch ein Wunsch zur Genüge lebendig ausgesprochen, so werde sie weitergeführt und in einem Dienst mit viel Arbeit untergebracht. Da verlasse sie dann der Führer wieder unter irgendeinem Vorwand, als hätte er auch an einem Ort einen zwar sehr beschwerlichen, aber sonst gut bezahlten Dienst bekommen. Die Seele wird nun zur Arbeit gewiesen, die sie genauest zu verrichten hat. Man sage es ihr und lege es ihr ans Herz, daß da jede Vernachlässigung mit entsprechender Entziehung des bedungenen Lohnes bestraft, dagegen ein freiwilliges Mehrtun übers Bedungene hinaus sehr löblich berücksichtigt werde.

Nun wird die Seele entweder das Bedungene genau und noch manches darüber leisten, oder sie wird sich die Mühe zu sauer werden lassen, wird träge werden und darum in noch größere Not verfallen. Im ersten Fall wird sie dann erhoben und in einen freieren und schon bedeutend angenehmeren Zustand versetzt, wo sie mehr zu denken und zu fühlen bekommt.

Im zweiten Fall aber überläßt sie der Führer einer bedeutenden Not, läßt sie zu ihrem früheren mageren Besitz zurückkehren und etwas Weniges, aber bei weitem nicht Genügendes finden. Nach einer Zeit, wenn sich eine dringendste Not eingestellt hat, kommt der nun viel besser aussehende Führer schon als ein Herr und Selbstbesitzer von vielen Gütern zurück und fragt die Seele, was ihr denn eingefallen sei, den guten und aussichtsvollen Dienst so fahrlässig zu behandeln. Die Seele wird sich nun mit der für ihre Kräfte zu großen und zu anstrengenden Mühe ausreden und entschuldigen. Da wird ihr aber gezeigt, wie ihre Mühe und Anstrengung hier auf dem mageren Kleinbesitz eine noch viel größere sei und doch sei da keine Aussicht vorhanden, je nur zu einem notdürftigen Vorteil zu gelangen.“ (Gr. Ev., Bd. 4, Kap. 92, 10 ff.)

Es wird Licht! Erkenntnis des geistigen Vollendungsweges

„Auf diese Weise wird solch eine Seele schließlich zur Einsicht gebracht, wird abermals einen Dienst annehmen und nun sicher mehr guttun als vorher.

Tut sie dies, so wird ihr in Kürze ein wenig vorwärtsgeholfen. Aber noch ist sie bei dem Gefühl zu belassen, als sei sie leiblich noch nicht gestorben! Denn dies fühlen materielle Seelen lange nicht und müssen davon erst auf einem geeigneten Wege unterwiesen werden. Die Kunde davon wird für sie erst dann erträglich, wenn die einst ganz nackten Seelen zu einer mit schon gutem Gewande bekleideten, gewisserart seelenleiblichen Festigkeit gediehen sind. In solchem festeren Zustande sind sie dann auch schon der Aufnahme kleiner Offenbarungen fähig, weil ihres Geistes Keim sich in ihnen zu regen beginnt.

Ist eine Seele einmal so weit gediehen und hat sie einsichtig angenommen, daß sie sich nun in der *Geisterwelt* befindet und von nun an ihr ewiges Los ganz allein von ihr abhängt, so wird ihr der allein rechte Weg der Liebe zu Mir und dem Nächsten gezeigt, den sie ganz aus ihrem völlig freien Willen und aus ihrer ganz freien Selbstbestimmung zu wandeln hat.“ (Gr. Ev., Bd. 4, Kap. 92, 13 ff.)

Die Seele im Himmel der dienenden Liebe

So tritt dann der Mensch jenseits „in eine neue Welt, die ihm die Wunder Gottes und das Weltall immer mehr enthüllt, da er jetzt mit geistigem Auge sieht und nicht mit den schwachen fleischlichen Augen.

„Im Anschauen der großen Wunderwerke erkennt er nun, daß die rechte Seligkeit allein in der Tätigkeit liegt und daß Gott selbst das allertätigste Wesen ist.“ (Gr. Ev., Bd. 11, Kap. 11)

Je nach seinem Fortschreiten kann dem neuen Bürger der geistigen Welt dann auch ein rechtes *Arbeitsfeld* im großen Liebeswerke der Schöpfung anvertraut werden, das er allerfleißigst ausfüllt. Und in dieser Tätigkeit und im Erfolg seiner nützlichen (Liebes-)Arbeit wird er die höchste Seligkeit genießen.

Über die Führung zur geistigen Wiedergeburt

Über diese göttlich weise und liebevolle Führung der Seelen zur geistigen Wiedergeburt und die Erreichung des Vollendungsziels im Diesseits oder Jenseits sagt im ‚Großen Evangelium' der Erzengel *Raphael* zu einem Geweckten:

„Siehe, ein jeder Mensch hat ein geistiges Organ in seinem Herzen, das uns Engeln Gottes stets offen steht und unbehindert zugänglich ist. Dieses Organ vertritt die einfachen Begriffe gut — schlecht, wahr — unwahr, recht — unrecht. Tust du gleichfort das Gute, Wahre und Rechte, so wird von uns der bejahende Teil angerührt. Und in dir entsteht das lohnende Gefühl, daß du gut und recht gehandelt oder geredet hast. Hast du aber nicht gut gehandelt oder geredet, so wird von uns der verneinende Teil des Organs erregt. Und es wird dich ein Bangen ergreifen und dir sagen, daß du aus der göttlichen Ordnung getreten bist. Und dieses Organ heißt in der Sprache der Moral das ‚*Gewissen*'.

Du kannst dich auf diese Weisung treu verlassen, sie wird dich nie und nimmer trügen! Es müßte nur sein, daß jemand dieses Organ so abstumpfen ließe, daß es am Ende als ein zu materiell gewordenes unsere Berührung gar nicht mehr wahrnähme. Dann wäre es aber mit dem geistigen Teil des Menschen schon so gut wie völlig verloren! Das aber wird wohl bei dir sicher ewig nie der Fall werden, weil du in der Gnade und Liebe des Herrn schon einen zu großen Vorsprung gemacht hast und der Herr dich neu gestaltet hat. Deine Seele ist wohl noch die alte, in der des Herrn Liebe als sein Geist bereits mächtig zu walten begonnen hat; aber dein altes, arges Fleisch ist vom Herrn umgewandelt worden, daß es nicht drücke deine Seele.

Du müßtest nur in deinem *Herzen* fest wollen vom Herrn abfallen, da würde dein Fleisch auch verwildert werden, wie dereinst das des Esau, dem wider des Vaters Willen die Jagd nach wilden Tieren mehr Vergnügen schaffte als die Wache über die zahmen Herden des Vaters. Aber bei dir ist auch eine solche Verwilderung unmöglich, weil deine Seele schon zu mächtig und allgemein vom Geiste der Liebe zum Herrn durchdrungen ist.

In kurzer Zeit wird deine Liebe zum Herrn durch die Tätigkeit der Nächstenliebe in die intensivste Glut und Form übergehen und dann mit deiner Seele völlig eins werden. Dann wirst du im Geiste und in der Wahrheit *wiedergeboren* sein und in die geistige Ehe mit der Urliebe in Gott eingehen und mit ihr dadurch ebenfalls eins werden.

Dadurch aber wird auch *Gottes* Liebe dir gegenüber erst wesenhaft werden und eine Form annehmen. Du wirst dann Gott allzeit schauen und sprechen können, und es wird der Herr leiblich sichtbar und deinem Herzen vernehmbar, dein Führer und Lehrer sein und bleiben für ewig. Und da wird es wohl keine Möglichkeit mehr sein, dich vom Herrn abzuwenden in deinem Herzen und in deiner Erkenntnis; denn da wirst du im Wollen und Erkennen als ein echter und wahrer Sohn des ewigen Vaters eins sein mit Ihm." (Gr. Ev., Bd. 3, Kap. 232, 8 ff.)

71

Geheimnisse der anderen Welt

Es wird viele Menschen immer wundern, warum denn der himmlische Schöpfer die überaus wichtige Tatsache der jenseitigen Weiterentwicklung und Vollendung der Seele den Menschen nur so unvollkommen offenbart. Wäre es denn nicht für die Klärung und Anfeuerung der Menschheit von größter Bedeutung gewesen, diese jenseitige Fortsetzung des Lebens den Menschen im Buch der Bücher, der Bibel, zur unzweideutigen Kenntnis zu bringen?

Gewiß ist für jeden Wanderer eine genaue Kenntnis des Ziels und Wegs in der Regel ein großer Vorteil. Aber in diesem Erdenleben soll ja der Mensch vor allem auch zur Selbsttätigkeit und Selbständigkeit erzogen werden. Er soll fragen, suchen und dann schließlich durch vielseitige Lebenserfahrung tiefe und anfeuernde Erkenntnisse sich selber erwerben; dies besonders in dieser großen „Mittelbildungszeit" der Erdenmenschheit, welche dem triebhaft bewegten Jünglings- und Mannesalter des Menschen entspricht und in dem bis heute noch alle großen Völker dieser Erde stehen.

In dieser „Mittelbildungszeit" zieht sich Gott von dem heranreifenden Menschengeschlechte gleichsam zurück, verbirgt seine Gedanken und Pläne hinter „Wolken" (wie solches in der Schöpfungsgeschichte des Moses angedeutet ist mit dem Verschwinden des Herrn aus dem Garten Eden), um den in der ersten Kindheitszeit väterlich belehrten Menschen nunmehr auf dieser *zweiten Reifestufe* sich selbst zu übergeben und ihn im freien Betätigen und Ausleben seiner angeborenen Triebe gute und schlimme Erfahrungen machen zu lassen, die schließlich die Sehnsucht nach höherem Lichte in ihm erwecken. Auch über die jenseitigen Vollendungswege der Seelen ist eben aus diesem Grunde von der Liebe und Weisheit Gottes bis auf unsere Zeit ein gewisser Schleier gezogen.

In ‚Bischof Martin' wird gesagt: „Ihr alle habt erfahren, wie elend es auf Erden zugeht, so daß man gerade meinen sollte, dem Herrn liege eben an jener Welt, die Er selbst durch seine Menschwerdung zur wichtigsten und heiligsten im ganzen Universum gemacht hat, gar nichts, und Er kümmere sich um sie nicht im geringsten. — Aber dem ist nicht so! Bedenket, die Menschen der Erde sind im vollsten Sinne *frei* und können tun, was sie wollen: Gutes nach dem Gebote Gottes und Schlechtes wider dasselbe. Sie werden zum Guten wie zum Schlechten durch nichts gereizt oder gezogen als lediglich durch ihren vollkommen freien Willen, aus welchem Grunde jene Welt auch in allen ihren Lebensverhältnissen so mager gestellt ist, auf daß durch sie kein freier Wille irgendeine Beirrung erleiden und schlecht werden solle. Im Gegenteil aber ist auch das Himmlische dergestalt verdeckt, daß ob der bestimmten Anschauung künftiger Seligkeiten ebenfalls kein freier Wille zum Guten genötigt werden solle. Obschon jeder die Folgen seines guten oder schlechten Lebens aus der gegebenen Gotteslehre weiß, kann er dennoch handeln, wie er will, weil er weder auf der einen und ebensowenig auf der andern Seite irgendeine nötigende Gewißheit hat.

Das alles ist auf der Erde darum also eingerichtet, auf daß der Wille der Menschen vollkommen ein freiester bleibe, weil es ohne diesen unmöglich ist, die ewig ungerichtete, freieste Kindschaft Gottes zu erlangen.“ [1]

Lichtstrahlen auch bisher

Völlig im Dunkeln hat die Liebe und Weisheit Gottes die irdische Menschheit aber in diesen Dingen nie gelassen. Allen Völkern der Erde ist über das Leben nach dem Tode zu allen Zeiten doch so manches geoffenbart worden. Das erweisen die Religionsbücher der Chinesen, Inder, Perser, Ägypter usf. Und auch in der Bibel sind für die geistige Fortentwicklung der Seelen Andeutungen gegeben.

So schreibt Petrus (1. Brief 3, 19 und 4, 6) über die Belehrung der Abgeschiedenen in der Geisterwelt: „In demselben (d. h. im Geistleibe) ist Er (Christus) auch hingegangen und hat den Geistern im Gefängnis (in der unteren Geisterwelt) die Heilsbotschaft gebracht. ... Denn dazu ist auch den Toten die Heilsbotschaft verkündet worden, daß sie — wenn auch leiblich, dem menschlichen Los entsprechend, dem Gericht verfallen — dennoch im Geiste, dem Wesen Gottes entsprechend, leben sollen“. (Übers. von Menge.)

Die jenseitige Fortbildung einer Weltseele zeigt auch die bekannte Gleichniserzählung des Herrn vom reichen Prasser und armen Lazarus (Lukas 16, 19 ff.) — Der reiche Mann, der im irdischen Leben nicht an den Gott Abrahams geglaubt und für seine Nebenmenschen keine Spur von Liebe gehabt hat, darf im Jenseits durch die Pein und Qual, die er in der Gottesferne leiden muß, seine „Augen aufschlagen“ d. h. zu höheren Anschauungen kommen, den Glauben Abrahams als wahr erkennen und in der Liebe zum Nächsten so weit fortschreiten, daß er Abraham inständig bittet, seine noch auf Erden in Glaubensfinsternis lebenden Brüder ernstlich zu warnen, damit sie nicht auch an diesen Ort der Pein kommen.

Sind diese Fortschritte des einstigen finsteren Weltmenschen in der Erkenntnis und Liebe nicht schon deutliche Anzeichen einer jenseitigen Weiterreifung der Seele? Und wird die Liebe und Allerbarmung Gottes dieser bekehrten Seele es ewig wehren, sich dem Herzen Gottes und der Vollendung und Seligkeit zu nähern?

Auch das Gleichnis vom *verlorenen Sohn* ist hier zu beachten, wonach der Vater dem reuigen Kinde auf halbem Wege mit offenen Armen entgegenkommt. Sollte dieses Zeugnis der endlosen Barmherzigkeit nur im kurzen Erdendasein des Menschen gelten? Nein! Es ist klar, auch im Jenseits gibt es keine ewig unübersteigliche Kluft. Und die Stimme der Vernunft wie die des Herzens wird bejahen, was über diese Worte des Gleichnisses in dem Lorberwerk ‚Robert Blum‘ ausgeführt wird.

[1] Bischof Martin, Kap. 175, 7—10. Über die Abdunklung der Rückerinnerung an die Vorkreaturformen des Menschen: Gr. Ev., Bd. 8, Kap. 29, 11.

Dort sagt ein *seliger* Geist zum Herrn: „Wenn zwischen denen, die im Schoße Abrahams im Himmel sich befinden, und denen, deren schreckliches Los die Hölle ist, eine ewig nimmer übersteigbare Kluft sich befindet, wie wird dann wohl eine Erlösung aus der Hölle möglich sein? Daß aus der Hölle schwerlich je eine Erlösung stattfinden dürfte, leuchtet ja auch noch aus einem andern Lehrtext der Schrift hervor, wo nämlich den sogenannten Sündern gegen Deinen Heiligen Geist entweder eine nur sehr schwere oder auch gar keine Erlösung zugesichert ist. Und das, o Herr, aus Deinem heiligsten, höchsteigenen Munde! Was hat es sonach mit der „unübersteiglichen Kluft" und mit den Sündern gegen Deinen Heiligen Geist für eine Bewandtnis?"

Der *Herr* erwidert: „Die *Kluft* bedeutet auch hier wieder den nie übersteigbaren Unterschied zwischen Meiner freiesten *Ordnung* in den Himmeln und der ihr in allem schnurgerade widerstrebenden *Unordnung* in der Hölle. Dieser Text bezeichnet also nur die Unvereinbarkeit der Ordnung und der Unordnung, nicht aber gleichsam eine ewige Torsperre für denjenigen, der sich darin (d. h. in der Unordnung oder ‚Hölle') befindet.

Daß aber einer, der so schlecht ist, daß er in sich selbst schon vollkommen zur Hölle ward, nicht gar zu bald und leicht aus der ‚Hölle' kommen wird, das versteht sich von selbst, da es dir nur zu bekannt sein muß, wie schwer es einem Bösestolzen und in allem Herrschsuchts-Hochmut-Gefangenen ankommt, in die Sanftmut und Demut der Himmel überzugehen. Es ist so etwas gerade wohl keine Unmöglichkeit, aber dennoch eine große Schwierigkeit. Du wirst in der Zukunft es noch oft erfahren, wie schwer es hergeht, jemanden völlig aus der Hölle zu heben. Der Stolze kehrt immer wieder zum Stolz zurück, der Unkeusche zur Unkeuschheit, der Träge zur Trägheit, der Neider zum Neid, der Geizhals zum Geiz, der Lügner zur Lüge, der Prasser und Schwelger zum Prassen und Schwelgen, der Dieb zum Stehlen, der Räuber zum Raube, der Mörder zum Morde, der Rohe zur Roheit, der Wollüstling zur Wollust usw. Wenn man ihnen die unordentlichen Eigenschaften auch tausendmal rügt, so verfallen sie immer wieder in die gleichen sündigen Leidenschaften, sobald ihnen zu ihrer nötigen Sichselbstrichtung die fürs ewige Leben bedungene Freiheit gegeben wird. Und je öfter sie wieder in einen Rückfall kommen, desto schwächer werden sie stets und desto schwerer wird es ihnen auch, sich aus den bösen Leidenschaften zu erheben und als lautere Geister in Meine wahre göttliche Freiheit überzugehen. Aber bei den Menschengeistern ist wohl vieles unmöglich, was Mir am Ende dennoch gar wohl möglich ist. Verstehst du dieses?"

Spricht der *selige Geist:* „Ja, mein Herr, mein Gott, mein heiliger Vater! Jetzt sind mir alle jene Texte klar, die ich auf der Erde wohl geglaubt habe, die aber auf mich nie einen wohltätigen Eindruck gemacht haben. Merkwürdig aber war doch stets, daß ich (als Herrscher auf Erden) in meinem Gemüt keinen harten und strengen Richter leiden konnte. Wer von meinen vielen Amtsrichtern die Sünder zu scharf richtete, dem war meine Gunst ferne. Wer aber die Sünder nach ihren Vergehungen richtete, daß er dem Sünder wohl die Größe und Schwere seiner Sünde genau zeigte, ihm auch aus dem Strafgesetzbuch zeigte, welcher Strafe er verfallen war, darauf aber bei dem Reuigen auf meinen Namen hin den Akt der Gnade übte und dem Sünder statt fünf Jahre schweren Kerkers nur ein Jahr im leichteren Kerker als Besserungsstrafe gab, der wurde bei mir im weißen Buche vorgemerkt und hatte an mir seinen sicheren Freund.

Und so war es auch, wenn ich das Evangelium las! Wenn ich die Verse durchging vom verlorenen Sohn, vom guten Hirten, wenn ich die Ehebrecherin im Tempel vor Dir betrachtete, wenn ich Dich den Zachäus vom Baume herabrufen hörte, den gerechtfertigten Zöllner im Tempel vernahm: „O Herr, ich bin nicht wert, meine Augen zu Dir emporzuheben!" — und Dich, o Herr, mit dem samaritanischen Weibe am Jakobsbrunnen bedeutungsvollste heilige Worte tauschen vernahm, da konnte ich mich nie der Tränen erwehren. Oh, welch ein Gefühl hat Dein Wort am Kreuze: „Herr, vergib ihnen, denn sie wissen nicht, was sie tun!" in mir stets rege gemacht! — Aber die Stellen, wo Du, wennschon gerechtestermaßen, die Sünder mit scharfen Fluchsentenzen zur Hölle wiesest und wo ich überhaupt aus Deinen Worten (Herr, vergib mir, daß ich so frei vor Dir zu reden wage!) eine gewisse Unversöhnbarkeit entnahm, machten auf mein Gemüt wahrlich keinen guten Eindruck. Ich sah darin wohl einen gerechten, allmächtigen Gott walten, aber Ihm gegenüber nichts als allerohnmächtigste Wesen, die sich die endlose Machtschwere ihres Schöpfers und ewigen Richters gefallen lassen müssen.

Aber nun, o Herr — Dir allein alle Liebe, alles Lob! — bin ich erst auf dem rechten Wege. Jetzt verstehe ich Dein heiliges Wort. Und Du, o Herr, bist mir nun erst die Liebe aller Liebe! Kurz, ich bin nun ganz geheilt und wollte, daß alle Menschen es wären." (Rob. Blum, Bd. 2, Kap. 227, 1—7 und Kap. 228, 1)

Gnadenzeit

Diese Worte des seligen Geistes werden gewiß in jedem fühlenden Herzen einen frohen Widerhall finden. Aber wenn nun in den Schriften der Neuoffenbarung der gereifteren Menschheit der heutigen und kommenden Zeit die jenseitigen Vollendungsmöglichkeiten in lichtvollster Weise vielseitig enthüllt sind, so dürfen diese beseligenden Aussichten dennoch niemanden veranlassen, das irdische Leben leicht zu nehmen und diese Schul- und Probezeit zu vertändeln, in dem Gedanken, daß es drüben ja schon noch Zeit sei zu ernsterem Streben und zum Nachholen des Versäumten.

Nach den Eröffnungen durch Jakob Lorber handelt ein solch leichtfertiger Spekulant doppelt töricht. — Erstens versäumt er in dieser hochwichtigen Erdenzeit unendlich viel. Er bringt sich durch seinen gottesfernen Wandel um all die beglückenden Gaben und Erfahrungen, welche eine innige Verbindung mit Gott, der Urquelle des Lichts und Lebens, und der Wandel in der göttlichen Ordnung uns gewährt. Er weiß und genießt nichts von der Seligkeit der Kinder Gottes. Auch verpaßt er die einzigartige Möglichkeit, welche gerade das Erdenleben, diese Hochschule der wahren Gotteskindschaft, zu einem unvergleichlichen geistigen Fortschreiten bietet.

Wer hier auf diesem Stern, dem Kerkersitz Luzifers, (wo das Böse durch die unmittelbare Nähe des argen ‚Gegenpols' die stärkste Macht hat), unbeirrt dem göttlichen Lichte zustrebt und der Ordnung Gottes in Liebe und Vertrauen sich weiht, der wird einst drüben in der geistigen Welt wunderbar rasch und leicht die höchsten Sphären des Lichts und der Glückseligkeit erklimmen und befähigt sein, im Reiche der ewigen Liebe Großes mitzuwirken am herrlichen Werke der

Schöpfung und Erlösung. Er wird sehen und erleben, daß gerade der harte und dornenvolle Boden der Erde für die Regsamen, die ‚guten Willens sind', eine Art Sprungbrett ist, von dem aus mit göttlicher Gnadenhilfe große Bahnen jenseitiger Entwicklung zum unermeßlichen Glück und Heil der Seele übersprungen werden können.

Und ferner wird der träge, leichtfertige oder gar bösartige Säumer, der sich schon im Diesseits so viel verscherzt, im anderen Leben finden, daß dort das geistige Fortschreiten ein viel schwierigeres ist als in der irdischen Gnadenzeit.

Schwierigkeit der jenseitigen Entwicklung

Mit eindringlichem Ernst wird auf diese Tatsache vielfach hingewiesen. So heißt es im ‚Großen Evangelium':

„Wie im irdischen Leben die Seele eines manchen Menschen erst durch große Leiden und Schmerzen, die er durch sein unordentliches Leben sich selbst bereitet hat, nüchtern, geduldig, bescheiden, reiner und zum Wirken für ihr inneres Leben kräftiger, ernster und tiefer wird, so werden auch die Seelen im großen *Jenseits* durch allerlei Leiden, Widerwärtigkeiten und auch Schmerzen, die sie sich selbst bereiten, mit der Zeit geläutert. Und zwar dadurch, daß sie selbst einen rechten Widerwillen gegen ihr unordentliches Handeln und Treiben bekommen, es in sich verabscheuen, ihr Denken und Trachten völlig ändern und so von Stufe zu Stufe (durch das Licht des Geistes) in ein helleres und glücklicheres Sein übergehen.

Doch im großen Jenseits geht das schwerer und mühsamer als auf dieser Welt, und es wird bei gar vielen zu tief gesunkenen Seelen wohl einer für euch undenkbar langen Zeitenfolge benötigen, bis sie den Weg in Meine ewige und unwandelbare Ordnung finden!

Auf dieser *Erde* hat ein jeder Mensch einen festen Boden, hat vor sich eine Menge guter und schlechter Wege und hat um sich allerlei Ratgeber, Führer und Lehrer. Er kann sich da bei nur einigem Prüfen leicht für alles Gute entscheiden, seine Liebe und seinen Willen ändern und so in allem seinem Handeln nach Meiner ihm stets klarer werdenden Ordnung stets vollkommener werden. — Aber im *anderen Leben* hat des Menschen Seele nichts als nur sich selbst und ist die Schöpferin ihrer Welt, ähnlich wie in einem Traum. In solch einer Welt kann es dann auch keine andern Wege geben, als die sich eine Seele aus ihrer Liebe, aus ihrem Willen und aus ihrer Phantasie gebahnt hat.

Ist ihre Liebe und ihr Wille nach Meiner Ordnung gut und gerecht, wenn auch nur zum größten Teil, dann wird solch eine Seele auch bald nach einigen bitteren Erfahrungen, die sie auf einem oder dem anderen unordentlichen Wege gemacht hat, sich freilich leichter für die ordentlichen Wege entscheiden, auf ihnen vorwärtsschreiten und so denn auch von ihrem Phantasie- und Traumsein in ein wahres und reelles Sein übergehen, in dem ihr alles in stets hellerem Lichte verständlich wird. Und solch eine Seele kommt dann bald und leicht vorwärts. — Dagegen wird sich eine unordentliche, eigenwillige Seele, in deren arger Traum-und Phantasiewelt es oft kaum einen halben Ordnungsweg gibt, sicher höchst schwer entschließen, nach langen Zeiten auf einen ordentlichen Weg zum wahren Lichte des Lebens sich zu begeben und auf demselben, mit noch manchen Hindernissen kämpfend, in Meine volle Ordnung emporzukommen.

Wie wird es dann erst einer Seele in der andern Welt ergehen, die auch nicht einen halben oder viertel Weg in Meine Ordnung hat und so denn auch keinen wird finden können? Siehe, das ist dann schon die eigentliche Hölle! Eine solche Seele wird alle ihre oft zahllos vielen bösen Wege in ihrer finsteren Traum- und Phantasiewelt betreten und zur Herrschaft auch über Mich sich emporschwingen wollen. Da sie dadurch aber nicht nur nichts erreichen, sondern nur immer mehr verlieren wird, so wird sie stets zorniger, grimmiger und in immer größerer Wut rachgieriger, aber dabei auch stets finsterer und ohnmächtiger.

Nun denke dir die zahllos vielen unordentlichen Argwege in der tollen Phantasiewelt einer solchen Seele! Wann wird sie diese alle durchgemacht haben, bis sie in sich endlich dahin gelangt, daß sie nur so halbwegs zu ahnen anfängt, daß all ihr Trachten, Streben und Mühen eine eitle Torheit ist, und dann in ihr ein gewisses Sehnen wach wird, in der Folge lieber zu gehorchen, als über alles selbst zu herrschen?“ [1]

Das Schicksal der Selbstmörder

In diesem Zusammenhang drängt sich manchem Menschenfreund gewiß auch die bange Frage auf, wie es in der anderen Welt wohl den Bedauernswerten gehen werde, die ihr irdisches Leibesleben freiwillig aufgeben und sich dieser wichtigen Heils- und Lebensschule selbst berauben.

Darüber sagt der *Herr* mit großem Liebesernst:

„Hat ihnen Gott denn das Leibesleben darum gegeben, daß sie es vernichten sollen? Das Leben des Leibes ist das dem Menschen von Gott gegebene Mittel, durch welches er das (wahre geistige) Leben der Seele gewinnen kann und soll. So er nun aber das Mittel zuvor vernichtet, womit soll er dann das Leben der Seele gewinnen und erhalten? Wenn ein Weber zuvor seinen Webstuhl zerstört, wo wird er hernach seine Leinwand weben? Ich sage euch: Die Selbstmörder, so sie nicht Irrsinnige (oder Besessene) sind, werden schwerlich je das Reich des ewigen Lebens besitzen! Denn wer einmal ein solcher Feind seines Lebens ist, in dem ist keine Liebe zum Leben. Ein Leben ohne Liebe aber ist kein Leben, sondern der Tod.“ [2]

Bei jedem Tun, auch der Selbstentleibung, sieht freilich der Herr nicht auf das Äußere, sondern auf das Herz, d. h. die *Beweggründe*. Und so wird im ‚Großen Evangelium‘ (Bd. 4, Kap. 152, 1 ff.) weiter gesagt: „Gott zu erkennen und in seine Ordnung einzugehen, wird bei Selbstmördern zwar stets eine ungemein schwere Sache sein — aber es gibt auch *Unterschiede* bei den Selbstmördern.

Wenn jemand z. B. aus dem Grunde, weil sein großer Hochmut zu sehr gedemütigt ward und ihm dafür keine Möglichkeit zur Rache offensteht, sich das Leibesleben nimmt, so ist das eine böseste Art des Selbstmordes. Eine solche Tat kann an einer Seele nimmer völlig gutgemacht werden“. — Schlimm ist auch ein Selbstmord aus niederer Eifersucht. „Derartige Seelen erscheinen jenseits in der

[1] Gr. Ev., Bd. 10, Kap. 113, 1 ff., 173, 6; Bd. 6, Kap. 65, 2 ff.; Bd. 3, Kap. 31, 5, Bd. 4, Kap. 93, 3 ff.; Bd. 5, Kap. 184, 8.

[2] Gr. Ev., Bd. 6, Kap. 163, 2 ff., Bd. 4, Kap. 125, 12, Kap. 126, 5. Über die Bedeutung des Leibes und Leibeslebens für die Ausreifung der Seele, Gr. Ev., Bd. 8, Kap. 12, 5 ff.

ihrer inneren Gesinnung entsprechenden Gestalt eines tierischen Gerippes und gelangen höchst schwer zu einer Vollendung des Lebens."

Dann gibt es aber „noch weiter eine Menge Arten des Selbstmordes, die in ihren Folgen nicht so bösartig auf die Seelen wirken."

Da werden wir vor allem daran denken, daß Menschen, die infolge schwacher Veranlagung oder falscher Erziehung wenig oder nichts von Gott wissen, in Krankheit, wirtschaftlicher Not oder sonstiger großer Bedrängnis oft keinen andern Ausweg aus ihrem Elend mehr sehen, als die Hand an sich zu legen. Hier, wo es im Grunde nicht an der Liebe zum Leben fehlt und nur die Verhältnisse stärker sind als die in ihrer Gottentfremdung auf sich selbst gestellten Seelen, wird gewiß die Erbarmung Gottes einen andern Maßstab anlegen und ihre helfende Hand der verirrten Seele im Jenseits nicht versagen. Ja, solcher Ärmsten wird sich der himmlische Vater sogar mit besonderer Liebe annehmen, um auch sie schließlich noch in die himmlischen Scheunen zu bringen.

Und noch milder dürfte der Vater, der ins Verborgene sieht, sicherlich diejenigen Seelen beurteilen, die in geistiger Störung oder unter dem Andrang der die heutige Welt besonders überlagernden Dämonen und bösen Geister als ‚Umsessene' oder ‚*Besessene*' gehandelt haben. Solche Störungen, sei es durch körperlich verursachtes Irresein, sei es durch aufdringliche böse Geister, fallen ja für die Seele in der geistigen Welt hinweg und können dieser in deren innerem Geistesleben nur noch als Erinnerung zur belehrenden Erfahrung dienen.

Alle diese durch Selbstentleibung aus dem Leben geschiedenen Seelen werden, wie alle andern Abgeschiedenen, in ihrem inneren, traumartigen Geistesleben durch die belehrenden Eingebungen ihrer Schutzmächte höheren Erkenntnisstufen zugeführt. Und so dürfen wir bei allem Ernst der Selbstmordfolgen doch auch bezüglich dieser Brüder und Schwestern auf die Erbarmung der Ewigen Liebe vertrauen, zumal es den Hinterbliebenen ja gegeben ist, auch diesen Abgeschiedenen durch Fürbitte Licht und eine Verbesserung ihres Loses zu verschaffen. [1]

Kinderseelen im Jenseits

Da nach Lorber dem irdischen Leibesleben eine so große Bedeutung für die Vollendung der Seelen zukommt, ist weiterhin auch die Frage berechtigt: Wie mag es drüben den im frühen Kindesalter sterbenden Menschen ergehen? Muß diesen Seelen durch ihr frühes Abscheiden nicht ein großer Schaden erwachsen?

Auch in dieser Hinsicht bietet die Neuoffenbarung licht- und trostvolle Erkenntnisse! Wir erfahren vor allem, daß dem frühen Hinsterben so mancher Menschenkinder in jedem Falle die weisesten Absichten des himmlischen Seelenerziehers zugrunde liegen. — Zuweilen handelt es sich hier um zarte, schon sehr fortgeschrittene *Sternenseelen,* d. h. solche, die schon auf irgendeinem Gestirn ein oder mehrere Menschenleben durchgemacht haben und zu ihrer Selbständigmachung und Vollendung nur noch eines kurzen Durchgangs durch das irdische

[1] Vergleiche die geistige Kundgabe durch J. K. L. in dem Büchlein „Unsterblichkeit und Wiedersehen", S. 82. — Über die Fürbitte für Verstorbene, die darin besteht, daß wir den armen Seelen in stiller Herzenszwiesprache die allvergebende Liebe Gottes in Jesus vortragen, siehe Gr. Ev., Bd. 8, Kap. 38, 1—8. — Über die Rettung des gefallenen Apostels und Selbstmörders Judas siehe „Die geistige Sonne", Bd. 2, Kap. 7, S. 26 ff.

Leben bedürfen. — Oder solche, die hier etwa nur irgendeine Sendung (an ihren Eltern oder an sonstigen Erdenbewohnern) zu erfüllen hatten.

Andere Seelen junger Menschenkinder sind ihrer zarten Natur wegen den rauhen irdischen Verhältnissen nicht gewachsen und ziehen sich möglichst bald in die geistige Welt zurück. Und wieder andere sieht der Herr des Lebens durch affenliebige Eltern und sonstige Erzieher verzärtelt und in ihrem Wesen derart gefährdet, daß nur ein zeitiges Hinwegnehmen die junge Seele vor dem völligen Verderben retten kann. (Vergl. ‚Erde und Mond', Kap. 61) — Und so spielen denn bei jedem dieser vom irdischen Standpunkt aus oft so betrübenden Vorkommnisse die weisesten Gründe der Ewigen Liebe mit, die wir einst, zum Schauen gelangt, mit Dank und Ehrfurcht bewundern werden.

Noch erhebender aber ist, was durch Jakob Lorber über die weitere Fürsorge Gottes für die früh dahingeschiedenen Kindlein der Erde kundgetan ist. Diese knospenjungen Seelen werden von ihren Schutzmächten von der rauhen Erde hinweg in die lichte und wonnige Geistersphäre der Sonne getragen und dort in der Hut besonderer Liebegeister großgezogen. (Gr. Ev., Bd. 2, Kap. 140, 1 ff.)

In dem Lorberwerk ‚Die geistige Sonne' (Bd. 2, Kap. 67, S. 295 ff.) ist dieses „Sonnenreich der Kinder" und die sinn- und liebevolle Art ihrer geistigen Fortbildung eingehend geschildert. Am Schluß dieser Beschreibung heißt es: Haben die jungen Seelen alle diese wunderbaren Schulen durchgemacht und sich sodann selber als Lehrer und Führer in vielen Aufgaben der geistigen Welt geübt und gestärkt, dann werden auch sie zu Bürgern der heiligen Stadt Gottes — wo sie jedoch zunächst wiederum die Allergeringsten sein und sich von den Hauptbürgern leiten lassen müssen für all die großartigen Aufgaben der Himmel. (Geistige Sonne, Bd. 2, Kap. 122.)

Frohe Botschaft

In des himmlischen Vaters Schöpfung und Haushalt geht also nichts verloren, auch nicht die kleinste, unreifste Knospe. Alles mit Liebe und Weisheit Begonnene wird auf wunderbaren Wegen schließlich von der Geduld und Barmherzigkeit des Schöpfers zur *Vollendung* gebracht. Für den hartnäckigsten Sünder und Übeltäter hat der Herr in bitteren Erfahrungen des geistigen Innenlebens die wirksamsten Belehrungsmittel. Den Vernichter des Lebens, den Selbstmörder, bringt Er zur Besinnung und baut das zerstörte Leben in ihm neu auf. Das im harten Erdboden verwelkte junge Seelenpflänzchen setzt Er in einen anderen, zarteren Boden.

Im Anfang der großen Neuoffenbarung, im ersten Kapitel der ‚Haushaltung Gottes', empfing daher Jakob Lorber den Auftrag: „Den Schwachen tue kund aus Meinem Munde: Ich bin ein starker Gott. Sie sollen sich alle an Mich wenden; Ich werde sie vollenden. Aus dem Mückenfänger will Ich einen Löwenbändiger machen, und die Furchtsamen sollen mit Mir im Bunde die Welt überwinden!" (Haushaltung Gottes, Bd. 1, Kap. 1)

Diese Botschaft der Liebe in den Eröffnungen des neuen Gotteswortes zu vernehmen, erweckt in jedem aufgeschlossenen Gemüt freudige Zuversicht und tiefen Herzensfrieden. Man fühlt sich in treuer Hut, und Dank und Liebe müssen das Herz gegenüber einem solchen Gott und Vater erfüllen. Aber es wird uns durch diese Erkenntnisse zur Herzensangelegenheit ein reinstes Suchen und ein unentwegtes Festhalten der Gotteshand, die uns zur Vollendung bringt.

72

Ein Wiedersehen — wo und wann?

Viele Menschen können sich nicht vorstellen, wo der Aufenthaltsort der abgeschiedenen Seelen, das „Reich der Geister" zu suchen ist. Und doch ist diese Frage einfach zu beantworten, wenn man sich an den Erfahrungssatz hält, daß sich Gleiches zu Gleichem gesellt.

Im ‚Großen Evangelium' wendet sich ein vom Herrn über die geistige Welt belehrter Römer an den großen Allwissenden mit der Bitte: „Herr und Meister, ich danke Dir für das gespendete Licht! Doch habe ich noch zu bemerken, daß Du uns auch anzeigen mögest, *wo* sich denn örtlich die eigentliche Geisterwelt befindet."

Wo wohnen die Geister und Engel?

Auf diese Frage erwidert der *Herr:* „Es hat zwar alle Geisterwelt mit Raum und Zeit der gerichteten und somit unfreien Welt an sich nichts mehr zu tun. Aber der *Raum* als eine äußerste Hülle ist am Ende doch der Träger aller Himmel und Geisterwelten, weil sich diese außerhalb des unendlichen Schöpfungsraumes nirgends befinden können. Und so muß es auch gewisse Räumlichkeiten geben, in denen sich die Geisterwelten örtlich befinden, obschon besonders einen vollendeten Geist die Örtlichkeit des Raumes ebensowenig angeht wie dich nun dieser Ölberg, wenn du dir Rom oder Athen denken willst. Denn für den Geist gibt es weder einen bestimmten Raum noch irgendeine gemessene Zeit (als Grenze seines Wollens und Wirkens).

Was aber das individuelle Wesen eines Geistes betrifft, so kann sich dieses dennoch, so wenig wie Ich selbst, völlig außer Raum und Zeit stellen. Und so befinden sich auch die Seelen der von dieser materiellen Welt Abgeschiedenen in einer bestimmten örtlichen Räumlichkeit, obwohl besonders die lebensunvollendeten keine Ahnung davon haben — sowenig wie du in einem Traum, in dem du dich bald in dieser und bald in einer anderen Gegend sogar tätig befindest, ohne dabei die materiell-räumliche Örtlichkeit für deine Person auch nur im geringsten zu verändern.

Du willst aber von Mir die eigentliche, gleichsam stabile Örtlichkeit kennenlernen, in der besonders die *lebensunvollendeten* Seelen nach dem Tode des Fleisches sich befinden. Ich will dir das treulich kundgeben. So höre und verstehe wohl, was Ich dir darüber sage:

Wenn ein Mensch in seinem Leibesleben eine besondere Liebe für diesen oder einen andern Ort auf der materiellen Welt hatte, so bleibt er auch als abgeschiedene Seele an demselben Ort, oft viele hundert Jahre lang, und wird dessen, wenn auch unklar, zuweilen auf dem Wege der geistigen Entsprechung inne.

Es sei aber z. B. ein Mensch, der eine große Sehnsucht in sich trägt, den Mond, die Sonne und die Sterne näher kennenzulernen. Wenn eines solchen Menschen Seele entleibt wird, so ist ihre materielle Örtlichkeit auch schon dort, wohin sie ihre Liebe gezogen hat. Dort wird sie auch bald mit den Geistern jener Welt in Verkehr treten und ihre dortigen Studien beginnen.

Ist eine Seele aber hier (auf Erden) schon von der *Liebe zu Gott* völlig durchdrungen, so wird ihre materiell-individuelle Bestandsörtlichkeit zwar aus der Nähe dieser Erde als Erziehungswiege für die Kinder Gottes nicht verändert. Aber sie wird durch Mich dennoch im hellsten Lebenslicht die ganze Unendlichkeit nach dem stets steigenden Bedürfnis ihrer Intelligenz und der daraus hervorgehenden Seligkeit durchwandern können, ohne dabei die materiell-räumliche Örtlichkeit für ihr individuelles Sein auch nur im geringsten verändern zu müssen — gleichwie auch Ich sie im Geiste nicht verändere und dennoch überall in der ganzen Unendlichkeit zugleich gegenwärtig bin.

Ein Mehreres und Tieferes kann Ich dir darüber jetzt nicht sagen. Wenn du aber im Geiste selbst wiedergeboren sein wirst, so wirst du auch noch viel mehr sonnenklar verstehen." [1]

Vom räumlichen und geistigen Sein der Jenseitigen

Der räumliche Aufenthaltsort spielt also für die Bürger der geistigen Welt keine große Rolle im Vergleich zu ihrer inneren Geisteswelt. Zur Verdeutlichung dieser Verhältnisse erklärt der *Herr* an anderer Stelle weiter:

„*Raumörtlich* hält sich eine Seele nach dem Abfall ihres Leibes, besonders in ihrer ersten Entwicklungszeit gewöhnlich dort auf, wo sie sich im Leibe auf der Erde aufgehalten hat, dies, wenn sie als noch lange nicht völlig gereift ins jenseitige Reich übertritt.

In solchem Falle sieht und hört sie aber von der Naturwelt, die sie im Leibe bewohnt hat, nichts, wenn sie sich auch räumlich auf ebenderselben Welt befindet. Ihr Sein ist mehr oder weniger wie ein heller Traum, in dem die Seele auch in einer gleichsam *aus ihr* hervorgegangenen Gegend lebt und so handelt, als befände sie sich in einer ganz natürlichen Welt, und es geht ihr die verlassene Naturwelt nicht im geringsten ab.

Aber durch Zulassungen von Gott aus wird die von ihr bewohnte Gegend oft verändert, und die Seele befindet sich dann in einer anderen, die ihrem inneren Zustande ganz angemessen ist. Bei einer solchen Seele dauert es dann oft lange, bis sie durch manche Belehrung erkennt, daß alles, was sie dort zu besitzen wähnt, eitel und nichtig ist. Kommt sie einmal aus manchen Erfahrungen und Erscheinungen zu dieser Einsicht, so fängt sie erst an, ernstlicher über ihren Zustand Betrachtungen anzustellen und daraus mehr und mehr innezuwerden, daß sie die frühere irdische Welt verlassen hat. Und die Sehnsucht wird in ihr wach, eine bleibendere und unwandelbarere Lebensstätte zu bekommen.

In solch einem Zustand wird sie von schon vollendeteren Geistern belehrt, was sie zu tun hat. Und tut sie das, wird es auch heller in ihr, weil ihr innerer Geist sie mehr und mehr durchdringt. Je mehr aber der innere Geist gleichsam in ihr wächst wie ein Kind im Mutterleibe, desto mehr Bestand beginnt alles um sie herum anzunehmen. Kommt eine Seele einmal dahin, daß ihr innerer Geist sie *ganz* erfüllt, dann kommt sie auch zum vollen Erkennen und zur klaren Erinne-

[1] Gr. Ev., Bd. 8, Kap. 33, 1 ff. Vergl. auch Bd. 8, Kap. 83, 7 ff.; Bd. 7, Kap. 65, 5 ff. 66, 11; 67, 1 ff.

rung an alles, was sie war, wie sie geworden ist, was sie gemacht und wie die Welt bestellt war, in der sie im Leibe gelebt.

Solch eine Seele kann dann diese Erde, den Mond, die Sonne, alle anderen um diese Sonne kreisenden Planeten oder Erden, und auch die anderen Sonnen in einer oder mehreren Hülsengloben auf das genaueste erschauen und sich an ihrer wunderbaren Einrichtung im höchsten Grade ergötzen und höchste Freude an der Liebe, Weisheit und Macht Gottes haben." [1]

Der räumliche Aufenthalt entspricht der geistigen Stufe

Wenn demnach für die Bewohner des Jenseits zwar die innere Geisteswelt die eigentliche Lebenssphäre ist, so ist der räumliche Aufenthaltsort ihrer Person doch nicht ohne alle Bedeutung. Wir hören darüber vielmehr, daß dieser *äußere* Standort eines jeden Geistes grundsätzlich dem Zustand seines inneren Geisteslebens entspricht, da auch in der geistigen Welt Gleiches und Gleiches sich anzieht und hier, mehr noch als in der stofflichen Welt, das Äußere der vollkommene Ausdruck des Innern ist.

Dieser Lebensregel zufolge zieht es die noch sehr *materiellen* und selbstliebigen Geister in die grobstoffliche Sphäre der Weltkörper. Sie wohnen daher gerne in der niedersten Luftregion, auf der Oberfläche oder gar im Inneren der Weltkörper und vereinigen sich dort vielfach zu finsteren und bösen Rotten. — Die besseren, zum Lichte Gottes strebenden Seelen dagegen erheben sich in die mittlere und obere Luftregion der Weltkörper. — Die himmlisch geläuterten, reinen Geister und Engel aber leben außerhalb der materiellen Sphären und Luftregionen in den endlosen Räumen des Äthers. Sie können vermöge ihrer himmlischen Machtvollkommenheit sich nicht nur geistig, sondern nach dem Willen Gottes auch raumörtlich in der ganzen Schöpfung an jeden ihnen erwünschten Ort begeben. [2]

In der ‚Geistigen Sonne' (Bd. 2, Kap. 57, S. 254) vernehmen wir darüber: „Es gibt Geister, die überaus schwerfällig und finster sind und daher ihr Leben auch nur in den dichtesten, innersten Teilen der Erde fristen können. — Und wieder gibt es Geister, welche etwas leichter sind, und daher die oberen Teile der Erde wie die Gewässer bewohnen, andere, die in der halben unteren Luftregion leben und dort ihr Wesen treiben. — Und wieder gibt es Geister vollkommenerer Art, welche die oberen reineren Luftregionen, etwa von der Gegend der Gletscher angefangen, bewohnen. — Und wieder gibt es (noch vollkommenere) Geister, welche die erste Region des Äthers, und dann solche, welche die höchsten und freiesten Ätherregionen, die freien Räume zwischen den Weltkörpern bewohnen. — Und endlich gibt es allervollkommenste Geister, welche die oberen Sphären der Sonnen bewohnen, die da sind ein ewiges Licht."

Was aber den Verkehr unter allen diesen Geistern anlangt, so gilt in dieser großen Geisterstufung: „Die Geister einer unteren Stufe können die einer höheren Stufe in der Regel nicht erschauen. Wohl aber ist solches umgekehrt möglich und auch so geordnet."

[1] Gr. Ev., Bd. 7, Kap. 66, 10 ff.; Bd. 8, Kap. 37, 13 ff.

[2] Gr. Ev., Bd. 1, Kap. 152, 4; Kap. 140, 2 ff.; Bd. 9, Kap. 141, 4 ff.; Erde und Mond, Kap. 28; Geistige Sonne, Bd. 2, Kap. 108.

Gibt es ein Wiedersehen?

Werden wir nun in dieser geistigen Welt aber auch unsere lieben Abgeschiedenen wirklich einmal wiedersehen dürfen? Auf diese Frage, welche gar vielen Menschen überaus am Herzen liegt, erwidert der Herr nach dem Büchlein ‚Unsterblichkeit und Wiedersehen':

„Ja, so und so — je nachdem der Mensch dies irdische Probeleben mehr oder weniger vollkommen nach Meiner, allen Menschen geoffenbarten Ordnung durchlebt hat!

Wer es *hier* schon, was jedem möglich ist, zur wahren Wiedergeburt seines Geistes gebracht hat und als *voll* Wiedergeborener hier so lebt, daß ihm die Geisterwelt mit all ihren Verhältnissen und ihrer auf die materielle Welt einfließenden Wirkung, sowie auch die materielle Welt selbst völlig klar erschaulich ist — bei dem kann die Ablegung seines Fleischleibes unmöglich irgendeine Veränderung in seinem Denken, Wollen, Erinnern und lebendigen Bewußtsein bewerkstelligen. Denn da die Materie nur als eine auf bestimmte Zeit festgehaltene Gottesidee ins erscheinliche Sein tritt und das Leben mit allen seinen Auswirkungen schon diesseits ganz in den höchst bewußten Geist übergeht — so dürfte es für jeden Denkenden mit Händen zu greifen sein, daß das rein geistige Leben jenseits ein viel helleres und aller Lebensverhältnisse bewußteres sein muß, und zwar um so viel mehr, als der Geist ewig erhaben ist über alle Materie.

Daß dagegen *unvollkommene* Seelen sich nach ihrem Freiwerden vom Leibe (oft) mehr und mehr verfinstern, liegt in ihrem bösen Willen. Solche Seelen oder ‚böse Geister' sehen dann nur das, was sich aus ihrer eigenen Phantasie gleich einer niederen Traumwelt entwickelt. Darin verharren sie oft Hunderte von Jahren. Sie sehen die stets neu ankommenden Seelen,wenn sie auch auf der Erde ihre nächsten Verwandten waren, *nicht,* sondern nur ihre lang andauernde Phantasiewelt. Sie sind (in diesem Zustande) nur den Engeln durch pure Entsprechungen, welche diese in die Phantasiewelt solcher blinden Seelen einzuschieben imstande sind, zur Belehrung zugänglich. Wenn sie solche Belehrung und Besserung ihres Willens annehmen, dann verschwindet nach und nach ihre Traumwelt, und sie kommen dann stets mehr zum wahren Licht und zur Anschauung alles Seienden und damit auch zum Wiedersehen ihrer Verwandten und Freunde. Sie erkennen diese nun als solche bald wieder und haben eine rechte Freude an ihnen." (‚Unsterblichkeit und Wiedersehen', Seite 17 ff.)

Das dauernde Wiedersehen kommt aber erst im eigentlichen Himmelreich, d. h. auf der Vollendungsstufe der reinen Geistigkeit. Hier erlangt die völlig zur himmlischen Demut und Liebe geläuterte *Seele* die vom göttlichen Wesenbildner erstrebte vollkommene Verbindung mit dem ihr innewohnenden rein göttlichen *Geist* und durch diesen mit dem gesamten Gottesleben im Schöpfungsraume. Sie erschaut, empfindet und erkennt nun alles im ganzen All und wird fähig, überall, wo es Gottes Wille ist, gegenwärtig und wirksam zu sein. Und da ist es ihr dann natürlich auch gegeben, mit allen Abgeschiedenen, den nahen und fernen, in allen Sphären der Menschen-, Geister- und Engelwelt nach freiem Belieben zu verkehren. [1]

[1] Vergl. Gr. Ev., Bd. 7, Kap. 58, 7 ff.; Kap. 65, 5 ff.; Kap. 66, 14 ff.

73

Der breite Weg im Jenseits

Durch Jakob Lorber ist uns kundgemacht, daß die Weiterreifung der unvollendet aus dem irdischen Leben scheidenden Seelen in der geistigen Welt zunächst in einem traumartigen inneren Geistesleben vor sich geht, das von den Schutzmächten der Seele beeinflußt und geleitet wird. Wie verhält es sich aber mit den Begriffen Fegfeuer und Paradies, Hölle und Himmel? Was haben diese Stationen zu bedeuten?

Nach den Lehren der Neuoffenbarung bezeichnen diese Begriffe jenseitige geistige *Entwicklungsstufen*, nicht bestimmte Örtlichkeiten — obwohl, wie wir im vorangehenden Kapitel sahen, zwischen dem geistigen Entwicklungszustand einer Seele und deren räumlichen Aufenthaltsort stets eine bestimmte Beziehung obwaltet.

Wie kommt man in den Himmel oder in die Hölle?

Wir vernehmen darüber:

„Unter dem Begriff „Hölle“ sollt ihr euch keinen bestimmten Kerker denken, in den man kommen kann, sondern nur einen Zustand, in den sich ein freies Wesen durch seine Liebeart, sein Handeln versetzen kann. Und wer nur einigermaßen reif zu denken imstande ist, wird leicht begreifen, daß ein jeder Mensch *so lange* der Hölle angehört, als er nach ihren Prinzipien handelt. Diese aber sind Hochmut, Eigenliebe und Selbstsucht und stehen zu den himmlischen Prinzipien im Gegensatz, welche da sind die Demut, die Liebe zu Gott und die Liebe zum Nächsten.

Wer bei sich klar erfahren will, ob er der Hölle oder dem Himmel angehöre, der frage nur sorgfältig sein eigenes Gemüt. Sagt dieses nach seiner Grundneigung und Liebe: „Das ist mein, und jenes ist auch mein — und das möchte ich, und jenes auch — gebt mir alles, denn ich will alles!“ — da ist noch die *Hölle* der positive Pol.

Wenn aber das Gemüt sagt: „Nichts ist mein, weder dieses noch jenes — alles ist des Einen, und ich bin des Geringsten nicht wert. Und so ich etwas habe oder hätte, soll es nicht mein, sondern meiner Brüder sein!“ — wenn das die innere Antwort des Gemütes ist, so ist der *Himmel* der positive Pol.

Wenn sonach jemand eine Maid erwählt hat, die ein anderer auch erwählt, und ist dann der erste alsbald voll der gröbsten Eifersucht, wenn der zweite auch Zutritt erhält, so ist bei ihm schon der Pol der *Hölle* agierend. — Spricht aber der erste: „Meine Liebe, du allein bist deines Herzens Gebieterin. Ich liebe dich wahrhaft, darum will ich kein Opfer von dir, wohl aber bin ich bereit, dir jedes Opfer zu deinem Besten zu bringen. Ich liebe nicht mich in dir, sondern dich allein in mir. Daher hast du von mir aus auch die vollkommenste Freiheit, alles zu ergreifen, was du zu deinem Glück für am meisten tauglich hältst.“

Sehet, aus dieser Sprache leuchtet schon der Bürger des Himmels heraus. Denn so spricht man im *Himmel.* Wer so vom Grunde seines Herzens aus sprechen kann, in dem ist schon kein Tropfen der Hölle mehr vorhanden. Denn wer sich bei diesem heikelsten Punkte verleugnen kann, der wird sich in den anderen um so leichter verleugnen. Wer aber da eifersüchtig wird und bricht sogleich mit seiner Geliebten und verwünscht sie in seinem Herzen durch Verachtung, Groll und Zorn und begegnet ebenso seinem Nebenbuhler, der handelt schon aus der Hölle, die bei ihm ganz klar den positiven Pol bildet.

Ich meine, das dürfte nun wohl hinreichen, um jedermann begreiflich zu machen, wann bei ihm die „Hölle" oder wann der „Himmel" zum positiven Pol wird. Und so wird niemand mehr mit der lächerlichen Frage zum Vorschein kommen: „Wie und wann kommt man in die Hölle oder in den Himmel?" — Denn niemand *kommt in* die Hölle noch in den Himmel, sondern ein jeder *trägt beides in sich.*" (Geistige Sonne, Bd. 2, Kap. 118.)

Der Ort macht's nicht

„Siehe", spricht der *Herr* im ‚Großen Evangelium', „in einem Hause wohnen zwei Menschen. Der eine ist mit allem zufrieden, was er im Schweiße seines Angesichtes unter dem Segen Gottes dem Erdboden entlockt. Seine größte Freude ist es, mit den noch ärmeren Brüdern seinen Vorrat zu teilen. So ein Hungriger zu ihm kommt, hat er Freude ihn sättigen zu können, fragt ihn nie ärgerlich um den Grund seiner Armut und verbietet ihm nicht, daß er wiederkommen dürfe, so es ihn wieder hungern sollte.

Kurz, diesen Menschen kann nichts in seiner Liebe und seinem Vertrauen zu Gott sowie in der Liebe zu seinen irdischen Brüdern stören. Zorn, Neid, Hader, Haß und Hochmut sind für ihn fremde Begriffe.

Sein Bruder ist dagegen der unzufriedenste Mensch. Er glaubt an keinen Gott und sagt: ‚Gott ist ein leerer Begriff, mit dem die Menschen den höchsten Grad der diesirdischen Macht bezeichnen. In der Dürftigkeit kann nur ein dümmster Mensch glücklich sein, gleichwie auch die verstandlosen Tiere glücklich sind, wenn sie nur das spärlich erhalten, was ihr stumpfer Naturtrieb verlangt.' — Mit solcher Gesinnung verwünscht ein solcher Mensch sein ärmliches Sein, verflucht die Armut in seinem Herzen und sinnt auf Mittel, wie er sich große Reichtümer verschaffe, um damit seine herrschsüchtigen Ideen zu verwirklichen. Seinen zufriedenen Bruder verachtet er, und jeder noch Ärmere ist ihm ein Greuel. Kommt ein Armer zu ihm, so fährt er ihn an mit allerlei Scheltworten und sagt: ‚Weiche von mir, du faule Bestie! Arbeite, so du einen Fraß haben willst! Gehe zum ungeratenen Bruder meines Leibes; dieser, selbst ein gemeines Lasttier, arbeitet für deinesgleichen!'

Siehe, diese beiden Brüder, Kinder eines Vaters und einer Mutter, leben in einem Hause beisammen. Der erste ist ein Engel, der zweite nahe ein vollendeter Teufel! Dem ersten ist die ärmliche Hütte ein Himmel, dem zweiten dieselbe Hütte ohne irgendeine Veränderung eine reinste Hölle voll der bittersten Qual. — Siehst du nun, wie Himmel und Hölle auf *einem* Fleck beisammen sein können?" [1]

[1] Gr. Ev., Bd. 2, Kap. 9, 2 ff.; Kap. 237, 2 ff.; Bd. 6, Kap. 33, 6 ff.

Was deine Liebe will —

„Durch dein Herz wirst du nach dem Tode deines Leibes hinaustreten in den endlosen Gottesraum, und nach der Art deines Herzens wirst du ihn entweder als Himmel oder als Hölle antreffen!

Denn es gibt nirgends einen eigens geschaffenen Himmel noch irgendeine Hölle, sondern alles das kommt aus dem Herzen des Menschen. Und so bereitet sich ein jeder Mensch im Herzen, je nachdem er Gutes tut oder Böses, entweder den Himmel oder die Hölle. Wie er glaubt, will und handelt, so wird er auch seines Glaubens leben, aus dem heraus sein Wille genährt ward und ins Handeln überging.

Jeder aber prüfe die Neigungen seines Herzens, und er wird leicht erfahren, wessen Geistes sein Herz voll ist: Ziehen seine Neigungen das Herz und dessen Liebe zur Welt hinaus und fühlt er in sich eine Sehnsucht, in der Welt etwas Großes und Angesehenes zu werden, hat das hochmütige Herz ein Mißbehagen an der armen Menschheit, und fühlt den Trieb in sich, zu herrschen über die andern, ohne zum Herrschen von Gott erwählt zu sein — so liegt im Herzen schon der *Same der Hölle.* Und so er nicht bekämpft und erstickt wird, bereitet er dem Menschen nach dem Tode des Leibes offenbar nichts denn die Hölle.

Ist aber des Menschen Herz voll Demut, und fühlt er sich glücklich, der Geringste unter den Menschen zu sein, allen zu dienen, seiner selbst der Liebe zu den Brüdern und Schwestern wegen gar nicht zu achten, dem Vorgesetzten willig zu gehorchen in allen *guten,* den Brüdern nützenden Dingen, und liebt er Gott über alles — dann erwächst im Herzen der *himmlische Same* zu einem wahren, ewig lebendigen Himmel. Und der Mensch, der so schon den gesamten Himmel in seinem Herzen birgt voll wahren Glaubens, reinster Hoffnung und Liebe, der kann nach dem Tode des Leibes unmöglich irgendwo anders hinkommen als ins Himmelreich Gottes, das er in aller Fülle schon lange im Herzen trug!“ [1]

Das große Mittelreich

Was geschieht aber mit einer Menschenseele nach dem Austritt aus der sterblichen Hülle des Leibes? Wohin gelangt sie zunächst nun räumlich-geistig? Darüber vernehmen wir durch Lorber: Nach dem Abscheiden wird eine jede unvollendete Seele von ihren geistigen Schutzmächten in die mittlere Luftregion, das sogenannte „Mittelreich“ erhoben, wo viele Seelen ihresgleichen in traumartigem Zustande schweben.

In dem Lorberwerk ‚Die geistige Sonne‘ wird über die erste jenseitige Seinsstufe gesagt: „Sehet die naturmäßig-geistige Sphäre eurer Erde, das sogenannte ‚Mittelreich‘, welches auch den Namen ‚Hades‘ führt und ungefähr das ist, was ihr als Römischgläubige (freilich ziemlich stark irrig) unter dem ‚Fegfeuer‘ verstehet. Am besten kann dieses Reich einem großen Eintrittszimmer verglichen werden, wo alles ohne Unterschied des Standes und Ranges eintritt und sich zum

[1] Gr. Ev., Bd. 2, Kap. 8, 6 ff.; vergl. auch Robert Blum, Bd. 1, Kap. 27, 3; Bd. 2 Kap. 164, 8 u. 11; Kap. 226, 6; Gr. Ev., Bd. 8, Kap. 18, 2 ff.; Bd. 10, Kap. 197, 10 ff.; Robert Blum, Bd. 2, Kap. 278, 4 ff.; Gr. Ev., Bd. 6, Kap. 244, 7.

ferneren Übertritt in die eigentlichen Gastgemächer gleichsam vorbereitet. Ebenso ist auch dieser ‚Hades' derjenige erste *naturmäßig-geistige Zustand* des Menschen, in den er gleich nach dem Tode kommt.

Denn niemand gelangt entweder sogleich in den Himmel oder in die Hölle, außer es müßte im ersten Fall jemand schon auf der Erde vollkommen wiedergeboren sein aus der reinen Liebe zum Herrn, oder er müßte im zweiten Falle ein allerböswilligster Frevler gegen den Heiligen Geist sein. Im ersten Falle wäre ohne Eintritt in das Mittelreich der Himmel, im zweiten Falle aber sogleich die unterste Hölle zu erwarten. Der Himmel darum, weil ihn ein solcher Mensch schon in höchster Vollendung in sich trägt, und die Hölle darum, weil ein solcher Mensch alles Himmlischen völlig ledig geworden ist.

Das große ‚*Mittelreich*' ist die Hauptwerkstätte für alle himmlischen Geister. Da bekommen alle vollauf zu tun. Denn denket euch diesen Ort, der alle Stunden eures Tages viele Tausende neuer Ankömmlinge erhält. Diese müssen alle sogleich durchgeprüft und an den ihnen vollkommen entsprechenden Ort gebracht werden — oder besser gesprochen: Sie müssen sobald in einen solchen Zustand hineingeleitet werden, der mit ihrer Grundliebe in eins zusammenfällt. — Daher müssen sie in all ihren Neigungen erforscht und erprobt werden. Und wohin sie dann am meisten neigen, dahin muß ihnen geistig der Weg geöffnet werden.

Jeder Arzt muß ja zuvor seinen Patienten sehr gründlich erkennen, bevor er ihm eine Medizin verschreiben kann, die ihn von Grunde aus heilen soll. Auch Jenseits ist niemandem mit einer Scheinkur gedient. Also muß auch dort ein jeder neue Ankömmling erstens ein *Generalbekenntnis* von A bis Z seines Lebens ablegen. Ist solches erfolgt, dann geschieht eine Veränderung des Zustandes, welche die vollkommene *Enthüllung* heißt. In diesem Zustand steht dann ein jeder Geist völlig ‚nackt' da und gelangt dann in einen dritten Zustand, welcher die *Abödung* oder auch die *Abtötung* alles dessen genannt wird, was der Mensch (an irdischen Begierden und Schwächen ins Jenseits) mitgenommen hat." [1]

Zustände im Mittelreich

In ‚Erde und Mond' (Kap. 31) wird über das lebhaft bewegte *Traumleben* der Seelen in diesem ‚Mittelreich' gesagt:

„Eines jeden Verstorbenen Seele und Geist kommen gleich nach dem Tode zunächst in diese Region, in welcher der Mensch (in der ‚Einbildung' seines inneren Geisteslebens) gerade so fortlebt, wie er auf Erden gelebt hat. Er genießt da die volle Freiheit und sucht sich (in seinem traumartigen Innenleben) ganz natürlich seinesgleichen auf. Da geschehen dann vereinliche Zusammenrottungen. [2] Und wo mehrere einmal so in einem Verein beisammen sind, da werden bald *Pläne* geschmiedet, wie dieses oder jenes (gewöhnlich) durch Gewalt oder List könnte erreicht werden.

[1] Geistige Sonne, Bd. 2, Kap. 120; vergl. auch Erde und Mond, Kap. 30 ff.

[2] Die wegen ihrer geistigen Gleichartigkeit oder sonstigen Zusammengehörigkeit örtlich (wie Schlummernde in einem Schlafsaal) vereinigten Seelen beginnen durch gegenseitige fluidale Beeinflussung ein gemeinsames inneres Geistesleben, ähnlich einem gemeinsamen Traume.

Unter solchen Vereinen gibt es dann auch Verräter, die einen Plan ihres Vereines einem anderen mächtigeren Verein verraten. Wenn zwei Vereine oder manchmal auch mehrere durch die Verräter in die Kenntnis gegenseitiger arger Pläne kommen, da gehen Rüstungen vor sich, welche in der naturmäßigen Welt sich als stets zunehmende Wolkentrübungen erschauen lassen. Es dauert nicht lange und die erbitterten Heere ziehen gegeneinander. Allein über ihnen sind die alles durchblickenden, mächtigen Friedensgeister. Diese senken sich herab, nehmen die erbitterten Heere gefangen und werfen sie zur Erde herab. Hier dauert es dann wieder eine Zeit, bis sie sich zusammengerafft und Kraft und Mut gesammelt haben, um wieder nach und nach dorthin zurückzukehren, von wo sie hinabgeworfen wurden. Wenn die Geister nach einer solchen kräftigen Zurechtweisung sich demütigen und dadurch in den Stand gebracht werden, den Namen *Jesus* aussprechen zu wollen und in diesem Namen Hilfe, Rettung und Heil suchen, werden sie alsbald von den Friedensgeistern freundlich begrüßt und in die dritte (Luft-) Region geleitet, wo sie dann schon in Verbindung mit diesen reinen Geistern leben und von da nach dem Grade der Zunahme ihrer Liebe zu Gott und seiner Ordnung stets höher aufsteigen." (Erde und Mond,Kap. 31, S. 91)

Solche innere Geisteswelten und Geisteserlebnisse sind auch in dem Lorberwerk ‚Die geistige Sonne' (Band 1 und 2) sowie in dem Büchlein ‚Jenseits der Schwelle' eingehend und vielseitig geschildert. Und es geht daraus hervor, wie weise diese Führungen von den Schutzmächten geleitet werden und wie eindringlich deren Wirkung ist.

Der Weg abwärts — Die Vorhölle

Geht eine Seele im Mittelreich auf die Belehrungen ihrer Schutzmächte *nicht* ein, sondern will sie in ihren unlauteren Gedanken und Trieben beharren und ihren alten Leidenschaften weiterfrönen, so verändert sich ihre innere Vorstellungswelt in entsprechender Weise und die Seele gelangt in den Geisteszustand der sogenannten *‚Vorhölle'*.

Wie sich dieser Zustand als Innenerleben der Seele ausspricht, wird in vielen Beispielen in dem Lorberwerk ‚Die geistige Sonne'(Bd. 1, Kap. 23 bis 38) geschildert. Wir blicken hier in die kahlen, kalten, dämmrig-düsteren Wohnwelten der hartherzigen Reichen, der kalten, hochmütigen Stoiker, Gelehrten und sonstigen Verstandesmenschen, der falschen Priester, untreuen Beamten, Lebemänner und Lebedamen und hören von deren licht- und freudlosem Dasein, durch dessen Öde die Seelen zur Aufnahme eines höheren Lichtes zubereitet werden sollen. Die einen Bewohner dieser Sphäre sehen wir das von oben gebotene Licht dankbar ergreifen; die andern schauen wir in Zorn und Abscheu sich von ihm abwenden. Besonders lehrreich ist hier das tragische Geschick eines Ehepaars, wobei der schwache Mann durch das arge, einst schöne Weib immer tiefer in das höllische Verderben gezogen wird.

74

Die Hölle — Gottes Feueresse

Manche Seele entfernt sich, obwohl sie das Gute kennt, aus Hochmut oder Selbstsucht immer weiter aus der Gottesordnung und mithin auch aus dem Bereich der segensvollen Lebensströme des göttlichen Geistes. Das innere Geistesleben wird dann, je mehr eine solche Seele sich in ihrer Gottesverachtung verrennt, um so finsterer und grauenvoller. Und dieser Zustand der bewußten und hartnäckigen Bosheit heißt die *„Hölle"*. Er hat nach Lorber drei Grade (Geist. Sonne, Bd. 1, Kap. 20; Rob. Blum, Bd. 2, Kap. 162, 10)

Die drei Grade der Hölle

„In der *ersten* Hölle", so lesen wir bei Lorber, „ist die Seele nichts als ein Genuß- und Freßpolyp, und das aus lauter stummer Selbstsucht und Selbstliebe.

In der *zweiten Hölle* ist durch eine starke ‚Fastenbehandlung' die begierliche Seele mehr und mehr eingeschrumpft und dem mit ihr verbundenen Geiste dadurch mehr Freiheit geworden. Im seltenen, besseren Falle kehrt so mancher Geist [1] hier um, kräftigt sich und erhebt dann auch seine Seele (d. h. den unedleren Teil) stets mehr und mehr. Im gewöhnlichen, schlimmen Falle erwacht der Geist [1] zwar auch; da er aber in diesem Erwachen in solcher Vernachlässigung seiner „Seele" sich überaus gekränkt und übel behandelt fühlt, so wird er zornig. Er läßt in diesem Zustand mehr und mehr die Idee in sich aufkeimen, daß ihm für solche Unbill von Seite der Gottheit eine kaum zu berechnende, große Genugtuung zukommen sollte. Je mehr der Geist sich mit dieser Idee beschäftigt, desto stärker setzt er seine Rechnung an und desto unzufriedener wird er mit jedem ihm vorgeschlagenen Maß der ewigen Genugtuung.

Aus dieser immer größeren Forderung, die in der wachsenden Unzufriedenheit ihren Grund hat, geht dann der stets mehr wach werdende (Seelen-)Geist in ein sich rächenwollendes Selbstgenugtuungsgefühl über. In diesem Gefühl wird er endlich zum vollkommenen *„Verächter Gottes"* (Teufel). Er ersieht auch seine

[1] Unter „Geist" ist hier der höhere, selbstbewußte Teil der Seele zu verstehen, nicht der reine, göttliche Geistfunke. Denn von diesem eigentlichen „Geiste Gottes" im Menschen heißt es in ‚Erde und Mond' (Kap. 58): „In der Seligkeit geht die Seele ganz in den Geist über, und der Geist ist dann das eigentliche Wesen. In der Verdammnis aber will die Seele den Geist ausstoßen und einen anderen, nämlich den des Satans annehmen. In diesem Fall wird sie dem Geiste höchst unähnlich, daher der Geist in ihr die vollkommen entgegengesetzte Polarität ist. Als solche übt er dann jene Gegenkraft aus, welche von Satan fortwährend gewaltigst abstößt. Je näher eine Seele dem Wesen des Satans kommt, desto heftiger ist die Reaktion des Geistes in ihr gegen den Satansgeist. Diese Reaktion aber ist für die Seele die allerschmerzlichste Empfindung, und daher kommt auch das Leiden und die Pein der Hölle, wie sich auch eben diese Reaktion als das unerlöschliche Feuer in der Erscheinlichkeit kundgibt. Und das ist eben der ‚Wurm' in der Seele, der ‚nicht stirbt', und dessen Feuer nicht erlischt. — Es ist somit ein und dasselbe Feuer, welches im Engel die höchste Seligkeit und im Teufel die höchste Unseligkeit gebiert."

Unzerstörbarkeit und stärkt sich mit der Idee, daß der Geist sich durch die Erhöhung seiner Begriffe und Forderungen ins Unendliche stärken kann. Aus diesem Gefühl erwächst dann sogar auch die satanische Idee, daß die Gottheit sich fürchte vor der stets wachsenden Macht solcher Geister. Durch diese Wahn-Idee wird das übermächtige Selbstgefühl des Geistes immer stärker, das Rachegefühl gegen eine vermeintliche Verschmitztheit der Gottheit stets größer. Der Geist geht dann in satanischen Abscheu vor der Gottheit über, fängt an sie zu verachten und zu hassen, dabei aber sich selbst als ein höheres Wesen anzusehen. Tritt dieser Fall ein, dann ist die *dritte* Hölle auch schon fertig." [1]

Kämpfe in der Hölle

Da die gemäß ihrer Gleichgesinnung örtlich in denselben Sphären vereinten Seelen des Jenseits sich gegenseitig empfinden und in ihrem inneren Geistesleben beeinflussen, so gestalten sich diese inneren Erlebnisse für die friedlosen Seelen in der Hölle gleich einem furchtbaren, endlosen Kampfestraum.

„Denke dir", so erklärt der *Herr* einem Jünger, „zahllos viele solcher Geister, die von nichts als von grenzenlosester Selbstsucht und schrankenlosestem Hochmut erfüllt sind, wie diese untereinander wirtschaften! Denke dir aber noch, daß sie jenseits (in ihrem inneren Geistesleben) ganz frei sind, daß kein Gesetz sie auf irgendeine Art bindet und ein jeder tun kann, was er will. Wenn du dir das so richtig vor Augen führst, so wirst du da eine Anarchie sehen, von der die Erde kein Beispiel aufzuweisen hat.

Ein jeder will gleich der höchste Herr sein. Die im gleichen Bösen und Falschen sind, rotten sich gegen andere, welche im andern Bösen und Falschen sind. Da gibt es einen ewigen Hader, Zank, Krieg und gegenseitige Verstümmelungen von der grauenhaftesten Art. Und klauben sich die Verstümmelten wieder zusammen, da sind sie dann gar rachgierig und versuchen mit ihren Vorstellungen und Trugkünsten sich als allerlei Zauberer und Künstler bemerkbar zu machen. Haben sie sich dadurch nach und nach einen großen Anhang erworben, dann wehe denen, die sie verstümmelt haben!

Und so gibt es für jede Art Böses und Falsches ganz große Vereine, die nur eine Weile in einer Scheinharmonie miteinander bestehen. Haben sie irgendeinen anderen Verein bestürmt, ihn gesprengt und Beute gemacht, so will dann bei der Teilung ein jeder der Anführer gewesen sein und somit auch den größten Teil der Beute an sich ziehen. Dadurch kommt der siegende Verein untereinander in Streit. Zuerst wird gelost. Ist einem durch das Los der größte Teil zugefallen, so werden ihm dann noch allerlei Proben echt höllischer Art vorgestellt, ob er sich getraut, sie zu bestehen. Es werden ihm große Verheißungen gemacht, sogar die Krönung zum König und Gott aller Vereine. So er sich den Proben nicht unterziehen will, wird ihm der kleinste Teil der Beute zugedacht, was ihn natürlich in geheime Wüt versetzt. Nimmt er dagegen die Proben an, wird er fürchterlich gemartert und muß sich alle möglichen Beschimpfungen gefallen lassen und selbst die größten Schmerzen standhaft ertragen.

[1] Geistige Sonne, Bd. 2, Kap. 107; Kap. 108.

Jetzt gilt dann das römische Sprichwort: Aut Caesar, aut nihil! (Entweder Herr sein oder nichts!). Er nimmt die Proben an, und hat er diese überstanden, so wird er zwar ein Scheinkönig, aber diese Ehre dauert nicht lange. Es gibt bald Meutereien und der gemarterte König wird abgesetzt. Ein Diktator setzt sich an seine Stelle und gibt Konstitution über Konstitution, wobei dann ein jeder für seinen Sack sorgt. Das ist dann wieder denen nicht recht, die dabei zu kurz kommen, und erzeugt schon wieder Verschwörungen, aus denen bald eine Gegenmeuterei der gräßlichsten Art zum Vorschein kommt. Und so kann es da niemals zu einer Ordnung kommen." [1]

Dämonen und Teufel

Die Gesellschafter und Verführer der armen Seelen auf diesen unseligen Wegen sind schon im Erdenleben die Schergen Satans, die Dämonen und Teufel.

Unter ‚*Dämonen*' versteht man urgeschaffene, mit Satana (Luzifer) aus der Ordnung Gottes in die äußerste Widerordnung verfallene Geister, welche noch nicht zum Demutsweg durch das Menschenfleisch sich angeschickt haben. Es sind das also Wesen der allerhartnäckigst bösen, echt satanischen Gesinnung. — Unter ‚*Teufeln*' dagegen versteht man *Menschenseelen,* welche, sei es im Diesseits oder im Jenseits, völlig dem argen, höllischen Geiste verfallen sind und somit höllisch denken, wollen und handeln.

Im ‚Großen Evangelium' spricht der *Herr:* „Ihr fragt: ‚Gibt es denn im Ernst einen persönlichen Satan und einen persönlichen Teufel?' Und ich sage: O ja, es gibt deren schon hier, noch im Fleische wandelnd, und noch um ein Großes mehr im weiten Jenseits. Diese sind fort und fort bemüht, einen argen Einfluß auf das Diesseits auszuüben, einmal durch die rohen Naturgeister, die noch in allerlei Materie der Ausreifung wegen weilen, dann aber auch unmittelbar (auf die Menschen) durch gewisse geheime Einflüsterungen, Anreizungen und Verlockungen. Sie merken bei den Menschen gar wohl die verschiedenen Schwächen und Anlagen, bemächtigen sich derselben und fachen sie zu glühenden Leidenschaften an. Ist aber eines Menschen Schwäche einmal zur glühenden Leidenschaft geworden, dann befindet er sich schon ganz im Zustande des Gerichts der Materie und ihrer argen Geister. Und es ist für ihn dann schwer, sich davon loszumachen.

Das könnet ihr auch annehmen, daß es wohl auf keinem Weltkörper ärgere und bösere Teufel gibt als eben in und auf dieser Erde. Wenn es ihnen zugelassen wäre, würden sie die Erde und ihre Bewohner gar arg zurichten. Aber es wird das nicht zugelassen. Und damit die Teufel das nicht tun können, so sind sie eben darum mit aller Blindheit behaftet, und ihre Vereine gleichen jenen Sicherheitsanstalten dieser Erde, in denen die argen Narren und Wahnsinnigen festgehalten werden, auf daß sie den anderen Menschen nicht schaden können." [2]

Beruhigend fügt der *Herr* an anderer Stelle noch bei: „Wenn deine Seele aus Mir rein und stark ist, so kann sie sich in den ärgsten Teufelsvereinen befinden,

[1] Gr. Ev., Bd. 6, Kap. 238, 2—5. — Weitere Erscheinungsbilder der Hölle siehe ‚Die geistige Sonne', Bd. 1, Kap. 38 u. 39; Bd. 2, Kap. 109 ff.; Robert Blum, Bd. 2, Kap. 163 ff. (Cado und Satana); Gr. Ev., Bd. 10, Kap. 113 ff.

[2] Gr. Ev., Bd. 8, Kap. 35, 12 u. 17; vergl. auch Bd. 5, Kap. 70, 6; Kap. 97, 5; Erde und Mond, Kap. 58; über Dämonenandrang Gr. Ev., Bd. 5, Kap. 96, 1 ff.

und sie werden ihr nicht den geringsten Schaden zufügen können. Denn eine reine und aus Mir starke Seele befindet sich, mitten unter zahllosen Legionen von persönlichen Teufeln, dennoch vollkommen im Reiche der Himmel, die da nicht sind ein äußeres Schaugepränge, sondern inwendig im Herzen der vollkommenen Seele. Solch eine Seele wird zu einer Mir ähnlichen Schöpferin ihres seligsten Wohnreiches, in das ewig kein persönlicher Teufel zu dringen vermag.“ [1]

Der Wohnort der Dämonen und Teufel

Über den irdischen Aufenthalt der Geister der Finsternis wird ein Schriftgelehrter, der sich vor diesen Wesen schützen möchte, vom *Herrn* belehrt:

„Da wir nun schon davon reden, so will Ich euch auch die besonderen Wohnörtlichkeiten der persönlichen Teufel etwas näher bezeichnen, und so höret denn: Sehet unter den Menschen jene öffentlichen Häuser und Gebäude an, in denen viel betrüglicher Handel und Wandel getrieben wird, wie z. B. nun im Tempel und in vielen anderen Kauf- und Verkaufhäusern! Das sind denn auch besondere Aufenthaltsorte für viele persönliche Teufel. Und so sind auch jene Häuser, in denen allerlei Unzucht, Hurerei und Ehebruch getrieben wird, ebenfalls besondere Wohnörtlichkeiten für die persönlichen Teufel. Ebenso auch jene Berge und Höhlen, in denen Menschen mit großer Hast und Gier dem Golde, Silber und anderen Erdschätzen nachgraben. Desgleichen Wälder und Höhlen, in denen sich Diebe, Räuber und Mörder aufhalten. Ebenso auch die Kriegslager und -felder, die Wege der kaufmännischen Karawanen und die Flüsse, Seen und Meere, auf denen ein starker Gewinnhandel getrieben wird.

Und weiter sind die Länder und Gründe, Wiesen, Äcker, Weinberge und Wälder der harten Ungläubigen und auch der geizigen und hartherzigen Reichen besonders beliebte Wohnorte für die persönlichen Teufel. Desgleichen auch die Luft über und in jenen bezeichneten Wohnstätten sowie das Feuer, die Wolken und der Regen und auch alle Götzentempel und falschen Orakel. Ferner halten sich die persönlichen Teufel gar sehr zahlreich dort auf, wo ihr eine große irdische Pracht und den mit ihr verbundenen starken Hochmut erschauet.

An Orten aber, die von Menschen nicht bewohnt werden und auch von ihren Sünden nicht verunreinigt worden sind, halten sich die persönlichen Teufel nicht auf, außer es bereiste sie eine weltgewinnsüchtige Menschenkarawane; dieser zuliebe würden sich dann dort auch die persönlichen Teufel bald wohnlich einfinden.

Warum aber die persönlichen Teufel gerade die genannten Aufenthaltsorte lieben, das liegt für den, der das Frühere nur einigermaßen aufgefaßt hat, von selbst klar auf der Hand und bedarf darum keiner weiteren Erklärung.“ [1]

Ewige Höllenpein

Da die Hölle kein „kerkerlicher Strafort“, sondern ein „geistiger Seelenzustand“ ist, so ist klar, daß es sich bei der in der Heiligen Schrift den unseligen Geistern angedrohten „ewigen Pein“ nicht um materielle Feuersgluten und der-

[1] Gr. Ev., Bd. 8, Kap. 36, 4 und 6 ff.; vergl. auch Erde und Mond, Kap. 58 ff.

gleichen handelt, sondern um *geistige* Qualen und Leiden, die sich die hartnäckigen Seelen in den Erlebnissen ihres geistigen Innenlebens durch ihre arge Gesinnung selber zuziehen.

Da diese Seelen sich selber von der Urquelle alles Lichts und Lebens, von Gott, dem Vater, entfernen und dadurch des Zustromes der heiligen göttlichen Lebensgeistkräfte berauben, so entbehrt ihr geistiges Innenleben des Lichts und der Wärme, d. h. der göttlichen Liebe, Weisheit und Kraft. Es wird in ihnen immer finsterer, kälter und friedloser, bis zu den äußersten Graden geistiger Qual und Pein. Und eben in dieser äußersten Finsternis, Kälte und Friedlosigkeit der Seele besteht die *Pein der Hölle.* [1]

Inwiefern ist diese Pein nun aber „ewig"? Sollen etwa die Seelen in alle Ewigkeit fort zur Strafe für ihre Sünden in solchen Qualen weiterleben müssen? Nein, der Wille eines allbarmherzigen Gottes kann dieses nicht sein! Die geistige Pein soll auch in ihren höllischen Graden nur dazu dienen, die hartnäckigen Seelen zu erweichen, sie zur willigen Aufnahme höherer und besserer Erkenntnisse zuzubereiten und für die reine, himmlische Liebe zu reifen. Ewig ist die Pein also *nur so lange,* als der „Sünder" sich nicht zur Ordnung Gottes bekehrt. — Kehrt er um, was freilich bei den hartnäckigen Seelen der Unterwelt höchst schwer ist und erst nach den qualvollsten Erfahrungen geschieht, so wird die Pein von ihm genommen. Sein inneres Geistesleben lichtet und erwärmt sich, d. h. es belebt sich mit neuen, glücklichen Vorstellungsbildern. Und so kann dann eine Seele — wenn auch meist nur mit großen Schwierigkeiten — auch aus dem ersten und zweiten Grade der Hölle wieder zurückkommen. Kaum möglich ist dies allerdings aus dem alleruntersten dritten Grade, wo die allerunversöhnlichste Gottes- und Lebensverachtung wohnt — obschon auch hier für die Allbarmherzigkeit Gottes nicht alles ausgeschlossen sein dürfte.

Diese ernste, aber doch trostvolle Bekundung, die allein mit der Alliebe Gottes übereinstimmt, finden wir mit aller Klarheit in den Neuoffenbarungsschriften vielfach ausgesprochen. So sagt der *Herr:*

„Wer wegen Verkehrtheit seiner Liebe in einem ersten oder zweiten Grade der Hölle sich befindet, kann nach vielen allerbittersten Erfahrungen wieder das werden, was er uranfänglich war. Sein Bewußtsein wird ihm belassen, seine Erinnerung bleibt ihm, und er kann zur Vollendung gelangen.

Aber so der Mensch durch die Mir unerträglichste *Lauheit* weder kalt noch warm ist, sich um nichts kümmert, weder um etwas Gutes noch um etwas Böses, oder es ist ihm das eine wie das andere so, daß er auf der einen Seite ganz kaltblütig die größten Greuel und manchmal auch etwas Gutes ausüben kann — dem also gleich ist Gott oder Teufel, Tag oder Nacht, Leben oder Tod, Wahrheit oder Lüge — der ist dem eigentlichen ewigen Tode verfallen und befindet sich ganz eigentlich in der alleruntersten Hölle, aus der in ein und derselben Urwesenheit kein Herauskommen mehr denkbar ist. Der Grund solch eines Zustandes ist der allerkonzentrierteste Hochmut, der alle Grade der Selbstsucht und Eigenliebe durchgemacht hat und sich in solch hochgradiger Verdichtung gewisserart *selbst erdrückt* und so um das Urleben des Geistes gebracht hat. Und eben darin besteht der eigentliche *ewige Tod,* welcher das Schlimmste alles Schlimmen ist, weil da das eigentliche Sein ein völliges Ende nimmt.

[1] Vergl. Erde und Mond, Kap. 58; Gr. Ev., Bd. 10, Kap. 111, 5.

Solch eine Seele ist dann gänzlich verdorben. Ihre erste Gesamtheit muß durch des (göttlichen Geist-)Feuers Gewalt in ihre einzelnen Spezifikalpotenzen [1] aufgelöst und darauf, mit ganz neuen gemengt, auf langen Wegen durch die Pflanzen- und Tierwelt eines anderen Planeten in einem ganz fremden Sonnengebiete in eine höchst untergeordnete Form eines Menschen übertragen werden." [2]

Falsche Himmel- und Höllenpredigt

Vom übereifrigen Drohen mit der Hölle aber sagt der *Herr:*

„Wenn du glaubst, daß entweder die Hölle oder der Himmel als Beweggründe dienen sollen, durch welche die Menschen vom Bösen abgehalten und zum Guten hingeleitet werden sollen, so bist du noch von einem grundfalschen Glauben erfüllt. Denn der ganz schlechte Mensch lacht über deine Hölle und über deinen Himmel, und der ganz Gute ist gut auch ohne deine Hölle und ohne deinen Himmel.

Die Hölle und der Himmel, so gestaltet, wie du dir die Sache vorstellst, sind erst recht geeignet, jeden Menschen so schlecht wie möglich zu machen. Denn wer das Gute nur des *Lohnes* wegen tut, der leiht sein Geld auf hohe Zinsen aus; und wer das tut, hat keine Nächstenliebe und noch weniger Liebe zu Gott. Nehmen wir aber den Himmel und die Hölle weg und sehen uns nachher deine ‚frommen Menschen' an! Siehe, da werden diese noch ärger zu wüten und zu toben anfangen als ein großgewinnsüchtiger Makler, dem sein Schuldner mit dem dargeliehenen Gelde durchgegangen ist. Und weil sie keine Höllenstrafen mehr zu befürchten haben, werden solche Menschen dann nur durch die sanktionierten Weltgesetze zu bändigen sein.

Es ist von je falsch gehandelt gewesen, daß die Alten ihren Kindern die Hölle so heiß wie möglich machten und den Himmel mit allen Farben des Lichtes und mit allen den Menschensinnen frönenden Annehmlichkeiten ausmalten. Dadurch bewirkten sie wohl eine Art Gottesfurcht, die aber wegen der zu leicht erreichbaren Hölle und wegen des zu schwer zu gewinnenden Himmels nie in wahre Liebe zu Gott und dem Nächsten überging, sondern bei den schwächeren Gemütern in stets größere Furcht ausartete und sich bei den stärkeren Gemütern voll mehr inneren Lichtes in eine volle Gleichgültigkeit gegen Gott und die Nebenmenschen umwandelte. Denn diese stärkeren Menschen glaubten für sich gar nichts, doch machten sie die Sache pro forma mit, um das gemeine Volk bei dem Glauben zu erhalten, auf daß es sich nicht wider die empöre, für die es arbeiten mußte.

Die weitere Folge davon aber ist die nunmalige beinahe gänzliche Gottlosigkeit unter den Menschen, die schon lange in größter Wut gegen die Herrenmenschen aufgestanden wären und sie sehr tätlich gefragt hätten, aus welchem Grunde sie ihnen untertänig sein müssen — wenn nicht die weltlichen Gesetze sie mit dem Schwerte davon abgehalten hätten.

[1] Urlebensfunken.

[2] Rob. Blum, Bd. 2, Kap. 294, 4 ff.; über das bedeutsame Kapitel „ewige Verdammnis" siehe weiter: Grundfragen Bd. 3, Kap. 68; Rob. Blum, Bd. 2, Kap. 226, 6 ff. und Kap. 227, 1 ff.; über die Hartnäckigkeit der Höllengeister und die Schwierigkeit ihrer Erlösung: Rob. Blum, Bd. 1, Kap. 24, 5 ff.

Sieh, das alles ist eine Folge von solcher falscher ‚Gerechtigkeit' der Menschen, die allzeit mit den schärfsten Worten predigen, daß Gott zwar die Guten im Himmel ewig belohne, aber infolge seiner unerbittlichen Gerechtigkeit die Bösen auch ewig in der schrecklichsten Hölle mit unerhörtesten Martern ewig ohne alle Linderung strafe!" (Gr. Ev., Bd. 6, Kap. 243, 3 ff.)

Gottes „Zorn" ist höchste Liebe

Der „Zorn Gottes", der besonders im Alten Testament der Bibel wie auch heutzutage noch in Wort und Schrift so mancher Eiferer und Glaubensgerechtler eine große Rolle spielt, ist, da Gott durch und durch Liebe und Liebesweisheit ist, im Grunde nichts als die allerhöchste *Barmherzigkeit* Gottes.

Im ‚Großen Evangelium' erklärt der *Herr* einem höheren Tempelpriester: „So ihr leset von einem Zorn Gottes, da sollt ihr darunter verstehen den ewig gleichen und festen *Ernst* seines Willens. Und dieser Ernst des Willens in Gott ist aber eben der innerste Kern der allerreinsten und allermächtigsten Liebe, aus der die Unendlichkeit und alle Werke in ihr hervorgegangen sind — und diese kann doch ewig niemandem gram werden! Oder meint von euch wohl jemand, daß Gott gleich wie ein dummer Mensch zürnen könne?" (Gr. Ev., Bd. 4, Kap. 141, 2)

„Ja, Gottes Weisheit kann wohl unwillig werden, so schon gebildete und wenigstens zur Hälfte reif gewordene Menschen mutwillig oder auch böswillig gegen die Ordnung Gottes sich auflehnen. Aber dafür ist wieder die Liebe Gottes da, die in ihrer großen Geduld stets jene tauglichen Mittel den verkehrten Bestrebungen der Menschen entgegenzustellen versteht und sie wieder auf den rechten Weg bringt. Dadurch muß dann am Ende Mein Endzweck mit der Menschheit immer erreicht werden, ohne daß der Mensch durch eine allmächtige Rache Gottes dazu gleich einer Maschine genötigt wird.

Aber selbst diese Mittel sind nicht als eine Folge der göttlichen Zornmacht anzusehen, sondern rein nur als eine Folge der verkehrten Handlungsweise der Menschen. Ja, die Welt und die Natur hat von Gott aus ihre notwendigen und unwandelbaren Mußgesetze, und zwar in der rechten Ordnung; und dergleichen Gesetze hat auch der Mensch seiner Form und seinem leiblichen Wesen nach. Will der Mensch nun irgend wider diese Ordnung sich auflehnen und die Welt umgestalten, so wird er darum nicht von einem willkürlichen Zorn Gottes gestraft, sondern von der beleidigten, streng fixierten *Gottesordnung* in den Dingen selbst, die so sein *müssen,* wie sie sind." (Gr. Ev., Bd. 4, Kap. 143, 1 ff.)

Dies ist nicht nur im zeitlichen, naturmäßigen Dasein ein Lebensgesetz, sondern gilt auch in der jenseitigen Welt und ihren Entwicklungen.

Die Hölle verdammt sich selbst

Zu einem mit der Liebe und Gerechtigkeit Gottes hadernden Geiste spricht der *Herr:*

„Die ganze Ewigkeit kann dir in Wahrheit nicht einen Fall vorweisen, wo auch nur ein Geist von Gott aus verdammt worden wäre! Aber zahllose Fälle kann Ich dir vorführen, wo Geister zufolge ihrer vollen Freiheit die Gottheit verabscheuen und verfluchen und um keinen Preis von deren endloser Liebe abhängen wollen, da sie selbst Herren, sogar über die Gottheit, zu sein sich dünken!

Da aber die Gottheit nur jenen ihre endlose Liebefülle in vollsten Zügen geben kann, die sie genießen wollen, so wird es klar, daß jene, welche die Gottheit samt ihrer endlosen Liebe auf das bestimmteste über alles hassen und verachten und ein grobes Gespött aus ihr machen, dieser Liebe eben darum nicht teilhaftig werden können, weil sie auf das entschiedenste derselben nicht teilhaftig werden *wollen.*

Solche Wesen lieben nur sich selbst allein und hassen alles, was sie nicht für ihr selbstsüchtiges Ich als vollkommen tauglich und demselben tiefst ergeben finden. Die Gottes- und Nächstenliebe ist ihnen ein Greuel der Verwüstung, ein Fluch in ihrem Herzen! Gott ist ihnen nur eine pure Fadheit eines zelotisch verbildeten Gemütes, eine Albernheit eines im höchsten Grade verdummten Verstandes, und der Nächste nicht wert, daß man ihn ansähe.

Wenn aber freie Geister dabei hartnäckig verharren und durch kein ihrer Freiheit gegebenes Mittel von ihrem Wahne zu heilen sind und sich eher aller Bitterkeit und Herbe, die sie sich selbst bereiten, für ewig unterziehen wollen, als sich auch nur ein allersanftestes Gebot von der Gottheit gefallen zu lassen — sage, kann da die Gottheit an solch einer *Selbstverdammnis* die Schuldträgerin sein? Und so die Gottheit aus reinster Liebe solche Abtrünnige durch ihre Allmacht, Liebe und Weisheit von ihren seligen Freunden absondert, ihnen aber auf den abgesonderten Zustandsorten dennoch die vollste Freiheit beläßt, kann sie dann als hart und lieblos gescholten werden?" (Rob. Blum, Bd. 1, Kap. 24, 5—9)

„Wenn die Gottheit die absolut frei werden sollenden Geister mit ihrer Allmacht richtete, wäre es mit der Freiheit auf ewig vorbei. Die Allmacht würde da statt der freien Geister nur gerichtete Spielpuppen schaffen, aber ewig nie von der Gottheit ganz frei und unabhängig sich selbst bestimmende Geister, die in ihrer Vollendung selbst Götter werden sollen! Die göttliche Weisheit verfügt daher solche Zustände über entartete Menschen, durch die sie wieder auf den Weg zum rechten Ziel gebracht werden können. Es ist zwar das auch ein Gericht und gewisserart eine Nötigung, aber nur den Außenmenschen berührend, auf daß der innere desto eher und leichter erwache und seine wahre Bestimmung wieder ergreifen möge." (Rob. Blum, Bd. 1, Kap. 25, 4 ff.)

Dankgebet eines Erkennenden

In dem Lorberwerk „Die Haushaltung Gottes" ruft einer der *Urväter,* der diese Geheimnisse der göttlichen Liebe und Führungsweisheit erkennen durfte, aus:

„O heiliger Vater! Ich bin wie von einem langen Schlafe erwacht und sehe nun in den klarsten Umrissen, was alles Deine unendliche Vaterliebe tut, um Deine Geschöpfe wahrhaft zu beleben und selbständig frei zu machen und sie dann zu erziehen und zu erheben zu Deinen wahren Kindern, damit sie als solche neben Dir, Du guter Vater, etwas sein möchten!

Aus Liebe verbargst Du Dich vor ihnen, damit sie Dich suchen und darüber die Welt und ihre vergänglichen Reize vergessen möchten! Wer je unreif sich Dir näherte, den wiesest Du sanft zurück und setztest ihn auf ein gutes Erdreich, damit er desto schneller reif würde und dann, mit vielfacher Frucht beladen, zu Dir heimkehren könne. Und Du belohnst ihn darum, daß er sich von Dir unendlich lieben und mit zahllosen Wohltaten überhäufen ließ!

Du gewahrtest schon lange die große Lauigkeit unseres Herzens. Aber anstatt uns wohlverdient zu strafen, suchtest Du selbst uns sichtbar heim und lehrest uns durch heilige Worte und Taten, Dich und auch das ewige Leben in uns zu erkennen.

Himmel, Erde und alle Elemente setzest Du unsertwegen sichtbar in Bewegung und läßt selbst durch den erschütternden Donner unseren tauben Ohren Deine große Liebe und Erbarmung predigen. Und durch die hellsten Blitze wecktest Du unsere in Todesschlaf versunkenen Augen, damit sie schauen die Werke Deiner unendlichen Vaterliebe, ja endlich Dich selbst, Du heiliger Vater!

O Vater, wer kann Dich je genug lieben, wer Dir auch im tausendsten Teil danken nach kindlicher Gebühr? O mein Herz, nun dehne dich über alle sichtbaren Himmel hinaus! Und du, der wahren Liebe neuerwachte, heilige Flamme, fülle mein Herz bis zu oberst, damit ich Dich, o heiliger Vater, aus allen meinen Kräften über alles zu lieben vermöge!

Jetzt erst tauchen alle die Worte, die Du oft zu mir geredet hast, wie hell glänzende Sterne auf. Ja, jetzt erst wird mir alles klar! Vom ersten Kindesmorgen her fühle ich jetzt, daß in jedem Lüftchen, das mit meinen Haaren spielte, in jedem Tautröpfchen, das je meine Füße benetzte, ja in allem, was immer mich je berührte, Deine unendliche Liebe, o Du heiliger Vater, wirkend war.“ (Haushaltung Gottes, Bd. 1, Kap. 161, 2 ff.)

75

Paradies und Wiedergeburt

Erwächst in den mittleren und unteren Sphären des Jenseits in einer Seele durch ihre geistigen Innenerlebnisse die Sehnsucht nach himmlischem Licht, Frieden und Seligkeit und wendet sie sich im Gebet an Gott um Hilfe und Erlösung, so werden ihr alsbald durch ihre Schutzgeister höhere Erkenntnisse geboten und Wege gezeigt, auf welchen sie zu besseren Verhältnissen gelangen kann. Die sich nun ergebenden, vom Geiste reinerer Liebe verklärten *Seelenzustände,* die entsprechungsweise eine wonnigere Vorstellungswelt der Seele zur Folge haben, heißen die „Paradiese“ oder der „Vorhimmel“.

„Ich sage euch: Fürwahr, ein reumütiger Blick zum guten Vater genügt, um der Hölle zu entrinnen. Sehet den Missetäter am Kreuze! Er war ein Räuber und Mörder. Aber da blickte er zum Herrn empor und sprach in schmerzhafter Zerknirschung seines Herzens: „O Herr! Wenn Du in Dein Reich kommst, und wider uns große Missetäter zu Gericht ziehen wirst, da gedenke meiner und strafe mich nicht zu hart für meine großen Missetaten, die ich verübt habe!“ — Und seht, der allmächtige Richter sprach zu ihm: „Wahrlich, heute noch sollst du bei Mir im Paradiese sein!" [1]

Die Gefilde der Seligen

In diesem Zustand der Entwicklung sehen sich die Seelen zumeist in wunderbaren, fried- und lichtvollen Gärten und Landschaften von himmlischer Schönheit. Selige Wesen umgeben sie als ihresgleichen und genießen mit ihnen den Umgang und die Belehrung höherer Engel, die aus den Himmeln als Boten des Vaters herniedersteigen und sie in freundlichster Weise über die Liebe und Ordnung Gottes, des Vaters in Jesus, und die Geheimnisse der Himmel unterrichten. Durch die Schauungen von Sehern und Seherinnen sind diese Paradieswelten schon vielfach geschildert worden. Auch in den Neuoffenbarungsschriften finden sich zahlreiche Beschreibungen, so in dem Lorberwerk ‚Die geistige Sonne' (Bd. 1, Kap. 41 ff. und Kap. 70 ff.) oder in dem Büchlein ‚Jenseits'. Und in den Werken ‚Bischof Martin' und ‚Robert Blum' wird das ganze paradiesische Erleben der dort geschilderten Seelen vor uns entrollt, bis die Entwicklung in die himmlischen Sphären einmündet.

Die Friedensregion

Über den Ort, in dem die Paradiesseelen sich *räumlich* befinden, erfahren wir in ‚Erde und Mond': Diese Seelen wohnen in der obersten Luftregion der Erde, der sogenannten Friedensregion. Von dieser, in einer Höhe von etwa 17 000 Metern beginnenden Luftregion, in der Gelehrtensprache bekannt als „Stratosphäre", hat die Wissenschaft festgestellt, daß dorthin die Stürme und Wolken der niederen Regionen nicht reichen und daß daselbst eine vollkommene Windstille und ewige Klarheit herrscht. Und durch Lorber vernehmen wir, daß diese naturmäßige Ruhe und Klarheit dem geistigen Friedenszustand der dort lebenden reineren Seelen und Geister ebenso entspricht, wie die Stürme und Wettergewölke der niederen Regionen den friedlosen Zuständen der dortigen ungeläuterten Bewohner.

In ‚Erde und Mond' wird gesagt: In dieser Region sind schon lauter vollkommenere Geister. „Diese genießen fortwährend Licht. Denn auch natürlichermaßen wird es in solcher Höhe nie vollkommen finster. Aber in der *geistigen* Natur ist da schon fortwährend ein ununterbrochener Tag. Denn diese dritte Region befindet sich schon in einem reingeistigen Stadium, während die zweite Region noch nicht rein und sehr häufig Trübungen ausgesetzt ist; noch mehr aber die erste oder unterste Luftregion, in der, gleichsam auf der ersten Stufe, Gutes und Böses durcheinander wallt." (Erde und Mond, Kap. 28)

[1] Geist. Sonne, Bd. 2, Kap. 117, S. 483; vergl. auch Gr. Ev., Bd. 4, Kap. 53, 1 ff.; Bd. 10, Kap. 125, 6; Bd. 7, Kap. 218 ff.

Die Paradiese, ein Ort der Sammlung

Warum aber müssen hier, in der obersten Luftregion, diese besseren Seelen noch verweilen?

„Seht, kein Geist, der von der natürlichen Erde noch so vollendet in die geistige übergeht, kann sogleich in das eigentliche Himmelreich emporsteigen. Und das darum nicht, weil zu seiner Vollendung noch immer etwas (an stofflich gestimmten Lebensfunken) im Erdenleib zurückbleibt, was er nur nach und nach aufnehmen kann. Erst wenn er den letzten Rest dessen, was ihm angehörte, veredelt und vergeistigt in sein Wesen aufgenommen hat, kann er diese Region verlassen und in eine wirkliche erste Stufe des Himmelreiches eingehen.

Der *Geist* zwar an und für sich, als das Urprinzip des Lebens aus Mir, braucht freilich nichts aus dem Erdkörper zu seiner Vollendung. Aber seine äußere Wesenheit, die da ist die *Seele*, muß das wieder in sich vereinen bis aufs letzte Atom, was ihr einst aus der Fülle Meiner sie formenden Idee gegeben ward. Dieses Gegebene besteht in den endlos vielen Intelligenzpartikeln . . ., welche ursprünglich zu ihrer Wesenheit gehörten und die sie auf dem langen Kreiswege (des Lebens) sich angeeignet hatte. Darum heißt es auch, daß „alle Haare auf dem Haupte" gezählt sind. Und nur derjenige, der nach Meiner (Jesu) Lehre wandelt, der sammelt; wer aber anders handelt, der zerstreut. Also muß der Geist noch eine Zeit warten, bis all das Seinige von seiner Wesenheit (Seele) aufgenommen worden ist. Wie aber erkennt da der Geist das Seinige? Das liegt schon in der ewigen Ordnung. Wie jedes Gras sein Spezifikum aus dem zahllosen Spezifikalgemenge genau herausfindet, noch genauer findet der Geist das Seinige." (Erde und Mond, Kap. 28)

In diesem vollkommenen Wiederbringen liegt eben der einstige vollkommenste Grad der Seligkeit. Daß die schon rein gewordenen Geister noch längere Zeit in dieser dritten Region verweilen müssen, um ihre seelischen Spezifika aufzunehmen, d. h. bis ihr Irdisches verwest und aus der Verwesung in ihr Seelisches übergegangen ist — das ist nicht etwa als eine Strafe zu betrachten. Es ist eine gleiche Notwendigkeit wie die Dauer des Leibeslebens auf der Erde, welche auch eine gewisse Zeit währen muß, bei manchem kürzer, bei manchem länger, damit der Geist Zeit gewinne, sich in seinem Wesen mehr und mehr zu manifestieren.

Wenn manchmal solche reine Geister auch mehrere hundert Jahre in dieser dritten Region verweilen, so verlieren sie dadurch nicht nur nichts, sondern sie können nur gewinnen. Denn dort geht ihnen durchaus nichts mehr ab, sie sind überaus glücklich und selig. Was aber ihre stets zunehmende Intelligenz betrifft, so ist das ja offenbar ein steter Gewinn. Und je mehr sie da gewinnen, desto vollkommener werden sie dahin kehren, wo es sich um ihre ewige Bestimmung handelt. Haben sie in den Paradiesen nur eine kleine Aufgabe vor sich und haben diese ordentlich und weise erfüllt, so werden sie einst desto tauglicher sein, in den Himmeln Großes zu verwalten, wo sie als Engelsgeister nicht nur über einzelne Teile eines Weltkörpers, sondern über ganze Weltenalle und Sonnengebiete geistig, und von da aus an der Materie ihre Tatkraft werden ausüben müssen.

Ja, Meine Lieben, wo ihr mit euren Augen wenig oder nichts erblicket, da gehen gar große Dinge vor sich!" (Erde und Mond, Kap. 29, S. 85)

Was tun die Paradiesbewohner?

Ein schon reiferer Geist in der Paradiessphäre „schlichtet und ordnet die Wege für jene, die als Neulinge in diese Region emporkommen, und weist ihnen Ort und Handlung an. Dann beherrscht er belehrend die schon reineren Geister in der unteren Region; und wenn allda Reibungen und Trübungen vorkommen, so senkt er sich wie alle seinesgleichen als Friedensstifter hinab und wirkt da energisch.

Wenn aber fremde Geister aus anderen Weltkörpern hier anlangen, dann prüft er sie. Befindet er sie als tüchtig, so führt er sie auf den rechten Wegen zur Erde nieder, ist bei den Zeugungen durch seinen Einfluß zugegen und hilft solch neu angekommenen Geistern auf den Weg des Fleisches dieser Erde. Er sorgt dann auch, daß diese Geister genau jene prüfenden Wege im Fleische geführt werden, welche sie anderweltenorts, um Kinder des Herrn zu werden, zu wandeln beschlossen haben.

In dieser dritten Region wohnen so ganz eigentlich die sogenannten ‚*Schutzgeister*‘ der Menschen. Doch sind diese reinen Geister noch nicht Alleinherrscher und können es auch noch nicht sein, weil ihnen noch in vielem die vollendete Erkenntnis mangelt. Daher sind auch fortwährend vollkommene Engelsgeister über und unter ihnen, welche diesen Geistern allezeit die richtige Anweisung geben, was sie zu tun und zu schlichten haben. Aber für die Geister ist eben diese dritte Region ein wirkliches Paradies, wo sie alles haben, was nur immer ihr Herz in der Liebe zu Gott erfreuen kann. Da gibt es herrliche Gegenden, die sich jedoch nach der Beschaffenheit des Geistes richten; denn da wird schon jeder Geist der Schöpfer seiner Gegend, in der er zu Hause ist. Diese Gegend ist überaus reich an schönen Dingen. Der Geist genießt da alles in Fülle, und jeder Hunger ist ferne von ihm.

Und seht, eben in diesem Genuß nimmt dann der Geist nach und nach alles das auf, was noch von seiner Wesenheit an der Erde kleben geblieben ist ... Und wenn er nun alles dies aufgenommen hat und er der Erde und sie ihm nichts mehr schuldig ist, dann erst hat er seine völlige Solidität erreicht und kann dann zur höheren Vollendung in das Reich der Himmel aufgenommen werden.

Es kann jedoch auch Geister geben, die noch manches ihnen Gehörige aus euch schon bekannten Gründen in anderen Weltkörpern haben. Diese steigen dann auch zu den Sphären jener Weltkörper empor, woher sie entweder ihr Hauptspezifikum bezogen oder wo sie einst schon körperlich gelebt haben, um auch dort das ihnen Gehörige abzuholen; aber das alles auf dem Wege der Liebe, die allein das anziehende Prinzip ist. Und das muß alles durch freie Wahl geschehen, in der ein jeder Geist strebt, in sich das zu sammeln, was Mein (des himmlischen Schöpfers und Vaters) ist, um es Mir dann in seiner großen Liebe vollkommen wiederzubringen.“ (Erde und Mond, Kap. 28)

Die Berge als Niederkunftsplätze der Paradiesbewohner

„Diese reinen Paradiesbewohner“, erklärt der *Herr* in ‚Erde und Mond‘ weiter, „kommen nicht selten in die zweite, manchesmal auch in die erste Region herab. Hauptsächlich aber sind jene Stellen auf der Erde ihre sichtbaren Niederkunftsplätze, die ihrer bedeutenden Höhe wegen fortwährend mit Schnee und Eis bedeckt sind. Darin liegt auch der Grund, warum solche Gegenden für fast jeden Menschen eine magisch beseligende und zugleich das ganze Gemüt erheiternde, stärkende Anziehungskraft haben. Wer da traurigen Herzens ist und voll Unruhe in seinem Gemüt, begebe sich in Meinem Namen auf eine solche Höhe oder gehe wenigstens in ihre Nähe, und seine Seele wird wie mit stärkendem Balsam übergossen werden.

Während das Gemüt in den tieferen Regionen stets dumpfer und leidender wird, ähnlich dem Gefühl eines Bergschluchten- und Höhlenbesteigers, wird es bei einem, der eine solche reinere Höhe erstiegen hat, immer heiterer. Und wer da hinaufkommt, mag freudig ausrufen: ‚Herr, hier ist gut sein!‘

Ich füge dann zwar hinzu: ‚Es ist noch nicht an der Zeit für dich, hier zu bleiben.‘ Aber dessenungeachtet sage Ich: Gehet gerne auf Berge! Denn auch Ich, als Ich im Leibe wandelte auf der Erde, ging häufig auf Berge. Auf einem Berge ward Ich verklärt; auf einem Berge trieb Ich den größten Versucher von dannen; auf einem Berge predigte Ich das Himmelreich; auf einem Berge betete Ich, und auf einem Berge ward Ich gekreuzigt! Darum gehet gerne auf die Berge! Denn nicht nur euer Geist, sondern auch euer Leib gewinnt mehr dabei als aus hundert Apotheken.“ (Erde und Mond, Kap. 29)

Durch die Paradiese zur geistigen Wiedergeburt

In der paradiesischen Region müssen die Seelen alle sogenannten „Sieben Geister Gottes“, d. h. alle jene Grundeigenschaften ausbilden, in welchen das wahre göttliche Wesen besteht: die Liebe, die Weisheit, die Willenskraft, die Ordnung, den Ernst, die Geduld und die Barmherzigkeit.

Von dem Engel *Raphael* werden im ‚Großen Evangelium‘ (Bd. 7, Kap. 18) diese „sieben Geister Gottes“ in ihrer sinnvollen Reihenfolge beleuchtet und sodann (Kap. 20) dargelegt, wie wichtig deren gleichmäßige Ausbildung für die geistige Vollkommenheit der Seelen im Diesseits und im Jenseits ist.

„Nur wenige Menschen“, sagt der Engel, „gibt es, die alle die sieben Geister (schon auf Erden) in sich zur vollen und gleichen Tätigkeit bringen und dadurch wahrhaft Gott und uns Engeln Gottes gleich werden. Denn gar viele kümmern sich wenig darum und erkennen sonach das wahre Geheimnis des Lebens in sich ganz und gar nicht. Solche blinde und halbtote Menschen können dann auch den ihrem Leben zugrunde liegenden Zweck nicht erreichen, weil sie sich nur von einem oder dem andern der sieben Geister leiten und beherrschen lassen.

So lebt der eine nur aus dem Geiste der alles an sich ziehenden *Liebe* und achtet der anderen Geister gar nicht. Was ist dann ein solcher Mensch anders als ein nie genug habendes Raubtier? Solche Menschen sind stets voll Eigenliebe, Neid und Geiz und sind gegen alle ihre Nebenmenschen hartherzig.

Andere wieder haben eine erleuchtete Liebe und sind somit auch recht *weise* und können ihren Nebenmenschen ganz gute Lehren geben; aber ihr *Wille* ist schwach, und sie können darum nichts völlig ins Werk setzen. Wieder andere gibt es, bei denen die Geister der Liebe, der Weisheit und des Willens ganz tätig sind; doch mit dem Geiste der *Ordnung* sieht es schwach aus. Diese Art Menschen werden auch recht klug und manchmal sogar weise reden und auch hier und da etwas Vereinzeltes ins Werk setzen. Aber der aus allen sieben Geistern weise Mensch wird nur zu bald an ihren Worten, Reden und Werken ersehen, daß darin keine Ordnung und kein Zusammenhang waltet.

Und wieder gibt es Menschen, welche Liebe, Weisheit, Willen und Ordnung besitzen; aber es fehlt ihnen der Geist des *Ernstes*. Sie sind darum ängstlich, furchtsam (und unstät) und können ihren Werken selten eine volle Wirkung verschaffen.

Wieder andere sind dabei auch voll Ernst und Mut; aber mit der *Geduld* sieht es schwach aus. Solche Menschen überstürzen sich gewöhnlich und verderben mit ihrem Eifer oft mehr, als sie gutmachen. Ohne Geduld geht es jedoch nicht. Denn der Mensch muß warten, bis die Traube völlig reif wird, will er eine gute Ernte machen. Will er die Reife nicht abwarten, so muß er es sich selbst zuschreiben, so er einen untrinkbaren Säuerling erntet.

Die Geduld ist also in allem ein notwendiger Geist: Erstens zur Beherrschung des oft ins Unendliche gehen wollenden Geistes, den ich Ernst nannte — weil dieser Geist dann in Verbindung mit der Liebe, Weisheit und dem Willlen in den größten Hochmut ausartet, der beim Menschen dann keine Grenze findet. Und zweitens, weil die Geduld die Mutter der Barmherzigkeit ist, welcher Geist als rückdurchwirkend erst allen vorhergehenden Geistern die göttlich-geistige Vollendung verleiht und der Menschenseele zur vollen und wahren Wiedergeburt im Geiste verhilft.

Darum hat der Herr euch allen die Liebe zu Gott und zum Nächsten vor allem ans Herz gelegt und dazu gesagt: ‚Seid barmherzig, wie auch euer Vater im Himmel barmherzig ist, und seid sanftmütig und demütig, so wie auch Ich von ganzem Herzen sanftmütig und demütig bin!' Der Herr gebot euch Menschen, den *siebenten* Geist vor allem darum auszubilden, weil eben in diesem letzten Geist alle vorhergehenden enthalten sind und durchgebildet werden. Wer demnach diesen letzten Geist mit allem Eifer bildet, der stärkt auch die vorangehenden Geister und wird dadurch am ehesten und sichersten vollendet." (Gr. Ev., Bd. 7, Kap. 20, 1—9)

Diese Entwicklung der Seele zur geistigen Wiedergeburt und die Herrschaftsergreifung des Geistes in der Seele vergleicht der Herr bildhaft mit einem Sonnenaufgang. (Gr. Ev., Bd. 7, Kap. 1, 2 ff.) Und an anderer Stelle gibt Er dem Judas für den höchsten Grad der so zu erreichenden Vollendung einen gewissen zahlenmäßigen Maßstab. „Teile du", sagt der Meister zu dem rechnerischen Jünger, „deine Liebe gerade in 666 Teile! Davon gib Gott 600, dem Nächsten 60 und dir selbst 6, so bist du ein vollendeter, wiedergeborener Mensch." (Gr. Ev., Bd. 2, Kap. 77, 1 ff.)

Zeichen der Wiedergeburt

Der *Herr:* „Ein jeder Mensch hat eine unsterbliche Seele und in der Seele einen unsterblichen Geist. Auf daß aber die Seele, als ein aus der Materie sich entwickelnder Geist, mit dem Urgeiste Gottes, der „Liebe" heißt, vollkommen eins werde, muß die Seele selbsttätig all ihr Streben dahin richten: Fürs erste sich der Materie und ihren Anforderungen zu entziehen und all ihr Trachten, Tun und Treiben allein nach dem rein Geistigen zu richten, und fürs zweite fortwährend dafür besorgt zu sein, eins zu werden mit dem in ihr ruhenden Geiste der reinen Liebe Gottes.

Wie aber kann ein Mensch erfahren, ob seine Seele eins geworden ist mit dem wahren Geiste Gottes in ihr? Das erfährt er aus sich überaus leicht! — Wenn du in dir keinen Hochmut, keinen unnötigen Ehrgeiz, keine Ruhmsucht, keinen Neid, keine Hab- und Glanzsucht, keine Eigenliebe, aber dafür desto mehr Liebe zum Nächsten und zu Gott lebendig und wahr fühlst, und wenn es dir eine wahre Herzensfreude macht, dein Hab und Gut im Notfall an notleidende Brüder und Schwestern zu verteilen, ja, wenn du ein ordentliches Leid im Herzen fühlst, einem Armen nicht helfen zu können, wenn dir Gott alles und die ganze Erde mit ihren Schätzen nichts sein wird — dann ist deine Seele völlig eins mit dem Geiste Gottes in ihr. Sie hat das vollkommene, ewige Leben erreicht, ist weise, und wo nötig durch ihr bloßes Wollen wundertatkräftig!" (Gr. Ev., Bd. 5, Kap. 51, 3 ff.)

Freilich kann nur ein ganz reines, demütiges Streben zu diesem Vollendungsstand führen. — „Wer die Wiedergeburt erreichen möchte wegen irgendwelcher Wundereigenschaften (aus Großmachtstreberei und selbstsüchtigen Gründen), der darf versichert sein, daß ihm solche Gnade nicht zuteil wird. Denn das hieße buchstäblich, die edelsten Perlen den Schweinen zum Futter vorwerfen.

Liebe zu Mir, große Herzensgüte, Liebe zu allen Menschen — das ist in einem Bündel beisammen, das richtige *Zeichen der Wiedergeburt.* Wo aber dieses fehlt und die Demut noch nicht für jeden Stoß stark genug ist, da nützen weder Heiligenschein, noch Kutte, noch Geistervisionen etwas. Alle dergleichen Menschen sind dem Reiche Gottes oft ferner, als manche andere mit einem sehr weltlich aussehenden Gesicht. Denn das Reich Gottes kommt nie mit äußerem Schaugepränge, sondern inwendig in aller Stille und Unbeachtetheit in des Menschen Herzen." [1]

Bedeutung und Folgen der Wiedergeburt

Über die Bedeutung der Wiedergeburt im Diesseits und Jenseits geben die Lorberschriften tiefe und vielseitige Aufschlüsse.

„Wenn die Seele", spricht der Herr, „sich bis zu einem gewissen Grade der geistigen Vollkommenheit erhoben hat, dann vereinigt sich ihr reiner Licht- und Liebegeist mit ihr, und der ganze Mensch ist dann ein gottähnliches Wesen und kann aus sich heraus alles ins Dasein rufen und auch weise erhalten." [2]

Es wird aber der Seele durch die Wiedergeburt ihr eigenes Erkennen und ihr eigener freier Wille nicht benommen. Über das dann bestehende Verhältnis zwischen Seele und Geist (das wir im unvollendeten Zustand als einen recht leidigen Gegensatz empfinden, vergl. Paulus, Röm. 7, 22 ff.) sagt der *Herr:*

„Die Seele wird sich dann (nach der Wiedergeburt) zum Geiste stets so verhalten, wie der irdische Leib zur Seele. Der Leib einer noch so vollkommenen Seele hat gewisserart auch einen eigenen Genußwillen, durch den die Seele verdorben werden kann, so sie in denselben eingeht. Eine recht erzogene Seele jedoch wird

[1] Erde und Mond, Kap. 70, S. 213; über unreine Streberei nach Wiedergeburt: Gr. Ev., Bd. 5, Kap. 160, 1 ff.; über den Unterschied zwischen himmlischer und höllischer Liebe: Gr. Ev., Bd. 1, Kap. 204, 25, Kap. 205, 1 ff. —

[2] Gr. Ev., Bd. 10, Kap. 184, 6; Bd. 3, Kap. 53, 9; Bd. 5, Kap. 184, 3; Bd. 8, Kap. 29, 2; Bd. 7, Kap. 69, 7.

wohl nie in des Leibes Freßwillen eingehen und stets ein Herr über ihren Leib bleiben; aber bei den verbildeten Seelen ist solches sehr möglich.

Zwischen Seele und Geist eines Wiedergeborenen aber waltet stets ein solches Verhältnis wie zwischen einer ur-vollkommenen Seele und ihrem Leibe. Der Leib mag für sich Begierlichkeiten haben, so viele er will, und die Seele reizen zur Befriedigung mit all seinen oft sehr scharfen Stacheln, so sagt die vollkommene Seele dennoch stets ein wirkungsreiches Nein dazu. Und gleichfalls dasselbe tut der (reine, aus Gott stammende) Geist in der Seele, in die er völlig übergegangen ist.

Solange die Seele in des Geistes Willen vollkommen eingeht, geschieht alles genau nach dem Willen des Geistes, was da auch Mein (Gottes) Wille ist. Wenn aber die Seele infolge ihrer Rückerinnerung etwas mehr die sinnlichen Dinge Betreffendes will, tritt in solchen Augenblicken der Geist zurück und überläßt der Seele allein die Ausführung des Wunsches, aus der gewöhnlich nichts wird, besonders wenn das Vollbringenwollen wenig oder oft auch gar nichts Geistiges in sich als Zweck enthält. Die Seele, ihre selbstische Schwäche bald merkend, läßt von ihren Selbstlustträumereien dann auch alsbald ab, vereinigt sich wieder mit dem Geiste auf das innigste und läßt seinen Willen vorwalten. Da ist dann natürlich wieder Ordnung und Kraft und Macht in der Fülle.“ [1]

76

Das Himmelreich

Der durch die Wiedergeburt erlangte geistige Vollendungsstand des Menschen heißt das „Himmelreich“. Und ein solcher Himmelsbürger heißt, zum Unterschied von den noch nicht durchs irdische Menschenleben gegangenen reinen Urgeistern oder geschaffenen Engeln, ein *„gewordener Engel“*.

Räumlich erheben sich diese geläuterten Wesen entsprechend ihrem geistigen Aufstieg aus der Luftregion der Weltkörper in die reinen *Ätherräume,* die ihre lichten Wohnungen bilden. Aber in ihrer nunmehr unbeschränkten Willensfreiheit können sie sich im Dienste der ewigen Liebe auch in jede beliebige tiefere Sphäre begeben. (Gr. Ev., Bd. 7, Kap. 169, 9)

Der Himmel — in drei Stufen

„Auch im schon vollendeten Leben gibt es jedoch noch gewaltige Unterschiede. Denn ein Leben, das sich erst jüngst zu erkennen angefangen hat, kann offenbar nicht so mächtig sein wie ein Leben, das sich schon seit langem in aller Fülle und Tiefe der hellsten Wahrheit nach erkannt und ergriffen hat.“ (Gr. Ev., Bd. 3, Kap. 32, 7)

[1] Gr. Ev., Bd. 4, Kap. 225, 8; Kap. 226, 1 ff.; vergl. auch Bd. 1, Kap. 161, 6.

So gibt es denn auch in den Himmeln *drei* Stufen, welche in den Schriften der Neuoffenbarung genannt werden: der Weisheitshimmel, der Liebe-Weisheitshimmel und der (allerhöchste) Liebehimmel.

„So ein Mensch Mein Wort hört und aufnimmt in die Tiefe seines Herzens, und dort lebendig verstanden wird — der ist gleich einem guten Acker, in den der Same fällt und bringt je nach dem Willen und der Kraft des Menschen bald hundertfache, bald sechzigfache und bald dreißigfache Frucht an guten Werken. Und da ist hunderfach, der *alles* für Mich tut, und sechzigfach, der *vieles* für Mich tut, und dreißigfach, der einen *guten Teil* für Mich tut. — Also aber sind der Himmel in Meinem Reiche drei: der oberste für die hundertfache Frucht, der untere für die sechzigfache und der unterste für die dreißigfache Frucht.“ [1]

Der unterste oder Weisheitshimmel

In den untersten oder „Weisheitshimmel“, kommen die Seelen des ersten Lebensvollendungsgrades, bei welchen das Verstandlich-Erkenntnismäßige, der reine *Glaube*, noch vor der (zwar vorhandenen, aber noch nicht voll erstarkten) himmlischen Liebe und Barmherzigkeit obwaltet.

Über diesen ersten Grad der Lebensvollendung sagt der *Herr:* „Wer durch den festen und lebendigen Glauben, durch die Liebe zu Gott und zum Nächsten und durch die ungezweifelte Hoffnung (auf ein ewiges, seliges Leben) alle die argen Leidenschaften seines Fleisches (d. h. der fleischlich gesinnten Seelenelemente) bekämpfen kann und sonach völlig *Herr* über sich geworden ist, befindet sich eben dadurch im ersten Grade der wahren inneren Lebensvollendung, obwohl es da noch zu öfteren Malen an allerlei Versuchungen keinen Mangel haben wird, welche die Seele zur Begehung einer oder der andern leichten Sünde reizen werden.“ (Gr. Ev., Bd. 7, Kap. 155, 6)

Die Bewohner des Weisheitshimmels, ob sie nun noch im Erdenkleide oder in der geistigen Welt leben, sind also auf Grund ihrer Glaubenserkenntnisse sittlich rein und selbstbeherrscht. Aber diesen oft puritanisch strengen „Glaubensgerechten“ fehlt doch noch die wahre, allein zum Vater in Jesus strebende und jedes Mitgeschöpf werktätig umfassende Liebe und Barmherzigkeit, der siebente Gottesgeist. In ihren Ätherwohnwelten herrscht daher zwar die größte Herrlichkeit und Pracht. Hier gibt es Landschaften, Paläste und Tempel von unerhörter Großartigkeit und Schönheit. Und diese Seelen befinden sich ihrer Lebensvollendung gemäß auch in einem entsprechend erhabenen Seligkeitsgrade, der sich in einer ausgedehnten Erkenntnis und Weisheit bekundet.

„Solch eine Seele“, sagt der *Herr,* „kann sowohl diese Erde, als auch den Mond, die Sonne, alle die andern, um diese Sonne kreisenden Planeten oder Erden und auch die andern Sonnen in einer oder mehreren Hülsengloben auf das genaueste durchschauen und sich an ihrer wunderbaren Gestaltung und Einrichtung im höchsten Grade ergötzen und darin die wahre und höchste Freude an der Liebe, Weisheit und Macht Gottes haben.“

[1] Gr. Ev., Bd. 1, Kap. 191, 16 ff.; vergl. Bd. 4, Kap. 152, 14, Kap. 247, 9; Rob. Blum, Bd. 2, Kap. 243, 9; Kap. 283, 12 ff.

„Und doch", fügt der Herr hinzu, „ist diese Eigenschaft als ein minderer Grad der eigentlichen großen Seligkeit anzusehen, weil das allein eine vollendete Seele mit der Zeit ebenso langweilen wird, wie es einen Menschen langweilen würde, wenn er eine noch so schöne Landschaft hundert Jahre fort und fort betrachten und bewundern müßte." (Gr. Ev., Bd. 7, Kap. 66, 15 und 67, 1)

Calvinisten im Weisheitshimmel

Das Wesen und Leben solcher Bewohner des Weisheitshimmels wird in dem Lorberwerk ‚Die geistige Sonne' (Bd. 1, Kap. 41—45) geschildert. Wir lesen da nach einem Blick in eine dieser großartigen himmlischen Landschaften:

„Sehet, in diesem vor uns stehenden Palast wohnen Christgläubige aus der Sekte der Calviner. Drei unter ihnen waren auf der Welt reich; diese sind aber hier eben nicht die reichsten, sondern gehören mehr zu der dienenden Klasse. Die ersten beiden aber, die ihr am Tore dort erschaut, waren gar armselig auf der Erde. Er war ein Alpenhirte in der Schweiz, und sie war ebenfalls eine unansehnlichste Kuhmagd. Mit der Zeit lernte dieser fromme Hirte die guten christlichen Eigenschaften der Magd kennen und hat diese dann nach seiner Konfession zum Weibe genommen. — Dieses Paar lebte überaus züchtig bis zur letzten Stunde miteinander. Sie hatten auch etliche Kinder. Diese erzogen sie streng nach ihrer christlichen Konfession, und dieser (gute Ehe- und Familien-) Grund ward dann durch fünf Glieder treu beobachtet. — Und so seht ihr hier, was selten der Fall ist, eine selige blutsverwandte Familie von Eltern, Kindern und Kindeskindern. Das vorige Paar ist somit das Urgroßelternpaar der ganzen Familie. —

Die drei Geringeren dieser Gesellschaft sind zwar auch Verwandte dieser Familie. Aber sie sind von solcher Art, welche sich durch irdische Glücksumstände weltlich emporgehoben haben und dadurch zu ansehnlich reichen Menschen geworden sind. Durch solchen irdischen Reichtum und irdisches Ansehen haben sie auf der Welt auch viele Vorteile und Bequemlichkeiten genossen, welche den arm gebliebenen Familienmitgliedern fremd geblieben sind. Darum müssen sie hier dafür so manches entbehren, was nun die ärmeren Familienmitglieder im vollsten Maße genießen können. Dessenungeachtet sind sie hier dennoch unaussprechlich glücklich, weil sie ihr weltliches Ansehen und ihren Reichtum meist zu guten Zwecken verwendet haben.

Wir wollen aber den beiden ersten einen kleinen Besuch abstatten, damit ihr ein wenig erkennet, welches Geistes sie sind. Seht, sie haben uns schon erblickt und eilen uns entgegen. Aber sie halten nun plötzlich inne. Was mag wohl die Ursache sein? Sie wittern noch etwas Sinnliches in euch, daher wollen sie abwarten, daß wir zu ihnen kommen. — Nun sehet, wir sind bei ihnen, und der überaus schöne Mann empfängt uns mit folgenden Worten: ‚Seid mir gegrüßt in der Reinheit des Wortes des Herrn! Darf ich, der unterste Knecht dieser Wohnung euch fragen, welch ein reiner und guter Sinn euch hierher geführt hat?'

Da ihr hier nicht zu reden vermöget, so muß schon ich an eurer Statt das Wort führen: ‚Lieber Freund! Deine Frage ist recht und billig und der Ton deiner Rede ist voll reiner Weisheit der Himmel; aber siehe, eines mangelt deinen Worten, und dieses Eine ist die *Liebe!* Du bist zwar herrlich bestellt in deiner Haushaltung, und deiner reinen Weisheit entstammt dein ganzes Besitztum. Aber ein Sandkörnchen im Reiche der Liebe des Herrn wiegt schon unendlichfach alle diese Herrlichkeit auf! — Siehe, diese da mit mir sind Schüler der Liebe, und ich bin ihnen nun aus der allerhöchsten Liebe ein Führer im Namen des Herrn. Von diesem Gesichtspunkte aus erkenne und erfasse uns! — Siehe, Reinheit der Sitten ist eine herrliche Tugend und der Gerechte ist ein Freund des Herrn. Aber so einer da ist ein Sünder und tut Buße aus Liebe zum Herrn, der ist Ihm angenehmer denn neunundneunzig solche, wie du einer bist in aller Reinheit deiner Sitten, der da nie der Buße bedurft hat.

Und du, reines Weib dieses reinen Mannes! Wahrlich, wie ein reinster Stern war dein Lebenswandel, und eine nie gebrochene Keuschheit war dein Weg in dieses herrliche Reich! Aber siehe, im ewigen Morgen wohnen gar viele deines Geschlechtes, welche gar oft wider ihr Fleisch gesündigt haben. Diese Sünderinnen haben ihre Schuld erkannt, demütigten sich reuigst vor dem Herrn und erbrannten dann in großer Liebe zu Ihm so sehr, daß sie nichts anderes suchten, als nur so viel Gnade von Ihm, daß Er sich ihrer erbarmen und sie nach dem Tode aufnehmen möchte zu den allergeringsten unter denen, die sich seiner unendlichen Erbarmung zu erfreuen hätten! Solche wohnen nun allerseligst in der beständigen Gesellschaft des Herrn im ewigen Morgen! Wahrlich herrlich und überaus prachtvoll ist alles hier; aber eine allergeringste Strohhütte im Reiche, da der Herr wohnt, steht unendlichmal höher denn alle diese Pracht.' " (Geistige Sonne, Bd. 1, Kap. 44, S. 230—232)

Der Weg in die höheren Himmel

Was den Bewohnern der untersten Himmelssphäre, des Weisheitshimmels, fehlt, geht aus diesen Worten des Führers in dieser Szene klar hervor: es ist die alleinige, demutsvolle und innigste *Liebe zum Vater in Jesus.* Es heißt daher in unserer Schilderung weiter:

Nun sehet, wie dieses Paar sich auf die Brust schlägt. Und beide sprechen einstimmig: „O mächtige Freunde des Herrn, ihr habt uns mit wenigen Worten Unendliches gesagt! Wir haben es wohl gar lange schon geahnt, daß es noch etwas Höheres und Erhabeneres geben müsse als dieses da. Aber wir wußten keinen Ausweg, denn unsere Weisheit wußte sich hier das Erhabenste zu schaffen. Jetzt aber wissen wir, daß alles nur eine Zulassung war, damit wir daraus stets mehr die *Liebe* hätten erkennen sollen. Sage uns daher, was wir tun sollen, um nur eines Tropfens der eigentlichen Grundliebe gewürdiget zu werden!"

Nun sagt der Führer zu ihnen: „Lieber Freund und du, liebe Freundin, habt ihr nie gehört, was da der Herr gesprochen hat zum reichen Jüngling: ‚Gib alles hintan und folge Mir nach!'? Habt ihr ferner nicht gelesen die Stelle im Buche, wo der Herr einen ewig gültigen Vergleich aufgestellt hat: als zu gleicher Zeit vorne im Tempel ein gerechter Pharisäer dem Herrn seine Werke, vollkommen nach dem Gesetze Mosis, vortrug, während im tiefen Hintergrund ein armer Sünder an seine Brust schlug und sprach: ‚O Herr! Ich bin nicht würdig meine Augen zu erheben zu deinem Heiligtum!' Welchen hat der Herr hier gerechtfertigt? — Ihr saget: ‚Den demütigen Sünder!'

Sehet, aus diesem könnt ihr leicht den eigentlichen Weg zum Herrn finden! Tuet auch ihr so! Denn das Wort des Herrn hat auch in den Himmeln volle Geltung in alle Ewigkeit! — Seht ferner: Vor Ihm gibt es nichts Reines und nichts Gerechtes, denn Er allein ist rein, gut und barmherzig! Haltet euch nicht für vollkommen, sondern tut, was der Sünder im Tempel tat und was da tat ein euch wohlbekannter Mitgekreuzigter des Herrn. So werdet ihr dann erst die wahre Rechtfertigung finden, welches ist die alleinige *Liebe zum Herrn.* Werdet vollkommen arm, damit ihr reich werdet in der Liebe des Herrn!" (Geist. Sonne, Bd. 1, Kap. 44, S. 232 ff.)

Der zweite oder Liebe-Weisheitshimmel

In die zweite Himmelssphäre, genannt „Liebe-Weisheitshimmel", gelangen diejenigen Seelen, welche in tiefster Demut und von ganzem Herzen die *alleinige Liebe zum Herrn* zum Gegenstand ihres Strebens und Lebens machen wollen. Diesen *zweiten Grad* der Lebensvollendung kennzeichnet der *Herr* mit den Worten:

„Versteht ein Mensch (im Diesseits oder im Jenseits) nun auch mit allen seinen Sinnen einen festen Bund dahin zu schließen, daß sie sich von allen irdischen Anreizungen abwenden und sich ganz allein nur dem *geistigen* Wesen zukehren, so ist das schon ein sicheres und lebenslichtvolles Zeichen, daß der innere Geist aus Gott die Seele ganz durchdrungen hat. In diesem zweiten Grade der inneren Lebensvollendung wird dem Menschen auch jene Stärke und Lebensfreiheit zu eigen, daß er, weil seine Seele ganz von Gottes Willen erfüllt ist, nur nach diesem handeln und so keine Sünde mehr begehen kann, da all sein Tun von der wahren Weisheit aus Gott geleitet wird." (Gr. Ev., Bd. 7, Kap. 155, 7—8)

Entsprechend erhöht sich in solchem Falle dann auch die Seligkeit eines solchen Himmelsbürgers. Diese liegt nicht mehr, wie im Weisheitshimmel, hauptsächlich auf dem Gebiete der Erkenntnis, sondern auf dem Tätigkeitsfelde. Sie „besteht darin, daß die Seele nun auch mit der wahrhaft göttlichen *Schöpferkraft* ausgerüstet ist und aus göttlicher Weisheit alles bewirken kann, was Gott selbst hervorbringt." (Gr. Ev., Bd. 7, Kap. 67, 2)

Die geistigen Wohnwelten dieser Seelen in den Ätherräumen des Liebe-Weisheitshimmels sind überaus schlicht und einfach, aber dafür um so anmutiger und inniger. In dem Buch ‚Die geistige Sonne' wird die Gestaltung dieser Sphäre mit einem endlosen, lieblichen Hügellande verglichen, mit Wohnungen *ähnlich* den schmucken, niederen Alpenhäuschen der Schweiz. Die Himmelswanderer in unserem Buch, welche dies alles schauen dürfen, sagen: „Ja ja, fürwahr, es sieht wirklich so aus! Es ist zwar ein großer Abstand zwischen solch einem Häuschen und einem Palast oder gar einer großen Stadt dort unten in der früheren (Weisheits-)Ebene, aber dessenungeachtet möchten wir es lieber bewohnen als einen solchen Palast." (Geist. Sonne, Bd. 1, Kap. 46, 1)

Die Bewohner dieser Sphäre sind nicht mehr damit beschäftigt, *sich selbst* eine große, erhaben schöne Wohnwelt zu schaffen und erkenntnismäßig die Schöpfungswerke Gottes zu erforschen — ihr Leben richtet sich immer mehr und immer ausschließlicher auf die *Liebetätigkeit,* das heißt auf die Mitwirkung am großen Werke der Erlösung der noch im Banne der Materie harrenden Seelen. Es ist eine harte Arbeit, und unsere Himmelswanderer in dem Buche ‚Die geistige Sonne' sehen sie in allerlei landwirtschaftlichem Geräte der „Alpenhäuschen" *ent-*

sprechungsweise angedeutet. Aber allein durch dieses vollkommen demütige und selbstlose Tätigsein in der Liebe kann es geschehen, daß der Vater in Jesus selbst zuweilen „wesenhaft gestaltlich“ in diese Sphäre kommt, die nach Ihm am heißest verlangenden Seelen besucht und die vollgereiften mit sich in die allerhöchste Himmelssphäre geleitet. (Vergl. Geist. Sonne, Bd. 2, Kap. 1—3)

Im höchsten oder Liebehimmel

In die allerhöchste und seligste Sphäre kommen die Wesen des *dritten* und höchsten Grades der inneren Lebensvollendung.

„Dieser Grad besteht darin, daß der vollendete Mensch — wohlwissend, daß er nun als ein Herr der ganzen Natur ohne Sünde tun kann, was er nur immer will — dennoch seine Willenskraft und Macht demütig im Zaume hält und bei all seinem Tun aus reinster Liebe zu Gott nicht eher etwas tut, als bis er unmittelbar von Gott aus dazu beordert wird — was für den vollendeten Herrn der Natur auch noch eine recht starke Aufgabe ist, weil er in seiner vollen Weisheit erkennt, daß er nach dem in ihm *selbst* wohnenden Willen aus Gott nur recht handeln kann. Doch ein noch tiefer gehender Geist erkennt auch, daß zwischen dem sonderheitlichen Willen Gottes *in ihm* und dem freiesten und endlos allgemeinsten Willen *in Gott selbst* doch noch ein großer Unterschied besteht. Deshalb ordnet er dann seinen sonderheitlichen Willen ganz dem allgemeinen göttlichen Willen vollkommen unter und tut nur dann etwas aus eigener Kraft, wenn er dazu unmittelbar von dem alleinigen eigensten Willen in Gott *beordert* wird.

Wer das tut, der ist in sich zur innersten und allerhöchsten Lebensvollendung gelangt, welche da ist die Lebensvollendung im dritten Grade. Wer diese erlangt, der ist auch *völlig eins* mit Gott und besitzt gleich Gott die höchste Gewalt über alles im Himmel und auf Erden, und niemand kann sie ihm ewig mehr nehmen.“ (Gr. Ev., Bd. 7, Kap. 155, 12—14)

Die endlose und allerhöchste Seligkeit einer solchen vollendetsten Seele besteht darin, daß sie Gott, den alleinigen Schöpfer und Herrn der Unendlichkeit, als ihren höchsten Lebensfreund in der Gestalt *Jesu* fort und fort um sich hat, Ihn als ihren himmlischen Vater über alles und ohne alle Grenzen lieben darf und mit Ihm die ganze geistige und materielle Schöpfung in jedem Augenblick überschauen kann und endlich, so mit Gott durch die Liebe völlig vereint, sich in der vollsten göttlichen Freiheit befindet. (Gr. Ev., Bd. 7, Kap .67, 4)

Die „Goldene Stadt“ und die „Gnadensonne“

Diese höchste Himmelssphäre, in den Neuoffenbarungsschriften „Liebehimmel“ genannt, heißt in der Schrift bekanntlich „die große Stadt von lauterem Golde“, oder „das heilige, himmlische Jerusalem“.

Diese Sphäre völlig zu begreifen, liegt, solange wir selbst nicht geistig vollendet sind, nicht in unserem Vermögen. Wie in der Offenbarung des Johannes (Kap. 21, 10) nur sinnbildliche *Entsprechungen* in irdischen Vorstellungen gegeben werden konnten, so bieten auch die Neuoffenbarungsschriften von dieser Stätte der

Seligkeit nur *bildliche* Vorstellungen in irdischer Sprache. Auch hier wird von großer, wahrhaft göttlicher Herrlichkeit gesprochen. [1]

„In der Mitte über der Stadt ist die „herrlichste Sonne aller Sonnen", die *Gnadensonne*, deren Licht viel heller strahlt als das der irdischen Natursonne, aber dabei dennoch so lieblich anzusehen ist wie das Licht des schönsten Morgensternes". (Rob. Blum, Bd. 2, Kap. 284, 7 ff.)

Dort in diesem für alle Wesen unzugänglichen Licht der Gnadensonne wohnt das göttliche Ur-Grundwesen, d. h. das Urmachtzentrum Gottes, der „Vater", als der allervollkommenste *Urgeistmensch* in der Hülle der verklärten, für alle Zeit mit dem Vater zu einer Person vereinten *Jesuseele.* [2]

Von diesem *„Vater in Jesus"* gehen in Ewigkeit die Lebenskräfte des heiligen Gottesgeistfeuers fort und fort in die Unendlichkeit aus, um die Wesen der Schöpfung zu gestalten, zu erhalten und sie schließlich im Menschen zur Gotteskindschaft zu reifen. Und zu diesem Vater in Jesus kehren dann in den gereiften *Ebenbildern* oder *Gotteskindern* die ausgesandten Lebenskräfte des heiligen Gottesgeistes in vollkommener Freiheit und Selbständigkeit, gleichsam als „Selbstgötter", in die große Stadt, das „heilige, himmlische Jerusalem", zurück. (Vergl. Gr. Ev., Bd. 4, Kap. 56, 1—4; Bd. 6, Kap. 226, 8—10)

Von der „Gnadensonne" als Urmitte der Unendlichkeit, in welcher wohnt „die ganze Fülle der Gottheit wesenhaft gestaltlich", sagt der Herr:

„Siehe, diese Sonne bin Ich im Grunde selbst! Es gibt unter uns (d. h. unterhalb des Liebehimmels) noch zwei Himmelssphären, und zwar gegen Abend hin einen ‚Weisheitshimmel' und gegen Mittag hin einen ‚Liebe-Weisheitshimmel'. Die Bewohner dieser beiden Himmel sehen Mich nur als eine Sonne, und zwar ebendiese, die du und alle anderen nun in der Mitte über der Stadt leuchten sehet.

Nur hier im allerhöchsten Himmel bin Ich, obschon *auch* in der Sonne, den Seligen außerhalb der Sonne schau- und nahbar. Außerhalb der Sonne bin Ich, wie ihr alle Mich nun unter euch seht (d. h. verkörpert in der Seelengestalt Jesu). In der Sonne aber bin Ich nur geistig durch die Kraft und in der Kraft Meines Willens, Meiner Liebe und Weisheit. Ich selbst bin (als Gottesgeistzentrum) im Grunde des Grundes in dieser Sonne, und die Sonne bin Ich. Aber dennoch ist ein Unterschied zwischen Mir und dieser Sonne. Ich bin der Grund, und diese Sonne ist gleich einer Ausstrahlung Meines Geistes, der von hier und also aus Mir alle Unendlichkeit in ungeschwächter Kraft durchströmt und allenthalben Meine ewige Ordnung schafft." (Rob. Blum, Bd. 2, Kap. 283, 12 ff.)

Selbstverständlich hat diese göttliche Lebensmachtmitte auch irgendwo in der Unendlichkeit ihren räumlichen Sitz, wie ja jeder Geist, auch unser menschlicher,

[1] Geist. Sonne, Bd. 1, Kap. 61, S. 320; Bd. 2, Kap. 6 ff.; Rob. Blum, Bd. 2, Kap. 284, 7 ff.

[2] Über das Verhältnis zwischen dem Vater-Gottesgeiste und der Jesusseele sagt der Herr: „Der Mich gesandt hat, war der Geist Gottes als Vater von Ewigkeit. Ich (Jesus) aber war und bin dessen Seele, die zwar ihre eigene Erkenntnis und (Willens-) Fähigkeit besitzt als die höchste und vollendetste Seele aller Seelen. Aber dennoch durfte (und darf) diese Seele nicht tun, was sie wollte (und will), sondern nur, was der wollte (und will), von dem sie ausgegangen ist." (Erde und Mond, Kap. 70). — Wenn die Schrift sagt vom Sohne, er sitze „zur Rechten der Kraft", so ist dies ein dieses Verhältnis andeutendes Entsprechungsbild. Zu Rechten der Könige pflegten deren erste Minister und Machtträger zu sitzen. Auch die verklärte Jesuseele ist als lebendige Hülle des göttlichen Machtzentrums, das höchste Machtorgan der „Urkraft".

an irgendeinem Orte seinen räumlichen Aufenthalt hat. Wir vernehmen durch Jakob Lorber, daß dieses Zentrum des unendlichen Gottesgeistes sich in *unserer* Hülsenglobe befindet, und zwar in der geistigen Sphäre ihrer Urzentralsonne *Regulus* — eines Urgestirns, das von der Erde aus als ein Stern erster Größe im Sternbild des Löwen in unmittelbarer Nähe des Himmelsäquators, also sowohl von der nördlichen wie von der südlichen Erdhalbkugel aus gesehen wird. (Vergl. Rob. Blum, Bd. 1, Kap. 140, 3)

77

In der ewigen Heimat

Das tiefe Lebensgeheimnis, wie Gott, im unzugänglichen Lichte der Gnadensonne wohnend, dennoch in der ganzen Unendlichkeit und besonders in den Himmeln persönlich *allgegenwärtig* sein und sich als Jesus jedem Geist, Menschen und Engel in faßlicher Form zeigen kann, enthüllt der *Herr* mit den Worten:

„Die Strahlen, die aus dieser Sonne ausgehen, erfüllen in ihrer Art die ganze Unendlichkeit und sind in sich selbst nichts anderes als Mein Liebewille und die aus demselben ewig gleichfort ausgehende Weisheit. Diese Strahlen sind demnach überall vollkommen Meine Wesenheit.

Wo immer ein solcher Strahl hinfällt, da bin Ich selbst so wie in der Sonne ganz vollkommen gegenwärtig, nicht allein nur wirkend, sondern *persönlich*, und diese Persönlichkeit ist an allen Orten eine und dieselbe. Wo du hier (in den oberen Sphären der Himmel) nur immer hingehen willst, da wirst du Mich auch überall vollkommen zu Hause antreffen. Gehe in welches dieser dir sichtbaren kleinen Wohnhäuser du nur immer willst, und du kannst versichert sein, daß du Mich in einem jeden als vollkommenen Hausherrn antreffen wirst.

Du sagst zwar jetzt: Auf diese Weise sei Ich doch nicht der eigentliche *Grund-Christus*, der da auf der Erde gewandelt und gelehrt hatte, sondern nur ein lebendiges und vollkommenes Abbild desselben und wohne an und für sich dennoch im unzugänglichen Lichte. Du sagst ferner: Wenn es sich mit der Sache so verhält, so kommt da ja offenbar eine Vielgötterei heraus!

Höre, mein lieber Freund, Bruder und Sohn! Du denkst in dieser Hinsicht noch naturmäßig. Wenn du aber erst völlig inwendig-geistig denken wirst, wird dir diese Sache ganz anders vorkommen. Damit du aber aus deinem naturmäßigen Denken leichter in das Geistige eingehst, will Ich dich durch naturmäßige Beispiele dahin leiten." (Geistige Sonne, Bd. 1, Kap. 60)

Spiegelbeispiel für Gottes Vervielfachung

Der *Herr:* „Siehe, auf der Welt sahst du nur *eine* Sonne. Wenn du aber gegen die Sonne einen Spiegel hieltest, so war dieselbe Sonne auch im Spiegel. Du kannst unmöglich behaupten, daß die im Spiegel vorhandene Sonne eine andere war als diejenige, die am Himmel leuchtet. Wenn du aber mehrere tausend solcher Spiegel aufgestellt hättest, würdest du da nicht in einem jeden Spiegel eine vollkommene Sonne erblicken, welche ein ebenso starkes Licht und eine ganz gleiche Wärme dich verspüren ließe?

Du sagst, solches müsse allerdings der Fall sein. Ich will dir ein noch überzeugenderes Beispiel geben. Du wirst schon öfter auf der Erde von der Wirkung großer Hohlspiegel gehört haben. Wenn du die Strahlen der Sonne mit einem solchen Spiegel auffängst, so werden sie in ihrer Widerstrahlung aus dem Spiegel oft ums mehr als Tausendfache heftiger wirkend als die eigentlichen Strahlen aus der wirklichen Natursonne. Wenn du von solchen Spiegeln mehrere Tausende der Sonne gegenüber aufstellst, so wirst du auch bei dieser Gelegenheit von einem jeden einzelnen dieselbe heftige Wirkung wahrnehmen. Solches ist ganz sicher und vollkommen wahr. Was wirkt denn aber aus all diesen Spiegeln? Siehe, nichts anderes als stets eine und dieselbe Sonne, welche du durch diese bedeutende Spiegelanzahl vervielfältigt hast.

Nun aber frage Ich dich: ‚Ist durch diese Vervielfältigung wohl im Ernst die Sonne vervielfältigt worden?' — Du sagst nun: ‚Allerdings nur die Wirkung!' — ‚Gut! Wieviele Sonnen aber hattest du demnach in deinen Spiegeln?' — Du sprichst: ‚Den Spiegeln nach genommen, so viele, als da Spiegel waren; aber der Sonne nach genommen, hatte ich immer nur eine und dieselbe.'

Nun siehe, was da dieses naturmäßige Beispiel zeigt, das stellt sich dir hier in der größten, lebendigen Wirklichkeit und Fülle dar.

Du sagst zwar in dir: ‚Solches sehe ich wohl ein. Wenn man aber jede Spiegelsonne untersuchen und ihr näherkommen wollte, um eben die Sonne in ihrem eigentümlichen Wesen kennen zu lernen, so werden einem dabei aber dennoch all die *Spiegelsonnen* nichts nützen, und der Sonne eigentliche Wesenheit bleibt dem forschenden Auge dennoch völlig fremd.'

Solches ist richtig. Was hättest du aber samt der Erde dabei gewonnen, wenn sich die eigentliche Sonne dir so genähert hätte, wie du sie dir mittels des Spiegels genähert hast? Siehe, da wäre wohl die ganze Erde samt dir augenblicklich wie ein kleiner Wassertropfen auf einem weißglühenden Eisen aufgelöst worden. Was hätte dir dann die Annäherung der wirklichen Sonne genützt? Bei weitem mehr ist solches mit Meiner Sonne der Fall. Sie muß ewig in einem unzugänglichen Zentrum stehen, dem sich kein Wesen über die bestimmte Ordnung nahen kann. Denn jede Annäherung über das bestimmte Maß würde jedem Wesen die völlige Vernichtung bringen. Solches wurde auch dem Moses gesagt, als er Gottes Angesicht schauen wollte. Denn unter „Schauen" mußt du hier nicht das Wahrnehmen mit den Augen verstehen, sondern das sich völlige Nahen dem Grundwesen der Gottheit.

Siehe nun, wenn Ich aber einer und derselbe bin, wie Ich bin in der Sonne, und bin aber vor dir also, daß du dich Mir vollkommen nahen kannst wie ein Bruder dem anderen — ist solches nicht mehr wert? Und ist das nicht mehr Liebe und Erbarmung, als wenn du dich dieser Sonne wirklich nahen könntest, von ihr aber dann völlig vernichtet würdest?

Ferner, wie unvollkommen glücklich wärest du und wäre Ich, wenn es Mir nicht möglich wäre, Mich selbst als Vater überall hin in Meiner ganzen Fülle persönlich wesenhaft zu versetzen, wo immer nur Meine Kinder sind. Siehe, der Himmel ist unendlich. Wäre Mir eine solche wesenhafte, Meiner Einheit völlig unbeschadete endlose Vervielfachung nicht möglich, wie verwaist wären da Meine Kinder und wie allein dastehend wäre Ich selbst mitten unter ihnen!

Daß Ich aber vollkommen derselbe bin und habe dasselbe lebendige, göttliche Bewußtsein und alle die göttliche Liebe, Weisheit und Machtfülle, solches kannst du ja daraus entnehmen, daß Ich dich persönlich wesenhaft hierher geführt und dir auf diesem Wege gezeigt habe die Macht Meiner Liebe, Meiner Weisheit und Meines vollkommenen göttlichen Wollens.

Ich bin ewig immer Einer und derselbe in eines jeden Menschen Herz. Und wenn Millionen und Millionen ihre Herzen mit Mir erfüllt haben, und zwar ein jeder für sich vollkommen, so hat deswegen nicht ein jeder für sich einen besonderen, anderen Christus, sondern in eines jeden Herz wohnt ein und derselbe Christus vollkommen!“ [1]

Einzug in die Goldene Stadt

In dem Buch ‚Die geistige Sonne‘ wird die Heimführung eines dereinst in kirchlicher Dogmenenge befangenen Priors geschildert. Der Herr selbst ist es, der als verkörperter Strahl der Gnadensonne in seiner *Jesusgestalt* ihn abholt und in die „Scheune Gottes“ einbringt.

„Sehet“, so lesen wir, „wie Scharen im höchsten Glanze uns entgegenziehen. Und wenn ihr eure Ohren öffnet, so werdet ihr auch schöne Chorgesänge hören, wobei das Wort in sich selbst als vollkommenste Musik zu vernehmen ist! ... Wir sind nun schon am bekannten „Stadttore“, welches, wie die Mauer und die Häuser der Stadt, aus allen „Edelsteinen“ gebaut ist [2]. Sehet in die „Hauptstraße“, die „Straße des Herrn“, die „Straße der Mitte alles Lichtes“, wie in dieser Straße gar viele allerseligste Engelsgeister, wie Kinder angetan, uns von allen Seiten entgegenströmen.

Sehet, alles ist voll des allerhöchsten Liebeweisheitsglanzes. Aber beschauet dagegen den Herrn. Der geht noch immer so einfach daher, wie wir Ihn vom Anfang an gesehen haben. Auch seine Brüder (die Apostel, die Ihm entgegenkommen) gehen gleich einfach einher. Und wie ihr auch bemerken könnt, so trägt ein jeder wie einen Orden ein kleines *Zeichen* von dem am Rocke, was ihn auf der Erde wesentlich unterschied von einem anderen seiner Brüder; wie auch, was er auf der Erde als naturmäßiger Mensch zur Fristung seiner natürlichen Bedürfnisse für ein Gewerbe trieb.

So werdet ihr bei dieser Gelegenheit den *Petrus* erschauen, geziert mit zwei Schlüsseln, die über Kreuz gelegt sind; unter den zwei Schlüsseln aber werdet ihr ein Fischernetz in kleinem Maßstabe wie aus kleinen Diamanten gewirkt erschauen. Die Bedeutung dieser beiden Zeichen brauche ich euch wohl nicht weiter zu erklären. Manchmal, bei besonderen Gelegenheiten, bekommt so ein Apostel noch mehrere Insignien. Und so erblickt man bei Petrus auch manchmal den Hahn wie auch ein Schwert.

Nun sehet den *Paulus* an, der hat ein zweischneidiges Schwert, darunter aber mit farbigen Diamanten gewirkt einen kleinen Teppich. Bei besonderen Gelegen-

[1] Geist. Sonne, Bd. 1, Kap. 60, K. 304—305; vergl. auch Bisch. Martin, Kap. 198, 1; Supplemente, S. 45.

[2] Entsprechung der dort wohnenden vollendeten Seelen.

heiten hat er auch noch ein rötliches Pferd und über dem Pferde wie einen Feuerstrahl, unter dem Pferde aber eine Rolle und einen Griffel. Und so wie diese zwei ersten Apostel, so haben auch alle anderen bei solchen Gelegenheiten auf ihren Kleidern gewisse, auf ihr irdisches Leben und Wirken Bezug habende Kennzeichen.

Diese Insignien sind von sehr großer Bedeutung und dienen ihren Inhabern im höchsten und tiefst geistigen Sinn. Denn auch hier sind die allerseligsten Geister nicht in einem stets gleich hohen Grade der innersten Weisheit aus dem Herrn, sondern darin findet auch hier ein *Zustandswechsel* statt, der zu vergleichen ist mit dem Wirkungsstande und dem darauf folgenden Raststande. Im *Wirkungsstande* ist ein jeder nach Bedarf mit der tiefsten Weisheit des Herrn ausgerüstet. Im *Raststande* aber bedarf niemand solcher Tiefe, sondern auch hier einer gewissen Sabbatruhe in der stillen, heimlichen Liebe zum Herrn. Im Wirkungsstande sind die Apostel wie auch alle anderen seligen Geister mit jenen Insignien versehen, weil diese gleichsam die *Wurzel* anzeigen, durch welche alle ihre Weisheit aus dem Herrn hervorgegangen ist — darum sie denn auch grundweise und wahrhaftige „Fürsten des Himmels" heißen." (Geistige Sonne, Bd. 2, Kap. 5 u. 6)

Im Vaterhause

„Aber nun seht, wir befinden uns schon vor einem mächtig großen, glänzenden Palast! Der Herr hält vor dem majestätischen Tor, aus dem schon wieder neue herrliche Lobgesänge entgegenhallen, und spricht zum Prior: „Nun, Mein geliebter Sohn, hier sind wir in unserer ewigen Wohnung zu Hause. Wie gefällt es dir hier? Sage Mir, ob du große Lust hättest hierzubleiben?"

Der *Prior* spricht in tausendfache Demut versunken: „O Herr, Du alleiniger, ewiger König aller Majestät und Glorie! Du Gott, heilig, überheilig, Du allmächtiger Schöpfer aller Himmel und aller Welten! Als ich von Dir in den früheren Himmel geleitet ward, da blieb in meinem Herzen dennoch so viel Raum übrig, daß ich noch eines Wunsches fähig war. Aber hier, wo sich Deine unendliche Herrlichkeit in einer nie geahnten Fülle darstellt und ich vor meinen Blicken zahllose Schöpfungen und Deine endlos weiten Pläne und Wege voll des allerhöchsten Lichtes erschaue — da, o Herr, ist mein Herz vor Dir nicht mehr fähig zu reden. Denn zu groß und heilig bist Du, und ein unendliches Nichts bin ich vor Dir!

In der vorigen Himmelsgegend hätte ich mich wohl noch zu wünschen getraut, etwa ein geringster Knecht bei irgendeinem seligen Bruder zu sein. Aber hier, wo mir alles so unendlich heilig vorkommt, wo ich mich kaum zu atmen getraue und wo mich die unendliche Majestät dieser Wohnungen und ihrer Einwohner rein verzehrt — da bleibt mir, o Herr, kein Wunsch mehr übrig! Wenn ich Dich aber schon um etwas bitten dürfte, so wäre das, daß Du mich irgendwo hinaus in eine ganz einfache Hütte möchtest verschieben lassen. Denn dieser Wonne und Seligkeit hier bin ich zu unwürdig!"

Der *Herr* spricht: „Aber Mein lieber Sohn, dein größter Wunsch war ja doch der, bei Mir zu sein! Wenn Ich aber nun hier wohne, wie magst du dich denn scheuen vor Meiner Wohnung? Du hast doch selbst ausgesprochen: „O Herr, wo

Du bist, da ist überall gut sein!" Wenn Ich aber hier für ewig vorzugsweise zu Hause bin, sollte demnach hier nicht gut sein? Daher bedenke dich und rede!"

Der *Prior* spricht: „O Herr, Du allerbester, allmächtiger, heiliger Vater! Mit meinem Ausspruche wird es wohl seine Richtigkeit haben, daß es hier zu unendlich wonnig und selig zu wohnen wäre. Aber das einzige, o Herr, bemerke ich hier, daß hier lauter Fürsten wohnen, und keiner von ihnen hat einen Knecht und geringen Diener. Wäre es möglich, so irgend in einem letzten Winkel dieser heiligen Stadt ein Dienstplätzchen zu bekommen von allergeringster Art, vorausgesetzt, daß hier dergleichen Dienstposten bestehen, da möchte ich mir freilich hier ein solches Pläzchen von Dir erbitten. Aber in so einem Palaste, wie dieser da ist, vor dessen Tor wir nun stehen, da kommt mir schon der allergeringste Posten zu groß, wichtig und heilig vor, als daß ich mich nur entferntest demselben nähern könnte."

Der *Herr* spricht: „Hast du denn nicht gehört, daß in Meinem Reiche derjenige der Größte ist, welcher der Kleinste und Letzte sein will? Daher sage Ich dir aber nun auch: Nicht ein Diener und nicht ein Knecht in diesem Wohnhause sollst du Mir sein, sondern dieses Haus habe Ich *für dich* errichtet zum eigentümlichen, herrlichen Besitz! Die Dienerschaft dieses Hauses aber hast du schon gesehen; sie besteht aus jenen seligen Geistern, die uns beim Eintritt in dieses Mein Reich in zahllosen Heerscharen entgegengekommen sind. Und so ziehe mit Mir ein, und Ich werde dir in diesem deinem Hause erst deine volle *ewige Bestimmung* enthüllen." [1]

Das heilige Mahl im Vaterhause

In dem herrlichen, in seinen Einrichtungen dem Geisteszustande des Priors entsprechenden Hause finden die Ankömmlinge im Hauptsaal eine Tafel gedeckt.

Der *Prior* spricht: „O Herr, du allerliebevollster, heiliger Vater! Obschon die Herrlichkeit dieses Saales mich zu Boden drückt, so bemerke ich dennoch, daß diese Tafel eine überaus starke Ähnlichkeit mit derjenigen hat, die Du auf Erden vor Deinem bitteren Leiden mit Deinen lieben Aposteln und Jüngern gehalten hast."

Der *Herr* spricht: „Mein geliebter Sohn, du hast recht gesprochen. Denn so sprach Ich ja an der Tafel, daß Ich weder von dem Lamm noch von dem Wein genießen werde, als bis es im Reiche Gottes, also in Meinem Reiche, neu bereitet wird. Siehe, hier *ist* es neu bereitet! Hier wollen wir demnach dieses Mahl wieder miteinander halten und dabei nicht mehr in die Traurigkeit, sondern in die höchste Freude übergehen. Daher setzet euch alle mit Mir zu dieser Tafel, und zwar in der Ordnung, wie wir auf der Erde gesessen! — Du fragst zwar hier auch nach dem *Judas*, ob dieser auch bei der Tafel sein wird? Was meinst du wohl, ob sich der Verräter hierher schicken möchte?"

Der *Prior* spricht: „O Du allerliebevollster, heiliger Vater! Ich weiß wohl, daß Deine Gerechtigkeit so groß ist wie Deine Liebe, Gnade und Erbarmung. Aber dessenungeachtet muß ich Dir offen bekennen, es würde mir dennoch etwas hart geschehen, wenn ich diesen verlorenen Apostel im Ernst für ewig missen müßte.

[1] Geistige Sonne, Bd. 2, Kap. 6, S. 27—29.

Denn Du hast ja selbst gesagt, daß dieser Eine verloren ging, damit die Schrift erfüllet werde. Dieser Text hat mich heimlich in Hinsicht dieses unglücklichen Apostels stets mit einem kleinen Trost erfüllt. Denn ich sagte mir: Judas mußte vielleicht, wenn schon nach seiner freien Wahl, auch ein Dir dienendes Werkzeug sein, als ein Apostel der Toten, damit eben durch seinen Verrat Dein sicher von Ewigkeit vorbestimmter Plan in die heiligste Ausführung kam. Noch mehr aber ward ich allezeit beruhigt, wenn ich dachte, wie Du am Kreuze den Vater in Dir für alle Deine Feinde um Vergebung batest. Und da konnte ich denn den armen Judas trotz seines Selbstmordes nicht ausschließen. Dazu war ja auch offenbar an dieser seiner letzten Tat der nach der Schrift in ihn fahrende *Teufel* schuld. Daher also möchte ich wohl auch diesen Apostel, wenn schon nicht hier, so aber doch wenigstens irgendwo nicht im höchsten Grade unglücklich wissen."

Der *Herr* spricht: „Höre, Mein geliebter Sohn, es gibt nicht einen, sondern *zwei* Judas Iskariot: Der eine ist der *Mensch,* der mit Mir auf der Erde gelebt, und der andere ist der *Satan,* der in seiner damaligen Freiheit sich diesen Menschen zinspflichtig gemacht hatte. Dieser zweite Judas Iskariot ist wohl noch vollkommen der Grund der alleruntersten Hölle, aber nicht so der Mensch Iskariot! Denn *diesem ward es vergeben!* Inwieweit dies zu erkennen, brauchst du dich nur umzusehen. Denn derjenige, der soeben mit deinem Bruder spricht und nun auch einen Liebeverrat begeht, indem er deinem Bruder schon im voraus Meine große Liebe zeigt, ist eben derjenige Judas Iskariot, um den du besorgt warst. Bist du nun zufrieden mit Mir?"

Der *Prior,* vor Liebe zum Herrn beinahe vergehend, spricht: „O Herr, Du unendlich liebevollster, allerheiligster Vater! Wahrlich, ich habe Dich wohl allzeit für allerhöchst liebevoll und endlos gut mir vorgestellt, aber ich hätte mir nie getraut zu denken, daß sich Deine Erbarmung, Gnade und Liebe solchermaßen auch bis zum Judas erstrecken sollte! Auf der Erde hätte ich mich mit einem solchen Gedanken sicher für grob sündig geglaubt. Aber nun sehe ich, wie endlos weit Deine Güte, Gnade und Erbarmung alle menschlichen Vorstellungen übertrifft. O Herr, was soll ich denn tun? Wie soll ich Dich denn lieben, daß ich doch nur einigermaßen in meinem Herzen solcher Deiner unendlichen Liebe entsprechen könnte?"

Der Herr umarmt den Prior, drückt ihn an seine Brust und spricht zu ihm: „Siehe, Mein geliebter Sohn, so wie du Mich jetzt liebst, gibst du Mir den größten Ersatz für Meine unendliche Liebe! Daher gehe nun aber mit Mir an den Tisch und iß und trinke das wahre, lebendige Abendmahl, damit du in diesem Genuß alle die Stärkung überkommst, welche dir, einem großen Fürsten in Meinem Reiche, stets und ewig wachsend vonnöten ist!" (Geist. Sonne, Bd. 2, Kap. 7)

Des Herrn Tafelrede

Höret nun aber, was der *Herr* vor dem Mahle spricht:

„Meine geliebten Kindlein! Als Ich einst auf Erden nach Meiner Auferstehung zu euch kam, da fragte Ich euch, indem ihr etwas hungrig waret und nicht viel zu essen hattet: ‚Kindlein, habt ihr nichts zu essen?' Da zeigtet ihr Mir etwas Brot und etliche Fische. Ich segnete euch die Fische und das Brot, setzte Mich dann mit euch zu Tisch und aß mit euch. Nun frage Ich euch nicht mehr, ob ihr zu essen oder nicht zu essen habt, sondern aus Meinem unendlichen Vorratsschatz habt ihr in endloser Fülle ewig genug. Aber soll darum dieses von Mir auf Erden ausgesprochene Wort hier keine Geltung haben?

Ich sage euch: Diese Frage soll hier noch eine vollkommenere Geltung haben! Denn sehet, die Kinder auf Erden sind nun in demselben Zustande, in dem ihr wart nach Meiner Auferstehung. Sie sind voll trauriger Gedanken und wissen nicht, was mit dem Herrn geschehen ist. Und sie haben ebenfalls nur eine dürftige Nahrung, die da gleicht den Fischen und dem Brote, das ihr hattet.

‚Die Fische' sind das Alte und ‚das Brot' das Neue Testament. Da aber diese Speise bei den Kindern auf der Erde zum Teil versalzen, zum Teil ausgetrocknet ist, so ist es hier unter uns um so mehr an der Zeit, uns nun öfter an jene Kindlein zu wenden und sie zu fragen: ‚Kindlein, habt ihr nichts zu essen?'

Und sie werden uns ihren Vorrat vorweisen. Und wir wollen ihnen diese Speise segnen zum guten lebendigen Gedeihen, wie Ich eure Fischlein und euer Brot gesegnet habe, und wollen uns dann mit ihnen zum Tisch ihres Glaubens und ihrer Liebe setzen und mit ihnen essen, d. h. wir wollen sie im Geiste und in der Wahrheit aus ihrem schwachen Vorrat die wahren Wege zum ewigen Leben kennen lehren!

Esset also nun mit Mir und trinket, und seid dabei in aller Liebe eingedenk derjenigen, die noch in der Tiefe ihres Fleisches wohnen und nicht erschauen können Mein Reich, Meine Gnade, Meine Liebe und Erbarmung!"

Seht, nun zerteilt der *Herr* das Lamm wie auch das Brot und teilt es an alle aus.

Nach der Tafel wendet sich der *Herr* an den Prior und spricht zu ihm: „Nun, Mein geliebter Sohn, wie hat dir Meine Mahlzeit geschmeckt?"

Der *Prior* spricht ganz zerknirscht: „O Herr, Du allerbester, liebevollster, allerheiligster Vater! Deine Mahlzeit hat mir nicht nur seligst wohlgeschmeckt, sondern ich bin dadurch mit einem neuen Leben erfüllt worden. Nun ist mir alles klar. Ich sehe nun meine Bestimmung, und Deine unendlich wunderbaren Wege, auf welchen Du Deine Kinder zum Leben führest, sind enthüllt vor mir. Endlos groß ist zwar der Wirkungskreis, den Du mir gnädigst als einem unwürdigsten Diener zugeteilt hast. Aber ich sehe ja auch, wie nur allein Du Alles in Allem bist und wie leicht *mit Dir* die größten Dinge zu vollenden sind! Daher bin ich nun auch überselig froh darüber, daß Du mir einen Wirkungskreis erteilt hast und freue mich endlos darauf, wann es Dir wohlgefallen wird, mich den ersten Dienst tun zu lassen in Deinem Reiche!" (Geist. Sonne, Bd. 2, Kap. 8)

78

Wiederverkörperung (Reinkarnation)

Auf das bisher Erörterte zurückblickend, werden wir sagen müssen: Durch Jakob Lorber genießen wir einen wahrhaft unvergleichlichen Einblick in die Entwicklungswege und Vollendungsmöglichkeiten der Menschenseele in der geistigen Welt. Vom Mittelreich bis hinab zu den grauenvollsten Graden der höllischen Bosheit und bis hinan zu den seligsten Stufen der himmlischen Liebe ist alles, was der Vater in den vielen geistigen Wohnungen zur Seelenreifung seiner werdenden Kinder bereitet hat, vor unserem Auge aufgetan. — Wie steht es nun aber mit der „Reinkarnation", der Wiederverkörperung der Seelen auf stofflicher Ebene, von der so manche Religionslehren als einem besonders wichtigen Mittel der Seelenvollendung Kunde geben?

Die Lehre der Seelenwanderung im Altertum

Schon im vorchristlichen Altertum lebte bei vielen, wenn nicht bei allen Völkern der Erde der Glaube an die „Seelenwanderung", d. h. an ein Aufsteigen der Seelen von Lebensform zu Lebensform zum Zwecke der Läuterung von allen niederen Trieben und Leidenschaften. Besonders stark fand sich dieser Gedanke bei den arischen oder indogermanischen Völkern, also bei den (vermutlich aus dem Stammlande Iran entsprungenen) Völkern Mittelasiens und Europas, zu denen auch unsere germanischen Vorfahren gehören. [1]

In dieser großen, durch viele Grundanschauungen verbundenen Völkerfamilie waren es hauptsächlich die arischen Stämme der *Inder*, welche zu der Zeit, als sie von den iranischen Bergen und dem oberen Industale nach Osten in das weite und fruchtbare Gangestal vordrangen, die Seelenwanderungslehre, „Samsara" genannt, als einen Grundbestandteil ihrer Religion, des sogenannten *Brahmanismus*, ausbauten. Damals, etwa 7 bis 8 Jahrhunderte vor Christus, wurde der alte, in den religiösen Urliedern des Volkes („Rigweda" und „Atharweda") niedergelegte reingeistige Volksglaube von der mächtig anwachsenden Priesterkaste der Brahmanen stark verstofflicht und zu einem einträglichen Opferkult umgewandelt. Aus sehr durchsichtigem Grunde stellten die Brahmanen die Lehre auf, daß der Mensch vom Fluch des irdischen Daseins nur durch das priesterliche Wissen und die Gottheit zwingende Opfer der Priester erlöst werden könne. Des Men-

[1] Über die Seelenwanderungs- und Reinkarnationslehre der Germanen siehe Guido von List „Die Religion der Ariogermanen", S. 32 ff. Die phantasievollen Feststellungen dieses Forschers müßten freilich durch genaue volkskundliche Nachprüfung geklärt werden. Die Germanen kannten 1. den Aufstieg der Elemente der Menschenseele auf den Stufen der Naturreiche; 2. das geistige Ziel des irdischen Menschenlebens; 3. die jenseitige Weiterentwicklung der Seele in 6 geistigen Sphären (Götterheimen), abwärts 3 Sphären bis Niflheim, aufwärts 3 Sphären bis Muspil-(Funken)-heim Allvaters; 4. Von allen Sphären, ausgenommen der tiefsten und der höchsten: Wiederkehr weltsüchtiger Seelen zur Erde durch Wiedereinfleischung bis zur völligen Reinigung und Vergeistigung.

schen Seele müsse ohne diese Hilfe fort und fort in immer neuen Wiedereinfleischungen als Mensch oder als Tier ins irdische Dasein treten und hier Not und Qual und den bitteren Tod erleiden. Und zwar bestimme das *„Karma“* (zu deutsch: Tun) eines Menschen seine Daseinsstufe und seine Lebensverhältnisse in der Wiedereinfleischung. Das rechte, den Menschen vom Fluch der „Wiedergeburten“ erlösende und ihn für das himmlische Friedensreich der Götter reifende Tun aber bestehe nebst einem Leben der Entsagung in dem vorgeschriebenen Gebets- und Opferdienst. Dadurch allein werde es der Seele ermöglicht, ihr Karma zu verbessern und schließlich vom Zwang der Wiederverkörperung befreit zu werden.

Daß diese Karma- und Wiedergeburten-Lehre den Brahmanen als Verwaltern des Schlüssels zur Seligkeit eine große Macht gab, ist verständlich. Und die große gegen-priesterliche Neuerung des *Buddha* (etwa um 550 v. Chr.) war, daß er zwar die „Samsaralehre“ beibehielt, aber erklärte, daß die Erlösung vom Seinszwang nicht durch priesterliche Vermittlung, sondern nur durch *Erkenntnis* des Grundes aller Leiden, Freimachung von allem Durst der Begierden und Führung eines strengsittlichen Lebens unter schrankenloser Selbstaufopferung zum Wohle der Mitgeschöpfe zu erlangen sei. [1]

Karma- und Reinkarnationslehre in der heutigen Theosophie

Die Seelenwanderungslehre der Brahmanen und des Buddha fand auch in unserem Zeitalter wieder Aufnahme und Verbreitung, freilich unter mancherlei Abwandlungen. Von der stark ethischen Ausgestaltung der englisch-indischen Theosophie unter Führung von A. *Besant* (gest. 1933) und den phantasiereichen Eröffnungen der Blavatzky'schen ‚Geheimlehre‘ bis zu der deutschen Anthroposophie (Richtung Steiner) gibt es die mannigfaltigsten Schattierungen.

Am bemerkenswertesten ist vielleicht die Karma- und Wiederverkörperungslehre der *christlich* gerichteten deutsch-indischen Theosophie, welche den kirchlichen Begriff von *Schuld und Sühne* mit dem Karma verbindet und lehrt: Die Seele des Menschen sei ein mit dem Urgeiste Luzifer gefallener Geist und habe durch ihren Abfall von Gott ein Karma, eine Schuld auf sich geladen, die sie der Heiligkeit und Gerechtigkeit Gottes zufolge nun im irdischen Menschenleben „abtragen“ müsse, durch Kreuz und Leiden und durch ein Tatleben der Gottes- und Nächstenliebe. Erst wenn durch ein leidgeprüftes, wahrhaft reines und werktätiges Leben der Demut und Liebe die Schuld getilgt sei, könne die Seele sich

[1] Alle Lebensweisheit und alle Heilserkenntnis faßte der indische Religionsphilosoph Gautama Buddha in die „vier heiligen Wahrheiten“ zusammen, die uns um so seltsamer und tragischer anmuten, als sie gerade im üppigsten und reichsten Lande der Erde verkündet wurden. Diese „vier Wahrheiten“ Buddhas lauteten: Alles Lebende ist unablässigen Leiden unterworfen. — Die Ursache des Leidens ist der „Durst“, d. h. die Begierde nach Genuß und Macht und der Wille zum Leben. — Die Unterdrückung der Begierde und des Lebenswillens hebt unser Dasein und damit das Leiden auf. — Der Weg zur Aufhebung des Leidens besteht also im rechten Glauben, rechten Entschluß, rechten Denken, Streben, Reden und Handeln und im rechten Sichversenken ins ewige Sein. Dadurch entwindet sich der Mensch schließlich dem Kreislauf der Wiedergeburten und geht ins „Nirwana“, ins „Verwehen“ ein.

der heiligen Gottheit wieder nahen und selig werden. Da aber zum Abtragen der Karmaschuld ein einziges Menschenleben auf Erden nicht genüge, ja die Schuld öfter durch ein widergöttliches Leben noch vermehrt werde, so müsse die Menschenseele sich immer wieder einfleischen lassen, und zwar so oft, bis das ganze Karma abgetragen sei. Dies sei der Sinn der Bibelworte: „Du wirst von dannen nicht herauskommen, bis du den letzten Heller bezahlt hast.“ (Matth. 5, 26)

Die Lehre der Neuoffenbarung

Die nun schon seit Jahrtausenden bestehende Begriffsverwirrung auf dem Gebiet der „Wiedereinfleischung“ wurde durch den deutschen Seher *Jakob Lorber* vom Herrn der Schöpfung selbst gelichtet. Im großen Rahmen der geistigen Schöpfungs- und Seelenentwicklungslehre, welche in den früheren Teilen dieses Buches dargestellt wurde, begreifen wir leicht, was in den Lehren der alten Völker und in den neuzeitlichen Überlieferungen wahr und gut ist und wo Dunkelheiten und Irrtümer bestehen.

Von der *christlich* gefärbten deutsch-indischen Ansicht z. B. unterscheidet sich die Neuoffenbarungslehre in mehreren wichtigen Punkten. Die Lorbersche Gottesoffenbarung kennt keinen Strafgott, der Gerechtigkeit und Schuldabtragung fordert, sondern einen himmlischen Vater, der seine unvollkommenen Kindlein mit unendlicher *Liebe und Erbarmung* auf den wunderbarsten Wegen der Seelenbildung zur Vollendung führt. Es wird daher in diesen Neuoffenbarungsschriften nicht von „Schuldabtragung“, sondern von „Läuterung und Vervollkommnung“ gesprochen. Die stoffliche Welt ist kein Schuldturm, von dannen kein Schuldner ohne Zahlung herauskommt, sondern eine *Schule,* in welcher der Schüler je nach Leistung von Klasse zu Klasse aufsteigt. Unsere Allgemein-Schuld des Abfalls mit Luzifer hat der Menschensohn durch sein „Lösegeld“ auf Golgatha beglichen. Und unsere sonderheitliche, im Erdenleben auf uns geladene Schuld wird uns vom Vater gemäß seiner Verheißung vergeben, sobald wir in wahrer Reue Ihn darum angehen. Müßten wir sie mit eigenen Werken und Verdiensten abtragen, dann wäre es um uns, die wir nichts Gutes und Heilvolles aus eigenen Kräften tun können, wahrlich für immer geschehen.

Weiterhin vernehmen wir durch den deutschen Boten Gottes, daß sowohl vor als auch nach dem irdischen Menschenleben noch ganz andere, geistige Seelenbildungsstufen liegen, von welchen den bisherigen Religionen und Theosophien wenig oder nichts bekannt war, und daß die Wiedereinfleischung auf stofflicher Ebene durchaus nicht das einzige Mittel der Vollendung ist.

Das elementare Vor-Sein der Menschenseelen

Nach Lorber besteht bekanntlich die Menschenseele aus zahllosen Myriaden einst mit Luzifer gefallener, im Gericht der Stofflichkeit (Materie) erstarrter und von den reinen Geistern Gottes zu neuem Leben in der göttlichen Ordnung gelöster *Lebensfunken.* In den Lebensformen der Naturreiche, vom Mineral bis zum Tier, wurden diese Lebenselemente als „Naturseelen“ von Stufe zu Stufe hinangeführt und dabei gelehrt, die alte luziferische Selbstherrlichkeit und Selbstsucht zu überwinden und beim Bau und Gebrauch ihrer stofflichen Lebensform sich willig im Dienste der Gottes- und Nächstenliebe zu üben.[1]

Wenn nun ein neuer Mensch entstehen soll, so berufen die Engel Gottes eine aus mehreren Tierseelen zusammengesetzte, reife Naturseele, vereinigen damit noch Lebensfunken aus den Seelen des zur Zeugung ersehenen Elternpaares sowie auch noch unmittelbar aus den Sternen herniedertauende Lebensfunken — und schaffen so eine *Menschenseele,* wie dies im 1. Band dieses Buches (Kap. 24 ff.) eingehend beschrieben wurde.

In Wahrheit hat also eine jede Menschenseele *vor* ihrem Menschsein schon die ganze Stufenreihe der Naturreiche durchlaufen — aber nicht als solche (als Menschenseele), sondern nur mit ihren *Elementen,* ihren Lebensfunken, in kleineren und immer reicher ausgestalteten naturseelischen Verbänden.

Darin ersehen wir die erste grundlegende und darum in der Regel auch sehr langwierige Elementarschule der Seele, in der es schon sehr viele „Wiedereinfleischungen" der Seelenbestandteile gibt. Diese Vorreifung der menschlichen Seelenteile findet nicht nur auf unserer Erde, sondern, nach gleichen Lebensgesetzen auch auf allen *anderen Weltkörpern* (Sonnen, Planeten und Monden) der ganzen stofflichen Schöpfung statt. Und überall ist die Krone dieser schöpferischen Entwicklung der Mensch mit einer aus allen Arten von Lebensfunken überreich zusammengesetzten Seele.[2]

Die Seele auf der Menschenstufe

Auf der Menschenstufe, wo der Seele ein besonders starker, liebevoller Reingeist aus Gott (Gottesgeistfunke) als geheimer Leiter und Lebensvollender eingepflanzt wird, soll die Menschenseele, wie in diesem Buche ebenfalls dargetan, nun lernen, in scheinbarer Abtrennung von Gott und der reingeistigen Welt *Gott zu suchen,* Ihn und seinen Willen zu erkennen und aus *freier* Entschließung nun der ewigen, himmlischen Ordnung, der Gottes- und Nächstenliebe zu leben.

Alle Belehrungen und Führungen, die uns im irdischen Dasein von oben in einer unsere Willensselbständigkeit wahrenden und unsere Tätigkeit anregenden Weise zuteil werden, dienen diesem göttlichen Ziel und Zweck. Aber infolge

[1] Gr. Ev., Bd. 6, Kap. 133, 4. — Die Worte des Täufers Johannes an die rassestolzen Pharisäer und Schriftgelehrten (Matth. 3, 9): „Gott vermag dem Abraham aus diesen Steinen Kinder zu erwecken", sind also keine phantastische Redensart, sondern ein biblischer Beweis für die durch Jakob Lorber geoffenbarte Seelenentwicklungslehre!

[2] „Aller Kreatur" wird so „das Evangelium (d. h. die Heilslehre der Liebe) gepredigt" (Mark. 16, 15), bis „alle Geschöpfe, die im Himmel und auf der Erde und unter der Erde und auf dem Meere sind, ja alles, was darin lebt", sagen wird: „Dem, der auf dem Throne sitzt, und dem Lamme gebühren Preis und Ehre, Herrlichkeit und Macht in alle Ewigkeit". (Offenb. 5, 13) Diesen großen geistigen Schöpfungsvorgang deutet Paulus an mit den tiefsinnigen Worten: „Der Nichtigkeit (dem Gericht der Materie) ist die Schöpfung unterworfen — nicht aus freien Stücken, sondern um dessen willen, der sie zu Fall gebracht hat (Luzifer) — jedoch auf Hoffnung hin! Denn auch die (stoffliche) Schöpfung wird von der Knechtschaft der Vergänglichkeit befreit werden zur Teilnahme an der Freiheit und Herrlichkeit der Kinder Gottes." (Röm. 8, 20 ff.)

der hartnäckigen luziferischen Natur unserer Seelenfunken wird das Ziel der vollkommenen Läuterung und Vergeistigung in einem einzigen Menschenleben kaum je erreicht, und so müssen weitere Schulungen stattfinden.

Weiterreifung in der geistigen Welt

Dazu gelangen alle Menschen dieser Erde, wie auch der anderen Weltkörper, nach Ablegen der stofflichen Hülle im Leibestode in den *geistigen Sphären* des sogenannten Jenseits als Seelen-Geister in ätherischer Formgestalt zur Weiterreifung, und zwar zunächst in einem traumartigen inneren Geistesleben, wie solches aus den vorstehenden Kapiteln zu ersehen ist.

Diese Stufe der Seelenvollendung ist ebenso wichtig wie die auf stofflicher Ebene. Sie ist nicht selten langwieriger und schließlich auch wirkungsvoller als die Entwicklung im stofflichen Leibe. Es bedeutet einen großen Mangel im Bilde der Seelenentwicklungslehre, wenn von indischen Theosophen diese bedeutsame geistige Reifeschule außeracht gelassen wird.

Erst nachdem in der geistigen Welt alle Möglichkeiten der Läuterung und Vollendung erschöpft sind und ein weiterer Fortschritt in dieser Lebensform nicht tunlich erscheint, findet bei Seelen, denen noch Materielles, d. h. luziferischer Geist der Selbstherrlichkeit anhaftet, eine *Wiedereinzeugung* in der stofflichen Ebene statt. Denn Gleiches zieht es zu Gleichem — das ist die einleuchtende Grundregel!

Wiederverkörperung auf stofflicher Ebene

Wann und unter welchen Verhältnissen die Wiedereinfleischung erfolgt, bleibt natürlich niemals dem Zufall oder der blinden und unvollkommenen Seele überlassen, sondern das bestimmen in weiser Liebe und Sorgfalt ebenfalls wieder die geistigen Diener des himmlischen Vaters, die leitenden *Schutzmächte* der Seele. Diese wählen Zeit, Ort, Eltern und Lebensverhältnisse aus, die am besten geeignet erscheinen, die Seele auf der neuen Bildungsstrecke geistig vorwärtszubringen und sie durch allerlei oft bittere Erfahrungen für die Aufnahme eines höheren Erkenntnislichtes zu erschließen und zur Buße (Umkehr) zu bewegen.

Die leitenden Schutzmächte bestimmen auch, ob und was eine Seele bei der Wiedereinfleischung an *neuen Lebensfunken* aus den Naturreichen, aus den Seelen der Eltern und aus den Sternen zur Läuterung und Bereicherung in sich aufzunehmen hat. Gerade diese Neuaufnahmen, durch welche sich die Seele am Werke der Erlösung der Materie beteiligt, sind oft von großer Bedeutung für die Schicksale und Führungen des Menschen auf der Bahn des neuen Daseins.

Insbesondere bestimmen die Schutzmächte ferner, auf welchem Weltkörper die neue Einfleischung stattfinden soll — auf dem gleichen, auf dem das frühere Menschenleben sich abspielte oder auf einem anderen, einer Sonne, einem Planeten, einem Monde. Auch hier entscheidet allein der Gesichtspunkt der bestmöglichen Eignung des zu wählenden Lebensschauplatzes. Gottes Engel, die über uns Menschen walten, haben ja allein den Tief- und Weitblick, um zu wissen, welche der vielen Schulen in der stofflichen Schöpfung der Reife und dem Fortbildungsbedürfnis einer Seele entsprechen.

Verlust der Rückerinnerung

Eine besondere Maßnahme der göttlichen Weisheit ist es dabei auf unserer *Erde*, daß hier den Menschen die Erinnerung an die früheren Seinszustände so gut wie gänzlich genommen wird.

Im ‚Großen Evangelium' (Bd. 4, Kap. 106, 1 ff.) vernehmen wir darüber: „Auf diese *Erde* begeben sich (verhältnismäßig) höchst wenige Geister, weil ihnen da der Weg des Fleisches zu beschwerlich vorkommt, indem sie hier alle Erinnerungen an ihren früheren Zustand aufgeben und ganz in ein von Anfang an neues Sein eintreten müssen. Auf den anderen Planeten und Weltkörpern ist das nicht der Fall. Denn dort bleibt den eingefleischten Geistern stets eine traumartige Rückerinnerung an die früheren Zustände. Die Folge davon ist, daß die Menschen auf anderen Planeten und Weltkörpern von Grund aus schon um vieles weiser und nüchterner sind als auf dieser Erde. Aber dafür sind sie auch keines Fortschrittes in eine höhere Stufe des freien Lebens fähig. Sie gleichen mehr den Tieren dieser Erde, die schon von Natur aus für ihr Sein eine gewisse Instinktbildung haben und darin stets eine große Fertigkeit und Vollendung an den Tag legen. Versuchet aber, ein Tier darüber hinaus zu unterrichten, und ihr werdet ihm nicht viel Ersprießliches beizubringen imstande sein. Die Ursache liegt darin, daß eine stumpfe Rückerinnerung an ihre früheren Zustände die Tierseelen gleichfort noch wie ein Gericht gefangenhält und beschäftigt, und daß sie sonach in einer gewissen Betäubung leben. *Allein* bei allen Menschen dieser Erde tritt der sonst nirgends mehr vorkommende Fall ein, daß sie aller Rückerinnerung bar werden und daher eine ganz neue Lebensordnung und -bildung von Anfang an beginnen, die so gestellt ist, daß mit ihr ein jeder Mensch bis zur vollsten Gottähnlichkeit emporwachsen kann."

Über diese Besonderheit unseres Erdenlebens beschwert sich im ‚Großen Evangelium' ein Arzt gegenüber einem ihn belehrenden Engel: „Ohne eine Rückerinnerung betrachte ich ein jedes künftige Dasein ebenso wie ein jedes Vorsein verglichen mit meinem gegenwärtigen, mir klar bewußten Dasein — als ein Nichtdasein. Denn bin ich nicht mehr das, was ich war, und wird mir bei einem künftigen Sein alle Rückerinnerung auf ein wie immer geartetes Vorsein gänzlich genommen, dann ist jedes Dasein für mich soviel wie gar keines ... Was nützen einer Kette viele tausend Glieder, die niemals in einen sich unterstützenden Zusammenhang gebracht werden? ... Siehe, du hochherrlicher Freund, in dieser Frage steckt für den auf dieser Erde armselig dahinlebenden, oft hell denkenden und dabei von der Furcht vor einem schmerzvollen Tode gepeinigten Menschen viel überaus Wichtiges! Ich habe diese Frage nicht in der Absicht gegeben, um durch sie deine große Weisheit auf eine harte Probe zu stellen, sondern lediglich, um durch dich ins klare zu kommen." (Gr. Ev., Bd. 9, Kap. 177, 3—6)

Dem Fragenden erwidert der *Engel:* „Höre, mein Freund! Würdest du dir aller Vorzustände, die du der Seele nach in sehr geteilter Weise bis zu deinem gegenwärtigen Zustand schon durchgemacht hast, ganz klar bewußt werden, so würdest du dadurch in deinem Denken, Urteilen und Wollen derart zerteilt und zerrissen, daß es dir unmöglich wäre, jene sittliche Einheit, Kraft und Stärke aus dem Geiste der *Liebe* Gottes (die nun dein inneres und allein wahres Leben ist) in deine Seele derart aufzunehmen, daß sie eins würde mit ihm (dem Gottesgeiste).

Wird die Seele aber eins mit ihm, dann wird sie in der Beschauung ihrer selbst schon in jene rückerinnerliche Klarheit gelangen, aus der sie die endlose Liebe und Weisheit des einen großen Baumeisters im seligsten Dankgefühle hellst erkennen und ewig bewundern wird. Und dann wird ihr eine solche von dir schon jetzt verlangte Rückbeschauung zum ewigen Lebensnutzen dienlich sein, während sie dir jetzt gar gewaltig schaden würde." [1]

Einen weiteren wichtigen Grund für die Bewußtseinsverdunkelung betont der *Herr* im ‚Großen Evangelium':

Sinn und Bewußtsein, heißt es dort, sind dem Menschen im Leibesleben trüb und unvollkommen gegeben, „damit sie ihn zur inneren Denk- und Suchtätigkeit nötigen, weil der Seele, die dem Urlichte Gottes verwandt ist, nichts unerträglicher ist als die Unbestimmtheit in allem, was sie wahrnimmt. Die Seele sehnt sich also in einem fort nach der vollen Wahrheit und denkt, fragt und sucht ununterbrochen. Und in dieser *Seelentätigkeit* besteht denn auch die fortwährend wachsende Erweckung und Stärkung des innern geistigen Sinnes, sowohl inbezug auf das Schauen, Hören und Wahrnehmen, als auch auf das Fühlen und Empfinden. — Würde aber eine Seele sogleich mit dem vollgeweckten inneren Sinn in diese Welt treten, so würde sie in volle Trägheit und Untätigkeit versinken, was dann ebensoviel wäre, als hätte sie kein Leben. Die Seligkeit des Lebens besteht ja hauptsächlich nur in der Tätigkeit. Und so ist es der Seele nützlicher, daß sie sich in aller Tätigkeit übe, als daß sie sich (von Anfang an) in aller Klarheit des innern Wahrnehmens nach allen Richtungen des Lebens hin befände." (Gr. Ev., Bd. 9, Kap. 141, 7 ff.)

Und einen dritten Grund für die Verdunkelung der Rückerinnerung zeigen die Neuoffenbarungsschriften uns endlich auch darin, daß durch ein allzu bestimmtes und klares Wissen um die Verhältnisse der geistigen Welt die Seele sich zu stark *genötigt* fühlen würde, sich dem Willen und der Ordnung Gottes blindlings zu unterwerfen. Sie käme dadurch unter einen geistigen *Zwang* und würde die wahre Freiheit und Selbständigkeit ihres Denkens, Wollens und Handelns einbüßen. Der Seelenbildungsplan unseres himmlischen Vaters geht aber dahin, uns auf dem Wege der Lebenserfahrung in langsamer Reife zur *freiwilligen* Aufnahme höherer Erkenntnisse und damit zu einer vollkommenen Freiheit des Willens und Handelns zu reifen. Und so ist die Erziehung zur Selbständigkeit und Selbsttätigkeit unseres geist-seelischen Wesens der Hauptgrund dessen, daß gerade auf Erden, in dieser Hochschule der „Großkinder" Gottes den Menschen ein Schleier über ihr Vordasein gelegt wird. (Vergl. ‚Bischof Martin', Kap. 175, 8—10)

Nicht selten taucht freilich durch göttliche Zulassung und zur Stärkung der Seele dann und wann im Bewußtsein eines Menschen die traumartige *Ahnung* früherer Daseinsverhältnisse auf. Seherisch Begabte können zuweilen auch klarer schauen und Enthüllungen über die Vorexistenz eines Menschen machen, doch kommt es aus den obigen guten Gründen zu einer voll überzeugenden Gewißheit wohl selten. Erst im Zustand geistiger Vollendung werden wir ohne Schaden und mit innigstem Dank einst die ganzen wunderbaren Wege unserer Führung und Entwicklung überschauen.

[1] Gr. Ev., Bd. 9, Kap. 178, 2 u. 3. Über die Verhüllung der Vorkreaturformen vergl. auch Bd. 8, Kap. 29, 11.

Erd- und Sternenseelen

Was nun die Bewohner unserer Erde anlangt, so wissen wir durch Jakob Lorber weiter, daß es hier *zwei* sehr verschieden beschaffene Arten von Menschen gibt: solche, deren grundlegende Seelenelemente ganz von dieser Erde stammen und hier erstmalig zum Menschendasein gelangten *(Erdseelen,* „Seelen von unten") — und solche, deren grundlegende Seelenelemente aus einem *anderen Gestirn* (Sonne oder Planet) stammen und dort schon ein oder mehrere Menschenleben auf stofflicher Ebene durchgemacht haben (Sternseelen, „Seelen von oben").

Die *Sternseelen* sind der Zahl nach geringer als die Erdseelen — etwa eins bis zwei vom Hundert. Aber durch ihre oft lange und bedeutende Vorschulung und durch die von ihrer Sternenheimat mitgebrachten, meist an sich schon reineren Seelenfunken zeichnen sie sich (soweit sie nicht durch Neuaufnahme irdischer Lebensfunken zu stark beschwert und getrübt sind) durch ein höheres, verinnerlichtes Geistesleben aus, das sie zu Führern, Lehrern und Helfern der geistig und sittlich schwächeren Erdseelen befähigt.

Warum diese Sternenseelen den entbehrungs- und leidensvollen Demutsweg des Erdenlebens durchmachen — zur hier allein möglichen Erreichung der höchsten Vollendungsstufen der wahren Kinder Gottes — erfahren wir ebenfalls eingehend in den Neuoffenbarungsschriften. [1]

Somit gibt es tatsächlich auf unserer Erde Menschen, die schon ein oder mehrere, ja oft schon viele Menschenleben auf anderen Gestirnen gehabt haben. Zu diesen „Wiedereingefleischten" aus den *Sternen* kommen dann noch solche von der *Erde* stammende Menschen, denen zu ihrer Fortbildung vergönnt ward, das bedeutungsvolle irdische Schul- und Probeleben zu *wiederholen.* Solch irdische „Repetenten" gibt es freilich nicht viele. Denn bei der einzigartigen Bedeutung unserer Erde ist es eine Regel im Seelenbildungsplane Gottes, daß diese Hochschule von einer (Erd- oder Sternen-)Seele *grundsätzlich nur einmal* durchlaufen werden darf — wie ja auch ein vernünftiger irdischer Vater seinen Sohn eine irdische Hochschule nicht mehr als einmal durchlaufen läßt.

Fälle wiederholter Einkörperung irdischer Menschen auf Erden

Menschen, die mit einer Erdseele oder einer Sternenseele auf unserem Planeten als Hochschule der Gotteskinder gelebt haben, gelangen also auf dieser Erde nur ausnahmsweise zu wiederholter Einfleischung.

Im ‚Großen Evangelium' erwähnt der *Herr* drei verschiedene Fälle dieser Art:

1. In Band 5, Kap. 232, 8 ff., ist von einem hochmütigen, herrschsüchtigen König die Rede, der im höllischen Feuer seines jenseitigen inneren Geisteslebens ernüchtert wird und nach göttlichem Ratschluß zur weiteren Belehrung und Läuterung „in einem ganz anderen Weltteil auf dem gewöhnlichen Fleischeswege als Kind armer Eltern zur Welt kommt." Er weiß von seinem Vorzustande nichts und macht ein kärgliches Leben als Landarbeiter durch, in dem er Demut und Liebe lernt. Nach seinem abermaligen irdischen Tode kommt er jenseits wiederum zu arbeitsamen, guten Seelen und freut sich, allen zu dienen. Solche gute Richtung

[1] Näheres s. Grundfragen des Lebens, Bd. 1, Kap. 26.

dieser Seele bewirkt die baldige Erweckung ihres göttlichen Geistes. — „Ist bei einer solchen Seele", erklärt der *Herr* weiter, „die volle Vereinigung mit ihrem Geiste erfolgt, dann kehrt bei ihr auch die volle Erinnerung an alle ihre Vorzustände zurück und sie lobt Gottes Weisheit, Macht und Liebe, die sie selbst aus den jammervollsten Zuständen zum wahren, ewigen Leben zu führen wußte." — Hier handelt es sich also um einen besonderen, freien *Gnadenakt* Gottes gegenüber einer besonders schwierig veranlagten, im Jenseits ernüchterten Seele.

2. Im ‚Großen Evangelium' (Bd. 6, Kap. 61, 3) lesen wir ferner: „Ihr habt schon oft von einer Wanderung der Seelen gehört. Das ferne Morgenland glaubt noch heutzutage fest daran. Aber es ist solcher Glaube dort sehr verunreinigt, insofern sie (die Anhänger der Seelenwanderungslehre) die Menschenseelen wieder in ein Tierfleisch zurückkehren lassen. Daß sich eines Menschen Seele von dieser Welt aus dem Mineral-, Pflanzen- und Tierreich zusammensammelt und bis zur Menschenseele emporschwingt, wurde euch zum größten Teile gezeigt. Aber rückwärts wandert keine noch so unvollendete Menschenseele mehr, außer im geistigen Mittelreich der *äußeren Erscheinlichkeit nach*, zum Zwecke ihrer Demütigung und der daraus möglichen Besserung. Ist eine solche Reifung bis zu einem gewissen Grade erfolgt, über den es dann mangels höherer Befähigungen nicht weitergehen kann, so darf eine Seele, *so sie es will*, noch einmal ins Fleisch der Menschen dieser Erde treten, auf welchem Wege sie sich höhere Befähigungen aneignen und damit die Gotteskindschaft erreichen kann". — Danach kann also eine Wiedereinfleischung auf Erden auch in dem Fall stattfinden, daß eine Seele, im Jenseits ihren irdischen Irrweg erkennend, die Wiedereinzeugung auf Erden vom himmlischen Vater *selber erbittet*, um auf dieser Hauptschule der Gotteskinder das höchste Ziel des ewigen Lebens doch noch zu erreichen.

3. Ein weiteres Beispiel der Wiedereinzeugung erwähnen die Neuoffenbarungsschriften (Gr. Ev., Bd. 1, Kap. 5, 8; Haushaltung Gottes, Bd. 2, Kap. 61, 30) wie auch die Bibel in *Johannes dem Täufer*, in dessen Leib und Seele der große Urgeist *Michael* wohnte und der zuvor schon zweimal (als Sehel und als Elias) auf Erden gelebt hatte. In diesem Falle sehen wir einen Engelsgeist mit einer *besonderen Sendung* betraut. Was im Falle des Johannes (Michael) geschah, dürfte sich im großen Erlösungsplane Gottes zuweilen auch mit anderen Menschen ereignen — zumal in Zeiten starker geistiger Beeinflussung von oben, in welchen die im Widergöttlichen versunkene Menschheit durch Boten der himmlischen Liebe, Weisheit und Macht aus Nacht und Not erhoben und zu einem höheren Lichte geführt werden muß. [1]

[1] Auch in heutiger Zeit heißt es oft: „Hier oder dort ist Christus!" — d. h. ein „Gesalbter". Und nicht selten spielt ein Mensch mit dem Gedanken, daß in ihm ein großer Engelsgeist oder ein großer Mensch früherer Zeiten zum Zwecke einer Sendung eingefleischt sei. Solch ein Glaube kann da und dort geradezu zur geistigen Seuche werden! Und da er geeignet ist, den Hochmut und die Herrschsucht der Menschenseele ins Maßlose zu erhöhen, so ist die Einflüsterung eines solchen Wahns leider nur zu oft ein Mittel der Finsternismächte, um die Menschheit zu verderben.

Der Trug ist aber für einen vernunftvoll Urteilenden leicht zu erkennen, da ein großer Geist auch in der Einfleischung sich durch eine weithin leuchtende, wahrhaft himmlisch-überwältigende Liebe, Weisheit und Wirkungsmacht und ein großer geschichtlicher Mensch durch seine frühere menschliche Wesensart in Wort und Tat deutlich kennzeichnet. Keinesfalls auch wird ein inkarnierter großer Gottesbote die Menschen mit sei-

Im übrigen führt der Seelenvollendungsweg die Erdenmenschen schließlich alle von der stofflichen und geistigen Ebene unseres Planeten hinweg. Das Ziel und die grundsätzliche Richtung unseres ewigen Lebens liegt ja anderswo, nämlich dort in der Gnadensonne, in der das göttliche *Urzentrum,* der Vater in Jesus, wohnt und waltet.

So geben die Schriften der Neuoffenbarung ein herrliches Licht und eine großartige und beseligende Anschauung vom ferneren Wege ins ewige Leben, der uns allen nach dem irdischen Tode und nach der Läuterung in der geistigen Sphäre unserer Erde winkt. Die diesbezüglichen Aufschlüsse finden sich hauptsächlich in dem Lorberwerk ‚Die natürliche Sonne'. Dort hören wir vom Vollendungsweg der auf unserer *Sonne* zur Reife gelangenden Menschen, daß dies auch der große Weg aller Erdenmenschen ist. Im dritten Kapitel heißt es über diesen Weg der Sonnengeister:

„Die schon in der Sonne vollendeten Geister, deren es sehr viele gibt, verbleiben nach ihrer Vollendung nicht in der Sonne, sondern steigen aufwärts zu einer höheren *Zentralsonne,* von der sie einstmals ausgegangen sind samt der Sonne. Allda werden sie erst in der Demut befestigt und steigen dann wieder höher bis zu einer noch tieferen *Urzentralsonne,* welche die frühere an Größe, Licht und Herrlichkeit ums Unaussprechliche übertrifft.

Kommen diese Geister aus der früheren Sonne noch so durchleuchtet und durchglüht in dieser zweiten Urzentralsonne an, so kommen sie sich da dennoch nicht anders vor, als wären sie nahe ganz dunkel und völlig lichtlos. Daher werden sie hier wieder von Stufe zu Stufe eingeführt und von den dort waltenden Geistern wieder also durchleuchtet, daß sie dadurch fähig werden, wieder zu einer noch höheren und nahe endlos größeren Zentralsonne aufzusteigen. Diese Sonne ist zugleich die letzte *materielle* Vorschule für den eigentlichen Himmel, welcher da ist die Urheimat aller vollkommenen Geister. Aber in dieser letzten und zugleich auch allergrößten Mittelsonne einer Hülsenglobe gibt es sehr viele Stufen, welche die Geister mit ätherischen Leibern angetan durchzumachen haben, bevor sie erst fähig werden, in die *geistige* Sonnenwelt, welche da heißt der *Himmel,* aufgenommen zu werden. Das ist sonach mit wenigen Worten angedeutet der Weg für die in der Sonne vollendeten Geister.

So da jemand aber fragen möchte: Warum denn ein so weitgedehnter Weg — da ist auch die Antwort schon bereit. Denn: solche Geister haben ja auch absteigend diesen Weg von der letztgenannten, innersten, allergrößten Zentralsonne ausgehend gemacht und haben auf jeder solchen Sonnenstufe noch mehr Materielles in sich aufgenommen. Aus eben dem Grunde müssen sie jetzt diesen Weg wie-

nem *Namen* in Bann zu schlagen trachten, sondern nach dem Beispiel des Herrn durch behutsame Verhüllung seiner Person die Denk- und Willensfreiheit der Menschen aufs schonendste beachten. Durch ihre Unlauterkeit und geistige Aufdringlichkeit enthüllen sich daher in der Regel bald die falschen Michaele, Johannesse, Petrusse usw. Und wir wollen uns überhaupt nicht großtun mit dem, was wir vielleicht einmal in einem früheren Leben *waren,* sondern ernstlich prüfend erkennen das Geringe und Schwache, das wir *sind,* und nach dem Hohen und Vollkommenen emporstreben, das wir mit des himmlischen Vaters Hilfe *werden* sollen.

der zurückmachen, um auf ihm von Stufe zu Stufe das letzte materielle Atom abzulegen, bis sie dann erst fähig werden, vollkommen wieder in die wahrhafte, allerreinste, himmlische Sonnenwelt für alle Ewigkeiten der Ewigkeiten überzugehen.

Aber Ich sehe schon wieder eine verborgene Frage in euch, und diese lautet: ‚Müssen denn auch die Geister der *Planetarmenschen* diesen zwar sehr lichten, aber dennoch sehr weiten Weg machen, bis sie in den eigentlichen Himmel gelangen? Diese Frage kann weder mit Ja noch mit Nein beantwortet werden, wenn man darüber sogleich eine allgemeine Antwort verlangen würde, sondern es kommt dabei auf drei Umstände an:

Kinder und solche Menschen, die nach dem Ableben auf der Erde noch eine weitere *Reinigung* nötig haben, müssen ohne weiteres diesen Weg machen. So auch zu allermeist solche große Männer der *Welt*, in denen sehr viel Eigendünkel und selbstsüchtiger Stolz steckt. Diese müssen ebenfalls diesen Weg machen und manchmal von dieser Erde angefangen noch viel umständlicher, indem sie zuvor noch in den verschiedenen andern Planeten eine läuternde Vorschule durchmachen müssen, bis sie erst in die Sonne gelangen." (Natürliche Sonne, Kap. 3, 10—14)

Das große Gnadenwunder

„Jene Menschen aber, welche auf dieser Erde in die reine *Liebe* zu Mir übergegangen waren und aus dieser Liebe heraus alles Weltliche und Materielle abgelegt hatten und nichts anderes wollten als nur allein Mich, haben sich dadurch den weiten Weg überaus stark abgekürzt. Denn diese sind wahrhaft *Meine Kinder* und wahrhaft Meine Brüder und Schwestern und kommen daher nach der freudigen Ablegung dieses materiellen Leibes sogleich vollends zu Mir — und zwar in den obersten, allerhöchsten Himmel, da Ich selbst wohne wesenhaft.

Seht, das ist sonach der Unterschied, der sich da ergibt mit den Geistern besonders dieses Erdplaneten nach der Ablegung des Leibes. Ähnliches, wenn schon bei weitem seltener, kann auch mit den Bewohnern des Planeten Jupiter wie auch etwas seltener mit den Einwohnern der Planeten Saturn, Uranus und eines dritten, noch unbekannten Planeten [1], der Fall sein. Jedoch von keinem dieser genannten Planeten kommen die Geister sogleich in den obersten Himmel, sondern nur in den ersten Weisheitshimmel." (Natürliche Sonne, Kap. 3, 16 und 17)

In Jesu Armen, an Gottes Herz

Diese Aufschlüsse in dem Lorberwerk ‚Die natürliche Sonne' eröffnen uns einen großartigen Ausblick auf die wahrhaft göttlich herrlichen, vom Vater der Liebe uns zugedachten Entwicklungsbahnen.

[1] Neptun, im Jahre 1842 durch Jakob Lorber in dem Buche ‚Die natürliche Sonne', Kap. 53, beschrieben, vier Jahre später, 1846, von dem Astronomen Galle in Berlin entdeckt und als 9. Planet unseres Sonnensystems festgestellt. So ‚Grundfragen des Lebens', Bd. 1, S. 59 ff.

Wer möchte nicht die unermeßliche Gnade nützen und sich *Jesu* Vaterbrust, diesen allerseligsten Vollendungsort, schon hier auf Erden zum Ziele setzen! Wir brauchen zur Erreichung ja nichts als das Erkennen der eigenen Nichtigkeit und der Herrlichkeit des Vaters, das Ablegen unseres Selbstischen und die reine Liebe zu Gott und allen Mitgeschöpfen. Wie das große Gleichnis vom verlorenen Sohn uns zeigt, kommt dann der Vater uns aus seinem Hause den halben Weg entgegen, zieht uns in seine Arme, an seine Brust. Es wird uns dann nie mehr nach einer Wiedereinfleischung in einer stofflichen Welt gelüsten. Darum ist wichtiger als alles Wissen und Streiten um die Lehre der Reinkarnation: die durch den großen Gottesboten Jakob *Lorber* uns übermittelte Kunde, wie wir besonders hier auf dieser not- und trübsalsreichen Erde den fast unermeßlich großen Vollendungsweg auf die wunderbarste Weise abkürzen können.

So sprich denn, o Seele: „Ich will mich aufmachen zu Meinem Vater!“

79

Verkehr zwischen Diesseits und Jenseits

Viele Gemüter bewegt die Frage: Gibt es eine Brücke des Verkehrs zwischen der diesseitigen und der jenseitigen Welt? Kann sie uns Bewohnern der irdischen Ebene nützlich sein? Und ist es erlaubt, eine solche Verbindungsbrücke zu suchen und zu begehen? — Unter allen Völkern und zu allen Zeiten wurde von vielen Menschen ein solcher Verkehr mit der Geisterwelt anerkannt und betätigt. Auch heutzutage behaupten nicht nur die Okkultisten und Spiritisten, sondern überhaupt alle geistig Erfahrenen und Kundigen ein „Hereinragen“ der geistigen Welt ins Diesseits.

Was bekunden über diese große und wichtige Frage die Schriften der Neuoffenbarung?

Der Schleier des Geheimnisses — und sein Grund

Durch Jakob Lorber erfahren wir vor allem, daß und warum der Schöpfer für den Menschen auf der irdischen Ebene einen Schleier des Geheimnisses über die Verhältnisse der geistigen Welt und ihre Beziehung zum Diesseits gelegt hat. Mehrfach wurde darauf schon in den früheren Kapiteln dieses Buches hingewiesen. Und so genügt es, hier nur zusammenfassend zu betonen, daß dem naturmäßigen, noch unvollendeten Menschen nicht nur die geistige Welt, sondern auch sein eigenes geistig-seelisches Werden und Wesen, nicht zuletzt auch das Wesen und Walten seines Schöpfers weislich darum verhüllt ist, damit er im Bedürfnis nach immer vollkommenerem Erkenntnislichte durch eifriges Forschen selbsttätig und schließlich völlig *selbständig* werde im gottähnlich freien und guten Denken, Wollen und Handeln, und dadurch sich die höchste Wonne eines wahrhaft göttlichen Lebens erringe. Alle diese Möglichkeiten der höheren Lebensvollendung wären nicht denkbar ohne die von den alten Ägyptern im „*Schleier der Isis*“ versinnbildlichte Verhüllung.

Durch den großen Seher der Neuzeit erfahren wir aber dann auch weiter, daß dieser Schleier für jedes an Gottes Hand fortschreitende Menschenkind mehr und mehr gelüftet wird, je williger und demütiger ein Mensch forscht und auf Gottes Stimme lauscht, und je williger er in der ihm offenbarten Ordnung Gottes zu handeln beginnt. Der von aller Selbstsucht geläuterten Seele öffnet sich schließlich durch die innige Verschmelzung mit dem ihr eingepflanzten Reingeiste die ganze Schöpfung. Solch ein Wiedergeborener kann zuletzt alle Welten und Sphären erschauen samt allen ihren stofflichen und geistigen Bewohnern, kann sich diesen Bewohnern auch selber erkennbar machen und mit ihnen nach Belieben verkehren. Ja es ist nun geradezu die wonnevolle Bestimmung dieser Seligen und Vollendeten, mit den Bewohnern der geistigen Sphären wie auch der stofflichen Welten in innige Verbindung zu treten und — so wie sie selbst einst von ihren voranschreitenden Schutzmächten geleitet wurden — nun auch ihrerseits die noch unentwickelt in der Materie schlummernden Brüder und Schwestern zu erwecken und auf die Wege des Lichts und des ewigen Lebens zu führen. [1]

Verkehr mit den Seligen und Vollendeten

Auch heute noch wie in alten Zeiten werden auf allen Weltkörpern, auf allen Zonen der Erde und unter allen Völkern die Menschen ständig belehrt, unterwiesen, geführt und geistig gereift von fortgeschritteneren höheren Geistern.

Der *Herr* spricht im ‚Großen Evangelium‘ zu den drei Weisen aus dem Morgenlande, welche dereinst zu Bethlehem „das in einem Schafstall geborene Wunderkind“ besucht hatten und, von ihren Schutzmächten geleitet, später wiederkamen, um dem aus dem Kinde erwachsenen „Wunderkönig“ ihre Achtung zu bezeugen.

„Alle von Natur aus besseren Menschen werden von Geistern auf eine mehr oder weniger fühlbare Weise unterwiesen in allerlei geistiger und natürlicher Wissenschaft ... Und je naturgemäßer, einfacher und in sich gekehrter die Menschen in der Welt leben, desto lebhafter stehen sie auch mit den besseren und guten Geistern des Jenseits in Verbindung. — Das war denn auch bei euch und mit euch der Fall. Als ihr aber dann durch eure vielen Reisen weltläufiger geworden seid, da haben euch auch eure Lehr- und Lichtgeister verlassen und euch euren eigenen Erkenntnissen, eurer Vernunft, eurem Verstand und eurem freien Willen anheimgegeben. Aber dennoch weckten sie die Begierde in euch, daß ihr Mich suchen und nun auch finden mußtet, und das war von den drei Geistern ganz wohl gesorgt für euch und eure Kinder und Völker.“ (Gr. Ev., Bd. 6, Kap. 40, 4—6)

Wesen und Amt der Schutzgeister und Schutzengel

Die geheime Leitung der Menschen im Erdenkleide obliegt im besonderen den sogenannten Schutzgeistern und Schutzengeln.

[1] Vergl. Gr. Ev., Bd. 8, Kap. 83, 7 ff.; Grundfragen des Lebens, Bd. 3, Kap. 69 ff.

In ‚Erde und Mond', Kap. 50, werden die unsichtbaren geistigen Vorgänge bei der Entstehung des Menschen, die Zusammenstellung, Einzeugung und Ordnung der Seele geschildert als ein Werk weiser und liebevoller Reingeister. „Diese Geister", heißt es dann weiter, „sind das, was ihr *Schutzgeister* nennt. Es sind Geister, Engel und große Engel, die alle da (bei der Entstehung eines Menschen) Einfluß nehmen. Und da gibt es keinen Menschen, der nicht wenigstens drei Schutzgeister, zwei Engel und einen großen Engel hätte, über denen noch ein Siebenter wacht, den ihr wohl schon kennt! Diese Schutzgeister und Engel sind vom Augenblick der Zeugung fortan um die eingezeugte Seele und sorgen unablässig für deren ordnungsmäßige Ausbildung."

Das Schutzgeisteramt ist eine der ersten bedeutenderen Aufgaben, die einer in den Paradiesen (siehe Kap. 75) gereiften, zur geistigen Wiedergeburt fortgeschrittenen Seele anvertraut wird. Dem natürlichen Zuge des Herzens entsprechend, handelt es sich dabei meist um die Überwachung und Führung einstiger irdischer *Blutsverwandter,* so der hinterlassenen Kinder, Gatten, Eltern oder anderer, durch Liebe und Freundschaft dem Schutzgeist besonders am Herzen liegender Menschen. So wurde z. B. auf Erden *Abel* nach seiner Ermordung durch Kain der erste Schutzgeist seiner hinterbliebenen Eltern und Geschwister. [1]

Das Schutzgeisteramt gehört freilich nicht zum angenehmsten, ja es erfordert viel Demut, Liebe, Weisheit und Geduld. Denn nach dem großen Grundsatz der Willensfreiheit dürfen die belehrenden und leitenden Einwirkungen der Schutzmächte zur Wahrung der Selbständigkeit des Zöglings nur ganz zwanglos und unbemerkt erfolgen. Und es ist für die Schutzgeister meist recht betrübend und schmerzvoll, ohne Vollmacht zu energischerem Durchgreifen mitansehen zu müssen, wie wenig die Schützlinge auf ihre wohlgemeinten Ratschläge hören und viel lieber den argen Verlockungen der Finsternis und ihres eigenen schwachen Fleisches zu ihrem großen Schaden folgen.

Die rechte Ausübung des Schutzamtes muß daher wohl gelernt sein, und in dem Werk ‚Die geistige Sonne' erfahren wir, wie sorgfältig die für das Schutzamt berufenen Geister in den geistigen Sphären der Sonne für diese dornenvolle Aufgabe geschult werden.

Erst Schüler — dann „Haushofmeister"

In dem Buche ‚Die geistige Sonne' ist zunächst davon die Rede, nach welchen Grundsätzen von den angehenden Schutzgeistern die neuankommenden Seelen im Jenseits zu führen sind. Keiner Seele darf irgend Gewalt angetan werden. Ihr freier Wille, gepaart mit ihrer Erkenntnis, bestimmt den Weg — und die Liebe der Seele bestimmt die Art und Weise, wie sie auf demselben zu leiten ist. Erst wenn die Seelen an dem ihrer Liebe zusagenden Ort „bösartig auftreten", ist es an der Zeit, nach der Art ihrer Bosheit strafend gegen sie einzuschreiten.

„Nun sehet", heißt es weiter, „in alledem werden unsere Schüler (in den geistigen Sphären der Sonne) auf das genaueste praktisch unterrichtet. Haben sie nun darin eine Fertigkeit erlangt, bekommen sie die Weihe der Vollendung und werden dann auf eine bestimmte Zeitlang den lebenden Menschen auf der *Erde*

[1] Haushaltung Gottes, Bd. 1, Kap. 20, 27; Kap. 24, 5 ff.

zu Schutzgeistern beigegeben, und das zumeist aus dem Grunde, um sich bei dieser Gelegenheit in der wahren Geduld des Herrn zu üben. Denn ihr glaubt es kaum, wie schwer es einem solchen himmlisch gebildeten Geiste ankommt, mit den halsstarrigen Menschen dieser Erde im höchsten Grade nachgebend so umzugehen, daß diese nie merken, daß sie von einem solchen Schutzgeist auf allen Wegen begleitet und nach ihrer Liebe geleitet werden.

Fürwahr, es ist keine Kleinigkeit, wenn man mit aller Macht und Kraft ausgerüstet ist und darf als Anfänger nicht Feuer vom Himmel rufen, sondern muß da im Bewußtsein seiner Macht und Kraft fortwährend nur Zuschauer sein, wie der anvertraute Mensch sich in allerlei Argem der Welt begründet und den Herrn stets mehr zu vergessen anfängt. Ihr ganzes Einwirken darf nur in einem leisesten Gewissenseinflüstern bestehen, oder höchstens bei außerordentlichen Gelegenheiten in der Verhütung gewisser Unglücksfälle, die auf die Sterblichen der Erde von der Hölle angelegt sind. In allem übrigen dürfen sie nicht einwirken!

Nun aber stellet euch das nicht selten bittere Los eines sogenannten Hauslehrers oder Hofmeisters vor, wenn er so recht rohe und ungezogene Kinder zur Erziehung bekommt. Ist da nicht schon ein Holzhauerstand besser? Ganz sicher, denn das Holz läßt sich fällen und spalten, aber das ungehobelte Kind spottet des Willens seines Meisters. Doch dieser Zustand ist kaum ein leiser Schatten gegen den eines Schutzgeistes, dessen Schutzbefohlener entweder ein Geizhals, Dieb, Räuber, Mörder, Spieler oder ein Hurer und Ehebrecher ist. Alle solche Greueltaten muß der Schutzgeist stets passiv ansehen und darf mit all seiner Kraft nicht im geringsten entgegenwirken. Und wenn bei manchen Gelegenheiten ein Vorgriff schon gestattet ist, so muß er dennoch so klug angelegt werden, daß der Schützling dadurch in der Freiheitssphäre seines Willens nicht im geringsten, sondern höchstens nur in der tatsächlichen Ausführung behindert wird. —

Sehet, das ist sonach die praktische Aufgabe, in dem sich unsere geweihten Schüler in der Nächstenliebe und vorzüglich in der Geduld des Herrn üben müssen.“ [1]

Verkehr mit Naturgeistern

Als Lehrer und Helfer der Menschen können nächst den paradiesisch-himmlischen Schutzgeistern und Schutzengeln auch die bereits zu einer gewissen Entwicklungsstufe gereiften *Naturgeister* oder *Naturseelen* auftreten.

Über diese im Aufstieg durch das Mineral-, Pflanzen- und Tierreich sich bildenden Wesen wurde schon im ersten Bande dieses Werkes (Kap. 15) Näheres gesagt. Die höheren, zur Einzeugung ins Menschenleben gereiften Wesen dieser Art stellen schon recht intelligente, mit Pflanzen- und Tierseelenfunken reich veranlagte Geistgeschöpfe dar. Sie führen, von der pflanzlichen und tierischen Leibeshülle gelöst und im Luftraum oder in Gewässern, Bergen, Wäldern oder in der Erdtiefe sich aufhaltend, als Luft-, Wasser-, Berg- und Erdgeister oft lange Jahre und Jahrzehnte ein freies, ungebundenes Leben, bis sie sich endlich zur Einzeugung

[1] Geistige Sonne, Bd. 2, Kap. 105, S. 443 ff. — Über den räumlichen Aufenthaltsort der Schutzgeister in der obersten Luftregion (Friedensregion): Erde und Mond, Kap. 28 ff.; Grundfragen des Lebens, Bd. 3, Kap. 75. — Über die Amtsstufung der Geister, Engel und Engelsfürsten in der Natur: Erde und Mond, Kap. 39 und 44.

in das beschwerliche Menschenfleisch entschließen, um auf diesem allein möglichen Wege die Seligkeit der Gotteskindschaft zu erlangen.

Von diesen der stofflich gesinnten Menschheit von heute nur noch aus Erzählungen und Volksmärchen früherer Zeiten bekannten Wesen, lesen wir in ‚Erde und Mond':

„Diese Art Geister hat schon eine vollkommene *Intelligenz.* Sie sind in den Dingen der Natur äußerst bewandert und können alles sehen und hören, was auf der Erde geschieht und was da geredet wird.

Diese Geister können sogar mit Menschen umgehen und ihnen manchmal entscheidende Dienste leisten, nur muß sich ein jeder hüten, ihnen in was immer zu nahe zu treten; denn da werden sie leicht erbittert und können jenem, der sie erbittert hatte, einen bedeutenden Schaden zufügen, und das darum, weil sie, obschon Bewohner der Materie, dennoch Todfeinde derselben sind.

Gegenden, in denen sie vorzugsweise wohnen, müssen abgelegen und ruhig sein. In einer solchen Gegend ist es auch niemandem zu raten, laut zu schreien, zu pfeifen, noch weniger zu fluchen und zu schelten, weil dadurch die noch in der Materie gefangenen Geister angeregt und rebellisch werden könnten, was dann den schon freier gewordenen in ihrer Entwicklung Schaden bringen kann.

Um das zu verhüten, suchen sie (die freieren Naturgeister) die Wanderer in solchen Gegenden durch allerlei Erscheinlichkeiten zu schrecken, damit diese so schnell wie möglich eine solche Gegend räumen. Besonders heikel sind sie in den Bergen und namentlich in den Stollen und Schächten, wo sie schon oft für die dort Arbeitenden die größten Unglücksfälle bewirkt haben. So hier und da ein plötzliches Zusammensinken der Schächte und Stollen, böse Luft in denselben, oft unvermutete Überschwemmungen, Verschwinden der Metalladern und dergleichen böse Überraschungen mehr. Das sind Werke solcher Geister, wie auf hohen Bergen auch Erdabstürze und große Schneelawinen zumeist von diesen Unholden bewerkstelligt werden.

Wenn diese Geister manchmal in irgend etwas den Menschen wohlwollen oder ihnen wenigstens nichts Arges anzutun im Sinne haben, erscheinen sie gewöhnlich in einer Zwerggestalt, und zwar entweder in ganz dunkler, grauer, blauer oder grüner Farbe. Die kleine Gestalt zeigt an, daß sie sich zu den Menschen herabwürdigen, um ihnen Gutes zu tun, weil sie den gebannten Geist im Menschen bemitleiden. Wenn aber ein Mensch sich gegen solche Geister ungebührlich benimmt, so wachsen sie nicht selten zu einer ungeheuren Riesengröße an, in welcher Gestalt es dann nicht mehr gut ist, in ihrer Nähe zu verweilen, ohne Anrufung Meines Namens schon gar nicht." (Erde und Mond, Kap. 34)

Das zweite und dritte Gesicht und Gehör

Manchen Menschen ist es gegeben, die Seelen verstorbener Menschen (Menschengeister) wie auch die Naturseelen (Naturgeister) zu schauen — nicht mit dem fleischlichen Auge, sondern mit der geistigen Sehe. Diese Fähigkeit nennt man das zweite Gesicht.

Woher kommt diese Bezeichnung? — Der Mensch ist bekanntlich eine Dreieinheit, bestehend aus drei gleichsam ineinander steckenden Wesenheiten: Leib, Seele und Geist. Dementsprechend hat er auch dreierlei Erkenntnisvermögen.

Im allgemeinen erkennt unsere Seele nur, was ihr als eine Wirkung der *stofflichen Welt* durch die fleischlichen Organe ihres Leibes vermittelt wird. Es ist dies also alles, was in der sichtbaren Welt in stofflichen Formen um uns her vorgeht. Dieses leiblich bedingte und auf das Stoffliche gerichtete Erkenntnisvermögen ist das *„leibliche Gesicht"*, man kann es auch das allgemeine oder erste Gesicht nennen.

Nun kann aber unsere Seele mit Hilfe und durch Vermittlung des in ihr wohnenden reinen Geistes oder ihrer Schutzgeister oder anderer Reingeister auch das *Ätherisch-Stoffliche* anderer Wesen erkennen, und zwar sowohl innerhalb wie außerhalb seiner stofflichen Leibeshülle. Die Seele vermag also in solchem Falle z. B. die Seele einer Pflanze, eines Tieres oder eines Menschen zu erschauen, solange diese noch als Lebensträger in der stofflichen Leibesform steckt, wie auch dann, wenn die Seele, sei es auf Dauer, sei es nur zeitweilig, die Leibeshülle verlassen hat und als ein reines *Ätherwesen* sich im Luftraume aufhält. — Diese in reingeistiger Hilfe begründete, also *geistig* bedingte Wahrnehmung ätherischer Seelengestalten heißt die „geistige Sehe" oder das *„zweite Gesicht"*. Hier schaut die Seele nicht (oder nur scheinbar) mit den fleischlichen Augen, sondern mit dem Auge des Geistes, und zwar dem Empfinden des Schauenden nach vielfach von der Herzgrube aus. Und es ist manchen Menschen, besonders auch bei unverbildeten, urwüchsigen Naturvölkern gegeben, auf diese Weise auch die Seelen verstorbener Menschen zu schauen und zu vernehmen. [1]

Endlich gibt es aber noch ein *drittes* Wahrnehmungsvermögen der Seele, welches darin besteht, daß manche Menschen durch die Hilfe und Vermittlung ihres innewohnenden Reingeistes auch die *reingeistige* Welt erkennen, d. h. also sowohl die als innerstes Lebenszentrum in den Lebewesen der stofflichen Ebene wohnenden Reingeister und Reingeistfunken, wie auch die freien, das heißt nicht stofflich eingezeugten reinen Geister und Engel. — Dieses höchsten, dritten Gesichtes können auf die Dauer jedoch nur die vollgeläuterten, geistig wiedergeborenen Menschen teilhaftig werden, deren Seele mit ihrem Reingeiste völlig eins geworden ist. Diesen Seelen erwächst eben durch diese Einswerdung ein neues, allumfassendes Wahrnehmungsorgan in ihrem *Geiste,* durch das sie nun Verbindung bekommen mit dem *ganzen* stofflichen und geistigen Universum. Unreiferen Menschen dagegen kann diese dritte, reingeistige Sehe nur ausnahmsweise und auf kurze Zeit eröffnet werden.

Wie es aber mit dem Schauen steht, so verhält es sich auch mit dem Wahrnehmungsvermögen durchs *Gehör.* Auch hier gibt es drei Arten: ein *leiblich-stoffliches* für die Luftwellen des naturmäßigen Schalls; ein *seelisches* für die Kundgebungen der Seelen und ein *reingeistiges* für die Kundgebungen der Reingeister. Das letztgenannte, höchste Wahrnehmungsvermögen, das sich bis zur klarbewußten Erfassung der Kundgaben des himmlischen Vaters in Jesus erheben kann, nennt man das *„innere, lebendige Wort"*.[2]

[1] In den diesbezüglichen übereinstimmenden Zeugnissen aller Naturvölker, der Indianer, Neger, Eskimo usw. liegt ein starker Beweis für die Erkenntnisse des Okkultismus und Spiritismus, insbesondere für das Fortleben der Menschenseele nach dem Tode. — Fälle der Eröffnung der geistigen Sehe oder des zweiten Gesichts: Gr. Ev., Bd. 1, Kap. 152, 1 ff.; Bd. 7, Kap. 217, 9 ff.; Kap. 218, 1 ff.; Haushaltung Gottes, Bd. 3, Kap. 120, 9 ff.

[2] Näheres darüber siehe Grundfragen des Lebens, Bd. 2, Kap. 50

Mediale Veranlagung

Das geistige Schauen und Hören kann freilich auch in gewissem Umfang auf eine rein *erbliche* oder auch eine *krankhafte* Veranlagung der Seele oder ihres „Nervengeistes" sich gründen. Der Nervengeist ist ein aus dem Blute und den feinsten Säften des Leibes sich bildendes, halb stoffliches, halb seelisch-ätherisches Fluidum, das gleichsam als Mittelglied (Ätherkörper) Leib und Seele verbindet und aus dem die Seele auch allezeit neue naturmäßige Kräfte schöpft. Durch Erbanlage oder aber auch durch krankhafte Verfeinerung kann dieser Nervengeist so empfindlich werden, daß er der Seele gleichsam als ein geist-leibliches Empfindungsorgan die Einflüsse und Eindrücke vermittelt, welche die umgebende geistige Welt auf den Menschen einströmt. Ein so veranlagter Mensch kann *dadurch* die Seelen und Geister in einem gewissen Umfang ebenso wahrnehmen, das heißt schauen, hören oder sonstwie empfinden wie ein auf geistigem Wege dazu innerlich entwickelter und gereifter Wiedergeborener. Man nennt das eine *mediale* oder zu deutsch *mittlerische* Veranlagung. Sie findet sich auf stammeserblicher Grundlage ziemlich häufig, sagt aber an sich noch nichts über die innere Geistesvollendung eines Menschen!

In ‚Erde und Mond' lesen wir über diese Dinge: „Menschen mit dem sogenannten zweiten Gesicht sind noch nicht als Wiedergeborene zu betrachten nur wegen des zweiten Gesichtes, das eine Eigenschaft ihres Nervensystems ist, durch das die Seele leicht — mittels des Nervengeistes — Anschauungen aus ihrem Seelenreich in den Leibesorganismus überträgt, weil eben dergleichen leicht erregbare Nerven in dieser Sache nicht hinderlich wirken. Starke Nerven können das freilich nicht, daher auch starknervige Menschen selten oder gar nie das sogenannte zweite Gesicht haben.

Das zweite Gesicht ist daher bei einem Menschen, der es besitzt, weder als etwas Gutes, noch als etwas Schlechtes zu betrachten, sondern es ist eine Art *Krankheit des Leibes,* zu der die Menschen meistens durch allerlei widrige Ereignisse im Verlaufe ihres irdischen Lebens gelangen. Große Traurigkeit, lange anhaltende Angst, große Schrecken und dergleichen mehr sind gewöhnlich die Ursachen davon, manchmal aber auch künstliche Mittel wie: Magnetismus, Berauschung und dann und wann Betäubung durch narkotische Kräuter. Kurz und gut: dergleichen Zeichen sind durchaus *nicht* als Zeichen der Wiedergeburt zu betrachten, was schon aus dem zu entnehmen ist, daß viele solcher Visionäre ihre geschauten Bilder wohl ungefähr so darstellen, wie sie ihnen zu Gesicht kamen, aber diese entbehren meist jeden sinnvollen Zusammenhangs.

Der Grund aber liegt darin: Weil bei dergleichen Personen Geist und Seele noch nicht miteinander verbunden sind, liegt auch in ihren Anschauungen kein Grund und keine Verbindung anschaulich und wohlbegreiflich vor jedermanns Augen, während aus dem Munde eines Wiedergeborenen, wenn auch nur erst teilweise, jede Darstellung geistiger Dinge den rechten Grund und den vollsten Zusammenhang bekundet." (Erde und Mond, Kap. 70, S. 212 u. 213)

Zum sozusagen ordnungsmäßigen Besitz der geistigen Sehe gehört eine grundgesunde und starke Seele, deren Lebensfunken in einer „Aura" oder (nach Lorber) „*Außenlebenssphäre*" noch weit über den Umriß des fleischlichen Leibes strahlt und hinauswirkt. Dies erklärt der Herr im ‚Großen Evangelium' einigen für das Geistersehen sich interessierenden Priesterinnen der Minerva mit den Worten:

„Wer durch die Fülle seines inneren Lebens auch außer seinem Leibe eine Lebenssphäre überkommt, der kann die Seele verstorbener Menschen sehen und sich mit ihnen über die wichtigsten Lebensdinge besprechen, wann und wie oft er will. Aber dazu gehört freilich eine nahezu gänzliche innere Lebensvollendung." (Gr. Ev., Bd. 6, Kap. 111, 17)

Mäßigkeit und Einfachheit — eine Bedingung des geistigen Wahrnehmungsvermögens

Eine Hauptbedingung zur Erlangung der geistigen Sehe und des sonstigen inneren Wahrnehmungsvermögens ist nächst einem auf Gott und das ewige Leben gerichteten verinnerlichten und *liebetätigen Wandels* auch eine mäßige, *einfache Lebenshaltung,* die Leib und Seele rein und unbeschwert erhält.

„In den früheren Zeiten", heißt es in ‚Erde und Mond', „in denen die Menschen noch viel einfacher lebten als jetzt, gab es häufig solche, die das sogenannte doppelte Gesicht hatten und ganz naturgemäß in den beiden Welten lebten. Es könnten auch Menschen in der jetzigen Zeit leicht dahin gelangen, so ihre Kost einfacher wäre; aber zu allermeist schadet ihnen die gegenwärtig komplizierte Kost. Damit verderben und verdummen sie ihre Natur so, daß in selber die Seele wie ein Vogel unter den Leimspindeln sich verwickelt und unmöglich zu jener Regsamkeit und Gewandtheit gelangen kann, in der ihr ein freier Auf- und Ausflug möglich wäre.

Worin bestand denn nun die *Kost* jener früheren, einfachen Menschen? Sie bestand zumeist in Hülsenfrüchten, die ganz einfach, weich gekocht, etwas gesalzen und dann nie in heißem Zustand genossen wurden. So war auch einfaches Brot, Milch und Honig ebenfalls eine uralte, einfache Kost, bei der die Menschen zumeist ein sehr hohes Alter erreichten und fortwährend bis zum letzten Augenblick ihres Lebens im Besitze des zweiten Gesichtes waren.

Wohl kann jedermann dann und wann mäßig den Wein genießen, jedoch nie so viel, daß er sich berauscht fühlen würde.

Fleischspeisen sollten nur zu gewissen Zeiten und da nie länger als sieben Tage nacheinander, sehr mäßig und allezeit von frisch geschlachteten Tieren genossen werden. Und da ist das Fleisch der Fische besser als das Fleisch der Tauben, das Fleisch der Tauben besser als das der Hühner, das Fleisch der Hühner besser als das Lämmerfleisch, dieses besser als das Ziegenfleisch, und dieses besser als das Kälber- und Rindfleisch — wie unter den Brotarten das Weizenbrot das bekömmlichste ist. Jedoch soll von den angezeigten Speisen nie mehr als eine mit etwas Brot gegessen werden, so wie auch das Obst allezeit nur mäßig und von bester Reife genossen werden sollte, desgleichen auch einige Wurzelfrüchte — aber nur eine auf einmal.

Bei solcher Kost würde der Leib nie zu jener Wülstigkeit gelangen, in welcher er träg, schläfrig und schwerfällig wird, daß dann die Seele vorwiegend damit zu tun hat, solch eine Maschine in Bewegung zu erhalten, geschweige, daß sie sich neben solch einer Arbeit noch mit etwas anderem beschäftigen könnte.

Seht, so einfach lebende Menschen gab es in der früheren Zeit viele, und besonders einfach lebten jene Menschen, die sich an Bergen ihre Wohnstätten aufgerichtet hatten. Diese Menschen hatten dann auch beständig das zweite Gesicht, bei Tag und Nacht einen ganz natürlichen Umgang mit den Geistern und ließen sich von ihnen in den mannigfachsten Sachen belehren. Die Geister zeigten ihnen die Wirkungen der Kräuter und zeigten ihnen auch an, wo hier und da ein oder das andere edle oder unedle Metall in den Bergen verborgen lag, lehrten sie auch das Metall aus den Bergen zu bekommen und durch Schmelzen und Schmieden zu allerlei nützlichen Dingen brauchbar zu machen.

Kurz, es war da selten ein Haus auf den Bergen, das nicht seine eigenen Hausgeister gehabt hätte, die wie ein anderes Hausgesinde ganz gewöhnlich zum Hause gehörten. Dadurch aber gab es denn auch eine Menge Weiser, namentlich auf den Bergen, die mit den geheimen Kräften der Natur, mit unseren Geistern in größter Vertrautheit lebten — diese Kräfte oder Geister standen ihnen sozusagen fast allezeit zu Gebote.“ (Erde und Mond, Kap. 35, S. 100 u. 101)

Verkehr mit guten Geistern — einst und jetzt

Ein biederer Bootsmann sagt, dankbar darüber, daß er selbst aus höchster Quelle ein reines Lebenslicht empfangen durfte, im ‚Großen Evangelium‘ zum Herrn:

„O lieber Herr und Meister, warum wird es denn nicht zugelassen, daß die Seelen der Verstorbenen wenigstens zu ihren Verwandten — besonders dann, so diese in Gefahr stehen, von der Welt verschlungen zu werden — in sichtbarer Gestalt kämen und sie vor der Welt warnten und ihnen das Jenseits zeigten, wodurch doch der Glaube an das Fortleben der Seele nach dem Leibestod bei den Menschen ein wahrer und auf Selbsterfahrung begründeter verbliebe, und durch ihn dann auch leichter der Glaube an einen Gott? ...“

Dem Fragenden erwidert der *Herr:* „Freund, was du in deiner Meinung wünschest, das ist bei jedem Volke, solange es nach dem allzeit geoffenbarten Willen Gottes lebte, immer der Fall gewesen! Aber als die Menschen sich nach und nach von den Gelüsten der Welt und ihres Fleisches zu sehr gefangennehmen ließen, da verfinsterte sich auch ihre geistige Sehe. Die Menschen fingen an, die Ermahnungen aus dem Jenseits zu verachten, zu fürchten und zu fliehen und verloren dann auch die Fähigkeit, im Wachzustand mit den im großen Jenseits fortlebenden und -wirkenden Seelen zu verkehren. Nur in einem hellen Traum wurden bessere Menschen von seligen Bewohnern des Jenseits besucht und belehrt, und das zum Teil für ihre eigene Person, zum Teil auch für andere Menschen, die sich irgend am Rande eines zu tiefen Verderbensabgrundes befanden und dadurch auch zumeist gerettet wurden.

Gehe du aber hin zu einem rechten Weltmenschen und sage ihm, daß dir dieser und jener Geist erschienen ist und zu dir dies und jenes gesprochen hat — meinst du wohl, der Weltmensch wird dir das glauben? Oh, mitnichten — verlachen wird er dich und dich für einen Narren und dummen Schwärmer erklären!

Als auf dem Sinai dem Moses die Gesetze unter allen Zeichen Meiner vollen Gegenwart gegeben wurden, da tanzte das Volk im Tale um ein goldenes Kalb. Warum achtete es denn Meiner nicht? Siehe, das bewirkte der Weltsinn! Nun bin Ich sichtbar handelnd selbst in dieser Welt — warum glaubt das Weltvolk denn nicht an Mich? Das bewirkt wieder sein Weltsinn. Und dieser böse Sinn treibt die Priester sogar an, daß sie Mich verfolgen, ja Mich wie einen der gemeinsten Verbrecher auch ergreifen und töten wollen! ...

Ist dem Zacharias nicht wie allen, die im Tempel waren, sicht- und vernehmbar ein Engel erschienen, als Zacharias eben im Tempel opferte und betete? Er ward darum erwürgt von den weltsüchtigen Pharisäern. Und so ging es gar vielen Weisen und Propheten, die dem Weltsinn der Menschen mit der lichtvollsten Wahrheit entgegentraten.

Was du in deiner Frage als lobenswerten Wunsch ausgedrückt hast, ist auch allzeit zugelassen worden. Und die einfachen, in ihren Sitten noch unverdorbenen Menschen der Urzeit sind in allen Dingen von den reinen Geistern belehrt worden, da sie im beständigen Verkehr mit ihnen standen. Die Geister zeigten den Menschen, die Metalle aus der Erde zu graben und aus ihnen mit Hilfe des Feuers, das zu erzeugen die Geister sie auch lehrten, allerlei nützliche Werkzeuge und Gerätschaften zu machen. Denn von wem anders hätten die den Kindern an Verständnis völlig gleichenden ersten Menschen alles das erlernen sollen als von jenen weisheitsvollen Wesen, denen alles klar ist aus dem Lichte Gottes in ihnen? ...

Aber die Menschen wurden gewahr, daß sie weise und verständig geworden und wurden darum eitel, eingebildet und hochmütig und dadurch auch stets mehr weltsinnig und selbstsüchtig. Sie benötigten des Unterrichtes aus den Himmeln nicht mehr und fingen an, sich dessen sogar zu schämen. Sie errichteten selbst Schulen und bestellten sie mit allerlei Lehrern und Priestern, die mehr auf ihren Weltvorteil bedacht waren als auf den des Volkes ...

Wenn das vor aller Welt Augen nun geschieht und der Weltmensch an nichts Reingeistiges mehr glaubt, ist es dann zu verwundern, daß die reinen Geister sich stets seltener bei den weltsinnigen Menschen einfinden? O Freund, die Zulassung ist noch immer die alte — nur die Menschen sind nicht jene alten, die mit den reinen Geistern der Himmel im steten Verkehr gestanden sind! Werden die Menschen nach Meiner Lehre wieder rein und geistig, so werden sie auch wieder in näheren Verband und Verkehr mit den Geistern oder Seelen abgeschiedener Menschen treten." (Gr. Ev., Bd. 9, Kap. 138, 1 ff.)

Okkultismus und Spiritismus

Das Forschen auf diesen geistigen Erkenntnisgebieten hat bekanntlich in den letzten Jahrzehnten unseres Zeitalters einen neuen Aufschwung genommen, und man gebraucht viel die Schlagworte Okkultismus und Spiritismus. Wie steht es mit diesen leidenschaftlich umstrittenen Erkenntniszweigen?

Unter „*Okkultismus*" versteht man die Lehre von den außergewöhnlichen, geheimen Erscheinungen und Kräften des menschlichen Seelenlebens. — Mit dem Worte „*Spiritismus*" bezeichnet man zweierlei: Zunächst die theoretische Erklärung verschiedener außergewöhnlicher Erscheinungen des menschlichen Seelenlebens durch das Wirken unkörperlicher Geistwesen; sodann im praktischen Sinne den geistigen Verkehr mit solchen Wesen.

Über die Bedeutung, Berechtigung und Zweckmäßigkeit dieser Lehren und ihrer Betätigung gehen die Ansichten freilich sehr auseinander. Viele Wissenschaftler anerkennen heute den Okkultismus als berechtigt und leugnen auch in manchen Fällen nicht mehr die spiritistische Erklärungsweise; ja zahlreiche Gelehrte machen selber Versuche mit dem praktischen Spiritismus, um sich von dessen Ergebnissen zu überzeugen. Andere Gelehrte und Ungelehrte wiederum, die im materialistischen Geleise oder im kirchlichen Fahrwasser segeln, verwerfen alles Okkultistische und Spiritistische mehr oder weniger und erheben drohende Warnungsstimmen vor diesem, wie sie sagen, trügerischen, gefährlichen Boden, auf welchem der Mensch das Opfer seiner Wahnideen werde.

Ein gewaltiger Kampf ist heute entbrannt mit erregtem Für und Wider von beiden Seiten. Jeder, der mit der Zeit schreitet, fühlt sich innerlich genötigt, Stellung zu nehmen. Denn der Kampf um den Okkultismus und Spiritismus ist eine der bezeichnendsten Erscheinungen in der großen geistigen *Weltwende,* in der wir heute stehen. Es zeigt sich darin ein Dämmern, ein Wachwerden, ein Taganbruch. Die Menschheit, die in der Nacht des materialistischen Unglaubens in einen Todesschlaf gesunken war, wird berührt von den mit neuer Macht wiederkehrenden Licht- und Liebesstrahlen der Gottheit. Sie erwacht und kann es noch nicht recht glauben, streitet noch und darf es dennoch mit Freuden empfinden, daß das mächtig drückende Gewölbe der Materie sich lichtet, daß sich alles *vergeistigt,* daß ein Geist aller Geister, ein Gott der Liebe im Lichte eines ewigen Tages darauf wartet, seine emporsteigenden Kinder zu beglücken!

Für den gläubigen Menschen, der weiß, daß Gott, der Allvater, ein Geist aller Geister ist und nach seinem Ebenbilde des Menschen ewige Seele geschaffen hat, kann es über die Wahrheit und Bedeutung des Okkultismus und Spiritismus wohl kaum einen Zweifel geben. Alle wirklichen Entdeckungen und Feststellungen dieser Wissenschaften sind Strahlen aus dem ewigen Wahrheits-Lichtquell — ausgesandt und zugelassen, um die gottesferne Menschheit mit einer gewissen sanften Gewalt aus ihrem Unglauben aufzurütteln. Es soll den verblendeten Gottesleugnern durch den *Okkultismus* geradezu wissenschaftlich bewiesen werden, daß es Erscheinungen im menschlichen Leben gibt (wie Hellsehen, Hellhören, Zukunftswissen, Stoffbildungen und Stoffauflösung), die einfach nicht mit den alten mechanischen Erklärungsweisen recht gedeutet werden können, sondern auf eine höhere, geistige Natur alles Seins und Lebens hinweisen. Und durch den *Spiritismus* sollen die Menschen erkennen, daß tatsächlich unkörperliche, von keiner grobstofflich sichtbaren Materie umhüllte Geistwesen bestehen, welche sich mit ihrem Denken, Wollen und Wirken uns mitteilen können, ja uns allezeit umgeben, wo immer wir gehen und stehen.

Was wird es doch für ein Fortschritt sein, wenn die verirrte Menschheit durch dieses klare Beweismittel wenigstens so weit gebracht ist, daß sie nicht mehr an den plumpen Götzen Weltstoff (Materie), sondern an die geistige Grundnatur alles Seins und an eine lebendige Geisterwelt glaubt! Es wird dann nicht mehr so schwer sein, diese früheren Materialisten und Ungläubigen nach und nach auch zum Glauben an das Dasein und Walten eines erhabenen, allumfassenden *Ur-* und Allgeistes, an einen Schöpfer und Vater aller Wesen zu bringen. Denn wo eine Welt von Geistern anerkannt wird, da muß man bei einigem tieferem Denken auch bald einen geistigen Ursprung, einen Schöpfer, Ordner und Erhalter dieses Reiches erkennen.

Wir schätzen also im Okkultismus und Spiritismus eine dem ungläubigen, noch in materialistischen Vorstellungen befangenen Menschen errichtete *erste Stufe* zur

Erkenntnis der geistigen Welt und eines ewigen Lebens in Gott. Es gibt denn auch unzählige Beispiele von solchen, die eben auf dieser Stufe aus dem Grabe des Unglaubens und der Gleichgültigkeit emporsteigen durften bis zum herrlichsten Licht — zum Vater in Jesus! Erschütternd sind oft die Zeugnisse der Hochbeglückten, die auf diese Weise erweckt und errettet wurden. Wer in dieser Beziehung an sich selbst oder an anderen nur einige Erfahrungen machen durfte, wird gewiß niemals einstimmen in die schroffe Bekämpfung des Okkultismus und Spiritismus, sondern mit Dank auf diese Lehren und ihre Vorkämpfer blicken. Sagt doch auch Paulus z. B. über das Zungenreden und Weissagen (zweifellos okkultistisch-spiritistische Erscheinungen!) im 1. Brief an die Korinther (14, 22): „Darum dienen die Zungen [1] zum Zeichen nicht den Gläubigen, sondern den Ungläubigen; die Weissagungen [2] aber nicht den Ungläubigen, sondern den Gläubigen“.

Der praktische Spiritismus,

das heißt der betätigte Verkehr mit den Seelen abgeschiedener Menschen, unterliegt freilich einem sehr gewichtigen Aber, da er auch seine großen Schattenseiten und Gefahren hat.

Ganz zu verwerfen ist der *niedere,* zur Unterhaltung oder aus gewinnsüchtigen Erwerbszwecken oder sonstigen unlauteren Gründen geübte Spiritismus. Dieses Treiben lockt nur die unreifen Geister des sogenannten Mittelreichs oder gar die ausgesprochen bösartigen, höllischen Geister herbei und hat die *schädlichsten* Wirkungen nach zwei Seiten.

Erstlich ist dieser Spiritismus von Schaden für die unreifen, jenseitigen Geister selbst, die in ihrem jenseitigen Dasein sich unter der Leitung höherer Geister zu lichteren Erkenntnissen und göttlich reinem Streben entwickeln sollen. Diese werden ihrer dortigen Schulung entfremdet durch die Zurückrufung und Rückkehr zu den diesirdischen Menschen und Verhältnissen. Der Verkehr mit der Menschenwelt verleitet sie in ihrem unreifen Zustande nur zu Torheiten; ja die Bösartigen unter diesen unvollendeten Geistern benützen die Gelegenheit mit Vorliebe, Schaden zu stiften und Böses zu tun.

So hat denn der niedere Spiritismus auch für die ihn ausübenden Menschen große Gefahren, indem sich diese Spiritisten nur gar zu leicht den verwirrenden Einflüssen unreifer und böser Geistwesen aussetzen. Es gibt Menschen, ja ganze Personenkreise, die auf diesem Weg von jenseitigen Geistern beeinflußt, ja geradezu geknechtet werden. Nur zu oft muß man hören, wie auf diesem Wege namenloses Unglück angerichtet wird. Die jenseitigen Geister verstehen es nur zu gut, mit allerlei frommen, tugendsamen Redensarten oder allerlei Weissagungen und Versprechungen materieller und geistiger Art die Menschen in ihren Bann zu ziehen und, ohne daß sie es merken, vollständig zu beherrschen. Ja, nicht selten erfolgt

[1] Geisterreden durch Medien auch in fremden, dem Medium normalerweise nicht bekannten Sprachen.
[2] Geisteskundgaben seliger Geister und Engel.

von seiten besonders gewalttätiger Geister eine völlige Besitzergreifung mit all jenen schreckerregenden Erscheinungen der Besessenheit.

Nicht ohne Gefahr ist aber auch der sogenannte *höhere* Spiritismus, der meist auf religiöser Grundlage Gutes erstrebt, indem er durch die Geister Belehrung über die Zustände des Jenseits und die geistigen Entwicklungsziele des Menschen sucht oder auch seinerseits die Belehrung unreiner jenseitiger Geister durch Predigt und Gebet verfolgt. Wenn auch bei solchem Geisterverkehr unter erfahrener Leitung manches Fördernde für diesen und jenen Personenkreis zutage gebracht werden kann, so ist doch auch bei diesem Verkehr für einen weniger geübten Spiritisten immer leicht eine *Täuschung* möglich, die dann in einem solchen Falle durch ihr Lichtgewand um so größere Gefahren in sich bergen kann. Wird doch nicht selten auch ein erfahrener Menschenkenner in besonders verwickelten Fällen unter diesseitigen Menschen getäuscht; wie viel mehr ist dies im Verkehr mit unsichtbaren Wesen zu fürchten, wenn man bedenkt, daß hierbei auch noch allerlei andere geistige Einflüsse aus den Seelen der Medien und anderer Beteiligter im Spiele sind.

Groß und schwer ist darum die *Verantwortung* auch bei dem höheren spiritistischen Verkehr. Wir dürfen wohl sagen, Gott will auch diesen höheren, durch Medien oder Schreibapparate vermittelten Verkehr als eine gewohnheitsmäßige Betätigung der Laienwelt *nicht* — es sei denn unter wirklich erfahrener, nüchterner Leitung zu vollernsten Erkenntniszwecken. In den Neuoffenbarungsbüchern vernehmen wir z. B. aus dem Munde des *Herrn* die Mahnung an neugierige Frauen: „Darum verlanget in der Folge ja nicht mehr irgendeinen Geist zu eurer Belehrung, sondern *lebet nach Meiner Lehre,* daß ihr dadurch fähig werdet, mit Meinem Geiste in vollen Lebensverband zu treten, dann werdet ihr solcher Geister Belehrung leicht entbehren können!" (Gr. Ev., Bd. 6, Kap. 125)

Wohl ist uns gesagt, daß früher die einfach und natürlich lebenden Menschen vielfach hellsehend und hellfühlend waren und mit ihren Schutzgeistern und anderen höheren Geistern in ständigem inneren Verkehr standen und daß auch den heutigen Menschen in solcher Weise die Erkenntnisse höherer Welten offen stehe. Aber das ist natürlich eine *andere* Art des Verkehrs mit der höheren Geisterwelt — nicht durch Medien und Schreibapparate, sondern durch das eigene *Herz,* den eigenen, göttlichen *Geist in uns,* der unsere Seele verbindet mit dem göttlichen Allgeist und dadurch mit allen Geistern der Unendlichkeit, insbesondere auch mit unseren Schutzgeistern und Schutzengeln. Auf welchem Wege wir diesen ordnungsmäßigen Geisterverkehr erreichen, ist uns oben schon angedeutet in den Worten des Herrn: „Lebet nach Meiner Lehre!" — Und wie heißt diese Lehre?

Suche und erkenne Gott gläubigen Herzens, liebe Ihn über alles und deinen Nächsten wie dich selbst, und handle tatkräftig nach dieser Erkenntnis! — Dies führt den Menschen nach und nach auch zu jener einfachen Lebensweise der früheren hellsehenden Menschen, reinigt uns von aller Trübung der Materie und führt uns mit größter Sicherheit und ohne alle Gefahren auf den Weg der Wiedergeburt und zu dem göttlichen Ziel, das unserem Leben vom Vater des Lichts gesteckt ist.

Im praktischen Spiritismus sehen wir also zwar eine Vorstufe der Erkenntnis für Ungläubige, vom Stoffwahn (Materialismus) gebundene Menschen. Aber im Hinblick auf seine Schattenseiten und Gefahren sollte niemand sich davon dauernd fesseln lassen. Wir mögen ihn zur Aufklärung kennenlernen; aber wir dürfen nicht dabei stehenbleiben, sondern müssen weiterschreiten zur inneren *Herzensgemeinschaft* mit den reinen, seligen Geistern, ja zur Gottesgemeinschaft — durch Glauben und Liebe! [1]

Vom Beten für Verstorbene

Eine Art Verkehr mit der Geisterwelt ist auch das Beten für teure Abgeschiedene oder andere Seelen im Jenseits. Manche Menschen üben es mit Inbrunst, Treue und Segen. Andere dagegen scheuen sich davor, halten es für Sünde oder erachten es für wertlos. Wo liegt die Wahrheit?

Ein großer, im ganzen Lebensreiche des himmlischen Vaters geltender Grundsatz, der auch vom Herrn selbst öfter ausgesprochen wird, lautet: „Was die reine Liebe tut, ist alles gut!" Und dieser Satz gilt auch in dieser Frage. Eine aus reinem, demütigem Herzen kommende Fürbitte erbarmender Liebe kann niemals Sünde sein, sondern hat — eben um der selbstlosen Liebe willen — allezeit die Gewähr, beim Vaterherzen Gottes Gehör und durch seine Güte und Macht Erfolg und Segen zu finden.

Freilich sollen wir nicht vermeinen, durch unsere Bitte Gottes Liebe und Barmherzigkeit gleichsam erst wecken zu müssen. Ist doch diese Liebe und Barmherzigkeit endlos größer und machtvoller als die unserige. Und unsere Einsicht in das wunderbare Walten Gottes im Diesseits wie im Jenseits muß uns das volle Vertrauen geben, daß auch ohne unser Zutun für jede einzelne Seele drüben in der geistigen Welt von den Engeln Gottes alles getan wird, um auch die ärmste und schwierigste Seele (z. B. auch Selbstmörder) noch zum Ziel der Vollendung und Seligkeit zu reifen.

Beim rechten Beten für Verstorbene handelt es sich also weniger um eine Fürbitte bei Gott um dessen Gnade und Erbarmung, die ja endlos ist; vielmehr sagt der *Herr* im ‚Großen Evangelium':

„Es ist gut, für arme Seelen zu beten. Denn das Gebet einer mit wahrer Liebe und Erbarmung erfüllten Seele im vollen Liebevertrauen auf Mich hat eine gute Wirkung auf solche wahrlich arme Seelen im Jenseits. Es bildet um sie einen gewissen Lebensätherstoff, in dem sie wie in einem Spiegel ihre Mängel und Gebrechen erkennen, sich bessern und dadurch leichter zum Lebenslichte emporkommen. Ich selbst biete euch diese Gelegenheit, damit ihr auch euren abgeschiedenen Brüdern und Schwestern wahrhaft nützlich werden könnet.

Aber wie sollt ihr für sie denn beten? Das geht ganz leicht! Ihr sollt bei euren Gebeten nicht etwa der Meinung sein, als möchtet ihr Mich dadurch zu einer größeren Erbarmung bewegen, da Ich wahrlich endlos barmherziger bin denn alle liebevollsten Menschen der ganzen Welt. Traget den armen Seelen gläubig und aus dem wahren Liebegrund eures Herzens — eben im Herzen — das Evange-

[1] Über die Verwerflichkeit der Zukunftsforschung durch die Geisterwelt: Erde und Mond, Kap. 70 ff.; Gr. Ev., Bd. 8, Kap. 30, 5 ff. — Über Träume und Visionen, durch Geister bewirkt: Erde und Mond, Kap. 67.

lium [1] vor, und sie werden es vernehmen und sich auch danach richten. Auf diese Weise werdet ihr auch den wahrhaft Armen im Geiste das Evangelium predigen, das ihnen von großem Nutzen sein wird. — Alles andere Beten und Wortemachen aber nutzt keiner abgeschiedenen Seele auch nur im geringsten, sondern schadet ihr vielmehr, weil sie sich, so sie derlei inne wird, nur ärgert, weil dergleichen Gebete, wie das bei den Pharisäern sogar gesetzlich gang und gäbe ist, mit großen Opfern bezahlt werden müssen.

Die Art und Weise, wie Ich euch nun gezeigt habe, für die Verstorbenen zu beten und für ihre geistige Armut zu sorgen, ist sicher ein fruchtbarer Segen für sie. Dagegen ist ein hochbezahltes Gebet ihnen ein Fluch, den sie sehr fliehen. — Dieses möget ihr euch als einen guten Rat von Mir wohl merken und ihn wohl beachten. Dadurch werdet ihr euch wahre, große und sehr dankbare Freunde im Jenseits schaffen, die euch, so ihr in irgendeine Not geratet, nicht verlassen werden, weder dies- noch jenseits! Solche Freunde werden dann eure wahren Schutzgeister sein und sich allzeit um das Wohl ihrer Wohltäter kümmern.

Aber ihr könnet euch diese nur erwerben, wenn ihr für sie auf die von Mir angezeigte Weise besorgt seid. Das könnet ihr allzeit und überall so vielen abgeschiedenen Seelen tun, wie ihr euch nur immer vorstellen möget; denn euer Glaube, eure wahre Liebe und Erbarmung und die Wahrheit aus Mir reichen endlos weit hinaus.“ (Gr. Ev., Bd. 8, Kap. 38, 1—8)

Der Herr und Meister

gibt im ‚Großen Evangelium‘ diesen Lehren vom Verkehr zwischen Diesseits und Jenseits auch vom Gesichtspunkt der menschlichen *Willensfreiheit* aus noch eine bedeutsame Beleuchtung. Wir vernehmen aus seinem Munde:

„Das Leben der Seele kann dir weder ein Mensch und noch weniger ein schon abgeschiedener Geist zeigen und beweisen. Das mußt du in dir selbst finden, und das ist nicht anders möglich als nur durch die wahre Liebe zu Gott und zum Nächsten.

Du meintest, die Rückkunft einer schon abgeschiedenen Seele würde den Glauben an die Unsterblichkeit der Seele und den Glauben an Gott am meisten stärken. Ich aber sage dir, daß du da in einer grundirrigen Meinung steckst! Fürs erste hat eine abgeschiedene Seele im Jenseits für sich und für ihre dortigen Nächsten zur Übergenüge zu tun und hat eben nicht zu viel Muße, zu öfteren Malen in einem aus der Luft der Erde sich anzuschaffenden Leibe den Fleischmenschen wieder zu erscheinen und sie zu belehren, wie es drüben steht und aussieht. Fürs zweite kann ein jeder vollkommene Geist ohnehin auf die Menschen ohne Beschränkung ihres freien Willens bestmöglich einwirken, und ein solch unsichtbares Einwirken ist dem Menschen um vieles heilsamer als die Sichtbarkeit und Hör-

[1] d. h. die Frohbotschaft, daß Gott die ewige und unendliche Liebe und Güte ist, daß Er in Jesus uns allen, auch dem ärgsten Sünder, den Weg zum Vaterhause gezeigt und gebahnt hat und daß Er jede Seele mit offenen Armen empfängt, die in Demut, Vertrauen und Liebe zu Ihm kommt. Dies ist den Seelen, indem man mit Ernst und Liebe an sie denkt, in schlichten, verständlichen Worten zu eröffnen.

barkeit eines abgeschiedenen Geistes. Denn falls dir ein schon sehr erleuchteter Geist gute und edle Gedanken und Gefühle in dein Herz legt, so sind sie schon so gut, als hättest du selbst sie in dir erfunden. Sie einen sich mit deinem Leben und bestimmen dich zur Tätigkeit.

Wenn aber ein Geist, wie z. B. der des Moses, dir erschiene und zu dir sagte: ‚Dieses und jenes *mußt* du tun, so du zum Leben eingehen willst; tust du das nicht, so verfällst du dem Gericht des allmächtigen Gottes, und es wird schwerlich ein glückliches Erstehen vom Tode des Gerichtes geben!', — da wirst du nach solch einer Mahnung erbeben und wirst dich nichts anderes zu tun getrauen, als was dir der Geist Mosis befohlen hat. Welches Verdienst aber wirst du dabei haben? Siehe, gar keines; denn da hat nicht dein eigenes Erkennen deinen freien Willen zur besseren Tätigkeit bestimmt, sondern die Macht des zu dir gekommenen Geistes und das hat für deine Seele beinahe gar keinen Wert.

Die Menschen dieser Erde sind bestimmt, freie und völlig selbständige Kinder Gottes zu werden. So müssen sie auch geleitet werden, daß dabei ihr notwendig freiester Wille nicht die geringste Nötigung von einer mächtigeren Seite eines Geistes erfahre, sondern allein durch Offenbarung einer Lehre und durch äußere Gesetze dahin geleitet werde, *aus sich selbst* das Wahre und Gute mit ihrem freien Willen zu ergreifen und aus eigener Selbstbestimmung danach tätig zu werden . . .

Um aber das zu bewirken, muß der Mensch nahezu ohne Kraft diesweltlich in der größten Verlassenheit geboren werden und seinen Unterricht nach und nach von der äußeren Welt nehmen. Hat er sich so einige Kenntnisse und Fertigkeiten gesammelt, dann erst wirken die ihn umgebenden guten und auch schlechten Geister ganz unvermerkt auf ihn ein — die guten auf sein Gemüt und die schlechten auf seine physische Natur, auf daß die Seele stets in der vollkommensten Freischwebe erhalten werde.

Hat ein Mensch den guten äußeren Lehren und Ermahnungen freiwillig gegen manche Anfechtungen seiner Sinne Gehör gegeben und sein Leben danach eingerichtet, so wird der stille Einfluß der guten Geister stets mächtiger, den aber kein Mensch anders fühlen darf, als daß er sein freies Werk ist. Wird aber der Einfluß des Guten aus den Himmeln durch des Menschen eigenen Willen so gekräftigt, daß die Seele ganz darin eingegangen ist, wird jener göttliche Geist der Liebe in ihr wach. Er durchdringt die Seele ganz, und dann erst ist diese in die erste Stufe ihrer Vollendung getreten, ist dann schon unverwüstbar frei und kann, so sie auch noch im Fleische ist, Gesichte und Offenbarungen von Geistern und selbst von den höchsten Engeln empfangen.

Da geschieht es eben häufig, daß solche Menschen Gesichte haben, die Seelen im Jenseits sprechen und sich von ihnen persönlich belehren lassen und davon auch anderen naturmäßigen Menschen treue und wahre Kunde geben können. Wer ihnen glaubt, tut sicher wohl daran, nur muß er nicht gleich verlangen, solches selbst zu erfahren. Denn das kann nicht eher geschehen, als bis er die vorher beschriebene geistige Seelenreife erlangt hat.

Es soll sich ein jeder Mensch zuerst gläubig nach den empfangenen guten Lehren richten und dann acht haben auf sein Gemüt, aber auch auf die in seinem Fleische oft schlummernden bösen Leidenschaften, die sich in Trägheit, Wollust, Eigenliebe, Starrsinn, Hochmut, Neid, Geiz und Herrschsucht nur zu klar kundgeben. Diesen letzteren soll er durch die Macht der *Liebe* zu Gott und zum Nächsten, durch Geduld, Demut und Sanftmut begegnen, so wird er gar nicht lange dahin haben, wo sich auch ihm die guten Geister fühlbarer und ersichtlicher offenbaren werden." (Gr. Ev., Bd. 6, Kap. 225, 2 ff.)

Der Weisheit dieser Worte des Herrn und Meisters ist nichts weiter anzufügen. Es kann daraus jeder das Nötige für sein Verhalten in allen Fragen des Verkehrs zwischen Diesseits und Jenseits entnehmen und auf dem gefundenen sicheren Wege in das Reich des ewigen Lebens als ein Gotteskind eingehen.

80

Das Leben der Vollendeten

Über das Leben, die Aufgabe und die Seligkeit der Vollendeten in den Himmeln machen sich manche Christen sehr irrige und recht törichte Vorstellungen. Man denkt an ein Sitzen und Speisen an der Tafel Gottes, an ein Loben, Preisen und Psalmensingen. Die Helleren denken an ein Erforschen der Schöpfung oder Schauen des Angesichts Gottes. Nur wenige bedenken, daß in alledem ein ewiges Leben und eine ewige Seligkeit nicht bestehen kann und daß ein solches rein genießerisches Verhalten auch nicht dem rastlos liebetätigen Wesen Gottes entspricht, das uns als Vorbild der Vollkommenheit vor die Seele gestellt ist. Da Gott die reinste, ewig tätige Liebe ist, so kann auch *unser* ewiges Leben in der Vollendung nur in fort und fort sich erhöhender Liebetätigkeit bestehen.

Das große Tätigkeitsfeld der Himmlischen

ist der gefallene Urgeist *Satana* oder *Luzifer* samt seinem ganzen, im Gericht der materiellen Weltkörper gefesteten und gefangenen Gefolgschaft.

Diese Brüder und Schwestern auf der Stufenleiter der Naturreiche und der geistigen Sphären aus Nacht und Not der Widerordnung und Gottesferne zur Ordnung Gottes zurück und zur Freiheit und Herrlichkeit der Gotteskindschaft hinan zu führen — das ist die große und herrliche Bestimmung und Aufgabe aller höheren Geister und vollendeten Himmelsbürger.

„Ihr habt schon auf der Erde vernommen", spricht der *Herr* zu einer Schar Seliger, „daß Meine Ernte groß ist; aber es gibt noch wenige Arbeiter auf Meinem großen Erntefeld. Hier ist somit der Ort, wo ihr Meine wahrhaftigen Arbeiter und Mitarbeiter für die Einbringung Meiner Ernte werden sollet, und zwar auf die Weise, wie es schon viele eurer Brüder geworden sind. Ihr werdet hier weder pflügen, noch eggen, noch werdet ihr Getreide schneiden, noch Weingarten bearbeiten und Früchte einsammeln, sondern alles solches ist hier nur eine inwendige *Entsprechung* für das Liebewirken, das ihr von hier aus an den Brüdern auf der Erde üben sollet. Aber nicht nur an den Brüdern der Erde allein. Hier will Ich mit euch im weitergedehnten Sinne sprechen und sage daher: Ich habe noch gar viele Herden, die nicht im Schafstalle der Erde wohnen, sondern die da leben nach ihrer Art auf zahllos vielen *anderen* Erd- und Weltkörpern. Diese alle müssen in diesen Schafstall des ewigen Lebens geführt werden.

Darum gebe Ich euch nun Meine Kraft in der Fülle, damit ihr dort überall, wohin Ich euch schicken werde, vollkommen so wirken könnt, als wirkte Ich selbst. Ich könnte wohl alles dieses selbst machen, aber Ich teile euch darum alle solche Arbeit zu, damit dadurch *eure* Seligkeit an Meiner Seite sich fortwährend von Ewigkeit zu Ewigkeit mehren solle. Daher müßt ihr, wenn Ich einen von euch zu solch einem großen Zweck dahin oder dorthin senden werde, auch Mir gleich schauen können alle naturmäßige Welt vom innersten Grunde bis zur äußersten Rinde und ebenso auch umgekehrt (von der äußersten Hülle) bis zum innersten Grunde. Was ihr bei solch einer Sendung zu wirken habet, dessen werdet ihr allzeit vollkommen innewerden. Und so habe Ich euch nun eure große Bestimmung angezeigt, in der ihr im vollkommensten Maße nach Meiner Liebe, Weisheit und Ordnung tätig sein könnt." (Geistige Sonne, Bd. 1, Kap. 61)

Endlos mannigfaltige und große Aufgaben

gibt es hier im höchsten Liebehimmel — „oft die großartigsten Besuche (von Geistern und Engeln) aus all den zahllosen Weltgebieten und sehr viele Aufgaben in verschiedenen Welten und Sonnen. Ebenso gibt es Beauftragungen in die zwei unermeßlichen unteren Himmel und sonderlich in ihre zahllosen (Engels-) Vereine, sowie in all die unzähligen Geisterregionen der Welten aller Art und Maß."

Der *Herr:* „Für solche Gelegenheiten müssen von hier abgesandte Erzengel mit Würdezeichen versehen sein und sie als Merkmal dafür tragen, daß sie selbst den mächtigsten Sieg über sich erfochten haben und nun mit Mir Herren sind über die ganze Unendlichkeit. Bei Sendungen auf die Erde, wo Meine Kinder wachsen und gebildet werden, ist das freilich nicht nötig. Denn diese müssen in möglichst großer Einfachheit erzogen werden. Daher dürfen sie auch von hier aus mit nichts Strahlendem aus ihrer ohnehin mühsam bewahrten Demut geweckt werden. Aber ganz anders ist es bei Geistern, die da Bewohner großer Mittelsonnen sind, schon im größten Lichte und Glanze geboren werden und in Wohnungen leben, gegen die alles, was ihr sogar hier im höchsten Himmel seht, wie eine ärmliche Hütte dasteht. Da heißt es dann auch zu Zeiten, so es nötig ist, in höchster Pracht und höchstem Glanze auftreten.

Und sehet, bei solchen nicht zu selten vorkommenden Fällen braucht ihr dann auch solche Würdezeichen, durch die ihr den betreffenden Geistern kundtut, daß ihr Fürsten aus den allerhöchsten Himmeln und gleichsam Brüder des allerhöchsten Gottesgeistes seid. Unter dem Tritt eurer Füße müssen Sonnengebiete erbeben und eures Mundes Stimme muß gleichen dem Donner jener Gewitter, die auf den größten Sonnenwelten die Flammengemüter ihrer großen und mächtigen Bewohner im tiefsten Respekt erhalten. Alle Bewohner Meines allerhöchsten Himmels haben die gleiche große Bestimmung. Freilich haben die am meisten zu tun, die in Meiner nächsten Nähe in Meinem höchsteigenen Hause wohnen, gleichwie auch diejenigen Lebensnerven des Menschen in fortwährend größter Tätigkeit sein müssen, die dem Herzen zunächstliegen." (Rober Blum, Bd. 2, Kap. 287, 2—4 und 8)

Verschiedenerlei Gaben des Geistes

Da zu den vielseitigen Aufgaben der unermeßlichen Schöpfungsgebiete die verschiedenartigsten Gaben und Kräfte benötigt werden, dürfen wir uns den Himmel nicht vorstellen als ein Reich völlig gleichartiger Wesen.

Raphael, ein Erzengel, spricht zu den Jüngern: „Es gibt keine Vollendung des Lebens, mit der nicht auch die innere Kraft eng verbunden wäre, weil das vollendete Leben auch die vollendete Kraft selbst ist. Doch ist in den Gaben des Geistes aus Gott an die Menschen je nach ihrer inneren Eigentümlichkeit notwendig eine Verschiedenheit, damit in alle Ewigkeit die seligen Geister sich gegenseitig *dienen* können nach dem Maße ihrer Liebe zu Gott und zueinander.

Daher erhält der eine in der Vollendung seines inneren Lebens die Gabe der Vorhersehung, der andere die Gabe der Weisheit im Ausdrucke des Wortes, ein anderer die Gabe der Erfindung und Schöpfung, wieder ein anderer die Gabe der Stärke des Willens, ein anderer die Kraft der Liebe, und wieder ein anderer die Gabe der Macht des Ernstes, ein anderer die der Geduld, wieder ein anderer besonders die Gabe der Macht der Erbarmung, und wieder ein anderer die der Demut. Und so fort bis ins Endlose ist bei einem dies und beim anderen jenes vorwiegend, auf daß ein Geist den andern in diesem oder jenem unterstützen kann. Doch im Notfall hat auch ein jeder (vollendete) Geist in sich *alle* Fähigkeiten vereint und kann wirken mit jeder erdenklichen und noch so besonderen Gabe des Geistes aus Gott ...

Daß sich das aber so verhält, könnt ihr schon aus den endlos verschiedenen Talenten, Fähigkeiten und Eigenschaften der Menschen auf dieser Erde schließen. Der eine ist ein besonders guter Redner, der andere ist ein Maler, ein anderer ein Sänger, wieder ein anderer ein vorzüglicher Rechner, ein anderer ein Mechaniker, noch ein anderer ein Baumeister; der eine ein Zeugmacher, Weber, ein anderer ein Apotheker, ein anderer ein Bergwerksmann. Und so ist ein jeder mit irgendeinem besonderen Talent schon von Natur aus begabt. Aber er ist trotz des ihm eigentümlichen besonderen Talents auch mit allen anderen menschlichen Fähigkeiten, wennschon in einem minderen Grad, beteilt und kann jede derselben durch Mühe und Fleiß zu einer gewissen Vollendung ausbilden.

Wie ihr nun diese Verschiedenheit schon hier wahrnehmt, werdet ihr auch einsehen, daß diese Verschiedenheit der Gaben des Geistes Gottes an die Lebensvollendeten eine noch unaussprechbar größere ist und sein muß, weil ohne eine solche keine wahre und allerlebendigste Seligkeit möglich wäre.

Der *Weg* bis zur Lebensvollendung ist für jedermann ein gleicher. Er gleicht völlig dem Ausfluß des Lichtes aus der Sonne und dem Herabfallen des Regens aus der Wolke. Aber dann schaue dir die endlos verschiedene *Wirkung* des gleichen Sonnenlichtes und des gleichen Regens sowohl im Reiche der Mineralien als der Pflanzen und der Tiere an! Wie du aber da eine endlose Verschiedenheit schon in den Geschöpfen der Welt beobachtest, so ergibt sich eine um so größere Verschiedenheit im lebensvollendeten Reiche der seligen Engel. Und das hat Gottes höchste Weisheit und Liebe darum angeordnet, damit die Beglückung der Geister eine desto größere werde.

Darum fraget nicht, ob ihr in eurer Lebensvollendung einst Meine Eigenschaften überkommen werdet, sondern wandelt in aller Demut und Liebe nur auf dem euch nun bekanntgegebenen Lichtwege unaufhaltsam fort, und ihr werdet dann schon ganz hell und lebendig innewerden, zu welcher Gabe des Geistes aus Gott ihr gelangen werdet!" (Gr. Ev. Bd. 7, Kap. 152, 2—8)

Ewige Steigerung der Kräfte und Seligkeiten

Bei den liebetätigen Geistern wächst und stärkt sich auch fort und fort durch die Gnade der Ewigen Liebe die Kraft und Reichweite der Erkenntnis und die schöpferische Macht des Willens. Und eben darin besteht der eigentliche, unerschöpfliche Seligkeitsgrund der Himmelsbewohner.

Ein *Engel* sagt: „Was wir vollendeten Geister wollen, das geschieht, wie wir es aus unserer Liebe, Weisheit und Freiheit wollen, entweder augenblicklich oder nach und nach in einer bestimmten weisen Ordnung. Denn wir sind durch unsere Liebe zu Gott auch völlig in seiner (uns nach unserer Reifestufe) erkennbaren und ertragbaren Weisheit und Macht. Und so ist Gottes Liebe auch unsere Liebe, seine Weisheit unsere Weisheit, sein Wille unser Wille und seine Macht auch unsere Macht. — Dennoch gibt es in Gott noch unergründliche Tiefen, die kein geschaffener Geist je ergründen wird. Und könnte er das, so wäre er nicht selig, weil er dann aus Gott keine steigende Seligkeit mehr zu erwarten hätte." [1]

„Ein im Fleisch das Erdenleben durchwanderter Geist der Himmel, der sich auf der Erde der wahren himmlischen Weisheit beflissen hat und daraus zu einem Menschen voll Liebe, Weisheit und himmlischer Gerechtigkeit geworden ist, erkennt schließlich soviel für sich allein, wie alle die anderen, den Weg im Fleische noch nicht durchlittenen, urgeschaffenen Engelsgeister zusammengenommen, weil solch ein Geist — ebenso wie des Menschen Seele ein Kompositum aller irdischen Intelligenzpartikel ist — ein Kompositum sämtlicher Himmelsintelligenzen bildet, was sicher unendlich viel sagen will." (Gr. Ev., Bd. 4, Kap. 139, 8)

Wachsender Wirkungskreis

Entsprechend dem geistigen Wachstum wird jedem Geist „im Anfang nur ein kleiner, einfacher Tätigkeitskreis zugewiesen. Ist er in diesem treu und vollauf tätig, so wird er bald über Größeres gesetzt." (Rob. Blum, Bd. 2, Kap. 295, 14)

Eine Anfangsaufgabe seliger Geister ist, wie im vorangehenden Kapitel ausgeführt wurde, das *Schutzamt* bei den Menschen der irdischen Ebene, meist bei hinterbliebenen Blutsverwandten. „In eurer vollen Wiedergeburt" erklärt der *Herr* den Jüngern, „werdet auch ihr neben Mir ‚sitzen auf zwölf Stühlen' und ‚richten die zwölf Stämme Israels' — was soviel sagen will, daß ihr dereinst in Meinen Himmeln mit Mir zum ewigen Wohl aller Menschen dieser Erde und auch der anderen Welten stets Mir gleich tätig sein werdet, indem ihr als den Erdenmenschen unsichtbare Schutzgeister die Menschen hier und auch jenseits bewachen, leiten und führen werdet. Denn nur in einer stets sich mehrenden wahren Liebetätigkeit besteht das wahre Himmelreich und dessen wachsende Seligkeit." (Gr. Ev., Bd. 5, Kap. 259, 2)

[1] Gr. Ev., Bd. 7, Kap. 68, 7 ff.; vergl. auch Bd. 10, Kap. 206, 5; Bd. 3, Kap. 3, 3, 11.

Den fortgeschritteneren Geistern obliegt die Leitung und Erhaltung von materiellen und geistigen Welten.

„Die Engel des obersten Himmels stehen für die Erhaltung aller Welten und sind deren oberste Leiter und Führer. Solch ein Engel ist nicht selten ein Herr und Regent eines ganzen Sonnengebiets. Um aber solch eine Regentschaft antreten zu können, muß er vorher freilich sehr vieles lernen und viele Schulen durchmachen. Ein Engel, der seine Sache gut macht und es versteht, die verschiedenen (ihm untergeordneten) Geister in vollem Respekt zu erhalten, bekommt einen stets größeren Wirkungskreis." (Rob. Blum, Bd. 2, Kap. 295, 14)

Und schließlich erhalten die *höchst* vollendeten Himmelsbürger in immer steigendem Maße auch die Gabe der *Ur- und Neuschöpfung.*

„Obschon der Raum im wahrsten Sinn nach allen Seiten hin unendlich ist, ist aber dennoch in des Raumes endlosen Tiefen kein Pünktchen, wo nicht der Geist der Weisheit und Macht Gottes gegenwärtig wäre. Die wahren Kinder Gottes, die durch die rechte Liebe zu Gott, dem heiligen Vater von Ewigkeit, und ebenso in der reinen Liebe zu ihren Nächsten sich hervortun, werden jenseits im großen Vaterhause die Macht und Gewalt erhalten, den ewigen Raum mit neuen Schöpfungen stets mehr und mehr zu erfüllen." [1]

Bei allen diesen Werken stehen den Engeln und Engelsfürsten der Himmel

Heere von Mitdienern

zur Verfügung.

Einem staunenden Jünger erklärt der Erzengel *Raphael:* „Wie mir so manches schnell und leicht möglich ist, begreifst du, wenn du bedenkst, daß ein Geist, als das alles Innerste der Wesen und Dinge durchdringende Prinzip, mit aller Materie wirksamst schalten und walten kann. Zudem habe ich als ein Erzengel Äonen *Mitdiener,* die alle von Meinem Willen in jedem Augenblick abhängen. So ich aus dem Herrn heraus etwas will, so erfüllt dieser Wille auch schon zahllose mir unterstehende Diener, die sogleich in vollste Tätigkeit treten und eine verlangte Tat dann auch leicht in einen dir kaum denkbar schnellen Vollzug setzen. Ich selbst, gleichsam persönlich, tue freilich nichts. Aber durch meinen Erzwillen werden Äonen zur Tätigkeit vom innersten Seinsgrunde heraus bestimmt. Eine verlangte Tat wird auf diese Weise leicht und schnell in Vollzug gebracht. Und das um so sicherer, weil vom Herrn und von uns aus schon lange alles zu irgendeiner Tat vorbereitet ist, was dann für euch im Notfall als schon lange vollendet in die äußerlich ersichtliche Tat übertragen werden kann. So entsteht alles, wenn unser Wille die aus unseren Gedanken hervorgehenden Urnaturgeister zu einer bestimmten geordneten Tätigkeit innerlich anregt und zur Tätigkeit nötigt." (Gr. Ev., Bd. 5, Kap. 2, 4 ff.)

Die erhabene Stellung der Erdenkinder

Die höchste und umfassendste Tätigkeitsstellung im gesamten Schöpfungsbereiche ist den durch den schweren *Erdenweg,* die *Hochschule* der Kinder Gottes gegangenen Geistern vorbehalten.

[1] Gr. Ev., Bd. 1, Kap. 140, 5; Bd. 5, Kap. 2, 4 ff.; Rob. Blum, Bd. 2, Kap. 288, 11 ff.

„Siehe", spricht der *Herr,* „die Kinder der Erde sind Mir am nächsten, weil Ich sie dort wesenhaft persönlich im Fleische zu Meinen ersten Kindern gemacht habe. Und sie sind demnach hier — nach Mir — diejenigen, welche da ‚richten die zwölf Geschlechter Israels', welches in der himmlisch-weiten und geistig inwendigsten Bedeutung soviel besagt, als: Diesen Meinen Kindern ist es von Mir aus gegeben, mit Mir zu beherrschen, zu erforschen und zu richten (ordnen) die Unendlichkeit und alle zahllosen Schöpfungen in ihr. Und die Kinder aus den anderen Gestirnen stehen ihnen dabei so zu Diensten, wie die Glieder eines Leibes zum Dienste des Willens im Geiste allzeit bereitstehen. Daher bilden diese Geister mit einem Meiner Kinder, in großem Maßstabe der Liebetätigkeit nach genommen, gleichsam einen Menschen, versehen mit allen zum Bedarf seines Willens notwendigen Gliedern.

Demnach ist ein Kind von der Erde, aus Mir hervorgehend, der führende Wille von zahllosen anderen Geistern aus den Gestirnen, die zwar an und für sich auch ihren eigenen Willen haben und tun können nach ihrer freien Lust, was sie wollen; dennoch aber geht in Fällen des Liebewirkens der Wille Meiner Hauptkinder in sie alle aus und ein. Und dann sind sie zu Milliarden wie *ein* Mensch, dessen wirkender Willensgeist eines Meiner Kinder ist!" (Geist. Sonne, Bd. 2, Kap. 2)

Höchste Seligkeitsfülle in der himmlischen Ehe

Die höchste Vollendung und Seligkeit der himmlischen Geister aber besteht darin, daß jeder männliche und jeder weibliche Geist zur vorgesehenen Reifestunde von Gott seine ihm bestimmte eheliche *Ergänzung* finden und, mit dieser aufs innigste vermählt, vor Gottes Angesicht selig leben und wirken darf.

Mehrfach wird in den Neuoffenbarungsschriften eine solche Vermählung vollendeter Geister in den Himmeln geschildert. Zu dem im Jenseits zur Wiedergeburt gereiften Bischof Martin spricht der *Herr:*

„Meine Ordnung will es, daß ihr zu eurer höchsten Vollendung nicht außer, sondern in der Ehe der Himmel leben und wirken sollt. Daher muß auch ein jeder von euch, um in allem vollkommen zu sein, ein Weib haben, auf daß es erfeste für ewig seine Weisheit und aufnehme das Licht, das der Flamme der Liebe im eigenen Herzen entströmt.

Denn ein Weib ist wie ein geistiges Gefäß zur Aufnahme und Aufbewahrung des Lichtes aus euren Herzen. Zugleich aber ist das Weib eine Magd in der Lebensküche des Herzens und unterhält das heilige Lebensfeuer auf dem Herd, den Ich in eurem Herzen erbaut habe. Und so mußt nun auch du ein Weib nehmen und mit Ihm völlig eins sein für ewig! Martin, Ich meine, das wird dir nicht unangenehm sein?" [1]

Diese wahre und ewige *„Ehe in den Himmeln"* ist nicht nach irdisch-menschlicher Weise selbstliebig und eigenmächtig von Leib zu Leib oder von Seele zu Seele geschlossen. Darum sagt der Herr in der Heiligen Schrift: „In der Aufer-

[1] Bischof Martin, Kap. 202, 3 ff.; vergl. Rob. Blum, Bd. 1, Kap. 124, 10 ff.; Geist. Sonne, Bd. 1, Kap. 100, S. 484 ff.; Bd. 2, Kap. 8, S. 39.

stehung werden sie (nach menschlicher Art) weder freien noch sich freien lassen, sondern sie werden sein wie die Engel Gottes im Himmel." (Matth. 22, 30)

Die himmlischen Ehen werden vom „inwendigsten Menschen", d. h. vom reinen göttlichen *Geist* des Mannes mit dem reinen göttlichen *Geist* des Weibes nicht nach eigensüchtiger Willkür, sondern in freiester Hingabe an den liebevollsten und weisesten Gotteswillen geschlossen. Es kann für beide Teile sich in der ganzen Unendlichkeit und Ewigkeit keine vollkommenere und beglückendere Ergänzung finden — eben weil in dieser Ehe die zwei ursprünglichen Hälften *eines* Urgeistwesens nach langer Lebensfahrt sich wiederfinden.

Von den Urgeistern sagt ein Engel im ‚Großen Evangelium': „Bei uns Urgeistern ist allein nur das männlich-positive Wesen völlig ausnahmslos waltend; aber es ist dennoch in jedem von uns auch das weiblich-negative Prinzip vollkommen gegenwärtig, und so stellt ein jeder Engel in sich die vollkommenste Ehe der Himmel Gottes dar. Es hängt ganz von uns ab, ob wir uns in der männlichen oder in der weiblichen *Form* zeigen wollen, und das alles in einer und derselben geistigen Haut. Darin aber, daß wir in uns selbst *ein Zweisein* sind, liegt auch der Grund, daß wir nie altern können, weil sich in uns die beiden Pole ewig gleichfort unterstützen. Aber bei euch Menschen sind die Pole getrennt in (je) eine geschlechtlich getrennte Persönlichkeit und haben darob, als jeder für sich seiend, keine Unterstützung in sich." (Gr. Ev., Bd. 2, Kap. 156, 12 ff.)

Die im Urgeiste vereinigten Pole des männlich-zeugenden und weiblich-hegenden Prinzips sind also im Menschen geschieden „in (je) eine geschlechtlich getrennte Persönlichkeit". In der Entwicklung der Urgeister hat es sonach einmal einen Zeitpunkt gegeben, in dem sich der männliche und der weibliche Pol getrennt und gesondert auf die Lebenswanderung gemacht haben. Auf dieser Wanderung hatte die eine Geisteshälfte eine männliche, die andere Geisteshälfte eine weibliche *Seele* aus der Materie der Naturreiche zu erlösen und zu läutern. Und so entstanden auf der menschlichen Entwicklungsstufe ein Mann und ein Weib, die als ein von Gottes Liebe und Weisheit für einander bestimmtes *Paar,* sei es im Diesseits oder im Jenseits, zur vorgesehenen Schicksalsstunde sich begegnen, in reiner, tiefer Geistesliebe sich erkennen und für ewig verbinden dürfen zur höchsten, vereinten Seligkeit in Gott — als eine ewige „Doppel-Persönlichkeit" (siehe auch „Ehe auf Erden und im Himmel": Kap. 45).

Am großen Ziel

In dieser „vollkommenen Ehe der Himmel Gottes" eines vollkommen vergeistigten, d. h. in der reinen Demut und Liebe voll gereiften Menschen- und nunmehr Engelpaares ist das große Ziel der göttlichen Wesenbildung vom Schöpfer erreicht.

Diese Wesen sind durch die göttliche Führung und durch ihre eigene Freitätigkeit auf dem Wege der Lebenserfahrung zur freiwilligen Annahme göttlicher Erkenntnisse und dadurch zur freien Gestaltung ihrer Liebe und ihres Willens nach der ewigen Gottesordnung gelangt und sind sonach

1. vollkommen göttlich gut
2. wahrhaft und vollkommen frei und selbständig
3. vollkommen schöpfermächtig.

In diesen drei Eigenschaften sind sie dem allervollkommensten und freiesten, alleinigen, ewigen und unendlichen Gottgeistwesen, dem *Vater in Jesus* ebenbildlich und mithin seine wahren Kinder geworden.

Auch ihr Wesen ist, wie das göttliche, innerlich grundsätzlich (polarisch gestaltet. Der reine *Geist* stellt den zeugenden, männlichen Pol, die geläuterte *Seele* den hegenden, weiblichen Pol dar. Und der seelische Teil ist nun, wie bei Gott, in frei dienender Stellung.

Ein Gotteskind, in dem das männlich-zeugende Prinzip und ein Gotteskind, in dem das weiblich-hegende Prinzip vorwaltet, sind zu gegenseitiger Ergänzung und Vervollkommnung vereint zu einem himmlischen Paar. Viele solcher Paare bilden — in biblischer Sprache — die „Braut" oder „Brautgemeinde" des himmlischen Bräutigams Christus und — in der Neuoffenbarungssprache — die seligste Kinderschar des heiligsten Vaters in Jesus.

Ein Erleuchteter spricht:

„Der Schöpfung großes Doppelziel ist so erreicht: Das Kind hat seinen ewigen, heiligen Vater erkannt, es schaut Ihn mit liebetrunkenen Augen und freut sich seiner über alle Maßen. Und auch der Vater freut sich endlos, daß Er nun nicht mehr allein ist, sondern in der beglückenden Mitte seiner Kinder, die Ihn erkennen, über alles lieben und stets von neuem seine Wunderwerke staunend genießen und seine unendliche Liebe, Weisheit und Macht preisen! Und das muß ja dann für den Schöpfer wie für das Geschöpf höchste Seligkeit bedeuten." (Gr. Ev., Bd. 3, Kap. 239, 13)

FÜNFTER TEIL

Gottes Weltplan

XII

Was hat Gott vor mit Erde und Himmel?

81

Gottes Weltplan — ein geistiger Entwicklungsgedanke

Der in diesem Buch gebotene Überblick über die Erkenntnisse und Lehren der Neuoffenbarung zeigte uns bis jetzt die aus dem Grundwesen Gottes, seiner Liebe und Weisheit entsprungenen Schöpfungsgedanken und die Lehren, welche den Geschöpfen den lichten Weg zur wahren Freiheit und Vollkommenheit im Stande der Gotteskindschaft weisen.

Nun bleibt noch zu erforschen, wie dieses Werk der Reifung und Vollendung der Kinder Gottes auf Erden bisher unter der heimlichen Leitung der himmlischen Mächte durchgeführt worden ist und was zur weiteren Ausführung diesen Offenbarungen zufolge im Plane Gottes noch vorgesehen ist.

Zukunftsforschung

Freilich ist es nicht im Willen unseres himmlischen Vaters gelegen, daß der Mensch zuviel in die Zukunft forsche. Wir wissen ja, warum unserem Bewußtsein im Zustand der Unreife, in dem wir uns noch mehr oder weniger befinden, so manches Große und Wichtige verborgen sein muß. Aus reiner Liebesweisheit verdeckt uns die Vorsehung ihre Pläne, da nur durch solche Verhüllung unsere Seele frei und ungenötigt bleibt und sich angetrieben fühlt, selbständig zu denken, forschen, urteilen und handeln. Darum ist es für den Menschen nicht ratsam, auf allerlei ordnungswidrigen Wegen in die Geheimnisse der Zukunft eindringen zu wollen.

Im ‚Großen Evangelium' spricht der *Herr:* „Es ist dem Menschen, solange er auf dieser Erde als im Geiste noch nicht völlig wiedergeboren wandelt, nicht besonders zum Guten dienlich, wenn er um gar zu vieles weiß. Die ihm zu klar enthüllte Zukunft würde sein noch zu wenig starkes Gemüt erdrücken und leicht zur Verzweiflung bringen.

Bedenke nur den Umstand, wie es den Menschen zumute wäre, so sie ganz bestimmt wüßten, in welcher Zeit und Stunde sie dem Leibe nach sterben werden. Es ist ihnen schon unangenehm zu wissen, daß sie sicher sterben müssen; wie noch unangenehmer wäre es ihnen, auch das Jahr, den Tag und die Stunde zu wissen, wann der Leibestod über sie kommen werde.

Etwas ganz anderes ist es mit dem hier schon völlig im Geiste alles Lebens wiedergeborenen Menschen, der sein künftiges Leben schon in aller Klarheit in sich hat und wahr und lebendigst fühlt! Der kann seines Leibes Ziel und Ende schon genau zum voraus wissen. Denn die Zeit der Abnahme der schweren Bürde wird ihn nicht mit Trauer, sondern nur mit höchster Freude erfüllen. Aber bei einem gewöhnlichen Menschen würde solch eine bestimmte Voraussicht sicher von einer höchst traurigen Wirkung sein.

Darum forschet auch ihr nicht zu emsig nach der Gestaltung der Zukunft, sondern begnüget euch mit dem, was ihr als zum Heile eurer Seele Nötiges wisset, und dann auch mit dem, daß Ich in Meiner Liebe und Weisheit darum weiß und alles so werde kommen lassen, wie es zu jeder Zeit für die gute oder auch entartete Menschheit sicher am besten sein wird. Ihr werdet dann auch jede böse und gute Zukunft erträglich finden.

Wenn ihr aber selbst im Geiste des Lebens werdet wiedergeboren sein, so werdet ihr auch in die Zukunft zu schauen imstande sein und werdet darob nicht betrübt und schwach werden." (Gr. Ev., Bd. 8, Kap. 30, 5—9)

Weltgeschehen und freier Menschenwille

Die Entwicklungswege eines Menschen, eines Volkes, sowie der ganzen Menschheit sind ja auch keinesfalls von Gott in allen Teilen fest und unabänderlich vorausbestimmt. Sie richten sich vielmehr durchaus nach der Gesinnungs- und Willenswandlung der Menschenseelen; und so gibt es keine unbedingt feste und zuverlässige Zukunftsvorhersage. Das betont der *Herr* im ‚Großen Evangelium' ernstlich mit den Worten:

„Auf dieser Erde, auf der die Gotteskinder erzogen werden, geht es mit dem Weissagen über die Zukunft auch unmöglich mit einer solchen Bestimmtheit, wie das auf irgendeinem andern Weltkörper der Fall sein kann. Bei der vollen Freiheit des Willens der Menschen dieser Erde kommt es zuallernächst darauf an, was die Menschen *selbst* wollen und wie sie nach ihrem Erkennen und Willen *handeln.*

Wenn Ich nun sagen würde: ‚Du magst nun wollen und handeln, wie du willst, so wird ganz bestimmt doch nur das geschehen, was Ich da will und dir verkünde! — wenn es so wäre, da wäre Ich wahrlich ganz zwecklos zu euch Menschen von den Himmeln herabgekommen, und alle Meine Lehre an euch wäre eitel!

Ja, Ich sage noch mehr: Wenn in der sittlichen und staatlichen Hinsicht nur das geschehen müßte, was Ich euch verkünde, und das ganz unabänderlich, so hättet ihr Menschen keine höhere Bestimmung als die Tiere. Wozu hättet ihr dann eure Vernunft, euren Verstand und eure Liebe und aus ihr den vollkommen freien Willen? Ich kann euch nur das als ganz bestimmt voraussagen, daß über euch dies oder jenes kommen wird, *wenn* ihr so oder so wollet und handelt. Aber wenn Ich je einem Volke oder auch nur einem Menschen zum voraus anzeigen würde, daß dies oder jenes ganz sicher geschehen werde, so wäret ihr nicht bestimmt, Kinder Gottes zu werden, und Ich wäre in Meinem Geiste nicht euer Vater.

Gehet zurück auf alle Propheten, die zukünftige Dinge geweissagt haben, ob je einer etwas als unabweichbar Kommendes vorausgesagt hat! Jeder hat seine Weissagung nur stets unter gewissen Bedingungen aufgestellt, die sich stets auf die Besserung oder Verschlimmerung der Menschen bezogen. Nur Meine Fleischwerdung ist den Menschen als ganz bestimmt ohne ihr Wollen und Handeln geweissagt worden zu ihrem Heile, da sie auch nur Mein Werk ist; und obschon sie das ist, so lasse Ich nun dennoch einen jeden, der es will, teilnehmen an diesem Meinem größten Werke.

Jonas mußte, von Meinem Geiste getrieben, zu den Niniviten gehen und ihnen ihren Untergang verkünden, so sie in ihrer Bosheit verharren würden. Er tat es ungern, da er als ein Prophet wohl wußte, daß Meine Vorausanzeigungen stets auf Bedingungen gestellt sind. Das Volk von Ninive aber besserte sich, und das Tatsächliche Meiner Androhung blieb natürlich aus, was selbst den Jonas ärgerte . . .

So zerfällt auch alles, was Ich euch geweissagt habe und noch weissagen werde, notwendig in zwei Teile: Entweder im Eintreffen des Schlimmen oder im Eintreffen des Guten; also wird auch die Zeit nie fest angegeben, sondern sie richtet sich stets ganz nach dem Wollen und Handeln der Menschen. Denn wie könnte Ich zu einem noch so entarteten Volke sagen: ‚Weil du so sehr arg geworden bist und nicht Meine ernsten Mahnungen an dich geachtet hast, so sollst du, von heute an gerechnet, in sieben Tagen mit Blitz und Donner und Pech und Schwefel von der Erde vertilgt werden', — das Volk aber nähme sich das sehr zu Herzen, täte Buße in Sack und Asche und kehrte sich zu Mir? Werde Ich bei einem solchen Umstand am siebenten Tage Meine Androhung in Vollzug setzen, nur weil Ich selbst sie verkündet habe? O nein, sondern Ich werde Mich des in sich gegangenen Volkes erbarmen, werde es segnen und nicht züchtigen! . . ."

Ein *Pharisäer* entgegnet auf diese Ausführungen des Herrn: „Aber Herr, Du mußt es doch für Dich als ganz bestimmt voraussehen, ob sich die Juden und Templer bessern oder nicht bessern werden, und danach dann auch sagen, daß über sie das angezeigte Gericht entweder nicht kommen oder für bestimmt kommen wird?"

Der *Herr* erwidert: „Ja, so denkst du als ein Mensch, aber Ich denke da ganz anders! Hast du denn noch nie in der Schrift gelesen, wo es hieß: ‚Und Gott hatte von diesem Volke sein Gesicht abgewandt.'? Siehe, das will sagen: Ich sehe, so Ich ein Volk ein-, zwei-, drei- bis siebenmal ermahnt habe, dann nicht mehr darauf, was es will und was es dann tut. Das Volk oder auch ein jeder Mensch für sich kann dann wollen und tun, was ihm beliebt, und Ich nehme von nichts Kenntnis bis entweder zu seiner vollen Besserung oder bis zu seinem Sündenvollmaß. Wie dann das Volk oder auch ein Mensch will und handelt, so wird es ihm auch werden! Denn Ich habe das auf der Erde schon so eingerichtet, daß auf jede Handlungsweise der Menschen der entsprechende Lohn von selbst kommt." [1]

Vorsehung und Lebensbahn

Durch die von Gott jedem Geschöpf, jedem Menschen, jedem Volk wie auch der ganzen Menschheit eines Weltkörpers gegebene Veranlagung ist freilich in der großen *Hauptlinie* der Weg, auf dem ein Wesen oder eine Wesengemeinschaft zum

[1] Gr. Ev., Bd. 8, Kap. 99, 7 ff.; Erde und Mond, Kap. 69, Kap. 71; Rob. Blum, Bd. 2, Kap. 254, 10 ff.; Kap. 294, 11 ff.; Bd. 1, Kap. 83, 11—13; Gr. Ev., Bd. 5, Kap. 130, 1 ff.

Ziel der wahren Freiheit und Vollkommenheit geführt werden muß, von Gott vorausgesehen und — eben durch die verliehene Grundveranlagung in der Hauptlinie bestimmt. Denn es ist klar, daß ein Mensch oder ein Volk, das eine bestimmte gute oder schwierige Grundveranlagung hat, auch seiner Besonderheit entsprechend von oben geleitet werden muß, um in seiner Reifezeit das Ziel der Vollendung in Gottes Ordnung zu erreichen. Ein „Sünder" ist auf anderen Wegen der Erfahrung zur Erkenntnis und Annahme eines höheren Lichtes zu leiten als ein „Gerechter", welcher der Buße nicht bedarf. Der Weg des „Sünders" wird meist ein härterer und längerer sein. Dafür wird dann am schließlich erreichten Ziel solch ein Pilger als ein starker Geist, der mit Gottes Hilfe ein Herr über sich selbst geworden ist, in das Reich Gottes eingehen. Er wird dort mit seinen frei erworbenen Erkenntnissen und Kräften Großes zu wirken imstande sein und besser als der von Anfang an Gerechte an der Rettung der Sünder und Gefallenen mitarbeiten können.

Eben darin können wir einen befriedigenden Ausgleich erblicken zwischen der Beschaffenheit der Lebensbahn des Sünders und des Gerechten. Und auch der Gedanke wird uns zufriedenstellen, daß die Wege beider sich nach dem gestalten, was der Mensch mit seinem freien Willen erstrebt und tut.

Im ‚Großen Evangelium' spricht der *Herr:* „Denket nicht, daß etwas derartiges sei wie das, was die blinden Weltweisen ‚Bestimmung' nennen, als habe Gott schon für jeden Menschen bestimmt, was er in seinem kurzen oder längeren Leben zu gewärtigen hat. So zu denken kann der Seele den Tod bringen, weil diese Lehre eine Ausgeburt der Hölle ist und zu den wahren Lebensprinzipien aus Gott für die Menschen das schroffe Gegenteil darstellt. Die Bestimmung machen sich die Menschen selbst durch die Verkehrtheit ihres freien Willens und dadurch, daß sie nicht erwecken wollen alle die sieben Lebensgeister in sich, wodurch sie auch nicht zur wahren Anschauung ihres innern, unvergänglichen Lebensschatzes kommen. Dadurch wollen sie dann auch im Lichte der *Welt* das innere Licht des Lebens aufsuchen und frohen Mutes nach demselben wandeln.

Wenn aber eine Menschenseele einmal so recht in der Nacht ihres selbstgeschaffenen Weltdünkels steckt, können ihr bei Belassung ihrer inneren Willensfreiheit auch alle Engel der Himmel keine andere Richtung geben. Es kann dann niemand sagen: ‚Siehe, das war schon so die Bestimmung für diesen Menschen!' Ja, es war allerdings eine Bestimmung, aber nicht von Gott ausgehend, sondern vom Menschen selbst! Von Gott aus war es nur eine Zulassung infolge des vollkommen freien Willens des Menschen. Und was Ich nun von einem Menschen sagte, das gilt denn auch von einem ganzen Volk. Es ist und bleibt der Selbstschöpfer seiner zeitlichen und seiner ewigen Schicksale.

Und so wäre es irrig anzunehmen, Gott habe schon von Ewigkeit her bestimmt, daß dies alles, was Ich euch nun gezeigt und vorausgesagt habe, so geschehen müsse. O nein, das durchaus ganz und gar nicht! Aber es *wird* dennoch alles so geschehen, weil es die Menschen wollen und weil sich der größte und mächtigste Teil von ihnen in ihrer Nacht der Hölle wohlbehaglich und hartnäckig-freiwillig befindet und selbst auf Meinen allergewaltigsten Ruf diese Nacht des Todes nicht verlassen will." (Gr. Ev., Bd. 7, Kap. 52, 1—4)

Vorausbestimmung (Prädestination) — im wahren Licht

Der *Herr:* „Nur das einzige ist vom Herrn von Ewigkeit fest bestimmt, daß ein jedes Leben (in der großen Hauptlinie) seine bestimmten Wege hat, über die es ewig nimmer hinaus kann. Diese Wege aber sind so intim mit der Natur des betreffenden Lebens verflochten, daß sie damit selbst das Lebensglück des Wesens ausmachen. Und würde jemand dem Wesen einen solchen abschneiden, so schnitte man ihm seine Freiheit und somit auch sein Leben ab. Und solches wäre ein Gericht, das jedem Geiste den Tod brächte." (Geist. Sonne, Bd. 2, Kap. 121, S. 480)

Gottes Weltplan

Dementsprechend ist auch der ganze Weltplan unseres Schöpfers, d. h. alles zu verstehen, was Er nach seiner unergründlichen Liebe und Weisheit vorhat mit Erde und Himmel und der ganzen endlosen Schöpfung. Bei diesem Werk handelt es sich ja darum, aus unvollkommenen, unselbständigen Geschöpfen durch Belehrung und Führung auf dem Wege der Freitätigkeit und Lebenserfahrung wahrhaft freie und vollkommene, gottähnlich selbständige Ebenbilder des Schöpfers, also wahre „Gotteskinder" zu erziehen und zu reifen.

Demgemäß muß, besonders bei der Erziehung der Menschheit auf Erden, dieser Hauptschule der Gotteskindschaft, der Grundsatz der *Willensfreiheit* verbunden werden mit den Notwendigkeiten einer zielbewußten Führung und Entwicklung der Seelen zur vorgesehenen Reife.

Die Herrlichkeit dieses göttlichen Planes den Menschen unserer Zeit in nie geschauter Tiefe und Klarheit zu enthüllen, hat dem Vater des Lichts wohlgefallen in den Schriften der neuen Offenbarung durch Jakob *Lorber.* Dankbaren Herzens dürfen wir es dort vernehmen und wollen es nicht aufnehmen zur Aufblähung unseres Wissens und Verstandes, sondern zur Festigung unseres Herzens und Willens in der alleinigen Liebe zum himmlischen Vater und zu allen aus dem Urschoße der Gottheit hervorgegangenen Wesen.

Stufen der Entwicklung und Reife

Ein Grundgedanke, der uns in den Schriften der Neuoffenbarung in seiner Bedeutung klargemacht wird, ist das Prinzip der stufenmäßigen Entwicklung. Die ganze Schöpfung wird uns enthüllt als ein in zahllosen Abschnitten (Schöpfungsperioden) und kleinen Unterabschnitten (Schöpfungstagen) sich vollziehender geistiger Entwicklungsvorgang.

Demnach ist auch das ganze Leben der Menschheit unseres Erdplaneten (wie auch der anderen Gestirne) diesem Grundsatz der geistigen Entwicklung unterworfen. Wir hören, daß es hier, ebenso wie im Leben des einzelnen Menschen oder der einzelnen Völker, *drei Hauptabschnitte* gibt, nämlich: Die Kindheitszeit, die Mittelbildungszeit, die Reife- und Vollendungszeit.

Im Großen Evangelium macht der Herr einem Lichtsuchenden diese Dinge am Beispiel der Geschichte des Volkes Israel begreiflich. Er übergeht dabei die Kindheitszeit dieses Volkes mit einer kurzen Andeutung, indem Er sie als die „Zeiten Samuels“ bezeichnet, also als eine Zeit, in der das einfache Hirten- und Bauernvolk sich willig leiten ließ von gottberufenen und erleuchteten Sehern und Volksführern, in der lutherischen Bibelübersetzung „Richter“ genannt.

Diese Kindheitszeit des Volkes Israel übergehend, fährt der *Herr,* die weiteren Entwicklungsstufen des Volkes beleuchtend, fort:

„Schon zu den Zeiten Samuels sind die Menschen träger und arbeitsscheuer geworden. Sie fingen an, sich vor gewissen Arbeiten zu schämen und ließen solche nur von gedungenen Knechten und Mägden verrichten. Die reichen Bürger legten ihre Hände in den Schoß und ließen die anderen für sich arbeiten. Wer für sie am meisten gearbeitet hatte, bekam auch den bessern Lohn, was denn auch recht war. Aber bei dieser Gelegenheit haben sich nach und nach aus den Besitzern eine Art kleine Herrscher gebildet, die durchaus keine noch so kleine knechtliche Arbeit in ihre Hände nehmen wollten.

Wie die Eltern, so wurden auch ihre Kinder, träge, selbst- und herrschsüchtig. Sie lernten befehlen über die Dienenden, aber ihre zarten Hände wollten sie niemals besudeln mit gemeiner Arbeit. Diese Unart erreichte nur zu bald jene Stufe, auf der der ohnehin schon wohlgenährte Hochmut keine hinreichende Sättigung mehr fand. Der Jude blickte wehmütig auf den Glanz und auf die hohen Würdenträger der heidnischen Völker, und unter einem König sah er eine der höchsten Menschenehren und Würden. Kurz, er wollte auch einen weltlichen König haben und war nicht mehr zufrieden mit der reinen Herrschaft Gottes durch Seher und Richter. Als das Volk, gegen alle Ermahnungen der Seher sich sträubend, von Samuel dennoch einen König verlangte, trug der fromme Diener Gottes das Begehren des törichten Volkes Gott vor.

Da sprach Jehova zu ihm: ‚Sieh, zu allen Sünden, die dieses Volk schon vor Meinem Angesicht begangen hat, begeht es nun auch diese: daß es einen König verlangt. Gehe hin und salbe den größten Mann aus dem Volke! Dieser wird es züchtigen für seinen an Mir begangenen Frevel.‘ Die Folgen des dadurch stets mehr genährten Hochmuts des Volkes kannst du zum Teil lesen in dem ‚Buch der Könige‘ und in der ‚Chronik‘.

Freund, nur in der wahren Demut liegt der Weg zum inneren Leben der Seele! Ich sage dir: Solange nicht die wahre, reine Liebe und Demut die Völker leiten wird, so lange auch wird in allen Schichten der Menschheit der Same des Hochmutes und der Herrschgier fortwuchern. Und es werden Nacht, Finsternis, Selbstsucht, Neid, Geiz, Verfolgung und Verrat, als die wahren Elemente der Hölle, vom Boden der Erde nicht weichen bis zu einer Zeit des großen Gerichtes, in der Ich die Erde von neuem durchs Feuer reinigen werde. Nach solcher Zeit wird kein König mehr herrschen über ein Volk der Erde, sondern allein das Licht Gottes. Im Fleische werdet ihr jene Zeit nicht erleben, wohl aber hell und überklar im Geiste in Meinem Reiche.“

Sagt der Lichtsuchende: „Herr, wann wird jene glückliche Zeit kommen?“

Sagt der *Herr:* „Darum weiß allein der Vater, und nach Ihm weiß es nur der, dem es der Vater wird offenbaren wollen. Mir hat es bis jetzt Mein Vater noch nicht geoffenbart, außer dem, daß solches geschehen *wird.* Das aber könnt ihr als völlig wahr annehmen, daß nahezu alle zweitausend Jahre auf der Erde eine große Veränderung vor sich geht. Und so wird es auch, von jetzt an gerechnet, werden.“ (Gr. Ev., Bd. 6, Kap. 76, 2—10)

Danach hatte also das Israelitische Volk bis Samuel seine Kindheitszeit, von da an bis heute seine Mittelbildungszeit. Und nun kommt für dieses und *alle* anderen Erdenvölker — nahezu zweitausend Jahre nach Christi Erdenwandel — durch große Veränderungen die Reife- und Vollendungszeit.

Damit ist uns eine Vorstellung vom gesamten, für diese Erde bestehenden Menschenbildungsplan Gottes gegeben.

Die Kindheitszeit (erste Entwicklungsstufe)

In dieser Frühzeit werden die Menschen und Völker zunächst eindeutig von den aus Schöpferhand in sie gelegten Gedanken, Gefühlen und Trieben bewegt. Und da in jeder Menschenseele als einem mit Luzifer gefallenen Geistwesen das Widergöttliche, die Selbstherrlichkeit und Selbstsucht vor den himmlischen Seelenkräften der Gottes- und Nächstenliebe vorherrscht, so würde vorerst nichts Gutes beim Wollen und Handeln eines jungen Menschen oder Volkes herauskommen, würde der himmlische Vater die neu geschaffenen Wesen nicht unter eine starke Zucht und Führung nehmen.

Jugendliche, kindliche Wesen werden also von Gott und seinen unsichtbaren Dienern (Schutzgeistern und Schutzengeln) durch geistigen Einfluß und durch Gestaltung der Lebensverhältnisse stark „gegängelt". Man sagt daher im Volksmund richtig, Kinder hätten alle einen besonderen „Schutzengel", sonst würden sie unzähligen Gefahren zum Opfer fallen. Diese Gängelung unreifer Seelen sehen wir auch im Naturreich, im sogenannten „Instinkt" der Tiere, der ja auch nichts anderes ist als eine unmittelbare Beeinflussung der Tierseele durch den Geist. [1]

Die göttliche Beeinflussung der Menschen und Völker im Kindes- oder Naturzustand bekundet sich hauptsächlich in den inneren Offenbarungen, welche alle Naturvölker in Träumen, Schauungen, inneren Worten usf. von der geistigen Welt empfangen und als ein allgemeines geistiges Volksgut in ihren Religionen überliefern. Bei diesen Völkern findet sich oft das „zweite Gesicht". [2] Sie wissen von der Seele des Menschen, von deren Ziel und Fortleben nach dem leiblichen Tode, von der Geister- und Engelwelt und vom großen Allvater-Geist mehr als der Mensch der älteren Kulturnationen.

Ein jedes junge Menschenkind ist daher auch leicht vom Sein und Walten eines unsichtbaren himmlischen Schöpfers und Vaters zu überzeugen und wendet bei guter Erziehung sein Herz gerne in Ehrfurcht dieser allwissenden und allgegenwärtigen Macht zu.

In der Heiligen Schrift ist dieses gottverbundene, unschuldsvolle Kindeszeitalter angedeutet in der entsprechungsvollen Erzählung von Adam und Eva im „*Paradies*". Das Paradies, in dem die neugeschaffenen Menschen von Gott über alle Dinge belehrt werden, ist nichts anderes als ein anschauliches Sinnbild dieses ersten Zustands der jungen, unter Gottes unmittelbarer Zucht und Leitung stehenden Menschenseele.

[1] Vergl. darüber Gr. Ev., Bd. 5, Kap. 200, 3—5; Bd. 7, Kap. 121, 4—6; Bd. 8, Kap. 29,8. Erde und Mond, Kap. 42. —

[2] Siehe Kap. 79.

Die Mittelbildungszeit (zweite Entwicklungsstufe)

Nun erschien freilich, als das erste Menschenpaar unter der natürlichen Leitung Gottes zu einer gewissen Reife gediehen war, eines Tages plötzlich die *Schlange* im Paradies. Auch dies ist ein Entsprechungsbild, und zwar dafür, daß nach einer gewissen Entwicklungszeit in den lebenskräftig gewordenen Menschen die Begierden des Fleisches, das heißt des in der Materie des Leibes und in der umgebenden Welt vorhandenen Gegenpols stets mächtiger werden, je mehr der Mensch durch sein seelisches und leibliches Wachstum von diesem Weltstoff in sich aufnimmt.

Je mehr die Menschen und Völker in die „Welt" hineinwachsen, je mehr sie um sich greifen, um die irdischen Güter und Genüsse sich anzueignen, desto heftiger werden ihre Triebe der Habsucht, Genußsucht und Herrschsucht und andern Leidenschaften der Selbstliebe — wie dies am Beispiel des israelitischen Volkes vom Herrn im ‚Großen Evangelium' geschildert wird.

In dieser *„Mittelbildungszeit"*, der zweiten Entwicklungsstufe geschieht nun etwas, das in der Geschichte des ersten Menschenpaares dadurch angedeutet ist, daß der Herr sich aus dem Garten Eden entfernt und für das der Versuchung ausgesetzte Paar auf eine Zeit unsichtbar wird.

Die Mittelbildungszeit soll ja dazu dienen, den lebenskräftig gewordenen Menschen seinen *freien* Willen entfalten zu lassen und ihn durch tiefgehende Lebenserfahrungen zur Sehnsucht nach einem höheren Licht und schließlich durch höhere Erkenntnisse zur wahren Freiheit, Selbständigkeit und Vollkommenheit zu reifen.

In der Mittelbildungszeit zieht sich also die Gottheit, gleichsam unsichtbar werdend, vom Menschen zurück, läßt ihn nach Herzenslust in den Strudel der Welt stürzen und hier schließlich durch oft bittere Schulen erfahren, daß die Welt- und Selbstliebe wohl zu einem Scheinglück kurzer, irdischer Genüsse führen kann, daß aber eine wahre Glückseligkeit nur in den Himmelskräften der Demut und göttlichen Liebe gefunden werden kann durch die einst gehabte unmittelbare Verbindung mit dem Urquell allen wahren Lebens, dem ewigen Gott, Schöpfer und himmlischen Vater.

Diese *Erfahrungsschule* der Mittelbildungszeit ist meist eine schwere und lange für den einzelnen Menschen und noch mehr für die Völker und die ganze Menschheit. Sie währt für den einzelnen Menschen von der Geschlechtsreife bis ins Alter und setzt sich zumeist noch nach dem Leibestode in der jenseitigen geistigen Welt fort. Für die Völker der Erde währt sie seit alten Zeiten bis zum heutigen Tage. Erst für unser Zeitalter — nahezu 2000 Jahre nach Gottes Menschwerdung in Jesus — ist ein Umschwung, eine *Lichtwende* und ein Einmünden der ganzen Erdenmenschheit in ein höheres Reifezeitalter verheißen.

Die Reife- und Vollendungszeit (dritte Entwicklungsstufe)

In dem höheren Reifezeitalter wird die durch tiefe Erfahrungen aufgepflügte Menschheit wieder in stärkerem Maße und in unmittelbarer Weise von oben gelehrt und geleitet. Durch die schmerzvollen Erfahrungen, insbesondere die Bitternis der im Weltgeiste erlebten Folgen der Gottesferne, verlangen die Menschen und Völker nun selber aus freien Stücken wieder stark nach Gott und seiner führenden Hand. Haben sie doch am eigenen Leibe zu fühlen bekommen, zu welch furchtbarem „Kriege aller gegen alle“ die nur auf das zeitlich-irdische Leben und seine Genüsse gerichtete Herzensgesinnung führt. In dem zerrüttenden, ohne Gottes- und Menschenliebe geführten allgemeinen Kampf hat man schließlich nur Not und Elend geerntet. Auch die nur verstandliche technische Kultur konnte nicht den erhofften Glanz und Wohlstand bringen, sondern führte schließlich durch Ausschaltung der menschlichen Arbeitskraft zu einem Weltelend sondergleichen.

Dies alles bereitet am Ende der Mittelbildungszeit den Acker der Seele zur Aufnahme eines neuen Lichtsamens besserer Erkenntnisse vor. Wie eine eiserne Pflugschar sind diese bitteren Erfahrungen der Gottesferne über die Gemüter gegangen, und nun können die himmlischen Lichtheere Gottes gleich Sämännern kommen und in die geöffneten Furchen ihr geistiges Himmelskorn werfen. Für das Bereitsein dieser helfenden Lichtheere ist vom großen Lenker aller Dinge auch schon aufs beste gesorgt. Alle jene Seelen, die seit Jesu Erdenzeit — sei es im Diesseits oder im Jenseits — die geistige Vollendung oder Wiedergeburt erlangt haben, sind die Berufenen, die nunmehr den noch auf stofflicher Ebene weilenden Brüdern und Schwestern zu Hilfe kommen und sie auf die Wege des Lichts führen.

Diese Vorangegangenen, drüben Vollendeten, nahen sich der irdischen Ebene und zerstören das Gewölbe finsterer Geister, das sich über das Erdenrund gelagert hat als eine alles Gottesleben erstickende Wolke. Sieghaft dringt das Licht des Urquells der ewigen Liebe aus höchsten Höhen hernieder. Und so kommt der *Herr*, um die Erde zu reinigen vom alten Unrat, eine neue und bessere Welt einzurichten und schließlich selber mit seinem Geiste Wohnung zu nehmen bei den Menschen dieser Erde, der leidgeprüften und endlich befriedeten Hochschule seiner Kinder.

82

Die „Letzte Zeit“ vor der Wiederkunft des Herrn

Das siebenmalige Kommen des Herrn

Das die Erdenvölker erweckende, belebende und reifende Geisteslicht aus den Himmeln, das jeweils große „Veränderungen“ verursacht, kommt nicht immer im gleichen Maße von oben, sondern es wird — ebenso wie das naturmäßige Licht der Sonne — in bestimmten *Zeitabschnitten* gegeben, in einem regelmäßigen Wechsel von Licht und Finsternis.

Warum dies so von Gott gefügt ist, dürfte leicht zu begreifen sein. Ein stetes, gleichmäßiges Lebenslicht würde alle Wesen bald sättigen und träge und untätig machen. Das Licht würde nicht mehr geschätzt und erstrebt. Nur der Mangel erweckt Hunger, nur das Verlangen treibt zur Selbsttätigkeit und diese schließlich zu der erstrebten wahren Selbständigkeit im gottähnlich vollkommenen Handeln und Wandeln.

So läßt also der Vater des Lichtes, in dessen eigenem Wesen kein Wechsel des Lichtes und der Finsternis ist, in der materiellen Schöpfung naturmäßig und geistig einen solchen Wechsel eintreten. Er gibt sein Natur- und Geisteslicht in großen und kleineren Zwischenräumen, um in den Zeitabschnitten der Finsternis ein Verlangen und dadurch ein Suchen zu erwecken und dann dieses Bedürfnis in den Zeiten des Lichtes durch die Gaben seiner Liebe und Gnade zu stillen — zur Wonne und Beglückung der Wesen und zu ihrer Reifung und Vollendung in der Selbständigkeit und Freitätigkeit.

Der Wechsel des lebenspendenden naturmäßigen Lichtes im Kleinen: von Tag und Nacht — und im Großen: von Sommer und Winter — oder im ganz Großen: von Eiszeit zu Eiszeit bietet uns also ein äußerliches Entsprechungsbild für die periodische Gestaltung der den Menschen unserer Erde zugehenden geistigen Lichtgaben.

Über die für unsere Erde bestimmten *sieben* ganz großen Lichtgaben, in welchen der Herr selbst gleichsam auf die Erde herniedergekommen ist, bzw. noch kommt, verkündete der himmlische Vollender den Urvätern:

„Sehet, *einmal* war Ich schon da im Anfang der Welt, um zu erschaffen alle Dinge euret- und auch meinetwegen. Bald werde Ich *wiederkommen* in großen Wasserfluten, um zu waschen die Erde von der Pest; denn die Tiefen der Erde sind Mir ein Greuel geworden voll schmutzigen Schlammes und voll Pest, die da geworden ist aus eurem Ungehorsam. Da werde Ich kommen euretwegen, damit nicht zugrunde gehe die ganze Welt und eine Linie bestehe, deren letzter Sprößling Ich sein werde.

Und Ich werde zum *dritten* Mal vielfach kommen, wie jetzt ungezählt zu euch, bald sichtbar und bald wieder unsichtbar im Worte des Geistes, um vorzubereiten Meine Wege. Und Ich werde zum *vierten* Mal kommen in großer Not körperlich in der großen Zeit der Zeiten. Und Ich werde kommen gleich darauf zum *fünften* Mal im Geiste der Liebe und aller Heiligung. Und Ich werde zum *sechsten* Mal kommen innerlich zu jedem, der nach Mir in seinem Herzen ein wahres, ernstliches Verlangen tragen wird, und werde da sein ein Leiter dessen, der voll Liebe sich wird gläubig von Mir ziehen lassen zum ewigen Leben. Und Ich werde sodann fern sein der Welt; wer aber da wird aufgenommen werden, der wird leben, und Mein Reich wird mit ihm sein ewig.

Und endlich werde Ich zum *siebenten* Mal wiederkommen im Feuer Meiner Heiligkeit. Wehe dann denen, die da unlauter gefunden werden. Diese werden fürder nicht mehr sein denn im ewigen Feuer Meines Zornes. Dieses *letzte* Kommen wird allen sein ein bleibendes Kommen, entweder so oder so!

Höret und verstehet wohl: Verbleibet in der *Liebe*, denn diese wird euer Retter sein! Liebet Mich über alles — das wird euer Leben sein ewig. Liebet euch aber auch untereinander, damit euch erlassen wird das Gericht! Amen.“ (Haushaltung Gottes, Bd. 1, Kap. 46, 19—23)

Die Endzeit

Die Zeit vor dem siebenten und letzten Kommen „im Feuer der Heiligkeit Gottes“ nennt man die „Letzte Zeit“ oder die „Endzeit“, weil da die eigentliche Welt, der selbstische Weltsinn der Menschheit seine unheilvollste Steigerung hat und von da an, durch das siegreiche Eindringen eines himmlischen Geistes, mehr und mehr zurückgedrängt und schließlich für immer sein Ende haben wird. Im Evangelium des Matthäus (13, 37) sagt *Jesus* über diese Zeit:

„Des Menschen Sohn ist es, der den guten Samen säet. Der Acker ist die Welt. Der gute Same, das sind die Kinder des Reiches, das Unkraut dagegen die Kinder des Bösen. Der Feind ferner, der das Unkraut gesät hat, ist der Teufel. Die Ernte ist das Ende der Weltzeit, und die Schnitter sind Engel. Wie nun das Unkraut gesammelt und im Feuer verbrannt wird, so wird es auch am Ende der Weltzeit gehen: der Menschensohn wird seine Engel aussenden; die werden aus seinem Reiche alle Verführer und Übeltäter sammeln und sie in den Feuerofen werfen. Da wird lautes Weinen und Zähneknirschen sein. Dann werden die Gerechten im Reiche ihres Vaters wie die Sonne leuchten. Wer Ohren hat, der höre!" (Ev. Matth. 13, 37—43)

Auch in den Schriften der *Neuoffenbarung* durch Jakob Lorber ist diese große geistige Weltwende eingehend beschrieben. Es ergibt sich daraus, daß gerade wir, das gegenwärtige Geschlecht, in dieser schicksalsreichen und doch mächtig erhebenden „letzten Zeit" leben.

Eine glücklose Zeit der Selbstherrlichkeit und Selbstsucht

Im ‚Großen Evangelium' wird das geistige und sittliche Bild dieser Zeit vom *Herrn* mit den Worten gekennzeichnet:

„Wenn die Menschen sich zu sehr in die Lustreize der Welt verstricken und denken, daß sie bloß darum da sind, um sich als vernünftig denkende Wesen in der reich ausgestatteten Welt alle erdenklichen Wohlgenüsse zu bereiten und des eigentlichen Zweckes gar nicht gewahr werden, warum sie in die Welt gesetzt wurden. — Da kann von einer höheren Offenbarung Gottes und seines Liebewillens keine Rede sein so lange, bis die Menschen durch allerlei Not und Elend wenigstens anfangen zu fragen: „Warum mußten wir denn in diese elende Welt kommen und müssen uns plagen und martern lassen bis in den Tod als dem elenden Schlußpunkt unserer Verzweiflung?"

Dann ist die Zeit da, in der sich Gott den Menschen wieder von neuem zu offenbaren beginnt: durch den Mund geweckter Menschen zuerst, durch andere Zeichen, sowie auch durch allerlei Gericht an jenen Menschen, die durch Lug und Trug und Bedrückung der armen Menschen reich und mächtig, stolz und lieblos und voll Übermut geworden sind, und die an keinen Gott mehr denken und noch weniger im Herzen glauben, sondern sich in alle Lustbarkeiten der Welt stürzen, die armen Menschen mit Füßen treten und ihnen gar nicht mehr den Wert eines Menschen, sondern kaum den eines gemeinen Tieres erteilen.

Wenn das einmal auf der Welt das Übermaß erreicht hat, dann kommt auch ein großes *Gericht* und mit demselben auch eine große und unmittelbare *Offenbarung* Gottes an die Menschen, die noch den Glauben an Gott und ebenso Liebe zu Ihm und zum Nächsten in ihrem Herzen bewahrt haben.

Da werden die Gottesleugner und stolzen Bedrücker von dem Erdboden hinweggefegt und die Gläubigen und Armen aufgerichtet und aus den Himmeln erleuchtet werden — wie das der Fall ist und nach nahezu 2000 Jahren auch wieder der Fall werden wird. Die Zeit aber, in der so etwas vor sich gehen wird, ist ebenso leicht zu erkennen, wie ihr im Spätwinter das herannahende Frühjahr leicht erkennt, wenn die frischen Baumknospen stets mehr anschwellen werden und von ihren Zweigen der Saft gleich den Tränen der Menschen auf die Erde herabträuft und diese gleichsam um die Erlösung von der Not des Winters anfleht. Wenn sonach einmal die armen Menschen anfangen, in ihrem Herzen vom Lichte der Wahrheit aus Gott heller zu werden, dabei aber durch die unbarmherzige Bedrückung den Erdboden mit ihren Tränen sehr befeuchten, dann ist das große geistige Frühjahr in volle Nähe gekommen.“ (Gr. Ev., Bd. 9, Kap. 23, 3—7)

Eine Zeit der Glaubenslosigkeit und Gottesferne

„In jener Zeit“, so vernehmen wir aus dem Munde des *Herrn* weiter, „werden es die Menschen durch unermüdliches Forschen und Rechnen unter den weitausgebreiteten Ästen des Baumes der Erkenntnis in vielen Wissenschaften und Künsten sehr weit bringen. Sie werden mit allen in der Natur jetzt den Menschen noch verborgenen Kräften Wunderbares zustande bringen und werden sagen: „Seht, das ist Gott, sonst gibt es keinen!“ Der Glaube dieser Menschen wird demnach so gut wie gar keiner mehr sein.

Ein anderer, auch großer Teil wird sich in einem noch um vieles finstereren, abgöttischen Aberglauben befinden als jetzt alle Heiden der ganzen Erde. Diese werden ihre Lehrer und Beschützer in den dermaligen Großen und Mächtigen der Erde eine geraume Zeit haben. Aber die mit allen Wissenschaften wohlausgerüsteten Kinder der Welt werden den finsteren Aberglauben mit Gewalt unterdrücken und dadurch die Mächtigen in übergroße Verlegenheit setzen, weil durch die Wissenschaften und Künste aller Art das gemeine, mit Gewalt in Blindheit gehaltene Volk einsehen wird, daß es nur des Weltruhmes und Wohllebens der Großen wegen, die selbst keinen Glauben hatten, in der harten Knechtschaft gehalten worden ist ...

Sind die Blinden aber einmal dadurch sehend geworden, so werden sie auch Anhänger derer, die sie von der harten Knechtschaft der Mächtigen zum größten Teil freigemacht haben. Und so Ich da kommen und sagen würde: „Höret, ihr Völker der Erde, Ich will euch die rechten Wege zum ewigen Leben zeigen!“ — was werden die jedes Glaubens baren Menschen dazu sagen?

Sie werden Mir zur Antwort geben: „Freund, wer du auch seist, laß ab von der alten verbrauchten und glücklicherweise verrauchten Dummheit, für die seit ihrer Entstehung viele Ströme unschuldigsten Blutes geflossen sind! Ist der sogenannte gute „Vater im Himmel“, den wir nicht kennen und nach dem wir auch keine Sehnsucht mehr haben, ein gar so großer Blutfreund, so kann Er sich ja leicht den großen Ozean in Blut umwandeln und sich daran höchlichst ergötzen. Wir aber brauchen solch eine Lebenslehre nicht, die statt des verheißenen Gottesreiches nur die reinste Hölle unter die Menschen gebracht hat. Wir halten uns an die Wissenschaften und Künste und leben dabei in Frieden und Ruhe, wenn auch nur zeitlich. Denn uns ist nun ein zeitliches, aber friedliches Leben um vieles lieber als ein durch unzählige Leiden und Ströme unschuldig geflossenen Blutes erkaufter, dabei doch in Zweifel gezogener Himmel mit all seinen schönen Seligkeiten!“ [1]

[1] Gr. Ev., Bd. 9, Kap. 89, 1—5; vergl. auch Kap. 40, 1—11 (Der tote Jüngling zu Nahim, Sinnbild des toten Glaubens der Endzeit).

Ein Zeitalter der verstandesgeprägten Maschinentechnik

Da die Menschen der Endzeit in ihrer Selbstherrlichkeit sich ganz von Gott und der himmlischen Liebe losmachen und ihr ganzes Sinnen und Trachten auf den Genuß der vergänglichen Erdengüter richten, schwindet ihnen im selben Maße das heilvolle Herzenslicht des Geistes. So bemühen sie sich um so gieriger, mit dem Licht des Kopfverstandes die Kräfte der Natur zu ergründen und sich durch allerlei Verfahren der Wissenschaft und Technik die ganze Erde dienstbar zu machen. So kommt es in der Endzeit zu einer großen, aber unheilvollen Blüte der Technik, Wissenschaft und Kunst.

Mathael, ein von Gott erleuchteter Seher, verkündet den Jüngern des Herrn: „Es wird dereinst eine Zeit kommen, in der die Menschen die Lebenskraft der Dämpfe im Wasser nach Graden bestimmen und sie verwenden werden zu aller, unglaublich schwerster Arbeit. Auch vor die schwersten Wagen werden sie die im Wasser verborgene Lebenskraft spannen und damit so schnell hinwegfahren wie ein abgeschossener Pfeil. Auch werden sie damit die Schiffe schneller denn ein Sturmwind über das Wasser hintreiben, ja am Ende sogar jedem Sturme Trotz bieten und ihm durch sein ergrimmtes Gesicht fahren, ohne einen Schaden von Bedeutung zu erleiden; nur Felsen und Sandbänke werden solchen Schnellfahrern noch gefahrbringend sein.

Aber bald nach jener Zeit wird es auf der Erde für die Menschen sehr übel auszusehen anfangen. Denn die Erde wird unfruchtbarer werden, große Teuerungen, Kriege und Hungersnot werden entstehen. Das Feuer der Liebe wird erkalten, und es wird dann das letzte Feuergericht über die Erde kommen!" (Gr. Ev., Bd. 3, Kap. 33, 2—5; Bd. 6, Kap. 101, 13)

Eine Zeit allgemeiner Arbeitslosigkeit und Armut

Inmitten eines nie dagewesenen Reichtums an Waren und Gebrauchsgütern, den die hochgesteigerte Industrie und die scharfe Rationalisierung der Betriebe erzeugt, wird die Menschheit der Endzeit dennoch in eine allergrößte, alle Völker der Kulturwelt ergreifende Wirtschaftsnot und Armut geraten. Die Maschine wird mehr und mehr die menschliche Arbeitskraft ausschalten. Dadurch kommt auch bei hohen Lohnsätzen zu wenig Arbeitslohn in die Massen. Das Volk kann nicht mehr kaufen, verarmt und verelendet. Werkstätten und Fabriken finden keinen Absatz ihrer Erzeugnisse mehr und müssen den Betrieb einschränken oder einstellen. Weitere Volksteile werden dadurch arbeits- und brotlos, und so treibt die Übersteigerung der Maschinentechnik bei der in der Endzeit üblichen eigensüchtigen Lohn- und Güterverteilung zwangsläufig zu immer trostloseren Zuständen.

Mit wunderbarer Klarheit ist diese unheilvolle, in unserer Zeit zur offenkundigen Tatsache gewordene Entwicklung durch den Gottesboten Jakob Lorber schon im Jahre 1858 (als noch kein Mensch an eine solche Möglichkeit dachte) enthüllt worden. Im ‚Großen Evangelium' verkündet der *Herr* den Jüngern:

„Es wird am Ende eine Zeit kommen, in der die Menschen zu großer Klugheit und Geschicklichkeit in allen Dingen gelangen und allerlei Maschinen erbauen werden, die alle Arbeiten verrichten wie lebende vernünftige Menschen und

Tiere. Dadurch aber werden viele Hände arbeitslos und die armen Menschen müssen Hunger und Not leiden. Es wird sich damit das Elend steigern bis zu einer unglaublichen Höhe. Sodann werden abermals von Mir Menschen erweckt, die sollen die Wahrheit Meines Namens über 200 Jahre lang verkünden. Wohl denen, die sich daran kehren werden, obwohl ihre Zahl nur eine geringe sein wird!" (Gr. Ev., Bd. 5, Kap. 108, 1; Bd. 9, Kap. 40, 10)

Die *Maschine* und ihre Benützung an sich ist natürlich nicht etwas Ungesegnetes und Verwerfliches. Bedeutet sie doch eine Beherrschung der Natur, entsprechend dem Worte der Schrift: „Füllet die Erde und machet sie euch untertan! Und herrschet über die Fische im Meer und über die Vögel des Himmels und über alle Tiere, die sich auf der Erde regen!" In diesem Worte (1. Mos. 1, 28) liegt, daß sich der Mensch auch die in den Naturkräften rastenden *Naturgeister* durch allerlei sinnvolle Verfahren dienstbar machen dürfe. Unheilvoll ist nur der Geist der *Gottlosigkeit und Lieblosigkeit,* in dem die Nutzbarmachung der Naturkräfte von den selbstischen Menschen der Endzeit geschieht. Im lieblosen, eigennützigen *Zweck* der derzeitigen Maschinentechnik und Gütererzeugung liegt das Ordnungswidrige und Verhängnisvolle! Sobald jedoch einmal, unter dem Einfluß der Licht- und Lebensströme von oben, ein anderer Geist der Gottes- und Nächstenliebe die Nutzung und Verwendung der Erzeugnisse leiten wird, dann erst wird die Maschine für die Menschheit zum *Segen* werden können; denn sie gestattet dem Menschen, mehr Zeit und Eifer auf seine geistige Fortbildung zu verwenden. An der obengenannten Stelle fährt daher der *Herr* fort:

„Es sollen die Menschen mit Maß und Ziel alles haben und sich die mannigfachsten Bequemlichkeiten fürs irdische Leben errichten. Sie sollen schonen ihre Hände vor schweren Arbeiten, um desto mehr Zeit zu gewinnen für die Bearbeitung und Veredlung ihrer Herzen und Seelen, und sollen voll Freudigkeit sein in Meinem Namen durch ihr ganzes Leben. Unter ihnen soll es keinen Leidenden und Traurigen geben, außer einem mutwilligen Sünder wider jede gute, in Meinem Namen bestehende Ordnung!" (Gr. Ev., Bd. 5, Kap. 108, 5)

Eine Zeit der Kämpfe und Kriege

Da die Menschheit der Endzeit keinen Gott und kein ewiges Lebensziel kennt, sondern nur mit der sichtbaren Welt und ihren Genüssen rechnet, ist sie auch innerlich darauf eingestellt, mit allen Kräften um diese Güter zu ringen und nötigenfalls mit dem Nebenmenschen auf Tod und Leben darum zu kämpfen.

Dies äußerte sich in unserem Zeitalter in dem unerhörtesten wirtschaftlichen und geistigen Wettbewerb der einzelnen Menschen, wie auch im großen Kampf der Völker um die Absatzmärkte der Welt. Und wir mußten die verhängnisvollste Zuspitzung dieses Völkerringens im größten und — durch die gesteigerte Waffentechnik — bisher furchtbarsten aller Kriege, im zweiten Weltkrieg erleben.

Die geistigen und moralischen Gründe dieser tragischen Entwicklung werden in dem Lorberwerk ‚Die geistige Sonne' bei einer Betrachtung des Eigentumsschutz-Gebotes beleuchtet. „Wird dieses Gebot", so heißt es dort, „innerlich (d. h. dem göttlichen Sinn und Zweck nach) erkannt und beachtet, so fällt alles Äußere, was da den Buchstabensinn berührt, von selbst der guten göttlichen Ordnung gemäß aus. Ist das nicht der Fall, klebt man bloß am äußeren Sinn, so hebt man dadurch alle die urrechtlichen Dokumente des wahren Menschen auf: die Herrscher werden zu Tyrannen, die Untertanen zu Geizhälsen, und die gutmütigen Esel von Untertanen werden zum arglistigen Spielwerkzeug der Mächtigen und Wucherer. Die Folgen davon sind Volksaufstände, Revolutionen, gänzliche Staatsumwälzungen und -zerstörungen, gegenseitige Volkserbitterungen und darauf folgend langwierige, blutige Kriege, Hungersnot, Pestilenz und Tod.

Wie aber lautet derjenige Sinn, durch dessen Beobachtung alle Völker ihr unzerstörbares zeitliches und ewiges Glück finden? Er lautet ganz kurz so:

Achtet euch untereinander aus wahrhaftiger „Bruderliebe“, und keiner beneide den andern, so er von Mir, dem Schöpfer, seiner größeren Liebe wegen mehr begnadet wurde. Der Begnadetere aber lasse seine daraus hervorgehenden Vorteile allen seinen Brüdern so viel wie möglich zugute kommen! So werdet ihr dadurch unter euch einen ewigen Lebensverband gründen, den keine Macht je zu zerstören wird imstande sein!“ (Geist, Sonne, Bd. 2, Kap. 89, S. 385 ff.)

Eine Zeit der Katastrophen aller Art

Der gewalttätige, von solch göttlicher Anwendung der Eigentumsbegriffe weit entfernte Kriegsgeist der Endzeit-Menschen hat aber noch eine weitere Folge. Er wirkt sich wie eine ansteckende Seuche auch in die *Geisterwelt* aus, und zwar nicht nur in das Reich der Dämonen und abgeschiedenen ungeläuterten Seelen, die wie ein düsteres Gewölk das Erdrund überlagern; auch in die niedere Welt der Naturgeister in der Luft, den Gewässern und in der gröberen Erdmaterie[1] wirkt die Unreife und der Gewaltgeist der Menschheit und erregt sie zu vielen heftigen Naturkatastrophen, zu denen auch die vielen, durch den hochgesteigerten Gebrauch der Technik verursachten Unglücksfälle kommen.

Das Bild der Zeit, das sich in dieser äußeren Hinsicht ergibt, wird vom *Herrn* in seinem neuen Wort dahin gekennzeichnet:

„Es werden dann kommen große Kriege unter den Völkern, und es wird ein Volk wider das andere ziehen. Auch wird dann eine große Teuerung sein, und es werden allerlei pestilenzartige Krankheiten entstehen, wie sie unter den Menschen bis jetzt noch nie vorkam. Dem werden große Erdbeben vorangehen, auf daß sich die Menschen dadurch zur Buße und Liebetätigkeit aufraffen sollen. Wohl denen, die sich danach richten wollen! Aber gar viele werden sich nicht danach kehren und dieses alles jenen blinden Kräften der Natur zuschreiben, und die Weissager werden Betrüger gescholten werden. Viele wird man um Meines Namens willen in den Kerker werfen und ihnen unter großen Strafandrohungen verbieten, in Meinem Namen zu reden und ein kommendes Gericht zu verkünden.“ [2]

[1] Über die Naturgeister siehe Grundfragen des Lebens, Bd. 1, Kap. 15.
[2] Gr. Ev., Bd. 6, Kap. 174, 5 ff.; Kap. 150, 15; Bd. 1, Kap. 72, 2—4.

Die große Wende

Wenn aber die geistige und äußere Not bis zum höchsten Punkt gekommen sein wird, dann wird nach dem Weltplan Gottes durch ein neues Einfließen lebendigen Lichtes das große Endgericht, das heißt die große *Neuordnung* kommen, die schließlich nach einer stürmischen Wende und einer tausendjährigen Übergangszeit endgültig in ein ewiges Friedensreich einmündet. Diesen mehr als tausendjährigen geistigen Weltentwicklungsvorgang nennen wir: die Wiederkunft des Urlichtes, die *Wiederkunft des Herrn.*

Mit Beziehung auf die geschilderten düsteren Verhältnisse der Endzeit und die vergeblichen Warnungen vieler Propheten sagt der *Herr* im ‚Großen Evangelium':

„Es muß solches alles zum voraus geschehen, nahezu um 700 Jahre vor dem Gericht, damit am Ende niemand sagen kann, er sei nicht hinreichend ermahnt worden. Von jetzt an aber werden nicht volle 2000 Jahre vergehen, bis das große Gericht vor sich gehen wird; und das wird dann ein jüngstes, zugleich aber auch letztes Gericht auf dieser Erde sein. — Von da an erst wird das Paradies auf die Erde gesetzt, und ein Wolf und ein Lamm werden friedsam in einem Stalle wohnen und miteinander aus einer Schüssel essen.

Es wird gegen die Nähe des Gerichtes auch das Zeichen des Menschensohns am Himmel zu sehen sein, d. h. das Herzlicht im Menschen wird Mich als den alleinigen Herrn Himmels und der Erde anerkennen, und des Menschen Seele wird Mich preisen und loben. Das ist jedoch noch nicht die Vollendung des Menschen. Aber wenn Ich dann licht und hell in den Wolken der Himmel mit allen Himmelsmächten unter dem Schalle wie von vielen Kriegs- und Gerichtsposaunen im lebendigen Worte vor allen Menschen auftreten werde im wahren Himmel, der *im Herzen* der Menschen ist, dann ist das Gericht der Welt da.

Der rechte Mensch wird dann eingehen in Meine Herrlichkeit, und die Täter des Übels werden verzehrt werden vom Feuer Meines gerechten Zornes und eingehen in das Reich ihrer bösen Werke, das da bereitet ist für alle unverbesserlichen Teufel. Denn wer aus sich *freiwillig* die Hölle *erwählt,* der sei denn auch verflucht in ihr, wie sie in sich selbst verflucht ist! Wie aber das Gute ewig gut bleiben wird, so wird auch das Böse in sich ewig bleiben und die gerichtete Unterlage sein, die Mir ewig als Fußschemel zu dienen haben wird.

Ich selbst aber aus Meiner urgöttlichen Persönlichkeit werde niemanden richten, sondern das alles wird Mein Wort tun, das Ich zu euch geredet habe. Denn wenn Ich einmal aufgefahren sein werde in Mein Reich, dann werde Ich nimmer im Fleische auf diese Erde wiederkommen, sondern nur im Geiste, im Worte. Und es wird so sein, wie es war im Anfang, da es hieß: Im Anfang war das Wort, das Wort war bei Gott, und Gott war das Wort.

Wenn Ich aber später nicht mehr im Fleische wie jetzt, sondern nur im Geiste unter euch sein werde, so werde Ich euch auch erteilen können alle Kraft und Macht Meines Geistes, der Ich von Ewigkeit selbst bin. Im Geiste und seiner Kraft aber werde Ich bei euch bleiben bis ans Ende der Zeiten, die diese Erde noch bestehen wird, bis sie den letzten gerichteten Geist ausgereift haben wird. Mit dieser Erde aber wird dann auch für ewig die Wiege der Gotteskinder erlöschen. Von da an wird alles geistig gerichtet werden." (Gr. Ev., Bd. 6, Kap. 174, 7 ff.)

83

Die Wiederkunft des Herrn

Seit Jahrtausenden erfüllt die gläubige Hoffnung auf die Wiederkunft des Herrn die Gemüter der Christenheit. Bekannt ist die Erwartung, welche der Apostel *Paulus* im ersten Thessalonicherbrief (4, 15 ff.) ausspricht: „Wir, die wir bis zur Wiederkunft des Herrn am Leben bleiben, werden vor den Entschlafenen nichts voraus haben. Denn der Herr selbst wird, sobald sein Weckruf ergeht, sobald die Stimme des Erzengels und die Posaune Gottes erschallt, vom Himmel herabkommen. Und die im Glauben an Christus Gestorbenen werden zuerst auferstehen. Darauf werden wir, die wir noch am Leben geblieben sind, zusammen mit jenen auf Wolken dem Herrn entgegen in die Luft entrückt werden und alsdann allezeit bei dem Herrn sein.“ (Bibelübersetzung von Menge).

Die Voraussage des Herrn im Matthäus-Evangelium

Diese Erwartungen der Christenheit gründen sich auf eine von Matthäus (Kap. 24, 4 ff.) wiedergegebene Voraussage des *Herrn,* die freilich vom Evangelisten recht unklar überliefert ist. Den Herrn, der von der Zerstörung des Tempels sprach, hatten die Jünger gefragt: „Sage uns, wann wird das geschehen und welches ist das Zeichen Deiner Wiederkunft und des Weltendes?“ — Die Jünger verbanden also in ihrer Frage zweierlei: die in kurzer, geschichtlicher Frist erfolgende Zerstörung Jerusalems und des Tempels — und die am „Weltende“ zu erwartende „Wiederkunft des Herrn“. Ob diese beiden Fragen in Wirklichkeit von den Jüngern gleichzeitig gestellt, oder ob sie nur so von Matthäus überliefert wurden, mag dahingestellt sein.

Wir sehen auf alle Fälle, daß bei Matthäus in der darauffolgenden Rede des Herrn auch die Antworten auf beide Fragen durcheinandergemengt sind. Und so hat gerade diese Voraussage viel Unklarheit und Verwirrung und viele unzeitige Erwartungen hervorgerufen. Zweifellos geschah diese mangelhafte Überlieferung nicht ohne göttliche Zulassung. Es lag wohl im Weltplan Gottes, die Menschheit in ihrer „Mittelbildungszeit“ vorerst in diesem Punkte in einem unsichern, die Gemüter bewegenden Halbdunkel zu lassen.

Heute, am *Ende* der Weltzeit, ist es nun der Wille Gottes, den Menschen durch die Neuoffenbarungen eine größere Klarheit zu vergönnen. Stehen wir doch jetzt an der Schwelle jener großen Zeit, in der sowohl die Schrecken des allgemeinen „Gerichts“ sich auf der ganzen Erde fühlbar machen, andererseits aber auch schon die Strahlen einer geistigen Lichtwende den geweckteren Menschen sich deutlich zum Bewußtsein bringen.

Wer die Sprache der Entsprechung kennt, wird demnach des Herrn Worte (Matth. 24, 29 ff.) verstehen: „Zu jener Zeit der Drangsal wird die Sonne (der Gottesgeist der Liebe) sich verfinstern, und der Mond (das Verstandeslicht) seinen Schein verlieren. Die Sterne (alte Erkenntnisse) werden vom Himmel fallen (zunichte werden), und die Kräfte der Himmel (alle göttlichen Kräfte in der Welt) werden in Erschütterung geraten. Dann aber wird das Zeichen des Menschensohnes (das Kreuz als Zeichen der aufopfernden Liebe) am Himmel (vor dem Geist des Menschen) erscheinen. Alle Weltvölker werden wehklagen und den Menschensohn in den Wolken des Himmels (neuen Offenbarungen) mit großer Macht und Herrlichkeit kommen sehen. Und er wird seine Engel (Seher, Propheten, Heilsboten) unter lautem Posaunenschall aussenden, und sie werden seine Auserwählten (die Menschen der Gottes- und Nächstenliebe) von allen vier Windrichtungen her, von einem Himmelsende bis zum andern, versammeln."

Im Großen Evangelium

spricht der *Herr* über diese seine Wiederkunft:

„Das Jahr, den Tag und die Stunde kann Ich euch darum nicht fest bestimmen, weil das ja alles auf dieser Erde von dem vollkommen freien Willen der Menschen abhängt. Darum weiß das auch kein Engel im Himmel, sondern allein nur der Vater und auch der, dem Er es offenbaren will. Zudem ist das allergenauest vorauszuwissen zum Heile der Seele durchaus nicht unumgänglich notwendig.

Wäre es wohl gut für den Menschen, so er Tag und Stunde seines Ablebens ganz genau zum voraus wüßte? Für sehr wenige, im Geiste völlig Wiedergeborene, ja; aber für zahllos viele wäre das wohl ein großes Übel. Denn die herannahende Stunde ihres Ablebens würde sie derart mit Furcht, Angst und Verzweiflung erfüllen, daß sie entweder sich vor der Zeit das Leben nehmen würden, um dadurch der Todesangst zu entgehen, oder sie würden in eine völlige Lebensträgheit geraten, in der für die Seele wahrlich wenig Heil zu erwarten wäre. Und so ist es für den Menschen besser, wenn er nicht alles ganz bestimmt voraus weiß, wie und wann in dieser Welt dieses und jenes über ihn kommen kann und muß." (Gr. Ev., Bd. 9, Kap. 70, 2 u. 3)

Einen Überblick

über die ganze langwierige Entwicklung seiner geistigen Wiederkunft gibt der *Herr* einigen liebevollen Jüngerinnen an anderer Stelle des ‚Großen Evangeliums'. Auch hier betont Er, daß es zu jener kritischen Zeit sein werde, wie zu Noahs Zeiten:

„Die Liebe wird abnehmen und völlig erkalten. Der Glaube an eine aus den Himmeln an die Menschen geoffenbarte reine Lebenslehre und Gotteserkenntnis wird in einen finsteren, toten Aberglauben voll Lug und Trug verwandelt werden. Die Machthaber werden sich der Menschen abermals wie der Tiere bedienen und sie kaltblütig und gewissenlos hinschlachten lassen, wenn sie sich nicht ohne Widerrede dem Willen der Macht fügen. Die Mächtigen werden die Armen unter mancherlei Druck setzen und jeden freieren Geist mit allen Mitteln verfolgen und unterdrücken. Dadurch wird eine Trübsal unter die Menschen kommen, wie auf der Erde noch nie eine war! — Aber dann werden die Tage verkürzt werden der vielen Auserwählten wegen, die. unter den Armen sich vorfinden werden; denn wo dies nicht geschähe, könnten sogar die Auserwählten zugrunde gehen!

Es werden aber dahin von nun an noch tausend und nicht noch einmal wieder tausend Jahre vergehen! Alsdann werde Ich dieselben Engel, so wie ihr sie hier sehet, mit großen Aufrufsposaunen unter die armen Menschen senden! Diese werden die im Geiste totgeschlagenen Menschen der Erde gleichsam aus den Gräbern ihrer Nacht erwecken. Und wie eine Feuersäule sich wälzt von einem Ende der Welt zum andern hin, werden diese vielen Millionen Geweckter sich hinstürzen über alle Weltmächte, und niemand wird ihnen mehr Widerstand zu leisten vermögen! Von da an wird die Erde wieder zum Paradiese werden, und Ich werde leiten Meine Kinder rechten Weges immerdar.

Aber von da an nach einem Verlauf von tausend Jahren wird der Fürst der Nacht noch einmal auf eine nur sehr kurze Zeit von sieben Jahren und etlichen Monden und Tagen freigelassen seiner selbst willen, entweder zum gänzlichen Fall oder zur möglichen Wiederkehr. Im ersten Falle wird dann die Erde zu seinem ewigen Kerker ihrem innersten Teil nach umgewandelt werden; aber die Außenerde wird ein Paradies verbleiben. Im zweiten Fall aber würde die Erde zum Himmel umgestaltet werden und der Tod des Fleisches und der Seele würde für ewig verschwinden! — Wie aber das und ob? Das darf voraushin auch nicht einmal der erste Engel der Himmel wissen; daß weiß allein der Vater!" (Gr. Ev., Bd. 1, Kap. 72, 2—6)

Läuterung durch vier Feuer

Bei der Wiederkunft des Herrn haben wir also vor allem an eine *geistige* Wandlung und Läuterung der Erdenmenschheit und erst dann an ein *persönliches* Wiedererscheinen Jesu Christi (im Geistleib) zu denken. Es ist klar, daß der Herr mit seiner reingeistigen Persönlichkeit sich den Menschen der Erde erst dann völlig nahen und offenbar machen kann, wenn das „Haus" gesäubert und die Menschheit in einem gewissen Maße gereinigt und vergeistigt ist. Selbst auf das Geisterreich wird sich diese vorausgehende Reinigung zu erstrecken haben.

In dem Lorberwerk ‚Robert Blum' wird eine dem Hause Habsburg gewordene Vorhersage erwähnt. Dort gibt der Geist Kaiser Rudolfs, des Begründers dieses Hauses kund:

„Ich sah eine große Bewegung in der Luft und ein feuriger Reiter trat zu mir und sagte: „Dies euer Haus wird euch wüste gelassen werden und kein Stein auf dem andern. Die Erde wird durch Feuer und Blut gesäubert werden. Ein großes Wehe wird erschallen aus dem Munde der Großen und Feuer und Pest wird zu Millionen hinraffen die Armen. Und es soll kommen der Welt Ende!

Es wird aber zuvor noch Gott der Herr alle berufen, auch die Verworfensten. Ins Geisterreich wird der Herr selbst kommen und dort sich zu erkennen geben allen, die ihre Nacht gefangenhält. Die sich an Ihn wenden werden, die wird Er auch erhalten. Es werden Ihm aber vorangehen seine Knechte Petrus, Paulus und Johannes und werden den Gefangenen verkünden das Licht, welches da kommt aus dem Namen des allmächtigen Gottes. Und die den Namen aufnehmen in ihr Herz, werden selbst einen neuen Namen bekommen, und der Herr wird wieder aufrichten ihre morschen Festen und zerfallenen Burgen.

Ebenso wird der Herr auch kommen auf die *Erde,* und zwar zuerst nur durchs Wort aus dem Herzen und Munde der Weisen, die Er erweckt hat und deren

Er noch mehrere erwecken wird. Dann aber, so die Erde wird geläutert sein, wird Er auch kommen in seiner allerhöchstheiligen Person zu allen denen, die Ihn lieben und eines reinen, erbarmenden Herzens sind!" (Robert Blum, Bd. 2, Kap. 207, 2—4)

Das erste Läuterungsfeuer

Über die „vier Läuterungsfeuer der Erdenmenschheit" befragt, erklärt der *Herr* im ‚Großen Evangelium' einem Lichtsuchenden:

„Ja, Freund, das (erste) Feuer wird heißen: große und allgemeine Not und Trübsal, wie die Erde eine größere noch nie gesehen hat. Der Glaube wird erlöschen und die Liebe erkalten, und alle armen Menschen werden klagen und verschmachten. Aber die Großen und Mächtigen und die Könige dieser Welt werden den Bittenden dennoch nicht helfen ob des zu großen Hochmuts und daraus folgender großer Härte ihres Herzens.

So wird auch ein Volk sich erheben wider das andere und wird es bekriegen mit Feuerwaffen. Dadurch werden die Herrscher in große Schulden geraten und ihre Untertanen mit unerschwingbaren, hohen Steuern quälen. Dadurch werden entstehen übermäßige Teuerung, Hungersnot, viele böse Krankheiten und Seuchen und Pestilenz unter den Menschen, Tieren und sogar Pflanzen. Auch werden da sein große Stürme auf dem trockenen Lande und auf dem Meer, und Erdbeben, und das Meer wird an vielen Orten die Ufer überfluten. Da werden die Menschen in große Furcht und Angst versetzt werden vor Erwartung der Dinge, die da über die Erde kommen sollen.

Das alles wird darum zugelassen werden, um die Menschen von ihrem Hochmut, ihrer Selbstsucht und von ihrer großen Trägheit abzuwenden. Die Großen und sich mächtig Dünkenden werden mit Langeweile gezüchtigt und sie müssen, um diese Qual loszuwerden, sich zur Tätigkeit anschicken.

Und siehe, das ist die erste Art des Feuers, durch das die Menschen für Meine abermalige Ankunft geläutert werden." (Gr. Ev., Bd. 8, Kap. 185, 2—6)

Das zweite Läuterungsfeuer

Der *Herr:* „In derselben Zeit wird auch das *natürliche* Feuer einen gewaltigen Dienst zu versehen bekommen. Das Feuer wird die Schiffe auf allen Meeren mit mehr denn der Schnelligkeit der Winde umhertreiben. Auch werden die Menschen durch ihren scharfen Verstand eherne Wagen und Straßen machen, und statt der Zugtiere werden sie Feuer vor den Wagen spannen und mit seiner Gewalt schneller denn ein abgeschossener Pfeil über die Erde weit hinfahren.

Ebenso werden sie auch den Blitz (Elektrizität) zu bannen verstehen und ihn zum schnellsten Überbringer ihres Willens von einem Ende der Erde bis zum andern machen. Und so die stolzen und habgierigen Könige miteinander Krieg führen, so wird dabei das Feuer auch den entscheidendsten Dienst zu versehen bekommen; denn durch seine Gewalt werden eherne Massen in Kugelgestalt von großer Schwere in Blitzesschnelle gegen den Feind, gegen die Städte und Festungen geschleudert und große Verheerungen anrichten.

Und die erfinderischen Menschen werden es mit diesen Waffen so weit treiben, daß dann bald kein Volk gegen das andere mehr einen Krieg wird anfangen können. Denn werden zwei Völker mit solchen Waffen sich anfallen, werden sie sich leicht und bald bis auf den letzten Mann aufreiben, was gewiß keinem Teil einen wahren Sieg und Gewinn bringen wird. Das werden die Könige und ihre Heerführer bald einsehen und sich alle daher lieber im Frieden und guter Freundschaft vertragen. Und wird sich irgendein stolzer und ehrgeiziger Störenfried erheben und gegen seinen Nachbarn ziehen, so werden sich die Friedliebenden vereinen und ihn züchtigen. Auf diese Weise wird sich dann nach und nach der Friede unter den Völkern der Erde einstellen und dauernd festigen.

Unter den noch mehr wilden Völkern der Erde werden wohl noch Kriege vorkommen, aber sie müssen auch unter ihnen bald zur Unmöglichkeit werden. Ich werde sie durch Meine gerechten und mächtigen Könige und Heerführer zu Paaren treiben und unter sie Mein Licht ausgießen lassen, und sie werden dann auch zu friedlichen und lichtfreundlichen Völkern umgewandelt.

Und sieh, das ist die zweite Art des Feuers, durch das die Menschen sollen geläutert werden!" (Gr. Ev., Bd. 8, Kap. 185, 7—12)

Das dritte Läuterungsfeuer

Der Herr: „Eine dritte Art Feuer aber wird darin bestehen, daß Ich etliche hundert Jahre vorher stets heller erleuchtete *Seher, Propheten und Knechte* erwecken werde, die in Meinem Namen die Völker aller Orten klar und wahr über alles belehren und dadurch befreien werden von allerlei Trug und Lüge, durch die sich die falschen Propheten und Priester (sogar in Meinem Namen) den Weg zu ihrem Untergang bahnen ...

Diese (Scheinpropheten und Scheinpriester) werden gleich den heidnischen Priestern falsche Zeichen und Wunder tun und werden viele Menschen verführen und sich dabei große irdische Reichtümer, Macht und großes Ansehen bereiten. Aber durch das dritte Feuer und sein hellstes Licht werden sie um alles kommen und völlig zugrunde gerichtet werden. Und die Könige und Fürsten, die ihnen helfen wollen, werden dabei um alle ihre Macht, um ihr Vermögen und um ihre Throne kommen; denn Ich werde da *Meine* Könige und Heerführer wider sie erwecken und ihnen den Sieg verleihen. Und so wird die alte Nacht der Hölle und ihrer Boten unter den Menschen auf der Erde ein Ende nehmen.

Wie aber diese Nacht nun besteht in der heidnischen, blinden und sinnlosen Zeremonie, die man Gottesdienst nennt, so wird sie auch in jenen Zeiten bestehen, wird aber durch die dritte Art des Feuers aus den Himmeln gänzlich zerstört werden; denn die Lüge wird den Kampf mit dem Lichte der Wahrheit aus den Himmeln ebensowenig zu bestehen imstande sein, wie die natürliche Nacht der aufgegangenen Sonne Trotz bieten kann. Sie muß fliehen in ihre finsteren Höhlen und Tiefen, und die, die einmal im Lichte stehen, werden die Nacht nicht mehr aufsuchen." (Gr. Ev., Bd. 8, Kap. 186, 1—3) durch welches die Erde und die Menschen und die gesamte Kreatur vor der „zweiten Ankunft des Herrn" geläutert werden soll, beschreibt der *Herr* wie folgt:

„Diese Art Feuer wird bestehen in großen Naturkatastrophen verschiedenster Art auf der Erde, namentlich an jenen Punkten, auf denen sich die Menschen zu große und prachtvolle Städte werden erbaut haben, in denen herrschen werden der größte Hochmut, Lieblosigkeit, böse Sitten, falsche Gerichte, Macht, Ansehen, Trägheit, dabei die größte Armut, allerlei Not und Elend, herbeigeführt durch das zu hoch emporgewachsene Epikuräertum der Großen und Mächtigen.

In solchen Städten werden aus übertriebener Gewinnsucht auch allerlei Fabriken im größten Maßstab errichtet werden und an solchen Orten an Stelle der Menschenhände Feuer und Wasser arbeiten im Verband von tausenderlei kunstvollen, aus Erz angefertigten Maschinen. Die Feuerung wird mittels der uralten Erdkohle bewerkstelligt, welche diese Menschen sich in übergroßen Massen aus den Tiefen der Erde verschaffen werden.

Wenn solches Tun und Treiben durch die Gewalt des Feuers einmal seinen höchsten Grad erreicht haben wird, dann wird auf solchen Punkten die Erdluft auch zu mächtig mit *brennbaren Ätherarten* erfüllt, die sich dann da und dort entzünden und solche Städte und Gegenden in Schutt und Asche verwandeln werden samt vielen ihrer Bewohner. Das wird dann wohl auch eine große und wirksame Läuterung sein. Was aber das auf diese Art bewirkte Feuer nicht zerstören sollte, das werden mächtige *Sturmgewalten* dort erreichen, wo es noch nötig sein wird. Dadurch wird dann auch die Erdluft von ihren bösen Dünsten und Naturgeistern befreit werden, was auf alle Kreatur der Erde einen segensreichen Einfluß ausüben und auch der natürlichen Gesundheit der Menschen dahin dienen wird, daß alle die vielen und bösen Leibeskrankheiten aufhören werden und die Menschen ein gesundes, kräftiges und hohes Alter erreichen können." (Gr. Ev., Bd. 8, Kap. 186, 4 ff.)

Die Seher und Gottesboten der Läuterungszeit

Über die Boten der Endzeit erklärt der *Herr* den Jüngern Näheres, indem Er anläßlich einer Ausdeutung seines Gleichnisses von den Arbeitern im Weinberge sagt:

Der „Weinberg" sind die eigentlichen Menschen dieser Erde als Reben, die zu bearbeiten sind. Diese stehen in keinem Kontrakt mit Mir, sondern sie sind da zur Bearbeitung, auf daß sie Gott dem Herrn eine gute Frucht bringen.

Alle die *Propheten* aber sind, so wie nun ihr, der Seele nach nicht von dieser Erde, sondern sie sind von oben her gedungene Arbeiter und haben zuvor mit Mir einen festen Kontrakt abgeschlossen wegen der Erreichung der Kindschaft Gottes, die nur auf dieser Erde möglich ist. Alle *großen* Propheten vom Anfang an bis jetzt — euch mitgerechnet — die eine große Offenbarung empfingen, sind die zuerst gedungenen Arbeiter im Weinberge des Herrn.

Die *kleinen* Propheten, die nur den halben Dienst zu verrichten hatten — nämlich die Aufrechterhaltung der einmal gegebenen großen Offenbarung — sind jene, die in Meinem Namen *nach* euch kommen werden. Diese haben wohl auch selbst gewisse kleine Offenbarungen und weissagen daraus, besitzen aber jene Kraft und Macht, die Ich euch geben werde, nicht. Diese sollen mit euch den gleichen Lohn haben, weil ihr Glaube ein kräftigerer wird sein müssen. Denn weil sie das nicht sehen, was ihr nun alles erfahret, wird ihr freiwilliger Glaube ihnen auch zu einem höheren Lebensverdienst angerechnet werden. So sie dann aber mit euch den gleichen Lohn bekommen werden, so denket, daß sie es schwerer hatten zu glauben, was nun zum Heil aller Kreatur geschieht, da sie nicht gleich euch Zeugen von alledem waren.

Endlich in gar später Zeit werden abermals kurz vor einem großen Gericht Seher erweckt werden, welche die schwierige Aufgabe haben, die sehr unrein gewordene Lehre zu reinigen, auf daß sie behalten und nicht von der heller denkenden Menschheit als ein alter Priestertrug gänzlich verworfen werde. Diese dritten Arbeiter in Meinem Weinberg werden nicht durch große Wundertaten, sondern allein durch das reine Wort und die Schrift wirken, ohne eine andere auffallende Offenbarung zu bekommen als nur die des inneren, lebendigen Wortes im Gefühl und in den Gedanken in ihrem Herzen. Sie werden voll klaren und vernunftvollen Glaubens sein und werden sonach ohne Wunderwerke die verdorrten Menschenreben Meines Weinbergs aufrichten und sollen von Mir denn auch denselben Lohn bekommen, den ihr als die Arbeiter des ganzen Tages bekommen werdet. Denn sie werden es um sehr vieles schwerer haben, fest und ungezweifelt an das zu glauben, was über tausend Jahre vor ihnen hier geschah.

Wenn sonach die großen Offenbarungen auch ferne voneinander abstehen, so wird von Gott aus dennoch stets dahin gesorgt, daß allzeit und sogleich wieder neu erweckte Seher unter die Menschen kommen, sobald die Lehren der großen Offenbarung anfangen, unrein zu werden; und das so, daß dabei keines Menschen freier Wille irgendeinen Zwang erleidet. Denn eben darum werden die großen Offenbarungen der Zeit nach stets weit auseinander getrennt, damit die Menschen sich mit ihrem freien Willen desto ungezwungener bewegen können.

Wenn die Welt am Ende die Menschen wieder gar zu weit von ihrer geistigen Bahn abgelenkt hat, bleibt dann wohl nichts anderes übrig, als zu einer großen Offenbarung zu schreiten, die freilich stets ein Gericht hinter sich hat, weil sie selbst ein leidiges Gericht für die Menschen ist. Denn solange du an das tote Holz kein Feuer legst, wird es nicht brennen; aber das Feuer entzündet es. Und siehe, was das Feuer dem Holze ist, das ist eine große Offenbarung den Menschen.“ [1]

Die Reinigung der Wissenschaften und Künste

In diesen Zusammenhang gehört auch die am Ende der Weltzeit erfolgende Reinigung der Wissenschaften und Künste durch geistige Erleuchtung vieler redlicher Forscher. Auch darüber finden sich in den Neuoffenbarungsschriften sehr bemerkenswerte Voraussagen, deren beginnende Erfüllung wir schon heute darin ersehen, daß die Gelehrtenwelt im Begriffe ist, einen vollen Umschwung vom stoffgläubigen Materialismus und von der Gottesleugnung zur geistigen Welterklärung zu machen.

[1] Gr. Ev., Bd. 6, Kap. 176, 6—12. — Über die Wechselbeziehung zwischen der irdischen und der geistigen Welt: Gr. Ev., Bd. 8, Kap. 162, 14 ff.; Kap. 163, ff.

Diese überaus bedeutsame Wandlung in der Erkenntnis und Haltung der wissenschaftlichen Welt unserer Tage wurde durch Jakob Lorbers Schriften schon um die Mitte des 19. Jahrhunderts vorausverkündet — also zu einer Zeit, da noch kein Mensch an eine solche Entwicklung und Möglichkeit dachte, ja die Gelehrtenwelt unter Führung von Darwin, Büchner u. a. in die materialistische Welterklärung erst so recht hineinirrte.

Im ‚Großen Evangelium' finden wir über diese doppelte Erkenntniswandlung der Wissenschaft — von kirchlich-mittelalterlichen Auffassungen zum Stoffglauben und vom Stoffglauben zu neuen Geistes- und Gotteserkenntnissen — folgende Voraussage des *Herrn* an seine Jünger:

„Am Ende erst wird aller Aberglaube mit den Waffen der Wissenschaften und Künste vom Boden der Erde hinweggeräumt werden, wobei aber dennoch kein Mensch in seinem freien Willen im geringsten beirrt wird. Dadurch wird mit der Zeit wohl eine volle Glaubensleere unter den Menschen sein, aber es kann ein solcher Zustand nur eine höchst kurze Zeit dauern.

In jener Zeit erst will Ich den alten Baum der Erkenntnis segnen, und es wird durch ihn der Baum des Lebens im Menschen wieder zu seiner alten Kraft gelangen. Und so wird es dann nurmehr *einen* Hirten und *eine* Herde geben!" (Gr. Ev., Bd. 9, Kap. 90, 11)

„Denn zur rechten Zeit werde Ich Menschen erwecken für die reinen Wissenschaften und Künste, und diese werden es den Menschen von den Dächern herab verkünden, wie die Diener Balaams ihre ‚Wunder' bewirkt haben. Dadurch wird die reine Wissenschaft in allen Dingen sowie auch die reine Kunst zu einem unbesiegbaren Vorläufer und Vorkämpfer für Mich gegen den alten Aberglauben werden. Und so durch sie der Augiasstall wird gereinigt sein, dann werde Ich ein leichtes und wirksamstes Wiederkommen auf dieser Erde haben. Denn mit der allenthalben *reinen* Wissenschaft der Menschen wird sich Meine reinste Lebenslehre auch leicht vereinen und so den Menschen ein vollständiges Lebenslicht geben, da eine Reinheit die andere nimmerdar verunreinigen kann." (Gr. Ev., Bd. 9, Kap. 90, 11).

„Die gereinigten Wissenschaften und Künste werden dann ein Blitz sein, der vom Aufgang bis zum Untergang alles hell erleuchtet, was da auf der Erde ist. Unter dem Aufgang versteht man das Geistige, unter dem Untergang aber alles Naturmäßige." (Gr. Ev., Bd. 9, Kap. 91, 9)

Das „Neue Jerusalem"

Über die Lehre, welche in der großen Wendezeit als eine Lichtsaat aus den Himmeln auf den gereinigten und gepflügten Acker der Menschheit gebreitet wird, sagt der *Herr* im ‚Großen Evangelium' zu einem Jünger:

„Freund, die Lehre, die Ich euch nun gebe, ist Gottes Wort und bleibt ewig! Darum werden auch jene Menschen, von denen hier die Rede ist, auch nur diese Lehre von Mir überkommen, die *ihr* von Mir überkommen habt. Aber in jenen Zeiten wird sie ihnen nicht verhüllt, sondern völlig dem himmlischen und geistigen Sinne nach enthüllt gegeben werden, und darin wird das neue Jerusalem bestehen, das aus den Himmeln auf die Erde herniederkommen wird. In seinem

Lichte wird den Menschen erst klar werden, wie sehr ihre Vorgänger von den falschen Propheten, gleichwie die Juden nun von den Pharisäern betrogen worden sind.

Sie werden dann nicht mehr Mir und Meiner Lehre die Schuld an all dem vielen Unheil auf der Erde geben, sondern den höchst selbst- und herrschsüchtigen falschen Lehrern und Propheten, die sie schon im Lichte ihrer Wissenschaften und Künste nur zu genau werden erkannt haben, wessen Geistes Kinder sie waren. Wenn aber das hellste Licht des neuen Jerusalem über die ganze Erde scheinen wird, dann werden die Lügner und Betrüger völlig enthüllt und der Lohn für ihre Arbeit soll ihnen gegeben werden. Je höher von ihnen sich jemand zu stehen dünkt, desto tiefer wird auch sein Fall sein." [1]

Geistige Wiederkunft in den Neuoffenbarungen

Die allzu stofflichen Vorstellungen mancher Christen, welche mit Sehnen eine baldige *leibliche* Wiederkunft des Herrn in der Art seines früheren Erdenwandels erwarten, findet im selben Bande des ‚Großen Evangeliums' die nötige Aufhellung in den Worten des *Herrn:*

„Ich werde bei Meiner zweiten Ankunft *nicht* mehr aus einem Weibe irgendwo wieder als ein Kind geboren werden. Denn dieser Leib bleibt verklärt, so wie Ich als Geist in Ewigkeit. Und so benötige Ich nimmerdar eines zweiten Leibes in der Art, wie du das gemeint hast.

Ich aber werde zuerst unsichtbar kommen in den Wolken des Himmels, was so viel sagen will als: Ich werde vorerst Mich den Menschen zu nahen anfangen durch wahrhaftige Seher, Weise und neuerweckte Propheten, und es werden in jener Zeit auch Mägde weissagen und die Jünglinge helle Träume haben, aus denen sie den Menschen Meine Ankunft verkünden sollen. Und es werden sie viele anhören und sich bessern, aber die Welt wird sie irrsinnige Schwärmer schelten und ihnen nicht glauben, wie das auch mit den Propheten der Fall war.

Ebenso werde Ich von Zeit zu Zeit Menschen erwecken, denen Ich alles das, was *jetzt* bei Meiner Gegenwart hier geschieht und gesprochen wird, durch ihr Herz in die Feder sagen werde. Es wird dann das einfach Geschriebene auf eine eigene, den dermaligen Menschen wohlbekannte Art in ganz kurzer Zeit in vielen Tausenden gleichlautenden Exemplaren vervielfacht und unter die Menschen gebracht werden können. Und da die Menschen in jener Zeit beinahe durchgängig des Lesens und Schreibens wohl kundig sein werden, so werden sie die neuen Bücher auch gar wohl lesen und verstehen können. Diese Art der Ausbreitung Meiner neu und rein wiedergegebenen Lehre aus den Himmeln wird dann um vieles schneller und wirksamer zu allen Menschen auf der ganzen Erde gebracht werden können, als jetzt durch die Boten in Meinem Namen von Mund zu Mund." (Gr. Ev., Bd. 9, Kap. 94, 2—5)

[1] Gr. Ev., Bd. 9, Kap. 90, 2—4; Bd. 7, Kap. 54, 5. — Sinnbildliche Schauung des „wahren, neuen Jerusalem" durch die Jünger: Gr. Ev., Bd. 6, Kap. 13.

Persönliche Wiederkunft im verklärten Geistleib

Der *Herr:* „Wenn auf diese Art Meine Lehre unter die Menschen, die guten Willens und tätigen Glaubens sind, gebracht sein wird und zum wenigsten ein Drittel der Menschen davon Kunde haben wird, so werde Ich dann auch hier und da persönlich und leibhaftig sichtbar (im verklärten Geistleibe) zu denen kommen, die Mich am meisten lieben, nach Meiner Wiederkunft die größte Sehnsucht und dafür auch den vollen und lebendigen Glauben haben werden. [1]

Und Ich selbst werde aus ihnen Gemeinden bilden, denen keine Macht der Welt mehr Widerstand zu bieten vermag. Denn Ich werde ihr Heerführer und ihr ewig unüberwindlicher Held sein und alle toten und blinden Weltmenschen richten. Und so werde Ich die Erde reinigen von ihrem alten Unrat." (Gr. Ev., Bd. 9, Kap. 94, 6 ff.)

Wohl zu bemerken ist hier, daß der Herr nach seiner Erklärung „bei seiner zweiten Wiederkunft nicht mehr aus einem Weibe als Kind geboren werden wird, sondern daß sein (nach Golgatha) verklärter Leib in Ewigkeit vergeistigt bleibt und der Herr auch nimmer eines zweiten stofflichen Leibes benötigt.

Der *Herr:* „Ich werde bis ans Ende der Erde unter den Menschen, die eines guten Willens sind, tröstend, stärkend, belebend und auch wunderwirkend verbleiben und zu allen, die Mich wahrhaft lieben und Meine Gebote halten, kommen und Mich ihnen offenbaren — aber nicht in diesem sterblichen Leibe, sondern in dem verklärten und ewig unsterblichen!" (Gr. Ev., Bd. 3, Kap. 184, 15 ff.)

Unser Schauen und Erleben der Wiederkunft

Der Herr wird daher auch nicht mit den leiblichen Sinnen, sondern nur mit der Sehe des *Geistes* [2] wahrgenommen werden können. Und so werden den Herrn nicht sogleich alle Menschen erschauen und sein Kommen erleben, sondern das werden nur die Vorbereiteten können, in welchen das geistige Erkenntnisvermögen erwacht ist.

Dies erklärt der *Herr* den Jüngern mit den Worten: „Fortan (d. h. nach der Himmelfahrt) werde Ich nicht wie jetzt persönlich sichtbar unter allen Menschen — guten und bösen — umherwandeln und sie lehren, sondern nur unter denen *im Geiste* wohl vernehmbar und zu öfteren Malen auch sichtbar wandeln und sie lehren und führen, die an Mich glauben, Mich über alles und den Nächsten wie sich selbst lieben werden." (Gr. Ev., Bd. 10, Kap. 60, 7)

Danach ist also ein unzeitiges Erwarten und Herbeisehnen des Herrn und ein Ergrübeln und Errechnen seiner persönlichen Wiederkunft für uns Menschenkinder weniger angezeigt als ein ernstes Streben nach inniger *geistiger Verbindung* mit dem Vater in Jesus durch ein reines Herz voll selbstloser, werktätiger Liebe.

Sind wir selber so im Innersten vorbereitet, den Herrn zu empfangen in einem liebewarmen Herzen, dann kann und wird Er nach seiner Verheißung (Joh. 14,

[1] Dies geschah und geschieht seit der Himmelfahrt des Herrn (s.u.) zuweilen auch bisher in geistigen Schauungen mancher Menschen. Vom hier angegebenen Zeitpunkte an (Kunde bei einem Drittel der Menschen) wird es in immer größerem Umfange erfolgen. —

[2] Siehe Grundfragen des Lebens, Bd. 3, Kap. 79.

21) jeden Tag zu uns kommen und bei uns Wohnung nehmen.[1] Und wenn so in der Menschheit viele Herzen geläutert und vorbereitet sind, dann kann auch sein Kommen in größerem Kreise und schließlich im allgemeinsten Umfang stattfinden. Andernfalls werden weder wir einzelnen, noch die Welt, den Herrn je zu schauen und zu erleben bekommen als Erlöser, Retter, Freund und Bruder.

Zu den Jüngern spricht der *Herr* in diesem Sinne: „Ich bin nun im Fleische bei euch als ein Mensch, aber Ich kann euch darum nicht alle Kraft Meines Geistes erteilen. Wenn Ich aber später nicht mehr im Fleische so wie jetzt, sondern nur im Geiste unter euch sein werde, so werde Ich euch auch alle Kraft und Macht Meines Geistes erteilen können, der Ich natürlich von Ewigkeit selbst bin. Im Geiste und seiner Kraft aber werde Ich bei euch bleiben bis ans Ende der Zeiten, die diese Erde noch bestehen wird, und bis sie den letzten gerichteten Geist ausgereift haben wird." (Gr. Ev., Bd. 6, Kap. 174, 13)

Der Herr mit den Seinen — beim glücklichen Volk der Liebe

Wo in Wahrheit das glückliche Land und Volk des wiederkommenden Herrn zu suchen ist, erklärt der Herr nach den ewigen Heilsgrundsätzen seines Schöpfungsplans einem bejahrten Erdenbürger:

„Freund, auf deine Frage kann Ich dir nun wohl keine für euch verständliche Antwort erteilen, denn es werden in jener Zeit gar viele neue Orte, Länder und Völker entstehen, die jetzt noch keinen Namen haben. Daß Ich aber nur in einem solchen Lande und an einem solchen Orte wieder zur Erde kommen werde, wo unter den Menschen noch der meiste und lebendigste Glaube und die meiste und wahrste Liebe zu Gott und zu den Nächsten bestehen wird, das kannst du als sicher und vollwahr annehmen und glauben.

Doch so Ich kommen werde, da werde Ich nicht allein kommen, sondern alle die Meinen, die schon lange in Meinem Himmelreich bei Mir sein werden, werden mit Mir in übergroßen Scharen kommen und stärken ihre noch auf der Erde im Fleische wandelnden Brüder. Es wird so eine wahre Gemeinschaft zwischen den schon seligsten Geistern der Himmel und den Menschen dieser Erde bestehen, was den lebenden Menschen sicher zum größten Trost gereichen wird.

Und nun wisset ihr alles, was euch zu wissen nötig war. Tuet danach, so werdet ihr das ewige Leben ernten." (Gr. Ev., Bd. 8, Kap. 187, 4 ff.)

Vom Ort der persönlichen Wiederkunft

Auf die Frage, in welchem Erdteil die geistpersönliche Wiederkunft des Herrn zuerst stattfinden werde, erklärt der *Herr* einem Schriftgelehrten:

„In diesem Lande (Palästina), wo Ich nun von den Juden des Tempels wie ein Verbrecher von einem Ort zum andern verfolgt werde und das in jener Zeit von den finstersten Heiden zertreten wird, werde Ich persönlich nicht wieder zuerst auftreten und die Schwachen lehren und trösten. Wohl aber in den Landen

[1] Über das Sichschau- und Nahbarmachen des Herrn siehe Grundfragen des Herrn, Bd. 3, Kap. 77.

eines andern Weltteils, die nun von den Heiden bewohnt werden, werde Ich ein neues Reich gründen, ein Reich des Friedens, der Eintracht, der Liebe und des fortwährend lebendigen Glaubens. Und die Furcht vor dem Tode des Leibes wird nicht mehr unter den Menschen sein, die in Meinem Lichte wandeln und im beständigen Umgang mit den Engeln des Himmels stehen werden."

Sagt der *Schriftgelehrte:* „Asien, die alte Wiege der Menschen und der vielen Segnungen Gottes, wird sonach nicht mehr das Glück haben, Dich in Deiner Wiederkunft auf diese Erde zu sehen und zu hören? Das ist wahrlich keine freudige Kunde für diesen Weltteil!"

Der *Herr:* „Die Erde ist überall Mein, und Ich weiß, an welchem Ort Meine Wiederkunft für die ganze Erde am allerwirksamsten sein wird! In jener Zeit aber, in der sich die Menschen von einem Ende der Erde zum andern so schnell, wie da fährt ein Blitz aus der Wolke, werden verständigen können und in der die Menschen auf ehernen Straßen mit Benutzung der im Feuer und Wasser gebundenen Geister schneller die weitesten Strecken des Erdbodens werden überfahren können, als da der heftigste Sturm von einem Ende der Erde zum andern treibt, und die Schiffe mit denselben Kräften den großen Ozean in einer viel kürzeren Zeit überfahren werden als nun die Römer von Rom aus bis nach Ägypten, da wird die Kunde von Meiner persönlichen Wiederkunft in ganz kurzer Zeit leicht über die ganze Erde verbreitet werden können, und so auch nach Asien. Aber es fragt sich da wieder: Wird die Kunde bei den blinden und tauben Heiden dieses Weltteils auch Glauben finden? Ich meine und sage: Schwerlich eher, als bis er (der Weltteil) durch ein großes Weltgericht geläutert werden wird!

Es gibt ein großes Land im fernen Westen, das von allen Seiten vom großen Weltozean umflossen ist und nirgends über dem Meer mit der alten Welt zusammenhängt. Von jenem Lande ausgehend, werden die Menschen zuerst große Dinge vernehmen, und diese werden auch im Westen Europas auftauchen, und es wird daraus ein helles Strahlen und Wiederstrahlen entstehen. Die Lichter der Himmel werden sich begegnen, erkennen und sich unterstützen. Aus diesen Lichtern wird sich die Sonne des Lebens, also das neue, vollkommene Jerusalem gestalten, und in dieser Sonne werde Ich auf diese Erde wiederkommen."

Hierauf machten die Jünger große Augen und sagten unter sich: „So klar und verständlich hat Er von seiner einstmaligen Wiederkunft noch nicht geredet! Glücklich werden die Menschen sein, die in jener Zeit dort leben werden, wo Er wiederkehren wird mit aller Fülle seiner Gnade, aber überunglücklich jene, die an Ihn nicht glauben werden und wie nun die Pharisäer sich gegen Ihn erheben und Ihm nach dem Leben trachten und ihr Heidentum schützen wollen. Denen wird Er, wie Er das schon zu öfteren Malen und auf dem Ölberg durch Zeichen am Himmel angezeigt hat, als unerbittlicher Richter entgegenkommen und ihnen den Lohn in der Hölle geben."

Sagt der *Herr:* „Ja, da habt ihr die Wahrheit geredet! Und Ich sage euch: Wahrlich, dieser sichtbare Himmel und diese Erde werden in der Länge der Zeiten vergehen; aber Meine Worte, die Ich zu euch geredet habe, werden nicht vergehen!" [1]

[1] Gr. Ev., Bd. 9, Kap. 94, 9—17; Bd. 8, Kap. 187, 4.

werden also keinesfalls das erwählte Volk und Land sein, um den geistig wiederkommenden Herrn als erste zu empfangen.

Den Juden, d. h. dem damals geistig entarteten Volksteil der Israeliten, erklärt der *Herr:* „Mit eurer Art hat noch nie jemand weder mit sanfter, noch mit scharfer Rede etwas ausgerichtet. Daher werdet ihr auch bleiben, wie ihr seid, bis ans Ende der Welt. Darum aber wird die Gnade von euch genommen und den Heiden verliehen werden. Seht über das große Meer nach dem Weltteil *Europa!* Das ist von puren Heiden bewohnt; höchst selten nur kommt ein Jude dahin. Dorthin wird die Gnade aus den Himmeln verpflanzt werden!

In etlichen 70 Jahren aber wird man Jerusalem und den Tempel suchen und wird die Stelle nicht mehr finden, wo die Stadt und der Tempel waren. Man wird dann sagen: ‚Herr, was liegt wohl an der alten Stelle, wo der Tempel gestanden? Nehmen wir die nächste beste Stelle her und bauen da einen Tempel Salomonis und richten ihn ein, wie er früher war!' Ja, so werden sie reden und auch tun! Aber sobald sie am Tempel werden zu arbeiten anfangen, wird aus der Erde ein mächtiges Feuer emporschießen und die Bauleute und das Material werden übel zugerichtet werden.

Bald auf mehrere solche mißglückten Versuche werden mächtige Heidenstämme von Morgen und Mittag in dies Land eindringen und es verwüsten. Und ihr werdet zerstreut werden auf der ganzen Erde und werdet verfolgt werden von einem Ende der Erde bis zum andern! So wird es euch geschehen, weil ihr euch eigenmächtig von den alten Satzungen Gottes entfernt habt und habt dafür eure sehr weltsüchtig-menschlichen hingestellt und habt euch gemästet von dem großen Gewinn, den euch die Handhabung eurer Menschensatzungen abwarf." (Die drei Tage im Tempel, Kap. 26, 4—9)

Auch im ‚Großen Evangelium' verkündet der *Herr* dem halsstarrigen, weltsüchtigen Volke sein Gericht:

„Ich sage euch: Es wird diese Stadt und der Tempel in längstens fünfzig Jahren derart zerstört werden, daß man nicht wissen wird, wo der Tempel gestanden ist. Das wird geschehen durch die äußere Macht der Römer und wird eine mächtige Zuchtheimsuchung Gottes sein!

Und vom ferneren Schicksal des Judenvolks weissagt der *Herr* u. a. :

„Dieses jetzt so große und hochmütige Volk wird in alle Welt zerstreut werden und wird kein Land und keinen König aus seinem Stamme mehr besitzen bis an das Ende der Zeiten ..." [1]

Von Palästina aber und dem Land bis an den Euphrat hinab sagt der *Herr* zu einem alten israelitischen Herbergswirt, dieses Land werde bald (nach Jesu Erdentagen) zu einer Wüste werden, in der nur ärmliche Hirtenvölker ihr Dasein fristen. Es werde aber einst wieder grünen und den Menschen, die eines guten Willens sind, eine gesegnete Wohnstätte abgeben.

Auf die Frage, wann diese Neubelebung stattfinden werde, erwidert der *Herr:* Wenn die Menschen sich wieder von ihren Weltkönigen lostrennen und sich wieder, wie zu den Zeiten Mosis und der Richter unter Gottes Herrschaft begeben. Jahr und Tag hängen also vom Wandel der Menschen ab. Aber bestimmt sei zu

[1] Gr. Ev., Bd. 10, Kap. 234, 4.

sagen, daß bis dahin nicht viel über zweitausend Erdjahre (seit Jesu Erdenzeit) vergehen werden.

Europa und Asien

„Doch in dem jetzt wenig bewohnten Erdteil, den ihr Europa nennt“, so fährt der *Herr* fort, „wird der glückliche Zustand eher erfolgen. Denn in dem alten Weltteil (Asien) gibt es noch eine große Menge — wohlverstanden — sehr harter Steine, die sich nicht so bald und so leicht in ein fruchtbares Land werden umgestalten lassen. Die harten Steine aber entsprechen den ebenso harten Herzen der Menschen, die auch schwer zu fruchtbaren Äckern zur Aufnahme Meines Wortes umgewandelt werden können.

Ich sage dir: Eher, als ein Zehntel der Menschen dieses großen Erdteils sich im Vollsegen Meiner Lehre befindet, wird der schlechteste Teil von Europa in Meiner Lehre gesegneter sein als in diesem alten Erdteil der kleinste und beste. Denn da wird es noch viel Feuer benötigen, bis die übervielen Menschen dieses Erdteils sich wirksam in den Strahlen Meiner Lebenssonne befinden und zum ewigen Leben erwärmen werden.“

Sagt der *Wirt:* „O Herr, da sieht es für uns noch sehr traurig aus! Darum hat der große Prophet über die Zeit der Wiederkehr des glücklichen Zustandes gleichwohl nichts Bestimmtes angeben können?“

Sagt der *Herr:* „Ja, Mein lieber Freund, siehe, dort im sehr fernen Osten geht die Sonne viel früher auf als in dem weit entlegenen Westen. Aber darum wird gerade dort auch um vieles früher Nacht, und diese bleibt dann so lange, bis die Sonne wieder aufgeht. Es ist dies ein für dich begreifliches naturmäßiges Bild, hinter dem aber auch das geistige steckt. In Mir ist die geistige Sonne für euch zuerst und am frühesten aufgegangen; aber dafür wird sie auch für euch am frühesten untergehen. Wenn sie aber wieder aufgehen wird, so wird sie zu euch nicht etwa vom Westen her aufgehen, sondern abermals von einem von hier aus sehr weit gelegenen Osten; denn bei Mir geschieht alles in einer gewissen Ordnung, und wider diese Ordnung geschieht nichts, weder materiell noch geistig.“ (Gr. Ev., Bd. 10, Kap. 158, 9 ff.)

84

Das Tausendjährige Reich und das letzte Feuergericht

Die „Wiederkunft des Herrn“ dürfen wir uns nach dem im vorstehenden Kapitel Gesagten also nicht als ein einmaliges, an einem bestimmten Tage sich ereignendes Geschehen vorstellen; vielmehr ist es ein geistiger Erleuchtungs- und Entwicklungsvorgang, der, wie alles Werden in der Schöpfung Gottes, seine der Größe und Bedeutung des Vorgangs entsprechende geraume Zeit in Anspruch nimmt.

Wir wissen ja, keine Menschenseele wird von einem Tage auf den andern reif, um Gott, den himmlischen Vater, in seiner heiligen Jesugestalt erkennen und aufnehmen zu können. Es braucht da in jedem Falle einer ernsten und meist überaus langwierigen Herzensbildung in der Schule der Erfahrung, zu der ein einziges Leben auf stofflicher Ebene meist gar nicht reicht und von deren Umfang wir uns im Zustand unserer Unreife überhaupt keine Vorstellung machen können. Um wie viel schwieriger und langwieriger wird es sein, ein Volk oder einen größeren Teil der Menschheit seelisch zur vollen Verbindung mit den Himmeln zu reifen!

Die neue Zeit

Wir hörten, daß schon 700 Jahre vor der eigentlichen Wendezeit die Erwekkung und Bearbeitung der Menschheit durch Seher und Gottesboten aller Art einsetzte. Es kamen Reformatoren wie Luther, Zwingli, der große nordische Seher Swedenborg, der Mystiker Böhme und der große deutsche Gottesbote Jakob Lorber. — Dann kam mit dem Beginn des Weltkriegs (1914) bis zum heutigen Tage die große Trübsalzeit. Und nun ersehen wir jetzt erst in der neuesten Zeit die ersten Anzeichen der geistigen Wende im Umschwung der Wissenschaften von der stofflichen zur geistigen Welterklärung, sowie im Verlangen der Menschheit nach einer von mittelalterlichen Dogmen befreiten Religion und im Wunsche nach einem neuen Geist der Verständigung unter den Völkern. Eine neue Zeit ist offenbar im Anbruch, für welche im tiefsten Grunde schon vor zwei Jahrtausenden vom Herrn selbst die Fundamente gelegt worden sind.

„Es hat schon mit Meiner Geburt", spricht der *Herr,* „das Gericht der Heiden (d. h. die Aufklärung der Ungläubigen) allerorten begonnen und dauert nun in stets höherem Maße fort und wird noch bis zum Vollicht unter den Menschen auf dieser Erde fortdauern nahe an zweitausend Jahre.

Wie ihr aber nun in der Morgengegend allerlei Wolken sich am Horizont hinlagern seht, als wollten sie sich dem Aufgang der Sonne hinderlich entgegenstellen, ebenso wird sich gegen den einst kommenden großen Aufgang der geistigen und ewigen Wahrheitssonne auch eine große Masse von allerlei Hinderungswolken auftürmen und unter den Menschen vielen Schaden anrichten. Aber das wird den endlich großen Aufgang der Wahrheitssonne doch nicht verhindern können.[1]

Ihr habt vordem noch viele Sterne am Himmel leuchten sehen, und am Untergange sahet ihr auch Sterne, die in der tiefen Nacht geleuchtet haben. Seht, die gingen als gute Boten den noch sichtbaren Morgenboten voran und wirkten in der Nacht; und das ist nun euer Beruf!

Wenn aber am geistigen Morgenhorizont aufgehen werden die noch helleren Morgenboten, so wird das ein Zeichen sein, daß ihnen bald die große und allgemeine Lebens- und Wahrheitssonne folgen wird. Ihr hellstes Licht wird ein unerbittliches Gericht sein aller Lüge und allem Trug, und die Lüge wird samt ihren Jüngern und samt ihrem großen Weltpomp hinabgeschleudert werden in den Abgrund der Verachtung, des gerechten Zornes und der Vergessenheit. Denn dann werden die erleuchteten Menschen nicht mehr gedenken des Truges und des lange gedauert habenden Gerichtes.

[1] In diesen „Hinderungswolken" aller Art äußert sich der „Antichrist", d. h. der Gegenchrist oder Gegenpol Gottes: Luzifer, der gefallene Urgeist. Sein Geist der Versuchung und Verderbnis zeigt sich in der End- und Wendezeit in allerlei verfinsternden, zerrüttenden und zerstörenden Bestrebungen verblendeter Menschen und Menschengruppen.

Wie ihr aber nun schon gut merken könnt, daß das ehedem so drohend schwarze Gewölk anfängt, golden leuchtende Säume zu bekommen, so werdet ihr in jener Zeit auch merken, wie die *Menschen,* die vor kurzem noch ganz finster und wahre Feinde des Lichtes der Wahrheit waren, von allen Seiten von den Lichtstrahlen der Wahrheit stets mehr und heller erleuchtet und dann auch selbst leuchtend zu Feinden der alten Lüge werden. Und solches Erleuchten vor dem vollen Aufgang der Wahrheitssonne aus den Himmeln wird sein Mein Menschensohnszeichen allen Wahrhaftigen auf der Erde und das beginnende große Gericht über die Hure des neuen Babel.

Da werden die Liebhaber der Wahrheit aufzujubeln anfangen und werden Mich loben, daß Ich ihnen schon zum voraus gesendet habe Meines Aufgangs Zeichen am Himmel des inneren Geistestages. Aber die Feinde der Wahrheit werden heulen und mit den Zähnen knirschen und werden sich, soviel noch irgend möglich, in finstere Winkel zu verbergen suchen mit ihren stets weniger werdenden Getreuen, was ihnen aber nichts nützen wird. Denn so dann die volle Wahrheitssonne aufgegangen sein wird, so wird ihr Licht alle noch so finsteren Löcher, Winkel und Höhlen durchleuchten, und die Feinde des Lichtes werden auf der ganzen neuen Erde keine Zufluchtsstätte mehr finden.

Ich selbst aber werde als die ewige Wahrheit in jener Sonne sein und durch ihr Licht bei den Menschen als Herrscher und Leiter ihres Lebens und ihrer zeitlichen, geistigen und ewigen Geschicke.“ (Gr. Ev., Bd. 8, Kap. 46, 3—9)

Eine neue Erde bildet sich

Im Bilde eines Sonnenaufgangs schildert der Herr dann weiter die in unserer Zeit anhebenden geistigen Entwicklungen.

Der *Herr:* „Aber nun seht, wie die Sonne bereits alles mit ihrem Licht zu durchdringen anfängt! Ihr sehet die finsteren Horden nach allen Seiten hin fliehen, nur dahin nicht, von woher die Sonne kommt. Vor ihrem Lichte schwindet nun alles und sinkt in das Reich der Vergessenheit. Nun aber sehet noch einmal hin, wie aus den lichten Wölklein sich eine neue Erde bildet! Was wohl stellen diese Wölklein dar? Es sind das *Vereine* von lauter solchen Menschen, die von der göttlichen Wahrheit durchleuchtet sind. Und seht, nun rücken diese Vereine enger und enger zusammen und bilden so einen großen Verein, und das ist eben die neue Erde, über der sich ein neuer Himmel ausbreitet voll Licht und Klarheit!

Ihr müsset aber dabei nicht der Meinung sein, als würde dann diese *natürliche* Erde vergehen und in eine neue umgewandelt werden, sondern nur die Menschen werden durch die Vollaufnahme der göttlichen Wahrheit in ihre Herzen als wahre Brüder und Schwestern in Meinem Namen unter sich eine neue *geistige* Erde schaffen.“ (Gr. Ev., Bd. 8, Kap. 48, 1—3)

Eine tausendjährige Übergangszeit

Der *Herr:* „Auf dieser ‚neuen Erde‘, (d. h. bei dem geistig erleuchteten Teil der Erdenmenschheit) werde Ich selbst dann sein und herrschen unter den Meinen, und sie werden mit Mir Umgang pflegen und Mich nimmerdar aus ihren (geistigen) Augen verlieren.

Aber betrachtet nun auch nebenbei die alte Erde! Seht, wie aus der neuen Erde in stets dichteren Strömen Lichter hinab auf die alte Erde schweben und diese so entzünden, daß sie wie in vollen Flammen zu stehen scheint. Da sehet ihr gar viele Tote wie aus den Gräbern hervor ans Licht gehen, und wie sie auch bald bekleidet werden mit dem Gewande der Wahrheit und dann auch aufwärtsschweben in das Reich der neuen Erde.

Aber zugleich merkt ihr, wie noch ein großer, finsterer Teil sich auch bestrebt, das Gewand des Lichtes über sein schwarzes anzuziehen und damit aus Eigennutz zu schaffen! Aber Ich lasse Meinen Zorn über sie hereinbrechen, das ist das Feuer Meiner Wahrheit. Und Meine Engel der neuen Erde fallen wie mit flammenden Schwertern über sie her und schlagen jede weitere finstere Bestrebung in die Flucht und in den Abgrund der gänzlichen Vernichtung. Dies ist dann als allerletzte und größte Gericht um tausend Jahre später.

Diese Zeit [1] wird genannt werden Mein Tausendjähriges Reich auf Erden, das durch dies allerletzte Gericht auf eine ganz kurze Zeit noch einmal eine kriegerische Unterbrechung haben wird. Aber der Sieg wird ein baldiger und für alle künftigen Zeiten ein gänzlicher sein. Von da an wird aus den Himmeln und der Erde *ein* Hirt und *eine* Herde werden. Der Hirt werde wie allzeit Ich sein, und die Herde werden die Menschen auf Erden im vollen Verein mit den Seligen in Meinen Himmeln darstellen. Denn diese Letztgenannten werden wieder so, wie es in den Urzeiten der Menschen auf dieser Erde war, sichtbar mit den Menschen auf der Erde verkehren.

Bevor aber das geschehen wird, muß auch die *natürliche Erde* ganz mächtige Umgestaltungen erleiden. Große Länder und Reiche, die jetzt noch das tiefe Meer bedeckt, werden zum fruchtbarsten Boden emporgehoben werden, und viele jetzt noch sehr hohe Berge werden erniedrigt und mit ihren zerbröckelten Spitzen tiefe Gräben und Täler ausfüllen und ein fruchtbares Land bilden.“ (Gr. Ev., Bd. 8, Kap. 48, 4—8)

Das Tausendjährige Reich

Das im Vorstehenden erwähnte Tausendjährige Reich ist also wohl zu unterscheiden von dem eigentlichen Vollendungsreich oder „ewigen Friedensreich“, das erst *nach* der tausendjährigen Frist und dem „allerletzten Feuergericht“ auf Erden Platz greifen wird.

Im Zeitalter des Tausendjährigen Reichs, vor dessen Schwelle wir nunmehr stehen, ist *Satan*, d. h. die Macht der Finsternis und des Bösen, auch nach Maßgabe der Heiligen Schrift nicht völlig vernichtet und aus der Welt geschafft, sondern nur gebunden, in den „Abgrund“ geworfen, „verschlossen und versiegelt“ — „damit er die Völker nicht mehr verführe, bis die tausend Jahre zu Ende wären“ (Offbg. Joh., Kap. 20, 2 ff.)

Die Gewalten der Finsternis und des Bösen in sichtbarer und unsichtbarer Gestalt haben also in dieser tausendjährigen Frist eine geringere Macht, die Menschen mit ihrem Willenshauch zu verführen und mit ihren Machenschaften zu nötigen. Und wenn man in dem Binden, Verschließen und Versiegeln eine Entsprechung erblicken darf, so ist anzunehmen, daß diese Eindämmung der satani-

[1] Vom Anfang der „neuen Erde“ bis zum „allerletzten Gericht“.

schen Mächte in der genannten Zeit eine immer kräftigere und vollkommenere werden wird.

In den *Menschenseelen* selbst aber, deren Lebensfunken ja aus der Materie, d. h. der gefallenen Satansseele stammen, [1] kann nach dem Grundgesetz der Willensfreiheit das Finstere und Böse nicht ebenfalls durch Gottes Allmacht gebunden werden. Es werden auch im Tausendjährigen Reiche diese Seelenelemente immer wieder mit ihrer alten luziferischen Beschaffenheit aus dem „Acker der Materie" aufsteigen und sich zu Menschenseelen bilden. Und so wird auch in diesen Seelen das Satanische, d. h. die finstere Selbstsucht und Selbstherrlichkeit nicht so bald und vollkommen verschwinden. Daher wird es in der tausendjährigen Zeit vielfach geschehen — was der Herr an der obangeführten Stelle ausspricht —, daß „ein noch großer finsterer Teil (der Menschheit) sich bestrebt, das Gewand des Lichtes über sein schwarzes anzuziehen und aus Eigennutz und Herrschsucht abermals ein neues antichristliches Heidentum zu schaffen".

Auch im Tausendjährigen Reiche wird es also an Gegensätzen und Kämpfen nicht fehlen. Jedoch ist es eine Zeit, in welcher der „Geist (der Gottes- und Nächstenliebe) bei den Menschen das große *Übergewicht* bekommt" (Gr. Ev., Bd. 8, Kap. 182, 5) — Die von den Engeln Gottes, „aus den Gräbern ihrer Nacht" erweckten Menschen werden sich in großen Verbänden zusammenschließen (Gr. Ev., Bd. 8, Kap. 48, 2). — Und diesen vielen Millionen Geweckten wird niemand mehr einen Widerstand zu leisten vermögen. (Gr. Ev., Bd. 1, Kap. 72, 3)

Die „Geweckten" werden also durch ihren einmütigen Zusammenschluß im Kampf gegen den alten Weltgeist zügelloser Selbstsucht mit göttlicher Hilfe den Sieg davontragen. So wird von da an die Erde zum Paradiese werden. „Und Ich", spricht der Herr, „werde Meine Kinder rechten Weges leiten immerdar." (Gr. Ev., Bd. 1, Kap. 72, 4)

Diesen Charakter des Tausendjährigen Reiches als einer anfänglich noch recht stürmischen Kampf- und Übergangszeit betont der Herr auch an anderer Stelle des ‚Großen Evangeliums'. Im Anblick der dem baldigen Untergang verfallenen Stadt Jerusalem belehrt Er die Jünger über den Entwicklungsgedanken in der Natur wie in der Menschheitsgeschichte:

„Seht, wie mit der naturmäßigen Bildung der Erde, so geht es auch mit der Bildung des Menschen vorwärts: Jetzt ist in den Gemütern der Menschen noch alles voll der größten Stürme und Ausbrüche des wildesten Feuers. Die Leidenschaften machen sich Luft und verheeren alles in und über sich. Aber lassen wir das — denn es wird schon eine Zeit kommen, in der sich alle solche Leidenschaften in ein ruhiges und fruchtbares Erdreich umgestalten werden. Dann erst wird es völlig helle und wonnig unter den Menschen werden. Doch wird es aber der wahrhaft guten und reinen Menschen stets eine *geringere* Anzahl geben als derjenigen, die sich noch immer von ihren Weltleidenschaften mehr oder weniger werden beherrschen lassen. Solch eine bessere Zeit wird tausend und noch etliche Jahre währen. Sie wird der gegenwärtigen Gestalt dieser Erde gleichen, die nun, von nur wenigen Stürmen heimgesucht, in einer gewissen Ruhe und Ordnung voll üppiger und fruchtreicher Fluren ist, aber daneben dennoch bei weitem mehr unfruchtbare und sehr stürmische Wüsten zählt als ruhige und fruchtbare Lande." (Gr. Ev., Bd. 6, Kap. 207, 5 ff.)

[1] Siehe Grundfragen des Lebens, Bd. 1, Kap. 24 ff.

Das letzte Feuergericht

„Aber nach solcher über tausendjährigen Zeit", so fährt der Herr an genannter Stelle fort, „wird die Erde abermals eine große Feuerprobe zu bestehen bekommen. In solcher Zeit werden die Berge dieser Erde auch zu einem ebenen und fruchtbaren Lande werden. Und das Meer wird das tote Land, das noch in seinen Tiefen begraben liegt, vielfach hergeben müssen, und die besseren Menschen werden es in Besitz nehmen und es bald in ein Eden umgestalten. Da wird dann für immer bis zur völligen Auflösung der ganzen Erde der wahre Friede herrschen und der Tod sein Recht nimmerdar haben." (Gr. Ev., Bd. 6, Kap. 207, 7)

Mit dieser Voraussage einer letzten und größten Feuerprobe der Erde berührt der Herr jenen stürmischen Abschluß des Tausendjährigen Reiches und den Übergang in das *ewige* Friedensreich, den auch der Apostel und Seher Johannes schildert mit der Bekundung:

„Wenn dann die tausend Jahre zu Ende sind, wird der Satan aus seinem Gefängnis losgelassen und sich aufmachen, die Völker an den vier Enden der Erde zu verführen, den Gog und Magog, um sie zum Kampf zu sammeln; deren Zahl ist wie der Sand am Meer. Sie zogen dann auf die Hochebene der Erde hinauf und umzingelten das Heerlager der Heiligen und die geliebte Stadt. Da fiel *Feuer* vom Himmel herab und verzehrte sie. Und ihr Verführer, der Teufel, wurde in den Feuer- und Schwefelsee geworfen." (Offbg. Joh. 20, 7—10)

In der Neuoffenbarung durch Jakob Lorber wird diese allerletzte Freiheitsprobe der Finsternismächte auf Erden ihrer großen Bedeutung wegen mehrfach erwähnt, gleichsam als höchste Spitze des dramatischen Ringens zwischen Gott und Satan. So heißt es an jener Stelle, da der Herr vom stürmischen Siege der Millionen Geweckter und den so geschaffenen paradiesischen Zuständen der Erde spricht:

„Aber von da an nach einem Verlauf von tausend Jahren wird der Fürst der Nacht noch einmal auf eine nur sehr kurze Zeit von sieben Jahren und etlichen Monden und Tagen der Zeit nach frei seiner selbst willen, entweder zum gänzlichen Falle oder zur möglichen Wiederkehr ... [1]

Ursache des letzten Feuergerichts

Den geistigen Grund der Loslassung Satans am Ende des Tausendjährigen Reiches enthüllt der *Herr* in oberwähnten Worten: „seiner selbst willen, entweder zum gänzlichen Fall oder zur möglichen Wiederkehr".

Es handelt sich also nach tausendjähriger Bindung, die der Macht der Finsternis ihre Ohnmacht zeigte, um eine nochmalige letzte *Freiheitsprobe.* Es wird sich dabei immer noch eine Grundsippe der allerschlimmsten Geister der Hölle zeigen. Diese werden, wie es Johannes in der ‚Offenbarung' ausspricht, sich an die zu jener Zeit lebenden Erdenmenschen machen und die weltlich gesinnten gegen die Gottesmenschen und ihre guten Einrichtungen aufstacheln.

Der Kampf zwischen Licht und Finsternis ist zwar kurz, aber für die Gottesmenschen, die von der großen Zahl der andern „umzingelt" werden, überaus

[1] Gr. Ev., Bd. 1, Kap. 72, 5—6; vergl. auch Bd. 8, Kap. 48, 6 ff.; Bd. 6, Kap. 150, 17.

kritisch. Aus eigener Kraft vermöchten die „Heiligen" der entfesselten Macht der Finsternis nicht standzuhalten. Wenn aber die Not am höchsten ist, hilft Gott. „Da fiel", sagt Johannes, „Feuer vom Himmel und verzehrte sie" — die Verführer und Verführten.

Die Verführer, die Rotte der allerunbeugsamsten Dämonen und Teufel — vom Apostel und Seher Johannes kurz ‚Satan' genannt — werden in den „Feuer- und Schwefelsee" geworfen und dort „Tag und Nacht in alle Ewigkeit gepeinigt werden" (Offbg. 20, 10) — ein selbstgewähltes Geschick, das natürlich nicht im wörtlichen Sinne des bildhaften Ausdrucks, sondern in einem geistigen, bedeutend tieferen Sinn aufzufassen ist. [1]

Die durch ihre eigene böse Seelenbeschaffenheit und durch die Höllenmächte verführten und verhärteten Erdenmenschen aber werden einem allerletzten und gewaltigsten naturmäßigen Läuterungs- und Gerichtsfeuer [2] unterworfen.

Vom naturmäßigen Feuer wissen wir ja, daß es mit seiner auflösenden und zerstörenden Kraft in allerlei Formen den Menschen vielfach zum Gerichte wird. Auch für die das Tausendjährige Reich *einleitende* große Trübsals- und Wendezeit ist diese Rolle des naturmäßigen Feuers verheißen, zum Teil im Gebrauch der Feuerwaffen, zum Teil in der auf Feuer aufgebauten Industrie mit ihren „brennbaren Ätherarten". (Gr. Ev., Bd. 8, Kap. 185, 7 ff.; Kap. 186, 4 ff.)

Diese naturmäßige Feuerplage wird aber auch am *Ende* des Tausendjährigen Reiches im großen Endkampf zwischen Himmel und Hölle als ein „allerletztes und größtes Gericht" (Gr. Ev., Bd. 8, Kap. 48, 7) noch ihre gewaltigste Aufgabe haben. Und wie alle Gerichte Gottes, werden sich die derzeitigen Weltmenschen diese vernichtende Katastrophe durch ihr eigenes Tun *selber* bereiten in einer Weise, die der *Herr* den Jüngern wie folgt beschreibt:

„Zu Ende dieser Weltmenschenzeit (d. h. wenn nach der letzten Freiheitsprobe Satans der Weltgeist endgültig verschwinden soll) — nicht etwa auch dieser Erde — wird es so gehen: Die Menschen werden in selbiger Zeit zwar keine Berge bis zu ihren tiefsten Grundlagen abgraben, wie es die Gold und Edelsteine suchenden Hanochiten getan haben. Aber sie werden durch allerlei Maschinen, durch Feuerkraft (Atom?) getrieben, anfangen, mittels unglaublich tiefer Schächte ins Innere der Erde zu dringen, wodurch die höchst brennbaren Gase in großen Massen auf die Oberfläche der Erde dringen werden. Und wird einmal die atmosphärische Luft mit solchen Gasen zu sehr gesättigt sein, so werden sich diese beinahe um die ganze Erde entzünden und alles zu Asche verbrennen. Nur wenige Menschen werden dabei am Leben bleiben. Doch diese werden dann wahrhaft eine ganz erneute Erde bewohnen, und ihr und viele, die nach euch in Meinem Namen kommen und erweckt werden, werden ihre Lehrer und Führer sein.

Von da an erst wird Mein Reich auf dieser Erde völlig ausgebreitet sein. Und die Menschen der Sonne werden mit Meinen Kindern dieser erneuten Erde in vollste und gleichberechtigte Gemeinschaft treten und in der Liebe Meiner vollwahren Kinder großwachsen." (Gr. Ev., Bd. 6, Kap. 207, 12—13)

[1] Siehe darüber Grundfragen des Lebens, Bd. 3, Kap. 86. —

[2] Nach anderer Auffassung handelt es sich bei diesem allerletzten Gericht nicht um ein naturmäßiges, sondern um ein geistiges Feuer, und demnach wäre auch die Entrückung nur als eine geistige zu denken.

Entrückung

Für die Endzeit erweckte allerlei Hoffnungen und Erwartungen auch die Vorhersage des *Paulus:*

„Alsdann (bei der Wiederkunft des Herrn) werden wir, die wir noch am Leben sind, zusammen mit jenen (den auferstandenen Toten) auf Wolken dem Herrn entgegen in die Luft *entrückt* werden und dann allezeit beim Herrn sein." (1. Thess. 4, 17)

Wie Paulus selbst dieses seherisch geschaute Ereignis in zeitlichem Irrtum auf seine eigene Erdenlebenszeit vorverlegt, so ergehen sich auch heute noch viele des irdischen Treibens müde Menschen in sehnlichen Gedanken an eine baldige „Entrückung" aus der Nacht und Not der Welt in die lichten himmlischen Sphären und in die unmittelbare Nähe des Herrn. Aber wie der Apostel selbst, so sind bisher alle diese Weltflüchtlinge noch immer in ihrer Erwartung enttäuscht worden.

Warum sollten wir denn jetzt, in der heutigen Zeit entrückt werden in der Weise, wie Paulus es schildert? Ist es doch eine unermeßliche Gnade für uns, daß wir auf dieser Erde, auf welcher der Herr selbst gelebt, gelehrt und gelitten hat, die Hochschule der Gotteskindschaft durchlaufen dürfen. Warum sollte uns Gott gerade jetzt in dieser hochbedeutenden Zeit durch Entrückung den Versuchungen und Nöten entheben, die ja in dieser Schule so unumgänglich notwendig sind, um uns auf dem Wege der Erfahrung zu läutern, uns in Demut und Liebe vollkommen zu machen? Selbst in einer größten Gerichts- und Trübsalszeit wie heute müssen wir froh und dankbar sein für die weise Führung und Herzensbildung, die uns der himmlische Vater unter solchen Umständen angedeihen läßt.

Eine *leibliche* Entrückung in die Luft, äußerlich dem Herrn entgegen, dürfen wir auch in der gegenwärtigen stürmischen Wendezeit nicht erwarten. Dagegen steht uns ja allezeit eine volle *geistige* Entrückung offen, indem wir uns aus den Verstrickungen der Welt durch ein Leben gläubiger Gottes- und Nächstenliebe in die Ordnung Gottes und in das Heiligtum unseres Geistes, unseres Innersten flüchten, wo wir allezeit *Jesus* und in Ihm den Vater selbst antreffen. In dieser wahren geistigen Entrückung werden wir sicherer geborgen sein, als wenn wir unreifen Herzens „auf Wolken dem Herrn entgegen in die Lüfte gehoben" würden.

Eine äußerliche Entrückung in dem von Paulus geschauten Sinn hat nur dann einen vernünftigen Sinn, wenn eine große, allgemeine Erdkatastrophe eine *andere* Rettung der gutgesinnten Menschen nicht tunlich erscheinen läßt. So meldet ja auch die Heilige Schrift und die Überlieferung vieler Erdvölker, daß bei der großen vorderasiatischen Katastrophe der *Sündflut* die einzige gutgesinnte Menschenfamilie in einem schwimmenden Kasten den alles vernichtenden Wasserfluten gleichsam „entrückt" worden ist.

Und so wird es auch bei dem dereinstigen allerletzten und gewaltigsten Feuergericht der Fall sein. Wenn dieses Feuer am *Ende* des Tausendjährigen Reiches und der *letzten* (etwa siebenjährigen) Freiheitsprobe Satans seinen höchsten Grad erreichen und sich schließlich „beinahe um die ganze Erde entzünden und alles zu Asche brennen wird", dann wird der gutgeartete Teil der Erdenmenschheit wohl nicht anders als durch eine Entrückung vom Boden der Erde vor einem gewaltsamen leiblichen Tode errettet werden können.

Dies wird im ‚Großen Evangelium‘ vom Herrn in einer kurzen, die ganze Menschheitsentwicklung streifenden Bemerkung erwähnt. Wir lesen hier:

„Wer da erweckt wird durch die Posaune, der wird nicht erweckt zum Tode, sondern zum Leben. Wer aber den Schall der Posaune nicht wird hören wollen, der wird auch nicht erweckt werden, sondern verbleiben in der Nacht seines Grabes und in der Gefangenschaft des Meeres bis zur Zeit, in der diese *ganze* Erde aufgelöst wird durchs Feuer. Denn wie zu der Zeit Noahs werden sie freien und werden sich freien lassen und werden sich gar nicht kümmern um die Stimme Meiner Erweckten. Diese (Erweckten) werde Ich aber dann gleich in einem Augenblick von dieser Erde entrücken und jene (Unbelehrbaren) mit allen ihren Lieblingen dem alles zerstörenden Feuer preisgeben, zu dessen Entstehung die derzeitigen unbußfertigen Weltmenschen selbst das allermeiste beitragen werden.“ (Gr. Ev., Bd. 10, 156, 5.)

85

Das ewige Licht- und Friedensreich

Schon im Zeitalter des Tausendjährigen Reiches wird sich, wie schon mehrfach berührt, ein ganz anderes Verhältnis zwischen dem wohlgesinnten Teil der Erdenmenschheit und der geistigen Lichtwelt anbahnen. Und nach der letzten großen Feuerprobe der Erde wird diese Verbindung eine vollkommene werden und dadurch in der Folge auch der Geist der Menschheit und dessen Auswirkung in den äußeren Lebensverhältnissen sich völlig der Ordnung Gottes gemäß gestalten.

Die Brücke zwischen Diesseits und Jenseits

Der *Herr:* „Ich will nun die Erde fegen von allem Unkraut! Alsdann aber wird eine Brücke gestellt werden zwischen hier und dort, auf daß die Bewohner der Erde leichter zu uns herüberkommen sollen als bis jetzt auf der schon sehr morsch gewordenen Leiter Meines Jakob, auf der nur Engel auf und ab steigen konnten. Diese Brücke aber soll sein sehr breit und so eben wie der Spiegel eines ruhigen Sees. Und es sollen weder am Anfang noch in der Mitte noch am Ende der Brücke Wächter aufgestellt sein, zu untersuchen die Elenden, Schwachen und Bresthaften. Sondern da soll ein jeder ein vollkommener Freizügler sein, und es soll sich jeder allezeit Rat und vollkommene Hilfe von hier als von seiner wahren Heimat holen können! Auf dieser Brücke aber werden auch wir die lange verlassene Erde wieder betreten und dort unsere Kinder selbst erziehen, lehren, leiten und regieren und so das verlorene Paradies wieder aufrichten!“ [1]

[1] Rob. Blum, Bd. 1, Kap. 86, 17—20; Gr. Ev., Bd. 8, Kap. 187, 5; Bd. 5, Kap 111, 3.

werden entsprechend dem sich verstärkenden Einfließen des himmlischen Geistes schon auf der Entwicklungsstufe des Tausendjährigen Reiches lichtere und glücklichere sein und schließlich durchweg paradiesische Formen annehmen.

Der *Herr:* „Da in jener Zeit die Menschen nicht mehr nach irdischen und vergänglichen Schätzen gieren und geizen werden, so werden auf der Erde auch hundert- oder tausendmal so viele Menschen, als nun darauf leben, gar wohl versorgt und glücklich leben können. Zugleich aber werden in jener Zeit auch alle die bösen, das Fleisch mächtig quälenden Krankheiten von der Erde verschwinden. Die Menschen werden ein heiteres und hohes Alter erreichen und viel Gutes wirken können, und niemand wird eine Furcht vor dem Tode des Leibes haben, weil er mit klaren Blicken das ewige Leben der Seele vor sich sehen wird.

Die Hauptsache im Wohltun wird in jener Zeit in der rechten Erziehung der Kinder bestehen und darin, daß der Starke mit aller Liebe das schwächere Alter nach allen Kräften unterstützen wird. Es werden auf der neuen glücklichen Erde auch Ehen geschlossen werden, aber so wie im Himmel nach Meiner Ordnung. Und es werden auch Kinder gezeugt werden in großer Anzahl, aber nicht auf dem Wege der puren Sinnenlust, sondern auf dem Wege des wahren Liebeernstes — und das bis ans Ende aller Zeiten dieser Erde.“ (Gr. Ev., Bd. 8, Kap. 48, 9—11)

Gemeinnützige Staatsleitung, Besitzordnung und Volkswirtschaft

Die Völker der Erde werden nicht mehr unter ungerechten Staatsformen von selbstsüchtigen Gewaltherrschern, sondern nach der Ordnung Gottes von erleuchteten Führern und Staatshäuptern geleitet werden, denen das Grundgesetz der Gottes- und Nächstenliebe die einzige bindende Norm für ihr Wollen und Handeln ist.

In solcher Zeit „wird kein (weltlicher) König mehr herrschen über ein Volk der Erde, sondern allein das Licht Gottes“, d. h. der Geist wahrer, uneigennütziger Gottes- und Nächstenliebe. [1]

Der *Herr:* „Und weil die so geläuterten Menschen in Meinem Lichte stehen und lebendig und wahr die Gebote der Liebe immerdar beachten werden, so wird auch der irdische *Grundbesitz* unter den Menschen so verteilt sein, daß da jedermann so viel haben wird, daß er bei rechtem Fleiß nie Not zu leiden hat. Die Vorsteher der Gemeinden sowie die Könige werden, völlig unter Meinem Willen und Lichte stehend, dafür sorgen, daß bei einem Volk nie ein Mangel eintreten soll. Und Ich selbst werde bald da und bald dort die Menschen besuchen und sie stärken und aufrichten, wo immer sie die größte Sehnsucht nach und die meiste Liebe zu Mir haben werden.“ (Gr. Ev., Bd. 8, Kap. 186, 8)

Ausdrücklich betont der *Herr* im ‚Großen Evangelium‘ auch, daß mit dem höheren, himmlischen Geiste der Menschen auch das *Eigentumsrecht* einen ganz anderen Inhalt bekommen wird. Wohl wird auch im ewigen Friedensreiche jeder Mensch seinen eigenen Lebenskreis und Güterbesitz haben, der ihm gehört und über den er nach seiner Lust und Liebe verfügen kann. Das ist ja in Wahrheit

[1] Gr. Ev., Bd. 6, Kap. 76, 8; Bd. 10, Kap. 158, 8.

ein berechtigtes Grundbedürfnis jedes lebenden Wesens, dessen gerechte Befriedigung zur Lebensentfaltung gehört. Selbst in den Himmeln ist darum auch jedem Geiste seine *eigene* Wohnwelt oder Eigensphäre von Gott gewährt. — Nur im Geiste der Ausübung und Nutzung des Eigenrechts besteht ein großer Unterschied zwischen den Verhältnissen unserer gegenwärtigen Zeit und denen des Friedensreiches. Der heutige selbstsüchtige Mensch will sein Eigentum *für sich* nützen und sieht sein Hauptrecht in der Fernhaltung der Nebenmenschen von seinen Gütern. Im dereinstigen Friedensreich dagegen werden die Menschen, wie die Engel der Himmel, vorherrschend von dem Wunsche beseelt sein, mit ihrem Besitztum ihren Mitmenschen so viel wie irgend möglich zu *dienen.* In diesem Sinne spricht der *Herr:*

„So Ich zum andern Male auf diese Erde kommen werde, ... dann soll Mir die Erde mit keinem Maßstabe mehr zu jemands alleinigem Nutzen vermessen werden. Sondern da, wo man leben wird, wird man auch ernten und seine Bedürfnisse befriedigen können. Die Menschen werden einander wohl unterstützen, aber keiner wird sagen: „Siehe, das ist mein Eigentum, und ich bin darüber ein Herr!“ Denn dann werden die Menschen einsehen, daß Ich allein der Herr bin, sie alle aber sind Brüder und Schwestern ...

Von Gott aus gehört die ganze Erde, wie das im Anfang der Fall war, allen Menschen gleich. Die Weisen sollen sie einteilen nach dem Bedarf der Menschen und sollen die Menschen lehren, dieselbe zu bebauen. Und die Früchte sollen dann von den Weisen (nach Bedürfnis) verteilt und der Überfluß in den dazu errichteten Kammern und Speichern aufbewahrt werden, auf daß niemand in der Gemeinde Not zu leiden habe.“ (Gr. Ev., Bd. 8, Kap. 182, 4 u. 7)

Die Religion des Friedensreiches

Von dem Glauben und den Heilserkenntnissen der Menschen des Friedensreiches kündet der Seher von Patmos in dem Bilde der von Gott aus den Himmeln auf die Erde herabgekommenen Heiligen Stadt Jerusalem:

„Einen Tempel sah ich nicht in ihr. Denn Gott der Herr, der Allmächtige, und das Lamm (der Vater in Jesus) ist ihr Tempel. Auch bedarf die Stadt nicht der Sonne und des Mondes (hoher und niederer Geistlichkeit) zu ihrer Erleuchtung. Denn die Herrlichkeit Gottes (Gottes Engelsheer) spendet ihr Licht, und ihre Leuchte ist das Lamm (Jesus). Die Völker der Erde werden in ihrem (der heiligen Stadt d. h. der göttlichen Heilslehre) Lichte wandeln. Und die Könige der Erde (Volksleiter) bringen ihre Herrlichkeit in sie hinein (dienen der Menschheit mit ihrer göttlichen Weisheit und Kraft). Ihre Tore werden niemals geschlossen werden; denn Nacht wird es dort niemals geben (es gibt keine dogmatische Festlegung infolge Geistesverdunkelung), und man wird die Herrlichkeiten und Kostbarkeiten der Völker in sie hineinbringen (alle wahren Künste und Wissenschaften werden mit der Lehre in Einklang stehen und sie bestätigen und bereichern). Doch niemals darf etwas Unreines in sie hineingehen. Niemand, der Götzendienst und Lüge übt, sondern nur die, welche im Lebensbuche des Lammes stehen (kein in sich unwahrer und unreiner, äußerlicher Kult wird gelten, sondern nur der ‚vor Christo allein gültig‘ lebendige Glaube, der ‚in der Liebe tätig ist‘).“ (Offbg. Joh. 21, 22—27)

Dieses Sinnbild der auf die Erde sich herniedersenkenden „Heiligen Stadt" läßt der *Herr* im ‚Großen Evangelium' auch die Jünger schauen:

Nach einem gewaltigen Gewitter verstummen plötzlich die leidenschaftlichen Elemente, das Gewölke verrinnt, die Sterne erglänzen in ihrer alten Pracht und Majestät. „Und gerade über uns", heißt es weiter „leuchtete ein großer Stern, der allen fremd war."

Da fragte *Lazarus:* „Herr, was ist das für ein Stern und was hat er zu bedeuten?"

Sagte der *Herr:* „Sei du nur ruhig; denn ihr alle werdet diesen Stern bald näher kennenlernen!"

Hierauf öffnete der Herr allen Anwesenden auf einige Augenblicke die innere Sehe, und der Stern ward zu einer Welt voll Lichtes. Und in seiner Mitte stand ein neues Jerusalem, das zwölf Tore hatte. Die Ringmauern im Viereck waren aus ebenso vielen Arten von Edelsteinen erbaut, wie die Stadt Tore hatte. Durch alle Tore gingen Engel aus und ein; auch zeigten sich Moses und Elias und viele andere Propheten.

Da staunten die Juden darob über alle Maßen.

Der *Herr* aber erklärte ihnen: „Was ihr da geschaut, das war Meine neue Lehre, die Ich euch aus den Himmeln gebe. Sie ist das wahre *Neue Jerusalem* aus den Himmeln;[1] denn das alte, irdische ist nichts nütze mehr. Die zwölf Tore bezeichnen die wahren zwölf Stämme Israels.[2] Die zwölf Edelsteinarten der hohen Ringmauern bezeichnen die alten zehn Gebote Mosis; und die obersten zwei Reihen aus Diamant und Rubin Meine zwei Gebote der Liebe zu Gott und der Liebe zum Nächsten. Die Engel, die bei den Toren aus und ein gingen, bezeichnen, wie auch die Menschen Meine Lehre als reine Liebe in ihre Herzen sollen eingehen lassen und danach handeln, so werden sie dadurch zur wahren Wiedergeburt im Geiste gelangen und in alle Wahrheit und Weisheit geleitet werden.

Das ist die Bedeutung dieser Erscheinung. Und das ist denn auch die wahre *Gnadensonne* für jeden, der Mein Wort hört und danach lebt. Und in dieser werden auch alle, die an Mich glauben und noch glauben werden, für ewig bei Mir sein und wohnen und mit Mir leiten und führen alles, was da geschaffen ist im ewigen Raum." (Gr. Ev., Bd. 6, Kap. 13, 1 ff.)

Die vom Vater des Lichts in seiner Erdengestalt als *Jesus* verkündete ewige Gottes-, Schöpfungs- und Heilslehre — in unserer Zeit neu geoffenbart durch *Jakob Lorber* und andere Rüstzeuge des Himmels — wird also auch dereinst im ewigen Friedensreiche die Religion der glückseligen Erdenmenschheit sein. Denn sie ruht auf der ewigen Grundwahrheit:

„Gott ist die Liebe, und wer in der Liebe bleibt, der bleibt in Gott und Gott in ihm."

[1] Das Wort „Salem" kommt von der altarischen Sprachwurzel sal = Heil.

[2] d. h. die geistig ausgerichtete Menschheit der Erde, ja, im weitesten Sinne, der ganzen Schöpfung.

Zum Urborn zurück

Auf diesem Weg wird dann die ganze Erdenmenschheit zu ihrem göttlichen Ursprung zurückkehren. Es wird jener wunderbare Entwicklungslauf vollendet sein, der im ‚Großen Evangelium' vom *Herrn* den Jüngern in einem lichtvollen Überblick mit unvergleichlichen Worten geschildert wird:

„Gott ist dem Geiste nach ewig und unendlich. Alles entsteht und besteht aus Ihm, alles ist in Ihm, alles ist die endlose Fülle seiner Gedanken und Ideen vom Kleinsten bis zum Größten. Er denkt sie im klarsten Lichte seines Selbstbewußtseins und will, daß sie zur Wirklichkeit werden, und sie sind dann schon das, was sie uranfänglich sein müssen. Dazu legt Er dann den Keimfunken seiner Liebe in die aus seiner Persönlichkeit hinausgestellten Gedanken und Ideen, belebt sie, daß sie wie *selbständige* Wesen bestehen und leitet sie dann durch sein stets erhöhtes Einfließen zur möglichst höchsten Stufe der unzerstörbaren Selbständigkeit.

Diese Wesen sind dann, weil die göttliche Liebe in ihnen sie leitet und erhält, für sich selbst voll schöpferischer Kraft, zeugen sich selbst fort und können sich ins Unendliche vermehren. Und jedes aus ihnen Hervorgehende ist — wie die Kinder den Eltern — dem Hervorbringenden nicht nur ähnlich, sondern gleich ihm versehen mit den Eigenschaften, die dazu dienen, daß Zeuger und Erzeugtes — durch die leicht mögliche Vermehrung der göttlichen Liebe in sich (d. h. in ihrem Herzen) — endlich aus der Materie ins Reingeistige, völlig Gottähnliche und doch individuell Selbständige übergehen können, und das für ewig.

So kehren die einmal hinausgestellten Gedanken und Ideen Gottes wieder völlig zu Gott und in Gott zurück. Aber nicht mehr als das, als was sie hinausgestellt wurden, sondern als völlig lebendige, ihrer selbst klarst bewußte, selbständige und selbsttätige Wesen, die dann ganz wie von Gott unabhängig für sich bestehen, wirken und schaffen können. Deshalb habe Ich auch zu Meinen Jüngern gesagt: „Werdet vollkommen, wie da vollkommen ist euer Vater im Himmel!" (Gr. Ev., Bd. 6, Kap. 226, 8—10)

Die Erde nicht mehr Kampfplatz, sondern Freudenhimmel

Mit der völligen Überwindung und Ausscheidung des satanischen Gegenpols in der letzten Feuerprobe der Erde wird dieser Weltkörper naturgemäß auch seine Rolle als Hochschule der Gotteskinder verlieren müssen. Denn wo keine Versuchungsmacht und Wirksamkeit widergöttlicher Gewalten mehr ist, da gibt es auch keine entsprechenden Kämpfe und Erfahrungen mehr.

Solange die Erde, als Kerkersitz Luzifers und seiner schlimmsten Dämonen und Teufel, am unmittelbarsten den Auswirkungen dieser Mächte ausgesetzt war, konnte sie — durch die daraus sich ergebenden Versuchungen und Kämpfe, also gerade durch die Macht der Finsternis und des Bösen — in höherem Grade als alle anderen Weltkörper eine Hochschule der wahren „Großkinder Gottes" sein, [1] denen einst im unermeßlichen Reiche Gottes die höchsten Aufgaben anvertraut werden. [2] Da diese Voraussetzung mit der völligen Reinigung der Erde von

[1] Gr. Ev., Bd. 6, Kap. 192, 11; Bd. 2, Kap. 205, 9; Bd. 5, Kap. 157, 2ff.
[2] Geistige Sonne, Bd. 2, Kap. 2, S. 11.

allem Unflat aber hinwegfällt, so wird in der Zeit des ewigen Friedens auf Erden dieser Planet seine alte Rolle nicht mehr spielen.

Vielleicht wird dann durch Entfesselung der Versuchungsmacht des Bösen ein anderer Weltkörper zu dieser Aufgabe berufen,[1] wie vor der Erde ein anderer Planet unseres Sonnensystems berufen war.[2] Oder es wird die Möglichkeit, ein Gotteskind zu werden, fortan bei strenger Befolgung der Heilslehre den Menschen *aller* Weltkörper verliehen.[3] Mag dies sich nach Gottes Weltplan verhalten, wie Gott es will — die Erde wird Sabbatzeit haben und fürder nicht mehr eine Stätte der Finsternis, des Bösen, der Versuchung, der Not und des Kampfes sein, sondern ein Himmel der Liebe, des Lichtes und der reinsten Wonne und Seligkeit.

Der *Seher* spricht (Offbg. Joh. 22,5 ff.): „Es wird dort keine Nacht mehr geben, und man bedarf keines Lampenlichts und keines Sonnenlichts. Denn Gott der Herr wird ihnen Licht spenden. Und sie werden als Könige in alle Ewigkeit herrschen."

86

Von Ewigkeit zu Ewigkeit

Die Erde, dieser kleine und unscheinbare Weltkörper, ein Stäubchen im All, hat also, wie die nun betrachtete Entwicklungsgeschichte zeigt, als Schule der wahren Großkinder Gottes eine einzigartige Bedeutung. Durch Jakob Lorber kennen wir aber den ganzen Schöpfungsbau in seiner unermeßlichen Größe und wissen, daß es sich nicht nur auf unserem Planeten, sondern auf *allen* zahllosen Weltkörpern um einen großen Erlösungs- und Entwicklungsvorgang handelt, in dem die in der Materie der Weltkörper verdichteten Massen der gefallenen luziferischen Geisterheere zu einem neuen Leben in der Ordnung Gottes erweckt und entfaltet werden sollen.

Nicht nur auf unserer Erde, sondern auf allen Sonnen, Planeten und Monden des Universums geht es um dieses große Schöpfungsziel. Überall werden der großen Satansseele von den reinen Engeln und Geistern Lebensfunken um Lebensfunken entzogen und als „Seelen" unter ständiger Belehrung und Bereicherung auf der Stufenleiter der Naturreiche hinangeführt und schließlich als Menschenseelen, im Wechsel stofflicher und geistiger Ebenen, zur Rückkehr in die Ordnung Gottes und damit zu einem freien und seligen Leben in Gott geleitet.

Der Grundbestand der Seele Satans, d. h. die Masse des groben *Weltstoffes* der Gestirne, wird dadurch mehr und mehr vermindert durch Auflösung in ein neues, unermeßlich reiches „Seelen- und Geisterleben" (Rob. Blum, Bd. 2, Kap. 301). Und schließlich wird von der Materie der Weltkörper nur noch eine „allerhartnäckigste Schlacke" übrigbleiben.

[1] Andeutungen: Bischof Martin, Kap. 177, 4.
[2] Siehe Grundfragen des Lebens, Bd. 1, Kap. 10.
[3] Siehe Geistige Sonne, Bd. 2, Kap. 61, S. 271.

Das Gericht Satans

In dem Lorberwerk ‚Erde und Mond' lesen wir über diesen großen *Erlösungsvorgang:*

„Es wird zwar von jedem (stofflichen) Leib die eigentliche, rein höllische Hefe für alle Zeiten unverweslich bleiben als das eigentlichste Grundangehör Satans, damit ihm ein fortwährender Körper bleibe. Aber was nur immer als ein Minutissimum (Kleinstes) seelischer Substanz an demselben klebt, wird davon genommen und der eigentlichen Seele des Menschen einverleibt werden. Und so wird nach und nach die ganze Seele des Satans auferstehen in vielen Menschen, davon ein jeder vollkommener sein wird als der ganze frühere große Geist. Und damit eine jede Seele ein vollkommenes göttliches Ebenmaß bekomme und dadurch werde eine neue Kreatur, wird einer jeden Seele ein neuer Geist aus Gott eingepflanzt. Und das ist die *neue Schöpfung,* die durch das Feuer der göttlichen Liebe ganz und gar umgestaltet wird. Die alte Schöpfung aber wird zurücksinken in ihren Staub und in ihre stets größer werdende Ohnmacht und wird verhärten und zur Unterlage der neuen werden. —

Wenn sich die Sache so verhält, da dürfte wohl mancher sagen: ‚Auf diese Weise sieht es mit der gewünschten Besserung des ersten gefallenen Geistes und seiner Helfershelfer sehr schlecht aus. Denn wenn der verworfenste Teil seiner Seele als Bodensatz aller Materie zurückbleiben wird, als ein Untergrund einer neuen Schöpfung, da wird innerhalb dieser Schlackenerde doch wohl auch der Geist gefangen bleiben; denn es verläßt ja nie ein Geist seine Seele, mag diese substantiell oder materiellgebunden sein.'

Ja wohl, sage Ich, mit der Besserung und Rückkehr dieses Geistes und seiner Helfershelfer wird es etwas trübe aussehen! Es ist wohl gerade noch ein Funke Möglichkeit vorhanden; aber dieser Funke ist so klein, daß er kaum mit einem Mikroskop wahrgenommen werden möchte. Das wird sich erst nach einer Hauptprüfung dieses Geistes zeigen, die ihm klarste Erfahrung bringen wird, daß all sein Seelisches ihm genommen wurde und sich in die Herrlichkeit Gottes begeben hat. Da wird keine Sonne mehr sein und keine Erde irgend im weiten Schöpfungsraume; denn da werden alle sichtbaren Körper ihre Gefangenen schon völlig ausgeliefert haben. Und da wird keine Materie irgend mehr zu finden sein, außer die geistige eines neuen Himmels und einer neuen Erde. Die alte Erde aber wird zusammenschrumpfen wie ein Apfel, so er faul geworden ist und in seiner Fäulnis nach und nach eindorrte. — Und das wird aber auch alles sein, was von aller Materie übrigbleiben wird, nämlich die letzte Schlacke echt satanischer, psychisch allerbösester Intelligenzpartikel, welche der Geist des Satans nicht verlassen wird samt seinen Spießgesellen." (Erde und Mond, Kap. 54 u. 55)

Der letzte und ewige Tod

„Das aber wird geschehen, daß dann dieser Geist mit seiner allerfestesten Schlackenumhüllung geworfen wird in alle Unendlichkeit, und sein Fall wird nimmer ein Ende finden. Aber in aller Tiefe der Tiefen wird er fallen in das Zornmeer und wird stets mehr Qual finden, je endlos tiefer er in das stets heftigere Zornmeer, das kein Ende hat, dringen wird. Obschon aber dieses Zornmeer ist ein Feuer alles Feuers, so wird es aber dennoch diese Behausung nimmer auflösen. Und da wird es sein, wie es geschrieben ist: ‚Alle Bosheit ist hinabgesunken in den ewigen Abgrund und wurde verschlungen auf ewig, und fürder wird nimmer eine Bosheit sein in allen Räumen der Unendlichkeit!'

Solange aber noch die Erde besteht, ist es jedem Geist möglich, den Weg der Reue, Demut und der Besserung zu ergreifen, somit auch dem ärgsten Geiste. Wenn aber die Zeit verrinnen wird, dann wird auch die Möglichkeit einer Zurückkehr auf ewige Zeiten versperrt sein.

Es wird noch lange dauern, bis die Erde alle Gefangenen ausliefern wird, denn sie ist noch ein bedeutend großer Körper. Ja es werden noch einige Millionen der Erdjahre verfließen, bis die Erde ihre letzte Feuerprobe im Feuer der Sonne machen wird. Was da noch wird aufgelöst werden können, das soll zur Freiheit gelangen. Was das Feuer der Sonne nicht wird auflösen können, was nicht flüssig wird in diesem Feuer, das wird Schlacke bleiben ewiglich als ein Gefängnis des Allerärgsten — und das wird sein der letzte und der ewige Tod." (Erde und Mond, Kap. 55, S. 156)

Die Auflösung einer Welt

„aber wird geschehen wie die Auflösung jedes anderen irdischen (stofflichen) Wesens, wobei der äußere Tod nach und nach stets mehr eintritt und ersichtlich wird. Wenn du einen Baum beobachtest, so wirst du sehen, wie er nach und nach siecht. Er wird alt, nur einige Äste zeigen noch Leben, andere sind faul und morsch geworden und fallen nach und nach vom Stamm. Mit der Zeit wird auch dieser teilweise morsch und tot. Das geht so lange fort, bis endlich der ganze Baum faul, morsch und für sich tot ist. Aber selbst als ein für sich schon vollkommen toter Baum hat er dennoch Lebensgeister in sich. Darum werdet ihr, wenn er vom Sturme umgeworfen im Walde liegt, eine Menge Moospflanzen und auch andere Kräutlein aus ihm herauswachsen sehen. Auch werden sein Inneres allerlei Würmer durchbohren, und eine ebenso große Menge Insekten nagen und zehren so lange an des gestorbenen Baumes Fleisch und Mark, als noch etwas an ihm ist, bis dann etwa nach Hunderten von Jahren vom ganzen Baume keine Spur mehr anzutreffen ist.

Ebenso, wenn auch in größerem Maße, wird es auch gehen mit einer sterbenden und endlich ganz gestorbenen Welt. Aber wo ein Baum stirbt, da wächst bald ein anderer an seiner Stelle. Und so vergeht auch eine Welt, aber eine und sogar mehrere andere treten an ihre Stelle und nehmen die übriggelassenen Lebensgeister der völlig zunichte gewordenen alten Welt zur weiteren Pflege und Ausbildung auf. Und so hat das eigentliche Erschaffen ewig kein Ende, weil auch Gott ewig nie aufhören kann, in seiner unbegrenzten Liebe und Weisheit zu denken, zu wollen und zu lieben!" (Gr. Ev., Bd. 6, Kap. 226, 13 ff.)

Die Vergeistigung der stofflichen Schöpfung

Auf diesem Wege wird schließlich durch natürliche Reifung die ganze stoffliche Schöpfung gleichsam als Erntefrucht in einen neuen, reingeistigen Vollendungszustand übergeführt. Die allerschlimmste, völlig unbelehrbare Schlacke jedoch wird neuen Schöpfungszwecken dienen müssen.

Der *Herr:* „Wenn aber einst die Erde, nach für euch undenklich vielen Jahren, alle ihre Gefangenen wird hergegeben haben, dann wird sie selbst im Lichtmeer der Sonne in eine geistige umgewandelt werden. Denn das allerunterste Hüls- und Schotenwerk, darin früher die lebendigen Geister und Seelen hausten, gleicht einem Bims, der — obschon kein eigentliches Lebenselement mehr — doch immer noch eine plump zerrissene organische Materie ist und eine allerunterste Art gerichteter Geister in sich birgt.

Was soll's mit dem Substrat (der Grundlage), wenn sich alles intelligente Leben aus ihm frei gemacht hat? Soll es als ein gewisserart ausgebrannter Bimsklumpen, aller weiteren Bestimmung bar, völlig tot im endlosen Raume umherschwimmen? Oder könnte es dennoch in den Sphären der lebenden und in vielfachster Art vollendeten Geister etwas sein? — Ja, es soll etwas sein! Denn nichts kann im endlosen Raume, der auch Mein Reich und Mein ewiges Wohnhaus ist, sich als völlig tot und bestimmungslos irgendwo bestehend vorfinden. Um aber von einer Bestimmung zu reden, muß man doch unfehlbar von einer geistigen, für ewig dauernden reden, da es eine materiell-ewige Bestimmung nimmer geben kann.

Jede Materie, als etwas räumlich und zeitlich für sich Begrenztes, kann ja nur eine zeitliche Bestimmung haben. Hat sie aber solcher in einer gewissen Periode völlig entsprochen, ist mit ihr als Werkzeug ein höherer Lebenszweck erreicht worden, und ist sie, die Materie — als ein früher für einen bestimmten Zweck gesundes und brauchbares Gefäß — morsch, löcherig und somit für einen ähnlichen weiteren Zweck völlig unbrauchbar geworden, was sollte dann aus dem Bims weiteres noch werden?

Sehet einen Eimer bei einem Brunnen an! Was wird aus ihm, der viele Jahre lang zum Wasserschöpfen gedient hat? Kann er völlig morsch und durchlöchert noch fernerhin zum Wasserschöpfen gebraucht werden? Nein! Daher wird er abgenommen und verbrannt werden und wird dadurch völlig aufgelöst in Rauch, Luft und etwas wenig Asche, die aber mit der Zeit von der Feuchtigkeit der Luft ebenfalls in eine einfache Luftart aufgelöst wird und im aufgelösten Zustand dann wieder als eine gute Unterlage des reellen geistigen Seins dienlich werden kann. Und wird schon aus ihr nicht ein und derselbe Wassereimer mehr, so kann aus ihr dennoch wieder ein höchst zartes und subtiles Hülswerk bereitet werden, das ein Träger des lebendigen Wassers aus Mir werden kann.

Was aber mit dem alten Wassereimer durch die Vernunft der Menschen geschieht, das wird dereinst auch mit der Erde wie mit allen anderen Weltkörpern, selbst mit den Urzentralsonnen geschehen. Es werden aus ihnen dann vollkommen *geistige Weltkörper* zur Tragung und Bewohnung der seligen Geister. Aber es werden solche Weltkörper dann nicht nur auswendig, sondern viel mehr inwendig bewohnt sein in allen ihren den früheren organisch-materiellen Formen entsprechend ähnlichen inneren Lebenstempeln.

Und da werden die Menschen als vollendete Geister erst die innere Beschaffenheit der sie einst tragenden Welten vollkommen kennenlernen und sich in aller Freudigkeit wundern können über ihre wundervoll komplizierte innere organische Einrichtung von den kleinsten bis zu den größten Organen.“ (Gr. Ev., Bd. 5, Kap. 111, 4 ff.)

Eine neue Schöpfungsordnung

Der *Herr:* „Die an sich lichtlosen kleinen *Planeten,* wie diese Erde, ihr Mond, die Venus, der Merkur, Mars, Jupiter und Saturn und noch mehrere gleiche Planeten, die zu dieser Sonne gehören, samt den vielen Kometen (die späterhin auch Menschenwesen tragende Planeten werden, teils durch eine jeweilige Vereinigung mit einem schon Menschen tragenden Planeten, teils in ihrer reif gewordenen planetarischen Selbstheit) — alle diese werden nach für eure Begriffe undenkbar vielen Erdenjahren in der Sonne ihre Auflösung finden; die *Sonne* aber und ihre vielen Gefährtinnen in ihrer Spezialmittelsonne.

Diese Mittelsonnen, die schon eines überaus hohen Alters fähig sind und für die eine Aeone (Dezillionen) von Erdenjahren gerade das ist, was für diese Erde ein Jahr ist, werden ihre Auflösung in den *Sonnengebiets-Zentralsonnen* finden, die natürlich in allen ihren Seinsverhältnissen — um nach der arabischen Art zu sprechen — ums millionenmal Millionenfache größer dastehen denn ihre Vordersonnen. Diese Sonnengebiets-Zentralsonnen werden wieder in den im gleichen Verhältnis größeren *Sonnenall-Zentralsonnen,* und diese endlich in der einzigen *Urzentralsonne* (unserer Hülsenglobe), deren körperliche Größe für eure Begriffe von wahrer Unermeßlichkeit ist, ihre endliche Auflösung finden.

Aber wo wird dann diese ihre endliche Auflösung finden? Im Feuer Meines Willens! Und aus dieser endlichen Auflösung werden dann alle Weltkörper, *geistig* in ihre früheren Ordnungen und Dienste zurücktreten und dann geistig ewig fortbestehen in aller ihrer Pracht und Größe und Wunderbarkeit." (Gr. Ev., Bd. 5, Kap. 112, 4—6)

Der große Lichtmensch der neuen Schöpfung

Auch die neue geistige Schöpfung wird, wie die stoffliche, die göttliche Ur- und Vollendungsform aller Formen haben: die *Menschengestalt.*

In ‚Robert Blum' darf diese Schöpfungsgestalt von etlichen hochgereiften Seligen geschaut werden. Wir hören:

Alle eilen hinzu und sehen da wieder einen endlos großen Menschen, von allersanftest und lieblichst strahlendem Licht umflossen. Nur aus der Gegend des Herzens dringt ein mächtiges Licht hervor, das aber das Auge nicht beleidigt, sondern in ihm nur ein überaus wonniges Gefühl hervorruft. Unter dem linken Fuß aber ist in einer halb liegenden, mit dem Kopfe abwärts gewandten Stellung eine ganz kleine Menschengestalt zu ersehen, die von einem höchst matten, etwas rötlichen Schimmer umgeben ist.

Einer der Seligen fragt, was dies alles vorstelle. Der *Herr* erklärt:

„Da hast du die erste und die zweite Schöpfung nebeneinander! Der große Lichtmensch stellt die neue Schöpfung dar, einen neuen Himmel und eine neue Erde. Hier befindet sich die Erde nicht mehr in der untersten und kleinsten Fußzehe, wie dies bei der ersten, materiellen Schöpfung der Fall war und noch ist, sondern im Zentrum des *Herzens* dieser neuen Schöpfung. Das mächtige Licht aus der Gegend des Herzens entstammt der neuen Erde, die ein ewiges Wohnhaus Meiner Liebe und aller Meiner Kinder bleiben wird.

Wenn du diesen übergroßen Menschen dort voll hellsten Lichtes genauer betrachtest, wirst du leicht entdecken, daß auch er aus zahllos vielen, herrlichsten *Sternen* besteht, sein Gewand sowohl als sein ganzer Leib. Dieser Sterne einer ist um unberechenbar vieles größer als der ganze materielle Schöpfungsmensch mit all seinen zahllosen Hülsengloben (in deren jeder dezillionenmal Dezillionen Sonnen und noch ums viele Millionenfache mehr Erden bahnen). Denn diese Sterne sind *Vereine*, von seligsten Geistmenschen bewohnt, von denen jeder kleinste ums Tausendfache größer und mächtiger ist als jener erste Schöpfungsmensch, dessen Bild du hier im rechten Verhältnis zu diesem zweiten Himmelsmenschen unter dessen kleinster Fußzehe gleich einem gekrümmten Würmchen ersiehst. Er ist gegen die wirkliche Größe dieses zweiten Menschen kaum das, was da ist ein irdisches Sandkorn gegen die Größe einer ganzen Hülsenglobe.

Dieser zweite Mensch aber stellt im Grunde des Grundes Mich selbst in Meiner Wirkung auf einem schon vollbestellten Acker dar.

Du siehst aber, daß auch die Form dieses zweiten Menschen notwendig eine Begrenzung haben muß, ansonst du daraus keinen Menschen erschauen könntest. Was ersiehst du aber über diese Form hinaus, die vollauf in all ihren Teilen pur Leben ist?"

Sagt der *Selige* ganz zerknirscht: „Herr und Vater! Ich sehe Licht und Licht, so weit das Auge reicht!" — Sagt der *Herr:* „Das ist alles Mein Geist, Meine Macht, Meine Liebe! Hier werden noch zahllose Myriaden solcher Großmenschen den geräumigsten Platz finden. Denn alle Meine Kinder müssen ja auch Raum haben, um ihre Schöpfungen unterbringen zu können." (‚Rob. Blum', Bd. 2, Kap. 303, 1—6)

Die Zeit der Vollendung

Wann diese große Festzeit der Vollendung des Schöpfungswerkes kommen wird, wollen wir nicht ermessen.

Der *Herr* spricht: „Natürlich dürft ihr euch diese Zeit nicht etwa so vorstellen, als würde alles das etwa schon morgen oder übermorgen vor sich gehen. So ihr für jedes Sandkörnchen, so viele deren die ganze Erde fassen könnte, ein Erdenjahr Zeit nähmet, so reichte das kaum für den Zeitraum des materiellen Erdbestandes aus. Da ist des viel längeren Bestandes der Sonne gar nicht zu gedenken und noch weniger des Bestandes einer der ersteren Zentralsonnen, der tieferen Sonnengebietszentralsonnen; und noch um außerordentlich weniger ist der für euch nie berechenbaren Dauer der Sonnen-Zentralsonnen und gar einer Urzentralsonne zu gedenken. Und das auch um so weniger, als die Sonne noch immer neue Weltkörper, die Zentralsonnen auch noch stets neue Planetarsonnen und die Urzentralsonnen auch noch stets ganze Heere von Sonnen aller Art ausgebären werden." (Gr. Ev., Bd. 5, Kap. 112, 7)

Herrlichkeit der Kinder Gottes in der neuen Schöpfung

Der *Herr:* „Trotz der für euch unermeßlichen Dauer der großen Weltkörper wird also dereinst ihre Zeit dennoch aus sein und damit abermals eine Schöpfungsperiode durchgemacht und abgeschlossen sein. Danach wird dann in einem endlos weit entlegenen Schöpfungsraumgebiet zu einer *neuen* Schöpfung fortgeschritten, an der, wie an zahllosen noch neu erfolgenden, auch *ihr* euren Tätigkeitsanteil nehmen werdet, begabt mit einer stets größeren Machtvollkommenheit — aber nur als Meine wahren *Kinder!*

Denn wer auf dem vorgezeichneten Wege die Kindschaft Gottes nicht erreicht haben wird, der wird als ein zwar vollendetes, vernünftiges und immerhin glückseliges *Geschöpf* auf seiner geistigen Erde bleiben, leben, handeln und wandeln und wird sogar andere nachbarliche Geisterwelten besuchen — ja, er wird seine ganze Hülsenglobe durchwandern können. Aber darüber hinaus wird er ewighin nicht kommen, und es wird in ihm auch das Bedürfnis nicht erbrennen zu einem lebenstätigen Verlangen nach etwas Höherem.

Aber Meine Kinder werden stets bei Mir sein und mit Mir wie aus einem Herzen denken, fühlen, wollen und handeln. Darin wird der endlos große Unterschied sein zwischen Meinen wahren Kindern und den mit Vernunft und Verstand begabten glückseligen Geschöpfen. Sehet euch daher wohl vor, daß ihr dereinst als Meine Kinder für tauglich und würdig befunden werdet!" (Gr. Ev., Bd. 5, Kap. 112, 8—10)

Die Größe der neuen geistigen Schöpfung

Unermeßlich für den Menschengeist ist auch die Größe und Ausdehnung der aus der Stoffwelt entstehenden geistigen Schöpfung.

Der *Herr:* „Siehe, wenn aus jedem Atom dieser ganzen Erde zwölftausend Seelen würden — was eine so ungeheure Anzahl abgäbe, daß sie auch der beste Rechner nimmer zu fassen imstande wäre — so käme noch kaum eine Seele auf eine Sonnenwelt im großen Schöpfungsraum, geschweige auf die noch viel zahlloseren Erdwelten, die sich nicht selten zu vielen Tausenden um eine einzige Sonnenwelt bewegen.

Nun aber denke dir erst die unendlich größere Räumlichkeit der Himmel Gottes und die ebenso endlose Anzahl ihrer Vereine, die den Welten im materiellen Raume so entsprechen, daß z. B. hunderttausendmal Hunderttausende schon von dieser beinahe kleinsten Erde bis auf diese Zeit als schon bestehend angenommen werden können. Wieviel Menschen aus dieser Erde noch hervorgehen werden, das weiß nur Gott allein, weil Er die unendlichen Zahlen wie eine Einheit klar vor sich hat. Wenn aber aus den Menschen dieser Erde so viele Vereine im großen Jenseits gebildet werden können, wie viele dann erst von allen den zahllos vielen Welten, von denen gar viele schon materiell so groß sind, daß diese Erde gegen sie kaum als ein Sandkorn zu betrachten wäre!

So wird es dir wohl ein wenig klarer werden, ob eine noch so große Anzahl von wahren Kindern Gottes einst für die gesamten ewigen und endlosen Himmel zu groß anwachsen wird. Meinst du denn, daß für den ewigen Gott eine durch deinen Menschenverstand beschränkte Anzahl genügen würde? Zähle die Geschöpfe nur dieser Erde, gedenke der überall ins Unendliche gehenden Fruchtbarkeit und Fortpflanzungsfähigkeit der Pflanzen und Tiere, und du wirst schon daraus entnehmen, daß bei Gott alles ins Unendliche geht. Und niemand kann sagen, daß da etwas Unnützes sei!" (Gr. Ev., Bd. 6, Kap. 226, 2—4 f)

Mit der Erreichung der neuen geistigen Schöpfungsstufe hat das Schaffen der Gottheit mithin kein Ende. Gott ist ewig in seinem Sein und seiner Schöpfertätigkeit. Dies wurde schon bei Beginn unserer Schöpfungsbetrachtung im ersten Bande dieses Werkes ‚Grundfragen des Lebens' (Kap. 6) ausgesprochen. Es wurde dort aus dem ‚Großen Evangelium' eine bedeutsame Aussprache des Herrn mit dem Seher Mathael erwähnt.

Mathael sagte: „Wenn ich mich mit meinen Gedanken in den tiefsten Hintergrund aller Zeit und Ewigkeit versetze, so muß ich mir denken, daß alles das Geschaffene — alle Urerzengel, alle Himmel, alle Welten — denn doch einmal einen Anfang habe nehmen müssen, ansonst die Möglichkeit ihres Daseins wenigstens für mich nicht gut denkbar wäre. Denn ich denke mir: Ein Wesen oder Ding, das zu sein nie angefangen hat, kann eigentlich auch gar nicht dasein! Oder könnte ein Ding wohl aus nichts entstehen, das Du als Schöpfer Dir selbst nie gedacht hast?

Also muß eine daseiende Sache, wie z. B. eine Urzentralsonne, doch einmal von Dir zuvor gedacht worden sein in Deiner stufenmäßigen Ordnung, bevor sie als eine konkrete Ursonne in ihrer Sphäre zu wirken begann. Sie kann wohl äonenmal Aeonen Säkula alt sein, das macht nichts; so sie unleugbar da ist, hat sie auch müssen einmal dazusein anfangen. Wann, das ist hier gleich und etwas, um das man sich weiter gar nicht zu kümmern hat!

Nun könnte man den Satz freilich auch auf Dich anwenden, und es fiele demnach Deine Ewigkeit ohne einen Anfang auch in ein allerschönstes Nichts. Allein, da sagt mir mein klarer Verstand und meine helle Vernunft wieder etwas ganz anderes: Ich kann mir, wenn ich mich in Gedanken auch in Ewigkeiten der Ewigkeiten zurückversetze, kein Ende denken. Es bleibt der unendliche Raum und mit ihm die ebenso unendliche Zeitendauer.

In diesem also notwendig ewigen, unendlichen Raum muß denn auch jene urewige Kraft gegenwärtig gewesen sein, welche die unendliche Ausdehnung des Raumes ewig gleichfort bedingt, ohne die der Raum ebensowenig wie diese Kraft ohne ihn denkbar wäre. Diese Kraft kann nur *eine* sein, wie der Raum auch nur *einer* ist. Sie muß in sich ebenso irgendein Zentrum und gewisserart einen Schwerpunkt haben wie der unendliche Raum selbst. Weil aber der Raum als solcher da ist, so muß auch in ihm sich das unendliche und somit freieste Sein, sich als sich selbst fühlend, aussprechen. Denn wie könnte er sein, so er nicht in seiner höchsten Ungebundenheit wahrnähme, daß er ist?

Was aber vom Raum gilt, das gilt auch von der in ihm enthaltenen Kraft: auch sie muß sich notwendig als solche daseiend fühlen, ansonst sie unmöglich da wäre. Kurz, das sind in sich begriffene, durch sich selbst bedungene Notwendigkeiten, daß eine ohne die andere gar nicht dasein kann! Das alles ist aber ja ursprünglich und allereigentümlichst Dein geistiges Ursein selbst und kann demnach Deinem Geiste nach nie und nimmer hinweggedacht werden. Du bist also nach meinem Verstand ebenso notwendig ewig, wie alles andere, wenigstens in seinem formhaften Bestand, notwendig nur zeitlich sein kann. Aber nun kommt erst eine ganz andere Frage!

Weil alle diese sichtbare und auch unsichtbare Schöpfung denn doch einmal vor noch so undenklich langen Zeiten einen Anfang genommen hat, was hast Du, o Herr, *vor* diesem Anfang Ewigkeiten hindurch getan? Ich merke zwar aus Deinem freundlich lächelnden Antlitz, daß ich meine Frage etwas dumm gestellt habe; aber dessen bin ich doch sicher, daß sie nicht ganz gehaltlos ist. Und Du, o Herr, wirst uns auch hierin ein kleines Lichtlein anzünden! Meine forschende Seele will nun einmal völlig im klaren sein." (Gr. Ev., Bd. 4, Kap. 253, 7—13)

Ewig fort neue Schöpfungsperioden

Der *Herr* erwidert: „Mein lieber Freund Mathael, der unübersteigbare Unterschied zwischen Gott und dem geschaffenen endlichen Menschen, selbst der allervollkommensten Art und Gattung, besteht dennoch gleichfort. Es kann nicht aufgehoben werden in alle Ewigkeit, daß Gott in seinem Urwesen durchgängig ewig und unendlich in allem ist und sein muß, während der Mensch wohl ewig stets vollkommener in seinem Geistwesen bestehen wird, aber dem unendlichen Urwesenmaß nach Gott nimmer erreichen kann.

Der Mensch kann Gott ähnlich werden in der Form, auch in der Liebe und in ihrer Kraft, aber dennoch ewig nie völlig im wesenhaften Ausmaß der endlosen Weisheit in und aus Gott. Und so könnten die langen Ewigkeiten in ihren zahllosen Ewigkeitsperioden wohl so manches fassen, das im endlosen Raume sicher Platz findet, wovon aber sogar einem Urerzengel noch nie etwas geträumt hat. Denn auch ein Urerzengel hat dafür noch eine zu beschränkte Fassungskraft. Erst wenn ein Urerzengel gleich Mir den Weg des Fleisches wird durchgemacht haben, dann wird er auch mehr zu fassen imstande sein — aber alles in der ganzen, ewig nie endenden Unendlichkeit unmöglich jemals!

Ja, ihr werdet fort und fort für euch neue Wunder kennenlernen und euch in dieselben zu finden anfangen, aber das Ende derselben dennoch nie und nimmer erreichen. Dafür könnet ihr euch den Grund leicht einleuchtend machen, so ihr euch denkt, ob es wohl möglich wäre, so lange zu zählen, bis man das Ende der Zahlen erreicht! — So Ich dem Geiste nach von aller Ewigkeit her immerwährend als ein und derselbe Gott bestehe, denke, will, handle, und wirke aus der stets gleichen Liebe und Weisheit, so könnet ihr Weiseren euch wohl von selbst denken, daß Ich, wie der Vater nun in Mir und aus Mir spricht, bis zu dieser gegenwärtigen Schöpfungsperiode sicher nicht in irgendeinem Unendlichkeitspunkt im ewigen Raume eine Art Winterschlaf gehalten habe! Möge eine Schöpfungsperiode von ihrem Urbeginn an bis zur gesamten endlichen geistigen Vollendung auch tausendmal Tausende Aeonen von Tausendjahrszyklen andauern, so ist solch eine Schöpfungsperiode dennoch nichts gegen Mein ewiges Sein, und ihre für euch unermeßliche Ausdehnung ist dem Raume nach ein Nichts im unendlichen Raum! . . ."

Sagt *Mathael:* „O Herr, Deine ewige Macht und Größe, der unendliche Raum und die ewige Zeitdauer verschlingen mich völlig! Ob ich es recht verstanden habe, was Du so gewisserart hingehaucht hast, weiß ich eigentlich nicht. Schimmerig hell ist mir wohl, daß Du solche Schöpfungsperioden nicht etwa nur dezillionen- oder äonenweise hinter Dir hast, sondern unzählige . . . Dein Anfang ist keiner, und so haben auch Deine Schöpfungen unmöglich je einen Anfang gehabt . . . Der endlose Raum hat Platz genug für alle die ewig endlos vielen

Schöpfungen und wird noch Platz haben für äonenmal Aonen viele, und so ewig fort für zahllose neue.“ (Gr. Ev., Bd. 4, Kap. 254, 18)

Die einzigartige Bedeutung der gegenwärtigen Schöpfungsperiode

Die gegenwärtige Schöpfungsperiode der stofflichen Welten hat aber unter den vorausgegangenen und noch nachfolgenden Perioden dennoch eine einzigartige Bedeutung durch ein größtes, für alle Wesen der Schöpfung in Zeit und Ewigkeit heilvollstes Ereignis:

Das Kommen des Vaters in die Materie, die Menschwerdung Gottes in Jesus!

Dieses allerheiligste Geheimnis enthüllt und beleuchtet der *Herr* am Schluß seiner tiefgründigen Aussprache mit dem Seher Mathael.

Der *Herr:* „Obwohl in der Ordnung dieser gegenwärtigen Schöpfungsperiode jede vorangegangene ihren Bestand hat und als vollendet geistig fortbesteht, so ist dennoch zwischen dieser und allen vorangegangenen Schöpfungsperioden, gleichwie zwischen dieser Erde und all den anderen zahllosen Weltkörpern des Urschöpfungsmenschen, ein gewaltigster Unterschied.

Bei all den ewig zahllos vielen Vorschöpfungen, die alle einen Urgroßweltenmenschen darstellten, bin Ich nicht auf irgendeiner Erde als ein *Mensch* ins Fleisch gehüllt worden durch die Kraft Meines Willens, sondern verkehrte mit ihren Menschengeschöpfen nur durch reinste, für jene Schöpfungen geschaffene Engelsgeister. Nur *diese* Schöpfungsperiode hat die Bestimmung, auf einem kleinen Weltenkörper, welcher gerade *diese Erde* ist, Mich für alle die vorhergehenden wie für alle in der Ewigkeit nachfolgenden Schöpfungen in Meiner urgöttlichen Wesenheit im Fleische und in engster Form vor sich zu haben und von Mir selbst belehrt zu werden.

Ich wollte für alle künftigen Zeiten und Ewigkeiten Mir wahre und wirkliche, Mir völlig ähnliche *Kinder* nicht nur wie gewöhnlich erschaffen, sondern durch Meine väterliche Liebe wahrhaft heranbilden, damit sie dann mit Mir beherrschen die ganze Unendlichkeit.

Um aber das zu erzielen, nahm Ich, der unendliche, ewige Gott für das Hauptlebenszentrum Meines göttlichen Seins Fleisch an, um Mich Meinen Kindern als schau- und fühlbarer *Vater* darzubieten und euch selbst aus Meinem eigenen Munde und Herzen zu lehren die wahre göttliche Liebe, Weisheit und Kraft, durch die ihr dann Mir gleich beherrschen werdet nicht nur alle die Wesen dieser gegenwärtigen Schöpfungsperiode, sondern auch die vorangegangenen und alle noch künftig folgenden.

Es hat demnach diese Schöpfungsperiode vor allen anderen den für euch noch lange nicht hell genug zu erkennenden Vorzug, daß sie in der ganzen Ewigkeit und Unendlichkeit die einzige ist, in der Ich selbst die menschliche Fleischnatur vollkommen angezogen und Mir im ganzen großen Schöpfungsmenschen diese Hülsenglobe, in dieser des Sirius Zentralsonnengebiet, von den 200 Millionen ihn umbahnenden Sonnen eben diese und von ihren sie umkreisenden Erdkörpern gerade diesen, auf dem wir uns nun befinden, erwählt habe, um auf ihm Mensch zu werden und aus euch Menschen Meine wahren Kinder für die ganze Unendlichkeit und Ewigkeit zu erziehen.“ (Gr. Ev., Bd. 4, Kap. 255, 1—5)

Schlußwort

Die hiermit zum Ende gelangende Gesamtdarstellung der Botschaft Jakob Lorbers dürfte jedem unvoreingenommenen Wahrheitssucher gezeigt haben, daß es sich bei dieser Neuverkündung der Lehren Jesu Christi um eine Geisteskunde von unvergleichlicher Größe und Herrlichkeit handelt.

Ausgehend vom Grundwesen Gottes, das als Machtzentrum und zeugende Urkraft der „Vater" oder die „Ewige Liebe" heißt und seine lebendigen Geistkräfte von Ewigkeit zu Ewigkeit in den unendlichen Raum sendet, dürfen wir in den „Neuoffenbarungsschriften", vom Herrn und Meister selbst belehrt, die ganze Schöpfung erkennen als einen unermeßlichen und nimmer endenden *Entwicklungsvorgang*, der, vom Schöpfer geleitet, eine ewige Selbstentfaltung seiner geistigen Urkräfte darstellt und schließlich in immer neuen Schöpfungsperioden zu immer höherer Vollendung gottebenbildlicher Wesen führt.

Zu diesen Wesen, die zur höchsten Freiheit, Vollkommenheit und Seligkeit berufen sind, gehört auch unser seelisch-geistiges Ich. Und wir dürfen in den Werken Jakob Lorbers mit überzeugender Klarheit den sicheren *Heilsweg* der Gottes- und Nächstenliebe erfahren, der uns zu jenem Vollendungsziel des ewigen, seligen Geistlebens in Gottes Ordnung weist, und der uns schließlich das himmlische Vaterhaus und in ihm unseren Gott und Schöpfer finden läßt in seiner herrlichsten und liebevollsten Offenbarungsgestalt — als *Jesus Christus*.

Diese ganze, wahrhaft allumfassende Gottes- Schöpfungs- Heils- und Jenseitslehre, die alle Tiefen und Höhen menschlicher Erkenntnis durchleuchtet und uns alles bietet, was notwendig ist zu unserem zeitlichen und ewigen Sein, befriedigt in gleicher Weise Herz *und* Verstand. Sie bietet unerschöpfliche Erkenntnismöglichkeiten dem geschulten wissenschaftlichen und philosophischen Denker und Forscher, kann aber durch die anschauliche, lebendige Darstellungsweise auch vom einfachsten kindlichen Gemüt erfaßt und aufgenommen werden. Kurz, sie bietet jedem volle Genüge — dem anspruchsvollen wie dem schlichten Gotteskinde.

Nur einem wird auch diese große Offenbarung Gottes nichts zu sagen haben: dem Hochmütigen oder Engherzigen, der wähnt, mit seinen menschlichen Findungen und Anschauungen schon die göttliche Wahrheit in unumstößlicher, keiner Vervollkommnung bedürftiger Form zu besitzen. Einem solchen Gernegroß kann nicht geholfen werden. Denn die Herrlichkeit des ewigen Wahrheitslichtes kann nur dem *Demütigen* gegeben werden, der weiß und fühlt, daß der Mensch aus sich, das heißt mit seinem seelischen Vermögen nichts versteht und vermag, wenn nicht aus den himmlischen Höhen der göttliche Geist kommt und ihm leuchtet.

Der wahrhaft Demütige, der wie der griechische Philosoph weiß, daß er nichts weiß — dieser wahre Gottesmensch wird mit einem Gefühl unsagbarer Beseligung in die Tiefe und Fülle des Lichtes schauen und mit den Aposteln auf dem Berge der Verklärung ausrufen: „Herr, hier ist gut sein! Laß uns Hütten bauen!"

Denn hier, in der neuen Salems- oder Heilslehre, ist Einheitlichkeit, Klarheit, Folgerichtigkeit und Vernunft und alles predigt: Liebe, Liebe, Liebe!

„Gott ist die Liebe, und wer in der Liebe bleibet, der bleibet in Gott und Gott in ihm." — Das ist der Kern und Leitgedanke in allem!

„Deo gratias!" — dem himmlischen Vater sei Dank! — Mit diesen Worten schloß der Seher und Bote Jakob Lorber das grundlegende Hauptwerk ‚Die Haushaltung Gottes'. Auch unseren Versuch einer Gesamtdarstellung der gewaltigen Lichtgabe Gottes wollen wir damit beenden. Dem himmlischen Vater sei Dank, daß Er sich in seinem neuen Wort der im Dunkel ringenden Menschheit unserer Zeit angenommen hat! Mögen viele sich wecken lassen vom Strahl der Gnade, auf daß schließlich für alle erfüllt werde die Bitte:

Dein Name Jesus werde geheiligt! — Dein Reich des Lichtes und der Liebe komme! — Und Dein heiliger Vaterwille, der uns Liebe gebietet, geschehe! — Amen.

Stellenverzeichnis

Die ersten Ziffern bedeuten die Bände,
die Ziffern hinter dem Komma bedeuten die Seiten.

Abels Fürbitte 2, 330.
Abendmahlsworte (aus dem Großen Evangelium) 2, 346
Abgarus Ukkama, dessen Vollendungsweg 2, 269 ff.
Abwege vom Liebesheilsweg, 2, 220 ff.
Adam und Eva 1, 144 f.
Allgegenwart und Allwissenheit Gottes 1, 30.
Altern, das, 3, 458 f.
Altes Testament, dessen Geist 2, 222.
Altes Testament über Fortleben 3, 451 f.
Amtleute und Herrscher 2, 415 f.
Amtspracht 2, 416
Angriffs- und Verteidigungskrieg 2, 437.
Anschrift 3, 602 f.
Anziehung und Abstoßung 1, 53.
Arbeiterfrage, siehe Soziale Frage
Arbeiterstand und Wissenschaft 2, 423.
Arbeitslosigkeit im Maschinenzeitalter 3, 585.
Arche Noahs, geistig genommen 2, 414.
Armut und Reichtum 2, 259.
Armut und Reichtum, warum? 2, 419 f.
Asien und die Wiederkunft 3, 602
Askese, unzweckmäßig, 2, 325 und 397.
Asketenleben, verworfen 2, 266 f.
Asteroiden 1, 60.
Astrologie in alter und neuer Zeit 1, 70 ff. und 75 f.
Atom, dessen Wunderbau 1, 84 f.
Atomlehre 1, 43.
Auferstehung, 3, 468 ff.
des Fleisches 3, 472 f.
kirchliche Lehre 3, 468 f.
Aufstieg, stufenweiser, durch die Naturreiche 1, 79 f. und 161.
Augustin, dessen Prädestinationslehre, 1, 194 und 213.
Aura (Außenlebenssphäre) des Menschen 1, 170; 2, 388.
Aura, gesunde, und geistige Sehe 3, 553 f.
Außenlebenssphäre aller Organismen 1, 71 f.
Außenlebenssphäre, gesunde, und geistige Sehe 3, 553 f.
Außenlebensstrahlung s. Aura.
Autoritätsglaube, verworfen 2, 373.

Bahai, Baha ullah und Abdul Baha 2, 223.
Bakhtigläubige in Indien 2, 223.
Bartsterne, Kometen, deren Auflösung 3, 619.
Baum der Erkenntnis, gesegnet 3, 596.
Baum des Lebens erneuert 3, 596.
Befruchtung 1, 89.
Beichte 2, 344 f.
Bekehrung 1, 203 f. und 211.
Bekleidungsweise, rechte, 2, 400.
Belehrung und Führung, zwanglose, 2, 251.
Bergbesteigung, empfohlen 2, 399 f.
Berge, Niederkunftsplätze der Seligen 3, 518 f.
Berufsleben 2, 411 ff.
Berufsleben, Hauptregel 2, 413 f.
Berufswahl und -vorbereitung 2, 411 f.
Berufswinke, für Amtleute und Herrscher 2, 415 f., 427 und 432.
für geistige Heiler 2, 414 f.
für Kaufleute 2, 414.
für Zöllner und Wirte 2, 416 f.
Besessenheit 2, 383 f.
Besessenheit durch falsche Ernährung 2, 401 f.
Besitzordnung im Friedensreich 3, 611.
Bestattungsweise 3, 466 f.
Bettler, gewerbsmäßiger, 2, 261.
Bibel, deren Engel- und Geisterlehre 1, 49.

Bibel, ihr fortschreitendes Gotteszeugnis 1, 23.
über das innere Wort 2, 313 ff.
und Neuoffenbarung 1, 23.
Bitte, rechte, 2, 328 f.
Bitte, siehe Gebet oder Fürbitte.
Blindglaube, verworfen 2, 300 f. und 373.
Blitz vom Aufgang zum Niedergang 3, 596.
Blut als Nahrung 2, 406 f.
Booth, William, Begründer der Heilsarmee, 2, 223.
Börse, gefüllte, als Glaubensgleichnis 2, 244.
Böses, dessen Ursprung und Zweck 1, 106 ff.
Böses, warum zugelassen? 1, 199.
Boten Gottes, echte und falsche, 2, 307.
Boten Gottes, große, kleine, frühe und späte 3, 594 f.
Briefwechsel Jesu mit Abgar Ukkama 2, 269 ff.
Brot und Wein als Entsprechung 2, 347 f.
Brücke zwischen Diesseits und Jenseits 3, 610.
Buch der Natur als Erkenntnisquelle 2, 306.
Buchstabe tötet, Geist macht lebendig 2, 311.
Buddha 3, 537.
Bürgerliches Recht 2, 427 ff.
Buße 2, 344.

Calvinisten im Weisheitshimmel 3, 524.
Christ und Staatsgesetze 2, 425 ff.
Christus, was dünket euch um, 1, 32 ff.; 1, 113 ff.
Conan Doyle über Geisteswissenschaft 2, 311.

Dämonen 3, 509 f.
Dämonen und Teufel 1, 105 f.
Dämonenandrang 3, 509.
Daniel über ‚Auferstehung 3, 451.
Dankgebet 2, 326 f.
Darwin und Lorber 1, 83 und 87.
Demokrit, dessen Atomlehre 1, 43.
Demut, deren Grenzen 2, 232;
deren Grund und Wesen 2, 231 f.
Grundbedingung geistigen Fortschritts 2, 230 ff.
Demut, Grundbedingung rechter Glaubenserkenntnis 2, 303.
und Liebe, Bedingungen der Gotteskindschaft 1, 191 f.
Zeichen der Wiedergeburt 2, 225.
Demutshülle des Winters und des Alters 3, 459.
Determinismus und Indeterminismus 1, 200.
Dienen, allgemeine Losung 1, 93
gegenseitiges, dessen geistiger Grund 2, 420.
höllisches und himmlisches, 2, 256 f.
Dienende und Gebietende, deren Pflichten 2, 420.
Dienet einander! 2, 255 ff.
Doppelsterne 1, 72.
Doppelziel unseres Gottes und Schöpfers 1, 32.
Dreieinheitliche Grundform aller Organismen 1, 83.
Dreifaltigkeitsdogma 1, 33 ff.
Driesch, Biologe und Vitalist 1, 44.
und die Keimlehre 1, 156 f.
und Lorber 1, 156 f.
Dual-Ehe 2, 280.
Duldsamkeit 2, 228 und 251.
Duldsamkeit gegen Lebensgewohnheiten anderer 2, 375.

Ehe, auf Erden und im Himmel 2, 277 ff.
der Himmel Gottes 2, 279.
der Vollendeten 2, 295.
des Fleisches oder der Welt 2, 279 f.
Dual- 2, 279.
himmlische, 3, 568.
im Jenseits 2, 285 f.
von Geist zu Geist 2, 278 f.
Eheberatung 2, 282 f.
Ehegericht 2, 284.
Eheliche, Ergänzung für jeden Menschen 2, 279 f.
Geduld 2, 282.
Liebe 2, 280 ff.
Ehelicher Verkehr 2, 281 f.
Ehenot 2, 286.
Eheordnung 1, 177.
Ehereife von Mann und Weib 2, 283.
Ehescheidung 2, 284.
Ei vor der Henne? 1, 88.
Eigenliebe, gerechte und ungerechte, 2, 262 ff.

Eigentumsordnung im Friedensreich
3, 611. f.
Eigentumsschutz 2, 428.
Einbalsamierung 3, 467.
Einfachheit und Mäßigkeit 2, 396 und
402 f.
Einfachheit und Mäßigkeit, Bedingung
geistiger Wahrnehmung 3, 554 f.
Eingottglaube, allgemeine Urreligion
1, 154.
Einsegnung der Jugend 2, 351.
Elektrisches Feuerlicht der Sonne
1, 65 f.
Elektronen 1, 44.
Elterliche Elemente der Menschenseele
1, 166.
Endzeit 3, 582 ff.
Endzeit, deren Läuterungsfeuer
3, 591 f.
Endziel der Seelenentwicklung
1, 214 f.
Engel, als Führer im Jenseits 3, 484 ff.
und 488 f.
Engel, deren männlich-weibliches
Wesen 1, 94.
deren Untergeister 1, 94.
deren Vollendungsweg durch die
Materie 1, 94 f.
deren Würdezeichen 3, 532.
und Geister als Schöpfungsdiener
1, 92 ff.
und Geister, deren Aufenthaltsort
3, 498.
urgeschaffene, 1, 94.
Engel- und Geisterlehre der Urvölker
und der Bibel 1, 49.
Engelsvereine 2, 352 f.; 3, 620.
Engelsvereine, deren Zahl 3, 620 f.
Engelsverkehr im Friedensreich
3, 605 und 610.
Engelswort im Menschenherz 2, 319.
Entrückung 3, 609.
Entwicklungsgedanke des göttlichen
Weltplanes 3, 577 f.
Entwicklungsgedanke in der Schöpfung
1, 39 ff.
Entwicklungsstufen der Menschheit
3, 577 ff.
Erblich Kranke 2, 382.
Erbrecht 2, 429.
Erbsünde 1, 148 f. und 167.
Erdbegräbnis 3, 467.
Erde, als Kerkersitz Luzifers
1, 58 f. und 106.
besondere Entstehungsgeschichte
1, 54.
deren Auflösung 3, 616 ff.
deren Entstehungsgeschichte 1, 139.
deren Sabbatzeit 3, 615.
deren Schwanken 1, 74.
ewiges Wohnhaus Gottes und Seiner
Kinder 3, 620.
Hochschule der Hauptkinder Gottes
1, 189.
neue, 3, 604 f.
nicht mehr Gotteskinderschule
3, 614 f.
Erdenmenschen, deren erhabene
Stellung 3, 567 f.
Erd- und Berggeister 1, 97.
Erdseelen 1, 174.
Erd- und Sternseelen 3, 543.
Erfahrungsschule 1, 203 f.
Erkenntnis und Liebe 2, 233.
Ernährung, ohne kleinliche Bedenklich-
keit 2, 404.
unmäßige, bedrückt den Geist 2, 402.
Ernährung, zweckdienliche, für
Geistesmenschen 2, 405 f.
Ernährungsbedürfnis, verschiedenes
2, 404 f.
Ernährungslehre 2, 400 ff.
Ernährungslehre, Hauptregel 2, 402.
Ernährungsprozeß 2, 400 f.
Ernährungsweise der Urväter 2, 403.
Erziehung, der Jugend zur Sittenrein-
heit 2, 296.
deren Früchte 2, 297.
geistige, der Kinder 2, 293.
schulmäßige, der Jugend 2, 294 f.
weltkluge und geistige 2, 297 f.
rechte, 2, 291 ff.
Essen, Krankheit erregendes, 2, 381.
Essen und Trinken 2, 400 ff.
Euphratländer, deren nachchristliches
Geschick 3, 601 f.
Europa und die Wiederkunft 3, 602.
Evangelien, deren Ursprung und
Bedeutung 2, 308 f.
Evangelien, unvollkommen 2, 222 f.
Evangelische Gnadenlehre 2, 341 f.
Evangelische Offenbarungslehre 1, 22.
Evangelium, der Fröhlichkeit, 2, 336 f.
und 398.
des Samenkorns 1, 14.

Evangelium, für Wohlhabende 2, 422 f.
Ewige Verdammnis 3, 470 f.
Ewigvater 1, 32.

Familienrecht 2, 429.
Farben, deren Entstehung 1, 68.
Fasten als Zuchtmittel 2, 292.
Feindesliebe 2, 247.
Feindesrache 2, 248.
Feuer, geistiges, läutert die Endzeit 3, 593.
Feuer, natürliches, läutert die Endzeit 3, 592.
Feuergericht, allerletztes, 3, 605; 607 ff.
Feuersäule Geweckter, 3, 591 und 606.
Firmung 2, 351.
Fisch, als Speise 2, 406.
Fleisch und Blut als Entsprechung 2, 348 f.
Fleischspeisen 2, 405 f.
Flur- und Waldgeister 1, 98.
Fortleben nach der Bibel 3, 451 f.
Fortpflanzung 1, 90.
Frauen in der Versammlung 2, 363.
Freidenkerglaube 2, 301.
Freiheit des Willens (siehe Willensfreiheit).
Freiheit, wahre, 1, 209.
Freiheitsprobe, letzte, Luzifers 3, 590 f. und 607 f.
Freitätigkeit und Führung 1, 197.
Friede, allgemeiner, 2, 439 f.
Friedensregion 3, 516 f.
Friedensreich, ewiges, 3, 605 und 610 ff.
  Grundbesitz und Staatsverhältnisse 3, 611.
  Religion 3, 612 f.
Friedhofseelen 3, 474 f.
Fröhliches Geben 2, 257.
Fröhlichkeit 2, 398.
Fröhlichkeit, gottgewollte, 2, 336 f.
Führerprinzip 2, 360 f.
Führung und Freitätigkeit 1, 197.
Führungsweg, dessen große Linie vorausbestimmt 1, 215.
Führungsweg, gerechter, für alle Wesen 1, 215 f.
Fürbitte, 2, 329 f.
  für Kranke und für Verstorbene 2, 330 f.
  für Verstorbene 3, 560 f.
  Furcht und Liebe 2, 234 f.

Gastwirtsgewerbe 2, 416.
Gattenwahl, rechte und falsche, 2, 281.
Gazelle, Schakal und Aar 1, 162.
Geben, rechtes, 2, 257 f.
Gebet, bei Tisch 2, 407.
  eines Erkennenden 3, 514 f.
  für Gemeindeleiter 2, 361.
  für Kranke 2, 330 f.
  für Verstorbene 2, 330; 3, 560 f.
  gemeinsames, 2, 331 f.
  Gott wohlgefälligstes, 2, 333 f.
  im Kämmerlein 2, 320 f.
  um gute Regierung 2, 432 f.
  und Arbeit 2, 411.
Gebetsdank 2, 326.
Gebetsformen, natürliche, 2, 322.
Gebetsheilung 2, 392.
Gebetsleben 2, 320 f.
Gebetsverheißung 2, 334.
Gebetsworte 2, 335.
Gebetszwiesprache 2, 322 und 332 f.
Gebirge und unterirdische Wasserbecken 1, 151.
Gebot, vornehmstes, 2, 219.
Gebot, zweites: Nächstenliebe 2, 239 ff.
Geburt und erste Lebensspeise 1, 184.
Geburtsstunde, astrologische Bedeutung 1, 75 und 1, 168.
Geburtstag, irdischer, dessen Bedeutung 1, 185.
Geburtsgeheimnisse 1, 182.
Geduld, deren Grenzen 2, 436.
Gegenpol Gottes 1, 104 ff.
Gegenpol Gottes in der Endzeit 3, 602 f.
Gegensätze, polarische, in jedem Wesen 1, 107.
Gehör, zweites und drittes, 3, 551 f.
Gehorsam gegen Gemeindeleiter 2, 361.
Gehorsam gegen Obrigkeit 2, 432.
Geist, als Lebens- und Gesundheitsquell 2, 395.
  bedingt das Fortleben 3, 454.
  des Menschen 1, 82 f.
  des Menschen, dessen Einpflanzung 1, 182.
  des Menschen, dessen Fesseln 1, 182 f.
  des Menschen, dessen Formgestalt 1, 160.
  des Menschen, ein Gott im kleinsten Maßstab 1, 160.

Geist des Menschen, niemals gerichtet 1, 160.
des Menschen und Heiliger Geist 1, 160.
dessen Stärkungskost 2, 395 f.
erlangt Übergewicht 2, 424, 3, 606.
fortbildender, veranlaßt Aufstieg 1, 80.
gestaltende Grundkraft im Menschen 1, 156.
Gottes, dessen Wesen und Wirkung 1, 30 und 160.
Gottes, durchströmt allwaltend den Äther 1, 30.
Seele und Leib 1, 83 f.
und Materie 1, 48 ff.
und Seele, Verhältnis bei Wiedergeborenen 3, 522.
wahrer Ehegatten, ursprünglich vereint 2, 279.
zeugt den Geist 1, 158.
Geistfunke im Menschen wächst 2, 225.
Geister, als Führer im Jenseits 3, 478; und 484 ff.
deren Walten in der Natur 1, 98 f.
dienstbare, 1, 87.
und Engel, deren Aufenthaltsort 3, 498 f.
Geisterbelehrung 2, 396.
Geisterentwicklungsweg bis zur Ursonne 3, 546.
Geisterlehre der Urvölker 1, 49.
Geisterreich vom Herrn besucht 3, 591 f.
Geisterstufung in den Weltkörpersystemen 1, 64.
Geistervereine, unselige, 3, 505 f.
Geistervisionen und Wiedergeburt 2, 225.
Geisterwelt, deren Örtlichkeit 3, 498 f.
Geistesehe 2, 279 f.
Geistesgrößen, blinde, deren Behandlung 2, 377.
Geistesleben, inneres, im Jenseits 3, 480 ff.
Geisteslicht und Kopfverstand 2, 303 .f
Geistesmenschen, deren Kost 2, 405 f.
Geistiges Erkenntnisvermögen 1, 16.
Geistige Schöpfung, neue 3, 619.
Geistige Urschöpfung 1, 50.
Geiz, Vater aller Sünden 2, 258.
Geldhilfe 2, 259.
Gemeindeleiter 2, 360 ff.
Gemeindeordnung 2, 360 f.
Gemeinschaftsleiter 2, 360.
Gemeinschaftspflege, 2, 352 ff.
deren Aufgaben 2, 354.
deren Formen 2, 355.
deren Nutzen 2, 353 f.
Gerechtigkeit, ausgleichende, Gottes 1, 214 f.
Gerechtigkeit, wahre, 2, 253.
Gericht, allerletztes und größtes, 3, 604 f.
Gericht Luzifers 3, 616 f.
Germanen, deren Seelenwanderungslehre 3, 536.
Geschäft der Himmel 2, 241.
Geschlechter, warum getrennt? 2, 278 f.
Geschlechtliches Leben, dessen Ordnung 2, 282.
Geschöpf und Gotteskind 1, 190; 3, 620 f.
Gesetz, staatliches und Gottesgebot 2, 427 f.
Gesetze, nicht zu viel ändern 2, 432 f.
Gesetze, staatliche sind notwendig 2, 425 ff.
Gesetzgebung, bürgerliche, 2, 427 ff.
Gesicht, zweites und drittes, 3, 551 f.
Gesundheitspflege 2, 393 ff.
Gesundheitspflege, beste, ist Tätigkeit 2, 410.
Gethsemane 1, 127.
Getränke, gesunde, 2, 406.
Gewaltanwendung 2, 436.
Geweckte siegen im Tausendjährigen Reich 3, 606.
Gewissen, inneres Offenbarungsorgan 3, 489.
Glaube, blinder, 2, 300 f.
Glaube, der Freidenker 2, 301.
kirchlicher, 2, 301.
lebendiger und toter, 2, 242 f.
vernunftvoller, in den Neusalemsschriften 2, 301.
wahrer, werktätiger, 2, 227 f.
Glauben und Liebe 2, 239.
Glaubensbegriff, wahrer, 2, 242 ff.
Glaubensgerechtigkeit 2, 221 f., 227 f. und 242 ff.
Glaubenskrieg 2, 437 f.
Glaubenslosigkeit der Endzeit 3, 584.
Glaubenspflege 2, 300 ff.
Gleichnis, vom Gutsherrn und seinen Kindern 2, 241.

Gleichnis vom lieblosen Klausner 2, 253 f.
vom löcherigen Wassereimer 3, 618.
vom Öllicht 2, 236.
vom reichen Prasser 3, 491.
vom Sonnenaufgang 2, 268 f.
vom verlorenen Sohn 1, 115; 3, 491.
von der gefüllten Börse 2, 244.
Gleisnerei 2, 398.
Gnade, deren Wesen und Bedeutung 2, 226.
oder Gnadenmittel 2, 338 ff.
und Selbstgestaltung 2, 340.
warum? 2, 339 ff.
worin besteht sie? 2, 339 f.
Gnadenerlösung — Selbsterlösung 1, 211 ff.
Gnadenlehre, kirchliche, 2, 341 f.
Gnadenmittel, äußerliche, sind zwecklos 2, 341.
Gnadensonne 1, 29; 3, 527 f.
Gnadensonne, wahre, 3, 613.
Gnadenzeit, irdische, 3, 493 f.
Goethe über Selbst- und Gnadenerlösung 1, 212.
Goldene Regel 2, 250 f.
Goldene Stadt 3, 527 ff.
Goldene Stadt, Einzug in dieselbe 3, 531.
Goldenes Zeitalter 2, 444 ff.
Gott, alleiniger, in Jesus Mensch geworden 1, 34, 36 und 113 ff.
als Abedam über sein Wesen 1, 27 f.
als Mensch wohnt in der Gnadensonne 1, 29.
als Töpfer und Erzgießer 1, 213.
als Ur-Gottmensch 1, 27; 2, 238.
als Urmensch und Urgeist 1, 93.
eine Dreieinheit, nicht Dreifaltigkeit 1, 33.
Gott, gibt es einen? 1, 11.
hilft dem Demütigen 2, 231 f.
in seinem Machtzentrum ein Mensch 1, 29.
schafft ebenbildliche Wesen 1, 93.
schau- und nahbar durch Menschwerdung 3, 416.
spricht auch heute noch 1, 22.
suchen 1, 11.
Weltseele oder Person 1, 29.
Gottes, Außen-Lebensäther 1, 30.
Boten 2, 306.
ewige Schöpfertätigkeit 3, 622 f.
Gottes, Gegenpol 1, 104 ff.
Gegenpol in der Endzeit 3, 602 f.
Geist erfüllt die Unendlichkeit 1, 30.
Gnade 2, 226.
großes Doppelziel 1, 32.
Grundwesen 1, 28 f.
Machtzentrum, dessen Ort 3, 527 f.
Machtzentrum in Jesus 1, 28 f., 37 und 116.
Machtzentrum, wesenhaft gestaltet 1, 28 f.
Menschwerdung in Jesus 1, 32 ff. und 113 ff.
Menschwerdung nur in der gegenwärtigen Schöpfungsperiode 3, 416.
Menschwerdung, deren Zeitpunkt 1, 114.
Menschwerdung, deren Zweck 3, 416.
Offenbarungswort 1, 17.
Offenbarungswort, äußeres 2, 305 ff.
Offenbarungswort, inneres 2, 313 ff.
Reich im Menschen 2, 225.
Schöpfergröße 1, 41 f.
Schöpfertätigkeit 1, 39 ff.
Schöpfungsdiener 1, 92 ff.
Selbstentwicklung 1, 42.
sieben Geister im Menschen 3, 519.
sieben Haupt- und Grundeigenschaften 1, 30 ff.
siebenmaliges Kommen 3, 581 f.
und Menschenstandpunkt zu Gut und Böse 1, 110 f.
Urgeistmensch in Jesus 1, 29.
Vatergeist und die Jesusseele 3, 527 f.
Vervielfachung im Spiegelbeispiel 3, 529 f.
Weltplan, dessen Grundgedanke 3, 577 ff.
Wesen 1, 27.
Wille im Liebesgebot 2, 224 f.
Zorn 3, 513.
Gottesboten, große, kleine, frühe und späte 3, 594 f.
Gottesdienst, kirchlicher, dessen Besuch 2, 367.
Gottesdienst, wahrer, 2, 361.
Gottesdienstliche Fremdsprachen 2, 357.
Gottesdienstliche Kleider 2, 357.
Gottesdienstliche Zeremonien 2, 323, 357 und 363.
Gotteserkenntnis durch Suchen und Bitten 2, 232 f.

Gotteserkenntnis und Liebe zu Gott 2, 232 f.
Gottesfurcht und Liebe 2, 234 f.
Gottesgebot und Weltgesetz 2, 427.
Gotteshäuser, wahre, 2, 361.
Gotteskinder, aus Sternen 1, 78; 3, 539.
deren Herrlichkeit und Aufgabe 3, 620.
kürzen sich geistigen Entwicklungsweg 3, 546.
Gotteskindschaft, auf anderen Gestirnen 3, 614 f.
deren Bedingungen 1, 190 f.
deren Wesen und Folgen 1, 207 f.
Gotteslehre für Kinder 2, 293 f.,
Gottesliebe, 2, 225 und 229 ff.
und Nächstenliebe 2, 217 ff.
wie wird sie erlangt? 2, 229 ff.
Gotteswort, warum in Hüllen? 1, 18 ff.
Grundgesetz alles Lebens 2, 219 f.
Gut und böse, notwendiger Gegensatz 1, 108 f.
Gutsherr und seine Kinder, Gleichnis, 2, 241.

Häckel, dessen materialistische Naturlehre 1, 43 f.
Hades 3, 504 f.
Hamiten 1, 153.
Handauflegung 2, 350 f. und 391 f.
Hanochiten, deren Nachkommen 1, 153.
Harren und Seufzen der Kreatur 1, 78.
Hauptmittelsonnen 1, 62.
Heeres- und Kriegsdienst 2, 438.
Heiler, geistige, 2, 414.
Heilhilfe im Verzückungsschlaf 2, 391 f.
Heiliger Geist 1, 30.
Heiliger Geist und Geist des Menschen 1, 159.
Heilkraft des Sonnenlichts 2, 386.
Heilkraft durch den Herrn 2, 390.
Heils- und Lebensweg 2, 219 ff.
Heilsbotschaft im Jenseits 3, 491.
Heilsgesetz der Ewigkeit 2, 224 f.
Heilslehre Jesu, deren Grundgedanke 1, 126.
Heilslicht, das neue, 2, 222.
Heilsweg im alten und neuen Licht 2, 219 ff.
Henoch über Liebe und Weisheit 1, 21.
Herr-Herr-Sager 2, 221.
Herrscher und Amtleute 2, 414 f.
Herrscherweisheit 2, 432 f.
Herzensehe 2, 279.
Herzenslicht und Kopfverstand 2, 303 f.
Heilweise, geistige, 2, 390 ff.
grob- und feinstoffliche, 2, 385 ff.
ordentlichste und natürlichste, 2, 390.
Himmelreich in drei Stufen 3, 522.
Himmelsbürger, deren Tätigkeitsfeld 3, 563 ff.
deren verschiedenartige Gaben 3, 565 f.
deren wachsender Wirkungskreis 3, 566.
deren Mitdiener 3, 567.
Himmelsvereine 2, 352 f.
Hiob, Buch, 1, 49.
Hochschule der Gotteskinder, beendet 3, 614 f.
Hölle, als Drohung 3, 512 .
Begriff 3, 491 ff.
deren drei Grade 3, 507.
deren Kämpfe 3, 508.
und Himmel 3, 502 ff.
verdammt sich selbst 3, 513 f.
warum auf Erden? 1, 199.
Höllenpein, ewige, 3, 509.
Honigbrot und Milch 2, 405.
Horoskop 1, 75.
Hülsenfrüchte 2, 405.
Hülsengloben 1, 52.
Hülsengloben, deren Bau u. Inneres 1, 56 f.
Hülsenwerk, unauflösbares, ergibt neue Schöpfungsunterlage 1, 58.

Indogermanen 1, 153.
Innensonnen unserer Sonne 1, 63.
Inneres Wort, 3, 552.
bei der Wiederkunft des Herrn 3, 588.
in der Endzeit 3, 594.
Israels Entwicklungsgeschichte 2, 441 f.

Japhetiden 1, 153.
Jarahs Himmelsschau 2, 238.
Jarahs Jesusliebe 2, 238.
Jareth, Urvater, über Gottes Wesen 1, 27 f.
Jenseitige Entwicklung, deren Schwierigkeit 3, 494.

Jenseitige „Kluft“ 3, 492.
Jenseitige Seelenentwicklung 3, 477 ff. und 485 ff.
Jenseitiges Geschick der Selbstmörder 3, 495.
Jenseitiges Mittelreich 3, 504 f.
Jenseitsverkehr 3, 547 ff.
Jerusalem, himmlisches, 3, 527 f.
als Glaubenssinnbild 3, 613.
neues, 3, 596 f.
Jesu, Bekleidungsweise 2, 400.
dreieinheitliche Person 1, 36.
Geist 1, 38.
Grundlehre 2, 219 f.
Heils- und Lebenslehre 2, 219 ff.
Seelenreifung 2, 298.
Seele und Geist 1, 127.
Sühneopfertod 1, 127 f.
Tod und Auferstehung 1, 128.
Jesuliebe, vollkommene, 2, 238.
Jesus, als Erlöser und Mittler 1, 129 f.
als Frühaufsteher 2, 400.
als Gottessohn 1, 117.
als Heiland 1, 126 f.
als Lehrer 1, 121 f.
als Vater erkannt 2, 234 ff.
Beispiel höchster Lebensvollendung 2, 298.
der alleinige Gott und Vater 1, 34 und 36.
dessen Äußeres 1, 121.
dessen Beten 1, 120 f.
dessen geistige Wiederkunft 3, 588 ff.
dessen geistige Zeugung 1, 117.
dessen Lehre und Lehrweise 1, 122 f.
dessen Menschliches 1, 117 f.
dessen menschliches Wissen, Reden und Handeln 1, 120.
dessen Name 1, 134.
dessen Schaubarkeit 3, 529 ff.
dessen seelische Entwicklung 1, 117 f.
dessen Vervielfachung im Spiegelbeispiel 3, 529 f.
dessen Zeichen und Wunder 1, 124 f.
ewig gültige Offenbarungsform Gottes 2, 237.
Fülle der Gottheit 2, 237.
Geheimnis seiner Person 1, 134.
gegen äußeres Kirchentum 2, 357.
Grundkern seiner Lehre 2, 225.
im Geisterreich 3, 591 f.
Jesus, in Ihm vereinigt Vater, Sohn und Heiliger Geist 1, 34.
Jesus, Person und Wesen 1, 113 ff.
und der reiche Jüngling 2, 219.
und die Gemeinschaftspflege 2, 353.
und die Staatsgesetze 2, 425.
und Philippus 2, 237.
verlangt nicht Blindglauben 2, 302.
wahrer Mensch und wahrer Gott 1, 37 und 116 f.
Jesuskindlein als Krankenheiler und Kraftspender 2, 388 f.
Jesusseele und Vatergeist 3, 527 f.
Johannesevangelium 2, 308 f.
Judas, dessen Rassestolz 2, 245.
im Vaterhause 3, 534.
über die Selbstliebe 2, 262.
Juden, deren Charakter und Schicksal 3, 601.
deren Todesfurcht 3, 456.
Jugend, reifere, deren Behandlung 2, 292.
Jugendpflege 2, 290 ff.
Jugendschulen, vorbildliche, 2, 297.
Jüngling, reicher, und Jesus 2, 219.
Jüngster Tag 3, 471 f.
Juribael erkennt den himmlischen Vater 2, 235 f.

Kampf, Grundbedingung des Lebens 1, 107.
im Naturreich 1, 80.
in der Tierwelt 1, 165.
Kant, Imanuel, 1, 11 und 1, 18.
Kapitalverleihung 2, 259 f.
Karma 3, 536 f.
Kasteiung, zwecklos, 2, 325 f.
Katastrophen in der Endzeit 3, 587.
Kategorischer Imperativ 1, 12.
Katholische Gnadenlehre 2, 341.
Katholische Offenbarungslehre 1, 25.
Kaufleute 2, 414.
Keimlehre 1, 156 f.
Keuschheit als Gesundheitsgrundlage 2, 407 ff.
Kinder Gottes, deren Schöpfungsaufgabe 1, 102.
Kindererziehung 2, 290 ff.
Kinderreich, jenseitiges, 2, 297; 3, 496 f.
Kinderzeugung 2, 290 f.
Kindheitszeit der Menschheit 3, 579.
Kindheitszeit der Völker 2, 443.
Kirche der Zukunft 2, 364.
die wahre, 2, 355 f.

Kirche, rechte Stellung zur, 2, 368 f.
und Neuoffenbarung 2, 365 ff.
und Offenbarung 1, 22.
wahre und falsche, 2, 227 f.
zeremonielle und geistige, 2, 366 f.
Kirchen, bestehende irdische, 2, 356.
Kirchen, deren Mängel 2, 356 f.
Kirchenfrage 2, 227 f.
Kirchentum, äußeres, 2, 356.
Kirchhofseelen siehe Friedhofseelen
Kirchliche Offenbarungslehre 1, 22.
Klausner, liebloser, als Gleichnis 2, 253 f.
Klosterleben, verworfen, 2, 266 f.
Kluft, unübersteigliche, 3, 492.
Kometen, deren Auflösung 3, 619.
Kometen, werdende Sterne 1, 54 und 63 f.
Kommen, siebenmaliges, des Herrn 3, 582 f.
Kommunion 2, 350.
Konfirmation 2, 351.
Konzil von Nizäa 1, 33.
Kopfhängerei verworfen 2, 266, 337 und 375 f.
Kopfverstand und Herzensverstand 1, 12; 2, 303 f.
Kopfwissen und Liebe 2, 226.
Kosmische Strahlen 1, 74.
Kraft, keine, ohne Gegenkraft 1, 107.
Krankheit als Wächter und Wecker 2, 382.
Krankheit durch Vererbung 2, 382.
Krankheit, Folge der Widerordnung 2, 380 f.
Krankheiten, deren Hauptursachen 2, 381 f.
Krankheitsheilung 2, 380 ff.
Kranken- und Versorgungshäuser 2, 362.
Krankenheilung durch Handauflegung 2, 350 f.
Kranker am Teich Bethesda 2, 381.
Kreatur, deren Erlösung 1, 78.
Kreuzeskunde auf den Gestirnen 1, 131 f.
Krieg, Angriffs-, und Verteidigung 2, 437 f.
in Religionsdingen 2, 437 f.
und Kriegsdienstpflicht 2, 435.
zwecks Bestrafung 2, 438.
Kriege, in der Endzeit 3, 586 f.
verschwinden 2, 439 f.; 3, 593.
Kriegsfall 2, 439.
Kriminalrecht, siehe Strafrecht.
Kulturfortschritt, unnötiger, 2, 396 f.

Lamech über Ursprung des Bösen 1, 106 f.
Lamm Gottes 1, 127 f.
Läuterungsfeuer der Endzeit 3, 592 f.
Leben der Vollendeten 3, 563 ff.
Lebensausstrahlung der Gestirne 1, 71.
Lebensbahn und Vorsehung 3, 575 f.
Lebensentwicklung nach Befruchtung 1, 91.
Lebensformen, deren jeweilige Neuschöpfung 1, 87.
Lebensformen, stufenweise, 1, 79.
Lebensgewohnheiten anderer 2, 375.
Lebensreich, einheitliches, 1, 92 f.
Lebensvollendung, bis zum dreißigsten Jahre 2, 395.
deren Maßstab 1, 207.
deren Wesen und Folgen 1, 207 f.
Lebensweg, dessen große Linie vorausbestimmt 1, 215.
Lebenszentrum, reingeistiges, 1, 83.
Leib, braucht das seinige 2, 397 f.
Leib, neuer, unverweslicher, 3, 461 f.
Leibesaufbau vor der Geburt 1, 180 f.
Leibestod des Menschen 3, 455 f.
Leibesübung 2, 409.
Leibes- und Seelenpflege 2, 393 ff.
Leichenverbrennung 3, 467.
Lehre für Volk und Führer 1, 43.
Letzte Zeit 3, 582 ff.
Leuchten, dessen Grund und Wesen 1, 67 f.
Leuchten, verschiedenartiges, 1, 67.
Licht als Naturgeistererregung 1, 67.
Licht, geistiges, von Osten 3, 602.
Lichtatome 1, 64 und 67.
Lichtatome und Lichtmonaden 1, 67. und 168.
Lichtmensch, neuer, großer, 3, 619 ff.
Liebe, eheliche, 2, 280 f.
höllische und himmlische unterscheidet sich durch Zweck 2, 263 f.
kürzt den Entwicklungsweg 3, 546.
und Furcht 2, 234 f.
und Kopfwissen 2, 226.
und Sektengeist 2, 227 f.
und Weisheit 2, 226 u. 261 ff.

Liebe, vorherrschendes Element 2, 225.
Zeichen der Wiedergeburt 2, 225.
Liebehimmel 3, 527.
Liebesheilsweg und Kirche 2, 220 ff. und 241 ff.
Liebesgebot, dessen Wesen und Zweck 2, 224 f.
Liebeslehre, für Kinder und Jugendliche 2, 294 ff.
Kern der Botschaft Jesu 2, 219 f.
vollenthüllt durch Lorber 2, 223.
Liebesmahl zum Gedächtnis 2, 346.
Liebesreligion, neu geoffenbart rings um den Erdball 2, 223.
Liebestätigkeit, als Weg zur Wiedergeburt 2, 268 f.
auf Erden und im Himmel 2, 255 f.
und Seligkeit 2, 226.
Liebe-Weisheitshimmel 3, 526 f.
Lippengebet 2, 325 f.
List, Guido v., Religion der Ariogermanen 3, 536.
Lorber, Jakob, dessen Schreibweise 1, 48.
dessen Stellung zur Kirche 2, 366.
über seine Gottesstimme 2, 319 f.
Losung, allgemeine, heißt dienen 2, 255.
Löwe, Sternbild, Gebiet der Gnadensonne 1, 29.
Luftgeister 1, 99.
Lukasevangelium 2, 310 f.
Luther und die Liebeslehre 2, 222.
Luzifer, als Antichrist der Endzeit 3, 602 f.
als Schmelztigel 1, 214.
gebunden im Tausendjährigen Reich 3, 605 f.
Gottes Gegenpol 1, 104 ff.
Luzifers, Besserung 3, 616 f.
Fall 1, 61 f.
Gericht 3, 616 f.
Gericht und Umkehr 1, 58 f.
Hauptprüfung 3, 616 f.
Kerkersitz 1, 104.
letzte Freiheitsprobe 3, 590 f. und 607.
Rückführung in Atomen 1, 79.
verführende Helfershelfer 1, 105.
Wesen 1, 50 f.
Willensfreiheit 1, 214 f.
Willenshauch 1, 105.

Machtzentrum Gottes 1, 28 f.
Machtzentrum Gottes in Jesus 1, 37 und 116.
Magnetismus 2, 387.
Mahal hadert mit Gott 3, 457.
Mahl im Vaterhause 3, 533 f.
Marias Bekleidungsweise 2, 400.
Markusevangelium 2, 309.
Maschinenzeitalter 3, 585.
Mäßigkeit und Einfachheit, Bedingung geistiger Wahrnehmung, 3, 554.
Maßstab, zahlenmäßiger, der gerechten Liebe 2, 262 f.
Materialisation der Urgeister 1, 51 f. und 78.
Materialismus, dessen Überwindung 1, 85.
Materialismus, wissenschaftlicher, 2, 423 f.
Materie, deren Auflösung in neues Geistleben 1, 58.
deren Entstehung 1, 51 f.
deren Teilbarkeit 1, 45.
ist geistiger Natur 1, 47 f. und 92.
unlösbare, deren Endgeschick 3, 615 f.
Mathael, dessen Reich und Gesetzgebung 2, 429, 439 und 447 f.
Mathael schaut Todesvorgang 3, 463 f.
Matthäusevangelium 2, 309.
Matthäusevangelium über Wiederkunft des Herrn 3, 589.
Mediale (mittlerische) Veranlagung 3, 553.
Meditation, indisch-theosophische, 2, 322.
Meeresbewegungen auf Erden 1, 142.
Melchisedek, König von Salem 1, 154.
Mensch und Schicksal 1, 210 f.
Menschen der Erde, deren große Aufgabe 2, 352 f.
Menschengestalt der neuen geistigen Schöpfung 3, 619.
Menschenleben, dessen Sinn und Zweck, 1, 187 f.
Menschenseele, deren Aura (Außenlebenssphäre) 1, 170.
deren Eltern- und Sternenbestandteile 1, 166 f.
Endfrucht des Naturlebens 1, 81.
deren Gestalt 1, 169.
deren Reichtum 1, 169.
deren Sinne 1, 170.
deren tierische Bestandteile 1, 161 f.
und Tierseele 1, 162.

Menschensohn, dessen Zeichen 3, 604.
Menschheitsentwicklung, deren Stufen 3, 579 ff.
Menschwerdung Gottes, deren Zeitpunkt 1, 114.
deren Zweck 3, 416.
in Jesus 1, 114 ff.
nur in gegenwärtiger Schöpfungsperiode 3, 416.
vorgeahnt 1, 114.
Meßopfer 2, 350.
Milch und Honigbrot 2, 405.
Milchstraßensystem 1, 52.
Mission, 2, 370 f.
bei blinden Geistesgrößen 2, 377.
bei Weltmenschen 2, 377.
duldsame und kluge, 2, 375 f.
freudige, 2, 337.
geduldige, 2, 378.
zwanglose, 2, 251 f. und 374 f.
Missionsfürbitte, ein Haupterfordernis 2, 379.
Missionswink 1, 43.
Mittelbildungszeit der Menschheit 2, 424 und 444; 3, 579 f.
Mittelreich der Geisterwelt 3, 504 f.
Mond, dessen Schwanken 1, 74.
Mond, dessen Erdeinfluß 1, 72.
Moses, dessen sechstes und siebentes Buch 1, 70.
Mosis Speisezettel 2, 403.
Mutterkeim und Befruchtung 1, 89.
Mutwille muß gezüchtigt werden 2, 261.

Nächstenliebe, das zweite Gebot 2, 239 f.
deren Mißbrauch 2, 262.
deren Verhältnis zur Gottes- und Selbstliebe 2, 262 ff.
ist Auswirkung der Gottesliebe 2, 239.
und Familienliebe 2, 244 f.
und Gottesliebe 2, 240.
Nächster, wer ist mein? 2, 244.
Naturforschung als Erkenntnisquelle 2, 306.
Naturgeister, 1, 95 ff.
deren Einzeugung 1, 101.
deren Walten 1, 98.
in der Leibesnahrung 2, 402 f.
Verkehr mit denselben 3, 550 f.
Naturkunde und Gotteserkenntnis 1, 13.
Naturleben als Auferstehung 1, 77 ff.
Naturseelen 1, 96 ff. und 162.
deren Einzeugung 1, 163.
vereinigt im Menschen 1, 162.
Naturverbundenheit 2, 398 f.
Nahrung der Geister 1, 52.
Nathanael über Rassestolz 2, 245 f.
Neptun, von Lorber beschrieben 1, 59 f.
Nervengeist 2, 401.
Nervengeist und mediale Veranlagung 3, 553.
Neue Erde 3, 604 f.
Neues Jerusalem 3, 596 f.
Neues Testament, dessen Geist 2, 222.
Neues Testament über Fortleben 3, 452.
Neuoffenbarung, deren Notwendigkeit 1, 24; 2, 223.
Neuoffenbarungslehre, befriedigt Herz und Verstand 3, 417.
Kern und Leitgedanke 3, 417.
Überblick 3, 417.
Neuoffenbarungslicht, ein Gipfellicht für Fortgeschrittene 2, 365.
ein Vernunft- und Herzensglaube 2, 301 ff.
und Kirche 2, 365 f.
Neuschöpfung 1, 87.
Nizäa, Konzil 1, 33.
Noah, 1, 151.
Noah, dessen Nachkommen 1, 153 f.
Noahs Arche, geistig genommen 2, 415.
Notstall zu Bethlehem, ein Entsprechungsbild 2, 305.
Notwehrrecht 2, 249 und 436.

Obrigkeit, verlangt Gehorsam 2, 431 f.
Obstgenuß 2, 406.
Öllicht als Gleichnis 2, 236.
Offenbarung, auch heute noch 1, 22.
Erkennungsmerkmale 1, 26.
fortschreitende, 1, 24.
Gottes, deren Grundbedingung 2, 223.
und Kirche 1, 22.
Offenbarungen Gottes, entwicklungsmäßig 2, 222.
warum durch Menschen 1, 19.
warum selten 1, 18 f.

Offenbarungsform Gottes, ewige, in Jesus 2, 237 f.
Offenbarungslehre, kirchliche, 1, 22 ff.
Offenbarungsschriften, deren rechtes Verständnis 2, 308 ff.
Offenbarungswort, dessen göttlicher Wahrheitskern 1, 20.
dessen Schlüssel 1, 21.
dessen weise Formhülle 1, 19 f.
Gottes 1, 17.
Gottes, äußeres, 2, 305 ff.
Gottes, inneres, 2, 313 ff.
verglichen mit Bauernwiese 1, 20.
Ohrfeige, wie ihr zu begegnen 2, 436.
Okkultismus und Spiritismus 1, 15; 3, 452 und 556 ff.
Oomotobewegung in Japan 2, 223.
Ordnungsform 2, 355 und 360 f.
Organisation 2, 355 und 360 f.
Osten, geistiger, 3, 602.

Palästina, dessen nachchristliche Geschicke 3, 601 f.
Paradies, irdisches, 1, 146; 3, 588 und 591.
Paradies, irdisches, im Tausendjährigen Reich 3, 606.
Paradiese, Orte der Sammlung 3, 517.
Paradiese, jenseitige, und Wiedergeburt 3, 515 f.
Paradiesesbewohner, was tun sie? 3, 518.
Paulus, bestätigt Lorbers Schöpfungslehre 1, 78.
sein Glaubensbegriff 2, 211 und 242.
über das Geschick der Juden 3, 601.
über Dienende und Gebietende 2, 420.
über Entrückung 3, 609.
über Prädestination 1, 213 f.
über Selbst- oder Gnadenerlösung 1, 211 f.
über Wiederkunft und Entrückung 3, 589.
und die Liebeslehre 2, 221 f.
und die Obrigkeit 2, 426.
und die „Werke“ 2, 221.
Petrus über Notwehrrecht 2, 249.
Pflanzenreich, dessen Wesen 1, 81.
Philippus fragt nach dem Vater 2, 237.
Planck'sche Quantentheorie 1, 64.
Planet, geborstener, 1, 60.
Planetarsonnen 1, 54.
Planeten, deren Auflösung 3, 618 f.
Polarität 1, 107.
Präadamiten 1, 141 f.
Prädestination, siehe Vorausbestimmung.
Prädestinations (Vorherbestimmungs)-lehre 1, 193 und 213.
Präexistenz, siehe Wiedereinfleischung.
Predigen, rechtes, 2, 363.
Predigt, falsche, 3, 512.
Professionsbettler 2, 261.
Propheten, echte und falsche, 2, 307 f.
Propheten und Seher der Wendezeit 3, 593 ff.
Prophetie ist stets bedingt 3, 574.
Priesterstand im Neusalemslicht entbehrlich 2, 359.
Prior im Vaterhause 3, 532 f.
Prüfet alles! 2, 302.

Quäker, Verkünder der Liebesreligion 2, 224.

Rangstreitigkeiten 2, 361.
Rassen- und Standeseigenschaften 1, 167.
Rassenlehre 2, 245.
Rassen- und Volksliebe 2, 245.
Redebefugnis, allgemeine im Versammlungshaus 2, 362 f.
Rederecht der Frauen 2, 363.
Redeweise, rechte, 2, 362 f.
Reformation, Grund ihres Scheiterns 2, 222.
Regel, Goldene, 2, 250 f.
Regiment der Planeten 1, 73.
Regulus, Stern der Gnadensonne 1, 29.
Reich Gottes im Menschen 2, 305.
Reiche sollen Verwalter sein 2, 241 und 420 ff.
Reichtum, dessen Fluch und Segen 2, 420 f.
gesegneter, 2, 259.
recht angewendeter, 2, 241.
und Armut 2, 259.
und Armut, warum? 2, 419.
Reingeistiges in jeder Kreatur 1, 83.
Reinigungsmittel, alleiniges, 2, 350.
Reinkarnation, s. Wiedereinfleischung
Reinkarnationswahn 3, 545.
Religion der Liebe, neu geoffenbart rings um den Erdball 2, 223.

Religion im Friedensreich 3, 612 f.
Religionen, deren Wahrheitsmaßstab 2, 358.
Religionskrieg 2, 437 f.
Revolutionsrecht 2, 433.
Richtet nicht! 2, 313 f.
Rückerinnerung an Vorzustände 1, 81.
Rückerinnerung aufgehoben 1, 183.
Rückerinnerung aufgehoben bei Wiedereinfleischung 3, 540 f.
Rudolf, Kaiser, dessen Schauung 3, 591.
Ruhe und Wirkungszeiten der Engel 3, 532.
Ruhezeiten im Himmel und auf Erden 2, 409.
Rute als Zuchtmittel 2, 292 f.

Salem, dessen Sprachwurzel = Heil 3, 613.
Samenkorn als Gottesbeweis 1, 14.
Samenkorn und Mensch 3, 457.
Samsara-Lehre 3, 537.
Satan, siehe Luzifer.
Satan, gebunden im Tausendjährigen Reich 3, 605 f.
Satana, deren Stellung zu Gott 1, 104.
Satans Gericht 3, 616.
Scheinchristentum 2, 221.
Schlacke, härteste, der Materie 3, 616 f.
Schlaf als Stärkungsmittel 2, 409.
Schlange im Paradies, woher? 1, 106 ff.
Schleier des Geheimnisses über geistiger Welt 3, 546 f.
Schmerz als Wächter und Wärter 2, 382.
Schnee des Alters 3, 459.
Schönheitssinn 2, 398.
Schönheitssinn, dessen Erweckung 2, 295.
Schöpfung, alte, deren Endgeschick 3, 615 f.
deren Endziel 1, 104.
deren geistige Natur 1, 47.
deren göttliches Ziel 1, 46.
deren Größe 1, 41.
deren Urelemente 1, 43 f.
deren Vergeistigung 3, 617 f.
deren Ziel und Zweck 1, 77 ff.
ein ewiger Entwicklungsvorgang 1, 39.
ein Schulhaus 1, 188.
einzelne, hat Anfang und Ende 3, 622 ff.
Schöpfung, geistige, deren Größe 3, 621 f.
jede, als Frucht und Neugrundlage 1, 42.
Schöpfungsbau 1, 55 f.
Schöpfungsdiener Gottes 1, 91 ff.
Schöpfungserkenntnis zwecks Gotteserkenntnis 1, 42 f.
Schöpfungslehre, deren Grundgedanke 1, 77 f.
Schöpfungslehre Lorbers, deren Vorzüge 1, 83 f.
Schöpfungslehre Lorbers und Bibel 1, 78.
Schöpfungsmensch, der große, 1, 52 f.
dessen Schauung durch Robert Blum 1, 57 f.
große, dessen Bewegung im Äther 1, 66.
Schöpfungsordnung, neue, 3, 619.
Schöpfungsperiode, gegenwärtige, deren Bedeutung 3, 416.
Schöpfungsperiode, Vollendungszeit 3, 620 f.
Schöpfungsperioden 1, 39 ff.
Schöpfungsperioden, ewig neue, 3, 415 f.
Schöpfungsziel, geistiges, 3, 614 f.
Schul- und Versammlungshäuser 2, 362 f.
Schulen, vorbildliche, 2, 297 f.
Schutzengel, 3, 548 ff.
Schutzgeister, deren Wohnort 3, 518.
im Jenseits 3, 478 und 484 ff.
und Schutzengel, deren Wesen, Amt und Vorbereitung 3, 548 ff.
Schwerkraft, geistig begründet 1, 52.
Schwertmacht 2, 249 und 435.
Seele und Geist, Verhältnis bei Wiedergeborenen 3, 522.
Seelen von oben und von unten 1, 174.
Seelenbildung, rechte, 2, 297 f.
Seelenentwicklungsweg bis zur Ursonne 3, 546.
Seelenentwicklung, deren Endziel 3, 569 f.
Seelenentwicklung, jenseitige, 3, 477 ff. und 484 ff.
Seelenentwicklungslehre 1, 161.
Seelenentwicklungslehre bestätigt das Fortleben 3, 453 f.
Seelenkrankheiten, deren Heilung 2, 292.

Seelenleib, ätherischer, 3, 461 f.
dessen Farbe und Lichtstrahlung 3, 463.
Entsprechungsbild der Seele 3, 464.
Seelenreifung zur Selbständigkeit 3, 614 f.
Seelenwanderungslehre 3, 536 f.
Sehe, geistige, 3, 552.
Seher und Propheten der Wendezeit 3, 593 ff.
Sektengeist 2, 358.
Sektengeist und Liebe 2, 228 f.
Selbständigmachung der Geister 1, 79.
Selbständigkeit, Erziehung zur, 3, 614 f.
durch Erfahrung 1, 203 f.
wahre, 1, 206 und 212.
Selbstbeschauung 2, 321.
Selbsterlösung — Gnadenerlösung 1, 211 ff.
Selbstgestaltung 1, 212 f.
Selbstliebe, gerechte und ungerechte 2, 262 ff.
Selbstmörder, deren jenseitiges Schicksal 3, 495.
Selbstprüfung 2, 321.
Seligkeit, höchste, 1, 209 und 236 f.
Seligkeit und Liebestätigkeit 2, 226.
Semiten 1, 153.
Sirius, Gebietssonne der Erdsonne 3, 416.
Sieben Geister Gottes im Menschen 3, 485.
Sittenreinheit, lieblose, 2, 253 f.
Sonne, deren Erdwirkung 1, 73 f.
deren Lebensausstrahlung 1, 64 ff. und 71 f.
ein Dynamo 1, 65.
unserer Erde 1, 63.
deren Auflösung 3, 619.
Sonnenalle und -gebiete 1, 55 f.; 3, 619.
Sonnenaufgang als Gleichnis der Wiedergeburt 2, 268 f.
Sonnenlicht, dessen Wesen und Entstehung 1, 64 ff.
Sonnenlichtkur 2, 386.
Sonnensysteme 1, 53 ff.
Sonnenwärme 1, 65.
Soziale Entwicklung unserer Zeit 2, 423 f.
Soziale Frage 2, 417 ff.
Soziale Frage, geistiger Grundgedanke 2, 417 f.
Sparsamkeit, rechte und falsche, 2, 258.
Speisebedürfnis je nach Vorkreaturform 2, 404 f.
Speisen, wichtigste, für den Menschen 2, 405.
Speiseordnung für Kinder 2, 292.
Speisezettel Mosis 2, 403.
Spiegelbeispiel für Gottes Vervielfachung 3, 529 f.
Spiegelzimmer, Kleinbild einer Hülsenglobe 1, 69.
Spiritismus, dessen Licht- und Schattenseiten 1, 15.
praktischer, 3, 558 ff.
und Okkultismus 1, 15; 3, 452 f. u. 556 ff.
Sprengkörner 1, 60 und 151.
Staat und Staatsgesetze 2, 425 ff.
Staat und Wirtschaft 2, 440 ff.
Staat und Wirtschaft vom Völkergeist bestimmt 2, 440 f.
Staatsgesetz, siehe Gesetz.
Staatsleitung im Friedensreich 3, 611.
Stall zu Bethlehem 2, 305.
Sterben, schweres und leichtes, 3, 461.
Sterbensvorgang 3, 460.
Sternbilder des Tierkreises 1, 73 f.
Sternbedeckung 1, 73.
Sterne, als Lebenssammelpunkte 1, 73.
als Strahlungsquellen 1, 74.
deren Lebensausstrahlung 1, 71.
doppelte, 1, 72.
gute und böse, 1, 72.
neue, senden neue Spezifika 1, 72.
Sternenelemente der Menschenseele 1, 167.
Sternenelemente der Menschenseele
Sternenheer 1, 55.
Sternentrümmer 1, 60.
Sternseelen, 1, 170 f.; 3, 543.
in Kindern 3, 496 f.
und Neuoffenbarungslicht 2, 365.
Stirb und werde 1, 80.
Strafe des Todes 2, 431.
Strafe von Schwerverbrechern 2, 430 f.
Strafe, zwecks Heilung und Besserung 2, 429.
Strafkrieg 2, 437.
Strafrecht 2, 429 ff.
Stratosphäre 3, 516.
Stufen der Naturreiche 1, 79.
Stufenmäßige Entwicklung 3, 577 ff.
Sühneopfer 1, 127 und 130 f.

Sünde, deren Ursprung 1, 106 ff.
Sündenbekenntnis und -vergebung
2, 345 f.
Sündenfall, erster, 1, 148.
Sündflut 1, 151.

Tafelrede des Herrn 3, 534.
Täter der Lehre 2, 265 f.
Tätigkeit, allgemeines Grundgebot
2, 256.
Tätigkeit über Tätigkeit! 2, 267.
Tatlehre 1, 126.
Taufe 2, 342 f.
Tausendjähriges Reich 2, 447; 3, 602 f.
Tausendjähriges Reich, eine Übergangszeit 3, 604.
Technik und Wissenschaften, deren Reinigung 3, 595 f.
Technik und Wissenschaft unserer Zeit 2, 423 f.
Technische Verbesserung, unnötige 2, 396 f.
Teilbarkeit der Materie 1, 45.
Tempel und wahre Gotteshäuser 2, 361 f.
Tennhardt, Johannes, über das innere Wort 2, 313 ff.
Teufel 3, 507 f.
Teufel und Dämonen 1, 105 f.
Tiefschlaf 2, 410.
Tierkreis 1, 73.
Tierreich, dessen Wesen 1, 81.
Tierseelisches im Menschen 1, 162.
Tierwelt, deren Kampf und Leiden 1, 166.
Tischgebet 2, 407.
Titius'sche Reihe der Planeten 1, 60.
Tod, ein Ende oder Übergang? 3, 451 ff.
letzter und ewiger, 3, 616.
und Aufstieg im Naturreich 1, 80.
Todesengel 3, 455 f.
Todesfurcht 3, 456.
Todesstarre 3, 465.
Todesstrafe 2, 431.
Todesvorgang 3, 460.
Töten, du sollst nicht, 2, 435.
Traumleben der Seele im Jenseits 3, 480.
Traumleben, gemeinsames, der Geister 3, 505 f.
Trinität 1, 33 ff.
Tugendstolz, falscher, 2, 253.
Türkehren, rechtes, 2, 253.
Tyrannen, deren Behandlung 2, 434.

Überblick über die Lehre der Neuoffenbarung 3, 417.
Urchristen, deren Stellung zum Tempel 2, 366.
Urelemente der Schöpfung 1, 43 f.
Urengel 1, 94.
Urgeister, deren Erziehung 1, 50 f.
Urgeister, männlich-weiblich 2, 278 f.
Urgeister und ihr Seinszweck 1, 50.
Umkehr, seelische, 1, 203 f. und 211.
Umsturz und Selbsthilfe 2, 433.
Unglaube, wissenschaftlicher, unserer Zeit 2, 423 f.
Unterlage, geistiger Weltkörper 3, 619.
Ur und die Sündflut 1, 152.
Ur- und Fortzeugung 1, 84.
Urlebensfunken, als Bausteine der Schöpfung 1, 46.
deren geistiges Wesen 1, 47.
der Ordnung und Widerordnung 1, 106 f.
sind Gottesgedanken 1, 46 f.
Urmenschheit bis zur Sündflut 1, 150 f.
Urnebel, deren Entstehung 1, 52 f.
Ursprung des Bösen 1, 106 ff.
Urväter, deren Kost und Lebensweise 1, 150; 2, 403.
Urvölker, deren geistiges Wissen 1, 49.
Urzentralsonne, materielle, 1, 53.

Vater, der Ewigkeit 1, 32.
in Jesus 1, 116; 2, 234. f.
in Jesus, dessen Schaubarkeit, 3, 529 ff.
Vaterunser, dessen Inhalt 2, 328 f.
Veranlagung und Führungsweg 1, 215.
Veranlagung und Willensfreiheit 1, 195 f.
Verbrecher, deren Behandlung 2, 247.
schwere, deren Behandlung 2, 430 f.
sind Seelenkranke, 2, 429.
Verdammnis, ewige, 3, 470 u. 510 f.
Vereine, der Engel 2, 352 f.
Geweckter 3, 606.
von Engeln 3, 620.
von Engeln, deren Zahl 3, 621 ff.
Vererbung, seelisch-leibliche, 1, 149 u. 166.

Vergeistigung der stofflichen Schöpfung 3, 617 f.
Vergeistigung des Fleisches 3, 474.
Verinnerlichung 2, 321.
Verkehr, mit dem Jenseits im Friedensreich 3, 605 und 610.
mit Geistern einst und jetzt 3, 555 ff.
mit Naturgeistern 3, 551 f.
mit Seligen, ordnungsmäßiger, 3, 548 ff.
zwischen Diesseits und Jenseits 3, 547 ff.
Verklärung des Leibes 3, 475.
Verlorener Sohn, Gleichnis 1, 115.
Vernunftglaube 2, 301.
Versammlungs- und Schulhäuser 2, 362 f.
Versammlungsordnung 2, 363.
Versammlungsordnung für Frauen 2, 363.
Verschiedenheit der Gaben und Besitztümer, deren Grund 2, 255.
Versenkung, rechte und falsche, 2, 321 f.
Verstandes- und Wissensbildung, deren Grenzen, 2, 295.
Verstandes- und Wissensschulung für Kinder und Jugendliche 2, 295 f.
Verteidigungskrieg 2, 437.
Vervielfachung der Jesus-Erscheinung 3, 529 f.
Verwesung 3, 465 f.
Verzärtelung, unheilvolle, 2, 291 f.
Verzückungsschlaf 2, 391 f.
Vielgötterei, entarteter Eingottglaube 1, 154.
Vitalismus, geistige Lebenslehre und Lorber 1, 47 f.
Volks- und Rassenliebe 2, 245.
Volkswirtschaft im Friedensreich 3, 611 f.
Vollendete, deren Leben 3, 563 ff.
Vollendungszeit 2, 444 ff.
Vollendungszeit der Menschheit 3, 580 f.
Vollendungsziel 3, 569 f.
Vollmenschenpaar, erstes, 1, 143 f.
Voradamiten 1, 142 f.
Vorahnung der Menschwerdung Gottes 1, 114.
Vorausbestimmung 3, 577.
Vorhölle 3, 506.
Vorkreaturform bestimmt Speisebedürfnis 2, 404 f.
Vorkreaturformen 1, 164.
Vorsehung und Lebensbahn 3, 575 f.
Vor-Sein der Menschenseele 3, 538 f.

Waffengebrauch, gerechter, 2, 249.
Waffentechnik macht Kriege unmöglich 2, 440.
Wanderboten 2, 359.
Wassereimer, löcheriger, als Gleichnis 3, 618.
Weg zum ewigen Leben 2, 236 f.
Wehrhaftigkeit 2, 436 f.
Wehrmacht 2, 439.
Weib, dessen Erschaffung 1, 145 f.
Weihen und Segnungen 2, 350 f.
Weinbergsarbeit 2, 370 ff.
Weingenuß 2, 405 und 406 f.
Weisheit und Liebe 2, 226 und 261 ff.
Weisheitshimmel 3, 524.
Weiß der Silberlocken 3, 459.
Weltbenützung, nicht Weltflucht 2, 266.
Weltflucht 2, 266.
Weltfriede der Zukunft 2, 439 f.
Weltgericht, allgemeines, 3, 471 f.
Weltkörper, deren Auflösung 3, 617 f.
Weltkörper, geistige, deren Unterlage und Bewohner 3, 619.
Weltmenschen, deren geistige Behandlung 2, 377.
Weltenschöpfung, eine Materialisation 1, 52.
Weltplan Gottes, dessen Grundgedanke 3, 577 f.
Weltplan und Willensfreiheit 3, 574.
Weltstoff (Materie), dessen Entstehung 1, 52 f.
Weltstoff ist geistiger Natur 1, 92.
Weltverneinung, unzweckmäßige 2, 397. f.
Wende, geistige, deren Zeitpunkt 3, 593.
Wendezeit, große, 588 f.
Werkgerechtigkeit 2, 220 f.
Widerordnung, deren Folgen 1, 200.
Widerordnung, deren Ursprung und Zweck 1, 106 f.
Widerordnungsgeister, deren Ursprung und Zweck 1, 107 ff.
Wiedereinfleischung, 3, 536 ff.
auf dem Weg zur Ursonne 3, 545 f.

Wiedereinfleischung, auf Erden
Ausnahmefälle 3, 543 f.
durch geistige Schutzmächte 3, 540 f.
großer Geister oder Menschen (Reinkarnationswahn) 3, 545.
ohne Rückerinnerung 3, 541.
von Erdseelen 3, 543.
von Sternseelen 3, 543.
Wiedergeburt, deren Liebesmaßstab 1, 207.
deren Zeichen und Folgen 3, 520 f.
durch Liebestätigkeit 2, 268 f.
geistige, 1, 207.
Wiederkunft, beim Volk der Liebe 3, 599.
deren Zeitpunkt 3, 590 und 593.
des Herrn im Geiste 3, 588 ff.
geistpersönliche, 3, 598 f.
in Europa 3, 602.
in Lichtern der Himmel 3, 600.
in welchem Erdteil? 3, 599.
nicht im Fleischleib 3, 597 f.
nur für geistige Wahrnehmung 3, 599.
Überblick 3, 590 f.
Wiedersehen im Jenseits 3, 498 ff.
Wille, freier, wie entsteht er? 1, 196.
Willensfreiheit, 1, 213 f.
alte und neue Lehre 1, 193 f.
im Jenseits 3, 478.
Luzifers 1, 213 f.
und Führung 2, 232.
und Gottes Weltplan 3, 574.
und Veranlagung 1, 195 f.
verbietet geistigen Zwang 2, 251.
wahrhafte und vollkommene, 1, 206.
Wirte 2, 416.
Wirtschaft und Staat 2, 440 ff.
Wirtschaft und Staat vom Völkergeist bestimmt 2, 440 ff.
Wissenschaft, über Fortleben 3, 453.
und Glaubenslehre 3, 595 f.
und Technik unserer Zeit 2, 423.
unserer Tage gesegnet 2, 306.
Wissenschaften und Künste, deren Reinigung 3, 595 f.
Wissenschaftlicher Materialismus 2, 423.
Witterungskunde 1, 73.
Wohltun, rechtes, 2, 242.
Wohnwelt, geistige, im Jenseits 3, 483.
Wolken des Himmels 1, 17.
Wort, Gottes, äußeres, 2, 305 ff.
Gottes, inneres, 2, 313 ff.
inneres, 3, 552.
inneres, bei Jakob Lorber 2, 319 f.
inneres, dessen Wirkung 2, 319 f.
inneres, in der Endzeit 3, 594 f.
Wucherer, deren Behandlung 2, 434.
Wunderzeichen 1, 124 f.
Würdezeichen der Engel 3, 532.
Wurzelnahrung 2, 406.

Zahl 666 als Liebesmaßstab 2, 263 ff.
Zeichen des Menschensohns 3, 588 und 604.
Zentralsonnen ersten bis vierten Rangs 1, 53 f.
Zentrifugalkraft 1, 53.
Zentripetalkraft 1, 53.
Zeremonien, zwecklos 2, 323.
Zeugung, geistige, 1, 87 f. und 117.
leibliche, 1, 175 ff.
menschliche, 1, 164.
Zinsen, gerechte und ungerechte, 2, 259 f.
Zinsnehmen 2, 427 f.
Zöllner 2, 416.
Zorn Gottes 3, 513.
Zoroaster (Zarathustra) 1, 155.
Zufall gibt es nicht 1, 202.
Zukunftsforschung 3, 573 f.
Zukunftsweissagung ist stets bedingt 3, 574 f.
Zungenreden 3, 558.
Zwangslosigkeit der Mission 2, 251.
Zwiesprache mit Gott 2, 322.

Inhalt

Erster Teil:

GOTT UND SCHÖPFUNG

Seite

I. Gibt es einen Gott?

1. Vom Gottsuchen 11
Die Ansicht des Denkers (11). Das Erkenntnislicht des Herzens (12). Gott im Buche der Natur (13). Das Evangelium des Samenkorns (14). Okkultismus und Spiritismus als Erfahrungsquellen (15). Das inwendige Erkenntnisvermögen (15). Der geistige Weg (16).

2. Das Offenbarungswort Gottes 17
In den Wolken des Himmels (18). Warum in Hüllen? (18). Warum durch Menschen, nicht durch Engelsmund? (19). Die Weisheit der göttlichen Formenfülle (20). Der heilige, reine Wahrheitskern (20). Der Schlüssel der Liebe (21).

3. Spricht Gott auch heute noch? 22
Die kirchliche Stellung (22). Das Wort des ewig Lebendigen (23). Der Standpunkt der Bibel, der Vernunft und der Erfahrung (25). Allgemein- und Privatoffenbarungen (25). Unterschiede und Unterscheidungsmerkmale (26).

II. Was ist uns über Gott geoffenbart?

4. Vom Wesen Gottes 27
Allgeist — und Ur-Gottmensch (27). Das Machtzentrum der Gottheit (29). Weltseele — oder Person? (29). Der ausstrahlende Gottesgeist (30). Gottes Grundeigenschaft — Liebe (31). Die sieben „Geister Gottes“ und ihr Werk (31).

5. Er heißt — Ewig-Vater! 32
Einheit oder Dreifaltigkeit? (33). Das endlose, unteilbare Einreich Gottes (34). Vater, Sohn und Heiliger Geist (35). Es ist e i n Gott! (35). Gott, unser Vater — in Jesus (36). Dreieinheit — das Geheimnis der Person Jesu (37). Wahrer Mensch und wahrer Gott (38).

III. Wie erklärt sich das Wunderwerk der Schöpfung?

6. Die Schöpfung, ein ewiger Entwicklungsvorgang 39
Entwicklungs- und Schöpfungsabschnitte (39). Schöpfungsperioden ohne Zahl in ewiger Folge (40). Herr, Deine Größe überwältigt mich

Seite

(41). Das Werk unseres himmlischen Vaters (42). Erkenntnisse der Demut und Liebe (42).

7. Die Urelemente der Schöpfung 43
Die alte Atomlehre (43). Die neuere wissenschaftliche Erkenntnis (44). Was bekundet Lorber über die Urstoffe? (45). Die Teilbarkeit der Materie (45). Das Wesen der Urfunken (45). Die Urfunken als Gottes Gedanken (46). Das göttliche Ziel alles Lebens (46). Die geistige Natur der Schöpfung (47). Ströme des Lichts (48).

8. Vom Geist zur Materie 48
Die Weisheit der Urvölker und der Bibel (49). Die Urgeister und ihr Seinszweck ((50). Die Erziehung der Urgeister zur Selbständigkeit und Gottähnlichkeit (50). Luzifers Fall und die Entstehung der Materie (51). Die sichtbare Weltenschöpfung — eine Materialisation (52). Erde und Mond (54).

9. Der materielle Schöpfungsbau 55
Gottes Sternenheere (35). Hülsengloben als Schöpfungszellen (56). Der große Schöpfungsmensch (57). Der verlorene Sohn (57). Gericht und Umkehr des gefallenen Lichtgeistes (58).

10. Geheimnisse der Sternenwelt 59
Der rätselvolle Neptun (59). Ein geborstener Planet (60). Von den großen Haupt-Mittelsonnen (62). Von unserer Mutter Sonne (63). Von den Kometen, Erden und Monden (64). Entstehung und Wesen des Sonnenlichts (64). Die Sonne — ein Dynamo! (65). Die Lebensfeuerströme im All (66). Das Phänomen des Leuchtens — geistig erklärt (67). Das Farbenwunder (68). Das Beispiel vom Spiegelzimmer (69).

11. Die Sterne und wir 70
Astrologie in alter und neuer Zeit (70). Die wahre Lebensauswirkung der Weltkörper (71). Das Riesenorchester der Himmelskräfte (72). Die zwölf Himmelszeichen (73). Die Wirkung unserer Sonne auf die Erde (74). Das kosmische Strahlenmeer und der Mensch (74). Vom Horoskop und seiner Bedeutung (75).

IV. Ist Ziel und Zweck in der Natur — oder walten blinde Kräfte?

12. Das Naturleben der Schöpfung als Auferstehung der Materiegeister 77
Der Grundgedanke der Lorberschen Schöpfungslehre (77). Das Harren und Seufzen der Kreatur (78). Die Rückführung Luzifers in Atomen (79). Durch zahllose Lebensformen — zur Gottähnlichkeit (79). Stirb und werde! (80). Die Stufen der Naturreiche (81). Der reingeistige Leiter (82). Die Lebensschule Gottes: Geist, Seele und Leib (83). Darwin und Lorber (83).

13. Gottes Wunder im Atom 84
Die Atomlehre der neueren Wissenschaft (84). Lorber über die atomischen Urbestandteile des Sandkörnchens (85). Das Atom ein lebendiger Zeuge des lebendigen Gottes! (86).

14. Ur- und Fortzeugung 87
Ur-Erschaffung (87). Mutterkeim und Befruchtung (89). Geistige Zeu-

Seite

gung (90). Materielle Fortpflanzung (90). Lebensentwicklung im befruchteten Keime (91).

15. Engel und Geister als Schöpfungsdiener 92
Ein einziges, einheitliches Lebensreich (92). Dienen — die allgemeine Losung (93). Die Urengel (94). Auf dem Demuts- und Liebesweg durch die Materie (95). Naturgeister (95). Naturseelen (96). Erd- oder Berggeister (97). Flur- und Waldgeister (98). Luftgeister (99). Männlein im Walde (100). Übergang zur Menschenstufe (101). Menschengeister, Engel und Engelsfürsten (102). Alles im Namen des Herrn (103). Geisterwerk (103).

16. Der Gegenpol — Luzifer und seine Engel 104
Einst oberster Lichtgeist — jetzt Fürst der Finsternis (104). Dämonen und Teufel (105). Vom Ursprung und Zweck der Finsternismächte (106). Keine Kraft kann wirken ohne Gegenkraft (107). Gut und Böse als Kräftemischung in allen Wesen (108). Die Materiegeister als negativer Gegenpol im Wesen der Gottheit (108). Gottesstandpunkt und Menschenstandpunkt (110). Gott im Ja und im Nein (110).

V. Was dünket euch um Christus?

17. Aller Geister Herr und Meister 113
Die Ur- und Grundkraft alles Lebens (113). Der All-Gott in Christus (114). Vorahnung (114). Das Kommen im großen Augenblick der Schöpfungsreife (115). Die Menschwerdung (116). Er nahm zu an Weisheit und Gnade (117).

18. Das Licht und Heil der Welt 119
Jesus als Mensch (119). Des Herrn Äußeres (121). Der große Weltlehrer (121). Die Lehre Jesu (122). Des Herrn Lehrweise (123). Zeichen und Wunder (124). Tatlehre und Tatlehrer (126). Der Heiland der Kranken und Freund der Armen (127). Das Lamm Gottes 127). Der Zeuge des ewigen Gotteslebens (128).

19. Der Erlöser und himmlische Vater 129
Ein nahbarer Vatergott und ein neuer Himmel (129). Der Mittler und Versöhner (130). Die Kunde des Kreuzeswegs auf den Gestirnen (131). Der Erlöser und die Erlösung (133). Der Name aller Namen (134). Ein höchstes, heiligstes Geheimnis (134).

Zweiter Teil:

MENSCH UND LEBENSSINN

VI. Woher kommt und was ist der Mensch?

20. Erde und Mensch 139
Der erste Erdbildungsabschnitt (139). Der zweite Erdbildungsabschnitt (140). Der dritte und vierte Erdbildungsabschnitt (141). Der fünfte

Seite

Erdbildungsabschnitt mit den Präadamiten (141). Die Vormenschen oder Präadamiten (142). Der sechste Erdbildungsabschnitt mit den ersten Vollmenschen (143). Warum so unausdenkbar langsam? (144).

21. Adam und Eva, das erste Vollmenschenpaar 144
Die Erschaffung Adams (144). Die Erschaffung Evas (145). Das Wesen Evas (146). Vom Paradies (146). Vom göttlichen Urzustand und vom Sündenfall (148). Die Erbsünde (148).

22. Die Geschichte der Urmenschheit 150
Die Urmenschheit bis zur Sündflut (150). Die Sündflut (151). Ausdehnung und geistige Bedeutung der Flut (152). Die Überlebenden und ihre Geschicke nach der Flut (153). Der große Menschheitsbaum (153). Melchisedek, der König von Salem (154). Japhet in den Hütten Sems (155).

23. Der Geist als gestaltende Grundkraft im Menschen 156
Die große Entdeckung in der Keimlehre (156). Die neue Keimlehre von Driesch — und Jakob Lorber (157). Geist zeuget den Geist (158). Über den Geist des Menschen (159).

24. Die Seele und ihr Aufstieg aus dem Naturreich 161
Aufstieg durch die Naturreiche unter Leitung des Geistes (161). Vereinigung zur Naturseele (162). Gazelle und Aar — Beispiel der Bildung einer Menschenseele (162). Einzeugung der Seele ins Fleisch (163). Vorkreaturformen (164). Trostlicht über Kampf und Leiden der Tierwelt (165).

25. Die höheren Bestandteile der Menschenseele 166
Seelenelemente aus den leiblichen Eltern (166). Seelenelemente aus den Sternen (167). Der Reichtum der Menschenseele (169). Die Aura oder Außenlebenssphäre der Seele (170).

26. Sternenseelen 170
Auf fernen Welten (171). Irdische Heilsmöglichkeit für Sternenmenschen (171). Übersiedlungsvertrag (172). Die irdischen Geschicke der Sternenseelen (173). Erdenseelen und ihre Bestimmung (174).

27. Die leibliche Zeugung 175
Der Zeugungsvorgang in seiner wahren Bedeutung (176). Ein Heiligtum Gottes (177). Zeugungskraft, Gefühlsreichtum und Geistesvollendung (178). Segen der Keuschheit und geordneter Zeugung (179). Der Leibesaufbau nach der Zeugung (180).

28. Gottesgeheimnisse 182
Die Einlegung des Geistes (182). Abdunklung der Rückerinnerung (183). Geburt und erste Lebensspeise (184). Die hohe, geistige Bedeutung des irdischen Geburtstages (185).

VII. Wohin zielt unser Leben?

29. Vom Sinn und Zweck des Menschenlebens 187
Das Ziel unseres Gottes (187). Die Schöpfung — ein Schulhaus (188). Unsere Erde als Hochschule Gottes (189). Geschöpfe und Gotteskinder (190). Die Bedingungen der Gotteskindschaft (191). Die Heilsgrundlage der Demut (191).

Seite

30. Vom freien Willen 193
Das Problem der Willensfreiheit (193). Das neue Offenbarungswort lichtet das Dunkel (194). Veranlagung (195). Wie entsteht der freie Wille der Seele? (196).

31. Freitätigkeit und Führung 197
Vervollkommnung in der Schule des Lebens (198). Die Stimme Gottes (198). Der verlockende Ruf der Welt (199). Die Folgen der Widerordnung (200). Freie Willensentfaltung — an Gottes Hand (201).

32. Durch Erfahrung zu höherer Geistigkeit und Freiheit. 203
Zweierlei Lebensschüler. — Die Ungelehrigen (203). Die Gelehrigen und ihr Aufstieg (204). Durch höhere Erkenntnisse zu einem höheren Willen (204). Bekehrung zur Gottes- und Nächstenliebe (205). Wahres Eigentum und wahre Selbständigkeit (206).

33. Am Vollendungsziel der Wiedergeburt 207
Wahre Gotteskindschaft (207). Göttliche Kraft und Macht der „gewordenen Engel" (208). Wahre Freiheit (209). Höchste Seligkeit (209).

34. Gott, Mensch und Schicksal 210
Gnadenerlösung oder Selbsterlösung? (211). Selbstgestaltung unter göttlicher Leitung (212). Vorherbestimmung des Schicksals (Prädestination)? (213). Des Menschen Lebensbahn im Lichte der Neuoffenbarung (213)). Das allgemeine Endziel (214). Ja, Vater! (215).

Dritter Teil

HEILS- UND LEBENSLEHRE

VIII. Wie werde ich selig?

35. Der Heilsweg im Alten und Neuen Lichte 219
Der Heilsweg der Liebe in der Heiligen Schrift (219). Abwege der Christenheit (220). Das neue Heilslicht (222).

36. Das Heilsgesetz der Ewigkeit 224
Der Wille Gottes (224). Das Reich Gottes im Menschen (225). Durch Liebe zu Weisheit, Macht und Leben (226). Glaubensgerechtigkeit, Sektengeist und Liebe (227).

37. Gottesliebe — das erste Gebot 229
Wie gelangen wir zu Gottesliebe? (230). Durch die Pforte der Demut (230). Grund und Wesen der Demut (231). Durch Suchen, Bitten und Anklopfen zur höheren Gotteserkenntnis (232). Durch Erkenntnis zur Liebe (233).

38. Das höchste Lebensziel: Der Vater in Jesus 234
Liebe und Furcht (234). Gottes- und Vatererkenntnis (235). Höchste Seligkeit (236). Das Gleichnis vom Öllichte (236). Die Fülle in Jesus Vollkommene Jesuliebe (238).

39. Nächstenliebe — das zweite Gebot 239
Tatliebe — die wahre Sonne des Heils (240). Gleichnis vom reichen

Seite

Gutsherrn und seinen Kindern (241). Das Geschäft der Himmel (241). Lebendiger und toter Glaube (242).

40. Du und dein Nächster 244
Familienliebe (244). Art oder Rassenliebe (245). Feindesliebe (247). Feindesrache (248). Notwehrrecht (249). Die „Goldene Regel" der wahren Nächstenliebe (250).

41. Duldsamkeit 251
Hauptpflicht der Nächstenliebe (251). Nicht richten! (252). Vom Türkehren (253). Falscher Tugendstolz. — Gleichnis vom lieblosen Klausner (253).

42. Dienet einander 255
Die große Lebensaufgabe aller Gotteskinder (255). Höllisches und himmlisches Dienen (256). Vom rechten Geben (257). Geiz — ein Vater aller Sünden (258). Vom Sparen (258). Armut und Reichtum (259). Von der Geldhilfe (259).

43. Liebe und Weisheit 261
Gottesliebe, Nächstenliebe — und Selbstliebe (262). Das rechte Verhältnismaß (262). Der heiligende Zweck (264). Viel Wissen oder viel Handeln? (265). Keine Weltflucht, sondern weise Benützung des Gegebenen (266). Nur Tätigkeit über Tätigkeit (267). Auf dem Liebesweg zur geistigen Wiedergeburt (268).

44. Der Vollendungsweg des Königs Abgarus 269

IX. Was sollen wir also tun?

45. Die Ehe auf Erden und im Himmel 277
Warum Trennung in zwei Geschlechter? (278). Herzensehe (279). Fleisches- und Weltehe (280). Eheliche Liebe (280). Ehelicher Verkehr (281). Eheliche Geduld (282). Eheberatung (282). Ehescheidung (284). Die Ehe im Jenseits (285). Die Ehe der Vollendeten (285).

46. Ehenot 286
Auf eigenen Wegen zum Abgrund (287). Wahres Glück in der Ordnung Gottes (288). Neuzeitliche Vorschläge (288). Ratschläge für Gotteskinder (289).

47. Kindererziehung und Jugendpflege 290
Kindererziehung (290). Grundsätze der rechten Erziehung (291). Strenge und Liebe (292). Erziehung zur Demut und Gottesliebe (293). Der Herr als Gotteslehrer für Kinder (293). Erziehung zur Nächstenliebe (294). Verstandes- und Wissenspflege (295). Erziehung zur Keuschheit und Sittenreinheit (296). Früchte schlechter und guter Erziehung (297). Vorbildliche Jugendschulen (297). Das höchste Beispiel göttlicher Lebensvollendung (298).

48. Glaubenspflege 300
Blindglaube (300). Vernunftglaube (301). Die Lehrweise des Meisters (302). Vernunftlicht — der große Vorzug der Neuoffenbarungslehre (302). Demut — die Bedingung des Verständnisses (303). Kopfverstand und Herzensverstand (303). Die innere Licht- und Lebensquelle (304).

Seite

49. Vom äußeren Wort Gottes 305
Vom Forschen im Buche der Natur (306). Belehrung durch die Boten Gottes (306). Echte und falsche Propheten (307). Das Lesen der göttlichen Offenbarungsschriften (308). Das Johannesevangelium (308). Das Markusevangelium (309). Das Matthäusevangelium (309). Das Lukasevangelium (310). Der Buchstabe tötet, der Geist macht lebendig (311). Das Gotteslicht der Neuoffenbarung (312).

50. Vom lebendigen inneren Wort Gottes 313
Die Bibel über das innere Wort (313). Wie offenbart sich das innere Wort im Herzen des Menschen? (315). Täuschungen und Gefahren des inneren Gehörsinns (315). Die göttliche Weisheit des sanften Säuselns (316). Wie gelangt man zum wahren inneren Worte Gottes? (316). Wie läßt sich die Stimme Gottes von andern, falschen unterscheiden? (317). Was Er sagt, das tuet! (318). Der Herr über das innere Wort (319). Jakob über seine innere Gottesstimme (319).

51. Das Gebetsleben im Lichte der Neuoffenbarung 320
In die Stille gehen (320). Selbstbeschauung (321). Heilige Zwiesprache (322). Natürlichkeit nach dem Zuge des Herzens (322). Keine Zeremonien! (323). Kein Lippengebet und kein bezahltes Gebet (325). Keine Kasteiung (325). Danken und bitten (326). Wie sollen wir bitten? (328). Das Vaterunser (328). Fürbitte (329). Gebet für Kranke (330). Gebet für Verstorbene (331). Gemeinsame Bitte (331). Frage und Antwort (332). Das Gott wohlgefälligste Beten — Handeln nach der Lehre (333). Des Vaters Verheißung an alle wahren Beter (334). Dein Wille geschehe! (334). Bei und in Gott (335). Gebetsworte des Herzens (335).

52. Evangelium der Fröhlichkeit 336
Wir speisen alle an des Vaters Tisch (336). Darum keine Kopfhängerei! (337). Eine froheste Botschaft mit fröhlichem Munde (337).

53. Gnade oder Gnadenmittel? 338
Warum Gnade? (339). Worin besteht die Gnade? (339). Gnade und Selbstgestaltung (340). Die kirchliche Gnadenlehre (341). Was sagt zur Gnadenmittellehre das neue Gotteswort? (341).

54. Taufe, Buße und Gedächtnismahl 342
Die Taufe (342). Buße, Beichte und Sündenvergebung (344). Sündenbekenntnis (345). Sündenvergebung (345). Liebesmahl zum Gedächtnis (346). „Brot und Wein“ (347). „Mein Fleisch und Blut“ (348). Meßopfer? (350).

55. Weihen und Segnungen 350
Die Handauflegung (350). Konfirmation oder Firmung der Jugend (351)

56. Gemeinschaftspflege 352
Vereine der Engel in den Himmeln (352). Gemeinschaftspflege auf Erden (353). Aufgaben der Gemeinschaft (354). Gemeinschafts-Formen (355). Die wahre Kirche (355). Die bestehenden irdischen Kirchen (356). Mängel der bestehenden Kirchen (356). Warnung vor Sektengeist (358). Vom Priestertum (359). Gemeindeleiter (360). Gemeindeordnung (360). Von Tempeln und wahren Gotteshäusern (361). Schul- und Versammlungshäuser (362). Versammlungsordnung und rechtes Predigen (363). Vom Reden der Frauen in der Versammlung (363). Die Kirche der Zukunft (364).

Seite

57. Neuoffenbarungslicht und Kirche 365
Grundgedanken (365). Beispiele gottgewollten Verhaltens (366). Verhältnis der Zeremonienkirche zur Geistkirche (366). Vom Besuch des kirchlichen Gottesdienstes (367). Heilung, nicht Vernichtung! (368). Schlußfolgerung für heute (369).

58. Arbeit im Weinberg 370
Das hohe Ziel und die allgemeine Aufgabe (370). Voraussetzung gesegneter Arbeit (371). „Meinen Dienern sage . . .“ (371). Die rechte Lehre (372). Keinen blinden Autoritätsglauben pflegen! (373). Keinen Zwang und kein Schwert! (374). Keine Kopfhängerei und keine Kleinlichkeit (375). Kluges und behutsames Vorgehen (375). Behandlung von Weltmenschen. — Keine Perlen vor die Schweine! (377). Behandlung blinder Geistesgrößen, Pharisäer und Priester (377). Nicht zu viel erwarten! (378). Nicht wir — sondern Er! (379).

59. Ursachen der Krankheiten und ihre Heilung 380
Krankheit eine Folge der Widerordnung (380). Die Hauptursachen der Krankheiten (381). Krankheit, Schmerz als Wächter und Wecker (382). Von der Besessenheit (383). Tiefe Gründe eines Krankenschicksals (384). Grob- und feinstoffliche Heilweisen (385). Die Sonnenlichtkur (386). Magnetismus (387). Der geistige Lebensstrom (387). Von der Außenlebensstrahlung des Menschen (388). Das Jesuskind als Krankenheiler und Heilkraftspender (388). Die ordentlichste und natürlichste Heilweise (390). Heilkraft als Zeichen der Gegenwart des Herrn (390). Heilhilfe im Verzückungsschlaf (391). Selbsthilfe durchs Gebet (392). Der allerbeste Heilsweg (392).

60. Gesundheitspflege 393
Grundlehren der Leibes- und Seelenpflege (393). Der göttliche Geistfunke als Hauptkraft (395). Die beste Stärkungskost des göttlichen Geistfunkens (395). Eine Hauptregel der Lebenskunst (396). Nicht zu viel Verbesserungen des äußeren Daseins (396). Aber auch keine finstere Weltverneinung (397). Friede und Freude in Gott — ein Lebensbalsam (398). Aufenthalt in der freien Natur (398). Gehet gern auf die Berge! (399). Die rechte Bekleidungsweise (400). Was sollen wir essen und trinken? Der Ernährungsprozeß des menschlichen Körpers (400). Hauptregel der Ernährung: Einfachheit und Mäßigkeit (402). Die Lebensweise der Urväter und der Speisezettel Mosis (403). Keine kleinlichen Bedenken in der Speisenwahl (404). Verschiedenheit des natürlichen Speisebedürfnisses (404). Eine gute Kost für Geistesmenschen (405). Die wichtigsten Speisen für den Menschen (406). Gesunde Getränke (406). Vom Tischgebet (407). Gegen die Keuschheit (407). Vernünftige Ruhe und maßvolle Leibesübung (409). Stärkung im Schlafe (409). Die Summe aller Lebensweisheit (410). Bete und arbeite! (411).

61. Berufsleben und Gotteslicht 411
Berufswahl und -vorbereitung (411). Worauf es ankommt (412). Die goldene Hauptregel für Amt und Beruf (413). Richtlinien für Kaufleute (414). Von der dienenden Liebe geistiger Heiler (414). Winke für Amtleute und Herrscher (415). Für Zöllner und Wirte (416). Alles im Blick auf das ewige Leben (417).

62. Die soziale Frage 417
Der geistige Grundgedanke im Lichte der Neuoffenbarung (418). Warum

Seite

Armut und Reichtum auf Erden? (419). Aufgabe und Pflicht der Dienenden (420). Aufgabe und Pflicht der Gebietenden (420). Fluch und Segen des Reichtums (420). Ein Evangelium für Wohlhabende (422). Soziale Entwicklung der heutigen Zeit (423). Lösung im kommenden, besseren Zeitalter (424).

63. Der Christ und die Staatsgesetze 425
Jesus und der Freiheitsmann (425). Das Beispiel des Herrn (426). Gottesgebot und Weltgesetz (427). Das bürgerliche Recht (427). Eigentumsschutz (428). Familien- und Erbrecht (429). Das Strafrecht im Lichte der Gottesordnung (429). Behandlung von Schwerverbrechern (430). Von der Todesstrafe (431). Gute und schlechte Gesetze und Gesetzgeber (431). Hilfe von oben (432). Regentenweisheit (432). Recht auf Umsturz und Selbsthilfe (433). Gebot der Menschlichkeit (434).

64. Krieg und Kriegsdienstpflicht 435
Die Gebote der heiligen Schrift (435). Grenzen der Milde. Gerechte Gewalt (436). Angriffs- und Verteidigungskrieg (437). Religionskriege (437). Heeres- und Kriegsdienst (438). Kriegsfall (439). Weltfriede der Zukunft (439).

65. Staat und Wirtschaft in Vergangenheit und Zukunft 440
Der Geist der Völker als formbestimmende Kraft (441). Die Geschichte Israels als Beispiel (441). Das Gesetz der Entwicklung und der geistige Endzweck (442) Die paradiesische Kindheitszeit (443). Die weltsinnliche, gottlose Mittelzeit (443). Die göttlich-geistige Vollendungszeit (Goldenes Zeitalter) (444). Die staatlichen Verhältnisse in der Vollendungszeit (445). Die wirtschaftlichen Verhältnisse in der Vollendungszeit (445). Wann kommt das „Goldene Zeitalter“? (446). Die tausendjährige Übergangszeit (447). Das Reich Mathaels — eine Zwischenform (447). Der geistige Weg zum Endziel Gottes (448).

Vierter Teil:

TOD UND JENSEITS

X. Der Tod — Ende oder Übergang?

66. Am Tore der Ewigkeit 451
Gibt es ein Fortleben? Ist der Tod ein Ende oder Übergang? (451). Der biblische Beweis (451). Die Beweise des Okkultismus und Spiritismus (452). Die Erkenntnisse der neuzeitlichen Wissenschaft (453). Entwicklungs-Lehre der Neuoffenbarung (453). Die wahre Lebensgrundkraft — der Geist (454). Von Lebensform zu Lebensform (454). Der Leibestod des Menschen — ein Übergang (455). Todesfreude und Todesfurcht (456). Samenkorn und Mensch (457).

67. Vom Sterben und Hinübergehen 458
Das Geheimnis des Alterns (458). Der Schnee des Alters — eine Demutshülle (459). Der Vorgang des Sterbens (460). Schweres und leichtes Sterben (461). Ein neuer, unverweslicher Leib (461). Weiteres vom Seelenleib (462). Schauung des Todesvorgangs durch einen Seher (463).

Seite

Der neue Leib ein Entsprechungsbild der Seele (464). Todesstarre (465). Verwesung (465). Bestattung (466). Das Wichtigste (467).

68. Auferstehung 468
Die katholische Kirche lehrt: (468). Die protestantische Lehre (469). Der Grundgedanke der neuen Offenbarung (469). Von der „ewigen Verdammnis" (470). Jüngster Tag und allgemeines Weltgericht (471). Auferstehung des Fleisches (472). Vergeistigung des Fleisches (474). Friedhofseelen (474). Verklärung und Verwandlung (475). Wunder in den Gräbern (476). Alles in Gottes Scheunen (476).

XI. Was erwartet uns drüben?

69. Die Seele in der geistigen Welt 477
Immer höher hinan zum geistigen Hochziel (477). Abholung und Führung durch Schutzgeister (478). Grundnorm: Wahrung der geistigen Freiheit! (478). Die Seele in ihrer selbstgeschaffenen Geisteswelt (480). Die geistige Gestaltungskraft der Seele (481). Traumartiges Sein und Gestalten (482). Die geistige Wohnwelt der Seele (483).

70. In Gottes geistiger Seelenschule 484
Die Grundnorm der jenseitigen Seelenschulung (485). Die erste Stufe — der Öde und des Suchens (486). Glückliches Finden guter Gesellschaft (486). Zeit der Sammlung und Kräftigung im Liebesdienst (487). Weitere Stärkung und Reifung im Dienst der Liebe (487). Es wird Licht! Erkenntnis der geistigen Welt und des Vollendungsweges (488). Die Seele im Himmel der dienenden Liebe (488). Ein Führer über die Führung zur geistigen Wiedergeburt (489).

71. Geheimnisse der anderen Welt 490
Lichtstrahlen auch bisher (491). Die unübersteigliche Kluft (492). Gnadenzeit (493). Schwierigkeit der jenseitigen Entwicklung (494). Das Schicksal der Selbstmörder (495). Kinderseelen im Jenseits (496). Frohe Botschaft (497).

72. Ein Wiedersehen — wo und wann? 498
Wo wohnen die Geister und Engel? (498). Vom räumlichen und geistigen Sein der Jenseitigen (499). Der räumliche Aufenthalt entsprechend der geistigen Stufe (500). Gibt es ein Wiedersehen? (501).

73. Der breite Weg im Jenseits 502
Wie kommt man in den Himmel oder in die Hölle? (502). Der Ort macht's nicht (503). Was deine Liebe will — (504). Das große Mittelreich (504). Zustände im Mittelreich (505). Der Weg abwärts. — Die Vorhölle (506).

74. Die Hölle — Gottes Feueresse 507
Die drei Grade der Hölle (507). Kämpfe in der Hölle (508). Dämonen und Teufel (509). Der Wohnort der Dämonen und Teufel (510). Ewige Höllenpein (510). Falsche Himmel- und Höllenpredigt (512). Gottes „Zorn" ist höchste Liebe (513). Die Hölle verdammt sich selbst (513). Dankgebet eines Erkennenden (514).

75. Paradies und Wiedergeburt 514
Die Gefilde der Seligen (516). Die Friedensregion (516). Die Paradiese,

Seite

ein Ort der Sammlung (517). Was tun die Paradiesbewohner? (518). Die Berge, irdische Niederkunftsplätze der Paradiesbewohner (518). Durch die Paradiese zur geistigen Wiedergeburt (519). Zeichen der Wiedergeburt (520). Bedeutung und Folgen der Wiedergeburt (521).

76. Das Himmelreich 522
Die Himmel — in drei Stufen (522). Der unterste oder Weisheitshimmel (523). Calvinisten im Weisheitshimmel (524). Der Weg in die höheren Himmel (525). Der zweite oder Liebe-Weisheitshimmel (526). Im höchsten oder Liebehimmel (527). Die „Goldene Stadt" und die „Gnadensonne" (527).

77. In der ewigen Heimat 529
Spiegelbeispiel für Gottes Vervielfachung (529). Einzug in die Goldene Stadt (531). Im Vaterhaus (532). Das heilige Mahl im Vaterhaus (533). Des Herrn Tafelrede (534).

78. Wiederverkörperung (Reinkarnation) 536
Die Lehre der Seelenwanderung im Altertum (537). Karma- und Reinkarnationslehre in der heutigen Theosophie (537). Die Lehre der Neuoffenbarung (538). Das elementare Vor-Sein der Menschenseelen (538). Die Seele auf der Menschenstufe (539). Weiterreifung in der geistigen Welt (540). Wiedereinfleischung auf stofflicher Ebene (540). Verlust der Rückerinnerung (541). Erd- und Sternenseelen (543). Fälle wiederholter Einfleischung von Erdenmenschen auf Erden (543) Zur Ursonne zurück (545). Das große Gnadenwunder (546). In Jesu Armen, an Gottes Herz (546).

79. Verkehr zwischen Diesseits und Jenseits 547
Der Schleier des Geheimnisses und sein Grund (547). Verkehr mit den Seligen und Vollendeten (548). Wesen und Amt der Schutzgeister und Schutzengel (548). Erst Schüler, dann „Haushofmeister" (549). Verkehr mit Naturgeistern (550). Das zweite und dritte Gesicht und Gehör (551). „Mediale" oder „mittlerische" Veranlagung (553). Mäßigkeit und Einfachheit — eine Bedingung des geistigen Wahrnehmungsvermögens (554). Verkehr mit guten Geistern einst und jetzt (555). Okkultismus und Spiritismus (556). Der praktische Spiritismus (558). Vom Beten für Verstorbene (560). Der Herr und Meister (561).

80. Das Leben der Vollendeten 563
Das große Tätigkeitsfeld der Himmlischen (563). Endlos mannigfaltige und große Aufgaben (564). Verschiedenerlei Gaben des Geistes (565). Ewige Steigerung der Kräfte und Seligkeiten (566). Wachsender Wirkungskreis (566). Heere von Mitdienern (567). Die erhabene Stellung der Erdenkinder (567). Höchste Seligkeitsfülle in der himmlischen Ehe (568). Am großen Ziel (569).

Fünfter Teil:

GOTTES WELTPLAN

XII. Was hat Gott vor mit Erde und Himmel?

81. Gottes Weltplan — ein geistiger Entwicklungsgedanke. 573
Zukunftsforschung (573). Weltgeschehen und freier Menschenwille (574).

Seite

Vorsehung und Lebensbahn (575). Vorausbestimmung (Prädestination) im wahren Licht (577). Gottes Weltplan (577). Stufen der Entwicklung und Reife (577). Die Kindheitszeit (erste Entwicklungsstufe) (579). Die Mittelbildungszeit (zweite Entwicklungsstufe) (580). Die Reife- und Vollendungszeit (dritte Entwicklungsstufe) (580).

82. Die „Letzte Zeit" vor der Wiederkunft des Herrn. 581
Das siebenmalige Kommen des Herrn (581). Die „Endzeit" (582). Eine kalte, glücklose Zeit der Selbstherrlichkeit und Selbstsucht (583). Eine Zeit der Glaubenslosigkeit und Gottesferne (584). Ein Zeitalter der verstandlichen Maschinentechnik (585). Eine Zeit allgemeiner Arbeits- und Erwerbslosigkeit und großer Armut (585). Eine Zeit der Kämpfe und Kriege (586). Eine Zeit der Katastrophen aller Art (587). Die große Wende (588).

83. Die Wiederkunft des Herrn 589
Die Voraussage des Herrn im Matthäus-Evangelium (589). Im Großen Evangelium Johannes (590). Überblick (590). Läuterung durch vier Feuer (591). Das erste Läuterungsfeuer (592). Das zweite Läuterungsfeuer (592). Das dritte Läuterungsfeuer (593). Das vierte Läuterungsfeuer (594). Die Reinigung der Wissenschaften und Künste (595). Das „Neue Jerusalem" (596). Geistige Wiederkunft — in der Neuoffenbarung durch Jakob Lorber u. a. (597). Persönliche Wiederkunft — im verklärten Geistleibe (598). Unser Schauen und Erleben der Wiederkunft (598). Der Herr mit den Seinen — beim glücklichen Volk der Liebe (599). Vom Ort der persönlichen Wiederkunft (599). Die Juden und Palästina (601). Europa und Asien (602).

84. Das Tausendjährige Reich und das letzte Feuergericht. 602
Die neue Zeit (603). Eine „neue Erde" bildet sich (604). Eine tausendjährige Übergangszeit (604). Das Tausendjährige Reich (605). Das letzte Feuergericht (607). Grund und Ursache des letzten Feuergerichts (607). Entrückung (609).

85. Das ewige Licht- und Friedensreich. 610
Die Brücke zwischen Diesseits und Jenseits (610). Die Lebensverhältnisse der Menschen (611). Gemeinnützige Staatsleitung, Besitzordnung und Volkswirtschaft (611). Die Religion des Friedensreiches (612). Zum Urborn zurück (614). Die Erde nicht mehr Kampfplatz und Hochschule, sondern Freudenhimmel (614).

86. Von Ewigkeit zu Ewigkeit 615
Das Gericht Satans (616). Der letzte und ewige Tod (616). Die Auflösung einer Welt (617). Die Vergeistigung der stofflichen Schöpfung (617). Eine neue Schöpfungsordnung (619). Der große Lichtmensch der neuen Schöpfung (619). Die Zeit der Vollendung (620). Herrlichkeit der Kinder Gottes in der neuen Schöpfung (620). Die Größe der neuen geistigen Schöpfung (621). Gottes Sein und Schaffen ist ewig (622). Ewig fort neue Schöpfungsperioden (623). Die einzigartige Bedeutung der gegenwärtigen Schöpfungsperiode (624). Schlußwort (625).